全国计算机技术与软件专业技术资格（水平）考试指定用书

电子商务设计师教程

（第2版）

丛书主编　全国计算机专业技术资格考试办公室

张利　杨俊清　主编

清华大学出版社

北京

内 容 简 介

本书作为中级职称的软考指定教材，具有比较权威的指导意义。本书是在《电子商务设计师考试大纲》的指导下，将电子商务系统基础知识和电子商务系统分析与设计应用技术分 16 章进行了阐述，具体为第 1 章电子商务基础，第 2 章计算机系统基础，第 3 章电子商务信息安全，第 4 章电子支付技术与系统，第 5 章电子商务物流与供应链管理，第 6 章网络营销，第 7 章电子商务法律规范与伦理道德，第 8 章电子商务系统规划与设计，第 9 章电子商务程序设计基础，第 10 章电子商务系统建设，第 11 章电子商务系统测试，第 12 章电子商务系统的运行维护与评价，第 13 章项目管理及计划控制，第 14 章电子商务新技术与新应用，第 15 章电子商务案例分析，第 16 章电子商务英语文献阅读。

虽然教材基本覆盖了大纲主要内容，但由于电子商务技术发展日新月异，应用创新层出不穷，考生在学习教材内容的同时，还须对照考试大纲（2013 版），认真学习大纲的知识点的延伸内容，并结合行业的最新发展动态，更新知识。

本书适合参加本考试的考生和大学在校生作为教材。

图书在版编目（CIP）数据

电子商务设计师教程/张利，杨俊清主编. —2 版. —北京：清华大学出版社，2015

全国计算机技术与软件专业技术资格（水平）考试指定用书

ISBN 978-7-302-41560-2

Ⅰ. ①电…　Ⅱ. ①张…　②杨…　Ⅲ. ①电子商务-工程师-资格考试-教材　Ⅳ. ①F713.36

中国版本图书馆 CIP 数据核字（2015）第 214116 号

责任编辑：杨如林
封面设计：常雪影
责任校对：徐俊伟
责任印制：何　芊

出版发行：清华大学出版社
网　　址：http://www.tup.com.cn，http://www.wqbook.com
地　　址：北京清华大学学研大厦 A 座　　**邮　　编**：100084
社 总 机：010-62770175　　**邮　　购**：010-62786544
投稿与读者服务：010-62776969，c-service@tup.tsinghua.edu.cn
质 量 反 馈：010-62772015，zhiliang@tup.tsinghua.edu.cn
印 刷 者：清华大学印刷厂
装 订 者：北京市密云县京文制本装订厂
经　　销：全国新华书店
开　　本：185mm×230mm　**印　　张**：47.25　**防伪页**：1　**字　　数**：1089 千字
版　　次：2013 年 8 月第 1 版　2015 年 9 月第 2 版　**印　　次**：2015 年 9 月第1 次印刷
印　　数：1～5000
定　　价：95.00 元

产品编号：066153-01

序　　言

由人力资源和社会保障部、工业和信息化部共同组织的“全国计算机技术与软件专业技术资格（水平）考试”（简称软考），肩负着科学评价选拔软件专业技术人才的光荣使命，肩负着正确引导软件行业专业技术人员潜心钻研、提高能力、加强创新的光荣使命，肩负着加强软件行业专业技术人才队伍建设的光荣使命。自 1991 年开考以来，软考坚持专业化、国际化、品牌化的发展方向，全国累计报名人数 330 万人，培养选拔软件行业专业技术人才 64 万人，部分考试标准与日本、韩国互认，为全国计算机和软件专业技术人员（包括香港、澳门和台湾地区来大陆就业的人员）提供了科学的评价体系和评价机制，为推动“两化”深度融合，提高工业信息化水平，走新型工业化道路提供了有力支撑。

党中央、国务院一直高度重视信息技术产业发展。以 2000 年的《国务院关于印发鼓励软件产业和集成电路产业发展的若干政策的通知》（国发【2000】18 号文件）和 2011 年的《国务院关于印发进一步鼓励软件产业和集成电路产业发展的若干政策的通知》（国发【2011】4 号文件）为重要标志的一系列政策措施，为软件产业和集成电路产业乃至整个信息技术产业发展提供了强劲动力。2011 年，我国软件产业实现业务收入超过 1.84 万亿元，产业规模是 2005 年的 4.7 倍，同比增长 32.4%，超过“十一五”期间平均增速 4.4 个百分点，实现了“十二五”的良好开局。软件产业占电子信息产业比重从 2000 年的 5.8%上升到 19.9%。软件企业数量超过 3 万家，从业人数超过 300 万人。2012 年上半年，我国软件产业实现软件业务收入 10988 亿元,同比增长 26.2%。软件和信息服务业的持续快速发展，国民经济和社会信息化建设的深入开展，使软件人才和信息技术人才供给不足的问题依旧突出。按照国发【2011】4 号文件提出的“努力培养国际化、复合型、实用性人才”的要求，工业和信息化部教育与考试中心组织一批理论水平高、实践经验丰富的专家学者和业界精英，结合考试大纲和软件产业技术发展趋势，对原有的“全国计算机技术与软件专业技术资格（水平）考试教材和辅导用书”进行了更新，为广大软件行业从业人员提高学习能力、实践能力、创新能力和职业道德水平提供了依据。

当前，我国正处在全面建成小康社会的决定性阶段。坚持走中国特色新型工业化、信息化、城镇化、农业现代化道路，推动信息化和工业化深度融合、工业化和城镇化良性互动、城镇化和农业现代化相互协调，促进工业化、信息化、城镇化、农业现代化同步发展，是党中央的重要战略部署。造就规模宏大、素质优良的人才队伍，推动我国由人才大国迈向人才强国，既是构成这一重要战略部署的紧迫任务，也是实施这一重要战略部署的关键措施。从现在起至全面建成小康社会的这一历史时期，信息技术仍然是走中国特色新型工业化、信息化、城镇化、农业现代化道路的先导性技术；全国计算机技术与软件专业技术资格（水平）考试也应该看做是落实党的十八大关于“推进各类人才队伍建设，实施重大人才工程，加大创新创业人才培养支持力度，重视实用人才培养”指示的重要组成部分。好雨知时节，当春乃发生——我相信，全国计算机技术与软件专业技术资格（水平）考试教材和辅导用书的及时更新必将为我国信息技术人才队伍发展壮大、为软件和信息服务产业做大做强、为服务经济转型升级做出更大的贡献；同时我们也要注意到，近年来，以云计算、物联网、移动互联网和大数据技术等为热点的新一代信息技术，正在对软件和信息服务产业带来一系列深刻变化，也对软件和信息技术在各个领域的应用产生重要影响，我希望，在保持这套教材和辅导用书在一个时期内相对稳定的同时，也要注意及时反映信息技术的新变化、新进展，以跟上软件和信息服务产业蓬勃发展的需要，跟上信息化以及新型工业化、城镇化和农业现代化建设蓬勃发展的需要。

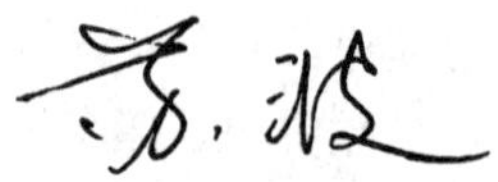

第 1 版前言

全国计算机技术与软件专业技术资格（水平）考试实施至今已经历了二十余年，在社会上产生了很大的影响，对我国软件产业的形成和发展做出了重要的贡献。为了适应我国计算机信息技术发展的需求，人力资源和社会保障部、工业和信息产业部决定将考试的级别拓展到计算机信息技术行业的各个方面，以满足社会上对各种计算机信息技术人才的需要。

编者受全国计算机专业技术资格考试办公室委托，根据考试大纲，编写了《电子商务设计师教程（2013 版）》。在考试大纲中，要求考生掌握的知识面很广，每个章节都能构成相关领域的一门课程，编写难度很高。考虑到参加考试人员具有一定基础，本书仅围绕大纲所涉及知识要点进行阐述，虽然基本覆盖了大纲，但由于篇幅所限，不能详细展开，请读者谅解。

全书共分 16 章，各章节内容安排如下：

第 1 章主要介绍电子商务基础知识，包括电子商务基本概念，发展动态以及 EFT 和 EDI 基础，电子商务模式及其分类，电子商务经济学基础知识，科学管理、信息管理、系统规划、决策理论、企业资源计划、供应链管理、客户关系管理等。

第 2 章主要介绍计算机系统基础知识，包括计算机硬件系统结构、计算机操作系统、数据库等基础知识，简要介绍网络的基本概念、网络体系结构及协议标准、Internet 相关技术、TCP/IP 协议等。

第 3 章主要介绍信息安全知识，包括密码技术、安全认证技术、非法入侵防范技术、信息设施安全、信息管理安全、安全审计与安全评估、计算机病毒攻击与防范、物理环境安全与容灾等内容。

第 4 章主要介绍电子支付技术与系统知识，包括货币与货币制度，电子支付及清算模式，电子支付系统，第三方支付，电子支付风险管理等。

第 5 章主要介绍现代物流与供应链管理知识，包括电子商务物流，物流系统与职能，现代物流信息技术，供应链管理等。

第 6 章主要介绍网络营销知识，包括网络营销理论基础，网络营销主要职能、工具和方法，具体包含搜索引擎营销、病毒性营销、网络社区营销、会员制营销、博客营销、电子邮件营销、网站资源合作营销推广等。

第 7 章主要介绍电子商务程序设计基础知识，包括.NET 平台技术及结构，面向对象编程思想，C#语言基本语法，HTML，CSS，JavaScript，XML，VBScript 语法规则，SQL 语言基础及增删改查基本语句等。

第 8 章主要介绍电子商务新技术与新应用知识，包括物联网、云计算、移动互联网、大数据等。

第 9 章主要介绍电子商务法律知识，包括电子商务法的调整对象和范围、电子商务法在法律体系中的地位和作用，我国电子商务立法现状与发展趋势等。

第 10 章主要介绍电子商务系统规划与设计知识，包括电子商务应用系统的总体规划、可行性分析、需求分析以及系统设计和电子商务相关技术等。

第 11 章主要介绍电子商务系统建设知识，包括 ASP.NET 的相关技术，网站设计的相关技术，网站常用组件设计以及电子商务网站安全设计和网站安全威胁及安全措施等。

第 12 章主要介绍电子商务系统测试知识，包括基本概念、测试目标、测试过程和测试步骤，通过实例说明如何设计测试用例，介绍测试的关键技术和调试技术等。

第 13 章主要介绍电子商务系统的管理与推广知识，包括电子商务网站的发布与推广、电子商务网站日常运行管理、电子商务信息处理和电子商务网站的评价等相关内容。

第 14 章主要介绍电子商务项目管理知识，包括项目管理的概念、项目进度计划与控制以及项目控制方法等内容。

第 15 章主要介绍电子商务案例分析知识，包括网络营销案例及模式分析、电子支付案例及模式分析、协同商务案例及模式分析、电子商务综合案例分析等。

第 16 章为专业英语，包括电子商务及其分类、电子商务发展历程、电子商务盈利模式、网络广告、电子钱包、移动商务、电子政务等内容的相关英语表达。

本书第 1 章由李晓鸿、杨文宇、朱烨行编写，第 2 章由吴晓葵编写，第 3 章由刘文哲编写，第 4 章由武琦、曹媛媛编写，第 5 章由李刚编写，第 6 章由邢岗编写，第 7 章由战非编写，第 8 章由曹媛媛、李栋、李刚、张利编写，第 9 章由陈静编写，第 10 章由任静编写，第 11 章由李川编写，第 12 章由杨俊清编写，第 13 章由程传旭编写，第 14 章由张晓云编写，第 15 章由邢岗、武琦、李刚、李栋编写，第 16 章由霍建英、王轼颖编写，最后由西安邮电大学张利教授和西安航空学院杨俊清教授统稿。

在本书的编写过程中，参考了许多相关的书籍和资料，编者在此对这些参考文献的作者表示感谢。同时感谢清华大学出版社在本书出版过程中所给予的支持和帮助。

因水平有限，书中难免存在错漏和不妥之处，望读者指正，以便改进和提高。

编　者

2013 年 2 月

第 2 版前言

编者受全国计算机专业技术资格考试办公室委托，根据考试大纲，修订编写了《电子商务设计师教程（第 2 版）》。

和 2013 版比较，修订版在追踪行业研究与实践发展最新动态的基础上对知识进行了大篇幅更新，按照大纲知识点对内容和结构进行了优化。将第 5 章由原标题“现代物流与供应链管理”改为“电子商务物流与供应链管理”，内容做相应调整；将原书第 9 章“电子商务法概述”提为第 7 章，题目改成“电子商务法律规范与伦理道德”内容做相应修订；第 13 章“电子商务系统的管理与推广”调整为第 12 章，题目改为“电子商务系统运行维护与评价”，内容与第 6 章网络营销做适当整合；第 16 章“专业英语”，题目调整为“电子商务英语文献阅读”。调整后全书可分成四个模块：前两章为第一模块，为基础知识；3～7 章为第二模块，为电子商务商科类知识与技术；8～14 章为第三模块，为电子商务技术类知识与技术；最后两章为第四模块，为电子商务扩展能力与知识。新的结构和原书结构相比更科学、更合理，体系也更清晰。

内容方面，修订版加强了实践性、可测性内容，精简了不必要的背景、意义、特点、功能、作用、必要性等内容，删减了不必要的案例。

各章节内容安排如下：

第 1 章主要介绍电子商务基础知识，包括 EFT 和 EDI；电子商务 B2B 模式、B2C 模式、C2C 模式、O2O 模式、电子政务等；电子商务经济学基础知识；电子商务管理学基础知识；电子商务与系统科学；电子商务的系统思维等。

第 2 章主要介绍计算机系统基础知识，包括计算机硬件系统结构；操作系统主要功能和特征；数据库、数据挖掘等基础知识。并对网络的基本概念、网络体系结构及协议标准、Internet 相关技术、TCP/IP 协议、Web 技术结构等内容作了介绍。

第 3 章主要介绍电子商务信息安全知识，包括密码技术、安全认证技术、非法入侵防范技术、信息设施安全、信息管理安全、安全审计与安全评估、计算机病毒攻击与防范、物理环境安全与容灾等内容。

第 4 章主要介绍电子支付技术与系统知识，包括货币与货币制度，电子支付及清算模式，电子支付系统，第三方支付，电子支付风险管理等。

第 5 章主要介绍电子商务物流与供应链管理知识，包括电子商务物流，物流系统与职能，现代物流信息技术，供应链管理等。

第 6 章主要介绍网络营销知识，包括网络营销理论基础，网络营销主要职能、工具和方法，具体包含搜索引擎营销、病毒性营销、网络社区营销、会员制营销、博客营销、电子邮件营销、网站资源合作营销推广等。

第 7 章主要介绍电子商务法律知识，包括电子商务立法现状；跨境电子商务中的法律适用及贸易惯例；电子商务发展中的伦理道德问题；电子商务信用体系建设和电子商务网络伦理体系的建立等

第 8 章主要介绍电子商务系统规划与设计知识，包括电子商务应用系统的总体规划、可行性分析、需求分析以及系统设计和电子商务相关技术等。

第 9 章主要介绍电子商务程序设计基础知识，包括.NET 平台技术及结构，面向对象编程思想，C#语言基本语法，HTML，CSS，JavaScript，XML，VBScript 语法规则，SQL 语言基础及增删改查基本语句等。

第 10 章主要介绍电子商务系统建设知识，包括 ASP.NET 的相关技术，网站设计的相关技术，网站常用组件设计以及电子商务网站安全设计和网站安全威胁及安全措施等。

第 11 章主要介绍电子商务系统测试知识，包括基本概念、测试目标、测试过程和测试步骤，通过实例说明如何设计测试用例，介绍测试的关键技术和调试技术等。

第 12 章主要介绍电子商务系统的运行维护与评价知识，包括电子商务网站的发布与推广、电子商务网站日常运行管理、电子商务网站的评价等相关内容。

第 13 章主要介绍电子商务项目管理知识，包括项目管理的概念、项目进度计划与控制以及项目控制方法等内容。

第 14 章主要介绍电子商务新技术与新应用知识，包括物联网、云计算、移动互联网、大数据等。

第 15 章主要介绍电子商务案例分析知识，包括网络营销案例及模式分析、电子支付案例及模式分析、协同商务案例及模式分析、电子商务综合案例分析等。

第 16 章主要介绍电子商务英语文献阅读，包括电子商务及其分类、电子商务发展历程、电子商务盈利模式、网络广告、电子钱包、移动商务、电子政务等内容的相关英语表达。

本书第 1 章由李晓鸿编写，第 2 章由吴晓葵编写，第 3 章由刘文哲编写，第 4 章由武琦编写，第 5 章由李刚编写，第 6 章由邢岗编写，第 7 章由刘颖编写，第 8 章由任静编写，第 9 章由战非编写，第 10 章由李川编写，第 11 章由杨俊清编写，第 12 章由程传旭编写，第 13 章由张晓云编写，第 14 章由曹媛媛编写，第 15 章由李栋编写，第 16 章由霍建英编写，最后由西安邮电大学张利教授和西安航空学院杨俊清教授统稿。

在本书的编写过程中，参考了许多相关的书籍和资料，编者在此对这些参考文献的作者表示感谢。同时感谢清华大学出版社在本书出版过程中所给予的支持和帮助。

因水平有限，书中难免存在错漏和不妥之处，望读者指正，以便改进和提高。

编 者

2015 年 3 月

目　录

第 1 章　电子商务基础

1.1　电子商务模式与发展

1.1.1　电子商务与电子商务模式

1．电子商务的含义

许多组织、公司、学术团体等机构按照各自的理解，给出了对电子商务的诸多诠释。以下是四家权威机构对电子商务的定义：

联合经济合作和发展组织（OECD）：电子商务是发生在开放网络上的包含企业之间、企业和消费者之间的商业交易。

美国政府的“全球电子商务纲要”：电子商务是指通过 Internet 进行的各项商务活动，包括广告、交易、支付、服务等活动。

加拿大电子商务协会：电子商务是通过数字通信进行商品和服务的买卖以及资金的转移，它还包括公司间和公司内利用电子邮件、电子数据交换（EDI）、文件传输、传真、电视会议、远程计算机联网所能实现的全部功能。

全球信息基础设施委员会（GIIC）电子商务工作组：电子商务是运用电子通信作为手段的经济活动，通过这种方式人们可以对带有经济价值的产品和服务进行宣传、购买和结算。

综合各方观点和大众理解，电子商务通常是指在网络环境下，买卖双方不需见面，实现网上交易、在线支付以及相关综合服务的一切活动，是完全创新的或者在一定程度上协同了传统商务流程的一种以信息化手段应用为典型特征的商业运营模式。

2．电子商务的功能与基本特征

电子商务可以提供网上宣传、网上交易、网上支付和交易管理等全过程的服务，也就是说，从寻找客户开始，一直到洽谈、订货、在线付款、开具电子发票乃至电子报关等，通过 Internet 一气呵成，利用 Internet 将信息流、资金流和部分物流完整地实现。其具体功能体现在广告宣传、咨询洽谈、网上订购、网上支付、电子账户、服务传递、意见征询、交易管理等。

（1）广告宣传

电子商务使企业可以通过自己的 web、网站主页和电子邮件在全球范围同时做广告宣传。在 Internet 网上宣传企业形象、发布各种商品信息，客户通过网络浏览器可以迅速找到所需的商品信息。与其他各种广告形式相比，网络广告成本最为低廉，而给顾客的信息量却最为丰富。

（2）咨询洽谈

电子商务使企业可借助非实时的电子邮件、新闻组和实时的讨论组来了解市场和商品信息、洽谈交易事务、如有进一步的需求，还可用网上的白板会议、公告板（BBS）来交流即时的信息。在网上的咨询和洽谈能超越人们面对面洽谈的限制，提供多种方便的异地交谈形式。

（3）网上订购

电子商务通过web中电子邮件的交互传送实现客户在网上的订购。企业的网上订购系统通常都是在商品介绍的页面上提供十分友好订购提示信息和订购交互表。当客户填完订单表格后，系统回复确认信息单，表示订购信息已收悉。电子商务的客户订购信息采用加密的方式使客户和商家的商业信息不会泄露。

（4）网上支付

网上支付是电子商务交易过程中的重要环节，客户和商家之间可采用信用卡、电子钱包、电子支票和电子现金等多种电子支付方式进行网上支付，采用在网上电子支付的方式可减小交易的开销。

（5）电子账户

交易的网上支付是由银行、信用卡公司及保险公司等金融单位提供电子账户管理等网上操作的金融服务。客户的信用卡号和银行账号是电子账户的标志。电子账户通过客户认证、数字签名、数据加密等技术措施的应用保证电子账户操作的安全性。

（6）服务传递

电子商务通过服务传递系统将客户所订购的商品尽快地传递到已订货并付款的客户手中。对于有形的商品，服务传递系统可以对本地和异地的仓库在网络中进行物流的调配并通过快递业形成商品的传送；而无形的信息产品如软件、电子读物、信息服务等则立即从电子仓库中将商品通过网络直接传递到用户端。

（7）意见征询

企业的电子商务系统可以用网页上的“选择”“填空”等及时收集客户对商品和销售服务的反馈意见，客户的反馈意见能提高网上交易售后服务水平，使企业获得产品改进意见，发现市场上的商业机会，使企业的市场运作形成一个良性的封闭回路。

（8）交易管理

电子商务的交易管理系统可以完成对网上交易活动全过程中的人、财、物以及本企业内部各方面的协调和管理。

电子商务的上述功能，为网上交易提供了一个良好的交易服务和进行管理的环境，使电子商务的交易过程得以顺利、安全地完成，并可以使电子商务获得更加广泛的应用。

电子商务具有如下的基本特征：

① 普遍性。电子商务作为一种新型的交易方式，将生产企业、流通企业以及消费

者和政府带入了一个网络经济、数字化生存的新天地。

② 方便性。在电子商务环境中，人们不再受地域的限制，客户能以非常简洁的方式完成过去较为繁杂的商务活动，如通过网络银行能够全天候地存取资金账户、查询信息等，同时使企业对客户的服务质量得以大大提高。

③ 整体性。电子商务能够规范事务处理的工作流程，将人工操作和电子信息处理集成为一个不可分割的整体，这样不仅能提高人力和物力的利用，也可以提高系统运行的严密性。

④ 安全性。在电子商务中，安全性是一个至关重要的核心问题，它要求网络能提供一种端到端的安全解决方案，如加密机制、签名机制、安全管理、存取控制、防火墙、防病毒保护等等，这与传统的商务活动有着很大的不同。

⑤ 协调性。商务活动本身是一种协调过程，它需要客户与公司内部、生产商、批发商、零售商间的协调，在电子商务环境中，它更要求银行、配送中心、通讯部门、技术服务等多个部门的通力协作，电子商务的全过程往往是一气呵成的。

3．EFT 和 EDI

（1）EFT 的定义

EFT，是 Electronic Funds Transfer 的缩写，含义为“电子资金转账”，是利用计算机系统及网络系统进行的公司和银行之间或者两个银行之间的价值的电子传输。EFT 是计算机在银行业务中得到应用后，银行利用计算机、终端机、电子信息网络等电子通讯设备建立的高速划拨资金的电子支付系统。EFT 明显地改变了支付结算方式，降低了成本，提高了效益，从而得到迅速发展，各国相继建立了电子支付系统和主要为消费者服务的 POS 系统、ATM 系统。

（2）EFT 系统的应用

EFT 系统根据服务对象的不同与支付金额的大小分为小额 EFT 系统和大额 EFT 系统。小额 EFT 系统的服务对象主要是消费者个人，特点是交易发生频繁，交易金额小且多样化；大额 EFT 系统的服务对象包括货币、黄金、外汇、商品市场的经纪商与交易商，在金融市场从事交易活动的商业银行，以及从事国际贸易的工商企业，其特点是金额巨大，对支付的时间性、准确性与安全性有特殊的要求，在 EFT 系统中处于主要地位。主要的大额 EFT 系统有联邦电划系统（CHIP）、清算银行间支付系统（SWIFT）。常见的小额 EFT 系统有：销售点终端设备（POS）、自动柜员机（ATM）、居家银行服务（Home Banking）和自动票据交换所（ACH）。

（3）EDI 的定义

EDI 是 Electronic Data Interchange 的缩写，即电子数据交换，它是一种利用计算机进行商务处理的新方法。EDI 是企业和企业之间，通过电子方式，按照标准格式，从应用系统到应用系统的商业单证的传输。EDI 是将贸易、运输、保险、银行和海关等行业的信息，用一种国际公认的标准格式，通过计算机通信网络，使各有关部门、公司与企业之间进行数据交换与处理，并完成以贸易为中心的全部业务过程。

早在互联网（Internet）技术被大量采用之前，一些企业就已经采用了电子方式来进行数据、表格等信息的交换，不过，早期的解决方式大多是建立在大量功能单一的、专用软硬件设施基础上的，因此价格极为昂贵，只有大型企业才能利用。基于专用网络的 EDI 始终是一种为满足大企业需要而发展起来的先进技术手段，必须遵照统一的标准，租用专线，费用很高，中小企业只能望而兴叹，它与普通公众也是无缘的。

随着 Internet 的出现和发展，电子商务日益蓬勃起来。Internet 的发展在环境、技术、经济上都为电子商务创造了条件。以 Internet 作为互联手段，将它同 EDI 技术结合，可以提供一个较为廉价的服务环境来满足大量中小企业对电子商务的需求。

EDI 的应用领域很广泛，主要内容包括贸易中供应商与客户的文件交换、报关、订货、电子竞标等。它的主要用户有进出口公司、运输公司、银行、制造商、零售商、跨国公司、大中型企业等。

（4）EDI 的组成

数据标准化、EDI 软件和通讯网络是构成 EDI 系统的三要素。

① EDI 标准。EDI 标准就是国际社会共同制定的一种用于书写商务报文的规范和标准协议。制定这个标准的主要目的是消除各国语言、商务规定以及表达与理解上的歧义性，为国际贸易实务操作中的各类单证数据交换搭起一座电子数据通信的桥梁。

EDI 电子数据交换是结构化的数据通过一定标准的报文格式从一个应用程序到另一个应用程序的电子化的交换，商业伙伴实施 EDI，必须遵循一定的 EDI 标准。国际上 20 世纪 60 年代起就开始研究 EDI 标准。1987 年，联合国欧洲经济委员会综合了经过 10 多年实践的美国 ANSI X.12 系列标准和欧洲流行的“贸易数据交换（TDI）”标准，制定了用于行政、商业和运输的电子数据交换标准（EDIFACT）。

② EDI 软件。EDI 软件具有将用户数据库系统中的信息译成 EDI 的标准格式以供传输文件的能力。EDI 相关软件包括：转换软件、翻译软件和通信软件。

③ 通信网络。通信网络是实现 EDI 的手段，EDI 通信方式有两种：一种是在贸易伙伴之间建立专用网络；另一种是增值网络（VAN）方式。VAN 最大的特点是通过计算机服务网络，使不同企业、不同的网络系统可以相互连接，从而使不同形式的数据交换成为可能。由于 VAN 实现了不同系统的对接和不同格式的交换，为无数的使用者提供了交换数据的服务，创造了附加价值，因而被称做增值网络。因此通过增值网络传送 EDI 文件，可以大幅度降低相互传送资料的复杂度和困难度，大大提高 EDI 的效率。

4．电子商务模式内涵

电子商务模式，指的是在信息技术和互联网环境下，企业处于市场价值链体系中的某个位置，凭借一定的资源优势和相关流程，为市场带来盈利和提供一定价值的具体方式。电子商务模式对于企业的发展至关重要，充分了解电子商务模式，对当前企业在管理方式上的创新，传统企业在信息时代向新兴企业战略转型都具有十分重要的意义。

电子商务按交易的内容基本上可分为直接电子商务和间接电子商务。

直接电子商务包括向客户提供的软体商品（又称无形商品）和各种服务。如计算机软件，研究性咨询性的报告，航班、参团出游及娱乐内容的订购、支付，兑汇及银行有关业务，证券及期货的有关交易，全球规模的信息服务等，都可以通过网络直接传送，保证安全抵达客户。直接电子商务突出的好处是快速简便及十分便宜，深受客户欢迎，企业的运作成本显著降低。受限之处是只能经营适合在网上传输的商品和服务。

间接电子商务包括向客户提供的实体商品（又称有形商品）及有关服务。显然这是社会中大量交易的商品和有关服务。由于要求做到在很广的地域范围和严格的时限内送达，一般均交由现代物流配送公司和专业服务机构去完成配送工作，这里所说的现代物流配送公司和专业服务机构远非过去传统商业的仓储货运机构和简单的服务部门，而是一种具有相当规模、拥有很强运输能力、采用自动化手段特别是充分运用互联网进行信息管理的现代企业。

电子商务按网络类型基本上分为 EDI（电子数据交换）商务、Internet（互联网）商务、Intranet（企业内部网）商务、Extranet（企业外部网）商务四种类型。

EDI（电子数据交换）商务已有 30 多年的历史。它主要应用于企业之间、企业与中间商之间的批发业务。较之传统的订货和付款方式，EDI 大大节约了时间和费用，有较好的安全保障、严格的登记手续和准入制度、多级权限的防范措施，实现了包括付款在内的全部交易工作电脑化。

Internet（互联网）商务是国际现代商业的最新形式。它以计算机、通信、多媒体、数据库技术为基础，通过互联网在网上实现营销、购物服务。它突破了传统的商业、生产、批发、零售及进、销、存、调的流转程序与营销模式，有利于实现少投入、低成本、零库存、高效率，避免了商品的无效转移及搬运，从而实现了社会资源的高效运作和最大节余。对于消费者来说，则可不受时空和厂商的限制，进行广泛的比较和选择，能以较低的价格获得所需的更好的商品和服务。

Intranet 又称为内联网。这是企业拥有的采用与互联网相同的 TCP/IP 协议的局域网，可将局域网接入，形成一个企业内部的虚拟网络。Intranet 可运用防火墙（firewall）手段构造安全网站，防止外界访问者未经授权随便进入内联网，以保护企业内部需要保密的信息。跨国公司和大中型企业借助 Intranet 商务，可将其分布在世界各地的分支机构以及总部内有关部门联通起来，使企业各级管理人员按级分享内部信息，使在线业务取代一些纸面业务，从而有效地降低交易成本，提高了运营效益。

Extranet 又称为外联网。它是在企业已有的互联网商务基础上扩展而成的，完全采用互联网技术。企业借助 Extranet 商务与上下游协作厂家建立更加紧密的伙伴关系。由于这些协作厂家的信息化程度各异，本企业往往要拥有多种网络方式，分别同它们连接。对于未建企业网站的伙伴，主要用 E-mail 方式；对于建有企业网站的伙伴，显然可以通过互联网构成 Extranet 商务；对于只拥有 EDI 商务的，最好都采用 Web-EDI，或经过 E-mail

过渡。

除了上述从不同角度分类外，常见的电子商务模式有 B2B、B2C、C2C、O2O、电子政务等，下面一一介绍。

1.1.2 B2B 模式

1. B2B 模式的内涵及分类

（1）B2B 模式的内涵

B2B 即 Business To Business（商家对商家），就是企业与企业之间通过互联网进行产品、服务及信息的交换。B2B 是电子商务按参与对象分类中的一种。这种形式的电子商务是在企业与企业之间进行的，一般以信息发布与撮合为主，主要是建立商家之间的桥梁。B2B 模式主要是通过互联网平台聚合众多的企业，形成买卖的大信息海洋，买家与卖家在平台上选择交易对象，通过在线电子支付完成交易。传统的企业间的交易往往要耗费企业的大量资源和时间，无论是销售和分销还是采购都要占用产品成本。通过 B2B 的交易方式买卖双方能够在网上完成整个业务流程，从建立最初印象，到货比三家，再到讨价还价、签单和交货，最后到客户服务。B2B 使企业之间的交易减少许多事务性的工作流程和管理费用，降低了企业经营成本。网络的便利及延伸性使企业扩大了活动范围，企业发展跨地区跨国界更方便，成本更低廉。

（2）B2B 模式的分类

① 面向制造业或面向商业的垂直 B2B 模式。垂直 B2B 可以分为两个方向，即上游和下游。生产商或商业零售商可以与上游的供应商形成供货关系，比如 Dell 电脑公司与上游的芯片和主板制造商就是通过 B2B 这种方式进行合作。生产商与下游的经销商可以形成销货关系，比如 Cisco 与其分销商之间就是通过 B2B 这种方式进行交易。

② 面向中间交易市场的水平 B2B 模式。这种交易模式是水平 B2B，它是将各个行业中相近的交易过程集中到一个场所，为企业的采购方和供应方提供了一个交易的机会，如像 Alibaba、中国制造网、环球资源网、中国化工网、中国网库、ECVV、中国供应商、慧聪网、敦煌网、采道网、万国商业网等。水平 B2B 只是企业实现电子商务的一个开始，它的应用将会得到不断发展和完善，并适应所有行业企业的需要。

③ 自建 B2B 模式。行业龙头企业自建 B2B 模式是大型行业龙头企业基于自身的信息化建设程度，搭建以自身产品供应链为核心的行业化电子商务平台。行业龙头企业通过自身的电子商务平台，串联起行业整条产业链，供应链上下游企业通过该平台实现资讯、沟通、交易。但此类电子商务平台过于封闭，缺少产业链的深度整合。

④ 关联行业 B2B 模式。关联行业 B2B 模式是相关行业为了提升目前电子商务交易平台信息的广泛程度和准确性，整合水平 B2B 模式和垂直 B2B 模式而建立起来的跨行业电子商务平台。

2．B2B 模式的演进

B2B 电子商务发展经历了四个阶段：电子数据交换（EDI）、基本的电子商务、电子交易集市、协同商务。

第一阶段：电子数据交换（EDI）。在此阶段中，企业与组织之间，通过制定各种通信标准来管制数据传输的工作。在此阶段中企业和厂商所形成的网络是封闭的，因为信息技术并未普及、所需的费用昂贵，并不是所有的企业均有足够的资金引进 EDI，在此阶段，电子商务弹性低、成本高。

第二阶段：基本的电子商务（Basic e-commerce）。在此阶段中，买卖双方直接在网站上进行交易，并不依赖中间交易商，是从网站一对一进行，在网站上设置在线目录，卖给专业的厂商。在此阶段，弹性变高、成本降低，但互动仍是单向，同时市场的效率并不高，且市场透明度也不高。

第三阶段：电子交易集市。在此阶段中，产生了第三方供应者，目的在于形成一个电子交易集市，提供大家一起交易的地方，在流程方面，由单向交易发展到双向交易，随着订单的复杂性增强，互动性更加丰富，沟通协调也增强。

第四阶段：协同商务。在此阶段中，扩大了企业运作的范围，在作业流程中，将事前、事中、事后都引入了，除了注重自己企业运作的内部流程，还通过上下游一起协商合作的一种商业合作，市场更加透明化。

3．B2B 的盈利模式

（1）会员费

企业通过第三方电子商务平台参与电子商务交易，必须注册为 B2B 网站的会员，每年要交纳一定的会员费，才能享受网站提供的各种服务，目前会员费已成为我国 B2B 网站最主要的收入来源。

（2）广告费

网络广告是门户网站的主要盈利来源，同时也是 B2B 电子商务网站的主要收入来源。这一块的典型代表有 TOXUE 外贸网、阿里巴巴、ECVV 等。

（3）竞价排名

企业为了促进产品的销售，都希望在 B2B 网站的信息搜索中将自己的排名靠前，而网站在确保信息准确的基础上，根据会员交费的不同对排名顺序作相应的调整。

（4）增值服务

B2B 网站通常除了为企业提供贸易供求信息以外，还会提供一些独特的增值服务，包括企业认证、独立域名、提供行业数据分析报告、搜索引擎优化等。像现货认证就是针对电子行业提供的一个特殊的增值服务，因为通常电子采购商比较重视库存这一块。另外针对电子型号做的谷歌排名推广服务，就是搜索引擎优化的一种，企业对这个都比较感兴趣。所以可以根据行业的特殊性去深挖客户的需求，然后提供具有针对性的增值服务。

（5）线下服务

其主要包括展会、期刊、研讨会等。通过展会，供应商和采购商面对面地交流，一般的中小企业还是比较青睐这种方式。期刊主要是关于行业资讯等信息，期刊里也可以植入广告。环球资源的展会现已成为重要的盈利模式，占其收入的三分之一左右。而ECVV组织的各种展会和采购会也已取得不错的效果。

（6）商务合作

它包括广告联盟、行业协会合作、传统媒体的合作等。广告联盟通常是网络广告联盟，亚马逊通过这个方式已经取得了不错的成效，国内做得比较成熟的几家广告联盟有：百度联盟、谷歌联盟、淘宝联盟等。

（7）按询盘付费

它区别于传统的会员包年付费模式，按询盘付费模式是指从事国际贸易的企业按照海外推广带来的实际效果，也就是海外买家实际的有效询盘来付费。其中询盘是否有效，主动权在消费者手中，由消费者自行判断，来决定是否消费。"按询盘付费"有四大特点：① 零首付、零风险；② 主动权、消费权；③ 免费推、针对广；④ 及时付、便利大。广大企业不用冒着"投入几万元、十几万元，一年都收不回成本"的风险，零投入就可享受免费全球推广，成功获得有效询盘后，辨认询盘的真实性和有效性后，只需在线支付单条询盘价格，就可以获得与海外买家直接谈判成单的机会，主动权完全掌握在供应商手里。

4．典型案例

——以环球资源、慧聪、阿里巴巴为例

环球资源网（Global Sources.com）是一个多渠道的B2B国际贸易平台，亦是双边贸易的主要促进者。环球资源网为供货商提供综合的市场推广服务，并为专业买家提供采购信息。2000年4月成为在纳斯达克上市的首个纯B2B公司。企业加入环球资源网的年费通常都在10万到20万之间。电子类和礼品类是环球资源网最具优势的行业。它对买家的审核很严格，成交的主要是一些大单。它的客户群以大企业为主。

慧聪网（Hc360.com）是国内领先的B2B电子商务提供商，凭借其核心物联网产品买卖通，借助专业服务及先进的网络技术，为中小企业提供诚信的供需平台，提供全方位的电子商务服务。2003年12月，在香港创业板上市，为国内信息服务业及B2B电子商业服务业首家上市公司。2014年10月10日，慧聪网从香港创业板转到香港联交所主板上市。注册用户超过1500万，买家资源达到1120万，覆盖行业超过70余个，成为国内最有影响力的物联网电子商务公司之一。

阿里巴巴（Alibaba.com）是由马云与另外17人在1999年创立的B2B电子商务公司。阿里巴巴于2014年9月19日在美国纳斯达克上市，阿里巴巴上市是美股史上最大规模的首次公开募股，而阿里巴巴也将成为全球最有价值的科技公司之一。截至2015年1月，集团及其关联公司在大中华地区、印度、日本、韩国、英国及美国70多个城市共有20400多名员工。阿里巴巴多次被选为全球最佳B2B站点之一。

（1）环球资源网分析

运营方式：订单管理、目录服务、网上交易互联网系统，拥有 27 个行业网站以及 14 个地区门户网站。

商业模式：漏斗型。

客户群：大企业。

服务体系：通过商展、网站和贸易杂志组成的多渠道国际贸易平台，以买家喜爱的方式为他们提供采购信息，促进亚洲发达及新兴经济实体与全球的国际贸易。

优势：① 会员：从企业会员来讲，环球资源只接纳大企业高端会员，阿里巴巴则是通吃。② 历史较长，是一家享有 15 年历史在 NASDAQ 上市的公司，国外的知名度较高，积累了一定客户量。③ 环球资源为其所服务的行业提供媒体及出口市场推广服务，环球资源并同时提供广告创作、教育项目和网上内容管理等支援服务。④ 免费网上广告是相对于其他网站比较特殊的一点。⑤ 环球资源推出包含全网搜索在内的2.0商务平台，其核心是全新的搜索模式。为买家提供更多的供应商选择、从而吸引更多的买家，达到"卖家吸引买家、买家带来卖家"的局面；并依靠全网垂直搜索打造 B2B 电子商务入口，降低用户对其他 B2B 平台的依赖，增强自身的用户粘度。

劣势：① 环球资源侧重于杂志，海外的展会，传统性占很大一部分。② 价格相对较贵，报价方面，要比阿里巴巴高出 5～10 个百分点，入门的费用在$ 10000～$ 20000，一般的中小企业拿不出那么多的资金。

（2）慧聪网分析

运营方式：网站与刊物、电子采购。

商业模式：内贸和外贸、买卖通、行业搜索技术。

客户群：中小型企业。

服务体系：慧聪网是网上、网下服务并重，其创办的"供需见面会"几乎天天一场，将大买家邀请到现场与供应商洽谈。这种针对国内 B2B 市场先天不足的服务，扩大了现有用户的商机，同时发展了潜在用户。

优势：① 多种媒体。慧聪网完成全国 30 多个城市渠道布局，并设立分销网点和服务体系。慧聪网在信息的原创程度、服务手段的丰富程度，以及供应链的完善程度上，要优于阿里巴巴。② B2B 站点 SEO（搜索引擎优化）。慧聪网靠的是站点内页面之间的互相支撑，靠的是站点本身的力量。同样针对很多关键词做了一些专题页面。但是这些专题页面都首先有比较丰富的内容，首先是满足站点浏览者的需要，而非单纯为了机器的需要，也不存在堆积关键词之类的擦边球行为。

劣势：慧聪网由于出版中文杂志刊物，所以运营成本相对于阿里巴巴来说较大，而且英文网站没有名气，大部分都是国内的企业浏览，海外客商的流量较少，内贸网站，90%的会员同时注册了阿里巴巴，阿里巴巴在很大程度上压制了慧聪网的优势，如何在内贸和外贸寻求突破将会是慧聪网面临的主要问题。

（3）阿里巴巴分析

运营方式：提供信息流，收取会员年费。

商业模式：站点推广、诚信通、支付宝、阿里软件等。

客户群：中小型企业。

服务体系：阿里巴巴主要精力在线上服务，虽也举办论坛之类的见面会，但并不以撮合为主，频率也不高。

优势：① 已经积累了大量的会员和良好的口碑，是访问量最大的B2B网站。信息发布量大，信息较全。② 快速消费品，其商机的绝对数量，超过慧聪网。③ 技术及模式运作娴熟。

劣势：① 价格竞争激烈，因此阿里成交的订单利润都偏低。② 阿里巴巴会员鱼龙混杂，安全性不够高。

1.1.3 B2C模式

1．B2C模式的内涵及分类

（1）B2C模式的内涵

B2C即Business To Consumer（商家对个人），就是电子商务按参与对象分类中的一种，即表示企业对消费者的电子商务，这种形式的电子商务一般以网络零售业为主，主要借助于Internet开展在线活动，是企业通过互联网为消费者提供的一个新型的购物环境——网上商店。消费者通过网络进行全部的贸易活动。

B2C以完备的双向信息沟通、灵活的交易手段、快捷的物流配送、低成本高效益的运作方式等在各行各业展现了其极大的生命力。这种模式节省了消费者和企业的时间和空间，大大提高了交易效率。这种商业模式在我国已经基本成熟，代表有当当网、卓越网等。

（2）B2C模式的分类

① 综合型B2C。发挥自身的品牌影响力，积极寻找新的利润点，培养核心业务。如卓越亚马逊，可在现有品牌信用的基础上，借助母公司亚马逊国际化的背景，探索国际品牌代购业务或者采购国际品牌产品进行销售等新业务。网站建设要在商品陈列展示、信息系统智能化等方面进一步细化。对于新老客户的关系管理，需要精细客户体验的内容，提供更加人性化、直观的服务。选择较好的物流合作伙伴，增强物流实际控制权，提高物流配送服务质量。

② 垂直型B2C。核心领域内继续挖掘新亮点。积极与知名品牌生产商沟通与合作，化解与线下渠道商的利益冲突，扩大产品线与产品系列，完善售前、售后服务，提供多样化的支付手段。个别垂直型B2C运营商开始涉足不同行业，可以尝试探索“物流联盟”或“协作物流”模式，若资金允许也可逐步实现自营物流，保证物流配送质量，增强用户的粘性，将网站完善后再寻找其他行业的商业机会。

③ 传统生产企业网络直销型 B2C。首先要从战略管理层面明确这种模式未来的定位、发展与目标。协调企业原有的线下渠道与网络平台的利益，实行差异化的销售。如网上销售所有产品系列，而传统渠道销售的产品则体现地区特色；实行差异化的价格；线上产品也可通过线下渠道完善售后服务。在产品设计方面，要着重考虑消费者的需求感觉。大力吸收和挖掘网络营销精英，培养电子商务运作团队，建立和完善电子商务平台。

④ 第三方交易平台型 B2C 网站。B2C 受到的制约因素较多，但中小企业在人力、物力、财力有限的情况下，这不失为一种拓宽网上销售渠道的好方法。关键是中小企业要选择具有较高知名度、点击率和流量的第三方平台；其次要聘请懂得网络营销、熟悉网络应用、了解实体店运作的网店管理人员；再次是要以长远发展的眼光看待网络渠道，增加产品的类别，充分利用实体店的资源、既有的仓储系统、供应链体系以及物流配送体系来发展网店。

⑤ 传统零售商网络销售型 B2C。传统零售商自建网站销售，将丰富的零售经验与电子商务有机地结合起来，有效地整合传统零售业务的供应链及物流体系，通过业务外包解决经营电子商务网站所需的技术问题，典型代表就是国美。

2. B2C 电子商务网站主要形式

（1）综合商城

它有庞大的购物群体，有稳定的网站平台，有完备的支付体系和诚信安全体系，促进了卖家进驻卖东西，买家进去买东西。如同传统商城一样，淘宝自己是不卖东西的，是提供了完备的销售配套。综合商城中有许多店，如同现实生活中的大商场。

（2）百货商店

商店，只有一个卖家；而百货即是满足日常消费需求的丰富产品线。这种商店具有自有仓库，会库存系列产品，以备更快得进行物流配送和更好得进行客户服务。这种店甚至会有自己的品牌。就如同线下的沃尔玛、屈臣氏、百佳百货。

（3）垂直商店

这种商城的产品存在着更多的相似性，要么都是满足于某一人群的，要么是满足于某种需要，亦或某种平台的（如电器）。互联网上的垂直商店数量取决于市场的细分。一般是细分的种类三到五倍，正因为有了良好的竞争格局，从而促进了服务的完善。常见的电子商务网站除了综合商城、百货商店、垂直商店外，还包括复合品牌店、轻型品牌店、服务型网店以及导购引擎型网店。

3. B2C 的盈利模式

（1）产品销售营业收入模式

以产品交易作为收入主要来源是多数 B2C 网站采用的模式。这种 B2C 网站又可细分为两种：销售平台式网站和自主销售式网站。

① 销售平台式网站。网站并不直接销售产品，而是为商家提供了 B2C 的平台服务，

通过收取虚拟店铺出租费、交易手续费、加盟费等来实现盈利。淘宝 B2C 购物平台——淘宝商城就是典型代表。淘宝提供淘宝商城这一 B2C 平台，收取加入淘宝商城商家一定费用，并根据提供服务级别的不同收取不同的服务费和保证金。

② 自主销售式网站。与销售平台式网站不同，自主销售式需要网站直接销售产品。与销售平台相比运营成本较高，需要自行开拓产品供应渠道，并构建一个完整的仓储和物流配送体系或者发展第三方物流加盟商，将物流服务外包。

（2）网络广告收益模式

网络广告收益模式是互联网经济中比较普遍的模式，B2C 网站通过免费向顾客提供产品信息或服务信息吸引足够的“注意力”从而吸引广告主投入广告，通过广告盈利。相对于传统媒体来说，广告主在网络上投放广告具有独特的优势：一方面，网络广告投放的效率较高，一般是按照广告点击的次数收费。另一方面，B2C 网站可以充分利用网站自身提供的产品或服务来区分消费群体，对广告主的吸引力也很大。

（3）收费会员制收益模式

B2C 网站对会员提供便捷的在线加盟注册程序、实时的用户购买行为跟踪记录、准确地在线销售统计资料查询等。网站收益量大小主要取决于自身推广努力。比如，网络可以适时地举办一些优惠活动并给予收费会员更优惠的会员价，与免费会员形成差异，以吸引更多的长期顾客。

（4）网上支付收益模式

当 B2C 网上支付拥有足够的用户，就可以借助其他途径来获取收入。以淘宝为例，有近 90%的淘宝用户通过支付宝，带给淘宝巨大的利润空间。淘宝不仅可以通过支付宝收取一定的交易服务费用，而且可以充分利用消费者存款和支付时间差产生的巨额资金进行其他投资盈利。

4．典型案例

当当网（www.dangdang.com）是国内领先的 B2C 网上商城，是全球最大的综合性中文网上购物商城之一，由国内著名出版机构科文公司、美国老虎基金、美国 IDG 集团、卢森堡剑桥集团、亚洲创业投资基金共同投资成立。当当网成立于 1999 年 11 月，以图书零售起家，已发展成为领先的在线零售商和中国最大图书零售商，具有高速增长的百货业务和第三方招商平台。当当网致力于为用户提供一流的一站式购物体验，在线销售的商品包括图书音像、服装、孕婴童、家居、美妆和数码等几十个大类，在库图书超过 90 万种，百货超过 105 万种。当当网的注册用户遍及全国 32 个省、市、自治区和直辖市。当当网于美国时间 2010 年 12 月 8 日在纽约证券交易所正式挂牌上市，是中国第一家完全基于线上业务、在美国上市的B2C网上商城。自路演阶段，当当网就以广阔的发展前景而受到大批基金和股票投资人的追捧，上市当天股价即上涨 86%，并以 103 倍的高 PE 和 3 亿 1 千 3 百万美金的 IPO 融资额，创中国公司境外上市市盈率和亚太区 2010 年高科技公司融资额度两项历史新高。同时，当当网还积极地走出去，在腾讯、天猫等平台开设旗舰店。

当当网的使命是坚持“更多选择、更多低价”，以世界上最全的中文图书使所有中文读者获得启迪，得到教育，享受娱乐。全球已有几千万的读者在当当网上选购过自己喜爱的商品。过去几年中，当当网被《纽约时报》、《经济学家杂志》、CNN、BBC、路透社、美联社等大量报道，借助国际主流媒体提升了当当网和中国企业的国际影响力。

与国内的网上书店比较，当当网有其独特的优势。一是商品种类多，二是购物方便，三是顾客多，网站访问量、每日订单数量都很大，顾客覆盖中国以及欧美、东南亚的中文读者。当当网的目标顾客分析非常清晰。当当网瞄准的就是“月光族”，他们年轻、高薪、舍得花钱。英语职业、计算机、生活、旅游、育儿、电视剧等产品，销售比重每年都在递增，并且有持续递增的无限可能性，当当网业绩因此急剧增长。

当当网使用了“网上智能比价”系统来进行定价，这个系统通过互联网每天实时查询所有网上销售的图书音像商品信息，一旦发现其他网站商品价格比当当网的价格还低，将自动调低当当网同类商品的价格，保持与竞争对手的价格优势。

当当网用到的支付技术。一是联手 Yeepay 易宝实现电子支付。Yeepay 易宝提供的线上支付平台，可以帮助当当购物广场的用户直通 21 家银行的线上支付系统，基本上涵盖了任何一种银行卡。而由 Yeepay 易宝首创的电话支付则实现了离线式电子支付，消费者通过网络和电话下订单后，即可拨通 Yeepay 易宝提供的线上支付平台，可以帮助当当购物广场的用户根据语音提示完成支付。二是携手银联推出电话刷卡的“固网支付”业务。2006 年 7 月 31 日，当当网和银联在北京召开盛大新闻发布会，双方正式宣布，建立全面战略合作伙伴关系，同时，当当网全面接入中国银联和中国电信最新推出的“固网支付”业务平台，通过电子账单和刷卡电话，为当当网用户提供“线上消费、线下刷卡”支付服务。

多年以来，当当网在 B2C 领域已经积累了丰富的客户服务经验、完整的服务网络和完善、高效的物流配送体系。以最简单的货架布置来说，当当网开发的智能系统，可根据客户的购买习惯将商品进行排序，提高交易效率，而不是按卖家支付的广告费进行排序。

1.1.4　C2C 模式

1．C2C 模式的内涵

C2C 即 Consumer To Consumer（个人对个人），就是消费者和消费者之间通过互联网进行交易的一种商务模式，换句话说就是由提供商品的消费者与需求商品的消费者在线达成交易的方式。举个例子来说吧，张三有一件衣服，放到淘宝网上进行拍卖，被李四买到，这种交易的方式就是 C2C。由于是个人跟个人的交易，大众化交易成为了 C2C 最大的特点。从字面上看，C2C 的构成要素包括买卖双方，即消费者。消费者是 C2C 的主体，扮演着提供商品者和购买商品者的角色。除此之外还包括电子交易服务平台，它将买卖双方聚集在一起，扮演着管理者的角色，保障交易的顺利进行，也起着极为重要的作用。例如淘宝、易趣、拍拍、有啊这些网站，它们都是极具有代表性的电子交易服务平台。

2．C2C 模式的优势

C2C 模式具有如下优势：

① 我国人数众多，且是使用互联网人数最多的一个国家，这给 C2C 市场的发展奠定了群众基础。我国的科技技术日新月异，不断提高，这给 C2C 市场的发展奠定了技术基础。

② 利用互联网进行交易，大大地节约了成本。比如，店铺租金、商品展示成本等等。

③ 网络交易平台的安全和信用制度的不断完善。比如，淘宝的支付宝、有啊的百付宝等等，解决了人们交易支付的问题。

④ 有更多的年轻人喜欢追随时尚的潮流，喜欢尝试新的的购物体验，这促进了 C2C 市场的发展。

C2C 模式具有如下劣势：

① C2C 与中国原有的消费方式大大不同。人们已经习惯了实物的面对面的购买，而 C2C 模式的商品是看不见摸不着的，不能确定是否满足消费者的需求。

② 买卖双方在交易支付的过程中缺乏信任。虽然现在有了第三方支付，一定程度上促进了 C2C 业务的发展，但是减缓了交易效率，使卖家不能及时收到钱导致经营成本过高。这样在一定的程度上延缓了 C2C 市场的发展速率。

③ 人们的消费观念难以改变，尤其是年龄稍大的人群。中国人已经习惯了一手交钱一手交货的消费模式，即现金交易，虽然有支付宝、安付通等便利的支付方式，有些人却选择了在网下完成交易。

④ 物流体系发展不成熟。人们常常遇到买货容易收货难的问题，尤其是在特殊节日，如双 11、双 12 等，给买卖双方都带来了不便。我国物流主要靠传统的邮政和快递企业，效率比较低，难以很好地满足网上购物快速交易的需求。

⑤ 商品质量得不到保证。网上购物是虚拟的，不能与商品零距离接触，会出现假货的可能，使网民承担了一定的风险性。

3．C2C 的商业模式

① 盈利模式：C2C 市场的盈利方式有广告收入、交易提成、增值服务、黄金铺位的推荐费等等。

② 信用模式：网络作为一种交易手段，应创建一个诚信的环境。其中应包括注册认证、交易实名认证、设立诚信指数、奖惩制度、在线支付、在线交流等等。

③ 支付模式：交易中支付的安全是每个用户所关心的内容，随着第三方支付的出现，凭借其信用度，解除了用户的忧虑。支付工具的出现，所建立起来的制度和采取的措施，大大地提高了交易的安全性。

④ 配送模式：为了买家能够及时迅速地收到商品，C2C 网站推荐了物流服务。邀请物流公司为第三方支付平台用户提供特别服务和优惠价格，卖家可以应买家要求或自行选择推荐的物流公司。

4. 典型案例

——以易趣网、淘宝网、拍拍网为例

个体消费者对 C2C 网站会比较熟悉，较为知名的 C2C 网站有易趣网、淘宝网、拍拍网。它们虽都属于 C2C 网站，但是在不同方面有所不同，如表 1-1 所示。

表 1-1　易趣网、淘宝网、拍拍网的比较

比较项目	易趣网	淘宝网	拍拍网
网站定位	生活用品，目标是以拍卖为主体的在线交易平台	生活用品，目标是建立类似沃尔玛、国美的网络零售帝国	生活用品，目标是一个多层次，多元化的在线商圈，为用户提供一个大众化的完整在线生活社区和交易平台
收费方式	先收费后免费	免费	免费
收费业务	高级、超级店铺收租金	消费者保障计划	暂无
认证方式	卖家可以通过信用卡、手机、身份证、地址 4 种认证方式	卖家可通过支付宝卡通、身份证两种认证方式	卖家可通过工行银行卡、身份证和手机 3 种认证方式
支付工具	安付通或贝宝	支付宝	财付通
聊天工具	Skype 语音沟通工具	阿里旺旺	QQ 聊天工具
可进入性	会员名登录	会员名或注册邮箱登录	QQ 登录，需要验证码
网站人气	是中国有效交易量最大的网站	中国最大的个人交易网	国内发展最快的电子商务网站
网民评价	国内最受欢迎的消费网站，但收费	商品种类齐全，支付较安全，但是出现纠纷难解决	发展速度快，用户群体广泛，但问题多、风险大、网拍鱼龙混杂

从表 1-1 中可看出，易趣是唯一对卖家开店进行收费的，淘宝是最早在注册时身份认证最严密的，而拍拍是发展速度最快的。C2C 购物网站由于私人的加入，使得其产品种类更加丰富与多元化，作为买家的选择余地更大一些，“百家争鸣、百花齐放”，这是它的优势也是它的特点。但是 C2C 购物网站因为卖家参差不齐，拿货渠道不尽相同，所以产品质量也参差不齐；C2C 购物网站个别卖家信誉很差，投诉难以处理。

1.1.5　O2O 模式

1. O2O 模式的内涵

O2O 即 Online To Offline（线上购买线下商品与服务，实体店享受），就是把线上的消费者带到现实的商店中夫——在线支付线下商品、服务，再到线下去享受服务。通过打折（如团购）、提供信息、服务（预定，如 Opentable）等方式，把线下商店的消息推送给互联网用户，从而将他们转换为自己的线下客户。该模式最重要的特点是：推广效果可查，每笔交易可跟踪，相对传统网购更强调互动。模式简称为线上线下电子商务，即 O2O。这个模式中必须包含“线下商户的发现或推荐”、“在线支付”、“营销效果的监测”这三大块。

O2O 模式的诞生，会促进很多新生网络公司提供该服务，尤其是团购类网站，以及本地信息生活服务类平台。对于传统企业来说，下列几类企业适合利用 O2O 模式了。①连锁加盟型的零售企业，如：流行美、卡顿、哎呀呀之类，或者大型渠道流通品牌商，因为加盟门店分布广，并且有线下服务优势等各种原因，这时候借助 O2O，能迅速促进门店销售，及进一步扩大连锁加盟商数量；② 连锁类餐饮公司，如：小肥羊之类，因为产品无法快递，只能在线下体验服务，所以可以通过线上下单，线下体验服务的方式抢占更多消费者；③ 本地生活服务企业，如：酒吧、会所、餐饮、电影等，通过 O2O 进行电子商务，事实上很多企业就是这么做的。

对于传统企业来说，开展 O2O 电子商务，主要有以下方式：

① 自建官方商城+连锁分子店铺的形式，消费者直接向最近门店的网络店铺下单购买，然后线下体验服务，而这过程中，品牌商提供在线客服服务，及随时调货支持（在缺货情况下），加盟商收款发货，适合全国连锁型企业。可以线上和线下店铺一一对应。但是投入大，推广力度需要很大。

② 借助全国布局的第三方平台，如：58、赶集、拉手或窝窝等，实现加盟企业和分站系统完美结合，并且借助第三方平台的巨大流量，能迅速推广带来客户。

③ 建设网上商城，开展各种促销和预付款的形式，线上销售线下服务，这形式适合本地化服务企业。

相对于传统的电子商务而言，O2O 真正实现了随时随地的信息交流和贴身服务，“任何人在任何地点、任何时间可以进行任何形式的”电子商务。O2O 这种在线支付购买线下的商品和服务，再到线下享受服务的模式也被证实可以很快被消费者接受。O2O 这种倡导将线上的消费者带到现实商店中，让互联网成为线下交易前台的模式正成为一种潮流。对本地商家来说，O2O 模式要求消费者网站支付，支付信息会成为商家了解消费者购物信息的渠道，方便商家对消费者购买数据的搜集，进而达成精准营销的目的，更好地维护并拓展客户。通过线上资源增加的顾客并不会给商家带来太多的成本，反而带来更多利润。此外，O2O 模式在一定程度上降低了商家对店铺地理位置的依赖，减少了租金方面的支出。对消费者而言，O2O 提供丰富、全面、及时的商家折扣信息，能够快捷筛选并订购适宜的商品或服务，且价格实惠。对服务提供商来说，O2O 模式可带来大规模高粘度的消费者，进而能争取到更多的商家资源。掌握庞大的消费者数据资源，且本地化程度较高的垂直网站借助 O2O 模式，还能为商家提供其他增值服务。

2. O2O 模式的优势

相对 B2C 模式来说，O2O 具有如下优势：

① 由于是线下体验服务，所以相对信任度更高，成交率也更高。

② 对于连锁加盟型零售企业来说，能顺利解决线上线下渠道利益冲突问题，而 B2C 模式是无法避免线上和传统加盟商的渠道冲突，尤其是价格上的冲突。

③ 对于生活服务类来说，具有明确的区域性，消费者更精准，线上推广传播更有针对性。

④ 能将线下的服务优势更好发挥，具有体验营销的特色。

⑤ 通过网络能迅速掌控消费者的最新反馈，进行更个性化服务和获取高粘度重复消费。

⑥ 对于连锁加盟型企业来说，对于加盟商的管控会更方便和直接，能将品牌商、加盟商和消费者三者的关系更加紧密化。

3. O2O 的盈利模式

O2O 的收费方式分两块：商家年费和周边增值服务费。如果商家使用电子商务渠道，会收取年费。视商家的规模，年费主要分几个等级，有小店铺版、企业版和连锁店版，比如像小商户一年大概六七千元年费，而连锁店可以达到几万、十几万甚几十万元的年费。同时，还提供一些增值服务，如果商家使用这些增值服务，则需要按实际数量来缴纳相应的费用。

4. 典型案例

（1）苏宁云商

苏宁在电子商务领域作出了傲人的成就，但苏宁易购的成功没有让它停下脚步。它继续深度布局 O2O。传统 O2O 平台的盈利模式主要就是搭建平台，然后以返点或别的方式赚取营销费用，并且获取宝贵的数据资源。苏宁的策略却是依托成熟平台进行自己的 O2O 布局。

苏宁拥有自营的 B2C 平台苏宁易购，具有非常成功的电商平台和成熟的电商运营经验；苏宁积累了大量的会员，苏宁在实现线上线下会员系统的全面融合后，苏宁不仅可以通过大数据分析实现消费者行为层面的精准分析与预测，更可以在促销形式、促销资源融合，在有效提升资源效率的同时为消费者带来更加便捷的双边渠道消费；苏宁拥有强大的 ERP 系统；苏宁发展了易付宝这个第三方网上支付渠道；苏宁作为零售巨头，对于联营品牌有着强大的议价能力；苏宁在三线城市以及偏远地区的销售、售后以及物流网络的布局，这些决定了苏宁有做 O2O 的先天优势。

（2）O2O 在房产方面的应用——美国 Airbnb 公司和赶集网的蚂蚁短租

Airbnb 成立于 2008 年 8 月，是一个旅行房屋租赁社区，用户可通过网络或手机应用程序发布、搜索度假房屋租赁信息并完成在线预定。Airbnb 用户遍布 167 个国家近 8000 个城市。Airbnb 被时代周刊称为“住房中的 EBay”。

Airbnb 帮助有闲置空间的人将空间提供出来并自行定价出租给需要短期居住的人。需要短租房屋的人不仅可以通过该平台寻找各地满足自己需求的房屋，甚至可以很迅速地找到附近的住宿，以解决临时性、突发性的住宿需求。并且，可以在平台上完成从预定到支付的各个环节，消费者只需入住即可。这种平台还可以展示消费者对商品和服务的评价，方便商户进行监测。

2011 年 11 月 8 日，O2O 产品蚂蚁短租正式上线，抢占短租市场。赶集网 CEO 将蚂蚁短租看作是赶集网的第二个创业项目。蚂蚁短租会投入 2000 万美元，其中 1000 万美元用于补贴租客和房主。2013 年 1 月，赶集网将蚂蚁短租业务正式进行分拆。同时，蚂蚁短租宣布获得近千万美元融资。赶集网推出的民居短租服务平台“蚂蚁短租”基于 O2O 这一理念，为房主和租客搭建一个在线短租交易平台，用户可以完成看房、订房、支付、点评等内容。这有点类似于美国的 Airbnb 平台，蚂蚁短租除了上线了网页版，也已经开发并上线了移动客户端，为房主和租客提供了更大的方便。

赶集网的优势在于，其本身已经拥有了大批量的用户，也就是潜在消费者。而作为团购网站，赶集网也积累了海量的商户信息。赶集网将这两者通过蚂蚁短租这一 O2O 平台加以整合，通过向商家收取佣金并取得收益。

Airbnb 公司和蚂蚁短租的发展速度之所以如此之快，很大程度上离不开他们采用了 O2O 这种商务模式，线上完成下单和支付线下完成交易的方式对于服务行业是非常合适的。

1.1.6 电子政务

1. 电子政务的内涵

电子政务其实就是各级政府机构的政务处理电子化，主要包括政务电子化、信息公布与发布电子化、信息传递与交换电子化，其核心是将大量频繁发生的行政管理和日常事务都通过设定好的程序在网上实施，建立一个跨越时间、地点、部门的实时信息系统，使得公众摆脱传统的层层关卡及书面审核的作业方式；把大量决策权下放给团体和个人，政府重新确定其职能，实施新的管理模式。

电子政务内容非常广泛，从服务对象来看，电子政务主要包括这样几个方面：政府间的电子政务（G2G）、政府对企业的电子政务（G2B）、政府对公民的电子政务（G2C）。

G2G 是上下级政府、不同地方政府、不同政府部门之间的电子政务。G2G 主要包括以下内容：电子法规政策系统、电子公文系统、电子司法档案系统、电子财政管理系统、电子办公系统、电子培训系统、业绩评价系统。

G2B 是企业与政府之间的电子商务。涵盖了政府与企业间的各项事务，包括政府采购、税收、商检、管理条例发布，以及法规政策颁布等。政府一方面作为消费者，可以通过 Internet 网发布自己的采购清单，公开、透明、高效、廉洁地完成所需物品的采购；

另一方面，政府对企业宏观调控、指导规范、监督管理的职能通过网络以电子商务方式更能充分、及时地发挥。借助于网络及其他信息技术，政府职能部门能更及时全面地获取所需信息，做出正确决策，做到快速反应，能迅速、直接地将政策法规及调控信息传达于企业，起到管理与服务的作用。在电子商务中，政府还有一个重要作用，就是对电子商务的推动、管理和规范作用。

G2C是指政府通过电子网络系统为公民提供的各种服务。G2C主要包括：教育培训服务、就业服务、电子医疗服务、社会保险网络服务、公民信息服务、交通管理服务、公民电子税务、电子证件服务。

2．电子政务发展的三个阶段及其特点

信息化的发展过程是随着计算机技术和网络技术的发展而发展起来的，因此各领域的信息化都具有相似的发展过程。政府信息化与电子商务的发展一样，也经历了办公自动化、行业内部信息化到电子政务的过程。从广义上来讲，整个政府信息化的过程也是电子政务的发展的过程，它主要分为以下三个阶段。

（1）电子政务起步阶段

这个阶段的主要特点是政府部门的信息化是基于局域网或系统内部广域网的信息系统，采用客户服务器的架构。这个阶段是政府部门系统内部的信息化发展过程，这个过程强调的是管理的理念。为了适应信息化发展，政府内部必须要更新管理理念，创新管理手段。最主要的工作就是要对政府业务工作进行重组，打破部门的界限，去除多余的重复的环节。我国的电子政务建设，最早可追溯到20世纪80年代的政府机构办公自动化工程。在自动化工程实施的过程中，政府内部建立了各种信息办公网络，中央40多个部委先后建立了信息中心，为后来的电子政务建设奠定了坚实的软、硬件基础。

（2）电子政务发展阶段

这个阶段的主要特点是政府部门的信息化是基于Internet的信息系统，采用浏览器/服务器的架构。这个阶段强调的是服务的理念，基于Internet的服务超越了时间和空间的限制，十分便利。也可以说从这个阶段起才是真正意义上的电子政务。我国的电子政务建设尽管起步比较晚，但发展得非常快。1998年11月，我国国家信息产业部开始在全国启动“政府上网工程”，并将1999年定为“政府上网年”。

（3）智能电子政务阶段

这个阶段主要的特点是知识的发现和辅助决策。众所周知，随着信息化的发展，政府部门搜集的数据不断增多，在这些海量的数据背后，含有丰富的知识。借助于数据挖掘技术，可以从中挖掘出很多有用的信息，帮助决策者进行决策，给企业和个人提供更多更高层次的信息服务。所谓政务智能，就是政府为提高事务处理的协调性与有效性以及重大决策的科学性与延续性，利用信息技术而构建的用于政务部门之间协同业务与协同决策的信息系统，即政务智能系统。政务智能化是电子政务未来的发展趋势。

1.2 电子商务经济学基础知识

1.2.1 商品经济及其基本规律

1．商品经济的内涵及其产生条件

商品经济是商品的生产、交换、出售的总和。商品经济是指直接以交换为目的的经济形式，包括商品生产和商品交换。

商品经济是人类社会发展到一定历史阶段的产物。它的产生，必须具备两个条件：第一是社会分工。它是商品经济产生的基础。因为社会分工，才提出了进行交换的要求，也才有了进行交换的可能。社会分工的特征，表现为每一个劳动者只从事某种局部的、单方面的劳动，只生产某些甚至某种单一的产品。而人们的需求则是多方面的。为了满足多方面的需求，生产者便必然要相互用自己生产的产品去交换自己不生产而又需要的产品。这种商品生产和商品交换就是商品经济。第二是所有权不同。它是商品经济产生的前提。因为生产资料和劳动产品属于不同的所有者，才发生了交换行为。可见，商品经济既是社会分工的产物，又是私有制的产物。

2．商品经济的基本规律——价值规律

（1）价值规律的基本内容

一般认为，商品的价值量由生产商品的社会必要劳动时间决定；商品的交换要以价值量为基础进行等价交换。

（2）价值规律的表现形式

① 受供求等因素的影响，价格围绕价值上下波动。

② 商品价格围绕着价值上下波动，这并不违反价值规律。从较长时期来看，价格的上涨部分和下跌部分可以相互抵消，价格总额与价值总额是相等的；商品的价格无论怎样波动，都是以各自的价值为基础变动的。

（3）价值规律的作用

第一，激励作用。因为商品的价值是由社会必要劳动时间决定的，因此商品生产者改进技术，提高个人的劳动生产率就会赢利，反之，可能无钱可挣甚至亏本，这就引起一种激励。

第二，调节社会总劳动和资源在各个部门的分配。价格自发地围绕价值上下波动，使生产资料、资金和劳动力从供过于求的部门流入供不应求的部门，这样流出流入的不断运动，社会供给与需求在运动中保持动态平衡，从而调节着社会总劳动和资源的分配。

第三，造成优胜劣汰，引起两极分化。劳动生产率高的会致富，而劳动生产率低的则可能会破产，价值规律的这种作用，一方面造成优胜劣汰，使资源向优势者手中集中，有滚雪球的效应，有利于资源的有效利用和社会生产率的提高；另一方面，造成社会成员的贫富差距大，两极分化。

1.2.2　市场机制及其构成要素

市场机制是通过市场竞争配置资源的方式，即资源在市场上通过自由竞争与自由交换来实现配置的机制，也是价值规律的实现形式。具体来说，它是指市场机制体内的供求、价格、竞争、风险等要素之间互相联系及作用机理。

市场机制是一个有机的整体，它的构成要素主要有市场价格机制、供求机制、竞争机制和风险机制等构成。

价格机制是指在市场竞争过程中，市场上某种商品市场价格的变动与市场上该商品供求关系变动之间的有机联系的运动。它通过市场价格信息来反映供求关系，并通过这种市场价格信息来调节生产和流通，从而达到资源配置。另外，价格机制还可以促进竞争和激励，决定和调节收入分配等。

供求机制是指通过商品、劳务和各种社会资源的供给和需求的矛盾运动来影响各种生产要素组合的一种机制。它通过供给与需求之间的在不平衡状态时形成的各种商品的市场价格，并通过价格、市场供给量和需求量等市场信号来调节社会生产和需求，最终实现供求之间的基本平衡。供求机制在竞争性市场和垄断性市场中发挥作用的方式是不同的。

竞争机制是指在市场经济中，各个经济行为主体之间为着自身的利益而相互展开竞争，由此形成的经济内部的必然的联系和影响。它通过价格竞争或非价格竞争，按照优胜劣汰的法则来调节市场运行。它能够形成企业的活力和发展的动力，促进生产，使消费者获得更大的实惠。

风险机制是市场活动同企业盈利、亏损和破产之间相互联系和作用的机制，在产权清晰的条件下，风险机制对经济发展发挥着至关重要的作用。

1.2.3　博弈论与信息经济学

1．博弈论

博弈论是指根据信息分析及能力判断，研究多决策主体之间行为相互作用及其相互平衡，以使收益或效用最大化的一种对策理论。

一般认为，博弈主要可以分为合作博弈和非合作博弈。合作博弈和非合作博弈的区别在于相互发生作用的当事人之间有没有一个具有约束力的协议。如果有，就是合作博弈；如果没有，就是非合作博弈。

从行为的时间序列性，博弈论进一步分为静态博弈、动态博弈两类。静态博弈是指在博弈中，参与人同时选择或虽非同时选择但后行动者并不知道先行动者采取了什么具体行动；动态博弈是指在博弈中，参与人的行动有先后顺序，且后行动者能够观察到先行动者所选择的行动。例如“囚徒困境”就是同时决策的，属于静态博弈；而棋牌类游戏等决策或行动有先后次序的，属于动态博弈。

按照参与人对其他参与人的了解程度分为完全信息博弈和不完全信息博弈。完全博弈是指在博弈过程中，每一位参与人对其他参与人的特征、策略空间及收益函数有准确的信息。不完全信息博弈是指参与人对其他参与人的特征、策略空间及收益函数信息了解得不够准确、或者不是对所有参与人的特征、策略空间及收益函数都有准确的信息，在这种情况下进行的博弈就是不完全信息博弈。

2．信息经济学

信息不对称理论是指在市场经济活动中，各类人员对有关信息的了解是有差异的；掌握信息比较充分的人员，往往处于比较有利的地位，而信息贫乏的人员，则处于比较不利的地位。该理论认为：一般而言，市场中卖方比买方更了解有关商品的各种信息；掌握更多信息的一方可以通过向信息贫乏的一方传递可靠信息而在市场中获益；买卖双方中拥有信息较少的一方会努力从另一方获取信息；市场信号显示在一定程度上可以弥补信息不对称的问题；信息不对称是市场经济的弊病，要想减少信息不对称对经济产生的危害，政府应在市场体系中发挥强有力的作用。

信息经济学认为，信息不对称造成了市场交易双方的利益失衡，影响社会的公平、公正的原则以及市场配置资源的效率。例如，买者对所购商品的信息的了解总是不如卖商品的人，因此，卖方总是可以凭信息优势获得商品价值以外的报酬。交易关系因为信息不对称变成了委托——代理关系，交易中拥有信息优势的一方为代理人，不具有信息优势的一方是委托人，交易双方实际上是在进行无休止的信息博弈。占有信息的人在交易中获得优势，这实际上是一种信息租金，实际上信息租金是每一个交易环节相互联系的纽带。不对称信息实际上可以被看作对信息成本的投入差异，消费者往往没有对商品的诸如生产信息等信息进行投入成本，这必然与生产者之间产生信息投入成本差异，生产者利用信息投入差异获取利润正是为了补偿先前付出的信息成本。

信息经济学的价值不在于揭示了信息不对称，而在于说明了信息和资本、土地一样，是一种需要进行经济核算的生产要素。在商品经济中，信息主要反映在价格上，价格信息是经济信息的中心，其他信息都是为价格信息服务的。市场经济的本质是用价格信号对社会资源进行配置，社会资源的分配和再分配过程实际上是人们围绕价格进行资源博弈的过程，对任何一种资源的优先占有都可以在博弈中获得相关的利益，信息也是这样。

1.2.4 双边市场

1．双边市场概念及特点

双边（更一般的说是多边）市场是一个或几个允许最终用户交易的平台，通过适当的从各方收取费用使双边（或多边）保留在平台上，两组参与者需要通过中间层或平台进行交易，而且一组参与者加入平台的收益取决于加入该平台另一组参与者的数量。双边市场涉及两种类型截然不同的用户，每一类用户通过共有平台与另一类用户相互作用而获得价值。

双边市场具有鲜明的特点：① 存在两组参与者之间的网络外部性，即市场间的网络外部性。② 采用多产品定价方式。中间层或平台必须为它提供的两种产品或服务同时进行定价。

双边市场在现实世界中的存在较为广泛。许多传统产业如媒体、中介业和支付卡系统都是典型的双边市场。随着信息通讯技术的迅速发展与广泛应用，又出现了多种新型的双边市场形式，如 B2B、B2C 电子市场、门户网站等。

2．双边市场分类

① 从市场功能来分类。目录服务，如分类目录、黄页等；配对市场，如就业站点、婚姻中介等；支付安排，如借记卡和信用卡等；搜索引擎，如 Google、Yahoo、百度等；交易地点，如拍卖、B2B 市场、车展览和跳蚤市场等。

② 从市场的复杂程度来分类。简单双边市场，如报纸、无线电视、广播等，往往只由三类参与者组成；复杂双边市场，如信用卡系统、电信、Internet 等，由更多的参与者组成。

③ 从平台的竞争情况来分类。垄断者平台，市场上只有一个平台可供选择；竞争性平台，有多个平台可供选择，但每一参与者只能选择其中一个平台。

④ 从平台的功能来分类。第一类由中介市场组成，其中平台起到两边之间匹配者的作用。这类包括约会服务、不动产代理商、因特网 B2B、拍卖行和股票交易系统。第二类是听众制造市场，其中平台发挥市场制造者的作用，即把成组的购买者与成组的销售商匹配起来。这一类市场有黄页目录、电视、报纸和因特网门户网站。第三类是共享的投入市场。最具代表性的例子是计算机软件、服务器和视频游戏。在这些市场上，用户对应用软件制造商或开发商提供的产品集合中的一个子集感兴趣，但是如果他们不首先获得瓶颈投入（操作系统或者控制台）则不能使用他们。第四类是基于交易的市场。这一类与前面三类的区别是，这里平台能够测量市场两边的所有交易。因此他们面临一个两阶段问题：在第一阶段他们需要把两边拉到一起；在第二阶段他们需要鼓励两边交互作用，即产生尽可能多的交易。

1.3　电子商务管理学基础知识

1.3.1　泰勒制和科学管理原理

现代意义的管理科学是从古典管理理论开始的。泰勒第一次系统地把科学方法引入管理实践，提出了科学管理原理，开创了管理理论研究的先河，使管理真正成为一门科学，泰勒因此被人们称为“科学管理之父”，其所创立的科学管理理论和方法亦被尊称为

"泰勒制"。

1．科学管理的含义

科学管理（Scientific Management）是以美国F.W.泰勒为代表的管理阶段、管理理论和制度的统称，又称古典管理理论、传统管理理论。20世纪初产生，在西方一直延续到20世纪40年代。泰勒把科学管理概括为：科学，而不是单凭经验办事；和谐，而不是合作；合作，而不是个人主义；以最大限度的产出，取代有限的产出，每人都发挥最大的工作效率，获得最大的成功，用高效率的生产方式代替低成本的生产方式，以加强劳动力成本控制。

2．科学管理的主要内容

科学管理的主要内容有：

（1）工作定额管理。通过进行工时和动作研究，制订合理的工作定额。

（2）要为每一项工作挑选一流的工人，并对工人进行培训。

（3）标准化管理。要求操作方法、使用的工具、机器和材料及作业环境标准化。

（4）差别计件工资管理。实行有差别的计件工资制，对于按照标准操作方法在规定的时间定额内完成工作的工人，按较高的工资率计算工资，否则按较低的工资率计算工资。

（5）把计划职能和作业职能分开，明确划分两种职能。计划职能人员负责研究、计划、调查、控制以及对操作者进行指导，逐步发展管理专业队伍。

（6）工人和雇主两方面都要认识提高劳动生产率对双方的利益，以便共同协作努力提高劳动生产率。

3．科学管理的经典案例

（1）案例一：福特汽车公司

福特汽车公司之所以取得巨大的成就，与福特汽车公司创始人亨利·福特推行科学管理是分不开的。1910年，福特开始在高地公园新厂进行工厂自动化实验。他率领一群高效率的专家，检讨装配线上的每一个环节，试验各种方法，以求提高生产力。而他最重要的突破就是利用甘特图表进行计划控制创造了世界第一条汽车装配流水线，实现了机械化的大工业，大幅度提高了劳动生产率，出现了高效率、低成本、高工资和高利润的局面。1914年，福特宣布8小时日工资为5美元（取代了9小时2.34美元的工资标准），这个报酬是当时技术工人正常工资的两倍。福特想：这样，制造汽车的工人就能够成为汽车的拥有者了。5美元一个工作日的消息一公布，大约有数万人不顾冰冷刺骨的天气，涌到福特的海兰公园制造厂申请工作。亨利·福特开创了一个新时代，他独特的汽车生产线和为大众服务的经营理念一方面给自己带来了丰厚的利润，另一方面也改变了美国人的消费观念，从此，美国成了汽车的王国。

（2）案例二：麦当劳

在制定定量标准方面，麦当劳堪称是一个典范。多年来，麦当劳形成了一整套计划周密、有条不紊的筛选程序来选择特许经营者，而且经营者必须通过“汉堡包大学”的专门培训。一本几百页的操作手册规定了严格的标准，食物配制、烹调程序、店堂布置甚至职员着装服务等都有详细标准。食品的制作完全是标准化的，一磅肉的脂肪含量必须少于 19%，小面包的宽度只能是 3.5 英寸，每个汉堡包中的洋葱不能超过 1/4 盎司等。每种食品的制作时间有明确的规定，而且食品出炉后的存放时间也有详细的规定，如油炸食品 7 分钟、汉堡包 10 分钟、咖啡 30 分钟，超过规定时间，所有的食品都将被扔掉。在服务方面，95%以上的顾客进餐馆 3 分钟内，服务员必须迎上前去接待顾客；事先准备好的汉堡包必须在 5 分钟热好并供应给顾客；服务员必须在就餐人员离开后 5 分钟内把餐桌收拾干净。所有这些标准都要求严格执行，并有严密的监督检查，发现不符合规定的坚决查处。通过这一整套严密的控制体系，使得消费者能在世界各地享受到同等质量的食物和周到的服务。

1.3.2　信息管理与管理信息系统

1．信息管理的含义与过程

信息管理（Information Management，IM）是人类为了有效地开发和利用信息资源，以现代信息技术为手段，对信息资源进行计划、组织、领导和控制的社会活动。

信息管理的过程包括信息收集、信息传输、信息加工和信息储存。信息收集就是对原始信息的获取。信息传输是信息在时间和空间上的转移。信息加工包括信息形式的变换和信息内容的处理。信息形式的变换是指在信息传输过程中，通过变换载体，使信息准确地传输给接收者。信息内容的处理是指对原始信息进行加工整理，深入揭示信息的内容。经过信息内容的处理，输入的信息才能变成所需要的信息，才能被适时有效地利用。信息送到使用者手中，有的使用完后就无用了，有的还需留做事后的参考和保留，这就是信息储存。

2．管理信息系统的含义、内容与开发

管理信息系统（Management Information System，MIS）是一个以人为主导，利用计算机硬件、软件及其他办公设备进行信息的收集、传递、存贮、加工、维护和使用的系统。它以企业战略竞优、提高收益和效率为目的，同时支持企业高层决策、中层控制和基层操作。

一个完整的 MIS 应包括：决策支持系统（DSS）、工业控制系统（CCS）、办公自动化系统（OA）以及数据库、模型库、方法库、知识库和与上级机关及外界交换信息的接口。其中，特别是办公自动化系统（OA）、与上级机关及外界交换信息等都离不开 Intranet（企业内部网）的应用。可以这样说，现代企业 MIS 不能没有 Intranet，但 Intranet 的建立又必须依赖于 MIS 的体系结构和软硬件环境。

传统的 MIS 系统的核心是 CS（Client/Server——客户端/服务器）架构，而基于 Internet 的 MIS 系统的核心是 BS（Browser/Server——浏览器/服务器）架构。BS 架构比起 CS 架构有着很大的优越性，传统的MIS系统依赖于专门的操作环境，操作者的活动空间受到极大限制，而BS架构则不需要专门的操作环境，在任何地方，只要能上网，就能够操作MIS系统。

管理信息系统的开发应遵循创新性、整体性、超前性和经济性等原则。

开发方式有自行开发、委托开发、联合开发、购买现成软件包进行二次开发几种形式。一般来说根据企业的技术力量、资源及外部环境而定。

科学的MIS开发过程从可行性研究开始，经过系统分析、系统设计、系统实施等主要阶段。每一个阶段都应有文档资料，并且在开发过程中不断完善和充实。目前使用的开发方法有以下两种：

（1）瀑布模型（生命周期方法学）

结构分析、结构设计，结构程序设计（简称SA—SD—SP方法）用瀑布模型来模拟。各阶段的工作自顶向下从抽象到具体顺序进行。瀑布模型意味着在生命周期各阶段间存在着严格的顺序且相互依存。瀑布模型是早期MIS设计的主要手段。

（2）快速原型法（面向对象方法）

快速原型法也称为面向对象方法，是适应当前计算机技术的进步及对软件需求的极大增长而出现的，是一种快速、灵活、交互式的软件开发方法学。其核心是用交互的、快速建立起来的原型取代了形式的、僵硬的（不易修改的）大块的规格说明，用户通过在计算机上实际运行和试用原型而向开发者提供真实的反馈意见。快速原型法的实现基础之一是可视化的第四代语言的出现。

3．管理信息系统案例

案例信息系统改善了吉列公司的价值链。

传统的观念一直认为想赢得海外市场的最佳方式是尽可能在距客户最近处进行采购和生产制造。但对一些小型的且快速增长的公司而言，应学会在全世界采购、生产制造和运送货物，就好像价值链的每一个环节就在家门口一样。吉列公司是一个总资产为69亿美元，总部在波士顿的剃须刀和化妆用具制造商，将其七个欧洲和美国工厂视为一个单一的逻辑工厂。该系统要求所有工厂共享生产、供应商和市场，并把北大西洋地区视作一个统一的市场。如果没有“虚拟后勤系统”，这样的运作是根本不可能的。

过去吉列公司的每个工厂分别从其当地市场获取原料并进行生产，这种运作方式的代价是很昂贵的，现在，各个独立的工厂通常是多个项目的共同制造者，在准时制的基础上在世界范围内出口。吉列公司利用价格杠杆为七个工厂买入大批原料，挑选最低成本的供应商，而无论该供应商位于何处。然后再将原料快速地送至七个工厂。而就在几年前，每个工厂都因分别买入较少数量的原材料而不得不支付较高的额外费用。

事务处理系统也使吉列公司能以更高的准确性来计划生产。当货物在北大西洋地区移动时，其位于伦敦和波士顿的计算机追踪中心，可对所有的货物进行追踪。计算机也可以帮助吉列公司柏林工厂的管理者们监控从美国送来的原料。

而几年前，这种在整个北大西洋地区精确、快速、及时供应客户的战略几乎是不可能的。因为全球性的运输和后勤管理还未发展到足以使美国的跨国公司能模拟这种首先由日本汽车制造商在其国内市场中所创立的可靠且可观测产品运送的操作方式。

1.3.3 系统规划的内容与方法

1．系统总体规划的内容

信息是企业的重要资源，应当被全企业共享，只有经过规划和开发的信息资源才能发挥作用。由于企业或组织内外的信息资源很多，其内外之间都有大量的信息需要交换和共享，如何收集、存储、加工和利用这些信息以满足各种不同层次的需要，这显然不是分散的、局部的考虑所能解决的问题，必须有来自高层的、统一的、全局的规划，将这些信息提取并设计出来，才能实现信息的共享。

总的来说，电子商务系统的总体规划包括三方面的内容：

（1）系统的总目标和发展战略

进行系统规划，应根据企业的战略目标和内外约束条件（比如，地域因素、行业因素等），确定系统的总目标和总体结构。系统的总目标规定系统的发展方向，发展战略则提出具体的步骤和每步应达到的子目标，同时还应给出衡量具体工作完成的标准。

（2）了解企业电子商务系统以及管理状况

对于现有应用系统的状况，包括软件设备、硬件设备、人员、各项费用、开发项目的进展及应用系统的情况，应充分了解和评价。同时，对于企业当前的组织结构、业务流程、企业文化、管理制度等情况作一些分析。这些信息都是制定总体规划的基础。

（3）对相关信息技术的预测

电子商务系统战略规划必然受到信息技术发展的影响。因此，对规划中涉及的软、硬件技术和方法论的发展变化及其对应用系统的影响做出预测，有条件的还应进行评估，以提高技术选型和产品选型的正确性。

2．系统规划的主要方法

系统规划方法主要包括关键成功因素法（Critical Success Factors，CSF）、战略目标集转化法（Strategy Set Transformation，SST）和企业系统规划法（Business System Planning，BSP）。

（1）关键成功因素法（CSF）

关键成功因素指的是对企业成功起关键作用的因素。关键成功因素法就是通过分析找出使得企业成功的关键因素，然后再围绕这些关键因素来确定系统的需求，并进行规划。

关键成功因素法在高层应用一般效果好，因为每一个高层领导人员日常总是在考虑什么是关键因素。对中层领导来说一般不大适合，因为中层领导所面临的决策大多数是结构化的，其自由度较小，对他们最好应用其他方法。

（2）战略目标集转化法（SST）

这种方法把企业的战略目标看成是一个"信息集合"，由使命、目标、战略和其他战略变量（如管理的复杂性、改革习惯以及重要的环境约束）等组成。应用系统的战略规划过程是把组织的战略目标转变为应用系统战略目标的过程。

这个方法的第一步是识别企业的战略集，先考察一下该企业是否有成文的战略或长期计划，如果没有，就要去构造这种战略集合。第二步是将组织战略集转化成电子商务应用系统战略。应用系统战略应包括系统目标、系统约束以及开发策略和设计原则等。这个转化的过程包括对企业战略集的每个元素识别对应的应用系统约束，然后提出整个应用系统的结构。

（3）企业系统规划法（BSP）

企业系统规划法是通过全面调查，分析企业信息需求，制定应用系统总体方案的一种方法。它从企业目标入手，逐步将企业目标转化为管理信息系统的目标和结构，从而更好地支持企业目标的实现。

企业系统规划法是一种能够帮助规划人员根据企业目标制定出MIS战略规划的结构化方法。通过这种方法可以做到：第一，确定出未来信息系统的总体结构，明确系统的子系统组成和开发子系统的先后顺序。第二，对数据进行统一规划、管理和控制，明确各子系统之间的数据交换关系，保证信息的一致性。

企业系统规划法的优点在于利用它能保证信息系统独立于企业的组织机构，使信息系统具有对环境变更的适应性。即使将来企业的组织机构或管理体制发生变化，信息系统的结构体系也不会受到太大的冲击。

1.3.4　决策理论与方法

1．决策的定义、原则与依据

（1）决策的定义

决策是"管理者识别并解决问题以及利用机会的过程"。对于这一定义，可作如下理解：第一，决策的主体是管理者（既可以是单个的管理者，也可以是多个管理者组成的集体或小组）；第二，决策的本质是一个过程，这一过程由多个步骤组成；第三，决策的目的是解决问题和利用机会，这就是说，决策不仅仅是活动的调整，也可以是活动的选择。

（2）决策的原则

决策遵循的是满意原则，而不是最优原则。对决策者来说，要想使决策达到最优，必须：第一，容易获得与决策有关的全部信息；第二，真实了解全部信息的价值所在，并据此制订所有可能的方案；第三，准确预期到每个方案在未来的执行结果。但在现实中，上述这些条件往往得不到满足。首先，组织内外存在的一切对组织的现在和未来都会直接或间接地产生某种程度的影响，但决策者很难收集到反映这一切情况的信息；其次，对于收集到的有限信息，决策者的利用能力也是有限的，从而决策者只能制订数量有限的方案；第三，任何方案都要在未来实施，而人们对未来的认识是不全面的，对未来的影响也是有限的，从而决策时所预测的未来状况可能与实际的未来状况有出入。因此，现实中的状况决定了决策者难以做出最优决策，只能做出相对满意的决策。

（3）决策的依据

管理者在决策时离不开信息。信息的数量和质量直接影响决策水平。这要求管理者在决策之前以及决策过程中尽可能地通过多种渠道收集信息，但管理者在决定收集什么样的信息、收集多少信息以及从何处收集信息等问题时，要进行成本—收益分析。只有在收集的信息所带来的收益（因决策水平提高而给组织带来的利益）超过因此而付出的成本时，才应该收集信息。

2．决策理论

有代表性的决策理论包括以下几种。

（1）古典决策理论

古典决策理论又称规范决策理论，是基于“经济人”假设提出来的，主要盛行于 20 世纪 50 年代以前。该理论认为，应该从经济的角度来看待决策问题，即决策的目的在于为组织获取最大的经济利益。

古典决策理论的主要内容是：决策者必须全面掌握有关决策环境的信息情报；决策者要充分了解有关备选方案的情况；决策者应建立一个合理的自上而下的执行命令的组织体系；决策者进行决策的目的始终都是使本组织获取最大的经济利益。

古典决策理论假设，作为决策者的管理者是完全理性的，决策环境条件的稳定与否是可以被改变的，在决策者充分了解有关信息情报的情况下，是完全可以做出完成组织目标的最佳决策的。古典决策理论忽视了非经济因素在决策中的作用，这种理论不一定能指导实际的决策活动，从而逐渐被更为全面的行为决策理论代替。

（2）行为决策理论

行为决策理论的发展始于 20 世纪 50 年代。对古典决策理论的“经济人”假设发难的第一人是赫伯特·A.西蒙，他在《管理行为》一书中指出，理性的和经济的标准都无法确切说明管理的决策过程，进而提出“有限理性”标准和“满意度”原则。其他学者对决策者行为作了进一步的研究，他们在研究中也发现，影响决策者进行决策的不仅有经济因素，还有其个人的行为表现，如态度、情感、经验和动机等。

行为决策理论的主要内容是：人的理性介于完全理性和非理性之间，即人是有限理性的，这是因为在高度不确定和极其复杂的现实决策环境中，人的知识、想象力和计算力是有限的。决策者在识别和发现问题中容易受知觉上的偏差的影响，而在对未来的状况做出判断时，直觉的运用往往多于逻辑分析方法的运用。由于受决策时间和可利用资源的限制，决策者即使充分了解和掌握有关决策环境的信息情报，也只能做到尽量了解各种备选方案的情况，而不可能做到全部了解，决策者选择的理性是相对的。在风险型决策中，与经济利益的考虑相比，决策者对待风险的态度起着更为重要的作用。决策者往往厌恶风险，倾向于接受风险较小的方案，尽管风险较大的方案可能带来较为可观的收益。决策者在决策中往往只求满意的结果，而不愿费力寻求最佳方案。

（3）当代决策理论

继古典决策理论和行为决策理论之后，决策理论有了进一步的发展，产生了当代决策理论。当代决策理论的核心内容是：决策贯穿于整个管理过程，决策程序就是整个管理过程。

组织是由作为决策者的个人及其下属、同事组成的系统。整个决策过程从研究组织的内外环境开始，继而确定组织目标、设计可达到该目标的各种可行方案、比较和评估这些方案进而进行方案选择（即作出择优决策），最后实施决策方案，并进行追踪检查和控制，以确保预定目标的实现。

对当今的决策者来说，在决策过程中应广泛采用现代化的手段和规范化的程序，应以系统理论、运筹学和电子计算机为工具，并辅之以行为科学的有关理论。这就是说，当代决策理论把古典决策理论和行为决策理论有机地结合起来，它所概括的一套科学行为准则和工作程序，既重视科学的理论、方法和手段的应用，又重视人的积极作用。

3．决策方法

根据决策所采用的分析方法，可以把决策方法分为：定性决策方法、定量决策方法、定性定量相结合的方法。根据决策所采用的分析工具，可以分为：采用一般计算工具的方法、采用计算机和网络等相关工具的方法。

（1）定性决策方法

头脑风暴法（Brain Storming）是比较常用的集体决策方法，通常是将对解决某一问题有兴趣的人集合在一起，在完全不受约束的条件下，敞开思路，畅所欲言。头脑风暴法的目的在于创造一种畅所欲言、自由思考的氛围，诱发创造性思维的共振和连锁反应，产生更多的创造性思维。这种方法的时间安排应在1～2小时，参加者以5～6人为宜。

在集体决策中，如对问题的性质不完全了解且意见分歧严重，则可采用名义小组技术。在这种技术下，小组的成员互不通气，也不在一起讨论、协商，从而小组只是名义上的。这种名义上的小组可以有效地激发个人的创造力和想象力。在这种技术下，管理者先召集一些有知识的人，把要解决的问题的关键内容告诉他们，并请他们独立思考，要求每个人尽可能地把自己的备选方案和意见写下来。然后再按次序让他们一个接一个地陈述自己的方案和意见。在此基础上，由小组成员对提出的全部备选方案进行投票，根据投票结果，赞成人数最多的备选方案即为所要的方案，当然，管理者最后仍有权决定是接受还是拒绝这一方案。

德尔菲技术（Delphi technique），德尔菲法也称专家预测法，被用来听取有关专家对某一问题或机会的意见。运用这种技术的第一步是要设法取得有关专家的合作，然后把要解决的关键问题分别告诉专家们，请他们单独发表自己的意见并对实现新技术突破所需的时间做出估计。在此基础上，管理者收集并综合各位专家的意见，再把综合后的意见反馈给各位专家，让他们再次进行分析并发表意见。在此过程中，如遇到差别很大的意见，则把提供这些意见的专家集中起来进行讨论并综合。如此反复多次，最终形成代表专家组意见的方案。运用该技术的关键是：选择好专家，这主要取决于决策所涉及的问题或机会的性质；决定适当的专家人数，一般 10～50 人较好；拟订好意见征询表，因为它的质量直接关系到决策的有效性。

管理者有时需要对企业或企业某一部门的活动方向进行选择，可以采用的方法主要有经营单位组合分析法和 SWOT 分析方法等。

① 经营单位组合分析法（波士顿矩阵）。

其基本思想是，大部分企业都有两个以上的经营单位，每个经营单位都有相互区别的产品，企业应该为每个经营单位确定其活动方向。

该方法主张，在确定每个经营单位的活动方向时，应综合考虑企业或该经营单位在市场上的相对竞争地位和业务增长情况。相对竞争地位往往体现在企业的市场占有率上，它决定了企业获取现金的能力和速度，因为较高的市场占有率可以为企业带来较高的销售量和销售利润，从而给企业带来较多的现金流量。业务增长率对活动方向的选择有两方面的影响：第一，它有利于市场占有率的扩大，因为在稳定的行业中，企业产品销售量的增加往往来自竞争对手市场份额的下降；第二，它决定着投资机会的大小，因为业务增长迅速可以使企业迅速收回投资，并取得可观的投资报酬。

根据上述两个标准——相对竞争地位和业务增长率——可把企业的经营单位分成以下四大类。企业应根据各类经营单位的特征，选择合适的活动方向。

“金牛”经营单位的特征是市场占有率较高，而业务增长率较低。较高的市场占有率为企业带来较多的利润和现金，而较低的业务增长率需要较少的投资。“金牛”经营单位所产生的大量现金可以满足企业的经营需要。

“明星”经营单位的市场占有率和业务增长率都较高，因而所需要的和所产生的现金都很多。“明星”经营单位代表着最高利润增长率和最佳投资机会，因此企业应投入必要的资金，增加它的生产规模。

“幼童”经营单位的业务增长率较高，而目前的市场占有率较低，这可能是企业刚刚开发的很有前途的领域。由于高增长速度需要大量投资，而较低的市场占有率只能提供少量的现金，企业面临的选择是投入必要的资金，以提高市场份额，扩大销售量，使其转变为“明星”，或者如果认为刚刚开发的领域不能转变成“明星”，则应及时放弃该领域。

“瘦狗”经营单位的特征是市场份额和业务增长率都较低。由于市场份额和销售量都较低，甚至出现负增长，“瘦狗”经营单位只能带来较少的现金和利润，而维持生产能力和竞争地位所需的资金甚至可能超过其所提供的现金，从而可能成为资金的陷阱。因此，对这种不景气的经营单位，企业应采取收缩或放弃。

经营单位组合分析法的步骤通常是：第一，把企业分成不同的经营单位；第二，计算各个经营单位的市场占有率和业务增长率；第三，根据其在企业中占有资产的比例来衡量各个经营单位的相对规模；第四，绘制企业的经营单位组合图；第五，根据每个经营单位在图中的位置，确定应选择的活动方向。

经营单位组合分析法以“企业的目标是追求增长和利润”这一假设为前提。对拥有多个经营单位的企业来说，它可以将获利较多而潜在增长率不高的经营单位所产生的利润投向那些增长率和潜在获利能力都较高的经营单位，从而使资金在企业内部得到有效利用。

② SWOT 分析。

SWOT 分析方法是一种企业战略分析决策方法，即根据企业自身的既定内在条件进行分析，找出企业的优势、劣势及核心竞争力之所在。其中，S 代表 strength（优势），W 代表 weakness（劣势），O 代表 opportunity（机会），T 代表 threat（威胁），其中，S、W 是内部因素，O、T 是外部因素。按照企业竞争战略的完整概念，战略应是一个企业“能够做的”（即组织的强项和弱项）和“可能做的”（即环境的机会和威胁）之间的有机组合。

SWOT 分析基本步骤是：首先，分析企业的内部优势、弱点既可以相对企业目标而言的，也可以相对竞争对手而言的；然后，分析企业面临的外部机会与威胁，可能来自于与竞争无关的外环境因素的变化，也可能来自于竞争对手力量与因素变化，或二者兼有，但关键性的外部机会与威胁应予以确认；最后，将外部机会和威胁与企业内部优势和弱点进行匹配，形成可行的战略。

SWOT 分析有四种不同类型的组合：优势—机会（SO）组合、弱点—机会（WO）组合、优势—威胁（ST）组合和弱点—威胁（WT）组合。

优势—机会（SO）战略是一种发展企业内部优势与利用外部机会的战略，是一种理想的战略模式。当企业具有特定方面的优势，而外部环境又为发挥这种优势提供有利机会时，可以采取该战略。

弱点—机会（WO）战略是利用外部机会来弥补内部弱点，使企业改劣势而获取优势的战略。存在外部机会，但由于企业存在一些内部弱点而妨碍其利用机会，可采取措施先克服这些弱点。

优势—威胁（ST）战略是指企业利用自身优势，回避或减轻外部威胁所造成的影响。

弱点—威胁（WT）战略是一种旨在减少内部弱点，回避外部环境威胁的防御性技术。

SWOT 分析运用于企业成本战略分析可发挥企业优势，利用机会克服弱点，回避风险，获取或维护成本优势，将企业成本控制战略建立在对内外部因素分析及对竞争势态的判断等基础上。而若要充分认识企业的优势、机会、弱点及正在面临或即将面临的风险；价值链分析和标杆分析等均等为其提供方法与途径。

（2）定量决策方法

定量决策方法分为三大类：确定型决策方法、风险型决策方法和不确定型决策方法

在比较和选择活动方案时，如果未来情况只有一种并为管理者所知，则须采用确定型决策方法。常用的确定型决策方法有线性规划和量本利分析法等。

① 线性规划。线性规划是在一些线性等式或不等式的约束条件下，求解线性目标函数的最大值或最小值的方法。运用线性规划建立数学模型的步骤是：首先，确定影响目标大小的变量；其次，列出目标函数方程；再次，找出实现目标的约束条件；最后，找出使目标函数达到最优的可行解，即为该线性规划的最优解。

② 量本利分析法。量本利分析法又称保本分析法或盈亏平衡分析法，是通过考察产量（或销量）、成本和利润的关系以及盈亏变化的规律来为决策提供依据的方法。在应用量本利分析法时，关键是找出企业不盈不亏时的产量（称为保本产量或盈亏平衡产量，此时企业的总收入等于总成本），而找出保本产量的方法有图解法和代数法两种。

风险型决策方法。在比较和选择活动方案时，如果未来情况不止一种，管理者不知道到底哪种情况会发生，但知道每种情况发生的概率，则须采用风险型决策方法。常用的风险型决策方法是决策树法。决策树法是用树状图来描述各种方案在不同情况（或自然状态）下的收益，据此计算每种方案的期望收益从而做出决策的方法。结合书上例题讲解。

不确定型决策方法。在比较和选择活动方案时，如果管理者不知道未来情况有多少种，或虽知道有多少种，但不知道每种情况发生的概率，则须采用不确定型决策方法。常用的不确定型决策方法有小中取大法、大中取大法和最小最大后悔值法等。

1.3.5　平台运营与管理

1. 电子商务运行平台简介

电子商务活动的实现需要许多运作条件，或称为“运行平台”。这里的平台是指企业开展电子商务活动过程中需要自建、租用、借用的运行条件或设施。首先，电子商务的开展必须以三流互动为前提，而三流互动的前提条件就是信息流平台、物流平台以及资金流平台的构建与完善。其次，如果不维持良好的伙伴关系以形成稳定的契约平台，每次电子商务活动的开展就都要重新进行谈判，势必会提高交易成本，其直接后果就是企业竞争力的下降。最后，电子商务交易过程中各方信息的交换和资金的流动，需要有一个权威的、公正的认证平台来调节和监督整个交易活动。

这些运行条件或设施包括两类，一类是实物形式存在的物理运行平台，包括信息流平台和物流平台；另一类是非实物形式存在的逻辑运行平台，包括资金流平台、契约平台和认证平台。

2．企业电子商务运行物理平台

（1）信息流平台

电子商务信息流平台实质上就是指企业在开展电子商务活动的过程中提供信息流传输、存储、加工处理的网络设施和通道。在电子商务实现过程中，物流、资金流最终都要转化为信息流的形式，并通过信息流平台高效、及时、准确地传播和交流，最终实现电子商务的三流整合。因此，信息流运行平台是开展电子商务活动的基本物理环境，是其他平台运转的基础。

企业开展电子商务的信息流平台主要包括企业内联网（Intranet）、外联网（Extranet）、互联网（Internet）等类型。其中，内联网的主要功能是加快信息在企业内部及其分支机构的传输和共享；外联网的本质是将企业内联网与其重要合作伙伴、客户、供应商等主体的内联网连接起来，实现电子商务合作主体之间的高速信息交流。外联网主要有公共网络、专线网络和虚拟专用网络三种类型。互联网则是将世界范围内的各种外联网类型、各个地区、各个行业或部门的网络连接起来，实现全球范围内的信息交流。

（2）物流平台

企业通过Internet进行的商务活动只能实现信息流和资金流的高效运作，而物流的运作则成为限制电子商务进一步发展的一个重要瓶颈。也就是说，物流平台的优劣将直接影响到电子商务在价格、交货期、服务、质量等方面的竞争力。因此，必须从战略的角度去看待物流平台的组建，建立高度信息化、自动化、机械化的物流平台。

电子商务物流平台应该是一个能够对客户的需求做出快速反应的物流网络，这个网络的架构包括两个方面的内容：物流实体网络，指物流企业、物流设施、交通工具、交通枢纽等在地理位置上的合理布局而形成的网络，是整个电子商务物流运作的基础。物流信息网络，指物流企业、制造企业、商业企业通过 Internet 等现代信息技术将上述物流实体进行连接而形成的信息网络。可以说，物流信息网络是电子商务物流网络的神经系统。

3．企业电子商务运行逻辑平台

（1）资金流平台

与传统商务相比，电子商务更强调速度，强调支付过程和支付手段的电子化、网络化。而原来的金属货币、纸币以及信用凭证（期票、汇票、支票和本票等）无法适应电子商务发展的需要。若电子商务时代的资金流支付仍然采取传统的运转方式，势必会严重影响企业电子商务的效率。在此情况下，就需要一个基于网络数字化结算的资金流平台。

数字化资金流平台，是指提供电子商务主体通过电子信用卡、电子钱包、数字现金等方式进行付款、转账、结算、清算等电子支付活动的网络平台。在电子商务时代，企业正是在这种资金流平台上完成资金流的运作的。

（2）契约平台

电子商务契约平台是指企业在从传统商务模式向电子商务模式转换的过程中，为了借助和整合外部资源，保证这一具有虚拟性特征过程的客观性、公正性和合法性，而采用契约的形式来相互制约和相互促进的一种新型合作形式和控制平台。

电子商务时代市场机遇稍纵即逝，客户需求也越来越向个性化、多样化方向发展，企业自身的资源相对于这种市场环境而言是相当有限的。企业如果要在特定的时间内向消费者提供个性化、多样化的产品或服务，就必须利用企业外部资源，与其他企业进行合作。而企业之间的合作，需要有契约平台。事实上，电子商务过程中企业之间，企业内部的部门之间的每一项活动都需要由契约协议的形式来加以约束。

契约平台之所以对电子商务特别重要，是因为企业虚拟运作的需要。由于实现电子商务之后，供应链具有动态变化性，企业与企业之间的关系更为复杂，要对这种动态联盟的形式进行管理，必然对契约平台提出更高的要求。

契约平台按企业与企业之间契约关系的形成可分为内部契约、一级契约、二级契约等。首先是企业与其内部员工之间，以契约的形式规定员工的权利与义务及其工作规范等内容，这是企业内部契约。然后是企业与交易对象和合作对象进行双边谈判，并在此基础上形成契约关系，这是一级契约。最后是企业的合作对象又与其他企业进行谈判并发展成二级契约。

（3）认证网络平台

由于电子商务是以电子方式和网络形式进行的商务活动，通常参与各方互不见面，而电子商务的交易过程不仅涉及各方信息的交换，还涉及资金的流动，因此，交易各方身份的认证与安全通讯变得非常重要，需要有一个权威的、公正的、第三方的机构来调节和监督整个交易活动。CA（Certificate Authority）认证中心就是这样的用来确认电子商务活动中交易各方身份的真实性，并负责在交易中发放、检验和管理证书的一个权威机构。它是采用 PKI（Public Key Infrastructure）公开密钥基础架构技术，专门提供网络身份认证服务，负责签发和管理数字证书，且具有权威性和公正性的第三方信任机构，它的作用就像我们现实生活中颁发证件的公司，如护照办理机构。目前国内的 CA 认证中心主要分为区域性 CA 认证中心和行业性 CA 认证中心。

1.4　电子商务与系统科学

20 世纪 40 年代以来，随着科技的发展，各个科学研究领域的分支日益细化，但与此同时，各学科之间相互渗透的现象越来越明显。适应这一趋势，系统论、控制论、信息论这三门边缘学科几乎同时产生。它们的出现对科学技术和思维的发展起到了巨大的推动作用，为现代多门新学科的出现奠定了坚实的基础。 与此同时，人们开始改变传统的思维方式，提出了一系列的系统理论，称为现代系统论。其中有代表性的包括耗散结构理论、协同论及突变论等，这些理论思想的产生给科学、技术、经济、管理等领域带来极大的推动和发展，尤其针对企业的管理方面更为明显、突出。

1.4.1 系统论

1. 一般系统论的基本观点

系统是指处在环境之中相互作用和相互依赖的若干部分组成的具有一定结构和确定功能的有机整体。现代科学认为世界存在物质、能量和信息三大要素。任何系统都是物质、能量和信息相互作用和有序化运动的产物。

系统论是美籍奥地利生物学家贝塔朗菲创立的，一般系统论的基本出发点，是把研究对象作为一个有机整体来加以考察，以寻求解决整体与部分之间相互关系的模式、原则和方法。其基本观点是：

（1）系统观点

这是系统论的基本观点，认为系统整体功能大于部分功能之和。从一个系统中分解出来的部分，同在整体中发挥功能的部分是不同的。例如，在人身体上的眼睛，跟离开人体的眼睛其功能是大不一样的。同样人体不能看成是由躯体和五脏六腑的简单相加，而是一个有机的结合，系统的性质是不能仅用孤立部分的性质来加以解释的，还取决于复合内部各部分的特定关系。由部分构成的整体就会有部分不具有的性质和功能，这就是通常所说的1+1>2。

（2）动态观点

系统论认为事物不是一成不变的，系统是动态变化的。

对于开放系统，系统与外界环境会不断进行物质、能量与信息的交换。稳态系统是维持动态平衡，系统有相对稳定的一面，它是系统存在的根本条件；另一方面，系统又是动态的。我们应该看到系统的现状，也要看到系统的变化和发展，就能预测系统的将来，掌握系统发展的规律。

（3） 层次观点

系统论认为各种有机体都按严格的等级组织起来，具有层次结构。处于不同层次的系统，具有不同的功能。例如，生物界是由生物圈－生态群－群体－人体－系统－器官－细胞－细胞器－生物大分子组成的一个多层次的系统。而系统论认为系统由一定的要素组成，这些要素是由更低一层要素组成的子系统；另一方面，系统本身又是更大系统的组成要素，这就是系统的层次性。系统的层次越高，可变化和组合的可能就越复杂，其结构和功能就越多种多样。

2. 系统的基本特性

（1）整体性

这通常可表述为“系统整体不等于系统内各部分的简单相加”。这有两方面的含义：其一，系统的性质、功能和运动规律不同于它的组成部分的性质、功能和运动规律；其二，作为系统整体中的组成部分所具有的性质、功能和运动规律，与它们脱离整体时有质的区别。整体不等于部分之和，这不仅是从量的方面说的，更着重于质的方面。系统的整体属性与功能决定于三个方面：组成系统的要素的性质，系统内诸要素的数量和比例，系统的结构。

（2）相关性

① 内部相关性。这是指系统内各要素之间是相互联系，相互制约，相互依赖。往往某个要素发生了变化，其他要素也随之变化，并引起系统变化。

② 外部相关性。这是指系统内部与外部环境是相互联系、制约和影响的。

③ 结构性。这是指系统联系是以结构形式表现的，系统的整体功能是由结构决定的，不同的结构有不同的功能。所谓结构是指系统内部各要素相互联系、相互作用的方式或秩序，即各要素之间的具体联系和作用的形式。系统的内部形式就是系统的结构。系统内部各要素的稳定联系，形成有序结构，这是保持系统作为整体存在的基本条件，稳定结构是相对的。变化是绝对的，任何系统总要动态地与外界环境进行物质、能量和信息的交流。

1.4.2　控制论

控制论是第二次世界大战以来才发展起来的一门新型科学。从美国科学家维纳 1948 年发表了《控制论》以来这门科学发展迅速，渗透到人类活动的所有领域。几乎涉及科学技术的所有门类。这是研究各种系统的控制和调节一般规律的科学。

1. 控制的实质

所谓控制是指按给定的条件和预定目标，对一个过程或一系列事件施加影响的作用系统，一般都是有若干个可能的状态，控制的实质就是在各种可能状态中选择一种。从信息角度看，控制是获取信息、处理信息和利用信息调整系统的结构以实现系统所追求的目的的过程。所以信息是控制的基础，而控制论就是研究对信息的处理利用。控制的作用就是要使系统可能的状态数减少，即使不确定性减少，从信息角度看控制就是输入信息，使系统有序性增加。

2. 控制实现的三个条件

① 被控制对象必须存在多种发展变化的可能性。

这就是说我们要改变系统的状态，那系统必须是可以改变的，即存在多种发展变化的可能性，否则就无法进行控制。

② 目标状态在各种可能性中是可选择的。

如果所确定的目标状态在系统发展变化的可能性空间中是无法选择的，那就谈不上控制。另外该目标必须包括在此可能性空间之中，否则也无法实现控制的目标。

③ 具备一定的控制能力。

这里控制能力是指创造条件改变系统可能性空间的能力。如果不具备一定的控制能力，即使系统有向目标状态转化的可能，但由于缺乏必要的条件，也不可能把这种可能性变为现实性。

3. 控制的手段和方法

（1）反馈控制

反馈控制是控制的主要手段，其要点是用反馈的方法，使被控量的值与目标值进行比较，然后根据比较的结果，对输入值进行修正，以达到被控量与目标值一致的目的控制。

（2）信息方法

该方法就是从信息方面来研究系统的功能，认为系统借助于信息的获取、传递、加工和处理，以实现目的控制。这种方法实际上是与信息论方法交叉的。

（3）黑箱方法

在研究系统时，利用外部观测、试验，通过输入、输出信息来研究黑箱的功能和特性，探索其构造和机理的一种方法。例如，中医看病是通过“望、闻、问、切”等外部观测，结合病人用药后的反应，分析病理，进行诊断。对有生命活动的系统和微观世界的研究绝大部分也都采用黑箱战略。

（4）功能模拟方法

这种方法以系统功能和行为的相似关系为基础，用模型模仿原型的功能和行为。它仅着眼于所分析的系统的功能和模拟它的外界影响的反应方式，而不要求分析系统内部的机制和个别要素，不追求模型的结构与原型相同。例如，用电子计算机对人脑的模拟，各种仿生学的研究等。

1.4.3 信息论

美国贝尔电话研究所的数学家仙农是信息论的创造者，信息论是研究信息的本质及度量方法、研究信息的获得、传输、存储、处理和变换一般规律的科学。开始是为解决通信中的编码问题提出来的，随着现代科学技术的发展，信息论的概念和内容已大大地丰富，其基础理论和实际应用都取得了巨大的进展。已经历了狭义信息论、一般信息论和广义信息论的不同阶段，并将继续丰富发展。

1. 信息的本质

目前关于信息的定义，从不同学科，不同侧面可得到几十种不同的说法，至今学术界还未统一。控制论创始人维纳是最早从理论上探讨这个问题的学者。他认为“信息就是信息，不是物质也不是能量。”但究竟是什么呢？他没有能回答，信息与物质、能量的关系又是什么？他也没有能回答。这个问题国内外专家已争论了几十年，还未有公认的结果。有的认为信息是精神实体的特征，有的认为信息是以“信息场”的形态存在的物质，有的认为信息是事物的运动状态或运动能量序列；有的认为信息是一种客观而不实在的东西；有的认为信息是一切物质的普遍属性，是系统的功能现象。有的干脆就认为信息是事实和数据的组合或认为信息是具有新内容、新知识的消息，如情报、指令、代码、语言、文字和图像等。

我们认为信息的根本特性则在于它的表意性，倾向于信息是事物属性，是相互联系和作用的表征。

信息是我们对真实世界的各种现象和客体进一步认识的依据。我们获得某些信息，我们就认识了信息所反映对象的某种属性，也就是说，在未获得这些信息之前，对该对象的那种属性是不清楚的，确切地说，就是不确定的，而获得这些信息之后，就消除了这不确定性。

2. 信息科学和信息技术

在信息论研究的基础上，对信息的研究已大大深化，目前已发展成一门新的科学，称为信息科学。这是跨越信息论、控制论、系统论、系统工程、仿生学、计算机和人工智能等学科的边缘综合科学。它的理论基础是信息论和控制论。其技术途径是仿生学和人工智能，其技术工具和手段是计算机、传感器和各种通讯设备；系统论则为它提供了系统理论和方法，为如何达到最优状况找到了途径。

凡是应用信息科学原理和方法与信息作用的技术都称为信息技术。这是指有关信息的产生、检测、交换、存储、传输、处理、显示、识别、提取、控制和利用的技术。其中最重要的是传感技术、通信技术和计算机技术。这些都是新技术革命的主导性技术，代表了新的技术革命的主流和方向。

3. 运用信息方法的特点

① 信息方法是一种直接从整体出发，用联系的、转化的观点综合系统过程的研究方法。在对系统进行研究时，首先根据对象与由它发出的信息之间某种确定的对应关系，撇开研究对象的物质和能量的具体形态，把研究对象抽象为信息传输和交换过程，以达到对复杂系统运动过程的规律认识。

② 对抽象出来的信息过程可作定性和定量的分析。

③ 可运用各种手段，综合分析材料，建立相应的信息模型。

④ 可运用信息模型来认识信息过程，探索其内在规律。

总之，系统论、控制论和信息论从不同侧面反映客观世界的变化。信息论研究的是如何认识信息和度量信息。而系统论和控制论是研究如何利用信息，系统论是利用信息来实现系统最优化，控制论是利用信息来实现系统的有目的最佳控制，它们都用到系统、信息和控制等概念，三者关系极为密切。

1.4.4　现代系统论

1. 耗散结构理论

比利时物理学家普利高津 1969 年提出耗散结构学说，回答了开放系统如何从无序走向有序的问题。该理论的观点是：对于一个与外界有关物质和能量交换的开放系统，熵的变化可以分两部分，一部分是由于不可逆过程，系统本身引起的熵增加，永远为正，另一部分是分系统与外界交换物质和能量引起的熵流，可以为负。在孤立系统中无熵流，熵不会减少，而开放系统的有序性来自非平衡态。在一定条件下，当系统处于非平衡态时，它能够产生、维持有序性的自组织，不断和外界交换物质和能量，尽管系统本身在产生熵，但系统又由于熵流同时向环境输出熵。输出大于产生，系统的总熵在减少，而向有序方面发展。这里“耗散”的含义是这种有序结构是由于能量的耗散。系统只有耗散能量才能保持有序结构。

耗散结构的概念是相对于平衡结构的概念提出来的，它提出一个远离平衡态的开放系统，在外界条件发生变化达到一定阈值时，量变可能引起质变，系统通过不断地与外界交换能量与物质，就可能从原来的无序状态转变为一种时间、空间或功能的有序状态。具体体现在以下几个方面：

① 开放系统是产生耗散结构的前提，它强调系统的开放性，对于一个企业而言，“开放”是至关重要的，它需要与外界环境永不间断地交换，比如它需要采购外界生产资料，从外界购进先进的技术设备，企业需要受到国家法律法规及政策的制约，需要受到工商局的监督，受到税务部门的审核并按时纳税；另外，为了正常盈利和发展，企业需要时刻关注同类产品市场中的竞争对手，从而采取相应的竞争策略，企业需要以各种途径了解消费群体，与之发生有效沟通，从而采取相应的营销策略；企业需要搞自身形象设计（CI），通过广告宣传，让更多的人了解自己，从而增加自身品牌的受众等等。整个企业的发展过程都在与外界发生着物质、信息的交换，从采购到生产再到营销，无一不显露出作为系统看待的一个企业对外界开放是至关重要的。因此可以看出耗散结构理论中的“开放性”思想对一个企业的管理起到宗旨性指引作用。

② 耗散结构理论强调非平衡态是有序之源。这一点也明显的体现在企业发展的过程中，比如，我国近年来各地推行“裁员增效”，提出“竞争上岗机制”，那么这种“竞争”就是一种非平衡态，具体体现在企业内部，它也是存在的，工作人员为了获得更高的工资或使自己级别职称得到提升，会更加积极地努力，扩充自己的知识，提高自己的业绩。最终会使企业的整体生产效率得到提高。

另外，企业对其生产产品的定价管理也是一种非平衡态，当受外界市场的影响，产品价格相对过高而不占优势时，企业就不得不将其价格降低，并达到一种临时性的相对稳定。

③ 耗散结构理论提出“涨落导致有序”的观点。它强调系统中某个微小的变化会带来大的结果性偏差，这体现在营销管理中称之为“马鞭效应”。比如，在“禽流感”突如其来之时，全国上下一片哗然，大量禽、蛋类产品出现滞销，那么作为一个禽类养殖企业，就会宰杀并囤积大量家禽，并投资引进清洁设备，实施裁员增效，有的甚至由于资金不能顺利周转而纷纷倒闭。作为这些企业的管理者，完全应该在亚洲出现“禽流感”首例事件时就能预见到这样的后果，并及时采取措施——低价抛售所有禽类并发展养猪

或养牛等第二相近行业。这便是"涨落导致有序"给我们在管理过程中的提示。另外，又比如一个生产企业，它起初对一种产品的营销组合是这样的：价格策略采用撇油定价法，进行高定价策略；渠道策略采用包含批发商、零售商在内的中间商进行拓展渠道；促销策略采用大量投放广告，提高产品及公司的知名度。当发展一段时间后，企业发现本产品的价格在市场上不具有竞争力，需要降低时，其营销组合中各要素都要发生相应的变化，从而才能适应市场的需求：价格策略变成低价策略；渠道策略改用直销方式；促销策略采用推销人员上门推销方式，并取消广告投入。从而使得营销组合形成一种新的稳定状态。

因此，"涨落导致有序"告诉我们系统中的任何一个元素都有可能随时发生变化，而且任一元素的微小变化都能使得整个系统中的其他元素发生变化，并最终形成一个新的相对稳定状态。具体反映在企业管理中，管理者应该重视发生在企业中的任何意外和变化，并及时采取措施，对相应问题进行整体性宏观调整，从而能够维持企业稳定地发展。

2. 协同学理论

西德物理学家哈肯在 1976 年创立了另一种系统理论，称为协同学。它研究各种不同系统从混沌无序状态向稳定有序结构转化的机理和条件。耗散结构认为，非平衡是有序之源，而哈肯通过许多实验，提出了多维相空间理论，认为不管是非平衡系统还是平衡系统，在一定条件下，由于子系统之间的协同作用，系统会形成一定功能的自组织结构，产生时间、空间的有序结构，达到新的有序状态，揭示了协同和有序的因果关系，对解释波动现象及复杂事物的发展过程，作出了数学描述。该理论用"序参量"来作为系统有序程度的度量，并可以通过求解序参量方程来得到序参量的变化规律，也就系统从无序到有序的变化规律。因为协同学理论比耗散结构理论又进了一步。协同学理论是以耗散结构理论为基础的，即它也在远离平衡态的开放系统条件下提出的，它强调在复杂的大系统内，各子系统的协同行为产生出超越各要素自身的单独作用，从而形成整个系统的统一作用和联合作用。用一句话概括就是"1+1>2"。这在企业管理中也是很重要的，最明显的就是在形形色色的招聘广告上，都可以看到有一写着"具有合作精神，善于与人交往"的要求，它强调人的合作能力和合作精神，其根本原因就在于我们所研究的"协同学理论"。

另外，协同学理论不仅在于人与人之间的协同，而且它还映射到部门与部门之间的协同、组织与组织之间的协同。

（1）企业与外部组织的协同

在管理企业过程中，作为一个管理者必须注意本企业与社会上其他企业或部门之间的协调。为了能够顺利经营和发展，他必须与当地政府部门搞好关系，积极配合政府部门的指示，响应政府部门的号召，甚至积极参加政府部门组织的活动等等，从而此企业才能获得政府的优惠政策以及各部门给予的支持，并得到更顺利的发展。这一点儿其符合我们中国当前的国家现状和国情。另外，企业还必须与银行等金融机构搞好合作。

（2）企业内部的协同

在企业内部，不仅要实现人与人之间的良好合作，各部门之间也要相互配合，达到目标作用一致性。生产部门需要根据销售部门的销售业绩来改善生产模式、研发新产品；销售部需要人事部举荐人才，提高销售量；财务部需要销售部及时回笼资金，以维持企业正常运营等等，这些均是各部门之间合作的具体体现。

3. 突变理论

该理论是法国数学家托姆于 1972 年创定的。突变理论是用数学方法研究不连续现象，它认为突变现象的本质是在一定条件下，从一种稳定状态跃变到另一种稳定状态。因为系统的稳定态是系统的结构决定的。所以突变现象也可以看作是系统从一种稳定结构跃迁到另一种稳定结构。突变理论正是以系统结构稳定性的研究为基本出发点。具体方法则是从研究系统的势函数的变化入手，建立突变数学模型来说明事物突变的本质和规律，从而可预测突变将在什么条件下产生，又怎样改变参数来促进有利突变和防止不利突变。该理论已广泛应用于研究自然界、社会活动及人的决策行为中突发质变过程。此外，突变理论因应用于耗散结构理论和协同理论的定量研究，从而推动了系统理论的发展。

任何一种管理活动的发生都会带来一定的影响，但这种影响不是永远有规律可循的，正像突变论描述的那样，其起初会带来稳定的变化，但当管理达到一定程度时，就会有一定的意外，即突变现象发生。

比如，现在有一些企业，为了使自己产品的价格在竞争中更有威慑力，不惜利用一切可能的手段降低生产成本。当这种管理达到一定限度时，就会导致产品的质量不能保证、售后服务严重不足，企业面临倒闭的危险。

DELL 公司中国分公司极度强调降低成本，充分利用人力，而轻视企业文化，开业几年来未组织过一次集体活动，致使几年下来仅有五位员工能在岗位上坚持下来，其他的均跳槽离去，如此频繁的人员跳槽给戴尔公司带来了不可估量的损失。这就是公司管理不善达到一定限度时所带来的突变。

综上所述，耗散结构理论、协同论、突变论对我们的管理活动发挥着极其重要的作用，在科学的管理、现代化地管理中具有指导性意义。三者有相同的一面，又有不同的一面。相同的是三者都强调用系统的思想去分析问题，能够比较客观地认识世界，比较全面地概括和描述以物质、能量、信息为基本要素的复杂系统。不同的是它们的侧重点不同，耗散结构理论强调非平衡态是有序之源，它让我们认识到：① 一个企业必须实行开放式经营、开放式管理；② 利用“非平衡态是有序之源”，制造一系列相关环境，使企业自身实行调节并达到自然的稳定态；③ 管理者应及时发现并把握企业内外相关因素所发生的变化，从而避免发生企业系统的“巨涨落”。协同论，顾名思义，它强调作为一个管理者，应充分利用企业内外各人员、部门之间的协调、合作，从而能够提高生产效率，改善经营环境，实现四两拨千斤之功效。突变论则注重从量的角度来研究问题，它认为任何事物都在不断变化，但稳定态与非稳定态之间的转化是在一定的限度时发生的，所以我们在管理过程中就应该合理地把握这个度的问题。

1.4.5　电子商务的系统思维

电子商务是一个庞大、复杂的社会经济、技术系统。电子商务系统分为：① 四个层级子系统。四个层次自下而上依次为：网络基础设施、多媒体内容和网络出版的基础设施、报文和信息传播的基础设施、商业服务的基础设施。② 两个支撑条件，公共政策、法律及隐私问题和各种技术标准，它们构成了电子商务的社会环境 （具体见图 1-1）。

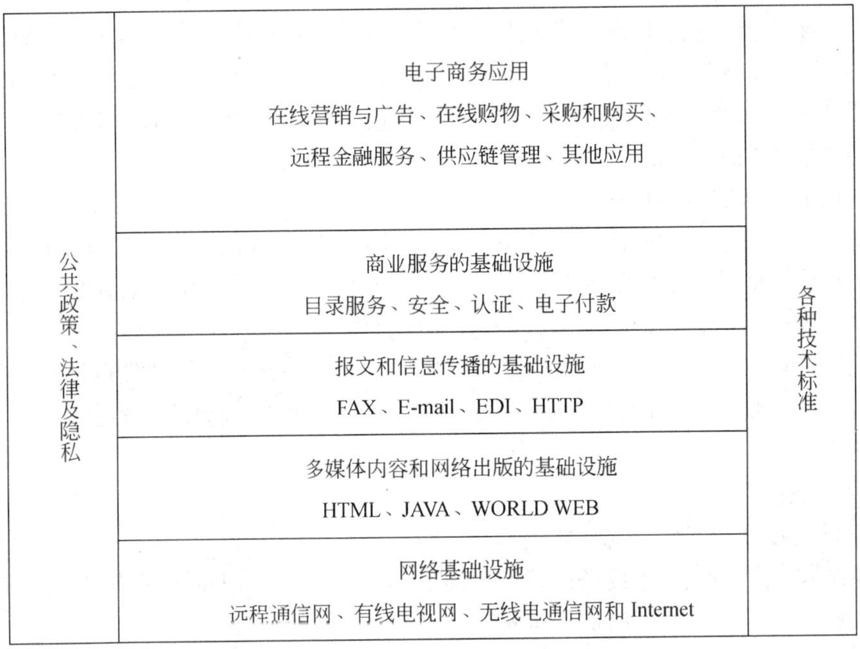

图 1-1　电子商务的系统架构

1. 四个层级子系统

（1）网络基础设施

这个层次主要是电子商务的硬件基础设施，也是实现电子商务的最低层的基本设施。网络基础设施主要是信息传输系统，它包括远程通信网、有线电视网、无线电通信网和 Internet 等。

以上这些不同的网络都提供了电子商务信息传输的线路，但是，目前大部分的电子商务应用都基于 Internet 网，其主要硬件有：电话设备、调制解调器（Modem）、集线器（Hub）、路由器（Routers）、程控交换机等。

（2）多媒体内容和网络出版的基础设施

网络基础设施的日益完善，使得通过网络来传递信息成为可能，在网络上可以传播文本、图片、声音、图像等形式多样的信息。目前，在网上最流行的发布信息的方式是以 HTML（超文本链接语言）的形式将信息发布在 WWW 上，通过 HTML 可以将多媒体内容组织得易于检索和富于表现力。这样，企业可以利用网上主页、电子邮件等在 Internet 上发布各类商业信息，客户可借助网上的检索工具迅速地找到所需商品信息。

（3）报文和信息传播的基础设施

这个层次主要提供传播信息的工具和方式，是电子商务信息传播的主要工具。它提供了以下两种交流方式：非格式化的数据交流，例如，使用 FAX（传真）和 E-mail（电子邮件）传递消息，它的对象一般是人，需要人来干预；格式化的数据交流，例如，EDI（电子数据交换）传递消息，它的对象是机器，不需要人来干预，可以全部自动化。Internet 网上使用 HTTP（超文本传输协议）作为传递消息的一种工具，它以一种统一的界面在多种不同环境下显示非格式化的多媒体信息。

（4）商业服务的基础设施

这个层次主要是实现标准的网上商务活动服务，以方便网上交易。这个层次是所有企业、个人做贸易时都会使用到的服务。它主要包括：商品目录/价目表建立、电子支付、商业信息的安全传送、认证买卖双方的合法性方法等。

在上述基础上，可以一步一步地建设实际的电子商务应用，如视频点播、网上银行、电子广告、家庭购物等。但这些应用都必须有社会人文性的政策法规和自然科技性的技术标准两大支撑条件。

2. 两个支撑条件

（1）公共政策、法律、隐私问题

公共政策包括围绕电子商务的税收制度、信息的定价、信息访问的收费、信息传输成本、隐私问题等，需要政府制定政策。

法律维持着电子商务活动的正常运作，违规活动必须受到法律制裁。从法律角度考虑，电子商务安全认证是指进行商务活动的双方资料与产品的真实性和安全性。电子商务和传统商务一样，是一种严肃的社会行为，为了从法律上保证买卖双方的权益，电子商务双方必须以真实的身份进入市场、提供真实的信息。这就是电子商务的真实性。正因为是真实的资料/产品，电子商务双方在对方没有授权可公开资料的情况下就有义务为对方的资料/产品保密，这就是电子商务的安全性。电子商务安全认证系统的建设首先是电子商务法的制定。没有法律的保护，其他有关电子商务安全认证系统只能是空头支票。只有法律还远不能保证电子商务的安全，电子商务安全认证需要政府职能部门的参与，利用 Internet 技术来管理电子商务活动。

电子商务交易过程中，企业的隐私一般为商品价格的隐私、货物进出渠道的隐私、商品促销手段的隐私等，对于个人的隐私一般为个人的姓名隐私、肖像隐私、性别隐私、身份隐私等。因此，为保障网上的个人隐私权，促进电子商务的发展，应该对此进行立法或对相应的法规进行必要的修改。

（2）技术标准

技术标准是信息发布和传递的基础，是网络上信息一致性的保证。技术标准定义了用户接口、传输协议、信息发布标准、安全协议等技术细节。就整个网络环境来说，标准对于保证兼容性和通用性是十分重要的。这就像不同的国家使用不同的电压传输电流，用不同的制式传输视频信号，限制了许多产品在世界范围的使用。目前在电子商务活动中也遇到了类似的问题，例如 EDI 标准，电子商务数据交换标准 ebXML，一些像 VISA、Mastercard 这样的国际信用卡组织已经同各界合作制定出用于电子商务安全支付的 SET 协议等。

四个层级子系统表明电子商务得以实施的各级技术及应用层次，两个支撑是电子商务顺利实施的保障条件。四个层级子系统之间互相影响、互相作用，组成一个电子商务技术及技术应用系统，最终实现系统的整体功能，即全面电子商务应用，包括：在线营销与广告，在线购物，采购和购买，远程金融服务，供应链管理，其他应用（如网上娱乐、有偿信息服务等）。同时，电子商务系统健康良好地运行还必须有一个良好的社会环境：经济环境、政策法规环境、伦理道德文化环境等。比如说网络道德环境，或者说网络伦理生态环境（即人生存、生活和发展于其中的伦理环境或道德环境），这种环境质量的好坏直接影响着电子商务的发展状况。立足于上述电子商务系统构成中的四个层级子系统和两个支撑条件，与传统的商业思维相比较，电子商务活动中蕴涵着系统的思维方式，不能以一种孤立、封闭的形而上学的思维方式去面对和认识电子商务，而应以一种系统的、开放的思维方式去面对和认识电子商务以及在电子商务活动中存在的问题。要良好地开展电子商务活动必须处理好各方面的关系，使各方面协调运行，才能使电子商务活动得以健康运行。

本章小结

本章主要介绍电子商务的含义，基本特征和功能，EFT 和 EDI；电子商务模式内涵以及 B2B 模式、B2C 模式、C2C 模式、O2O 模式、电子政务这几种常见的电子商务模式；电子商务经济学基础知识——商品经济及其基本规律、市场机制及其构成要素、博弈论与信息经济学、双边市场；电子商务管理学基础知识——泰勒制和科学管理原理、信息管理与管理信息系统、系统规划的内容与方法、相关决策理论与方法、平台运营与管理；电子商务与系统科学——被称为老三论的系统论、控制论、信息论，被称为新三论的耗散结构理论、协同学理论、突变理论，电子商务的系统思维。

参考文献

[1] 张宽海. 电子商务概论（第 3 版）. 北京：电子工业出版社，2013.

[2] 成强，吴文胜，冯义飞. 电子商务概论. 西安：西北工业大学出版社，2007.

[3] 泰勒（美）.科学管理原理. 北京：机械工业出版社，2007.

[4]［EB/OL］.http://wenku.baidu.com/view/d22ace4533687e21af45a962.html

[5]［EB/OL］.http://www.lwbst.com/viewAction.do?lunwenid=562125

[6]［EB/OL］.http://www.sohands.com/orderlist.asp?id=1899

[7] 何斌，吕诗芸，李泽莹. 信息管理：原理与方法. 北京：清华大学出版社，2011.

[8] 倪庆萍. 管理信息系统原理. 北京：清华大学出版社，2010.

[9]［EB/OL］.http://doc.mbalib.com/view/700a93bd8fc8d959aa54b02a49af3313.html

[10]［EB/OL］.http://baike.baidu.com/view/612887.htm

[11] 刘红军. 企业资源计划（ERP）原理及应用. 北京：电子工业出版社，2008.

[12]［EB/OL］http://baike.baidu.com/view/2515724.htm

[13] 李志刚. 客户关系管理理论与应用. 北京：机械工业出版社，2006.

[14]［EB/OL］.http://baike.baidu.com/view/676475.htm

[15] 李东，蔡剑. 决策支持系统与知识管理系统. 北京：中国人民大学出版社，2005.

[16]［EB/OL］.http://baike.baidu.com/view/8048.htm

[17]［EB/OL］.http://baike.baidu.com/view/2057.htm

[18]［EB/OL］.http://baike.baidu.com/view/45194.htm

[19] 施志君. 电子商务案例分析. 北京：化学工业出版社，2009.

[20] 2014 年 O2O 模式浅析及苏宁案例分析，百度文库

[21] 周延云，胡麦秀. 基于系统思维的中国电子商务伦理问题及对策，经济问题，2006 年第 10 期.

[22] 基于 O2O 商务模式的案例浅析，百度文库

[23] 易趣、淘宝、拍拍三大 C2C 平台的区别，百度文库

[24] 当当网案例分析，百度文库

[25] B2B 三个案例比较，百度文库

[26] 汪应洛. 系统工程（第 4 版）. 北京：机械工业出版社，2011.

[27] 王众托. 系统工程. 北京大学出版社，2010.

[28] 汤兵勇. 电子商务原理. 北京：化学工业出版社，2012.

第 2 章　计算机系统基础

2.1　计算机体系结构

2.1.1　计算机硬件基本组成

一个完整的计算机硬件系统由运算器、控制器、存储器、输入设备和输出设备五大部分组成，如图 2-1 所示。

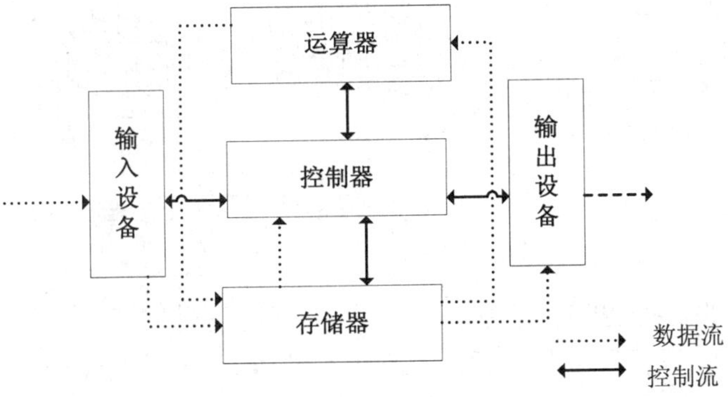

图 2-1　计算机硬件系统基本组成

其中运算器与控制器合称为中央处理器（Central Processing Unit，CPU）。CPU 是硬件系统的核心，用于数据的加工处理，完成各种算术、逻辑运算及控制功能。存储器是计算机系统中的记忆设备，分为内部存储器和外部存储器。前者速度高、容量小，一般用于临时存放程序、数据及数据处理的中间结果。而后者速度较慢、容量大，主要用于长期保存程序和数据。内存储器和中央处理器合在一起称为主机。在计算机硬件系统中不属于主机的设备都属于外部设备，简称外设，包括输入、输出设备及外存储器。

2.1.2　中央处理器

1．CPU 的功能

① 程序控制。CPU 通过执行指令来控制程序的执行顺序，这是 CPU 的重要职能。

② 操作控制。一条指令功能的实现需要若干操作信号来完成，CPU 产生每条指令的操作信号并将操作信号送往不同的部件，控制相应的部件按指令的功能要求进行操作。

③ 时间控制。CPU 对各种操作进行时间上的控制，这就是时间控制。CPU 对每条

指令的整个执行过程要进行严格控制，即指令执行过程中操作信号的出现时间、持续时间及出现的顺序都需要进行严格控制。

④ 数据处理。CPU 通过对数据进行算术运算及逻辑运算等方式进行加工处理，数据加工处理的结果被人们所利用。所以，对数据的加工处理是 CPU 最根本的任务。

2．CPU 的组成

CPU 主要由运算器、控制器、寄存器组和内部总线等部件组成。其结构如图 2-2 所示。

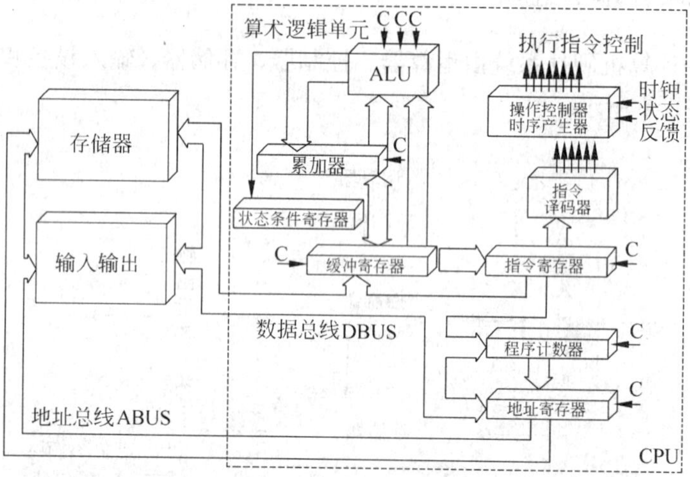

图 2-2　CPU 结构示意图

（1）运算器

运算器是计算机中用于信息加工的部件。它能对数据进行算术逻辑运算。算术运算按算术规则进行运算，如加、减、乘、除及它们的复合运算。逻辑运算一般泛指非算术性运算，例如：比较、移位、逻辑加、逻辑乘、逻辑取反、与操作、或操作等。

运算器通常由算术逻辑运算部件（ALU）和累加寄存器、数据缓冲寄存器、状态条件寄存器组成。ALU 是具体完成算术逻辑运算的部件。寄存器主要用于存放操作数、操作数及结果地址。累加器除了存放参加运算的操作数外，在连续运算中，还用于存放中间结果和最终结果。寄存器的数据一般是从存储器中取得，累加器的最后结果也应存放到存储器中。现代计算机的运算器中有多个寄存器，如 8 个、16 个、32 个或者更多，构成一个通用寄存器组，以减少访问存储器的次数，提高运算器的速度。

（2）控制器

控制器对指令进行解释并执行，以指挥、协调计算机各大部件工作。它每次从存储器中取出一条指令，经分析译码，产生微操作命令，发向各个执行部件，控制各部件，使整个机器连续地、有条不紊地工作。

为了使计算机能够正确执行指令，CPU 必须能够按正确的时序产生操作控制信号，这是控制器的主要任务。

控制器主要由下列部分组成：

① 指令寄存器（IR）。当 CPU 要执行一条指令时，先把它从内存储器读取到缓冲寄存器中，再送入 IR 暂存，指令译码器根据 IR 的内容产生各种微操作指令，控制其他的组成部件工作，完成所需的功能。

② 程序计数器（PC）。PC 具有寄存信息和计数两种功能，又称为指令计数器。程序的执行分两种情况，一是顺序执行，二是转移执行。在程序开始执行前，将程序的起始地址送入 PC，该地址在程序加载到内存时确定，因此 PC 的内容即是程序第一条指令的地址。执行指令时，CPU 将自动修改 PC 的内容，以便使其保持的总是将要执行的下一条指令的地址。由于大多数指令都是按顺序来执行的，所以修改的过程通常只是简单地对 PC 加 1。当遇到转移指令时，后继指令的地址根据当前指令的地址加上一个向前或向后转移的位移量得到，或者根据转移指令给出的直接转移的地址得到。

③ 地址寄存器（AR）。AR 保存当前 CPU 所访问的内存单元的地址。由于内存和 CPU 存在着操作速度上的差异，所以需要使用 AR 保持地址信息，直到内存的读/写操作完成为止。

④ 指令译码器（ID）。指令分为操作码和地址码两部分，为了能执行任何给定的指令，必须对操作码进行分析，以便识别所完成的操作。指令译码器就是对指令中的操作码字段进行分析解释，识别该指令规定的操作，向操作控制器发出具体的控制信号，控制各部件工作，完成所需的功能。

⑤ 时序控制逻辑要为每条指令按时间顺序提供应有的控制信号。

⑥ 总线逻辑是为多个功能部件服务的信息通路的控制电路。

⑦ 中断控制逻辑用于控制各种中断请求，并根据优先级的高低对中断请求进行排队，逐个交给 CPU 处理。

2.1.3　存储器

存储器是存放二进制形式信息的部件。在计算机中它的主要功能是存放程序和数据。程序是计算机操作的依据，数据是计算机操作的对象。不论是程序和数据，在存储器中都以二进制形式的“1”或“0”表示，统称为信息。我们可以对存储器中的内容进行读或写操作。按存储器在计算机中的功能，可以将存储器分为以下三类：

（1）高速缓冲存储器（Cache）

它构成计算机系统中的一个高速小容量存储器，其存取速度能接近 CPU 的工作速度，用来临时存放指令和数据。

（2）主存储器

主存储器是计算机系统中的重要部件，用来存放计算机运行时的大量程序和数据。CPU 能够直接访问的存储器称内存储器，高速缓存和主存储器都是内存储器。在配置了高速缓存的计算机内，主存储器和高速缓存之间要不断交换数据。

如果计算机没有配置高速缓存，内存储器就是主存储器，两个名称可以换用。

（3）辅助存储器

辅助存储器又称外存储器。外存储器主要由磁表面存储器组成，近年来，光存储器应用已很广泛，渐渐成为一种重要的辅助存储器。外存储器的内容需要调入主存后才能被 CPU 访问。外存储器的特点是容量大，可存放大量的程序和数据。

2.1.4 常用 I/O 设备

1. 输入（Input）输出（Output）设备概述

输入输出设备（又称外围设备）是计算机系统与人或其他机器之间进行信息交换的装置。输入设备的功能是把数据、命令、字符、图形、图像、声音或电流、电压等信息，变成计算机可以接收和识别的二进制数字代码，供计算机进行运算处理。输出设备的功能是把计算机处理的结果，变成人可以识别的数字、文字、图形、图像或声音等信息，打印或显示出来，以供人们分析与使用。

由于计算机技术和软件技术的迅速发展，使得输入输出设备能够处理更多类型的信息，另外，随着智能化程度的日益提高，使得输入输出的速度、精度、质量、可靠性以及应用的灵活性，方便性不断提高。

2. 输入（Input）输出（Output）设备分类

- 按信息的传输方向，可以分成输入、输出与输入/输出三类设备。

（1）输入设备

常见的输入设备有键盘、鼠标、光笔、触屏、控制杆、数字化仪、扫描仪、语言输入、手写汉字识别，以及纸带输入机、卡片输入机、光学字符阅读机（OCK）等。这类设备又可以分成两类：采用媒体输入的设备和交互式输入设备。采用媒体输入的设备如纸带输入机、卡片输入机、光学字符阅读机等，这些设备把记录在各种媒体（如纸带、卡片等）上的信息送入计算机。一般成批输入，输入过程中使用者不作干预。交互式设备有键盘、鼠标、触屏等。这些设备由使用者通过操作直接输入信息，不借助于记录信息的媒体，输入信息可立即显示在屏幕上，操作员可以即时进行删除、修改、移动等操作。交互式输入设备是近年来研究的热门话题之一，通过它们以建立人机之间的友好的界面。

（2）输出设备

显示器、打印机、绘图仪、语音输出设备，以及卡片穿孔机、纸带穿孔机等。将计算机输出的数字信息转换成模拟信息，送往自动控制系统进行过程控制，这种数模转换设备也可以视为一类输出设备。

（3）输入/输出设备

磁盘机、磁带、可读/写光盘、CRT 终端、通信设备等，这类设备既可以输入信息，又可以输出信息。

- 按功能分，也可以分成以下三类：

（1）用于人机接口

键盘、鼠标、显示器、打印机等。这类设备用于人机交互信息，且操作员往往可以直接加以控制。这类设备又可以称为字符型设备，或面向字符的设备，即输入输出设备与主机交换信息以字符为单位，这时主机对外设的控制方法往往不同于其他类型设备。

（2）用于存储信息

磁盘、光盘、磁带机等。这类设备用于存储大容量数据，作为计算机的外存储器使用。这类设备又可以称为面向信息块的设备，即主机与外设交换信息时不以字符为单位，而以由几十或几百个字节组成的信息块为单位，这时主机对外设的控制也不同于字符型设备。

（3）机—机联系

通信设备（包括调制解调器），数/模、模/数转换设备，主要用于机—机通信。

2.2　计算机软件基础

计算机系统包括硬件和软件两个组成部分。硬件是所有软件运行的基础，软件能充分发挥硬件潜能和扩充硬件功能，完成各种系统及应用任务。图 2-3 给出了一个计算机系统的软硬件层次结构。

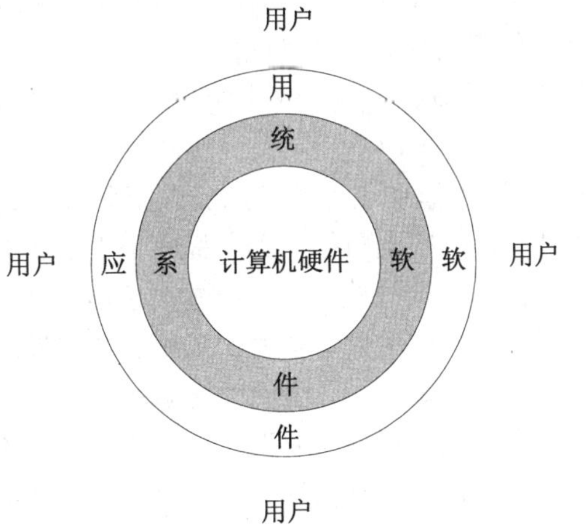

图 2-3　计算机系统软硬件层次结构

2.2.1 操作系统基础

操作系统（Operating System，OS）是管理计算机的软硬件资源、控制程序执行，合理组织计算机工作流程和为用户使用提供友好人机界面的一种系统软件。操作系统有两个重要的作用：

（1）通过资源管理，提高计算机系统的效率

操作系统是计算机系统的资源管理者。在计算机系统中，能分配给用户使用的各种硬件和软件设施总称为资源。资源包括两大类：硬件资源和软件资源。其中，硬件资源有处理器、存储器、I/O 设备等；软件资源则是程序和数据等。操作系统的重要任务之一是有序地管理计算机中的硬件、软件资源，跟踪资源使用状况，满足用户对资源的需求，协调各程序对资源的使用冲突，为用户提供简单、有效的资源使用方法，最大限度地实现各类资源的共享，提高资源利用率，从而提高计算机系统的运行效率。

（2）改善人机界面，为用户提供友好的工作界面

操作系统在计算机硬件的基础上为用户提供了良好的操作界面。使得用户无需对计算机的软硬件细节做过多的了解，就能够方便、高效、直观地操纵计算机硬件和运行自己的程序。在这个过程中，操作系统会将计算机的工作流程进行合理地组织，并有效地协调各个部件进行系统工作，以高效地完成用户交付的工作。

常见的操作系统有 UNIX、Linux、DOS、OS/2、NetWare、Windows 系列等。

1. 操作系统的功能及特征

（1） 操作系统的特征

操作系统的主要特性有三条：并发性、共享性和异步性。

- 并发性（concurrence）：指两个或两个以上的程序在同一时间间隔段内同时执行。每一个运行的程序称为一个进程。并发性是操作系统的重要特征，这使它具备处理多个同时执行的程序的能力。并发性能有效改善由于一个进程占用资源而另一个进程不得不等待的情况，从而有效地改善了系统资源的利用率和提高了系统效率。
- 共享性（sharing）：指操作系统中的资源（包括硬件资源和信息资源）可被多个并发执行的进程共享。一次性向每个用户程序分别提供它运行所需的全部资源不但是浪费的，有时也是不可能的。现实的方法是让多个用户程序共用一套计算机系统的资源，因而必然会产生共享资源的需要。共享性和并发性是操作系统两个最基本的特征，它们互为依存。一方面，资源的共享是因为运行程序的并发执行而引起的，若系统不允许运行程序并发执行，自然也就不存在资源共享问题。另一方面，若系统不能对资源共享实施有效地管理，必然会影响到运行程序的并发执行，甚至运行程序无法并发执行，操作系统也就失去了并发性，导致整个系统效率低下。

- 异步性（asynchronism）：或称随机性。在多道程序环境中，允许多个进程并发执行。由于资源有限而进程众多，进程以不可预知的速度向前推进。内存中的每个进程何时执行、何时暂停、以怎样的速度向前推进、每道程序总共需要多少时间才能完成等，都是不可预知的，这时进程是以异步方式运行的。异步性有可能导致与时间有关的错误，但只要运行环境相同，操作系统必须保证多次运行作业，都会获得完全相同的结果。

（2）操作系统的功能

操作系统的主要功能是资源管理，程序控制和人机交互等。

① 资源管理。资源管理是操作系统的一项主要任务，而控制程序执行、扩充及其功能、屏蔽使用细节、方便用户使用、组织合理工作流程、改善人机界面等等都可以从资源管理的角度去理解。在资源管理中，操作系统主要完成处理器管理、存储管理、设备管理、信息管理等。

② 程序控制。一个用户程序的执行自始至终是在操作系统控制下进行的。一个用户将他要解决的问题用某一种程序设计语言编写了一个程序后就将该程序连同对它执行的要求输入到计算机内，操作系统就根据要求控制这个用户程序的执行直到结束。操作系统控制用户的执行主要有以下一些内容：调入相应的编译程序，将用某种程序设计语言编写的源程序编译成计算机可执行的目标程序，分配内存储等资源将程序调入内存并启动，按用户指定的要求处理执行中出现的各种事件以及与操作员联系请示有关意外事件的处理等。

③人机交互。人机交互功能靠输入输出的外部设备和相应的软件来完成。操作系统的人机交互功能是决定计算机系统“友善性”的一个重要因素。可供人机交互使用的设备主要有键盘显示、鼠标、各种模式识别设备等。与这些设备相应的软件就是操作系统提供人机交互功能的部分。人机交互部分的主要作用是控制有关设备的运行和理解并执行通过人机交互设备传来的有关的各种命令和要求。

2. 操作系统的类型

（1）批处理操作系统

批处理（Batch Processing）操作系统的工作方式是：用户将作业交给系统操作员，系统操作员将许多用户的作业组成一批作业，之后输入到计算机中，在系统中形成一个自动转接的连续的作业流，然后启动操作系统，系统自动、依次执行每个作业。最后由操作员将作业结果交给用户。

批处理操作系统的特点是：多道和成批处理。

批处理操作系统根据一定的调度策略把要求计算的问题按一定的组合和次序去执行，使系统资源利用率高，作业的吞吐量大。批处理系统的主要特征是：

用户脱机工作：用户提交作业之后直至获得结果之前不再和计算机有其他的作业交互。因而，作业控制语言对脱机工作的作业来说是必不可少的。然而，在这种工作方式工作时，对调试和修改程序是极不方便的。

成批处理作业：操作员集中一批用户提交的作业，输入计算机成为后备作业。后备作业由批处理操作系统一批批地选择并调入主存执行。

多道程序运行：按预先规定的调度算法，从后备作业中选取多个作业进入主存，并启动它们运行，实现了多道批处理。

作业周转时间长：由于作业进入计算机后，作为后备作业放入主存，因而，作业从进入计算机开始到被执行并获得最后结果需经历的一段较长的时间，一般需等待数小时甚至数天。

（2）分时操作系统

在批处理系统中，用户不能干预程序的运行，因此无法得知程序运行情况，这种情况对程序的调试和排错不利。为了克服这一缺点，便产生了分时操作系统。

允许多个联机用户同时使用一台计算机系统进行计算的操作系统称分时操作系统。其实现思想如下：每个用户在各自的终端上以问答方式控制程序运行，系统把中央处理器的时间划分成时间片，并将时间片轮流分配给各个联机终端用户，每个用户只能在得到分配给自己的时间片时运行自己的程序，直到时间片用完。当时间片用完而程序还未做完，则需将其挂起以等待下次分得时间片。这样一来，每个用户的每次要求都能得到快速响应。使得每个用户获得这样的使用体验：自己所使用的是一台独立的计算机。

实质上，分时系统是多道程序的一个变种，不同之处在于每个用户都有一台联机终端。

今天，分时操作系统成为最流行的一种操作系统，几乎所有的现代通用操作系统都具备分时系统的特征。分时操作系统具有以下特性：

- 同时性：若干个终端用户同时联机使用计算机，分时就是指多个用户分享使用同一台计算机。每个终端用户感觉上好像他独占了这台计算机。
- 独立性：终端用户彼此独立，互不干扰，每个终端用户的使用体验与单独使用一台计算机相同。
- 及时性：终端用户的立即型请求（即不要求大量CPU时间处理的请求）能在足够快的时间之内得到响应。这一特性与计算机CPU的处理速度、分时系统中联机终端用户数和时间片的长短密切相关。
- 交互性：用户通过自己的终端与计算机进行交互，联机工作，用户可以直接控制其程序的运行，便于程序的调试和排错。

（3）实时操作系统

虽然多道批处理操作系统和分时操作系统获得了较佳的资源利用率和快速的响应时间，从而，使计算机的应用范围日益扩大，但它们难以满足实时控制和实时信息处理领域的需要。于是，便产生了实时操作系统。

实时操作系统（Real Time Operating System）是指当外界事件或数据产生时，能够接收并以足够快的速度予以处理，其处理的结果又能在规定的时间内来控制监控的生产过程或对处理系统做出快速响应，并控制所有实行任务协调一致运行的操作系统。由实时操作系统控制的过程控制系统较为复杂，通常由四部分组成：

① 数据采集。它用来收集、接收和录入系统工作必须的信息或进行信号检测。

② 加工处理。它对进入系统的信息进行加工处理，获得控制系统工作必须的参数或做出决定，然后，进行输出、记录或显示。

③ 操作控制。它根据加工处理的结果采取适当措施或动作，达到控制或适应环境的目的。

④ 反馈处理。它监督执行机构的执行结果，并将该结果馈送至信号检测或数据接收部件，以便系统根据反馈信息采取进一步措施，达到控制的预期目的。

目前有三种典型的实时系统：过程控制系统、信息查询系统和事务处理系统。计算机用于生产过程控制时，要求系统能现场实时采集数据，并对采集的数据进行及时处理，进而能自动地发出控制信号控制相应执行机构，使某些参数（压力、温度、距离、湿度）能按预定规律变化，以保证产品质量。例如，导弹制导系统、飞机自动驾驶系统、火炮自动控制系统都是实时过程控制系统。计算机还可用于控制进行实时信息处理，情报检索系统是典型的实时信息处理系统。计算机接收成百上千从各处终端发来的服务请求和提问，系统应在极快的时间内做出回答和响应。事务处理系统不仅对终端用户及时响应，而且要对系统中的文件或数据库频繁更新。例如，银行业务处理系统，每次银行客户发生业务往来，均需修改文件或数据库。这就统要求系统响应快、安全保密，可靠性高。

（4）网络操作系统

网络操作系统是基于计算机网络的，是在各种计算机操作系统上按网络体系结构协议标准开发的软件，包括网络管理、通信、安全、资源共享和各种网络应用。其目标是相互通信及资源结合来完成网络的通信任务。

（5）分布式操作系统

大量的计算机通过网络被联接在一起，可以获得极高的运算能力及广泛的数据共享。这种系统被称作分布式系统（Distributed System）。

分布式系统在资源管理、通信控制和操作系统的结构等方面都与其他操作系统有较大的区别。由于分布计算机系统的资源分布于系统的不同计算机上，就要求操作系统在分布式系统的各台计算机上搜索，找到所需资源后才可进行分配，同时还必须考虑资源的一致性。为了保证一致性，操作系统须控制文件的读、写、操作，使得多个用户可同时读一个文件，而任何时刻最多只能有一个用户在修改文件。

分布式操作系统的通信功能类似于网络操作系统。由于分布计算机系统不像网络分布得很广，同时分布式操作系统还要支持并行处理，因此它提供的通信机制和网络操作系统有所不同，它要求的通信速度更高。分布式操作系统的结构也不同于其他操作系统，它分布于系统的各台计算机上，能并行地处理用户的各种需求，有较强的容错能力。

分布式操作系统是网络操作系统的更高形式，它保持了网络操作系统的全部功能，而且还具有透明性、可靠性和高性能等优点。网络操作系统和分布式操作系统虽然都用于管理分布在不同地理位置的计算机，但最大的差别是：网络操作系统知道确切的网址，而分布式系统则不知道计算机的确切地址；分布式操作系统负责整个的资源分配，能很好地隐藏系统内部的实现细节，如对象的物理位置等，这些都是对用户透明的。

2.2.2 程序设计语言基础

程序设计语言（Programming Language）是一组用来定义计算机程序的语法规则。它是一种被标准化的交流技巧，用来向计算机发出指令。一种计算机语言让程序员能够准确地定义计算机所需要使用的数据，并精确地定义在不同情况下所应当采取的行动。

1. 程序设计语言的分类

（1）低级语言和高级语言

程序设计语言按语言级别，有低级语言和高级语言之分。低级语言包括字位码、机器语言和汇编语言。它的特点是与特定的机器有关，效率高，但使用复杂、繁琐、费时、易出差错。其中，字位码是计算机唯一可直接理解的语言，但由于它是一连串的字位，复杂、繁琐、冗长，几乎无人能直接使用。机器语言是表示成数码形式的机器基本指令集，或者是操作码经过符号化的基本指令集。汇编语言是机器语言中地址部分符号化的结果，或进一步包括宏构造。

高级语言的表示方法要比低级语言更接近于待解问题的表示方法，其特点是在一定程度上与具体机器无关，易学、易用、易维护。一般说来，当高级语言程序翻译成相应的低级语言程序时，一个高级语言程序单位要对应多条机器指令，相应的编译程序所产生的目标程序往往功效较低。

（2）过程式语言和非过程式语言

程序设计语言按照用户要求，有过程式语言和非过程式语言之分。过程式语言的主要特征是，用户可以指明一列可顺序执行的运算，以表示相应的计算过程。例如，FORTRAN、COBOL、ALGOL60 等都是过程式语言。

非过程式语言的含义是相对的，凡是用户无法指明表示计算过程的一列可顺序执行运算的语言，都是非过程式语言。著名的例子是表格的生成程序（RPG）。它实质上不是语言，使用者只须指明输入和预期的输出，无须指明为了得到输出所需的过程。

（3）通用语言和专用语言

程序设计语言按照应用范围，有通用语言和专用语言之分。目标非单一的语言称为通用语言，例如 FORTRAN、COBOL、ALGOL60 等都是通用语言。目标单一的语言称为专用语言，如 APT 等。

（4）交互式语言和非交互式语言

程序设计语言按照使用方式，有交互式语言和非交互式语言之分。具有反映人机交互作用的语言成分的称为交互式语言，如 BASIC 语言就是交互式语言。语言成分不反映人-机交互作用的称非交互式语言，如 FORTRAN、COBOL、ALGOL60、PASCAL 等都是非交互式语言。

2. 程序设计语言的基本组成

程序设计语言的种类千差万别。但是，一般说来，其基本成分包括数据、运算、控制、传输四部分。

（1）程序设计语言的数据成分

数据作为程序操作的对象，具有名称、类型、作用域、可进行的操作等特征，使用前要对数据的这些特征加以说明。数据的名称由用户通过标识符来指定，类型用来说明数据的性质和需占用多少存储单元，作用域则说明数据可以使用的范围。

以 C 语言为例，其数据类型可分为算术（或字符）类型、枚举类型、数组类型、指针类型、用户定义的数据类型等。

（2）程序设计语言的运算成分

程序设计语言的运算成分用以描述程序中所包含的运算符号及运算规则。大多数高级程序语言的基本运算可以分成算术运算、关系运算、逻辑运算和位运算。

（3）程序设计语言的控制成分

程序设计语言中控制成分的作用是提供一种基本框架，在此基本框架支持下，可以将数据和对数据的运算组合成程序。一般求解可计算问题的程序框架都可用顺序、选择和循环这三种控制成分来描述。

其中顺序结构用来表示由一组计算操作（或语句）组成的序列。它从序列中的第一个操作开始，顺序执行序列中的后续操作。直至序列的最后一个操作为止。图 2-4（a）表示的是顺序结构程序。

条件选择结构由一个条件（P）和两个供选择的操作 A 和 B 组成。在执行中，先计算条件表达式 P 的值，如果 P 的值为真，则执行操作 A；否则执行操作 B。图 2-4（b）表示的是条件选择结构程序。

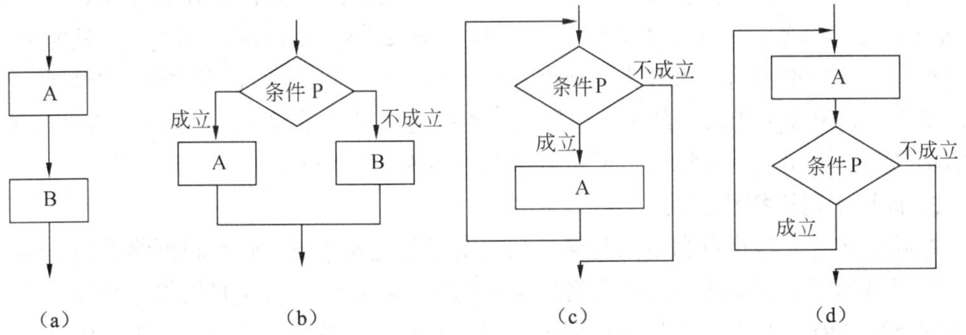

图 2-4　程序设计语言结构

循环结构描述了重复计算的过程，通常由三部分组成：初始化、循环体和循环条件。循环结构主要有两种形式：while 型和 do-while 型。While 型是先判断条件再执行循环体。do-while 型是先执行循环体再判断条件。图 2-4（c）表示的是 while 型条件循环结构程序，图 2-4（d）表示的是 do-while 型条件循环结构程序。

2.3 计算机网络基础

2.3.1 计算机网络的基本概念

1946 年，世界上第一台电子计算机问世，其技术得到迅猛发展。随着社会信息化的发展，计算机与通信技术日益紧密结合，通信网络为计算机之间的数据传输和数据交换提供了必要的手段，而计算机技术渗透到通信技术中又提高了通信网络的性能。

1. 计算机网络的定义

计算机网络是现代通信技术与计算机技术相结合的产物。所谓计算机网络，就是把分布在不同地理区域的计算机与专用外部设备使用通信线路互连成一个规模大、功能强的计算机应用系统，从而使计算机之间可以方便地互相传递信息，共享硬件、软件、数据信息等资源。人们组建计算机网络的目的是为了实现计算机之间的资源共享，因此，网络提供资源的多少决定了一个网络的存在价值。从定义中看出计算机网络涉及三个方面的问题：

① 独立的计算机。

② 通信设备与连接介质。

③ 网络软件，一般是指通信协议和网络操作系统。

2. 计算机网络的分类

计算机网络的种类很多，通常是按照覆盖范围、网络的逻辑形状（即拓扑结构）和使用通信截止的不同等原则来分类的，不同的分类原则，其关注的侧重点不同。按网络覆盖的范围大小不同，计算机网络可分为局域网（Local Area Network，LAN）、城域网（Metropolitan Area Network，MAN）、广域网（Wide Area Network，WAN）；按照网络的拓扑结构，计算机网络可以分为环形网、树形网、星形网、总线型网等；按照通信传输介质来划分，可以分为双绞线网、同轴电缆网、光纤网、微波网、卫星网、红外线网等；按照信号频带占用方式来划分，又可以分为基带网和宽带网。

3. 计算机网络拓扑结构

拓扑结构一般是指点和线的几何排列或组成的几何图形。计算机网络的拓扑结构是指一个网络的通信链路和节点的几何排列或物理布局图形。链路是网络中相邻两个节点之间的物理通路，节点一般是指计算机和有关的网络设备，在有些环境中可以是一个网络。按拓扑结构，计算机网络可分为以下五种。

（1）星形网络

星形网络是以中央节点为中心与各节点连接组成。多节点与中央节点通过点到点的方式连接。拓扑结构如图 2-5（a）所示，中央节点执行集中式控制策略，中央节点能否正常工作，直接决定了连接在中央节点上的终端设备能否相互通信，因此中央节点非常重要。由于终端设备的所有数据均需要通过中央节点转发，因此，中央节点的数据传输负担比其他各节点重得多。

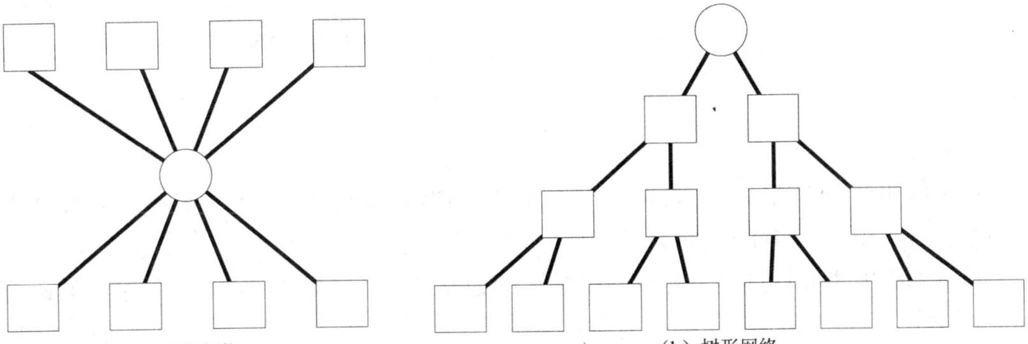

图 2-5　星形和树形网络拓扑

星形网络的特点是：网络结构简单，便于管理；控制简单，建网容易；网络延迟时间较短，误码率较低；网络共享能力较差；通信线路利用率不高；中央节点负荷较重。

（2）树形网络

在实际建造一个大型网络时，往往是采用多级星形网络，将多级星形网络按层次方式排列即形成树形网络，其拓扑结构如图 2-5（b）所示。

树形网络的主要特点是结构比较简单，成本低。在网络中，任意两个节点之间不产生回路，每条链路都支持双向传输。网络中节点扩充方便灵活，寻找链路路径比较方便。但在这种网络系统中，除叶子节点及其相连的链路外，任何一个节点或链路产生的故障都会影响到连接在该节点下的所有节点的正常通信。

（3）总线形网络

总线形网络是由一条共享的通信介质连接若干个终端设备所形成的网络，拓扑结构如图 2-6（a）所示。

总线形网络的特点主要是结构简单灵活，便于扩充，是一种很容易建造的网络。由于多个节点共用一条传输信道，故信道利用率高，但存在着访问冲突；传输速率高，可达 1～100Mbps，但是由于总线型网络中存在访问冲突，接入网络中的终端数量越多，发生冲突的可能性就越高，因此，网络的效率越低；同时总线形网常因一个节点出现故障（如结头接触不良等）而导致整个网络不通，因此可靠性不高。

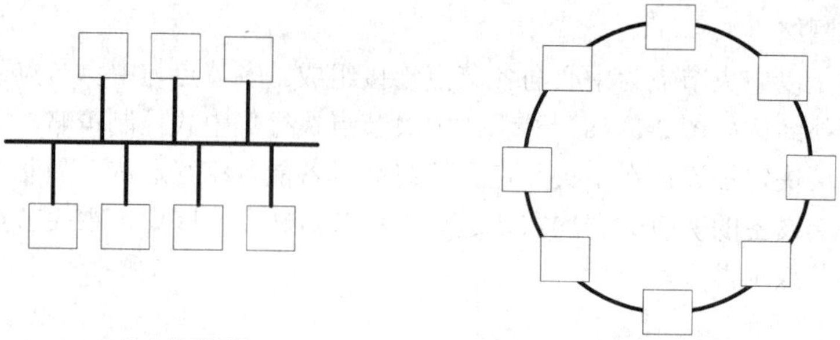

（a）总线形网络　　（b）环形网络

图 2-6　总线形和环形网络拓扑

（4）环形网络

环形网中各节点通过环路接口连在一条首尾相连的闭合环形通信线路中，拓扑结构如图 2-6（b）所示，环上任何节点均可请求发送信息。

环形网络的主要特点是信息在网络中沿固定方向流动，两个节点间仅有唯一的链路连接，这种方式大大地简化了路径选择的控制；在环形网络中，当某个节点发生故障时，节点可以自动旁路（选择其他的链路），网络的可靠性较高；然而由于信息是串行通过多个节点的环路接口，当节点过多时，会使网络响应时间变长。但当环形网络一经确定，其时延是固定的，实时性强。

（5）网状形网络

网状形网络拓扑如图 2-7 所示。

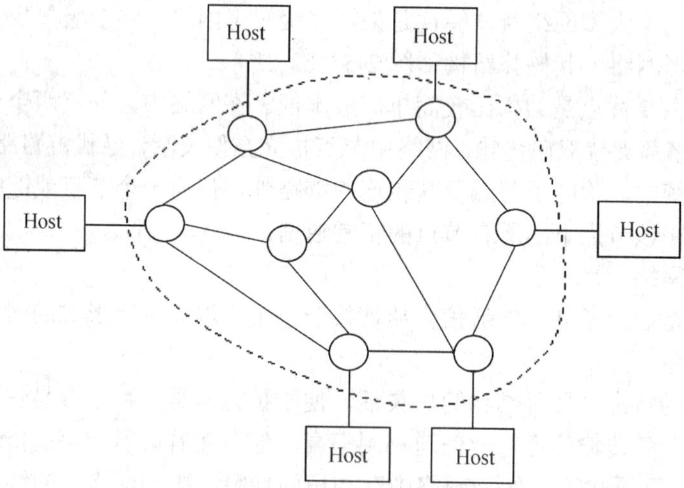

图 2-7　网状形网络拓扑结构

网状拓扑结构是在实际使用过程中最常见的一种网络拓扑结构。网状形网的主要特点是：由于在这种拓扑结构中，每两个节点之间存在着多条路径，因此网络可靠性较高，可以有效地抵抗单点故障所引发的网络故障；可扩充性好，该网络无论是增加新功能，还是要将另一台新的计算机接入网络，都比较方便；网络可建成各种形状，采用多种通信信道，多种传输速率。

4. 计算机网络的构成

和计算机系统一样，一个完整的计算机网络系统也是由硬件系统和软件系统两大部分组成的。

（1）网络硬件

网络硬件一般是指计算机设备、传输介质和网络连接设备。目前，网络连接设备有很多，功能不一，也很复杂。

网络中的计算机，根据其作用不同，可分为服务器和工作站。服务器的主要功能是通过网络操作系统控制和协调网络各工作站的运行，处理和响应各工作站同时发来的各种网络操作请求，提供网络服务。工作站是网络各用户的工作场所，通常是一台微机或终端。工作站通过插在其中的网络接口板（网卡）经传输介质与网络服务器相连。

网络传输介质可分为两类：一类是有线的，一类是无线的。有线传输媒介主要有同轴电缆、双绞线和光缆；无线传输媒介主要有微波、无线电、激光和红外线等。

网络连接设备主要包括中继器、网桥、集线器、交换机、路由器、网关等。

（2）网络软件

网络软件一般是指系统级的网络操作系统、网络通信协议和应用级的提供网络服务功能的专用软件。

网络操作系统是用于管理网络的软、硬件资源，提供简单网络管理的系统软件。常见的网络操作系统有 UNIX、Netware、Windows NT、Linux 等。UNIX 是一种强大的分时操作系统，以前在大型机和小型机上使用，现已向 PC 机过渡。UNIX 支持 TCP/IP 协议，安全性、可靠性强，缺点是操作使用复杂。常见的 UNIX 操作系统有 SUN 公司的 Solaris、IBM 公司的 AIX、HP 公司的 HP UNIX 等。Netware 是 Novell 公司开发的早期局域网操作系统，使用 IPX/SPX 协议，目前的最新版本 Netware5.0 也支持 TCP/IP 协议，安全性、可靠性较强，其优点是具有 NDS 目录服务，缺点是操作使用较复杂。WinNT server 是微软公司为解决 PC 机做服务器而设计的，操作简单方便，缺点是安全性、可靠性较差，适用于中小型网络。Linux 是一个免费的网络操作系统，源代码完全开放，是 UNIX 的一个分支，内核基本和 UNIX 一样，具有 WinNT 的界面，操作较简单，缺点是应用程序较少。

网络通信协议是网络中计算机交换信息时的一系列约定，它规定了计算机在网络中互通信息的规则。互联网采用的协议是 TCP/IP，该协议也是目前应用最广泛的协议，其他常见的网络通信协议还有 Novell 公司的 IPX/SPX 等。

提供网络服务功能的专用软件主要包括 WEB 服务软件、FTP 服务软件、电子邮件服务软件等。

2.3.2 网络体系结构及协议标准

计算机网络是一个复杂的系统，其主要功能是实现数据通信和资源共享。为了更好地理解和研究计算机网络结构，设计出高效率的计算机网络，人们提出了网络体系结构的概念。其中，层次和协议是理解网络体系结构的关键。

1．层次结构

在计算机网络体系结构中，层次是一个很重要的概念。计算机网络层次的概念来源于人们对复杂事务认识和处理的基本方法。通常在处理一个比较复杂的问题时，人们趋向于将其分解为多个易于处理的小问题。例如，邮政系统信件的发送、转投、运输、接收、投递过程是一个很复杂的问题。发信时需要将信件封装并书写信封、收集信件、分拣信件、打包信件、运输信件，收信时需要拆包信件、分拣信件、投递信件、阅读信件。实际运作中，邮政系统将这个复杂的过程，分成了许多不同的层次，每个层次独立实现各自的功能。

最高层是用户层，他是发信者或收信者，负责书写信件和阅读信件等工作。用户只需要按照约定的信件格式书写阅读信件即可，不需要关心邮件究竟是怎样被分拣，如何被运输，怎样找到接收者等这些其他层次要解决的问题，这些功能由下层的邮件服务层和邮件传输层完成。中间层是邮件服务层，负责完成收集信件、分拣信件、将信件打包/拆包，运输邮件的工作。同理，邮件服务层不需要关心邮件传送的具体过程，只需要按照约定的规则完成信件收集、分拣等工作；最底层是邮件传输层，负责完成邮件的具体传送，包括运输路线的选择、运输工具的选择等。在这个层次结构中，层次间相对独立、彼此“透明”。每一层仅完成自己所需完成的工作即可。

类似于邮政系统的层次结构，计算机网络采取了对复杂问题“分而治之”的分层模块化方法，将网络划分为层次结构，每一层采用最合适的技术实现相对独立的功能，各层实现技术的改变不影响其他层。

2．网络协议

协议是一种约定和规范，计算机网络中的节点必须遵守一定的约定和规范，才能有条不紊地完成通信功能。网络协议规定了通信过程中的控制信息、数据传输的格式和时序等内容，解决了网络节点做什么，怎么做和何时做的问题，被称为网络协议三要素，即语法、语义和时序。

语法：规定数据与控制信息的结构格式；

语义：规定发出何种控制信息，应该完成的动作以及做出的响应；

时序：规定事件（动作）实现的顺序。

由此可见，网络协议实质上是实体间通信时所使用的一种语言。在层次结构中，每一层都可能由若干个协议，当同层的两个实体间相互通信时，必须满足这些协议。

计算机网络体系结构就是计算机网络的层次结构模型与协议的集合，是一个抽象的概念模型。在计算机网络的分层体系结构中，层次功能相对独立，每一层建立在它的下层基础之上，并向上一层提供服务，相同的层与层之间进行通信，遵守共同的协议，具有较好的灵活性，易于实现和维护，有利于促进网络标准化。

1974 年，IBM 公司首先提出了世界上第一个计算机网络体系结构，称为系统网络体系结构 SNA（Systems Network Architecture）。1975 年 DEC 公司提出了数字网络体系结构 DNA（Digital Network Architecture）。之后，一些计算机厂商也分别提出了各自的计算机网络体系结构。到目前为止，比较普遍且具有代表性的计算机网络体系结构有两个，一个是国际标准化组织推出的 ISO/OSI 参考模型，另一个是事实上的工业标准 TCP/IP 参考模型。

3．ISO / OSI 体系结构

国际标准化组织 ISO 于 1984 年提出了开放系统互联参考模型，即 OSI 参考模型。之所以称之为开放系统互联参考模型，是因为 OSI 参考模型定义了一个标准化、开放式的网络互联标准，其含义是任何网络产品或计算机系统，只要遵循 OSI 参考模型的标准，就可以实现互联并进行通信。

OSI 参考模型将网络结构划分为七层，自底向上分别是物理层、数据链路层、网络层、传输层、会话层、表示层和应用层，如图 2-8 所示。

图 2-8　OSI 参考模型

遵循该模型的计算机网络系统均具有以下特征：

① 网络中的各节点具有相同的层次结构；

② 同一节点的相邻层之间通过接口实现通信；

③ 同一节点的相邻层之间，下层为上层提供服务，上层使用下层提供的服务；

④ 每层实现相对独立的功能，不同节点的同等层具有相同的功能；

⑤ 不同节点的相同层按照协议实现对等层之间的通信。

计算机网络的逻辑结构分为资源子网和通信子网。OSI 参考模型的七层结构中，物理层、数据链路层和网络层负责通信子网资源子网的工作，解决网络通信的问题。会话层、表示层和应用层负责资源子网的工作，解决网络访问、网络资源共享和数据处理的问题。传输层是通信子网与资源子网的接口，起到了承上启下的作用。

OSI 参考模型的各层功能如下：

（1）物理层

物理层是 OSI 参考模型的最底层。物理层不是物理传输介质，而是物理传输介质与数据链路层之间的接口。物理层提供物理连接服务，在物理传输介质之上为数据链路层提供 0、1 比特流的传输，并保证 0、1 信号按原顺序传输给对方。此外，物理层还提供了物理连接的建立、保持和拆除活动中的机械、电气、功能和规程特性。其中，机械特性是指网络接口的形状等。电气特性是指信号电压、持续的时间等。功能特性是指物理设备的具体功能。规程特性是指实现功能的动作序列或动作规则。

（2）数据链路层

数据链路层负责在两个相邻节点间的线路上无差错地传送以帧为单位的数据。帧是数据的逻辑单位，每一帧包括一定数量的数据和一些必要的控制信息。和物理层相似，数据链路层要负责建立、维持和释放数据链路的连接。在传送数据时，若接收节点检测到所传数据中有差错，就要通知发送方重发这一帧，直到这一帧正确无误地到达接收节点为止。在每帧所包括的控制信息中，有同步信息、地址信息、差错控制，以及流量控制信息等。这样，链路层就把一条有可能出差错的实际链路，转变成让网络层向下看起来好像是一条不出差错的链路。

（3）网络层

在计算机网络中进行通信的两个计算机之间可能要经过许多个节点和链路，也可能还要经过好几个通信子网。在网络层，数据的传送单位是分组或包。网络层的任务就是要选择合适的路由，使发送站的运输层所传下来的分组能够正确无误地按照地址找到目的站，并交付给目的站的运输层。这就是网络层的寻址功能。

（4）传输层

传输层是 OSI 参考模型的第四层。作为通信子网与资源子网的接口，传输层是 OSI 参考模型中的关键部分，负责协调通信连接与应用实现。传输层的主要任务是向用户提供透明的端到端的数据传输。所谓端到端的数据传输，就是最终用户到最终用户的传输。传输层在网络层提供的服务的基础上为用户提供面向连接和面向无连接两种基本的服务。面向连接提供的是可靠的服务，在通信过程中需要进行逻辑连接的建立和拆除，包括流量控制、差错控制和顺序控制等工作。面向无连接服务不需要建立逻辑连接，不能保证传输的信息按发送顺序提交给用户，是一种不太可靠的服务。无论是面向连接还是面向无连接的服务，传输层都起到了向高层屏蔽下层数据通信的细节，即网络硬件技术的任何变化对高层都是透明的，高层（会话层、表示层和应用层）的设计不必考虑底层硬件的细节变化。

（5）会话层

会话层是 OSI 参考模型的第五层。所谓会话，是指两个用户进程之间为完成一次完整的通信而进行的活动，包括建立会话连接，协调和同步会话连接以及结束会话连接。会话层的主要任务就是利用传输层提供的端到端的数据传输服务，提供会话机制的建立和管理服务。

（6）表示层

表示层主要解决用户信息的语法表示问题。表示层将欲交换的数据从适合于某一用户的抽象语法，变换为适合于 OSI 系统内部使用的传送语法。有了这样的表示层，用户就可以把精力集中在他们所要交谈的问题本身，而不必更多地考虑对方的某些特性。例如，对方使用什么样的语言。此外，对传送信息加密（和解密）也是表示层的任务之一。

（7）应用层

应用层是 OSI 参考模型中的最高层。它确定进程之间通信的性质以满足用户的需要（这反映在用户所产生的服务请求）；负责用户信息的语义表示，并在两个通信者之间进行语义匹配，也即应用层不仅要提供应用进程所需要的信息交换和远程操作，而且还要作为互相作用的应用进程的用户代理（User Agent），来完成一些为进行语义上有意义的信息交换所必需的功能。

2.3.3 Internet 技术

Internet 是电子商务应用的最重要的通信网络基础。给 Internet 下一个确切的定义很难，一般认为，它是指通过各种通信介质和数据通信网，将世界各地的计算机局域网、广域网连接起来，共同遵守传输控制协议/互联网协议，即 TCP/IP（Transfer Control Protocol/Internet Protocol）通信协议，从而构成的世界范围内的网际网，或者叫做网络的集合。实际应用的互联网常常是通过广域网将局域网相互连接而成的集合。所谓广域网是跨越很大地区的一种网，通常包含一个国家或省。它是多个局域网通过广域网中的通信子网互相连接而成的互联网。通信子网的作用是将信息从一台主机传到另一台主机，它由通信线路和路由器组成。单个主机或局域网上主机间通过路由器进行通信。

1. TCP/IP 基本概念

TCP/IP 是 20 世纪 70 年代中期美国国防部为 ARPANET 开发的网络体系结构和协议标准，并以它为基础组建了世界上规模最大的计算机互连网 Internet。

TCP/IP 虽然不是国际标准，但却是广大用户公认的“既成事实”的标准，它不是为某个厂商专有的。TCP/IP 使用范围广泛，从个人计算机到巨型计算机，从局域网到广域网，从政府部门到大专院校、科学研究机构、工矿企业和金融商业机构等都采用 TCP/IP 体系结构并连入了 Internet。各电信通信网（如 X.25 公用数据网）、分组无线网、PC 机系列的 Novell 网以及网络数据库（如 Oracle）等也都提供了 TCP/IP 接口。

ISO/OSI 国际标准虽然能起到良好的规范和导向作用，但它的具体实施将受到新的政策、新的应用、计算机和通信领域的新技术及网络和站点增加等因素的制约，而且，实现遵循国际标准框架的高性能软件将需要相当长的时间来测试其一致性和检验实际的可靠运行。而 TCP/IP 已经多年实践检验，已相当成熟；建网机构和用户不会轻易放弃已在 TCP/IP 网上的巨额投资；ISO/OSI 在制定相应层次标准时，也主要参考了 TCP/IP 协议集。

TCP/IP 和 OSI 模型一样也采用分层体系结构，其共分四层，即网络接口层、网络层、传输层和应用层。每一层提供特定功能，层与层之间相对独立，与 OSI 七层模型相比，TCP/IP 没有表示层和会话层，这两层的功能由应用层提供，OSI 的物理层和数据链路层功能由网络接口层完成。其与 ISO/OSI 参考模型的对应关系如图 2-9 所示。

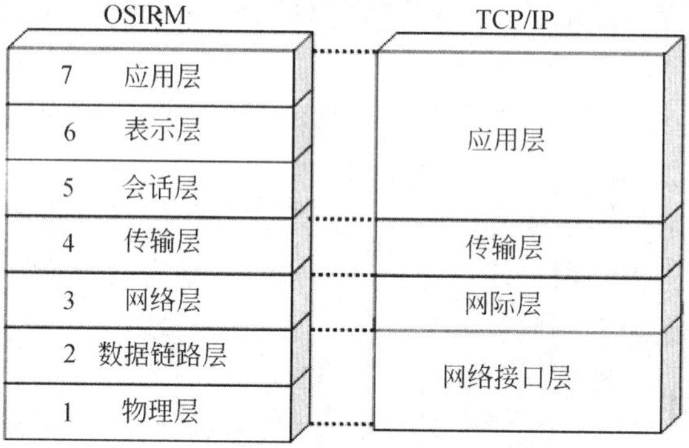

图 2-9 TCP/IP 参考模型与 OSI 参考模型

在 TCP/IP 参考模型中，网络（IP）层和传输（TCP）层起着承上启下、举足轻重的作用，各层协议所组成的 TCP/IP 协议簇中，这两层中的主要协议——传输控制协议 TCP 和互联协议 IP 占有极其重要的特殊地位，所以，把整个互联网的协议簇称为 TCP/IP 协议簇。

Internet 采用了 TCP/IP 协议，Internet 能以惊人的速度发展是与 TCP/IP 的贡献分不开的。我们知道，各种计算机网络都有各自特定的通信协议，如 Novell 公司的 IPX/SPX，IBM 公司的 SNA，DEC 公司的 DNA 等，这些通信协议相对于自己的网络都具有一定的排他性。而在很多情况下，需要把不同的系统连接在一起，以提高不同网络之间的通信能力。但是上列的通信协议由于其专用性，使得不同系统之间的连接变得十分困难。例如，使用 IPX 协议的 Novell 网络就不能与依赖 DNA 的 IBM 大型机相连接。

TCP/IP 很好地解决了这一问题。TCP/IP 提供了一个开放的环境，它能够把各种计算机平台，包括大型机、小型机、工作站和 PC 很好地连接在一起，从而达到了不同网络系统互联的目的。从 Netware 网络服务器和工作站，到 UNIX 系统主机、IBM 和 DEC 的大中型计算机等等，TCP/IP 都提供了很好的连接支持。

由于 TCP/IP 的开放性，使得各种类型的网络都可以容易地接入 Internet。并且随着 Internet 的发展，将会有越来越多的网络接入 Internet，使用其丰富的资源。从这个意义上说，Internet 是以 TCP/IP 为主同时兼顾各种协议的网络，一些专家称 Internet 是多协议的计算机网络，是与 TCP/IP 的作用分不开的。并且在未来的信息社会发展中，这种开放的环境将会促使更多的资源加入进来，形成一个全球性的资源宝库。

2．TCP/IP 协议各层的主要功能

TCP/IP 协议采用了层次体系结构，所涉及的层次包括网络接口层、传输层、网络层和应用层。每一层都实现特定的网络功能，其中 TCP 负责提供传输层的服务，IP 协议实现网络层的功能。这种层次结构系统遵循着对等实体通信原则，即 Internet 上两台主机之间传送数据时，都以使用相同功能进行通信为前提，这也是 Internet 上主机之间地位平等的一个体现。前面讲到分组交换网中分组的概念。为了同其他网络相区别，在 Internet 中我们称分组为数据报。下面我们介绍 TCP/IP 各层实现的具体功能和作用：

（1）数据链路层（Network Interface Layer）

数据链路层提供了 TCP/IP 与各种物理网络的接口，把 IP 数据报封装成能在网络中传输的数据帧，为数据报的传送和校验提供了可能。这些物理网络包括各种局域网和广域网，如以太网、令牌环网、X. 25 公共分组交换网等。数据链路层最终将数据报传递到目的主机或其他网络。

（2）网络层（Network Layer）

数据链路层只提供了简单的数据流传送服务，而在 Internet 中网络与网络之间的数据传输主要依赖于网络层中的 IP 协议。网络层的功能主要体现在 IP 和 ICMP 协议上。

IP 协议——网间协议：IP 构成网络层的一个主要部分。IP 负责 Internet 上网络与网络之间的通信，即将数据报由一个网络传输到另一个网络。IP 协议规定了 Internet 上的计算机之间通信所必须遵循的规则。此外，它还定义了 Internet 上 IP 地址的格式，并通过路由选择，将数据报由一台计算机传递到另一台计算机。但 IP 只负责传送数据报，而不考虑传输的可靠性、数据报的流量控制等安全因素。

ICMP——Internet 控制报文协议：ICMP 是 IP 的延伸和 IP 不可分割的组成部分。它使用 IP 数据报传输设施来发送报文，并且有下列传输控制、出错报告和其他的检查功能：

数据流控制。当数据报流量太大而无法处理时，目的主机或中间路由器就会通知数据源站暂停发送报文。

检测目的地是否可以抵达。当目的地不可抵达时，就由目的地的网络、主机或者端口，把“目的地不可抵达的报文”发送给数据报源站。

重选路由。当路由器或网关发现有更合适的路由时，就把“ICMP 重选路由报文”发给主机，以此通知主机使用另一个路由或网关。

检查远程主机。网上主机可以了解某个远程系统的 IP 协议是否正在工作。其办法是向远程系统发送一个“ICMP 回送报文”。当该系统收到报文后，就使用相同的分组报文应答源主机。

（3）传输层（Transport Layer）

传输层的主要服务功能是建立、提供端到端的通信连接，亦即一个应用程序到另一个应用程序的通信连接。说到底，传输层主要是为任何两台需要相互通信的计算机建立通信连接。它可以同时从应用层的几个应用程序接收数据并发送给下一层（IP）。传输层的主要协议有TCP（传输控制协议）和UDP（用户报文协议）。TCP是TCP/IP的两个最基本的协议之一。

TCP协议。传输层中的TCP协议负责任何两台计算机之间的连接，此外还提供了一种可靠传输的方法，解决了IP协议的不安全因素，为数据报正确、安全地到达目的地提供了保障。

网络中由于带宽的限制，每一条线路上都有一个流量极限。当有大量数据报拥挤在一条线路上时，往往会超过其流量极限，就像是公路上阻塞的汽车一样。而在Internet上，当一条线路上的负荷已超出其极限流量时，一些数据报就会被丢失，导致数据报在传输的过程中失去安全保障。

IP协议不负责处理数据报的丢失、误投递等情况，而TCP协议则提供了可靠传输的机制，它能够自动检测丢失的数据报并自动重传，弥补IP的不足。此外，它还负责过滤多个重复的数据报，接收最先到达的一个。因此，TCP和IP总是协调一致地工作，以保证数据报的可靠传输。

TCP协议提供的是一种面向连接的服务。在传输层中，UDP（User Datagram Protocol，用户数据报协议）。提供另一种面向无连接的服务，即在数据传输时不加上自己的头标，这样使得协议本身的开销非常小，性能也比TCP高。但其可靠性不如TCP协议，适合于传输一些不需要绝对可靠的数据（或由上层保障数据的可靠性）。

（4）应用层（Application Layer）

应用层根据不同用户的各种需求，向用户提供所需的网络应用程序服务。TCP/IP协议的应用层提供了网上计算机之间的各种应用服务。例如，FTP（文件传输协议）、SMTP（简单邮件传输协议）、DNS（域名系统）等。这些实用程序通过Socket接口与各种应用协议相连接。应用层的网络应用程序（协议）也多种多样，这些应用程序包括以下三类：

第一类与下一层的UDP相配合，如SNMP（简单网络管理协议），用于管理IP网络的节点，后来也能管理互连的集线器和计算机等设备：RPC（远程过程调用），它以简便的方式支持Internet的客户机－服务器分布式计算模式等等。

第二类与下一层的TCP相配合，如Telnet（远程登录协议），它是提供远程终端连接服务的标准协议，能使某个用户终端犹如直接连通到一台远程计算机上一样；FTP（文件传输协议），它使一台计算机上的用户能在另一台计算机上取得文件，或者把文件传送给另一台计算机；SMTP（简单邮件传输协议），用于不同计算机之间的电子邮件传输，不过只限于服务器到服务器等。

第三类与下一层的 TCP 和 UDP 都有相互配合关系。例如 DNS（域名的命名系统协议），它实际上是为网上主机命名的一组规则。

2.3.4　Internet 的 IP 地址及域名

Internet 上采用了一种通用的地址格式，为互联网中的每一个网络和几乎每一台主机都分配了一个地址，这就使我们实实在在地感觉到它是一个整体。

1. IP 地址

接入互联网的计算机与接入电话网的电话相似，每台计算机或路由器都有一个由授权机构分配的号码，我们称它为 IP 地址。IP 地址也是采用分层结构。IP 地址由网络号与主机号两部分组成。其中，网络号用来标识一个逻辑网络，主机号用来标识网络中的一台主机。一台主机至少有一个 IP 地址，而且这个 IP 地址是全网唯一的，如果一台主机有两个或多个 IP 地址，则该主机属于两个或多个逻辑网络，一般用做路由器。

在表示 IP 地址时，将 32 位二进制分为 4 个字节，每个字节转换成相应的十进制，字节之间用“.”来分隔。IP 地址的这种表示法叫做“点分十进制表示法”。例如，有下面的 IP 地址：

10001010 00001011 00000011 00011111

可以记为 138.11.3.31，显然这就方便得多。

2. IP 地址的分类

IP 地址采用分层结构。IP 地址由网络号与主机号两部分组成，其中，网络号（net-id）用来标识一个逻辑网络，主机号（host-id）用来标识网络中的一台主机。网络号相同的主机可以直接互相访问，网络号不同的主机需通过路由器才可以互相访问。TCP/IP 协议规定，根据网络规模的大小将 IP 地址分为 5 类（A、B、C、D、E），如图 2-10 所示。

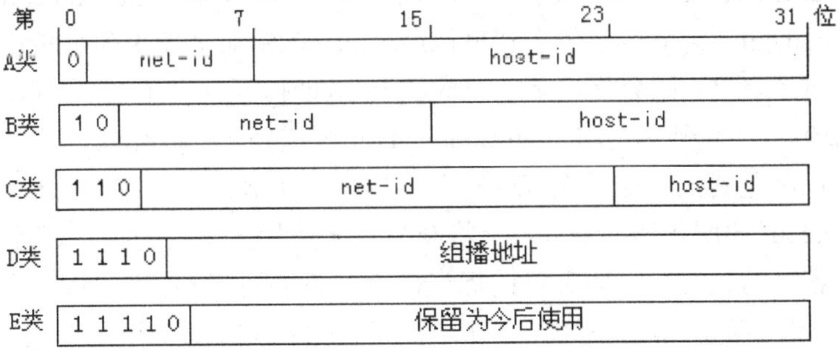

图 2-10　IP 地址的分类

A 类地址：第一个字节用做网络号，且最高位为 0，这样只有 7 位可以表示网络号，能够表示的网络号有 2^7=128 个。后三个字节用做网络中的主机编号，有 24 位可表示主机号，能够为 2^{24}-2=16777214 台主机编址。A 类 IP 地址常用于大型的网络。

B 类地址：前两个字节用做网络号，后两个字节用做主机号，且最高位为 10，最大网络数为 2^{14}=16382 个，范围是：128.1.0.0—191.255.0.0。可以容纳的主机数为 2^{16}-2=65534 台。B 类 IP 地址通常用于中等规模的网络。

C 类地址：前三个字节用做网络号，最后一个字节用做主机号，且最高位为 110，最大网络数为 2^{21}=2097152 个，范围是：191.0.1.0—223.255.255，可以容纳的主机数为 2^{8}-2=254 台主机。C 类 IP 地址通常用于小型的网络。

D 类地址：最高位为 1110，是多播地址，主要是留给 Internet 体系结构委员会 IAB（Internet Architecture Board）使用的。

E 类地址：最高位为 11110，保留在今后使用。

目前大量使用的 IP 地址仅是 A 至 C 类三种。不同类别的 IP 地址在使用上并没有等级之分，不能说 A 类 IP 地址比 B 或 C 类高级，也不能说在访问 A 类 IP 地址时比 B 或 C 类优先级高，只能说 A 类 IP 地址所在的网络是一个大型网络。

3. 域名

一般在 Internet 上辨别一台计算机的方式是利用 IP 地址。但是一组 IP 地址数字很不容易记忆，因此，我们会为网上的服务器取一个有意义又容易记忆的名字，这个名字我们就叫它域名（Domain Name）。

例如一般使用者在访问淘宝网站时，都会输入 www.taobao.com，而很少有人会记住这台服务器的 IP 地址是多少。www.taobao.com 就是“淘宝”网站服务器的域名。

但是，能使用域名访问网络上的服务器，并不意味着服务器可以使用域名来标记和区分。实际上，在网络上，还是使用 IP 地址来访问服务器的。所以当使用者在浏览器的地址栏输入域名，并按下回车后，计算机必须要先去一台有域名和 IP 地址相互对应的数据库的主机中去查询这台计算机的 IP 地址，而这台被查询的主机，我们称它为域名服务器（Domain Name Server），简称 DNS。例如：当用户输入 www.taobao.com 时，计算机会将 www.taobao.com 这个名字传送到离他最近的 DNS 服务器去作分析，如果在 DNS 服务器上找到这个名字，则会将该名字对应的 IP 地址传回这台主机，然后主机将会使用 IP 地址访问服务器，服务器会将 www.taobao.com 的主页信息返回给这台主机，经浏览器解释并显示在浏览器上；如果在 DNS 服务器上找不到这个名字，这台主机将无法访问 www.taobao.com 的服务器，浏览器上将会显示无法找到该页的提示。因此，域名仅仅是帮助人们更容易的记忆一台服务器的标记，而真正要访问到该服务器，还需要域名服务器的帮助。一旦 DNS 服务器不工作了，就像是路标完全被毁坏，将没有人知道如何能找到要访问的服务器。

4. IPv6 地址

（1）IPv6 地址的基本概念

前面我们谈到的 IP 地址是指 IPv4 地址，IPv4（IP version 4）标准是 20 世纪 70 年代末期制定完成的。20 世纪 90 年代初期，WWW 的应用导致互联网爆炸性发展，随着互联网应用类型日趋复杂，终端形式特别是移动终端的多样化，全球独立 IP 地址的提供已经开始面临沉重的压力。IPv4 所拥有的 32 位地址空间，地址不足的问题逐渐显现，这将严重影响互联网的长期发展，必须立即开始下一代 IP 网络协议的研究。由此，IETF 于 1992 年，成立了 IPNG（IP Next Generation）工作组；1994 年夏，IPNG 工作组提出了下一代 IP 网络协议（IPv6，IP version 6）的推荐版本；1995 年夏，IPNG 工作组完成了 IPv6 的协议文本；1995—1999 年完成了 IETF 要求的协议审定和测试；1999 年成立了 IPv6 论坛，开始正式分配 IPv6 地址，IPv6 的协议文本成为标准草案。

IPv6 具有长达 128 位的地址空间，可以彻底解决 IPv4 地址不足的问题。由于 IPv4 地址是 32 位二进制，所能表示的 IP 地址个数为 $2^{32}=4294967296\approx 43$ 亿，如果将其中不可编址的地址排除的话，只有约 37 亿的可用地址。这样的地址空间，相对于目前移动终端大量增长的趋势来说，远远不能满足需求。将 32 位的 IPv4 升级至 128 位的 IPv6，互联网中的 IP 地址，从理论上讲会有 $2^{128}=3.4\times 10^{38}$ 个，这样的地址空间，可以保证整个地球表面（包括陆地和水面）每平方米有 7×10^{23} 个 IP 地址；如果地址分配的速率是每秒分配 1000000 个，则需要 10^{19} 年的时间才能将所有地址分配完毕。在想象得到的未来，IPv6 的地址空间都可以满足需要。除此之外，IPv6 还采用分级地址模式、高效 IP 包首部、服务质量、主机地址自动配置、认证和加密等许多技术。

（2）IPv6 的地址表示

一般来讲，一个 IPv6 数据包的目的地址可以是以下三种基本类型地址之一。

单播（unicast）：单播就是传统的点对点通信。

多播（multicast）：多播就是一点对多点的通信，数据包交付到一组计算机中的每一个。IPv6 没有采用广播的术语，而是将广播看作多播的一个特例。

任播（anycast）：这是 IPv6 增加的一种类型。任播的目的站是一组计算机，但数据包在交付时只交付给其中的一个，通常是距离最近的一个。

为了使地址的表示简洁些，IPv6 使用冒号十六进制记法（colon hexadecimal notation，简写为 colon hex）。每 4 个字节一组，用十六进制表示，各组之间用冒号分隔。例如：

686E:8C64:FFFF:FFFF:0:1180:96A:FFFF

冒号十六进制记法允许零压缩（zero compression），即一连串连续的零可以用一对冒号所取代，例如：

FF05:0:0:0:0:0:0:B3　　可以写为：　FF05::B3

为了保证零压缩有一个清晰的解释，建议中规定，在任一地址中，只能使用一次零压缩。该技术对已建议的分配策略特别有用，因为会有许多地址包含连续的零串。

另外，冒号十六进制记法可结合有点分十进制记法的后缀。这种结合在 IPv4 向 IPv6 的转换阶段特别有用。例如，下面表示是一个合法的冒号十六进制记法：

0:0:0:0:0:0:128.10.1.1

请注意，在这种记法中，虽然为冒号所分隔的每个值是一个16bit的量，但每个点分十进制部分的值则指明一个字节的值。再使用零压缩即可得出：

: :128.10.1.1

2.3.5 Internet服务

20世纪90年代初期，随着WWW的发展，Internet逐渐走向民用，由于WWW通过良好的界面大大简化了Internet操作的难度，使得用户的数量急剧增加，如今Internet已经深入到人们生活的各个部分，通过WWW浏览、电子邮件等方式，人们可以及时地获得自己所需的信息，Internet大大方便了信息的传播，给人们带来一个全新的通讯方式，可以说Internet是继电报、电话发明以来人类通讯方式的又一次革命。Internet的飞速发展和广泛应用得益于其提供的大量服务，这些服务为人们的信息交流带来了极大的便利，目前Internet提供的服务主要是下面一些。

1. WWW服务

WWW即World Wide Web的缩写，称为万维网或环球信息网，也常常把WWW简称做Web，二者实际上是同一含义。

创建WWW是为了解决Internet上的信息传递问题，在WWW创建以前，几乎所有的信息发布都是通过E-mail（电子邮件）、FTP、Archie和Gopher实现的。E-mail使得在不同的团体和个人之间的信息交换变得很广泛。FTP（文件传输协议）用来从一台计算机到另一台计算机进行文件传输，Archie用来查找Internet上的各种文件。由于Internet上的信息散乱地分布在各处，因此除非知道所需信息的位置，否则不能对信息进行搜索。这对于在Internet上信息搜索的人员无疑成为一个重要的问题。因为没有一个组织好的信息结构框架，所以Internet的作用不能得到充分的发挥。

通过Web方式传递信息，克服了许多早期信息传递的限制。Web服务器利用HTTP（超文本传输协议）传递HTML（超文本标记语言）所组织的文件，Web浏览器使用HTTP检索HTML文件。从Web服务器一旦检索到信息，Web浏览器就会以静态或交互（如文本、图像）式显示各种对象，并可以使用超链接（指向Web页面的统一资源定位器（URL）的对象）的方式将多媒体信息和其他交互式应用，在Web页面上很好的组织和显示。

随着Web技术的不断发展，文本、图像、影像、声音等多媒体信息和交互式应用程序能够以很好的方式在WWW页面上呈现，它已经成为一种高效的信息发布和信息交换方式。正是由于WWW的出现，我们才可以在网页上浏览各种信息，超链接能够很容易地将多种信息组织在同一个Web页面上，利用超链接，用户从一个页面可以非常方便地跳转到另一个页面。超链接所指向的Web页面的地址，这种地址叫做URL（Uniform Resoure Locator，统一资源定位器）。每个Web页面都有一个或多个URL与之相关。在相应的应用程序和浏览器的推动下，Web很快成为Internet上发布文本和多媒体信息的一种常见的手段。

2. 电子邮件服务（E-mail Service）

电子邮件是 Internet 上使用最早、最广泛和最受欢迎的服务之一，它是网络上的用户之间进行快速、简便、可靠且低成本联络的现代通讯手段。电子邮件使网络用户能够发送和接收文字、图像和语音等多种形式的信息。使用电子邮件的前提是拥有自己的电子信箱，即 E-mail 地址。E-mail 地址实际上是在邮件服务器上建立一个用于存储邮件的目录。电子邮件地址的典型格式为：username@mailserver.com ，其中 mailserver.com 部分代表邮件服务器的域名，username 代表用户名。例如 test@mail.xaau.edu.cn，其含义表示为在域名为 mail. xaau.edu.cn 的主机上用户名为 test 的电子邮件地址。利用电子邮件可以获得其他各种服务（如 FTP、Gopher、Archie、WAIS 等）。当用户想从这些信息中心查询资料时，只需要向其指定的电子信箱发一封含有一系列信息查询命令的电子邮件，该邮件服务器程序将自动读取、分析该邮件中的命令，若无错误则将检索结果通过邮件方式发给用户。

3. 文件传输服务（FTP）

FTP 服务解决了远程传输文件的问题，无论两台计算机相距多远，只要它们都加入 Internet 并且都支持 FTP 协议，则这两台计算机之间就可以进行文件的传送。FTP 实质上是一种实时的联机服务，在进行工作时，用户首先要登录到目的服务器上，之后用户可以在服务器目录中查询所需文件。FTP 几乎可以传送任何类型的文件，如文本文件、二进制文件、图像文件、影像文件、声音文件等。一般的 FTP 服务器都支持匿名登录，使用匿名登录时，用户无须事先注册用户名和口令，系统默认使用 anonymous 为用户名即可访问该 FTP 服务器。

4. 远程登录服务（Telnet）

远程登录是 Internet 提供的最基本的信息服务之一，Internet 用户的远程登录是在网络通讯 Telnet 的支持下使自己的计算机暂时成为远程计算机仿真终端的过程。要在远程计算机上登录，首先应给出远程计算机的域名或 IP 地址，并拥有该远程计算机系统合法的账号和口令。

5. 新闻组服务（NewsGroup）

新闻组又叫讨论组或公告牌。新闻组系统能使网上的用户与其他人在网上交流思想、公布公众注意事项、寻求帮助等。实际上 Internet 提供的服务远远不止这些，还有搜索引擎、软件上传或下载服务、各类信息查询、网上聊天室、网上寻呼机（OICQ、ICQ 等）、BBS 电子公告栏、免费个人主页空间、网上游戏、网上炒股、网上购物或商务活动、短信服务、视频会议和多媒体娱乐（VOD 点播，网上直播，MP3、Flash 欣赏等）等等。而且随着 Internet 的飞速发展，每天都在诞生新的服务，虽然 Internet 提供的服务越来越多，但这些服务一般都是基于 TCP/IP 协议的。

6. Intranet 技术

利用 Internet 技术，可以构建不同的应用。对于 Internet 在企业业务中的应用，可以按照对内和对外分成 Intranet 和 Extranet。

Intranet 技术是指采用 Internet 技术建立的企业内部网络，它基于 Internet 的网络协议、Web 技术和设备来组建仅为企业内部提供 Web 信息服务以及数据库访问等其他服务的企业内部网。用户使用浏览器来进行操作，完成数据处理和企业管理的各项工作。

Intranet 的功能与传统的 MIS（Manage Information System，管理信息系统）相同，它们都是一个封闭的系统，只面向本企业内部，使用计算机来联系企业各个部门，完成企业的管理工作。但传统的 MIS 通常是基于 C/S（Client/Server，客户机/服务器）架构的，维护起来比较困难。MIS 在对于跨国企业中各分支机构之间的通信问题必须依靠架设专线来解决，这需要一大笔费用；而 Intranet 是 B/W/D 结构，使用 Internet 作为网络基础，各种费用大大减少。

与普通的 Internet 应用相比，Intranet 上流动的是与企业业务相关的关键数据。因此，安全性问题显得至关重要。Intranet 网络安全技术包括防火墙技术、数据加密、身份认证和综合网络安全技术。

2.4 数据库系统基础

计算机与人类相比的最大优势就是能够迅速准确地处理大量数据。因此，自从计算机发明以来，数据处理就是它的基本功能和关键技术。数据处理的中心问题是数据管理，即对数据的分类、组织、编码、存储、检索和维护等。而数据库技术正是数据处理技术发展到比较成熟后的产物。可以说，数据库技术是现代计算机应用的基础。电子商务以电子计算机及其网络技术取代传统方式来进行生产经营活动，当然离不开数据库技术的支持。数据库技术对电子商务的支持主要表现在两方面：

存储和管理各种商务数据：这是数据库技术的基本功能。

决策支持：近几年，随着数据仓库和数据挖掘技术的产生和发展，使企业可以科学地对数据库中海量的商务数据进行科学地组织、分析和统计，从而更好地服务于企业的决策支持。可以说，数据库技术是电子商务的一项支撑技术，在电子商务的建设中占有重要的地位。

2.4.1 数据库技术的产生与发展

几十年来，数据管理随着计算机硬件和软件技术的发展而不断发展。而数据库技术是数据管理发展到一定阶段的产物。到目前为止，数据管理主要分为以下几个阶段：手工管理阶段、文件系统阶段、数据库系统阶段。

1. 手工管理阶段

早期的计算机主要用于科学计算，数据处理都是通过手工方式进行的。当时外存没有磁盘等直接存取的存储设备，软件没有操作系统，数据的处理是批处理。

人工管理数据具有如下特点：

（1）数据不保存在计算机内

由于计算机的软件和硬件的发展水平有限，一般不需要数据长期保存，通常数据随程序一起输入计算机，处理结束后将结果输出，数据空间随着程序空间一起被释放。

（2）只有程序的概念，没有文件的概念

数据的组织方式必须由程序员自行设计与安排。数据需要由应用程序自己管理，没有相应的软件来处理数据。所有的数据库设计包括逻辑结构、物理结构、存取方法及输入方式等，都由应用程序完成。

（3）数据面向程序

数据面向程序，即一组数据对应一个程序。因此，数据不能共享，程序之间互不干扰，数据的冗余大。

（4）数据不具有独立性

应用程序发生改变，数据的逻辑结构和物理结构就相应的发生变化。

2. 文件系统阶段

20 世纪 50 年代后期到 60 年代中期，计算机不仅用于科学计算，还大量用于管理工程中，这时已有操作系统，在操作系统中有专门的数据管理软件，一般称为文件系统。文件系统是数据库系统发展的初级阶段，但不是真正的数据库系统，用文件系统管理数据具有如下特点：

① 数据可长期保存。

② 简单的数据管理功能。由文件系统进行数据管理，程序和数据之间有了一定的独立性，减少的程序员的工作量。

③ 数据共享性差。在文件系统中，文件仍然面向应用的，当不同文件具有相同数据时，需建立各自的文件，而不能共享这些数据，因此数据的冗余度大，浪费储存空间。

④ 数据的独立性差。文件系统中的文件是面向应用服务的，数据的结构发生改变，必须修改应用程序，修改文件的结构的定义；而应用程序的改变也将改变数据的结构，因此文件系统仍然是一个无结构的数据集合。

3. 数据库系统阶段

由于文件系统的缺陷，20 世纪 60 年代末期，人们对文件系统进行了扩充，研制了一种结构化的数据组织和处理方式，才出现了真正的数据库系统。数据库为统一管理与共享数据提供了有力支撑，这个时期数据库系统蓬勃发展形成了有名的“数据库时代”。数据库系统建立了数据与数据之间的有机联系，实现了统一、集中、独立地管理数据，使数据的存取独立于使用数据的程序，实现了数据的共享。

（1）数据的集成性

数据库系统中采用统一的数据结构方式，数据的结构化是数据库系统与文件系统的根本区别；数据库系统中的全局的数据结构是多个应用程序共用的，而每个应用程序调用的数据是全局结构的一部分，称为局部结构（即视图），这种全局与局部的结构模式构成数据库系统数据集成性的主要特征。

（2）数据的高度共享性与低冗余性

数据库系统从整体角度看待和描述数据，数据不再面向某个应用而是面向整个系统，因此，数据可以被多个用户、多个应用共享使用。尤其是数据库技术与网络技术的结合扩大了数据库系统的应用范围。数据的共享程度可以极大地减少数据的冗余度，节约存储空间，又能避免数据之间的不相容性和不一致性。所谓数据的不一致性是指同一数据在系统的不同拷贝的值不一样。

（3）数据独立性高

数据的独立性是指用户的应用程序与数据库中数据是相互独立的，即当数据的物理结构和逻辑结构发生变化时，不影响应用程序对数据的使用。数据的独立性是由DBMS的二级映象功能来保证的。数据的独立性一般分为两种：一种是物理独立性，另一种是逻辑独立性。

物理独立性是指数据的物理结构（包括存储结构、存取方式等）的改变，如存储设备的更换、物理存储的更换、存取方式改变等都不影响数据库的逻辑结构，从而不致引起应用程序的改变。

逻辑独立性是指数据的总体逻辑结构改变时，如修改数据模式、改变数据间的联系等，不需要修改相应的应用程序。

（4）数据的管理和控制能力

数据由数据库系统统一管理和控制，保证了数据的安全性和完整性。数据库系统对访问数据库的用户进行身份及其操作的合法性检查，保证了数据库中数据的安全性；数据库系统自动检查数据的一致性、相容性，保证数据应符合完整性约束条件；数据库系统提供并发控制手段，能有效控制多个用户程序同时对数据库数据的操作，保证共享及并发操作；数据库系统具有恢复功能，即当数据库遭到破坏时能自动从错误状态恢复到正确状态的功能。

数据库系统的出现使信息系统的研制从围绕加工数据的程序为中心转变到围绕共享的数据库来进行。这既便于数据的集中管理，也有利于应用程序的研制和维护，提高了数据的利用率和相容性，从而提高了做出决策的可靠性。因此大型复杂的信息系统大多以数据库为核心。

数据库是一个通用化的综合性数据集合。它可以供各种用户共享且具有最小的冗余度和较高的数据与程序的独立性。由于多种程序并发地使用数据库，为了能有效、及时地处理数据，并提供安全性和完整性，就需要一个软件系统——数据库管理系统（DBMS）

在建立、运用和维护时对数据库进行统一控制。

在这个阶段，企业的管理一般采用管理信息系统（MIS）。管理信息系统可以有效地管理企业内部的信息和信息流，是企业向管理现代化迈出的第一步。而企业管理信息系统可以说是数据库管理系统在功能上的一种扩展，因为数据管理仍是它的核心内容。电子数据交换（EDI）也渐渐发展起来。数据库管理系统对企业从事电子交易起到很大的支持作用。我们都知道 EDI 的一大特点（同时也是优点）就是把各种贸易单证的电子化和标准化。而数据库系统也是把数据管理规范化和标准化了。因此，就可以比较容易地实现数据库系统的业务数据与 EDI 的单证之间的自动转换。与手工制作电子单证相比，提高了效率、减少了错误、降低了成本。

更高层次的、帮助企业决策的决策支持系统（DSS）也慢慢发展起来。但直到 20 世纪 80 年代末，决策支持系统的应用还不是很广泛。原因在于：那时的决策支持系统在理论和方法上过于复杂，过于偏重高级而抽象的理论，而且过于偏重结论，在一定程度上忽视了对业务数据的分析，而且，成本高昂，因此实际产生的应用效果远远比不上管理信息系统。在人们眼里，决策支持系统是一个高高在上的东西。事实上，企业对于决策支持并不要求大而全，也并不要求一套系统代替决策者去思考，它们所需要的往往是对简单却十分重要的业务数据的反复挖掘，为决策提供一定的依据。

科学的决策必须以大量可靠的数据为基础，这些数据应包括企业的内部数据、与企业的经营和生产相关的外部数据，还应包括综合数据和历史数据。否则，决策就没有根据，就会成为主观的猜想。当时，数据库技术虽然已经成熟，但应用还不广泛，所以普遍存在一个数据量不足的问题。此外，分析工具的缺乏也是一大问题。没有充足的数据，分析工具也不得力，分析的结果当然不能切中要害。由此我们可以看出，在这个阶段，用于决策支持的技术还不完备，时机也还不成熟，决策支持系统的失败也就可以理解的。

4. 数据仓库阶段

进入 20 世纪 90 年代，计算机得到空前广泛的应用，使得企业的生产效率进一步提高，商业竞争也越来越激烈了。一个企业要想在市场上生存下去，不仅要建立完善的计算机管理信息系统来提高效率，而且要先于对手获得至关重要的决策信息。这样，企业才能在未来的竞争中适应潮流、把握正确的发展方向。企业对迅速而准确地获得决策信息的需求比以前大大增强了。对企业来说，决策支持系统已不是可有可无的东西，企业需要实用而且成本低廉的决策支持系统。系统开发人员由于企业的需求，也渐渐认识到了决策支持系统开发的方向。决策支持系统的建设，更应该把注意力放在对数据的挖掘上，放在满足业务主管们各种各样的查询要求上，由他们自己做决定，系统只是提供一些用来辅助决策的参考意见，应该帮助而不是代替高级业务人员思考。

在这一时期，计算机及其网络技术的应用更为广泛，企业管理信息系统逐渐由以内部管理为主转变为对整个供应链的管理。企业之间的商务活动也从以前简单的电子数据传输转变为全方位的合作，企业之间的相互合作不仅可以提高企业的生产效率、降低生产成本，也为企业获取大量的外部数据带来了方便。这就为决策支持分析奠定了基础。另外，由于数据库技术的发展和日益成熟，决策支持分析工具也渐渐丰富起来。

企业的需求和技术的成熟最终导致了数据仓库的产生。数据仓库作为决策支持系统的一种有效、可行的体系化解决方案，包括了三个方面的内容：数据仓库技术（DW）、联机分析处理技术（OLAP）、数据挖掘技术（DM）。

数据库技术的发展为解决决策支持问题提供了可能，而激烈的市场竞争产生了对决策支持的巨大需求，由此人们找到了以数据仓库为基础、以 OLAP 和 DM 工具为手段的一整套可操作、可实施的解决方案。

2.4.2 数据库技术基本理论

电子商务是利用电子网络进行的商务活动，这里的电子网络主要是指 Internet 和基于 Internet 技术的 Intranet（企业内部网）、Extranet（企业外部网）。其进行的商务活动不仅包含电子数据交换所涉及的电子交易，还包括电子函件交流、网上站点宣传和利用 Internet 技术改造的其他传统应用。但电子商务应用的前提是企业管理信息系统的广泛应用。数据库技术是企业管理信息系统的核心技术之一，所以，要深入地理解电子商务就应该先了解数据库的一些基本理论。

1. 数据模型

模型就是对现实世界特征的模拟和抽象，数据模型是对现实世界数据特征的抽象。对于具体的模型人们并不陌生，如航模飞机、地图和建筑设计沙盘等都是具体的模型。最常用的数据模型分为概念数据模型和基本数据模型。

① 概念数据模型，也称信息模型，是按用户的观点对数据和信息建模，是现实世界到信息世界的第一层抽象，强调其语义表达功能，易于用户理解，是用户和数据库设计人员交流的语言，主要用于数据库设计。这类模型中最著名的是实体联系模型，简称 E-R 模型。

② 基本数据模型。它是按计算机系统的观点对数据建模，是现实世界数据特征的抽象，用于 DBMS 的实现。基本的数据模型有层次模型、网状模型、关系模型和面向对象模型（Object Oriented Model）。

数据库结构的基础是数据模型，是用来描述数据的一组概念和定义。数据模型的三要素是数据结构、数据操作和数据的约束条件。

① 数据结构，是所研究的对象类型的集合，是对系统静态特性的描述。

② 数据操作，对数据库中各种对象（型）的实例（值）允许执行的操作的集合，包括操作及操作规则。如操作有检索、插入、删除和修改，操作规则有优先级别等。数据操作是对系统动态特性的描述。

③ 数据的约束条件，是一组完整性规则的集合。也就是说，对于具体的应用数据必须遵循特定的语义约束条件，以保证数据的正确、有效和相容。

2. 关系数据库

（1）基本概念

关系数据库是以关系模型为基础的数据库，它利用关系来描述现实世界。关系模型有三部分组成：数据结构、关系操作集合、关系的完整性。

① 数据结构：在关系模型中，无论是实体还是实体之间的联系均由单一的结构类型即关系来表示。

② 关系操作：关系代数（或等价的关系演算）中并、交、差、选择、投影、连接等。关系模型给出了关系操作的能力和特点，但不对 DBMS 的语言给出具体的语法要求，关系语言的特点是高度的非过程化。其操作方式的特点是集合操作，即操作的对象和结果是集合，称为一次一集合的方式，而不是一次一记录的方式。

③ 关系完整性：实体完整性、参照完整性和用户自己定义的完整性。实体完整性是保证数据库中记录的唯一性，即每个记录的主键不能为空值也不能与其他记录的主键相同。参照完整性是保证表与表之间语意上的完整性，即当一个表引用在另一个表中定义的实体时，要保证这个实体的有效性。这两种完整性是关系模型必须满足的约束条件，应该由关系系统自动支持。而用户自定义完整性反映了用户的要求，是用户自行定义的。

（2）结构化查询语言（SQL）

结构化查询语言（Structured Query Language，SQL）的理论是在 1974 年被提出的，并在 IBM 公司的 System R 上实现。由于它功能丰富、使用方式灵活、语言简洁易学等优点，在计算机工业界和用户中备受青睐，很快得以推广。后来，美国国家标准局（ANSI）和国际标准化组织（ISO）先后批准 SQL 作为关系数据库语言的美国及国际标准。至此，SQL 就成为关系数据库的标准语言，关系数据库系统一般都支持标准 SQL 语句。所以，尽管当今不同品牌的关系数据库有这样或那样的差异，人们都可以通过标准 SQL 语句对数据库进行操作，这就大大减轻了用户的负担。

SQL 虽被称为“查询语言”，其功能却不仅仅是查询，它的功能包括数据定义、数据操纵、数据库控制、事务控制四个方面，是一个综合、通用、功能强大的关系数据库语言。其中：

数据定义：用于定义和修改数据库对象。如 CREATE TABLE（创建表）、DROP TABLE（删除表）等。

数据操纵：对数据的增、删、改和查询操作。如 SELECT（查询数据）、INSERT（插入记录）、DELETE（删除记录）、UPDATE（修改数据）等。

数据库控制：控制用户对数据库的访问权限。如 GRANT（授予权利）、REVOKE（取消权利）等。

事务控制：控制数据库系统事务的运行。如 COMMIT（事务提交）、ROLLBACK（事务撤销）等。

SQL 有如下几个比较突出的优点。

一体化：SQL 可以完成包括数据库定义、修改、删除、数据更新、数据查询等数据库生命周期中的全部活动，给用户使用带来很多方便。

灵活：SQL有两种使用方式。一种是联机交互使用，另一种是嵌入某种高级程序设计语言的程序中。这两种方式的语法结构是统一的。这样既给用户带来了灵活的选择余地，又不会带来不一致的困扰。

高度非过程化：与高级编程语言相比，SQL对数据库的操作方面是非常有优势的。使用SQL用户只需提出“做什么”，不用了解实现的细节，复杂的过程均由系统自动完成。

语言简洁，易学易用。

（3）关系数据的规范化理论

为了使数据库设计的方法走向完备，人们提出规范化理论。规范化可以使关系的结构简化，更加有规律，存储尽量减少冗余，使数据库设计得更为合理。规范化的目的可以概括为以下几点：① 保证库中每一个分量都不可再分。② 消除冗余存储，简化检索操作。③ 消除插入异常和删除异常。

3. 数据库系统的建立

数据库系统是企业整个管理信息系统的核心和基础，它的任务就是把系统中大量的数据按一定的模型组织起来，以便及时、准确地提供给用户。一个管理信息系统的各部分是否能紧密地结合在一起以及如何结合，关键在数据库。因此只有对数据库进行合理的逻辑设计和有效的物理设计才能开发出完善而高效的管理信息系统。数据库系统是整个管理信息系统建设重要的组成部分。

建设数据库系统一般要分为两步：一是设计和建立高效的数据库（DB），二是设计和建立数据库管理系统（DBMS）。其基本过程如图2-11所示。

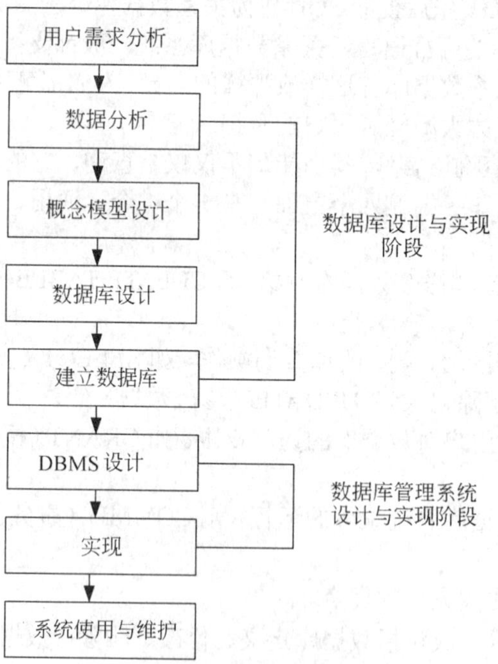

图2-11 数据库管理信息系统的建设过程

2.4.3 数据仓库、联机分析处理和数据挖掘

广义概念上的数据仓库是一种帮助企业作决策的体系化解决方案，它包括了三个方面的内容：数据仓库技术（Data Warehouse，DW）、联机分析处理技术（On_line Analytical Processing，OLAP）和数据挖掘技术（Data Mining，DM）。

1. 数据仓库技术

数据仓库是一种只读的、用于分析的数据库，常常作为决策支持系统的底层。它从大量的事务型数据库中抽取数据，并将其清理、转换为新的存储格式，即为了决策目标而把数据聚合在一种特殊的格式中。数据仓库之父 W. H. Inmon 对数据仓库的定义是：数据仓库是支持管理决策过程的、面向主题的、集成的、随时间变化的、但信息本身相对稳定的数据集合。其中，"主题"是指用户使用数据仓库辅助决策时所关心的重点问题，每一个主题对应一个客观分析领域，如销售、成本、利润的情况等。那么，所谓"面向主题"就是指数据仓库中的信息是按主题组织的，按主题来提供信息。"集成的"是指数据仓库中的数据不是业务处理系统数据的简单拼凑与汇总，而是经过系统地加工整理，是相互一致的、具有代表性的数据。所谓"随时间变化"，是指数据仓库中存储的是一个时间段的数据，而不仅仅是某一个时点的数据，所以主要用于进行时间趋势分析。一般数据仓库内的数据时限为 5～10 年，数据量也比较大。"信息本身相对稳定"，是指数据一旦进入数据仓库，一般情况下将被长期保留，变更很少。

数据仓库，是在数据库已经大量存在的情况下，为了进一步挖掘数据资源，为了决策需要而产生的，它并不是所谓的"大型数据库"。数据仓库的方案建设的目的，是为前端查询和分析作为基础，由于有较大的冗余，所以需要的存储也较大。为了更好地为前端应用服务，数据仓库往往有如下几个特点：

① 数据效率足够高。数据仓库的分析数据一般分为日、周、月、季、年等，可以看出，日为周期的数据要求的效率最高，要求 24 小时甚至 12 小时内，客户能看到昨天的数据分析。由于有的企业每日的数据量很大，设计不好的数据仓库经常会出问题，延迟 1～3 日才能给出数据，显然不行的。

② 数据质量足够好。数据仓库所提供的各种信息，肯定要准确的数据，但由于数据仓库流程通常分为多个步骤，包括数据清洗、装载、查询、展现等等，复杂的架构会更多层次，那么由于数据源有脏数据或者代码不严谨，都可以导致数据失真，客户看到错误的信息就可能导致分析出错误的决策，造成损失，而不是效益。

③ 数据有足够的扩展性。之所以有的大型数据仓库系统架构设计复杂，是因为考虑到了未来若干年的扩展性，这样的话，未来不用太快花钱去重建数据仓库系统，就能很稳定运行。主要体现在数据建模的合理性，数据仓库方案中多出一些中间层，使海量数据流有足够的缓冲，不至于数据量大很多，就运行不起来了。

数据仓库组织和管理数据的方法与普通数据库不同。主要表现在三个方面：

① 依据决策要求，只从数据库中抽取那些需要的数据，并进行预处理使系统获得特定的数据格式。

② 数据仓库是多维的，即数据仓库的数据的组织方式有多层的行和列。

③ 支持决策处理，不同于普通的事务处理。

数据仓库技术在近几年蓬勃发展起来，不少厂商都推出了他们的数据仓库产品，同时也推出了一些分析工具。仅仅拥有数据仓库是不够的，在其上应用各种工具进行分析，才能使数据仓库真正发挥作用。联机分析处理和数据挖掘就是这样的分析工具。

2. 联机分析处理技术

联机分析处理是针对特定问题的联机数据访问和分析，通过对信息进行快速、稳定、一致和交互式的存取，对数据进行多层次、多阶段的分析处理，以获得高度归纳的分析结果。联机分析处理是一种自上而下、不断深入的分析工具：在用户提出问题或假设之后，它负责提取出关于此问题的详细信息，并以一种比较直观的方式呈现给用户。联机分析处理技术的发展速度很快，在数据仓库的概念提出不久，联机分析处理的理论及相应工具就被相继推出了。

联机分析处理要求按多维方式组织企业的数据，传统的关系数据库难以胜任。为此，人们提出了多维数据库的概念。正是这一技术的发展使决策分析中的数据结构和分析方法相分离，才有可能研制出通用而灵活的分析工具，并使分析工具产品化。维是人们观察现实世界的角度，决策分析需要从不同的角度观察分析数据，以多维数据为核心的多维数据分析是决策的主要内容。多维数据库是以多维方式来组织数据的。目前，联机分析处理的工具可分为两大类，一类是基于多维数据库的，另一类是基于关系数据库的。两者的相同点是基本数据源仍是数据库和数据仓库，都是基于关系数据模型的，都向用户显示多维数据视图；不同点在于，前者是把分析所需的数据从数据仓库中抽取出来，物理地组织成多维数据库，而后者则是利用关系表来模拟多维数据，并不是物理地生成多维数据库。

3. 数据挖掘技术

数据挖掘的基本思想就是从数据中抽取有价值的信息，其目的是帮助决策者寻找数据间潜在的关联，发现被忽略的要素，而这些信息对预测趋势和决策行为也许是十分有用的。

从数据库的角度看，数据挖掘就是这样一个过程，它从数据库的数据中识别出有效的、新颖的、具有潜在效用的并最终可理解的信息（如规则、约束等）的非平凡过程。非平凡是一个数学概念，用来描述其复杂程度，即数据挖掘既不是把数据全部抽取，也不是所有数据都不抽取，而是抽取出隐含的、未知的、可能有用的信息。

从决策支持的角度看，数据挖掘是一种决策支持的过程，主要基于人工智能、机器学习、统计学和数据库技术等多种技术，能高度自动地分析企业原始的数据，进行归纳推理，从中挖掘出潜在的模式，使系统能通过这些发现的知识来预测客户的行为，帮助企业的决策者调整市场策略，从而减少风险，辅助做出正确的决策。它是提高商业和科学决策过程质量和效率的一种新方法。

数据挖掘和联机分析处理都可以在数据仓库的基础上对数据进行分析，以辅助决策，那么它们之间是否有差别呢？答案是肯定的。从某种意义上来说，联机分析处理还是一种传统的决策支持方法。即，在某个假设的前提下通过数据查询和分析来验证或否定这个假设，所以联机分析处理是一种验证型的分析。一般来说验证型的分析有如下局限性：

① 常常需要以假设为基础。用户的假设能力有限，只能局限于对几种变量进行假设。

② 联机分析处理需要对用户的需求有全面而深入的了解，然而实际上有些时候用户的需求并不是确定的。

③ 抽取信息的质量依赖于用户对结果的解释，容易导致错误。

我们可以看出，联机分析处理是由用户驱动的，很大程度上受到用户水平的限制。与联机分析处理不同，数据挖掘是数据驱动的，是一种真正的知识发现方法。使用数据挖掘工具，用户不必提出确切的要求，系统能够根据数据本身的规律性，自动地挖掘数据潜在的模式，或通过联想，建立新的业务模型，帮助决策者调整市场策略，并找到正确的决策。这显然利于发现未知的事实。从数据分析深度的角度来看，联机分析处理位于较浅的层次，而数据挖掘则处于较深的层次。所以，联机分析处理和数据挖掘的主要差别就在于是否能自动地进行数据分析。

近几年，越来越多的联机分析处理产品融入了数据挖掘的方法，所以联机分析处理与数据挖掘间的界限正在逐渐模糊。

本章小结

本章首先介绍了计算机硬件系统结构，然后介绍了操作系统的原理、操作系统的主要功能和特征、数据库、数据挖掘等基础知识。并对网络的基本概念、网络体系结构及协议标准、Internet 相关技术、TCP/IP 协议、Web 技术结构等内容作了介绍。

参考文献

[1] 方美琪. 电子商务设计师教程. 北京：清华大学出版社，2005.

[2] 严体华. 网络管理员教程（第 4 版）. 北京：清华大学出版社，2014.

[3] 张淑平. 软件设计师教程（第 4 版）. 北京：清华大学出版社，2014.

第3章　电子商务信息安全

3.1　电子商务信息安全威胁与防范

3.1.1　信息安全概述

1. 信息安全的定义

信息安全是一个广泛而抽象的概念，不同领域、不同角度对其概念的阐述都会有所不同。建立在网络基础之上的现代信息系统，对于信息安全的定义是：保护信息系统的硬件、软件及相关数据，使之不因为偶然或者恶意侵犯而遭受破坏、更改及泄露，保证信息系统能够连续、可靠、正常地运行。在商业和经济领域，信息安全主要强调的是削减并控制风险，保持业务操作的连续性，并将风险造成的损失和影响降低到最低程度。

2. 信息安全面临的威胁

信息安全面临的威胁主要包括信息截取和窃取、信息篡改、信息假冒、信息抵赖。

（1）信息截取和窃取

攻击者可能通过搭线窃听、安装数据截收装置等方式获取传输的机密信息，或通过对信息流量和流向、通信频度和长度等参数的分析，推出有用信息，如消费者的银行账号、密码以及企业的商业机密等。

（2）信息篡改

攻击者可能通过各种技术方法和手段对网络传输的信息进行中途修改，破坏信息的完整性。信息篡改主要表现为三种方式。

① 篡改：改变信息流的次序，更改信息的内容。

② 删除：删除某个消息或消息的某些部分。

③ 插入：在消息中插入一些信息，让接收方读不懂或接收错误的信息。

（3）信息假冒

当攻击者掌握了网络信息数据规律或解密了商务信息以后，可以假冒合法用户或发送假冒信息来欺骗其他用户，如冒充竞争对手发布虚假信息；冒充网络控制程序，套取或修改使用权限、通行字、密钥等信息；冒充合法用户行使授权等。

（4）信息抵赖

信息抵赖涉及多个方面，如发信者事后否认曾经发送过某条信息或内容；收信者事后否认曾经收到过某条信息或内容；购买者发了订货信息却不承认；销售者卖出商品却因价格差而不承认原有交易等。

3．信息安全需求

信息安全面临的威胁，带来信息安全需求。在电子商务活动中，信息安全需求涉及保密性、完整性、不可否认性、身份可认证性、可用性和可控性。

（1）保密性

保密性也称为机密性，是指网络中的信息不被非授权的实体（包括用户和进程等）获取与使用。

（2）完整性

完整性是指数据未经授权不能进行改变的特性，即信息在存储或传输过程中保持不被修改、不被破坏和丢失的特性。

（3）不可否认性

它也称为不可抵赖性，是指在信息交换过程中，确信参与方的真实同一性，即所有参与者都不能否认和抵赖曾经完成的操作和承诺。例如信息发送方不能否认发送过的信息，信息接收方不能否认接收过的信息。

（4）身份可认证性

身份可认证性就是通过安全认证技术实现对信息交流双方身份真实性的确认，保证交易对象的身份真实性。电子商务活动过程中，信息交流双方互不见面，确认对方的真实身份，是电子商务交易活动过程中保证交易安全的重要环节。

（5）可用性

可用性是指对信息或资源的期望使用能力，即可授权实体或用户访问并按要求使用信息的特性。简单地说，就是保证信息在需要时能为授权者所用，防止由于主、客观因素造成的系统拒绝服务。

（6）可控性

可控性是指人们对信息的传播路径、范围及其内容所具有的控制能力，即不允许不良内容通过公共网络进行传输，使信息在合法用户的掌控之中。

3.1.2 电子商务安全体系

电子商务的交易过程面临着信息截取和窃取、信息篡改、信息假冒、信息抵赖等威胁，对电子商务的交易信息安全提出了保密性、完整性、不可否认性、身份可认证性、可用性和可控性的安全需求。如何实现和保证电子商务的安全需求，从组织、技术、管理以及法律等多方面入手，构建全方位的电子商务安全体系，全面采取电子商务安全防范措施是关键。

电子商务的安全性研究从整体上可分为两大部分：计算机网络安全和商务交易安全。

1．计算机网络安全

常见的计算机网络安全威胁有：

（1）黑客攻击

黑客非法进入网络，非法使用网络资源。例如，通过网络监听获取网上用户的账号和密码，非法获取网上传输的数据，破坏防火墙等。

（2）计算机病毒

计算机病毒侵入网络，破坏资源，使网络不能正常工作，甚至造成网络瘫痪。

（3）拒绝服务

典型的拒绝服务如“电子邮件炸弹”，它的破坏方式是让用户在很短的时间内收到大量的无用邮件，从而影响正常业务，严重时造成系统关闭、网络瘫痪等。

（4）身份窃取

用户的身份在通信时被他人非法截取。

（5）非授权访问

对网络设备及信息资源进行非正常使用或越权使用。

（6）冒充合法用户

利用各种假冒或欺骗手段非法获取合法用户资源的使用权限，以达到占用合法用户资源的目的。

（7）数据窃取

非法用户截取通信网络中的某些重要信息。

（8）物理安全

网络的物理安全是整个网络系统安全的前提，包括计算机、网络设备的功能失常，电源故障，由于电磁泄漏引起的信息失密，搭线窃听等，还有自然灾害的威胁（如雷电、地震、火灾等），操作失误（如删除文件，格式化硬盘，线路拆除等），都是造成计算机网络不安全的因素。

（9）软件的漏洞和“后门”

程序设计者为了后期便于维护或是疏漏，在操作系统、应用软件设计时往往会留有一些安全漏洞或“后门”，这也是网络安全的主要威胁之一。例如，大家熟悉的Windows操作系统、UNIX 操作系统几乎都存在或多或少的安全漏洞，众多的各类服务器、浏览器、一些桌面软件等都被发现过存在安全隐患。

（10）网络协议的安全漏洞

网络安全协议也会产生漏洞，成为黑客攻击的目标。如一些路由协议漏洞、DNS 协议漏洞、ARP 协议漏洞等都对网络安全造成了威胁。

计算机网络安全是一个复杂和多面性的问题，除上述讲到的影响网络安全的因素外，计算机犯罪等人为因素都会使网络面临安全威胁。解决这些问题，涉及很多的网络安全技术，如防火墙技术、虚拟专用网技术、各种反黑客技术和漏洞检测技术等。此外，网络行为的规范化管理及安全意识也是很重要的方面。

2．商务交易安全

在电子商务交易活动过程中，交易双方（商家和消费者）都面临不同的安全威胁。

（1）商家面临的主要威胁

- 中央系统安全性被破坏

例如入侵者假冒合法用户改变用户数据（如商品送达的地方）、解除用户订单或生成虚假订单等。

- 竞争者检索商品递送状况

例如恶意竞争者以他人名义订购商品，了解有关商品的递送状况、货物和库存情况等。

- 被他人假冒

例如假冒销售者建立与真实销售者服务器名字相同的另一个服务器，进而造成可能的损害，使公司信誉受到损失等。

- 其他威胁

例如客户资料被竞争者获悉、消费者提交订单后不付款等。

（2） 消费者面临的主要威胁

- 虚假订单

例如假冒者可能会以客户的名字订购商品，客户却被要求付款或返还商品等。

- 付款后不能收到商品

例如在要求客户付款后，恶意销售商可能不供给客户商品等。

- 机密性丧失

例如客户可能将个人身份等秘密数据 （如 PIN、口令等）发送给冒充销售商的机构，或是在信息传递的过程中被假冒者窃听等。

电子商务交易过程中交易双方面临各种安全威胁，解决其安全问题涉及多种安全技术及其应用，包括加密技术、认证技术、电子商务安全协议等。

3．电子商务安全体系

电子商务安全涉及的计算机网络安全和商务交易安全，二者相辅相成，缺一不可。电子商务安全体系反映了电子商务安全涉及的内容和相关技术，其结构如图 3-1 所示。

电子商务安全体系由网络服务层、加密技术层、安全认证层、安全协议层、应用系统层组成。

在电子商务安全体系结构层次中，下层是上层的基础，为上层提供技术支持；上层是下层的扩展与递进。层次之间相互依赖、相互关联构成统一整体。每一层通过各自的安全控制技术，实现各层的安全策略，保证电子商务系统的安全。

网络服务层为电子商务系统提供基本、灵活的网络服务，是各种电子商务应用系统的基础，提供信息传送的载体和用户接入的手段。通过 Internet 网络层的安全机制（如入侵检测、安全扫描、防火墙等技术）保证网络层的安全。

应用系统层 保密性、完整性、可用性、可控性、不可否认性、身份可认证性
安全协议层 SSL 协议、SET 协议……
安全认证层 数字摘要、数字签名、数字证书、认证中心……
加密技术层 对称加密、非对称加密
网络服务层 入侵检测技术、安全扫描、防火墙……

图 3-1　电子商务安全体系结构

加密技术层、安全认证层和安全协议层确保电子商务交易安全。加密技术是保证电子商务交易安全所采用的最基本的安全措施，它用于满足电子商务对保密性的需求。安全认证层对加密技术层中提供的多种加密算法进行综合运用，进一步满足电子商务对完整性、不可抵赖性等要求。安全协议层是加密技术层和安全认证层的安全控制技术的综合运用和完善，为电子商务安全交易提供保障机制和交易标准。

3.1.3　电子商务安全策略

电子商务安全策略是提供安全服务的一套准则，它定义了系统要实现的安全目标和实现这些安全目标的途径。电子商务安全策略的内容应该有别于技术方案。安全策略是原则性的并且不涉及具体细节，对于整个组织提供全局性指导，为具体的安全措施和规定提供一个全局性框架。

电子商务安全策略主要包括电子商务安全技术及安全管理两部分内容。安全技术为电子商务安全提供基本的技术支持，安全管理为电子商务安全提供严格的组织与管理制度。

1．安全技术策略

（1）计算机及网络安全技术

计算机和网络是开展电子商务活动的基础，因此计算机和网络安全是保障电子商务安全的基础。计算机和网络安全技术涉及的内容很多，包括计算机硬件安全、软件安全、操作系统安全、数据库安全、防火墙技术、虚拟专网技术、入侵检测技术、漏洞检测技术和病毒防范技术等。

（2）信息加密技术

信息加密技术是实现电子商务交易安全保密性、完整性、不可抵赖性、身份可认证性的基础。信息加密技术主要有单钥密码体制和公开密钥密码体制两大类。单钥密码体制中加密密钥和解密密钥相同，算法简单、速度快，但密钥发布与管理安全性较低；公开密钥密码体制中加密密钥和解密密钥不同，分为公钥和私钥，公钥用于加密，私钥用于解密。相对于单钥密码体制，公开密钥密码体制的密钥便于管理，安全性更高，但算法复杂，速度慢，实际应用中普遍采用两种体制相结合的方式。典型的单钥密码体制和公开密钥密码体制算法分别是 DES 算法和 RSA 算法。

（3）数字摘要和数字签名技术

数字摘要技术用于验证信息的完整性，应用信息加密技术生成数字签名，表明签署者身份，签署者承认所签署的文件内容，保证交易的真实性和有效性。如果当事双方关于签名的真伪发生争执，能够由公正的第三方仲裁机构通过验证签名来确认其真伪，有效防止交易抵赖和伪造行为的发生。

（4）认证中心（CA）

认证中心（CA）是一个权威的、受信任的第三方机构，其核心职能是发放和管理数字证书，用于证明和确认交易参与者的身份，保证电子商务交易过程中身份可认证性。认证中心（CA）以数字证书的方式为采用公开密钥的用户分发公开密钥，承担公钥体系中公钥的合法性检验等任务。为了建立信任关系，CA 认证中心用它的私钥对数字证书进行签名，防止数字证书的伪造和篡改，从而保证了认证信息的完整性和数字证书的权威性，并且认证中心不能否认自己所颁发的证书。

（5）安全协议

信息加密技术、数字摘要和数字签名技术、认证中心等电子商务安全技术如何与电子商务交易的各参与方充分地结合起来，以保证安全、有序、快捷地完成交易流程，需要安全交易协议规范各方的行为与各种技术的应用。电子商务安全协议主要有 SSL 协议和 SET 协议。

2．安全管理策略

电子商务是一个复杂的系统，涉及很多参与角色和活动环节。因此，电子商务的安全除了靠安全技术保障外，还必须加强监管，建立健全相应的安全管理制度，有相关的法律法规作保障。

（1）交易安全管理制度

交易安全管理制度主要是为电子商务活动提供安全交易环境，制定相应管理制度和策略，提高信用，规避风险，保证商务活动的公平、公开和公正。

（2）风险管理与控制机制

通过风险管理与控制机制的建立能够对潜在风险及其发生的可能性进行分析，从而及时有效地实施应对策略来规避风险。风险管理与控制是一个封闭的连续过程。首先是主动检查系统内外工作环境，找出潜在风险。其次是对潜在风险及其发生的可能性进行分析，在此基础上对可分配的资源进行评估，制定评估计划与实施方案，并予以实现。最后利用实现过程中所获得的监控信息对风险管理的计划与控制进行调整。应对风险要考虑成本效益的问题，应当认真研究和制定风险管理与控制机制，正确把握投入的度，以最小的投入，获得最大的效益。

（3）运行、维护和安全监控管理制度

建立日常的电子商务系统运行、维护和安全监控管理制度，定期检查系统日志，对系统的日常工作情况进行记录与监控。特别要对关系系统安全的重大相关事件、操作状况和运行情况进行记录，以便分析查找发现问题，及时妥善解决问题。

（4）授权、访问控制策略和责任

授权是指赋予本体（用户、终端、程序等）对客体（数据、程序等）的支配权利，即规定了谁可以对什么进行什么操作。例如，规定某个文件只能由特定人员阅读或修改；人事记录只能由人事部职员进行新增和修改，并且只能由人事部职员、执行经理以及该记录所属于的那个人阅读；在多级安全系统中，只有所持的许可证级别等于或高于相关密级的人员，才有权访问该密级中的信息等。这些安全策略的描述也对各类防护措施提出了要求。在计算机和通信系统中，主要是以一种被称为“访问控制策略”的系统安全策略反映出来的。访问控制策略隶属于系统安全策略，它迫使在计算机系统和网络中自动地执行授权。例如，基于身份的策略，该策略允许或者拒绝执行对明确区分的个体或群体进行访问；基于任务的策略，它是基于身份的策略的一种变形，它给每一个体分配任务，并基于这些任务来使用授权规则；多等级策略，它是基于信息敏感性的等级以及工作人员许可证等级而制定的一般规则的策略。支撑所有安全控制策略的一个根本原则是责任。受到安全策略制约的任何个体在执行任务时，需要对他们的行动负责任。

（5）人员管理制度

人员管理在电子商务安全管理中处于非常重要的地位，管理的对象包括在职人员和离职人员，管理的内容包括无意的操作失误、有意的攻击与破坏、错误的判断等。内部人员对系统攻击的危害性及发现的难度要远远大于外部人员，因此如何防止系统内部人员对电子商务系统有意的攻击与破坏是重中之重。制定严格的管理制度，加强教育和监督，明确职责和权限，严禁越权操作和使用。建立离职人员的审计和监督制度，杜绝因人员的离职给单位造成不必要的损失。建立在职人员个人情况（特别是经济状况、工作业绩、道德品行等）档案，及时了解在职人员的思想和工作状况，防止蓄意破坏情况的发生。另外，还要在人员录用、安全教育、岗前培训等方面制定相应的管理制度，消除安全隐患，杜绝安全漏洞，防患于未然。

（6）保密制度

建立安全保密制度，加强工作人员的安全教育，提高安全意识。严格执行信息的披露制度，保证企业的有价值信息、关键性商务运作信息、客户私人信息以及内部重要信息等不被泄露。

（7）病毒防范机制

建立病毒的检测与防范机制，通过采用网络防火墙、防病毒软件、控制访问权限等技术和措施，增强安全意识，严格制度管理。认真执行病毒的检测与清理、系统漏洞检查等制度，杜绝安全隐患，防患于未然。

（8）安全计划、应急机制和灾难恢复机制

任何系统都会受到自然灾害或者是人为灾害的影响，使系统处于不安全或者不稳定的状态。因此，需要制定安全计划、应急机制和灾难恢复措施。评估系统薄弱环节，防止和减少系统风险。制定完善的安全解决方案，在系统出现突发性事故或不安全事故发生的情况下，能够尽快排除故障，恢复系统正常运行，最大限度地减少损失。制定灾难恢复措施，经常对重要数据进行备份。采用数据恢复技术，以便灾难发生时，能够及时恢复与使用数据。

3.2 加密技术

3.2.1 基本概念

加密技术是实现信息保密性的重要手段。早在远古时期，人们就能够使用简单的加密技术传递重要的机密信息。20 世纪 70 年代，随着人们对加密技术的深入研究，逐渐形成一门学科——密码学。密码学包括密码编码学和密码分析学。密码编码学主要研究密码体制的设计，密码分析学主要研究密码体制的破译，二者既相互对立，又相互促进。

加密技术涉及信息、算法和密钥等相关概念。信息包括明文和密文，加密技术采用数学方法（算法）对原始信息（明文）进行再组织，使得加密后在网络上公开传输的内容对于非法接收者来说成为无意义的文字（密文），而对于合法的接收者，因为其掌握正确的密钥，可以通过解密过程得到原始数据（明文）。加密和解密的一般过程如图 3-2 所示。

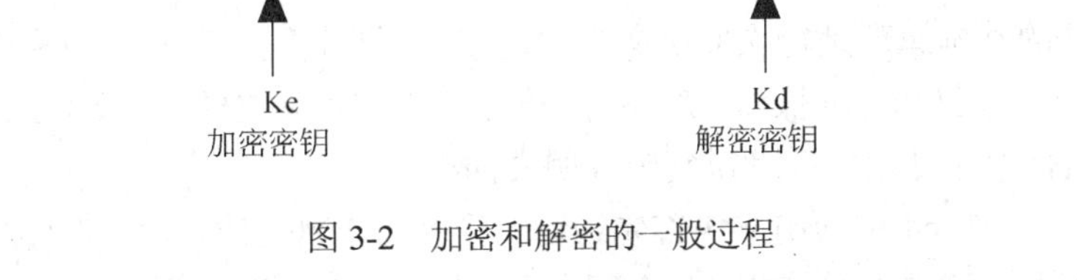

图 3-2　加密和解密的一般过程

加密技术中，算法和密钥是两个核心要素。它们与密码系统的安全有着密切关系。

理论上讲，只要采用穷举法去试每种可能的密钥，则几乎所有的密码系统都是可以破译的。但采用穷举法所花费的代价可能是现有计算条件下难以实现的，因此，密码学判断一个密码算法是否安全，更关心的是该密码算法在现有计算条件下是不是不可破译的。如果一个密码算法不能被现有的计算资源所破译，那么这种密码体制在计算上就可以说是安全的。此外，密钥安全也是密码系统安全的一个重要因素。因为同一加密算法，采用不同的密钥，可以对同一明文加密出不同的密文。只要密钥保密好，他人就不能破译密文。密钥安全主要涉及的是管理问题。密钥的保护与管理，包括密钥的产生、分发、使用和销毁等过程，对信息系统的安全性来说是极其重要的。

按照所使用的密钥不同，可将密码体制分为两类：对称密钥密码体制和非对称密钥密码体制。

3.2.2 对称密钥密码体制

1. 对称密钥密码体制原理

对称密钥密码体制的基本原理是加密密钥与解密密钥相同，或者加密秘钥与解密密钥虽不相同，但可以从其中一个推导出另一个。对称密钥密码体制也被称为单钥密码体制，其优点是算法简单，加密和解密速度快，效率高，但也存在一些问题：

（1）密钥传递安全问题

双方传递信息前需要事先通过某个安全渠道传递密钥，而密钥在此过程中可能会泄漏。另一方面，密钥的安全性还取决于传递信息的双方对密钥的保护。

（2）密钥管理问题

为了保证信息传递的安全，当一方与多方（N方）传递信息时，需要N个不同的密钥。当N比较大时，密钥的管理和分发难度就会增大。

（3）身份识别问题

对称密钥算法无法实现数字签名技术，因此不能鉴别交易参与者的身份。

2. DES算法

对称密钥密码体制的典型算法是DES（Data Encryption Standard）算法。

DES算法是IBM公司研制的一种数据加密算法，1977年被美国国家标准局颁布为商用数据加密标准，后又被国际标准化组织ISO定为国际标准，广泛应用于金融行业的电子资金转账（EFT）等领域。

DES算法的基本原理是每次取明文中的连续64位数据，通过64位密钥，对明文进行16轮的替代、移位和异或操作，最终得到转换后的64位数据（密文），如图3-3所示。连续对明文执行上述过程，最终得到全部明文的密文。

图3-3中，一组64位的明文块首先经过一个初始置换（IP）后，被分成左半部分和右半部分，每部分32位，分别以L_0和R_0表示。然后经过16轮变换，第i轮变换结果的左半部分为上一轮变换结果的右半部分，即$L_i = R_{i-1}$；第i轮变换结果的右半部分为上一

轮变换结果的左半部与上一轮变换结果的右半部分经过函数（算法）f 处理所得结果的异或，即 $R_i = L_{i\text{-}1} \oplus f(R_{\text{i-1}},K_i)$；经过 16 轮变换之后左右两部分再连接起来，最后经过一个逆初始置换 IP^{-1} 得到 64 位密文块，算法结束。

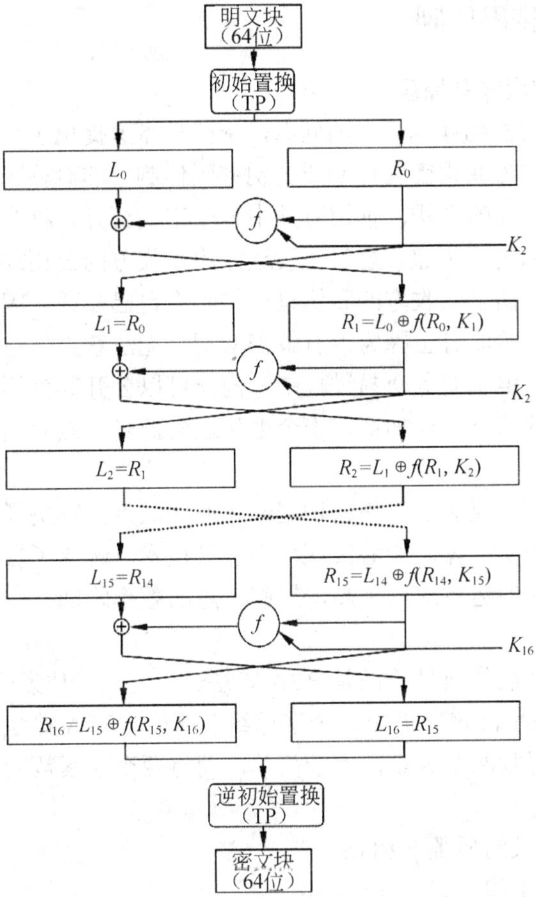

图 3-3　DES 算法加密原理

DES 算法的加密密钥与解密密钥相同，加密算法也与解密算法相同，只是解密时逆向取用加密时所用密钥顺序。加密时第 1～16 轮迭代使用的子密钥顺序是 k_1 ,…,k_{16}，解密时使用的子密钥顺序是 k_{16},…, k_1，产生子密钥时循环移位向右。需要说明的是，64 位密钥中有 8 位是奇偶校验位，所以实际有效密钥长度是 56 位。

DES 算法在密码学的发展过程中具有重要意义，在信息加密方面起了重要作用。但是，进入 20 世纪 90 年代以来，DES 算法的安全性越来越受到了威胁。1997 年，美国科罗拉多州的程序员 Verser 与 Internet 上数万名志愿者协同工作，用了 96 天时间找到了 DES 密钥；1998 年 7 月，电子前沿基金会（EFF）使用计算机在 56 小时内破译了 DES

密钥；1999 年 1 月，EFF 又只用了 22 小时 15 分钟就宣告破解了 DES 密钥。

DES 算法不再是不可破的，人们加以研究和改进，提出了新的基于分组思想的加密算法，如 3DES 算法、IDEA 算法、RC5 算法、AES 算法等。

3.2.3 非对称密钥密码体制

1．非对称密钥密码体制原理

为了克服对称密钥密码体制存在的问题，密码学专家提出了新的加密体制——非对称密钥密码体制，又称为双钥密码体制或公钥密码体制。非对称密钥密码体制的基本原理是加密和解密采用不同的密钥，使用时其中一个密钥公开，称为公钥；另一个密钥由用户私有保存，称为私钥。传递信息时，发送方用接收方的公钥加密信息，接收方用自己的私钥对信息解密。由于接收方的私钥只有接收方自己知道，因此只要其私钥保存完好，即使信息被截取，截取者也因为没有解密密钥，无法获知信息内容，从而保证了信息的机密性。例如，在电子商务交易过程中，商家可以公开其公钥，保留其私钥；客户用商家的公钥对发送的信息进行加密，安全地传送到商家，然后由商家用自己的私钥进行解密得到原文信息。

非对称密钥密码体制克服了对称密钥密码体制的缺点，解决了密钥的分发和管理问题。另外，非对称密钥密码体制能够实现数字签名技术，解决了参与者身份识别问题，但由于算法复杂，算法的运算速度不高，加密信息的效率降低。

2．RSA 算法

非对称密钥密码体制的典型算法是 RSA 算法。它是由三位发明者 Ron Rivest、Adi Shamir 和 Leonard Adleman 名字的第一个字母组合而成。RSA 算法的基本原理是基于大素数难分解原理，即寻找两个大素数比较简单，而将两个大素数的乘积分解非常困难。

具体算法如下：

① 选取两个足够大的质数 p 和 q；

② 计算 p 和 q 的乘积，记为 $n = p*q$；

③ 计算 p-1 和 q-1 的乘积，记为 $m = (p-1)*(q-1)$；

④ 寻找一个与 m 互质的数 e，且满足 $1<e<m$；

⑤ 寻找一个数 d，使其满足 $(e*d) \bmod m = 1$；

⑥（n，e）为公钥，（n，d）为私钥。

如果用 M 表示明文，C 表示密文，则

加密过程可表示为：$C=M^e \mod n$

解密过程可表示为：$M=C^d \mod n$

传递信息时发送方用接收方的公钥加密信息，接收方用自己的私钥对信息进行解密。

下面结合一个简单的算例来说明 RSA 算法的工作原理。

假设发送方要传送明文 M=19 给接收方，按照 RSA 算法描述，密钥对的生成过程为：

① 假设选择两个质数 p=3，q=11；

② 计算 n= p*q=33；

③ 计算 m=（p-1）*（q-1）= 20；

④ 寻找一个与 m 互质的数 e，且满足 1＜e＜m。取 e=3；

⑤ 寻找一个数 d，使其满足（e*d）mod m = 1。

此处取 d=7，满足（3*7）mod 20 = 1；

⑥ 得出公钥（n，e），即（33,3）；

私钥（n，d），即（33,7）。

发送方用接收方的公钥加密信息得到密文 $C=M^e \bmod n = 19^3 \bmod 33 = 28$。接收方收到消息后用自己的私钥解密信息得到明文 $M=C^d \bmod n = 28^7 \bmod 33 = 19$。

从所基于的数学难题来讲，RSA 算法基于大整数因子分解系统。除 RSA 算法外，椭圆离散对数系统（ECC）和离散对数系统（代表性算法 DSA）也属于非对称密钥密码体制算法。

3.2.4　数字信封

对称加密技术与非对称加密技术各有利弊，实际应用中，往往扬长避短，将二者结合起来应用。对原文信息采用对称密钥进行加密，再利用非对称密钥加密传递对称密钥。这样既保证了信息传递的安全性，也考虑到了信息加密的时间效率。

以发送方向接收方传递一段交易信息（如电子合同、支付通知单等）为例，发送方先在本地用对称密钥对交易信息进行加密，形成密文，再用接收方的公钥将用于加密交易信息的对称密钥加密，并将加密后的对称密钥信息和密文一同传递给接收方。接收方接收信息后，先用自己的私钥解密加密的对称密钥信息，得到用于加密交易信息的对称密钥，再用其解密密文得到交易信息原文，其过程如图 3-4 所示。

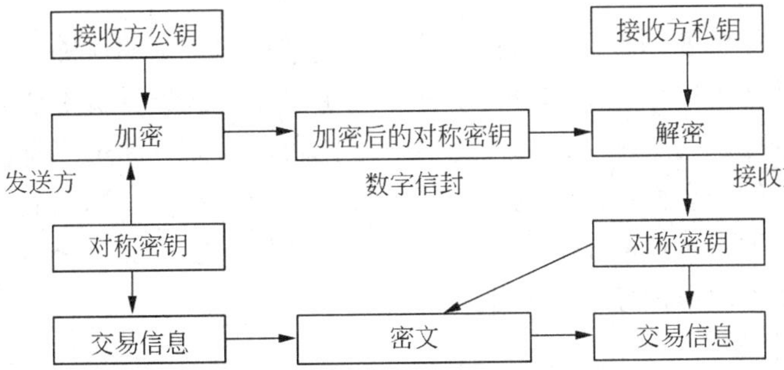

图 3-4　数字信封

由于在传递过程中，加密后的对称密钥就像是被封装在一个“信封”里传递一样，因此被称为数字信封。对称密钥的信息量相对于原文的信息量较少，因此采用数字信封技术既解决了密钥分发和管理的安全问题，又保证了信息加密传递的速度。除用于传递加密密钥外，对于一些重要的短小信息，如账号、密码等都可以采用数字信封技术加以传送。

3.3 认证技术

在电子商务交易过程中，交易双方互不见面，如何保证信息发送方和信息接收方的真实性，如何保证交易双方对信息的认可，是必须要解决的重要问题。身份认证、数字摘要、数字签名、数字时间戳等技术是电子商务交易活动中常用的认证技术。

3.3.1 身份认证

身份认证技术在电子商务信息安全中处于非常重要的地位，是其他安全机制的基础。只有实现了有效的身份鉴别，才能保证访问控制、安全审计、入侵防范等安全机制的有效实施。

1．身份认证的概念

身份认证也称为身份识别或身份鉴别。在电子商务活动过程中，通过身份认证鉴别互联网上用户身份的真实性，保证访问的可控制性以及通信过程的不可抵赖性和信息的完整性。这些问题一方面要通过数字摘要、数字签名等技术来解决，另一方面还需要通过数字认证中心等权威机构负责仲裁和信誉保证。只有这样，电子商务活动才能顺利开展。

2．身份认证的方法

现实生活中，人们可以通过出示身份证、驾驶证、工作证等证件证明自己的真实身份。网络环境中，身份认证通常基于以下几种方式进行。

（1）口令方式

口令方式是最简单的一种身份认证方式。我们登录电子邮箱，输入用户名、密码等账户信息就是一种基于口令方式的身份认证。基于口令方式进行身份认证的基本原理是将用户输入的口令与系统所保存的口令信息进行比较，进而判断用户身份是否合法。口令方式简单易行，但安全性不高。随着计算机等技术的不断进步和发展，攻击者很容易通过口令猜测、穷举、字典攻击等方式窃取口令。此外，以明文方式传递的口令的安全性还建立在对系统管理员信任的基础上。

（2）标记方式

标记方式是通过验证用户持有的某种物理介质，如智能卡、IC卡、磁卡等，判断用户的真实身份。

（3）人体生物特征方式

人体生物特征方式是指利用人体生物学特征如指纹、声音、虹膜、DNA 等判断用户的真实身份。这些人体生物特征具有因个体不同而不同的特性，因此基于人体生物特征的身份识别是一种很准确和严格的识别方式，但应用成本较高，更适用于保密性要求较高的场合。

实际应用过程中，以上三种方式往往会结合起来使用。根据结合使用方式的个数，身份认证方式又可分为单因素认证、双因素认证和多因素认证。单独使用一种方式进行的身份认证称为单因素认证，将两种方式结合使用进行的身份认证称为双因素认证，依次类推，将三种以上方式结合使用进行的身份认证称为多因素认证。以在 ATM 机上使用银行卡为例，当用户在 ATM 机上插入银行卡后，ATM 机还会要求用户输入正确的密码后方可进入系统进行相关操作，这一身份认证过程同时使用了标记和口令方式进行身份认证，是一种双因素认证方式。

3.3.2　数字签名

传统商务活动中，我们通过手写签名达到确认信息的目的。电子商务活动中，交易双方互不见面，可以通过数字签名确认信息。数字签名技术有效解决了电子商务交易活动中信息的完整性和不可抵赖性问题。

1．数字摘要

（1）数字摘要的基本概念

数字摘要是利用哈希函数对原文信息进行运算后生成的一段固定长度的信息串，该信息串被称为数字摘要。产生数字摘要的哈希算法具有单向性和唯一性的特点。所谓单向性，也称为不可逆性，是指利用哈希算法生成的数字摘要，无法再恢复出原文；唯一性是指相同信息生成的数字摘要一定相同，不同信息生成的数字摘要一定不同。这一特征类似于人类的指纹特征，因此数字摘要也被称为数字指纹。

（2）数字摘要的使用过程

数字摘要具有指纹特征，因此可以通过对比两个信息的数字摘要是否相同来判断信息是否被篡改过，从而验证信息的完整性。

数字摘要的使用过程如图 3-5 所示。

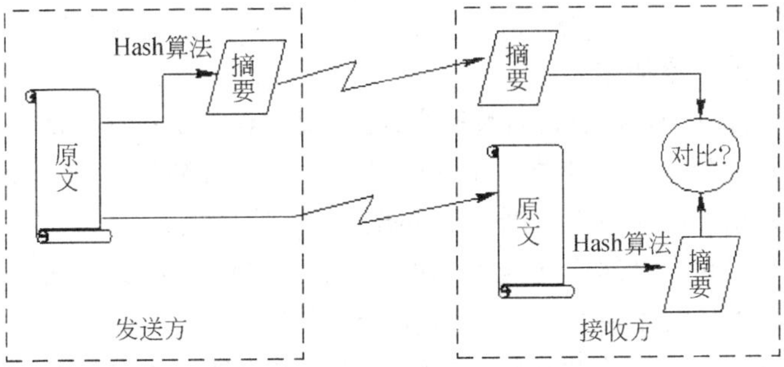

图 3-5　数字摘要使用过程

① 发送方将原文用哈希（Hash）算法生成数字摘要；

② 发送方将原文同数字摘要一起发送给接收方；

③ 接收方收到原文后用同样的哈希（Hash）算法对原文进行运算，生成新的数字摘要；

④ 接收方将收到的数字摘要与新生成的数字摘要进行对比，若相同，说明原文在传输的过程中没有被篡改，否则说明原文信息发生了变化。

（3）数字摘要算法

哈希（Hash）算法是实现数字摘要的核心技术。数字摘要所产生的信息串的长度和所采用的哈希算法有直接关系。目前广泛应用的哈希算法有 MD5 算法和 SHA-1 算法。

MD5 算法的全称是“Message-Digest Alogrithm 5”，诞生于 1991 年，由国际著名密码学家、RSA 算法的创始人 Ron Rivest 设计发明，经 MD2、MD3 和 MD4 发展而来。MD5 算法生成的信息摘要的长度为 128 位。

SHA 算法的全称是“Secure Hash Alogrithm”，诞生于 1993 年，由美国国家标准技术研究院（NIST）与美国国家安全局（NSA）设计。SHA（后来被称作 SHA-0）于 1995 年被 SHA-1 替代，之后又出现了 SHA-224、SHA-256、SHA-384 和 SHA-512 等，这些被统称为 SHA-2 系列算法。SHA-1 算法生成的信息摘要的长度为 160 位，而 SHA-2 系列算法生成的信息摘要的长度则有 256 位（SHA-256）、384 位（SHA-384）、512 位（SHA-512）等。与 MD5 算法相比，SHA 算法具有更高的安全性。

MD5 算法和 SHA 算法在实际中有着广泛的应用。与公钥技术结合，生成数字签名。目前几乎主要的信息安全协议中都使用了 SHA-1 或 MD5 算法，包括 SSL、TLS、PGP、SSH、S/MIME 和 IPSec 等。Unix 系统及不少论坛/社区系统的口令都通过 MD5 算法处理后保存，确保口令的安全性。

需要说明的是，2004 年 8 月，在美国加州圣芭芭拉召开的国际密码学会议上，我国山东大学王小云教授宣布了她及她的研究小组对 MD5、HAVAL-128、MD4 和 RIPEMD 等四个著名密码算法的破译结果。2005 年 2 月，王小云教授又破解了另一国际密码 SHA-1。这为国际密码学研究提出了新的课题。

2．数字签名

（1）数字签名的基本概念

在 ISO7498-2 标准中，数字签名被定义为：“附加在数据单元上的一些数据，或是对数据单元所做的密码变换，这种数据和变换允许数据单元的接收者用以确认数据单元来源和数据单元的完整性，并保护数据，防止被人（例如接收者）进行伪造”。实际上，简单地讲，数字签名就是在网络中传送信息报文时，附加一个特殊的唯一代表发送者个人身份的标记，以起到传统上手写签名或印章确认的作用。

数字签名建立在数字摘要的基础上，结合公钥加密技术实现。发送者应用自己的私钥对数字摘要进行加密，即生成数字签名。由于发送者的私钥仅为发送者本人所有，所以附加了数字签名的信息能够确认消息发送者的身份，也防止了发送者对本人所发送信息的抵赖行为。同时通过数字摘要技术，接收者可以验证信息是否发生了改变，从而确定信息的完整性。

（2）数字签名的使用过程

数字签名的使用过程包括签名和验证两部分，如图 3-6 所示。

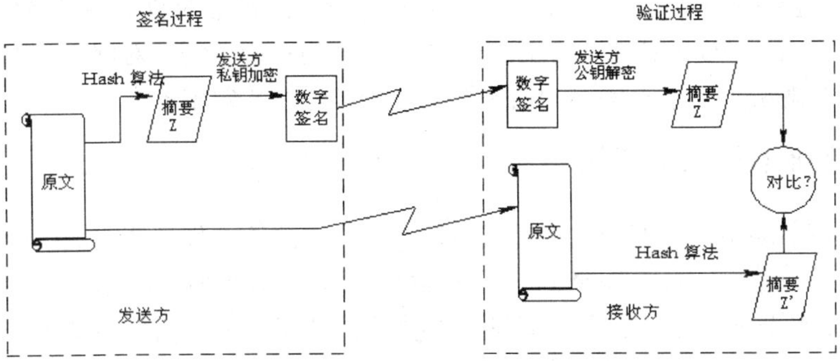

图 3-6 数字签名的使用过程

① 发送方将数字摘要 Z 用自己的私钥加密；

② 发送方将加密后的数字摘要 Z（即数字签名）同原文一起发送给接收方；

③ 接收方用发送方的公钥解密数字签名，得到数字摘要 Z；

④ 接收方对接收到的原文利用同样的 Hash 算法生成数字摘要 Z'；

⑤ 比较 Z 和 Z'，若二者相同，说明信息完整且发送者身份是真实的。

由以上过程可以看到，数字签名具有以下两个作用：

① 确认信息的完整性。

接收方将原文生成的数字摘要与用接收到的原文生成的新的数字摘要进行对比，相同则说明信息没有改变，不同则说明信息内容发生了变化。因此数字签名能够验证信息是否被修改，从而确定信息的完整性。

② 确认信息发送者的身份，保证发送信息的不可抵赖性。

发送者用自己的私钥对数字摘要进行加密，接收者如果能用对应的公钥进行解密，则说明信息一定是由该发送者发送的，从而确认了发送者的身份。此外，由于发送者的私钥是发送者本人拥有（除非丢失、泄露或被窃取），所以发送者不能否认自己曾经发送过的信息。

（3）数字签名的种类

实现数字签名的基本方法有以下几种。

① RSA 签名

RSA 签名是基于 RSA 算法实现数字签名的方案，ISO/IEC9796 和 ANSI X9.30-199X 已将 RSA 作为建议数字签名的标准算法。

② ElGamal签名

ElGamal签名是专门为签名目的而设计。该机制由T.ElGamal于1985年提出，经修正后，被美国国家标准与技术学会（NIST）作为数字签名标准（DSS，Digital Signature Standard）。

RSA签名基于大整数素数分解的困难性，ElGamal签名基于求离散对数的困难性。在RSA签名机制中，明文与密文一一对应，对特定信息报文的数字签名不变化，是一种确定性数字签名。ElGamal签名机制采用非确定性的双钥体制，对同一消息的签名，根据签名算法中随机参数选择的不同而不同，是一种随机式数字签名。

3.3.3 数字证书与认证机构

传统商务活动中，我们通过出示身份证、营业执照等证件证明我们的合法身份。身份证由公安部门发放，营业执照由工商管理部门发放，他们都是大家信任的第三方权威机构，由他们所发放的身份或资格证明受到大家的认可。电子商务活动中，不见面的双方证明自己的真实身份，通过数字证书及其发放机构认证中心实现。

1．数字证书

（1）数字证书的基本概念

数字证书（Digital Certification）是标识网络用户身份的电子文档，该电子文档由权威的第三方认证机构CA负责发放。数字证书包含用户的基本数据信息及公钥信息、颁发证书的CA的相关信息，并由CA进行数字签名，保证其真实性。数字证书类似于现实生活中的身份证、营业执照、军官证等证件，起到了证明网络用户身份及其公钥合法性的作用。

（2）数字证书的分类

数字证书在网络活动中的应用领域与范围越来越广，按照其功能与用途进行分类主要有个人证书、单位证书、服务器证书、代码签名证书、CA证书。

① 个人证书。

用于证实参与个人网上交易、网上支付、电子邮件等业务时的用户身份。此类证书包含个人用户的身份信息、个人用户的公钥以及证书机构签发的签名等。

② 单位证书。

用于证明参与网络活动的企业的身份，包括单位身份证书，单位E-mail证书、部门证书、职位证书等多种类型。

③ 服务器证书。

用于证实网络交易中服务器（如银行服务器、商家服务器）的身份及公钥。

④ 代码签名证书。

用于证明软件开发者的身份。使用代码签名证书，用户可以验证软件的来源是否是真实的开发者，同时也可以确认软件的完整性，保证软件在接收过程中没有被篡改。

⑤ CA 证书。

用户也可能需要验证 CA 的真实性，CA 证书就是用来证明 CA 真实身份的证书。

（3）数字证书的内容

数字证书遵循国际流行的 ITU-Trec.X.509 标准。数字证书的内容可分为两部分：数字证书拥有者的信息和颁发数字证书的 CA 的信息。

数字证书拥有者的信息主要包括：

① 数字证书的版本信息。

② 数字证书的序列号：每个数字证书都有一个唯一的证书序列号，用以识别证书。当证书被撤销时，数字证书序列号会被放入证书撤销列表中。

③ 数字证书的有效期：包括有效起始日期和有效终止日期，超过该日期范围，数字证书无效。

④ 数字证书的主题：证书拥有者的名称。

⑤ 公钥信息：数字证书拥有者的公钥信息，包括公钥加密体制算法名称及公钥的字符串信息，该项只适用于 RSA 加密算法体制。

⑥ 缩略图：即该证书的数字摘要，用以验证证书的完整性。

⑦ 缩略图算法：生成该证书数字摘要的算法。

⑧ 其他扩展信息。

颁发数字证书的 CA 的信息主要包括：

① 数字证书颁发者的信息：包括 CA 的名称等。

② 数字证书颁发者的数字签名：CA 对颁发的证书的签名。

③ 数字签名算法：数字证书颁发者 CA 使用的数字签名算法。

（4）数字证书的工作原理

使用数字证书就像我们平常使用身份证一样，当发送方发送信息给接收方时，发送方将信息与自己的数字证书一同发送给接收方，接收方通过验证数字证书确认发送方的身份。具体过程如下：

① 接收方首先验证证书的真实性。接收方用 CA 的公钥解开 CA 对数字证书的签名，如果没有错误，说明证书是经过有效认证的。

② 接收方验证证书的完整性。接收方采用数字证书中提供的数字摘要算法对数字证书进行运算生成数字摘要，再与数字证书中的数字摘要进行对比，如果一致，说明证书没有被篡改，验证了其完整性。

经过以上验证，确认了数字证书的真实性和可靠性，从而认证了信息发送方的身份。

在数字证书的使用过程中，涉及数字证书的有效性问题。如果数字证书无效，也就无需验证。有效的数字证书需满足以下三个条件：

① 数字证书没有过期。数字证书的内容中包含数字证书的有效起始日期和有效终止日期，超过该日期范围的数字证书就是无效的，如图 3-7 所示。

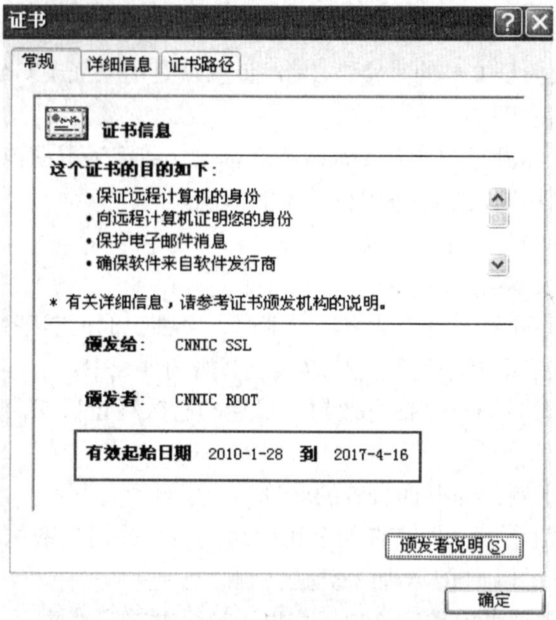

图 3-7 数字证书有效期

② 数字证书对应的密钥没有被修改或丢失。数字证书中的公钥没有被修改或数字证书公钥所对应的私钥没有丢失，如果发生这两种情况之一，其所对应的证书均应被视为无效。

③ 数字证书不在证书撤销列表中。数字证书认证机构会保存一张证书撤销列表，就像黑名单一样，将所有已撤销证书的信息列在该表中。如果证书信息（如序列号）已在证书撤销列表中，则该证书就是无效的，不能用于证明该证书拥有者的用户身份。

2．认证中心

认证中心是数字证书的颁发机构，是基于 Internet 平台建立的一个公正的、权威的、第三方独立组织机构，主要负责数字证书的发行、管理以及认证服务，其英文为 Certification Authority，简称 CA。

认证中心的核心职能是发放和管理数字证书，包括证书的颁发、证书的更新、证书的查询、证书的作废、证书的归档等。

（1）证书的颁发

用户想获得数字证书时，首先要向认证中心提出申请，认证中心接收用户的申请，在核实情况后，批准或拒绝用户申请。批准用户申请签发数字证书遵循一定的原则：

① 保证发出证书的序列号各不相同；

② 两个不同实体所获得的证书主题内容相异；

③ 不同主题内容的证书包含的公开密钥相异。

（2）证书的更新

认证中心可以定期更新所有用户的证书，或者根据用户的请求更新用户的证书。例如，用户证书有效期满以后，由认证中心负责进行证书的更新。

（3）证书的查询

认证中心提供用户证书查询的管理，分为证书申请查询和用户证书查询。证书申请查询是指认证中心根据用户查询请求返回当前用户证书申请的处理过程；用户证书查询是指目录服务器根据用户的请求返回适当的证书。

（4）证书的作废

用户私钥丢失、泄露等会造成用户证书需要申请作废，认证中心将根据用户的作废申请请求确定是否将该数字证书作废；或者证书已过有效期，认证中心自动将该证书作废。认证中心通过维护证书撤销列表（Certificate Renovation List，CRL）完成上述功能。

（5）证书的归档

作废的证书并不能简单的丢弃，认证中心需要对其进行存档管理，以备需要验证以前某个交易过程中产生的数字签名时查询。

3.4　防止非法入侵

3.4.1　防火墙

1．防火墙的基本概念

防火墙的概念源于早期为防止火灾蔓延在房屋周围修建的矮墙。在网络安全中，防火墙是在内部网与外部网之间构筑的一道保护屏障，是执行访问控制策略的一个或一组系统。通过执行访问控制策略，提供授权通信，保护内部网不受外部非法用户的入侵，控制内部网与外部网之间数据流量。

防火墙可以是硬件，也可以是软件，或是二者结合。防火墙系统决定了哪些内部服务可以被外界访问，外界的哪些人可以访问内部服务，哪些外部服务可以被内部人员访问等。防火墙必须只允许授权的数据通过，其本身也必须能够免于渗透，但防火墙不是对网络内的每台计算机分别进行保护，而是让所有外部对内部网计算机的信息访问都通过某个点，防火墙就是保护这个点。防火墙技术是实现网络安全的主要手段之一。目前，企业内部网络与因特网之间的有效隔离方式大都采用的是防火墙技术。

2．防火墙的功能

防火墙主要用于实现网络路由的安全性。网络路由的安全性包括两个方面：限制外部网对内部网的访问，从而保护内部网特定资源免受非法侵犯；限制内部网对外部网的访问，主要是针对一些不健康信息及敏感信息的访问。

防火墙具有以下优点：

（1）保护那些易受攻击的服务

防火墙能过滤那些不安全的服务（如 NFS 等）。只有预先被允许的服务才能通过防火墙，这样就降低了受到攻击的风险性，大大地提高了网络的安全性。

（2）控制对特殊站点的访问

防火墙能控制对特殊站点的访问。如有些主机能被外部网络访问，而有些则要被保护起来，防止不必要的访问。通常会有这样一种情况，在内部网中只有 Mail 服务器、FTP 服务器和 WWW 服务器能被外部网访问，而其他访问则被主机禁止。

（3）集中化的安全管理

对于一个企业而言，使用防火墙比不使用防火墙可能更加经济一些。这是因为如果使用了防火墙，就可以将所有修改过的软件和附加的安全软件都放在防火墙上集中管理；而不使用防火墙，就必须将所有软件分散到各个主机上。

（4）对网络访问进行记录和统计

如果所有对 Internet 的访问都经过防火墙，那么防火墙就能记录下这些访问，并能提供网络使用情况的统计数据。当发生可疑动作时，防火墙能够报警，并提供网络是否受到监测和攻击的详细信息。

防火墙也有一些不能实现的功能：

（1）限制有用的网络服务

防火墙为了提高被保护网络的安全性，限制或关闭了很多有用但存在安全缺陷的网络服务。

（2）不能防范内部网络用户的攻击

目前防火墙只提供了对外部网络用户攻击的防护，对来自内部网络用户的攻击只能依靠内部网络主机系统的安全性。

（3）不能完全防范病毒

因为病毒的类型很多，操作系统各异，编码与压缩二进制文件的方法也各不相同，因此防火墙不能完全防止传送已感染病毒的软件或文件，不能期望防火墙对每一个文件进行扫描，查出潜在的病毒。

3．防火墙的分类

从技术角度分类，防火墙可以分为基于包过滤的防火墙、基于代理服务的防火墙和复合型防火墙。

（1）包过滤防火墙

网络传输数据是以“包”为单位进行的，数据被分割成一定大小的数据包，每个数据包中都会含有一些特定的信息，如数据的源地址、目标地址、TCP/UDP 源端口和目标端口等。防火墙可通过对数据包的源地址、目的地址及端口等的检查，判断数据包是否来自可信任的安全站点。如果发现来自危险站点的数据包，防火墙将会拒绝其通过。

包过滤防火墙是最简单的防火墙，使用方便，实现成本低。分组过滤在网络层实现，不要求改动应用程序，也不要求用户学习任何新的东西，对用户来讲是透明的，用户基本感觉不到分组过滤器的存在。但也存在一个问题，就是过滤器不能在用户层次上进行安全过滤，即在同一台机器上，过滤器分辨不出是哪个用户的报文。

包过滤防火墙的工作原理如图 3-8 所示。

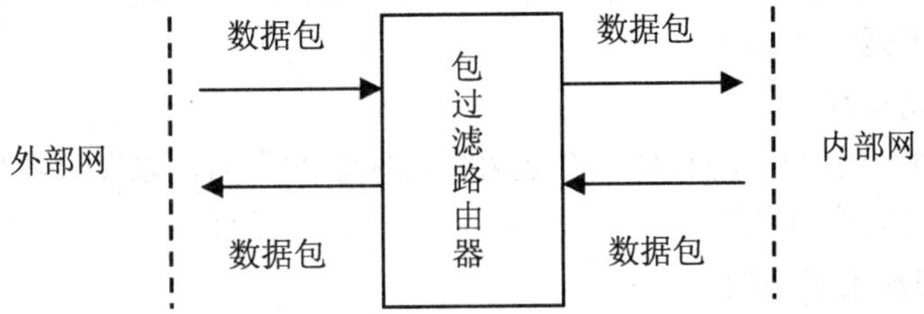

图 3-8　包过滤防火墙

（2）代理服务防火墙

代理服务防火墙使用一个客户程序与特定的中间节点（防火墙）连接，然后中间节点与服务器进行实际连接。代理服务防火墙使内网用户对外网的访问变成防火墙对外网的访问，然后再由防火墙转发给内网用户。代理服务防火墙工作原理如图 3-9 所示。

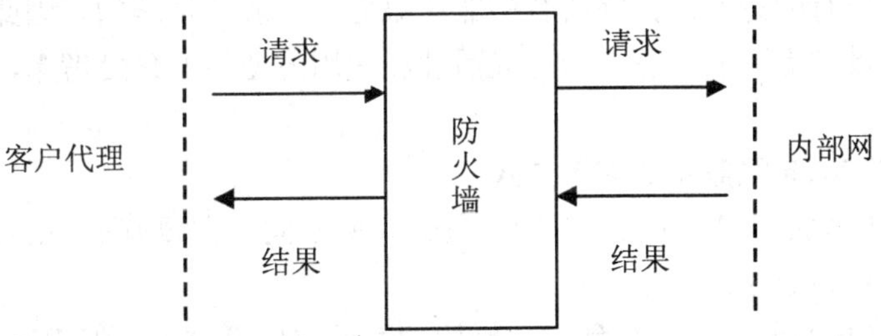

图 3-9　代理服务防火墙

代理服务防火墙也被称为应用网关防火墙，其核心技术就是代理服务器技术。它采用为每种所需服务在网关上安装特殊代码（代理服务）的方式来管理 Internet 服务。其应用原理是：当代理服务器收到客户对自己代理的某 Web 站点的访问请求后，就检查该请求是否符合规定；如果规则允许用户访问该站点时，代理服务器代理客户在该站点取回所需信息，再转发给客户。代理服务器在外部网络向内部网络申请服务时发挥了中间转接的作用，体现了“应用代理”的角色。

使用代理服务器技术，所有通信都必须经应用层代理软件转发，访问者任何时候都不能与服务器建立直接的 TCP 连接，彻底隔断了内网与外网的直接通信，从外部网只能看到代理服务器而不能了解内部网的资源信息，如用户的真实 IP 地址等。代理服务器提供详细的日志和审计功能，应用层的协议会话过程必须符合代理的安全策略要求，访问业务都由“守规矩”的代理服务器代劳。因此，代理服务防火墙的安全性大大提高。

代理服务器基于特定的应用，因此需要对每个应用服务（如 Telnet、FTP）安装相应的代理服务软件，未被服务器支持的网络服务用户不能使用，因此代理服务防火墙维护量大，使用具有一定的局限性。由于需要代理服务，造成了网络性能下降，网络访问速度变慢。此外，每类应用服务需要使用特殊的客户端软件，并进行一些相关设置，使得代理服务防火墙的透明性较差。

（3）复合型防火墙

复合型防火墙将前两类防火墙结合起来，形成新的产品，以发挥各自优势，克服各自缺点，满足更高安全性的要求。

4．防火墙的安全控制模型

防火墙通常有两种安全模型可以选择：没有被列为允许访问的服务都是被禁止的；没有被列为禁止访问的服务都是被允许的。

为网络建立防火墙，首先需要决定防火墙采取何种安全控制模型。采取第一种安全控制模型，需要确定所有可以被提供的服务以及它们的安全特性，开放这些服务；将所有其他未被列入的服务排除在外，禁止访问。采取第二种安全控制模型，正好相反，需要确定那些被认为是不安全的服务，禁止其访问；而其他服务则被认为是安全的，允许访问。找出网络所有的漏洞，排除所有的非法服务，一般是很难的。因此，从安全性角度考虑，第一种模型更可取一些，而从灵活性和使用方便性的角度考虑，则第二种模型更合适。

5．防火墙与 Web 服务器的配置方式

根据需要，防火墙与 Web 服务器的配置会有所不同，主要有三种：

（1）Web 服务器置于防火墙之内

这种方式 Web 服务器可以得到安全保护，不易被外界攻击，但 Web 服务器本身也不易被外界所用。

（2）Web 服务器置于防火墙之外

这种方式主要保证了内部网安全，Web 服务器不受到保护。需要注意的是，有些防火墙结构不允许将 Web 服务器设置在防火墙之外。

（3）Web 服务器置于防火墙之上

这种方式增强了 Web 服务器的安全性，但是如果 Web 服务器出现问题，整个 Web 站点和内部网都会处于危险之中。

3.4.2 入侵检测

1．入侵检测的基本概念

入侵检测技术是一种利用入侵者留下的痕迹，发现来自外部或内部非法入侵的技术。它通过从计算机网络或计算机系统中的关键点收集信息，并进行分析，发现网络或系统中是否有违反安全策略的行为和被攻击的迹象。

入侵检测技术是对入侵行为的发觉，起着主动防御的作用，是网络安全中极其重要的部分。它以探测与控制为技术本质，通过分析、审计记录，识别系统中任何不应该发生的活动，采取相应的措施报告并制止入侵活动。

入侵检测扮演的是网络安全系统中侦察与预警的角色，能够协助网络管理员发现并处理已知的入侵，通过对入侵检测系统所发出的警报的处理，网络管理员可以有效地配置其他的安全产品，以使整个网络安全系统达到最佳工作状态，尽可能降低因攻击而带来的损失。

2．入侵检测系统的组成

入侵检测系统（IDS）是进行入侵检测的软件与硬件的组合。入侵检测系统通常由事件产生器、事件分析器、事件数据库、响应单元等基本组件构成。

（1）事件产生器

事件产生器负责原始数据的采集，它对数据流、日志文件等进行追踪，然后将收集到的原始数据转换为事件，并向系统的其他部分提供此事件。

（2）事件分析器

事件分析器负责接收事件信息，然后对其进行分析，并判断是否是入侵行为或异常现象，最后将判断结果转为警告信息。

（3）事件数据库

事件数据库负责存放各种中间和最终数据。它从事件产生器或事件分析器接收数据，一般会将数据进行较长时间的保存。它可以是复杂的数据库，也可以是简单的文本文件。

（4）响应单元

响应单元根据警告信息做出反应，它可以做出切断连接、改变文件属性等强烈反应，也可以只是简单的报警。

3．入侵检测系统的分类

从不同角度，入侵检测系统有不同的分类。

（1）根据原始数据来源，可以分为基于主机的入侵检测系统、基于网络的入侵检测系统和基于应用的入侵检测系统。

基于主机的入侵检测系统通过监视与分析主机的审计记录和日志文件来检测入侵，主要用于保护运行关键应用的服务器。

基于网络的入侵检测系统侦听网络上的所有分组，采集数据，分析可疑现象，主要用于实时监控网络关键路径的信息。

基于应用的入侵检测系统可以说是基于主机的入侵检测系统的一个特殊子集，也可以说是基于主机入侵检测系统实现的进一步细化，所以其特性、优缺点与基于主机的入侵检测系统基本相同，其主要特征是使用监控传感器在应用层收集信息。

（2）根据检测原理，可以分为异常入侵检测系统和误用入侵检测系统。

异常入侵是指能够根据异常行为和使用计算机资源的情况检测出来的入侵。异常入侵检测试图用定量的方式描述可以接受的行为特征，以区分非正常的、潜在的入侵行为。

误用入侵检测是指利用已知系统和应用软件的弱点攻击模式来检测入侵，与异常入侵检测不同，误用入侵检测能直接检测不利或不可接受的行为。

（3）根据体系结构，可以分为集中式入侵检测系统、等级式入侵检测系统和协作式入侵检测系统。

集中式的入侵检测系统可能有多个分布于不同主机上的审计程序，但只有一个中央入侵检测服务器。在等级式入侵检测系统中，定义了若干个分等级的监控区域，每个入侵检测系统负责一个区域，每一级入侵检测系统只负责所监控区的分析，然后将当地的分析结果传送给上一级入侵检测系统。协作式入侵检测系统将中央检测服务器的任务分配给多个基于主机的入侵检测系统，这些入侵检测系统不分等级，各司其职，负责监控当地主机的某些活动。

（4）根据工作方式，可以分为离线检测系统和在线检测系统。

离线检测系统是一种非实时工作的系统，在事件发生后分析审计事件，从中检查入侵事件。在线检测对网络数据包或主机的审计事件进行实时分析，可以快速反应，保护系统的安全，但在系统规模较大时，难以保证实时性。

除此之外，入侵检测系统还有多种其他分类方式。

3.4.3 安全协议

电子商务安全交易协议是一种安全机制保障。目前，电子商务安全机制正在走向成熟，并形成了一些国际规范，比较有代表性的是SSL协议（安全套阶层协议）和SET协议（安全电子交易协议）。

1. SSL协议

（1）SSL协议概述

安全套阶层（Secure Sockets Layer，SSL）协议，是由美国网景（Netscape）公司研究制定的安全协议，主要用于解决TCP/IP协议难以确定用户身份的问题，为TCP/IP连接提供了数据加密、服务器端身份验证、信息完整性和可选择的客户端身份验证等功能。

SSL协议通过在应用程序进行数据交换前交换初始握手信息实现有关安全特性的审查，握手信息中采用了DES、MD5等加密技术实现机密性和数据完整性，并采用X.509格式数字证书实现鉴别。

SSL协议适用于点对点之间的信息传输，通常在浏览器和WWW服务器之间建立一条安全通道实现文件保密传输。SSL协议已成为事实上的工业标准，并被广泛应用于Internet和Intranet的服务器产品和客户端产品中。

（2）SSL 协议层次结构

SSL 协议在 TCP/IP 网络分层结构中位于应用层和 TCP 层之间，由 SSL 记录协议（Record Protocol）和 SSL 握手协议（Handshake Protocol）组成，如图 3-10 所示。

应用层协议（HTTP、TELNET、NNTP、FTP、SMTP、等）
SSL 握手协议
SSL 记录协议
TCP 协议
IP 协议

图 3-10　SSL 在 TCP/IP 网络分层结构模型中的位置

SSL 握手协议描述建立安全连接的过程，在客户机和服务器传送应用数据之前，允许服务器和客户机相互验证身份（客户机端可选），协商加密算法、确定会话密钥等。SSL 记录协议定义了数据传送的格式，包括记录头和记录数据格式的规定等。

（3）SSL 协议基本安全服务功能

① 信息机密性。

SSL 协议应用对称和非对称密钥等多种加密算法，客户机和服务器在建立的安全通道中传输的所有信息都经过加密处理，防止非法窃听，实现信息的机密性。

② 信息完整性。

SSL 协议利用公开密钥加密算法和数字摘要技术，对信息的完整性进行检验，保证信息在传输过程中不被篡改。

③ 认证性。

SSL 协议利用数字证书技术，实现对服务器和客户机的认证。为了验证数字证书持有者是合法用户，SSL 要求证书持有者在握手时，双方可通过交换数字证书，验证对方身份的合法性，确保数据发往正确的客户机和服务器。

（4）SSL 协议的通信过程

① 接通阶段。

客户机呼叫服务器，服务器回应客户。

② 认证阶段。

服务器向客户机发送服务器证书和公钥，以便客户机认证服务器身份；如果服务器需要双方认证，还要向客户机提出认证请求，客户机向服务器发送客户端证书。

③ 确立会话密钥。

客户机和服务器之间协商确立会话密钥。

④ 会话阶段。

客户机与服务器使用会话密钥加密交换会话信息。

⑤ 结束阶段。

客户机与服务器交换结束信息，通信结束。

（5）SSL 协议分析

SSL 协议开发成本小，能够提供机密性、完整性和认证服务。目前主流浏览器及许多服务器都支持 SSL 协议，但在电子商务交易应用过程中，也存在一些安全问题。

应用 SSL 协议的电子交易过程如下：

① 客户将购物信息发往商家；

② 商家将信息转发银行；

③ 银行验证客户信息的合法性后，通知客户和商家付款成功；

④ 商家通知客户购买成功，并将商品交给客户。

分析以上交易过程，可以看到客户的购物信息（含支付信息，如银行资料）首先发往商家，若是商家不可靠，客户银行资料的信息安全性就得不到保证。此外，SSL 协议只是提供了信息传递的安全通道，没有提供数字签名功能，存在抵赖和用户身份被冒充的可能性。这些问题在 SET 协议中得到了解决。

2. SET 协议

（1）SET 协议概述

安全电子交易（Secure Electronic Transaction，SET）协议，是由 VISA、Mastercard 两大国际信用卡组织会同一些计算机供应商共同开发的网上安全交易协议，是为使银行卡在 Internet 上安全地进行交易提出的一整套完整的安全解决方案。1997 年 5 月正式推出 SET 协议 1.0 版。

SET 协议采用对称加密技术和非对称加密技术提供数据加密、数字签名、数字信封等功能，保证了信息在网络中传输的机密性，数据的完整性和一致性，防止交易抵赖行为的发生。SET 协议采用数字证书验证交易过程中参与各方的身份，一般由第三方 CA 机构负责为在线的通信双方提供信用担保与认证，对参与其中的支付网关也要进行认证，以防假冒，具有多方认证性。SET 协议通过双重数字签名技术实现了客户订单信息和支付信息（信用卡账号、密码等）的隔离，保证商家只能看到客户的购买信息，看不到客户的支付信息；而银行只能看到客户的支付信息，看不到客户的购买信息。SET 协议规定了交易中各方进行安全交易的具体流程。参与各方在交易流程中均遵循严格的标准，体现在要求软件遵循相同的协议和消息格式，加密算法的应用协商，数字证书信息和对象格式，订货信息和对象格式，认可信息和对象格式，资金划账信息和对象格式，对话实体之间消息的传输协议等。

（2）SET 协议的参与对象

基于 SET 协议的网络支付过程涉及多个参与方，包括客户、商家、银行（发卡银行、收单银行）、支付网关、CA 认证中心。

① 客户。

通常是持有信用卡的用户。SET 协议机制中，持卡客户通常要到发卡银行申请并在自己的客户端安装一套 SET 交易专用的客户端软件（电子钱包软件），并向 CA 认证中心申请数字证书。

② 商家。

客户在网上购物，网上商家通过商家服务器软件提供服务。与客户类似，商家必须先到收单银行申请设立账户，并向 CA 认证中心申请商家服务器的数字证书。

③ 发卡银行。

发卡银行是指客户的开户银行。通常持卡客户的客户端软件从发卡银行获得，持卡客户申请数字证书，必须由发卡银行审核批准，才能从 CA 认证中心得到，因为持卡客户在利用银行的信誉消费。

④ 收单银行。

收单银行是指商家的开户银行。支付网关接收商家转来的持卡客户支付请求后，要将支付请求转交给收单银行，通过银行间金融专用网络，传送到持卡客户的发卡行，进行相应的授权和扣款。收单银行与发卡银行可以是同一银行。

⑤ 支付网关。

支付网关是 Internet 与银行内部专用网之间的一个专用系统，使得银行金融专用网不直接与非安全的公开网络连接，从而保护银行内部专用网的安全。通常，商家收到客户的购物请求后，要将客户的账号等支付信息传递给收单行，因此支付网关一般由收单银行担任。银行可委托第三方担任网上交易的支付网关。与客户和商家一样，支付网关也必须通过 CA 认证中心申请数字证书，才能参与 SET 交易活动。

⑥ CA 认证中心。

SET 协议规定，参与 SET 交易的各方（包括客户、商家、支付网关）必须申请并安装数字证书，以证实自己的真实身份。CA 认证中心作为发放和管理数字证书的机构，起着非常重要的核心作用。

（3）应用 SET 协议的交易流程

① 持卡人（客户）在商家（网上商店）浏览商品；

② 持卡人选择要购买的商品，并填写订单；

③ 持卡人选择在线支付方式。当选择支持 SET 协议的支付方式进行支付时，SET 协议开始起作用；

④ 持卡人发送订单和支付指令给商家。订单和支付指令由持卡人进行数字签名，同时利用双重数字签名技术保证商家看不到持卡人的支付信息（账号等）；

⑤ 商家收到订单后，向持卡人所在银行发出支付请求。支付信息通过支付网关到收单银行，再到发卡银行。支付请求获得发卡银行的授权后，返回授权指令给商家；

⑥ 商家将订单确认信息通知持卡人，为客户发货或完成订购服务。

至此，应用 SET 协议的交易流程结束。商家可以请求收单银行将此笔交易的款项从持卡人账户转到商家账户。以上流程中，SET 从持卡人选择支付方式后开始介入，每一步操作，持卡人、商家和支付网关都会通过 CA 验证通信主体的身份，以确保通信主体的真实性。

（4）SET 协议中的双重数字签名技术

电子商务交易过程中，客户发送订购信息和对应的支付信息是相关联的，如何使信息传输过程中，商家看不到客户的支付信息，银行看不到客户的购买信息，SET 协议通过双重数字签名技术加以解决。

发送者 A 将发送给接收者 B 和 C 的信息分别应用算法生成各自的数字摘要，再将两个数字摘要连在一起，应用算法生成新的数字摘要（双重数字摘要），将双重数字摘要用发送者的私钥加密，生成双重数字签名。

下面以客户发送信息给银行为例说明双重数字签名的生成与验证过程，如图 3-11 所示：

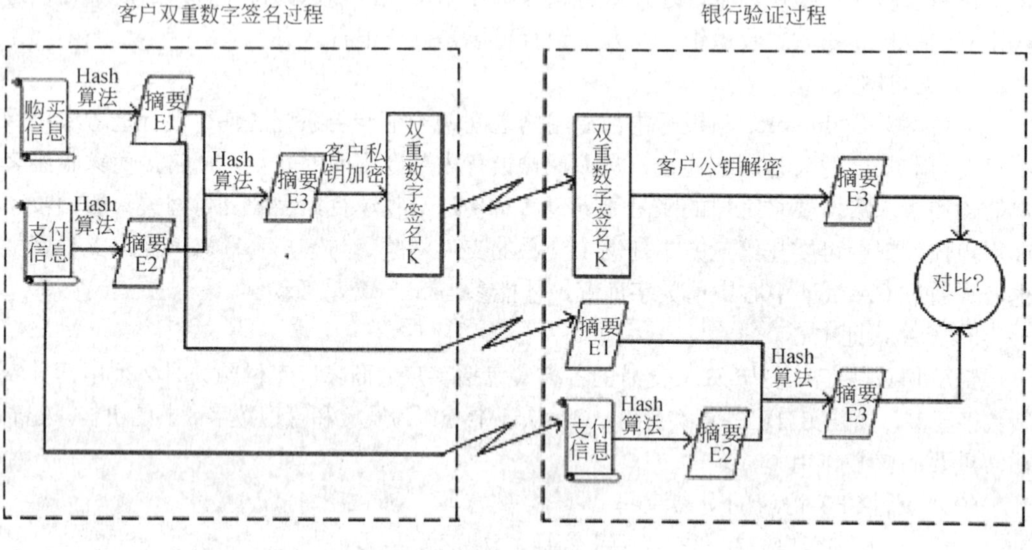

图 3-11　客户发送信息给银行双重数字签名的生成与验证过程

① 客户对购买信息和支付信息分别生成购买信息的数字摘要 E1 和支付信息的数字摘要 E2；

② 将 E1 和 E2 连接起来生成双重数字摘要 E3；

③ 客户用自己的私钥加密 E3 生成双重数字签名 K；

④ 客户把双重数字签名 K，支付信息和购买信息的数字摘要 E1 一起发送给银行；

⑤ 银行对信息进行验证，将支付信息用对应的同样算法生成支付信息的数字摘要 E2'，并将 E2'同收到的购买信息的数字摘要 E1 连接在一起，用对应的同样算法生成双重数字摘要 E3'；

⑥ 银行用客户的公钥解密收到的双重数字签名 K，得到双重数字摘要 E3，将 E3 与 E3'比较，如果相同，则银行验证了支付信息是由该客户发出的，且在传输过程中没有被篡改。

同理，客户将双重数字签名 K，购买信息和支付信息数字摘要 E2 发送给商家完成订货信息的传递、签名与验证。通过使用双重数字签名技术，银行和商家只能看到同一条购物信息中自己所需要的那一部分信息，更好地保护了客户的隐私权和电子商务交易活动的安全性。

3. SSL 协议与 SET 协议比较

在支持技术上，SSL 协议与 SET 协议可以说是一致的，都采用了对称密钥加密、非对称密钥加密、数字摘要与数字证书等加密和认证技术；对信息传输的机密性来说，两者的功能是相同的，且都能保证信息在传输过程中的保密性及完整性，但两者在实现目标、实现机制、安全性等方面有所不同。

SSL 协议提供在 Internet 上的安全通信服务，是在客户机和服务器之间建立一个安全通道，保证数据传输机密性；SET 协议是为保证银行卡在 Internet 上进行安全交易提出的一套完整的安全解决方案。SSL 协议面向连接，SET 协议则允许各方之间非实时交换报文。

SSL 协议只是简单地在两方之间建立安全连接，SET 协议则是一个多方报文协议，它定义了银行、商家、持卡人之间必须遵循的报文规范；建立在 SSL 协议之上的卡支付系统只能与 Web 浏览器捆绑在一起，SET 报文则能够在银行内部网或其他网络上传输。

SSL 协议与 SET 协议在网络中的层次也不一样。SSL 是基于传输层的协议， SET 是基于应用层的协议。SSL 在建立双方安全通信通道后，所有的传输信息都被加密，SET 则会有选择地加密一部分敏感信息。

从安全性来讲，SSL 协议中，信息首先发往商家，商家能看到客户的信用卡账户等支付信息。SET 协议则通过双重数字签名技术，保证商家看不到客户的支付信息，银行也看不到客户的购买信息，更好地保护了客户安全和隐私。

3.5 备份与恢复

电子商务活动中，数据故障（包括丢失、失效、数据完整性被破坏等）可能会带来严重的损失。1993 年，纽约世贸中心地下停车场发生爆炸，整个大楼的信息系统陷入瘫痪，该中心 350 家公司中的 150 家不得不退出市场，原因是他们失去了所需的重要信息系统。类似的案例还有很多，在信息化程度越来越高的现代社会，企业的客户资料、技术文件、财务账目等数据一旦出现故障，企业将陷入困境，甚至是无法弥补的，因此数据备份和恢复技术是非常必要和重要的。

3.5.1 数据备份技术

1．数据备份的基本概念

数据备份就是将数据以某种方式加以保留，以便在系统遭受破坏或其他特定情况下，更新并加以重新利用的一个过程。数据备份的根本目的是重新利用。也就是说，备份工作的核心是恢复。一个无法恢复的备份，对任何系统来说都是毫无意义的。一个成熟的备份系统能够安全、方便、高效地恢复数据。

2．数据备份的类型

从不同角度，数据备份可分为不同的类型。

（1）按备份数据量

按备份数据量可以分为完全备份、增量备份、差分备份和按需备份。

完全备份是对整个服务器系统进行备份，包括对服务器操作系统和应用程序生成的数据进行备份。优点是备份数据最全、最完整。缺点是备份数据量大，占用存储空间大，时间较长，成本高。通常，无需每天都做完全备份，在系统开始工作时做一次完全备份，以后每过一个标志性阶段再重新进行一次完全备份。

增量备份每次备份的数据是相对上一次备份后增加和修改的数据。优点是备份数据量小，占用存储空间较小，备份时间较短。增量备份适合进行了完全备份后的后续备份。

差分备份每次备份的数据是相对上一次完全备份之后增加和修改的数据。差分备份无需每天都做系统完全备份，因此备份数据量、占用存储空间都相对较小，备份时间也较短。差分备份也适用于进行了完全备份后的后续备份。

按需备份不是针对整个系统而是针对选定的文件进行，是根据需要有选择地进行数据备份，因此所需的存储空间小，时间少，成本低，但当系统发生故障时，却不能直接依赖按需备份的数据恢复整个系统。按需备份适合小型的、可间断的系统和一些独立的工作过程，尤其适合个人系统的备份。

（2）按备份状态

按备份状态可以分为物理备份和逻辑备份。

物理备份是将实际物理数据库文件从一处复制到另一处所进行的备份。物理备份又分为冷备份和热备份。冷备份是关闭数据库并对数据库内的文件进行备份，是一种脱机备份；热备份是在数据库打开和用户对数据库进行操作的状态下进行的备份，是一种联机备份和实时备份。

逻辑备份是将某个数据库的记录读出并将其写入一个文件中。

（3）按备份层次

按备份层次可以分为硬件冗余备份和软件备份。

硬件冗余备份技术有双机容错、磁盘双工、独立磁盘冗余阵列与磁盘镜像等。

软件备份有许多优秀的数据备份工具能够实现。不同的数据备份软件采用不同的备份方法，结合各种数据备份设备，可以实现在线和离线的存储管理、网络环境下集中式和分布式的存储管理、跨平台和灵活的存储管理、自动备份和自动灾难恢复等。

3．数据备份设备

（1）磁盘阵列

廉价冗余磁盘阵列（RAID，Redundant Array of Inexpensive Disks）是由多个小容量、独立的磁盘组成的阵列，是一种高效、快速、易用的网络存储备份设备。磁盘阵列有多种部署方式，也称为RAID级别，目前主要有RAID0、RAID1、RAID3、RAID5等级别。不同的RAID级别，备份的方式不同，使用时可单独采用一种级别，也可几种级别组合使用。如RAID10就是RAID0和RAID1的组合。

（2）光盘塔

光盘塔是由多个基于SCSI接口的CD-ROM驱动器串联而成，光盘预先放置在CD-ROM驱动器中。由于采用的是一次性写入的 CD-ROM 光盘，所以不能对数据进行改写。受SCSI总线ID号的限制，光盘塔中的CD-ROM驱动器一般以7的倍数出现。

（3）光盘库

光盘库是一种带有自动换盘机构的光盘网络共享设备。光盘库带有机械臂和一个CD-ROM驱动器光盘柜，工作时利用机械手从机柜中选出一张光盘送到CD-ROM驱动器中进行读写。

（4）光盘网络镜像服务器

光盘网络镜像服务器是在光盘库和光盘塔之后开发出的一种可在网络上实现光盘信息共享的网络存储设备。它采用硬盘高速缓存技术，将整张光盘的内容存储（镜像）到硬盘中。这样用户可以以硬盘的速度来共享服务器中的镜像光盘。

其他常见的数据备份设备还有磁带机、磁带库等。

3.5.2　灾难恢复技术

1．灾难恢复技术的基本概念

如前所述，无法预知的意外事故、自然灾害、人为破坏或误操作等都可能引起计算机系统遭到破坏或停机，从而导致数据被破坏或丢失，称为数据灾难。及时的灾难恢复是降低损失的有效措施。灾难恢复是指在发生灾难性事故时，能够利用已备份的数据或其他手段，及时对原系统进行恢复，以保证数据的安全性以及业务的连续性。

2．灾难恢复策略

当灾难发生时，时间相当有限。系统管理员必须在有限的时间里准确判断灾难的类型，确定恢复系统需要采取的恢复技术和策略。

通常情况下，系统管理员需要通过以下步骤恢复系统：

① 恢复硬件故障；

② 重新安装操作系统，并进行相关设置，如驱动程序设置、用户设置等；

③ 应用系统恢复，重新安装应用程序，进行设置等；

④ 恢复已备份的数据。

这一恢复过程，顺利的情况下也需要 2～3 天时间，对于电子商务企业来说，造成的经济和信誉损失都是相当大的。但是如果系统管理员采用了系统备份措施，那么灾难恢复将会变得简单和迅速。因为系统备份与普通数据备份不同，系统备份不仅备份系统中的数据，还备份系统中安装的应用程序、数据库、用户设置、系统参数等信息，因此可以在需要时迅速恢复整个系统。系统备份方案中必须包含灾难恢复措施，在整个系统失效时，用灾难恢复措施能够迅速恢复系统而不必重装系统。

灾难恢复与数据备份密不可分，灾难恢复策略需依据数据备份的情况制定，如备份所采用的存储介质、使用的软硬件产品等。除此以外，还需要考虑面临的灾难类型、恢复的成本等因素。一般制定灾难恢复策略要遵循以下步骤：

① 评估系统对数据流和有效数据的需要；

② 灾难造成的经济损失及其他相关损失；

③ 恢复需要的时间及其产生的影响；

④ 系统各部分恢复时的优先级别；

⑤ 数据存储设备所存在的不稳定性；

⑥ 需要考虑的安全机制。

系统管理员可以通过以上步骤以及各种因素之间的折中来确定最后的数据恢复策略。

3.6 计算机病毒与防治

3.6.1 计算机病毒概述

1. 计算机病毒的定义

计算机病毒出现于20世纪五六十年代，20世纪80年代开始为世人所知并不断发展壮大，到20世纪90年代，随着计算机、网络技术的发展，病毒所使用的技术越来越先进，种类越来越多，传播范围越来越广，传播速度也越来越快，影响力、破坏力和造成的损失也越来越大，成为计算机、网络安全的主要威胁之一。

美国计算机安全专家 Frederick Cohen 博士首先提出了计算机病毒的存在，他对计算机病毒的定义是：病毒是一种靠修改其他程序来插入或进行自我复制，从而感染其他程序的一段程序。

《中华人民共和国计算机信息系统安全保护条例》第二十八条中对计算机病毒的定义是：计算机病毒是指编制者在计算机程序中插入的破坏计算机功能或者毁坏数据，影响计算机使用，并能够自我复制的一组计算机指令或者程序代码。

可见，计算机病毒实际上是一段可执行程序代码，其传播方式通常是把自身附着在各种类型的文件上，当文件被复制或从一个用户传送到另一个用户时，它们就随同文件一同蔓延开，如同生物病毒的传播一样，因此被形象地称为计算机病毒。

2．计算机病毒的特征

（1）传染性

正常的计算机程序一般是不会将自身的代码强行连接到其他程序之上的，而计算机病毒一旦进入计算机并得以执行，会搜寻其他符合其感染条件的程序或存储介质，确定目标后将自身代码插入其中，达到自我繁殖的目的。类似于生物病毒从一个生物体扩散到另一个生物体，计算机病毒也会通过各种渠道从已被感染的计算机扩散到未被感染的计算机。

（2）非授权性

计算机病毒隐藏在正常程序中，具有正常程序的一切特性。当用户调用正常程序时，其窃取到系统的控制权，先于正常程序执行。病毒的动作、目的对用户来说是未知的，是未经用户允许的。

（3）隐蔽性

计算机病毒代码通常设计得非常短小，它附在正常程序中或磁盘较隐蔽的地方，或以隐藏文件形式出现，如果不经过代码分析，病毒程序与正常程序是不容易区别的，具有很强的隐蔽性。一般在没有防护措施的情况下，计算机病毒程序取得系统控制权后，可以在很短的时间里感染大量程序，而且受到感染后，计算机系统通常仍能正常运行，用户不会感到任何异常。

（4）潜伏性

大部分计算机病毒感染系统之后一般不会马上发作，可长期隐藏在系统中，只有在满足其特定条件时才启动表现（破坏）模块。例如，著名的“黑色星期五”病毒在每月13日又恰逢星期五时发作。

（5）破坏性

任何计算机病毒只要侵入系统，都会对系统及应用程序产生程度不同的影响。轻者会降低计算机的工作效率，占用系统资源，重者可导致系统崩溃。

（6）不可预见性

计算机病毒的不可预见性表现在对病毒的检测方面。由于目前软件种类极其丰富，且某些正常程序也使用了类似病毒的操作甚至借鉴了某些病毒技术，因此对病毒的检测会有误报情况的发生，且计算机病毒的制作技术也在不断提高，病毒对反病毒软件永远是超前的。

3.6.2 计算机病毒分类

计算机病毒的分类方法有很多种，同一种病毒按照不同的分类方法可能被划分到不同的类别。

（1）按攻击的操作系统分类

按攻击的操作系统可以分为攻击DOS系统的病毒、攻击Windows系统的病毒、攻击Unix或OS/2的病毒。

（2）按传播媒介分类

按传播媒介可以分为单机病毒和网络病毒。

（3）按链接方式分类

按链接方式可以分为源码型病毒、入侵型病毒、外壳型病毒、操作系统型病毒。

源码型病毒是在程序被编译之前，插入目标源程序中，经过编译，成为合法程序的一部分。这类病毒程序一般寄生在编译处理程序或链接程序中。

入侵型病毒也被称为嵌入型病毒，通常是寻找宿主程序的空隙将自己嵌入进去，使病毒程序与目标程序成为一体，变成合法程序的一部分。入侵型病毒往往会对宿主程序进行一定的修改，破坏力较强，检测和杀毒困难，清除这类病毒时往往会破坏合法程序。

外壳型病毒通常链接在宿主程序的首尾，对原来的主程序不作修改或仅作简单修改。当宿主程序执行时，首先执行并激活病毒程序，使病毒感染、繁衍和发作。

操作系统型病毒用自己的逻辑部分取代操作系统中的合法程序模块，从而寄生在计算机磁盘操作系统区。启动计算机时，能够先运行病毒程序，再运行启动程序，破坏力强。

（4）按表现（破坏）情况分类

按表现（破坏）情况可分为良性病毒和恶性病毒。良性病毒通常只表现自己，并不破坏计算机系统。例如出现一些画面、音乐，或是无聊的语句等。良性病毒会占用系统资源，多出自一些恶作剧者之手。恶性病毒则是有意或无意地破坏系统中的信息资源，例如破坏数据、删除文件，或加密磁盘、格式化磁盘等。

（5）按寄生方式分类

按寄生方式可分为引导型病毒、文件型病毒、混合型病毒。

引导型病毒是在系统启动时先于正常系统的引导程序将其自身装入到系统中。引导型病毒把自己的病毒程序放在软盘的引导区以及硬盘的主引导记录区或引导扇区，计算机启动时，会把引导区的病毒程序当作正常的引导程序来运行。因此，也被称为磁盘引导型、引导扇区型、磁盘启动型、系统型病毒等。

文件型病毒以感染可执行文件的病毒为主，还有一些病毒可以感染高级语言程序的源代码、开发库或是编译过程中所生成的中间文件。文件型病毒也可能隐藏在普通的数据文件中，但它们不是独立存在的，必须由隐藏在可执行文件中的病毒部分来加载这些代码。

混合型病毒也被称为综合型、复合型病毒，它既具有引导型病毒的特点，又具有文件型病毒的特点。

3.6.3　计算机病毒检测及防范

1．计算机病毒检测

计算机病毒检测就是采用各种检测方法将病毒识别出来。识别病毒的技术主要有特征判定技术（静态判定技术）、行为判定技术（动态判定技术）。

（1）特征判定技术

特征判定技术是根据病毒程序的特征，如感染标记、特征程序段内容、文件长度变化、文件校验和变化等，对病毒进行分类处理，以后在程序运行中凡有类似的特征点出现，则认定是病毒。

特征判定技术主要有以下几种方法：

① 比较法。

比较法的工作原理是将可能的感染对象（引导扇区或计算机文件）与原始备份进行比较，如果发现不一致则说明有染毒的可能性。比较法以保留干净的原始备份为前提，不需要专门的查毒程序，用常规的具有比较功能的软件即可进行。优点是简单、方便，能够发现已知病毒和未知病毒。缺点是无法确认计算机病毒种类的名称及发现的异常是否真是病毒。

② 校验和检测法。

校验和检测法的工作原理是计算正常文件内容的校验和并保存，通过定期或实时地检测文件，比对当前文件算出的校验和与保存的校验和是否一致，判断文件是否感染了病毒。其优点是简单，能够发现已知病毒和未知病毒，并检测出文件的细微变化。缺点是不能够识别病毒种类。由于病毒感染并非文件内容改变的唯一原因（软件版更新、变更密码、修改运行参数等都会引起文件发生变化），所以该方法容易产生病毒误报。隐蔽性病毒进驻内存后，会自动剥去染毒程序中的病毒代码，从而对有毒文件计算出正常校验和，因此校验和检测对隐蔽性病毒无效。

③ 特征扫描法。

特征扫描法的工作原理是对新发现的病毒样本进行分析，抽取其特征代码加入资料库中。查毒时，用资料库中的特征代码与被检测对象进行比对，如果发现与资料库中相吻合的特征代码，即可判定出相应的病毒。特征扫描法的优点在于能够准确地查出病毒并确定病毒的种类和名称，病毒误报警率低。缺点是不能检测未知病毒，特征代码库必须不断地丰富和更新。由于搜集已知病毒的特征代码，费用开销大。在网络服务器上，因长时间检索会使整个网络性能降低。

④ 启发式扫描法。

启发式扫描法是利用凭借过去的经历和知识逼近问题的技巧来检测病毒。它检查一个文件的特征，例如大小或结构体系，并且通过代码的行为来确定被感染的可能性。启发式扫描法是为了克服传统扫描工具不能检测未知病毒的缺点而提出的新技术。它专门用来寻找未知病毒及与已知病毒特征接近、但还未被收录的病毒。启发式检测技术也被用来寻找那些已知的、不提供自身特征的一些病毒，如一些新的变形病毒。

（2）行为判定技术

通常病毒会具有一些正常程序少有的特有行为，比如：占用 INT 13H；修改 DOS 系统数据区的内存常量；向.COM 和.EXE 可执行文件做写入动作；病毒程序与宿主程序的切换等。行为判定技术解决如何有效地辨别病毒行为与正常程序行为。行为监测法是常用的行为判定技术，其工作原理就是利用病毒的特有行为监测病毒。通过监视程序行为，发现病毒并报警。行为监测法的优点是可以相当准确地预报未知的多数病毒，缺点是可能虚假报警和不能识别病毒名称，而且实现起来有一定的难度。

2．计算机病毒防范

计算机病毒严重干扰了人们对计算机的使用，各种病毒防治方法也不断涌现，一般常用的有以下几种：

（1）把各种查杀病毒的新技术应用于反病毒软件

（2）网络杀毒

现在病毒传播的主要手段是通过网络进行的，在本地网络的入口设置病毒防治系统，可以有效防止病毒进入本地局域网。一般可以在路由器、防火墙中加入反病毒模块，专门针对网络蠕虫、邮件病毒、网页恶意代码等。

（3）个人防火墙

防火墙能够在一定程度上起到屏蔽 Internet 上恶意攻击的目的。现在反病毒厂商与防火墙厂商开展了各种合作。同时，反病毒厂商也积极开发自己的个人防火墙，在产品上实现反病毒与防黑客二者合一。

（4）邮件杀毒

电子邮件在带来方便和快捷的同时，也充当了病毒传播的主要工具。很多极具破坏力的病毒都把电子邮件作为一个重要的传播渠道。对于一款杀毒软件而言，邮件杀毒的功能必不可少。邮件杀毒可以分为对已经收到的邮件进行查杀和接收邮件时的实时查杀。

（5）数据备份恢复系统

能杀灭所有病毒的软件不一定就是最好的软件。因为对任何人而言，原有的信息才是最为重要的，防病毒软件所应做的，除了要将病毒全部杀灭，更重要的是要将遭到病毒破坏的数据信息恢复到正常状态。因此，数据备份恢复系统应该成为病毒防治软件必备的功能部件。

3.7 物理环境安全与容灾

物理安全是保护计算机网络设备、设施以及其他媒体免遭地震、水灾、火灾等环境事故以及人为操作失误、错误以及各种计算机犯罪行为导致的破坏，包括环境安全、设备安全、媒体安全等方面。物理环境安全包括场地安全和运行环境安全。场地安全通常需要考虑场地选址、防火、防水、防潮、场地温度控制、场地电源等；运行环境安全主要包括防静电、防雷击、电磁防护、线路安全等。物理环境不但要满足设备长期运行的要求，同时要能防止未获授权的人员操作、使用或破坏物理设备。物理安全是保障电子商务信息系统安全和业务持续性的基本前提。

物理安全的实现需要技术与管理相结合。例如对于设备运行环境，包括净化电源、UPS、空调、防火等，通常按照基本的系统设备要求设计，可以参照国家有关规定执行；对于某些特殊设备的特殊要求，可以进行特定参数的修改。对直接操作物理设备的控制，如机房、服务器，主要强调场地和设施的安全性，可采用门禁系统控制中心机房或重点设备房间的人员进出。对于线路的控制，主要是避免受到线路窃听或遭到其他人员误操作而损坏。对于物理结构上的安全冗余措施，可采用备用系统、备用线路等，如在机房或重点区域布置备用系统或备用线路，以保障系统出现故障时缩短修复时间。

软硬件故障、火灾、地震等自然或人为因素都可能导致系统业务中断，造成系统灾难。如何将危险和灾难拒之门外，保持电子商务信息系统安全和业务持续性，是容灾技术要解决的问题。

系统业务的中断可能是计划内的，如软件升级、数据中心迁移等都会造成停机；也可能是计划外的，如自然灾害、软件故障、硬件故障、人为因素（磁盘损坏、电源断电、误操作等）都会造成业务系统的中断，要针对不同的原因，采取不同的手段和方法规划和建设自己的容灾系统。容灾系统的核心在于在不同的地方将灾难化解，在实践中主要表现为两个方面：一是保证企业数据的安全；二是保证业务的连续性。

容灾技术解决系统发生灾难时的系统恢复问题，从而降低企业业务在各种不可预料灾难发生时的损失，最大限度地保护数据的实时性、完整性和一致性。业务数据是企业最宝贵的资产之一，数据损失就是企业资产利润的损失，实施正确的容灾方案可以将用户的数据损失降至最低甚至为零。容灾方案包括数据容灾和应用容灾两种：数据容灾是指仅仅实现异地数据容灾，指仅仅建立远程数据中心，两个数据中心之间可以通过光纤或网络互联，使两个数据中心保存完全一致的数据，在一个数据中心出现故障时，只要简单地重建服务器端，就可以将整个信息系统物理环境完全重建并投入使用。应用容灾是指完全在异地建立一个相同的信息系统环境，从而在本地系统发生故障时，所有的应用由异地容灾中心接管，从而保障信息系统能正常运行。

本章小结

本章首先从信息安全的基本概念、电子商务安全体系和电子商务安全策略方面介绍了电子商务信息安全威胁与防范的相关内容，随后围绕电子商务相关安全技术介绍了加密技术、认证技术、防止非法入侵、备份与恢复、计算机病毒与防治以及物理环境安全与容灾等方面的内容。通过本章学习，了解电子商务信息安全威胁与防范的基本概念，熟悉和掌握电子商务相关安全技术。

参考文献

[1] 李剑. 信息安全导论. 北京：北京邮电大学出版社，2007.
[2] 曹宝香，郑永果. 计算机导论. 北京：中国石油大学出版社，2009.
[3] 赵泽茂，吕秋云，朱芳. 信息安全技术. 西安：西安电子科技大学出版社，2009.
[4] 方美琪，刘鲁川.电子商务设计师教程. 北京：清华大学出版社，2005.
[5] 王丽亚. 物流信息系统与应用案例. 北京：科学出版社，2007.
[6] 杨路明，薛君，胡艳英. 电子商务概论. 北京：科学出版社，2006.
[7] 章学拯，裘奋华. 网络安全与电子商务. 北京：科学出版社，2006.
[8] 贾伟. 网络与电子商务安全. 北京：国防工业出版社，2006.
[9] 赵泉. 网络安全与电子商务. 北京：清华大学出版社，2005.
[10] 苛新生. 网络支付与结算. 北京：电子工业出版社，2004.
[11] 张炯明. 安全电子商务实用技术. 北京：清华大学出版社，2002.
[12] 陈联刚，甄小虎. 电子商务安全与实训. 北京：经济科学出版社，2009.
[13] 曾子明. 电子商务安全与支付. 北京：科学出版社，2008.
[14] 屈武江，王斌. 北京：中国人民大学出版社，2006.
[15] 王丽娜. 信息安全导论. 武汉：武汉大学出版社，2008.
[16] 宋红. 计算机安全技术. 北京：中国铁道出版社，2008.
[17] 宋文官. 电子商务实用教程. 第3版. 北京：高等教育出版社，2007.
[18] 中国就业培训技术指导中心. 电子商务师国家职业资格培训教程. 北京：中央广播电视大学出版社，2005.
[19] 万守付. 电子商务基础. 第2版. 北京：人民邮电出版社，2006.
[20] 令狐佳. 电子商务系统分析与建设. 北京：中国人民大学出版社，2006.
[21] 德意电子商务实验室指导手册
[22] 肖和阳，卢嫣. 电子商务安全技术. 北京：国防科技大学出版社，2005.
[23] 李晓燕，李福泉，郭爱芳. 西安：西安电子科技大学出版社，2004.
[24] 韩宝明，杜鹏，刘华. 北京：人民邮电出版社，2001.
[25] 刘文哲. 浅析数据加密技术在电子商务交易安全中的应用. 西安：西安航空技术高等专科学校学报.2007.
[26] 陈联刚，甄小虎. 电子商务安全与实训. 北京：经济科学出版社，2009.
[27] http://www.docin.com/p-586657922.html
[28] 田宁. 电子商务设计师系统分析与设计应用技术. 北京：清华大学出版社，2007.
[29] 唐晓东. 电子商务中的信息安全. 北京：清华大学出版社，北京交通大学出版社，2006.
[30] 赵乃真. 电子商务技术与应用. 北京：中国铁道出版社，2006.

第4章　电子支付技术与系统

4.1　货币、信用与电子货币

4.1.1　货币的产生与演变

货币是指从商品中分离出来固定地充当一般等价物的特殊商品，货币是商品交换发展到一定阶段的产物。货币在充当一般等价物时，有两个基本特征：第一，货币能够表现一切商品的价值；第二，货币对一切商品具有直接交换的能力。一般等价物是商品交换赋予货币的属性，与货币材料是否有价值和使用价值没有关系，普通商品的意义在于通过交换满足人们生产或生活方面的特殊需要，而货币的意义则在于充当表现一切商品价值的材料、充当一般的交换手段，为商品交换服务。这就是货币与普通商品的本质区别。

在生产力尚不发达，商品交换仅仅满足必要的生活和生产要求的简单商品交换时代，货币既作为交换的媒介，又作为可用于大多数人生活和生产的使用价值，因而主要由自然物商品来充当。

金属商品取代自然物商品充当货币，几乎是世界各国货币发展的共同历史。金属货币，起初是以不同形状、不同成色和不同重量的金属直接出现的。随着交换的发展，这种形状、成色、重量等的不统一越来越暴露出它的缺陷来，每次交换都需秤算货币的重量，鉴定其成色，很不方便。为了克服这种缺陷，一些有名望的大商人开始在自己的金属条块上烙上印记，以自身的信誉来保证货币的重量和成色，这就是铸币的雏形。后来，国家信誉取代了私人信誉，一种由国家铸造的具有一定形状、重量、成色和面额的金属货币便产生了，这就是铸币。

历史上不同地区曾有过不同的商品交换充当过货币，后来货币商品逐渐过渡为金银等贵金属。随着商品生产的发展和交换的扩大，商品货币（金银）的供应越来越不能满足对货币日益增长的需求，又逐渐出现了代用货币、信用货币，以弥补流通手段的不足。进入20世纪，金银慢慢地退出货币舞台，不兑现的信用货币成为各国主要的流通手段和支付手段。

所谓信用货币，是指在信用关系的基础上产生，并代表一定价值量发挥支付手段和流通手段职能的货币形式。当代世界上各国流通的货币都属于信用货币。

（1）可兑现信用货币

随着铸币在流通中渐渐磨损，其重量和成色与面额发生背离，变为名义价值高于实际价值的不足值的铸币。然而，由流通手段的特点所决定，这种不足值的铸币会照常为人们所接受。人们习惯于按货币的面额来购买商品，并非关心货币是否足值。货币的名义价值和实际价值相背离的程度越来越大，最终导致国家强制发行完全没有价值的货币——可兑换成金属货币的银行券，来充当流通手段。银行券其优点是：较金属货币更易携带和保管；印刷成本低于铸造成本；可避免自然磨损和人为破坏。

（2）不兑现信用货币

不兑现信用货币其本身并不具有十足的内在价值，是由国家发行，不能兑付金银，依靠国家权力强制流通的价值符号。它之所以能够为人们所接受，是以其发行人的信用为基础的。信用货币的流通范围，决定于其发行者的信用能力所能达到的范围，其币值的高低，即信用货币实际代表的价值量的多少，除主要决定于其发行数量与同时期市场可供商品数量的对比关系外，在很大程度上还决定于发行者的资信的变动情况。作为交换媒介，人们关心的是借助于它能否换到价值相当的商品，而不是货币本身，只要人们乐于接受，货币就完全可以用价值较低的商品甚至没有价值的符号去代替。

电子货币是在当代科学技术迅猛发展过程中出现的电子化、信息化的支付工具，它正处在不断创新和完善的过程中，在全社会范围内尚还不存在像国家纸币那样的统一规范的具体形式，这方面的立法也还处在初始阶段。主要有两种形式，一是卡式电子货币，即以特种塑料板形式存在，具有真实购买力的多种用途预付卡；二是软件式电子货币，它使用特定软件，允许货币价值通过诸如Internet等电子通讯网络发生转移。各种普通信用卡（Credit card）、芯片卡或IC（Integrated Circuit，集成电路）卡，以及网络电子支付系统中的数字化货币（E-money），均被称为电子货币。电子货币的具体形式虽然不尽相同，也还处在不断创新与发展过程中，但它已经反映出这种货币形态的一个总特征，那就是货币载体已经由纸质转变为电子质，由实体转变为虚拟。电子货币大大缩短了信用货币结算的时间，加速了资金的周转；同时，电子货币大大减少了现金和支票等信用货币的使用，从而节约了货币流通费用。因此，电子货币将是货币未来的主要形式和发展方向。

在信用货币制度下，流通中的货币是由中央银行基础货币和商业银行体系派生存款共同构成，由于信用货币有增加的趋势，所以货币贬值、通货膨胀成为一种普遍现象，现有货币也总是在价值上高于未来货币。因此，货币具备时间价值，货币的时间价值就是指当前所持有的一定量货币比未来获得的等量货币具有更高的价值。从量的规定性来看，货币的时间价值是没有风险和没有通货膨胀下的社会平均资金利润率。在计量货币时间价值时，风险报酬和通货膨胀因素不应该包括在内。货币时间价值的计算主要有单利和复利两种计算方法：

（1）单利

单利计息方式下，每期都按初始本金计算利息，当期利息即使不取出也不计入下期的计息基础，每期的计息基础不变。本金在贷款期限中获得利息，不管时间多长，所生利息均不加入本金重复计算利息。

单利终值计算：$P_t = P_0(1+i*t)$。

其中，P_0——本金，又称期初额或现值；

P_t——本金与利息之和，又称本利和或终值；

i——每期利息；

t——期数。

单利现值计算：$P_0 = \dfrac{P_t}{1+i*t}$。

（2）复利

复利计息方式下，每期都按上期期末的本利和作为当期的计息基础，即通常说的“利上加利”，不仅要对初始本金计息还要对上期已经产生的利息再计息，每期的计息基础都在变化。不同的计息方法使资金时间价值的计算结果截然不同，虽然复利计息法同单利计息法相比较，计算过程更复杂、计算难度更大，但它不仅考虑了初始资金的时间价值，而且考虑了由初始资金产生的时间价值的时间价值，能更好地诠释资金的时间价值，因此财务管理中资金时间价值的计算一般都用复利计息法进行计算。

复利终值计算：$P_t = P_0(1+i)$

其中，P_0——本金，又称期初额或现值；

P_t——本金与利息之和，又称本利和或终值；

i——每期利息；

t——期数。

复利现值计算：$P_0 = \dfrac{P_t}{(1+i)^t}$。

4.1.2　货币职能

货币具有价值尺度、流通手段、支付手段、贮藏手段、世界货币的职能。其中价值尺度和交易媒介是货币的基本职能，价值贮藏和支付手段职能则是从基本职能中延伸出来的。而世界货币并不是货币的一个单独的职能，它只不过是货币诸项职能在一国国界外的延伸。

1. 价值尺度

货币在表现和衡量商品的价值时，就是执行价值尺度职能。由于货币代表一定的价值，它使商品价值表现外部化，货币是商品价值的外部尺度。货币在执行价值尺度职能时，只需要观念上的货币就可以了，并不需要现实的货币，更不需要足值的货币，即在商品交换时贴上用货币表现的商品价格标签即可。所谓价格标准，就是指国家对货币单位及其等分的规定，它是用来衡量货币本身的。

2. 流通手段

货币在商品交换过程中发挥交换媒介作用时，执行了流通手段的职能。交换过程连续不断，使商品所有者的社会经济联系不断加深，他们之间形成了一条买卖关系的锁链。一旦其中有一个商品所有者卖而不买，货币停留在他手中，就会导致一系列商品不能出卖，从而使商品流通过程中断。因此，在商品流通条件下，形成了货币对商品流通的制约机制，货币的媒介作用成为保证商品流通正常进行的条件。

3. 贮藏手段

当货币被当作价值或财富而为人们保存起来，退出流通，处于静止状态时，就是其发挥价值贮藏功能。以货币为媒介的商品交换，使商品在不同的所有者之间转手运动，形成商品流通，但有一个前提就是货币必须不间断地作为流通手段。但事实上，却往往存在卖和买脱节的情况，因为既然卖和买已经分裂为两个相对独立的过程，就有独立发展的可能，就有卖而不买的可能。作为贮藏手段的货币的特点是——要求价值稳定的现实的货币。

4. 支付手段

作为支付手段的货币与作为流通手段的货币不同，它并不伴随商品运动，而是货币的单方面转移。支付手段功能最初由商品赊销引起：卖者先出让商品，买者给卖者一种观念上的购买手段——到期支付的允诺，于是买卖关系变成了债务关系，买者作为债务人，必须在约定期限到达后支付货款。可见，债务清偿代替了交换媒介，货币的支付手段职能代替了流通手段职能，使商品交易在买者一时缺乏现金的情况下得以实现，克服了现金交易的缺陷。现代经济生活中的种种支付如：清偿债务、交纳赋税、借贷、支付租金、利息、工资等，都是用货币支付手段的体现。

5. 世界货币

货币在世界范围内发挥一般等价物作用时，执行了世界货币的职能。起先，它必须是“脱掉国家制服”的贵金属。后来，随着纸币制度在世界范围内普遍推行以及世界货币体系的形成，使一些国际化的货币单位（如特别提款权）和个别国家的货币（如美元、英镑、欧元等）成为“世界货币”，为各国普遍接受。在纸币货币流通条件下，执行了世界货币的职能必须满足以下条件：一是该国经济实力雄厚，在国际贸易和国际事物中占重要地位；二是纸币价值稳定；三是国际收支状况良好；四是执行开放的政策，货币兑换比较自由。货币执行世界货币职能主要表现在三个方面：第一，作为国际间一般的支付手段，用以平衡国际收支差额；第二，作为国际间一般的购买手段，进行国际间贸易往来；第三，作为国际间财富转移的手段，比如战争赔款、输出货币资本等等。

4.1.3　货币制度

货币制度是指一个国家为了保障本国货币流通的正常与稳定，对货币发行和流通的各个要素所作出的系统的法律规定的总和，简称为“币制”。其目的是保证货币和货币流通的稳定，使之能够正常的发挥各种职能。

货币制度的基础是对币材的规定，以什么材料作为本位币，决定了货币制度的性质。一般来说，货币制度的更替，是以本位币的变化为标志的。因此，不同类型的货币制度主要是指不同的货币本位制度。从历史发展过程来看，以本位币的变化为标志，各国曾先后采用过银本位制、金银复本位制、金本位制和不兑现信用货币制度等四种类型的货币制度。如图 4-1 所示。

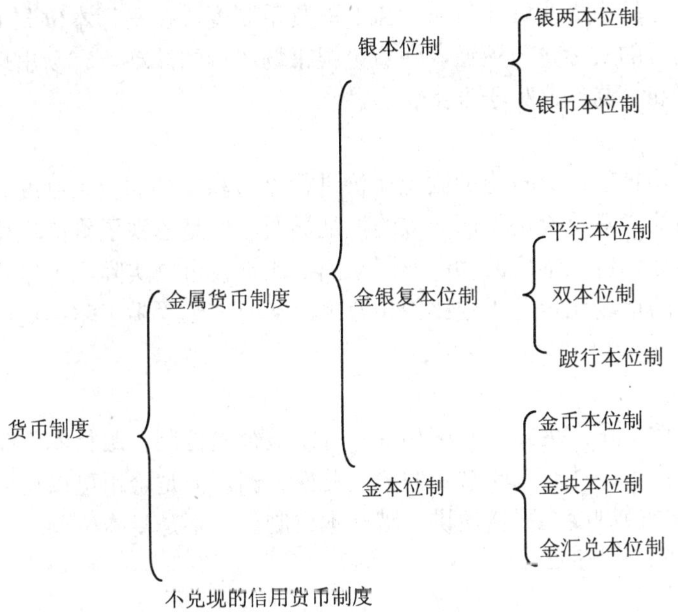

图 4-1　货币制度的演变

1. 银本位制

银本位制是以白银为本位币的金属货币制度。实行银块流通的国家，以白银的一定重量单位（如：旧中国的“两”）为价格标准或货币单位。实行银铸币流通的国家，本位币的名义价值与其包含的实际价值相等。银币可以自由铸造和熔化、自由出入国境，银行券可以自由兑换银币或等量白银。

白银的价值比黄金低，且容易采掘，因此，很多国家自然地选择以白银为币材，实行银本位制。随着各国商品经济的不断发展，流通领域大宗交易增加，便需要具有更大价值的贵金属作为价值尺度和流通手段，这就增加了对黄金的需要量。黄金进入流通，使银本位制的基础发生动摇。

2. 金银复本位制

金银复本位制是金银两种金属货币同时作为本位币的货币制度。其基本特征是：金银两种本位币都可以自由铸造、自由熔化，都具有无限法偿能力。两种金属及其铸币可以自由兑换，可以自由出入国境。实行金银复本位制，有其客观必然性。因为它可以使币材充足，既能满足大宗商品交易，又能满足小额零售交易，便利了商品流通，因而被许多国家采用。金银复本位制按金银两种金属的不同关系又可分为平行本位制、双本位制和跛行本位制三种。

（1）平行本位制

平行本位制是指金币和银币按它们的实际价值进行流通，即国家对两种货币的兑换比率不加规定，金币和银币是按市场实际比价进行流通的货币制度。在平行本位制下，金银两种货币都按其自身包含的实际价值流通，随着金银市场比价的波动，容易出现双重价格的问题，使商品价格和交易经常处于混乱状态。

（2）双本位制

双本位制是指金币和银币按照国家规定的固定比价进行流通和交换的货币制度。这种制度虽然克服了由于商品的“双重价格”而导致的混乱局面，但是忽视了价值规律的一般作用。如果金银市场实际比价大幅度波动，而国家固定比价较市场实际比价显然缺乏弹性，就必然会出现金银的市场比价和固定比价相背离，从而产生“劣币驱逐良币”现象。

（3）跛行本位制

为了暂时解决“劣币驱逐良币”现象，各国相继实行了跛行本位制。跛行本位制是指金币和银币都规定为本位货币，并有国家规定的固定兑换比例，但是金币可以自由铸造，而银币不能自由铸造的货币制度。严格地讲，跛行本位制已经不是复本位制，而是由复本位制向金本位制过渡的一种形式。

3. 金本位制

金本位制是以黄金为本位币的货币制度。金本位制的特点：只有金币可以自由铸造，具有无限法偿能力，辅币与银行券同时流通，并可按面值自由兑换为金币；黄金可以自由输出输入；货币发行准备全部是黄金。在历史上，曾有过三种形式的金本位制：金币本位制、金块本位制、金汇兑本位制。其中金币本位制是最典型的形式。

（1）金币本位制

金币本位制（Gold Specie Standard）是金本位货币制度的最早形式，亦称为古典的或纯粹的金本位制，盛行于1880—1914年间。自由铸造、自由兑换及黄金自由输出入是该货币制度的三大特点。在该制度下，各国政府以法律形式规定货币的含金量，两国货币含金量的对比即为决定汇率基础的铸币平价。黄金可以自由输出或输入国境，并在输出入过程形成铸币——物价流动机制，对汇率起到自动调节作用。这种制度下的汇率，因铸币平价的作用和受黄金输送点的限制，波动幅度不大。金币本位制消除了复本位制下存在的价格混乱和货币流通不稳的弊病，保证了流通中货币对本位币金属黄金不发生贬值，保证了世界市场的统一和外汇行市的相对稳定，是一种相对稳定的货币制度。

（2）金块本位制

金块本位制（Gold Bullion Standard）是一种以金块办理国际结算的变相金本位制，又称金条本位制、生金本位制或富人本位制。由国家储存金块，作为储备；流通中各种货币与黄金的兑换关系受到限制，不再实行自由兑换，但在需要时，可按规定的限制数量以纸币向本国中央银行无限制兑换金块。可见，这种货币制度实际上是一种附有限制条件的金本位制，经济大危机后英法等国先后放弃。

（3）金汇兑本位制

金汇兑本位制（Gold Exchange Standard）是一种与金块本位制或金币本位制国家保持外汇关系，准许本国货币无限制地兑换外汇的金本位制，又称为虚金本位制。在该制度下，国内只流通银行券，银行券不能兑换黄金，只能兑换实行金块或金本位制国家的货币。实行金汇兑本位制的国家，要使其货币与另一实行金块或金币本位制国家的货币保持固定比率，通过无限制地买卖外汇来维持本国货币币值的稳定。

金块本位制和金汇兑本位制是在金本位制的稳定性因素受到破坏后出现的两种不健全的金本位制。这两种制度下，虽然都规定以黄金为货币本位，但只规定货币单位的含金量，而不铸造金币，实行银行券流通。所不同的是，在金块本位制下，银行券可按规定的含金量在国内兑换金块，但有数额和用途等方面的限制，黄金集中存储于本国政府。而在金汇兑本位制下，银行券在国内不兑换金块，只规定其与实行金本位制国家货币的兑换比率，先兑换外汇，再以外汇兑换黄金，并将准备金存于该国。

4. 信用货币制度

不兑现信用货币制度又称纯粹的信用货币制度。在这种货币制度下，信用货币主要包括政府（通过中央银行）发行的纸币和各种发挥货币功能的信用凭证，如：不兑现的银行券、银行存款（主要指活期存款）、商业票据等。这种制度是 20 世纪 30 年代初经济危机和货币危机的产物，世界各国均实行这种货币制度。当然，不兑现信用货币或货币符号代替金属货币是有条件的：一是必须依靠法律取得社会公众的认可；二是纸币的相对稳定性。

4.1.4　电子货币及其职能

在电子商务迅速发展和金融电子化的背景下，电子货币成为媒介商品交易的重要工具。电子货币就是采用电子形式的货币，货币不再以纸张或金属表现，而是电子载体中所包含的信息。这种新兴支付方式借助现代计算机、通信、加密等方面取得的进步，极大地提高了支付的效率。

本书讨论的电子货币的基本形态如下：用一定金额的现金或存款从发行者处兑换并获得代表相同金额的数据，通过使用某些电子化方法将该数据直接转移给支付对象，从而能够清偿债务，该数据本身即可称作电子货币。

电子货币发行和运行的流程分为三个步骤，即发行、流通和回收，如图 4-2 所示。说明如下：

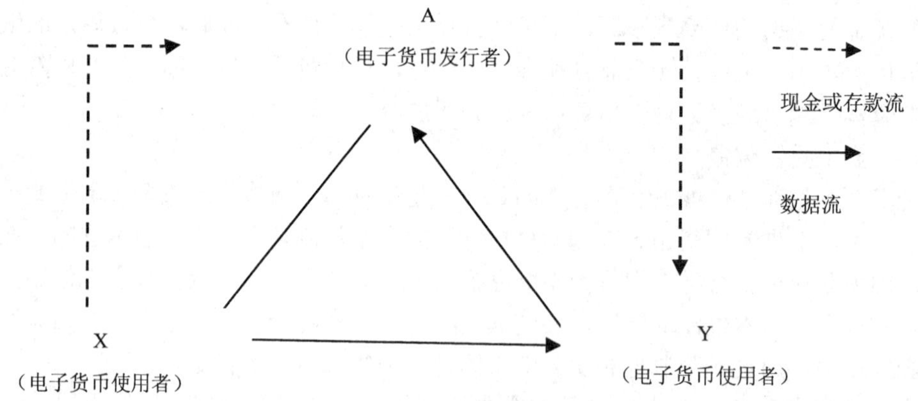

图 4-2　电子货币发行和运行的流程图

步骤一，发行。电子货币的使用者 X 向电子货币的发行者 A（银行、信用卡公司等）提供一定金额的现金或存款并请求发行电子货币，A 接受了来自 X 的有关信息之后，将相当于一定金额电子货币的数据对 X 授信。

步骤二，流通。电子货币的使用者 X、接受了来自 A 的电子货币，为了清偿对电子货币的另一使用者 Y 的债务，将电子货币的数据对 Y 授信。

步骤三，回收。A 根据 Y 的支付请求，将电子货币兑换成现金支付给 Y，或者存入 Y 的存款账户。

电子货币是在传统货币基础上发展起来的、但与传统货币相比还具有一些特有的属性：

（1）电子货币是虚拟货币

传统货币是以纸币的形式存在、金额的多少显示在纸面上。而电子货是在银行电子化技术高度发达的基础上出现的一种无形货币，实质上是一些电子数据，这些电子数据代表一定的法定货币，并以法定货币为计算单位，用电子脉冲方式传输和显示资金。因而没有传统货币的物理形态、大小、重量和印记，持有者没有持有的实际感觉。

（2）电子货币是一种在线货币

电子货币与实体货币不同在于，实体货币无需其他附属设备即可以当面交换和进行流通，而电子货币的流通必须有一定的基础设施。电子货币通常在专用网络上传输，通过 POS、ATM 系统进行处理。电子货币的保管需要有存储设备，交换需要有通讯手段，保障其安全需要加密和解密措施。否则，电子货币将无法保管、流通和使用。

（3）电子货币是信息货币

电子货币说到底不过是观念化的货币信息，实际上是由一组由用户身份、密码、金额、使用范围等内容的数字构成的特殊信息。人们使用电子货币交易时，实际上是交换相关信息。这些信息传输到开设这种业务的银行后，银行就可以为双方交易结算，从而使消费者和企业能够更快捷、方便地相互收付资金。

（4）电子货币只是准通货

传统货币由中央银行或特定机构垄断发行，中央银行承担其发行的成本与收益。电子货币的发行机制有所不同，电子货币的发行既有中央银行，也有一般金融机构，甚至非金融机构。传统货币是以中央银行和国家信誉为担保的法币，是标准产品，由货币当局设计、管理和更换，被强制接受和广泛使用。而电子货币大部分是不同的机构自行开发设计的带有个性特征的产品，其担保主要依赖于各个发行人自身的信誉和资产，风险并不一致。

（5）电子货币的隐匿性

一般来说，货币既不是完全匿名的，也不可能做到完全非匿名，交易方或多或少地可以了解到使用者的一些个人情况，如性别、相貌等。电子货币则要么是非匿名的，可以详细记录交易、甚至交易者的情况；要么是匿名的，几乎不可能追踪到其使用者的个人信息。

（6）电子货币的地域性

在欧元区未出现以前，货币的使用具有严格的地域限定，货币一般都是在本国被强制使用的唯一货币。电子货币打破了地域的限制，只要商家愿意接受，消费者可以较容易地获得和使用多国货币。

（7）电子货币的防伪

传统货币的防伪可依赖于物理设置，而电子货币的防伪只能采取技术上的加密算法或认证系统来实现。

电子货币的功能及货币职能：

（1）电子货币的功能

电子货币主要具有转账结算、储蓄、兑现、消费贷款的功能。转账结算功能：直接消费结算，代替现金转账。储蓄功能：使用电子货币存款和取款。兑现功能：异地使用货币时，进行货币汇兑。消费贷款功能：先向银行贷款，提前使用货币。

（2）电子货币的职能

从价值尺度看，电子货币以一定的货币单位及其倍数通过电子脉冲显示商品的价格及其价格总额。同时，这种显示也广泛地扩展到非商品价值领域，一笔商品价款、一项债权债务、一笔货币结存等资料，均可简明无误地通过电脑及其他存读器具显示出来。

从流通手段看，通过电子货币媒体的使用，以及在网络上发生货币信息的传输，实现商品和货币的对流。通过电子货币系统作为中介，还可以促使现金和非现金的相互转化。提取现金，使存款向现金转化，存入现金，使现金向存款转化。

从支付手段看，电子货币不仅可以电子信号形式将客户的存款记录在银行系统的记录介质上，而且可按照客户指令在不同的账户之间实现转账划拨，这种利用电子脉冲信号完成的转账结算，方便快捷，且安全可靠。特别是信用卡的后付及透支、赊销的清偿，无不体现出电子货币的支付手段职能。

从储藏手段看，电子货币额的储藏和积累，不仅表现在电子货币持有人账户的保证金、备用金上，也反映在各种结算收款上，当客户的电子货币账户同普通存款账户能够实现自动转账时，这种储藏手段范围将更为扩大。

从世界货币职能看，具有外汇支付功能的电子货币，尤其是在跨国电脑联网上的电子货币可以便捷地通过汇率换算模式在计算机上实现不同货币的兑换。

4.2 电子支付及清算模式

4.2.1 电子支付方式

电子货币支付的方式包括信用卡电子支付方式、电子支票支付方式和电子现金支付方式等，以下分别加以介绍：

1．信用卡电子支付方式

信用卡的支付主要有四种：账号直接传输方式、专用账号方式、专用协议方式和SET协议方式。

（1）账号直接传输方式

即无安全措施的信用卡支付，客户在网上购物后把信用卡号码信息加密后直接传输给商家。但无安全措施，商家与银行之间使用各自现有的授权来检查信用卡的合法性。此种方式，商家必须具有良好的信誉才能使客户放心地使用信用卡支付。

（2）专用账号方式

即通过第三方代理人的支付，客户在线或离线在第三方代理人处开账号，第三方代理人持有客户信用卡号和账号；客户用账号从商家在线订货，即将账号传送给商家；商家将客户账号提供给第三方代理人，第三方代理人验证账号信息，将验证信息返回给商家；商家确定接收订货。这样，支付是通过双方都信任的第三方完成的，信用卡信息不在开放的网络上多次传送，客户有可能离线在第三方开设账号，这样客户没有信用卡信息被盗窃的风险，商家信任第三方，因此商家也没有风险，买卖双方预先获得第三方的某种协议，即客户在第三方处开设账号，商家成为第三方的特约商户。

（3）专用协议方式

即简单信用卡加密，在客户、商家和银行卡机构之间采用专用的加密协议（如 SHTTP、SSL 等），当信用卡信息被买方输入浏览器窗口或其他电子商务设备时，信用卡信息就被简单加密，安全地作为加密信息通过网络从买方向卖方传递。由于采用这种具有加密功能的软件及特殊的服务器，商家无法从客户的支付数据中得到信用卡账号的任何信息，保证了支付信息的安全性。

（4）SET 方式

安全电子交易（Secure Electronic Transaction，SET）协议是用于银行卡网上交付的协议。安全措施主要包含对称密钥系统、公钥系统、消息摘要、数字签名、数字信封、双重签名和认证等技术。消息摘要主要解决信息的完整性问题，即是否被修改过。数字信封是用来给数据加密和解密的。双重签名是将订单信息和个人账号信息分别进行数字签名，保证商家只看到订货信息而看不到持卡人账户信息，并且银行只能看到账户信息，而看不到订货信息。因此它成为公认的信用卡或者借记卡网上支付的国际标准。

2．电子支票支付方式

电子支票的运作类似于传统支票。顾客从他们的开户银行收到数字文档（电子支票），并为每一个付款交易输入付款数目、货币类型以及收款人的姓名。为了兑现电子支票，付款人和收款人都必须对支票进行签名。收款人将支票拿到银行进行兑现，银行验证无误后向商家兑付或转账，然后银行又将支票送回给付款人。

电子支票的支付一般是通过专用网络、设备、软件及一套完整的用户识别、标准报文、数据验证等规范化协议完成数据传输，从而控制安全性。这种方式已经较为完善。电子支票支付现在发展的主要问题是今后将逐步过渡到公共互联网络上进行传输。电子资金转账（Electronic Fund Transfer，EFT）或网上银行服务（Internet Banking）方式，是将传统的银行转账应用到公共网络上进行的资金转账，一般在专用网络上应用具有成熟的模式（例如SWIFT 系统）。尽管电子支票可以大大节省交易处理的费用，但是，对于在线支票的兑现，人们仍持谨慎的态度。电子支票的广泛普及还需要有一个过程。

3．电子现金支付方式

电子现金是一种以数据形式存在的现金货币。它把现金数值转换成为一系列的加密序列数，通过这些序列数来表示现实中各种金额的币值。用户在开展电子现金业务的银行开设账户并在账户内存钱后，就可以在接受电子现金的商店购物。电子现金是一种储值型的支付工具，使用时与纸币类似，多用于小额支付，可以实现脱机处理。

电子现金以数字签名和加密算法为基础。客户在开展电子现金业务的银行开设账户并在账户内存钱后，客户计算机上所使用的电子现金软件，就会记下银行所签章的数字金钱，使用者就可以在接受电子现金的商店里购物，软件可以从所储存的电子现金中转出适当的金额进行支付。为防止电子现金的重复使用，银行须拿数据库里已使用的电子现金资料来进行核查。银行通过检验数字签名的密码系统确认该现金身份是否真实合法，保证电子现金的安全性。

电子现金的传送环节以及存储环节应该充分考虑。在公共网络中，必须保证电子现金的传送是安全可靠的，即电子现金应该安全、完整地送到另一端，既不会被窃取、篡改，也不会丢失或重复接收。这些就要通过加密技术、杂凑技术以及加强的传输控制协议等来实现。电子现金的存储也是一个十分重要的问题，因为没有专门的银行账户与之对应，也不能跟踪其流通轨迹，一旦电子现金丢失（如卡丢失、毁坏、硬盘故障等），意味着用户的货币确实丢了。因此，应从技术上加强其存储保护，以尽可能减少技术故障带来的损失。

4.2.2 电子支付业务流程

电子支付业务流程如图 4-3 所示。图中实线代表电子支付手段的流向，而虚线则代表钱或商品的流向。

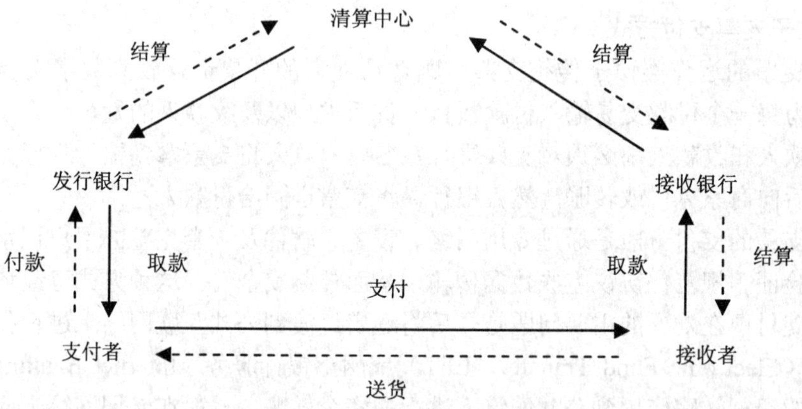

图 4-3 电子支付系统一般模型

1．电子支付业务流程的参与者

（1）发行银行

该机构为支付者发行有效的电子支付手段，如电子现金、电子支票和信用卡等。

（2）支付者

通过取款协议从发行银行取出电子支付手段，并通过付款协议从发行银行换得电子支付手段。

（3）商家

接收支付者的电子支付手段并为支付者提供商品或服务。

（4）接收银行

接收商家从支付者收到的电子支付手段，验证其有效性。然后提交给清算中心，将钱从发行银行贷给商家账户。

（5）清算中心

从接收银行收到电子支付手段并验证其有效性，然后提交给发行银行。

2．电子支付业务流程的协议

（1）付款

该协议的目的是将支付者的钱传给发行银行，以更新支付者的账户。这里的钱是指传统意义上的现钞、支票等。

（2）取款

该协议在发行银行和支付者之间执行，其目的是为支付者提供电子支付手段。

（3）支付

该协议在支付者和商家之间执行。为了向支付者提供其申请购买的商品，商家要求支付者提供有效的电子支付手段。

（4）存款

在存款时，商家把从支付者处获得的电子支付手段以及相关的一些数据提供给接收银行。

3．信用卡电子支付的一般过程如下：

（1）客户访问商家主页，浏览商品，验证商家CA证书，申请空白订货单。

（2）客户挑选商品，填写订单，发出信用卡支付指令，由浏览器扩展部分进行验证，与订单同时发往商家。

（3）商家后端服务器中的支付处理模块在收到订单信息和支付信息之后，初步确认客户的交易意图，在对客户身份认证完成之后，将两种信息发往信用卡信息中心进行确认并申请授权。

（4）经支付网关检查过的合法支付指令被传送到信用卡信息中心进行联机实时处理，经过卡的真实性、持卡人身份合法性以及信用额度的确认后，信用卡信息中心决定是否授权，并产生结果传回商家服务器。

（5）接到信用卡授权后，商家便可继续交易，向客户发送货物，并向客户索取交易完成的标志（在此，客户用信用卡实现了“先消费，后付款”的功能，其中银行提供的信用是交易顺利进行的保障）。

（6）信用卡信息中心将信用卡授权产生的转账结算数据传往收单行进行账务处理。时间可在当日、次日或约定的一定时间间隔内。

（7）收单行将转账数据及相关信息传往发卡行进行认证（在信用卡信息中心的认证基础之上的再认证，充分保证支付系统的安全性）。

（8）转账业务经发卡行认证传回收单行。同时，发卡行将客户的消费金额记入其消费信贷账户中；收单行则把商家的销售收入记入其存款账户中。至此，转账过程结束。

（9）转账结果再分别由发卡行和收单行传往信用卡信息中心，以便更新数据库，从而方便商家和客户的查询。

需要说明的是：在网上交易中，消费者发出的支付指令，在由商户送到支付网关之前，是在Internet上传送的，这一点与持卡POS消费有着本质的区别，因为从商户POS到银行之间使用的是专线。而Internet交易就必须考虑公用电子支付信息的流动规则及其安全保护，这就是支付协议的责任所在。

在整个电子商务交易过程中，网上金融服务是其中很重要的一环。随着电子商务的普及和发展，网上金融服务的内容发生着很大的变化。网上金融服务包括了网上购买、网络银行、家庭银行、企业银行、个人理财、网上股票交易、网上保险和网络交税等。所以从广义上说，电子支付就是资金或与资金有关的信息通过网络进行交换的行为，在普通的电子商务中就表现为消费者、商家、企业、中介机构和银行等通过Internet所进行的资金流转，主要通过信用卡、电子支票、电子现金等方式来实现的。

4.2.3 电子支付工具

1. 信用卡

早期信用卡业务都是利用手工方式进行处理的。伴随计算机等先进技术的逐渐成熟，信用卡业务经过几十年的发展，基本上实现了电子化。信用卡的各项用途和基本功能，是由发卡银行根据社会需要和银行内部承受能力赋予的。信用卡具有下列四项基本功能：

（1）转账结算功能

顾客凭信用卡在指定的商场、饭店购物消费后，所需支付的款项，可以用信用卡签单方式办理支付，这是信用卡最主要的功能。它为社会提供广泛的结算服务，方便持卡人和商家的购销活动，免于支付现金。

（2）储蓄功能

凭信用卡可在同城或异地发卡银行指定的储蓄所办理存取款业务。用信用卡办理存款和取款手续比使用储蓄存折方便，不受存款地点和存款储蓄所的限制，可在开办信用卡业务的城市通存通取，并且凭信用卡支取现金。个人领用信用卡开立存款账户，发卡银行按照同期活期储蓄利率计付利息。

（3）汇兑功能

当持卡人外出旅游、办事，需在外地支取现金时，可在发卡银行办理存款手续，然后凭卡在汇入地银行办理取款手续。在我国，异地支取现金的手续费比照邮政银行，按取款金额的1%收取；异地存入现金的手续费比照中国人民银行结算办法有关汇兑收费的规定，千元以下的按1%收取，千元以上的收费10元，同城范围内存取现金免收手续费。

（4）透支功能

这是信用卡最本质的特点。持卡人凭借信用卡可从发卡人处获得一定的信用，也就是说，持卡人可从发卡人处获取一定额度的贷款或一定的延期付款期限，信用卡这一特点，使其与借记卡区别开来。

2．电子支票

电子支票是纸质支票的电子替代物，它与纸支票一样是用于支付的一种合法方式，它使用数字签名和自动验证技术来确定其合法性。监视器的屏幕上显示出来的电子支票样子十分像纸支票，填写方式也相同，支票上除了必须的收款人姓名、账号、金额和日期外，还隐含了加密信息电子支票通过电子函件直接发送给收款方，收款人从电子邮箱中取出电子支票，并用电子签名签署收到的证实信息，再通过电子函件将电子支票送到银行，把款项存入自己的账户。

电子支票是网络银行常用的一种电子支付工具，电子支票与纸质支票一样是用于支付的一种合法方式。它使用数字签名和自动验证技术来确定其合法性。

3．电子现金

电子现金，是以数字化形式存在的电子货币，其发行方式包括存储性质的预付卡和纯电子形式的数字现金等，使用灵活简便，无需直接与银行连接便可使用。电子现金可以像现金一样由使用者直接控制和支付，根据其赖以存在的技术条件的不同，可将电子现金分为 IC 卡型电子现金（即电子钱包）和数字现金。

（1）IC 卡型电子现金

IC 卡是镶嵌了集成电路芯片的塑料卡片。IC 卡型电子现金是以 IC 卡为载体，持卡人无需访问银行账户，通过因特网传送卡中存储的电子货币信息来进行支付的一种电子货币。持卡人可用法定货币兑换或者利用 ATM 机下载等量的货币信息，该货币信息可以在因特网上以安全和匿名的方式传送，具有信息存储、安全密码锁等功能。

（2）数字现金

数字现金是一种以数据形式流通的货币，它把现金数值转化成为一系列加密序列数，通过这些序列数来表示现实中各种金额的币值，用户在开展数字现金业务的银行开设账户并在账户内存钱后，就可以在接受数字现金的商家使用，付款行为就是从买方的数字现金中扣除并传输到卖方。数字现金具有灵活、匿名、快速简便的特点，无需直接与银行连接便可使用，适用于小额交易。

仅从技术上讲，各个商家都可以发行电子现金，如果不加以控制，电子商务将不可能正常发展，甚至由此带来相当严重的经济金融问题。电子现金的安全使用也是一个重要的问题，包括限于合法人使用、避免重复使用等。对于无国界的电子商务应用来说，电子现金还在税收、法律、外汇汇率、货币供应和金融危机等方面存在一些潜在问题。

4.2.4　资金清算

如今世界各主要金融市场已通过电子网络联成一体，资本、货币和纸质票据的流动变成无形的电子货币的流动和电子数据信息的流动，银行成了巨大的货币数据工厂和资金信息处理中心，这就是现代银行的资金清算体系。

1．典型的资金清算体系

第二次世界大战后，世界经济出现了迅速发展的局面。工商企业和个人金融活动与银行联系更加密切，社会经济的发展使各种票据、证券交易、转账支付和跨国贸易、金融交易成倍增长。随着票据流通量和资金交易流通量的剧增，银行原有的手工业务处理方式和落后的技术使银行陷入了被动，无法及时处理大量业务，造成金融资金周转缓慢。为解决这个严重制约金融业务发展的问题，银行业千方百计从支付方式的高科技化方向寻求出路。资金清算体系的电子化是经济发展的需要，也是科学技术革命在金融领域中的应用成果。英、美两个经济较发达和科学技术实力较强的国家是电子资金转账系统开发应用最早的国家，也是电子资金转账系统最为发达的国家。

英国早在1984年2月就建成了清算所自动化支付系统（CHAPS）。该系统沿袭了传统的双重清算体制。英格兰银行、巴克莱银行、中央信托储蓄银行、劳合银行、米兰银行、国民西敏寺银行等12家清算银行，由8条信息通道与清算所自动化支付系统的信息转换中心连接起来，进行集中清算，而其他的非清算银行则通过它们在清算银行中的账户划拨差额进行清算。清算银行间清算后的最后差额通过它们在英格兰银行的账户进行划拨。

美国则比英国更早开始资金清算体系的电子化建设。美国于1970年开始建设美联储资金划拨系统（Fed Wire）和清算所同业间支付系统（CHIPS）。Fed Wire参加成员分为三类：一是美国财政部，二是联邦储备系统（包括美国联储委员会、2家联邦储备区银行和25家联邦储备分行），三是全国1万多家商业银行和近2万家其他金融机构，它们的网点遍及全美，影响颇为广泛。CHIPS是美国另一个规模比联储通信系统小的资金清算系统。该系统总部设在纽约，成员包括纽约票据交换所的12家会员银行和100多家设在纽约的本国或外国银行及其分支机构，它在世界各金融中心设有清算点，并和全球电子资金转账系统相连，承担国际间的资金清算。该系统由纽约票据协会负责组建。

20世纪70年代至90年代的20年间，尽管支付技术有长足进步，但革新主要发生在行间清算层面——旨在降低银行成本、加快支票清算速度以及减少欺诈，而很少涉及金融零售领域。21世纪之后，随着现代信息技术的飞速发展，个人金融服务在银行业务中所占比例急剧提升，以电子支付工具、数据通信和数据处理技术组成的电子支付方式已成为零售金融业务的主流，银行卡、ATM和POS、网络银行服务等电子支付媒介和支付系统为社会提供着快捷、高效、安全的金融服务。在行间支付清算领域，信息技术的应用更为广泛，支付系统用户的计算机设备与支付系统操作者的计算机系统相连接，通过地面线路和卫星通信网在系统用户之间传送信息，从而完成支付指令的传送和资金清算。

2．资金清算系统的特征

在经济快速增长和金融科技进步的双重推动之下，资金清算系统呈现出如下鲜明特征：

（1）支付媒介电子化

在现代信息技术的强力推动下，电子钱包、电子货币、电子票据等信息化货币品种接踵问世，从根本上改变着传统支付媒介的运作理念与模式。

（2）支付系统网络化

在强调支付系统专业化的基础上，为了提高系统运行的整体效率，支付系统之间的通用、兼容即成为网络化发展的一个显著特征。如欧元启动后，欧洲中央银行组建及运行的大额欧元清算系统 TERGET，既负责各成员国间跨国大额欧元交易的支付清算，又与各成员国自身 PTGS 系统相连，从而形成覆盖整个欧盟的支付清算系统网络。

（3）支付系统运行无纸化

由于支付媒介的电子化和支付系统的网络化发展趋势，支付系统的无纸化运行程度大大提高。在一些金融发达国家（地区），除小额现金和个人支票流通以外，几乎已不见其他纸质支付媒介的踪影。支付系统的无纸化运行，极大地提高了效率与质量，节省了物质与人力资源。

（4）支付系统运行环境综合化

随着现代通信技术的快速发展，利用公用通信资源进行各种经济交易已成为大势所趋。在支付清算领域，支付系统运行环境的综合化，有效地推动了系统运行的专业化、标准化与通用化。

（5）风险监控高科技化

随着支付系统建设的高科技发展，新型风险接踵而至，传统的风险控制手段已难以奏效。所以，随着支付系统模式设计、硬件设施、运行环境的升级与改善，各种高科技安全防护方案纷纷出台，为支付系统的风险监控提供了有效的技术及物理平台。

4.3　电子支付系统

4.3.1　电子支付系统的构成与分类

1．电子支付系统的构成

电子支付系统是客户、商家和金融机构之间使用安全电子手段交换商品或服务从而实现电子支付的系统，是融购物流程、支付工具、安全技术、认证体系、信用体系以及现在的金融体系为一体的综合系统。其构成主要有：

（1）银行

在电子商务中，银行作为连接生产企业、商业企业和消费者的纽带，起着至关重要的作用。银行可分为客户开户行（发卡行）与商家开户行（收单行）：客户开户行是指客户在其中拥有账户的银行，客户所拥有的支付工具就是山开户行提供的，客户开户行在提供支付工具的同时也提供了一种银行信用，即保证支付工具的兑付。商家开户行是商家在其中开设账户的银行，其账户是整个支付过程中资金流向的地方，商家待客户的支付指令提交给其开户行后，就由开户行进行支付授权的请求以及银行间的清算等工作。

（2）客户

客户是指与某商家有交易关系并存在未清偿的债务关系的一方，即付款人。客户用自己拥有的支付工具来发起支付，是支付体系运作的原因和起点。付款人在不同的电子支付形态下有不同的称谓，如在POS系统的电子支付中称为持卡人，在电子现金支付系统中称为支付人或电子货币使用者，在跨行大额电子支付中有时被称为发端人。

（3）商家

商家则是拥有债权的商品交易的另一方，即受款人。他可以根据客户发起的支付指令向金融体系请求获取货币给付，支付资金一旦为其所有或在法律上为其控制，则电子支付的目的达到，支付流程一般也因此结束。商家一般准备了优良的服务器来处理这一过程，包括认证以及不同支付工具的处理。

（4）支付网关

为了保证金融安全，银行的业务系统大都建立在封闭的安全数据网络之上，即金融专用网。金融专用网是银行内部及银行间进行通信的网络，资金的交割与清算都是在这个专有网络上进行的，具有较高的安全性。例如人民银行电子联行系统、工商银行电子汇兑系统、银行卡授权系统等。在电子支付中，如果资金从开放的因特网进入这一封闭的付款系统，中间必须有一套安全的软件把从因特网上传来的信息翻译成后端系统所能接收的信息，以使两套互不兼容的信息模式在切换时安全性得到保证。这一套安全的软件就是支付网关。

（5）认证机构

认证机构是负责为参与商务活动的各方发放数字证书，以确认各方的身份，保证电子商务支付安全性的机构。在电子商务交易中，无论数字时间戳服务，还是数字证书的发放，都需要有一个具有权威性和公证性的第三方来完成。

认证机构以独立于认证用户（商家和消费考）和参与者（检验和使用证书的相关方）的第三方身份证明网上活动的合法有效性，其本身不从事商业业务，不进行网上采购和消费活动，并受国家政府部门的监督和管理。认证机构具有独立法人地位，是承担网上安全电子交易认证服务、颁发数字证书，并能确认用户身份的服务机构。其主要的任务是受理数字凭证的申请、签发数字证书，以及对数字证书进行管理。认证用户自愿向认证机构申请认证证书以开展电子商务活动。

（6）信用卡公司

信用卡业务作为较早出现的电子金融业务，由于利润不菲，自出现后逐渐发展成为主要的金融业务品种。但是，信用卡业务与市场营销有紧密联系，持卡人和特约商家越多，发卡人的利润才越大，而经营多种金融业务的银行投入信用卡业务的财力和人力毕竟有限，因此专门从事信用卡业务的信用卡公司应运而生。世界著名的信用卡公司，如美国的维萨国际信用卡公司和万事达国际信用卡公司，它们的业务范围遍及全球。

2．电子支付系统的分类

以电子支付工具为标准，分为电子支票系统、信用卡系统和电子现金系统。

以支付方式为标准，可分为后支付系统、即时支付系统和预支付系统；后支付系统允许客户实行“先消费后付款”的方法，即可以透支，最普遍的形式就是信用卡支付系统；即时支付系统要求在交易时付款，支付过程是通过对账户的处理来完成的，其特点是金额在客户和商家的账户间移动，如电子支票系统；预支付系统不直接对应任何银行账户，只要预付现金便可转化为 IC 卡或者数字现金进行支付，如数字现金系统。

以电子支付方式对因特网的依赖程度为标准，可分为非因特网环境下的电子支付和因特网环境下的电子支付，非因特网环境主要是银行专用网。

4.3.2　大额电子支付系统

1．大额电子支付系统概述

大额电子支付系统的服务对象为货币、黄金、外汇、商品市场的经纪商和交易商，金融市场从事活动的商业银行以及从事国际贸易的工商企业。在支付的时间性、准确性、安全性上有特殊要求。如美联储电子划拨系统、清算所银行间支付系统、环球银行间金融电讯协会等都是大额电子支付系统。

尽管大额电子支付系统的最低限额从各国的情况来看各不相同，但其所体现出的资金特征却基本相同。这类电子支付主要适用于证券交易、外汇交易及企业间贸易的支付。这里的“大额”，并非每笔具体的支付金额都很大，而是这类电子支付主要用于商业贸易领域，金额一般较大，以此来与主要用于消费领域的小额电子支付相区分。大额电子支付在支付的时间性、准确性与安全性上有特殊的要求，实际上，只有以计算机为核心的电子支付系统才能为客户提供如此快捷与安全的服务。在发达国家，大额支付系统都是电子资金划拨系统，如美国的联储电划系统（FEDWIRE）、清算所银行间支付系统（CHIPS），英国的清算所自动支付系统（CHAPS），加拿大大额划拨系统（LVTS），日本的日本银行清算网络（BOJNET），瑞士的银行清算系统（SIC）系统。

由于各国的大额电子支付系统都是在专用支付网络上建立起来的，而且出于安全和监管方面的原因，这些大额电子支付系统无疑将继续在专用网络上提供巨额支付服务。

2．跨行电子资金划拨系统

对于经常进行大额支付的生产或流通企业、证券和外汇交易商来说，由于它们用作支付的金额一般较大，支付频率高，支付人与受支付人的资金结算账户又往往处于不同的银行，而且法律一般也不允许它们通过现金进行支付。对这类支付，比较理想的方式是通过跨行电子资金划拨系统进行处理。

（1）跨行电子资金划拨的当事人

跨行电子资金划拨是一种以联行电子支付系统为技术依托，实现不同银行间实时资金转账的电子支付方式。它通常涉及以下几方当事人：

① 付款人。一般是电子支付整个流程的发起人，《美国统一商法典》称之为“发端人”。付款人多数情况下是一定的组织实体，但也不排除自然人，是在整个电子支付活动中第一个发出资金支付指令的人。

② 付款人银行。一般指付款人的开户行，付款人在该银行开立有存款账户，所支付的款项由该账户中的存款扣付。

③ 中介银行。它是联系付款人银行与受款人银行的银行。付款人银行与受款人银行一般在其处设有结算账户。中介银行是电子资金划拨系统的提供者，在电子资金划拨中起着至关重要的作用。如中国人民银行在跨行电子资金划拨中就扮演着中介银行的角色，它负责向各商业银行提供全国性的电子支付系统，即“中国国家现代化支付系统”，该系统集金融支付、支付结算、清算服务、金融经营管理和货币职能于一体，将我国各商业银行内部的支付网络系统有机地结合在一起，为跨行电子资金划拨提供高效的服务。

④ 受款人银行。与付款人银行相对应，受款人银行一般是受款人的开户银行，为受款人接受付款人的支付，并将支付款项划入受款人账户。

⑤ 受款人。受款人是支付款项的受领者，在与付款人的关系中一般处于债权人的地位，其债权因受领支付款项而消灭。受款人多数情形下是一定的组织实体，但也不排除自然人作为受款人，本书也称为商家，是在整个电子支付活动中收取资金的受益人，资金按指令被划拨至受款人处，则一个电子支付过程结束。

（2）跨行电子资金划拨的基本流程

① 付款人向付款人银行发出支付指令，这是跨行电子支付的第一步。支付指令可以纸质形式作出，如填写付款人银行的格式单据，也可以电子形式作出。当前银行电子化的趋势是以电子形式发出支付指令，即付款人通过特定的终端设备（如支付密码器、计算机等）形成支付指令，进行签名和加密后传送至付款人银行。付款人银行接收支付指令后，对支付密文进行解密和验证。

② 付款人银行接受支付指令后，即按指令指定的金额借记付款人的账户，然后根据付款人的支付指令签发一项电子支付指令，通过中介银行提供的通信系统传输至中介银行。

③ 中介银行接受付款人银行的支付指令后，将支付金额借记付款人银行账户，同时贷记受款人银行账户，然后向受款人银行发出电子支付指令。

④ 受款人银行接受支付指令后，即将支付金额贷记受款人账户并向受款人发出收账通知。若受款人没有银行账户，则向受款人发出取款通知。银行通知签发后，整个电子资金划拨过程结束。

在上述整个资金支付过程中，电子支付指令的传输完全是密文传输，以保证支付安全，并且多数环节是电子划拨系统自动化处理，因此电子资金划拨安全即时，是处理大额款项支付的理想方式。

4.3.3　小额电子支付系统

小额支付系统下的电子支付，又可称消费性电子支付，这类电子支付主要适用于消费领域，服务对象主要是消费者或个人，支付金额一般较小。系统最常见的主要有自动柜员机 ATM，销售点终端 POS，自动清算所 ACH 以及部分网上银行业务。ATM 机与银行计算机主机系统相联，形成 ATM 系统。这一系统作为银行柜台业务的延伸，主要功能是为客户的取款提供了方便，银行卡持卡人在 ATM 机取款，既方便又快捷。银行客户通过 ATM 机取款的过程，实际上也是银行通过 ATM 系统向取款人进行电子支付的过程。POS 机通过电信专线与银行计算机主机系统相联，形成 POS 系统。在该系统中，POS 机负责交易信息的采集，银行主机系统负责整个网络系统的控制和管理，两者相互配合、相互联系，共同实现电子支付功能。

1．ATM 系统下的银行卡支付

ATM 为 Automatic Teller Machine 的缩写，中文通常译为自动柜员机，是一种为银行卡待卡人全天候地提供存款、取款、转账、账户查询和修改密码服务的银行自动服务系统。ATM 是机电一体的高科技产品，主要由操作面板、磁卡读写、计算机主机、日志/票据打印、存款箱、现钞箱、废钞箱、维修操作检查面板、通信部件等组成。

操作面板是客户与 ATM 交互的界面，由键盘和显示屏组成，多数 ATM 显示器还配有环境亮度传感器，以确保仅有正面的操作者能看清屏幕上的显示信息。磁卡读写能读出客户插入的磁卡上的信息。磁卡通常是按国际 ISO 标准设计的，有三个磁道。计算机主机负责控制和处理 ATM 中的有关信息，并控制整个传输系统正常运行。ATM 提供两种打印功能：一种是打印交易日志，主要是记录客户存、取款情况和设备本身的运转情况，作为银行在发生故障、出现问题时，进行核查的主要依据，这部分内容通常保存 5 年以上；另一种是打印储户收据，将业务处理的日期、类型、结果打印在预先设计好的收据上，供客户核对。存款箱是用来存放客户存入现金的专用设备，ATM 通常配有 2～4 只现钞箱，可以放入不同面值、不同数量的现钞，供取现金时所用。废钞箱是专门用来存放经检测不合格的现钞，如破损或过旧的钞票。维修操作面板可显示联机线路状态、故障情况，并有开关、综合等操作开关，供银行职员维修和操作。ATM 的通信部件在联机处理时与银行主机系统或通信网相联，完成各种接口工作。

ATM 的工作方式主要有脱机处理和联机处理方式两种：

① 脱机处理方式。用于脱机处理方式的 ATM 具有完善的交易控制软件，并配有硬盘装置，所有的处理均由 ATM 内的微机完成。每个客户的业务信息都记录在硬盘上，银行职员每天须拷贝出硬盘的数据，据此作相应的票证并入账。ATM 的脱机处理方式既不经济，也不安全，利用率较低，通常只有在通信条件不具备的情况下或联机系统不够

完善的情况下才选用这种方式。

② 联机处理方式。处于联机处理方式的ATM，使用前先由银行主机系统发出控制信号，使之进入启动工作状态。处理时每一笔业务信息都实时控制录入相关数据库中，实时处理有关账务信息，并可随时查询ATM的有关状态，随时提供用户查询账户资料及有关信息。因此，ATM的联机方式能够提供安全、可靠、方便、快捷的自动服务。

ATM的联机方式有三种：集中式、分布式、集中分布式。

所谓集中式，是指所有的ATM通过网络直接联入银行计算机主机系统。银行原有业务信息的数据与ATM交易数据都存放在主机系统中，便于数据的集中管理和通存通兑的实现，但是这种处理方式主机的负载很大，且通信费高，扩展容量有限。

所谓分布式，是指ATM联入相应的各网点主机，通过网点主机经网络连接主机系统。采用这种方式，各原有业务系统的数据及ATM交易数据都存放在网点主机上，当客户要进行通存通兑业务时，由主机系统协助完成各网点之间的账务交易处理，分担了主机的部分开销。但这种方式对数据的控制管理较为困难，且直接通过网点主机连接ATM，功能开发受限制。

所谓集中分布式，是指ATM直接或经过通信网连接到ATM前置机并通过网络连接到银行主机系统，ATM的交易数据由ATM前置机集中控制，而且不过多地增加银行主机负担。这种联机方式在我国较受欢迎。

2．POS系统下银行卡支付

POS是英文Point Of Sale的缩写，英文原意是销售点，在电子支付领域翻译为网点销售终端机，属于联机交易设备的一种。POS机一般设在发卡银行的特约商家的收银处，并通过电信专线与银行计算机主机系统相联，形成POS系统。在该系统中，POS机负责交易信息的采集，银行主机系统负责整个网络系统的控制和管理，两者相互配合、相互联系，共同实现电子支付功能。

POS机由主控设备、客户密码键盘、票据打印机三部分组成。主控设备包括磁卡阅读器、信息显示器和数据输入。磁卡阅读器用于识别客户提供的各类磁卡上的相关信息，信息显示器则提供交易金额的显示，数据输入可以有不同方式，常用的有键盘输入、条形码输入、光学字符读出并输入等方式。

最初POS机只具有自动授权的功能，例如能自动查询信用卡止付黑名单，自动检查信用卡余额、透支额度等，使商家在安全可靠的前提下迅速为客户办理信用卡交易，现在的POS机已经能提供自动转账支付及信息管理等服务。自动转账支付是指POS机能完成消费付款处理、退货收款处理、账户间转账处理、修改交易处理、查询交易处理、查询余额处理、核查密码处理并打印输出账单等功能。自动完成顾客的转账结算，即依据交易信息将客户在银行开立的信用卡账户部分资金自动划转到商家在银行开设的账户上。信息管理是指在POS上完成一笔交易后，POS机还具有自动更新客户和银行的档案功能，以便今后查询；也可更新商家的存货资料以及相关数据库文件，以提供进一步的库存、进货信息，帮助决策管理。

POS 的推广使用，使银行、商场、客户三方的交易能在短时间内完成，带来了较大的经济效益和较好的社会效益，具体表现在：减少现金流通、加速资金周转、确保资金的安全、提供有用信息。

POS 机的工作方式主要有直接转账、脱机授权和联机授权。

① 直接转账方式。早期的 POS 系统采用扣款卡直接转账的方式，即采用联机处理，实时确认持卡人的身份，鉴别卡的合法性，核实卡中余额，随时办理转账结算，因此，这种方法效率高、安全、可靠。

② 脱机授权方式。信用卡最初推出在 POS 机上使用时，授权往往通过脱机处理方式。一般可以通过电话授权和查询信用卡止付黑名单，这种方式由于受电信条件的限制往往时间较长，而且，黑名单的提供往往有延时性，给系统带来不安全因素，影响整个系统的运行效率。

③ 联机授权方式。随着信用卡业务的不断扩展和通信事业的迅速发展，在 POS 机上又推出了信用卡联机授权方式，通过通信网络连接各发卡行、各特约商家及各大银行信息系统，随时检查信用卡的真实性、合法性、有效性，随时为客户提供方便、安全、可靠、准确的转账支付结算。

根据 POS 机的特点，POS 机的联机方式主要有以下两类：

① 直接连接发卡行处理中心（又称为间联 POS）。各银行在商场中放置的联网 POS 机直接与本行的系统连接，当发生交易时，无论是本行交易信息或是跨行交易信息都首先送住所属银行的交易处理中心，再将交易信息传送到银行卡网络服务中心。这种联机方式，对那些已建有完善网络系统的商业银行比较有利，一般不会破坏原有的系统结构。

但是不足也很明显：第一，POS 机直接连入发卡行处理中心，可能会出现一个特约商家设有多家商业银行的 POS 机，出现重复投资，造成严重的资源浪费。第二，POS 机的技术业务管理均由放置该机的银行控制，当联行的其他银行要增加一种新的银行卡品种或有新的发卡银行加入时，放置该 POS 机的银行就必须对其计算机业务处理系统进行修改，否则将造成联网的 POS 机无法识别该银行卡，不能接受该卡的跨行交易。同时，还需要连接信息交换中心以解决跨行的资金清算问题。第三，如果放置 POS 机的业务处理系统发生故障或系统需要修改、调整，就会造成该银行所有的特约商家不能受理其他银行卡的交易处理，给持卡人造成不便。因此，间联 POS 的方式已逐渐被直联的方式所取代。

② 直接连接银行卡网络服务中心（又称为直联 POS）。各银行的银行卡受理终端直接与当地的银行卡网络中心相连，无论前端受理机受理的是本行银行卡交易还是跨行交易，每一笔银行卡的交易信息都通过网络直接送至中心进行甄别，再由中心将交易信息传送至发卡银行对该笔交易进行转账结算，而后返回中心进行处理，避免了像 POS 机直接连入发卡行处理中心方式的重复投资现象。

直联方式的优势体现在：第一，直联可以很好地提高银行卡系统处理交易的效率。

无论是哪一家银行的卡，全部由网络中心进行判别，再发给各发卡行进行授权，其环节相对于间联更加简洁，提高了运行和管理的效率；第二，采用直联方式，全部交易信息都交给中心处理，使银行卡交易信息处理过程中的责任更为明显；第三，采用直联方式，有助于对各商业银行投放的POS机进行清理整顿，也便于软件程序更新、升级和新业务的叠加。

随着技术的发展，POS机从有线发展到无线。有线POS机或者通过电话线路直接拨号到银行的通讯控制器上，或者通过商家的网络以集中拨号的方式来实现付款交易，无线POS机是近几年才出现的，它是通过移动通讯网来实现付款的。

3. 因特网条件下的电子支付系统

在因特网上出现的支付系统模式已有十几种，这些大都包含信息加密措施的系统大致上可以划分为三类：一是银行卡网上支付系统；二是网上电子现金支付系统；三是由第三方认证的网上支付清算系统。

（1）银行卡网上支付系统

金融机构是在因特网上积极创建支付系统的主要机构，传统银行卡仍然是因特网首选的支付工具。使用银行卡支付的具体方式是，商家通过因特网展示其商品的价格、型号、品牌等信息，并提示可以使用某种银行卡进行支付。客户选择好需要购买的商品之后，根据计算机屏幕上的指示，将自己银行卡的有关账号、密码等信息通过网络传送给商家。商家收到这些信息后，传送给发卡行或代理行支付网关进行处理，确认银行卡信息的真实性。信息是真实的，则商家通过现实中的物流体系发货。发卡行则通过银行卡支付系统与商家进行支付结算。

（2）网上电子现金支付系统

电子现金系统是以匿名方式直接完成支付的一种网络支付系统，支付行为的完成是通过代表等量数字化货币的加密信息完成的。其目的主要是不需通过中介就可以在交易双方直接实现支付。比较引人注目的是数字现金支付和IC卡型电子货币支付。

（3）由第三方认证的网上支付清算

采用第三方处理交易的机制来处理类似现在的贷记或借记业务，可以克服在因特网上处理支付时所涉及的安全问题。客户和商家首先应在第三方开设账户，进行交易时，交易信息在规定的时间通过该系统发送给第三方。本质上，这些系统都只是担当信息清算所的角色。在这类系统中，第一虚拟股份公司、电脑现金公司等开发的系统具有代表性。

4.4 第三方支付模式

4.4.1 第三方支付的基本模式

1. 第三方支付的含义

具有信誉保障，采用与相应各银行签约的方式提供与银行支付结算系统接口和通道服务，能实现资金转移和网上支付结算服务的机构称为第三方支付。作为双方交易的支付结算服务中间商，它具有提供服务通道，并通过第三方支付平台实现交易和资金转移结算安排的功能。

2．第三方支付与网上交易

第三方支付一般的运行模式为：买方选购商品后，使用第三方平台提供的账户进行货款支付，第三方在收到代为保管的货款后，通知卖家货款到账，要求商家发货；买方收到货物、检验商品并确认后，通知第三方；第三方将其款项转划至卖家账户上。这一交易完成过程的实质是一种提供结算信用担保的中介服务方式。

第三方支付的出现与网上交易的特点密不可分。基于虚拟平台的网上交易主要呈现以下几个显著特点：① 与面对面交易不同，因双方信息不对称，对对方缺乏信任感。这是网上支付产生信用问题的根本原因。② 网上交易不能采用传统支付方式和工具清偿债权债务关系，不能使用纸质载体的支付工具在网上传递，只能通过传送支付指令和支付信息，采用账户划转方式进行，信息传递过程中存在安全问题。③ 交易过程在前台终端的公用网上进行，而资金划转必须在银行支付结算系统的专用网上进行。公用网和专用网挂接和整合的新特点，决定了网上支付模式具有多样化的特点。④ 对如何保证虚拟环境下金融系统资金运行的安全，还需要国家制定和补充新的法律、法规。对在虚拟环境下实现安全支付提供相应的法律保障，在相当长的时期内仍存在一定困难。

第三方支付在实现支付结算服务的整个交易过程中的作用，主要体现在以下几个方面：① 具有交易过程的中介服务作用；② 具有资金转移安排的信用担保地位；③ 具有资金和货物安全的风险防范保证机制；④ 具有提供方便、快捷的通道服务的性质。

可以看出，第三方支付能更好地与公用网连接，解决银行与公用网连接可能出现安全隐患的问题；可以向社会提供信用保障；可以承担因不安全而出现索赔等方面的经济问题。

3．第三方支付的地位

（1）第三方支付是商家和顾客间的信用纽带

由于电子商务中的商家与消费者之间的交易不是面对面进行的，而且物流与资金流在时间和空间上也是分离的，这种没有信用保证的信息不对称，导致了商家与消费者之间的博弈：商家不愿先发货，怕货发出后不能收回货款；消费者不愿先支付，怕支付后拿不到商品或商品质量得不到保证。博弈的最终结果是双方都不愿意先冒险，网上购物无法进行。

第三方支付平台正是在商家与消费者之间建立了一个公共的、可以信任的中介。以 B2C 交易为例，第三方支付交易流程如图 4-4 所示。

① 消费者在电子商务网站选购商品，与商家讨价还价，最后决定购买。

② 消费者选择支付方式（选择利用第三方支付平台作为交易中介），用借记卡或信用卡将货款划到第三方账户，并设定发货期限。

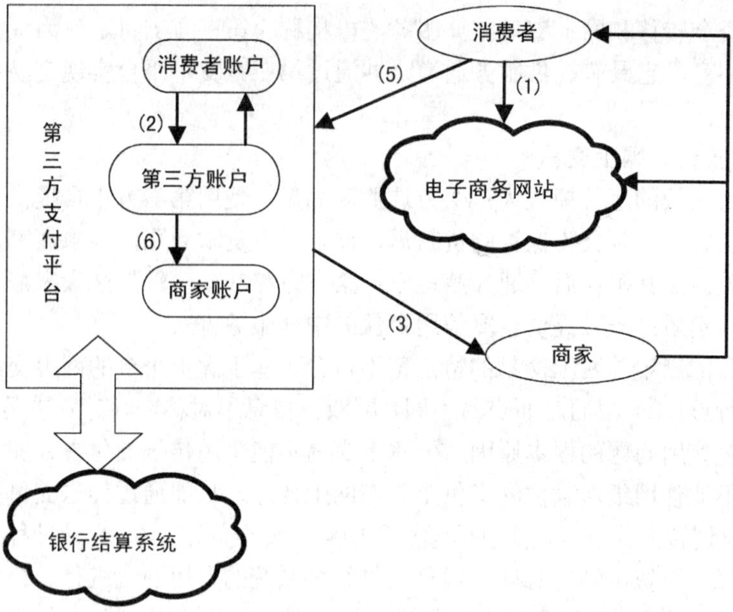

图 4-4 第三方支付平台参与的电子商务交易流程

③ 第三方支付平台通知商家，消费者的货款已到账，要求商家在规定时间内发货。

④ 商家收到消费者已付款的通知后按订单发货，并在网站上做相应记录，消费者可在网站上查看自己所购买商品的状态；如果商家没有发货，则第三方支付平台会通知顾客交易失败，并询问是将货款划回其账户还是暂存在支付平台。

⑤ 消费者收到货物并确认满意后通知第三方支付平台。如果消费者对商品不满意，或认为与商家承诺有出入，可通知第三方支付平台拒付货款并将货物退回商家。

⑥ 消费者满意，第三方支付平台将货款划入商家账户，交易完成；顾客对货物不满，第三方支付平台确认商家收到退货后，将该商品货款划回消费者账户或暂存在第三方账户中等待消费者下一次交易的支付。

从以上支付过程中，我们可以看出第三方支付平台作为信用中介解决了买卖双方的信任问题，但第三方并不涉及双方交易的具体内容，相对于传统的资金划拨交易方式，第三方支付较为有效地保障了货物质量、交易诚信、退换要求等环节，在整个交易过程中，可以对交易双方进行约束和监督。

（2）第三方支付平台充当交易各方与银行间的接口

第三方支付平台将多种银行卡支付方式整合到一个界面上，充当了电子商务交易各方与银行的接口，负责交易结算中与银行的对接，使电子支付更加简单、快捷。

在我国，网上支付主要有两种方式，如图 4-5 所示。一是直接通过公用网与金融专用网之间的支付网关完成；二是在公共网络环境中加入第三方支付平台，通过第三方支付平台与支付网关连接完成交易。

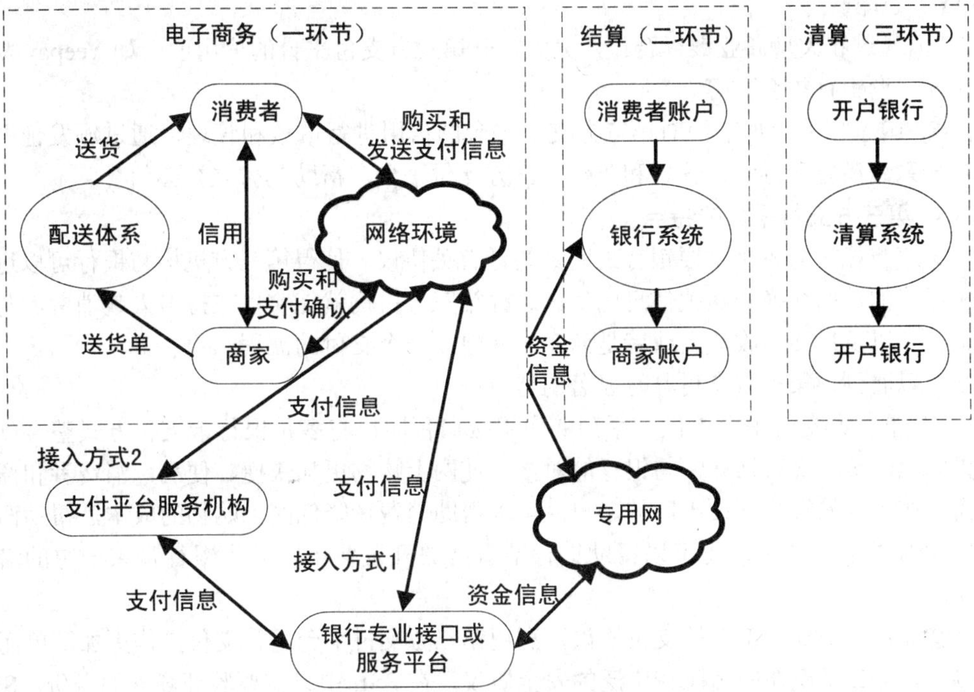

图 4-5　网上交易支付清算流程

当消费者在网上选择好商品，选择支付方式的时候，网页上可能提供了几种甚至几十种银行卡在线支付方式。这是因为不同银行卡在不同地区具有支付功能，为了在网上能购买到满意的商品，消费者可能要在不同的银行开设不同的账户，并分别开通其网上支付业务。这对于消费者来说太过繁杂，而且会增加其在网上购物的成本。商家为了争夺客户也必须在多家银行开设账户。

引入第三方支付平台后，商家和消费者只需在第三方支付平台注册，由第三方支付平台和各银行签署协议进行账务划转，省去了商家和消费者与多家银行的交涉成本，使网上购物更加便利。同时，第三方支付平台的出现也是对银行零散的小额支付业务的补充，并为银行带来相应的利润。第三方支付平台和银行对接入的商家收取固定比例的交易费用，与第三方合作的银行越多，第三方经营业务的范围就越广，在同行业中的竞争能力就越强。由此可见，要争取最广泛银行的合作，是第三方支付平台成功的关键之一。

（3）第三方支付平台的信用支持

网上交易之所以能够通过第三方支付平台顺利完成，一个前提就是对第三方支付平台的信任。第三方支付平台的信用度需要通过几个途径建立起来。

① 一些第三方支付平台本身依附于大型门户网站，这些网站资金雄厚，从业时间

长，参与网上交易的各方无形中建立了对这些门户网站的信任。例如：淘宝网、易趣eBAY、慧聪网等。

② 通过和大型商业银行合作，大大提升第三方支付平台的信用度，如Yeepay易宝支付和工商银行的合作等。

③ 国家相关管理部门对第三方支付平台的信用进行审核和管理，通过颁发证书，制定一系列措施和办法，管理和监督第三方支付平台，帮助其树立社会信誉。

4. 第三方支付平台的特点

第三方机构与各个主要银行之间又签订有关协议，使得第三方机构与银行可以进行某种形式的数据交换和相关信息确认。这样第三方机构就能实现在持卡人或消费者与各个银行，以及最终的收款人或者是商家之间建立一个支付的流程。

可以看到，第三方支付具有显著的特点：

① 第三方支付平台提供一系列的应用接口程序，将多种银行卡支付方式整合到一个界面上，负责交易结算中与银行的对接，使网上购物更加快捷、便利。消费者和商家不需要在不同的银行开设不同的账户，可以帮助消费者降低网上购物的成本，帮助商家降低运营成本；同时，还可以帮助银行节省网关开发费用，并为银行带来一定的潜在利润。

② 较之 SSL、SET 等支付协议，利用第三方支付平台进行支付操作更加简单而易于接受。SSL是现在应用比较广泛的安全协议，在SSL中只需要验证商家的身份。SET协议的发展是基于信用卡支付系统的比较成熟的技术。但在SET中，各方的身份都需要通过CA进行认证，程序复杂，手续繁多，速度慢且实现成本高。有了第三方支付平台，商家和客户之间的交涉由第三方来完成，使网上交易变得更加简单。

③ 第三方支付平台本身依附于大型的门户网站，且以与其合作的银行的信用作为信用依托，因此第三方支付平台能够较好地突破网上交易中的信用问题，有利于推动电子商务的快速发展。

4.4.2 第三方支付模式的应用

1. 电子支付的主要运作模式

从运营主体的不同来看，我国电子支付的运作模式有三种方式：银行的电子支付、第三方支付平台、以电信运营商为主体的电子支付。

（1）银行的电子支付

银行的电子支付主要有两种形式：网上银行和基于安全电子交易协议用于网上购物的电子支付。由于我国尚无统一的电子支付协议，使用某一银行网上支付工具的用户只能购买与该银行签约的特约商户，而无法直接实现跨行的电子支付。例如中国银行set应用只使用在其网上商城中（中银电子商城），招商银行一网通等同样如此。实现跨行的电子支付要借助于网上银行或者第三方支付平台。

（2）第三方支付平台

我国银行网上支付各自为战，自我运营的第三方支付平台通过自身与商户及银行之间的桥接完成支付中介的功能，同时有的支付平台又充当信用中介，为客户提供账号，进行交易资金代管，由其完成客户与商家的支付后，定期统一与银行结算。第三方支付企业以客户服务为中心，逐渐建立起多样化的支付方式，大大方便了用户的电子支付。

（3）以电信运营商为主体的电子支付

以电信运营商为主体的电子支付模式，除了用于手机缴费以外，也通过手机号与手机用户的银行卡绑定，提供类似于电子钱包的功能，实现电子支付。但是国内此类电子支付模式提供的业务种类还比较少，主要包括各种SP代收费以及购买彩票、保险、水、电等公共事业服务，交易金额相对要小一些，联动优势在这一种支付模式中具有典型的代表性。

2．第三方支付平台应用情况

第三方是买卖双方在缺乏信用保障或法律支持的情况下的资金支付"中间平台"，买方将货款付给买卖双方之外的第三方，第三方提供安全交易服务，其运作实质是在收付款人之间设立中间过渡账户，使汇转款项实现可控性停顿，只有双方意见达成一致才能决定资金去向。第三方担当中介保管及监督的职能，并不承担什么风险，所以确切地说，这是一种支付托管行为，通过支付托管实现支付保证。

第三方支付是现代金融服务业的重要组成部分，也是中国互联网经济高速发展的底层支撑力量和进一步发展的推动力。截止2014年6月，国内使用第三方支付平台的中小企业用户规模已突破1950万（包括同一企业在不同平台上注册但不包括在同一平台上重复注册）。第三方支付平台不仅在弥补银行服务功能空白，提升金融交易效率等方面表现突出，同时在健全现代金融体系、完善现代金融功能方面起着重要作用。随着国内电子商务的兴起，一些信息服务企业兴办的支付平台也已经开始崭露头角，第三方支付作为新技术、新业态、新模式的新兴产业，具有广阔的市场需求前景。

据《2015—2020年中国第三方支付产业市场前瞻与投资战略规划分析报告前瞻》分析认为，网络购物是第三方支付份额最大的应用领域，通常第三方支付均以该领域作为支付的切入点。然而随着各运营商的横向业务拓展，细分支付领域的增多，将导致网络购物网上支付的份额保持在40%左右。前瞻网分析预计，到2015年，各主要支付领域份额将小幅萎缩，其他细分领域的市场份额将会有所扩大，其他细分领域包括：信用卡还款、生活缴费、网上金融、其他创新支付领域等。

中国第三方支付市场的核心业务是线上支付市场，该市场从2004年开始进入加速发展阶段，在2008年和2009年里爆发增长，特别是2010年中国人民银行《非金融机构支付服务管理办法》及《非金融机构支付服务管理办法实施细则（征求意见稿）》的出台，第三方支付行业结束了原始成长期，被正式纳入国家监管体系，拥有合法的身份。未来第三方支付行业将面临行业高度集中与差异化优势并存格局，并迎来盈利模式的变革突破。

我国第三方支付平台的行业主要包括以下两大类：一类是以支付宝、财付通、盛付通为首的互联网型支付企业，它们以在线支付为主，捆绑大型电子商务网站。一类是以银联电子支付、快钱、汇付天下为首的金融型支付企业，侧重行业需求和开拓行业应用。

国内的第三方支付的产品主要有：PayPal（易趣公司产品）、支付宝（阿里巴巴旗下）、拉卡拉、财付通（腾讯公司，腾讯拍拍）、盛付通（盛大旗下）、易票联支付、易宝支付（Yee pay）、快钱（99bill）、捷诚宝（捷诚易付）、国付宝（Gopay）、百付宝（百度C2C）、物流宝（网达网旗下）、网易宝（网易旗下）、网银在线（chinabank，京东集团）、环迅支付、汇付天下、汇聚支付（join pay）、宝付（我的支付导航）等。其中用户数量最大的是PayPal和支付宝，前者主要在欧美国家流行，后者是马云阿里巴巴旗下产品，拉卡拉则是中国最大线下便民金融服务提供商。另外中国银联旗下银联电子支付也开始发力第三方支付，推出了银联商务提供相应的金融服务。我国国内的第三方支付的主流产品有：

（1）PayPal

PayPal支付基本原理：通过PayPal支付一笔金额给商家或者收款人，可以分为以下几个步骤：

① 只要有一个电子邮件地址，付款人就可以登录开设PayPal账户，通过验证成为其用户，并提供信用卡或者相关银行资料，增加账户金额，将一定数额的款项从其开户时登记的账户（例如信用卡）转移至PayPal账户下。

② 当付款人启动向第三人付款程序时，必须先进入PayPal账户，指定特定的汇出金额，并提供收款人的邮箱给PayPal。

③ 接着PayPal向商家或者收款人发出电子邮件，通知其有等待领取或转账的款项。

④ 如商家或者收款人也是PayPal用户，其决定接受后，付款人所指定的款项可即时到达收款人的PayPal账户。

⑤ 若商家或者收款人没有PayPal账户，收款人得依PayPal电子邮件内容指示连线站进入网页注册取得一个PayPal账户，收款人可以选择将取得的款项转换成支票寄到指定的处所、转入其个人的信用卡账户或者转入另一银行账户。

（2）支付宝

支付宝成立于2004年12月，旗下有“支付宝”与“支付宝钱包”两个独立品牌。支付宝主要提供支付及理财服务。包括网购担保交易、网络支付、转账、信用卡还款、手机充值、水电煤缴费、个人理财等多个领域。在进入移动支付领域后，为零售百货、电影院线、连锁商超和出租车等多个行业提供服务。还推出了余额宝等理财服务。支付宝与国内外180多家银行以及VISA、MasterCard国际组织等机构建立战略合作关系，成为金融机构在电子支付领域最为信任的合作伙伴。

来自艾瑞咨询的数据显示，支付宝自2013年第一季度以来，支付宝在移动互联网支付市场份额从67.6%逐步提升至78.4%，居第一。截至2013年底，支付宝实名认证的用户数超过3亿。2013年，支付宝单日交易笔数的峰值达到1.88亿笔。其中，移动支付单日交易笔数峰值达到 4518 万笔，移动支付单日交易额峰值达到 113 亿元人民币。2014 年 2 月 28 日，余额宝用户数突破 8100 万。2014 年 3 月 20 日，支付宝每天的移动支付笔数超过 2500 万笔。自2014 年第二季度开始成为全球最大的移动支付厂商。

（3）易票联支付

易票联支付成立于 1999 年，历经十几年发展，已成为国内领先的第三方零售支付服务提供商，并于 2011 年获得中国人民银行颁发的银行卡收单及互联网支付业务许可证，与国内 30 多家主要的银行开展了全面的第三方支付业务合作，并成为中国银联（Union Pay）和万事达卡（MasterCard）国际清算组织成员机构。

易票联支付一直专注于支付技术的创新，开发了多元化的零售支付和新型的互联网支付等系统，并凭借强大的清结算技术、完善的金融信息服务网络，通过了国际 PCI 及国内 CFCA 安全认证及高新技术企业认证，获得“中小企业服务示范平台”、“高新技术企业”、“创新企业”等多种荣誉称号。

（4）捷诚宝支付

捷诚宝捷诚宝是中国（香港）诚泰投资集团的子公司——北京捷成易付信息技术有限公司依托自有技术研发的线下电子商务智能终端产品线。它的惠民服务功能包括从传统的 pos 银行卡支付、信用卡还款、网购支付宝充值，到便民支付如水电燃气物业费缴纳、餐饮消费、车票机票订购、医疗教育支付、农村信用社服务等，并且依托丰富的服务运营平台，与中国银联、银联商务、支付宝等业内巨头建立合作关系，从支付公司、清算平台到电商平台，“捷诚宝”的服务已经可以全方位覆盖当前的主流行业，为企业单位、小区物业、农村合作社、房地产及汽车业等解决安全支付的时间、空间难题。

4.4.3　第三方支付的监管

随着第三方支付市场的迅速成长，第三方支付市场的竞争日益激烈，与银行直接的竞争和合作关系也日益复杂，在这种情况下，第三方支付机构必须在传统的资金支付结算基础上，加人业务创新的力度，提供相应的增值服务，以获得更广阔的生存和发展空间。与此同时，国内对第三方支付机构信用中介的地位及其支付服务的合法性并没有做出明确的规定，第三方支付行业的市场准入和行业行为还缺乏相应的规范，国内也没有明确第三方支付市场和机构的监管主体。法律法规与监管的缺失，一方面不利于第三方支付市场的发展与规范，另一方面第三方支付市场的不规范发展又很可能带来严重的风险。因此，有必要逐步建立和不断完善第三方支付的监管体系。

1．建立完善第三方支付的监管体系

（1）市场准入监管

为了使第三方支付市场更加健康、稳定地发展，确立合理的准入的制度是非常必要的。市场准入监管主要包括对第三方支付机构设置最低资本金限制，加强内控机制和风险管理，强化安全技术、建立保险与保证金等。关于资本金的限制，《支付清算组织管理办法》中虽已列出，但还不能具体操作，应尽快出台操作细则并实施。对于规模太小，不能提供可靠的支付的企业需要退出，有利于为市场建立一个良好的信用形象。在安全技术方面，除准入控制外，建立完备的基础设施以确保客户交易活动安全性和交易记录的真实性，也非常有必要。对于退出的市场的企业，有关部门要建立完善的市场退出制度，保护原企业的用户利益不会受到损失。

（2）业务范围监管

除了业务运营风险监管，对董事会和经理层的监管，对内部操作人员的管理以外，还要加强对客户的管理。要通过法律手段来约束第三方支付机构，保证客户资料保密和客户资产安全。2005 年美国万事达组织大规模的客户资料泄密就暴露了第三方支付监管的漏洞。对第三方支付机构市场退出应考虑合并、兼并或收购等方式，类似于金融机构的做法。保证客户资产、资料的安全，通过建立保证金和准备金机制减少风险。在业务范围监管方面还要设法促进第三方支付的健康发展，保证公平竞争等。

2．明确相关机构的法律地位和职责

（1）明确第三方支付提供商的法律地位

根据第三方支付平台的支付方式、经营模式的不同，明确其不同的法律地位。建立第三方支付的监管体制，根据不同模式的特点进行相应的监管，尤其要加强提供二次清算企业的监管，统一纳入金融监管部门对支付清算组织提供的非银行类金融业务的统一监管范围，通过明确其法律上的身份，制定与之对应的法律，使之经营业务更加规范，有效地进行监控约束，降低经营风险。

（2）加强监管职责

对第三方支付的监管主要包括加强技术监管和业务监管，加强内控防范违规与电脑犯罪，建立健全监管法律体系，实施适时与定期监控，加强市场退出监管，加强国际合作等。我国监管机构主要采用的是银监会、信息产业部、公安部、新闻出版署共同监管的方式，像第三方支付机构一般不是金融机构，其特性也有许多与金融机构不一致的，如何通过银监会来监管，要抓紧研究。关于国际合作，要积极借鉴国外成功经验，加强国际合作，第三方支付跨国境非常方便，要防止跨国风险，对外国竞争者实行严格监管，并积极扶植本国第三方支付企业发展。

3．防范资金安全风险

（1）建立第三方支付保证金制度

网络的开放性使得第三方支付面临着严重的安全风险，第三方支付机构本身的道德风险也难以控制，第三方支付机构也存在大小、实力强弱的差别。在这种情况下，可考虑建立第三方支付保证金制度，要求第三方支付机构缴纳一定比例的保证金。保证金制度的存在可以使得交易双方的利益得到一定程度的保护。在发生风险的时候不致因第三方支付机构的倒闭破产而蒙受过大的损失，提高了第三方支付机构作为信用中介的可信度，还能淡化第三方支付机构实力不同的差别，促进第三方支付市场的公平竞争，并约束第三方支付机构的经营行为，在一定程度上降低了第三方支付机构本身的道德风险，这样一来，第三方支付过程中的各种风险都会得到一定的降低，有助于保持整个支付系统的稳定，并促进第三方支付市场的发展。

（2）加强对在途资金的管理

在途资金是第三方支付过程中风险的重要来源之一，其安全与效率对第三方支付市场的规范和发展起着至关重要的作用。为此，应建立完善的在途资金的监管制度，明确规定在途资金的存放位置，是置于银行还是其他公正机构，相关的利息如何处理？还可以考虑给第三方支付的结算周期规定一定的上限，以提高整个支付体系的运行效率。对于大额的交易、汇款转账进行实时监管，设立保证金制度，规避风险。如果由第三方支付机构持有这些资金，那么应对资金的来源和运用进行有效的监督和控制，降低其中的金融风险，一方面可以保障第三方支付体系的正常安全运转，另一方面也能有效防范在途资金不恰当运用对金融市场和金融体系产生的不良影响。

4.5 电子支付的风险管理

4.5.1 支付系统的风险防范

支付系统是开放经济下金融体系的基础，承担着一国经济行为者的资金在国内及国际间的转移，安全有效的支付系统关系到整个金融体系的稳定，降低与化解支付系统风险不仅可促进金融市场的发展，还会促进商品和劳务市场繁荣，使社会经济健康稳定地发展。

支付系统风险通常包括系统风险和非系统风险。

系统风险，指支付过程中一方无法履行债务合同而造成其他各方陷入无法履约的困境，从而造成政策风险、国家风险、货币风险、利率风险和汇率风险。系统风险是支付系统构造中各国货币当局最为关注的问题，由于支付系统的稳定与高效运转是一国金融市场以及经济活动的基础，支付系统的危机必然造成整个金融市场紊乱，经济活动停顿，使整个国家经济陷入危机。特别是对于大额支付系统而言，大额支付系统是一国支付系统的核心，且交易额巨大，参加系统交易的各方相互依赖，一方违约的后果很容易在各方扩散，造成整个系统的崩溃。电子支付的实现，提高了支付效率，但也加速了危机的传播速度，造成波动的迅速蔓延。

非系统风险包括信用风险、流动性风险、操作风险、法律风险等。非系统风险和系统风险一样，由于其造成的损失难以控制，严重时会使得整个支付体系处于不稳定状态，使人们丧失信心，它同样也会造成利率和汇率的波动，从而使整个金融体系产生动荡。

技术的进步给金融市场交易提供了极大的便利，同时也使人们对技术的依赖性更强。技术进步减少了原有的系统风险。使得封闭和孤立系统由于信息不完备而造成的风险基本消除，但同时也衍生出一些新的问题，使风险更加难以察觉且难以控制，也使得人们对于风险防范越加重视。

1．信用风险防范

信用风险指支付过程中因一方无法履行债务所带来的风险。一方因无法履行债务所带来的损失要由参与支付的其他各方承担。实时全额支付系统的信用风险较小，而差额支付系统购信用风险较大。因为一般差额结算是在某个交易时段结束后进行的，所以会在结算时才发现过度透支而无法偿还的风险。

在贷记支付中，商业银行向用户提供支付服务，意味着银行在用户账户资金不足时为用户提供信贷便利，银行面临着用户无法归还银行信贷的风险，同样用户也面临着银行倒闭的风险。

在借记支付中，对资金的发送银行与资金的接收银行而言，资金的接收银行向资金的发送行提供信贷面临着风险：对资金的接收行与资金的接收者而言，在银行贷记用户账户后，用户就可以对该笔资金进行处置，如果银行在同业清算中无法从资金发送行那里得到相应的资金，那么该行也面临着无法将资金从其用户那里索回的风险。

信用风险产生的主要原因是交易双方经济合同的达成或商品与劳务的转移与资金的转移不是同时进行的。在支付指令发出与资金转移实际发生的时间间隔中，一方可能因种种原因陷入清偿危机，导致在资金交割时无法履约。支付指令的传送与资金实际交割的间隔越长，潜在的信用风险出就越大。电子资金转移系统的存在，使得支付指令的发送与实际资金的交割在当天便可以完成，大大减少了支付过程中存在的信用风险。在外汇交易中，交易双方往往处于不同时区，由于支付系统工作时间的限制，外汇交易的潜在信用风险就特别显著，典型的实例就是德国赫斯特银行倒闭事件。1974年，赫斯特银行与美国的一些银行进行了美元与马克的交易，赫斯特银行买入马克卖出美元，由于国际美元交易要达成资金转移必须通过该货币发行国的国内支付系统，而德国时间比美国东部时间早10个小时（一个营业日），因此美国的银行要比赫斯特银行提前一个营业日交割美元，在美国银行交割资金后，赫斯特银行宣布倒闭。第二天早上一开市，传来赫斯特银行倒闭的消息，美国银行陷入无保障债权人地位，蒙受损失。这就是著名的赫斯特风险，是支付系统特别要防范的风险之一。

电子资金转移的实现，使得实时支付得以实现，最大限度地减少了信用风险。不同的支付系统都会采取一些措施以防范信用风险。

2．流动性风险防范

流动性风险是在支付过程中一方无法如期履行合同的风险。流动性风险与信用风险的区别在于违约方不一定发生清偿力危机，而仅仅是在合同规定的时间无法如期、如数履行债务。但如果给予足够时间，该方可以通过变卖资产筹措相应资金满足清算的要求。但是流动性风险与信用风险间又具有内在联系，如果某银行发生流动性危机，往往不得不廉价销售资产，而造成的损失有可能就是倒闭的原因。而且如果一家银行频繁出现流动性危机，往往会让同业对其信誉有所怀疑，从而严格限制对该行的信贷。同时为了防止信用风险，其他银行也会尽快从该行撤出资金，从而进一步加剧流动性风险。因此流动性风险往往是信用风险的预兆。

流动性风险往往是威胁金融机构生存的最主要和最直接的风险。因此，各金融机构都将保持流动性放在首位，把在保持流动性的前提下追求最大盈利作为经营原则。

3．操作风险防范

操作风险，指由于系统本身的原因而造成的风险，由于技术问题，如计算机失灵、管理及控制系统缺陷等引致的风险。系统的偶然失误会引起交易市场的混乱甚至金融市场的波动，如系统突然中断，造成交易无法实现，或由于数据丢失而造成的风险等。例如著名的赫斯特风险，就是由于收盘时差而造成的结算风险。

最重大的操作风险在于内部控制及治理机制的失败。这种失效状态可能因为失误、欺诈、未能及时做出反应而导致银行财务损失，或使银行的利益在其他方面受到损失，如银行交易员、信贷员、其他工作人员越权、从事职业道德不允许的业务或风险过高的业务等。操作风险的其他方面包括信息技术系统的重大失效或其他灾难等事件，如火灾、银行遭劫、通信线路故障、计算机失灵、高级留班人员遭遇不测、银行日常工作差错、黑客入侵和电子货币的伪造等。伴随现代化支付系统和电子金融的发展，操作风险越来越引起国际金融机构和业界的重视。

4．法律风险防范

法律风险指由于缺乏法律支持、法律不完善或有缺陷而带来的风险，由于支付各方的权利和义务的不确定性，从而妨碍支付系统功能的正常发挥。

在支付系统的运行中，无论是支付系统的各个参与方还是支付服务的提供者，都希望将支付过程中产生的风险或损失转移到另一方。支付系统的良好运作必定需要法律的保障。支付法律应当规定支付系统交易各方的权利与义务、各种支付工具应当满足的基本条件、通信系统和清算安排的各种责任、风险的控制及损失的分担等。

5．欺诈风险防范

欺诈风险指犯罪分子通过欺诈行为而带来的损失。由金融机构参与欺诈造成的风险将会危及整个系统。通常的欺诈行为有通过偷取设备和数据来造假，传输过程中发出非法指令，窃取数据信息，然后修改或删除信息来进行欺诈，如利用窃取的密码进行欺诈活动。欺诈风险对一国的支付系统的稳定和信誉形成严重威胁，如何有效防止金融犯罪是要考虑的重要问题。为防止欺诈风险，CHIPS 使用美国标准局的“金融机构信息真伪标准”系统对支付系统中支付指令的发出者和接收者以及支付指令传送过程中是否被篡改进行辨别与监测。

6．系统风险防范

系统风险指一家机构或几家机构出现信用风险或流动性风险后，对其他机构引起的类似风险，系统风险是中央银行最关心的金融风险。

系统风险会通过以下方式表示出来。假如某家机构在结算中面临一定的困难，一旦金融市场中的其他机构感觉到这种困难，它们就会采取行动，保护自己的头寸。由于感觉这家机构的信用度存在一定问题，其他机构有可能会撤出在这家机构的存款，并拒绝代表它向外支付资金。为增加流动性，这家机构有心能会被迫以低价出卖其资产，以致最终有可能导致破产。而由于该机构破产，有可能导致其信用风险和流动性风险的蔓延，造成其他与之有关联机构的流动件风险，从而引发整个系统风险，造成整个金融系统的不稳定。

4.5.2 电子支付工具的风险

随着金融市场化、电子商务的发展以及金融与技术融合趋势的加强，卡基支付、网上支付、移动支付、电话支付、电视支付等电子支付工具和方式发展迅速，不仅为人们带来更加便捷、高效、经济的支付服务，而且也使电子支付成为支付体系中最活跃、并具有发展前景的组成部分。但同时，与传统支付工具相比，创新支付工具在业务流程、风险防范、责任界定等方面有其特殊性，为电子支付的规范管理提出了挑战。

1．信用风险

电子支付交易具有虚拟性，突破了时空限制，因此对交易各方的信用程度要求较高。因信用问题产生的风险是电子支付面临的重要风险。由于对申请人的信用调查不够、资料审核不严、还款能力评估不足带来的信用风险是韩国信用卡危机发生根本原因。我国信用卡处于高速发展期，行业竞争比较激烈，有些银行为了扩大发卡市场份额而放松了对申请人的信用审核和授信程序。再加上企业和个人征信体制不完善，商业银行缺乏获取不良信息的客观手段，使我国由于不良信用带来的损失逐年攀升。

2．欺诈风险

由于电子支付具有方便、快捷、超越时空的特点，近年来一些不法分子利用电子支付作为进行诈骗、洗钱等违法犯罪的工具，例如手机短信诈骗，移动POS机赌博、假冒银行网站、网络赌博等，都是利用了电子支付交易对象模糊性和交易过程不透明性的特点实施的。欺诈风险已经成为对电子支付健康发展危害最大的一类业务风险。近年来出现的主要银行卡欺诈案件包括：针对ATM机具规格和自助门禁系统通过高科技设备盗取银行卡数据信息和提款密码；利用病毒入侵、建立虚假银行网站或直接入侵网上银行系统的方式盗取、骗取网上银行用户的账号和密码。这类案件实施过程隐蔽，防范和打击难度较大，对持卡人的资金安全和切身利益造成重大影响，后果极其严重。

3．技术风险

电子支付依赖于现代化的电子信息技术和电子处理系统，一旦技术、通讯或系统出现故障，将会出现信息传送或资金汇划错误，带来较大风险。我国电子支付渠道，如ATM、互联网和手机在安全防护方面还存在技术薄弱点，交易的身份认证系统以及技术防范措施存在一定的安全漏洞，致使电子支付受理渠道成为不法分子盗取资金的重要途径，近年来出现的 ATM 诈骗、非法入侵网上银行信息系统、网络钓鱼等案件都与此有关。同时，风险管理分析手段落后，仅限于质的分析，缺乏通过模型进行量化分析的先进手段。

4.5.3　电子支付监管

有效的金融监管与有效的宏观经济政策相结合是确保一国经济稳定的关键因素，伴随着不断出现的金融创新与信息技术的发展，支付系统与支付工具不断发展变化，经历的实物支付、信用支付到现在的电子支付阶段，也对金融监管提出了新的挑战。

1．支付系统风险监管

中央银行对支付系统风险的防范与控制可集中在以下几个方面：

① 对大额支付系统透支进行限制和发展 RTGS 支付系统以减少信用风险和流动性风险；

② 对银行结算支付活动进行监督；

③ 加强支付清算领域的法律建设。

巴塞尔委员会于 1998 年颁布的《网络银行和电子货币业务的风险管理》报告，提出了《有效银行监管的核心原则》。巴塞尔委员会认为电子支付系统风险管理可采取以下步骤。

（1）评估风险

它包括识别和量化风险，由董事会和高级管理层确定银行可以接受的风险程度，将可以接受的风险程度和风险可能带来的损害进行比较。

（2）管理和控制风险

具体措施包括实施安全政策和措施，大部分为技术措施，如加密技术、口令、防火墙等。另外还要有雇员审查制度，并建立相应的内控措施来防范内部风险。定期进行系统的检测和更新，加强银行高级管理人员和负责电子货币业务人员之间的联络。同时，银行要加强对外部资源的控制，如银行需要将部分工作外包给第三方，就必须通过合同明确各方的权利义务，明确银行有权对外包厂商进行检查，同时监管机构也有权进行检查。另外，银行还要及时进行消息披露和消费者教育。设立应急计划，如建立在紧急情况下的数据恢复、应急设备和人员管理等。

（3）监控风险

对电子货币业务进行持续的监控也是风险管理的重要组成部分，由于技术创新很快，持续监控就显得更为重要。

防范和化解金融风险，重要的是对风险进行有效的监测和控制，建立一套严密的监测体系，完善相关法律、法规，以保证电于支付系统有效运转。

2．国外对电子支付风险的监管

（1）欧盟的电子支付监管

主要针对电子货币进行立法，1998、2000、2002 年欧盟颁布了指导欧盟各国的电子货币与电子支付一系列法律文本。强调对消费者的保护，严格准入条件，一旦准入并可陆续在欧盟各国通行。至2005年底，流通中电子货币总量银行占60%，非金融机构占40%，总的发展情况比预期的稍慢。

（2）美国的电子支付监管

与欧盟不同的是美国则以相当宽松的态度对待电子货币与创新电子支付服务，既没有专门针对电子货币立法也没有对电子货币给出单独的定义。如储值卡、能卡、电子钱包这类产品被看作债务而非储蓄，因而允许非银行机构发行这类支付工具。对非银行电子货币发行商的监管责任主要在各州，大多受到货币转账或货币服务业务法律所监管，大多有资本金、储备金、执照方面的限制。由于其宽松的态度，出现了如PAYPAL这样的第三方电子支付服务公司。

（3）亚洲的电子支付监管

新加坡鼓励在本国发展电子支付，一方面维持原有弹性审慎监管原则，另外通过适时而不是单独立法来指导和促进其发展，包括宽松的虚拟银行设立。而印度，则不准设立虚拟银行，业务限制也很严，也限制外国机构在印度进行电子支付业务。香港在电子支付准入方面要求也类似印度，在业务方面则非常宽松。日本则对本国电子支付机构非常宽松，对外国电子支付机构限制非常严格。

3．我国对电子支付系统风险的监管

2005年底出台的《电子支付指引（第一号）》主要针对金融机构的电子支付进行了一些约束。在这个指引出台前，商业银行在电子支付整个业务流程、技术风险防范、业务规则、信息披露、消费者权益保护等方面都还没有一个很好的规范。采取指引的方式，并不是强制性的。《电子支付指引（第一号）》对非金融机构的第三方电子支付及电子商务支付没有任何约束，这些组织未能得到有效管理，即不利于风险控制，也不利于这些机构的发展。

2006年初出台的《支付清算组织管理办法》考虑到了第三方支付，但与《电子支付指引（第一号）》并不配套，且由于其缺乏具体操作细则以及配套政策而难以发挥作用。《支付清算组织管理办法》虽然明确了非金融机构从事电子支付的门槛，但也有如下不足：对于网上支付服务商，如第三方支付网关，本质上是使用银行提供的服务，而非向银行提供跨行交换服务，划入支付清算组织未必一定合适，也就是说第三方支付机构是不是金融机构问题，如果不是金融机构，采用金融机构管理方式合不合适。网上支付服务以及各类零售与行业支付工具、移动支付以及无线支付等电子支付服务应当被监管，但策略上应找到更恰当的办法。

2010年6～9月，随着中国人民银行关于《非金融机构支付服务管理办法》（以下简称《办法》）及《非金融机构支付服务管理办法实施细则（征求意见稿）》（以下简称《办法细则》）的出台，第三方支付行业结束了原始成长期，被正式纳入国家监管体系，并拥有合法的身份。未来第三方支付行业将面临行业高度集中与差异化优势并存的格局，并迎来盈利模式的变革突破，同时也加剧了国内支付行业的竞争。

4．我国电子支付监管的完善方向

为确保金融秩序安全，维护银行业公平有效竞争，保护存款人和社会公众利益以及保证中央银行货币政策的顺利实施，必须加强金融的监管。为了实现金融监管的多重目标，中央银行在金融监管中应坚持分类管理、公平对待、公开监管三条基本原则。分类管理原则就是将金融机构分门别类，突出重点，分别管理；公平对待原则是指在进行金融监管的过程中，不分监管对象，一视同仁，适用统一监管标准，这一原则与分类管理原则并不矛盾，分类管理是为了突出重点，加强监测，但并不降低监管标准；公开监管原则就是指加强金融监管的透明度，中央银行在实施金融监管时需明确适用的金融机构法规、政策和监管要求，这也便于社会公众的监督。由于网络条件下的监管规避现象较为严重，从而改变了金融监管部门与金融机构的力量对比，增加了金融监管的难度。国际差别给电子支付监管带来不便，适用于电子商务条件下的国际金融监管法规体系尚待建立和完善。金融监管的滞后性增强，电子商务发展加快了金融创新的步伐，金融监管的法律法规和监管手段有可能越来越落后于电子支付业务的创新与发展。金融业的不稳定性对电子支付监管提出了新的要求，国际金融环境的变化，从汇率风险防范到金融动荡，从全球性金融系统的风险防范到金融证券市场的规范化制度化等，都反映了国际金融监管协调是网络性、国际性金融深化发展的必然要求。

（1）电子支付风险的防范还依赖许多技术措施的实施

建立网络安全防护体系，防范系统风险与操作风险。不断采用新的安全技术来确保电子支付的信息流通和操作安全，如防火墙、滤波和加密技术等，要加快发展更安全的信息安全技术，包括更强的加密技术、网络使用记录检查评定技术、人体特征识别技术等。使正确的信息及时准确地在客户和银行之间传递，同时又防止非授权用户如黑客对电子支付所存储的信息的非法访问和干扰。其主要目的是在充分分析网络脆弱性的基础上，对网络系统进行事前防护。主要通过采取物理安全策略、访问控制策略、构筑防火墙、安全接口、数字签名等高新网络技术的拓展来实现。为了确保电子支付业务的安全，通常设有三种防护设施。第一种是装在使用者上网用的浏览器上的加密处理技术，从而确保资料传输时的隐秘性，保障使用者在输入密码、账号及资料后不会被人劫取及滥用；第二种是被称为“防火墙”的安全过滤路由器，防止外来者的不当侵入；第三种防护措施是“可信赖作业系统”，它可充分保护电子支付的交易中枢服务器不会受到外人尤其是“黑客”的破坏与篡改。

发展数据库及数据仓库技术，建立大型电子支付数据仓库或决策支持系统，防范信用风险、市场风险等金融风险。通过数据库技术或数据仓库技术存储和处理信息来支持银行决策，以决策的科学化及正确性来防范各类可能的金融风险。要防范电子支付的信用风险，必须从解决信息对称、充分、透明和正确性着手，依靠数据库技术储存、管理和分析处理数据，是现代化管理必须要完成的基础工作。电子支付数据库的设计可从社会化思路考虑信息资源的采集、加工和分析，以客户为中心进行资产、负债和中间业务

的科学管理。不同银行可实行借款人信用信息共享制度，建立不良借款人的预警名单和“黑名单”制度。对有一定比例的资产控制关系、业务控制关系、人事关联关系的企业或企业集团，通过数据库进行归类整理、分析、统计，统一授信的监控。

加速金融工程学科的研究、开发和利用。金融工程是在金融创新和金融高科技基础上产生的，是指运用各种有关理论和知识，设计和开发金融创新工具或技术，以期在一定风险度内获得最佳收益。急需加强电子技术创新对新的电子支付模式、技术的影响，以及由此引起的法制、监管的调整。

通过管理、培训手段来防止金融风险的发生。电子支付是技术发展的产物，许多风险管理的措施都离不开技术的应用。不过这些技术措施实际上也不是单纯的技术措施，技术措施仍然需要人来。贯彻实施，因此通过管理、培训手段提高从业人员素质是防范金融风险的重要途径。《中华人民共和国电脑系统安全保护条例》、《中华人民共和国电脑信息网络国际联网管理暂行规定》对电脑信息系统的安全和电脑信息网络的管理使用做出了规定，严格要求电子支付等金融业从业人员依照国家法律规定操作和完善管理，提高安全防范意识和责任感，确保电子支付业务的安全操作和良好运行。

为此，要完善各类人员管理和技术培训工作。要通过各种方法加强对各级工作人员的培训教育，使其从根本上认识到金融网络系统安全的重要性，并要加强各有关人员的法纪和安全保密教育，提高电子支付安全防护意识。一是要培训银行内部员工。由于电子支付是技术的产物，使内部员工具有相应的技术水平也是风险管理的重要方面。这些培训包括各种各样的方式，如专门的技术课程要求员工参加业内的研讨会、工作小组。同时，保证相应的技术人员能够有时间进行研究、学习，跟踪市场和技术的发展状况。二是对客户进行教育和培训，教会他们如何使用银行的设备，出现问题怎么办，并通过培训向客户披露有关的信息，如银行主页上建立的链接点的性质、消费者保护的措施、资料保密的要求等，以此减少相应的法律风险。

具体的技术防范细节还有很多，如为了防止黑客的入侵，防止内部人员随意泄露有关的资料和信息，密码技术被广泛地应用。但是，并不是所有的信息都一样重要。一些监管机构要求银行首先要对资料进行分类，分成“高度机密”、“机密”和“公开”信息三类，不同种类的信息采取的保密措施不同。对于高度机密信息，在储存和通过内部网络传送时必须加密。在技术和资金允许的情况下，可以尽量采用更强一些的密钥。同时，要强化密钥的管理，建立有效的密钥管理方式，如保护密钥不受篡改和违法使用，根据资料的秘密程度，定期更换密钥。至于通过公开网络如互联网传递的信息，都必须进行加密。

此外，还有许多其他的技术防范措施。比如，防病毒的技术措施，对于主服务器的管理等。这些措施技术成分比较大，需要银行管理部门加以格外的注意。同时，光有技术措施也是不够的，同样需要辅以相应的管理和内控措施。比如，对银行内部职员进行严格审查，特别是系统管理员、程序设计人员、后勤人员以及其他可以获得机密信息的人员，都要进行严格的审查，审查的内容包括聘请专家审查其专业技能，家庭背景、有无犯罪前科、有无债务历史等。而一些重要人物，比如，系统的管理员，由于他们可以毫无障碍地进入任何电脑和数据库，也可能产生潜在的风险，对于这样的人则必须采用类似于双人临柜式的责任分离、相互监督等手段来进行控制。

（2）加强电子支付立法建设

电子支付业务的迅速发展，导致了许多新的问题与矛盾，也使得立法相对滞后，另一方面，电子支付涉及的范围相当广泛，也给立法工作带来了一定的难度。在电子支付的发展过程中，为了防范各种可能的风险，不但要提高技术措施，健全管理制度，还要加强立法建设。

针对电子支付活动中出现的问题，应建立相关的法律，以规范电子支付参与者的行为。对电子支付业务操作、电子资金划拨的风险责任进行规范，制定电子支付的犯罪案件管辖、仲裁等规则。对电子商务的安全保密也必须有法律保障，对电脑犯罪、电脑泄密、窃取商业和金融机密等也都要有相应的法律制裁，以逐步形成有法律许可、法律保障和法律约束的电子支付环境。

（3）电子支付风险管理的其他方面

技术安全措施在电子支付的风险管理中占有很重要的位置，这也是电子支付风险管理的一个比较明显的特点。但电子支付的风险管理并不仅仅限于技术安全措施的采用，而是一系列风险管理控制措施的总和。

管理外部资源。电子支付的趋势是，越来越多的外部技术厂商参与到银行的电子化业务中来，可能是一次性的提供机器设备，也可能是长期的提供技术支持。外部厂商的参与使银行能够减少成本、提高技术水平，但这加重了银行所承担的风险。为此，银行应该采用有关措施，对外部资源进行有效的管理。比如，要求有权对外部厂商的运作和财务状况进行检查和监控，通过合同明确双方的权利和义务，包括出现技术故障或消费者不满意的时候，技术厂商应该承担的责任。同时，还要考虑并准备一旦某一技术厂商出现问题时的其他可替代资源。作为监管机构，也需要保持对与银行有联系的技术厂商的监管。

建立健全金融网络内部管理体系。要确保网络系统的安全与保密，除了对工作环境建立一系列的安全保密措施外，还要建立健全金融网络的各项内部管理制度。建立健全电脑机房的各项管理制度，并加以严格执行。是保障金融网络系统安全的有效手段。机房管理制度不仅包括机房工作人员的管理，而且还包括对机房内数据信息的管理、电脑系统运行的管理等，要求操作人员按照规定的流程进行操作，保证信息资料的保密性和安全性达到要求。

建立应急计划。电子支付给客户带来了便利，但可能会在瞬间内出现故障，让银行和客户无所适从。因此，建立相应的应急计划和容错系统显得非常重要。应急计划包括一系列措施和安排，比如：资料的恢复措施、替代的业务处理设备、负责应急措施的人员安排、支援客户的措施等。这些应急的设施必须定期加以检测，保证一旦出事之后，确实能够运作。

本章小结

本章首先对货币的定义、形态、职能及其制度进行了详尽的阐述。然后，重点介绍了电子货币的定义，在电子商务迅速发展和金融电子化的背景下，电子货币成为媒介商品交易的重要工具。电子货币是一种电子形式的货币，不再以纸张或金属形态表现，而是以电子载体中所包含的信息来体现其形态。在此基础上介绍了电子货币的特性、功能与职能。

电子支付是以金融电子化为基础，以商用电子化工具和各类交易卡为媒介，以计算机技术和通信技术为手段，以电子数据形式存储在银行的计算机系统中，并通过计算机网络系统以电子信息传递形式实现流通和支付。电子支付工具包括信用卡电子支付方式、电子支票支付方式和电子现金支付方式等。

电子支付系统是电子商务系统的重要组成部分，它是指消费者、商家和金融机构之间使用安全电子手段交换商品或相应的处理机构，即把新型支付手段包括电子现金、信用卡、电子支票等的支付信息通过网络安全传送到银行或相应的处理机构，来实现电子支付，是融购物流程、支付工具、安全技术、认证体系以及现在的金融体系为一体的综合大系统。

第三方支付作为电子支付的主要运作模式之一，因其自身特点和优势而发展迅速。本章给出了第三方支付的定义及其一般运行模式。通过对第三方支付平台在网上交易过程中的分析，归纳了第三方支付的地位和作用；在对我国主要的第三方支付平台和它们的应用现状介绍之后，提出了第三方支付的监管问题并给出了一系列应对办法。

电子支付的风险管理除了传统的内容外，因其新的特性还有着新的内容。本章首先介绍了传统支付系统的主要风险及防范；然后介绍了电子支付工具的主要特点及其所带来的新风险；之后介绍了中央银行对支付系统风险的防范与控制，国外对电子支付风险的监管情况，以及我国对电子支付风险的监管情况和需要完善的方向。

参考文献

[1] 才书训. 电子支付与网上金融学. 沈阳：东北大学出版社，2002.
[2] 王蜀黔. 电子支付法律问题研究. 武汉：武汉大学出版社，2005.
[3] 蔡元萍. 网上支付与结算. 大连：东北财经大学出版社，2006.
[4] 胡华江. 电子商务实务. 北京：高等教育出版社，2010.
[5] 欧阳勇. 网络金融概论. 成都：西南财经大学出版社，2004.

[6] 胡玫艳. 电子商务概论. 广州：华南理工大学出版社，2007.
[7] 曹红辉. 中国电子支付发展研究. 北京：经济管理出版社，2008.
[8] 周虹主. 电子支付与网络银行. 北京：中国人民大学出版社，2006.
[9] 张宽海. 第三方支付的分析研究. 中国信用卡.2006（07）
[10] 谢众. 我国支付体系风险研究. 成都：西南财经大学 2008.
[11] 黄昕. 浅析中国电子支付的监管问题及对策. 当代经济. 2009（24）.
[12] 2014 年（上）中国电子商务市场数据监测报告. 中国电子商务研究中心，2014：8
[13] 中国人民银行. 非金融机构支付服务管理办法. 2010-06-14

第 5 章　电子商务物流与供应链管理

5.1　电子商务与物流

5.1.1　物流及物流标准化

1. 物流概念

根据我国国家标准在 GB/T18345—2006《物流术语》中的表述，物流（logistics）：“物品从供应地向接受地的实体流动过程。根据实际需要，将运输、储存、配送、包装、装卸搬运、流通加工、信息管理等基本功能实施有机结合。”这一表述包含了物流活动内容及功能的两个方面。对物流管理的表述是：“为达到既定的目标，对物流的全过程进行计划、组织、协调和控制”。从对物流定义分析，可以认物流即是现代物流概念，它不是简单的实物流动，而是供应链上的实物流、资金流、信息流及业务流和商流的有机结合。

如果考虑信息技术在现代物流中的作用，可以这样对现代物流进行定义：现代物流是指原材料、产成品等实物从起点到终点及相关信息有效流动的全过程，它充分运用信息技术，将运输、储存、配送、包装、装卸搬运、流通加工等有机结合，形成完整的供应链，为用户提供多功能、一体化的综合服务。

物流作为“第三利润源泉”，依附于服务对象来发展。它解决的是经济活动中如何提高“实物流动效率”的问题，这里“实物流动效率”是指依据供应链管理理念（见 5.4.1 小节）通过一系列物流管理与操作，实现以最小的实物存量、最大限度地满足经济活动的需要和消费者需求，具体到企业就是从销售、生产到采购整个过程的实物流动系统的优化管理。

2. 物流的性质

物流是“流通”的物质内容构成之一，没有物流，也不存在实际的物资流通过程，物资价值和使用价值就不能实现，社会再生产就无法进行。物流具有生产性、社会性和服务性三种性质。物流作业的执行者进行物流活动并提供物流商品，物流商品是一种服务型商品。

物流活动由运输、储存、配送、包装、装卸搬运、流通加工、信息管理等项工作构成，这些项目也常被称之为“物流活动的基本职能”。

3. 物流的分类

根据物流的需求、物流在社会再生产过程中的地位与作用不同等角度，可以将物流划分为不同类型。在物流研究与实践过程中，针对不同类型的物流，需要采取不同的运作方式、管理方法等；针对相同类型的物流活动，可以进行类比分析，规模整合等。这里首先将物流分为宏观物流与微观物流，然后再进行更细致的分类。宏观物流是指社会再生产总体的物流活动，其主要特点是综观性和全局性。宏观物流主要研究内容包括物流总体构成，物流与经济发展的相互关系等。微观物流是指消费者、生产者所从事的具体物流活动，其主要特点是具体性和局部性。微观物流的研究内容贴近企业经营管理实际，包括生产物流、供应物流、销售物流、回收物流及废弃物物流等。简单地说，在大空间范畴内发生的物流活动，往往带有宏观性，属于宏观物流；在小空间范畴内发生的物流活动，往往带有微观性，属于微观物流。

4. 物流标准化

（1）物流标准化的含义

物流标准化是指以物流作为一个大系统，制定并实施“系统内部设施、机械装备、专用工具”等的技术标准，制定并实施“包装、装卸、运输、配送”等各类作业标准、管理标准及作为现代物流突出特征的物流信息标准，并形成全国及国际接轨的标准体系，推动物流业的发展。物流标准化的作用不言而喻，它可以统一国内物流概念、规范物流企业、提高物流效率，是国内物流与国际物流接轨，是物流发展的基础。物流标准化包括以下三个方面含义：① 从物流系统整体出发，制定其各子系统的设施、设备、专用工具等的技术标准，以及业务工作标准。② 研究各子系统技术标准和业务工作标准的配合性，按配合性要求，统一整个物流系统的标准。③ 研究物流系统与相关其他系统的配合性，谋求物流大系统的标准统一。以上三个方面是分别从不同的物流层次上考虑将物流实现标准化。要实现物流系统与其他相关系统的沟通和交流，在物流系统和其他系统之间建立通用的标准，首先要在物流系统内建立物流系统自身的标准，而整个物流系统的标准又必然包括物流各个子系统的标准。因此，物流要实现最终的标准化必然要实现以上三个方面的标准化。

（2）物流标准化的意义

发达国家为了提高物流运作效率和效益已经建立与之相适应的现代化物流系统并使该系统标准化和规范化。尤其是随着全球经济一体化和物流国际化的发展，物流标准化和规范化为实现物流合理化、高效化的基础，对促进我国现代物流发展、提高物流服务质量和效率具有重要意义。

物流标准化是物流发展基础。因为物流是一个复杂系统工程，对待这样一个大型系统，要保证系统统一性、一致性和系统内部各环节的有机联系，需要多种方法和手段，标准化是重要手段之一。它对降低物流成本、提高物流效益具有决定性作用，能保障物流活动畅通，加快流通速度，减少物流环节，最大限度地节省投入和流通费用，保证物流质量，提高经济效益和物流质量。在我国实现物流标准化具有如下现实意义：

① 物流标准化是实现物流管理现代化的重要手段和必要条件。物料从厂商的原料供应，产品生产，经市场流通到销售环节，再回收再生产，是一个综合的大系统。由于

社会分工日益细化，物流系统的高度社会化显得更加重要。为了实现整个物流系统的高度协调统一，提高物流体统管理水平，必须在物流的各个环节制定标准，并严格贯彻执行，只有这样，才能提高物流供应链的效率。

② 物流标准化是物流服务的质量保证，物流标准化可以规范物流企业将工厂生产的合格产品保质保量并及时地送到用户手中。物流标准化对运输、储存、配送、包装、装卸等各个子系统都制定相应的标准，形成物流质量保证体系，只要严格执行这些标准，就能将合格的物品送到用户手中。建立与物流业相关的国家标准，对已进入物流市场和即将进入物流市场的企业进行规范化、标准化管理，是确保物流业稳步发展的需要。

③ 物流标准化是降低物流成本、提高物流效益的有效措施。由于传统的物流被人为的割裂为很多个阶段，而各个阶段不能很好地衔接和协调，加上信息不能共享，造成物流的效率不高。物流标准化以系统为出发点，统一整个物流系统的标准，进一步统一物流大系统的标准，进而能够达到降低物流成本的目的。

5.1.2 电子商务物流

1. 电子商务物流体系的建立模式

电子商务具体实施有多种模式可以选择，由于从事的专业不同，互联网服务提供商（ISP）和互联网内容提供商（ICP）及其他信息服务提供商更多地从如何建立电子商务信息服务网络、如何提供更多的信息内容、如何保证网络的安全性、如何方便消费者介入、如何提高信息传输速度等方面考虑问题，至于电子商务在线服务背后的物流体系的建立问题，则因为涉及另一个完全不同的领域，电子商务应该完成商流、物流、信息流和资金流，在商流、信息流、资金流都可以在网上进行的情况下，物流体系的建立应该被看作是电子商务的核心业务之一，电子商务物流体系可以有以下几种组建模式：① 电子商务与普通商务活动共用一套物流系统；② 互联网服务提供商（ISP）和互联网内容提供商（ICP）自己建立物流系统或利用社会化的物流、配送服务；③ 第三方建立物流服务体系。

2. 电子商务中物流方案的重点考虑因素

推行电子商务关键之一是制定和执行一套合理物流方案。在制定物流方案时，以下因素应该重点考虑：① 电子商务消费者的地区分布，电子商务的客户可能在地理分布上是十分分散的，要求送货的地点不集中，物流网络并没有像因特网那样广的覆盖范围，无法经济合理地组织送货。所以，提物流服务需要像有形店铺销售一样，要对销售区域进行定位，一般情况下对不同区域采取不同的物流服务政策。② 配送细节。同有形市场一样，电子商务物流方案中配送环节是完成物流过程并产生成本的重要环节，需要精心设计配送细节。③ 电子商务物流方案，要根据物流服务提供商的不同，扬长避短，发挥各自的优势，实现供应链集成，共同完成向消费者提供电子商务和物流服务的工作。④ 物流成本与库存控制。因为很难预测商品的销售量，库存就成为商业经营和物流中的最难确定的因素，物流服务中需要严格考虑库存控制问题以降低物流成本，最大程度降低物流资源如库存能力和运输能力等的浪费，提高整个社会效率。

5.2　物流系统与职能

5.2.1　物流系统及基本职能

物流系统是指由两个或两个以上的物流功能单元构成，以完成物流服务为目的的有机集合体，是由所需输送的物料和包括有关设备、输送工具、仓储设备、人员以及通信联系等若干相互制约的动态要素构成的具有特定功能的有机整体。作为物流系统的“输入”就是运输、储存、配送、包装、装卸搬运、流通加工、信息管理等环节的劳务、设备、材料、资源等，一般来讲物流系统的输入是指物流成本，而物流系统的输出是由企业效益、竞争优势以及客户服务三部分组成。

物流的基本职能是指物流活动应该具有的基本能力以及通过对物流活动最佳的有效组合，形成物流的总体功能，以达到物流的最终经济目的。物流的基本职分别是运输、储存、配送、包装、装卸搬运、流通加工以及与上述职能物流信息管理等七大职能，这些职能主要在运输、仓储、装卸搬运、配送和物流信息管理等物流活动中集中体现。物流的基本职能是实现商品实体运动，与商品使用价值运动有关。物流目的是通过实现上述职能来完成的。因此，建立和健全必要的储存、运输基础设施，是发挥物流职能的前提条件，在此基础上，物流总体功能得以通过基本职能的发挥体现出来。物流的基本职能可以分为三类，即物流主体职能（运输、储存、配送）、物流辅助职能（包装、装卸搬运、流通加工）和物流信息管理职能。

5.2.2　运输

运输是物体借助运力在空间上产生的位置移动。我国国家标准《物流术语》对运输的定义是:“用设备和工具，将物品从一地点向另一地点运送的物流活动。物流的运输创造着物流的空间效用，在存在空间背离的商品产地与销地之间搭建起连接的“桥梁”，使消费者或用户能够在当地买到所需商品。由于运输活动相对来讲时间长、距离远、能源动力消耗多，其成本在物流总成本中的比例高达 50%以上。因而，运输成本降低的潜力大，无论在物流领域还是国民经济领域都占有举足轻重的位置，同时，运输在现代物流中又是个最重要的子系统。

1. 运输的作用及意义

运输的任务是对物资进行较长距离的空间移动。物流部门通过运输解决物资在生产地点和需要地点之间的空间距离问题，从而创造商品的空间效益，实现其使用价值，以满足社会需要。运输是物流的中心环节之一，可以说是物流最重要的一个功能。运输在经济上的作用是扩大了经济作用范围和在一定的经济范围内促进物价的平均化。现代化大生产的发展，社会分工越来越细，产品种类越来越多，无论是原材料的需求，还是产品的输出量，都大幅度上升，区域之间的物资交换更加频繁，这就促进运输业的发展和运输能力的提高，所以产业的发展促进了运输技术的革新和运输水平的提高。反之，运输手段的发达也是产业发展的重要支柱。比如现代钢铁企业每日需万吨以上铁矿石原料，往往是从几千里甚至几万里之外用大型货车运来，许多发达国家需要数万吨以至数亿万吨级油轮从国外输送石油，没有这样强有力的输送手段，许多大工业企业就难以存在，甚至导致国民经济也难以正常运转。

2. 运输方式及特点

陆地、海洋和天空都可以作为运输活动的空间，根据运载工具的不同，运输的主要方式可以分为以下几种：

（1）基于铁路的运输方式

它是陆地长距离运输的主要方式。由于其货车在固定轨道线路上行驶，可以自成系统，不受其他运输条件的影响，具有按时刻表运行，轨道行驶阻力小、不需频繁地启动制动、可重载高速运行及运输单位大等优点，从而使运费和劳务费降低。但由于在专用线路上行驶，而且车站之间距离比较远，缺乏机动性，此外，运输的起点和终点常常需要汽车进行转运，增加搬运次数。

铁路及其附属设施的建设需要国家投资，除了少数大型工厂和矿山有自己的支线外，一般企业只能利用公有铁路，铁道运输车辆主要有机车和货车车厢两种，货车车箱随用途而异，也有不同种类，化学品车、油罐车、集装箱车等。

（2）基于公路的运输方式

它是最普及的一种运输方式，其最大优点是空间和时间方面具有充分的自由性，受路线和停车站的约束少，只要没有特别的障碍（如壕沟、过窄的通道等），汽车都可以到达。因此，可以实行从发货人到收货人之间门对门直达输送。由于减少了转运环节，货物包装可以简化，货物损伤、丢失和误送的可能性很小。购置汽车成本较低，一般企业都可以实现。自行运输和委托运输可以同时进行，由于自备车有充分的机动性，使用非常方便。

汽车运输的运输单位小，运输量和汽车台数与操作人员数成正比，产生不了大批量输送的效果。动力费和劳务费较高，特别是长距离输送中缺点较为显著。此外，由于在运行中司机自由意志起主要作用，容易发生交通事故，对人身、货物、汽车本身造成损失。由于汽车数量的增多，产生交通阻塞，使汽车运行困难，同时产生的废气、噪音也造成了环境污染。运货汽车种类很多，有卡车、厢式货车、拖车、冷藏车等专用货车，虽然大型化是发展趋势，但是小型货车的适用范围很广，今后仍然会保持大型货车和小型货车相结合的汽车运输体系。

（3）基于水路的运输方式

它有海运和内河航运两种。利用水路运送货物，在大批量和远距离的运输中价格便宜，可以运送超大型和超重物。运输线路主要利用自然的海洋与河流，不受道路的限制，在隔海的区域之间是代替陆地运输的必要方式。水上航行的速度比较慢、航行周期长，海上运输有时以几个月为周期，易受天气影响，航期不能保证，建设港湾也要花费高额费用。船舶按用途分类有专用船（如油轮、矿石船、冷冻船等），还有混装船、集装箱船；按装卸货物的方式有载货车辆可以直接开到船上的滚装船，还有无自行能力的船舶等。

（4）基于航空的运输方式

它们主要优点是速度快。因为时间短，货物损坏少，特别适合一些保鲜物品的输送。但是航空运输的费用高，离机场距离比较远的地方利用价值不大。客运飞机可以利用下部货仓运送少部分货物。随着空运货物的增加，出现了专用货运机，采用单元装载系统，缩短装卸时间，保证“快”的特色。

（5）基于管道的运输方式

自来水和城市的煤气的输配送是和人们生活最为密切相关的管道运输，它的主要优点是：基本没有运动部件，维修费便宜。管道一旦建成，可以连续不断地输送大量物资，不费人力，运输成本低。管道铺设可以不占用土地或占地较少。此外，具有安全、事故少、公害少等优点。管道运输的缺点是在输送地点和输送对象方面具有局限性。一般适用于气体、液体，天然气、石油等，但是也发展到粉粒体的近距离输送，如粮食、矿粉等，并且还研究了将轻便物体放在特定的密封存器内，在管道内利用空气压力进行输送．如书籍文件、实验样品的输送。随着技术的进步，输送对象的范围在不断扩大。管道的铺设有地面、地下和架空安装等方式。必要时中途要采用保温、加热、加压的措施，以保证管道的畅通。

（6）多种方式联合运输

联合运输是综合利用某一区间中各种不同运输方式的优势进行不同运输方式的协作，使货主能够按一个统一的运输规章或制度，使用同一个运输凭证，享受不同运输方式综合优势的一种运输形式。联运的最低限度要求是两种不同运输方式进行两程的衔接运输。联合运输按地域划分有国际联运和国内联运两种，国内联运较为简单，国际联运是联合运输最高水平的体现。联合运输具有三个特点：一是具有组织运输的全程性，二是运程凭证的通用性，三是托运手续的简易性。

5.2.3　储存

1. 储存的作用和意义

在物流系统中，将通过仓库实现的“储存”职能简称为仓储。仓储是“对物品进行保存及对其数量、质量进行管理控制的活动”。它是物流系统的一个子系统，在物流系统中起着缓冲、调节和平衡的作用。仓储和运输长期以来被看作为物流活动的两大支柱。

仓储的目的是克服产品生产与消费在时间上的差异，使物资产生时间效果，实现其使用价值。如大米一年收获1～2次，必须用仓库进行储存以保证平时的均衡需求。又如水果或者鱼虾等水产品在收获季节时需要在冷藏库进行储存，以保证市场的正常需要并防止价格大幅度起落。产品从生产领域进入消费领域之前，往往要在流通领域停留一定时间，这就形成了商品储存。在生产过程中原材料、燃料、备品备件和半成品也需要在相应的生产环节之间有一定的储备，作为生产环节之间的缓冲，以保证生产的连续进行。

所以通过仓储，可使商品在最有效的时间段发挥作用，创造商品的"时间价值"和"使用价值"。利用仓储这种"蓄水池"和"调节阀"的作用，还能调节生产和消费的失调，消除过剩生产和消费不足的矛盾。出于政治、军事需要或为了防止地震、水灾、旱灾、虫灾、风灾、瘟疫等人类不可抗拒的自然灾害所进行的战略性物资储备，在任何时候和任何情况下都是必要的。

2. 仓库的机能

自从人类社会生产有剩余产品以来，就有储存活动，而储存物品的建筑物或场所，一般称为仓库。也就是说仓库是储存、保管物品的建筑物和场所的总称。随着社会生产水平的提高，社会化生产方式的出现，产品空前丰富，商品经济占有重要地位，出现了为商品流通服务的仓库。社会化的大生产又需要有保证生产需要的原材料和零部件仓库。仓库成为生产和消费领域中物资集散的中心环节，其功能已不单纯是储存、保管。从现代物流系统观点来看，仓库是物流系统的调运中心，在这里对物流进行有效的、科学的管理与控制，使物流系统更顺畅、更合理地运行。一般来说，仓库应具有以下的功能：

（1）储存的功能

这是仓库的最基本的传统功能，因此，仓库应具有必要的空间用于容纳物品。库容量是仓库的基本参数之一。商品生产与商品消费存在着时间上的不均衡，这就使得商品流通的连续进行存在着时间上的矛盾。要克服这个矛盾，必须依靠储存来发挥作用。通过储存，可以保证商品流通的连续性和均衡性，才能使市场上具有连续充足的商品供给。因此可以说，储存职能创造着物流的时间效用，是物流的支柱。虽然，商品储存在商品流通过程中处于一种或长或短的相对停滞状态，但这种停滞状态是由产品的产销方式和产销时间决定的，它是商品流通的物质保证，是商品流通所必需的。正如马克思在分析商品流通与商品储存关系时指出的："商品停滞要看作商品出售的必要条件。"

同时，在储存过程中应保证物品不丢失、不损坏、不变质。要有完善的保管制度，合理使用搬运机具，有正确的操作方法，在搬运和堆放时不能碰坏或压坏物品。根据所储存货物的特性，仓库里应配有相应的设备，以保持储存物品的完好性。例如对水果、鱼肉类仓库要控制其温度，使之成为冷藏仓库及冷冻仓库；储存精密仪器的仓库应防潮防水，保持温度恒定，需要空气调节及恒温设备；一些储存挥发性溶剂的仓库必须有通风设备，以防止空气中挥发性物质含量过高而引起爆炸。

（2）调节供需的功能

从生产和消费两方面来看，其连续性的规律都是因产品不同而异，因此，生产节奏和消费节奏不可能完全一致：有的产品生产是均衡的，而消费不是均衡的，如电风扇等季节性商品；相反，有的产品生产节奏有间隔而消费则是连续的，如粮食。这两种情况都产生了供需不平衡，这就要有仓库的储存作为平衡环节加以调控，使生产和消费协调起来，这也体现出物流系统创造物资时间效用的基本职能。

（3）调节货物运输能力的功能

各种运输工具的运量相差很大。船舶的运量大，海运船一般是万吨以上，内河船也以百吨或千吨计。火车的运量较小，每节车皮能装 30～60 吨，一列火车的运量多达数千吨。汽车的运量最小，一般每车只有 4～10 吨。在码头和车站进行不同运输方式的转运时，运输能力是很不匹配的，这种运力的差异必须通过仓库或货场将货物短时存放以进行调节和衔接。

（4）流通加工的功能

由于商品产销方式的不同，生产性消费一般要求大包装、单花色、大统货、单规格、散装件，而个人生活消费则需要商品小包装、多花色、分规格、组合件等，这就需要在流通中进行必要的流通加工，才能适应商品销售的需要。流通加工是在商品从生产者向消费者运动的过程中，为了促进销售维护商品质量和实现物流效率，而对商品进行的再加工。流通加工的内容，包括装袋、分装、贴标签、配货、数量检查、挑选、混装、刷标记、剪断、组装和再加工改制等。流通加工职能的发挥，有利于缩短商品的生产时间，满足消费者的多样化需求，克服生产单一性与需求多样化的矛盾，提高商品的适销率。

现代仓库的发展趋势是从储存仓库向流通性仓库的方向发展，仓库成为流通、销售、零部件供应的中心，其中一部分在所属物流系统中起着货物供应的组织协调作用，被称为物流中心。这一类仓库不仅具备储存货物的设施，而且增加了分拣、捆包、流通加工、信息管理等设置，这样既扩大了仓库的经营范围，提高了物资综合利用率，又促进了物流合理化，方便了消费者，提高了服务质量。许多仓库都改建成了物流中心、流通中心或配送中心，由储存型的仓库转为流通型的物流节点。本文将在后文对配送中心进行介绍。

5.2.4　装卸搬运

1. 装卸搬运的作用

物流系统各个环节的先后或同一环节的不同活动之间，都必须进行装卸搬运作业。如运输、储存、包装等都要有装卸搬运作业配合才能进行。例如，待运出的物品要装上车才能运走，到达目的地后，要卸下车才能入库等。由此可见，装卸搬运是物料的不同运动（包括相对静止）阶段之间相互转换的桥梁，正是因为有了装卸搬运活动才能把物料运动的各个阶段联接成连续的“流”，使物流的概念名实相符。

正如前面所述，装卸搬运是指在同一地域范围内进行的，以改变物料的存放状态和空间位置为主要目的的活动。一般来说，在强调物料存放状态的改变时，使用“装卸”一词；在强调物料空间位置的改变时，使用“搬运”这个词。装卸搬运与运输、储存不同，运输是解决物料空间距离的，储存是解决时间距离的，而装卸搬运没有改变物料的时间或空间价值，因而往往引不起人们的重视。可是一旦忽略了装卸搬运，生产和流通领域轻则发生混乱，重则造成生产活动停顿。

2. 装卸搬运作业的分类

分类的方法有多种，可按作业场所、操作特点等进行分类。

（1）按作业场所分类

① 铁路装卸，指在铁路车站进行的装卸搬运活动。除装卸火车车厢货物外，还包括汽车的装卸、堆码、拆取、分拣、配货、中转等作业。

② 港口装卸，指在港口进行的各种装卸活动。如装船、卸船作业，搬运作业等。

③ 场库装卸，指在仓库、堆场、物流中心等处的装卸搬运活动。另外，如空运机场、企业内部以及人不能进入的场所，均属此类。

（2）按操作特点分类

① 堆码取拆作业，包括在车厢内、船舱内、仓库内的码垛和拆垛作业。

② 分拣配货作业，指按品类、到站、去向、货主等不同特征进行分拣货物作业。

③ 挪动移位作业，即单纯地改变货物的支承状态的作业（例如，从汽车上将货物卸到站台上等）和显著（距离稍远）改变空间位置的作业。

以上作业又可分为手工操作、半自动操作和全自动操作。

3. 装卸搬运作业的方法

装卸搬运作业的方法可按作业方式、作业对象、作业手段、设备作业原理等进行分类。

（1）按作业方式分

① 吊装吊卸法（垂直装卸法），主要是使用各种起重机械来改变货物的铅垂方向的位置为主要特征的方法，这种方法历史最悠久、应用面最广。

② 滚装滚卸法（水平装卸法），是以改变货物的水平方向的位置为主要特征的方法。如各种轮式、履带式车辆通过站台、渡板开上开下装卸货物，用叉车、平移机来装卸集装箱、托盘等。

（2）按作业对象分

① 单件作业法，是人力作业阶段的主导方法。对于长大笨重的货物，或集装会增加危险的货物等，仍采取这种传统的单件作业法。

② 集装作业法，指先将货物集零为整，再进行装卸搬运的方法。有集装箱作业法、托盘作业法、货捆作业法、滑板作业法、网装作业法及挂车作业法等。

③ 散装作业法，指对煤炭、矿石、粮食、化肥等块、粒、粉状物资，采用重力法

（通过筒仓、溜槽、隧洞等方法）、倾翻法（铁路的翻车机）、机械法（抓、舀等）、气力输送（用风机在管道内形成气流，应用动能、压差来输送）等方法进行装卸。

另外，按装卸设备作业原理分，有间歇作业法（如起重机等）和连续作业法（如连续输送机等）；按作业手段和组织水平分有人工作业法、机械作业法、综合机械化作业法。

5.2.5　配送中心

1. 配送的作用

配送是指按用户的订货要求，在物流中心进行分货、配货工作，并将配好的货物送交收货人的过程。配送在整个物流过程中，其重要性应与运输、储存、流通加工等并列，而形成物流的基本职能之一。它与运输职能的区别在于，在商品由其生产地通过地区流通中心发送给用户的过程中，由生产地至配送中心之间的商品空间转移，称为“运输”，而从分配中心到用户之间的商品空间转移则称为“配送”。而它又不同于一般的流通加工职能，采取配送方式，通过增大订货经济批量来达到经济地进货，又通过将用户所需的各种商品配备好，集中起来向用户发货，以及将多个用户的小批量商品集中起来进行一次发货等方式，尤其适应当前出现的新的连锁商店商业经营形式，提高了物流的经济效益。

2. 配送中心概念

配送中心就是从事货物配备（集货、加工、分货、拣选、配货）和组织对用户送货，以高水平实现销售和供应服务的现代流通设施。配送中心是基于物流合理化和发展市场两个需要而发展的，是以组织配送式销售和供应，执行实物配送为主要功能的流通型物流节点。它很好地解决用户多样化需求和厂商大批量专业化生产的矛盾，因此，逐渐成为现代化物流的标志。配送中心是一种新兴的经营管理形态，它具有满足多样少量的市场需求及降低流通成本的作用，但是，由于建造企业的背景不同，其配送中心的功能、构成和运营方式就有很大区别，因此，在配送中心规划时应充分注意配送中心的类别及其特点。

3. 配送中心的分类

（1）按配送中心的设立者分类

制造商配送中心是以制造商为主体的配送中心。这种配送中心里的物品 100%是由自己生产制造，用以降低流通费用、提高售后服务质量和及时地将预先配齐的成组元器件运送到规定的加工和装配工位。从物品制造到生产出来后条码和包装的配合等多方面都较易控制，所以按照现代化、自动化的配送中心设计比较容易，但不具备社会化的要求。

批发商型配送中心是由批发商或代理商所成立的配送中心。批发是物品从制造者到消费者手中之间的传统流通环节之一，一般是按部门或物品类别的不同，把每个制造厂的物品集中起来，然后以单一品种或搭配向消费地的零售商进行配送。这种配送中心的物品来自各个制造商，它所进行的一项重要的活动是对物品进行汇总和再销售，而它的全部进货和出货都是社会配送的，社会化程度高。

零售商型配送中心由零售商向上整合所成立的配送中心。以零售业为主体的配送中心。零售商发展到一定规模后，就可以考虑建立自己的配送中心，为专业物品零售店、超级市场、百货商店、建材商场、粮油食品商店、宾馆饭店等服务，其社会化程度介于前两者之间。

专业物流配送中心是以第三方物流企业（包括传统的仓储企业和运输企业）为主体的配送中心。这种配送中心有很强的运输配送能力，地理位置优越，可迅速将到达的货物配送给用户。它为制造商或供应商提供物流服务，而配送中心的货物仍属于制造商或供应商所有，配送中心只是提供仓储管理和运输配送服务。这种配送中心的现代化程度往往较高。

（2）按服务范围分类

城市配送中心是以城市范围为配送范围的配送中心，由于城市范围一般处于汽车运输的经济里程，这种配送中心可直接配送到最终用户，且采用汽车进行配送。所以，这种配送中心往往和零售经营相结合，由于运距短，反应能力强，因而从事多品种、少批量、多用户的配送较有优势。

区域配送中心以较强的辐射能力和库存准备，向省（州）际、全国乃至国际范围的用户配送的配送中心。这种配送中心配送规模较大，一般而言，用户也较大，配送批量也较大，而且，往往是配送给下一级的城市配送中心，也配送给营业所、商店、批发商和企业用户，虽然也从事零星的配送，但不是主体形式。

（3）按配送中心的功能分类

储存型配送中心，其有很强的储存功能。例如，美国赫马克配送中心的储存区可储存16.3万托盘。我国建设的配送中心，多为储存型配送中心，库存量较大。

流通型配送中心，包括通过型或转运型配送中心，基本上没有长期储存的功能，仅以暂存或随进随出的方式进行配货和送货的配送中心。典型方式为：大量货物整批进入，按一定批量零出。一般采用大型分货机，其进货直接进入分货机传送带，分送到各用户货位或直接分送到配送汽车上。

加工型配送中心，以流通加工为主要业务的配送中心。

（4）按配送货物的属性分类

根据配送货物的属性，可以分为食品配送中心、日用品配送中心、医药品配送中心、化妆品配送中心、家电品配送中心、电子产品配送中心、书籍产品配送中心、服饰产品配送中心、汽车零件配送中心以及生鲜处理中心等。

对于不同种类与行业形态的配送中心，其作业内容、设备类型、营运范围可能完全不同，但是就系统规划分析的方法与步骤有其共通之处。配送中心的发展已逐渐由以仓库为主体的配送中心向信息化、自动化的整合型配送中心发展。

4. 配送中心的功能

配送中心与传统的仓库、运输是不一样的，一般的仓库只重视商品的储存，一般传统的运输只是提供商品运输配送而已，而配送中心是重视商品流通的全方位功能，同时具有商品储存、流通行销、分拣配送、流通加工及信息提供的功能。

① 流通行销的功能。流通行销是配送中心的一个重要功能，尤其是信息时代，各项信息媒体发达，再加上商品品质的稳定及信用，因此有许多的直销业者利用配送中心，通过有线电视或互联网等配合进行商品行销。此种的商品行销方式可以大大降低购买成本，因此广受消费者喜爱。例如在国外有许多物流公司的名称就是以行销公司命名。而批发商型的配送中心、制造商型的配送中心与进口商型的配送中心也都是拥有行销（商流）的功能。

② 仓储储存功能。商品的交易买卖达成之后，除了采用直配直送的批发商之外，均将商品经实际入库、储存、流通加工包装而后出库，因此配送中心具有储存的功能。在配送中心一般都有库存储存的储放区，因为任何商品为了防止缺货，或多或少都有一定的安全库存，视商品的特性及生产前置时间的不同，安全库存的数量也不同。

③ 分拣配送功能。在配送中心里另一个重点就是分拣配送的功能，因为配送中心就是为了满足多品种小批量的客户需求而发展起来的，因此配送中心必须根据客户的要求进行分拣配货作业，并以最快的速度送达客户手中或者是指定时间内配送到客户。配送中心的分拣配送效率是物流质量的集中体现，是配送中心最重要的功能。

④ 流通加工功能。配送中心的流通加工作业包含分类、磅秤、大包装拆箱、改包装、产品组合包装、粘贴商标和标签等作业，这些作业是提升配送中心服务品质的重要手段。

⑤ 信息提供功能。配送中心除了具有行销、配送、流通加工、储存等功能外，更为配送中心本身及上下游企业提供各式各样的信息情报。

5. 配送中心的作业流程

整个作业过程包括以下各个环节：

① 进货。进货作业包括把货品做实体上的接收，从货车上将其货物卸下，并核对该货品的数量及状态（如数量检查、品质检查、开箱等），然后记录必要信息或录入计算机。

② 搬运。它是将不同形态如散装、包装或整体的原料、半成品或成品，在平面或垂直方向加以提起、放下或移动，可能是要运送，也可能是要重新摆置物料，而使货品能适时、适量移至适当的位置或场所存放。在配送中心的每个作业环节都包含着搬运作业。

③ 储存。储存作业的主要任务是把将来要使用或者要出货的物料保存，且经常要做库存品的检核控制，储存时要注意充分利用空间，还要注意存货的管理。

④ 盘点。货品因不断的进出库，在长期的累积下库存资料容易与实际数量产生不符，或者有些产品因存放过久或存放不恰当，致使品质功能受影响，难以满足客户的需

求。为了有效地控制货品数量，需要对各储存场所进行盘点作业。

⑤ 订单处理。由接到客户订货开始至准备着手拣货之间的作业阶段，称为订单处理，包括有关客户、订单的资料确认、存货查询、单据处理以及出货配发等。

⑥ 拣货。每张客户的订单中都至少包含一项以上的商品，如何将这些不同种类数量的商品由配送中心中取出集中在一起，此即所谓的拣货作业。拣货作业的目的也就在于正确且迅速地集合顾客所订购的商品。

⑦ 补货。补货作业包括从储存区域将货品移到拣货区域，并作相应的信息管理。

⑧ 出货。将拣取分类完成的货品做好出货检查，装入合适的容器，做好标示，根据车辆趟次的不同或厂商的不同等指示将物品运至出货准备区，最后装车配送。

⑨ 配送作业。配送是指将被订购之物品从配送中心送至顾客手中的活动。

5.2.6 物流信息管理

1. 物流信息定义

物流活动进行中必要的信息称为物流信息。所谓信息是指能够反映事物内涵的知识、资料、信息、情报、图像、数据、文件、语言、声音等。信息是事物的内容、形式及其发展变化的反映。物流信息的特点如下：

① 物流信息量大、分布广。信息的产生、加工和应用在时间、地点上也各不相同。

② 物流信息动态性强，信息的价值衰减速度快，这对信息管理的及时性要求就比较高。

③ 物流信息种类多，不仅本系统内部各个环节有不同种类的信息，而且由于物流系统与其他系统（如生产系统、供应系统等）密切相关，因而还必须收集这些物流系统外的有关信息。这就使物流信息的分类、研究、筛选等工作的难度增加。

2. 物流信息职能

如果把一个企业的物流活动看作是一个系统的话，那么这个系统中就包括两个子系统：一个是作业子系统，包括上述运输、储存、装卸搬运、配送、包装、流通加工等具体的作业功能；另一个则是信息子系统。信息子系统是作业子系统的神经系统。企业物流活动状况要及时收集，商流和物流之间要经常互通信息，各种物流职能要相互衔接，这些都要靠物流信息职能来完成。物流信息职能是由于物流管理活动的需要而产生的，其功能是保证作业子系统的各种职能协调一致地发挥作用，创造协调效用。

3. 物流信息作用

物流系统中的相互衔接是通过信息予以沟通的，而且基本资源的调度也是通过信息的传递来实现的。例如，物流系统和各个物流环节的优化所采取的方法、措施以及选用合适的设备、设计合理的路线、决定最佳库存量，都要切合系统实际，即依靠能够准确反映物流活动的信息。所以，物流信息对提高经济效益起着非常重要的作用。

信息也是供应链成功的关键，因为信息能使管理者在更宽阔视野中进行决策。成功的供应链战略将整个供应链当做一个整体考虑，而不是只看到其中的某个阶段。通过供应链全球性视野考察，管理者就能根据影响整个供应链的所有因素制定供应链战略，而不是仅仅根据影响供应链某些阶段或特定功能的因素。对整条供应链的考察，使得供应链利润最大化，从而也使供应链中的单个企业获得较高利润。物流信息管理的目的就是以信息系统为支撑，把物流涉及企业的各种具体活动综合起来，加强整体的综合能力。

4. 物流信息系统

物流信息系统是物流企业针对环境带来的挑战而做出的基于信息技术的解决方案，它是物流企业按照现代管理思想、理念，以信息技术为支撑，所开发的信息系统。该系统充分利用数据、信息、知识等资源，实施物流业务、控制物流业务、支持物流决策、实现物流信息共享，以提高物流企业业务的效率、决策的科学性，其最终目的是提高企业的核心竞争力。物流信息系统具有集成化、模块化、实时化、网络化和智能化等主要特点。随着社会经济的发展，科技的进步，物流信息系统正在向信息分类的集成化、系统功能的模块化、信息采集的在线化、信息存储的集中化、信息管理的智能化以及信息管理可视化方向发展。

物流系统的不同阶段和不同层次之间通过信息流紧密地联系在一起，因而在物流系统中，总存在对物流信息进行采集、传输、贮存、处理、显示和分析的物流信息系统。它的基本功能可以归纳为以下几个方面：

① 信息的收集和录入。物流信息系统首先要做的是用某种方式记录下物流系统内外的有关数据，并转化为物流信息系统能够接收的形式，输入到系统中。

② 信息的存储。这些信息需要暂时储存或永久保存，以供使用。

③ 信息的传播。物流信息来自物流系统内外有关单元。为不同的物流职能所用空间障碍的信息传输是物流信息系统的基本功能之一。

④ 信息的处理。物流信息系统的最基本目标，就是将输入数据加工处理成物流信息。信息管理可以是简单的咨询、排序，也可以是复杂的模型求解和预测。信息管理能力的强弱是衡量物流信息系统能力的一个重要方面。

⑤ 信息的输出。物流信息系统的目的是为各级物流人员提供信息。为了便于人们的理解，系统输出的形式应力求易读易懂、直观醒目，这是评价物流信息系统的主要标准。

5.3　电子商务物流信息技术

随着信息技术的迅猛发展，信息时代已经正式到来，当今社会呈现出信息化、网络化特征，信息技术正逐步普及、深入到各行各业，越来越多的技术应用与之相融合，使原有技术发挥更大的效用。物流行业也是如此，信息技术在物流各环节的渗透给物流技术带来了极大的发展空间，为物流技术的蓬勃发展注入了强劲的动力，在这一方面，物流信息技术体现的尤为明显。作为现代物流与传统物流相区别的根本标志，物流信息技术是物流技术中发展最快的领域，信息技术尤其是网络技术的深层次应用使得物流信息技术迈上了全新的台阶，物流业也因此拥有了更为广阔的发展前景。

5.3.1 电子商务条件下物流技术发展

1. 电子商务为物流提供了良好的运作平台

尽管物流管理同样具有一般企业管理的共性，它也有其独特的个性。物流管理的大部分内容涉及企业内部各个部门之间的衔接和协调，电子商务则恰好为物流管理提供了良好的运作平台。在电子商务环境下，供应链中的各个节点企业能更好地实现信息共享，加强供应链中的联系，使企业可以提高生产力，为产品提供更大的附加值。

2. 电子商务极大地方便了物流信息的收集和传递

信息对于企业经营的重要意义不言而喻，在电子商务环境下，包括EDI、条形码、POS系统等先进的信息交换手段得到广泛应用，大大提高了工作效率，减少了手工工作带来的失误，降低了运营费用。更为重要的是，电子商务系统能够收集到大量的市场信息，通过对这些信息的加工和处理，很容易得到富有价值的商业资讯和情报，比如客户的定购数量、购买习惯、商品的需求变化特征等等，这些资料对企业制定营运管理政策、商品开发和销售具有重要的价值。

3. 电子商务促进现代物流业向“五化”发展

（1）信息化

电子商务时代，物流信息化是电子商务的必然要求。物流信息化表现为物流信息的商品化、物流信息收集的数据库化和代码化、物流信息管理的电子化和计算机化、物流信息传递的标准化和实时化、物流信息存储的数字化等。因此，条码技术（Bar Code）、数据库技术（Database）、电子定货系统（EOS）、电子数据交换（EDI）、快速反应（QR）及有效的客户反映（ECR）、企业资源计划（ERP）等技术与观念在物流中将会得到普遍应用。信息化是一切的基础，没有物流的信息化，任何先进的技术设备都不可能应用于物流领域，信息技术及计算机技术在物流中的应用将会彻底改变世界物流的面貌。

（2）自动化

自动化的基础是信息化，自动化的核心是机电一体化，自动化的外在表现是无人化，自动化的效果是省力化，它可以扩大物流作业能力、提高劳动生产率、减少物流作业的差错等。

（3）网络化

物流领域网络化的基础也是信息化，这里指的网络化有两层含义：一是物流配送系统的计算机通信网络，包括物流配送中心与供应商或制造商的联系要通过计算机网络，另外与下游顾客之间的联系也要通过计算机网络通信；二是组织的网络化，即所谓的企业内部网（Intranet）。物流的网络化是物流信息化的必然，是电子商务下物流活动的主要特征之一。

（4）智能化

这是物流自动化、信息化的一种高层次应用，物流作业过程大量的运筹和决策，如库存水平的确定、运输（搬运）路径的选择、自动导向车的运行轨迹和作业控制、自动分拣机的运行、物流配送中心经营管理的决策支持等问题都需要借助于大量的知识才能解决。在物流自动化的进程中，物流智能化是不可回避的技术难题。

（5）柔性化

柔性化本来是为实现“以顾客为中心”的理念而在生产领域提出的，但要真正做到柔性化，即真正地能根据消费者需求的变化来灵活调节生产工艺，没有配套的柔性化的物流系统是不可能达到的。20 世纪 90 年代，国际生产领域纷纷推出弹性制造系统（FMS）、计算机集成制造系统（CIMS）、制造资源系统（MRP）、企业资源计划（ERP）以及供应链管理的概念和技术，这些概念和技术的实质是要将生产、流通进行集成，根据需求端的需求组织生产，安排物流活动。因此，柔性化的物流正是适应生产、流通与消费的需求而发展起来的一种新型物流模式。这就要求物流配送中心根据消费需求“多品种、小批量、多批次、短周期”的特色，灵活组织和实施物流作业。

另外，物流设施、商品包装的标准化，物流的社会化、共同化也都是电子商务环境下物流的新特点。

5.3.2　电子商务物流的信息技术

1. 自动标识与数据采集技术

自动标识与数据采集（AIDC）指的是不用键盘直接将数据输入到计算机系统、可编程逻辑控制器（PLC）或者其他微处理器中。它包括条形码、射频标识与射频数据通讯、磁条、语音和视觉系统、光学字符识别、生物统计等。每种技术都有其优点，适合不同的应用场合。AIDC 技术提供了快速、精确、低成本的数据采集方法，来代替容易出错并且耗时的手工数据输入；在此基础上，AIDC 技术通过对商品或对人进行编码而实现跟踪功能。

AIDC 技术可以分成六类：① 光学：条形码（包括二维条形码）、OCR 和视觉系统等；② 磁：磁条、磁墨字符识别；③ 电磁：RFDC；④ 生物统计：语音识别、指纹识别、视网膜扫描；⑤ 触摸：触摸屏；⑥ 智能卡：卡的储存/阅读等。

AIDC 技术可将数据输入工作流水化、自动化，自动数据输入与人工作业相比更精确、更经济。其优点在于：① 低成本的数据。AIDC 系统可以大幅度降低数据输入的成本并解放劳动力，进而可以收集更详细数据。② 信息可用性。AIDC 系统提供即时的活动报告，从而加快与信息相关业务流程。③ 精确。除了速度和经济外，AIDC 还有精确的优点，这不但减少了员工人数，增加工作吞吐量，还提高数据质量。

2. 条形码技术

自从 20 世纪 50 年代初发明条形码以来，条形码技术对于加速全球的产品流和信息流做出了很大贡献。条形码技术将数据编码成可以用光学方式阅读的符号，扫描器和解码器可以采集符号的图像被并换成计算机处理的数据，进而进行校验。现存许多不同的条形码符号，每种符号都有各自的字符编号、印制和译码要求及错误校验。不同条形码表示数据的方式和所编码的数据类型都不同，有些仅对数字编码，有些则可以对数字、字母和标点符号编码，还有些可对ASCII码的128个字符甚至256个字符进行编码。新的条形码可在同一个符号内对多种语言编码，并允许对自定义特殊数据进行编码，甚至允许（通过冗余）重构数据以保证破损符号的阅读。

（1）一维条形码

多年来我们已经很熟悉一组平行的变宽条与空白组成的条形码形式。这种一维条形码有100多种编码模式，最常用的是美国国防部和汽车行业最先使用的Code 39码，超市在1973年首先使用了通用产品代码，而血库最先采用了交叉二五码（ITF）和Code l28码。条形码通过条宽和空间宽度对数字（如UPC码和ITF码）或ASCII字符集（如Code 39码和Code 28码）边行编码。当扫描器扫过条形码符号时，分析条与空白的宽度模式可以抽取原编码数据。最窄的条或空白的宽度称为X度，通常是百分之几毫米。X度规定了所有条和空白的宽度，进而规定出条形码的宽度。X度越大，越容易扫描；但要在易读性和标签的成本间取得折中。为保证扫描效果，条形码两端需要留出宽度大于10倍X度的空白区域。所有条形码两端都有开始和停止字符，这些字符标识出条形码，使扫描器可以双向阅读条形码符号并以正确顺序对数据译码。条形码末尾还有校验数字，其数值是根据其之前字符由特定算法计算得出。

（2）二维条形码

在更小的区域内编码更多信息的需求，驱动了二维条形码发展、标准化和应用的增长。传统的一维条形码只能作为数据库所储存信息的引用，而二维条形码则可以在更小的区域内完成系统的功能，或起到数据库的作用。

二维条形码有两类，即堆叠式和矩阵式。堆叠式条形码是将一维条形码（加Code39码和Code l28码）水平堆叠以生成多行符号（即Code 49码和Code 16K码）。20世纪90年代出现的PDF 417码增加了新的性能，包括更大的数据容量、更高的数据扫描密度和更好的扫描器阅读能力。这些特点支持多重相邻行扫描的译码并具备检错和纠错能力。PDF 417码可对整个ASCII字符集编码，在25cm^{2}上容纳2000个字符。AIM制定了Code49码、Code16K码以及PDF417码的规范。

矩阵式条形码比堆叠式条形码有更高的数据密度，标签不依赖于扫描的方向。矩阵式条形码单元可以是方形、六边形或者圆形，数据通过这些明暗区域的相对应位置进行编码，编码模式使用了检错和纠错技术来改善可读性，并可以阅读部分损坏的符号。矩阵式条形码有很好的伸缩性，既可作为产品上的小标识符，也可作为运输包装箱上由传送机扫描的符号。AIM已经制定了公开应用的矩阵式条形码，如Code One码、Data Matrix码、Maxi Code码、Aztec码和QR码等的规范。所有短阵式条形码需使用电荷耦合器件

（CCD）图像扫描器。以 QR 码为例，QR 码的“QR”是 Quick Response 的缩写，这种二维码能够快速读取，与之前的条形码相比，QR 码能存储更丰富的信息，包括对文字、URL 地址和其他类型的数据加密。

3. 射频标识

射频标识是 AIDC 技术之一，最早出现在 20 世纪 80 年代，用于跟踪业务。由于其非接触阅读的性能，可用在制造业和其他不宜使用条形码标签的环境；因其能够跟踪移动对象，而广泛用于运输车辆自动识别（AVI）系统。这种技术已成为主要的数据采集、标识和分析系统的工具。

射频标识系统一般包括三个构件：天线、无线收发器（带解码器）、以电子形式编制了唯一信息的异频雷达收发器（RFID 标签）。天线发射无线信号激活标签并读写其上的数据，是标签和无线收发器间的桥梁；天线有各种形状和大小，可置入门框内来接收通过门的人或物品上的标签数据，或固定在高速公路的收费站来检测交通流量。如果希望连续记录多个标签时，天线产生的电磁场可维持不变；如果不需要持续讯问，可由传感设备来激活电磁场。阅读器发射出的无线电波波长可从 2.5cm～30m，通常依赖于其输出能力和所用频率。当 RFID 标签通过电磁场时探测阅读器的激活信号，阅读器对标签的集成电路内编码的数据进行解码并将数据传送给主机处理。，

RFID系统最重要的优点是非接触作业。它能穿透雪、雾、冰、涂料、尘垢和在条形码无法使用的恶劣环境阅读标签；阅读速度非常快，大多数情况下，可用于流程跟踪或者维修跟踪等交互式业务，RFID 的主要问题是标准的不兼容。RFID 的主要厂商提供的都是专用系统，导致不同的应用和不同的行业采用不同的厂商的频率和协议标准。RFID 的标准处于割据状态，铁路、公路、航空、收费、美国运输情报系统、国防部和其他行业都有各自的标准。这种状况增加了 RFID 跨行业应用时的成本。

4. 机器视觉技术

视频机器视觉系统在工业检验和质量控制领域已使用了多年。近年来，因其在线性条形码扫描方面与激光扫描器相比有更好的性能价格比，被集成到 AIDC 的应用领域。基于视觉的扫描器应用与摄像机相似的 CCD 视频成像技术来采集图像并将其转化成数字格式，通常使用荧光照明、高速闪光灯和 LED 阵列作为光源，并采用专用电路和软件处理数字化图像以获取编码的数据。一维和二维条形码符号都有相应的译码算法。应用系统采集了条形码符号完整的图像、所收集的信息要比单光束或者栅格扫描激光光束丰富，从而可以阅读低对比度或者有损的条形码。

最早的机器视觉扫描器用于检测很复杂的固定式设备。现在常用的两种手持式 CCD 扫描器可以阅读一维条形码和二维矩阵式条形码，工作区可达到 5～7cm。自动化和计算机辅助制造使用视觉识别系统进行过程控制、质量控制、安全系统、机器人控制等。

5. 卡片技术

卡片和证章一直是 AIDC 技术的载体，AIDC 卡片技术集中于磁条、智能卡（集成

电路)、光卡等。

（1）磁卡

普及的磁卡最早出现在20世纪60年代初，那时伦敦交通局将地铁票的背面全部涂上了磁介质来储值。后来又改进了系统，减小了磁化面积，成为现在的磁条形式。磁条最著名的应用是金融卡、交通票和身份卡。金融卡包括自动取款机和POS终端用的信用卡和借记卡，以及电话和售货机用的预付卡；交通票的使用范围包括地铁、火车、收费公路和飞机；身份卡包括驾驶执照、员工证章、会员卡和钥匙卡。磁条技术是通过改变树脂中的微粒的磁极来储存数字化数据的。卡上数据是二进制格式，阅读器检测并解码磁极的改变，然后将二进制码转换成可由计算机处理的字符。这种技术是将数字化录制（称为“编码”）到与录音带和录像带类似的磁层（称为“磁条”）上，然后就可以重复播放（称为“阅读”）。磁条的主要特点是能重编码并反复使用，这在许多应用中都很重要。磁条技术的缺点是数据易损性，因为编码的数据易受磁场破坏。

（2）智能卡

智能卡从技术角度准确地定义，只有那些芯片有微处理器（CPU）并因此具有逻辑计算能力的是真正智能卡，用作借记卡的被动式记忆卡称为IC卡。储存器可以是只读型的，或是允许用户增、删、改数据的电子擦写型。多数可编程的CPU卡能通过接口设备响应外部命令，进行计算或访问储存器并做出逻辑决策和反应，使其能够进行卡终端的验证和用户个人身份的检验等复杂任务。访问CPU智能卡上的数据一般需要实际接触。智能卡读写器通过6针接口与卡上镀金面板接触来建立电子连接，也可使用非接触阅读器阅读卡上的内容，通过电容、射频或者感应系统交换数据。

（3）光卡

光学储存卡是20世纪80年代加州的Drexler技术公司开发的数据采集技术。光学储存技术用激光束将数据写到银粒构成的激光记录介质上的反光条上，这种金色条是压制到信用卡大小的塑料卡上的。激光在这种介质上烧出2.25微米的细孔，然后由阅读器上的低能量激光感知。是否有空即表示出二进制的1或0。与CDROM技术类似，光学储存卡也是一次写入多次读出的储存介质。用户可以写入、阅读、删除、修改并调整数据，但原有数据不能擦除，永久留下审计痕迹。光学储存卡非常耐用，不受静电、磁场或者100℃以内高温的影响。

5.3.3 其他主要物流信息技术

1. GPS技术及应用

（1）关于GPS

GPS为英语Global Positioning System的简称，即全球卫星定位系统。它是利用分布在约2万公里高空的多颗卫星对地面目标的状况进行精确测定以进行定位、导航的系统，它主要用于船舶和飞机导航、对地面目标的精确定时和精密定位、地面及空中交通管制、空间与地面灾害监测等。20 世纪 90 年代以来，全球卫星定位系统在物流领域得到越来越广泛的应用。GPS 由空间部分和地面部分组成，空间部分由分布在六个等间隔轨道上的多颗卫星组成，这种分布可以保证在任何时刻全球的任何地区，都被四颗卫星覆盖。GPS 的卫星可以全天候、连续地向无限多用户提供任何覆盖区域内目标的高精度的三维速度、位置和时间信息。GPS 的地面部分由主控站、全球监控站和地面天线站组成，GPS 的用户必须配备 CPS 接收机才能使用 GPS 系统，GPS 接收机的主要功能是接收卫星发射的信号，以获得必要的导航定位信息，并据此进行导航和定位。

（2）GPS 在物流中的应用

① 用于军事物流。GPS 首先是因为军事目的而建立的，在军事物流中，如后勤装备的保障等方面，应用相当普遍。② 用于汽车自定位、跟踪调度、陆地救援。车辆导航是 GPS 应用的主要领域之一，现在智能终端和私家车普及使得 GPS 已经走进人们的生活。③ 用于内河及远洋船队最佳航程和安全航线的测定、航向的实时调度、监测及水上救援。在我国，GPS 最先使用于远洋运输的船舶导航。我国跨世纪的三峡工程也已规划利用 GPS 来改善航运条件，提高航运能力。④ 用于空中交通管理、精密进场着陆、航路导航和监视。以卫星技术为基础的航空通信、导航、监视和空中交通管理系统，利用全球导航卫星系统实现飞机航路、终端和进场导航。⑤ 用于铁路运输管理。可以通过 GPS 和计算机网络实时收集全路列车、机车、车辆、集装箱及所运货物的动态信息，可实现列车、货物追踪管理。只要知道货车的车种、车型、车号，就可以立即在铁路网上流动着的货车中找到该货车，还能得知这辆货车现在何处运行或停在何处，以及所有的车载货物发货信息。铁路部门运用这项技术可大大提高其路网及其运营的透明度，为货主提供更高质量的服务。

2. GIS 技术及应用

（1）关于 GIS

GIS（Geographical Information System，地理信息系统）是 20 世纪 60 年代开始迅速发展起来的地理学研究新成果，是多种学科交叉的产物。它以地理空间数据为基础，采用地理模型分析方法，适时地提供多种空间的和动态的地理信息，是一种为地理研究和地理决策服务的计算机技术系统。过去，GIS 往往被认为是一项专门技术，其应用主要限于测绘、制图、资源和环境管理等领域，随着技术的发展和社会需求的增大，GIS 应用日趋广泛。

（2）GIS 与 IT 技术的综合应用

近年来，计算机技术飞速发展，特别是软件技术的发展，促使 GIS 技术发生了很大的变化，其中 GIS 技术的综合，在物流领域中得到广泛的应用，主要体现在 GIS 与其他信息技术的结合之上。常常所说的“3S”，是 GIS、遥感和 GPS 的一体化，就是技术综合的体现。然而，现在的 GIS 已经远远超出了这些，它已经与 CAD、多媒体、通信、Internet、办公自动化、虚拟现实等多种技术结合，形成了综合的信息技术。

（3）GIS 的物流应用模型

GIS 的基本功能是将表格型数据（无论它来自数据库、电子表格文件或直接在程序中输入）转换为地理图形显示，然后对显示结果浏览、操纵和分析。其显示范围可以从洲际地图到非常详细的街区地图，显示对象包括人口、销售情况、运输线路以及其他内容。GIS 应用于物流分析，主要是指利用 GIS 强大的地理数据功能来完善物流分析技术，国外公司已经开发出利用 GIS 为物流分析提供专门分析的工具软件。

完整的 GIS 物流分析软件集成了车辆路线模型、网络物流模型、分配集合模型和设施定位模型等。① 车辆路线模型，用于解决一个起始点、多个终点的货物运输中，如何降低物流作业费用，并保证服务质量的问题。包括决定使用多少辆车，每辆车的行驶路线等。② 网络物流模型，用于解决寻求最有效的分配货物路线问题，也就是物流网点布局问题。如将货物从 N 个仓库运往到 M 个商店，每个商店都有固定的需求量，因此需要确定由哪个仓库提货送给哪个商店，总的运输代价最小。③ 分配集合模型，可以根据各个要素的相似点把同一层上的所有或部分要素分为几个组，用以解决确定服务范围和销售市场范围等问题。如某一公司要设立 X 个分销点，要求这些分销点要覆盖某一地区，而且要使每个分销点的顾客数目大致相等。④ 设施定位模型，用于确定一个或多个设施的位置。在物流系统中，仓库和运输线共同组成了物流网络，仓库处于网络的节点上，节点决定着路线。如何根据供求的实际需要并结合经济效益等原则，确定在既定区域内设立多少个仓库，每个仓库的位置，每个仓库的规模，以及仓库之间的物流关系等，运用此模型均能很容易地解决这些问题。

3. 控管技术及应用

（1）关于控管技术

控管技术是结合计算机网络、控管软件、信息管理、自动识别、自动控制、无线电传输等六大技术的应用整合，在各作业点上结合一些信息采集设备，通过网络可对各作业点进行监控管理。在应用控管技术之前，首先必须了解控管技术的需求以评估对这些需求所能满足程度；接着再依据现状，评估本身信息体系及现场设备与控管技术的兼容程度，并且把目标及投资报酬率做权衡比较后，再来决定控管技术的采用程度。

（2）控管技术在储位管理中的应用

储位管理的构成要素是空间、设备、物品、人员。而控管技术就是针对物流中心的设备、物品、人员与车辆的动态信息，能实时并确实实施监控，它可以提高物流中心作业和管理质量，达到节省人力、降低成本及提高物流中心的经营效率和竞争力的效果。尤为重要的是，它更是进行储位管理最有效率且最科学的方法。控管技术在储位管理中可有下列功能；① 各作业时点的资料采集；② 储位整理指示（上下架、调仓）；③ 储位监控；④ 管理信息的输出；⑤ 对储存、动管的货品进行全程监控；⑥ 辅助盘点等。

5.4　供应链及供应链管理

5.4.1　供应链管理框架

所谓供应链，是指产品生产和流通过程中所涉及的原材料供应商、生产商、批发商、零售商以及最终消费者组成的供需网络，即由物料获取、物料加工、并将成品送到用户手中这一过程所涉及的企业和企业部门组成的一个网络。

供应链是一个动态系统，它包括不同环节之间持续不断的信息流、产品流和资金流。供应链的每个环节都执行不同的程序，并与其他环节相互作用与影响。如世界最大的零售商——沃尔玛，其供应链简图如图 5-1 所示。首先，在消费市场上，沃尔玛向顾客提供商品，同时标出商品的价格和使用信息，顾客根据自身需求选购商品，并向沃尔玛支付货款。交易信息将会在交易成功后通过数据中心网络和通信卫星由沃尔玛分店的系统实时地传送到沃尔玛的数据中心。当分店货架商品的库存低于事先设定的限额后，沃尔玛的信息管理系统将会自动生成补货订单，经管理人员确认后，订单信息将会上传至数据中心，再由数据中心分别发送至沃尔玛的分销中心和供应商的系统。分销中心和供应商可以随时通过各自的系统查看这些实时信息，从而根据反馈的信息及时做出生产、供货和送货等决策。当分销中心确认并将订单发送给供应商后，供应商会将处理好的订单随同商品一同送至沃尔玛的配送中心或直达各分店，配送中心会及时地将送至此处的订单和商品一并送往分店。最后，各分店会与分销中心或供应商进行货款的清算。在这一过程中，信息由顾客经沃尔玛分店、数据中心、分销中心传至供应商处；商品由供应商经配送中心传至沃尔玛分店，最后到顾客手中；资金则是由顾客手中“出发”，经由沃尔玛分店传至分销中心和供应商。类似的信息流、商品流和资金流发生在供应链的全过程。先进的信息技术应用、灵活高效的物流配送使得沃尔玛供应链中各环节之间联系紧密、环环相扣，使信息、商品和资金能够在其中顺畅地流通。

所谓供应链管理（Supply Chain Management）是一项利用网络技术解决企业间关系的整体方案。目的在于把产品从供应商及时有效地运送给制造商与最终客户，将物流配送、库存管理、订单处理等资讯进行整合，通过网路传输给各个参与方，其功能在于降低库存、保持产品有效期、降低物流成本以及提高服务品质。

这里所提出的供应链管理框架包括三个相互紧密联系的要素的结合：供应链的结构、供应链的业务流程、供应链管理的组成要素。供应链的结构是由供应链成员及成员之间的联系所组成的网络；业务流程是指为客户产生价值输出的活动；管理组成要素是那些使业务流程跨越整个供应链上得到集成和管理的变量。

供应链管理的实施包括识别所需连接的关联供应链成员，有哪些流程必须和每一个关键成员相连接，以及对每一个过程连接采用什么类型程度的集成。供应链管理的目标是使公司和包括最终客户在内的整个供应链网络的竞争力和赢利能力实现最大化。

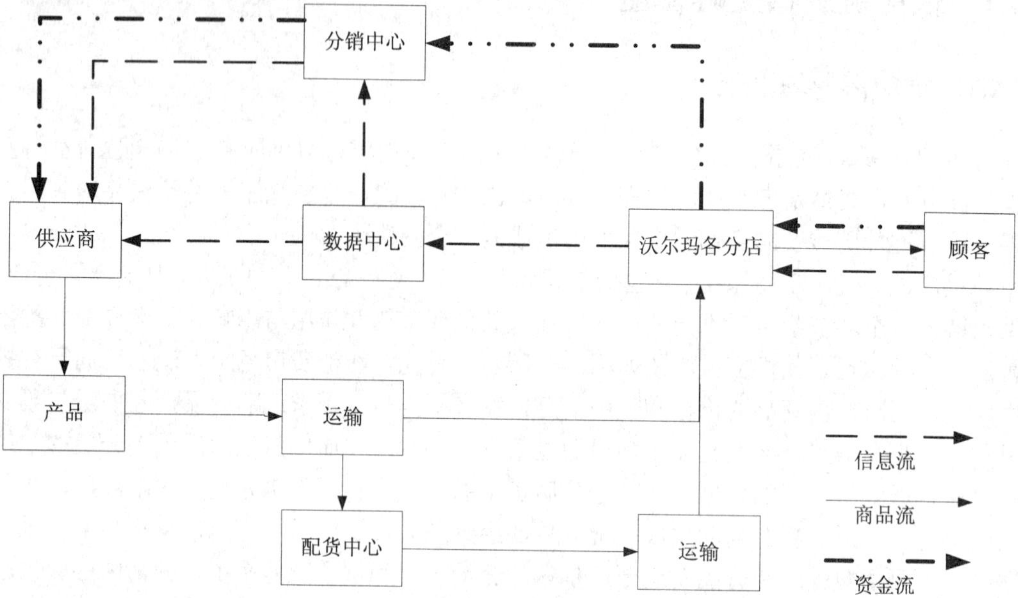

图 5-1　沃尔玛供应链简图

5.4.2　供应链的失调与协调

1. 供应链失调与牛鞭效应

事实上，一方面由于供应链的不同阶段通常属于不同的产权主体，它们的决策目标经常会发生冲突；另一方面，信息在不同阶段之间传递也会发生扭曲。因此，如果每个阶段的不同产权主体都努力追求自身利益的最大化，就会对整个供应链的利益造成不利影响，导致供应链失调。例如，福特汽车公司拥有数千个供应商，这些供应商又各自拥有自己的一批供应商。由于完整信息在阶段之间无法共享，所以当信息在供应链内流动时，就会发生扭曲。而这种扭曲由于供应链产品的多样性而夸大。因此，其供应链管理最根本的挑战之一就是，在所有权分散化和产品日益多样化的前提下，如何实现供应链的协调。

牛鞭效应指在供应链内，由零售商到批发商、制造商、供应商，订购量的波动幅度递增。牛鞭效应扭曲了供应链内的需求信息，从而使得对需求状况有着不同估计，其结果导致供应链失调。例如，宝洁公司已经注意到婴儿尿布供应链内的牛鞭效应，公司发现随着时间的推移，宝洁公司发给供应商的原材料订单波动幅度很大，但一到供应链的下游，即零售商销售这个阶段，这种波动幅度尽管仍然存在，但已经很小。由此推测，到达尿布消费者这一供应链的最终阶段，需求量几乎没有波动。尽管最终产品的消费是稳定的，但原材料订单规模高度变动，使得成本增加，难以在供应链内实现供需平衡。

牛鞭效应会损害整条供应链的运营业绩：① 牛鞭效应增加供应链中产品的生产成本；也增加供应链的库存成本。为了应付增大了的需求变动性，宝洁公司不得不保有比牛鞭效应不存在时还要高的库存水平。因此，供应链的库存成本增加。高水平的库存还增加了必备的仓储空间，从而增加了库存成本。② 牛鞭效应延长供应链的补给供货期。由于牛鞭效应增加了需求的变动性，与水平需求相比，生产计划更加难以安排，往往会出现当前生产能力和库存不能满足订单需求的情况，从而导致供应链内公司及其供应商的补给供货期延长。③ 牛鞭效应提高了供应链的运输成本。不同时期的运输需求与订单的完成密切相关，由于牛鞭效应的存在，运输需求将会随着时间的变化而剧烈波动，需要保持剩余的运力来满足高峰期的需求，从而使运输成本提高。④ 牛鞭效应提高了供应链内与送货和进货相关的劳动力成本。⑤ 牛鞭效应降低了供应链内产品的供给水平，导致更多的货源不足现象发生。⑥ 牛鞭效应给供应链每个阶段的运营带来负面影响，从而损害了供应链不同阶段之间的关系。但是，供应链内的每一个阶段都认为自己做得尽善尽美，而将这一责任归咎于其他阶段。于是，牛鞭效应就导致供应链不同阶段之间的互不信任，从而使潜在的协调努力变得更加困难。

综上所述，可以得出如下结论：牛鞭效应及其引发的失调对供应链的运营业绩有较大的负面影响。牛鞭效应增加了成本，降低了反应能力，从而导致供应链利润下滑。

2. 供应链协调的主要障碍

任何导致供应链内不同阶段只注重自身利益行为或者信息扭曲因素，都是实现供应链协调的障碍因素。可能与定价相关的，还可能与订单的发出和完成过程中的有关行动相关，但最主要的是供应链中的激励障碍及信息传递障碍。

（1）激励障碍

激励障碍指给予供应链内不同阶段或参与者的激励会导致一系列变动性增加、总利润下滑的情形。由于供应链的不同阶段都有各自的目标，只注重局部影响的激励措施，这导致不能实现供应链总利润最大化，因此，正是供应链中的那些互不匹配的目标，构成了供应链协调的一大障碍。

（2）信息传递障碍

信息传递障碍指需求信息在供应链不同阶段之间的传递过程中发生扭曲，从而导致供应链内订购量的变动性增加。信息传递障碍主要表现在以下两方面：① 过于依赖订单信息、忽视顾客实际需求。随着订单沿供应链上溯至制造商和供应商，按照接收到的订单进行预测，会使顾客需求的变动性扩大。在牛鞭效应的作用之下，供应链内的不同阶段均以发出的订单作为基本的沟通手段，于是，每个阶段都将其需求视为接到的订单流，并根据订单信息进行预测。在这种情况下，顾客需求细小的变化都会导致顾客需求变动性的增大。② 信息流通渠道不通畅、传递不及时。供应链内各阶段无法共享信息，这加大了牛鞭效应。例如，零售商由于计划中的促销活动可能会扩大特定订单的规模，如果制造商没有得到关于计划中的促销活动的信息，他可能将这种订单规模的扩大视为需求的永久性增长，而将此信息又传递给供应商。这样，促销活动结束后，制造商和供应商就拥有大量的库存。

新经济时代的供应链管理的基本思想就是以市场和客户需求为导向，以核心企业为盟主，以提高竞争力、市场占有率、客户满意度和获取最大利润为目标，以协同商务、协同竞争和双赢原则为基本运作模式，通过运用现代企业管理技术、信息技术、网络技术和集成技术，达到对整个供应链上的信息流、物流、资金流、业务流和价值流的有效规划和控制，从而将客户、销售商、供应商、制造商和服务商等合作伙伴连成一个完整的网链结构，形成一个极具竞争力的战略联盟。

5.4.3 供应链的平台化管理

1. 电子商务环境下的供应链管理趋势——平台化

电子商务的出现和广泛使用可以在很大程度上改善供应链管理中信息流和资金流管理两部分，使信息和资金都能迅速、准确地在供应链各节点之间传递。电子商务环境下的供应链管理模式要求突破传统的采购、生产、分销和服务的范畴和障碍，把企业内部以及供应链节点企业之间的各种业务看作一个整体功能过程，通过有效协调供应链中的信息流、物流、资金流，将企业内部的供应链与企业外部的供应链有机地集成起来管理，形成集成化供应链管理体系，以适应新竞争环境下市场对企业生产管理提出的高质量、高柔性和低成本的要求。基于电子商务的核心企业与供应商、终端客户、银行、储运中心之间借助Internet 进行信息的快速交换，同时供应链中的各个节点间也能进行信息的互通。通过电子商务的应用，能有效地将供应链上各个业务环节孤岛连接起来，使业务和信息实现集成和共享。在交易的同时，电子商务只有进一步做好物流管理，大量缩减供应链中物流所需的时间，使物流管理符合信息流和资金流管理的要求，才能真正建立起一个强大的、快速反应的供应链管理体系。

正是因为供应链管理的直接对象是供应链中多个产权主体的协同行为，所以决定了供应链管理在技术实现上必然以软件应用平台建设为基本实现方式。所谓平台，就是不同产权主体共同使用的一种基础设施，具体到信息技术上，就是提供不同产权的企业在一个共同的软件系统上进行商业行为的 IT 基础设施。

2. 平台的技术架构与实现

供应链管理平台化实现必须以相应的供应链管理软件为基本实现工具。但由于供应链管理的组织范围包括两个以上的不同产权主体，管理的直接对象是供应链中多个产权主体的行为，因此这决定了供应链管理软件不能简单地安装、运行在供应链上的某一个企业内部，它并不是供应链上某一个企业内部的信息系统，而是供众多不同产权主体共同应用的一个开放平台。所以供应链管理平台的设计不仅要科学设计供应链管理软件的功能，还要科学设计整个供应链管理平台的技术架构。供应链管理平台作为一个跨企业的服务平台，不仅需要功能强大、适当的供应链管理软件，还必须借助可靠的硬件系统、网络服务、数据管理、安全保障等一整套的配置。

一般来说，供应链管理平台的实现方式有以下两大类。一是核心企业自建或供应链上的相关企业联合建设。如 Dell 公司通过自建的供应链管理平台，与其客户和供应商在一个统一的 IT 基础设施上协同行动，有效整合了渠道资源。神州数码自行投资建设了一个称之为“神州网桥”的供应链管理平台，有效整合了其分销渠道资源，提升了竞争能力。二是利用第三方供应链管理平台，也就是核心企业与它的渠道伙伴共同利用第三方投资建设的平台，实现相应的供应链管理功能，核心企业及其合作伙伴不再投资、运营和管理其实现供应链管理所需要的供应链管理平台，而是与第三方供应链管理平台服务商达成协议，通过Internet 直接利用第三方为其提供的供应链管理软件功能，并享受第三方供应链管理平台服务商提供的各种服务。

3. 平台的服务

供应链管理平台的服务内容主要有以下几个方面。

（1）平台基础服务

平台基础服务主要是为企业提供供应链管理平台运行所需的基础硬件环境支持，包括提供服务器和网络设备，提供 IDC 服务器托管和网络接入，提供系统管理、数据管理、系统升级、安全保障等服务内容。平台基础服务让企业在应用供应链管理信息系统过程中，没有任何后顾之忧，并且不受退出成本的约束，解决了企业进行信息化建设中最大的顾虑，即高额的硬件建设费用和维护、升级、管理上的人员费用。

（2）平台支持服务

平台支持服务的根本目标是确保客户能够正常应用安装在平台上的供应链管理软件，是直接与客户互动的服务内容，主要服务形式包括热线电话支持服务、网站支持服务、在线和现场培训服务等。平台支持服务让客户在应用供应链管理信息系统过程中，事先可以接受到专业的培训；在使用过程中，在任何时间出现任何问题时，都可以随时随地通过电话直接得到技术支持人员的问题解答，或从客户支持网站上得到专家的在线咨询，以及从问题知识库中找到问题答案等，使客户享受到专业级的、全方位的、全天候的应用支持服务，使企业可以最大限度地降低自身运营维护的风险。

（3）平台增值服务

平台增值服务的根本目标是为客户创造新价值，主要手段是提供新服务或应用服务的新手段，具体的服务内容包括供应链管理平台移动接入，客户端供应链管理平台应用监测服务，最佳业务实践报告，供应链管理咨询，数据分析及决策支持等。

4. 平台的产品体系架构

平台是供应链管理的本质，然而要想通过平台模式来推动企业的发展，只有供应链管理平台还不够，必须要有一个基于供应链管理平台的成熟的产品体系。一个完整的基于供应链管理平台的产品体系结构应该包括以下五个组成部分：供应链管理应用平台，供应链管理业务标准，供应链管理系统功能，供应链管理操作工具和供应链管理信息增值。① 供应链管理应用平台，使得处于供应链上的企业都可以通过这个平台来实现信息的传输和共享，而企业本身并不需要为平台的建设付出任何固定成本。② 供应链管理业务标准。必须为企业提供一套供应链管理的业务标准，指导供应链上的相关企业，围绕供应链管理平台系统功能的应用，明确、细化和规范各自的业务行为，使企业自身的操作标准化，协助企业实现供应链管理业务流程固化和业务行为的优化。③ 供应链管理系统功能。打破原有企业的结构和边界，使得价值链上的各环节做到紧密协作，实现信息共享，并且基于最终客户需求，以有效提升企业渠道能力为核心，各项功能、各个模块都全部服务于渠道能力的提升。④ 供应链管理操作工具。供应链管理操作工具是应用平台与企业之间连接的纽带。供应链管理的操作工具已不仅仅是计算机终端这种单一的连接方式，特别是手机、PDA等移动终端应用无线通信技术，使得供应链管理的操作工具越来越多样化。供应链管理应用平台应该为企业提供支持多种接入方式、满足多层用户需求的应用设备，协助企业方便、快捷、经济地应用供应链管理系统功能。⑤ 供应链管理信息增值。供应链管理平台的实质是协同商务，是虚拟组织具体化的应用，是社会资源优化配置的一种方式。它体现的是一种新的产权关系，用户不必花费大量的成本与资源，去获取某些必要资源的所有权，而仅仅具有使用权即可，达到信息和资产增值的目的。

本章小结

本章主要介绍了物流的概念、物流的基本职能、电子商务物流信息技术及供应链、供应链管理的基本内容。物流系统是由所需输送的物料和包括有关设备、输送工具、仓储设备、人员以及通信联系等若干相互制约的动态要素构成的具有特定功能的有机整体，物流的基本职能是运输、储存、装卸搬运及配送、流通加工、物流信息等。物流包括从生产企业内部原材料、配件的采购供应开始，经过生产制造过程中的半成品的存放、装卸、搬运和成品包装，到流通部门或者直达用户后的入库验收、分类、储存、配送，最后送到顾客手中的全过程，以及贯穿于物流全过程的信息传递和顾客服务工作的各种机能的整合。支撑电子商务物流发展的电子商务物流信息技术，是以电子商务为平台发展起来的，主要有自动标识与数据采集技术、条形码技术、射频标识、机器视觉技术、卡片技术等，及GPS技术和GIS等技术。

供应链，是指产品生产和流通过程中所涉及的原材料供应商、生产商、批发商、零售商以及最终消费者组成的供需网络，即由物料获取、物料加工、并将成品送到用户手中这一过程所涉及的企业和企业部门组成的一个网络。目标多样性和信息扭曲使得供应链失调引起牛鞭效应，并对经营业绩产生负面影响。因此，有必要对供应链进行管理，尤其是平台化管理，以平台提供服务，并以有效的平台产品体系结构来确保整个供应链的协调发展，才是供应链健康发展的重要保证。

参考文献

[1] 朱清一. 现代物流管理概论. 北京：中国物流联合出版社，2004.
[2] 盛宇华，潘持春. 供应链管理及虚拟产业链. 北京：科学出版社，2004.
[3] 郝渊晓. 物流配送管理. 广州：中山大学出版社，2009
[4] 中国物流与采购 http://www.chinawuliu.com.cn/xsyj/201203/29/180556.shtml

第6章 网 络 营 销

6.1 网络营销的理论基础

网络营销是一个比较新的学科，它同其他许多学科一样，有着广泛而深厚的理论基础。网络营销的理论来源于传统的营销，如整合营销、直复营销、关系营销、服务营销和软营销等。

6.1.1 整合营销理论

整合营销是通过对各种营销工具和手段的系统化结合，根据环境进行即时性的动态修正，以使交换双方在交互中实现价值增值的营销理念和方法。网络的发展不仅使得整合营销更为可行，而且能充分发挥整合营销的特点和优势。互联网作为跨时空传输的“超导体”媒体，可以在顾客所在地提供及时的服务，同时互联网的交互性可以了解顾客需求并提供针对性的响应，因此互联网可以说是消费者时代中最具有魅力的营销工具。一方面，顾客的个性化需求不断得到满足，建立起对企业的忠诚意识；另一方面，出于这种满足是针对差异性很强的个性化需求，就使得其他企业的进入壁垒变得很高。这样，企业和顾客之间的关系就变得非常紧密，甚至牢不可破，从而形成“一对一”的营销关系。我们把上述理论框架称为网络整合营销理论，它始终体现了以顾客为出发点及企业与顾客不断交互的特点。它的决策过程是个双向的链，如图 6-1 所示。

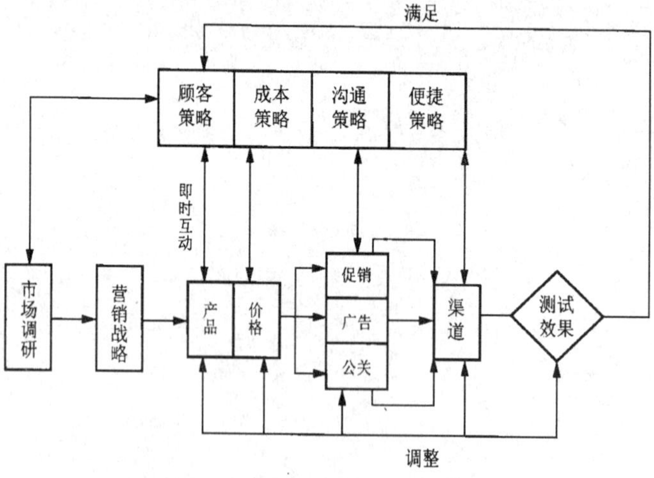

图 6-1 网络整合营销的决策过程

互联网对市场营销的作用，可以通过与 4P 理论结合发挥重要作用。利用互联网，传统的 4P 营销组合可以更好地与以顾客为中心的 4C 理论（Customer、Cost、Convenience、Communication）相结合，4P 与 4C 有着一一对应的关系（即 Product-Customer，Price-Cost，Place-convenience，Promotion-Communication）。

1．消费者的需求和期望

企业首先要了解、研究、分析消费者的需求和期望，而不是先考虑企业能生产什么产品。

2．消费者所愿意支付的成本

企业首先应该了解消费者满足需求与期望愿意付出多少成本，而不是先给产品定价。

3．消费者购买的方便性

企业首先应该考虑在购物等交易过程中如何给消费者提供方便，而不是先考虑销售渠道的选择和策略。

4．与消费者沟通

传统的促销是以企业为主体，通过一定的媒体或工具对消费者进行压迫式促销，从而加强消费者对企业和产品的接受度和忠诚度。在这种模式下，消费者是被动接受的，企业缺乏与消费者的沟通和联系，同时促销成本很高。互联网上的营销是一对一和交互式的，消费者可以参与到企业的营销活动中，因此互联网更能加强与消费者的沟通，更能了解消费者的需求，更易引起消费者的认同。

6.1.2　直复营销理论

1．直复营销的概念

直复营销（direct response marketing）是一种古老而又随着信息技术的进步重新焕发出无穷活力的营销方式。人们习惯把直复营销叫做直销，但两者并不完全等同，因为直复营销可以有渠道经销商的参与，未必都是直接面向终端顾客的直销。关于直复营销有多种不同的定义，这里选取几个最具代表性的定义。

美国直复营销协会的定义是："直复营销是使用一种或多种广告媒体在任何地点达成交易或者可以度量的回复的一个互动营销系统。"

英国直复营销研究所的定义是："为了将来制定可以达成长期顾客忠诚的营销策略并保证持续的业务成长，在一段时期内对顾客直接回复行为所做的有计划地记录、分析和跟踪。"

科特勒和阿姆斯特朗的定义是："为获取即时的回复并发展持久的顾客关系同精确选定的顾客个人做直接的营销传播。"

以上三种定义是相互补充的关系。例如，科特勒和阿姆斯特朗突出了直复营销中回复的即时性，因为它才是直复营销与其他营销方式的显著差别所在，是直复营销最大的优势，营销者可以从互动中深入了解客户的真实需求，从中把握新的市场机会，并通过提供周到的服务同客户建立持久的关系。而英国直复营销研究所的定义则更多地强调了直复营销的目标和具体操作。

2．直复营销的形式

根据选择的传播媒体不同，直复营销可以分为人员直接销售、目录营销、直邮营销、电话营销、直复广告营销、订购终端营销和网上营销七种形式。随着社会的不断进步，有些直复营销形式的地位逐渐下降，例如，直邮营销曾经是一种非常重要的直复营销形式，但是随着回复率的不断降低，它开始逐步让位给具有明显成本优势的E-mail营销。另外目录营销的载体也发生了变化，印刷精美的产品目录开始让位于成本低廉的CD-ROM，面向产业市场的产品目录更是如此。在线销售（online marketing）是直复营销的一种新形式，也是网络营销的一个重要组成部分，它是一种利用互联网向特定用户销售产品或者服务的营销方式，同其他直复营销方式相比，它更灵活、更迅速、更容易评价也更具有成本优势。

3．直复营销的策略组合

直复营销的策略组合是一个包含五个要素的框架体系。这五个要素是广义产品、创意、媒体、频次和客户服务。

① 广义产品除了指产品或服务本身，还包括产品的价格、交货条件等。

② 直复营销的创意体现在传播文案设计、图形设计、个性化实施方案等方面。

③ 直复营销的媒体策略指在各种不同的传播媒体间作出选择。

④ 直复营销的频次策略指涉及传播次数、时间间隔安排等方面的决策。

⑤ 客户服务的主要内容包括快速而准确的订单履行、对顾客问讯和投诉的快速响应以及对退货条款的履行。

6.1.3 服务营销理论

随着社会的进步，服务业在世界各国经济中的重要性日益增加，许多国家已经进入了贝尔所说的后工业社会或者服务社会。在美国，服务业产值占总产值的比例已占七成以上，就业人数的比例更是接近八成，在其他发达国家，服务业的产值也占到总产值的六成以上，就连发展中国家的服务业产值平均也超过了总产值的一半。

实际上，产品和服务的区分是相对的，市场上的所有提供物都是介于纯粹的产品和纯粹的服务之间的一定比例的组合。不过，市场营销学的研究表明，随着产品生产技术的不断提高，产品质量的差异逐渐缩小，当今市场竞争的焦点逐步转向了产品和服务组合的服务层次。在这种背景下，研究服务的特征和服务的营销策略就极为重要。

在电子商务的不同应用中，提供客户服务是与跨组织系统（IOS，Interorganizational Systems）以及电子交易（Electronic Markets）相并列的第三种应用。在公司网站中，除了交易站点和信息发布站点，最常见的类型就是提供客户服务的站点，尤其是计算机软件公司的站点大多属于顾客服务型站点。因为相当一部分服务属于可以数字化的信息服务，通过网络提供这些服务属于纯电子商务，服务的交易在电子商务交易中占据着重要的地位。因此，从事网络营销的理论研究或者实践探索都需要掌握服务营销的基本原理。

1．服务的特性和分类

（1）服务的特征

① 无形性：消费者在购买服务前无法感知到服务。

② 不可分离性。主要体现在三个方面，其一，服务与服务的提供者无法分离；其二，消费者要参与服务的生产过程；其三，其他消费者也要参与服务的生产和消费过程。

③ 差异性。服务质量的好坏取决于服务的提供者和提供服务的具体场景，另外服务的消费者在服务提供的过程中也发挥着重要作用，所以服务很难实现标准化。

④ 不可存储性。人们无法把服务储存起来供将来销售或者使用。

（2）分类

可以依据不同的标准对服务进行分类。

① 按照顾客在服务过程中的参与程度不同，将服务分为高接触性服务、中接触性服务和低接触性服务。

② 按照服务人员介入程度不同，把服务分为基于设备的服务和基于人员的服务。

③ 按照服务的专业程度不同，把服务分为非技术性服务和专业服务。

④ 按照提供服务的主体不同，把服务分为政府服务、非营利性服务和营利性服务。

⑤ 按照接受服务对象的不同，把服务分为个人服务和企业服务。

2．服务营销策略

服务营销不完全等同于有形产品营销。一般认为，服务营销组合应在传统营销组合的基础上增加三个因素，即人的因素（People）、有形证据（Physical Evidence）和服务过程（Process），这三个因素与产品营销的 4P 组合一起统称为服务营销的 7P 组合。

（1）产品策略

服务产品包括核心服务、便利服务和支持服务，其中核心服务是为顾客提供核心效用的服务，如航空公司的空中运输服务；便利服务是为推广核心服务而为顾客提供便利的服务，如航空公司的送票服务和接站服务；支持服务是为提升核心服务价值而设计的相对次要的服务，如航空公司提供的空中无线通信服务、餐饮服务和影视服务。

（2）价格策略

虽然服务产品定价的基本原理与实物产品的定价基本一致，但服务的差异性却决定了服务可以在更大程度上使用价格歧视策略，服务的不可存储性则要求服务定价在时间上必须具有更大的灵活性。

（3）渠道策略

服务产品既可以由服务企业直接销售，也可以由中介机构进行代理。一般而言，差异性较小的服务比较容易通过中介来分销，差异性大的服务则适合直接销售。

（4）促销策略

服务的促销主要是要考虑到服务的不可存储性，提高服务能力的利用率。同时，在服务旺季，为了达到持续经营的目标，还需要实施低营销策略，即主动限制顾客的数量，以保证服务的质量或者避免服务设施资源的超常规损耗。

（5）人员、过程和有形证据策略

在交易之前，营销者需要用有形的证据向客户传递服务质量的信息，提供服务的过程中，员工与客户的交互作用对客户的满意度影响很大，因此服务营销特别强调一线员工（产品生产者）在营销中的作用，格鲁乌斯还特别提出了内部营销的概念来强调树立一线员工营销意识的重要性。

6.1.4 关系营销理论

1．关系营销的产生

关系营销理论起源于20世纪70年代一批北欧学者对服务营销和B2B营销的研究，它强调建立、增进和发展同顾客长期持久的关系。如今，关系营销理论早已超越了B2B营销和服务营销的范围，一些学者甚至认为关系营销标志着营销理论和实践的一个新时代。例如，邦内和库茨在他们的著作《当代营销》第9版中就把营销的历史分为以下四个时代。

（1）生产时代（1925年之前）

在该时期，生产是企业经营唯一重要的任务，这一时期一个有代表性的口号是“酒香不怕巷子深”，人们普遍认为，好的产品绝不会没有销路。

（2）推销时代（1925—1950）

这一时期企业认为，消费者不会购买他们认为没有太大用处的产品，所以企业需要靠好的推销人员和广告来劝说人们购买这些产品。

（3）营销时代（1950—1990）

在该时期，发达国家的市场由卖方市场变成了买方市场，人们不再认为营销是从属于生产的一个次要活动，营销人员要在产品计划上发挥牵头作用，营销和推销被人们明确地区分开。

（4）关系时代（1990—至今）

该时代开始于20世纪90年代，它强调对顾客关系和供应商关系的管理。

2．关系营销的定义

按照芬兰营销学大师格鲁乌斯（Christian Grönroos）的定义，关系营销是“在有利润的前提下识别、建立、保持、提升以及终止同客户以及其他利益相关者的关系，从而使相关各方的目标得以实现。这通过相互交换并履行承诺来完成。”

邦内和库茨将关系营销定义为：“为了共同利益建立、培育和维持与顾客、供应商、雇员和其他伙伴的长期的合算的关系。”

可见，关系营销理论要解决的核心问题是如何建立和发展长期的互利关系，关系营销中的关系可以分为四类。

① 与供应商的关系。

② 横向关系，指与同行企业、政府部门以及其他有关组织的关系。

③ 组织内部关系，指企业与员工的关系以及企业各部门间的关系。

④ 与客户的关系。

3．关系营销的形式

关系营销可分为企业网营销、互动营销和数据库营销三种形式。

（1）企业网营销

它是 B2B 营销的一个分支，重视与处于一个价值网中的企业发展双边或者多边关系，在该理论中，企业网占据核心位置，作为一个从属概念，关系用来解释企业发展和管理企业网的过程。

（2）互动营销

它是指通过建立买卖双向的人际关系来实现企业营销目标的营销方式。

（3）数据库营销

它是指利用数据库寻找目标顾客并留住顾客的营销方式。

4．关系营销与交易营销

关系营销不同于交易营销（即传统营销），它们的区别表现为：交易营销重视赢得顾客，而关系营销更注重保留顾客；交易营销看重产品的技术质量，而关系营销更重视服务的运作质量。同交易营销相比，关系营销并不过分计较一次交易的得失，而是注重同客户建立持久的伙伴关系，它尤其适合服务以及工业品的营销。关系营销和交易营销的一个简单对比如表 6-1 所示。

表 6-1 交易营销与关系营销的比较

关系营销	关注保持顾客	注重服务	注重过程	注重价值转移	追求顾客基础	全面质量管理
交易营销	关注一次性交易	注重产品	注重结果	注重价值创造	追求市场占有率	局部质量控制

需要注意的是，在特定的时期或特定的市场上，交易营销导向的企业可能比关系营销导向的企业更有竞争力，仓储式超市冲破街头便利店围堵，胜利进军的事例充分说明了交易营销理论旺盛的生命力。不过，随着服务贸易和企业间交易的不断增长，关系营销的地位日益上升已是不争的事实。因此，作为对交易营销观念的重要补充，关系营销理论对我们拓展网络营销的思路有着重要的指导意义。此外，关系营销理论还为客户关系管理提供了观念基础，客户关系管理（CRM，Customer Relationship Management）对企业开展电子商务非常重要，它是公司确定、吸引、区分和留住客户的过程，意味着通过供应链的整合向客户提供更好的服务。CRM 和关系营销具有很密切的关系，后者可以被看成是前者的观念基础，前者则可以看成是依靠信息技术手段对后者的具体实现。

6.1.5 软营销理论

软营销理论是针对工业经济时代以大规模生产为主要特征的“强势营销”提出的新理论，它强调企业进行市场营销活动的同时必须尊重消费者的感受和体验，让消费者能主动接受企业的营销活动。传统营销活动中最能体现强势营销特征的是广告和人员推销。在传统广告中，消费者常常是被动地接收广告信息的“轰炸”，传统广告的目标是通过不断的信息灌输，在消费者头脑中留下深刻的印象，并不考虑消费者是否愿意和是否需要；在人员推销中，推销人员根本不考虑被推销对象是否愿意和需要，只是根据推销人员自己的判断强行展开推销活动。

在互联网上，由于信息交流是自由、平等、开放和交互的，强调的是相互尊重和沟通，网上使用者比较注重个人体验和隐私保护。因此，企业采用传统的强势营销手段在互联网上开展营销活动势必会适得其反，如美国著名 AOL 公司曾经对其用户强行发送 E-mail广告，结果招致用户的一致反对，许多用户约定同时给AOL公司服务器发送E-mail进行报复，结果使得 AOL 的 E-mail 邮件服务器处于瘫痪状态，最后不得不道歉来平息众怒。网络软营销恰好是从消费者的体验和需求出发，采取拉式策略吸引消费者，来达到营销目的。在互联网上开展网络营销活动，特别是促销活动一定要遵循网络虚拟社区形成的规则，这被称为“网络礼仪（Netiquette）”。网络礼仪有其自身的系统，但最重要的基本原则是：“不请自到的信息不受欢迎”。网络软营销就是在遵循网络礼仪规则的基础上巧妙运用达到一种微妙的营销效果。

6.2 网络营销概述

网络营销是以互联网为主要手段的一种新型营销手段，尽管历史较短，但已经在企业经营中发挥着越来越重要的作用，网络营销的价值也为越来越多的实践应用所证实。

6.2.1 网络营销的含义

人们对网络营销有不同的认识。有人将网络营销等同于在网上销售产品，有人则把域名注册、网站建设这些基础网络服务内容认为是网络营销，也有些人只将网站推广认为是网络营销。应该说，这些观点都从某些方面反映出网络营销的部分内容，但并没有完整地表达出网络营销的全部内涵，也无法体现出网络营销的实质。

笼统地说，凡是以互联网为主要手段开展的营销活动，都可称之为网络营销，但实际上并不是每一种手段都合乎网络营销的基本准则，也不是任何一种方法都能发挥网络营销的作用。因此，真正意义上的网络营销，应该具有其内在的规律性，可以为营销实践提供指导，可以产生实实在在的效果，并且具有可操作性。

为了明确网络营销的基本含义，这里将网络营销定义为：网络营销是企业整体营销战略的一个组成部分，是为实现企业总体经营目标所进行的，以互联网为基本手段营造网上经营环境的各种活动。

为深入理解网络营销的含义，需要澄清以下问题。

1．网络营销不是孤立存在的

网络营销是企业整体营销战略的一个组成部分，网络营销活动不可能脱离一般营销环境而独立存在，在很多情况下网络营销理论是传统营销理论在互联网环境中的应用和发展。对于不同的企业，网络营销所处的地位有所不同。以经营网络服务产品为主的网络公司，更加注重于网络营销策略，而在传统的工商企业中，网络营销通常只是处于辅助地位。由此也可以看出，网络营销与传统市场营销策略之间并没有冲突，但由于网络营销依赖互联网应用环境而具有自身的特点，因而有相对独立的理论和方法体系。在企业营销实践中，往往是传统营销和网络营销相互并存。

2．网络营销不等于网上销售

网络营销是为最终实现产品销售、提升品牌形象的目的而进行的活动。网上销售是网络营销发展到一定阶段产生的结果，但并不是唯一结果，因此网络营销本身并不等于网上销售。因为：

① 网络营销的目的并不仅仅是为了促进网上销售，很多情况下，网络营销活动不一定能实现网上直接销售的目的，但是可能促进网下销售的增加，并且增加顾客的忠诚度。

② 网络营销的效果表现在多个方面，例如提升企业的品牌价值、加强与客户之间的沟通、拓展对外信息发布的渠道、改善顾客服务等。

③ 从网络营销的内容来看，网上销售也只是其中的一部分，并且不是必须具备的内容，许多企业网站根本不具备网上销售产品的条件，网站主要是作为企业发布产品信息的一个渠道，通过一定的网站推广手段，实现产品宣传的目的。

3．网络营销不等于电子商务

网络营销和电子商务是一对紧密相关又具有明显区别的概念。电子商务的内涵很广，其核心是电子化交易，电子商务强调的是交易方式和交易过程的各个环节。而网络营销是企业整体营销战略的一个组成部分，无论是传统企业还是基于互联网开展业务的企业，也无论是否有电子化交易的发生，都需要网络营销。但网络营销本身并不是一个完整的商业交易过程，而是为了促成交易提供支持，因此是电子商务中的一个重要环节，尤其在交易发生之前，网络营销主要发挥信息传递的作用。网络营销和电子商务的这种关系表明，发生在电子交易过程中的网上支付和交易之后的商品配送等问题并不是网络营销所包含的内容。同样，电子商务体系中所涉及的安全、法律等问题也不适合全部包括在网络营销中。

4．网络营销是对网上经营环境的营造

开展网络营销需要一定的网络环境，网络营销环境为企业开展网络营销活动提供了潜在用户，以及向用户传递营销信息、建立顾客关系、进行网上市场调研等各种营销活动的手段和渠道。企业的网络营销活动也是整个网络环境的组成部分，开展网络营销的过程，就是与这些环境因素建立关系的过程。例如，网站推广常用搜索引擎营销和网站链接策略的实施，也就是和搜索引擎服务商以及合作伙伴之间建立良好关系的过程，网站访问量的增长以及网上销售得以实现都是对网上经营环境营造的结果。因此，网络营销是对企业网上经营环境的营造过程，也就是综合利用各种网络营销手段、方法和条件并协调其间的相互关系，从而更加有效地实现企业的营销目标。

6.2.2 网络营销系统

1. 网络营销系统

网络营销（On-line Marketing 或 E-Marketing）系统是以互联网为基础，利用数字化的信息和网络媒体的交互性来辅助营销目标实现的一种新型的市场营销系统。网络营销系统是保证企业开展网络营销的物质基础，它主要包括有基于 Intranet（企业内联网）的企业管理信息系统、网络营销站点、网络营销的组织和管理人员组成。网络营销作为电子商务重要的组成部分，网络营销系统的建设和开发一般要纳入电子商务系统的整体建设，把网络营销系统作为电子商务系统中的有机组成部分。

（1）企业内部网络系统

计算机网络是通过一定的媒体，如电线、光缆等将单个计算机按照一定的拓扑结构连接起来的，在网络管理软件的统一协调管理下，实现资源共享的网络系统。根据网络覆盖范围，一般可分为局域网（LAN）和广域网（WAN）。由于不同计算机硬件不同，为方便联网和信息共享，于是将 Internet 的联网技术应用到 LAN 中组建 Intranet，它组网方式与 Internet 一样，但使用范围局限在企业内部。为方便企业与业务紧密的合作伙伴进行信息资源共享，于是在 Internet 上通过防火墙（Fire Wall）来控制不相关的人员和非工作人员进入企业网络系统，只有那些经过授权的成员才可以进入网络，一般将这种网称为企业外联网（Extranet）。如果企业的信息可以对外界进行公开，那企业可以直接连接到 Internet 上，实现信息资源最大限度的开放和共享。

企业在组建网络营销系统时，应该考虑企业的营销目标是谁，如何与这些客户通过网络进行联系。一般说来可以分为三个层次：① 对于特别重要的战略合作伙伴关系，企业应允许他们进入企业的 Intranet 系统直接访问有关信息；② 对于与企业业务相关的合作企业，企业应该与他们共同建设 Extranet，实现企业之间的信息共享；③ 最后是对普通的大众市场，则可以直接连接 Internet。由于 Internet 技术的开放、自由特性，因此在 Internet 上很容易受到攻击，企业在建设网络营销系统时必须考虑到营销目标需要，以及如何保障企业网络营销系统安全。

（2）企业管理信息系统

一个功能完整的具有网络营销功能的电子商务系统，它的基础是企业内部信息化，即企业的内部管理信息系统。企业管理信息系统最基本的系统软件是数据库管理系统

DBMS（Database Management System），它负责收集、整理和存储与企业经营相关的一切数据资料。根据具有不同功能组织，可以将信息系统划分为销售、制造、财务、会计和人力资源信息系统等。如果要使网络营销信息系统能有效运转，营销部门的信息化是最基本的要求。一般为营销部门服务的营销管理信息系统主要功能包括：客户管理、订货管理、库存管理、往来账款管理、产品信息管理、销售人员管理，以及市场有关信息收集与处理。

企业管理信息系统根据组织内部不同组织层次，可划分为：操作层、知识层、管理层、策略层系统。① 操作层管理系统支持日常管理人员对基本活动和交易进行跟踪和计录。② 知识层系统用来支持知识和数据工作人员进行工作，帮助公司整理和提炼有用信息和知识，供上级进行管理和决策使用，解决的主要是结构化问题。③ 管理层系统设计用来为中层经理的监督、控制、决策以及管理活动提供服务，主要解决半结构化问题。④ 策略层系统主要是根据外部环境和企业内部制订和规划长期发展方向。

（3）网络营销站点

网络营销站点是在企业 Intranet 上建设的具有网络营销功能的，能连接到 Internet 上的 WWW 站点。网络营销站点起着承上启下的作用，一方面它可以直接连接到 Internet，企业的顾客或者供应商可以直接通过网站了解企业信息，并直接通过网站与企业进行交易。另一方面，它将市场信息和企业内部管理信息系统连接在一起。它通过将市场需求信息传送到企业管理信息系统，让管理信息系统来根据市场变化组织经营管理活动；它还可以将企业有关经营管理信息在网站进行公布，让企业业务相关者和消费者可以直接了解企业经管情况。

（4）网络营销的组织和管理人员

企业建设好网络营销系统后，企业的业务流程将根据市场需求变化进行重组。为适应业务流程变化，企业必须重新规划组织结构，重新设立岗位和培训有关业务人员。其中，有些机构和岗位需要削减，有些机构需要重新设立，如原来的客户服务部的电话接线员就可以大大减少，因为客户可以直接通过企业网络营销系统获得帮助。

2. 网络营销系统设计

网络营销系统是由人、设备（如计算机网络、制造设备等）、程序和活动规则的相互作用形成的能够完成一定功能的平台。完整的网络营销活动需要五种基本的平台：信息平台、制造平台、交易平台、物流平台和服务平台。这五种平台分别执行不同的职能，但彼此之间又相互依存，相互支持。因此，在设计和使用这些平台的过程中，必须充分考虑它们之间的区别和联系，以促进网络营销整体效益的最大化。

（1）信息平台设计

信息平台是企业网络营销系统中最重要、最复杂的一个平台。它不仅有自己相对独立的功能，而且广泛、深入地渗透到其他四个平台之中，是其他四个平台运作的基础。信息平台的基本功能是搜集、处理和发送与企业网络营销有关的各种信息。从服务对象和服务内容上看（见表6-2），信息平台要面向内部用户和外部用户、宏观环境和微观环境开展信息工作，并建立和完善相应的数据库。

表6-2 信息平台的服务对象和数据库内容

信息平台的服务对象	信息平台的数据库内容
内部员工和管理者	营销制度和文化、营销策略、内部报告系统、宏观环境信息、顾客信息、竞争信息
合作伙伴	为完成合作所必需的共享信息
顾客和一般公众	企业信息、商品信息、服务信息、相关公益信息

为了提高信息平台的效率和准确性，网络营销企业还必须把各种信息沟通渠道整合为一个有机的整体。如计算机网络、网络站点、电话系统、语音系统、电子邮件系统等渠道应彼此连接，及时互通信息，为所有相关的信息服务对象提供使用权限内的最大限度的方便。

（2）制造平台设计

网络营销的制造平台是一个借助网络把顾客信息、竞争信息和内部报告信息与产品的设计制造技术紧密结合起来，创造具有高度的顾客价值和良好的经济效益的产品的系统。其核心任务是在网络环境下成功地开发新产品，包括创新新产品、换代新产品、改进新产品和仿制新产品。新产品构思→新产品概念→新产品原型→新产品试销→新产品正式上市的过程，是一个不断探索和调试的过程。在这个过程中，制造平台必须解决以下关键问题：一是新产品开发方向与顾客需求之间的适应性；二是新产品在设计和制造上的技术可行性；三是新产品在经济效益上的可接受性。

（3）交易平台的设计

交易平台的设计要考虑满足以下网上和网下活动的需要：商品展示和浏览、商务谈判、商品订购和订单处理、货款结算和支付。真正盈利的网络营销是一种把网上和网下的资源加以整合和综合利用的商业模式，把市场营销的一切活动统统放在网上进行的做法是不明智的。把交易平台设计成网上和网下既可并行又可相互结合和贯通的模式，能为顾客带来更多的选择、更大的方便，并增强企业的快速反应能力和市场声誉。

顾客购买企业的产品或服务，实质上是购买解决问题的方案和手段。因此交易平台的设计应当从顾客需求和利益出发，使顾客认识到企业提供的产品和服务是他们解决问题的最佳方案和手段。换言之，交易平台应当达到的目标是：使顾客相信并切实体验到，购买企业产品，只需花费最小的顾客总成本（货币成本＋时间成本＋精神成本＋体力成本），而获得最大的顾客总价值（产品价值＋人员价值＋服务价值＋形象价值）。当然，这样做的前提是企业获得目标利润。

（4）物流平台设计

网络营销企业在设计物流平台时，要注意把握以下重点：① 完善物流平台的功能。

物流平台的功能主要包括：一是仓储功能，调剂货物供求；二是流转功能，将货物及时分拣和配送至用户；三是信息功能和交易功能，及时传递供需信息，协助完成交易。为了实现这些功能，需要配备和集成一系列相关的信息技术，如连续补货系统，计算机辅助订货系统、商品分类管理系统、配送需求计划管理系统、以及预测与计划系统等。此外，网络与通信技术、条形码技术也是对物流过程进行控制和管理不可缺少的重要工具。② 物流管理要以服务客户、管理好客户关系为核心。对电子商务企业而言，货物送达可能是客户在购物过程中唯一与商家面对面的机会。这种机会对于发展客户关系，建立顾客忠诚是非常重要的。物流服务的质量，将直接影响企业在客户心中的形象，并在很大程度上决定了交易重复发生的可能。为了提高物流服务的质量，企业不仅要配备或开发客户关系管理软件，更要重视与顾客接触的每一个细节。③ 提高物流一线工作人员的素质。专家指出，物流服务取得竞争优势的关键是：现场第一线人员的优质服务；高效率的运转速度；准确性和低廉的价格；高度的专业性。因此，人的作用是排在第一位的。电子商务时代的物流人员不仅要爱企业、爱顾客、爱本职工作，而且应当胜任以下工作：物流配送、生产企业的市场调查、新产品开发的信息员、计算机信息输入者。

（5）服务平台设计

网络营销的成功离不开优质服务的支撑。优质服务不仅能吸引新顾客，更能留住老顾客。研究表明，企业发展一个新顾客所花费的成本，是留住一个老顾客所需成本的 2～4 倍。因此，服务平台的设计，旨在使全体员工在学习和实践中不断强化服务理念，提高素质和服务质量，从而提高顾客的满意度和忠诚度，增加企业利润。

6.2.3 网络营销的主要职能

网络营销的职能主要表现为：信息发布、网上调研、销售促进、网站推广、顾客服务、品牌建设、网上销售和顾客关系等八个方面。

1．信息发布

网络营销的基本思想就是通过各种互联网手段，将企业营销信息以高效的手段向目标用户、合作伙伴、公众等群体传递，因此信息发布就成为网络营销的基本职能之一。互联网为企业发布信息创造了优越的条件，不仅可以将信息发布在企业网站上，还可以利用各种网络营销工具和网络服务商的信息发布渠道向更大的范围传播信息。

2．网上调研

网上市场调研具有调查周期短、成本低的特点。网上调研不仅为制定网络营销策略提供支持，也是整个市场研究活动的辅助手段之一。合理利用网上市场调研手段对于市场营销策略具有重要价值。网上市场调研与网络营销的其他职能具有同等地位，既可以依靠其他职能的支持而开展，同时也可以相对独立进行，网上调研的结果反过来又可以为其他职能更好地发挥提供支持。

3．销售促进

市场营销的基本目的是为最终增加销售提供支持，网络营销也不例外，各种网络营销方法大都直接或间接具有促进销售的效果，同时还有许多针对性的网上促销手段。这些促销方法并不限于对网上销售的支持，事实上，网络营销对于促进网下销售同样很有价值，这也就是为什么一些没有开展网上销售业务的企业一样有必要开展网络营销的原因。

4．网站推广

获得必要的访问量是网络营销取得成效的基础，尤其对于中小企业，由于经营资源的限制，发布新闻、投放广告、开展大规模促销活动等宣传机会比较少，因此通过互联网手段进行网站推广的意义显得更为重要，这也是中小企业对于网络营销更为热衷的主要原因。即使对于大型企业，网站推广也是非常必要的，事实上许多大型企业虽然有较高的知名度，但网站访问量也不高。因此，网站推广是网络营销最基本的职能之一，是网络营销的基础工作。

5．顾客服务

互联网提供了更加方便的在线顾客服务手段，从形式最简单的FAQ（常见问题解答），到电子邮件、邮件列表，以及在线论坛和各种即时信息服务等。在线顾客服务具有成本低、效率高的优点，在提高顾客服务水平、降低顾客服务费用方面具有显著作用，同时也直接影响到网络营销的效果，因此在线顾客服务成为网络营销的基本组成内容。

6．品牌建设

网络营销的重要任务之一就是在互联网上建立并推广企业的品牌，以及让企业的网下品牌在网上得以延伸和拓展。网络营销为企业利用互联网建立品牌形象提供了有利的条件，无论是大型企业还是中小企业都可以用适合自己企业的方式展现品牌形象。网络品牌建设是以企业网站建设为基础，通过一系列的推广措施，达到顾客和公众对企业的认知和认可。网络品牌价值是网络营销效果的表现形式之一，通过网络品牌的价值转化实现持久的顾客忠诚和更多的直接收益。

7．网上销售

网上销售是企业销售渠道在网上的延伸。一个具备网上交易功能的企业网站本身就是一个网上交易场所，网上销售渠道建设并不限于企业网站本身，还包括建立在专业电子商务平台上的网上商店，以及与其他电子商务网站不同形式的合作等。因此网上销售并不仅仅是大型企业才能开展，不同规模的企业都有可能拥有适合自己需要的在线销售渠道。

8．顾客关系

顾客关系对于开发顾客的长期价值具有至关重要的作用，以顾客关系为核心的营销方式成为企业创造和保持竞争优势的重要策略。网络营销为建立顾客关系、提高顾客满意和顾客忠诚提供了更为有效的手段，通过网络营销的交互性和良好的顾客服务手段，增进顾客关系成为网络营销取得长期效果的必要条件。

网络营销的各个职能之间并非相互独立的，而是相互联系、相互促进的，网络营销的最终效果是各项职能共同作用的结果。为了直观描述网络营销八项职能之间的关系，可以从其作用和效果方面来作出大致的区分：网站推广、信息发布、顾客关系、顾客服务和网上调研这五项职能属于基础，主要表现为网络营销资源的投入和建立，而品牌建设、销售促进、网上销售这三项职能则表现为网络营销的效果（包括直接效果和间接效果）。图 6-2 描述了网络营销八项职能之间的关系。

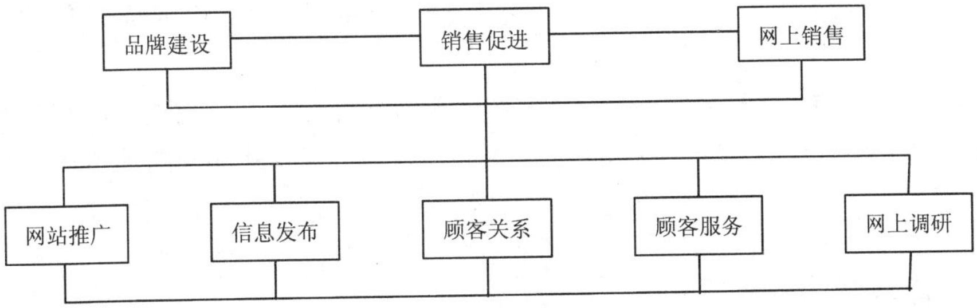

图 6-2　网络营销职能关系

网络营销的职能是通过各种网络营销方法来实现的，同一个职能可能需要多种网络营销方法的共同作用，而同一种网络营销方法也可能适用于多个网络营销职能，为此，本章 6.4 节以网络营销方法为主线，通过对主要网络营销方法及其应用的介绍，来体现各项网络营销的职能。

6.2.4　网络营销的发展历史

1．Web 1.0 时代网络营销（1993—2002 年）

自 1994 年互联网正式进入商务领域开始，到 2002 网络经济泡沫破裂结束是网络经济发展的第一次浪潮，主要是进行网络基础设施建设，如美国开始国家信息高速公路建设。

在互联网 Web 1.0 时代，常用的网络营销方法有搜索引擎营销、E-mail 营销、即时通信营销、BBS 营销和病毒性营销。

2．Web 2.0 时代网络营销（2003—2007 年）

第二代互联网也被称为 Web 2.0 时代。第一代互联网技术 Web 1.0 把计算机网络联系在一起，而第二代互联网技术 Web 2.0 不仅把人和机器联系在一起，而且把人和人联系在一个社交网络中。社交网络中的网页笼统地被称为社会媒体，其中的内容主要是由最终用户制作的，因此被称为“用户制作媒体”或“消费者制作媒体”。

随着互联网发展到 Web 2.0 时代，网络应用服务不断增多，网络营销方式也越来越丰富，包括博客营销、播客营销、RSS 营销、SNS 营销（社区营销）、口碑营销、体验营销、整合营销、事件营销等。

3. Web 3.0 时代网络营销（2008 至今）

第三代互联网在 Web 2.0 的基础上，不仅仅把人和人联系在网络中，更使用户深度参与于网络活动中，成为网络的一份子。所以说，如今厂商所处的时代是一个“用户共同参与和合作创新的新时代”。这种发展趋势将成为未来网络环境的明显特征。美国广告基金会曾经把网络用户的“参与”界定为“受到网络环境的影响，将一个思想火花变成一个品牌创意”。网络厂商可以用各种各样的方式鼓励用户参与，包括上传视频和图片，在博客上张贴评论文章等。只要用户参与了厂商的产品设计和广告创意，就属于“共同创造”。

通过对线上营销、线下营销及移动网络营销的整合，网络营销进入网络整合营销时代。同时，3G 移动网络的成熟和 3G 终端的普及，以及 4G 移动网路的推出，移动网络营销时代已经开启。

6.3 网络营销策略

6.3.1 网络产品策略

1. 适合网络营销的产品

适合网络营销的产品具有信息化、质量稳定、名牌产品、顾客群大、价格适中、不易替代的特点。

（1）信息化

通过互联网可以营销任何形式的产品，但最适合网上销售的产品是那些易于数字化、信息化的产品。不同形式的产品，网络营销策略的重点是不一样的，如音乐、电子图书、软件、信息服务、网上咨询、远程教育、远程医疗等。经营这类商品，商家投资小，消费者购买方便，商品可以直接通过网络实现配送，消费者只需点击鼠标就可以完成全部购物过程。如果企业经营的产品是大型机械设备，网络营销的主要任务就是企业形象的宣传、产品品牌的推广和在线下订单，物流配送还得靠网下的物流企业。

（2）质量稳定

适合在网上销售的产品一般属于质量差异不大的同质产品或非选购品。网络的虚拟性使得顾客可以突破时空的限制实现远程购物或远程订购，但却无法使消费者在购买之前进行较充分的挑选与评估比较。因此，适合在网上销售的产品一般属于质量差异不大的同质产品或非选购品，这类产品消费者可以从网上获得信息，根据这些信息就能确定和评价其产品质量，如书籍、计算机、手机、预定机票、名牌产品等。如果高档时装、首饰等这类需要消费者反复试穿合适才肯购买的产品就不适合在网上销售。

（3）名牌产品

比较适合网络营销的产品一般是那些名牌企业的产品，或知名网络经销的产品。这些产品可能属于质量差异比较大的异质产品，但这些企业或产品已经被众多的消费者购物实践证明货真价实、质量可靠，消费者在购物过程中只是认牌购物，不必花费太多的精力和时间去比较选择。因此，尽管不属于挑选性小的同质产品，但也可以实现网上销售，如海尔系列产品、TCL 产品的网络营销都比较成功。

（4）顾客群大

网络营销的产品的顾客群一般规模较大、覆盖范围广、配送便利。网上市场是以网络用户为主要目标的市场，因此，适合在网上销售或能发挥网络营销优势的产品一般是那些市场覆盖范围和市场容量比较大的产品。如果产品的目标市场比较狭窄，虽然也能实施网络营销，但营销效益不佳，不能充分发挥网络营销的优势。但是，如果网络目标市场覆盖范围很广、市场容量很大，但网络营销的可到达性很差，或物流配送体系不配套，或者网络营销信息到达率很低，这种情况下，也不适合网络营销的开展，或者说，至少在一定时间内不能开展。

（5）价格适中

网络营销的产品一般要有低价优势。互联网作为信息传递工具，在发展初期是采用共享和免费策略发展起来的，网上用户比较认同网上产品的低廉特性；另外，由于互联网销售产品的成本优势，在网上销售产品一般采用低价策略。

（6）不易替代

网络营销产品的利益最好有不可替代的垄断性。企业的营销渠道可以有三种模式供选择：一是单一的网下营销渠道；二是单一的网上营销渠道；三是网上渠道与网下营销渠道的整合运用。如果企业选择单一的网上营销渠道，一般应选择那些替代性不大的、具有较强垄断性的产品经营，或者选择那些不太容易在网下设店经营的特殊品。如果消费者经营那些随处可得或极易替代的产品，则很难形成网络营销优势。

2. 网络营销产品的分类

（1）根据商品能给消费者提供什么信息，将商品分为检索商品、尝试商品和信誉商品（见表 6-3）。

表 6-3　网络商品的分类

商品形式	商品分类		
	检索商品	尝试商品	信誉商品
实体商品	计算机硬件、汽车	服装、食品	珠宝、艺术品
数字商品	计算机软件	MP3 音乐	图书

检索商品是指通过对产品属性的描述，向消费者传递消费收益信息。计算机设备就是很好的例子，若消费者要买一台××公司生产的台式计算机，他只需要知道计算机的几个组成部分：CPU、内存、硬盘、主板、显示器等关键信息，就可以大致判断该商品是否适合。

尝试商品是指只有通过尝试之后才能决定商品是否合适。尝试商品对质量要求特别高，不管是在线商品，还是离线商品，都是如此。人们往往希望为消费提供这样一种环境，即产品能创造的效益一目了然。然而在网上环境却很困难，因此，消费者先在网下的销售场所对商品进行尝试，然后从网上购买。当然这类商品必须是耐用消费品，如一双牛皮鞋，产品性能较为持久，而且在一段时间内不会有变化。像大闸蟹这样的季节性的商品就不可以，不同时间想买到相同品质的十分困难。

所谓信誉商品是指那些无法轻易判断质量高低的商品，即使亲自尝试也不行，对于这类商品质量要靠他人（更有经验和专业知识的人）来判定。信誉商品的质量很难测定，正因如此，信誉商品所依赖的是对产品质量已形成的信任感。在传统市场里，对信誉商品的评价常常是靠有声望人士的推荐。在网络环境中，人们对专家的鉴定意见更加依赖。当然，对于信誉商品来说，一个驰名的品牌可能更加重要。

(2)根据是否可以通过互联网传送,可以将商品分为实体商品和数字商品(见表6-3)。

数字商品可以从网上直接得到。当然，互联网上得不到实体商品，但是互联网可以借助网下渠道而成为一种渠道资源，促进商品获取的过程。

对于检索商品，互联网可以帮助消费者获得关于商品属性的信息。利用这些信息，消费者可判断商品的质量。但是互联网上这样的商品信息数量太庞杂，消费者需要花费较多时间对信息进行处理，有时候容易抑制网络消费。数字式检索商品与实体式检索商品不同，它不仅节约了消费者从决定到获取真正商品的时间，而且在很多时候与尝试商品类似，如果厂商将软件产品分为试用版和正式版，这也说明了吸引消费者去检索商品的具体属性的广告对实体商品起作用，而对数字商品作用不明显的原因。

3. 网络营销品牌策略

（1）网络品牌创造策略

① 使用现有品牌。企业可以为其新产品沿用现有品牌或另起新名。一个现有品牌可以用于任何产品，这种做法只有在该品牌知名度高、具有雄厚的品牌资产价值的前提下才可能奏效。

② 为网络营销创立新品牌。要创立一个新的网络品牌，名字要好。好的品牌应该暗示产品的某些特性，应该使该产品有别于竞争对手的产品，应该受到法律保护。在网上，品牌名应该简短、易记和容易拼写。

③ 联合品牌。联合品牌是指两家不同的公司为同一种产品使用它们的品牌。这种现象十分普遍，如新浪网和中华英网联手在新浪网上推出新浪招聘频道。

④ 互联网域名。国际顶级域名因其知名度和表现形式而易被网民熟悉和牢记，从这个意义上讲，域名应是企业网络品牌的最好载体。而在互联网上既能够体现企业品牌，又能让国内消费者自然接受的域名，最简单且最好的就是企业本身的商号（名称）或商标域名（按实际情况，有英文和拼音）。

企业在选取域名的时候，最基本的原则是域名要有一定的内涵和意义。这样不但易记，而且有助于实现企业的营销目标。

域名资源作为一种稀缺资源，很多国内企业还缺乏在互联网上保护自己品牌的意识，创立和保护网络品牌这一问题的严重性和紧迫性应引起社会和企业的高度重视。有实力的企业应全方位、多后缀保护（将.com，.net，.cn 等都注册），用 com 作为主域名宣传，其他后缀域名保护性指向到同一站点。

（2）网络品牌运用策略

① 要做出网上的品牌承诺。优秀的品牌之所以优秀，是因为其提出并遵守了一系列消费者可以理解并信任的承诺。

② 要做到通过网络品牌给顾客带来娱乐。传统品牌的企业可以通过网上娱乐帮助它们进行品牌定位。此外，还可以提供直接与目标消费者交流的环境，来增加销售。

③ 需要创立兴趣社区。消费者，尤其是年轻的消费者，喜欢以共同的理想、目标及关注的事物而聚集在一起并形成团体。对创建忠诚的网上用户社区而言，由亲密交往和共同兴趣而建立起来的关系是非常牢固的。需要强调的是，安全因素仍然是网上社区的最大阻力，只有充分的担保及诱人的利益才能让消费者下决心克服这些阻力。网上社区可以成为传递品牌价值的有力工具，但同时它也可能成为一把双刃剑。一方面，社区可以吸引人们对产品的注意力；另一方面，它也会暴露出那些无法达到品牌承诺标准的产品。

6.3.2　网络营销价格策略

1. 网络营销定价的基本原则

网络营销定价是由厂商、消费者和市场因素共同决定。其中厂商考虑生产成本，追求利润最大化；消费者考虑消费成本，追求效用最大化和市场交易成本最小、市场交易效率最优。

网络产品的定价应该满足以下几个条件：① 补偿厂商开发生产费用；② 激励厂商进行创新和不断进行专业化生产；③ 反映出市场上的供求关系；④ 反映出消费者市场的外部性特征和生产者市场上的垄断和竞争特征。

2. 免费和收费定价策略

（1）免费定价策略

免费定价策略是网络营销常用的营销策略，它不仅是一种促销策略，还是一种非常有效的定价策略。免费定价策略是指企业为了实现某种特殊的目的，将产品和服务以零价格形式提供给顾客使用的价格手段，以满足顾客的需求。

免费定价策略包括：完全免费策略是指产品或服务从购买、使用和售后服务所有环节都实行免费服务；限制免费策略是指产品或服务可以被有限次使用，超过一定期限或者次数后就要进行收费；部分免费策略是指对产品或服务，一部分进行免费定价，如果要得到其他部分的产品就必须付给厂商一定的价格；捆绑式免费策略是指购买某种产品或服务时赠送其他产品或服务。

企业实施免费价格策略的目的：一是让用户免费使用，形成习惯后再开始收费。二是发掘后续商业价值，它是从战略发展的需要来制定定价策略，其主要目的是占领市场，然后再在市场上获取收益。

（2）低价定价策略

借助网络进行销售，比传统销售渠道的成本更低，因此网络营销商往往采用低价定价策略。由于网络信息是公开的和易于搜索比较，因此消费者对网络上的价格特别敏感，低价定价策略容易吸引对价格较敏感的消费者的注意力。具体来说，低价定价策略又分为：

① 直接低价定价策略。即定价时在成本基础上加一定的利润。

② 折扣定价策略。即在原价基础上进行折扣来定价，这种定价方式可以让顾客直接了解产品的降价幅度以促进顾客购买。在实际营销过程中，其主要有：数量折扣策略、现金折扣策略、季节折扣策略等。例如，为了鼓励中间商淡季进货，或激励消费者淡季购买，也可采取季节折扣策略。

③ 促销定价策略。厂商为了开拓网上市场，但是价格又不具有竞争优势的时候可以采取网上促销定价策略。

实施低价策略时企业应注意以下问题：

① 在网上不宜销售那些顾客对价格敏感而企业又难以降价的产品。

② 在网上公布价格时要注意区分消费对象。一般要区分一般消费者、零售商、批发商、合作伙伴，分别提供不同的价格信息发布渠道，否则，可能会导致营销渠道混乱。

③ 网上发布价格时要注意比较同类站点公布的价格。

（3）定制生产定价

定制生产定价策略是在企业能够实行定制生产的基础上，利用网络技术和辅助设计软件，帮助消费者选择配置或者自行设计能够满足自己需求的个性化产品，同时承担自己愿意付出的价格成本。

（4）使用定价策略

所谓使用定价策略就是顾客通过互联网注册后可以直接使用某企业的产品，顾客只需要根据使用次数进行付费，而不需要将产品完全购买。这样就减少了企业为了完全出售产品而进行不必要的大量生产和包装浪费，同时又可以吸引过去有所顾虑的顾客使用，扩大市场份额。顾客每次只是根据使用次数付费，节省了购买产品、安装产品和处置产品的麻烦，还可以节省不必要的开销。

采用使用次数定价，一般要考虑产品是否适合通过互联网传输，是否可以实现远程调用。比较适合的产品有软件等产品。

另外，采用按次数定价对互联网的带宽提出了更高的要求，因为许多信息都要通过互联网进行传输，如互联网带宽不够，将影响数据传输，势必会影响顾客租赁使用和观看。

（5）拍卖竞价策略

经济学家认为，市场要想形成最合理的价格，拍卖竞价是最合理的方式。网上拍卖由消费者通过互联网轮流公开竞价，在规定时间内价高者赢得。网上拍卖竞价主要有三种形式：竞价拍卖、竞价拍买和集体议价。

竞价就是通过市场运营机构组织交易的卖方或买方参与市场投标，以竞争方式确定交易量及其价格的过程。

① 竞价拍卖最大量的是 C2C 的交易，包括二手货、收藏品，普通商品也可以以拍卖方式进行出售。

② 竞价拍买是竞价拍卖的反向过程。消费者提出一个价格范围，求购某一商品，由商家出价。出价可以是公开的或隐蔽的，消费者将与出价最低或最接近的商家成交。

③ 在互联网出现以前，集体议价方式在国外主要是多个零售商结合起来，向批发商（或生产商）以数量换价格的方式。

6.3.3　网络分销渠道策略

1. 网络分销渠道的定义和功能

分销渠道是企业营销战略组合的关键环节，是物流的重要职能，也是最直接满足顾客需求的环节。所谓网络分销渠道是指借助于互联网，将产品从生产者转移到消费者的所有中间环节。网络分销渠道在实现产品转移过程中，具有订货、结算和配送三大功能。

2. 类型

网络分销渠道可分为直接分销渠道和间接分销渠道。但与传统的分销渠道相比较，网络分销渠道的结构要简单得多。网络直接分销渠道和传统直接分销渠道没有太大的区别。而对于间接分销渠道而言，网络营销中只有一级分销渠道，即只有一个信息中间商（商务中心）来沟通买卖双方的信息，而不存在多个批发商和零售商的情况，所以也就不存在多级分销渠道。

（1）直接分销渠道

直接分销渠道指生产企业不通过中间商环节，直接将产品销售给消费者。直接分销渠道是工业品分销的主要类型。例如，大型设备、专用工具及技术复杂需要提供专门服务的产品，都采用直接分销类型，有部分消费品也采用直接分销类型，如鲜活商品等。

（2）间接分销渠道

间接分销渠道指生产企业通过中间商环节把产品传送到消费者手中。间接分销渠道是消费品分销的主要类型，工业品中有许多产品（如化妆品等）也采用间接分销类型。

为了克服网络直销的缺点，网络商品交易中介机构应运而生。中介机构成为连接买卖双方的枢纽，使网络间接销售成为可能，当当网就是间接分销渠道的一个典型例子。

在当当网在线购买图书时，这些书籍最早是源于某个出版社，然后批发商将其买下。当当网的工作只是通过它的互联网网站收集整理消费者的订单，然后将收集整理后的订单发给批发商处理。批发商如能供货，则将书发到当当网公司的仓库里。接着在当当网公司的仓库里，批发商发来的书籍经过分装后，再通过物流公司最后递送到消费者手中。在这个过程中，离线的渠道成员从事出版和经销活动，而当当网公司则负责在线的零售工作。

3. 电子中间商

由于网络的信息资源丰富、信息处理速度快，基于网络的服务便于搜索产品，但对产品（信息、软件产品除外）的实体分销网络却难以胜任。因此出现了许多基于网络信息服务中介功能的新型中间商，人们将其称为电子中间商（Cybermediaries）。下面分别介绍这种以信息服务为核心的电子中间商。

（1）目录服务

利用Internet上的目录化的Web站点提供菜单驱动进行搜索。通常有三种目录服务。一种是通用目录（如Yahoo） 可以对不同站点进行检索，所包含的站点分类按层次组织在一起；另一种是商业目录（如Internet商店目录），提供各种商业Web站点的索引，类似于印刷出版的工业指南手册；最后一种是专业目录，针对某个领域或主题建立Web站点。目录服务的收入主要来源于为客户提供的广告服务。

（2）搜索服务

与目录不同，搜索站点（如百度）为用户提供基于关键词的检索服务，站点利用大型数据库分类存储各种站点和页面内容。搜索站点不允许用户直接浏览数据库，但允许用户向数据库添加条目。

（3）虚拟商业街

虚拟商业街是指在一个站点内连接两个或两个以上的商业站点。虚拟商业街与目录服务的区别是，虚拟商业街定位于某一地理位置，定位于某一特定类型的企业和零售商，在虚拟商业街销售各种商品，提供不同服务。站点的主要收入来源依靠其他商业站点对其的租用。

（4）网上出版

由于网络信息传输及时而且具有交互性，网络出版Web站点可以提供大量有趣有用的信息给消费者。如出现的联机报纸、联机杂志属于此种类型。

（5）虚拟零售店

虚拟零售店也称为网上商店。虚拟零售店不同于虚拟商业街，虚拟零售店拥有自己的货物清单，并直接销售产品给消费者。通常这些虚拟零售店是专业性的，定位于某类商品，它们直接从企业进货，然后折扣销售给消费者（如Amazon 网上书店）。

（6）站点评估

消费者在访问企业站点时，由于内容、站点繁多，往往显得束手无策，不知该访问哪一个站点。提供站点评估的站点，可以帮助消费者根据以往数据和评估等级，选择合适站点访问。通常一些目录搜索站点也提供一些站点评估服务。

（7）电子支付

电子商务要求能在网络上交易的同时，实现买方和卖方之间的授权支付。

（8）虚拟市场和交换网络

虚拟市场提供一个虚拟场所，任何只要符合条件的产品都可以在虚拟市场站点内进行展示和销售，消费者可以在站点中任意选择和购买，站点主持者收取一定的管理费用。

（9）智能代理

智能代理是这样一种软件，它根据消费者偏好和要求预先为用户自动进行初次搜索，软件在搜索时还可以根据用户自己的喜好和别人的搜索经验自动学习优化搜索标准。用户可以根据自己的需要选择合适的智能代理站为自己提供服务，同时支付一定费用。

4. 网络分销渠道策略

（1）直接分销渠道策略

网络直销通常有两种做法：一种做法是企业在互联网上建立自己的站点，申请域名，制作主页和销售网页，由网络管理员专门处理有关产品的销售事务；另一种做法是委托信息服务商在其网点发布信息，企业利用有关信息与客户联系，直接销售产品。网络直销不仅节省了大量的交易成本，而且产品的制造和运输更容易进行电子化协调。

（2）混合分销渠道策略

混合分销渠道是指在与消费者的交易过程中有多个渠道成员参与。尤其是硬件和软件相结合的技术产品，往往有几个公司生产，要将这种集成的产品在一次交易中就完全提供给消费者，就只能靠混合渠道来完成。使用互联网来分销产品和服务的混合渠道通常是通过战略联盟的形式来进行管理的。例如，Dell公司在网上出售个人计算机，在销售硬件的同时，往往捆绑销售了Windows操作系统。

（3）多渠道策略

多渠道策略是指使用　种以上的分销渠道去完成分销目标。例如，生产商既可以将产品通过产品目录推荐给消费者，或者通过离线零售商网络直接销售给消费者，也可以通过别的机构组织的网站来进行销售。

（4）双道法

在西方众多企业的网络营销活动中，双道法是最常见的方法，是企业网络分销渠道的最佳选择。所谓双道法，是指企业同时使用网络直接销售渠道和网络间接销售渠道，以达到销售量最大的目的。在买方市场条件下，通过两条渠道销售产品比通过一条渠道更容易实现“市场渗透”。

6.3.4　网络营销站点推广策略

网络营销站点建好后，就需要采用各种方式对其进行推广，通过有效的网络推广活动，可以使电子商务网实现网站开发和运营的初步期望，网站访问量稳步上升，会员注册数、网站美誉度和会员忠诚度均达到理想的要求，成为一个知名、安全、可信赖的购物网站。常见网站推广方法有搜索引擎、网络广告、电子杂志、发送电子邮件等。

1．搜索引擎推广

统计表明，网站60%的访问量来自各类搜索引擎，因此电子商务网站科学地登录各大搜索引擎，是进行网站推广的重要内容。搜索引擎营销的基本思想是让用户发现信息，并通过点击进去网站/网页进一步了解他所需要的信息。

网站设计要求对搜索引擎友好。友好是相互的，对搜索引擎友好的网站实际上也是对用户友好的网站，用户在这样的网站上更容易发现所需要的信息，如可以方便地拷贝、保存、转发对自己有价值的信息，可以方便检索浏览产品信息，并且注册或者购买。搜索引擎友好的网站所反馈的结果才更能吸引用户点击，网站才可以获得更多的访问量，取得理想的营销效果，这也是“营造网上营销环境中”的一个方面，即网站和网络服务商之间关系的营造。

网站对搜索引擎不友好通过表现在多个方面，最差的是使得搜索引擎无法检索信息，或者返回的检索信息对用户没有吸引力。造成网站对搜索引擎不友好的主要原因是：

- 大量采用图片形式，没有可以检索的文本信息；
- 网页没有标题，或者标题中没有包含有效的关键词；
- 网页正文中有效关键词比较少；
- 网站导航系统让搜索引擎“看不懂”；
- 部分数据库信息对搜索引擎“保密”；
- 没有其他网站提供链接线索进行比较。

有些企业网站非常重视网页的视觉效果，尤其是首页，往往希望用很复杂的图片，或者用 Flash 等 Rich Media（富媒体）形式来展示企业形象，这些固然能从视觉形象上引起人们的关注，但从搜索引擎优化的角度来看，没有任何价值，甚至起到副作用，让搜索引擎无从检索，用户也就无法通过搜索引擎发现这个网站。

因此，应该在兼顾实用的前提下追求美观，而不是将美观放在首位，在两者之间必须权衡取舍时，宁可放弃外在的美观。虽然对于视觉效果并没有完全一致的评价标准，但搜索引擎却有共同的检索基础，若对搜索引擎不够友好，失去的将是自己的潜在用户。强调网站的实用还有一个重要原因：用户通过搜索引擎来到一个网站，他们不是为了欣赏网页的视觉效果，而是为了获得与他在搜索引擎中所使用的关键词相关的信息。可以推测，如果用户进入一个网站却没有发现自己需要的信息，他唯一的选择就是尽快离开，这不是网站经营者所期望的结果。

2．网络广告投放

根据专业网络广告预测机构 iResearch 的统计，2013 年，中国整体网络广告市场规模为 1100 亿元，同比增长 46.1%，达到新的量级。较之传统媒体而言，网络媒体的特点在于其全能性及在打造品牌和行销方面的力量。网络广告的载体基本上是多媒体、超文本格式文件，只要消费者对某种产品、某个企业感兴趣，仅需轻按鼠标就能进一步了解更多更为详细、生动的信息，从而使消费者能亲身“体验”产品、服务与品牌，让消费者如身临其境般感受商品或服务，因此，网络广告具备强烈的交互性与感官性优势。

网络广告是效果明显的网站推广方式之一。广告投放对象选择要符合网站访问群特征，并根据网站不同推广阶段的需要进行调整。针对网站的特点，应制订相应的网络广告投放计划。

网站是一个开展企业自身的商务信息交流和电子商务贸易洽谈的网站。针对网站的受众特点，可将网络广告投放对象选择为新闻、财经、商务、企业黄页、资讯网站、导航网站、地方门户网站等。

3．发送电子邮件

电子邮件又称邮件列表广告，利用网站电子刊物服务中的电子邮件列表，将广告加在读者所订阅的刊物中发放给相应的邮箱所属人。正确利用 E-mail 进行广告活动，需要注意以下问题：

① 正确使用电子邮件的签名。电子邮件的签名经常会被人们忽略，但它的确可以起到非常突出的广告作用。请看下面的一个例子：

- Sincerely（感谢词）
- Simth（落款）
- Vanlong Technical Co. Ltd.（公司名称）
- http://www.IT.com.cn（公司 Web 地址）
- smith@IT.com.cn（E-mail 地址）

在这个简短的 6 行签名栏中包含了公司名称、网址、电子邮件地址、口号及简单的描述，这是非常重要的。它不仅完成了签名的功能，还起到了宣传的效果。

② 正确书写邮件的内容。邮件的“主题”一定要鲜明，能说清信的大意，以吸引收信者阅读，避免被当作垃圾邮件被删除。比如，给 位希望购房的客户发电子邮件广告，可以在“主题” 中直接写“两居室，5800 元一平米”。 在写信件时要注意语气亲切，对有可能收到的不太礼貌的回信，要平心静气地回信；对收到的客户提问的信，要迅速回答。信的内容也要尽量简短，以免耽误客户太多时间。

③ 选择正确的发信方式。为了提高效率，减少读者的麻烦，每份 E-mail 要反复测试；不要对未经过分析和过滤的地址发送电子邮件，一定要明确地知道你在给谁发信，否则不但效率低下，而且容易被人列入黑名单。同时给众多客户发信，一般应采取“暗发”方式，让客户不会收到一大堆电子邮件地址，也不知道除了他自己外，你还给别的什么人发了信。

④ 让客户主动索取广告。通过为客户提供一定的免费服务来发送邮件广告。比如，为客户提供免费的电子信箱、免费的电子杂志，把广告附十对客户希望得到的信息之后，

让客户在阅读自己希望得到的信息的同时，阅读你的广告，或通过各种媒体宣传，让感兴趣的客户向你索取进一步资料。

⑤ 群发邮件。群发邮件集中发送的大量电子邮件。对于一些滥发的群发邮件，被称之为“邮件垃圾”。现在每一个上网的人都至少有一个电子邮件地址，群发邮件是一种非常方便、廉价并且有效的行销手段。

4．电子杂志

电子杂志是由国内著名的ICP提供、有着内容和信誉的充分保障，由专业人员精心编辑制作，具有很强的时效性、可读性和交互性，而且还不受地域和时间限制，无论用户在全球的任何地方，电子杂志都可以带给他们最新最全的信息。由于电子杂志是由网民根据兴趣与需要主动订阅的，所以此类广告更能准确有效地面向潜在客户。此外电子邮件杂志的形式还非常适合中国的网络状况，它可以让订户不必花费很多时间和上网费就可以获得大量的中文优质信息，根据调查，通过Web页面浏览信息的花费是电子杂志的10～60倍。所以电子杂志已经得到了越来越多网民的接受和认同，订户数量增长迅速。在电子杂志上投放广告，不仅费用比Banner广告便宜得多，而且效果也非常显著，能够在很短的时间内将企业的网站推广到全球各个角落。

5．发布新闻

借助新闻组开展网络营销本身是一种广告行为，在传统的拒绝广告与现代商业化倾向激烈冲突的新闻组中，需要谨慎行事。

在新闻组中发布广告的步骤与在公告栏中发布广告基本相同。所不同的是在新闻组中发布广告需要根据广告信息的主题选择讨论组。

可以在某个组中单独挑起一个话题。定义的话题要具有一定的吸引力。如果话题得不到别人的响应，广告目的也很难达到。定义话题是一项艰巨的工作，需要认真思考。也可以尝试使用商场上“托”的技巧，联合一些人共同营造一个氛围，以求吸引预定的受众对象加入进来。也可以选中一个话题，巧妙地插入。即如果某个话题正好与你有关，就可以马上介入进去，发表自己的观点，同时将自己的广告信息有机而巧妙地融入其中。选用这种方式的效果一般会好于第一种，特别是在你选中的话题的参与人数较多，讨论比较激烈的时候。如果不愿意过多地耗费精力，可以选择某个组的适当位置，单纯地粘贴广告就行了。

6．网站合作推广

策划开展网站合作活动是有效的网站推广手段，且能提高访客忠诚度，持续深入的传播网站和品牌。广泛征求友情链接，扩大网站外部链接活力，能增加网站的搜索引擎曝光率，获得理想的排名效果。与网上网下媒体展开充分合作，撰写公关文稿，关注网站发展动态，并定期在各媒体发布同其他网站进行各种合作是效果明显的网站推广方式，可以借合作伙伴的力量，促使网站的系列活动有效开展。

6.4　网络营销的主要方法

网络营销职能的实现需要通过一种或多种网络营销方法，常用的网络营销方法主要有：搜索引擎营销、病毒性营销、网络社区营销、会员制营销、博客营销、微博营销、E-mail 营销、网站资源合作等。

6.4.1　搜索引擎营销

1．搜索引擎基础

（1）搜索引擎定义

搜索引擎（search engine）是指根据一定的策略、运用特定的计算机程序搜集互联网上的信息，在对信息进行组织和处理后，并将处理后的信息显示给用户，是为用户提供检索服务的系统。

（2）分类

① 全文搜索引擎。全文搜索引擎是广泛应用的主流搜索引擎。它的工作原理是计算机索引程序通过扫描文章中的每一个词，对每一个词建立一个索引，指明该词在文章中出现的次数和位置，当用户查询时，检索程序就根据事先建立的索引进行查找，并将查找的结果反馈给用户的检索方式。全文按索引擎一般由信息采集、索引和检索三部分组成。

信息采集的工作由搜索器和分析器共同完成，搜索引擎利用称为“网络爬虫”（Crawlers）、“网络蜘蛛”成“网络机器人”（Robots）的自动搜索机器人程序来查询网页上的超链接。

搜索引擎整理信息的过程称为“建立索引”。搜索引擎不仅要保存建立起来的信息，还要将它们按照一定的规则进行排序。

检索是用户向搜索引擎发出查询信息，搜索引擎接受查询信息并向用户返回资料。有的系统在返回结果之前对网页的相关度进行了计算和评估，并根据相关度进行排序，将相关度大的放在前面，相关度小的放在后面；也有的系统在用户查询前已经计算了各个网页的网页登记，返回查询结果时网页等级高的放在前面，网页等级低的放在后面。

不同搜索引擎有不同的排序规则，因此在不同的搜索引擎中搜索相同关键词，排序是不同的。主要的全文搜索引擎有 Google 和百度等。

② 分类目录搜索引擎。分类目录搜索引擎也同样由信息采集、索引和检索三部分组成，只不过分类目录搜索引擎的信息采集和索引两部分主要依靠人工完成。用户在查询信息时，可以选择按照关键词搜索，也可按照分类目录逐层查询。如以关键词搜索，返回的结果跟全文搜索引擎一样，也是根据信息关联程度排列网站。需要注意的是，分类目录的关键词查询只能在网站的名称、网址和简介等内容中进行，它的查询结果也只

是被收录网站首页的 URL 地址，而不是具体的页面。主要的分类搜索引擎有雅虎、新浪分类目录等。

③ 元搜索引擎。元搜索引擎（META Search Engine）接受用户查询请求后，同时在多个搜索引擎上搜索，并将结果返回给用户。

2．搜索引擎营销的定义

搜索引擎营销，英文是 Search Engine Marketing，简称为 SEM。简单来说，搜索引擎营销就是基于搜索引擎平台的网络营销，利用人们对搜索引擎的依赖和使用习惯，在人们检索信息的时候尽可能将营销信息传递给目标客户。搜索引擎营销追求最高的性价比，以最小的投入，获最大的来自搜索引擎的访问量，并产生商业价值。

3．搜索引擎营销的任务

（1）构造适合搜索引擎检索的信息源

信息源被搜索引擎收录是搜索引擎营销的基础，由于用户检索之后还要通过信息源获取更多的信息，因此企业网站的构建不仅要搜索引擎友好，而且应该用户友好。网站优化不仅仅是搜索引擎优化，而且包含三个方面，即对用户、搜索引擎、网站管理维护的优化。

（2）创造网站/网页被搜索引擎收录的机会

网站建设完成并发布到互联网上并不意味着可以达到搜索引擎营销的目的。无论网站建设多么精美，如果不能被搜索引擎收录，用户便无法通过搜索引擎发现网站中的信息，也就无法实现网络营销信息传递的目的。因此，让尽可能多的网页被搜索引擎收录是网络营销的基本任务之一，也是搜索引擎营销的基本步骤。

（3）在搜索结果中排名靠前

企业信息如果出现在靠后的位置，通常无法吸引用户的注意力，被发现的机会就会降低，也就无法保证搜索引擎营销的效果。因此，搜索引擎营销希望企业信息在搜索结果中排名靠前。

（4）为用户获取信息提供方便

企业营销的最终目的是将浏览者转化为顾客。用户点击搜索结果进入网站，并不意味着已经成为了购买者，还要取决于产品本身的质量、价格等因素。在这个阶段，搜索引擎营销与网站信息发布、顾客服务、网站流量统计分析等工作有着密切的联系，应对浏览者感兴趣的信息进行深入的研究，在为用户获取信息提供方便的同时，与用户建立密切的关系，使其成为产品或服务的购买者。

4．搜索引擎营销的目标层次

一般认为，搜索引擎营销主要目标有两个层次：被搜索引擎收录和在搜索结果中排名靠前。从实际情况来看，仅仅达到这两个层次的目标还很不够，因为取得这样的效果实际上并不一定能增加用户的点击率，更不能保证将访问者转化为顾客或者潜在的顾客，因此只能说以上目标只是搜索引擎营销两个最基本的目标。归纳起来，搜索引擎营销目标包括 4 个层次：

- 被搜索引擎收录；
- 在搜索结果中排名靠前；
- 增加用户的点击（点进）率；
- 将浏览者转化为顾客。

在这四个层次中，前三个可以理解为搜索引擎营销的过程，而只有将浏览者转化为顾客才是最终目的。在一般的搜索引擎优化中，通过设计网页标题、META 标签中的内容等，通常可以实现前两个初级目标（如果付费登录，当然直接就可以实现这个目标了，甚至不需要考虑网站优化问题）。为实现高层次的目标，还需要进一步对搜索引擎进行优化设计，或者说，设计从整体上对搜索引擎友好的网站。

5. 搜索引擎营销常用的手段

（1）竞价排名

竞价排名，顾名思义就是网站付费后才能出现在搜索结果页面，付费越高者排名越靠前。竞价排名服务，是由客户为自己的网页购买关键字排名，按点击计费的一种服务。客户可以通过调整每次点击付费价格，控制自己在特定关键字搜索结果中的排名；并可以通过设定不同的关键词捕捉到不同类型的目标访问者。而在国内最流行的点击付费搜索引擎有百度、雅虎和 Google。值得一提的是即使是做了 PPC（Pay Per Click，按照点击收费）付费广告和竞价排名，最好也应该对网站进行搜索引擎优化设计，并将网站登录到各大免费的搜索引擎中。

（2）购买关键词广告

购买关键词广告即在搜索结果页面显示广告内容，实现高级定位投放，用户可以根据需要更换关键词，相当于在不同页面轮换投放广告。

（3）引擎优化（SEO）

它就是通过对网站优化设计，使得网站在搜索结果中靠前。搜索引擎优化（SEO）又包括网站内容优化、关键词优化、外部链接优化、内部链接优化、代码优化、图片优化、搜索引擎登录等。

（4）PPC

PPC（Pay Per Call）即“按点击付费”，PPC 广告是搜索引擎广告中最重要的形式，也是广告市场中最具竞争力的广告计费模式。通过电话的方式向商家转介目标客户，努力让商家只为有效的广告付费。

6.4.2 病毒性营销

1. 病毒性营销的定义

病毒性营销是一种常用的网络营销方法，常用于进行网站推广、品牌推广等。病毒性营销利用的是用户口碑传播原理，在互联网上，这种“口碑传播”更为方便，可以像病毒一样迅速蔓延，因此病毒性营销成为一种高效的信息传播方式，而且，由于这种传播是用户之间自发进行的，因此几乎是不需要费用的网络营销手段。

以下是可口可乐公司运用病毒性营销的典型案例：

2008年3月24号，可口可乐公司推出了火炬在线传递。而这个活动堪称经典的病毒性营销案例。

如果你争取到了火炬在线传递的资格，将获得“火炬大使”的称号，头像处将出现一枚未点亮的图标，之后就可以向你的一个好友发送邀请。

如果10分钟内可以成功邀请其他用户参加活动，你的图标将被成功点亮，同时将获取可口可乐火炬在线传递活动专属QQ皮肤的使用权。火炬在线传递活动的QQ面板皮肤。而这个好友就可以继续邀请下一个好友进行火炬在线传递，以此类推。

网民们以成为在线火炬传递手为荣，“病毒式”的链式反应一发不可收拾，“犹如滔滔江水，绵延不绝”。

这个活动在短短40天之内就“拉拢”了4千万人（41169237人）参与其中。平均起来，每秒钟就有12万多人参与。一个多月的时间内，在大家不知不觉中，身边很多朋友的QQ上都多了一个火红的圣火图标（同时包含可口可乐的元素）。

2．病毒性营销的特性

病毒性营销与其他营销方式相比，具有以下特性：

（1）病毒性营销提供的是有价值的产品或者服务

如果商家想要进行病毒性营销，就需要让消费者觉得你的产品或者信息是有价值的。价值越大，信息传播的速度就越快，病毒性营销就是利用这种诱导的方式，在宣传产品的同时给予客户相关的知识或者资源信息，顾客得到利益的同时就将产品的信息不断地传播了出去。

（2）通过他人的信息交流频道或者行为来进行传播

病毒性营销的典型做法往往是搭建一个交流的平台，并且提供可以交流的信息，使得用户与用户之间进行相互交流实现盈利的目的。最具创造性的病毒性营销策划往往是利用别人的资源达到宣传自己产品的目的。

（3）充分利用互联网的特点

鉴于互联网所具有的全球性、即时性以及交互性特点，可以使得信息在非常短的时间内快速地传递到成千上万的用户手中，就像病毒一样快速地复制和传播。携带营销信息的媒体必然便于传递和传播，通过即时通讯、论坛以及E-mail传递信息是非常容易的，并且信息的传递几乎不需要成本，从而每个用户都变成了信息源，然后再传播给别人。

（4）几何倍数的传播以及高效率的接收

病毒性营销是自发的、扩张性的信息推广，人际关系以及群体传播是其流通渠道，信息被消费者传递给那些与他们有着联系的个体，因为信息是从熟悉的人那里获得的，接收过程就具有更加积极的心态，接收的渠道也较为私人化，这就克服了大众媒体广告造成的受众戒备抵触心理的产生以及接收环境复杂的缺点。

3．成功的病毒性营销的基本要素

成功的病毒性营销具备 6 个基本要素：① 提供有价值的产品或服务；② 提供无须努力向他人传递信息的方式；③ 信息传递范围很容易从小向很大规模扩散；④ 利用公众的积极性和行为；⑤ 利用现有的通信网络；⑥ 利用别人的资源进行信息传播。

4．病毒性营销的实施步骤

尽管每个网站具体的病毒性营销方案可能千差万别，但在实施病毒性营销的过程中，一般都需要经过方案的规划和设计、信息源和传递渠道的设计、原始信息发布、效果跟踪管理等基本步骤，认真对待每个步骤，病毒性营销才能最终取得成功。

（1）病毒性营销整体方案的规划

确认病毒性营销方案符合病毒性营销的基本思想，即传播的信息和服务对用户是有价值的，并且这种信息易于被用户自行传播。

（2）独特的创意

最有效的病毒性营销往往是独创的。独创性的计划最有价值，跟风型的计划有些也可以获得一定效果，但要做相应的创新才更吸引人。在方案设计时，一个特别需要注意的问题是，如何将信息传播与营销目的结合起来？如果仅仅是为用户带来了娱乐价值（例如一些个人兴趣类的创意）或者实用功能、优惠服务而没有达到营销的目的，这样的病毒性营销计划对企业的价值就不大；反之，如果广告气息太重，可能会引起用户反感而影响信息的传播。

（3）信息源与信息传播渠道的设计

（4）原始信息的发布和推广

最终的大范围信息传播是从比较小的范围内开始的，如果希望病毒性营销方法可以很快传播，那么对于原始信息的发布也需要经过认真筹划，原始信息应该发布在用户容易发现，并且用户乐于传递这些信息的地方（比如活跃的网络社区）。如果必要，还可以在较大的范围内去主动传播这些信息，等到自愿参与传播的用户数量比较大之后，才让其自然传播。

（5）对病毒性营销的效果进行跟踪和管理

5. 实现病毒性营销的途径

（1）良好的口碑

良好的口碑永远都是最有效的营销方式，在病毒性营销中也是如此。出于种种原因，人们热衷于把自己的经历以及体验告诉别人，这种口传的影响非常大，正是人类传播信息的天性以及人们对于口碑的高度信任，在 21 世纪这个高度竞争的时代，口碑作为一种古老的载体依然显示着神奇的力量。

（2）提供免费服务或产品

“免费”在消费环节中一直是吸引人眼球的词语，大多数情况下病毒性营销计划就是通过提供免费的服务或产品吸引消费者的注意，比如免费下载、免费赠送、免费服务、免费信息等，当用户在使用这些免费的产品以及服务时，就为企业带来了广告收入、电子商务以及有价值的电子邮件地址等。“免费”是吸引消费者眼球的工具，以利于将消费者吸引到收费的产品上进行消费，是商家在开展病毒性营销初级阶段较为有用的营销手段。

（3）信息的载体要有吸引力

并不是只要在邮件的底部写上“请访问我们的网站”或者“请将此邮件转给更多的人”就是病毒性营销，这种营销方式并不会增加消费者的好感，并且由于采用形式的单一，缺乏对于消费者的吸引力。创新，永远都是吸引消费者的利器，在病毒性营销中也是如此。曾经流行一时的“吃垮必胜客”邮件就充分的利用了这种营销理念。邮件介绍了自主沙拉装盘的办法，就是巧妙地利用黄瓜片、菠萝块和胡萝卜条搭建出较宽的碗边，一次性可以盛到七盘的沙拉，然后再配上真实的照片，引起了很多消费者的注意，所以很多消费者都决定去必胜客亲身感受这种沙拉，也就是这种邮件，使得必胜客的消费群体大增，由此可以看出，必胜客的此次病毒性营销取得了圆满的成功，并成为一个成功的典范。

（4）利用通讯工具提供便捷的传播工具

通讯工具如QQ、BBS、E-mail、eBook等具有即时性、直观性、廉价性等诸多优点，病毒性营销就可以利用通讯工具的这些优点，克服大多数人的传播惰性，使得用户愿意并且积极地参与病毒性信息的传播。

6.4.3 网络社区营销

1．网络社区营销的定义

网络社区是指把具有共同兴趣的访问者集中到一个虚拟空间，达到成员相互沟通的目的，从而达到商品的营销效果。网络社区是网站所提供的虚拟频道，让网民产生互动、情感维系及资讯分享；从网站经营者的角度来看，网络社区经营成功，不仅可以带来稳定及更多的流量，增加广告收入，注册会员更能藉此拥有独立的资讯存放与讨论空间，会员多，人气旺，还给社区营销造就了良好的场所。

2．网络社区的分类

从营销的角度进行划分，有公众型网络社区和品牌网络社区。公众型社区指作为第三方媒体平台出现的社区，如天涯、新浪论坛等；品牌网络社区是专门为某品牌建立的社区，如京东360buy的论坛，聚集了京东的买家讨论京东的买卖经验。网络社区按照功能不同可以大致分为三类：市场型、服务型和销售型。

（1）市场型社区

市场型社区产品主要是B2C（business to customer）的产品，对象主要针对80后，比如索尼和可口可乐。因为消费受众追求生活和文化，而不是某一个产品，这样的企业使命是文化传播和市场推广。

（2）服务型社区

它主要提供专业售后服务和技术支持。例如西门子的社区，拥有本地化工程师的FAQ的支持，社区不是回答顾客，很多是作为信息源。偏技术性和专业性的企业比较适合建设此类社区。这样可以很大程度降低服务成本，提高效率和顾客满意度。

（3）销售型社区

该类型成功的很少，消费者越来越理性，到了社区只会浏览售前讨论和售后评论，不太会留言，这样就不利于企业辨别用户需求和购买意向。因此，企业网络社区销售功能普遍很难推进。

3．网络社区营销的优势

社区营销是提供一个企业主、用户之间平等对话、交流沟通的机会，这是社区营销的本质。新兴网络社区正在企业营销中发挥越来越重要的价值。网络社区营销的优势主要体现在以下几个方面：

① 广告投放更加精确；

② 营销互动性强；

③ 口碑价值；

④ 营销可信度增强；

⑤ 低成本。

4．网络社区营销的缺陷和不足

（1）同质化现象严重

企业开展网络社区营销的方式都大同小异，用单一的路径来引导用户参与，用户参与的积极性不高。比如，很多活动都是依靠博文大赛来获取奖品吸引用户参与。这种形式一开始很新颖，很受欢迎，但长期反复使用，就会导致一些潜在目标群体因为参与惰性而流失。另外国内的社区型网站，营销手段多以方案式和植入式为主，缺乏标准化、产品化，难以实现规模效益。

（2）网络社区营销活动的效果难以评估

社区的天然属性决定了社区营销具有不可复制的特性。社区营销主要通过口碑、关键词、流量等相关指标来评估社区营销活动的效果，但这样的评估方法是不是合理，还存在一定争议。社区营销活动更适合塑造或者强化企业品牌，而非促销等销售活动。所以，社区营销活动效果需要时间的检验，而很多企业更看重短期对品牌、对产品的促进。

（3）对网络营销起到反作用

“好事不出门，坏事传千里”，网络社区营销如果选择的平台或人群不对，或者营销的手段不当，负面信息通过网络社区快速传播，大范围的扩散，这会严重的损害企业的形象。

6.4.4 网络会员制营销

1．网络会员制营销的定义

会员制营销又称“俱乐部营销”，是指企业以某项利益或服务为主题将用户组成一个俱乐部形式的团体，通过提供适合会员需要的服务，开展宣传、销售、促销等活动，培养企业的忠诚顾客，以此获得经营利益。发展到现在，会员制营销已经出现了三种基本形式，即连锁经营会员制、零售会员制和网络会员制营销。

网络会员制营销的英文名是“affiliate program”，国内也有文章翻译为其他名词，如“联属网络营销”、“会员制计划”等。网络会员制营销是一个网站的所有人在自己的网站上推广另一个商务网站的服务和商品，并依据实现的销售额取得一定比例佣金的网络营销方式。网络会员制营销系统包括：① 网上销售商：即会员制网络营销计划的提供商，主要是大型电子商务企业；② 会员：即会员制计划的加入者；③ 网上顾客：指在会员网站登录，并通过会员网站上的链接进入网上销售商的网站购买产品或服务的网上浏览者；④ 会员制解决方案提供商：即为开发会员制计划的网上销售商提供解决方案。

一般认为，网络会员制营销由亚马逊公司首创。因为Amazon.com于1996年7月发起了一个“联合”行动，其基本形式是这样的：一个网站注册为Amazon的会员（加入会员程序），然后在自己的网站放置各类产品或标志广告的链接，以及亚马逊提供的商品搜索功能，当该网站的访问者点击这些链接进入Amazon网站并购买某些商品之后，根据销售额的多少，Amazon会付给这些网站一定比例的佣金。从此，这种网络营销方式开始广为流行并吸引了大量网站参与——这个计划被称为“网络会员制营销”。

2．网络会员制营销的基本原理

网络会员制营销基本原理是通过利益关系将无数个网站连接起来，将商家的分销渠道扩展到互联网的各个角落，同时为会员网站提供了一个简易的赚钱途径。也就是说，各个网站主加入你的会员计划；浏览者访问你的会员的网站，然后点击你的广告并在你的网站购物；你付给会员销售佣金。

网络会员制营销听起来似乎很简单，但实际操作却很复杂。因为，一个成功的会员制计划涉及网站的技术支持、会员招募和资格审查、会员培训、佣金支付等多个环节。从网络会员制营销的基本思路也可以看出，一个会员制营销程序应该包含一个提供这种程序的商业网站和若干个会员网站，商业网站通过各种协议和电脑程序与各会员网站联系起来，因此，在采取会员制营销中存在一个双向选择的问题，即选择什么样的网站作为会员，以及会员如何选择商业网站的问题。

3．会员制营销的成功实施

（1）制定实施方案

如要成功实施网络会员制营销，制定一个完整有效的实施方案是第一步。网络会员制营销的实施方案主要包括以下八个方面。

① 会员制计划的目的。如企业的发展壮大，占领市场或获取利益等。

② 目标会员。要确定企业网站需要吸收什么样的网站做会员，以便制定一个对它们具有吸引力的会员协议。

③ 佣金结构。除要确定支付给会员佣金的标准外，还需要设计一系列佣金刺激制度。如回头客佣金制度、终生佣金制度、高级会员特别佣金和红利奖励制度。这些制度均旨在通过佣金刺激来提高会员的积极性。

④ 预算。要制定一个长期的预算计划，包括；会员制计划总支出额、支出时间、回收时间、何时可以获利、什么情况下放弃，等等。

⑤ 确定进度。确定建立会员制计划的时间进度。

⑥ 如何推销计划。会员制计划建立之后要大力推销计划，吸收到足够的会员。主要是指如何在计划推行过程中，支持会员的发展。例如，通过提供相关培训资料和会员成功案例、成功经验分享等，最大限度支持帮助他们成功销售产品。对会员邮件在第一时间作出反馈，难确跟踪会员销售情况，参与会员制论坛，等等。

⑦ 竞争者。为了在竞争中能够胜出，企业必须弄清楚对方在向会员们提供什么，然后向自己的会员提供更有吸引力的条件，主要体现在两个方面，一是佣金结构体系，即采用何种佣金制度达到刺激会员的作用；二是对会员的支持与指导。

⑧ 渠道冲突。企业在引入会员制营销渠道时要注意它与其他营销渠道的关系，要充分整合各个营销渠道，以免各个渠道因为资源占用发生冲突。

（2）网络会员制营销成败的决定因素

开展会员制营销最基本的条件是，要有一个提供这种计划的商业网站（下面简称网站）和一批加盟的会员网站（下面简称会员）。会员制计划的成败取决于网站和会员之间的关系以及各自的表现了。也就是说，主要体现在以下两个方面。

① 网站对会员制计划的影响。网站是计划的提供者和规则的制定者，担负着最为重要的责任：网站要提供完善的技术保证；网站担负对计划的推广重任；提供适当比例的佣金并按时支付给会员；重点发展金牌会员。

② 会员对会员制计划的影响。会员是否能够通过会员制计划取得收益，取决于自己的实力和努力。会员自身的条件，即会员网站拥有一定的访问量，另外会员网站能起到介绍人的作用；加入适合自己特点的会员制计划。提供会员制计划的网站可能很多，但并非每个网站都适合你，在选样会员制程序时，电子商务顾问 Ralph F.Wilson 博士提出了六条需要关注的基本原则，具有一定的参考价值，即：

- 是否与自己网站的核心业务内容有关?
- 是否可以将会员制程序集成到自己的网站内容中去?
- 是否与网站访问者兴趣有关?
- 是否考虑到会员网站的需要?
- 是否可以反映出自己网站的价值?

- 是否可以取得较好的效果?

③ 努力推广网站的产品。利用一切可能的机会，像推广自己的产品一样推广网站的产品。

6.4.5 博客营销与微博营销

1．博客的定义和特点

博客（Blog）是一个新型的个人互联网出版工具，是网站应用的一种新方式，它是一个网站，它为每一个人提供了一个信息的发布、知识交流的传播平台，博客使用者可以很方便地用文字、链接、影音、图片建立起自己个性化的网络世界。博客内容发布在博客托管网站上，如博客网、google属下的Blogger网站等，这些网站往往拥有大量的用户群体，有价值的博客内容会吸引大量潜在用户浏览，从而达到向潜在用户传递营销信息的目的。博客具有以下特点：

（1）博客是一个信息发布和传递的工具。博客发挥着传递网络营销信息的作用，这是博客营销的基础。

（2）博客文章的内容题材和发布方式更为灵活。由于博客文章内容题材和形式多样，因而更容易受到用户的欢迎。此外，专业的博客网站用户数量大，有价值的文章通常更容易迅速获得大量用户的关注，从而在推广效率方面要高过一般的企业网站。

（3）博客传播具有更大的自主性，并且无需直接费用。

（4）博客的信息量更大，表现形式灵活。博客文章的信息发布与供求信息发布是完全不同的表现形式，博客文章的信息量完全取决于对某个问题描写的需要，博客文章并不是简单的广告信息，实际上单纯的广告信息发布在博客网站上也起不到宣传的效果，所以博客文章写作与一般的商品信息发布是不同的，在一定意义上可以说是一种公关方式，只是这种公关方式完全是由企业自行操作的，而无需借助于公关公司和其他媒体。

（5）博客文章更正式，可信度更高。博客文章与论坛文章比较，其最大优势在于，每一篇博客文章都是一个独立的网页，而且博客文章很容易被搜索引擎收录和检索，这样使得博客文章具有长期被用户发现和阅读的机会，而一般论坛的文章读者数量通常比较少，而且很难持久，几天后可能已经被人忘记。所以，博客营销与论坛营销相比的优势非常明显。

2．博客营销的价值体现

博客营销（Blog Marketing）简单来说，就是利用博客这种网络应用形式开展网络营销。其价值主要表现在以下方面：

（1）博客可以直接带来潜在用户

博客内容发布在博客托管网站上，如博客网 www.bokee.com 属下的网站（www.blogger. com）等，这些网站往往拥有大量的用户群体，有价值的博客内容会吸引大量潜在用户浏览，从而达到向潜在用户传递营销信息的目的，用这种方式开展网络营销，是博客营销的基本形式，也是博客营销最直接的价值表现。

（2）博客营销的价值体现在降低网站推广费用方面

网站推广是企业网络营销工作的基本内容，大量的企业网站建成之后都缺乏有效的推广措施，因而网站访问量过低，降低了网站的实际价值。通过博客的方式，在博客内容中适当加入企业网站的信息（如某项热门产品的链接、在线优惠券下载网址链接等）达到网站推广的目的，这样的“博客推广”是极低成本的网站推广方法，降低了网站推广的费用，或者在不增加网站推广费用的情况下，提升了网站的访问量。

（3）博客文章内容为用户通过搜索引擎获取信息提供了机会

多渠道信息传递是网络营销取得成效的保证，通过博客文章，可以增加用户通过搜索引擎发现企业信息的机会。其主要原因在于，访问量较大的博客网站比一般企业网站的搜索引擎友好性要好，用户可以比较方便地通过搜索引擎发现这些企业博客内容，从而达到利用搜索引擎有效推广网站的目的。

（4）博客文章可以方便地增加企业网站的链接数量

获得其他相关网站的链接是一种常用的网站推广方式，但是当一个企业网站知名度不高且访问量较低时，往往很难找到有价值的网站给自己链接，而通过自己的博客文章为本公司的网站作链接则是顺理成章的事情。拥有博客文章发布的资格增加了网站链接主动性和灵活性，这样不仅可能为网站带来新的访问量，也增加了网站在搜索引擎排名中的优势，因为一些主要搜索引擎把一个网站被其他网站链接的数量和质量作为计算其排名的因素之一。

（5）可以实现更低的成本对读者行为进行研究

当博客内容比较受欢迎时，博客网站也成为与用户交流的场所，有什么问题可以在博客文章中提出，读者可以发表评论，从而可以了解读者对博客文章内容的看法，作者也可以回复读者的评论。当然，也可以在博客文章中设置在线调查表的链接，便于有兴趣的读者参与调查，这样扩大了网站上在线调查表的投放范围，同时还可以直接就调查中的问题与读者进行交流，使得在线调查更有交互性，其结果是提高了在线调查的效果，也就意味着降低了调查研究费用。

（6）博客是建立权威网站品牌效应的理想途径之一

作为个人博客，如果想成为某一领域的专家，最好的方法之一就是建立自己的BLOG。如果你坚持不懈地博客下去，你所营造的信息资源将为你带来可观的访问量，这些信息资源包括各种有价值的文章、网站链接、实用工具等，这些资源也为你持续不断地写作更多的文章提供很好的帮助，这样形成良性循环，这种资源的积累实际上并不需要多少投入，但其回报却是可观的。对于企业博客也是同样的道理，只要坚持对某一领域的深度研究，并加强与用户的多层面交流，对于获得用户的品牌认可和忠诚提供了有效的途径。

（7）博客减小了被竞争者超越的潜在损失

博客（BLOG）在2004年成为全球热门的词汇之一，不仅参与博客写作的用户数量快速增长，而且浏览博客网站内容的互联网用户数量也在急剧增加。在博客方面所花费的时间成本，实际上已经从其他方面节省的费用所补偿，比如为博客网站所写作的内容，同样可以用于企业网站内容的更新，或者发布在其他具有营销价值的媒体上。反之，如果因为没有博客而被竞争者超越，所造成的损失将是不可估量的。

（8）博客让营销人员从被动的媒体依赖转向自主发布信息

在传统的营销模式下，企业往往需要依赖媒体来发布企业信息，不仅受到较大局限，而且费用相对较高。当营销人员拥有自己的博客园地之后，可以随时发布你希望发布的信息！只要这些信息没有违反国家法律，并且信息对用户是有价值的。

3．博客营销的操作方式

博客营销的易操作性和最初的低投入成本，使其具有较强的可实施性。以如何利用第三方博客平台的博客文章发布功能开展网络营销活动为例，介绍博客营销的操作方式：

（1）选择博客托管网站、开设博客账号

即选择适合本企业的博客营销平台，并获得发布博客文章的资格。一般来说，应选择访问量比较大以及知名度较高的博客托管网站，这些资料可以根据（www.alexa.com）全球网站排名系统等信息进行分析判断，对于某一领域的专业博客网站，则应在考虑其访问量的同时还要考虑其在该领域的影响力，影响力较高的网站，其博客内容的可信度也相应较高。如有必要，也可选择在多个博客托管网站进行注册。

（2）制定一个中长期博客营销计划

这一计划的主要内容包括从事博客写作的人员计划、每个人的写作领域选择、博客文章的发布周期等。由于博客写作内容有较大的灵活性和随意性，因此博客营销计划实际上并不是一个严格的“企业营销文章发布时刻表”，而是从一个较长时期来评价博客营销工作的一个参考。

（3）创建合适的博客环境，坚持博客写作

无论一个人还是一个博客团队，要保证发挥博客营销的长期价值，就需要坚持不懈的写作，一个企业的一两个博客偶尔发表几篇企业新闻或者博客文章是不足以达到博客营销的目的，因此如果真正将博客营销纳入到企业营销战略体系中，企业创建合适的博客环境，采用合理的激励机制是很有必要的。

（4）综合利用博客资源与其他营销资源

博客营销并非是独立的，它属于企业营销活动的一个组成部分，同时博客营销的资源也可以发挥更多的作用，将博客文章内容与企业网站的内容和其他媒体资源相结合，对于博客内容资源的合理利用也就成为博客营销不可缺少的工作内容。

（5）对博客营销的效果进行评估

与其他营销策略一样，对博客营销的效果也有必要进行跟踪评价，并根据发现的问题不断完善博客营销计划，让博客营销在企业营销战略体系中发挥应有的作用。对博客营销的效果评价方法，还没有一个完整的评价模式，不过可参考网络营销其他方法的评价方式来进行。

4．博客营销策略

（1）选择博客托管网站、注册博客账号

即选择功能完善、稳定，适合企业自身发展的博客系统、博客营销平台，并获得发布博客文章的资格。

（2）选择优秀的博客

在营销的初始阶段，用博客来传播企业信息首要条件是拥有具有良好写作能力的博客，博客在发布自己的生活经历、工作经历和某些热门话题的评论等信息的同时，还可附带宣传企业，如企业文化、产品品牌等，特别是当发布文章的博客是在某领域有一定影响力的人物，所发布的文章更容易引起关注，吸引大量潜在用户浏览，通过个人博客文章内容为读者提供了解企业信息的机会。这说明具有营销导向的博客需要以良好的文字表达能力为基础。因此企业的博客营销需要以优秀的博客为基础。

（3）创造良好的博客环境

企业应坚持长期利用博客，不断的更换其内容，这样才能发挥其长久的价值和应有的作用，吸引更多的读者。因此进行博客营销的企业需要创造良好的博客环境，采用合理的激励机制，激发博客的写作热情，促使企业博客们有持续的创造力和写作热情。

（4）协调个人观点与企业营销策略之间的分歧

从事博客写作的是个人，但从事网络营销活动的是企业。因此博客营销必须正确处理两者之间的关系，如果博客所写的文章都代表企业的观点，那么博客文章就失去了其个性特色，也就很难获得读者的关注，从而失去了信息传播的意义。但是，如果博客文章只代表个人观点，而与企业立场不一致，就会受到企业的制约。因此，企业应该培养一些有良好写作能力的员工进行写作，他们所写的东西既要反映企业，又要保持自己的观点和信息传播性，这样才会获得潜在用户的关注。

（5）建立自己的博客系统

当企业在博客营销方面开展的比较成功时，则可以考虑使用自己的服务器，建立自己的博客系统，向员工、客户以及其他外来者开放。博客托管网站的服务虽是免费的，但服务缺乏保障。如果中断服务，企业通过博客积累的大量资源将可能毁于一旦。如果使用自己的博客系统，则可以由专人管理，定时备份，从而保障博客网站的稳定性和安全性。而且开放博客系统将引来更多同行、客户来申请和建立自己的博客，使更多的人加入到企业的博客宣传队伍中来，在更大的层面上扩大企业的影响力。

5．微博营销

（1）微博的定义

微博，即微博客（MicroBlog）的简称，是一个基于用户关系的信息分享、传播及获取平台，用户以140字以内的文字随时随地分享所见所闻，图片、链接、文字等均可通过互联网、短信、彩信、3G手机完成，不需标题和文章构思，瞬间的灵感即可便捷地发布，并被病毒传播似地分享。

微博鼻祖Twitter是全球最火爆的微博网站，拥有着众多的铁杆粉丝。福布斯、百思买、福特汽车、可口可乐、星巴克、肯德基等500强企业的纷纷入驻，使得微博成了公关营销中不可缺少的利器。

微博营销，就是借助微博这一平台进行的包括品牌推广、活动策划、个人形象包装、产品宣传等一系列营销活动。

（2）博客营销与微博营销的区别

由于博客概念的普及，人们对微博的认识和接受也就顺理成章了。显然，微博的普及要比博客容易得多。由于博客营销的价值已经被广泛认可，作为企业营销人员，很快也就把注意力集中到微博营销上来。微博营销与博客营销的本质区别，主要表现在以下三个方面。

① 信息源的表现形式差异。博客首销以博客文章（信息源）的价值为基础，并且以个人观点表述为主要模式，每篇博客文章表现为独立的一个网页，因此对内容的数量和质量有一定要求，这也是博客营销的瓶颈之一。微博内容则短小精练，重点在于表达现在发生了什么有趣（有价值）的事情，而不是系统的、严谨的企业新闻或产品介绍。

② 信息传播模式的差异。微博注重时效性，同时，微博的传播渠道除了相互关注的好友（粉丝）直接浏览之外，还可以通过好友的转发向更多的人群传播，因此是一个快速传播简短信息的方式。博客营销除了用户直接进入网站或者RSS订阅浏览之外，往往还可以通过搜索引擎搜索获得持续的浏览。博客对时效性要求不高的特点，决定了博客可以获得多个渠道用户的长期关注，因此建立多渠道的传播对博客营销是非常有价值的，而对于未知群体进行没有目的的“微博营销”通常是没有任何意义的。

③ 用户获取信息及行为的差异。用户可以利用计算机、手机等多种终端方便地获取微博信息，发挥“碎片时间资源集合”的价值，也正因为是信息碎片化及时间碎片化，使得用户通常不会立即做出某种购买决策或者其他转化行为，因此微博作为硬性推广手段只能适得其反。

（3）微博营销的实施

首先，应做好准备工作。具体包括：

① 规划微博营销。首先要对微博营销有一个大概的规划，如微博发布哪些内容、由谁负责更新等。

② 注册专属的企业微博。以新浪微博为例，登录新浪微博首页，按照提示一步一步注册微博账号，建议使用品牌名称作为微博昵称。注册完成后，补充个人资料，如把品牌Log，作为微博头像，在个人介绍里面填写品牌介绍，等等。尽量申请新浪微博的“身份认证”，这样会获得更多的信任和关注。

③ 寻找消费者，建立粉丝群。

④ 投放广告和搜索工具。要赢得关注，首先要学会主动出击。一是通过微博的搜索功能，来寻找潜在客户。二是在一些门户类网站、百度推广等平台发布企业微博的广告，增加普通网民的关注度。三是邀请企业内部员工、客户、潜在用户，使用指定的链接注册，其后会自动关注企业微博。

⑤ 开展有奖、打折等促销活动。

⑥ 利用微博开展售后服务，帮助用户解决问题，增进与用户的情感，提高用户的忠诚度。

其次实现和用户的互动和沟通：

① 信息发布。发布恰当的信息是微博营销的关键，所以要掌握一定的技巧，如不要发布单纯的企业新闻、广告和与产品有关的常识。应定期选择一些有价值的顾客对产品的感受发到微博上，可以引起潜在消费者的兴趣。为了提高微博粉丝的数量和活跃度，可以组织一些优惠活动，如新品免费试用、产品购买优惠折扣等。要适当控制发布频率，每天有 10 条左右的更新。不要使用自动更新的方式，而是人为选择一些让消费者感兴趣的话题进行更新。

② 反馈与交流。微博的魅力就在于互动性，所以一定要及时回复消费者的意见和建议，对于消费者提出的问题，应给予及时的解决。

6.4.6　E-mail 营销

1. E-mail 营销的定义

E-mail 营销 EDM，即 E-mail Direct Marketing 的缩写，是在用户事先许可的前提下，通过电子邮件的方式向目标用户传递价值信息的一种网络营销手段。E-mail 营销有三个基本因素：用户许可、电子邮件传递信息、信息对用户有价值。三个因素缺少一个，都不能称之为有效的 E-mail 营销。

E-mail 营销是利用电子邮件与受众客户进行商业交流的一种直销方式，它广泛应用于网络营销领域。E-mail 营销通常涉及到以下几个方面：

① 发送邮件以加强企业和现在客户的合作关系为目的，从而鼓励客户忠诚于企业或者产生重复交易。

② 发送邮件以获得新客户和使老客户立即重复购买为目的。

③ 在发送给自己客户的邮件中添加其他公司或者本公司的广告。

④ 通过互联网发送电子邮件。

2. E-mail 营销的分类

（1）按照发送信息是否经过用户许可划分

可将 E-mail 营销分为许可 E-mail 营销和未经许可的 E-mail 营销。未经许可的 E-mail 营销也就是通常所说的垃圾邮件，正规的 E-mail 营销都是基于用户许可的。

（2）按照E-mail地址资源的所有权划分

潜在用户的E-mail地址是企业实施E-mail营销的重要资源，根据对用户E-mail地址资源的所有权归属，可将E-mail营销分为内部E-mail营销和外部E-mail营销，或者称为内部列表和外部列表。内部列表是一个企业/网站利用一定方式获得用户自愿注册的资料来开展的E-mail营销，而外部列表是指利用专业服务商或者具有与专服务商一样可以提供专业服务的机构提供的E-mail营销服务，自己并不拥有用户的E-mail地址资料，也无须管理和维护这些用户资料。

3．E-mail营销的基础条件与一般过程

（1）E-mail营销的基础条件

开展E-mail营销需要一定的基础条件，尤其内部列表E-mail营销，是网络营销的一项长期任务。在E-mail营销的实践中，企业最关心的问题是：E-mail营销首先要获得用户的许可，许可E-mail营销如何实现？获得用户许可的方式有很多，如用户为获得某些服务而注册为会员，或者用户主动订阅的新闻邮件、电子刊物等。也就是说，许可营销是以向用户提供一定有价值的信息或服务为前提。可见开展E-mail营销需要解决三个基本问题：向哪些用户发送E-mail，发送什么内容的E-mail，以及如何发送这些邮件。

以下将这三个基本问题进一步归纳为E-mail营销的三大基础条件：

① E-mail营销的技术基础。从技术上保证用户加入、退出邮件列表，并实现对用户资料的管理，以及邮件发送和效果跟踪等功能。

② 用户的E-mail地址资源。在用户自愿加入邮件列表的前提下，获得足够多的用户E-mail地址资源，是E-mail发挥作用的必要条件；

③ E-mail营销的内容。营销信息是通过E-mail向用户发送的，邮件内容对用户有价值才能引起用户的关注，有效的内容设计是E-mail发挥作用的基本前提。

只有具备了上述三个基础条件，E-mail营销才能真正开展，其营销效果才能逐步体现出来。

（2）开展E-mail营销的一般过程

开展E-mail营销的主要步骤包括：

① 制定E-mail营销计划，分析公司所拥有的E-mail营销资源。如果公司本身拥有用户的E-mail地址资源，首先应利用内部资源；

② 决定是否利用外部列表投放E-mail广告，并且要选样合适的外部列表服务商；

③ 针对内部和外部邮件列表分别设计邮件内容；

④ 根据计划向潜在用户发送E-mail信息；

⑤ 对E-mail营销活动的效果进行分析总结。

以上是开展E-mail营销一般要经历的过程，但并非每次活动都要经过这些步骤，并且不同的企业、在不同的阶段，E-mail营销的内容和方法也都有所区别。

一般来讲，内部列表E-mail营销是一项长期性工作，通常在企业网站的策划建设阶段就已经纳入计划，内部列表的建立需要相当长时间的资源积累，而外部列表 E-mail 营销可以灵活地采用，因此这两种 E-mail 营销的过程有很大差别。

4．E-mail 营销的内容设计

在选择了合适的专业 E-mail 营销服务商，以及确定了目标用户之后，就需要针对营销目的进行 E-mail 内容的设计。与一般的邮件列表内容一样，专业服务商投放的 E-mail 广告也需具备 E-mail 的基本要素，即发件人、邮件主题、邮件正文、附加信息等。

邮件主题和邮件正文是 E-mail 营销的核心，因此邮件主题一定要明确。邮件主题直接影响到 E-mail 营销的开信率，同时也体现了 E-mail 活动的专业水平，邮件主题的设计是 E-mail 营销内容设计中的重要工作。

而发件人和附加信息对用户是否信任广告内容起到重要的辅助作用。发件人信息表明该广告邮件来自何处。广告客户委托专业服务商发送邮件，那么发件人应该明确是广告客户还是代理商，因为不同的发件人对用户的信任程度有很大影响。一般来说，如果广告客户的知名度本身已经很高，以客户自己的名字来发送 E-mail，效果会更好一些。如果发件人不明确，则直接导致邮件不能回复，或者回复的地址是与广告客户和服务商完全没关系的地址。

5．E-mail 营销效果评价

E-mail 营销效果评价是对营销活动的总结，也是 E-mail 营销活动的重要内容之一。无论是采用内部列表开展 E-mail 营销，还是选择专业 E-mail 营销服务商的服务，都需要用一定的指标来评价其效果。

（1）获取和保持用户资源的评价指标

① 有效用户总数。用户的 E-mail 地址资源是 E-mail 营销的基础。一般来说，企业拥有的用户 E-mail 地址在 500 个以上时才能逐渐发挥 E-mail 的营销价值，如果能维持 5000 个以上用户的 E-mail 地址资源，那么其价值将会更加明显。而吸引尽可能多的用户加入是一项长期任务，企业要拥有更多的用户 E-mail 地址资源，需要长期的积累。

② 用户增长率。用户数量的增长在一定程度上反映了用户对企业 E-mail 的认可。用户数量的增长可以用“用户增长率”来衡量，增长率越高，说明 E-mail 营销越有成效。

③ 用户退出率。E-mail 营销的基本原则是允许用户自愿加入退出列表，所以一旦 E-mail 信息对用户没有价值，用户随时可以选择退出。对企业来说，当然是希望用户退出率越低越好。

（2）邮件信息传递的评价指标

① 送达率。邮件送达率显示邮件进入用户邮箱的比例，它是评价 E-mail 营销效果的重要因素。

E-mail 营销是向用户发送 E-mail 信息的一种网络营销手段，邮件送达率直接影响着 E-mail 营销的效果。邮件营销的过度滥用，导致服务器对邮件的过滤越来越严格，即使正常的邮件也会被视为垃圾邮件过滤掉。邮件送达率的计算公式为：

邮件送达率＝（邮件送达总数÷邮件发送总数）×100%

其中，邮件送达总数由邮件自动回复系统提供，邮件发送总数由邮件群友系统提供。

② 退订率。订阅用广点击邮件中的退订链接后，其E-mail地址将从数据库中删除，E-mail营销系统后台应做相应记录。退订是无法避免的，但退订率如果不正常的话，如达到20%～30%，这时就必须对发送的邮件进行认真审查了。其实只要邮件内容始终保持高质量，真正对主题感兴趣的用户通常不会轻易退订。

（3）用户对信息接受过程的评价指标

① 邮件开信率/阅读率。从邮件的开信率/阅读率可以看出邮件营销的效果。邮件的主题词是否有吸引力、是否有垃圾邮件之嫌、邮件是否有针对性等都将直接影响E-mail的开信率。另外，有些用户更换电子邮箱，但并未在邮件列表中更新，这也在很大程度上降低了E-mail的开信率。邮件开信率的计算公式为：

邮件开信率＝（邮件阅读总数÷邮件送达总数）×100%

其中，邮件阅读总数由邮件服务系统中嵌入的点击统计系统提供。只要用户点击该邮件，系统会自动记录点击行为并进行统计分析。

② 删除率。用户打开邮箱以后，未对收到的邮件做任何有利于企业营销的操作，直接选择了删除。如果删除率比较高，企业有必要对邮件内容及用户进行审查和分析，确定是邮件内容本身存在问题还是用户根本不可能成为其潜在用户，从而采取相应的对策，尽量降低删除率。

（4）用户回应的评价指标

① 直接收益。直接收益往往是企业最愿意接受的E-mail营销评估指标，包括营业收入、利润等。但是，单方面用直接收益多少来评估E-mail营销效果，既缺乏全面性又会对企业的营销工作产生误导。

影响直接收益的因素很多，客户定位、产品（服务）是否有吸引力、价格竞争优势、交易的便捷程度、企业商务运作能力等，都将直接或间接地影响网络营销企业直接收益的高低。同时，E-mail营销的收益周期与企业的收益计算周期不完全一致。因此，直接收益只能作为企业E-mail营销评估的一个重要指标，但不能作为E-mail营销效果评估的唯一依据。

② 转化率。我们应更多地研究潜在用户向企业正式用户的转化，即通过E-mail的促进，使潜在用户转化为正式用户。转化率的计算公式为：

转化率＝（因邮件营销增加的用户总数÷邮件开信总数）×100%

③ 引导点击率。邮件点击率不是打开邮件，而是通过邮件访问到网站的比例。在邮件中企业不可避免地会适当推广自己的产品或服务，一般会提供一个指向自己相应网页的链接，吸引用户点击链接来到网站。这是有效评估E-mail对企业营销站点或营销页面访问量增加贡献率的重要指标。其计算公式为：

引导点击率＝（引导点击次数÷邮件开信总数）×100%

其中，引导点击次数由网站流量统计系统提供。同时，邮件点击率的高低直接受邮件送达率和邮件开信率的影响。其数量关系为：邮件送达率＞邮件开信率＞引导点击率。

④ 转信率。邮件转信率主要用于对病毒性 E-mail 营销效果的评价。转信率是指 E-mail 受众在接到 E-mail 后，实施了多少人次的转信行为。影响转信率的因素包括：客户定位、产品（服务）是否有吸引力、E-mail 质量的好坏、转信方式的便捷性等。转信率的计算公式为：

转信率＝（转信人次总数÷邮件开信总数）×100%

6.4.7 网站资源合作

1．网站资源合作的定义

网站资源合作是网站之间互相推广的一种重要方法，其中最简单的合作方式为交换链接。网站其他合作还有内容共享、资源互换、互为推荐等，尽管形式和操作方法各不相同，但是基本思路是一样的，即在自己拥有一定营销资源的情况下通过合作达到共同发展的目的。

2．网站资源合作的形式

（1）交换链接

交换链接是网站资源合作最简单的一种方式，也是新网站推广的有效方式之一。交换链接又称互惠链接，是具有一定互补优势的网站之间的简单合作形式，即分别在自己的网站上放置对方网站的 LOGO 或网站名称并设置对方网站的超级链接，使得用户可以从合作网站中发现自己的网站，达到相互推广的目的。交换链接的作用主要表现为：获得访问量、增加用户浏览时的印象、在搜索引擎排名中增加优势、通过合作网站的推荐增加访问者的可信度等。一般来说，每个网站都倾向于链接价值高的其他网站，因此获得其他网站的链接也就意味着获得了合作伙伴和一个领域内同类网站的认可。

（2）广告互换

每个网站都有自己的广告位，开放一些相关文章和特定人群的页面广告位有助于站点更好的推广宣传，同时可以使自身的站点资源得到充分的利用，进行广告位置互换，以此达到互相宣传和推广的目的。

（3）文章合作（又称为转载文章）

如果一个站点每天发布大量的原创文章，那么与该站点进行文章合作，资源互换是一种较好的选择。通常的模式是对方转载经过我们授权的文章，在文章的页面上标注是来自于我方网站，且附加站点链接。

（4）专题合作

网络专题对于资讯和服务站点来说至关重要，同时也是提升网站流量的一个好的方式，有时候专题做的好，相关的关键词优化以后，专题的流量很大，网站的流量也得以提升。如果一个网站能经常组织优质的专题，会大大地提升网站的粘度和形象。如果几家网站合作共建专题，每个站点负责其中的一部分文章，几家网站联合起来推广专题，这样使网站建设的成本达到最低，同时又使网站的流量得到大幅度提升。

（5）接入式合作

一般常见于游戏类站点和B2C站点。简单来说，利用对方优质的平台资源，我方开发对应的用户服务程序，潜入到对方平台中，获得流量和人气，来提升我们的知名度，从中获得收益。最常见的例子，如QQ的偷菜、开心农场等。

除以上的形式外，还有如活动合作、数据流量互换合作、流量联盟推广和联合运营等手段，特别是联合运营，适合于大型且市场盈利模式已成熟的站点来操作，以渠道商的资源进入到自由平台来做产品体系的市场运营，这样可以降低成本和投入，同时也能获取比较高的收益。

3．网站资源合作应注意的问题——以交换链接为例

（1）链接数量

做多少链接较好？这往往是网络营销人员比较关心的问题，不过，链接数量标准很难确定，这主要与网站所在领域的状况有关。一个专业性特别强的网站，内容相关或者有互补性的网站可能非常少，那么有可能做到的交换链接的数量自然也比较少。反之，大众型的网站可以选择的链接对象就要广泛得多。

一般来说，可以参照与自己内容、规模相似的网站，看看它们的情况。如果那些网站中你认为有必要做链接的网站都已经出现在自己的友情链接名单中，而且还有一些别人所没有的，但又是有价值的合作网站，那么你的链接工作就很有成效。总之，没有绝对的数量标准，合作者的质量（访问量、相关度等）也是评价互换链接的重要参数。

（2）不同网站LOGO的风格及下载速度

交换链接有图片和文字链接两种主要方式。如果采用图片链接（通常为网站的LOGO），由于各网站的标志千差万别，即使规格可以统一（多为88×31像素），但是图片的格式、色彩等与自己网站风格很难协调，影响网站的整体视觉效果。

另外，首页放置过多的图片会影响下载速度，尤其这些图片分别来自于不同的网站服务器时。因此，建议不要在网站首页放过多的图片链接，具体多少适中，和网站的布局有关。

（3）回访友情链接伙伴的网站

同搜索引擎注册一样，交换链接一旦完成，也具有相对稳定性，不过，还是需要做不定期检查，也就是回访友情链接伙伴的网站，看对方的网站是否正常运行，自己的网站是否被取消或出现错误链接，或者，因为对方网页改版、URL指向转移等原因，是否会将自己的网址链接错误。因为由于交换链接通常出现在网站的首页上，错误的或者无效的链接对自己网站的质量有较大的负面影响。

（4）不要链接无关的网站

也许你会收到一些无关的网站要求交换链接的信件，不要以为链接的网站数量越多越好，无关的链接对自己的网站没有什么正面效果，相反，大量无关的或者低水平网站的链接，将降低那些高质量网站对你的信任，同时，访问者也会将你的网站视为素质低下或者不够专业，严重影响网站的声誉。

本章小结

本章首先从基本概念、原理、框架体系及其对网络营销的理论指导意义上介绍了网络营销的五种基本理论：整合营销理论、直复营销理论、关系营销理论、服务营销理论和软营销理论。接着在澄清对网络营销片面理解的基础上，将网络营销定义为“网络营销是企业整体营销战略的一个组成部分，是为实现企业总体经营目标所进行的，以互联网为基本手段营造网上经营环境的各种活动。”同时阐述了网络营销所发挥的八种主要职能：即信息发布、网上调研、销售促进、网站推广、品牌建设、顾客服务、网上销售和顾客关系。然后对网络营销系统的构成及设计和网络营销策略进行分析。最后从网络营销实践出发，从定义、特点、原理和应用介绍了网络营销常用的方法：搜索引擎营销、病毒性营销、网络社区营销、会员制营销、博客和微博营销、E-mail 营销和网站资源合作。

参考文献

[1] 冯英健. E-mail 营销. 北京：机械工业出版社，2003.

[2] 冯英健. 网络营销基础与实践（第 4 版）. 北京：清华大学出版社，2014.

[3] [美]乔治·邓肯，杨志敏，杨建民译. 直复营销：互联网、直递邮件及其他媒介. 上海：上海人民出版社，2003.

[4] 瞿鹏志. 网络营销. 第 2 版. 北京：高等教育出版社，2004.

[5] 孔伟成，陈水芬. 网络营销. 北京：高等教育出版社，2002.

[6] [美]朱迪·斯持芳斯，雷蒙德·弗罗斯特. 网络营销（第 5 版）. 时启亮，孙相云，刘芯愈，译. 北京：中国人民大学出版社，2010.

[7] 程虹. 网络营销. 北京：北京大学出版社，2013.

[8] 黎友隆. 网络营销. 北京：中国言实出版社，2012.

[9] 刘蓓琳. 网络营销理论与实务. 北京：中国经济出版社，2014.

[10] 宋晓兵，董大海. 网络营销. 北京：对外经济贸易大学出版社，2011.

第 7 章　电子商务法律规范与伦理道德

7.1　电子商务法基本范畴

7.1.1　电子商务法的含义

电子商务法是指调整电子商务活动中所产生的社会关系的法律规范的总称。电子商务的快速发展，不但带来了全新的商务规则和方式，也给传统法律带来了冲击和挑战。电子商务交易过程涉及商家、电信服务提供者、消费者、金融管理者等多个当事人，其中任何一个环节出现问题，都可能引起纠纷，需要相关法律法规来规范和约束。电子商务特有的方式、手段与环境却往往令传统法律无法适应。因此，随着电子商务的发展，对电子商务法律建设也提出了更多要求。

作为调整以电子交易为内容的商事关系的规范性体系，电子商务法调整的对象主要包括两种类型：

第一，以数据电文为交易手段而形成的商务关系，解决的问题主要集中在如电子合同问题、电子签名效力的确认、网上电子支付问题等方面。

第二，电子交易本身和相关交易引起的特殊法律问题，如电子商务中的知识产权保护、电子商务中的个人隐私保护等问题。

7.1.2　电子商务法律主体

1．电子商务法律主体含义

电子商务法律主体是指参与电子商务活动并在电子商务活动中享有权利并承担义务的个人和组织。

和传统商务活动一样，电子商务也需要买卖双方的参与。但电子商务还需要交易双方之外其他第三方共同介入到商务活动和交易之中，彼此联系，在完成商务活动同时，形成各种各样的法律关系。这些参与商务活动的第三方和交易双方一起共同构成了电子商务法律主体。

2．电子商务法律主体类型

具体来说，电子商务法律主体主要包括以下几种类型：

（1）交易双方

它是指直接通过网络缔结买卖合同或服务合同的当事人，即交易双方的商户和客户。如 B2C 交易中的商家和个人，C2C 中的交易双方当事人。

（2）电子商务交易平台

在电子商务中，需要有网络支持机构和网络公司来为交易双方提供交易平台服务，因此，这类电子商务法律主体指为电子商务活动开展提供的平台和媒介。如淘宝网就是被广大消费者所熟悉的电子商务交易平台。

（3）结算机构

它指电子商务过程中的金融服务机构，主要负责电子商务活动中资金的流转和结算。

（4）认证机构

在电子商务中，交易双方通常是通过网络利用数据电文缔结电子合同来达成交易，因此，需要有一个可信的第三方来保证交易双方的身份、电子合同的真实性、完整性和确定性。认证机构就是指对电子签名及其签署者的真实性等进行验证的第三方服务机构。

（5）物流机构

它负责电子商务实体货物配送的机构。

7.1.3　电子商务法律客体

电子商务法律客体是指经济主体享有的经济权利和承担的经济义务所指向的对象。电子商务法律主体相互之间为达到一定的经济目的而形成了相应的法律关系，这种经济目的就是电子商务法律关系的客体，如有的是为了取得一定的财物，有的是为了提供一定的劳务或者完成一定的工作，有的是为了获得一定的智力成果。因此，按照这样的标准，可以将电子商务法律客体分为三种常见类型：

1．物

此类电子商务法律客体是与电子商务活动有直接关系的物，包括有形商品和无形商品。但不同于传统商务活动中的商品，这里的物通过网络实现交易。

2．行为

在电子商务环境下，这类法律客体指的是网上的商务行为，包括上传、下载行为，发布广告行为，拍卖行为，招标与投标，信息服务等行为。

3．智力成果和无形财产

电子商务中的智力成果和无形财产是企业在长期的经营实践中不断积累而形成的，包括企业商誉、商标权、专利权、著作权、商业秘密与专有技术等。

7.1.4　电子商务立法应遵循的原则

在制定各类电子商务法律过程中，应遵循以下原则：

1．交易自治原则

电子商务主体有权决定自己是否交易、和谁交易以及如何交易，任何单位和个人利用强迫、利诱等手段进行违背当事人真实意思的交易活动都是无效的。以联合国《电子商务示范法》为例，《电子商务示范法》中的强行规范数量很少，而且为数很少的强行规范的目的也仅在于消除传统法律为电子商务发展造成的障碍，为当事人在电子商务领域里充分行使其意愿创造条件。《电子商务示范法》的这种规定即反映了电子商务立法中的交易自治原则。

2．证据平等原则

电子签名和电子文件应当与书面签名和书面文件具有同等的法律地位。电子文件的形式与传统书面文件大相径庭，电子文件的实质是一组电子信息，已经突破了传统法律对文件的界定。在电子商务中，贸易合同、提单、保险单、发票等书面文件被储存于计算机内的相应的电子文件所代替，这些电子文件应该和书面文件同样作为证据而应用。各国法律中都逐渐加入有关电子证据的规定，运用各种法律和技术上的手段使电子证据取得与传统书面证据同样的法律地位。

3．中立原则

电子商务法的基本目标是要在电子商务活动中建立公平的交易规则，这是商法的交易安全原则在电子商务法上的必然反映。而要达到交易参与各方利益的平衡，实现公平的目标，就有必要做到以下几点：

（1）技术中立

电子商务法律框架在技术上必须是中性的。电子商务法必须允许使用各种技术来解决诸如电子签名之类的问题，对传统技术和新技术都不能有任何歧视性。同时，还要给未来技术的发展留下法律空间。不应把对某一特定技术的理解作为法律规定的基础，而歧视其他形式的技术。

（2）媒介中立

媒介中立，是中立原则在各种通讯媒介上的具体表现。电子商务法应以中立的原则来对待这些媒介，对于交易电子媒介、纸质媒介或其他媒介都一视同仁，不因交易采用的媒介不同而区别对待或赋予不同的法律效力。

（3）实施中立

它指在电子商务法与其他相关法律的实施上，不可偏废；在本国电子商务活动与跨国际性电子商务活动的法律待遇上，应一视同仁；传统书面环境下的法律规范（如书面、签名、原件等法律要求）的效力与电子商务法应中立对待，根据具体环境特征的需求来决定法律的实施。

（4）同等保护

这是实施中立原则在电子商务交易主体上的延伸。电子商务法对商家与消费者，国内当事人与国外当事人等，都应尽量做到同等保护。

4．保护消费者正当权益的原则

在电子商务活动中，许多网上购物的消费者与商家发生纠纷时，在传统法律中难以找到能够有效地保护其合法权益的法律依据，所以电子商务法必须为电子商务建立适当的保护消费者权益的规定，还必须协调制定国际规则，让消费者可以明确对某一交易应如何操作以及所适用的消费者权益保护法。

5．安全性原则

电子商务必须以安全为前提，它不仅需要技术上的安全措施，也离不开法律上的安全规范。电子商务法从对数据电文效力承认以消除电子商务运行方式的法律上的不确定性，以至到根据电子商务活动中现代电子技术方案应用的成熟经验，而建立起反映其特点的操作性规范，其中都贯穿着安全原则和理念。

此外，电子商务以因特网为基础，具有跨国性特征，制定相关法律法规必须考虑其他国家的法律规定。就我国而言，在体现国家意志和国家民族利益同时，要使电子商务立法与宪法、其他法律及我国认可的国际法相一致。同时，电子商务法律建设要有利于推动电子商务的进一步发展，促进相关的科技研究和开发，推进社会和经济进步，从长远着眼使电子商务法律更具科学性和可操作性。

7.2　电子商务立法的现状和困境

电子商务改变了传统的贸易方式，给现代经济生活带来深刻变革。而随着计算机信息技术在商务领域的广泛应用，以往的法律法规已无法完全适应全球化的网络环境和电子商务的发展。随着发展电子商务的浪潮席卷全球，关于电子商务的立法活动也在全球范围内形成了一种浪潮，不论是发达国家，新兴工业国家和地区，还是发展中国家都加入了电子商务立法的行列。

7.2.1　电子商务立法的现状

1．国际电子商务立法现状

（1）国际和区域组织电子商务立法现状

国际组织在电子商务立法方面走在世界前列，主要为各国电子商务立法提供借鉴和指导性建议。

在国际组织立法活动的成果中，最为重要的是联合国国际贸易法委员会负责起草并于 1996 年 6 月提出的《电子商务示范法》（以下简称“示范法”）。在这份极有借鉴价值的文件中，电子商务的形式、法律承认、书面形式要求、签字、原件、数据电文的可接受性和证据力、数据电文的留存、电子合同的订立和有效性、当事人对数据电文的承认、数据电文的归属、确认收讫、发出与收到时间、当事人协议优先适用等重要问题均有明确规定。虽然该《示范法》在性质上既非国际公约，亦非各国公认的有约束力的国际惯例，其目的只是供各国评价涉及使用计算机技术或其他现代通讯技术的商务关系中本国法律和惯例的某些方面并使之现代化时参照的范本，也可作为电子商务领域尚无相关法律国家制定有关法规的参照范本，因此，严格地说，它不能算是一个法律性文件。但是，《示范法》的颁布对各国的电子商务立法产生了重大的推动作用，并为各国电子商务立法提供了基本框架和原则，成为各国电子商务法律制定的参考蓝本。此后，各国在其电子商务法制订中都不同程度地借鉴了《示范法》的内容。作为《示范法》的有效补充，联合国国际贸易法律委员会在2001年3月又公布了《电子签字示范法》，2005年11月通过了《联合国国际合同使用电子通信公约》。其中，《联合国国际合同使用电子通信公约》是全球电子商务领域第一项具有法律效力的国际公约，促进了世界各国间电子商务发展障碍的消除，同时也促进了现有国际贸易法律文件执行中可能产生的障碍的消除。

经济合作与发展组织（OECD）也是电子商务立法的积极推动者。1998年经合组织召开了一次以电子商务为主题的会议，在此次会议上形成并通过了一批和电子商务有关的文件，包括《OECD电子商务部长级会议结论》、《全球电子商务行动报告》、《OECD国际电子商务行动计划》、《国际组织和地区性组织电子商务活动和计划报告》等，随后OECD又制定了《电子商务消费者保护准则》等，对电子商务的实际运作及电子商务中的消费者保护都提出了指导性的建议。

随着电子商务的发展，原有的国际贸易惯例也已不能满足国际间商业往来电子化的需要，因此，国际商会也在加快制定电子商务指导性交易规则，以促进国际贸易的安全进行。1997年月11月6日国际商会通过《国际数字保证商务通则（GUIDEC）》，该通则试图平衡不同法律体系的原则，为电子商务提供指导性政策，并统一有关术语。2002年国际商会还专门制定了《eUCP》，即《跟单信用证统一惯例的电子交单附则》，该附则于2002年4月1日生效，对信用证业务中电子交单的有关问题作出了专门规定。2004年国际商会制定《国际商会2004年电子商务术语》，2005年制定《国际商会有效部署和实施电子商品编码原则》等，同时，国际商会还在跨境电子贸易领域积极开展立法工作，根据实践需要在其《国际贸易术语解释通则》中增加了电子商务的相关内容。同时，国际商会还与SWIFT（环球同业银行金融电讯协会）于2011年开始合作确立国际结算服务的相关规则，并于2013年合作制定了银行付款责任统一规则，成为国际结算电子化环境下协调银行付款责任（BPO）业务的纲领性文件。

欧盟则于1997年提出《关于电子商务的欧洲建议》，1998年又发表了《欧盟电子签字法律框架指南》和《欧盟关于处理个人数据及其自由流动中保护个人的指令》（或称《欧盟隐私保护指令》），1999年发布了《数字签名统一规则草案》，2000年颁布了《电子商务指令》等。这些法律，不仅为规范欧盟电子商务活动制定了政策框架，也构成了欧盟国家电子商务立法的核心和基础。进入21世纪后，互联网贸易迅猛发展，网络销售和消费已经成为一种重要的贸易方式。因此，在原有《远程销售指令》和《上门销售指令》之外，欧盟在2011年11月22日公布了《消费者权利指令》，重点突出了对互联网交易问题的关注，包括数字内容消费问题、经营者的告知义务问题和消费者的后悔权问题。

（2）其他国家的电子商务立法

俄罗斯电子商务发展起步较晚，却是世界上最早进行电子商务立法的国家之一。1994 年俄罗斯开始建设俄联邦政府网，1995 年俄罗斯国家杜马审议通过了《俄罗斯信息、信息化和信息保护法》，此后，俄罗斯颁布了从一般性信息化法律法规到专项电子商务法律法规及电子商务发展规划等，为推动俄罗斯电子商务健康有序发展奠定法律基础。主要包括 2001 年出台的《俄联邦电子商务法》，对电子商务经营主体的权责、电子合同订立程序、电子文件凭证效力和电子商务信息管理等做出规定；2001 年颁布的《俄联邦电子商务发展规划（2001—2006 年）》明确了一系列促进电子商务发展的措施的实施；2002 年颁布《“电子俄罗斯”联邦专项规划（2002—2010 年）》以促进俄罗斯国内电子通讯、电子政务和电子商务发展与国际接轨；2011 年出台的《俄联邦国家支付系统法》对电子货币业务管理做出明确规定；同年出台的《俄联邦电子签名法》则规定了电子签名的效力、确认、保存期限和管理办法等。

美国是电子商务的主导国家，电子商务发展及其立法均处于全球领先地位。1994 年，美国宣布国家信息基础设施计划，1995 年美国犹他州制定了世界上第一个《数字签名法》，1997 年 7 月 1 日，又正式颁布《全球电子商务纲要》，正式形成美国政府系统化电子商务发展政策。1999 年美国统一州法全国委员会通过了《统一电子交易法》，对电子文件、电子签章与电子合同的效力做出明确规范，美国联邦议会于 2000 年也颁布了《全球和全国商务电子签名法》，赋予电子交易和电子签章法律效力，对美国电子商务产生重大影响。20 世纪末，美国就已有 44 个州制定了与电子商务有关的法律，通过一系列法律和文件的出台，构成了美国电子商务的法律框架。之后，2003 年美国在对《统一商法典》买卖篇的修改中增加了一些涉及电子商务的新概念，对电子代理人的缔约能力、电子代理人行为的归属等重要问题做出了明确的规范，同时，将原有法律规定中的“书面记载”改成“记录”，使电子记录取得了与纸质书面记载同样的法律效力。美国也注重在互联网领域的知识产权保护，1998 年就颁布了旨在保护版权拥有者在互联网上权益的《数字千禧版权法案》（The Digital Millennium Copyright Act，DMCA），2011 年 5 月通过《防止互联网威胁经济创造力以及知识产权侵权法案》（PROTECT IP ACT），旨在打击那些利用电子商务配送策略在全世界销售假冒商品和盗版商品的网站。此外，随着美国电子商务发展，网络消费行为是否需要纳税成为美国法律新议题并引起较大争议，2013 年获得参议院投票通过的《市场公平法案》要求网络零售商向寄送货物所在州上缴销售税，虽然这一法案仍需得到众议院的通过才能真正成为可落实的法律，但已得到奥巴马总统的支持。

其他西方发达国家也在电子商务立法方面起步较早。1999 年加拿大制定了《统一电子商务法》，正式承认数字签名和电子文件的法律效力。此后，加拿大通过不断及时更新法律法规，消除电子商务的障碍。1999 年澳大利亚颁布了《电子交易法》，确定了电子交易的有效性，并对适用范围进行了适当限制，对“书面形式”、“签署”、“文件之公示”、“书面信息的保留”，“电子通讯发出、接收的时间和地点”，“电子讯息的归属”等进行了规定。欧洲地区除了欧盟有关电子商务法律的制定外，其成员国如德国1997年的《信息与通用服务法》，意大利1997年的《数字签名法》，法国2000年的《信息技术法》等，都在积极推进电子商务的法律建设。

在亚洲地区，新加坡是世界上积极推广电子商务的国家，早在1986年就宣布了国家贸易网络开发计划，1998年制定了《电子交易法》及配套法规《电子交易（认证机构）规则》，并逐步建立起完整的法律和技术框架。为了在不断发展的电子商务市场保持优势，2010年，新加坡对《电子交易法》和《电子交易（认证机构）规则》进行了重大修正。马来西亚是亚洲最早进行电子商务立法的国家，1995年开始提出建设“多媒体超级走廊”的计划，1997年颁布了《数字签名法》，该法采用了以公共密钥技术为基础，并建立配套认证机制的技术模式，极大地促进了电子商务发展。韩国1999年的《电子商务基本法》是最典型的综合性电子商务立法，该法包括：关于电子信息和数字签名的一般规定、电子信息、电子商务的安全、促进电子商务的发展、消费者保护及其他，对电子商务的各方面作出基础性的规范。印度1998年推出《电子商务支持法》，并在2000年针对电子商务的免税提出实施方案，促进了信息产业和相关产业的持续增长。随着电子商务的不断发展，各国也在不断调整或制定相关法律以更好的规范电子商务活动。如印度就在2014年提出消费者保护法的修改草案以加强对电子商务消费者的权益保护。

日本于2000年制定《电子签名与认证服务法》，对认证服务进行了全面细致的规定；该法还明确了指定调查机构的权利与义务，形成了独特的监管模式。而2001年出台的《IT基本法》则是确立国家发展电子商务的宏观法律。此外，日本相继制订了《个人信息保护法》、《反垃圾邮件法》、《禁止非法读取信息法》和《电子契约法》等专门法规来处置网络违法行为、维护健康网络环境。

从上述阐述可见，国际电子商务立法已成为国际经贸立法的热点而受到各国及国际组织的关注，从而获得快速发展。

2．我国电子商务立法现状

我国香港和台湾地区电子商务立法起步相对较早。香港2000年就颁布了专门调整电子商务法律关系的《电子交易条例》；台湾2001年就已制定完备的《电子签章法》。

我国大陆地区电子商务立法尽管起步较晚，但也取得较大进展。我国大陆地区电子商务法律建设主要体现在以下几个方面：

（1）对传统法律的修改和补充

我国电子商务法律建设首先体现在对已有法律体系中与电子商务相关的内容调整。如我国在1999年颁布的《合同法》中增加的“数据电文”条款，承认数据电文这种新交易形式的法律效力，就是专门为适应电子商务活动设立的。2001年我国修订的《著作权法》赋予著作权人的信息网络传播权和获取报酬权。2009年的《刑法修正案（七）》将原有刑法第二百八十五条中仅约束非法侵入国家国防事务尖端科技等领域计算机系统的违法行为扩大到对所有计算机系统的非法侵入及数据的非法获取，这一调整为电子商务活动中的系统运行和信息安全提供了法律保障。2010 年开始实施的《侵权责任法》在责任主体认定中也将利用网络侵害他人民事权益纳入到侵权责任法的调整范围之中。2013 年对《消费者权益保护法》的修订则将 7 天无理由退货写入法律条文中，并且明确了网络消费者和其他消费者一样，在合法权益受到损害时有权要求赔偿。修订后的《消费者权益保护法》已于 2014 年 3 月 15 日正式生效，从消费者权益保护角度为电子商务规范发展提供了法律支持。

（2）与电子商务有关的行政法规和文件

随着电子化网络化发展，一些部门也在制定相关行政法规和管理办法等文件，虽然并未直接针对电子商务，但却与电子商务发展有非常密切的联系。如 2000 年开始颁布实施的《互联网信息服务管理办法》（国务院）、《网上证券委托暂行管理办法》（证监会）、《教育网站和网校暂行管理办法》（教育部）、《经营性网站备案登记管理暂行办法》（国家工商总局）等，均系与电子商务有关的规章制度。类似行政法规和文件也在相继制定和发布。如 2005 年，中国人民银行发布的《电子支付指引（第一号）》，为规范电子支付业务、防范支付风险进行了政策性的指导。2009 年工信部通过并公布新的（旧版为 2005 年发布）《电子认证服务管理办法》，对电子认证服务行为及服务提供者的监督管理提供了适用管理办法。

（3）专门的电子商务法律体系建设

我国电子商务专项法律经过不断发展，已形成从纲领性文件到专门的电子商务法建设的较为全面的建设体系：

① 纲领性文件出台。2005 年初，国务院办公厅发布《关于加快电子商务发展的若干意见》，明确了我国电子商务法律建设的具体内容。2006 年，国务院印发《2006-2020 年国家信息化发展战略》，确定大力发展信息化的战略举措。2012 年，工信部发布《电子商务“十二五”发展规划》，确定了十二五期间我国电子商务发展的具体目标，为推动我国电子商务发展提供了指导性纲领性文件。

②《电子签名法》的颁布实施。2005 年正式开始实施的《中华人民共和国电子签名法》是我国电子商务领域的第一部法律。该法共 5 章三十六条，赋予电子签名与手写签名或盖章具有同等的法律效力，明确了电子认证服务的市场准入制度，通过规范电子签名行为和维护相关各方的合法权益，从法律制度上保障了电子交易的安全，促进了电子商务和电子政务的发展，为我国电子商务安全认证体系和网络信任体系的建立奠定了重要基础。

③ 相关管理办法制定实施。为推动电子商务健康发展、维护各方权益，我国各管理机构还相继出台了系列有关电子商务的管理办法和规范。如 2007 年起，商务部陆续发布《关于网上交易的指导意见（暂行）》、《商务部关于促进电子商务规范发展的意见》、《商务部关于加快流通领域电子商务发展的意见》（2009）、《商务部关于促进网络购物

健康发展的指导意见》（2010）等文件，为推动网上交易健康发展、规范网上交易行为、明确网络交易应遵循的基本原则等提供了宏观指导。2010年，国家工商行政总局发布《网络商品交易及有关服务行为管理暂行办法》，明确了包括网络商务、服务经营者及网络交易平台经营者的义务及工商部门的管理责任。2013年，国家发改委联合多部委公布的《电子招标投标办法》则为规范电子商务中的电子招标投标活动提供了管理依据。2014年，在国家2013年《关于实施支持跨境电子商务零售出口有关政策意见》基础上，财政部及国家税务总局下达《关于跨境电子商务零售出口税收政策的通知》。这些政策和文件的相继出台，为我国跨境电子商务健康发展提供了科学管理的政策依据。

④《电子商务法》的起草。2013年12月27日，全国人大财经委召开电子商务法起草组成立暨第一次全体会议，明确了电子商务法立法的指导思想、原则、框架设想和主要内容，标志着我国电子商务法立法工作正式启动，同时会议确定到2016年6月完成我国电子商务法的草案起草工作。这将是我国第一个专门的完整的电子商务法，不仅将完善我国法律体系，有益于切实保护消费者的网购权益，同时还将对企业产生引导作用。

7.2.2 电子商务立法的困境

1．电子商务立法中的法律冲突问题

电子商务使各种商业活动能够通过计算机及其构成的网络世界完成，在这个被称为虚拟世界的商业环境里，来自于全球各个角落的任何企业和个人，只要打开任意一个相关网站进行搜索、点击，就可以获取相应商业信息、寻找到合适交易对象、完成磋商过程，并且不用纸质文件和印章等，直接在网络上完成缔结合同、支付货款等交易行为。这种新的商务活动方式不论从环境和手段上都同传统的商务活动有很大的区别。

与传统产业一样，推动电子商务相关产业健康有序发展同样需要创造一个良好的法制环境，然而由于电子商务的特殊性，互联网及电子商务的法制建设是一项非常复杂的系统工程，它包括立法、司法和行政多个方面，涉及合同法与商法在电子商务及互联网领域的调整和适用，涵盖了行业市场准入、信息安全与认证、隐私权、知识产权、关税和税收、电子支付、电子签名、互联网内容管理、管辖权、消费者权益保护等诸多法律问题。因此，传统商务活动中形成的规则也难以适用于电子商务这种全新的商务模式，从而形成了很多电子商务所带来的法律问题与冲突，主要有这样一些方面：

- 电子商务运作平台建设及其法律地位问题；
- 在线交易主体及市场准入问题；
- 电子合同问题；
- 电子商务中产品交付的特殊问题；
- 特殊形态的电子商务规范问题；
- 网上电子支付问题；
- 电子商务对于证据法的挑战；

- 在线不正当竞争与网上无形财产保护问题；
- 在线消费者保护问题；
- 网上个人隐私保护问题；
- 电子商务税收问题；
- 交易安全问题；
- 在线交易法律适用和管辖冲突问题。

这些冲突和问题，对传统商务法律提出了新的挑战，要求必须制定新的法律规范，创造适应电子商务发展实际的法律环境。下文将以网上税收等问题为例来介绍电子商务发展中所带来的法律冲突问题。

2．电子商务引发的税收冲突问题

电子商务中，用户可以比较容易地隐匿自己的身份和地址，并且可以比较自由地选择交易中商品所有权的转移地或劳务活动的提供地，具有很强的流动性，公司可以轻易将交易转移到税率较低的收入来源国进行，或者通过调整公司结构的分布，使自己获得本来不应拥有的居民身份，从而享受到某些税收协定中的税收优惠。因此，对传统税收体制和税收管理模式带来了巨大挑战，引发了对税收原则、税收征管、国际税收管辖权以及国际避税等税收规则的冲击和挑战。

（1）对税收原则的冲击

电子商务对税收原则冲击主要体现在三个方面。

① 对税收公平原则的冲击。传统税制往往难以覆盖电子商务活动领域，因此，导致传统贸易主体与电子商务主体之间的税负不公平，从而形成对税收公平原则的冲击。

② 对税收中性原则造成冲击。由于电子商务自身特点和现存税制的缺失，电子商务与传统贸易的税负不公平会导致对经济的扭曲，进而对税收中性原则产生冲击。

③ 对税收效率原则造成冲击。电子商务交易参与者众多，将使许多无经验的纳税人加入到电子商务中来，这将使税务机关工作量增大。而且相对于传统交易，电子商务单次交易额则相对较小，课税对象分散而税额又小，征税成本可能会大于征得的税款，都将影响到税收的效率原则。

（2）对税收征管的冲击

传统的税收制度是建立在税务登记、查账征收和定额征收基础之上的，要求纳税义务人、征税对象、税目、税率、纳税环节、纳税期限、纳税地点等要素都是确定和可控的，但在电子商务状态下，商务活动空间虚拟、纳税人经常流动、课税对象边界模糊、课税环节地理位置分离、行为发生地点不确定，造成税务征管部门与纳税人之间信息不对称，给税收征管带来了许多问题。

① 无纸化操作对税收稽查方式提出了挑战。电子商务中的交易记录如电子合同、票据以电子形式出现，很难区分和鉴别，因此，一些传统的税种如印花税等征缴困难增大；此外，电子凭证可以轻易修改删除，因此税收审计稽查无法采用过去以纸质凭证为

依据的方式进行，难以得到真实、可靠的相关信息，给税收征缴和稽查都带来了很大的困难。

② 数据加密技术等使税收征管难度增大。为维护电子商务交易安全，必须采用相应加密措施，但这种措施的采取也为税务征管部门获取企业相关资料带来困难，使纳税人可以很容易地掩盖其真实交易信息，变成其偷逃漏税的“保护伞”。

③ 电子货币影响征税管理。税务机关在传统征收业务中，可通过查阅纳税人银行账目得到有关信息，从而监督其真实报税。电子货币的使用则使税务机关的这种监督办法失去了效用。

（3）造成国际税收管辖权选择、界定困难

① 电子商务的出现使“常设机构”概念受到挑战。现有国际税制下，常设机构是收入来源国判断是否对非居民营业利润征税的重要标准。但电子商务完全建立在一个虚拟的市场上，企业的贸易活动不再需要原有的固定营业场所、代理商等有形机构，从互联网上的网址、E-mail 地址、身份（ID）等信息也难以判断其机构所在地。而且在实践中，如果一旦由于某设备的存在而被认定为常设机构从而需纳税，该设备可以立刻搬迁到境外，因此，现行税制下常设机构的固定性和永久性将失去限制意义。

② 电子商务使国际税收管辖权的潜在冲突加剧。按照国际税收中的属地原则和属人原则，税收管辖权被分为来源地税收管辖权与居民税收管辖权，它们都是按一定物理空间来划分。但在电子商务环境下，税收管辖区域的界限变得模糊，对现有国际税收制度造成冲突。

（4）使避税问题更加突出

电子商务形式下，企业可以很容易地选择低税率和免税国家设立站点从而达到避税的目的。另一方面，电子商务的便捷性与高流动性还为跨国公司利用转移价格或国际避税地等方式操纵利润、规避税收提供了便利，而使电子商务环境下的避税问题变得更加突出。

7.2.3 电子商务立法的内容及发展

基于电子商务发展与现行法律的冲突问题，电子商务立法主要从几下内容着手进行，为电子商务环境下的市场行为提供规则。

1．数据电文

（1）数据电文及其法律效力

按照我国《电子签名法》和联合国《电子商务示范法》中的定义，数据电文是指经由电子手段、光学手段或类似手段生成、发送、接收或储存的信息，这些手段包括但不限于电子数据交换、电子邮件、电报、用户电报或传真。

基于数据电文的特性和电子商务发展的需要，包括我国《电子签名法》在内的电子商务相关法规，对数据电文的法律形式进行了规范和界定：

① 数据电文的书面形式：按照法律规定，能够有形的表现所载内容，并可以随时调取差用的数据电文，视为符合法律、法规要求的书面形式；

② 数据电文的原件形式：能够有效地表现所载内容并可供随时调取查用，并能够可靠地保证自最终形成时起，内容保持完整未被更改，则视为满足法律法规规定的原件形式要求；

③ 数据电文的保存件：能够有效地表现所载内容并可供随时调取查用，数据电文的格式与其生成、发送或者接收时的格式相同，或者格式不相同但是能够准确表现原来生成、发送或者接收的内容，并能够识别数据电文的发件人、收件人以及发送、接收的时间等条件的数据电文，视为满足法律、法规规定的文件保存要求；

④ 数据电文的证据法律效力：以电子形式存在的、能够证明案件真实情况的一切材料及其派生物则可成为电子证据。数据电文不得仅因为其是以电子、光学、磁或者类似手段生成、发送、接收或者储存的而被拒绝作为证据使用。

由于数据电文使用的是在实体社会中人们难以直接观察到的电子、光学、磁或类似手段，因此人们常常怀疑数据电文作为证据的可靠性。这种怀疑成为推动数据电文应用的巨大障碍。但尽管如此，法律确认了数据电文的法律效力。本节关于电子邮件公正邮的案例就是对于数据电文如何作为证据使用的一种非常有益的尝试做法。

（2）数据电文的发送与接收

为避免在电子商务交易中产生贸易纠纷，数据电文发送和收到的时间、地点也应进行明确规定。以我国《电子签名法》为例。

① 数据电文发送和收到时间：数据电文进入发件人控制之外的某个信息系统的时间，视为该数据电文的发送时间。数据电文进入收件人指定特定接收系统的时间，视为该数据电文的接受时间；未指定特定系统的，数据电文进入收件人的任何系统的首次时间，视为该数据电文的接受时间。

② 数据电文发送和接收地点：一般情况下，除非发件人与收件人另有协议，数据电文应以发件人的主营业地为数据电文发送地点，收件人的主营业地为数据电文接收地点。没有主营业地的，则以其常居住地为发送或接收地点。数据电文发送和接收地点对于确定合同成立的地点和法院管辖、法律适用具有重要意义。

（3）典型案例

如何使电子邮件获取法律身份——网易电子邮件公正邮

电子邮件是当下商务沟通和贸易往来中的主流沟通方式，但是由于电子邮件“易逝、易改、易变”的电子数据特性，一旦发生法律纠纷，证据的采信、取证和举证非常困难，难以作为追究对方责任的法律凭证。因此，网易邮箱与中国互联网协会联合发布“网易公正邮”，使用户可以在线实时将自己的邮件内容进行公证，使电子邮件这种特殊的数据电文获取法律认可身份，以备发生纠纷时进行举证。

网易公正邮的具体做法是由网易公司根据当事人请求和合作公证处的约定，将进入网易电子邮件后台数据库的权限开放给合作公证处，便于公证机构直接调取原始电子数据，从而保障被公证内容的真实性、实时性和完整性，解决当事人及公证处无法获得邮件原始数据的困难。

在开通公正邮服务后，用户发送和接收邮件的同时，系统将实时留存邮件原始文件，用户可以随时登录网易邮箱进入公正邮列表进行证据查询管理，并可通过安存电子邮件保全系统快捷申办公证，随后至公证处凭身份证及邮箱所有权证明出具公证书，从而使日常使用的电子邮件获得法律认可的地位，进而能够在处理相关法律事务时发挥作用。

2．市场准入

在法律世界里，不存在虚拟主体，而电子商务的发展却背离了法律的这个要求，出现了交易的虚拟主体，因此，电子商务法律需要解决交易主体的市场准入问题，也就是要通过对市场主体的管制使当事人能够确认彼此的真实身份。

市场主体身份的监管需要政府的市场准入管制来进行。在现行法律体制下，任何长期固定的从事盈利性事业的当事人必须进行登记，尤其在开展跨境贸易时，所有的经营主体必须通过一定的程序（在我国，对跨境贸易经营主体的管理体现为商务部主管下的对外贸易经营者资格的备案登记制）。网络的开放性却使任何人都可以通过设立网站或设立在线商店面向全球网络消费者销售商品。因此，哪些主体可以从事在线商务便成为电子商务法律要着重解决的问题之一。

3．税收

由于电子商务交易方式的特点，给税收管辖权的确定带来困难，因而引起了改革传统税收法律制度、维护国家财政税收利益的课题。1997年的美国《全球电子商务纲要》主张对网上交易免征一切关税和新税种，1998年WTO第二届部长会议通过的《关于全球电子商务的宣言》，规定至少一年内免征因特网上所有贸易活动关税，然而2013年美国参议院通过的《市场公平法案》则主张网络销售也应纳税以维护市场公平，但这一法案仍需美国众议院认可方可推行，因此，是否对网络交易征税问题在美国也依然处于悬而未决的状态。而网络贸易税收问题也将成为国家间新一轮贸易谈判的重点之一。解决电子商务的税收问题仍将是今后电子商务立法发展的方向之一。

4．电子合同

（1）电子合同界定

在网络环境下，传统商务合同成立的四个基本要素的形式发生了变化。合同内容：与传统合同没有区别，但电子合同应注意合同内容的完整性和不可更改性；合同载体：电子合同使用数据电文作为合同载体；合同签名或盖章：电子签名或电子盖章；合同文本的交换方法：电子合同使用电子通信交换合同文本。

基于此，电子合同可以定义为：平等主体的自然人或法人、其他组织之间以数据电文为载体，使用电子签名，并利用电子通信设立、变更、终止民事权利义务关系的协议。

（2）电子合同的成立与生效

我国在与电子商务有关的法律建设中对电子合同的成立沿用了传统合同法的到达主义规则，并在《合同法》中进行了明确规定：采用数据条文形式订立合同，收件人指定特定系统接受数据电文的，该数据电文进入该特定系统的时间视为到达时间，未指定特定系统的，该数据电文进入收件人的任何系统的首次时间视为到达时间”、“采用数据电文形式订立的合同，收件人的主营业地为合同成立的地点；没有主营业地的，其经常居住地为合同成立的地点。当事人另有约定的，按其约定”，从而为我国电子商务活动中合同当事人开始履行合同义务的时间、管辖范围的确定提供了重要的法律依据。

合同成立后并不一定能受到法律的约束，只有符合法律规定生效要件的合同才会产生法律约束力。一般来说，电子合同生效需三个要件的满足：

① 电子合同缔约当事人具有相应的民事行为能力；

② 缔约双方当事人意思表示自愿、真实、一致；

③ 合同内容与形式不违反法律或社会公共利益。

此外，由于数据电文本身易修改的特性，在确定电子合同是否生效时，还应充分考虑合同生成、存储或传递数据电文的方法的可靠性。

5．安全与保密

在电子数据传输的过程中，安全和保密是电子商务发展的一项基本要求。电子商务系统中网络和交易各方面都面临着安全的威胁。

（1）网络主要安全隐患

① 计算机病毒。计算机病毒通过网络的传播给电商用户带来极大危害，病毒可以使计算机和计算机网络系统瘫痪，数据和文件丢失。

② 黑客入侵问题。互联网是一个开放的网络，黑客（Hacker）经常会侵入网络中的计算机系统，或窃取机密数据和盗用特权，或破坏重要数据，对电子商务开展带来安全威胁。

③ 操作系统中存在的安全隐患问题。操作系统的安全脆弱性也会直接影响安全服务。

（2）交易主要安全隐患

① 信息的截获和窃取。在没有加密措施或加密等级不高时，入侵者可能通过互联网、公共电话网和在电磁辐射范围内安装截取装置，或在数据包通过的网关和路由器上截获数据以获取机密信息，如消费者的银行账号、密码以及企业的商业秘密等。

② 信息的篡改和恶意破坏。当入侵者熟练掌握了网络信息的格式后，就可以通过各种技术方法和手段对网络传输中的信息进行中途修改，包括对信息的非法篡改、删除和插入等方式，破坏信息的原始形态和完整性。

③ 信息的假冒。当入侵者掌握了网络信息数据规律或解密了商务信息以后，可以假冒合法用户的身份或发送假冒信息来欺骗其他用户。如伪造电子邮件，虚开网店窃取

商家商品信息和用户信用信息，假冒他人身份，冒充主机欺骗合法客户，冒充网络控制程序套取或修改使用权限、密钥等。如伪装成银行网站窃取访问者提交的账号和密码信息等的“钓鱼”网站。

④ 交易的反悔和抵赖。交易的反悔和抵赖包括发信者事后否认曾发送过某条信息或指令；收信者不承认曾经收到过某信息或指令等内容；电子商务中购买者下了订单不承认、商家签下订单却因价格差不承认原有交易等表现。

为规避电子商务中的安全隐患，加强保密措施的实施，一些国际组织已相继制订了一些规定。1997年国际商会制订了《电传交换贸易数据统一行为的守则》，联合国贸法会1996年《电子商务示范法》也对数据电子的可靠性、完整性以及电子签名、电子认证等作了规定。OECD、欧盟、美国及其他发达国家都先后制订了网络交易安全与保密方面的规则。

我国也建立了从刑法、国务院行政法规、全国人大常委会决定到最高人民法院司法解释、各部委规章制度等多层次的安全法律体系。

在计算机病毒方面，规定任何单位和个人不得制作、传播计算机病毒、不得故意输入计算机病毒、危害计算机信息系统安全；不得向他人提供含有计算机病毒的文件、软件、媒体；不得有其他传播计算机病毒的行为；还明确了计算机信息系统的使用单位应履行的计算机病毒防治职责。在互联网管理方面，从立法角度对互联网管理进行了规定和限制，如不得利用互联网危害国家安全，不得利用互联网入侵计算机信息系统、销售伪劣商品或做虚假宣传、损害他人商业信誉或和商品名誉、侵犯他人知识产权，不得利用互联网发布传播扰乱金融秩序的虚假信息等，不得在互联网建立、提供、传播淫秽内容，不得利用互联网进行盗窃、诈骗和敲诈勒索等，并规定了政府的管理职责以及互联网服务商、网吧等网络运行管理单位的管理制度以保障网络安全和信息安全。此外，还通过加强电子商务安全技术保障如加密技术、数字签名和安全技术及标准规范建设等为电子商务安全交易提供了法律保障。

但是总体来说，相对于实践中不断出现的安全问题，电子商务安全法律体系还很不完善，需要更加完善的法律体系来保障计算机网络的安全运行，保证电子商务的顺利发展。

6．知识产权

知识产权是保护人类智力成果的一种无形产权，主要包括著作权、专利权、商标权、专用技术、商业机密以及与贸易有关的知识产权等。

网络知识产权具有与传统知识产权完全不同的特点，如一般知识产权具有专有性，而网络知识产权保护的则是公开、公共的信息；知识产权一般均具有地域性，而网络知识产权一般都是无国界的。同时，又因网络技术无限的复制性、全球的传播性和变幻莫测的交互性，使网络知识产权保护陷入到一个非常困难的境地。网络知识产权侵权行为非常普遍，而开展维权成本高、效率差，使现行知识产权保护制度面临新的更加复杂的挑战。

世界知识产权组织（WIPO）1996 年通过《WIPO 版权条约》（WCT）和《WIPO 表演与录音制品条约》（WPPT），这两项条约被称为“因特网”条约，是网络知识产权保护的重要法律内容。

随着科技和电子商务不断发展，知识产权的范畴也越来越大。因此，电子商务中的知识产权法律规范包含了从网络著作权保护、电子商务专利保护、商标权保护到域名保护等多个范畴。

（1）网络著作权

著作权，又称版权，是基于特定作品的精神权利以及全面支配该作品并享受其利益的经济权利的合成。其客体包括著作权法认可的文学、艺术和科学等作品，随着电子信息发展，著作权的客体还囊括了传统作品的数字化形式以及计算机软件、数据库、多媒体等。著作权人对其作品有使用和获取报酬的权利，未经许可而以任何方式复制、出版、发行、改编、翻译、广播、表演、展出、摄制影片等，均构成对版权的直接侵犯。

随着网络的不断推广，在我国甚至全球范围内，网络著作权案件在知识产权案件中的比重越来越大，且呈现明显增长的态势。在我国司法实践中遇到的网络著作权侵权行为主要有三种类型：

① 传统媒体与网络站点间发生的相互抄袭、未经许可使用、拒付报酬等；

② 网络站点间发生的相互抄袭、未经许可使用、拒付报酬等行为；

③ 网络使用者与著作权人间发生的抄袭、未经许可使用、拒付报酬等行为，网络服务商违反法律规定或行业经营义务，作为或不作为地实施了导致前者的侵权行为的发生等。

（2）电子商务专利保护

所谓专利权是指对于公开的发明创造所享有的一定期限内的独占权。电子商务专利是指一切与电子商务经营活动有关的专利，电子商务专利的客体主要可分为电子商务技术和商业方法两类。电子商务技术包括计算机技术、通信技术、数据处理技术和经营系统、基础结构技术等，商业方法则包括网上购物方法、网上银行及促销方法等。

电子商务专利保护的立法主要涉及计算机软件能否成为专利保护的客体，在互联网广泛性和开放性环境下专利的“新颖性”如何体现，专利的电子申请方式等。

世界知识产权组织 WIPO 的《专利法案条约》和《专利合作条约》细则的修改中，已经确认了电子申请的合法性。日本专利局第一个成功地建立电子申请系统并于 1990 年开始接受专利的电子申请。专利文献无纸化将成为今后发展的方向。

（3）商标权保护

在电子商务环境下，商标权的保护主要涉及以下内容：

① 网络链接上的商标侵权。在因特网上，处于不同服务器上的文件可以通过超文本标记语言链接起来。如果在自己网页上将他人注册商标或驰名商标设为链接，采用深

度链接或加框链接技术，绕开被链接网站的主页，这种行为就有借他人商标的知名度来增加自己点击率和浏览量的“搭便车”的嫌疑。因此，在网站设计时，相关图标的设计需注意避免商标侵权现象，不要随意采用别的网站或公司图标，否则容易陷入到商标侵权的知识产权纠纷之中。

② 网络搜索引擎上的隐私商标侵权。当网络用户使用搜索引擎服务时，在搜索框中输入某个词或句子后，搜索引擎便会根据第三方网站内容与该关键词句的匹配度等因素以从高到低的顺序在页面上显示出相关的搜索结果。隐性商标侵权的特点是某个网页所有者将他人的商标置于自己的网页代码或者搜索引擎服务商的系统关键词内，这样虽然用户不会在该网页上看到他人的商标，但是当用户使用网上搜索引擎查找商标时，该网页就会位居搜索结果前列。这种隐性使用他人商标、靠他人商业信誉把用户吸引到自己网页的做法，往往会引发商标侵权的诉讼，在搜索引擎提供商所提供的增值服务或推广服务中，这种纠纷更为多见。如在网络用户使用谷歌法国的搜索引擎输入关键词“Louis Vuitton”所得到的搜索结果中，位于页面右侧“推广链接”标题下，曾经出现销售仿制路易威登公司商品的网站链接，于是路易威登公司便以侵犯商标权将谷歌法国公司告上法庭。

③ 其他电子形式的商标侵权。电子商务中还存在通过网络广告、远程登录数据库查索、电子邮件账户以及在电子商务活动中假冒、盗用他人的注册商标推销、兜售自己的产品或服务或在网上随意地诋毁他人商标信誉等侵权行为。这些也都构成了网络环境下的商标侵权行为。

（4）域名保护

域名是互联网主机的字符地址，是一个商业实体在互联网上的标记，通常根据该实体的商号或者产品商标进行命名。域名具有标识性、唯一性和排他性等特点，是网络环境下提高知名度的一种重要手段。在电子商务环境下，域名保护成为企业知识产权保护的重要内容。

合法的域名一旦注册，就受到法律的保护。非正常注册他人商号、商标或其缩写，商号或商标的合法持有人可提出异议，制止其注册。然而，在域名注册中先到先得的注册管理却导致了很多抢注现象的发生。在对域名的保护中，美国政府提出一种“域名服务于商标”的基本法律定位。互联网域名的最高管理机构“互联网名称与数字地址分配机构”（简称 ICANN）在 1999 年就颁布了统一域名争议解决政策即 UDRP 仲裁机制，使知名品牌可以通过仲裁在很短时间内夺回自己的域名。UDRP 仲裁适用于以“.com”、“.net”、“.org”、“.biz”、“.info”结尾的中英文域名。该仲裁机制明显倾向知名品牌。

今后应当在有关贸易标志方面的各种法律规章如《商标法》、《企业名称登记管理规定》、《反不正当竞争法》等的相应内容上做出扩大解释或补充规定，为域名保护提供充分的法律依据。

7. 隐私权保护

隐私权是指公民享有的私人生活安宁与私人信息依法受到保护，不被他人非法侵犯、知悉、搜集、利用和公开的一种人格权，主要包括个人生活宁静权、私人信息保密权、个人通信秘密权及个人隐私利用权。现代信息技术大大增加了侵犯隐私权的可能性和范围。电子商务活动中侵犯个人隐私权的行为主要有：

① 对个人资料的不当收集和使用。个人资料一般包括消费者的姓名、性别、电话、信用卡信息、家庭住址等。电子商务所凭借的计算机信息系统在消费者一系列网络活动中可以记录获得大量的个人信息，若网络经营者为了追求利益使用甚至买卖这些信息，会给消费者带来不必要的损失。如 2014 年初，国内著名旅游网站携程网被曝收集存储包括信用卡信息等在内的客户资料，引起全国一片哗然。尽管携程网在事后诚恳道歉并积极赔偿相关当事人的损失，但公众对于相关网站的安全和隐私的质疑和担忧并未因此减少。

② 对通信秘密和通信自由权利的侵犯。通信秘密和通信自由是公民享有的宪法权利，电子邮件是网络环境下最常用的信息手段，其安全性取决于传输网络的安全以及发送和接收服务器的安全。

③ 侵犯个人自主、独立生活的权利。例如，以电子邮件形式或弹窗式的网络广告泛滥成灾，需要花费大量的时间去查阅处理，极大地干扰和破坏了消费者的个人生活安宁。

满足消费者在保护个人资料和隐私方面的愿望是构建全球电子商务框架必须考虑的问题。OECD1990 年《保护隐私和跨界个人资料指南》、欧盟 1998 年 10 月生效的《欧盟隐私保护指令》对网上贸易涉及的敏感性资料及个人数据给予法律保护，对违规行为追究责任。这些均体现了隐私权保护的法律要求。

对于消费者隐私权保护，美国联邦贸易委员会提出了四条信息公平操作的原则，即网络用户应该拥有被收集信息的知情权、选择权、合理的访问权限、足够的安全性等原则；并提出可通过指定信息安全官员来确保消费者信息使用的合法性，以设置密码、防火墙、文档加密、安装安全相机等方式保护信息收集的安全性等建议。

在电子商务交易中，个人资料往往是商家提供个性化服务的基础，这也是电子商务相对传统商务方式的优越性之一。随着科技不断发展，人类即将迎来大数据时代，但在大数据的发展过程中，人们对隐私保护问题越来越担心。因此，电子商务消费者隐私权保护的法律建设，应在商家和消费者之间找到一个平衡点，从而能够在提供有针对性服务同时，又不伤害消费者的个人隐私权。

8. 电子支付

利用电子商务进行交易必然会涉及到支付，电子支付是电子商务发展的一个重点。在电子支付的法律关系中，需要着重解决的问题有：在电子支付中当事人需要共同遵守的规则；为保证电子支付的顺利进行所制定的相关法律和法规；电子支付当事人的权利、义务和责任；电子货币的法律地位；支付中的争议解决办法；支付的风险和责任划分；分担制度的规定等。

网络电子支付方面的立法也应对电子支付本身易引发的风险进行防范。如软件开发和设计风险，系统奔溃风险、操作不规范风险、黑客侵入风险、计算机病毒危害风险等。电子商务立法也需从法律上确认风险承担，严惩违法侵入者，配合技术发展，增强电子支付当事人的自我防护能力。

综上所述，电子商务立法涉及面广、内容复杂。国际上还没有形成一个统一的、各国均适用的电子商务法律体系。由于电子商务本身具有超越国界的特征，要求电子商务法律不仅要适合自己国家的发展情况和需求，还要与国际普遍接受的原则和法律规范相协调。而且，在电子商务法律建设中需注意留有余地，不宜过分严格和具体琐细，要在保护合法经营、保障合法权益、打击违法犯罪行为的同时，给企业创新留下发展的自由空间。同时，也应更多的依靠行业自律、鼓励企业自我约束、自我发展，使这一科技手段能为消费者带来更多的福利与便利。此外，在电子商务法律建设中，既要通过制定新的法规来完善立法，也要考虑电子商务中的新问题，对传统立法做出必要的调整，构建符合现实需要的电子商务法律体系。

7.3 跨境电子商务的法律规范

7.3.1 跨境电子商务的法律适用

1．跨境电子商务的相关法律

随着电子商务的不断发展，跨境电子商务也成为电商发展中一颗耀眼的新星。以我国为例，2009年之前，跨境电子商务以阿里巴巴黄页推广等模式为主；2009年后，整合海外推广、交易支持、在线物流、在线支付、售后服务、信用体系和纠纷处理等多项服务内容，已经成为跨境电子商务运作模式的基本术语；发展到2011年，跨境电子商务又不断细化为包括着重批发交易的敦煌网、从港澳走向世界的旅游百事通自由行网、仅提供跨境物流服务的出口易、以提第三方支付为突破口的智诺付等等多个行业的发展。跨境电子商务在技术实现上已经没有任何障碍，但在具体的交易流程和环节上，仍然面临诸如市场准入、法律适用、消费者权益保护、税费承担、安全和隐私权保护、政府监管等系列法律问题，其中，跨境电子商务的法律适用也成为关注焦点。

为了推动跨境电子商务发展，早在1990年，国际商会在《国际贸易术语解释1990年通则》中就认可了电子信息传输的使用，并在《国际贸易术语解释2000年通则》及《国际贸易术语解释2010年通则》中继续认可电子单证的效力。1990年国际海事委员会通过了《电子提单规则》，1999年国际商业银行委员会起草了《电子贸易和支付统一规则》，2002年国际商会正式发布了《跟单信用证统一管理电子交单附则》，联合国通过了《联合国国际贸易法委员会电子签字示范法》，2004 年国际商会制定了《国际商会 2004 年电子商务术语》，次年，联合国通过了《联合国国际合同使用电子通信公约》。这些文件对于在国际贸易中应用电子商务发挥了巨大作用。

在电子商务法尚未单独成为部门法之前，在线电子交易行为仍然受传统的法律框架和体系管辖，因此，跨境电子商务首先应遵循传统商务法律和惯例的约束。其次，从跨境电子贸易的磋商阶段其数据电文的法律效力，到交易达成后电子合同的成立与生效等诸多环节，均适用于本章前面篇幅所陈述相关电子商务法律法规并受其约束。

2．跨境电子商务中的国际贸易惯例

国际贸易惯例指在国际贸易实践中逐渐自发形成的，某一地区、某一行业中普遍接受和经常遵守的任意性行为规范。

国际贸易惯例是国际法的一个重要渊源。国际贸易惯例本身并不是法律，因此，贸易双方当事人有权在合同中达成不同于惯例规定的贸易条件。但许多国家在立法中明文规定了国际惯例的效力，特别是在《联合国国际货物销售合同公约》中，惯例的约束力得到了充分的肯定。在下列情况中，国际贸易惯例对当事人有约束力：第一，当事人在合同中明确表示选用某项国际惯例；第二，当事人没有排除对其已知道或应该知道的某项惯例的适用，而该惯例在国际贸易中为同类合同的当事人所广泛知道并经常遵守，则应视为当事人已默示地同意采用该项惯例。随着国际贸易逐渐借助于电子网络而发展为跨境电子贸易，国际贸易惯例在跨境电子贸易中也应得到普遍遵守，是从事跨境电子贸易的人员所必须熟知的重要内容。

国际贸易惯例就其所涉及的内容来看，通常有以下几种。有关信用证的国际惯例：《跟单信用证统一惯例》（简称《UCP600》），具体到跨境电子商务领域则体现为跟单信用证统一惯例的电子交单附则，即 eUCP；有关托收的国际惯例：《托收统一规则》（简称《URC522》）；有关国际贸易术语的国际惯例。

7.3.2　跟单信用证电子交单国际惯例

信用证是国际贸易中一种非常重要的结算方式，而信用证的使用需遵循一定的规则。国际商会制定的《ICC 跟单信用证统一惯例第 600 号出版物》（UCP600）是国际通行的信用证规则，为了顺应国际间电子商务的发展趋势，国际商会又于 2002 年制定了《跟单信用证统一惯例的电子交单附则》，简称 eUCP，2002 年 4 月 1 日生效，对信用证业务中电子交单的有关问题作出了专门规定，成为调整国际间跨境电子贸易单证的重要文件。

1．eUCP 简介

eUCP 共 12 条，主要包括适用范围、eUCP 与 UCP 的关系、定义、格式、交单、审核、拒绝通知、正本与副本、出单日期、运输、交单后电子记录的损坏、eUCP 电子交单的额外免责。

在 eUCP 中，明确了一些贸易术语在电子单据与纸制单据的不同定义；规定了电子交单的格式与电子拒绝通知的操作；明确了银行系统无法收到电子记录以及电子记录损坏的后果；定义了电子正本单据等核心问题。

与 UCP 一样，eUCP 也不是法律，而是习惯规则的成文法典化。但不同于 UCP 的是，eUCP 涉及了商法中多个方面的问题，它包括信用证法和电子商务法。因此，在 eUCP 中会碰到许多 UCP 中没有的潜在法律分支问题。电子信用证的诞生解决了电子商务中结算支付的电子化问题，eUCP 和电子商务法在立法目的、立法精神以及主要内容上有着紧密的联系。

2. eUCP 主要内容

（1）eUCP 的适用范围

eUCP 补充了《跟单信用证统一惯例》只提交纸制单据的规定，从而既可以用电子记录单独提交也可以与纸制单据联合提交。因此，当信用证表明受 eUCP 约束时，eUCP 作为 UCP 的补充适用。

（2）eUCP 和 UCP 的关系

受 eUCP 约束的信用证（“eUCP 信用证”）也应受 UCP 的约束；但如果适用 eUCP 和 UCP 而产生不同的结果时，则优先适用 eUCP。

此外，如果 eUCP 信用证允许受益人在交单时选择纸制单据或电子记录，若受益人选择仅提交纸制单据的，或 eUCP 信用证只允许提交纸制单据，则该交单只适用 UCP。

（3）定义

该规则对在 UCP 中使用的“表面内容”、“单据”、“交单地点”、“签名”、“附加的”、“批注”或“签章的”等术语在适用于 eUCP 时扩充了含义；对仅在 eUCP 中使用的“电子记录”、“电子签名”、“格式”、“纸制单据”、“收到”等特定术语做了定义。

（4）格式

eUCP 信用证必须指定所提交的电子记录的格式，如未指定，则可提交任何格式的电子记录。

（5）交单

eUCP 信用证允许提交电子记录，也可以提交纸制单据，但提交纸质单据时必须注明交单地点；电子交单必须注明有关 eUCP 信用证；电子记录可以分别提交，但要通知银行。未注明的 eUCP 信用证或未通知的，将被视为未曾交单。此外，还规定了银行的系统不能接收电子记录情况的处理办法。

（6）审核

该规则规定了银行审核电子记录的内容、职责及范围。

（7）拒绝通知

如果银行对包括电子记录的交单提出拒绝，在发出拒绝通知 30 天内未收到被拒绝方关于电子记录的处理指示，该银行应退还交单人以前尚未退还的任何制纸单据，但可以任何认为合适的方式自行处理该电子记录，而不承担任何责任。

（8）正本和副本

提交一份电子记录即满足了 UCP 和 eUCP 信用证对一份或多份正本或副本电子记录的要求。

（9）出单日期

出单人发送电子记录的日期即为电子记录的出单日期，收到日期将即为发出日期，除非电子记录中另有明显规定。

（10）运输

电子记录的出具日期即为装运或发运日期，但如果电子记录注明装运或发运日期时，则该注明的日期视为装运或发运日期。

（11）交单后电子记录的损坏

如果银行收到损坏的电子记录，该银行可通知交单人 30 天内重新交单，但任何期限不得延展。如果交单者未能在规定的时间内重新提交，被视为没有交单。

（12）eUCP 电子交单的额外免责

银行在审核电子记录表面一致性时，对于发送者的身份、信息来源不承担责任，并且除了使用商业上可接受的用于接收、核实和识别电子记录的数据过程即可发现的外，银行对电子记录是否完整及未经更改也不承担责任。

3. eUCP 的评价

eUCP 的出现是网络科技和商务活动相结合的必然结果，也是电子商务法律逐步完善的表现。eUCP 在信用证与电子商务之间架起了一座桥梁，把信用证带进了电子时代，适应了国际贸易电子化迅速发展的需要，同时也是国际货运提单电子化发展的需要，是各国海关无纸化报关发展趋势下跨境贸易电子化的重要推动力。

eUCP 的使用也存在一定现实问题和矛盾，如电子提单等电子议付文件、电子签名、电子证据的法律效力等。SWIFT 等机构的加入也会引发一些法律问题，并可能使国际电子商务的具体技术问题将变得更为复杂。

跨境电子商务和贸易单证化的结合使用，所有单据的制作、传递都是靠电子信息工具，各种单据的伪造变得非常容易。如何在开放环境下，做到有效的防范欺诈，也是电子信用证必须考虑的一个新问题。

电子信用证的成功运作需要物流、海关、商检等系统进行全方位的电子化协同运作，完全意义上的电子信用证运作还需假以时日，纸质国际结算方式在一段时间内特别是在发展中国家将保持不变，因此电子网络化国际结算的实务性操作统一规范有待进一步推广和完善，实践对于完善电子信用证的规则有着至关重要的作用。同时，也只有建立在丰富的实践基础之上的 eUCP 规则，才是名副其实的电子信用证的业务惯例。

7.3.3 网络环境下的国际贸易术语

1．国际贸易术语解释通则的法律特征

贸易术语用一个简短的概念或英文字母的缩写来表明国际贸易中货物价格的构成、买卖双方有关费用的负担、手续的办理以及风险责任的划分。

1936年，国际商会制定了《国际贸易术语解释通则》，为普遍使用的国际贸易术语提供解释的国际规则，以避免或减少各国不同解释而出现的不确定性。此后解释通则又多次修订，最新的版本是2011年开始生效的《2010年国际贸易术语解释通则》（简称2010通则）。

国际贸易术语解释通则是被国际上认可的惯例性文件。作为一项惯例性文件，国际商会和联合国国际贸易法委员会建议将通则在国际货物买卖中使用，此外，也有个别国家如澳大利亚等以国内立法的形式公布国际贸易术语通则为国内法。一般，若合同当事人在合同中既不排除，又不明确规定采用何种贸易术语，一旦争讼，仲裁庭或法院就可援引某一公认的、被人们经常遵守的贸易术语规则作出处理。

在一个具体合同中采用某国际贸易术语时，对其可修改和补充，但应注意不要改变贸易术语的特征和性质。此外，虽然2010通则于2011年1月1日正式生效，但并非2000通则就自动作废。因为国际贸易惯例在适用的时间效力上并不存在“新法取代旧法”的说法，当事人在订立贸易合同时仍然可以选择适用2000通则甚至1990通则。

2．2010通则的适用范围

其一，仅限于销售合同当事人的权利、义务中与已售“有形的”货物的交货有关的事项。不包括电脑软件等“无形的”货物。

其二，只涉及与交货有关的事项：货物的进口和出口清关、货物的包装、买方受领货物的义务以及提供履行各项义务的凭证等。

其三，既适用于跨越国境的货物销售，也适用于国内的货物销售。

3．2010通则中有关电子商务的相关规定和解释

首先，根据2010通则的阐述，在各种贸易术语中所指的交货凭证，意指用于证明已完成交货的凭证：运输凭证或相应的电子记录。确认了电子记录可以作为交货凭证的地位。

其次，由于在2010通则中，电子通信被赋予与纸质通信完全同等的功效，因此，对买卖双方而言，由一种或更多的电子信息组成的一系列信息所构成的电子记录或信息，其在效力上与相应的纸质文件等同。

同样，在跨境贸易中，单据可以是具有同等效力的电子记录或者程序。在通则的早期版本已经对需要的单据作出了适应电子商务发展的规定，即所需单据可被电子数据交换信息替代。而2010通则更加确认了这一点。

正如2010通则中所说，有关电子通信及电子单据的法律效力的新规定将有利于在国际贸易中新的电子程序的演变发展。

7.4　电子商务中的伦理道德

7.4.1　电子商务中的道德问题

电子商务的发展基于互联网的发展，互联网具有一些和现实交往所不同的特征——广泛性、开放性、隐蔽性和无约束性。因此，在很好的将散落在社会各个角落的资源和需求联系起来的同时，这些特性也使人们的网络交易行为同现实的商务活动产生很大差异，从而使电子商务中的道德性突破了传统道德规范。不论是电子商务中的企业还是消费者，都将面临网络环境下的道德考验和问题。

1．电子商务中的欺诈行为违反道德

电子商务中的资金流和物流分离，消费者支付货款与取得实际商品在时间上存在一定时间差，因此，出现道德风险的可能性明显增大，主要体现在以下几个方面：

其一，虚假交易问题。在电子商务中，消费行为多数是异地网络交易，买卖双方不能像传统交易中那样一手交钱一手交货，同时单笔交易金额一般也并不大，因此消费者即使被骗后，不管从金钱成本还是从时间成本等方面来说都难以采取具体的法律行动，给虚假交易提供了一定的生存空间。

其二，假冒伪劣商品问题。消费者在网络交易时，很难事先见到商品，这就给不良商家提供了利用这种信息不对称提供假冒伪劣商品、伤害消费者利益的空间。如据国家食品药品监督管理总局 2014 年 8 月的一份报告称，国内知名电商网站淘宝网成为假冒伪劣化妆品的重要交易平台。尽管包括阿里巴巴公司等企业和公安机关等多部门不断加强对电子商务假冒伪劣商品的打击查处力度，但电子商务中的假冒伪劣现象并未因此而销声匿迹，影响着电子商务的正常发展。

2．网上发布虚假信息等违反道德

网络信息发布过程中的过于随意、缺乏有效监督等问题，造成了电子商务的信息道德问题，主要体现在两个层面：虚假信息的发布；信息内容及形式的不健康甚至违法的问题。在商务领域则主要是虚假广告等信息的发布，经营者在互联网发布对产品质量、制作成分、性能、用途、生产者、企业概况等虚假宣传而诱导消费者购买其商品或服务，影响范围大、速度快，而网络的隐蔽性又使执法者难以检查或处罚，因此，往往会造成网络中诚信缺失等道德问题。其次比较突出的则是网上商业诽谤等，通过网络虚假信息的提供，诽谤竞争对手，削弱对手的竞争能力等不正当竞争行为也是较为多见的一种违反道德的网上虚假信息的呈现方式。

3．网络信息收集使用中的隐私问题

一是收集信息过程中可能会侵犯消费者的知情权；二是在使用信息的过程中可能会

出现违背收集信息初衷的情况。如从携程网用户银行卡信息漏洞，到汉庭、如家等快捷酒店客户信息泄露，再到小米手机用户信息泄漏，各种“安全门”的出现暴露了电子商务中的安全隐患，也为人们憧憬期待的“大数据”时代敲响了道德警钟。

4．电子商务中的邮件道德问题

电子商务发展过程中离不开各类商务邮件的使用，然而，与之伴生的则是邮件使用中的道德问题。其中最主要的方面是垃圾邮件的滥用。许多企业滥用垃圾邮件开展网络营销等，不但对电子邮件营销的前景产生不利影响，造成全球范围内的网络道德问题，同时也侵犯了消费者的隐私权，是电子商务诸多道德问题中不容忽视的一个方面。与之类似的还有网络弹窗式广告的滥用等问题。对弹窗式广告的滥用造成众多网络用户的困扰以至于其发明者伊森·祖克曼在媒体上对公众公开道歉。

7.4.2 电子商务信用体系建设

电子商务环境下的道德问题凸显，对电子商务发展带来负面影响。在电子商务法制建设外，电子商务信用体系建设也是促进电子商务合理健康发展的必要保障。信用不但是在传统市场运行的通行证，同样应是电子商务存在和发展的基础。

1．信用体系建设的基本情况

合理规范的信用体系不但有利于电子商务的健康、规范发展，而且对树立全社会信用意识，建立公平公正的市场经济秩序起着巨大的推动作用。国际上主要存在以下几种征信规范模式：

（1）政府推动、直接监管型

这是一种以政府力量为主导建立的征信管理体系，政府在征信行业管理领域投入较大。一些发展中国家就属于这种发展模式。它的主要特征是政府监管部门对资信评级机构和评级业务的推动及有效监管是评级业务发展的主要动力之一。从亚洲各国的实践来看，这个政府驱动的发展模式效果并不理想。

（2）市场运作、立法指导型

该模式最主要的特征是诚信机构的设立、运作、消亡，基本是通过市场机制进行的。政府则通过立法形式对征信行业进行管理。包括以美国为代表的以征信公司商业运作形成的信用管理体系和欧洲为代表的以中央银行建立的中央信贷登记为特征的征信管理体系等两大类。总体来说，西方发达国家的社会诚信体系建设相对较为成功。

2．电子商务信用模式

在电子商务实践中主要形成了四种较为典型的信用模式，即中介人模式、担保人模式、网站经营模式和委托授权模式。

（1）中介人模式

将电子商务网站作为交易中介人，达成交易协议后，购货的一方将货款、销售一方将货物分别交给网站设置的办事机构，网站的办事机构核对无误后再将货款及货物交给对方。这种信用模式试图通过网站的管理机构控制交易的全过程，虽能在一定程度减少商业欺诈等商业信用风险，但却需要网站有较大的投资，且还牵扯到交易速度和交易成本等问题。

（2）担保人模式

以网站或网站的经营企业为交易各方提供担保为特征，试图通过这种担保来解决信用风险问题。这种将网站或网站的主办单位作为一个担保机构的信用模式，也有一个核实谈判的过程，无形中会增加交易成本。因此，在实践中这种信用模式一般只适合用于具有特定组织性的行业。

（3）网站经营模式

通过建立网上商店的方式进行交易活动，在取得商品的交易权后，让购买方将购买的商品的货款支付到指定的账户上，网站收到购物款后才给购买者发送货物。这种信用模式是单边的，以网站的信誉为基础，一般主要适用于从事零售业的网站。

（4）委托授权模式

网站通过建立交易规则，要求参与交易的当事人按预设条件在协议银行建立交易公共账户，网络计算机按照预设程序对交易资金进行管理，从而确保双方交易在安全的状况下进行。这种信用模式中电子商务网站并不直接进入交易过程，交易双方的信用保证是以银行的公平监管为基础的。

电子商务所采用的这四种信用模式，是从事电子商务企业为解决商业信用问题的积极探索，但各自存在的缺陷也是显而易见的。特别是，这些信用模式所依据的规则基本上都是企业性规范，缺乏必要的稳定性和权威性。因此，为适应电子商务的飞速发展，避免电子商务中道德问题的出现，电子商务中的信用模式还需随着实践的发展而不断完善。

7.4.3　电子商务网络伦理体系的建立

电子商务中出现的道德问题是多方面的，电子商务伦理体系也需要从宏观法规的建立和调整，必要的舆论监督，行业协会的有效管理，到微观个体的自我约束等几个方面共同努力，多头共进，从而建立起适应网络经济和电子商务发展的网络伦理体系：

1．宏观层面：政府规范+舆论监督

（1）政府规范作用

首先，政府还可通过加强电子商务立法等途径，在构建电子商务网络伦理体系中承担重要作用。将电子商务中一些具有共性的、对整个经济社会更具有重要影响的道德问题，由政府通过制定执行全国性或地方性法规及行业性的规章制度并加以执行，对电子商务中的不道德行为进行约束。如我国对电子商务模式及交易行为和服务进行规范的《电子商务模式规范》、《网络交易服务规范》（2009），均是在商务部主导下提出制定和予以推广的。

其次，在加强电子商务伦理道德规范管理过程中，也需要政府的参与和引导。如在电子商务信用体系建立过程中，可由政府作为可靠的管理者来建立电子商务信用档案，将网上交易的信用情况记录并反映在资信报告中，为其他电子商务交易者提供借鉴；政府也可授权或组建电子签名的安全认证机构、建立信息监管机构对各类网站及发布信息进行严格监管，包括监管企业自身网站发布产品信息的真伪、中介平台为各企业发布相关信息的真伪、网上条款的合法性审核等，提高电子商务交易中的道德水平。

（2）社会络舆论监督

首先，充分利用传统新闻舆论监督。传统新闻舆论虽然收到互联网的一定冲击，但仍然在人们获取信息过程中占据非常重要的地位，因此，新闻媒体在行使新闻舆论监督职能时，应对电子商务中的不道德行为进行更多关注、报道、曝光和揭露，借助新闻媒体的广泛传播迅速将人们的注意力聚集，形成巨大的社会压力，从而达到对不道德行为进行制约的目的。而且，传统新闻舆论也可借助互联网平台来更好的发挥其新闻舆论监督作用。

其次，充分利用消费者的网络舆论监督。互联网环境给广大消费者带来了更多的发言权，消费者可以利用互联网的舆论表达方式，对电子商务中的各种现象和行为发表自己的观点和看法，产生和形成强大的舆论压力，从而对电子商务活动起到监督、检查和评估的功效。

据调查显示，随着社交媒体、即时资讯、图片分享和在线买家评论的出现，61%的消费者会在做出购买决定之前阅读在线评论。AC 尼尔森最新发布的“全球广告信任度”调查报告显示，在线买家评论已经成为消费者第二个最值得信任的品牌信息来源，有70%的全球消费者表示他们信任在线评论，并且这一数字在四年内的增长幅度为 15 个百分点。这些数据表明，消费者的网络舆论监督已成为电子商务中规避道德风险的有效保障。因此，结合传统新闻舆论监督与网络舆论监督的双重作用，可以有效地减少和克服电子商务中的不道德问题。

但是，在利用网络发挥消费者的舆论监督时，也应注意消费者自己的道德约束，不能发布不实信息误导其他消费者。

2．中观层面：行业自律

行业自律则主要依靠行业协会的管理等方式来实现。

行业协会作为一种自治性民间社会组织，通过行业规则实行自律管理。行业规则是典型的内部规则，它是在对行业内各个企业的权利和利益进行协调、平衡的过程中，通过谈判、协商、妥协等方式，达成的一种共识，由协会成员共同遵守。行业自律管理能够培养协会成员的理性自律精神，避免非理性的集体行动，促进利益和权利诉求的理性化和程序化，同时在行业内部形成一种自生自发的秩序。当国家制定法缺位或有局限时，行业规则所建立的“私序”就成为国家制定法所建立秩序的一种重要补充和替代。

随着市场经济的不断发展和完善，行业协会已普遍成为各个国家行业信息的集散地，也成为各种技术标准、游戏规则、道德规范的制定者，甚至是国家制定产业政策的主要参谋和建议者。如在俄罗斯，成立于 2003 年的非盈利组织俄罗斯全国电子商务协会，在组织公布电子商务市场年度分析报告，举行相关研讨会和圆桌会议等工作同时，就完善俄罗斯电子商务领域现行法律法规和制定信息安全标准提出修改建议也是其主要工作之一。在我国，由中国电子商务协会牵头制定的《网络交易平台服务规范》，成为对网络交易平台服务进行规范以期实现行业自律的重要文件。

3．个体层面：自我约束

电子商务活动是由其中每一个活动个体来真正完成的，因此，要解决电子商务中的道德问题，建立完善电子商务网络伦理体系，最终要靠每一个参与者的自我约束。具体则可从以下几方面着手：

第一，企业自律：建立并实施电子商务道德规章制度。这一方面体现在企业管理上，即将道德纳入到日常规章制度中，使之成为从员工到企业整体活动的道德自律依据，并通过企业管理制度的落实和实施，建立企业自身的电子商务网络伦理体系，并对不道德的行为要根据事先设定的标准和过程迅速处理；另一方面，则体现在企业的对外商务活动管理中，如一些电商企业建立的交易保障金制度，当交易出现损害一方利益的情况时，可通过交易保障金先行支付，从而防止因另一方违约而产生的道德风险。类似的制度安排还有如第三方认证、退货承诺、担保等。

第二，个人自律：树立全民道德意识。全民道德意识的树立和提高，是电子商务网络伦理体系建立的重要条件。

从电商企业角度，则体现在帮助全体员工树立道德意识。如在企业网站上明确指出消费者隐私保护的规章制度，不但可借此明确告诉消费者企业隐私保护措施，也可由此使员工明确知道自己的行为准则和道德标准、教育职工树立道德意识。

从消费者个人角度，则体现在交易规则尚未完善时期的个人自我保护和自我约束。在网上进行交易时不能贪便宜，要能够识别可疑信息并懂得保护自己的信息，不轻信各种可能泄露个人隐私的网络交易方式等。全民道德意识的树立要求参与网络活动的个人也必须确定网络行为准则和网络礼仪。美国计算机道德研究学会所制定的“网络用户指南和礼仪”，明确指出在网络环境下的道德和礼仪标准的 10 条戒律：

- 不得用计算机来伤害他人；
- 不得妨碍他人的计算机工作；
- 不得窥探他人的文件；
- 不得使用计算机进行盗窃；
- 不得使用计算机做伪证；
- 不得使用或复制你不曾付费的软件；
- 不得在未授权情况下使用他人的计算机资源；
- 不得窃用他人的脑力劳动成果；

- 必须考虑所写的软件的社会影响；
- 必须以深思熟虑和敬重的方式来使用计算机。

电子商务最终的实施者是个人，因此，电子商务的健康发展最终仍需依靠不断成熟与完善的网络礼仪来约束人们的行为，进而建立完善电子商务网络伦理体系，使之成为约束电子商务交易双方道德、建立公平、公正交易的网络市场。

4．典型案例

（1）政府规范电子商务案例——《西安市电子商务交易管理办法》

电子商务交易已成为人们重要的消费方式，但网购带来的消费麻烦也着实不少。2014年，陕西省西安市正式出台对于电子商务交易管理的《西安市电子商务交易管理办法》。该办法规定，第三方交易平台经营者应当对申请进入平台从事网络交易的自然人的真实身份信息进行审查，建立登记档案，定期核实更新，并核发证明个人身份信息真实合法的标记，加载在其从事经营活动的主页面醒目位置。

电子商务经营者销售的商品或提供的服务，应当符合国家法律、法规和规章的规定。不得利用互联网销售假冒伪劣商品，不得在互联网上利用文字、图片、视频等形式，进行虚假或者引人误解宣传，不得利用网络植入恶意插件程序，或采用弹出式广告、按钮式广告、电子邮件广告、软件端广告、文字链接广告等形式强行发布骚扰网络广告。

电子商务经营者为消费者提供商品或者服务，不得设定不公平、不合理的交易条件或者实行差别待遇，不得侵害消费者合法权益。提供的商品或者服务不符合质量要求的，应依照国家有关规定或者当事人约定，履行退货、更换、修理等义务，不得故意拖延或者无理拒绝消费者合法要求。

电子商务经营者在消费者提出要求之日起，无正当理由拒不履行退货、更换、修理等义务超过15日的，视为故意拖延或者无理拒绝。网络商品经营者应当依照法律规定履行无理由退货义务，不得故意拖延或者无理拒绝。

据悉，陕西省西安市还将建立统一的电子商务行业征信、监管和服务平台，建设电子商务主体及经营行为信息数据库，加强对电子商务经营活动的监督管理。支持消费者协会、行业协会加强电子商务纠纷调解处理机制建设，建立电子商务纠纷调处平台，加强消费者权益保护，规范电子商务交易行为。

（2）企业电子商务道德管理案例——亚马逊的隐私声明

当消费者每次登录亚马逊网站（www.amazon.cn）以购买其提供的商品时，就能看到在登录窗口下方有非常明显的链接指示："隐私声明"，其内容主要解释亚马逊将如何使用和共享每一个客户的信息、阐述亚马逊对隐私保护的政策。并且在隐私声明中明确告知消费者，如果访问 amazon.cn 网站，表明消费者同意接受本隐私声明。

亚马逊的隐私声明具体从采集信息的内容、方式、选择等 11 个方面进行了详细介绍，用户可以随时点击以了解其消息内容，并确保自己的信息不会不可控的被使用和泄露。亚马逊通过隐私声明的方式，使消费者和亚马逊的工作者（包括合作者）明确了解亚马逊在消费者隐私保护方面的具体规定，哪些可以做，哪些是不可以做的，从而透明、全面的实现对消费者隐私的有效保护。

隐私声明的 11 个方面内容（“我们”指亚马逊及其关联公司）：

- 我们采集您的哪些个人信息？
- 什么是 Cookies？
- 我们是否会与他人共享所收到的信息？
- 关于我的信息安全？
- 第三方广告商和其他网站链接？
- 我能进入哪些信息？
- 我有哪些选择？
- 是否允许儿童使用本网站？
- 使用条件、通知和修订？
- 信息采集实例。
- 移动设备。

本章小结

本章主要介绍了电子商务法的含义、电子商务法律主体及电子商务立法应遵循的原则及作用等电子商务法基本范畴；从国际和国内两个方面介绍了电子商务立法现状，电子商务发展与现有法律的冲突问题，并从数据电文、市场准入、税收、电子合同、安全与保密、知识产权、隐私权保护、电子支付等方面着手介绍了电子商务立法的发展情况；此外，介绍了迅速发展的跨境电子商务中的法律适用及贸易惯例；最后，介绍了电子商务发展中的伦理道德问题、电子商务信用体系建设和电子商务网络伦理体系的建立等内容。

参考文献

[1]蹇洁等. 电子商务导论. 北京：人民邮电出版社，2009.

[2]卢金钟，张昭俊，王永生. 新编电子商务概论. 北京：清华大学出版社，2012.

[3]驻俄罗斯联邦经商参处.俄罗斯电子商务发展概况[EB/OL].商务部网站.2013-04-24.http://ru.mofcom.gov.cn/article/ztdy/201304/20130400102181.shtml.

[4]吴兴光，甄仕权. 美国《统一商法典》买卖篇 2003 年修改评析. 国际经贸探索.2011，（01）.

[5]丁咚，黄婧. 美国拟推网络销售税法案[EB/OL].电子信息产业网. 2015-01-15.http：//cyyw.cena.com.cn/2015-01/15/content_258483.htm.

[6]刘雨. 美国加力保护知识产权. IT经理世界. 2011，（4）.

[7]权彦敏，曹毅搏. 欧盟新《消费者权利指令》及启示. 法制与社会. 2012，（18）.

[8]中国电子商务研究中心. 日本通过立法加强对互联网监管[EB/OL].2011-4-24.http：//www.100ec.cn/detail--5746908.html.

[9]NDTV. GovernmenttoAmendConsumerLawtoProtectE-commerceCustomers[EB/OL]. 2014-12-5.

http://profit.ndtv.com/news/industries/article-government-to-amend-consumer-law-to-protect-e-commerce-customers-709039.

[10]郑远民，李俊平. 新加坡电子商务法最新发展及对我国的启示. 湖南师范大学社会科学学报.2012，（05）.

[11]何卓明，王慧.浅谈我国电子商务税收应采取的原则. 佛山科学技术学院学报.2010，（3）.

[12]张倩怡. 电子邮件内容将可直接公证. 北京日报，2014-07-09（11）.

[13]杨坚争. 国际电子商务. 北京：电子工业出版社，2009.

[14]陶乾. 中欧搜索引擎关键词引发的商标侵权案件分析. 知识产权. 2011，（4）.

[15]兰宜生. 电子商务基础教程. 北京：清华大学出版社，2007.

[16]詹朝霞. 跨境电子商务法律适用原则初探——以涉外电子为视角[EB/OL].法制网.2014-03-11.http://www.legaldaily.com.cn/Lawyer/content/2014-03/11/content_5349562.htm?node=34492.

[17]国际商会. ICC跟单信用证统一惯例及UCP500关于电子交单的附则（eUCP）. 北京：中国民主法制出版社，2003.

[18]陈原，李忱. 电子信用证在国际贸易结算中的应用. 商业时代. 2006,（10）.

[19]胡军华. 食药监总局曝光淘宝假冒化妆品泛滥. 一财网，2014-8-28.http：//www.yicai.com/news/2014/08/4013150.html.

[20]阿里研究院. 淘宝网发布《2014 淘宝联动警方打假报告》.阿里巴巴网站，2014-12-18.http://www.aliresearch.com/blog/article/detail/id/20033.html.

[21]叶健，王原. 中国网事：小企业泄露大数据、谁来保障你我的隐私安全. 新华网.2014-5-15.http://news.xinhuanet.com/tech/2014-05/15/c_1110697859.htm.

[22]杨思明. 弹窗广告发明人道歉：“对不起，我错了”. 青年参考 2014-9-3（42）

[23]程慧. 西安市规范电子商务交易. 西安晚报，2014-12-27（6）.

[24]黄欢. 在新媒体时代发挥好主流媒体舆论监督的作用. 南昌教育学院学报. 2014，（6）.

[25]做电商须知：未来买家线上点评趋势[EB/OL]. 商务部网站. 2014-09-10.http://www.mofcom.gov.cn/article/difang/henan/201409/20140900725331.shtml.

[26]吴碧林，眭鸿明. 行业协会的功能及其法治价值. 江海学刊.2007,（6）.

[27]方美琪，刘鲁川. 电子商务设计师教程. 北京：清华大学出版社. 2005.

[28]EliasM.Award. 电子商务：从愿景到实现（第 3 版）. 北京：人民邮电出版社，2009.

[29]苏丽琴. 电子商务法（第 2 版）. 北京：电子工业出版社，2010.

第 8 章　电子商务系统规划与设计

8.1　电子商务应用系统的总体规划

8.1.1　电子商务应用系统的生命周期和开发模型

1. 电子商务应用系统的生命周期

任何事物都有产生、发展、成熟、消亡或更新的过程，电子商务系统也不例外。任何一个电子商务系统在使用过程中随着其生存环境的变化，都需要不断维护、修改，当它不再适应的时候就要被淘汰，就要由新系统代替老系统，这种周期循环称为生存周期。

宏观上讲，在电子商务环境下，任一个信息系统的生存周期都可以分为系统规划、系统分析、系统设计、系统实施、系统运行和维护等五个阶段。

① 系统规划阶段。系统规划阶段的任务是对企业的环境、目标、现行系统的状况进行初步调查，根据企业目标和发展战略，确定信息系统的发展战略，对建设新系统的需求做出分析和预测，同时考虑建设新系统所受的各种约束，研究建设新系统的必要性和可能性。根据需要和可能，给出拟建系统的备选方案。对这些方案进行可行性分析，写出可行性分析报告。可行性报告审议通过后，将新系统建设方案及实施计划编成系统设计任务书。

② 系统分析阶段。系统分析阶段的任务是根据系统设计任务书所确定的范围，对现行系统进行详细调查，描述现行系统的业务流程，指出现行系统的局限性和不足之处，确定新系统的基本目标和逻辑功能要求，即提出新系统的逻辑模型。系统分析阶段的工作成果体现在系统说明书中。

③ 系统设计阶段。系统设计阶段的任务是根据系统说明书中规定的功能要求，考虑实际条件，具体设计实现逻辑模型的技术方案，即设计新系统的物理模型。这个阶段的技术文档是《系统设计说明书》。

④ 系统实施阶段。系统实施阶段是将设计的系统付诸实施的阶段。这一阶段的任务包括程序的编写和调试，人员培训，数据文件转换，计算机等设备的购置、安装和调试，系统调试与转换等。这个阶段的特点是几个互相联系、互相制约的任务同时展开，必须精心安排、合理组织。

系统实施是按实施计划分阶段完成的，每个阶段应写出实施进度报告。系统测试之后写出系统测试分析报告。

⑤ 系统运行和维护阶段。系统投入运行后，需要经常进行维护和评价，记录系统

运行的情况，根据一定的规格对系统进行必要的修改，评价系统的工作质量和经济效益。对于不能修改或难以修改的问题记录在案，定期整理成新需求建议书，为下一周期的系统规划做准备。

2．开发模型

电子商务应用系统开发模型是描述系统开发过程中各种活动如何执行的模型。系统生命周期模型确立了开发和演绎中各阶段的次序限制以及各阶段或机动的准则，确立开发过程所遵守的规定和限制，便于各种活动的协调，便于各种人员的有效通信，有利于活动重用，有利于活动管理。常见的生命周期模型有如下 5 个模型。

（1）瀑布模型（Waterfall Model）

瀑布模型是将软件生命周期各个活动规定为依线性顺序连接的若干阶段的模型。它包括可行性分析、项目开发计划、需求分析、概要设计、详细设计、编码、测试和维护。它规定了由前至后、相互衔接的固定次序，如同瀑布流水，逐级下落。

瀑布模型为软件的开发和维护提供了一种有效的管理模式，根据这一模式制定开发计划，进行成本预算，组织开发力量，以项目的阶段评审和文档控制为手段有效地对整个开发过程进行指导，所以它是以文档作为驱动、适合于软件需求很明确的软件项目的模型。

但是，瀑布模型在大量的软件开发实践中也逐渐暴露出它的严重缺点。它是一种理想的线性开发模式，缺乏灵活性，特别是无法解决软件需求不明确或不准确的问题。

（2）快速原型模型（Rapid Prototype Model）

快速原型模型的第一步是建造一个快速原型，实现客户或未来的用户与系统的交互，用户或客户对原型进行评价，进一步细化待开发软件的需求。通过逐步调整原型使其满足客户的要求，开发人员可以确定客户的真正需求是什么。

第二步则在第一步的基础上开发客户满意的软件产品。显然，快速原型方法可以克服瀑布模型的缺点，减少由于软件需求不明确带来的开发风险，具有显著的效果。

快速原型的关键在于尽可能快速地建造出软件原型，一旦确定了客户的真正需求，所建造的原型将被丢弃。因此，原型系统的内部结构并不重要，重要的是必须迅速建立原型，随之迅速修改原型，以反映客户的需求。

（3）增量模型（Incremental Model）

增量模型又称演化模型。大量的软件开发实践表明，许多开发项目在开始时对软件需求的认识是模糊的，因此很难一次开发成功。为了减少因对软件需求的了解不够确切而给开发工作带来的风险，可以在获取了一组基本的需求后，通过快速分析构造出该软件的一个初始可运行版本，这个初始的软件通常称为原型，然后根据用户在使用原型的过程中提出的意见和建议对原型进行改进，获得原型的新版本。在使用增量模型时，第一个增量往往是实现基本需求的核心产品。核心产品交付用户使用后，经过评价形成下一个增量的开发计划，它包括对核心产品的修改和一些新功能的发布。这个过程在每个增量发布后不断重复，直到产生最终的完善产品。增量模型特别适用于对软件需求缺乏准确认识的情况。

（4）螺旋模型（Spiral Model）

对于复杂的大型软件，开发一个原型往往达不到要求。螺旋模型将瀑布模型和增量模型结合起来，加入了两种模型均忽略的风险分析，弥补了这两种模型的不足。

螺旋模型将开发过程分为几个螺旋周期，每个螺旋周期大致和瀑布模型相符合。在每个螺旋周期分为如下四个工作步骤。

① 制定计划。确定软件的目标，选定实施方案，明确项目开发的限制条件。

② 风险分析。分析所选的方案，识别风险，消除风险。

③ 实施工程。实施软件开发，验证阶段性产品。

④ 用户评估。评价开发工作，提出修正建议，建立下一个周期的开发计划。

（5）喷泉模型（Water Fountain Model）

喷泉模型是一种以用户需求为动力，以对象作为驱动的模型，适合于面向对象的开发方法。它克服了瀑布模型不支持软件重用和多项开发活动集成的局限性。喷泉模型使开发过程具有迭代性和无间隙性。迭代意味着模型中的开发活动常常需要重复多次，在迭代过程中不断地完善软件系统。无间隙是指在开发活动（如分析、设计、编码）之间不存在明显的边界，也就是说，它不像瀑布模型那样，需求分析活动结束后才开始设计活动，设计活动结束后才开始编码活动，而是允许各开发活动交叉、迭代地进行。

8.1.2 电子商务应用系统的规划内容与方法

1. 系统规划的内容

从上面介绍的生命周期可知，开发一个电子商务系统，首先第一步要做的便是制定系统的发展规划。一是因为电子商务系统的发展规划是企业战略规划的重要组成部分，由于电子商务系统可以为企业制定或调整企业战略规划提供各种必要的信息支持，因此，系统的发展规划应当与企业战略规划有机地配合，所以，电子商务系统的发展战略应与整个企业的发展战略保持一致。二是因为信息技术发展非常迅速，开发电子商务系统受各方面因素的影响，风险很大，若没有做好规划，有可能在开发或实施过程中失败，也有可能因为技术选型不当，成为落后或不受支持的系统。

信息是企业的重要资源，应当被全企业共享，只有经过规划和开发的信息资源才能发挥作用。由于企业或组织内外的信息资源很多，其内外之间都有大量的信息需要交换和共享，如何收集、存储、加工和利用这些信息以满足各种不同层次的需要，这显然不是分散的、局部的考虑所能解决的问题，必须有来自高层的、统一的、全局的规划，将这些信息提取并设计出来，才能实现信息的共享。

总的来说，电子商务系统的总体规划需要解决以下三个方面的内容：

① 系统的总目标和发展战略。进行系统规划，应根据企业的战略目标和内外约束

条件（比如地域因素、行业因素等），确定系统的总目标和总体结构。系统的总目标规定系统的发展方向，发展战略则提出具体的步骤和每步应达到的子目标，同时还应给出衡量具体工作完成的标准。

② 了解企业电子商务系统以及管理状况。现有应用系统的状况，包括软件设备、硬件设备、人员、各项费用、开发项目的进展及应用系统的情况，应充分了解和评价。同时，对于企业当前的组织结构、业务流程、企业文化、管理制度等情况作一些分析。这些信息都是制定总体规划的基础。

③ 对相关信息技术的预测。电子商务系统战略规划必然受到信息技术发展的影响，因此，对规划中涉及的软、硬件技术和方法论的发展变化及其对应用系统的影响做出预测，有条件的还应进行评估，以提高技术选型和产品选型的正确性。

2. 系统规划的方法

用于系统规划的方法很多，这里主要介绍关键成功因素法（Critical Success Factors，CSF）、战略目标集转化法（Strategy Set Transformation，SST）和企业系统规划法（Business System Planning，BSP），这是用得最多的三种方法。其他还有企业信息分析与集成技术（BIAIT）、产出/方法分析（E/MA）、投资回收法（ROI）、征费法、零线预算法、阶石法等。

（1）关键成功因素法（CSF）

它包含以下四个步骤：了解企业目标；识别关键成功因素；识别性能的指标和标准；识别测量性能的数据。

关键成功因素法源自企业目标，通过目标分解和识别、关键成功因素识别、性能指标识别，一直到产生数据字典。这好像建立了一个数据库，一直细化到数据字典，因而有人又把这种方法用于数据库的分析与建立。关键成功因素就是要识别联系与系统目标的主要数据类及其关系，识别关键成功因素所用的工具是树枝因果图。

关键成功因素法在高层应用一般效果好，因为每一个高层领导人员日常总是在考虑什么是关键因素。对中层领导来说一般不大适合，因为中层领导所面临的决策大多数是结构化的，其自由度较小，对他们最好应用其他方法。

（2）战略目标集转化法（SST）

这种方法把企业的战略目标看成是一个“信息集合”，由使命、目标、战略和其他战略变量（如管理的复杂性、改革习惯以及重要的环境约束）等组成。应用系统的战略规划过程是把组织的战略目标转变为应用系统战略目标的过程。

这个方法的第一步是识别企业的战略集，先考察一下该企业是否有写成文的战略或长期计划，如果没有，就要去构造这种战略集合。可以采用以下步骤：① 描绘出企业各类人员结构，如卖主、经理、雇员、供应商、顾客、贷款人、政府代理人、地区社团及竞争者等；② 识别每类人员的目标；③ 对于每类人员识别其使命及战略。当企业战略初步识别后，应立即送交企业有关领导审阅和修改。

第二步是将组织战略集转化成电子商务应用系统战略。应用系统战略应包括系统目标、系统约束以及开发策略和设计原则等。这个转化的过程包括对企业战略集的每个元素识别对应的应用系统约束，然后提出整个应用系统的结构。

（3）企业系统规划法（BSP）

企业系统规划法是通过全面调查，分析企业信息需求，制定应用系统总体方案的一种方法。它有四个基本步骤：

① 确定各级管理的统一目标，各个部门的目标要服从总体目标。通过对企业管理目标的定义，才能界定应用系统的目标。

② 识别企业过程。这是 BSP 方法的核心。企业过程定义为逻辑上相关的一组决策和活动的集合。识别企业过程可对企业如何完成其目标有深刻的了解，并且有助于定义系统的功能和信息的流程。识别企业过程的步骤是：画过程流程图；写每一过程说明；过程分组；为过程组写说明；过程与组织相关；识别关键过程；修改、确认过程。

③ 定义数据类。在识别企业过程的基础上，分析每一个过程利用什么数据，产生什么数据，或者说每一过程的输入和输出数据是什么。将所有的数据分成若干大类。

在这一步骤中重点是分析数据实体及其相互之间的联系，按照各层管理人员和业务人员的管理经验和一些形式化方法，对数据实体进行聚集分析，将联系密切的实体划分在一起，形成一些实体组，即数据类。这些实体组内部的数据实体之间联系密切，而与外部实体联系很少，它们是划分数据类的依据，进而在数据类的基础上建立起主题数据库模型，为企业的不同管理需求提供必要的、稳定的、共享的总体数据模型。

④ 定义信息结构。定义信息结构也就是划分子系统，确定应用系统各个部分及其相关数据之间的关系。BSP 方法是根据信息的产生和使用来划分子系统的，它尽量把信息产生的企业过程和使用的企业过程划分在一个子系统中，从而减少了子系统之间的信息交换。

具体的做法是用，U 表示使用（Use），C 表示产生（Create）。这个图的最左列是第二步识别出的企业过程，最上一行是第三步归纳出的数据类。如果某过程产生某数据，就在某行某列矩阵元中写 C；如果某过程使用某数据，则在其对应矩阵元中写 U。开始时数据类和过程是随机排列的，U、C 字母在矩阵中排列也是分散的。我们调整过程和数据类的顺序，尽量使 C 和 U 字母集中到对角线上排列，然后把字母 U 和 C 比较集中的区域用粗线条框起来，这样形成的框就是一个个子系统。在粗框外的 U 表示一个系统使用另一个子系统的数据。这样就完成了子系统划分，并确定了信息结构。划分好子系统后，应对这个子系统内容进行分析和说明，并把它们写成文档。

前面讲到了三种系统规划的方法，下面对它们进行比较。

CSF（关键成功因素法）能抓住主要矛盾，使目标的识别突出重点。由于经理们比较熟悉这种方法，用这种方法所确定的目标，经理们乐于努力去实现。该方法最有利于确定企业的管理目标。

SST（战略目标转化集法）从另一个角度识别管理目标，它反映了各种人的要求，而且给出了按这种要求的分层，然后转化为应用系统目标的结构化方法。它能保证目标比较全面，疏漏较少，但它在突出重点上不如前者。

BSP（企业系统计划法）虽然也首先强调目标，但它没有明显的目标导引过程。它通过识别企业“过程”引出了系统目标，企业目标到系统目标的转换时通过企业过程/数据类等矩阵的分析得到的。由于数据类也是在企业过程基础上归纳出的，所以我们说识别企业过程是 BSP 战略规划的中心，决不能把 BSP 方法的中心内容当成 U/C 矩阵。

这三种方法也可能综合起来，把它叫做 CSB 方法（即 CSF、SST 和 BSP 结合）。这种方法先用 CSF 方法确定企业目标，然后用 SST 方法补充完善企业目标，并将这些目标转化为应用系统目标，用 BSP 方法校核两个目标，并确定应用系统结构，这样就补充了单个方法的不足。当然这也使得整个方法过于复杂，而削弱了单个方法的灵活性。可以说迄今为止电子商务应用系统总体规划没有一个十全十美的办法。由于总规划本身的非结构性，可能永远也找不到一个唯一解。进行任何一个系统的规划均不应照搬以上方法，而应具体情况具体分析，选择以上方法可取的思想，灵活运用。

在总体规划中一定要强调数据位于系统的中心观念，即“数据中心”原理或“数据稳定性”原理。所谓“数据中心”原理是指，只要企业的性质和目标不变，它的数据类就是稳定的，任何经营管理活动都离不开对这些数据的存取。应用系统的开发应该面向数据类，而不应该面向处理过程，因为处理过程是多变的。尽管通过识别过程可以得到很多数据项，但开发新的应用系统时一定要明确数据模型是稳定的而处理是多变的基本原理和前提，在此基础上，尽量识别出企业的元数据和数据类。这样，电子商务应用系统就有较强的适应性。

8.1.3　电子商务系统方案的确定

我们分析完系统所涉及的问题、需求、环境等之后，就可以开始考虑新系统如何操作的问题了。在这个阶段里，我们的工作是确定候选方案，分析那些候选方案并推荐一个将被设计、构造和实现的目标系统。

这个阶段我们主要的工作有：确定候选方案；分析候选方案；比较候选方案；修改项目计划。

1. 确定候选方案

给定确立的业务需求后，我们首先必须确定候选方案。某些候选方案是由系统所有者和用户的设计思想和观点形成的，另一些候选方案可能有各种来源，并且某些技术选择可能受到一个预先定义的并已经被批准的技术架构的限制。评估候选方案不是这时的工作，这个阶段只需定义要被考虑的可能的候选方案。

2. 分析候选方案

每个候选方案都必须进行可行性分析。当每个候选方案被确定时或者所有的候选方案都被确定后，我们都可以进行这项分析。我们在下一节将会对可行性分析做详细介绍。

3. 比较候选方案

一旦完成了对每个候选方案的可行性分析后，就可以比较这些候选方案，从中选出一个或多个方案推荐给系统所有者和用户。首先，任何不可行的候选方案通常从进一步考虑中排除掉。对于剩下方案中最可行的方案，我们要确定和推荐在运行可行性、技术可行性、经济可行性和社会环境可行性方面提供整体最优组合的候选方案。

4. 修改项目计划

当一步步了解了系统的问题、需求和方案时，我们不断地修改项目计划并相应地调整项目范围。所以根据我们推荐的方案，应该再一次评估项目范围，并相应地修改项目计划。

8.1.4 电子商务系统规划的人员组成

建设电子商务系统是一项浩大而复杂的工作，它涉及技术与业务多方面的内容，而到现在也没有一条唯一的成功之路，所以在电子商务应用系统的规划过程中，有必要听取多方意见，邀请不同领域的专业人员参与系统的规划。

参与系统规划的人员可以分为以下几类：

① 企业领导层。企业领导层参与系统规划是非常必要的，因为他们了解企业的核心业务与商务过程，能够对应用系统起到控制与决策的作用。

② 企业经营人员。企业经营人员掌握了解有关市场、客户、产品、商务流程、增值点与业务延伸等知识，并且他们非常清楚与其他企业的协作，同时也能够作为应用系统的最终用户，提供专项电子商务的需求。他们在系统规划中能够使商务模式、服务内容更加清晰，同时也能在企业流程再造、对商务逻辑的决策、系统评估、运行决策等方面做出贡献。

③ 企业外部的商务顾问、技术顾问与其他咨询人员。技术顾问会对电子商务系统需要的技术及集成提供建议，而商务顾问会对企业的未来和商务模式设计提供有用的建议、案例。其他咨询人员包括 ISP（Internet Service Provider，Internet 服务供应商）或成功的电子商务运营商、物流专家、金融投资顾问等。这些咨询人员能够对多个方面提出建议，例如企业供应链设计、新系统的评估等等。

④ 技术人员。规划过程中必须包括各方面的专业技术人员，他们有项目管理经理、网络专家、Web 应用专家、数据通信方面的专家等精通信息技术与因特网技术的技术人员。

⑤ 其他人员。系统的规划中还必须适当的包括例如文档管理人员、法律人员等其他人员。他们能够利用特定的专业知识对规划提出建议并且辅助工作。

8.2 电子商务系统的可行性分析

8.2.1 信息收集的方法

电子商务应用系统的需求调查过程是各类原始素材的收集过程，相应的信息收集方法大致有以下几种：

1. 查阅书面资料

尽可能的对所有数据载体（各类表格、记录、报告、手册等）以及岗位责任制、职责范围、规程手册、业务书籍等进行收集，掌握它们的来龙去脉、涉及范围。特别值得注意的是规程手册和与该企业有关的相关业务书籍。通过仔细阅读，掌握该企业的基本业务术语和主要业务流程，以减少有关术语的歧义性，增加需求分析的准确度。

2. 实地观察

它又叫做直接观察法。实地观察的一个目的就是尽可能接近事件发生地，去研究真实系统。作为观察者要遵循一定的规则，在观察时尽可能多听、少说或不说；特别要注意那些一闪即逝的有用的信息。观察内容包括现有系统的实际布局、人员的安排、各项活动及工作情况。通过实地观察，可以增加系统开发人员的感性认识，有助于加快对业务流程与活动的理解。

3. 调查表

调查表是一种具有特殊目的的文档，调研人员可以从它那里收集信息和观点。调查表方式的优点在于比较省时间，执行起来需要较少的技巧，问卷者有时间思考、计算、查阅资料，提供的信息更准确，能够相对廉价的从大量的人中收集数据，允许匿名填写，答案可以快速地表格化和分析等。缺点是回收率可能比较低，很多人难于清楚地表达自己的观点，尤其是回答发挥式问题时，许多人不愿动笔。此外，设计一个好的调查表往往不容易。

4. 面谈

面谈是一种调查研究技术，调研人员藉此从个人那里通过面对面的交流收集信息。一般认为个人面谈是最重要和最常用的调查研究技术。面谈可以用来实现如下目标：发现事实、验证事实、澄清事实、激发热情、让最终用户参与、确定需求以及征求想法和观点。这种方法的成功与否主要依赖于调研人员的提问水平。

面谈中需要注意以下几点：

第一，事先安排好时间、地点、面谈人员、顺序，保证清静的环境，使面谈不易被打断。

第二，最好准备一个面谈提纲或问卷。从系统目标出发，加上主观判断，规定调查的思路。不应该带着主观偏见去收集信息，但如果没有主观上规定数据的范围，而是以相同的权重看待所有信息，则只可能眉毛胡子一把抓，丢失重点。在面谈开始时应该首先交待清楚面谈的目的和内容，然后作为聆听者而非答辩者来展开具体的谈话，面谈时既要把握重点，又要注意提纲尚未出现但很可能很重要的信息。

第三，提的问题应该明确简洁，尽量使用清楚精确的语言。注意提问的方式与问题的提出顺序。

第四，认真聆听，避免争论。

第五，建立友好的关系与气氛。

第六，对采访纪要进行整理，并经受访者确认签字。

5. 业务专题报告

对于某些需要电子商务应用系统特别支持的业务需求或比较复杂的业务需求，最好能请有关人员为应用系统调研人员作专题报告。专题报告由报告人认真准备，故系统性、逻辑性、完整性、准确性都较强，极好地提高了调研效率。

采用上述五种主要的方法收集了信息后，应当将其记录下来，作为可行性分析报告的一部分，并且记录应当尽量完整、明确、可验证等。对企业信息的收集是新应用系统可行性研究阶段和系统分析阶段所必须进行的工作内容，无论是可行性研究阶段还是系统分析阶段均可采用上述方法，但是调查的程度有所不同：可行性研究阶段的调查不必非常详细，而系统分析阶段的调查则越详细越好。

8.2.2 可行性分析

在应用系统的目标需求已经确定，对系统的基本又有所了解的情况下，系统分析人员就可以进行可行性分析。

可行性分析就是根据系统的环境、资源等条件，判断新系统的建设项目是否有必要、有可能开始进行。做出这个决定的前提是明确和量化了目标，没有明确的定量检查目标，便无法进行可行性分析。

可行性包括以下四个方面：

1. 运行可行性

运行可行性是对方案在组织中的合适程度的度量，也是人们对该系统的感觉的度量。运行可行性的以下两个方面需要被考虑：

（1）问题是否值得解决，或者问题的解决方案能工作吗？

（2）用户和管理人员对问题或问题的解决方案感觉如何？

我们不仅要评价一个系统是否能够满足功能性和非功能性需求，而且还要评价它是否受到管理层、最终用户等的支持，因为一个可以工作的方案仍可能由于最终用户和管理层的抵制而落选。

2. 技术可行性

分析所提出的要求在现有技术水平下是否有可能实现。这里所说的现有水平，是指社会上已经比较普遍地使用了的技术，不应该把尚在实验室里的新技术作为讨论的依据。

技术可行性主要涉及三个问题：建议的技术或方案在现有技术水平下是否可以实现？企业目前拥有所需的技术吗？企业拥有所需的技术专家吗？

3. 经济可行性

从经济上考虑，包括对项目所需费用的预算和对项目效益的估算。这是非常重要的，如果忽略了，就会造成巨大的损失。在估算的过程中常常把费用估计低了而把收益估计高了，这是因为人们在考虑问题的时经常忽略一些重要的因素。比如人们在考虑费用的时候，常常是：

① 只考虑了计算机的费用，而低估了外围设备的费用；

② 只考虑了硬件的费用，而低估了软件的费用；

③ 只考虑了研制系统时所需要的一次性投资，而忘记或低估了日常运行的维持性费用（如备件、打印纸等各种耗材）；

④ 只考虑了设备材料等物资的费用，而忘记或低估了人员技术培训的费用。

所有这些都使人们低估了改善应用系统的费用。另一方面，对于项目的收益，人们往往把引入应用系统后所增加的信息处理能力，与实际发展出来的效益混为一谈。必须明确，当我们引进计算机或其他新技术的时候，只是使应用系统在某一环节增加了处理能力。

4. 社会环境可行性

要考虑各种社会因素，才能确定项目是否可行。由于电子商务应用系统是在社会环境中工作的，除了技术和经济等因素之外，还有许多社会因素对于项目的开展起着制约的作用。与项目有直接关系的人、处于变动中的企业的管理制度、工作人员的文化水平等等都必须作为社会和人的因素考虑在内。

总之我们需要从上述四个方面来判断项目是否具备开始进行的各种必要条件，这就是可行性分析。在可行性分析之后，应该把分析结果用可行性报告的形式编写出来，形成正式的工作文件。这个报告非常必要，因为我们把项目的目标用我们的语言表达出来，并按照我们的理解把它明确化、定量化，列出优选顺序并进行权衡考虑，这些是否符合使用者的原意，有没有偏离使用者的目标，都还没有得到验证。虽然我们尽力去体会使用者的意图，但是，由于工作背景和职业的差别，仍然难免发生一些误解和疏漏。因此，与使用者交流，请他们审核可行性分析报告也是非常必要的。

可行性报告的结果不一定可行，也有可能是得出在目前条件下不可行的结论，这是完全正常的。如果限定必须证明可行，那么可行性分析就没有意义了。判断不可行性比判断可行性的收获还大，因为这就避免了巨大的浪费。另外，可行性分析的结果也有可能是要求做一些局部的修改。

对可行性报告的讨论是研制过程中的关键步骤，必须在项目的目标及可行性问题上和领导及管理人员取得一致的认识，才能正式开始项目的详细调查研究。为了做好这一次讨论，在条件可许的情况下，可以请一些外单位的参加过类似系统研制的专家来讨论。他们的经验以及他们局外人的立场都有利于对于项目目标和可行性做出更准确的表达、判断与论证。可行性报告通过之后，项目就进入了实质性的阶段。

8.2.3　可行性研究的步骤

1. 复查并确定系统规模和目标

分析员对关键人员进行调查访问，仔细阅读和分析有关材料，以便对问题定义阶段书写的关于系统的规模和目标的报告书进行进一步的复查和确认，清晰地描述对目标系统的一切限制和约束，改正规模或不确切的叙述，确保分析员正在解决的问题确实是用户要求他解决的问题，这是这一步的关键。

2. 研究目前正在使用的系统

目前正在使用的系统可能是一个人工操作系统，也可能是旧的计算机系统，旧的系统必然有某些缺陷，因而需要开发一个新的系统且必须能解决旧系统中存在的问题。那么先有的系统就是信息的重要来源。人们需要研究现有系统的基本功能，存在哪些问题，运行现有系统需要多少费用，对新系统有什么新要求，新系统运行时能否减少使用费用等。

应该仔细收集、阅读、研究和分析先有系统的文档资料和使用手册，实地考察现有系统。观察现有系统可以做什么，为什么这样做，有何缺点，使用代价以及其他系统的联系等，但并不了解它怎样做这些工作。分析员在考察的基础上，访问有关人员，画出描绘现有系统的高层系统流程图，有关人员一切审查该系统流程图是否正确，为目标系统的实现提供参考。

3. 建立新系统的高层逻辑模型

比较理想的设计通常总是从现有的物理系统出发，推导出现有系统的逻辑模型，由此再设想目标系统的逻辑模型，从而构造新的物理系统，然后使用建立逻辑模型的工具—数据流图和数据字典，来描绘数据在系统中流动和处理情况。数据流图和数据字典共同定义了新系统的逻辑模型，为目标系统的设计打下了基础。但要注意，现在还不是软件需要分析阶段，只是概括地描绘高层的数据处理和流动。

4. 导出和评价各种方案

分析员建立了系统的高层逻辑模型之后，分析员和用户有必要一起再复查问题的定义、工程模型和目标。如有疑义，应予以修改，直到提出的逻辑模型完全符合系统目标为止。在此基础上，分析员从他建立的系统逻辑模型出发，进一步导出若干个较高层次的（较抽象的）物理解法，根据经济可行性、技术可行性、操作可行性、法律可行性对各种方案进行评估，去掉行不通的解，就得到了可行的解法。

5. 推荐可行方案

根据可行性研究结果，分析员应做出关键性的决定，即这项工程是否值得去开发。如果值得去开发，应该选择一种最好的解法，并说明该方案是可行的原因和理由。特别是对所推荐的可行方案要进行比较详细的成本/效益分析，供使用部门决策。

6. 草拟初步的开发计划

计划中除工程进度表之外，还应估计对各种开发人员和各种软、硬件资源的需要情况，初步估计系统生存周期每个阶段的成本，给出需求分析阶段的详细进度表和成本估计。

7. 编写可行性研究报告提交审查

应该把上述可行性研究各个步骤的结果写成可行性研究报告，提请用户和使用部门仔细审查，从而决定该项目是否进行开发，是否接受分析员推荐的方案。

8.2.4　数据流图

结构化分析（Structured Analysis，SA）方法是一种面向数据流的需求分析方法，也是一种建模活动。适用于分析大型数据处理系统，是一种简单、实用的方法，现在已经得到广泛的使用。

结构化分析方法的基本思想是自顶向下逐层分解。分解和抽象是人们控制问题复杂性的两种基本手段。对于一个复杂的问题，人们很难一下子考虑问题的所有方面和全部细节，通常可以把一个大问题分解成若干个小问题，每个小问题再分解成若干个更小的问题，经过多次逐层分解，每个最底层的问题都是足够简单，容易解决的，于是复杂的问题也就迎刃而解了。这个过程就是分解的过程。

SA 方法的分析结果由以下几部分组成：一套分层的数据流图、一本数据词典、一组小说明（也称加工逻辑说明）、补充材料。

数据流图或称数据流程图（Data Flow Diagram，DFD），是一种便于用户理解、分析系统数据流程的图形工具。它摆脱了系统的物理内容，精确地在逻辑上描述系统的功能、输入、输出和数据存储等，是系统逻辑模型的重要组成部分。

1. DFD 的基本成份

DFD 的基本成份及其图形表示方法如图 8-1 所示。

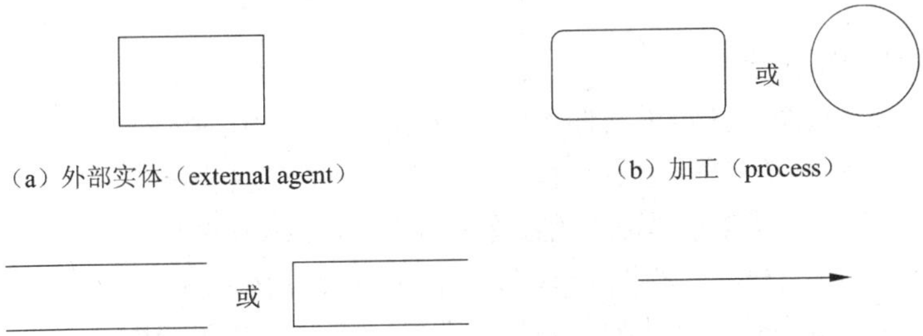

（a）外部实体（external agent）　（b）加工（process）

（c）数据存储（data store）　（d）数据流（data flow）

图 8-1　DFD 的基本成份

① 数据流。数据流由一组固定成分的数据组成，表示数据的流向。值得注意的是，DFD 中描述的是数据流，而不是控制流。除了流向数据存储或从数据存储流出的数据流不必命名外，每个数据流都必须有一个合适的名字，以反映该数据流的含义。

② 加工。加工描述了输入数据流到输出数据流之间的变换，也就是输入数据流经过什么处理后变成了输出数据流。每个加工有一个名字和编号。编号能反映出该加工位于分层 DFD 中的哪个层次和哪张图中，也能够看出它是哪个加工分解出来的子加工。

③ 数据存储。数据存储用来表示存储的数据，每个数据存储都有一个名字。

④ 外部实体（外部主体）。外部实体是指存在于软件系统之外的人员或组织，它指出系统所需数据的发源地和系统所产生的数据的归宿地。

2. 分层数据流图的画法

① 画系统的输入和输出。把整个软件系统看作一个大的加工，然后根据系统从哪些外部实体接收数据流，以及系统发送数据流到哪些外部实体，就可以画出系统的输入和输出图，这张图称为顶层图。

② 画系统的内部。将顶层图的加工分解成若干个加工，并用数据流将这些加工连接起来，使得顶层图中的输入数据经过若干个加工处理后变换成顶层图的输出数据流。这张图称为0层图。从一个加工画出一张数据流图的过程实际上就是对这个加工的分解。

可以用下述的方法来确定加工：在数据流的组成或值发生变化的地方应画一个加工，这个加工的功能就是实现这一变化；也可根据系统的功能确定加工。

确定数据流的方法：当用户把若干个数据看作一个整体来处理（这些数据一起到达，一起加工）时，可把这些数据看成一个数据流。

对于一些以后某个时间要使用的数据可以组织成一个数据存储来表示。

③ 画加工的内部。把每个加工看作一个小系统，该加工的输入输出数据流看成小系统的输入输出数据流。于是可以用与画0层图同样的方法画出每个加工的DFD子图。

④ 对第③步分解出来的DFD子图中的每个加工，重复第③步的分解，直至图中尚未分解的加工都足够简单（也就是说这种加工不必再分解）为止。至此，得到了一套分层数据流图。

3. 对图和加工进行编号

对于一个软件系统，其数据流图可能有许多层，每一层又有许多张图。为了区分不同的加工和不同的DFD子图，应该对每张图和每个加工进行编号，以利于管理。

① 父图与子图。假设分层数据流图里的某张图（记为图A）中的某个加工可用另一张图（记为图B）来分解，称图A是图B的父图，图B是图A的子图。在一张图中，有些加工需要进一步分解，有些加工则不必分解。因此，如果父图中有 n 个加工，那么它可以有0～n 张子图（这些子图位于同一层），但每张子图都只对应于一张父图。

② 编号。顶层图只有一张，图中的加工也只有一个，所以不必编号。0层图只有一张，图中的加工号可以分别是0.1，0.2，…或者是1，2，…。子图号就是父图中被分解的加工号。图的加工号由图号、圆点和序号组成。例如，某图中的某加工号为2.4，这个加工分解出来的子图号就是2.4，子图中的加工号分别为2.4.1，2.4.2，…。

【例8.1】 某考务处理系统有如下功能。

① 对考生送来的报名单进行检查。

② 对合格的报名单进行检查。

③ 对阅卷站送来的成绩清单进行检查，并根据考试中心指定的合格标准审定合格者。

④ 制作考生通知单（内含成绩合格/不合格标志）送给考生。

⑤ 按地区、年龄、文化程度、职业和考试级别等进行成绩分类统计和试题难度分析，产生统计分析表。

该考务处理系统的分层数据流图如图 8-2 所示。

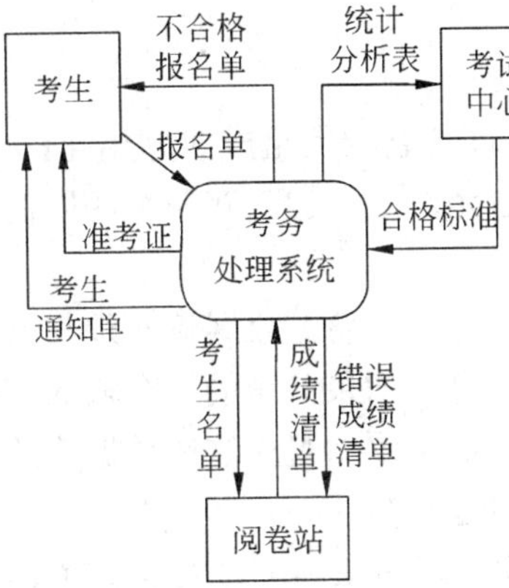

（a）顶层图

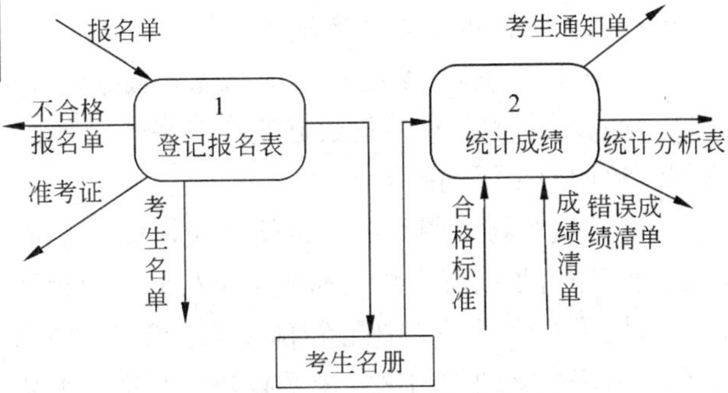

（b）0层图

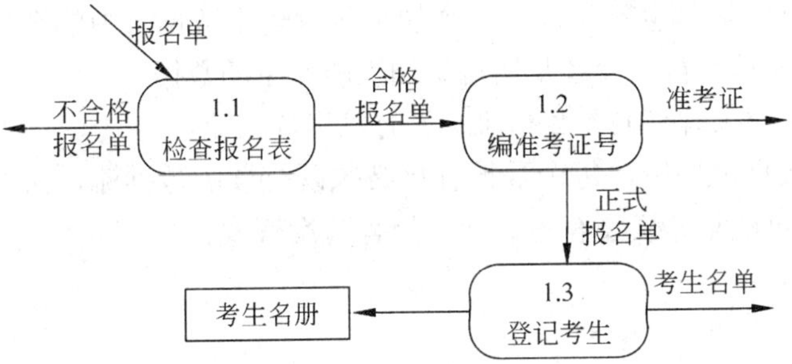

（c）1层图

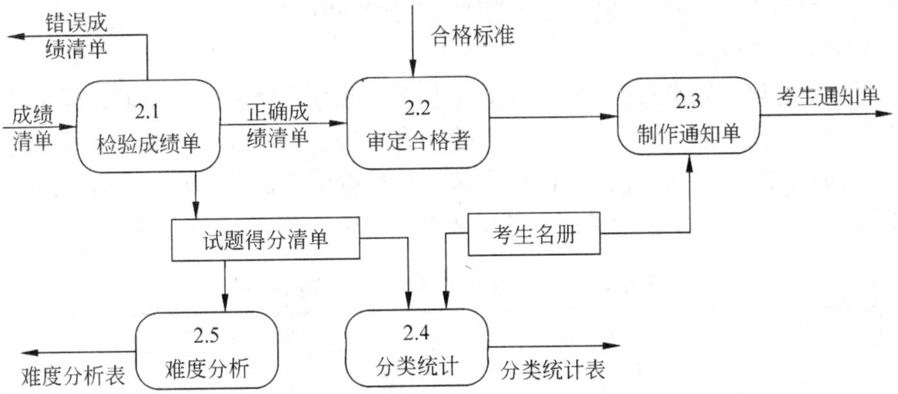

（d）1层图

图 8-2　考务处理系统分层数据流图

应注意的问题：

① 适当地为数据流、加工、数据存储、外部实体命名，名字应反映该成分的实际含义，避免空洞的名字。

② 画数据流而不要画控制流。

③ 每条数据流的输入或者输出是加工。

④ 一个加工的输出数据流不应与输入数据流同名，即使它们的组成成分相同。

⑤ 允许一个加工有多条数据流流向另一个加工，也允许一个加工有两个相同的输出数据流流向两个不同的加工。

⑥ 保持父图与子图平衡。也就是说，父图中某加工的输入输出数据流必须与它的子图的输入输出数据流在数量和名字上相同。值得注意的是，如果父图的一个输入（或输出）数据流对应于子图中几个输入（或输出）数据流，而子图中组成这些数据流的数据项全体正好是父图中的这一个数据流，那么它们仍然算是平衡的。

⑦ 在自顶向下的分解过程中，若一个数据存储首次出现时只与一个加工有关，那么这个数据存储应作为这个加工的内部文件而不必画出。

⑧ 保持数据守恒。也就是说，一个加工所有输出数据流中的数据必须能从该加工的输入数据流中直接获得，或者是通过该加工能产生的数据。

⑨ 每个加工必须既有输入数据流，又有输出数据流。

⑩ 在整套数据流图中，每个数据存储必须既有读的数据流，又有写的数据流。但在某一张子图中可能只有读没有写，或者只有写没有读。

8.2.5 数据字典

数据流图描述了系统的分解，但没有对图中各成分进行说明。数据字典就是为数据流图中的每个数据流、文件、加工，以及组成数据流或文件的数据项作出说明。其中对加工的描述称为“小说明”，也可以称为“加工逻辑说明”。

1. 数据字典的内容

数据字典有以下四类条目：数据流、数据项、数据存储和基本加工。数据项是组成数据流和数据存储的最小元素。源点、终点不在系统之内，故一般不在字典中说明。

① 数据流条目。数据流条目给出了DFD中数据流的定义，通常列出该数据流的各组成数据项。在定义数据流或数据存储组成时，使用表8-1给出的符号。

表8-1　在数据字典的定义式中出现的符号

符　号	含　义	举例及说明
=	被定义为	
+	与	x = a+b，表示x由a和b组成
[⋯|⋯]	或	x = [a|b]，表示x由a或b组成

续表

符　号	含　义	举例及说明
{…}	重复	x = {a}，表示 x 由 0 个或多个 a 组成
$m\{\cdots\}n$ 或 $\{\ldots\}_m^n$	重复	x = 2{a}5 或 $x = \{a\}_2^5$，表示 x 中最少出现 2 次 a，最多出现 5 次 a。5，2 为重复次数的上、下限
(…)	可选	x = (a)表示 a 可在 x 中出现，也可不出现
“…”	基本数据元素	x = “a”，表示 x 是取值为字符 a 的数据元素
..	连接符	x = 1..9，表示 x 可取 1～9 中任意一个值

【例 8.2】定义数据流组及数据项

机票＝姓名＋日期＋航班号＋起点＋终点＋费用

航班号＝“Y7100”…“Y8100”

终点=[上海|北京|西安]

数据流条目主要内容及举例如下。

数据流名称：订单。

别名：无。

简述：顾客订货时填写的项目。

来源：顾客。

去向：加工 1“检验订单”。

数据流量：1000 份/每周。

组成：编号+订货日期+顾客编号+地址+电话+银行账号+货物名称+规格+数量。

② 数据存储条目。数据存储条目是对数据存储的定义。

【例 8.3】

数据存储名称：库存记录。

别名：无。

简述：存放库存所有可供货物的信息。

组成：货物名称+编号+生产厂家+单价+库存量。

组织方式：索引文件，以货物编号为关键字。

查询要求：要求能立即查询。

③ 数据项条目。数据项条目是不可再分解的数据单位。

【例 8.4】

数据项名称：货物编号。

别名：G-No，G-num，Goods-NO。

简述：本公司的所有货物的编号。

类型：字符串。

长度：10。

取值范围及含义为：

第一位：进口/国产。

第2～4位：类别。

第5～7位：规格。

第8～10位：品名编号。

④ 加工条目。加工条目是用来说明DFD中基本加工的处理逻辑的，由于下层的基本加工是由上层的加工分解而来，只要有了基本加工的说明，就可理解其他加工。

【例8.5】

加工名：查阅库存。

编号：2.1。

激发条件：接收到合格订单时。

优先级：普通。

输入：合格订单。

输出：可供货订单、缺货订单。

加工逻辑：根据库存记录。例如，

IF 订单项目的数量＜该项目库存量的临界值＞

THEN 可供货处理

ELSE 此订单缺货，登录，待进货后再处理

ENDIF

2. 数据字典管理

字典管理主要是把词典条目按照某种格式组织后存储在字典中，并提供排序、查找和统计等功能。如果数据流条目包含了来源和去向，文件条目包含了读文件和写文件，还可以检查数据字典与数据流图的一致性。

8.3 电子商务系统需求分析

8.3.1 需求分析的任务与原则

1. 需求分析的任务

需求分析的任务是确定系统必须完成哪些工作，也就是对目标系统提出完整、准确、清晰而且具体的需求。

需求分析实际上是调查、评价以至肯定用户对软件需求的过程，其目的在于精化软件的作用范围，也是分析和确认软件系统构成的过程，以确定未来系统的主要成分以及它们之间的接口细节。所以，需求分析实际上是一个对用户意图不断进行揭示和判断的过程，它并不考虑系统的具体实现，而是完整地、严密地描述应当“做什么”的一种

过程。

首先，把用户提出来的各种问题和要求（这些问题和要求往往是十分模糊的）归纳整理、分析和综合，弄清楚用户想要做什么，应当做什么。把这些作为要求和条件予以明确，这一步称为“用户意图分析”。其次，是在完全弄清用户对软件系统的确切需求的基础上，建立分析模型，从逻辑上完整、严密地描述所要开发的系统，并保证它能满足上述要求和条件。这一步称为“规范化”。

具体来说，可有以下几点。

（1）确定软件系统的综合要求

① 系统界面要求。描述软件系统的外部特性，即系统从外部输入哪些数据，系统向外部输出哪些数据。

② 系统的功能要求。列出软件系统必须完成的所有功能。

③ 系统的性能要求。如响应时间、吞吐量、处理时间等。

④ 安全性、保密性和可靠性方面的要求。

⑤ 系统的运行要求。如对硬件、支撑软件和数据通信接口等的要求。

⑥ 异常处理要求。在运行过程中出现异常情况（如临时性或永久性的资源故障，不合法或超出范围的输入数据、非法操作和数组越界等）时应采取的行动以及希望显示的信息。

⑦ 将来可能提出的要求。主要是为将来可能的扩充和修改做准备。

（2）分析软件系统的数据要求。包括基本数据元素、数据元素之间的逻辑关系、数据量和峰值等。常用的数据描述手段是实体—关系模型。

（3）导出系统的逻辑模型。在结构化分析方法中可用数据流图来描述；在面向对象分析方法中可用类模型来描述。

（4）修正项目开发计划。在明确了用户的真正需求后，可以更准确地估算软件的成本和进度，从而修正项目开发计划。

（5）如有必要，可开发一个原型系统。对一些需求不够明确的软件，可以先开发一个原型系统，以验证用户的需求。

需要再次强调的是，需求分析阶段主要解决“做什么”的问题，而“怎么做”则由设计阶段来完成。

2. 需求分析的原则

① 必须能够表达和理解问题的数据域和功能域。数据域包括数据流、数据内容和数据结构三个方面，而功能域则反映数据域三个方面的控制信息。

② 可以把一个复杂问题按功能进行分解并可逐层细化。

③ 建立模型可以帮助分析人员更好地理解软件系统的信息、功能、行为，这些模型也是软件设计的基础。

8.3.2 需求获取的方法

1. 客户访谈

客户访谈是最早开始使用的获取用户需求的方法，也是至今仍然广泛使用的一种需求分析方法。客户访谈是一个直接与客户交流的过程，既可了解高层用户对软件的要求，也可以听取直接用户的呼声。访谈可分为正式的和非正式的两种基本形式。正式访谈时，系统分析员将提出一些用户可以自由回答的开发性问题，以鼓励被访问的人能说出自己的想法，比如，可以询问用户对目前正在使用的系统有哪些不满意的地方、为什么等问题。另外，对一些需要调查大量人员的意见的时候，可以采用向被调查人发调查表的方法进行。然后对收回的调查表仔细阅读，之后系统分析员可以有针对性地访问一些用户，以便向他们了解在分析调查表中所发现的问题。

2. 建立联合分析小组

系统在开始的时候，往往是系统分析员用户领域内的专业知识，而用户也不熟悉计算机知识，这样就造成他们之间的交流存在着巨大的文化差异。因而，需要建立一个由用户、系统分析员和领域专家参加的联合分析小组，由领域专家来沟通。这对系统分析员与用户逐渐的交流和需求的获取将非常有用。另外，特别要重视用户业务人员的作用。

3. 问题分析与确认

不要期望用户在一两次交谈中，就会对目标系统的需求阐述清楚，也不能限制用户在回答问题的过程中自由发挥。在每次访问之后，要及时进行整理、分析用户提供的信息，去掉错误的、无关的部分，整理有用的内容，以便在下一次与用户见面时由用户确认；同时准备下一次访问用户时更进一步的细节问题。如此循环，大概需要3～5个来回。

用传统的常规的需求获取方法定义需求时，用户过于被动，而且往往与开发者区分“彼此”。由于不能像同一个团队的人那样齐心协力地识别和精化需求，所以这种方法效果有时不太理想。为了解决这个问题，人们研究出一种面向团队的需求获得方法，称为简易的应用规格说明技术。这种方法提倡用户与开发者密切合作，共同标识问题，提出解决方案要素，商讨不同方案并指定基本需求。这种方法有许多优点：开发者与用户不分彼此，齐心协力，密切配合，共同完成需求获取工作。感兴趣的读者可以查阅相关资料。

8.3.3 系统分析与建模

系统分析是研制开发一个电子商务系统最重要的阶段，也是最困难的阶段。系统分析的好坏，直接影响到完成系统的质量、用户的满意度等，甚至直接影响项目的成功与否。

系统分析阶段要回答的中心问题是系统要“做什么”，即明确系统功能。这个阶段的成果是逻辑模型。而系统设计阶段要回答的中心问题是系统要“怎么做”，即如何实现系统分析说明书中规定的系统功能。要根据实际技术条件、经济条件和社会环境条件等，确立系统实施方案，建立系统物理模型，具体包括界定系统的外部边界，说明系统的组成及其功能和相互关系，描述系统的处理流程，给出未来系统的结构等。

模型是现实的一种抽象表示。一个电子商务系统的模型包括逻辑模型和物理模型两种。

逻辑模型也称概念模型，它展示了系统是什么，能够做什么事情。逻辑模型与实现无关，它们独立于任何的技术实现来描述系统。逻辑模型说明了系统的本质。逻辑模型降低了由于过分关注技术细节而丢失业务需求所带来的风险，使我们可以少用技术性的语言与最终用户进行沟通。

物理模型有时也称为技术模型，它展示了系统如何去做事情，即系统在实际上以及技术上是如何实现。它们是与实现相关的，反映了技术选择和所选技术的限制等。

电子商务系统分析的主要任务就是在系统规划的指导下，通过对企业各部门，各业务的详细调查研究，深入研究现有系统的工作流程，分析用户的需求，得到新系统的逻辑设计方案，以解决系统“能做什么”的问题。需要注意的是：现有系统不只包括企业现有的可在计算机运行的信息系统，也包括企业现有的手工作业条件下的业务流程。

系统分析阶段需要系统分析员和用户一起充分理解用户的需求，并把双方都认同的理解用书面文档（系统分析说明书）表达出来。而此系统分析说明书通过审核之后，将作为系统设计的依据和将来验收系统的依据。

系统分析阶段的工作必须深入详细，充分调动用户的积极性，系统分析员要与用户精诚合作。除此之外，也需要使用一定的技术与工具。例如图表等，直观的图表既可以帮助系统分析员理清思路，也便于与用户交流。

系统分析的具体步骤如下：

① 现行系统详细调查。详尽的调查是系统分析与设计的基础。详细调查现行系统的基本情况和具体结构，并用一定的工具对现行系统进行形象的描述，这是系统分析最基本的任务。详细调查需要组织相关部门的业务人员、主管、系统分析员、系统设计人员的共同参与。系统分析人员要事先制定好调查计划，设计好调查问卷等。调查的具体方法包括阅读书面资料，实地考察，与业务人员进行面谈，发放调查表，请业务专家为系统分析员做专题报告等。

② 需求分析。需求分析在详尽调查的基础上进行分析和综合，并进行评价和检查，进而提出对目标系统的综合要求。主要包括功能需求、性能需求、资源和环境需求、可靠性需求、安全保密需求、用户界面需求、成本消耗与开发进度需求、预先估计的可扩展性需求等。

③ 提出新系统逻辑模型。对新系统进行适当的文字说明，将已经得到的确切需求清晰准确地描述，并整理出系统分析报告。

逻辑建模过程包括过程建模和数据建模。使用的工具分别为数据流图和数据字典。

系统的设计就是在反映用户需求的逻辑方案的基础上，专注于系统的技术性和实现方面，科学合理地使用各种系统设计方法，得到一个详细的计算机系统方案。系统设计也被称为物理设计。

系统设计的目标是在保证逻辑模型的实现的基础上，设计出一个易于理解，容易维护的系统，尽可能提高系统的各项指标，即系统的效率、质量、可靠性、可变性和经济性等。系统设计根据系统分析的结果，对新信息系统进行深入设计，设计出一套与改进后的管理体制及管理手段相适应的新的信息系统，并为系统实施阶段的程序设计、调试提供依据。

8.3.4 数据模型

1. 数据模型的基本概念

模型就是对现实世界特征的模拟和抽象，数据模型是对现实世界数据特征的抽象。对于具体的模型人们并不陌生，如航模飞机、地图和建筑设计沙盘等都是具体的模型。最常用的数据模型分为概念数据模型和基本数据模型。

① 概念数据模型，也称信息模型，是按用户的观点对数据和信息建模，是现实世界到信息世界的第一层抽象，强调其语义表达功能，易于用户理解，是用户和数据库设计人员交流的语言，主要用于数据库设计。这类模型中最著名的是实体联系模型，简称E-R模型。

② 基本数据模型。它是按计算机系统的观点对数据建模，是现实世界数据特征的抽象，用于DBMS的实现。基本的数据模型有层次模型、网状模型、关系模型和面向对象模型（Object Oriented Model）。

2. 数据模型的三要素

数据库结构的基础是数据模型，是用来描述数据的一组概念和定义。数据模型的三要素是数据结构、数据操作和数据的约束条件。

① 数据结构。它是所研究的对象类型的集合，是对系统静态特性的描述。

② 数据操作。对数据库中各种对象（型）的实例（值）允许执行的操作的集合，包括操作及操作规则。如操作有检索、插入、删除和修改，操作规则有优先级别等。数据操作是对系统动态特性的描述。

③ 数据的约束条件。是一组完整性规则的集合。也就是说，对于具体的应用数据必须遵循特定的语义约束条件，以保证数据的正确、有效和相容。例如，某单位人事管理中，要求在职的“男”职工的年龄必须大于18岁小于60，工程师的基本工资不能低于1500元，每个职工可担任一个工种，这些要求可以通过建立数据的约束条件来实现。

3. E-R模型

概念模型是对信息世界建模，所以概念模型能够方便、准确地表示信息世界中的常用概念。概念模型有很多种表示方法，其中最为常用的是P.P.S.Chen于1976年提出的实体-联系方法（Entity Relationship Approach）。该方法用 E-R 图来描述现实世界的概念模型，称为实体-联系模型（Entity-Relationship Model，E-R 模型）。

E-R 模型是软件工程设计中的一个重要方法，因为它接近于人的思维方式，容易理解并且与计算机无关，所以用户容易接受，是用户和数据库设计人员交流的语言。但是，E-R 模型只能说明实体间的语义联系，还不能进一步地详细说明数据结构。在解决实际应用问题时，通常应该先设计一个 E-R 模型，然后再把其转换成计算机能接受的数据模型。

（1）实体

在 E-R 模型中，实体用矩形表示，通常矩形框内写明实体名。实体是现实世界中可以区别于其他对象的“事件”或“物体”。例如，企业中的每个人都是一个实体。每个实体由一组特性（属性）来表示，其中的某一部分属性可以唯一标识实体，如职工号。实体集是具有相同属性的实体集合，例如，学校所有教师具有相同的属性，因此教师的集合可以定义为一个实体集；学生具有相同的属性，因此学生的集合可以定义为另一个实体集。

（2）联系

在 E-R 模型中，联系用菱形表示，通常菱形框内写明联系名，并用无向边分别与有关实体连接起来，同时在无向边旁标注上联系的类型（1∶1，1∶n 或 m∶n）。实体的联系分为实体内部的联系和实体与实体之间的联系。实体内部的联系反映数据在同一记录内部各字段间的联系。

① 两个不同实体之间的联系。

两个不同实体集之间存在如下三种联系类型。一对一（1∶1）联系，指实体集 E_1 中的一个实体最多只与实体集 E_2 中的一个实体相联系。一对多（1∶n）联系，表示实体集 E_1 中的一个实体可与实体集 E_2 中的多个实体相联系。多对多（m∶n）联系，表示实体集 E_1 中的多个实体可与实体集 E_2 中的多个实体相联系。

例如，图 8-3 表示两个不同实体集之间的联系。其中：

电影院里一个座位只能坐一个观众，因此观众与座位之间是一个 1∶1 的联系，联系名为 V_S，用 E-R 图表示如图 8-3（a）所示。

部门 DEPT 和职工 EMP 实体集，若一个职工只能属于一个部门，那么这两个实体集之间应是一个 1∶n 的联系，联系名为 D_E，用 E-R 图表示如图 8-3（b）所示。

工程项目 PROJ 和职工 EMP 实体集，若一个职工可以参加多个项目，一个项目可以有多个职工参加，那么这两个实体集之间应是一个 m∶n 的联系，联系名为 PR_E，用 E-R 图表示如图 8-3（c）所示。

② 两个以上不同实体集之间的联系。

两个以上不同实体集之间存在 1∶1∶1，1∶1∶n，1∶m∶n 和 r∶m∶n 的联系。例如，图 8-4 表示了三个不同实体集之间的联系。其中：

图 8-4（a）表示供应商 Supp、项目 Proj 和零件 Part 之间多对多对多（r∶n∶m）的

联系，联系名为SP_P。表示供应商为多个项目供应多种零件，每个项目可用多个供应商供应的零件，每种零件可由不同的供应商供应的语义。

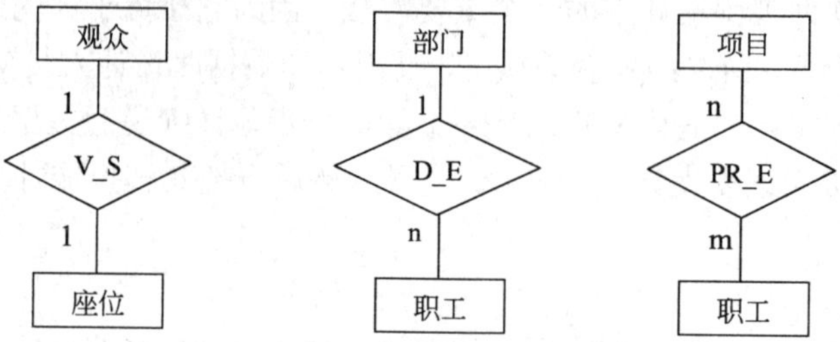

（a）1∶1 （b）1∶n （c）m∶n

图8-3 两个不同实体集之间的联系

图8-4（b）表示病房、病人和医生之间一对多对多（1∶n∶m）的联系，联系名为P_D。表示一个特护病房有多个病人和多个医生，一个医生只负责一个病房，一个病人只属于一个病房的语义。

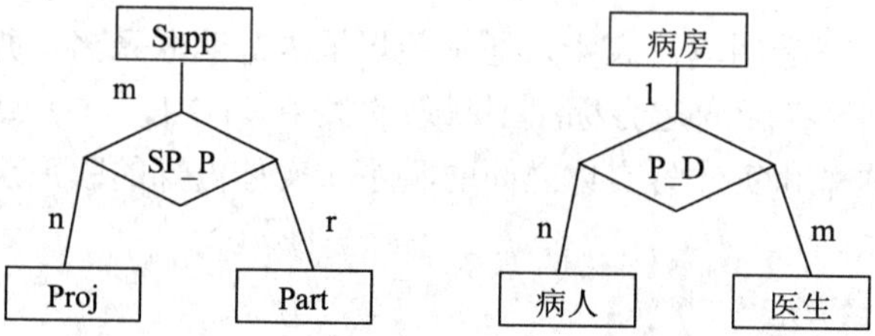

（a）r∶n∶m （b）1∶n∶m

图8-4 三个不同实体集之间的联系

注意，三个实体集之间的多对多联系和三个实体集两两之间的多对多联系的语义是不同的。例如，供应商和项目实体集之间的“合同”联系，表示供应商为哪几个工程签了合同。供应商与零件两个实体集之间的“库存”联系，表示供应商库存零件的数量。项目与零件两个实体集之间的“组成”联系，表示一个项目由哪几种零件组成。

③ 同一实体集内的二元联系。

同一实体集内的各实体之间也存在1∶1，1∶n和m∶n的联系，如图8-5所示。

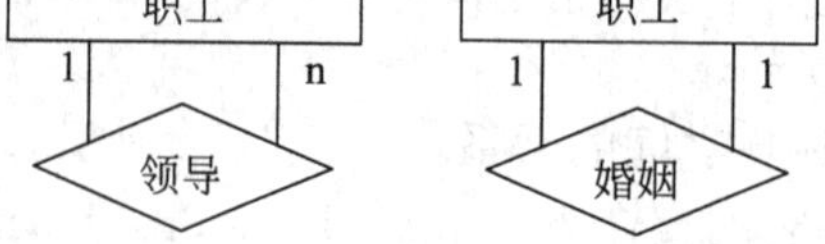

（a）1∶n （b）1∶1

图8-5 同一实体集之间的1∶n和1∶1联系

从图中可见，职工实体集中的领导与被领导联系是 1∶n 的。但是，职工实体集中的婚姻联系是 1∶1 的。

（3）属性

属性是实体某方面的特性。例如，职工实体集具有职工号、姓名、年龄、参加工作时间和通信地址等属性。每个属性都有其取值范围，如职工号为 0001～9999 的 4 位整型数，姓名为 10 位的字符串，年龄的取值范围为 18～60 等。在同一实体集中，每个实体的属性及其域是相同的，但可能取不同的值。E-R 模型中的属性有如下分类。

① 简单属性和复合属性。简单属性是原子的、不可再分的，复合属性可以细分为更小的部分（即划分为别的属性）。有时用户希望访问整个属性，有时希望访问属性的某个成分，那么在模式设计时可采用复合属性。例如，职工实体集的通信地址可以进一步分为邮编、省、市、街道。若不特别声明，通常指的是简单属性。

② 单值属性和多值属性。前面所举的例子中，定义的属性对于一个特定的实体都只有单独的一个值。例如，对于一个特定的职工，只对应一个职工号、职工姓名，这样的属性叫做单值属性。但是，在某些特定情况下，一个属性可能对应一组值。例如，职工可能有 0 个、1 个或多个亲属，那么职工的亲属的姓名可能有多个数目，这样的属性称为多值属性。

③ NULL 属性。当实体在某个属性上没有值或属性值未知时，使用 NULL 值。表示无意义或不知道。

④ 派生属性。派生属性可以从其他属性得来。例如，职工实体集中有“参加工作时间”和“工作年限”属性，那么“工作年限”的值可以由当前时间和参加工作时间得到。这里，“工作年限”就是一个派生属性。

在 E-R 图中有表 8-2 所示的几个主要构件。

表 8-2　E-R 图中的主要构件

构　件		说　明
矩形	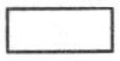	表示实体集
双边矩形		表示弱实体集
菱形	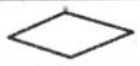	表示联系集
双边菱形		表示弱实体集对应的标识性联系
椭圆		表示属性
线段	——	将属性与相关的实体集连接，或将实体集与联系集相连
双椭圆		表示多值属性
虚椭圆		表示派生属性
双线	═══	表示一个实体全部参与到联系集中

说明 1：在 E-R 图中，实体集中作为主码的一部分属性以下划线标明。另外，在实体集与联系的线段上标上联系的类型。

说明 2：在本书中，若不引起误解，实体集有时简称实体，联系集有时简称联系。

【例 8.6】 学校有若干个系，每个系有若干名教师和学生；每个教师可以担任若干门课程，并参加多项项目；每个学生可以同时选修多门课程。请设计该学校教学管理的 E-R 模型，要求给出每个实体、联系的属性。

解：该学校教学管理的 E-R 模型应该有 5 个实体：系、教师、学生、项目和课程。

① 设计各实体属性如下：

系（系号，系名，主任名）

教师（教师号，教师名，职称）

学生（学号，姓名，年龄，性别）

项目（项目号，名称，负责人）

课程（课程号，课程名，学分）

② 各实体之间的联系如下：

教师担任课程的 1∶n“任课”联系；教师参加项目的 n∶m“参加”联系；学生选修课程的 n∶m“选修”联系；教师、学生与系之间所属关系的 1∶n∶m“领导”联系。其中“参加”联系有一个排名属性，“选修”联系有一个成绩属性。

通过上述分析，该学校教学管理的 E-R 模型如图 8-6 所示。

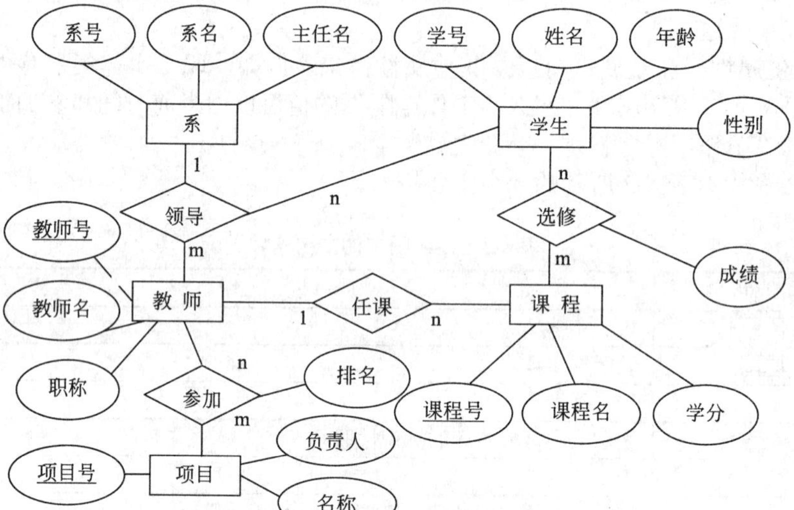

图 8-6 学校教学管理的 E-R 模型

特别需要指出的是，E-R 模型强调的是语义，与现实世界的问题密切相关。这句话的意思是，尽管都是学校教学管理，但由于不同的学校教学管理的方法可能会有不同的语义，因此会得到不同的 E-R 模型。

（4）扩充的 E-R 模型

尽管基本的 E-R 模型足以对大多数数据库特征建模，但数据库某些情况下的特殊语义，仅用基本 E-R 模型无法表达清楚。在这一节中，将讨论扩充的 E-R 模型，包括弱实体、特殊化、概括和聚集等概念。

① 弱实体。

在现实世界中有一种特殊的联系，这种联系代表实体间的所有关系（Ownership），例如职工与家属的联系，家属总是属于某职工的。这种实体对于另一些实体具有很强的依赖关系，即一个实体的存在必须以另一个实体为前提，将这类实体称为弱实体。

在扩展的 E-R 图中，弱实体用双线矩形框表示。图 8-7 为职工与家属的 E-R 图。

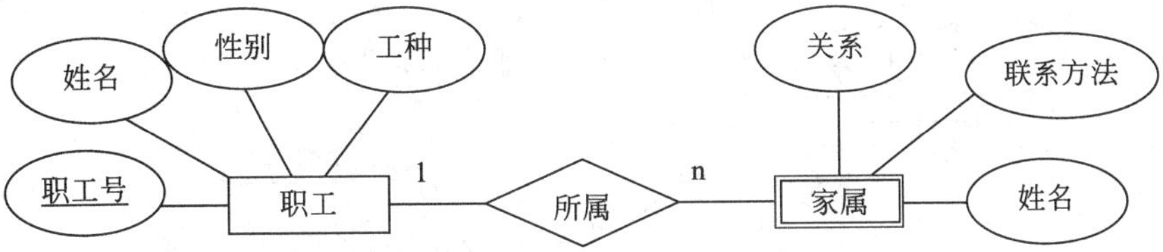

图 8-7 弱实体与依赖联系

② 特殊化。

前面已经介绍了，实体集是具有相同属性的实体集合。但在现实世界中，某些实体一方面具有一些共性，另一方面还具有各自的特殊性。这样，一个实体集可以按照某些特征区分为几个子实体。例如，学生实体集可以分为研究生、本科生和大专生等子集。将这种普遍到特殊的过程叫做“特殊化”。

将几个具有共同特性的实体集概括成一个更普遍的实体集的过程叫做“普遍化”。例如，可以将大专生、本科生和研究生概括为学生；还可以将学生、教师和职工概括为人。这就是从特殊到一般的过程。

设有实体集 E，如果 S 是 E 的某些真子集的集合，记为 $S=\{S_i \mid S_i \subset E, i=1,2,\cdots,n\}$，则称 S 是 E 的一个特殊化，E 是 S_1、S_2、…、S_n 的超类，S_1、S_2、…、S_n 称为 E 的子类。

如果 $\bigcup_{i=1}^{n} S_i = E$，则称 S 是 E 的全特殊化，否则是 E 的部分特殊化。

如果 $S_i \cap S_j = \Phi, i \neq j$，则 S 是不相交特殊化，否则是重叠特殊化。

教职工实体集中的某个职工既是在职生又是教师或工人，那么在职生、教师和工人应该是重叠特殊化；而在职生、教师和工人的集合等于教职工，所以是全部特殊化。

在扩充的 E-R 模型中，子类继承超类的所有属性和联系，但是，子类还有自己特殊的属性和联系。例如，研究生除了学习外，还要参加科研项目。那么，研究生不仅要继承学生的所有属性，还要增加学位类型、导师的属性，并且需要增加与项目的联系。

在扩充的 E-R 图中，超类-子类关系模型使用特殊化圆圈和连线的一般方式来表示。超类到圆圈有一条连线，连线为双线表示全特殊化，连线为单线表示部分特殊化；双竖边矩形框表示子类；有符号“∪”的线表示特殊化；圆圈中的 d 表示不相交特殊化；圆圈中的O表示重叠特殊化；超类与圆圈用单线相连，则表示部分特殊化。图8-8给出了一个特殊化应用实例。

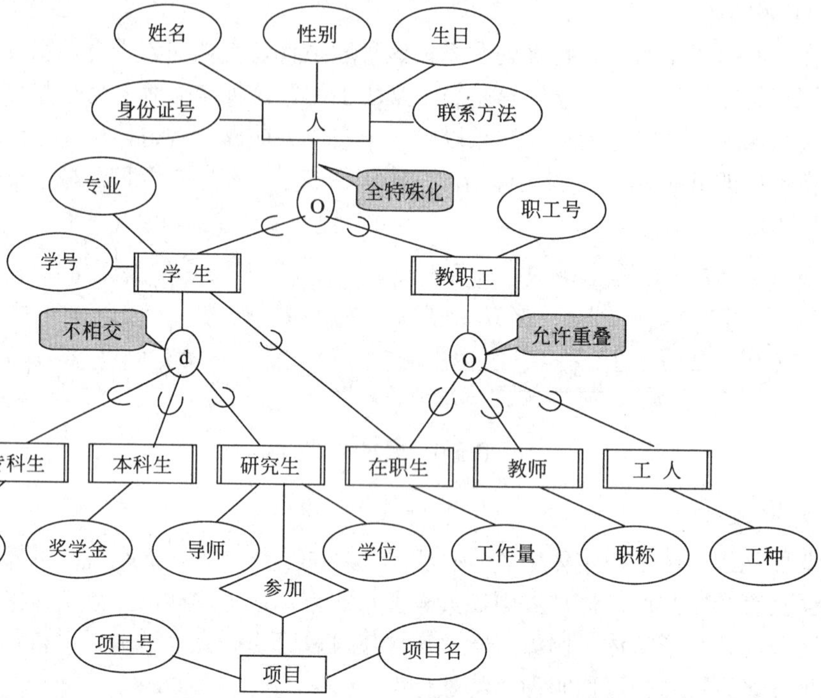

图8-8 特殊化应用实例

4. 层次模型

层次模型（Hierarchical Model）采用树型结构表示数据与数据间的联系。在层次模型中，每一个节点表示一个记录类型（实体），记录之间的联系用节点之间的连线表示，并且根节点以外的其他节点有且仅有一个双亲节点。

【例8.7】 某商场的部门、员工和商品三个实体的PEP模型如图8-9所示。在该模型中，每个部门有若干个员工，每个部门负责销售的商品有若干种，即该模型还表示部门到员工之间的一对多（1∶n）联系，部门到商品之间的一对多（1∶n）联系。

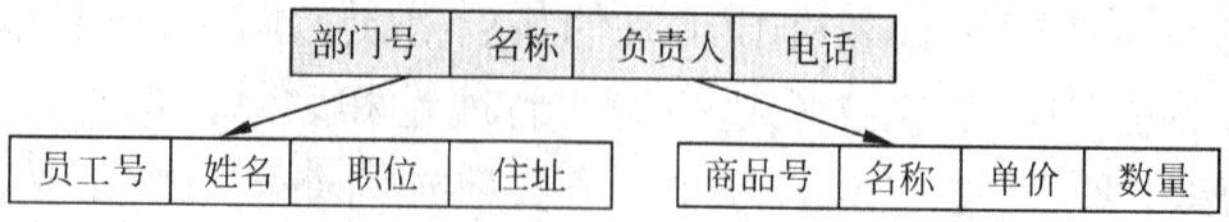

图8-9 层次模型

图8-9给出的只是PEP模型的“型”，而不是“值”。在数据库中，所谓“型”就是数据库模式，而“值”就是数据库实例。模式是数据库的逻辑设计，而数据库实例是给

定时刻数据库中数据的一个快照。图 8-10 表示销售部的一个实例。该实例表示在某一时刻销售部是由李军负责，销售部下属有 4 个员工，负责销售的商品有 5 种。

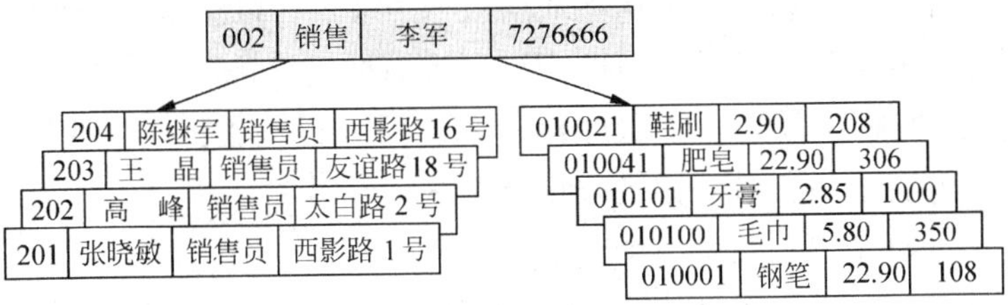

图 8-10　层次模型实例

层次模型不能直接表示多对多的联系。若要表示多对多的联系，可采用如下两种方法。

① 冗余节点法。两个实体的多对多联系转换为两个一对多联系。该方法的优点是节点清晰，允许节点改变存储位置。缺点是需要额外的存储空间，有潜在的数据不一致性。

② 虚拟节点分解法。将冗余节点转换为虚拟节点。虚拟节点是一个指引元，指向所代替的节点。该方法的优点是减少对存储空间的浪费，避免数据不一致性。缺点是改变存储位置可能引起虚拟节点中指针的修改。

层次模型的特点是记录之间的联系通过指针实现，比较简单，查询效率高。

层次模型的缺点是只能表示 1∶n 的联系，尽管有许多辅助手段实现 m∶n 的联系，但较复杂不易掌握；由于层次顺序严格和复杂，插入删除操作的限制比较多，导致应用程序编制比较复杂。1968 年，美国 IBM 公司推出的 IMS 系统（信息管理系统）是典型的层次模型系统，20 世纪 70 年代在商业上得到了广泛的应用。

【例 8.8】 员工与商品，员工可以销售多种商品，一种商品可以由多个员工销售，所以员工与商品之间是一个多对多的联系，如图 8-11（a）所示。采用冗余节点法将其转换为两个一对多的联系，如图 8-11（b）所示。采用虚拟节点分解法，将冗余节点转换为虚拟节点，如图 8 11（c）所示。

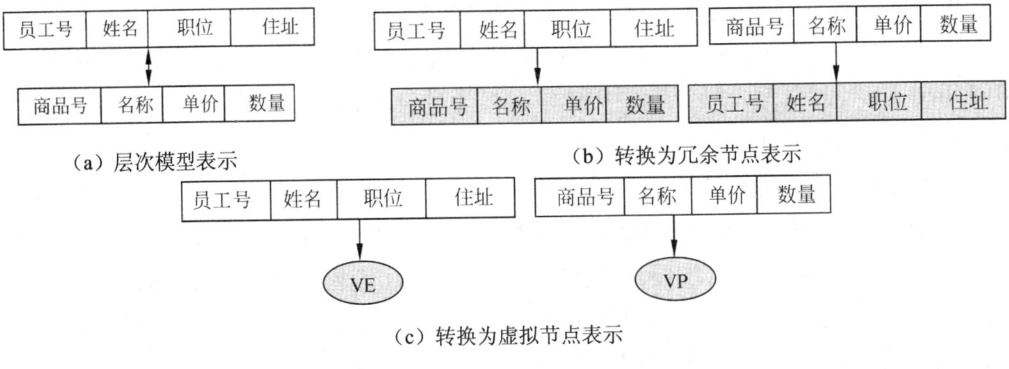

图 8-11　员工与商品的多对多联系

5. 网状模型

采用网络结构表示数据与数据间联系的数据模型称为网状模型（Network Model）。在网状模型中，允许一个以上的节点无双亲，一个节点可以有多于一个的双亲。

网状模型（也称 DBTG 模型）是一个比层次模型更具有普遍性的数据结构，是层次模型的一个特例。网状模型可以直接地描述现实世界，因为去掉了层次模型的两个限制，允许两个节点之间有多种联系（称之为复合联系）。

网状模型中的每个节点表示一个记录类型（实体），每个记录类型可以包含若干个字段（实体的属性），节点间的连线表示记录类型之间一对多的联系。层次模型和网状模型的主要区别如下。

① 网状模型中子女节点与双亲节点的联系不唯一，因此需要为每个联系命名。

② 网状模型允许复合链，即两个节点之间有两种以上的联系，如图 8-12 所示。

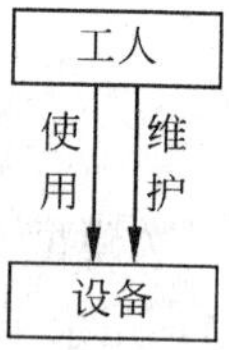

图 8-12　网状模型举例

需要说明的是，网状模型不能表示记录之间的多对多联系，需要引入联结记录来表示多对多联系。

【例 8.9】 学生、课程以及他们之间的多对多联系不能直接用网状模型表示。因为一个学生可以选若干门课，而一门课可以被多个学生选。为此，引入选课联结记录，如图 8-13（a）所示。这样，学生与选课之间的 S-SC 是一对多联系，课程与选课之间的 C-SC 也是一对多联系。图 8-13（a）中，Sno、Sname、SD、Sage、Cno、Cname、Pcno 和 Grade 分别表示学号、姓名、系、年龄、课程号、课程名、先修课程号和成绩。学生选课网状数据库的存储示意图如图 8-13（b）所示。

通常，网状数据模型没有层次模型那样严格的完整性约束条件，但 DBTG 在模式 DDL 中提供了定义 DBTG 数据库完整性的若干概念和语句，主要有：

① 支持记录码的概念。码能唯一标识记录的数据项的集合。

② 保证一个联系中双亲记录和子女记录之间是一对多联系。

③ 以支持双亲记录和子女记录之间的某些约束条件。例如，当插入一条选课记录“010014，100，98”时，只有学生实体中存在学号为“010014”的学生记录，课程实体存在课程号，系统才认为是合法的操作。

网状模型的主要优点是能更为直接地描述现实世界，具有良好的性能，存取效率高。

网状模型的主要缺点是结构复杂。例如，当应用环境不断扩大时，数据库结构就变得很复杂，不利于最终用户掌握。编制应用程序难度比较大。DBTG 模型的 DDL、DML 语言复杂，记录之间的联系是通过存取路径来实现的，因此程序员必须了解系统结构的细节，增加了编写应用程序的负担。

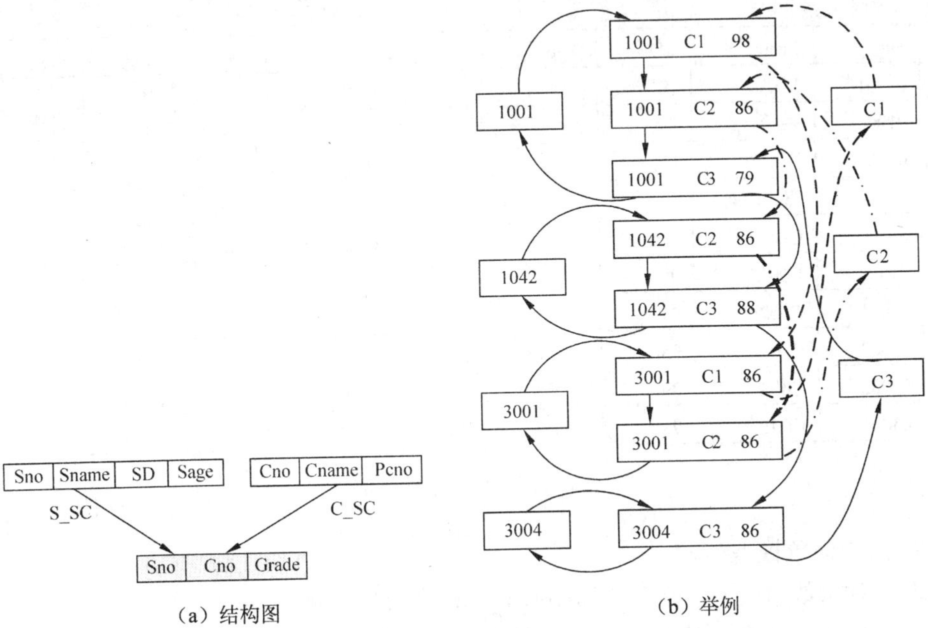

图 8-13　学生选课网状数据库的存储示意图

6. 关系模型

关系模型（Relation Model）是目前最常用的数据模型之一。关系数据库系统采用关系模型作为数据的组织方式，在关系模型中用表格结构表达实体集以及实体集之间的联系，其最大特色是描述的一致性。关系模型是由若干个关系模式组成的集合。一个关系模式相当于一个记录型，对应于程序设计语言中类型定义的概念。关系是一个实例，也是一张表，对应于程序设计语言中变量的概念。给定变量的值随时间可能发生变化，类似地，当关系被更新时，关系实例的内容也随时间发生了变化。

【例 8.10】 教学数据库的 4 个关系模式如下：

S (<u>Sno</u>,Sname,SD,Sage,Sex)　：学生 S 关系模式，属性为学号、姓名、系、年龄和性别

T (<u>Tno</u>,Tname,Age,Sex)　：教师 T 关系模式，属性为教师号、姓名、年龄和性别

C (<u>Cno</u>,Cname,Pcno)　：课程 C 关系模式，属性为课程号、课程名和先修课程号

SC (<u>Sno</u>,<u>Cno</u>,Grade)　：学生选课 SC 关系模式，属性为学号、课程号和成绩

关系模式中有下划线的属性是主码属性。图 8-14 是教学模型的一个具体实例。

由于关系模型比网状、层次模型更为简单灵活，因此，数据处理领域中，关系数据库的使用已相当普遍。但是，现实世界存在着许多含有更复杂数据结构的实际应用领域，例如 CAD 数据、图形数据和人工智能研究等，需要有一种数据模型来表达这类信息，这种数据模型就是面向对象的数据模型。

S 学生关系

Sno	Sname	SD	Age	Sex
01001	贾皓昕	IS	20	男
01002	姚勇	IS	20	男
03001	李晓红	CS	19	女

T 教师关系

Tno	Tname	Age	Sex
001	方铭	34	女
002	章雨敬	58	男
003	王平	48	女

SC 选课

Sno	Cno	Grade
01001	C001	90
01001	C002	91
01002	C001	95
01002	C003	89
03001	C001	91

C 课程关系

Cno	Cname	Pcno
C001	MS	
C002	IC	
C003	C++	C002
C004	OS	C002
C005	DBMS	C004

图 8-14 关系模型的实例

7. 面向对象模型

面向对象数据模型（Object Oriented Model）的核心概念如下。

（1）对象和对象标识（OID）。对象是现实世界中实体的模型化，与记录、元组的概念相似，但远比它们复杂。每一个对象都有一个唯一的标识，称为对象标识。对象标识不等于关系模式中的记录标识，OID 是独立于值的，全系统唯一的。

（2）封装（Encapsulate）。每一个对象是状态（State）和行为（Behavior）的封装。对象的状态是该对象属性的集合，对象的行为是在该对象状态上操作的方法（程序代码）的集合。被封装的状态和行为在对象外部是看不见的，只能通过显式定义的消息传递来访问。

（3）对象的属性（Object Attribute）。对象的属性描述对象的状态、组成和特性，对象的某个属性可以是单值或值的集合。对象的一个属性值本身在该属性看来也是一个对象。

（4）类和类层次（Class and Class Hierarchy）。

① 类。所有具有相同属性和方法集的对象构成了一个对象类。任何一个对象都是某个对象类的一个实例（Instance）。对象类中属性的定义域可以是任何类，包括基本类，如整型、实型和字串等；一般类，包含自身属性和方法类本身。

② 类层次。所有的类组成了一个有根有向无环图，称为类层次（结构）。一个类可以从直接/间接祖先（超类）中继承（Inherit）所有的属性和方法，该类称为子类。

（5）继承（Inherit）。子类可以从其超类中继承所有属性和方法。类继承可分为单继承（即一个类只能有一个超类）和多重继承（即一个类可以有多个超类）。

【例 8.11】 对于学生、教师和课程的 E-R 图如图 8-15 所示。可以设计成图 8-16 所示的面向对象模型。

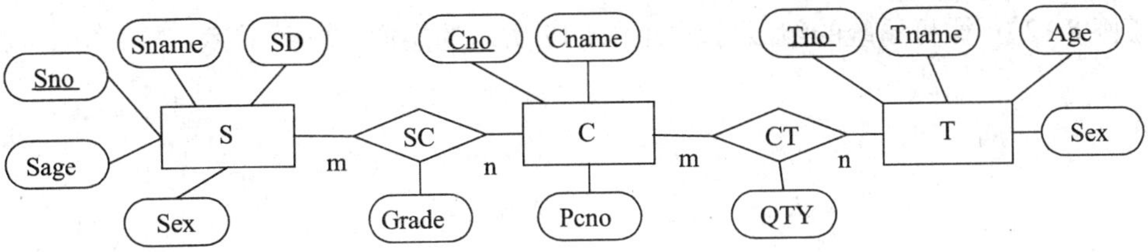

图 8-15　学生、教师和课程的 E-R 图

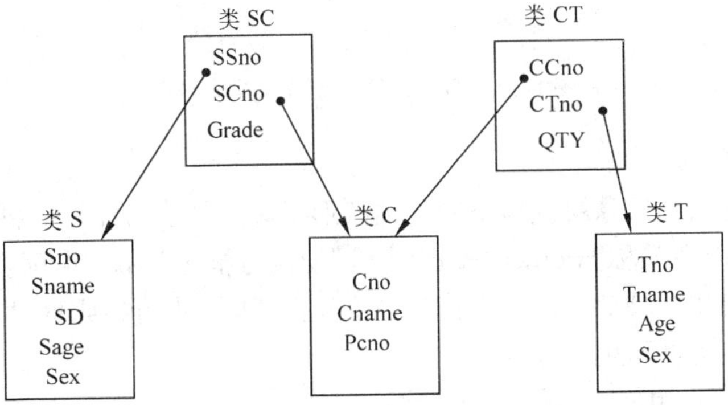

图 8-16　学生、教师和课程的对象模型

这个面向对象模型中有 5 个类，分别是 SC、CT、S、C 和 T，其中类 SC 的属性 SSno 取值为类 S 中的对象，属性 SCno 取值为类 C 中的对象，类 CS 中的属性 CCno 取值也为类 C 的对象，属性 CTno 值为类 T 的对象，这就充分表达了图中 E-R 图的全部语义。

面向对象数据模型比网络、层次、关系数据模型具有更加丰富的表达能力。但正因为面向对象模型的丰富表达能力，模型相对复杂，实现起来较困难。

8.3.5　需求分析图形工具

需求分析阶段除了使用以上介绍的数据流图和数据字典外，还经常利用一些图形工具来描述复杂的数据关系和逻辑处理功能，图形比文字叙述更形象直观，且更容易理解。在需求分析阶段还可能用到另外三种图形工具：层次方框图、Warnier 图和 IPO 图。

1. 层次方框图

层次方框图是由一系列多层次的树形结构的矩形框组成，用来描述数据的层次结构。层次方框图的顶层是一个单独的矩形框，它代表数据结构的整体，下面各层的矩形框代表这个数据结构的子集，最底层的各个框代表组成这个数据的不能再分割的基本元素。随着结构描述的向下层的细化，层次方框图对数据结构的描述也越来越详细，系统分析员从顶层数据开始分类，沿着图中每条路径不断细化，直到确定了数据结构的全部细节时为止，这种处理模式很适合需求分析阶段的需要。但在使用中需要注意，方框之间的联系表示组成关系，不是调用关系，因为每个方框不是模块。

【例 8.12】 微机系统的组成可用如图 8-17 所示的层次方框图描述。

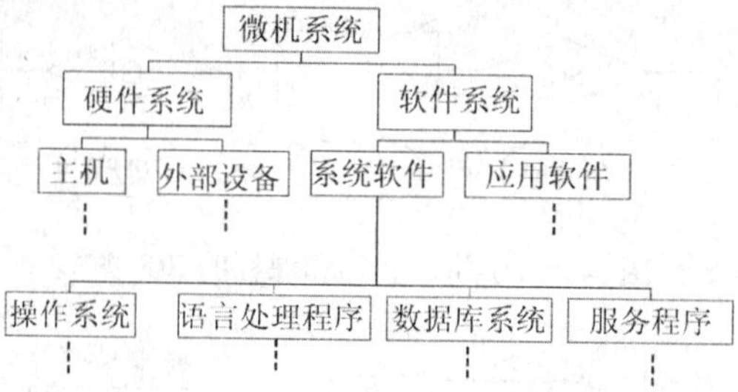

图 8-17 微机系统的组成层次方框图

2. Wamier 图

Wamier 图是表示信息层次体系的一种图形工具，是法国计算机科学家 J.D.Wamier 提出来的。Wamier 图又称 Wamier—Orr 图，同层次方框图类似，也可以用来描述树形结构的信息，可以指出一类信息或一个信息是重复出现的，也可指明信息是有条件出现的。在 Wamier 图中使用以下几种符号。

① 大括号"{"用来区分信息的层次。

② 异或符号"++"指出一个信息类或一个数据元素在一定条件下出现，符号上、下方的名字代表的数据只能出现一个。

③ 圆括号"()"指出这类数据重复出现的次数。

【例 8.13】 用 Warnier 图描绘软件软品，如图 8-18 所示。

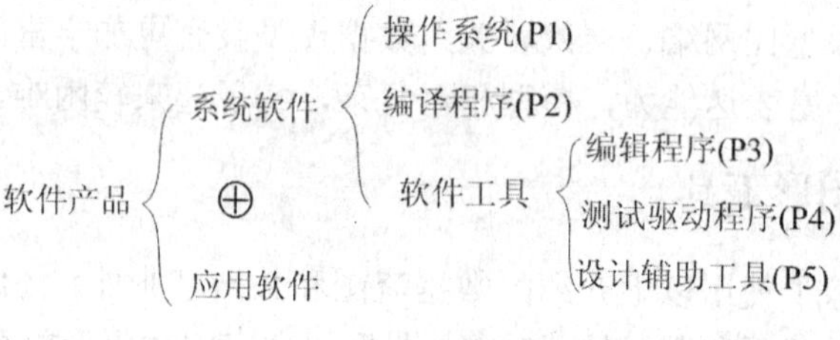

图 8-18 软件产品的组成 Warnier 图

3. IPO 图

IPO（Input—Process—Output）图即为输入一处理一输出图，是美国 IBM 公司发展完善起来的一种图形工具，它使用的基本符号少而简单，因此易学易懂。它的基本形式是画三个方框，在左边的框中列出有关输入数据，在中间框内列出主要处理，在右边的框内列出产生的输出数据。处理框中列出的处理次序是按执行顺序书写的。但是这些符号还不能精确地描述执行处理的详细情况，在 IPO 图中，还用类似向量符号的空心箭头清楚地指出数据流向的情况。

【例 8.14】国家公务员考试成绩管理系统的 IPO 图如图 8-19 所示，通过这个例子可以了解 IPO 图的用法。

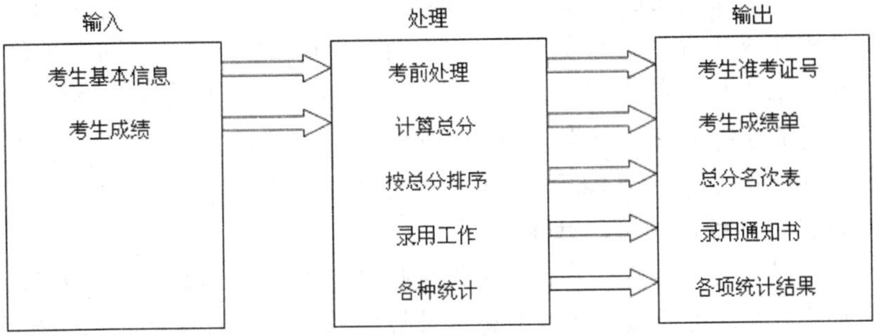

图 8-19　国家公务员考试成绩管理系统的 IPO 图

经过需求分析，软件开发人员已经基本理解了用户的要求，确定了目标系统的功能，定义了系统的数据，描述了处理这些数据的基本方法。将这些共同的理解进行整理，最后形成文档，即软件需求规格说明书。

8.3.6　系统方案的制定、评价和改进

通过可行性分析、需求分析阶段的工作，我们已经分析并定义了与软件开发目标相关的各种模型、分析出了软件的功能、性能要求等，解释了“软件目标是什么”的问题。在系统方案阶段，主要完成的工作则是解释“软件如何实现”的问题。

1. 确定软件架构

在问题定义阶段得到的软件概念模型使用各种工具定义了软件项目的开发目标。在系统方案制定阶段才开始真正考虑如何去实现软件。其中最重要的工作，就是制定软件的实现架构。

通过使用软件架构技术的各种逻辑视图、进程视图、物理视图、并发视图、场景视图，具体描述软件系统的高阶抽象模型，揭示了系统需求和构成系统的元素之间的对应关系，指导后续软件的分析。

2. 实现软件所需要的各种关键性设计要素和实现手段

实现要素对应于软件目标实现最重要的场景，表示了整个系统最主要的控制流程和实现机制。其中分析模型的结果，可能是采用结构化分析方法得到的功能分解体系，或面向对象的类和对象—关系图、对象—行为图。取决于具体选择的设计分析方法。

关键性的设计要素可能包括但不限于如下方面：

- 关键的用例、最主要的控制类、功能的组织和调度方式。
- 系统的分层方式、接口、协议、标准等。
- 对象（OOAD ）或程序模块（结构化方法）的组织模式。

- 常用的和最关键的算法模型。
- 重要的设计、分析、开发标准和规范。

关键性的实现手段可能包括但不限于如下方面：

- 选定基础计算平台，如操作系统、数据库、Web 服务器、中间件平台等。
- 选定开发工具和开发环境，如计算机语言、构件库、工具软件等。
- 确定项目的组织方法、管理要件（如配置管理、需求管理、知识管理）方案。
- 确定软件过程方法，如 RUP、XP 或其他模式。

3. 归结软件目标到最适合的计算体系

通常，总是有一些标准的计算体系可供选择（如 Windows DNA、J2EE），对于大多数软件开发项目来说，可通过比较各种标准计算体系与预期目标之间的匹配程度选定计算体系。选择标准的计算体系去实现软件可忽略大多数基础平台和底层支撑技术的实现问题，从而大大提高软件质量、降低开发风险和成本。通常，可以根据基础平台的功能和性能指标、公司或项目组的技术积累、要开发软件系统的特点和分层方式等选定标准的计算平台。典型的系统分层方式包括如下几种：

- 常用三层服务：表示层、事务逻辑层、数据服务层。
- 多层结构的技术组成模型：表现层、中间层、数据层。
- 网络系统的常用三层结构：核心层、汇聚层和接入层。
- RUP 典型分层方法：应用层、专业业务层、中间件层、系统软件层。
- B/S 模式系统结构：浏览器端、服务器端、请求接收层、请求处理层。
- 六层结构：功能层（用户界面）、模块层、组装层（软件总线）、服务层（数据处理）、数据层、核心层。

在其他一些情况下，出于各种诸如用户指定，与用户现有的 IT 设施保持一致性、兼容性、扩展性、未来的维护能力等因素，软件的基础平台很可能在项目的论证阶段就已经被确定下来，如操作系统、数据库系统、Web 服务器、开发工具或开发环境等。在这种情况下，软件的计算体系实际上已经确定。

4. 将软件功能和关键要素分配到计算体系上

通过将前面得到的软件功能清单和软件实现的各种关键要素整理并分类，然后与现有的软件技术、标准的软件实现体系进行比较和匹配，就可以将软件概念模型定义的开发目标，进一步映射到真正可计算、可实现的软件架构上。

这个过程可以理解为一种不断归结、比较并匹配、设计以及分配的过程。进行匹配的过程常常是一种双向的选择和探究过程，一方面我们拿出一个软件目标中的功能或实现要素，询问：这部分功能属于表示层、业务逻辑，还是数据服务？另一方面，我们也研究标准计算体系提供的功能以及现有开发团队的技术能力和积累，例如：放在业务逻辑层合适吗？该体系的实现技术是什么？存在可复用的标准构件吗？如果开发则具体内容是什么？一旦完成了比较、匹配、分配、确认的过程，也就确认了从总体设计到具体模块开发的各层次上需要完成的工作内容。

归结设计要素的过程，可以看作是一个全面设计在头脑中不断演算、细化、规划评估、分配的快速过程，也是高度技术导向的。为了完成这一过程，系统分析员必须对流行的计算体系、实现技术、软件工具和方法以及模式、实现难度和代价等了如指掌，还必须具有一种兼顾总体把握和细微探究的能力，才能完成系统方案的制定、评价和改进。

8.3.7　软件开发工具 Rose

1. Rational Rose 简介

Rational Rose 是由美国 Rational 公司开发的、面向对象的可视化建模工具。Rose 并不是单纯的绘图工具，它是专门支持 UML 的建模工具，有很强的校验功能，能检查出模型中的许多逻辑错误，还支持多种语言的双向工程（将模型转换成指定编程语言的代码，或将代码转换成模型），特别是对 Java 的支持非常好。

它支持 UML 中的用例框图、活动框图、序列框图、协作框图、状态框图、组建框图和布局框图等，而且通过其正向和逆向转出工程代码的特性，可以支持 C++、Java、Visual Basic 和 XML DTD 的代码生成和逆向转出工程代码。

2. Rose 建模环境

Rose 提供了一套十分友好的界面让用户对系统进行建模。安装完 Rose 之后，执行“开始”→“程序”→Rational Software→Rational Rose Enterprise Edition 命令，则会出现如图 8-20 所示的界面，选择 Rose 新模型的应用架构（Framework）界面。开发人员可以选择 J2EE、J2SE1.2、J2SE1.3、jfc-11 等应用框架进行系统分析和设计。

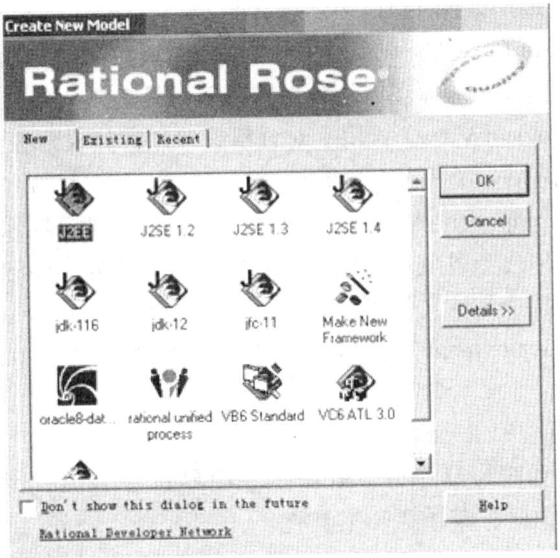

图 8-20 “新建模型”选项卡

在图 8-20 中，也可以选择“Cancel”按钮，表示现在不确定实现的应用框架，以后再确定。这里我们假定新开发的系统采用 J2SE1.4 框架进行实现。选择 J2SE1.4 后，单击“OK”按钮，显示如图 8-21 所示的设计界面。用鼠标右键单击列表区中的“untitled”节点，在弹出的快捷菜单中选择“Save”命令，则弹出的“Save AS（文件保存）”对话框。在“文件名”文本框中输入“UML 建模实验”，单击“保存”按钮，即创建一个名为“UML 建模实验. mdl”的文件。创建 Rose 模型文件后，就可以进行系统分析和设计了。

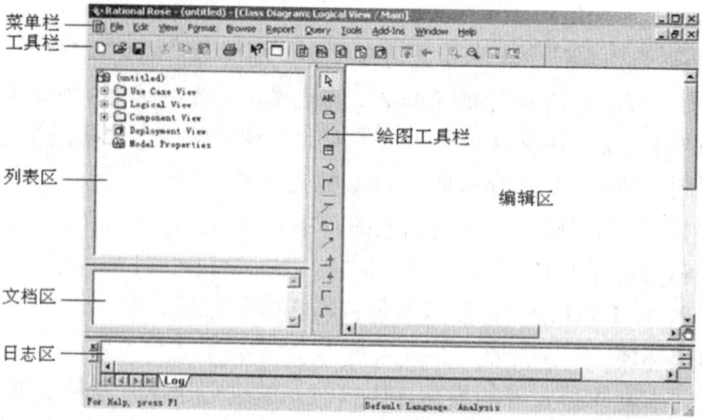

图 8-21　Rose 建模界面

3. Rose 模型视图

Rational Rose 提供了以下四种视图:

① 用例视图（Use Case View）：用于对需求建模，主要包括用例图、活动图，必要时也会用到对业务建模的顺序图或协作图等，有时还包括领域类图。

② 逻辑视图（Logical View）：用于对分析设计过程建模，主要包括类图、顺序图、协作图、状态图、包图等，有时也用到活动图。

③ 组件视图（Component View）：也称构件视图，建模软件的组件及其相互间的关系。组件可以是任何一个可重用的软件领域内的组成部分，如源程序、二进制文件、方法、类、可执行文件、文本文件等。

④ 部署视图（Deployment View）：建模系统的各个硬件节点及其相互间的通信方式。

4. Rose 建模界面

Rose 建模界面，如图 8-21 所示。Rose 的建模界面由 6 个部分组成，分别是列表区、编辑区、文档区、日志区、菜单栏和工具栏。

（1）列表区

列表区用于浏览、创建、删除和修改模型中的元素。浏览窗口使用树形结构把模型中的所有 UML 元素，包括图、角色、用例、类、包、关系等有机地组织起来，以方便人员的使用。

在列表区中，可以浏览、编辑、移动每种视图中的模型元素，也可以添加新的模型元素。用鼠标右键单击列表区中的模型元素，可以访问模型元素的详细信息，删除模型元素和更改模型元素的名称。在列表区中，“+”表示节点为折叠形式，用鼠标单击“+”图标，可以展开该节点；“-”表示该节点已经完全被扩展开。

（2）编辑区

在图形窗口中，可以创建、浏览、修改模型中的 UML 模型图。当改变图形窗口中的 UML 建模元素时，Rose 自动更新浏览窗口。同样，当在浏览窗口中改变 UML 建模元素时，Rose 也自动更新相应的 UML 图。

（3）文档区

在文档窗口中，可以书写、显示、修改各个模型元素的文档注释。文档窗口的内容一般是描述模型元素的简要定义。从浏览窗口中选择不同的 UML 建模元素时，文档窗口自动显示所选 UML 建模元素的文档。

将文档加进类时，在文档窗口中输入的一切都显示为所产生程序代码的注释语句，从而不必在今后输入程序代码的注释语句。

（4）日志区

在日志窗口中，可以查看错误消息和报告各个命令的结果。日志窗口可以像计算机高级语言在进行编译后所提示的语法错误信息一样，提示 UML 图中的语法错误。

（5）菜单栏

菜单栏可以实现 Rose 中提供的所有功能，单击菜单并选择相应的命令就可以实现对应的功能。

（6）工具栏

在 Rose 建模环境中，有两个工具栏：标准工具栏和图工具栏。标准工具栏提供了建模过程中快捷操作的功能，它的图标表示任何模型图都可以使用的公共功能命令，如图 8-22 所示。工具栏随每种 UML 图而改变。在“Tools ”菜单中选择“OPtion”命令，可以修改包括工具栏在内的 Rose 建模环境的信息设置情况。

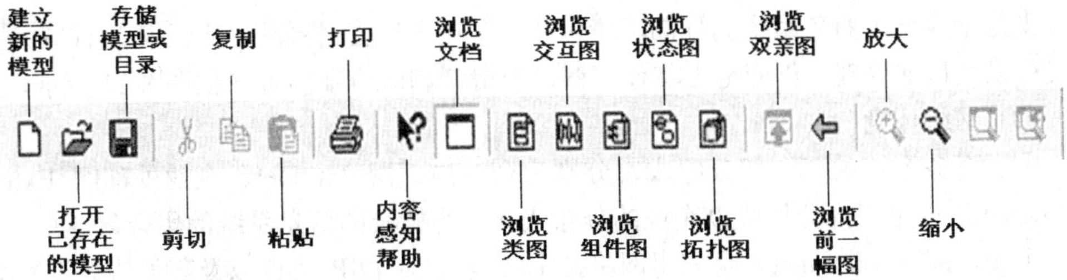

图 8-22　Rose 标准工具栏

8.4 电子商务系统设计

8.4.1 电子商务系统设计的概念与目标

所谓电子商务系统设计是指根据系统规划的内容，界定系统的外部边界，说明系统的组成及其功能和相互关系，描述系统的处理流程，目标是给出未来系统的结构。具体包括系统总体结构设计、系统信息基础设施设计、支持平台的设计、和应用系统设计。

电子商务系统分析设计阶段需完成系统逻辑结构的描述，使我们可以把握未来电子商务系统的系统组成、应用功能和运行的环境，为系统的实施奠定了基础。其后，建造电子商务系统的下一步工作目标完成系统的实施，将系统的逻辑模型， 一步转化为相应的物理系统，经过测试后投入实际运行。在电子商务系统建成后，必须对系统进行有效的管理与维护，使系统始终处于技术上可靠、安全、高效，内容上不断更新、与用户密切联系的系统。

8.4.2 电子商务系统的组成与功能

1. 电子商务信息系统的概念与组成

广义上讲，电子商务系统是指支持商务活动的电子技术手段的集合。狭义上讲，电子商务系统是一个以电子数据处理、环球网络、数据交换和资金汇兑技术为基础，集订货、发货、运输、报送、保险、商检和银行结算为一体的综合商务信息处理系统。

需要注意的是，电子商务系统的结构是由一系列电子商务标准、协议和信息系统两部分共同构成。显然，要建设电子商务，既要重视信息系统的建设，又要重视电子商务标准和协议的制定。

电子商务信息系统是信息系统发展的一个高级阶段，企业信息系统由只考虑企业内部数据，以企业为中心，向考虑企业外部数据，考虑整个供应链转变。 电子商务系统不是一个孤立的系统，它需要和外界发生信息交流。同时，这一系统内部还包括不同的部分，例如外部环境、网络、计算机系统、应用软件等。

（1）外部社会环境

支持企业电子商务系统的外部环境包括电子化银行支付系统，认证中心（CA）的证书发行以及认证管理，供应链上其他厂商，消费者和政府部门等，如图 8-23 所示。

（2）网络环境

电子商务系统由三个部分组成，分别为企业内部网 Intranet、企业外部网 Extranet 和 Internet。以上三部分构成以企业的分布式计算为核心的信息系统的集合体。

企业内部网（Intranet）是利用网络技术（包括 TCP/IP 协议以及其他协议等）构造的，面向企业内部的专用计算机网络系统。

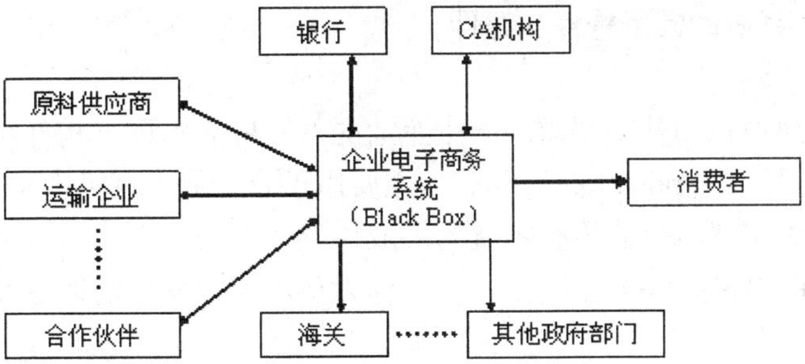

图 8-23　电子商务系统的外部环境

企业外部网（Extranet）与 Intranet 相对应，侧重于企业电子商务的外部环境以及与合作伙伴或外协厂的信息交换关系。

电子商务以 Intranet 为基础，实现企业内部工作流的电子化，在初步建成企业内部的信息系统之后，再进一步完善企业电子商务的外部环境，将企业的信息系统同合作伙伴或外协厂等联系起来，将 Intranet 扩展到 Extranet，完成企业与企业间的电子交换（包括 EDI），其后再通过 Internet 向消费者提供联机（Online）服务。

（3）硬件环境

计算机主机和外部设备以及服务器等构成了电子商务的硬件环境。

（4）平台与软件环境

电子商务系统的系统平台对应于系统体系结构中的商务支持层和应用支持层。其内容一般包括：

① 操作系统。

② 数据库管理系统（DBMS）。

③ 应用服务器。

④ 中间件软件。

⑤ 开发工具。

⑥ 其他软件。

（5）商务服务环境

商务服务环境为特定的商务应用软件（如零售业、制造业应用软件）的正常运行提供保证，为电子商务系统提供软件平台支持和技术标准。

商务服务环境和应用软件的区别在于：商业服务环境提供公共的服务功能，例如资金转账、定单传输、系统安全管理等。而应用软件则主要是实现企业某一具体功能。

（6）应用服务

电子商务应用是企业利用电子手段展开商务活动的核心，也是电子商务系统组成的核心部分，是通过应用程序来实现的。事实上，企业商务服务的业务逻辑规划是否合理，直接影响到电子商务系统的功能。

2．电子商务系统的常用构件和组件

（1）构件

为了达到门户站点的基本要求，一个企业的网站应当由以下构件组成：

① 应用服务器（Application Server）：主要用于企业较大规模电子商务应用的开发、发布和管理，同时实现与企业原有系统的集成。

② 工作流和群件服务器：主要用于使工作人员和商业伙伴能通过Internet共享资源、协同工作。

③ 内容管理子系统：简化企业网站的产品管理、提高效率，并将相应的、经过筛选的内容发送给最终用户。

④ 目录服务器：企业使用它来管理防火墙内外的用户、资源和控制安全权限，同时为用户的通信和电子商务提供一个通道。

⑤ 性能优化工具：改善网站服务质量，包括流量管理、动态数据缓存、网络动态负载（Load Balancing）、知识管理等。

⑥ 邮件和消息服务器：使企业和服务提供者能为所有员工、合作伙伴和客户社区提供商业级的通信架构。

⑦ 个性化信息服务：在实时分析用户数据的基础上提供一对一的交易平台。通过对用户行为的更好理解，企业更跟踪、分析和理解网站用户。

⑧ 搜索引擎：用户提供更广泛的资源。

⑨ 安全服务器：包括数据安全、应用安全和交易完全。其基本内容有用防火墙阻止对网络的非授权访问，在安全和个人的角色授权的基础上，只需一次登陆就可以访问网站的所有应用，通过提供一种对在线交易的每一方的可信任的授权方式，帮助客户、合作伙伴和员工访问Internet应用。

⑩ 网站服务器（Web Server）：将各种网站的信息发布给用户。

以上是通常构建网站所需要的构件，企业可针对自己的特点以及网站规模大小，应用的类型等自行选择。

在网站结构的实现上，通常在逻辑上将网站分为三层：表示层、应用逻辑层、数据层。这种结构使得网站具有较好的可扩充性，将表示层与业务功能的实现分离开来，能够更灵活地适应业务的发展。网站不需要对业务逻辑组件进行任何变动，就能够适用新出现的表示形式和客户端。例如，为了使用户更方便地在网站上购物，网站调整了页面格局和页面风格。由于网站结构层次分明，只需要改动网站表示层，业务逻辑层和数据连接层则不需要改变。

⑪ 表示层和相关技术：表示层用于为最终用户提供一个友好的用户界面，接受用户提交的事件，并将处理的结果返还给用户。这一层作为应用的前端和“窗口”，决定了用户对网站优劣的评价和总体印象。

网站从总体上说是独立于客户端的，客户端包括基于浏览器的HTML客户端、给予Java的客户端、传统的C/C++应用、Power Builder客户端以及VB客户端。

在表示层除了使用最基本的 HTML 语言外，通常还利用 JavaScript Internet 脚本语言，以及 Java Internet 程序开发语言。JavaScript 程序运行在客户端，能够完成用户事件获取、数据提交前的合法性校验、错误检查和实现动画效果等。而利用 Java 开发的 JavaServlet 程序运行于服务器端，负责实现与业务逻辑层的交互，从业务逻辑层获得数据，并将用户提交的信息传给业务逻辑层，而基于 Java 语言的 JSP 程序，则实现数据的动态显示，它将 JavaServlet 程序获得的数据形成相应的 HTML 页面传给客户端。

为了适应电子商务的各种需求，新的表示层技术不断发展。如 XML（可扩展标记语言）和 RDF（资源描述框架）等都是当前最新的、对表示层产生重大影响的技术。XML 通过一种结构化的文本方式来表述数据；RDF 提供一种统一的、可互操作的方法通过 Internet 在程序间交换元数据。

⑫ 商务逻辑与实现：商务逻辑层是电子商务系统的核心，也是系统建造过程中的重点和难点。商务逻辑层包括商务应用程序、支持平台（包括商务服务层、商务支持层和基础支持层）。

支持层向上层（商务应用层）提供的服务主要包括：表达、商务支持、运行支持、开发与集成服务。构成支持平台的技术产品至少应当包括：Web 服务器、商务支持软件、集成与开发工具、计算机主机、网络及其他系统软件（如操作系统、管理工具软件等）。

通常，Web 服务器、商务支持软件、部分集成开发环境被集成到一个被称为“应用服务器”的软件包里，所以商务逻辑层在物理上可以简化为以下三个部门：应用软件（实现商务逻辑）；应用服务器（为应用软件提供软件支持平台）和其他支持软件；计算机主机及网络（为应用软件提供硬件支持平台）。

构造商务逻辑层的任务是为选择合适的应用服务器和其他支持软件，开发实现商务逻辑的应用软件系统。

⑬ 数据层及实现：构造数据层的关键是开发电子商务与外部系统、内部资源系统的接口，完成系统集成。

数据层的数据源主要包括：相关信息系统（如 ERP 系统）的数据与企业的数据库，企业与协作企业（如供应商）间交换的数据，企业与银行间交换的数据，企业与认证中心之间的认证数据，企业与其他商务中介交换的电子数据。

由于企业商务逻辑的处理过程是一个从市场、销售、采购到客户服务的整体，所以必须将商务逻辑处理过程中所涉及到的数据集成到一起，因此构造数据层的任务是：实现电子商务系统与企业内部和外部信息系统之间的网络互联，并确保安全的网络环境，基于应用服务器平台的商务应用系统与企业内部数据的共享。

（2）组件

组件是可执行的代码单元，对相关服务和功能提供了物理上的黑箱封装，只能通过统一的、公开的和规定了操作标准的接口对其进行访问。组件必须能被连接到其他组件上以组成一个应用。

在企业信息门户网站开发中，常用到的组件包括：电子目录、购物车、网上聊天、网上广播和网络电话。

① 电子目录：电子目录是基于商务服务器的数据存储和数据管理系统，它包括完成一向交易所需的全部信息。

② 电子购物车：电子购物车（electronic shopping cart）是一种订购处理技术，顾客可以将他们要购买的东西放入车中，继续采购。其中商务服务器（merchant server）可能会包含用户信息文件。

③ 在线论坛和聊天组：在线论坛（online forum）和聊天组（chat group）在电子商务应用中也比较多。在线论坛和 Usenet 新闻组对应（但拥有更好的界面），而聊天组与因特网中继聊天（IRC）类似。

在线论坛和聊天组可分为下列几类：

- 交流中心
- 客户服务
- 社区讨论
- 可视聊天

④ 网上广播：网上广播（Webcast）是指基于因特网的音频和视频内容的广播。它可以提供播放方和观众之间的双向交流。网上广播包括了大量内容，主要有：

- 文本流
- 实况网上转播
- 音频流

⑤ 网络电话：网络电话大体可以分成 3 种——电脑到电脑（PC-to-PC）、电脑到电话（PC-to-Phone）、电话到电话（Phone-to-Phone）。

- PC-to-PC 的因特网电话，呼叫方和接听方的电脑上都要有相应的电话软件。
- PC-to-Phone 通话系统只要求呼叫方拥有因特网电话软件，接听方则是用普通的电话回话。
- Phone-to-Phone 的方式，要求呼叫方和接听方都使用普通电话。

3. 电子商务系统网页的基本布局

（1）网页版面布局步骤

① 创建初始方案。新建的页面就像一张白纸，没有任何表格、框架和约定俗成的东西，网页设计人员可以尽可能地发挥其想象力，将可能想到的“景象”画上去。这属于创造阶段，不讲究细腻工整，不必考虑细节功能，只以粗陋的线条勾画出创意的轮廓即可。

② 初步设计网页的布局。在初始方案的基础上，将前面已确定的需要放置的功能模块安排在页面上，注意必须遵循突出重点、平衡协调的原则，将网站标志、主菜单等最重要的模块放在最显眼、最突出的位置，然后再考虑次要模块的排放。

③ 定案。将初步布局精细化、具体化。

（2）网页布局类型

网页布局大致可分为“国”字型、拐角型、标题正文型、左右框架型、上下框架型、综合框架型、封面型、Flash 型、变化型，下面分别论述。

① “国”型。

它也可以称为“同”字型，是一些大型网站所喜欢的类型，即最上面是网站的标题以及横幅广告条，接下来就是网站的主要内容，左右分列一些两小条内容，中间是主要部分，与左右一起罗列到底，最下面是网站的一些基本信息、联系方式、版权声明等。这种结构是我们在网上见到的差不多是最多的一种结构类型。

② 拐角型。

这种结构与上一种其实只是形式上的区别，其实是很相近的，上面是标题及广告横幅，接下来的左侧是一窄列链接等，右列是很宽的正文，下面也是一些网站的辅助信息。在这种类型中，一种很常见的类型是最上面是标题及广告，左侧是导航链接。

③ 标题正文型。

这种类型即最上面是标题或类似的一些东西，下面是正文，比如一些文章页面或注册页面等就是这种类。

④ 左右框架型。

这是一种左右为分别两页的框架结构，一般左面是导航链接，有时最上面会有一个小的标题或标致，右面是正文。我们见到的大部分的大型论坛都是这种结构的，有一些企业网站也喜欢采用。这种类型结构非常清晰，一目了然。

⑤ 上下框架型。

与上面类似，区别仅仅在于是一种上下分为两页的框架。

⑥ 综合框架型。

上页两种结构的结合，相对复杂的一种框架结构，较为常见的是类似于“拐角型”结构的，只是采用了框架结构。

⑦ 封面型。

这种类型基本上是出现在一些网站的首页，大部分为一些精美的平面设计结合一些小的动画，放上几个简单的链接或者仅是一个“进入”的链接甚至直接在首页的图片上做链接而没有任何提示。这种类型大部分出现在企业网站和个人主页，如果说处理的好，会给人带来赏心悦目的感觉。

⑧ Flash 型。

其实这与封面型结构是类似的，只是这种类型采用了目前非常游戏行的 Flash，与封面型不同的是，由于 Flash 强大的功能，页面所表达的信息更丰富，其视觉效果及听觉效果如果处理得当，绝不差于传统的多媒体。

⑨ 变化型。

即上面几种类型的结合与变化，比如本站在视觉上是很接近拐角型的，但所实现的功能的实质是那种上、左、右结构的综合框架型。

4. 电子商务网站优化设计

网站优化的基本思想是：通过对网站功能、结构、布局、内容等关键要素的合理设计，使得网站的功能和表现形式达到最优效果，可以充分表现出网站的网络营销功能。网站优化设计的含义具体表现在三个方面：

① 从用户的角度来说，经过网站的优化设计，用户可以方便地浏览网站的信息、使用网站的服务；

② 从基于搜索引擎的推广网站的角度来说，优化设计的网站使得搜索引擎则可以顺利抓取网站的基本信息，当用户通过搜索引擎检索时，企业期望的网站摘要信息可以出现在理想的位置，使得用户能够发现有关信息并引起兴趣，从而点击搜索结果并达到网站获取进一步的信息的服务，直至成为真正的顾客；

③ 从网站运营维护的角度来说，网站运营人员则可以对网站方便地进行管理维护，有利于各种网络营销方法的应用，并且可以积累有价值的网络营销资源，因为只有经过网站优化设计的企业网站才能真正具有网络营销导向，才能与网络营销策略相一致。

由此可见，网站优化包括三个层面的含义：对用户优化、对网络环境（搜索引擎等）优化，以及对网站运营维护的优化。

网站设计对用户优化的具体表现是：以用户需求为导向，设计方便的网站导航，网页下载速度尽可能快，网页布局合理并且适合保存、打印、转发，网站信息丰富、有效，有助于用户产生信任。

网站设计对网络环境优化的表现形式是：适合搜索引擎检索（搜索引擎优化），便于积累网络营销网站资源（如互换链接、互换广告等）。网站设计对运营维护优化的含义是：充分体现网站的网络营销功能，使得各种网络营销方法可以发挥最大效果，网站便于日常信息更新、维护、改版升级，便于获得和管理注册用户资源等。

从上述对网站优化设计含义的理解也可以看出，网站优化设计并非只是搜索引擎优化，搜索引擎优化只是网站优化设计中的一部分，不过这部分内容对于网站推广的影响非常明显和直接，因此更容易引起重视。同时，我们也可以看出，在有关网站设计的对网站推广优化的内容中，这里并没有特别强调搜索引擎优化的作用，因为真正的网站设计优化不仅仅是搜索引擎优化，应坚持用户导向而不是搜索引擎导向。

8.4.3 电子商务系统设计相关技术

1. 中间件

随着计算机技术的飞速发展，各种各样的应用软件需要在各种平台之间进行移植，或者一个平台需要支持多种应用软件和管理多种应用系统，软、硬件平台和应用系统之间需要可靠和高效的数据传递或转换，使系统的协同性得以保证。这些，都需要一种构筑于软、硬件平台之上，同时对更上层的应用软件提供支持的软件系统，而中间件正是在这个环境下应运而生。

（1）中间件的定义

由于中间件技术正处于发展过程之中，因此目前尚不能对它进行精确的定义。

普遍被接受的是 IDC 对中间件定义的描述：中间件是一种独立的系统软件或服务程序，分布式应用软件借助这种软件在不同的技术之间共享资源，中间件位于客户机服务器的操作系统之上，管理计算资源和网络通信。

IDC 对中间件的定义表明：中间件是一类软件，而非一种软件；中间件不仅仅实现互连，还要实现应用之间的互操作；中间件是基于分布式处理的软件，最突出的特点是其网络通信功能。

人们在使用中间件时，往往是一组中间件集成在一起，构成一个平台（包括开发平台和运行平台），但在这组中间件中必需要有一个通信中间件，即：中间件=平台+通信，这个定义也限定了只有用于分布式系统中才能称为中间件，同时还可以把它与支撑软件和应用软件区分开来。

（2）中间件的特点及作用

中间件抽象了典型的应用模式，并基于标准的形式进行开发，从而使应用软件制造者可以更多地将思路放在业务逻辑中。中间件本质上是对分布式应用的抽象，因而抛开了与应用相关的业务逻辑的细节，保留了典型的分布交互模式的关键特征。经过抽象，将纷繁复杂的分布式系统经过提炼和必要的隔离后，以统一的界面形式呈现给应用。应用在中间件提供的环境中可以更好地集中于业务逻辑上，并最终在异构环境中实现良好的协同工作。

中间件具有如下特点：

① 易于集成。中间件能无缝地连入应用开发环境中，应用程序可以很容易地定位和共享中间件提供的应用逻辑和数据。

② 易于移植。中间件与平台有关的细节对于应用程序透明，因此可以在不改变应用程序代码的情况下改换计算机底层硬件、操作系统或通信协议。

③ 易于改进。中间件实现的功能对应用程序透明，所以可以对局部进行改进而不影响系统的其他部分。

④ 可靠性。中间件是可靠的，提供接管和恢复功能，保证事务及关键性业务不被丢失。

⑤ 易于使用。中间件能和同构或异构环境下的多种数据源通信，同时能管理数据间的公共逻辑约束。

中间件的主要作用是：

- 缩短应用的开发周期；
- 节约应用的开发成本；
- 减少系统初期的建设成本；

- 降低应用开发的失败率；
- 保护已有的投资；
- 简化应用集成；
- 减少维护费用；
- 提高应用的开发质量；
- 保证技术进步的连续性；
- 增强应用的生命力。

（3）中间件的分类

按照IDC的分类方法，中间件可分为六类。

① 终端仿真/屏幕转换中间件。终端仿真/屏幕转换中间件用以实现客户机图形用户接口与已有的字符接口方式的服务器应用程序之间的互操作。

② 数据访问中间件。数据访问中间件是为了建立数据应用资源互操作的模式，对异构环境下的数据库实现联接或文件系统实现联接的中间件。

数据访问中间件允许应用程序同本地或异地的数据库进行通信，它提供了一系列应用程序接口 API，通过中间层而不考虑操作系统及网络来访问数据库。并且在很多情况下，API 被隐藏在开发工具之中而不被开发者了解。ODBC、JDBC 都是基于数据库的中间件标准。通过 ODBC 访问数据库的方式是绝大多数应用程序使用数据库的方式，具有良好的数据库独立性，可以避免应用程序对不同类型数据库使用不同的 API。JDBC 实际上就是一系列用于特定数据库的 Java 类库，它源于 ODBC 体系结构。目前还提出了应用分割技术，即将用户的一些应用逻辑放到中间层，为客户机“减肥”，这也为 NC（Network Computer）等的引入打下了基础，并增强了应用程序的处理性能、安全性和并发性。目前，很多数据库前端开发工具都支持应用分割技术。

③ 远程过程调用中间件。通过这种远程过程调用机制，程序员只需编写客户方的应用，需要时可以调用位于远端服务器上的过程。远程过程调用机制比较适合于小型简单的不需要采用异步通信方式的应用，但对大型复杂的应用不太适合，因为它需要程序员考虑网络或系统的故障、处理多个网络连接、可移植性、缓冲及流量控制和进程之间的同步等多种问题。

④ 消息中间件。消息中间件用来屏蔽各种平台及协议之间的特性，以实现在不同平台之间通信，实现分布式系统中可靠的、高效的、实时的跨平台数据传输，实现应用程序之间的协同。这是中间件中唯一不可缺少的，销售额最大的中间件产品，主要产品有 BEA 公司的 BEA eLink 、IBM 公司的 MQSeries 等，目前在 Windows 2000 操作系统中已包含了其部分功能。

⑤ 交易中间件。交易中间件是在分布、异构环境下提供保证交易完整性和数据完整性的一种环境平台。在分布式事务处理系统中经常要处理大量事务。在联机事务处理系统（OLTP）中，每笔事务常常要多台服务器上的程序顺序地协调完成，一旦中间发生

某种故障时，不但要完成恢复工作，而且要自动切换系统，达到系统永不停机，实现高可靠性运行；同时要使大量事务在多台应用服务器上能够实时并发运行，并进行负载平衡地调度，这就要求系统必须具有监视和调度整个系统的功能。根据 X/OPEN 的 DTP（Distributed Transaction Processing）模型规定，一个分布式交易处理系统应由事务处理、通信处理以及资源管理三部分组成。BEA 公司的 TUXEDO 便是最著名的一个交易中间件产品，另外还有 IBM 公司的 TXSeriers 也是应用广泛的一个交易中间件产品。

⑥ 对象中间件。在分布、异构的网络计算环境中，对象中间件可以将各种分布对象有机地结合在一起，完成系统的快速集成，实现对象重用，在这个方面遵循的标准是 CORBA。对象中间件将是未来的主流，目前产品有 INPRICE 公司的 Borland Application Server。

当然，IDC 的分类并不能包含所有的中间件产品，目前比较流行的还有：

- Web 服务器中间件

浏览器图形用户界面已成为公认规范，然而它的会话能力差、不能做数据写入、受 HTTP 协议的限制等，就必需进行修改和扩充，形成了 Web 服务器中间件，如 SilverStream 公司的产品，BEA 公司的 BEA WEBLOGIC。

- 安全中间件

一些军事、政府和商务部门上网的最大障碍是安全保密问题，产生不安全因素是由操作系统引起的，必需要用中间件去解决，以适应灵活多变的要求。目前国内的此类产品有东方通公司的 TONG SEC。

（4）中间件与电子商务

中间件是电子商务应用集成的关键之一，不管电子商务应用分布在什么硬件平台上，使用了什么数据库系统，透过了什么复杂的网络，电子商务应用的互连和互操作是电子商务中间件首先要解决的问题。

在通信方面，电子商务中间件要支持各种通信协议和通信服务模式，传输各种数据内容，数据格式翻译、流量控制、数据加密、数据压缩等等；电子商务中间件还要解决名字服务、安全控制、并发控制、可靠性和效率保证等；在电子商务应用开发方面，要能提供基于不同平台的丰富的开发接口，支持流行的开发工具和异构互连接口标准等；在管理方面，解决电子商务中间件本身的配置、监控、调谐，为电子商务应用的易用易管理提供保证。针对不同的 Web 应用环境，对电子商务中间件有各种不同的要求。对工作流应用，需要根据条件以及条件满足状态，将信息、响应状态从一个应用传递到另一个应用；对联机事务处理，需要保证分布式的数据一致性、不停机作业、大量并发的高效率；对于一个数据采集系统需要保证可靠传输等等。

在这种情况下，电子商务应用应包含以下层次：

① 浏览器：这是进入电子商务的通道。

② 电子商务应用平台：提供电子商务不同应用类型的生成工具软件，如网上商店、

网络支付、虚拟社区等等。

③ 电子商务交换平台：对内集成企业内部的各种与电子商务相关的业务系统，对外连接商业合作伙伴，如银行、供应商、客户、配送结构，完成各种不同业务系统之间数据转换和整合。

④ 电子商务基础平台：用来支持大量Internet客户的并发访问，使应用开发商快速开发出灵活多变的电子商务应用，尽快把信息系统和商务活动放到Internet中。

在电子商务交换平台和电子商务基础平台中都不能没有中间件的存在。可以说，没有中间件就不能支撑今天的网络应用。

2. 企业应用集成

大多数企业都在内部进行了一定程度的信息化建设，如内部网络基础设施和企业网站的构建，以及财务管理、生产自动化等应用系统的建设，都有由过去遗留下来的异构系统、应用、商务流程以及数据源构成的应用环境。应用环境的通信状况很混乱，只有很少的接口文档，并且维护代价也非常的昂贵。当企业向B2B电子商务协作方向迁移时，它们首先要做的是审视它们内部的系统、应用以及业务流程。一些业务流程会横跨多个内部应用，在企业能够有效的和外部网络连接之前，这些应用必须能够实时动态的进行通讯。

随着诸如企业资源规划（ERP）、客户关系管理（CRM）、供应链管理（SCM）以及企业门户（Enterprise Portal）等多种商业应用的引入，激增了企业信息系统的应用分割。早期这些系统被设计成自包含的“黑盒”系统，只有很少或者根本没有方法来访问它内部的数据和商务流程。虽然现在许多这些应用都提供了更好的访问它们的内部数据和商业逻辑的方法，可是把这些系统和企业里其他系统集成仍是一个巨大的挑战。

（1）什么是企业应用集成EAI

EAI能够将业务流程、应用软件、硬件和各种标准联合起来，在两个或更多的企业应用系统之间实现无缝集成，使它们像一个整体一样进行业务处理和信息共享。EAI不仅包括企业内部的应用系统和组织集成，还包括企业与企业之间的集成，以实现企业与企业之间的信息交换、商务协同、过程集成和组建虚拟企业和动态联盟等。EAI常常表现为对一个商业实体的信息系统进行业务应用集成，但当在多个企业系统之间进行商务交易的时候，EAI也表现为不同公司实体之间的企业系统集成，例如扩展的供应链管理（eSCM），客户关系管理（CRM），虚拟企业（VE）和Web Services等。

（2）EAI的分类

EAI从不同的角度可有不同的分类方法。从应用集成的对象来划分，可以分为面向数据的集成和面向过程的集成；从应用集成所使用的工具和技术来划分，则可以分为平台集成、数据集成、组件集成、应用集成、过程集成和业务对业务的集成六类；如果从企业组织的角度，EAI又可分为水平的组织内的集成、垂直的组织内的集成和不同组织间系统的集成。

对于众多的分类方法，我们可以从广度和深度将其总括起来。从集成的深度上来说则从数据集成、应用系统的集成再到目前的面向过程的集成，集成的难度和能够取得的效益都是不同的；而从广度上来讲，从最初的部门内集成到部门间集成，及到企业范围内和企业间的集成。但不管如何分类，企业应用集成的目的都是实现在企业内外任何相连的应用系统和数据源间无限制的分享数据和业务过程。

从集成的深度上来说，从易到难有以下种类的集成：

① 数据集成。为了完成应用集成和业务过程集成，必须首先解决数据和数据库的集成问题。在集成之前，必须首先对数据进行标识并编成目录，另外还要确定元数据模型。这三步完成以后，数据才能在数据库系统中分布和共享。

② 应用系统集成。为两个应用中的数据和函数提供接近实时的集成。例如，在一些 B2B 集成中用来实现 CRM 系统与企业后端应用和 Web 的集成，构建能够充分利用多个应用系统资源的电子商务网站。

③ 业务流程集成。当对业务过程进行集成的时候，企业必须在各种业务系统中定义、授权和管理各种业务信息的交换，以便改进操作、减少成本、提高响应速度。业务过程集成包括业务管理、进程模拟以及综合任务、流程、组织和进出信息的工作流，还包括业务处理中每一步都需要的工具。

从集成的广度上来看，从易到难有以下种类的集成：

- 部门内部的信息系统集成和人员结构的调整。
- 部门之间的信息系统集成和关系的调整。
- 企业级的信息系统集成和组织结构的调整。
- 与有稳定关系的合作伙伴之间的信息系统实现面向业务过程的集成。
- 与随机遇到的合作伙伴之间的信息系统实现面向业务过程集成。

（3）从深度看 EAI

① 数据集成——实现不同系统的数据交流与共享。

EAI 中数据集成对数据进行标识并编成目录，确定元数据模型。只有建立统一的模型后，数据才能在数据库系统中分布和共享。数据集成采用的主要数据处理技术有数据复制、数据聚合和接口集成等。

数据复制方式的目的是为了保证数据在不同数据库间的一致性，而数据库可以是同一厂商也可以是不同厂商的，甚至可以是采用了不同模型和管理模式的数据库。对于数据复制的基本要求是其必须能够提供一种数据转化和传输的基础结构，以屏蔽不同数据库间数据模型的差异。数据复制服务的基本原理是：在两个或多个数据库之间设置一个软件中介，数据从源数据库中被取出并被导入目标数据库。

数据聚合是将多个数据库和数据库模型集成为一种统一的数据库视图的方法，也可以认为，数据聚合体是一种虚拟的企业数据库，它包括了多个实体的物理数据库。数据聚合方法在分布的数据库和应用之间放置一个中间件层，该层与每一个后台的数据库用其自带的接口相连，并将分布的数据库映射为一种统一的虚拟数据库模型，而这种虚拟模型只在中间件中存在。应用就可以利用该虚拟数据库去访问需要的信息。同时，该数据聚合软件也可以通过将相关数据映射和导入实体数据库，进行数据库更新。数据聚合方法的优点是其将多种数据类型表示为统一的数据模型，支持信息交换，能够通过一个良好定义的接口访问企业中任何相连的数据库，也提供了一种利用统一接口解决面向数据的应用集成问题的良好方法。

接口集成方法利用良好定义的应用接口实现对应用包和客户应用的集成。在面向接口的集成中，集成代理是一个时髦的概念，它通过连接应用软件包和应用适配器来实现集成，适配器通过其开放或私有接口将信息从应用中提取出来，另外一些类型的适配器可以通过面向消息的中间件（MOM）、DBMS、文件系统或其他系统和应用间接集成。有些解决方案通过接口抽象以屏蔽适配器的自然属性，来促进信息交互，从而实现和应用的交互，甚至也可以屏蔽和应用间的信息传输。这种通过接口抽象的方法提供了集成不同类型应用的高效率，也是面向接口集成方法的主要优势来源。

但是，面向接口的应用集成方法由于缺乏明晰的过程模型，也缺少面向服务的框架结构，使其应用受到了局限。因此，对那种需要复杂的过程自动化或动态服务集成的问题，单纯面向接口的应用集成方法一般情况下并不适合。但是，当它与面向过程的集成以及面向服务的集成相结合时，面向接口的集成技术将能显示出独特的效率和可维护性，而这一点正好是其他模型所缺乏的。

② 信息集成——实现不同系统的互操作。

企业要实现面向业务过程的转变，则支持系统需要实现面向过程的集成，具有过程支持功能，而这其中必须实现应用系统间的集成。企业为了实现支持相邻业务活动的系统之间的互操作，很早就开始了对应用系统进行集成。由于企业最初使用的支持系统不多，因此很多采用的是点对点的系统集成结构，在这种点对点的结构中，每个应用系统都与其他应用系统通过接口相连，这种集成方式不需要对应用系统进行大的修改，编程工作量较少。但是当需要集成的系统对象较多时，系统相互之间的连接接口将会变得非常复杂，并且一个系统升级或新的信息系统实施后，与该系统相连的所有接口都要进行改变。

随着应用系统的个数增多，接口问题越发明显。为了解决应用系统点对点集成的问题，使用消息代理的集成结构被提出了。在这种集成结构中，系统之间的通信和数据交换是通过消息代理来实现的，这种结构大大减少了接口连接数量，同时由于有消息代理作为信息交流的中介，当某一系统发生改变时，只需要将消息代理中相应的部分做出改变即可，降低了系统维护和升级的复杂性。消息代理是目前进行企业应用集成使用较多的一种技术。

③ 过程集成。

过程集成指面向过程的集成。企业业务过程将客户当作过程的起点，经过一系列为客户带来价值的活动完成整个过程，产生出为客户带来价值的产品。到目前为止已经出现过很多有关过程集成的技术和思想，如为了实现过程并行化的并行工程（CE），为了优化过程结构的业务流程重组（BPR），为了实现企业间的过程互连的供应链管理（SCM）和扩展的供应链管理（eSCM），为了缩短过程时间和周期的敏捷制造（AM），为了实现过程的自动化的工作流（Workflow）以及为了实现过程实效性和瞬时性的虚拟企业和动态联盟等。目前过程集成和协同商务等是企业应用集成的发展方向和趋势。

实现过程集成的方法和技术很多，较流行的是使用过程代理。与上面讨论的消息代理相比，过程代理可以看作是消息代理的扩展，它除了处理消息代理中的格式化的应用会话外，在过程代理中还封装了与各个应用系统相连的过程逻辑。当所有的过程逻辑都封装在过程代理中时，就可以建立一个过程库对过程进行统一管理，并且使用可视化的图形界面对过程进行设计、在线监控和调整，完全可以消除传统企业中的那种“抛过墙”的问题。同时这种可视化的过程设计界面减少了过程设计的复杂性，并且可以使不同层次的人都能参与到过程设计中，大大提高了过程设计的效率和过程的合理性。

（4）从广度看企业应用集成

对 EAI 的需求的最主要的源动力是很多企业的过程倾向性，企业活动面向业务过程的转变必将对企业的传统的面向职能的组织结构提出挑战。由于传统企业的组织模式是按照职能来划分各个部门的，各个部门根据具体的需要选择相应的支持系统，没有考虑相互之间的信息交流，这就导致了企业内部各个职能部门之间形成了一个“烟囱形的结构”，相互之间缺乏信息交流。按功能来划分的组织从各个职能部门来说便于管理，但是从企业整体来说它有很多缺点，如：各个信息系统是相互独立的信息孤岛，不便于数据的交流与共享等。其中最大的缺点是它需要一个庞大的行政部门来处理一些跨职能部门的问题，导致相当一部分资源被分配到那些并不能为客户带来价值的任务中，各个职能部门之间不能进行信息交流和数据共享，严重影响了企业的办事效率。而目前企业需要的系统必须是对整个业务过程的支持，而不只是对单个的零碎的业务活动的支持。为了克服职能部门划分带来的问题，很多公司现在已经把注意力集中到了业务过程上来，同时按照业务过程的需要来划分企业组织结构，消除先前企业中不能为客户带了价值的一些业务活动和组织，按业务过程的需要来重新整合支持系统，并统一对过程进行管理。这些业务过程跨越组织内部的各个职能部门并且延伸到组织外部的其他组织，支持供应商和客户关系管理、虚拟企业和扩展的供应链。

企业向业务过程集成方向的转变必然会带了企业内部的组织结构的调整和变化，使企业内不同层次的组织之间的关系发生变化，并促使企业内部组织实现水平集成和垂直集成，去除一些不能为客户带来价值的部门和活动。水平的企业内部职能部门之间的集成是指支持业务过程的不同功能领域的应用系统之间的集成。水平集成的典型例子是企业供应链管理，在供应链系统中，企业努力实现定单进入，购买、生产、运输和分销等同一层次的一系列活动的优化，以便缩短定单的处理周期，使用最少的生产成本，为客户带来最大的利益。

垂直的企业内部职能部门之间的集成是指在不同的控制和管理层的系统之间的集成。由于传统的企业组织的领导层次划分是一种金字塔形，例如一个企业从上到下是厂长、副厂长、科长、组长、工人、设备等，这种金字塔形的组织结构的在面临决策时，很难对一些问题快速作出决策，而面向过程的集成要求组织对过程的每一个活动都能够迅速作出决策。这种要求势必使企业的组织结构重组并由传统的金字塔形向扁平化方向转变，最后实现企业组织结构的网络化。扁平化和网络化的组织结构才对以业务过程为中心的企业活动具有适应性。企业组织间的水平集成和垂直集成的过程正是企业组织扁平化和网络化的过程，最后结果是使企业内部形成一个“开放的魔方”式的网络化组织结构，实现组织快速高效的决策和联系，并对企业过程快速作出响应。

此外，在企业实现水平集成和垂直集成的过程中一定要充分考虑人的因素。企业应用集成不仅是系统与组织的集成，也是人与管理的集成，要充分考虑人在系统集成中的角色和位置，集成系统必须人性化，这样才能充分发挥人的作用。

（5）企业间的集成

Internet 的发展增加了企业之间的合作与交流，一些跨企业的过程也相应产生，如虚拟企业、电子商务、扩展的供应链管理和协同商务等都是企业之间面向过程的合作与交流的企业间集成的典型。通过合作，几个企业和公司组成一个相对稳定的合作网络，这种合作网络可以提供那些单个公司所不能提供的产品和服务，获得单个公司无法完成的定单。为了增加合作的效率，必须实现网络中所有具有合作关系的公司之间活动和过程的集成，并且这些过程可以起始和终止于不同的企业。

企业的商务活动向电子化的发展趋势逐渐改变着企业之间的交流模式，特别是他们作为供应商和客户的角色。企业之间需要以电子方式交换信息以实现合作与谈判，Internet 的广泛影响和中间件技术的发展使跨越多个企业的商务活动成为可能，跨企业的供应链和虚拟企业等企业合作模式就是企业间集成的典型例子。企业间集成的一个特点是并不是企业内所有的系统都需要实现企业之间的信息集成，而是只需要集成一些与企业之间的业务过程有关的信息和系统，因此企业之间的集成是一种有选择的集成。企业间集成的一个关键问题是使不同企业的不同系统要交换的数据格式相匹配，虽然电子数据交换（EDI）已经被用来解决这个问题，但是其复杂性和 EDIFACT 标准的限制制约了它的应用。XML 技术作为企业间集成时数据交换的标准，目前正得到大范围的应用。

（6）企业应用系统集成的实现技术

为了实现应用系统间的集成，企业最初都是采取的一种紧耦合的集成方法，这种集成方法不仅需要对应用系统做较大的改动，编写大量的代码，并且当又有一个新的系统需要集成时，系统又要重新设计。这种紧耦合的集成解决方案完全缺乏柔性并且达不到预期的目的。

为了成功的实现多个应用系统的集成，包括对将来新的系统集成的开放性，实现一种松散耦合的集成，很多公司都在寻找一些新的技术，让它们能够连接多个应用平台。为了避免繁重、昂贵且耗时的代码编写工作，它们也需要一个更加柔性的技术框架，在这个框架中新的跨越不同应用和系统的业务过程能够被迅速引入，并且节省花费。目前实现应用系统开放式企业应用集成的最有希望的技术是消息中间件、应用服务器和基于组件的软件开发（CBD）技术。

消息中间件能够对企业现有系统和遗产系统实现整合，它具有消息代理和过程代理的功能。基于组件的软件开发技术可以使新的应用系统很容易的与基于消息的中间件技术的系统实现集成，CBD 能够连接更大的、功能更强的组件去定义一个新的业务过程，CBD 也能够实现业务过程的集成，把低水平的文件、数据、消息代理的集成能力延伸到能够使业务过程集成到系统中。应用服务器技术与消息代理在很多方面都与有相同的功能，现在很多应用服务器厂商都把消息代理和应用服务器集成在自己的产品中，如 IBM 公司的中间件服务器 WebSphere。

EAI 使业务过程的不同方面完全或者部分实现自动化，使集成应用系统能够实现业务集成和信息交换。在此必须明确的一点是 EAI 不是中间件，不是工作流，也不是数据传输，每一个上述产品都为业务问题的特定方面提供了一个解决方案。EAI 不仅是在上述产品中所使用的技术的组合，还是企业的管理和组织结构的创新。

3. Web 服务

Web 是为了程序到用户的交互，而 Web 服务是为程序到程序的交互做准备。Web 服务使公司可以降低进行电子商务的成本、更快地部署解决方案以及开拓新机遇。实现 Web 服务的关键在于通用的程序到程序通信模型，该模型应建立在现有的和新兴的标准之上，例如，HTTP、可扩展标记语言（Extensible Markup Language，XML）、简单对象访问协议（Simple Object Access Protocol，SOAP）、Web 服务描述语言（Web Service Description Language，WSDL）以及通用描述发现和集成（Universal Description Discovery and Integration，UDDI）。

（1）Web 服务的定义

Web 服务是描述一些操作（利用标准化的 XML 消息传递机制可以通过网络访问这些操作）的接口。Web 服务是用标准的、规范的 XML 概念描述的，称为 Web 服务的服务描述。这一描述包括了与服务交互需要的全部细节，包括消息格式（详细描述操作）、传输协议和位置。该接口隐藏了实现服务的细节，允许独立于实现服务所基于的硬件或软件平台和编写服务所用的编程语言使用服务。Web 服务履行一项特定的任务或一组任务。Web 服务可以单独或同其他 Web 服务一起用于实现复杂的聚集或商业交易。

① Web 服务模型。

Web 服务体系结构基于三种角色（服务提供者、服务注册中心和服务请求者）之间的交互。交互涉及发布、查找和绑定操作。这些角色和操作一起作用于 Web 服务构件——Web 服务软件模块及其描述。在典型情况下，服务提供者托管可通过网络访问的软件模块（Web 服务的一个实现），服务提供者定义 Web 服务的服务描述并把它发布到服务请求者或服务注册中心。服务请求者使用查找操作来从本地或服务注册中心检索服务描述，然后使用服务描述与服务提供者进行绑定并调用 Web 服务实现或同它交互。服务提供者和服务请求者角色是逻辑结构，因而服务可以表现两种特性。图 8-24 描述了这些操作、提供这些操作的组件及它们之间的交互。

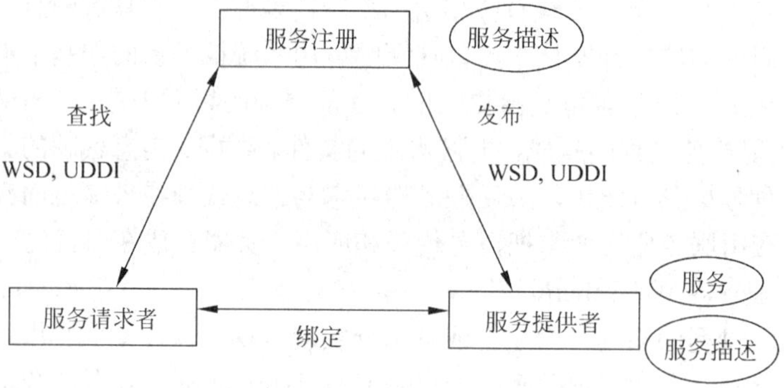

图 8-24 Web 服务的角色、操作和构件

② Web 服务体系结构中的角色。

- 服务提供者

从企业的角度看，这是服务的所有者。从体系结构的角度看，这是托管访问服务的平台。

- 服务请求者

从企业的角度看，这是要求满足特定功能的企业。从体系结构的角度看，这是寻找并调用服务，或启动与服务的交互的应用程序。服务请求者角色可以由浏览器来担当，由人或无用户界面的程序（如另外一个 Web 服务）来控制它。

- 服务注册中心

这是可搜索的服务描述注册中心，服务提供者在此发布他们的服务描述。在静态绑定开发或动态绑定执行期间，服务请求者查找服务并获得服务的绑定信息（在服务描述中）。对于静态绑定的服务请求者，服务注册中心是体系结构中的可选角色，因为服务提供者可以把描述直接发送给服务请求者。同样，服务请求者可以从服务注册中心以外的其他来源得到服务描述，例如本地文件、FTP 站点、Web 站点、广告和服务发现（Advertisement and Discovery of Services，ADS）或发现 Web 服务（Discovery of Web Services，DISCO），如图 8-24 所示。

③ Web 服务体系结构中的操作。

对于利用 Web 服务的应用程序，必须发生以下三个行为：发布服务描述、查询或查找服务描述以及根据服务描述绑定或调用服务。这些行为可以单次或反复出现。这些操作具体为：

- 发布。为了使服务可访问，需要发布服务描述以使服务请求者可以查找它。发布服务描述的位置可以根据应用程序的要求而变化。
- 查找。在查找操作中，服务请求者直接检索服务描述或在服务注册中心中查询所要求的服务类型。对于服务请求者，可能会在两个不同的生命周期阶段中牵涉到查找操作：在设计时为了程序开发而检索服务的接口描述，而在运行时为了调用而检索服务的绑定和位置描述。
- 绑定。最后需要调用服务。在绑定操作中，服务请求者使用服务描述中的绑定细节来定位、联系和调用服务，从而在运行时调用或启动与服务的交互。

④ Web 服务的构件。

- 服务。在这里，Web 服务是一个由服务描述来描述的接口，服务描述的实现就是该服务。服务是一个软件模块，它部署在由服务提供者提供的可以通过网络访问的平台上。服务的存在就是为了要被服务请求者调用或者同服务请求者交互，当服务的实现中利用到其他的 Web 服务时，它也可以作为请求者。
- 服务描述。服务描述包含服务的接口和实现的细节。其中包括服务的数据类型、操作、绑定信息和网络位置。还可能包括可以方便服务请求者发现和利用的分类及其他元数据。服务描述可以被发布给服务请求者或服务注册中心。

⑤ Web 服务开发生命周期。

Web 服务的开发生命周期包括了设计和部署以及在运行时对服务注册中心、服务提供者和服务请求者这些角色的要求。每个角色对开发生命周期的每一元素都有特定要求。Web 服务开发生命周期有以下四个阶段：

- 构建。生命周期的构建阶段包括开发和测试 Web 服务实现、定义服务接口描述和定义服务实现描述。可以通过创建新的 Web 服务、把现有的应用程序变成 Web 服务和由其他 Web 服务和应用程序组成新的 Web 服务提供 Web 服务的实现。
- 部署。部署阶段包括向服务请求者或服务注册中心发布服务接口和服务实现的定义，以及把 Web 服务的可执行文件部署到执行环境（典型情况下是 Web 应用程序服务器）中。
- 运行。在运行阶段，可以调用 Web 服务。在此，Web 服务已完全部署、可操作并且服务提供者可以通过网络访问服务。现在服务请求者可以进行查找和绑定操作。
- 管理。管理阶段包括持续的管理和经营 Web 服务应用程序。安全性、可用性、性能、服务质量和业务流程问题都必须被解决。

（2）WSDL——Web 服务描述语言（Web Service Description Language）

WSDL 是一种 XML Application，它将 Web 服务描述定义为一组服务访问点，客户端可以通过这些服务访问点对包含面向文档信息或面向过程调用的服务进行访问（类似远程过程调用）。WSDL 首先对访问的操作和访问时使用的请求/响应消息进行抽象描述，然后将其绑定到具体的传输协议和消息格式上以最终定义具体部署的服务访问点。相关的具体部署的服务访问点通过组合就成为抽象的 Web 服务。

由于通信协议和消息格式在 Web 技术里已经达到了标准化，我们知道在通常的开发过程中，对于对象的 Interface 一定具备相应的 SDK 描述文档，Web 服务也是一种对象，只不过它是被部署在 Web 上而已。很自然的，我们也完全需要有对 Web 服务这个对象的界面的 SDK 描述文档。然而这两者又不尽相同，一来目前在 Web 上的应用已经完全接受了 XML 这个基本的标准，基本上所有新的技术都是基于 XML 标准的，二来 Web 服务的目标是即时装配，松散耦合以及自动集成的，这意味着 SDK 描述文档应当是具备被机器识别的能力的。

也就是说，对于使用标准化的消息格式/通信协议的 Web 服务，它需要以某种结构化的方式（即 XML）对 Web 服务的调用/通信加以描述，而且实现这一点也显得非常重要，这是 Web 服务即时装配的基本保证。WSDL 正是这样一种描述语言，WSDL 定义了一套基于 XML 的语法，将 Web 服务描述为能够进行消息交换的服务访问点的集合，从而满足了这种需求。WSDL 服务定义为分布式系统提供了可机器识别的 SDK 文档，并且可用于描述自动执行应用程序通信中所涉及的细节。

WSDL 文档将 Web 服务定义为服务访问点或端口的集合。在 WSDL 中，由于服务访问点和消息的抽象定义已从具体的服务部署或数据格式绑定中分离出来，因此可以对抽象定义进行再次使用：消息，指对交换数据的抽象描述；而端口类型，指操作的抽象集合。用于特定端口类型的具体协议和数据格式规范构成了可以再次使用的绑定。将 Web 访问地址与可再次使用的绑定相关联，可以定义一个端口，而端口的集合则定义为服务。因此，WSDL 文档在 Web 服务的定义中使用下列元素：

- Types：数据类型定义的容器，它使用某种类型系统（如 XSD）。
- Message：通信数据的抽象类型化定义。
- Operation：对服务所支持的操作的抽象描述。
- Port Type：操作的抽象集合，这些操作由一个或多个端点支持。
- Binding：特定端口类型的具体协议和数据格式规范。
- Port：定义为绑定和网络地址组合的单个端点。
- Service：相关端点的集合。

应该注意的是，WSDL 并没有引入新的类型定义语言。虽然 WSDL 知道，要描述消息格式需要丰富的类型系统，并且它也支持 XML 架构规范（XSD）作为其标准类型系统，但是，由于不可能只用一种类型系统语法来描述现在和将来的所有消息格式，因此 WSDL 允许通过扩展来使用其他类型定义语言。此外，WSDL 还定义了通用的绑定机制。通过该机制可使特定的协议、数据格式或结构与抽象的消息、操作或端点相关联。该机制还允许对抽象定义进行再次使用。

WSDL 的编写包括四个步骤：

- 定义服务接口；
- 指定参数；
- 消息传递和传输；
- 概括。

（3）UDDI——通用描述发现和集成（Universal Description Discovery and Integration）

① UDDI 的基本概念。

UDDI 允许动态发现相关的 Web 服务并将其集成到聚合的业务过程中。UDDI 提供一种搜索有关企业和电子化服务的信息。在 UDDI 中发布企业与服务信息使其他企业能大范围的访问到这些信息。UDDI 基于现成的标准，如可扩展标记语言（Extensible Markup Language，XML）和简单对象访问协议（Simple Object Access Protocol，SOAP）。

UDDI 构建于网络传输层和基于 SOAP 的 XML 消息传输层之上。诸如 Web 服务描述语言 WSDL 之类的服务描述语言提供了统一的 XML 词汇（与交互式数据语言 IDL 类似）供描述 Web 服务及其接口使用。可以通过添加分层的功能搭起整个基础，比如使用 Web 服务流程语言（Web Services Flow Language，WSFL）的 Web 服务工作流描述、安全性、管理和服务质量功能，从而解决系统可靠性和可用性问题。

② UDDI 注册中心。

在 UDDI 中，一个重要的概念就是 UDDI 注册中心。UDDI 注册中心包含了通过程序手段可以访问到的对企业和企业支持的服务所做的描述。此外，还包含对 Web 服务所支持的因行业而异的规范、分类法定义以及标识系统的引用。UDDI 提供了一种编程模式，定义与注册中心通信的规则。UDDI 规范中所有 API 都用 XML 来定义，包装在 SOAP 信封中，在 HTTP 上传输。

UDDI 消息通过 HTTP 从客户机的 SOAP 请求传到注册中心节点，然后再反向传输。注册中心服务器的 SOAP 服务器接收 SOAP 消息并进行处理，然后把 SOAP 响应返回给客户机。UDDI 注册中心建立在顾客提供的数据的基础之上。要使数据能在 UDDI 中物尽其用需要几个步骤。

第一步，在软件公司和标准组织定义关于在 UDDI 中注册的行业或企业规范时，开始向注册中心发布有用的信息。

第二步，公司还会注册关于其业务及其提供的服务的描述。

第三步，UDDI 注册中心会给每个实体指定一个在程序中唯一的标识符，叫做唯一通用标识符（Unique Universal Identifier，UUID）键，从而能随时了解所有这些实体的情况。

第四步，诸如电子交易场所（e-Marketplace）和搜索引擎等其他类型的客户机与商业应用程序（如基于工作流聚合起来的 Web 服务）使用 UDDI 注册中心来发现它们感兴趣的服务。

第五步，其他的企业调用这些服务，简便的进行动态集成。

UDDI 注册中心里的数据从概念上可以分为四类：技术模型（Technical model）、企业（Business）、企业服务（Business service）、服务绑定（Service binding）。每一类都表示 UDDI 最上层的一种实体。每个这样的实体都指定有自己的 UUID，利用这个标识符总能在 UDDI 注册中心的上下文中找到它。

UDDI 注册中心由 UDDI 规范的一种或多种实现组成，它们可以互操作以共享注册中心数据。有一种特殊的 UDDI 注册中心是由一组对外公开访问的叫做节点的 UDDI 实现构成。它们互操作以共享注册中心数据，合在一起就形成了 UDDI 业务注册中心。该注册中心免费向大众开放。在所有的运营商（Operator）站点上都冗余的放着 UDDI 业务注册中心的全部条目，但只有在创建条目的站点才能对条目进行更改。

③ UDDI 规范。

UDDI 规范是由一些文档组成的。API 规范描述允许执行发现和发布操作的 SOAP API。还描述了请求/响应语义和错误处理。此外，还有大量关于约定和用法的信息。附带的文档包括数据结构规范（Data Structure specification）和 API Schema，它们定义了消息和数据语义。

④ SOAP——通用描述发现和集成（Simple Object Access Protocol）。

随着计算机技术的不断发展，现代企业面临的环境越来越复杂，其信息系统大多数为多平台、多系统的复杂系统。这就要求今天的企业解决方案具有广泛的兼容能力，可以支持不同的系统平台、数据格式和多种连接方式，要求在 Internet 环境下，实现的系统是松散耦合的、跨平台的、与语言无关的、与特定接口无关的，而且要提供对 Web 应用程序的可靠访问。

随着异种计算环境的不断增加，各种系统间的互操作性就愈显得必要，要求系统能够无缝地进行通信和共享数据，在 Internet 环境下实现信息共享、进行数据交换，达到信息的一致性。Web 服务希望不同的系统之间能够用“软件－软件对话”的方式相互调用，打破软件应用、网站和各种设备之间的格格不入的状态，实现“基于 Web 无缝集成”的目标。

1）什么是 SOAP

SOAP（Simple Object Access Protocol），简单对象访问协议是在分散或分布式的环境中交换信息的简单协议，是一个基于 XML 的协议，它包括四个部分：

- SOAP 封装（envelop）：封装定义了一个描述消息中的内容是什么，是谁发送的，谁应当接受并处理它以及如何处理它们的框架；
- SOAP 编码规则（encoding rules）：用于表示应用程序需要使用的数据类型的实例；
- SOAP RPC 表示（RPC representation）：表示远程过程调用和应答的协定；
- SOAP 绑定（binding）：使用底层协议交换信息。

虽然这四个部分是作为一个整体定义的，但它们在功能上是相交的、彼此独立的。

特别地，信封和编码规则是被定义在不同的 XML 命名空间（namespace）中，这样使得定义更加简单。

SOAP 的两个主要设计目标是简单性和可扩展性。这就意味着有一些传统消息系统或分布式对象系统中的某些性质将不是 SOAP 规范的一部分。比如：分布式垃圾收集、成批传送消息、对象引用、对象激活等。

2）SOAP 与 CORBA，COM/DCOM 的区别

在 SOAP 刚刚提出来的时候，许多人就提出了疑问：SOAP 与 CORBA 和 DCOM 的区别何在？

CORBA（Common Object Request Broker Architecture），公共对象请求代理体系结构，是由 OMG 组织制订的一种标准的面向对象应用程序体系规范。由对象请求代理 ORB、对象服务、公共设施、域接口和应用接口这几个部分组成，其核心部分是对象请求代理 ORB（Object Request Broker）。ORB 提供了一种机制，使得对象可以透明的发出请求和接收响应。分布的、可互操作的对象可以利用 ORB 构造可互操作的应用。基于 ORB，客户可以透明的调用服务对象提供的方法，该服务对象可以与客户运行在同一台机器上，也可以运行在其他机器上通过网络与客户进行交互。

COM/DCOM（Component Object Model / Distributed Component Object Model）是微软公司提出的分布式组件对象模型标准，支持在局域网、广域网甚至 Internet 上不同计算机的对象之间的通讯。DCOM 基于 COM 的应用程序、组件、工具等的基础之上，处理网络协议的低层次的细节问题，而不必关心太多的网络协议细节，从而使用户能够集中精力解决用户所要求的问题。DCOM 位于应用程序的组件之间，将组件以不可见的方式胶合在一起组成具有完整功能的应用程序。

COM/DCOM 是个组件模型标准，CORBA 是分布式应用的服务标准。CORBA 和 DCOM 为分布式应用程序建立服务，服务对象来执行客户端调用的服务。而 SOAP 是基于 XML 和 HTTP 的分布式对象的通信协议，是 COM/DCOM 和 CORBA 对象进行通讯的协议。实际上，利用 SOAP 的互操作性和 CORBA 强大的执行能力，两者可以很好地结合在一起。SOAP 并没有定义信息的语义，服务质量。而是采用 XML 进行消息编码，正确的处理需要服务器和客户端本身来执行、理解和执行彼此使用的信息格式，应用程序本身在语义解析中扮演着十分重要的角色。而 CORBA，DCOM 表示了传送信息的语义，对参数和返回值使用二进制编码，可对诸如参数名称或类型的任何元信息都不编码，但也使中介很难处理消息，又因为每个系统使用不同的二进制编码，系统间的互操作的很难实现。

尽管 CORBA 可以在不同的平台上执行，DCOM 可以在微软的各种平台上运行，但是基于 CORBA 和 DCOM 的解决方案必须依赖于单一的应用程序。比如说，假如运行的是 DCOM 服务器程序，所有的分布式的客户端不得不运行于微软的操作平台上。CORBA 虽然可以运行于不同的平台，但 CORBA 的互操作性并没有在更高层的服务上进行扩展，

如安全性和事务处理，在这种情况下，许多提供的服务没有得到很好的优化。DCOM和CORBA 适合于服务器——服务器间的通讯，但是对于客户端——服务器的通讯十分脆弱，尤其当客户程序分布在Internet上更是如此。SOAP不像DCOM一样试图定义分布式系统的所有元素，SOAP没有提供分布式类库，类型安全检查，版本控制等等，SOAP比它处于一个更低的层次，有点类似于IIOP在CORBA的作用，DCOM却提供了一些额外的协议功能，是IIOP 或者SOAP所不具备的。然而，许多.DCOM的额外功能只有在服务器——服务器间通信时才会用到，对于客户端——服务器之间的通信则是多余的。

4. 工作流

（1）工作流的定义

工作流（Workflow）是针对业务流程中具有固定程序的常规活动而提出的一个概念，通过将业务流程分解定义良好的任务、角色、规则和过程来进行执行和监控，达到提高生产组织水平和工作效率的目的，工作流技术为企业更好地实现经营目标提供了先进的手段。工作流要解决的主要问题是：为实现某个业务目标，在多个参与者之间，利用计算机，按某种预定规则自动传递文档、信息或者任务。

一个工作流包括一组活动及它们的相互顺序关系，还包括过程及活动的启动和终止条件，以及对每个活动的描述。

（2）工作流管理系统

工作流管理系统指运行在一个或多个工作流引擎上用于定义、实现和管理工作流运行的一套软件系统，它与工作流执行者（人、应用）交互，推进工作流实例的执行，并监控工作流的运行状态。

工作流管理系统将业务流程中工作如何组织协调在一起的规则抽象出来，从而分离了具体工作的逻辑和流程组织的逻辑。我们在工作流管理系统的协助下：开发人员遵从一定的编程接口及约定，就可以开发出更具灵活性的事务处理系统；最终用户无需重新开发事务处理系统，就可以自己更改工作流程，以适应业务变化的需要。

工作流管理系统可以描述不同覆盖范围和不同时间跨度的经营过程，根据经营过程以及组成活动的复杂程度，工作流管理系统可以采取多种实施方式，在不同实施方式中，所应用的信息技术、通信技术和支撑系统结构会有很大的差别，工作流管理系统的实际运行环境也可以在一个工作组内部，也可以在全企业所有业务部门。

工作流管理系统在实际系统中的应用一般分为三个阶段：即模型建立阶段、模型实例化阶段和模型执行阶段。在模型建立阶段，通过利用工作流建模工具，完成企业经营过程模型的建立，将企业的实际经营过程转化为计算机可处理的工作流模型。模型实例化阶段完成为每个过程设定运行所需的参数，并分配每个活动执行所需要的资源，模型执行阶段完成经营过程的执行，在这一过程中，重要的任务是完成人机交互和应用的执行。

（3）工作流管理系统结构

工作流管理系统由如下几部分组成（如图8-25所示）：

- 定义工具：用来定义工作流，它生成工作流定义。在定义时可能会参考组织或角色数据，还会引用外部应用程序的编程接口。
- 工作流执行服务：用来执行工作流，可能包含多个相互独立、并行运转的工作流引擎。它可能会参考组织或角色数据，还会调用外部应用程序，维护工作流控制数据，使用工作流相关数据，生成工作列表。
- 工作流引擎：用来执行单独的流程实例。
- 用户界面：用户操纵工作流列表的界面，可能会调用外部的应用程序。

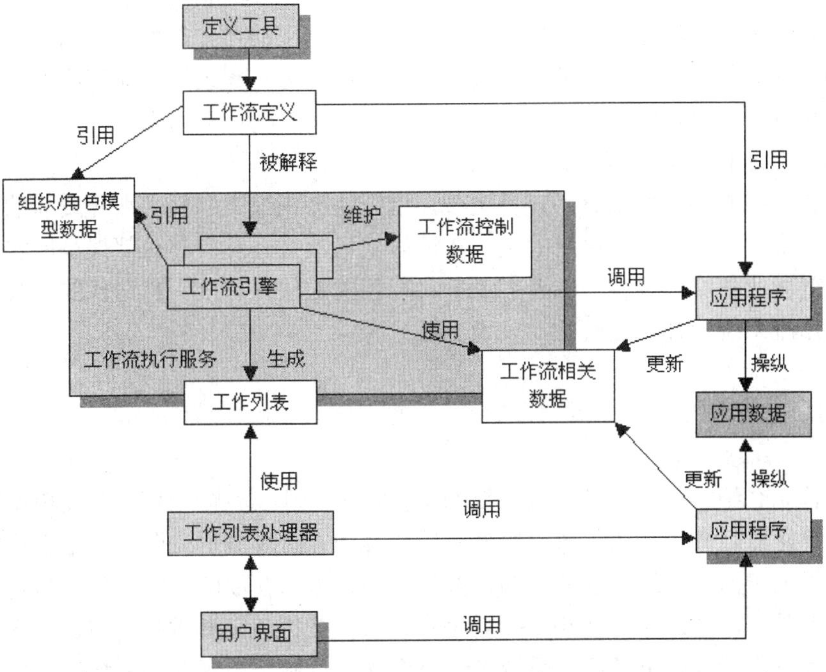

图 8-25 工作流管理系统结构

（4）工作流的功能

工作流最大的优点是实现了应用逻辑与过程逻辑的分离，因此可以在不修改具体功能的实现情况下，通过修改过程模型来改变系统功能，完成对生产经营部分过程或全部过程的集成管理，有效地把人、信息和应用工具合理地组织在一起，发挥系统的最大效能。工作流技术可以支持企业实现对经营管理和生产组织的过程控制以及决策支持，实现现代企业对“在适当的时间把适当的信息传给适当的人”的要求。

对于引入工作流的组织，能够在软件开发和业务两个层次受益。

- 方便开发，工作流管理系统能够简化企业级软件开发甚至维护。
- 降低开发风险——通过使用状态和动作这样的术语，业务分析师和开发人员使用同一种语言交谈。这样开发人员就不必将用户需求转化成软件设计了。

- 实现统一集中——业务流程经常变化，使用工作流系统的最大好处是：业务流程的实现代码，不再是散落在各种各样的系统中。
- 加快应用开发——软件不用再关注流程的参与者，开发起来更快，代码更容易维护。
- 业务流程管理（BPM）——提高效率，许多流程在自动化过程中会去除一些不必要的。

步骤：较好的流程控制，通过标准的工作方法和跟踪审计，提高了业务流程的管理；改进客户服务，因为流程的一致性，提高了对客户响应的可预见性；灵活，跨越流程的软件控制，使流程可以按照业务的需要重新设计；业务流程改进—对流程的关注，使它们趋向于流畅和简单。

- 提高对迭代开发的支持。

如果软件中业务流程部分不容易更改，组织就会花很大的精力在开发前的业务流程分析中，希望一次成功。但可悲的是，在任何软件项目开发中，这都很少能实现。工作流系统使得新业务流程很容易部署，业务流程相关的软件可以一种迭代的方式开发，因此使用工作流系统使开发更有效、风险更低。

本章小结

本章首先介绍了电子商务应用系统的总体规划中涉及生命周期、开发模型，规划内容与方法等问题，接着介绍了可行性分析的内容和方法及数据流图、数据字典的知识。然后介绍了电子商务系统需求分析的任务与原则、需求获取的方法、分析与建模，需求分析图形工具、软件开发工具 Rose，并重点讲解了数据流图和数据字典。本章还介绍了电子商务系统设计包括电子商务系统设计的概念与目标、电子商务系统的组成与功能，最后对中间件、企业应用集成、Web 服务、工作流四种电子商务相关技术作了介绍。

参考文献

[1] 方美云，邝孔武. 信息系统的开发与管理教程. 北京：清华大学出版社，2003.

[2] 方美琪，付虹蛟. 电子商务教程. 北京：清华大学出版社，2002.

[3] 刘军，季常煦，曾洁琼. 电子商务系统的规划与设计. 北京：人民邮电出版社，2004.

[4] Jeffrey L. Whitten Lonnie D. Bentley Kevin C. Dittman. 系统分析与设计方法.肖刚，孙惠，译. 北京：机械工业出版社，2003.

[5] 刘冰，赖函，翟中，等. 软件工程实践教程. 北京：机械工业出版社，2009.

[6] 李东生，崔冬华，李爱萍，等. 软件工程——原理、方法和工具.北京：机械工程出版社，2009.

[7] 王曰芬，丁晟春. 电子商务网站设计与管理. 北京：北京大学出版社，2002.

[8] 刘军，董宝田. 电子商务系统的分析与设计. 北京：高等教育出版社，2003.

[9] 方美琪. 电子商务概论. 北京：清华大学出版社，2002.

[10] 常晋义. 信息系统开发与管理. 北京：机械工业出版社，2004.

[11] 刘军，季常煦，曾洁琼. 电子商务系统的规划与设计. 北京：人民邮电出版社，2004.

[12] 张海藩. 软件工程导论. 北京：清华大学出版社，2004.

[13] 张淑平. 软件设计师教程（第 4 版）. 北京：清华大学出版社，2015.

第 9 章　电子商务程序设计基础

9.1　电子商务平台开发基础

9.1.1　.NET 平台技术及结构

1. .NET 平台技术及其结构

（1）.NET 平台简介

.NET 是微软的新一代技术平台，根据微软的定义：.NET = 新平台 + 标准协议 + 统一开发工具。从技术的角度，一个.NET 应用是一个运行于.NET Framework 之上的应用程序。更精确地说，一个.NET 应用是一个使用.NET Framework 类库来编写，并运行于公共语言运行时（Common Language Runtime）之上的应用程序。.NET 平台结构如图 9-1 所示。

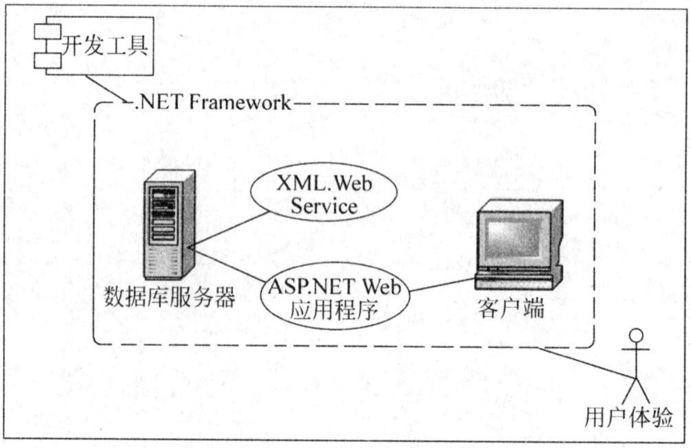

图 9-1　.NET 平台结构图

.NET Framework 目标是成为新一代基于 Internet 的分布式计算应用开发平台。其框架层次结构如图 9-2 所示。

（2）.NET Framework 的组成部分

① 公共语言运行时（Common Language Runtime，CLR）

公共语言运行时提供一个统一的、受控的.NET 框架的运行环境。CLR 运行环境在.NET 平台中充当一个类似于代理人的角色，为基于其上的层次提供统一的底层进程、线程管理、内存管理、安全管理、代码验证和编译以及其他的系统服务等。CLR 通过中间语言等机制实现了基于.NET 的编程语言的无关性和潜在的平台无关性。

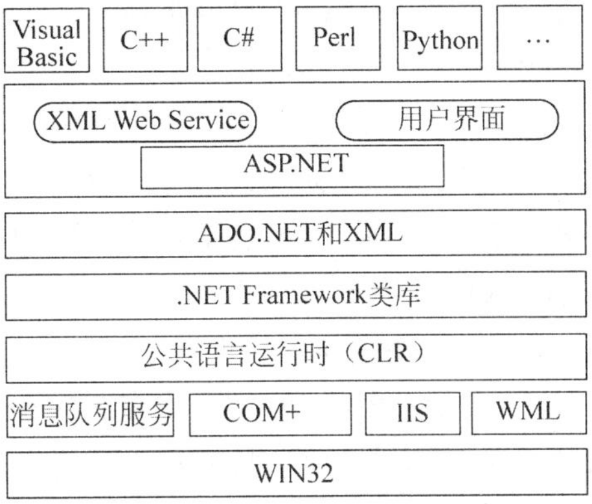

图 9-2　.NET 框架基本层次

② .NET 类库（.NET Framework Class Library）。

.NET Framework 提供了一个包含许多高度可重用的接口和类库。该类库是一个完全面向对象的类库，它既是.NET 应用软件开发的基础类库，也是.NET 平台本身的实现基础。

.NET 类库的组织是以命名空间（Name Space）为基础的，最顶层的命名空间是 System。这些命名空间是以其功能模块命名的，所以可以在层次分明的命名空间中快速找到所需要的类。

③ ADO.NET。

ADO.NET 是一组用于和数据源进行交互的面向对象类库。ADO.NET 允许和不同类型的数据源以及数据库进行交互。

ADO.NET 提供与数据源进行交互的相关的公共方法，但是对于不同的数据源采用一组不同的类库。这些类库称为 Data Providers，并且通常是以与之交互的协议和数据源的类型来命名的。ADO.NET 主要包括 Connection 类、Command 对象、DataReader 类、DataSet 对象等。

④ ASP.NET 和 Windows Forms。

ASP.NET 和 Windows Forms 是.NET Framework 的主要界面技术。

ASP.NET 是一个建立服务器端 Web 应用程序的框架，支持的界面包括 ASP Forms 和 ASP Web Service 两种形式。ASP.NET 中可以使用.NET Platform 提供的各种运行环境服务，如丰富的类库、数据访问、自动内存管理等，从而可以大大提高开发效率。此外，ASP.NET 还具有以下特性：更简单易行的部署；更好的伸缩性和可用性；更先进的安全性能。

Windows Forms 是一项基于 Windows 平台的应用程序设计的技术。使用这项技术可以充分利用.NET Class Library 的面向对象特性及 CLR 提供的各种服务等。Windows Forms 也可以用来开发多层结构的分布式系统的本地界面。

⑤ Common Language Specification（CLS）。

CLS被定义为一种规范，符合该规范的语言和编译器将可以把源代码编译成 CLR 所能识别的“中间语言”（Microsoft Intermediate Language，MSIL）和“元数据”（Metadata）。通过这样的机制 .NET 框架具有了支持几乎所有语言互操作的特性，只要为该语言实现了可以将源代码编译成 MSIL 代码的编译器，都可以用于.NET 平台的开发。

⑥ 其他重要技术（如 CTS、CAS、线程技术）。

.NET 体系中还包含了许多其他关键技术，例如 CTS（Common Type System，CLS 的超集）、CAS（Code Access Security）。这些技术和上面提到的技术互相配合，构成了现在可以看到的.NET 框架，这些技术并不是相互分离的。

另外，贯穿.NET 体系的 XML 和相关技术也被应用在程序语言层面、数据访问层面及应用配置层面等各个组成部分中。

.NET 还使用标准的 SOAP（Simple Object Access Protocol）协议和 HTTP 协议实现开发和使用 Web Services 的能力，基于这些开放标准的 Web Services 技术可以和任意平台的 Web Services 相集成。

2．面向对象编程概述

（1）面向对象程序设计思想

面向对象编程（Object-Oriented Programming，OOP）技术是当今占主导地位的程序设计思想和技术，也是开发电子商务平台中使用的重要技术。面向对象程序设计首先针对问题要处理的数据特征找出相应的数据结构，然后设计解决问题的各种算法，并将数据结构和算法看做一个有机的整体，即“类”。由“类”可以实例化出一个或者多个对象，每个对象各尽其职，分别执行一组相关任务。OOP 对问题的分析和解决基于两个原则：抽象和分类。

面向对象程序是由许多对象组成，对象是程序的实体，这个实体包含了对该对象属性的描述（数据结构）和对该对象进行的操作（算法），其结构如图 9-3 所示。

（2）面向对象基本概念

① 对象。对象是人们要进行研究的任何事物，从最简单的整数到复杂的飞机等均可看作对象，它不仅能表示具体的事物，还能表示抽象的规则、计划或事件。

② 对象的状态和行为。一个对象用数据值来描述它的状态。对象还有操作，用于改变对象的状态，对象及其操作就是对象的行为。对象实现了数据和操作的结合，使数据和操作封装于对象的统一体中。

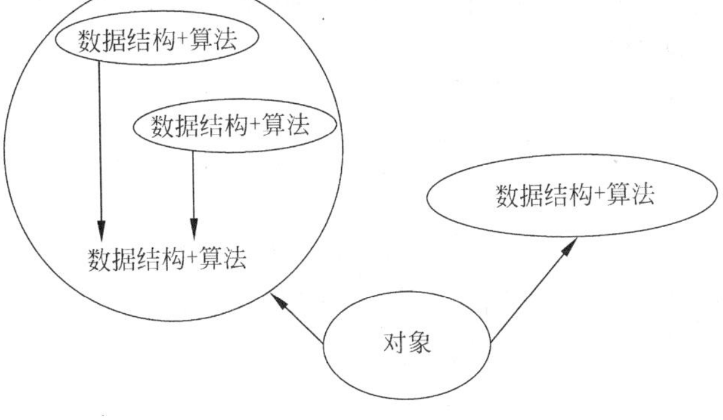

图 9-3　面向对象程序结构

③ 类。具有相同特性（数据元素）和行为（功能）的对象的抽象就是类。因此，对象的抽象是类，类的具体化就是对象，也可以说类的实例是对象，类实际上就是一种数据类型。类具有属性，它是对象的状态的抽象，用数据结构来描述类的属性。类具有操作，它是对象的行为的抽象，用操作名和实现该操作的方法来描述。

④ 类的结构。在客观世界中有若干类，这些类之间有一定的结构关系。通常有两种主要的结构关系，即“一般—具体”结构关系和“整体—部分”结构关系：“一般—具体”结构称为分类结构，也可以说是“或”关系，或者是“is a”关系；“整体—部分”结构称为组装结构，它们之间的关系是一种“与”关系，或者是“has a”关系。

⑤ 消息和方法。对象之间进行通信的结构叫做消息。在对象的操作中，当一个消息发送给某个对象时，消息包含接收对象去执行某种操作的信息。发送一条消息至少要包括说明接受消息的对象名、发送给该对象的消息名(即对象名、方法名)。一般还要对参数加以说明，参数可以是认识该消息的对象所知道的变量名，或者是所有对象都知道的全局变量名。

（3）面向对象三大特征

① 封装。封装是面向对象编程的特征之一，也是类和对象的主要特征。封装将数据以及加在这些数据上的操作组织在一起，成为有独立意义的构件—类。外部无法直接访问这些封装了的数据，从而保证了这些数据的正确性。

② 继承。面向对象编程语言的重要特点就是“继承”。从编程角度来说，如果类 A 继承类 B，类 A 称为子类，类 B 称为父类，子类继承父类成为一个新类，直接获得父类的方法和属性，并在无需重新编写原来的类的情况下对这些功能进行扩展，是软件重用的重要方式。因此，一个子类完整的内容往往包括：从父类继承而来的成员；自身添加的成员；父类成员不符合要求而重写的成员。

③ 多态。多态是指面向对象程序运行时，相同的信息可能会送给多个不同的类型的对象，而系统可依据对象所属类型，引发对应类型的方法，而有不同的行为。简单来

说，所谓多态意指相同的信息给予不同的对象会引发不同的行为。

3．C#语言编程基础

（1）C#语言概述

C#是微软推出的一种基于.NET 框架的、面向对象的高级编程语言。

（2）数据类型和变量

我们知道算法处理的对象是数据，而数据是以某种特定形式存在的。C#语言将数据分为不同的类型，它们分别表示不同范围、不同精度、不同用途的数据。

C#语言数据类型体系如图 9-4 所示。

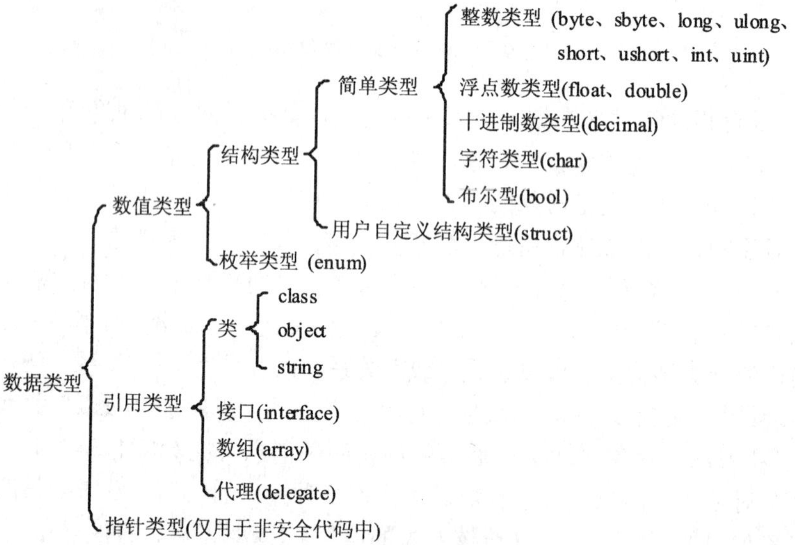

图 9-4　c#的数据类型

C#语言中具有数值类型的变量存储的是数值数据，而引用类型的变量则只存储数据的存储单元地址。

C#中简单数据类型的表示和范围如表 9-1 所示。

表 9-1　简单类型

C#类型	说　　明	字节数	取 值 范 围
sbyte	8 位带符号整型	1	-128～127
byte	8 位无符号整型	1	0～255
short	16 位带符号整型	2	-32768～32767
ushort	16 位无符号整型	2	0～65535
int	32 位带符号整型	4	-2147483648～2147483647
uint	32 位无符号整型	4	0～4294967295
long	64 位带符号整型	8	-9223372036854775808～9223372036854775807

续表

C#类型	说　明	字节数	取 值 范 围
ulong	64 位无符号整型	8	0～18446744073709551615
char	字符型	2	0～65535
flaot	单精度浮点型	4	1.5E-45~3.4E+38
double	双精度浮点型	8	5.0E-324~1.7E+308
Bool	布尔型	1	Ture,False
decimal	128 位十进制小数类型	16	$1.0\times10^{-28}\sim7.9\times10^{28}$

① 变量和常量。

常量（Constant）是指在程序的运行过程中值不能改变的量。

定义常量的一般格式为：

```
[属性] [修饰符]  const  数据类型  常量名=表达式;
```

变量是计算机内存中被命名的数据存储单元，其中存储的值是可以改变的。在程序中通过变量名来引用其中存储的信息。

在 C#中，变量名必须遵守以下规则：变量名不能与 C#中的库函数名称相同；首字符必须是字母、下划线或者“@”；区分大小写；变量名不能与 C#关键字名相同。

C#规定在程序中所有用到的变量都必须在程序中定义，即遵守“先定义后使用”或“先声明后使用”的原则。

定义变量的一般格式：

```
[属性][修饰符] 数据类型  变量名 1，变量名 2，…，变量名 n;
```

定义好的变量不能直接被用来使用和计算，需要先对其进行初始化才能使用。也就是说变量需要先赋值再使用。

变量初始化格式：

```
数据类型  变量名=表达式;
```

② 整数类型。

整数类型是指那些没有小数部分的数字，包括整数常量和整数变量。

整数常量即整数类型的常数，一般包括以下两种形式。

十进制数：348、-56、0 等。

十六进制数：这类数据以“0x”（其中 0 是数字 0 ）开头，如：0x61，表示十六进制的 61，相当于十进制数据 97。

变量间进行赋值运算要注意其存储范围，一旦超出存储范围，否则会发生“溢出”现象，使程序报错。

③ 字符类型。

在 C#中，无论是字符类型常量还是字符类型变量，都是使用 Unicode 编码中的字符。可使用关键字 char 来定义字符类型数据。char 类型的变量占用 2 个字节的内存。

- 字符常量

字符常量是用单引号括起来的一个字符。如‘s’、‘x’、‘Y’等都是字符常量。

除了以上形式的字符常量外，还允许使用一种特殊形式的字符常量，就是以一个“\”开头的“转义字符”。常用的转义字符如表 9-2 所示。

表 9-2　转义字符及其含义

转义字符序列	功能含义	Unicode 编码
\'	单引号字符	0x0027
\"	双引号字符	0x0022
\\	反斜杠字符'\'	0x005c
\0	空字符(null)	0x0000
\a	响铃	0x0007
\b	退格，将当前位置向前退一列	0x0008
\f	换页，将当前位置移到下页开头	0x000c
\n	换行，将当前位置移到下行开头	0x000a
\r	回车，将当前位置移到本行开头	0x000d
\t	水平制表(跳到下一个 Tab 位置)	0x0009
\v	垂直制表	0x000b

- 字符变量的赋值方法

给字符变量赋值有以下几种方法。

直接赋值：

```
char ch1='a';
```

用十六进制数转化：

```
char ch2='\0x61';
```

利用强制转换：

```
char ch3=(char)97;    //97 是字符 a 对应的 ASCII 码
```

④ 浮点数类型。

- float 型（单精度类型）

float 数据类型使用 4 个字节的内存来存储数字，float 型绝对值的最小值是 1.5×10^{-45} 这表示在小于1.5×10^{-45} 和大于-1.5×10^{-45} 之间的数据是无法表示的。float 型精度为 7 位有效数字。

- double 型（双精度类型）

double 类型的变量占用 8 个字节的内存，精度为 15～16 位有效数字。

⑤ 小数类型。

C#提供了 decimal 类型。这是一个占用 16 个字节（128 位）的数据类型，适用于金融货币计算，精度为28～29 位有效数字。与其他数据类型不同的是，decimal 没有无符号形式。

⑥ 布尔型。

布尔类型是一种用来表示“真”和“假”的逻辑数据类型。布尔类型占用 1 个字节的内存。布尔类型变量只有两种取值：true（代表“真”），false（代表“假”）。

定义一个布尔类型的常量语法如下：

```
const  bool  BTRUE=true;
```

⑦ 引用类型。

C#提供了两种主要的信息存储方式：按值（by value）和按引用（by reference）。

当变量按值存储信息时，变量将包含实际的信息。当变量按引用存储信息时，存储的不是信息本身，而是信息在内存中的存储位置。

C#语言中属于引用类型的数据类型有：对象类型（object）、类类型（class）、字符串类型（string）、接口类型（interface）、数组类型（array）、代理类型（delegate）。

⑧ 字符串类型。

字符串类型的变量是由关键字 string 来定义的，它是类 System.String 的别名。

字符串类型也有常量和变量之分。字符串变量由关键字 string 来定义，而字符串常量用“”括起来表示，例如“jack”。

（3）运算符和表达式

① C#运算符概述。

运算符是用来指定在表达式中执行哪些操作的符号。

C#语言包括以下 3 种类型的运算符：单目运算符（带有 1 个操作数）；双目运算符（带有 2 个操作数）；三目运算符：即条件运算符“？：”。

C#中的运算符如表 9-3 所示。

表 9-3　C#运算符

<table>
<tr><th>运算符类别</th><th>运　算　符</th></tr>
<tr><td>算术</td><td>+　-　*　/　%</td></tr>
<tr><td>逻辑(布尔型和按位)</td><td>&　|　^　!　～　&&　||　true　false</td></tr>
<tr><td>字符串连接</td><td>+</td></tr>
<tr><td>自加、自减</td><td>++　--</td></tr>
<tr><td>移位</td><td><<　>></td></tr>
<tr><td>关系</td><td>==　!=　<　>　<=　>=</td></tr>
<tr><td>复合赋值</td><td>=　+=　-=　*=　/=　%=　&=　|=　^=　<<=　>>=</td></tr>
<tr><td>成员访问</td><td>.</td></tr>
<tr><td>索引(下标运算)</td><td>[ ]</td></tr>
<tr><td>强制类型转换</td><td>()</td></tr>
</table>

续表

运算符类别	运　算　符
条件	? :
代理连接和撤销	+　-
创建对象	new
类型信息	is　as　typeof　sizeof
溢出异常控制	checked　unchecked
间接取址	*　◊　[ ]　&

当一个表达式含有多个运算符时，运算符的优先级就控制了单个运算符的求值顺序。给出了运算符从高到低的优先级如表9-4所示。

表9-4　运算符优先级

类　　别	运　算　符
初级	(x)　x.y　f(x)　a[x]　x++　x--　new typeof　checked　unchecked
单目	+　-　!　～　++x　--x　(T)x
乘法类	*　/　%
加法类	+　-
移位	<<　>>
关系	<　>　<=　>=　is　as
等价性	==　! =
逻辑与	&
逻辑异或	^
逻辑或	|
条件与	&&
条件或	||
条件	? :
复合赋值	=　*=　/=　%=　+=　−=　<<=　>>=　&=　^=　|=

② 赋值运算符。

赋值表达式的格式：变量=表达式;

当一种类型的数据赋值给另一种类型的变量时，如符合下面的条件，将自动发生类型转换：其一，两个类型是兼容的；其二，目的类型比源类型的取值范围大。

C#提供了特殊的复合赋值运算符，简化了某些赋值语句的代码。

例如：

```
x+=10;        //相当于原赋值语句：x=x+10;
```

③ 算术运算符及其表达式。

算数运算符包括基本算术运算符“+、-、*、/、%”和自加自减运算符“++、--”等。

- 加法和减法运算符

参与运算的操作数都是数字时，加法运算同一般的数学运算是一致的。参与运算的操作数都是字符串，相加的结果是两字符串连接在一起。参与运算的操作数分别是数字和字符串，得到的结果是将数字转变为字符串，然后将两个字符串连接在一起。

- 自增自减运算符

自增运算符++将操作数的值自动加 1，自减运算符--将操作数的值自动减 1。含有自增和自减运算符表达式的两种应用形式：

y=++（或--）x：先将 x 值做++（或--）运算，然后再赋值给 y；

y=x++（或--）：先将 x 值赋给 y，然后再将 x 值做++（或--）运算。

- 乘法和除法运算符

一般来说，所有的数值类型都可以参与乘、除法运算，但在进行乘法运算时需考虑其运算结果是否超越了数据类型所能够容纳的最大值。如果超出则会发生溢出现象，程序无法通过编译。

- 取余运算符

取余运算将遵循以下规则：

第一，对于除数和被除数都是正数（包括正整数和正浮点数），将除数和被除数做减法，直到得到的结果小于被除数，这时的结果就是取余运算的结果。

第二，对于负数或负浮点数的取余运算，如果除数和被除数互相异号，即除数和被除数一个是正数一个是负数，则将除数和被除数做加法，直到得到的结果的绝对值小于被除数的绝对值为止，这时得到的结果就是取余运算的结果；如果除数和被除数都是负数，则按照两者都是正数时的运算方法求余数，判断终止取余运算同样也使用绝对值。

④ 关系运算符。

比较运算符“<、>、>=、<=”是二目运算符，作用是比较两操作数的大小。其操作数可以是所有的数值类型变量，比较的结果是“true”或“false”。相等运算符“==”和不等运算符“!=”是用来判断操作数是否相等或不等。等式运算的操作数可以是数值类型变量，也可以是引用类型变量。

⑤ 逻辑运算符。

“&&”运算符表示逻辑“与”，它被用于判断是否同时满足两个或两个以上的条件的时候。其操作数可以是布尔类型变量或关系表达式。在一个“与”操作中，如果第一个操作数是假，则不管第二个操作数是什么值，结果都是假。

“||”运算符表示逻辑“或”，它用来判断是否满足两个或两个以上的条件之一，其操作数可以是布尔类型变量或关系表达式。 在一个“||”操作中，如果第一个操作数是真，则不管第二个操作数是什么值，结果都是真。

“!”运算符是一个一元运算符，表示逻辑非。同样，其操作数可以是布尔类型变量或者关系表达式。

⑥ 条件运算符。

条件运算符“？：”是唯一的一个三目运算符，它需要3个操作数。

条件运算表达式的一般格式是：关系表达式？表达式1：表达式2

功能：如果关系表达式的值是true，则条件运算表达式得到的值为表达式1的值，否则为表达式2的值。

（4）程序控制语句

程序的执行过程控制是算法思路实现的逻辑路径，是程序设计的核心。根据结构化程序设计思想，程序的流程主要由3种基本结构组合而成：顺序结构、选择结构和循环结构，它们是现代程序设计的基础。

① 选择结构。

在C#语言中，提供了两种选择结构程序设计的语句结构：if-else语句和switch语句。它们的作用就是根据某个条件是否成立，控制程序的执行流程。

- if语句

if语句是最常用的选择语句，它的功能是根据所给定的条件（常由关系、布尔表达式表示）是否满足，决定是否执行后面的操作。

```
if(表达式) {语句块}
```

功能：如果表达式的值为真（即条件成立），则执行if语句所控制的语句块；如果表达式的值为假（即条件不成立），则直接执行语句块后面的语句。

if语句结构流程控制如图9-5所示。

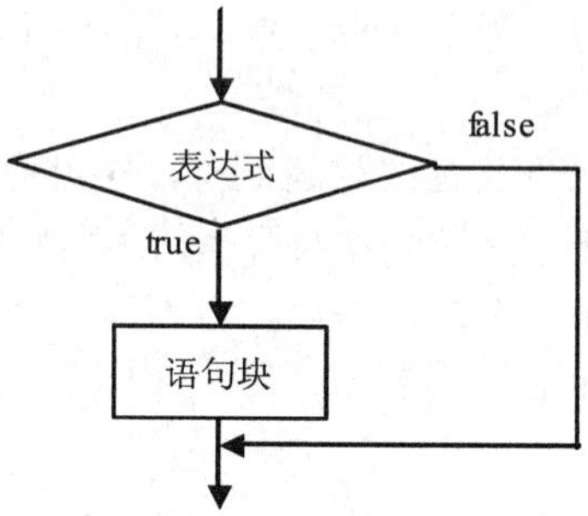

图9-5 if语句结构

- if-else语句

```
if (表达式)
{语句组 1}
   else
{语句组 2}
```

功能：如果表达式成立，则执行语句组 1，然后执行语句组 2 的下一条语句。如果表达式不成立，则跳过语句组 1，执行语句组 2，然后执行语句组 2 的下一条语句。

if-else 语句结构流程控制如图 9-6 所示。

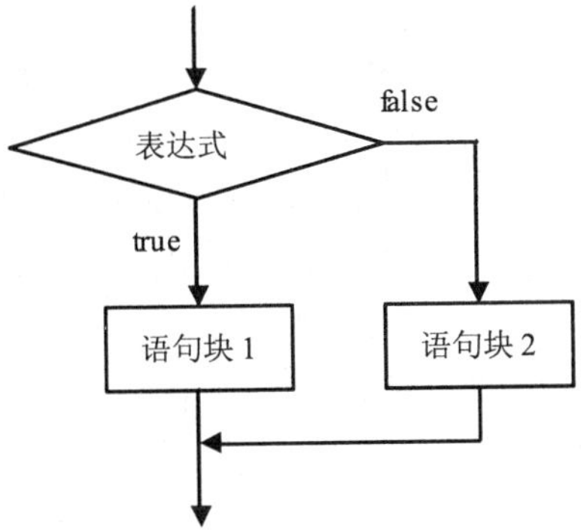

图 9-6　if-else 语句结构

【例 9-1】比较两数的大小，并输出其中较大的数。

```
using System;
class Compare
{
    public static void Main()
    {
        double a, b, x;
        Console.Write("请输入一个数值：");
        a = double.Parse(Console.ReadLine());
        Console.Write("请再输入一个数值：");
        b = double.Parse(Console.ReadLine());
        if (a > b)
            x = a;
        else
            x = b;
        Console.WriteLine("the max is: {0} ", x);
    }
}
```

程序运行结果：输入第一个数值 3，输入第二个数值 5，显示 the max is：5。

- else-if 多分支语句

```
if (表达式 1)  {语句组 1}
else if (表达式 2) {语句组 2}
```

```
else if (表达式 3) {语句组 3}
…
else if (表达式 n-1) {语句组 n-1}
else  {语句组 n}
```

功能：当表达式 1 为真时，执行语句组 1，然后跳过整个结构执行下一个语句；当表达式 1 为假时，跳过语句组 1 去判断表达式 2。若表达式 2 为真时，执行语句组 2，然后跳过整个结构去执行下一个语句；若表达式 2 为假时，则跳过语句组 2 去判断表达式 3。依次类推，当表达式 1、表达式 2……表达式 n-1 全为假时，则执行语句组 n，再转而执行下一条语句。

else-if 多分支语句流程控制如图 9-7 所示。

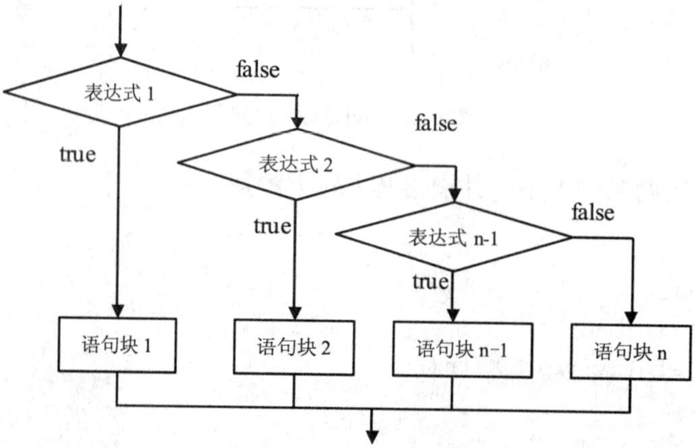

图 9-7 else-if 多分枝结构

【例 9-2】根据输入的学生成绩，显示相应的等级：优、良、中、及格和不及格。

```
using System;
class StuGrade1
{
   public static void Main()
   {
      int score;
      string grade;
      Console.Write("请输入学生的成绩：");
      score=Int32.Parse(Console.ReadLine());
      if (score>=90)
      grade="优";
      else if (score>=80)
      grade="良";
```

```
        else if (score>=70)
        grade="中";
        else if (score>=60)
        grade="及格";
        else
        grade="不及格";
        Console.WriteLine("该学生的考试成绩等级为：{0}", grade);
      }
}
```

程序运行结果：输入 9 0 ，显示考试成绩等级为优。

- Switch 语句

switch 语句的一般形式：

```
switch (表达式)
{
case 常量表达式 1：{语句组 1} break;
case 常量表达式 2：{语句组 2}break;
…….
case 常量表达式 n：{语句组 n}break;
default ：{语句组 n+1}break;
}
```

其中：

“表达式”也可以是变量，但必须是能计算出具体的“常量表达式”表示的量。

“常量表达式”是“表达式”的计算结果，可以是整型数值、字符或字符串。switch 语句的执行过程：首先计算 switch 后面的表达式的值。其次，将上述计算出的表达式的值依次与每一个 case 语句的常量表达式的值比较。如果没有找到匹配的值，则进入 default，执行语句组 n+1；如果没有 default，则执行 switch 语句后的第一条语句；如果找到匹配的值，则执行相应的 case 语句组语句，执行完该 case 语句组后，整个 switch 语句也就执行完毕。因此，最多只执行其中的一个 case 语句组，然后将执行 switch 语句后的第一条语句。

【例 9-3】根据变量 name 的值执行不同操作。如该变量的值为 Bob，则打印“Hi Bob”；如果为“Richard”，则打印“Hi Rich”；对于其他情况，则打印“Hi x”。其中 x 为变量 name 的值。

```
using System;
class PrintName
{
```

```
        public static void Main()
        {
            Console.Write("请输入您的姓名：");
            string name = Console.ReadLine();
            switch (name)
            {
                case "Robert":
                    Console.WriteLine("Hi Bob");
                    break;
                case "Richard":
                    Console.WriteLine("Hi Rich");
                    break;
                case "Barbara":
                    Console.WriteLine("Hi Barb");
                    break;
                default:
                    Console.WriteLine("Hi {0}", name);
                    break;
            }
        }
    }
```

程序运行结果：输入 Richard，显示 Hi Rich。

② 循环结构。

在程序中除了使用语句改变流程外，有时还需要重复执行某个代码段多次。为了实现重复执行代码的功能，C#提供了 while、do-while、for 和 foreach-in 4 种循环语句。

- while 循环

while语句可用来实现当条件为“真”时，不断重复执行某个代码块的功能。其语句格式为：

```
while (条件表达式)
  {语句块}
```

while 语句其执行过程如下：

a．计算 while 语句的条件表达式的值。

b．如表达式的值为真，则执行循环体“语句块”，并改变控制循环变量的值。

c．返回 while 语句的开始处，重复执行步骤 a 和 b，直到表达式的值为假，跳出循环并执行下一条语句。

while 语句流程控制如图 9-8 所示。

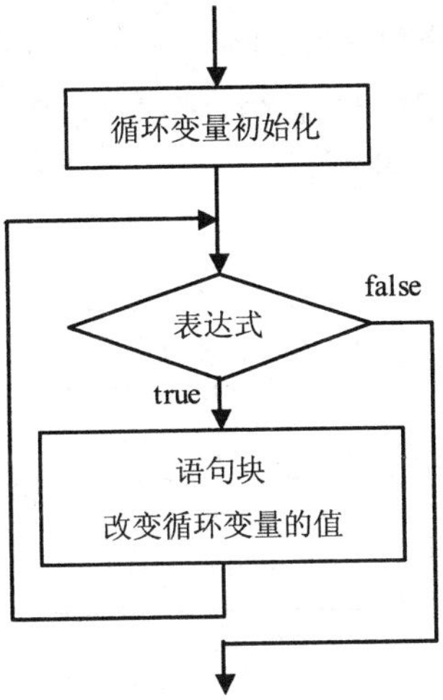

图 9-8　while 语句结构

【例 9-4】使用 while 语句，计算∑1+2+3+…+100。

```
using System;
class Sum1
{
   public static void Main()
   {
      int sum = 0, i = 1;
      while (i <= 100)
      {
         sum += i++;    //循环变量是 i，i++是用于改变循环变量的
      }
      Console.WriteLine("sum={0}", sum);
   }
}
```

程序运行结果：sum=5050。

- do-while 循环

do-while 语句的特点是先执行循环，然后判断循环条件是否成立。其语句格式为：

```
do
  {语句块}
while (条件表达式);
```

while 语句其执行过程如下：

a. 当程序执行到 do 语句后，就开始执行循环体语句块，并改变循环变量的值。

b．执行完循环体语句后，再对 while 语句括号内的条件表达式进行判断。若表达式条件成立（为真），转向步骤 a 继续执行循环体语句；否则退出循环，执行下一条语句。

do-while 语句流程控制如图 9-9 所示。

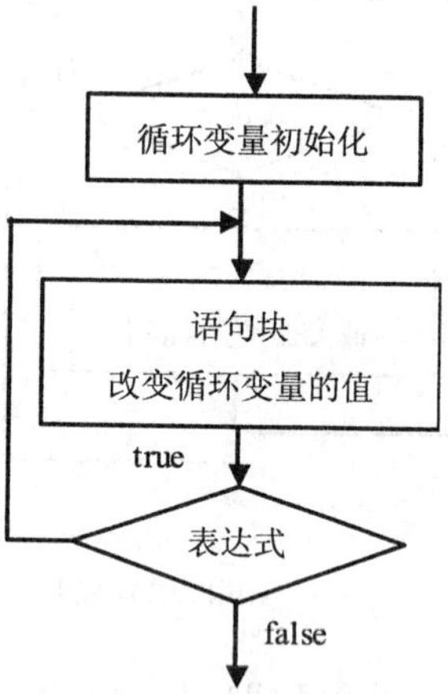

图 9-9　do-while 语句结构

【例 9-5】使用 do-while 语句，计算∑1+2+3+…+100。

```
using System;
class Sum2
{
    public static void Main()
    {
        int sum = 0, i = 1;
        do
        { sum += i++; }         //循环变量是 i，i++是用于改变循环变量的
        while (i <= 100);       //while 语句后面的分号不能丢掉
        Console.WriteLine("sum={0}", sum);
    }
}
```

程序运行结果：sum=5050。

while 和 do-while 语句的区别：

do-while 语句不论条件表达式的值是什么，其循环体语句都至少要执行一次，而 while 语句只有当条件表达式的值为真时，才执行循环体语句，如果条件表达式一开始就不成立，则循环体语句一次都不必执行。总之，do-while 循环是先执行循环体，后判断条件表达式是否成立；而 while 语句是先判断条件表达式，再决定是否执行循环体。

- for 循环

for 语句是构成循环最灵活简便的一种方法。for 语句的一般格式为：

```
for (表达式 1;表达式 2;表达式 3) {循环体语句组}
```

for 语句其执行过程如下：

a．先计算表达式 1 的值。

b．求解表达式 2 的值，若表达式 2 条件成立，则执行 for 语句的循环体语句组，然后执行下面的第 c 步；若条件不成立，则转到第 e 步。

c．求解表达式 3。

d．转回第 b 步执行。

e．循环结束，执行 for 语句下面的一个语句。

for 语句流程控制如图 9-10 所示。

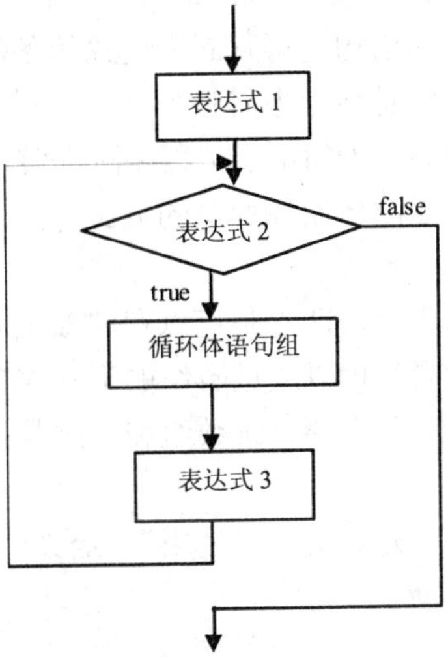

图 9-10　for 循环语句结构

【例 9-6】使用 for 语句，计算∑1+2+3+…+100。

```
using System;
class Sum3
{
    public static void Main()
    {
        int i, sum = 0;
        for (i = 1; i <= 100; i++)
        { sum += i; }
        Console.WriteLine("sum={0}", sum);
```

```
    }
}
```

程序运行结果：sum=5050。

- break 和 continue 语句

break 语句通常用在 switch 语句和各种循环语句中。

break 语句的使用格式为：break;

在 switch 语句中，break 语句的作用是使程序流程跳出 switch 语句结构。在各种循环语句中，break 语句的作用是使程序终止整个循环。注意，如是多重循环，break 不是使程序跳出所有循环，而只是使程序跳出 break 本身所在的循环。

continue 语句用于各种循环语句中，continue 语句的使用格式为：continue;

continue 语句的作用是跳过循环体中剩余的语句而强行执行下一次循环。

continue 语句与 break 语句的区别：continue 语句用于结束本次循环，即跳过循环体中 continue 语句下面尚未执行的语句，再判断表达式的条件，以决定是否执行该循环体的下一次循环。而 break 语句则是终止当前整个循环，不再进行条件表达式的判断。在 while 和 do-while 语句中，continue 语句用于把程序流程转至执行条件测试部分，而在 for 循环中，则转至表达式 3 处，以改变循环变量的值。

（5）数组

数组是一种一对多的数据类型，即它是可以存储多个同类型值（或元素）的单个数据类型，其中所有的值（或元素）可以通过数组的下标来访问，并且这些元素在内存中占据着一块连续的存储空间，这里介绍一维数组和二维数组。

① 一维数组。

同变量一样，数组也必须“先定义，后使用”。定义一维数组的格式如下：

```
数据类型[ ]  数组名;
```

方括号“[ ]”在这里表示是定义一个数组，而不是普通的一个变量或对象。

例如：int[ ]　arry; //定义了一个名为 arry 的整型数组，意味着该数组可用来存放多个整数，但此时并没有为存储变量分配空间。在 C#语言中，定义数组后必须对其初始化(为数组分配内存空间)才能使用。初始化数组有两种方法：静态初始化和动态初始化。

- 静态初始化

如果数组中包含的元素不多，且初始元素值是已知的，则可以采用静态初始化方法。静态初始化数组时，必须与数组定义结合在一起，否则会报错。

例如：

```
int[ ]  arry={1,2,3,4};
string[ ]  str={"China", "American", "Korea"};
```

• 动态初始化

动态初始化需用 new 关键字将数组实例化为一个对象，再为该数组对象分配内存空间，并为数组元素赋初值。动态初始化数组的格式为：

例如：

```
int[ ]  arry;          //定义了一个名为 arry 整型数组
arry=new  int[10];  //为 arry 数组在内存中分配 4×10=40 个字节的存储空间，但元素
                        值均为 0
```

或写为：

```
int[ ] arry=new  int[10];  //定义了一个名为 arry 整型数组，并为其在内存中分配
                              4×10=40 个字节的存储空间
```

当定义完一个数组，并对其初始化后，就可以引用数组中的元素了。一维数组的引用方式是：

数组名[下标]

数组的下标是元素的索引值，它代表了要被访问的数组元素在内存中的相对位置，就是从数组的第 1 个元素到某个数组元素的偏移量。在 C#中数组元素的索引是从 0 而不是 1 开始的，如数组 arry 的第 1 个元素是 arry[0]，第 2 个元素是 arry[1]，依次类推。

【例 9-7】给定 10 个数：3，5，34，65，15，74，28，59，122，42，将它们存储在一个数组中，并将其按从小到大的顺序输出。

```
using System;
class Order
{
    public static void Main()
    {
        int i, j, k, m;
        int[] que = new int[] { 3, 5, 34, 65, 15, 74, 28, 59, 122, 42 };
                                                //定义数组并动态初始化
        for (i = 0; i < 10; i++)
        {
            k = i;
            for (j = i + 1; j < 10; j++)   //从 i 的下一个元素起开始比较
            {
                if (que[j] < que[k])         //比较数组元素
                {
                    k = j;                   //使 que[k]=que[j]
                    if (que[k] < que[i])   //通过临时变量m,交换que[i]和que[k]
                                 的值，将参加比较的元素中的较小的数赋给 que[i]
```

```
                    {
                        m = que[i];
                        que[i] = que[k];
                        que[k] = m;
                    }
                }
            }
        }
        Console.WriteLine("输出排序后的结果：");
        for (i = 0; i < 10; i++)          //通过for循环，依次输出数组元素值
            Console.Write("{0}\t", que[i]);
    }
}
```

程序运行结果：排序后 3 5 15 28 34 42 59 65 74 122。

② 二维数组

在C#语言中，多维数组可看作是数组的数组，即高维数组中的每一个元素本身也是一个低维数组，二维数组的定义格式：

```
数据类型[ , ]  数组名;
```

例如：

```
int[ , ]  a;            //定义了名为a的整型二维数组
string[ , ]   str;   //定义名为str的字符串型二维数组
```

二维数组也包括两种初始化方法，即：静态初始化和动态初始化，并且其初始化形式也非常相似。

例如，以下定义一个3行2列的整型二维数组并对其静态初始化：

```
int[ , ]   a={{1,3},{7,4},{10,21}};
```

二维数组经过初始化后，其元素在内存中将按一定的顺序排列存储。二维数组的存储序列为按矩阵的"行"顺序存储，例如上例中a数组的存储顺序为：

a[0][0]，a[0][1]，a[1][0]，a[1][1]，a[2][0]，a[2][1]

- 动态初始化

动态初始化例如：

```
int[ , ]  a=new  int[2,3];  //定义了一个2行3列的二维数组
```

在动态初始化二维数组时，也可直接为其赋予不同的初始值。例如：

```
int[ , ]  a=new  int[ , ]{{1,2,3},{3,2,5}};
```

与一维数组类似，二维数组也是通过数组名和下标值来访问数组元素的。唯一与一

维数组不同的是，二维数组需由两个下标来标识一个数组元素，二维数组的引用形式为：

```
数组名[下标 1,下标 2]
```

例如：a[2,3]表示是 a 数组的第 3 行、第 4 个元素。

（6）类

类是 C#语言实现面向对象程序设计的基础，它是 C#封装的基本单元，类把对象、属性和方法这些类成员封装在一起构成一个有机整体，即数据结构。当类的成员定义为保护或私有（protected 或 private）时，外部不能访问；定义为公有（public）时，则任何用户均可访问。

① 类的结构及创建对象。

在 C#中用关键字 class 来定义类，其基本格式为：

```
class 类名
{
//类的成员定义
}
```

类是由数据成员和函数成员组成，它们分别是面向对象理论中类的属性和方法。类的数据成员包含类的常量成员和类的变量成员，它们可以是前面介绍的任何数据类型的变量，甚至可以是其他类。

类成员的访问权限用来限制外界对某一个类成员的访问。类成员的访问权限有以下几种：

public：允许外界访问。

private：不允许外界访问，也不允许派生类访问，只能在定义该成员的类中调用。

protected：只允许在定义该成员的类或其派生类的内部被调用。

internal：使用该声明符的类型或成员只允许在同一程序集内访问。

创建类对象的过程就是实例化类，其语句格式如下：

```
类名 对象名-new 类名();
```

其中对象名就是要创建的对象名称。

例如：

```
class Point{ }
Point StringPoint=new Point();
```

定义（构造）一个 Point 类的对象 StringPoint，并为该对象分配存储空间。

② 类的数据成员。

类数据成员在 C#中用来描述一个类的特征，即面向对象理论中类的属性。C#中有两类数据成员，一类是常量成员，另一类是变量成员。

在某个类中定义的常量就是这个类的常量成员，这个类的所有其他成员都可以使用这个常量来代表某个值。

在类中定义变量成员的格式：

```
class 类名
{
[变量修饰符] 数据类型 变量名1,变量名2……;
}
```

在应用中，一般将变量成员分为两类，静态变量成员（带 static 修饰符定义的变量）和非静态变量成员（又称为实例变量成员，即定义时不带 static 修饰的）。

③ 类的方法成员及使用。

方法是指类中用于对数据进行某种处理操作的算法，它就是实现某种功能的程序代码模块，在 C/C++中称作函数，在面向对象编程技术中，将函数称为方法。在方法中，代码必须是结构化的。方法是访问、使用私有成员变量的途径。在 C#中，方法与它操作的对象封装在一起构成类，所以方法是类的成员。在一个类中定义成员方法的格式为：

```
class 类名
{
[方法修饰符] 返回的数据类型 方法名([形式参数列表])
{ 方法体 }
}
```

【例 9-8】设计一个 Employee 类（程序文件名为 Employee.cs）。

```
using System;
public class Employee               //定义类
{
    //定义数据成员变量
    private string name;           //姓名
    private long idcard;           //身份证号
    private double salary;         //工资基数
    private double increase;       //工资增加数额
    //输出私有成员变量的方法
    public void Print()
    {
        Console.WriteLine("姓名: {0}", name);
        Console.WriteLine("身份证号: {0}", idcard);
        Console.WriteLine("基本工资: {0,5:c}", salary);
        Console.WriteLine("增加工资: {0,5:c}", increase);
    }
    //计算普通员工工资增加数额的方法
    public void Raise(double percent)
    {
```

```
        increase = percent * salary;
    }
    //构造函数(构造对象的方法)
    public Employee(string n, long i, double m)
    {
        name = n;
        idcard = i;
        salary = m;
    }
}
```

调用实例方法的调用格式为：

```
类名  实例名=new  类名([构造函数参数表]);    //创建类的实例(对象)
对象名.方法名(实参表);    //通过实例调用方法
```

调用方法和调用数据成员的区别是：调用方法时，不论是否有调用参数，方法名后必须跟括号。

以下将【例 9-8】中 Employee 类看作一种数据类型，然后通过 Employee 的对象调用相应的方法。

【例 9-9】使用“例 9-8”中自定义的类 Employee 的方法。

```
using System;
public class myApp   //应用程序类
{
    public static void Main()
    {
        //定义对象数组
        Employee[] e = new Employee[3];
        //使用构造方法实例化对象
        e[0] = new Employee("David", 20021106, 2000.0);
        e[1] = new Employee("Slash", 20021107, 2500.0);
        e[2] = new Employee("Tom", 20021108, 3000.0);
        //计算普通员工工资的增长
        Console.WriteLine("普通员工工资增加数额计算：");
        e[0].Raise(0.05);//元素 e[0]调用自己的 RaisePT 方法，计算了相应的工资增
                            长额
        e[1].Raise(0.06);
        e[2].Raise(0.07);
        //使用 foreach 循环访问数组中的每一个元素
        foreach (Employee E in e)//E 为 Employee 对象，e 为 Employee 对象数组
        {
            E.Print();                //调用类 Employee 的打印方法，输出数据
            Console.WriteLine();  //输出一个空行
```

```
            }
        }
    }
```

程序的运行结果：分别显示 David、Slash 和 Tom 的身份证号，基本工资和增加工资的具体数字。

④ 方法重载。

在程序中调用方法都是通过方法名来实现的，如果对于具有相同功能而参数不同的方法取不同的方法名，不但会降低程序员编写程序的效率，也降低了程序的可读性。

例如，以下是一些执行打印不同数据类型数据的打印方法，各种方法取不同的方法名。

```
public  int  Iprint(int) {……}           //打印整数
public  double  Dprint(double) {……} //打印浮点数
public  string  Sprint(string) {……} //打印字符串
```

以上3个方法都是执行打印功能，但却使用了3个不同的方法名，给编写、阅读和调用程序都带来了不便，如能使用同一个方法名，则会方便得多。在C#语言中，可以在同一个类的内部定义多个名字相同而参数表不同的方法，这就是所谓的方法重载。换个说法，实现用同名的方法对不同类型的数据做不同的运算，就称为方法重载。

使用方法重载技术后，上述3个打印的方法可以如下定义：

```
public  int  print(int) {……}           //打印整数
public  double  print(double) {……}  //打印浮点数
public  string  print(string) {……}  //打印字符串
```

对于重载的方法，C#是通过方法中的参数匹配来决定调用哪个方法。所以调用方法时的参数类型、属性和个数一定要与类中将要被调用的方法的参数列表对应，这样才能实现正确调用。

（7）继承

“继承”机制使我们能用一种简单的方式来描述事物。比如可以这样描述菱形：菱形是一种一组邻边相等的平行四边形。这里表明：菱形是由平行四边形类派生出来的，它是平行四边形类中的一种，即菱形继承了平行四边形的特性（两组对边分别平行的四边形），但它又同时具有自己的特征（有一组邻边相等）。“一组邻边相等”是菱形区别于平行四边形类中其他子类的属性。所以当我们已描述了平行四边的特征，再描述菱形时，只要举出菱形的个性化特征，就完全可以让人们理解什么叫菱形了。由此我们可以说，菱形继承了平行四边形的特征，或者说平行四边形派生了菱形。

从下图的继承关系上看，每个子类有且只有一个父类，所有子类都是其父类的派生类，它们都分别是父类的一种特例，父类和子类之间存在着一种“继承”关系。不同图形之间的继承层级结构示意图如图9-11所示。

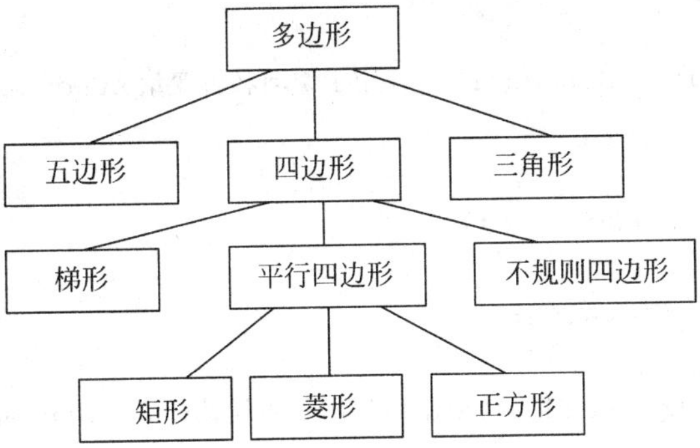

图 9-11　继承的层级结构示意图

我们在面向对象程序设计中就利用这种“继承”和“派生”关系来组织和描述及表达事物，常使用以下基本术语：

基类：指被继承的类，也就是父类。通过继承，用户可以重用父类的代码，而只需专注编写子类的新代码。

派生类：指通过继承基类而创建的新类，也就是子类。

单继承：派生类是由一个（且只能是一个）基类创建的。C#只支持单继承。

多继承：派生类是由两个或以上的基类创建的。C#不支持多继承，而是通过“接口”来实现的。

从基类继承或派生出一个新子类的语句格式为：

```
class  派生类名：基类名
{ 派生类代码 }
```

现在我们构造一个学生类 Student 作为基类，然后增加研究生类，由于研究生除了有其本身的特点外，还具有学生的所有属性，所以我们利用继承机制在研究生类中重用学生类的成员，同时在研究生类中再补充新的成员。具体实现过程如例 9-10 所示：

【例 9-10】类继承实例。

a．创建一个学生类 Student

```
public  class  Student                          //定义一个学生类
{
    private  string  student_id;                //定义私有变量成员：学号
    private  string  student_name;              //定义私有变量成员：学生姓名
    public static string information = "学生上课情况表";
    public  Student (string  id, string  name)//构造函数
    {
        student_id =id;          //给变量 student_id 赋值
        student_name =name;
```

```
    }
    public  string  StudentID  //用于访问私有变量 student_id 的属性
    {
        get
        {return  student_id;}
        set
        {student_id=value;}
    }
    public  string  StudentName  //用于访问私有变量 student_name 的属性
    {
        get
        {return  student_name;}
        set
        {student_name=value;}
    }
    public  string  AddressClass(int  i)
    //定义一个方法，判断学生上课的教室
    {
        string  CAddress;
        if(i==1)
          CAddress="2#楼" ;  //研究生在#楼上课
        else
          CAddress="5#楼";   //本科生在#楼上课
        return  CAddress;
    }
}
```

b. 添加一个研究生类

```
public  class  Graduate : Student  //定义 Student 类的派生类 Graduate，它继承
                                     Student 类
{
//通过 base 关键字调用基类构造函数
    public  Graduate(string  i , string  j, string  tn): base(i, j)
    {
        teacher_name=tn;  //在基类构造函数的基础上再增加一个要构造的成员
    }
    public  string  TeacherName  //定义属性用于访问私有变量 teachername
    {
        get
        {return  teacher_name;}
```

```
        set
        {teacher_name=value;}
    }
        private  string  teacher_name;  //定义私有变量成员
}
```

c. 添加一个应用程序的类

```
using System;
class AppStudent
{
    public static void Main()
    {
        Console.WriteLine("{0}", Student.information);
        //引用变量 information
        Graduate gs = new Graduate("200201", "wang ming ", "zhang yang ");
        Console.WriteLine("研究生学号={0}", gs.StudentID);
        //调用属性.StudentID
        Console.WriteLine("研究生姓名={0}", gs.StudentName);
        Console.WriteLine("研究生上课地点={0}", gs.AddressClass(1));
        //调用方法 AddressClass
        Console.WriteLine("教师姓名={0}", gs.TeacherName);
    }
}
```

该程序输出结果：显示研究生学号=200201，研究生姓名=wang ming，研究生上课地点=2#楼，教师姓名=zhang yang。

（8）多态

在 C#中，多态性是通过“虚方法重载”来实现在程序中调用相应对象所属类中的方法，而不是调用基类的方法。

C#语言可以在派生类中实现对基类的某个方法、属性或索引等类成员重新定义，而这些成员名和相应的参数都不变，这种特性叫虚成员重载。所以虚方法重载就是指将基类的某个方法在其派生类中重新定义，也叫重写方法，而方法名和方法的参数都不改变。实现虚成员重载的 C#语言编程构架是：

先在基类中用 virtual 修饰符定义虚成员。虚成员可以是类的方法、属性和索引等，不能是域或私有变量成员。定义虚成员与定义普通成员的格式是一样的，只是另加修饰符 virtual 即可。

定义虚方法的格式为：

```
class  FatherClass  //基类
{
……  //其他类成员
[修饰符] virtual 返回类型 方法名(参数表)
{ 方法体 }
}
```

在派生类中用 override 修饰符重新定义与基类同名的覆盖成员，并根据需要重新定义基类中虚成员的代码（方法重写），以满足不同类的对象的使用需求，这就是重载虚成员多态的实现。

定义重载虚方法（覆盖方法）的格式为：

```
class  SonClass:FatherClass    //派生类
{
…//其他类成员
[修饰符] override 返回类型 方法名(参数表)
{ 方法体 }
}
```

（9）异常处理

所谓异常就是指在程序运行期间发生的错误或意外情况。总之程序在运行期间出现异常是不可避免的，我们不能回避异常，而是要积极采取措施来控制和解决出现的异常现象。一般我们将产生异常的原因分为两种：由程序本身产生的和由程序运行环境（公共语言运行时环境）引起的。如果异常是由于运行的程序本身引起，则大多数情况下这种异常是可以恢复的；但如果异常是由于公共语言运行时环境所引起，则大多数异常难以恢复。

C#的异常处理指的是在程序中加入异常控制代码，使用 try/catch 语句块配合完成捕获异常和处理异常的任务。不能单独使用 try 或 catch 语句块，它们必须同时使用。通常情况下，try 可配合多个 catch 子句，每个 catch 子句对应一种特定的异常，就好像 switch…case 语句一样。try/catch 语句块基本格式如下：

```
try
{
可能产生异常的程序代码
}
catch(异常类型 1  异常类对象)
{
//处理异常类型 1 的异常控制代码
}
```

```
catch(异常类型 2  异常类对象)
{
//处理异常类型 2 的异常控制代码
}
```

当 try 子句中的程序代码产生异常时，系统就会在 catch 子句中查找，看是否有与设置的异常类型相同的 catch 子句，如果有，就会执行该子句中的语句；如果没有，则转到调用当前方法的方法中继续查找。该过程一直继续下去，直至找到一个匹配的 catch 子句为止；如果一直没有找到，则运行时将会产生一个未处理的异常错误。

catch 子句也可以不包含参数，即不包含对某种类型异常对象的捕获，这时 catch 子句将捕获所有类型的异常，这就好比 switch…case 语句中的 default 语句。

最后要说明一点：如果没有发生异常，那么 try 块正常结束，所有的 catch 语句被忽略，程序转到最后一个 catch 语句之后的第一条语句处开始执行。因此，只有发生异常，catch 语句才会执行。

【例 9-11】该例中出现一个数组越界访问的异常。以下通过 try 块抛出这个异常，然后由 catch 块捕获并控制出现的异常，并且让程序正常结束。

```
using System;
class MyExcep
{
    public static void Main()
    {
        int[] nums = new int[4];
        try   //抛出异常
        {
            Console.WriteLine("A exception isn't generated. ");
            nums[6] = 10;     //产生越界访问数组元素的异常
            Console.WriteLine("This won't be played ! ");
        }
        catch    //捕获并处理异常
        {
            Console.WriteLine("A exception is caught! ");
        }
        Console.WriteLine("At the end of test ");
    }
}
```

程序运行结果：

A exception isn't generated.

A exception is caught!

At the end of test

有时候，我们希望在执行完 try/catch 块后再做一些善后处理。如果想要在 try/catch 结束后再执行一些关闭资源的操作，就在程序中包含一个 finally 语句块，可以根据需要构成 try…finally 或 try…catch…finally 语句结构形式。

```
try…catch…finally 语句格式
try
{ 可能产生异常的语句 }
catch(异常类型  异常类对象)
{ 处理异常类型的异常 }
finally
{ 最后的处理块 }
```

try…catch…finally 语句的执行功能：不论 try 块是正常退出，还是因为发生了异常而退出，最后执行的都是由 finally 语句定义的代码块。即使 try 块中或者任何 catch 语句中的代码从方法中返回，finally 块也会得到执行。

9.1.2 J2EE 平台技术及其结构

1. J2EE 应用概述

（1）J2EE 简介

目前，Java 2 平台有 3 个版本，它们是适用于小型设备和智能卡的 Java 2 平台 Micro 版（Java 2 Platform Micro Edition，J2ME）、适用于桌面系统的 Java 2 平台标准版（Java 2 Platform Standard Edition，J2SE）、适用于创建服务器应用程序和服务的 Java 2 平台企业版（Java 2 Platform Enterprise Edition，J2EE）。J2EE 是一种利用 Java 2 平台来简化企业解决方案的开发、部署和管理相关的复杂问题的体系结构。

J2EE 平台已经成为使用最广泛的 Web 程序设计技术。该技术主要支持两类软件的开发和应用。一类是做高级信息系统框架的 Web 应用服务器；另一类是在 Web 应用服务器上运行的 Web 应用程序。目前很多商业网站和管理信息系统大多采用 J2EE 平台作为首选的 Web 开发技术，每一个 Web 应用服务器都将需要企业开发和运行多种 Web 服务软件。

J2EE 核心是一组技术规范与指南，其中所包含的各类组件、服务架构及技术层次，均有共同的标准及规格，让各种依循 J2EE 架构的不同平台之间，存在良好的兼容性，解决过去企业后端使用的信息产品彼此之间无法兼容，企业内部或外部难以互通的窘境。

J2EE 平台架构如图 9-12 所示。

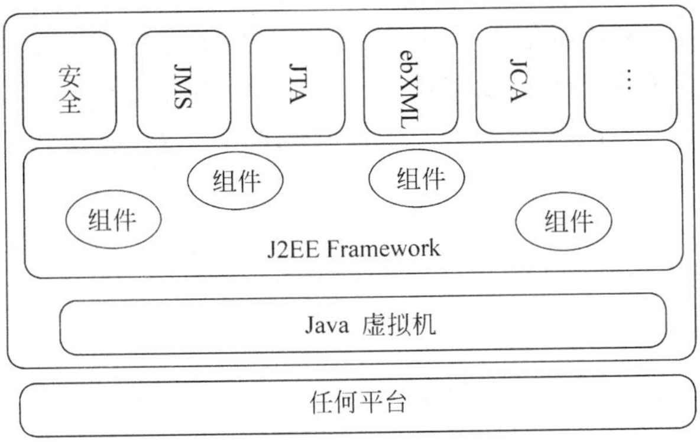

图 9-12　J2EE 架构

（2）J2EE 的优势

J2EE 为搭建具有可伸缩性、灵活性、易维护性的商务系统提供了良好的机制，表现在如下几个方面：

① 保留现存的 IT 资产。

J2EE 架构可以充分利用用户原有的投资，并且由于基于 J2EE 平台的产品几乎能够在任何操作系统和硬件配置上运行，现有的操作系统和硬件也能被保留使用。

② 高效的开发。

J2EE 允许公司把一些通用的、很繁琐的服务端任务交给中间供应商去完成。这样开发人员可以集中精力在如何创建商业逻辑上，相应地缩短了开发时间。高级中间件供应商提供状态管理服务和持续性服务等。

③ 支持异构环境。

J2EE 能够开发部署在异构环境中的可移植程序。基于 J2EE 的应用程序不依赖任何特定操作系统、中间件、硬件。因此设计合理的基于 J2EE 的程序只需开发一次就可部署到各种平台。J2EE 标准也允许客户订购与 J2EE 兼容的第三方的现成的组件，把它们部署到异构环境中，节省了由自己制订整个方案所需的费用。

④ 可伸缩性。

基于 J2EE 平台的应用程序可被部署到各种操作系统上。J2EE 领域的供应商提供了更为广泛的负载平衡策略，能消除系统中的瓶颈，允许多台服务器集成部署。这种部署可达数千个处理器，实现可高度伸缩的系统，满足未来商业应用的需要。

⑤ 稳定的可用性。

一个服务器端平台必须能全天候运转以满足公司客户、合作伙伴的需要。J2EE 部署到可靠的操作环境中，它们支持长期的可用性。

（3）J2EE 的结构

这种基于组件，具有平台无关性的 J2EE 结构使得 J2EE 程序的编写十分简单，因为业务逻辑被封装成可复用的组件，并且 J2EE 服务器以容器的形式为所有的组件类型提供后台服务。容器和服务容器设置定制了 J2EE 服务器所提供得内在支持，包括安全，事务管理，JNDI（Java Naming and Directory Interface）寻址，远程连接等服务，以下列出最重要的几种服务：

J2EE 安全（Security）模型，可以配置 Web 组件或 Enterprise Bean(服务器端组件模型)，这样只有被授权的用户才能访问系统资源。每一客户属于一个特别的角色，而每个角色只允许激活特定的方法。

J2EE 事务管理（Transaction Management）模型，指定组成一个事务中所有方法间的关系，这样一个事务中的所有方法被当成一个单一的单元。当客户端激活一个 enterprise bean 中的方法，容器介入管理事务。因为有容器管理事务，在 enterprise bean 中不必对事务的边界进行编码。只需在布置描述文件中声明 enterprise bean 的事务属性，而不用编写并调试复杂的代码。容器将读此文件并处理此 enterprise bean 的事务。

J2EE 远程连接（Remote Client Connectivity）模型，管理客户端和 enterprise bean 间的底层交互。

生存周期管理（Life Cycle Management）模型，管理 enterprise bean 的创建和移除，一个 enterprise bean 在其生存周期中将会历经几种状态。容器创建 enterprise bean，并在可用实例池与活动状态中移动它，而最终将其从容器中移除。即使可以调用 enterprise bean 的 create 及 remove 方法，容器也将会在后台执行这些任务。

数据库连接池（Database Connection Pooling）模型，因为获取数据库连接是一项耗时的工作，而且连接数非常有限。容器通过管理连接池来缓和这些问题。enterprise bean 可从池中迅速获取连接。

（4）J2EE 的核心 API 与组件

J2EE 平台由一整套服务（Services)、应用程序接口（APIs）和协议构成，它对开发基于 Web 的多层应用提供了功能支持，下面对 J2EE 中的 13 种技术规范进行简单的描述：

- JDBC（Java Database Connectivity)：JDBC API 为访问不同的数据库提供了一种统一的途径。JDBC 对开发者屏蔽了一些细节问题，另外，JDCB 对数据库的访问也具有平台无关性。
- JNDI（Java Name and Directory Interface)：被用于执行名字和目录服务。它提供了一致的模型来存取和操作企业级的资源，本地文件系统或应用服务器中的对象。
- EJB（Enterprise JavaBean)：J2EE 技术提供了一个框架来开发和实施分布式商务逻辑，由此很显著地简化了具有可伸缩性和高度复杂的企业级应用的开发。EJB 规范定义了 EJB 组件在何时如何与它们的容器进行交互作用。容器负责提供公用的服务，例如目录服务、事务管理、安全性、资源缓冲池以及容错性。但这里值得注意的是，EJB 并不是实现 J2EE 的唯一途径。正是由于 J2EE 的开放性，使得有的厂商能够以一种和 EJB 平行的方式来达到同样的目的。

- RMI（Remote Method Invoke）：正如其名字所表示的那样，RMI 协议调用远程对象上方法。它使用了序列化方式在客户端和服务器端传递数据。RMI 是一种被 EJB 使用的更底层的协议。
- Java IDL/CORBA：Java IDL（Interface Definition Language）可实现网络上不同平台上的对象相互之间的交互。在 Java IDL 的支持下，开发人员可以将 Java 和 CORBA（Common Object Request Broker Architecture，公共对象请求代理体系结构）集成在一起。
- JSP（Java Server Pages）：JSP 页面由 HTML 代码和嵌入其中的 Java 代码所组成。服务器在页面被客户端所请求以后对这些 Java 代码进行处理，然后将生成的 HTML 页面返回给客户端的浏览器。
- Java Servlet：Servlet 是一种小型的 Java 程序，它扩展了 Web 服务器的功能。作为一种服务器端的应用，当被请求时开始执行。Servlet 提供的功能大多与 JSP 类似，不过实现的方式不同。JSP 通常是大多数 HTML 代码中嵌入少量的 Java 代码，而 Servlet 全部由 Java 写成并且生成 HTML。
- XML（Extensible Markup Language）：XML 是一种可以用来定义其他标记语言的语言。它被用来在不同的商务过程中共享数据。XML 的发展和 Java 是相互独立的，但是，它和 Java 具有的相同目标正是平台独立性。通过将 Java 和 XML 的组合，可以得到一个具有平台独立性的解决方案。
- JMS（Java Message Service）：JMS 是用于和面向消息的中间件相互通信的应用程序接口。它既支持点对点的域，又支持发布/订阅（publish/subscribe）类型的域，并且提供对下列类型的支持：经认可的消息传递、事务型消息的传递、一致性消息和具有持久性的订阅者支持。
- JTA（Java Transaction Architecture）：JTA 定义了一种标准的 API，应用系统由此可以访问各种事务监控。
- JTS（Java Transaction Service）：JTS 是一个组件事务监视器。其规定了事务管理器的实现方式。JTS 事务管理器为应用服务器、资源管理器、独立的应用以及通信资源管理器提供了事务服务。
- JavaMail：JavaMail 是用于存取邮件服务器的 API，它提供了一套邮件服务器的抽象类。
- JAF（JavaBeans Activation Framework）：JavaMail 利用 JAF 来处理 MIME 编码的邮件附件。MIME 的字节流可以被转换成 Java 对象，或者转换自 Java 对象。

2．J2EE 体系结构

J2EE 是一种利用 Java2 平台来简化与多级企业解决方案的开发、部署和管理相关复杂问题的体系结构。J2EE 提供了一套完整的开发多层分布式应用的技术和设施，是为当今众多厂商支持的多层分布式应用的标准，为快速灵活地建立大规模的分布式企业应用提供了高效的解决方案。

J2EE 使用多层分布式的应用程序模型，根据功能的不同把应用程序逻辑划分为各个组件。一个组件应该被安装在什么地方，取决于该组件属于多层 J2EE 应用的哪一层。这些层分别是客户层、WEB 层、业务层、企业信息系统层（EIS），结构如图 9-13 所示。

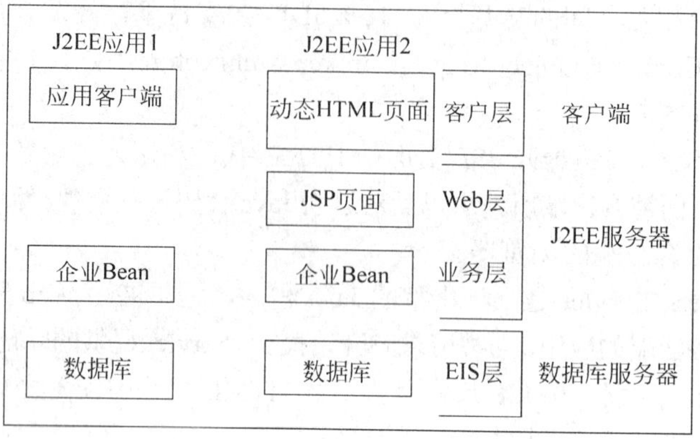

图 9-13　J2EE 体系结构图

（1）客户层

J2EE 应用可以是基于 Web 的，也可以是不基于 Web 的。在一个基于 Web 的 J2EE 应用中，用户的浏览器在客户层中运行，并从一个 Web 服务器下载 Web 层中的静态 HTML 页面或者由 JSP/Servlet 生成的动态 HTML 页面。在一个不基于 Web 的 J2EE 应用中，一个独立客户程序，或者一个不是运行在 HTML 页面中，而是运行在其他基于网络的系统（如手持设备或者汽车电话）中的 Applet 程序。

（2）Web 层

J2EE Web 组件可以由 JSP 页面、基于 Web 的 Applet（Java 创建的基于 HTML 的程序）以及显示 HTML 页面的 Servlet（一种服务器端的 Java 应用程序，可以生成动态的 Web 页面）组成。Web 层可能包含一个 JavaBean（Java 语言写成的可重用组件）来管理用户输入，并将输入发送给在业务层中运行的 EJB（Enterprise JavaBean）来处理。Web 层也称表示层。

（3）业务层

作为满足某个特定业务领域（如银行、零售或金融业）需要的业务逻辑代码由运行在业务层的 EJB（Enterprise JavaBean）来执行。一个 EJB 从客户程序处接收数据，在需要的情况下对数据进行处理，再将数据发送到企业信息系统层存储。一个 EJB 还从存储中检索数据，并将数据送回客户程序。运行在业务层的 EJB 依赖于容器提供诸如事务、生命期、状态管理、多线程及资源缓冲池等十分复杂的系统级功能。业务层也称 EJB 层。

业务层和 Web 层一起构成了 J2EE 应用的中间层。

（4）企业信息系统层（ESI）

企业信息系统层运行企业信息系统软件，这层包括企业基础设施系统。例如企业资源计划（EPR）、大型机事务处理（Mainframe Transaction Processing）、数据库系统等。J2EE 应用组件因为某种原因（如访问数据库）可能需要访问企业信息系统。

3．J2EE 框架

框架（Framework）是一个提供了可重用的公共结构的半成品。它为我们构件新的应用提供了极大的方便。一方面给我们提供了可以直接使用的工具，同时给我们提供了可重用的设计。框架这个词最早出现在建筑领域，指的是在建造房屋前构建的建筑骨架。对应用程序来说，“框架”的意义也在于此，是应用程序的骨架。开发者可以在这个骨架上添加自己的东西，完成符合自己需要的应用系统。

框架保证了我们程序结构风格统一，从企业的角度来说，降低了培训成本和软件的维护成本。框架在结构统一和创造力之间维持着一个平衡。框架和组件的意义是不同的。组件是构件应用程序的零件。而框架是一系列预装的，组合在一起的“零件”，而且还定义了“零件”间协同工作的规则。

（1）Struts 框架

Struts 是一种基于 Java 技术的 JSP Web 开发框架，Web 应用程序开发人员通过 Struts 框架即可充分利用面向对象设计、代码重用以及“一次编写、到处运行”的优点。Struts 提供了一种创建 Web 应用程序的框架，对应用程序的显示、表示和数据的后台代码进行了抽象。

Struts 是对 MVC（Model View Controller）设计模式的一种实现。MVC 设计模式为构建可扩展、可重用的代码打下了坚实的基础。以 MVC 设计模式构造软件，可以使软件结构灵活、重用性好、扩展性好。

MVC 设计模式目的就是将模型（业务逻辑）和视图（页面展示）分离，使模型和视图可以独立修改，而不会影响到对方。在 MVC 中，M 指的是 Model（模型），表示程序处理业务逻辑的部分；V 指的是 View（视图），表示程序负责展示数据、获得用户输入的部分；C 指的是 Controller（控制器），负责从 V 接收用户输入，调用 M，返回数据到 V。我们可以看出，C 在 MVC 起到“中介”的作用，从而保证 M 和 V 不会直接交互。

在 Struts 中，ActionServlet 起着一个控制器的作用。视图主要由 JSP 来控制页面输出。模型在 Struts 中，主要存在三种 bean，分别是：Action、ActionForm、EJB 或者 Java Bean。Struts 框架结构如图 9-14 所示。

（2）Spring 框架

Spring 是轻量级的 J2EE 应用程序开源框架。它是为了解决企业应用开发的复杂性而创建的。Spring 使用基本的 JavaBean 来完成以前只可能由 EJB 完成的事情。并且 Spring

的用途不仅限于服务器端的开发。从简单性、可测试性和松耦合的角度而言，任何 Java 应用都可以从 Spring 中受益。

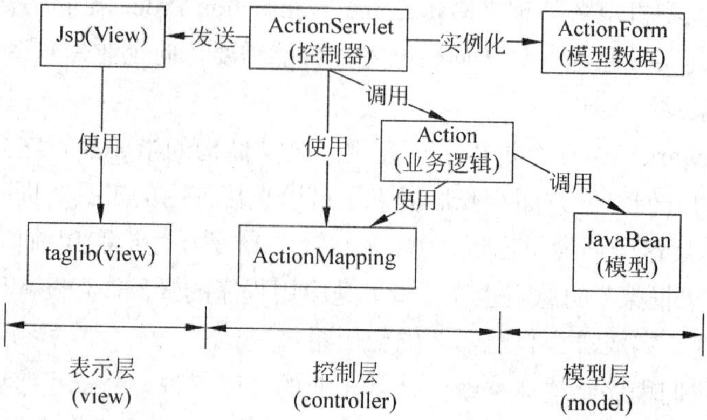

图 9-14　Struts 框架结构图

Spring 的核心是个轻量级容器（container），是实现了 IoC（Inversion of Control）模式的容器；Spring 的目标是实现一个全方位的整合框架，在 Spring 框架下实现多个子框架的组合，这些子框架之间彼此可以独立，也可以使用其他的框架方案加以替代。

Spring 支持 AOP（Aspect-Oriented Programming），Spring 也提供 MVC Web 框架的解决方案，并且可以将 MVC Web 框架与 Spring 结合。Spring 还提供其他方面的整合，如 JDBC（Java Data Base Connectivity，java数据库连接）、事务处理等。Spring 框架结构如图 9-15 所示。

图 9-15　Spring 框架

Spring 的核心概念是 IoC（Inversion of Control），IoC 的抽象概念是"依赖关系的转移"，中文可以译为"控制反转"。IoC 表现在：高层模块不应该依赖低层模块，而是模块都必须依赖于抽象；实现必须依赖抽象，而不是抽象依赖实现；应用程序不应依赖于容器，而是容器服务于应用程序。

IoC 是由容器控制程序之间的关系，而非由程序代码直接操控。控制权由应用代码转到了外部容器。控制权的转移，就是所谓的反转。使用 IoC，对象是被动的接受依赖类，容器在实例化的时候主动将它的依赖类注入给它。

Spring 所采用的是依赖注入（Dependency Injection）。依赖注入的意义是：保留抽象接口，让组件依赖于抽象接口，当组件要与其他实际的对象发生依赖关系时，通过抽象接口来注入依赖的实际对象。依赖注入的目标是为了提升组件重用的几率，并为系统搭建一个灵活和可扩展的平台。

另外，Spring 提供一种无侵入式的高扩展性框架，无需代码中涉及 Spring 专有类，即可纳入 Spring 容器进行管理。org.springframework.beans 包中包括了这些核心组件的实现类。

Spring 框架另一个重要方面是对 AOP 提供了一种优秀的实现。AOP（Aspect Oriented Programming），可翻译为“面向切面编程”。AOP 是针对业务处理过程中的切面进行提取，它所面对的是处理过程中的某个步骤或阶段，以获得逻辑过程中各部分之间低耦合性的隔离效果。AOP 组件与应用代码无关，应用代码可以脱离 AOP 组件独立编译。Spring 中的 AOP 通过运行期动态代理模式实现。

总结起来 Spring 框架的主要功能包括：

① 基于 Java Beans 的配置管理，减少各组件间相互依赖。

② 一个核心的，全局适用的 bean 工厂。

③ 一个一般抽象化的层面来管理数据库间的数据处理。

④ 建立在框架内对 Java 数据处理 API 和单独的 JDBC 数据源的一般性策略。

⑤ Web 应用中的 MVC 框架，基于核心的 Spring 功能，支持多种产生视图的技术。

⑥ 大量的 AOP 框架以提供诸如数据处理管理的服务。

（3）Hibernate 框架

Hibernate 是一个开放源代码的对象关系映射框架，它对 JDBC 进行了非常轻量级的对象封装，使得 Java 程序员可以使用对象编程思维来操纵数据库。

“对象/关系”映射（O/R Mapping）是一门非常实用的工程技术，它实现了 Java 应用中的对象到关系数据库中的表的持久化。使用元数据（meta data）描述了对象与数据库间的映射。Hibernate 是非常优秀、成熟的 O/R Mapping 框架，它提供了强大的对象和关系数据库映射以及查询功能。Hibernate 体系结构如图 9-16 所示。

Hibernate 的核心接口一共有 6 个，分别为：Session、SessionFactory、Transaction、Query、Criteria 和 Configuration。这 6 个核心接口在任何开发中都会用到。通过这些接口，不仅可以对持久化对象进行存取，还能够进行事务控制。下面对这 6 个核心接口分别加以介绍。

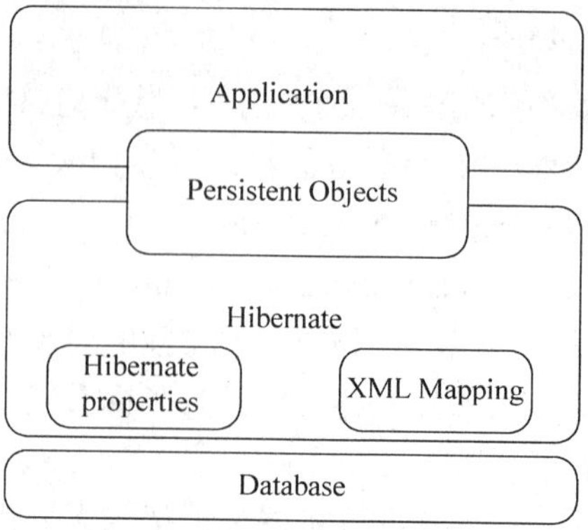

图 9-16 Hibernate 体系结构

① Session 接口。

Session 接口负责执行被持久化对象的增删改查操作（增删改查的任务是完成与数据库的交流，包含了很多常见的 SQL 语句）。但需要注意的是Session 对象是非线程安全的。

② SessionFactory 接口。

SessionFactory 接口负责初始化 Hibernate。它充当数据存储源的代理，并负责创建 Session 对象。这里用到了工厂模式。需要注意的是 SessionFactory 并不是轻量级的，因为一般情况下，一个项目通常只需要一个 SessionFactory 就够，当需要操作多个数据库时，可以为每个数据库指定一个 SessionFactory。

③ Configuration 接口。

Configuration 接口负责配置并启动 Hibernate，创建 SessionFactory 对象。在 Hibernate 的启动的过程中，Configuration 类的实例首先定位映射文档位置，读取配置，然后创建 SessionFactory 对象。

④ Transaction 接口。

Transaction 接口负责事务相关的操作。它是可选的，开发人员也可以设计编写自己的底层事务处理代码。

⑤ Query 和 Criteria 接口。

Query 和 Criteria 接口负责执行各种数据库查询。它可以使用 HQL（Hibernate Query Language，官方推荐的 Hibernate 检索方式）或 SQL 语句两种表达方式。

9.2 WEB 设计基础

9.2.1 HTML 标记语言

1．HTML 基本结构及常用标签

超文本标记语言，即 HTML（Hypertext Markup Language），是用于描述网页文档的

一种标记语言，是建立电子商务网站页面的基础。

HTML 是一种规范，一种标准，它通过标记符号来标记要显示的网页中的各个部分。网页文件本身是一种文本文件，通过在文本文件中添加标记符，可以告诉浏览器如何显示其中的内容（如：文字如何处理，画面如何安排，图片如何显示等）。HTML 之所以称为超文本标记语言，是因为文本中包含了“超链接”点。所谓超链接，就是一种 URL 指针，通过点击它，可使浏览器方便地获取新的网页。

（1）HTML 文档结构

HTML 中用一对标签（即一个开始标记和一个结束标记）来标识一个元素。开始标记由一个字符“<”、一个标记名和一个字符“>”组成。结束标记和开始标记的区别只是在小于字符的后面要加上一个斜杠字符“/”。标记名并不区分大写和小写。

HTML 网页文档以<html>标记开始，到</html>标记结束，一对<html></html>表示一个页面，也称为 HTML 文档的根标记或根元素。一个完整的页面由文档头部标记<head></head>和文档主体标记<body></body>两部分构成。

（2）HTML 文档头部<head>相关标记

文档头部的相关标记必须嵌入在<head></head>标记内，用于设置页面的功能，包括页面标题及各种参数，这些标记内容不会显示在页面上。

① 设置页面标题<title>。

基本语法：

```
<title dir=""language="">文档标题文本</title>
```

语法说明：一个网页最多一个<title>标记，也可以省略，但如果使用则必须是<head>中的第一个。<title>标记用于将指定文本显示在页面标题栏。<title>可用属性：dir 表示文本方向、language 表示语言。

② 定义页面元信息<meta />。

在<head>头部中可以包含任意数量的<meta />标记，用于定义该页面的相关参数信息。例如为搜索引擎提供信息、为浏览器设置显示该页面的相关参数等，语法格式如下所示：

a．<meta name="键名" content="键值" />

搜索引擎会根据网页 META 标记提供的信息进行搜索，例如按关键字、作者姓名、内容描述等进行搜索。在<meta />标记中使用 name/content 属性可为网络搜索引擎提供信息，常见应用形式如下：

```
<meta name="keywords" content="内容关键字 1, 关键字 2, ……" />
<meta name="author" content="网页作者姓名" />
<meta name="revised" content="网页程序版本号" />
<meta name="description" content="页面描述文字" />
```

b. <meta http-equiv="键名" content="键值" />

使用 http-equiv/content 属性可设置服务器发送给浏览器的 HTTP 头部信息，为浏览器显示该页面提供相关的参数。其中 http-equiv 属性提供参数类型，content 提供对应的参数值。常见应用形式如下：

```
<meta http-equiv="charset" content="文档字符编码方式" />
<meta http-equiv="refresh" content="页面自动刷新秒数" />
<meta http-equiv="refresh" content="秒数;url=页面url" />（延时后自动转向指定页面）
<meta http-equiv="expires" content="客户机器页面缓存过期时间" />
<meta http-equiv="set-cookie" content="设置页面cookie" />
```

③ 引用外部文件<link />。

一个页面往往需要多个外部文件配合，在<head>中使用<link />标记可引用外部文件，一个页面允许使用多个<link />标记引用多个外部文件。

基本语法：

```
<link type="目标文件类型" rel/rev="stylesheet" href="相对路径/目标文档或资源URL"
  [media="适用介质列表" charset="目标文件编码"] />
```

语法说明：href 为该属性指定引用外部文件的 URL。Type 为该属性规定目标文件类型。rel/rev 这两个属性表示当前源文档与目标文档之间的关系和方向。

2. 设置文字与段落

在网页中添加文字，只要在<body></body>之间，需要插入文字的地方输入文字就可以实现。其他文字段落相关标记语法如下。

（1）添加注释使用<! -->

基本语法：

```
<body>
<!--请在此添加注释语句！>
</body>
```

语法说明：给代码添加注释语句时，<! -->放在 HTML 文件的任何地方，都不会在网页中被显示出来。

（2）添加空格 及特殊符号

在 HTML 文件中，添加空格需要使用代码“ ”控制。在 HTML 文件中，特殊符号对应特殊的代码，常见的特殊符号对应代码如表 9-5 所示：

表 9-5　部分特殊符号与对应代码

符　号	对应代码
&	&
©	©
™	™
®	®
¥	¥
§	§

（3）编辑网页文字样式<font>

基本语法：

```
<body>
  <font face="" size="" color=""></font>
</body>
```

语法说明：在 HTML 文件中，利用成对<font></font>标记就可以将网页中的文字根据需要，对其进行样式的编辑。face 代表字体，size 代表字号，color 代表颜色。

（4）文字修饰标记

基本语法：

```
<body>
   <b>加粗的文字</b>
   <i>斜体文字</i>
   <u>添加下划线文字</u>
<strike>添加删除线文字</strike>
</body>
```

语法说明：在 HTML 文件中，利用成对字体样式编辑标记就可以将网页中的文字根据需要，显示为不同样式。各标签实现效果见标签对内的文字。

（5）文字上下标

基本语法：

```
<body>
   <sup>上标内容</sup>
   <sub>下标内容</sub>
</body>
```

语法说明：在 HTML 文件中，成对的标记可以表示上标，利用成对的标记表示下标。

（6）段落<p>和预格式化<pre>

<p>标记基本语法：

```
<body>
  <p>…</p>
</body>
```

语法说明：在 HTML 文件中，<p>标记是一个段落标记符号，利用<p>标记可以对网页中的文字信息进行段落的定义，但不能进行段落格式的定义。

<pre>基本语法：

```
<body>
  <pre>…</pre>
</body>
```

语法说明：在 HTML 文件中，利用<pre>标记不仅可以定义网页文字中的段落，还可以对段落格式进行定义。例如可以实现没有
的自然换行。

（7）文字居中显示<center>

基本语法：

```
<body>
  <center>需要居中的内容</center>
</body>
```

语法说明：在 HTML 文件中，利用成对<center></center>标记，对齐标记之间在内容将会在网页中居中显示。

（8）水平线<hr>

基本语法：

```
<body>
  <hr>
</body>
```

语法说明：在 HTML 文件中，利用<hr>标记可以插入水平线。同时利用水平线标记本身的属性，可以对水平线进行一些简单的设置。

（9）列表

在 HTML 文件中，除了文字修饰标记修饰网页文字外，我们还可以使用列表来组织文字，以实现更好的布局。所谓列表，就是在网页中将项目有序或者无序罗列显示。常见的列表标记如表 9-6 所示。

表 9-6　列表类型及标记符号

列 表 类 型	标 记 符 号
定义列表	dl
无序列表	ul
有序列表	ol

① 插入定义列表<dl>。

基本语法：

```
<dl>
  <dt>名称<dd>说明
  …
<dl>
```

语法说明：<dt>标记定义了组成列表项名称部分， <dd>用于解释说明<dt>标记定义的项目名称。

② 插入无序列表<ul>。

基本语法：

```
<ul>
  <li>项目名称</li>
  …
<ul>
```

语法说明：在 HTML 文件中，利用成对<ul></ul>标记可以插入无序列表，但<ul>标记之间必须使用成对<li></li>标记添加列表项值。

③ 插入有序列表<ol>。

基本语法：

```
<ol type="">
  <li>项目名称</li>
  …
</ol>
```

语法说明：在 HTML 文件中，利用成对<ol></ol>标记可以插入有序列表，但<ol>标记之间必须使用成对<li></li>标记添加列表项值。根据 Type 的取值不同，有序列表的列表项标号也不同，例如取值“a”代表小写字母，取值“I”代表大写罗马数字。

【例 9-12】HTML 段落文字设置综合实例一。

```
<html>
<head>
```

```
  <title>文字段落设置</title>
</head>
<body>
    <center>宋词欣赏</center>
    <hr width="100%" size="1" color="#00ffee">
    青玉案 元夕(辛弃疾)<br>
    东风夜放花千树，
更吹落，星如雨。
宝马雕车香满路。
凤箫声动，玉壶光转，
一夜鱼龙舞。

蛾儿雪柳黄金缕，
笑语盈盈暗香去。
众里寻他千百度，
蓦然回首，那人却在，
灯火阑珊处。
<hr width="100%" size="1" color="#00ffee">
唐诗欣赏
<pre>
       登鹳鹊楼
      白日依山尽，
      黄河入海流。
      欲穷千里目，
      更上一层楼。
    </pre>
<hr width="400" size="3" color="#00ee99" align="left">
版权&copy;:版权所有，违者必究
<address>E-mail:xxx@xxx.com</address>
</body>
</html>
```

页面浏览效果如图9-17所示。

3．创建表格

设计网页的过程中，为了以一定形式将网页中的内容组织起来，同时使网页更便于阅读和美观，需要确定一个页面的布局。表格就是网页制作中最常见的一种布局工具，它可以将网页分成任意多个矩形区域。

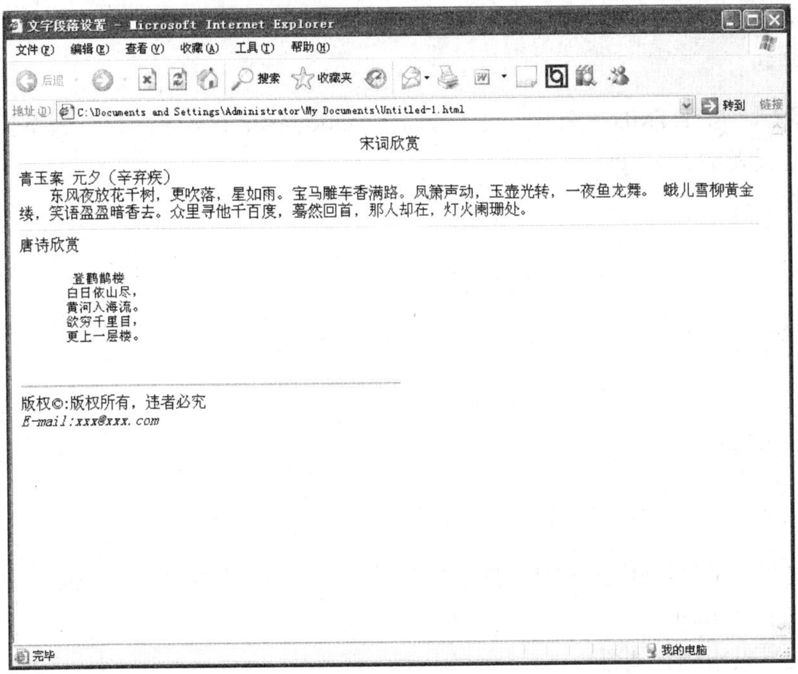

图 9-17　例 9-12 页面浏览效果

（1）设置基本表格结构<table>、<tr>、<td>

基本语法：

```
<table>
  <tr>
   <td></td>
   …
  </tr>
…
</table>
```

语法说明：<table>定义表格结构。<tr>定义行结构，一个表格可以有一行或者多行。<td>定义列结构，一个<tr>行中可以有一列或者多列。

（2）设置表格标题<caption>

基本语法：

```
<table>
<caption>插入表格标题</caption>
  <tr>
   <td></td>
```

```
  </tr>
</table>
```

语法说明：在 HTML 文件中，使用成对<caption></caption>标记给表格插入标题。

（3）设置表格表头<th>

基本语法：

```
<table>
  <tr>
   <th>…</th>
  </tr>
  <tr>
   <td></td>
  </tr>
</table>
```

语法说明：在 HTML 文件中，要将某一行作为表格文件的表头，只要将该行包含的列标记<td>改为<th>即可。

（4）设置表格标记属性

表格是网页文件中布局的重要元素，制作网页的过程中常常要对表格做一些设置，对表格的设置其实是对表格标记属性的一些设置。

① 设置表格的宽度 width 和高度 height。

基本语法：

```
<table width="" height="">
  <tr>
   <td></td>
  </tr>
</table>
```

语法说明：在 HTML 文件中，<table>标记中的 width 用于设置表格的宽度，height 属性用于设置表格的高度，单位可以是像素或者是百分比。

② 设置边框属性 border。

基本语法：

```
<table border=""  bordercolor="">
  <tr>
  <td></td>
  </tr>
</table>
```

语法说明：border 属性用于设置边框的粗细；bordercolor 设置表格边框的颜色。

（5）设置表格行与单元格

在 HTML 文件中，插入表格行<tr>标记的属性主要用于设定表格中某一行的属性，<td>标记包含的属性主要用于设置表格单元格的属性。

① 调整行内容水平对齐方式 align。

基本语法：

```
<table>
<tr align="">
  <td></td>
  </tr>
</table>
```

语法说明：在 HTML 文件中，设置行内容水平对齐方式常用的有：Left 设置内容左对齐；Right 设置内容右对齐；Center 设置内容居中对齐。

② 调整行内容垂直对齐方式 valign。

基本语法：

```
<table>
<tr valign="">
   <td></td>
  </tr>
</table>
```

语法说明：在 HTML 文件中，常用的 4 种垂直对齐方式有：top 内容顶端对齐；middle 内容居中对齐；bottom 内容底端对齐；baseline 内容基线对齐。

③ 设置跨行 rowspan。

基本语法：

```
<table>
  <tr>
    <td rowlspan="数值"></td>
    …
  </tr>
 </table>
```

语法说明：在 HTML 文件中，设置单元格的跨行，只要设置<td>标记中的 rowspan 的属性值即可实现，属性值一般为数字。

④ 设置跨列 colspan。

基本语法：

```
<table>
<tr>
  <td colspan="数值"></td>
 …
  </tr>
   …
</table>
```

语法说明：在HTML文件中，设置单元格的跨列，只要设置<td>标记中的colspan的属性值即可实现，属性值一般为数字。

⑤ 设置单元格间距cellspacing。

基本语法：

```
<table cellspacing="">
  <tr>
    <td > </td>
     …
    </tr>
</table>
```

语法说明：在HTML文件中，设置<table>标记中的cellspacing属性值就可以设置表格中单元格的间距。单元格间距以像素为单位。

⑥ 设置单元格边距cellpadding。

基本语法：

```
<table cellpadding="">
  <tr>
  <td> </td>
  </tr>
   …
</table>
```

语法说明：在HTML文件中，设置<table>标记中的cellspacing属性值就可以设置单元格中内容与边框之间的间距。单元格间距以像素为单位。

（6）表格的嵌套

所谓表格的嵌套，就是指在一个表格或者单元格中又包含一个或者多个表格。

基本语法：

```
<table width="" border="1">
  <tr>
  <td>
```

```
    <table width=""  border="1">
  <tr>
        <td> </td>
        </tr>
     </table>
    </td>
    </tr>
  </table>
```

语法说明：在 HTML 文件中，第一个<table>标记表示插入第一表格，第二个<table>标记插入在标记<td></td>之间，表示在单元格中插入表格，也就是嵌套表格。

【例 9-13】表格应用综合实例。

```
<html>
<head>
<title>表格在网页中的应用</title>
</head>
<body>
<table width="470" border="1" align="center">
    <caption>表格应用举例</caption>
     <tr>
      <th>网页设计</th>
      <th>数据库开发</th>
      <th>程序设计</th>
   </tr>
<tr>
     <td>Dreamweaver</td>
     <td>Access</td>
     <td>C++</td>
  </tr>
<tr>
     <td>FrontPage</td>
     <td>SQL SERVER</td>
     <td>C#</td>
  </tr>
</table>

<table width="470" border="1" align="center">
  <tr>
    <td width="170"> </td>
    <td width="157" rowspan="3">正义</td>
```

```
      <td width="121">新闻链接</td>
    </tr>
    <tr>
      <td><table width="100%"  border="1">
        <tr>
          <td> </td>
        </tr>
        <tr>
          <td>导航列表</td>
        </tr>
        <tr>
          <td> </td>
        </tr>
      </table></td>
      <td rowspan="2"> </td>
    </tr>
    <tr>
      <td> </td>
    </tr>
  </table>
  <p> </p></body>
  </html>
```

页面浏览效果如图9-18所示。

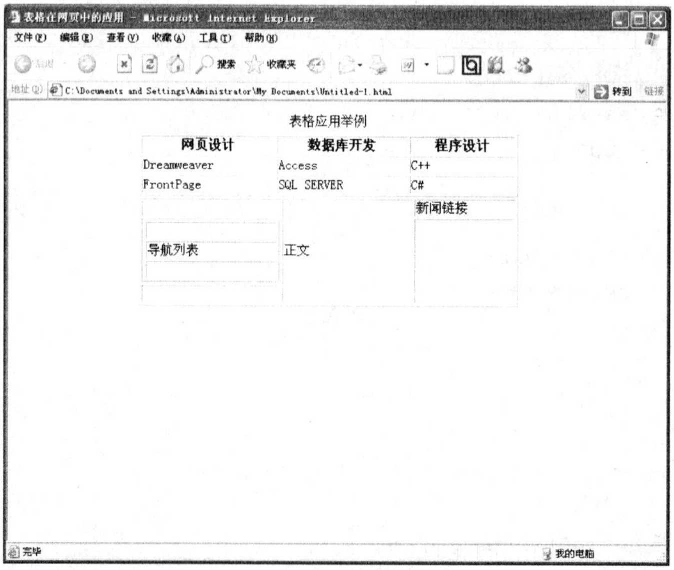

图9-18　例9-13页面浏览效果

4. 创建多媒体页面

(1) 图像的插入和编辑

图片是网页设计中必不可少的元素，在 HTML 中我们可以在网页的任何位置插入图片，并且对图片进行设置及建立超链接和热区等操作。

① 插入图片<img>。

基本语法：

```
<img src="图片地址">
```

语法说明：img 标记的作用就是插入图片， src 属性用来指定图片文件所在的路径，这个路径可以是相对路径，也可以是绝对路径。

② 添加图片的提示文字 alt。

基本语法：

```
<img src="图片地址" alt="提示文字">
```

语法说明：当鼠标移动至图片区域内停留时会显示提示文字，alt 属性的提示文字可以是中文也可以是英文。

③ 设置图片的宽度 width 和高度 height。

基本语法：

```
<img src="图片地址" width="数值" height ="数值">
```

语法说明：图片高度和宽度的单位可以是像素，也可以是百分比。如果在使用宽度和高度属性中，只设置了其中一个属性，那么另一个属性会按原始图片宽高等比例显示。但是如果两个属性没有按原始大小的缩放比例设置，图片可能变形。

④ 设置图片边框 border。

基本语法：

```
<img src="图片地址" border="数值">
```

语法说明：border 为边框线的宽度，用数字表示，单位为像素。

⑤ 超链接及设置图片链接<a>。

超链接在网页制作中是一个必不可少的部分，在浏览网页时，单击一张图片或者一段文字就可以弹出一个新的网页，这些功能都是通过超链接来实现的，在 HTML 文件中，超链接的建立主要通过<a>标记来实现。

a. 插入超链接

基本语法：

```
<a href="URL">链接内容</a>
```

语法说明：在HTML文件中，需要使用超链接时用<a>标记将需要建立链接的内容包括起来，href属性的URL值可以设置为相对路径或者绝对路径。

b．设置图片链接

基本语法：

```
<a href="URL" target="目标窗口的打开方式"><img src="图片地址"></a>
```

语法说明：href属性是用来设置图片的链接地址URL，target属性用来设置目标窗口的打开方式。

c．设置图片热区链接

基本语法：

```
<img src="图片地址" usemap="#映射图片名称">
```

热区图像及热区链接属性的定义如下：

```
<map name="映射图片名称">
<area shape="热区形状" coords="热区坐标" href="URL">
...
</map>
```

语法说明：<img>标记用来插入图片和引用映射图片名称，即用usemap属性来引用在<map>标记中所定义的映射图片名称，并且要在名称前加上#号。<map>标记只有一个name属性，用来定义映射图片的名称。<area>标记有三个属性，shape属性、coords属性和href属性。href属性，用来定义超链接的目标地址；shape属性用来定义热区的形状，可以取3个属性值，如表9-7所示；coords属性用来定义热区的坐标，不同的形状其coords属性的设置方式也不同，如表9-8所示。

表9-7 sharp属性值取值说明

shape属性值	说　明
rect	矩形区域
circle	圆形区域
poly	多边形区域

表9-8 sharp属性值对应的coords属性值

shape	coords属性可取值	说　明
rect	left、right、top、bottom	代表矩形4个定点坐标
circle	center-x、center-y、radius	代表圆心和半径
poly	取决于多边形的形状	代表各顶点坐标

⑥ 设置滚动文字及图片。

基本语法：

```
<marquee bgcolor="颜色代码"direction="滚动方向"behavior="滚动方式"
scrollmount="滚动速度"scrolldelay="延迟时间"width="宽度值"height="高度值"
hspace="水平范围"vspace="垂直范围"loop="循环次数">滚动文字或图片</marquee>
```

语法说明：其中<marquee>标记不能省略，其中的属性可以省略一个或者多个。其中 direction 设置滚动方向，可以取值 up、downl、left 和 right。scrollmount 设置滚动速度，单位是像素。scrolldelay 设置滚动延迟，延迟时间是以毫秒为单位的。这个延迟时间设置得越小，滚动得越快。hspace 和 vspace 设置滚动的水平和垂直空白空间，单位均为像素。loop 属性设置循环次数，直接用数字表示。

（2）音频和视频的插入和编辑

① 插入音频或视频文件<embed>。

基本语法：

```
<embed src="多媒体文件地址"width="文件宽度"height="文件高度"autostart=
"true|false"loop="true|false"></embed>
```

语法说明：src 属性用来指定插入的多媒体文件地址或多媒体文件名，同时文件一定要加上后缀名；width 和 height 属性用来设置多媒体文件的宽度和高度，单位为像素；autostart 属性用来设置多媒体文件的自动播放，有两个取值 true 和 false，true 表示在打开网页时自动播放多媒体文件，false 是默认值，表示打开网页时不自动播放；loop 属性用来设置多媒体文件的循环播放，只有两个取值 true 和 false，true 表示多媒体文件将无限循环播放，false 表示多媒体文件只播放一次。

可以再 HTML 网页文件中插入音频，例如：

```
<embed src="音频文件名.后缀名" ></embed>
```

也可以在 HTML 网页文件中插入视频，例如：

```
<embed src="视频文件名.后缀名" ></embed>
```

② 添加背景音乐 bgsound。

基本语法：

```
<bgsound src="背景音乐地址"loop="播放次数">
```

语法说明：src 属性用来指定背景音乐文件的地址或音乐文件名，而且音乐文件要加上后缀名；loop 属性用来指定音乐播放的次数，用数字表示。

【例 9-14】创建多媒体页面综合实例。

```
<html>
<head>
  <title>创建多媒体页面</title>
```

```
</head>
<body>
  <center>
  <h2>综合设置图片和多媒体</h2>
  </center>
  <hr>
  <bgcolor src="天涯.mp3" loop=3>
  <marquee bgcolor="#87cefa" direction="up"
  width=290 height=130 scrollamount=4>
  <font face="隶书" size=4 >
  江山如此多娇，引无数英雄竞折腰。<br>
  惜秦皇汉武，略输文采；<br>
  唐宗宋祖，稍逊风骚。<br>
  </font>
  </marquee>
  <img src="pic1.jpg" align=top>
  <marquee bgcolor="#339933" direction="up" width=330 height=120
  hspace="20" scrolldelay=120>
  <font face="隶书" size=4 color=white>
  一代天骄，成吉思汗，只识弯弓射大雕。<br>
  俱往矣，数风流人物，还看今朝。<br>
  </font>
  </marquee>
  <img src="pic2.jpg" >
</body>
</html>
```

页面效果如图9-19所示。

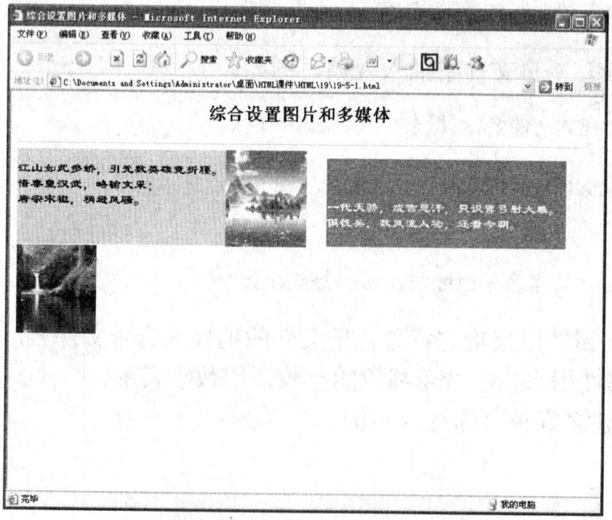

图9-19　例9-14页面浏览效果

5. 创建框架页结构

框架是一种在一个页面中显示多个网页的技术，通过超链接可以为框架之间建立内容之间的联系，从而实现页面导航的功能。

（1）框架的基本结构

基本语法：

```
<html>
<frameset>
  <frame>
  <frame>
…
</frameset>
</html>
```

语法说明：在网页文件中，使用框架集页面的<body>标记将被<frameset>标记替代，然后再利用<frame>标记去定义框架结构，常见的分割框架方式有：左右分割、上下分割、嵌套分割。所谓嵌套分割是指在同一框架集中既有左右分割，又有上下分割。

（2）设置框架属性

基本语法：

```
<frameset>
  <frame src="URL" frameborder="value" scrolling="value" marginwidth
  ="value" marginheight="value" noresize>
  <frame src="URL" frameborder="value">
…
</frameset>
```

语法说明：src 用于设置框架加载文件的路径，文件的路径可以是相对路径也可以是绝对路径；name 给框架添加名称，不会影响框架的显示效果；frameborder 设置框架显示效果时，只能设置框架的边框是否显示，frameborder 值为 0 时，不显示边框，frameborder 值为 1 时，显示边框；scrolling 属性有三种方式设置滚动条，分别为，yes（添加滚动条）、no（不添加滚动条）和 auto（自动添加滚动条）；marginwidth 和 marginheight 属性设置框架边缘宽度和高度；noresize 属性设置不允许改变侧框架的尺寸。

（3）设置框架集<frameset>属性

基本语法：

```
<frameset frmaspacing=" " bordercolor=" cols="*,*" rows="*,*">
  <frame src="URL" frameborder="value">
```

```
  <frame src="URL" frameborder="value">
…
</frameset>
```

语法说明：frameborder 设置框架显示效果时，代表设置框架的边框是否显示，frameborder 值为 0 时，不显示边框，frameborder 值为 1 时，显示边框。bordercolor 设置框架边框颜色；利用 cols 属性将网页进行左右分割，分割方式可以是百分比，也可以是具体的数值；利用 rows 属性可以将网页上下分割，分割方式与左右分割方式相同。

（4）浮动框架<iframe>

基本语法：

```
<body>
  <iframe src="URL">
</iframe>
</body>
```

语法说明：src 用于设置浮动框架加载文件的路径，文件的路径可以是相对路径也可以是绝对路径。浮动框架在表现形式上和框架不同，属性设置和框架类似。

【例 9-15】创建框架页面综合实例。

```
Index.html:
<html>
<head>
<meta http-equiv="Content-Type" content="text/html; charset=gb2312">
<title>框架应用</title>
</head>
<frameset rows="105,*"  frameborder="NO" border="0" framespacing="0">
  <frame src="top.html" name="topFrame" scrolling="NO" noresize>
  <frameset  cols="150,*" framespacing="0" frameborder="NO" border="0">
    <frame src="left.html" name="leftFrame" scrolling="NO" noresize>
    <frame src="main.html" name="mainFrame">
  </frameset>
</frameset>
<noframes><body>
</body></noframes>
</html>
```

其中 main.html 为空页面。

```
left.html:
<html>
```

```
<head>
<title>页面导航</title>
</head>
<body>
 <table width="150" height="40" border="1" align="right" valign="top">
  <tr>
    <td height="20">&#8226;</td>
    <td valign="top"><a href="http://www.sina.com.cn" target="mainFrame">
    新浪首页</a></td>
  </tr>
  <tr valign="top">
    <td width="9">&#8226;</td>
    <td width="162" valign="top"><a href="http://www.sohu.com" target=
    "mainFrame"> 搜狐首页</a></td>
  </tr>
  <tr>
    <td>&#8226;</td>
    <td valign="top"><a href="http://www.yahoo.com.cn/" target="mainFrame">
    雅虎首页</a></td>
  </tr>
</table>
</body>
</html>
top.html:
<html>
<head>
<meta http-equiv="Content-Type" content="text/html; charset=gb2312">
<title>头部图片</title>
</head>
<body>
  <table width="730" height="84" border="1" align="center" valign="top">
    <tr>
      <td width="150">框架页面展示</td>
    </tr>
  </table>
</body>
</html>
```

页面浏览效果如图 9-20 所示。

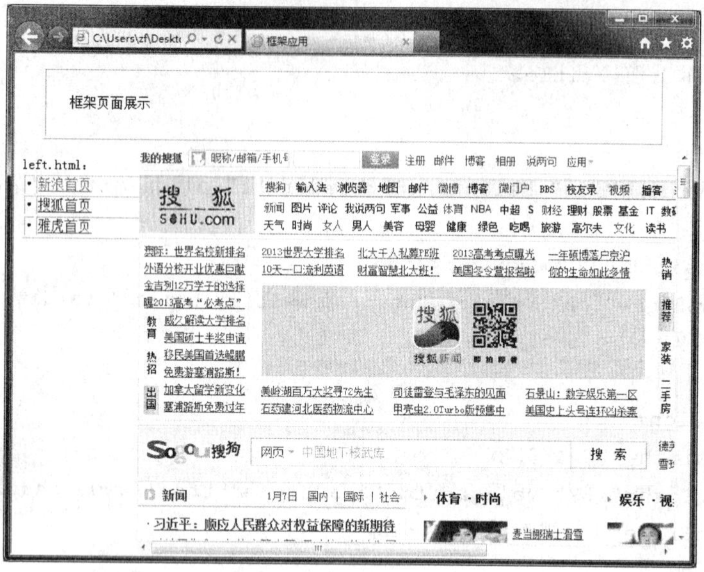

图 9-20 例 9-15 页面浏览效果

6. 创建表单

表单是网页中提供的一种交互式操作手段，在网页中的使用十分广泛。用户可以通过提交表单信息与服务器进行动态交流。表单主要可以分为两部分：一是用 HTML 源代码描述的表单，可以直接通过插入的方式添加到网页中；二是提交后的表单处理，需要调用服务器端编写好的程序对客户端提交的信息作出回应。

（1）插入表单<form>

基本语法：

```
<form name="" method="" action="" enctype="" target=""> </form>
```

语法说明：name 设置表单名称；method 设置表单发送的方式，可以是“post”或者“get”；action 设置表单处理程序；enctype 设置表单编码方式；target 设置表单显示目标。

（2）信息输入<input>

表单是网页中提供的交互式操作手段，HTML 中也提供了很多用于交互的控件，用户必须在表单控件中输入必要的信息，发送到服务器请求响应，然后服务器将结果返回给用户，这样才体现了交互性。这主要通过<input>标记来实现。

基本语法：

```
<form><input  name="" type=""></form>
```

语法说明：在<input>标记中，name 属性显示插入的控件名称，type 属性显示插入的控件类型，例如：文本框、单选按钮、复选框等。

下面分别介绍常用的表单控件的使用语法。

① 插入文本框 text 和密码框 password。

基本语法：

文本框：

```
<form><input name="" type="text" maxlength="" size=" " value=" ">
</form>
```

密码框：

```
<form><input name="" type="password" maxlength=" " size=" " >
</form>
```

语法说明：在表单中插入文本框和密码框，只要将<input>标记中 type 属性值设为 text 或者 password 就可以插入单行的文本框或者密码框。设置为密码框之后输入内容不会出现，以符号代表。maxlength 代表文本框的最大长度，size 代表宽度，value 显示文本框默认值。

② 插入文件域 file。

基本语法：

```
<form><input name="" type="file" ></form>
```

语法说明：在表单中插入文件域，只要将<input>标记中 type 属性值设为 file 就可以插入文件域。可以利用文件域选取文件。

③ 插入复选框 checkbox 和单选按钮 radio。

基本语法：

复选框：

```
<form ><input name="" type="checkbox" id="" value="">
</form>
```

单选框：

```
<form ><input name="" type="radio" id="" value="">
</form>
```

语法说明：在表单中插入复选框，只要将<input>标记中 type 属性值设为 checkbox 就可以插入复选框。其中的 id 为可选项。在表单中插入单选按钮，只要将<input>标记中 type 属性值设为 radio 就可以插入单选按钮。

④ 插入按钮。

基本语法：

```
<form ><input name="" type="button/submit/reset" id="" value="按钮上的文字">
</form>
```

语法说明：在表单中插入按钮，<input>标记中 type 属性值设为 button 就可以插入标准按钮。设为 submit 代表提交按钮，当用户填完表单对象中的信息后，需要有一个提交信息的动作，可以使用提交按钮，这会引起页面的刷新。设为 reset 代表重置按钮，当用户填完表单对象中的信息后，对自己填过的信息不满意时，想清除所填内容，可以使用重置按钮。

⑤ 插入图像域 image。

基本语法：

```
<form ><input name="" type="image" src="图片地址" width="" height=""
border=""> </form>
```

语法说明：为了美观效果，可以用一张图片做提交或者其他类型的按钮，可以通过插入图像域来实现。在表单中插入图像域，只要将<input>标记中 type 属性值设为 image。

⑥ 插入文字域 textarea。

基本语法：

```
<form><textarea name="" rows="" cols="" wrap="" id=""></textarea>
</form>
```

语法说明：如果需要输入多行文字，行间可以换行，可以使用文字域。在表单中插入文字域，只要插入成对的文字域标记<textarea></textarea>即可。其中的“wrap”和“id”为任选项。rows 代表文字域行数，cols 代表文字域列数，取值都为数字。

⑦ 插入下拉菜单<select>和列表项<option>。

基本语法：

```
<form >
 <select name="" size="">
 <option value="">
 <option value="">
  …
 </select>
</form>
```

语法说明：在表单中插入下拉菜单和列表项，只要插入成对的<select></select>，其中嵌套<option>代表具体的列表项。

【例 9-16】创建表单综合实例。

```
<html>
<head>
<title>表单应用</title>
</head>
<body>
<form name="form1" method="post" action="">
<table width="408" border="1" align="center">
   <tr>
     <td width="34" height="32"> </td>
     <td colspan="2">会员注册</td>
   </tr>
   <tr>
     <td> </td>
     <td width="83"><div align="right">用户名: </div></td>
     <td width="269"><input type="text" name="textfield"></td>
   </tr>
   <tr>
     <td> </td>
     <td><div align="right">密码: </div></td>
     <td><input type="password" name="textfield2"></td>
   </tr>
   <tr>
     <td> </td>
     <td><div align="right">确认密码: </div></td>
     <td><input type="text" name="textfield3"></td>
   </tr>
   <tr>
     <td> </td>
     <td><div align="right">性别: </div></td>
     <td><input type="radio" name="radiobutton" value="radiobutton">
       男
       <input type="radio" name="radiobutton" value="radiobutton">
       女</td>
   </tr>
   <tr>
     <td> </td>
     <td><div align="right">爱好: </div></td>
     <td><input type="checkbox" name="checkbox" value="checkbox">
       体育
       <input type="checkbox" name="checkbox2" value="checkbox">
       音乐
       <input type="checkbox" name="checkbox3" value="checkbox">
```

```
      文学
      <input type="checkbox" name="checkbox4" value="checkbox">
      其他</td>
    </tr>
    <tr>
      <td> </td>
      <td><div align="right">特长：</div></td>
      <td><select name="select">
      </select></td>
    </tr>
    <tr>
      <td> </td>
      <td><div align="right">联系电话：</div></td>
      <td><input type="text" name="textfield4"></td>
    </tr>
    <tr>
      <td> </td>
      <td><input type="submit" name="Submit" value="提交"></td>
      <td><input type="reset" name="Submit2" value="重置"></td>
    </tr>
  </table>
</form>
</body>
</html>
```

页面浏览效果如图9-21所示。

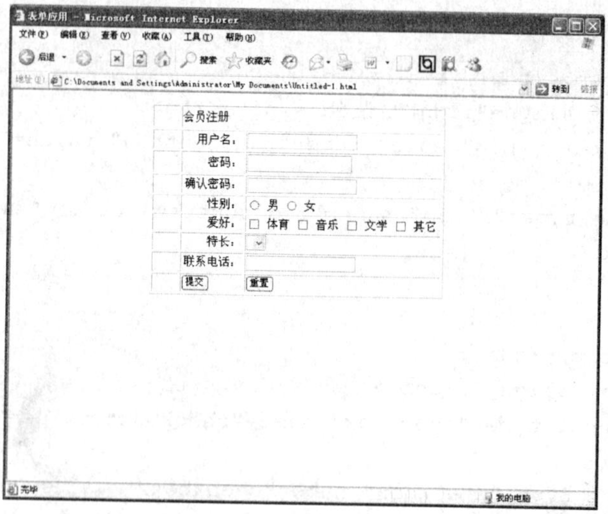

图9-21　例9-16页面浏览效果

9.2.2　CSS 样式表

1．CSS 基础

CSS（Cascading Style Sheet）即层叠样式表，简称样式表。所谓样式就是对网页中的元素（字体、段落、图像、列表等）属性的整体概括，即描述所有网页对象的显示形式（例如，文字的大小、字体、背景及图像的颜色、大小等都是样式）。层叠，就是指当 HTML 文件引用多个 CSS 文件时，如果 CSS 文件之间所定义的样式发生了冲突，将依据层次的先后来处理其样式对内容的控制。

CSS 样式表的作用包括：内容和样式的分离，使得网页设计趋于明了、简洁；弥补 HTML 对标记属性控制的不足；精确控制网页布局；提高网页效率，浏览器的浏览速度和网页的更新速度。

（1）CSS 格式

基本语法：

```
selector {property: value; property: value ……property: value }
```

语法说明：selector 代表选择符，property 代表属性，value 代表属性值。选择符包括多种形式，所有的 HTML 标记都可以作为选择符，如 body、p、table 等都是选择符。但在利用 CSS 的语法给它们定义属性和值时，其中属性和值要用冒号隔开。如果属性的值由多个单词组成，并且单词间有空格，那么需给值加上双引号。如果需要对一个选择符指定多个属性时，用分号将属性分开。例如：p{text-align:center; color:#FF0000; font-size:10px}。相同属性和值的选择符组合起来称为选择符组。如果需要给选择符组定义属性和值，只要用逗号将选择符分开即可，这样可以减少重复定义样式。例如：p,table{text-align:center; font-size:10px}。

（2）CSS 选择符类型

① 类选择符。

基本语法：

```
标记名.类名{样式属性:取值;样式属性:取值;…}
```

语法说明：用类选择符可以把相同的元素分类定义成不同的样式。在定义类选择符时，在自定义类名称的前面加一个点“.”。

② id 选择符。

基本语法：

```
标记名#标识名{样式属性:取值;样式属性:取值;…}
```

语法说明：在 HTML 文档中，需要唯一标识一个元素时，就会赋予它一个 id 标识，以便在对整个文档进行处理时能够快速地找到这个元素。而 id 选择符就是用来对这个单一元素定义单独的样式。其定义方法与类选择符大同小异，只需要把点“.”改为井号“#”。

③ 伪类

伪类不属于选择符，它是让页面呈现丰富表现力的特殊属性。之所以称为“伪”，是因为它指定的对象在文档中并不存在，它们指定的是元素的某种状态。

应用最为广泛的伪类是链接的 4 个状态：未链接状态（a:link）；已访问链接状态（a:visited）；鼠标指针悬停在链接上的状态（a:hover）；被激活（在鼠标单击与释放之间发生的事件）的链接状态（a:active）。

（3）插入 CSS 的 4 种方式

插入 CSS 到 HTML 文件有四种方式，分别为：链入外部样式表、内部样式表、嵌入样式表和导入外部样式表。

① 链入外部样式表。

基本语法：

```
<head>
…
<link rel="stylesheet " type="text/css" href="样式表文件的地址 ">
</head>
…
```

语法说明：rel=“stylesheet”是指在 HTML 文件中使用的是外部样式表；type=“text/css”指明该文件的类型是样式表文件；href 中的样式表文件地址，可以为绝对地址或相对地址；外部样式表文件中不能含有任何 HTML 标记，如<head>或<style>等。

② 内部样式表。

基本语法：

```
<head>
<style type="text/css">
选择符{样式属性:取值;样式属性:取值;…}
</style>
</head>
```

语法说明：<style>标记用来说明所要定义的样式；type= “text/css” 说明这是一段 CSS 样式表代码。

③ 嵌入样式表。

基本语法：

```
<HTML 标记 style="样式属性:取值;样式属性:取值;…">
```

语法说明：HTML 标记就是页面中标记 HTML 元素的标记，例如 body、p 等。style 参数后面引号中的内容就相当于样式表大括号里的内容。

④ 导入外部样式表。

基本语法：

```
<head>
<style type="text/css">
@import  url(外部样式表文件地址);
…
</stytle>
…
</head>
```

语法说明：Import 语句后面的“;”是不可省略的；外部样式表文件的文件扩展名必须为.css；样式表地址可以是绝对地址，也可以是相对地址。

2．CSS 设置文字效果

（1）文字字体的设置

① 设置字体 font-family。

基本语法：

```
font-family：字体 1，字体 2，字体 3，……;
```

语法说明：应用 font-family 属性可以一次定义多个字体，而在浏览器读取字体时，会按照定义的先后顺序来决定选用哪种字体。若浏览器在计算机上找不到第一种字体，则自动读取第二种字体，以此类推。

② 设置字号 font-size。

基本语法：

```
font-size:绝对尺寸|关键字|相对尺寸|百分比
```

语法说明：绝对尺寸是指尺寸大小不会随着显示器分辨率的变化而变化，也不会随着显示设备的不同而变化。绝对尺寸可以使用的单位包括 in（英寸）、px（像素）、cm（厘米）、mm（毫米）、pt（点）、pc（皮卡）。相对尺寸是指尺寸大小继承于该元素属性的前一个属性单位值。百分比是基于父元素中字体的大小为参考值的。

③ 设置字体样式 font-style。

基本语法：

```
font-style:normal|italic|oblique
```

语法说明：normal 代表正常显示（浏览器默认的样子）；italic 代表斜体显示文字；oblique 代表歪斜体显示。

④ 设置字体加粗 font-weight。

基本语法：

```
font-weight:normal|bold|bolder|lighter|number
```

语法说明：normal 表示正常粗细；bold 表示粗体；bolder 表示加粗体；lighter 表示细体（比正常字体还细）；number 取值为数字，一般都是整百，有九个级别（100～900），数字越大字体越粗。

（2）文字排版的设置

① 调整字符间距 letter-spacing。

基本语法：

```
letter-spacing:normal|长度
```

语法说明：normal 表示间距正常显示，是默认设置；长度包括长度值和长度单位，长度值可以使用负数。

② 调整单词间距 word-spacing。

基本语法：

```
word-spacing:normal|长度
```

语法说明：normal 表示间距正常显示，是默认设置；长度包括长度值和长度单位，长度值可以使用负数。

③ 添加文字修饰 text-decoration。

基本语法：

```
text-decoration: underline|oveline|line-through
```

语法说明：语法中的属性值可以是上面所列的一个或多个。依次代表下划线、上划线、删除线。

④ 设置文本排列方式 text-align。

基本语法：

```
text-align:left|right|center|justify
```

语法说明：该语法中的 4 个属性值可以任意选择其中一个。其中，left 代表左对齐方式；right 代表右对齐方式；center 代表居中对齐方式；justify 代表两端对齐方式。该属性可应用于 HTML 中的任何模块级标记。

⑤ 设置段落缩进 text-indent。

基本语法：

```
text-indent:长度|百分比
```

语法说明：长度包括长度值和长度单位，长度单位同样可以使用之前提到的所有单位。百分比则是相对上一级元素的宽度而定的。

⑥ 调整行高 line-height。

基本语法：

```
line-height:normal|数字|长度|百分比
```

语法说明：normal 为浏览器默认的行高，一般由字体大小属性来决定；数字表示行高为该元素字体大小与该数字相乘的结果；长度表示行高由长度值和长度单位确定；百分比表示行高是该元素字体大小的百分比。

【例 9-17】CSS 设置文字效果综合实例。

```
<html>
<head>
  <title>文字排版应用</title>
  <style type=text/css>
  <!--
  h2{font-family:黑体;font-size:20px;text-align:center}
  .p1{font-size:16px;letter-spacing:8px;text-decoration:underline}
  .p2{font-size:16px;word-spacing:10pt;text-indent:40px;text-transform
:capitalize}
  .p3{font-size:16px;text-transform:uppercase}
  .p4{font-size:16px;text-decoration:line-through;text-align:right}
  -->
  </style>
</head>
<body>
  <h2>文字排版效果</h2>
  <hr>
  <p class=p1>CSS(Cascading Style Sheet)即层叠样式表，简称样式表。</p>
  <p class=p2>CSS(Cascading Style Sheet)即层叠样式表，简称样式表。</p>
  <p class=p3>CSS(Cascading Style Sheet)即层叠样式表，简称样式表。</p>
  <p class=p4>CSS(Cascading Style Sheet)即层叠样式表，简称样式表。</p>
</body>
</html>
```

页面效果如图 9-22 所示。

3．CSS 设计图像和背景

（1）设置颜色 color

基本语法：

```
color:关键字|RGB 值
```

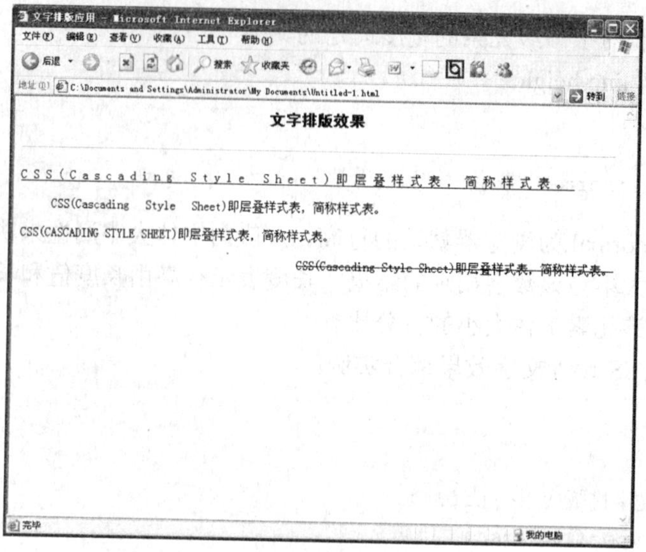

图 9-22　例 9-17 页面浏览效果

语法说明：颜色关键字就是用颜色的英文名称来设置颜色。例如："red"代表红色，"black"代表黑色等；RGB 值有多种表示方式，如十六进制的 RGB 值和 RGB 函数值。

（2）设置背景颜色 background-color

基本语法：

```
background-color: 关键字|RGB 值|transparent
```

语法说明：关键字和 RGB 值可参颜色设置中的语法说明。transparent 表示透明值，是背景颜色 background-color 属性的初始值。

（3）插入背景图片 background-image

基本语法：

```
background-image:url|none
```

语法说明：url 指定要插入的背景图片路径或名称，路径可以为绝对路径也可以为相对路径。图片的格式一般以 GIF、JPG 和 PNG 格式为主。none 是一个默认值，表示没有背景图片。

（4）插入背景附件 background-attachment

基本语法：

```
background-attachment:scroll|fixed
```

语法说明：scroll 表示背景图片是随着滚动条的移动而移动，是浏览器的默认值；fixed 表示背景图片固定在页面上不动，不随着滚动条的移动而移动。

（5）设置重复背景图片 background-repeat

基本语法：

```
background-repeat:repeat|repeat-x|repeat-y|no-repeat
```

语法说明：repeat 表示背景图片在水平和垂直方向上平铺（默认值）；repeat-x 表示背景图片在水平方向上平铺；repeat-y 表示背景图片在垂直方向上平铺；no-repeat 表示背景图片不平铺。

（6）设置背景图片位置 background-position

基本语法：

```
background-position: 百分比|长度|关键字
```

语法说明：利用百分比和长度设置图片位置时，都要指定两个值，并且这两个值要用空格隔开。一个代表水平位置，一个代表垂直位置。水平位置的参考点是网页页面的左边，垂直位置的参考点是页面的上边。关键字在水平方向的主要有 left、center、right，表示居左、居中和居右。关键字在垂直方向的主要有 top、center、bottom，表示顶端、居中和底端。其中水平方向和垂直方向的关键字可相互搭配使用。

【例 9-18】CSS 设置图片及背景综合实例。

```
<html>
<head>
  <title>CSS 设置图片和背景</title>
  <style type=text/css>
  <!--
  body{background-image:url(pic1.jpg);background-repeat:no-repeat;
  background-position:bottom right}
  h2{font-family: 黑 体 ;color:white;font-size:20px;background-image:url
  (pic2.jpg);
  background-repeat:repeat-x}
  .p1{font-size:18px;color:blue;background-color:yellow;}
  -->
  </style>
 </head>
 <body>
  <center>
  <h2>黄鹤楼</h2>
  <hr>
  <p class=p1>昔人已乘黄鹤去，此地空余黄鹤楼。</p>
  <p class=p1>黄鹤一去不复返，白云千载空悠悠。</p>
  <p class=p1>晴川历历汉阳树，芳草萋萋鹦鹉洲。</p>
```

```
  <p class=p1>日暮乡关何处是，烟波江上使人愁。</p>
</center>
</body>
</html>
```

页面效果如图9-23所示。

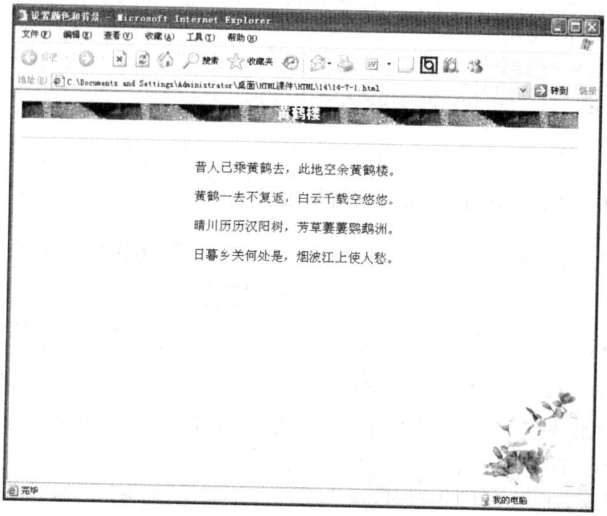

图9-23 例9-18浏览效果

4．CSS设置边框和边距

边框属性包括边框样式、边框颜色和边框宽度，主要用来设置网页中各个元素的边框。

（1）设计边框样式border-style

基本语法：

```
border-style:样式取值
border-top-style:样式取值
border-bottom-style:样式取值
border-left-style:样式取值
border-right-style:样式取值
```

语法说明：边框样式属性中border-style是一个复合属性，其他4个都是单个边框的样式属性，只能取一个值，而复合属性border-style可以同时取1到4个值。下面分别说明border-style属性的4个取值方法：取一个值，四条边框均使用这一个值；取两个值，上下边框使用第一个值，左右边框使用第二个值，两个值一定要用空格隔开；取三个值，上边框使用第一个值，左右边框使用第二个值，下边框使用第三个值，取值之间要用空格隔开；取第四个值，四条边框按照上、右、下、左的顺序来调用取值。取值之间也要用空格隔开。具体的样式取值和说明如表 9-9 所示。

表 9-9　边框样式属性取值说明

样式的取值	说　明
none	不显示边框，为默认值
dotted	点线
dashed	虚线
solid	实线
double	双直线
groove	凹型线
ridge	凸型线
inset	嵌入式
outset	嵌出式

（2）调整边框宽度 border-width

基本语法：

```
border-width:关键字|长度;border-top-width:关键字|长度;border-bottom-width:
关键字|长度;border-right-width:关键字|长度;border-left-width:关键字|长度
```

语法说明：基本语法中边框宽度属性 border-width 是一个复合属性，可以同时设置四条边框的宽度。具体使用方法和边框样式的复合属性 border-style 是一样的。长度包括长度值和长度单位，不可以使用负数。长度单位可以使用绝对单位也可使用相对单位，如 px、pt、cm 等。

（3）设置边框颜色 border-color

基本语法：

```
border-color:颜色关键字|RGB 值;border-top-color:颜色关键字|RGB 值;
border-bottom- color:颜色关键字|RGB 值;border-left-color:颜色关键字|RGB 值;
border-right-color: 颜色关键字|RGB 值
```

语法说明：如果只设置 1 种颜色，则四条边框的颜色一样；设置 2 种颜色，则边框的上下为一个颜色，左右为另一个颜色；设置 3 种颜色，边框的颜色顺序为上、左右、下；设置 4 中颜色，边框的颜色顺序为上、右、下、左。

（4）设置外边距 margin-top /margin-bottom /margin-left/ margin-right/margin

基本语法：

```
margin-top:长度|百分比;margin-bottom: 长度|百分比;margin-left: 长度|百分比;
margin-left: 长度|百分比;margin: 长度|百分比
```

语法说明：margin 用来设置元素到上一级元素的外边距。

（5）设置填充内边距 padding-top/padding- bottom /padding-left / padding- right /padding

基本语法：

```
padding-top:长度|百分比;padding-bottom: 长度|百分比;padding-left: 长度|百分比;padding-right: 长度|百分比;padding: 长度|百分比
```

语法说明：padding 用来设置元素的内边距。

【例 9-19】CSS 设置边框和边距综合实例。

```
<html>
<head>
  <title>CSS 设置边框和边距</title>
  <style type=text/css>
  h2{font-family:黑体;font-size:18px;
  border-bottom:10px dotted #FF00FF}
  .b1{margin:10px;border:5px groove red;padding:20px}
  .b2{margin-left:25px;border:5px dotted green}
  </style>
</head>
<body>
  <center>
  <h2>综合设置边框和边距</h2>
  </center>
  <p class=b1>
  登金陵凤凰台
  <img class=b2 src="a.jpg"><br>
  凤凰台上凤凰游,凤去台空江自流。<br>
  吴宫花草埋幽径,晋代衣冠成古丘。<br>
  三山半落青天外,二永中分白鹭洲。<br>
  总为浮云能蔽日,长安不见使人愁。<br>
  </p>
</body>
</html>
```

页面效果如图 9-24 所示。

5．CSS 与 DIV

DIV 层是网页制作中用于定位元素或者布局的一种技术，层的布局比表格更加灵活，它能够将层中的内容摆放到浏览器的任何位置，同时放入到层中的 HTML 元素可以为：文字、图像、动画或者是另一个 DIV 层。一个网页中也可以使用多个层，层与层之间可以重叠。同时配合 CSS 样式表可以对层进行精确定位和显示。

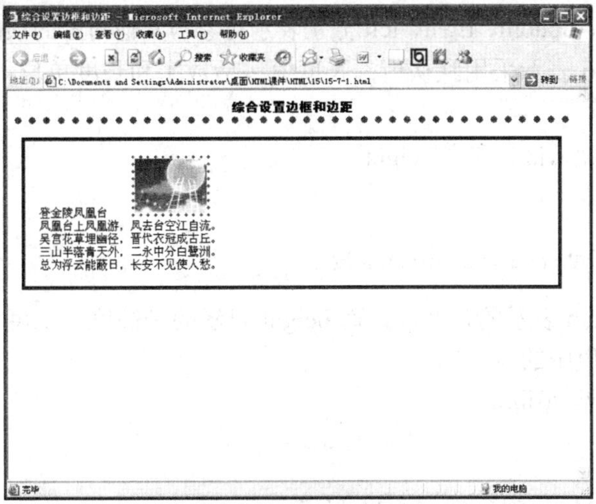

图 9-24 例 9-19 页面浏览效果

（1）层的创建

基本语法：

```
<body>
<div id="" style="position:关键字; left:数值; top:数值; width:数值; height:
数值;"></div>
</body>
```

语法说明：层由成对的<div>标记来定义，在进行层的定义时，需要将层的样式同时定义，否则在网页中不会显示出来。position 属性代表定位方式，可以是绝对定位或者相对定位等。left 和 top 属性进行左边距和顶端间距的设置。width 和 height 属性进行宽度和高度设置。

（2）定位方式 position

基本语法：

```
position:static|absolute|relative
```

语法说明：static 表示为静态定位，是默认设置；absolute 表示绝对定位，与位置属性 top、bottom、right、left 等结合使用可实现对元素的绝对定位；relative 表示相对定位，对象不可层叠，但也要依据 top、bottom、right、left 等属性来设置元素的具体偏移位置。

（3）设置位置 top/bottom/right/left

基本语法：

```
top:auto|长度值|百分比;bottom: auto|长度值|百分比;left: auto|长度值|百分比;
right: auto|长度值|百分比
```

语法说明：top、bottom、right、left 分别表示对象与其他对象的顶部、底部、左边和右边的相对位置；auto 表示采用默认值；长度值包括数字和长度单位；百分比作为属性，可以是相对值。

（4）设置层的宽 width 和高 height

基本语法：

```
width:auto|长度;height:auto|长度
```

语法说明：width 表示的是宽度，而 height 表示的是高度。长度包括长度值和单位，长度也可使用相对值中的百分比。

（5）设置层可见 visibility

基本语法：

```
visibility:visible|hidden|inherit
```

语法说明：visible 表示该层是可见的；hidden 表示该层被隐藏，是不可见的；inherit 表示子层或子元素会继承父层或父元素的可见性，父级元素可见则子级元素也可见。

【例 9-20】CSS 设置 DIV 层实例。

```
<html>
<head>
 <title>网页中层的使用</title>
<style type="text/css">
#d1 {
    position:absolute;
    left:138px;
    top:55px;
    width:192px;
    height:146px;
    z-index:1;
    background-color: #990000;
}
#d2 {
    position:absolute;
    left:216px;
    top:115px;
    width:196px;
    height:173px;
    z-index:2;
    background-color: #0099FF;
}
#d3 {
    position:absolute;
```

```
    left:265px;
    top:181px;
    width:197px;
    height:184px;
    z-index:3;
    background-color: #FF9900;
}
#d4 {
    position:absolute;
    left:470px;
    top:65px;
    width:258px;
    height:44px;
    z-index:4;
    background-color: #339999;
    font-size:24px;
    color:#FF0000;
}
</style>
</head>
<body  bgcolor="#666666">
<div id="d1">层一</div>
<div id="d2">层二</div>
<div id="d3">层三</div>
<div id="d4">在网页中建立不同的层</div>
</body>
</html>
```

页面效果如图 9-25 所示。

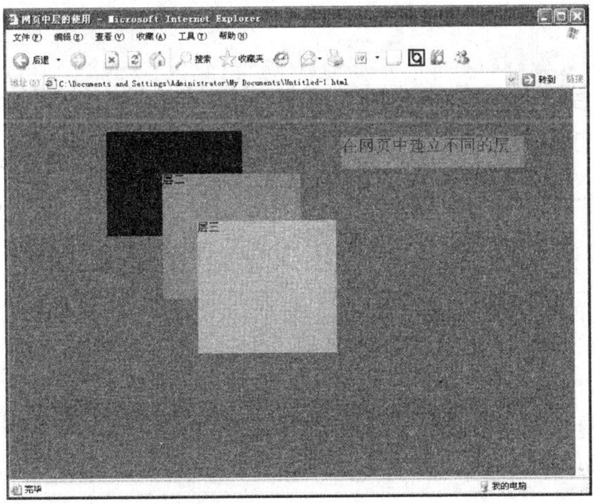

图 9-25　例 9-20 页面浏览效果

9.2.3 JavaScript

1. JavaScript语法基础

JavaScript是一种网页的脚本编程语言，同时也是一种基于对象的编程语言。它只能通过浏览器实现网络的访问和动态交互。在HTML中嵌入JavaScript小程序后，提高了网页的动态性。JavaScript可以直接对用户提交的信息在客户端做出回应。它的运行环境与操作系统没有关系，它是一种依赖浏览器本身运行的编程语言。

（1）基本数据类型

JavaScript提供了4种数据类型：数值型、字符型、布尔型和空值。四种数据类型的数据可以是常量也可以是变量。

JavaScript和其他编程语言一样，变量的命名也必须符合以下的变量命名规则：只能由字母、数字和下划线组成，并且第一个字符必须是字母或者下划线；JavaScript语言区分大小写；不能使用已有的关键字作为变量名。

（2）运算符

JavaScript中运算符主要分为：算数运算符、比较运算符和逻辑运算符等。JavaScript中的算数运算符和其他编程语言差异不大，具体运算符可参照表9-3的描述。

（3）程序结构

① if语句。

基本语法：

```
if (条件){…}
```

或者

```
if (条件){…}
else{…}
```

语法说明：if语句后面的条件可以是表达式也可以是一个其他值，但条件返回的结果的数据类型只能是布尔型，要么为真，要么为假。如果if后条件为真，则执行if后的语句，否则执行else之后的语句。

② switch语句。

基本语法：

```
switch (表达式)
{
case 常量表达式1：{语句组1} break;
case 常量表达式2：{语句组2}break;
…
```

```
case 常量表达式 n: {语句组 n}break;
default : {语句组 n+1}break;
}
```

语法说明：使用 switch 语句时，必须赋初始条件，程序将根据给出的初始条件，在 switch 语句中进行判断，如果 case 后常量表达和 switch 后表达式结果一致，则执行此 case 后的语句，如果都不符合则执行 default 后的语句。

③ while 与 do…while。

基本语法：

while 语法：

```
while() {…}
```

do…while 语法：

```
do
  {…} while();
```

语法说明：while 与 do…while 都是用于循环结构，只要满足条件就会执行循环体内的语句。但两者的明显区别是：前者必须在满足条件的情况下才执行该条件下的程序段，后者是不管条件是否满足 while 语句后面的条件，都至少会执行一次。

④ for 语句

基本语法：

```
for (初始化值;条件;求新值){…}
```

语法说明：for 后面的条件一个都不能省略，同时初始化值、条件、求新值三者之间必须使用分号“;”隔开。只有当 for 语句中的条件部分为真时，才执行后面的程序部分，否则不执行。

2. JavaScript 中的事件

JavaScript 是一门基于面向对象的编程语言，虽然没有专业面向对象编程语言那样规范和严格，但有面向对象的编程必须要有事件的驱动，才能执行程序。例如，当用户填写完表单数据，点击提交按钮时，就发生了一个鼠标单击（onClick）事件，需要浏览器做出处理，返回给用户一个结果。使用语法如：<input name="按钮名称 " type="button" onClick="处理语句或是函数" value="按钮文字">，其他事件使用语法类似。

常见的事件和说明如表 9-10 所示。

表 9-10 常见事件说明

事 件	说 明
onClick	鼠标单击事件
onChange	文本框内容改变事件

续表

事　件	说　明
onSelect	文本框内容被选择事件
onFoucus	聚焦事件
onLoad	网页加载事件
onUnload	关闭网页事件
onBlur	失去焦点事件
onMouseOver	鼠标移入事件
onMouseOut	鼠标移出事件

【例 9-21】JavaScript 事件响应实例。

```
<html>
  <head>
    <title></title>
  <head>
  <body>
    <script  language="javascript">
    function  rec(form)
    { form.recanswers.value=(form.recshortth.value* form.recheightth.
     value+ form.reclength.value*form.recheightth.value)/2}
    </script>
    <form>
      <h1>梯形面积</h1>
      上底
      <input type="text" name="recshortth"><br>
      下底
       <input type="text" name="reclength"><br>
       高度
       <input type="text" name="recheightth"><br>
       <input name="button" type="button" onClick="rec(this.form)" value="
       面积">
       <br>
       <input type+"text" name="recanswers"><br>
     </form>
  </body>
</html>
```

页面效果如图 9-26 所示。

3．JavaScript 中的函数和对象

在编写程序的过程中，为了提高运行效率，方便后期的组织和调试以及更新维护，并不是把所有程序堆积在一起，而是将一个大程序分解为多个小程序块，也就是函数。

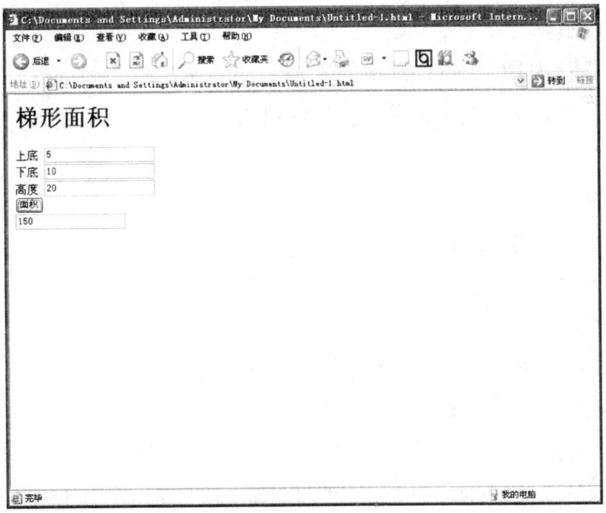

图 9-26　例 9-21 页面浏览效果

（1）JavaScript 中的函数

① 有参函数的定义。

基本语法：

```
function  函数名(参数 1, 参数 2,…,参数 n)
{  函数体 }
```

语法说明：function 是定义函数的关键字，函数的形参可以有一个或者多个，具体的函数内容写在一对花括号之中。

② 无参函数的定义。

基本语法：

```
function  函数名()
{   函数体 }
```

语法说明：function 是定义函数的关键字，具体的函数内容写在一对花括号之中。

（2）JavaScript 中的对象

JavaScript 脚本语言是一门基于面向对象的编程语言，它也有一些预定义对象支持的简单对象模型。JavaScript 中有浏览器内部对象，也有内置对象，现对一些重要的对象进行介绍。

① Navigator 对象。

Navigator 对象管理着浏览器的基本信息，如版本号、操作系统等。例如显示版本号可以使用<script>document.write(navigator.appVersion)</script>。

② Location 对象。

Location 是浏览器内置的一个静态的对象，它显示的是一个窗口对象所打开的地址。使用此对象是要考虑权限问题，不同的协议或者不同的主机不能互相引用彼此的 Location 对象。

③ Window 对象。

Window 是一个优先级很高的对象，该对象包含了丰富的属性、方法。程序员可以简单的操作这些属性方法，对浏览器窗口进行控制。

④ Document 对象。

JavaScript 的输入和输出需要通过对象来完成，Document 对象就是输出对象其中之一。Document 对象最主要的方法是 write()。

⑤ 内置对象和方法。

JavaScript 脚本语言也提供了一些内置的对象，程序员可以利用这些对象以及对象的属性和方法更好的编程。内置对象包括 Date 对象、String 对象、Math 对象等。使用内置对象的语法格式如下：对象名.方法名称（参数）。

9.2.4 VBScript

1．VBScript 简介

VBScript（Visual Basic Script）是微软开发的一种解析型的脚本语言，可以看作是 VB语言的简化版。目前这种语言广泛应用于网页和 ASP 程序制作，同时还可以直接作为一个可执行程序。VBScript 通过变量、操作符、循环、分支、函数等，扩展了 HTML 的功能。通过在 HTML 页面中嵌入 VBScript 脚本语言，可以使静态页面变为动态页面。

VBScript 既可以作为客户端编程语言，也可以作为服务器端编程语言。

当作为客户端编程语言，脚本代码需放在<Script></Script>标记对之间，嵌入在 HTML 页面之中。客户端脚本程序由浏览器执行，比服务器端程序运行速度更快；当作为服务器端编程语言，不受浏览器的限制，网页通过网络传送给浏览器，浏览器收到的只是标准的 HTML 文件。服务器端脚本程序需用“<%”和“%>”符号对包括起来，或者使用<Script RunAt=Server></Script>标记表示在服务器端运行。

2．VBScript 语法基础

（1）基本数据类型

VBScript 只有一种数据类型，称为 Variant。根据使用的方式，它可以包含不同类别的信息。因为 Variant 是 VBScript 中唯一的数据类型，所以它也是 VBScript 中函数的返回值的数据类型。最简单的 Variant 可以包含数字或字符串信息。

除简单数字或字符串以外，Variant 可以进一步区分数值信息的特定含义。Variant 包含的数值信息类型称为子类型。大多数情况下，可将所需的数据放进 Variant 中，而 Variant 也会按照最适的方式进行操作。具体类型如表 9-11 所示。

表 9-11　Variant 包含的子类型

子　类　型	描　　述
Empty	未初始化的 Variant。对于数值变量，值为 0；对于字符串变量，值为零长度字符串 ("")
Null	不包含任何有效数据的 Variant
Boolean	包含 True 或 False
Byte	包含 0～255 之间的整数
Integer	包含–32 68～32 767 之间的整数
Currency	-922 337 203 685 477.5808～922 337 203 685 477.5807
Long	包含-2 147 483 648～2 147 483 647 之间的整数
Single	包含单精度浮点数，负数范围从-3.402823E38～-1.401298E-45，正数范围从 1.401298E-45～3.402823E38
Double	包含双精度浮点数，负数范围从-1.79769313486232E308～-4.94065645841247E-324，正数范围从 4.94065645841247E-324～1.79769313486232E308
Date (Time)	包含表示日期的数字
String	包含变长字符串，最大长度可为 20 亿个字符
Object	包含对象
Error	包含错误号

（2）常数

常数是具有一定含义的名称，用于代替数字或字符串，其值从不改变。

基本语法：

```
Const 常数名=值
```

语法说明：使用 Const 语句可以创建名称具有一定含义的字符串型或数值型常数，并给它们赋值。例如：Const String = "Hello"或 Const Price = 23。

（3）变量和数组

声明变量的方式是使用 Dim 语句，也可以用来声明数组。变量命名必须遵循 VBScript 的标准命名规则。规则包括：第一个字符必须是字母；不能包含嵌入的句点；长度不能超过 255 个字符；在被声明的作用域内必须唯一。

对于声明变量：

基本语法：

```
Dim 变量名 1,变量名 2, …
```

语法说明：例如定义变量 A 和 B：Dim A，B。

对于声明数组：

基本语法：

```
Dim 数组名(数值) 或
Dim 数组名()
```

语法说明：第一种形式用于声明固定大小的数组，如 Dim A(10)，代表声明 10 个元素的数组，数组元素分别为 A(0),A(1), …A(10)。第二种形式用于声明动态数组。

（4）运算符

① 算数运算符。

VBScript 中的算数运算符和其他编程语言差异不大，具体运算符和说明如表 9-12 所示。

表 9-12 VBScript 中的算数运算符

算数运算符	说　明
+	加法运算符
-	减法运算符
*	乘法运算符
/	除法运算符
\	整除运算符
Mod	求余运算符
++	自加运算符
--	自减运算符

② 逻辑运算符。

VBScript 中具体逻辑运算符及说明如表 9-13 所示。

表 9-13 VBScript 中的逻辑运算符

逻辑运算符	说　明
And	逻辑与
Or	逻辑或
Not	逻辑非
Xor	逻辑异或
Eqv	逻辑等价
Imp	逻辑隐含

③ 比较运算符。

VBScript 中的比较运算符和说明如表 9-14 所示。

表 9-14 VBScript 中的比较运算符

比较运算符	说　明
>	大于
<	小于
=	等于
>=	大于或等于
<=	小于或等于
<>	不等于
Is	对象引用比较

3. 过程分类

在 VBScript 中，过程被分为两类：Sub过程和Function过程。

Sub 过程是包含在 Sub 和 End Sub 语句之间的一组 VBScript 语句，执行操作但不返回值。Sub 过程可以使用参数（由调用过程传递的常数、变量或表达式）。如果 Sub 过程无任何参数，则 Sub 语句必须包含空括号 ()。

例如下面程序段所示的 Sub 过程使用两个内置的 VBScript 函数，即MsgBox和InputBox，来提示用户输入信息。然后显示根据这些信息计算的结果。其中 Celsius 代表 VBScript 创建的 Function 过程，在 Sub 过程之后进行讲解。

```
Sub ConvertTemp()
   temp = InputBox("请输入华氏温度。",1)
   MsgBox "温度为 " & Celsius(temp) & " 摄氏度。"
End Sub
```

Function 过程是包含在 Function 和 End Function 语句之间的一组 VBScript 语句。Function 过程与 Sub 过程类似，但是 Function 过程可以返回值。Function 过程可以使用参数（由调用过程传递的常数、变量或表达式）。如果 Function 过程无任何参数，则 Function 语句必须包含空括号 ()。Function 过程通过函数名返回一个值，这个值是在过程的语句中赋给函数名的。Function 返回值的数据类型总是 Variant 类型。

下面程序段中，Celsius 函数将华氏温度换算为摄氏温度。Sub 过程 ConvertTemp 调用此函数时，包含参数值的变量被传递给函数。换算结果返回到调用过程并显示在消息框中。

```
Sub ConvertTemp()
   temp = InputBox("请输入华氏温度。", 1)
   MsgBox "温度为 " & Celsius(temp) & " 摄氏度。"
End Sub
Function Celsius(fDegrees)
   Celsius = (fDegrees - 32) * 5 / 9
End Function
```

给过程传递数据的途径是使用参数。参数被作为要传递给过程的数据的占位符。参数名可以是任何有效的变量名。使用 Sub 语句或 Function 语句创建过程时，过程名之后必须紧跟括号。括号中包含所有参数，参数间用逗号分隔。例如上面程序段中，fDegrees 是传递给 Celsius 函数参数。

4. 程序结构

VBScript 中和 Javascript 类似，也可以使用选择或者循环语句结构来控制程序的流程，只是形式上有所区别，下面只进行简要的说明。

（1）If...Then...Else 语句

If...Then...Else 语句用于计算条件是否为 true 或 false，并且根据计算结果指定要运行的语句。条件为 true 时运行某一语句块，条件为 false 时运行另一语句块。If...Then...Else 语句的一种变形允许从多个条件中选择，即添加 ElseIf 子句以扩充 If...Then...Else 语句的功能，可以控制基于多种可能的程序流程。使用形式如下面程序段所示，该段程序完成判断 value 的值，如果是 1,2,3 中的一个则显示该值，否则显示“数值超出范围！”。

```
Sub ReportValue(value)
     If value = 0 Then
        MsgBox value
     ElseIf value = 1 Then
        MsgBox value
     ElseIf value = 2 then
        Msgbox value
     Else
        Msgbox "数值超出范围！"
     End If
```

（2）Select Case 语句

Select Case 结构可以从多个语句块中选择执行其中的一个。Select Case 语句提供的功能与 If...Then...Else 语句类似，但是可以使代码更加简练易读。Select Case 结构在其开始处使用一个只计算一次的简单测试表达式。表达式的结果将与结构中每个 Case 的值比较。如果匹配，则执行与该 Case 关联的语句块。

（3）循环语句

循环用于重复执行一组语句。循环可分为三类：一类在条件变为 false 之前重复执行语句，一类在条件变为 true 之前重复执行语句，另一类按照指定的次数重复执行语句。

在 VBScript 中可使用下列循环语句：

① Do...Loop。

语句说明：当（或直到）条件为 true 时循环。可以使用 Do...Loop 语句多次（次数不定）运行语句块。当条件为 true 时或条件变为 true 之前，重复执行语句块。

② While...Wend。

语句说明：当条件为 true 时循环。

③ For...Next。

语法说明：指定循环次数，使用计数器重复运行语句。

④ For Each...Next。

语法说明：对于集合中的每项或数组中的每个元素，重复执行一组语句。

9.2.5　XML

1．XML 概述

XML 指可扩展标记语言（Extensible Markup Language），XML 的设计宗旨是传输数据，而非显示数据。XML 标签没有被预定义，需要自行定义标签。XML 语言具有自我描述性。

XML 是纯文本，有能力处理纯文本的软件都可以处理 XML。不过，能够读懂 XML 的应用程序可以有针对性地处理 XML 的标签。标签的功能性意义依赖于应用程序的特性。

XML 不是对 HTML 的替代，是对 HTML 的补充。在大多数 Web 应用程序中，XML 用于传输数据，而 HTML 用于格式化并显示数据。

XML 应用于 WEB 开发的许多方面，具体一些用途如下：

① XML 把数据从 HTML 分离。

如果你需要在 HTML 文档中显示动态数据，那么每当数据改变时将花费大量的时间来编辑 HTML。通过 XML，数据能够存储在独立的 XML 文件中。这样就可以专注于使用 HTML 进行布局和显示，而且修改底层数据不再需要对 HTML 进行任何的改变。

② XML 简化数据共享。

在真实的世界中，计算机系统和数据使用不兼容的格式来存储数据。XML 数据以纯文本格式进行存储，因此提供了一种独立于软件和硬件的数据存储方法。这让不同应用程序可以共享数据变得更加容易。

③ XML 简化数据传输。

通过 XML，可以在不兼容的系统之间轻松地交换数据。对开发人员来说，不兼容系统之间交换数据是非常费时费力的工作。由于 XML 可以通过各种不兼容的应用程序来读取数据，所以降低了这种复杂性。

④ XML 简化平台的变更。

升级到新的系统（硬件或软件平台），常需要转换大量的数据，不兼容的数据经常会丢失。XML 数据以文本格式存储，这使得 XML 在不损失数据的情况下，更容易扩展或升级到新的操作系统、新应用程序或新的浏览器。

2．XML 基本语法

（1）基本语法说明

与 HTML 不同，XML 的语法有着严格的要求。对于 XML 文档有两层要求：格式良好的（well-formed）和有效的（valid）。其中格式良好是基本要求。

格式良好的要求包括：

① 确定且唯一的根元素。

在一篇 XML 文档中，有且只有一个根元素，并且必须有根元素。因为文档中除了根元素以外所有的元素都是由根元素派生而来，是根元素的子元素或派生元素。

② 开始标记和结束标记匹配。

元素的标记要成对出现，每一个起始标记都要有相应的结束标记。标记是区分大小写的，比如<Student>和</student>是不匹配的。

③ 正确的标记嵌套关系。

XML 文件中标记可以进行嵌套，但是要严格嵌套关系，不要出现交叉嵌套等情况。

④ 属性值要用引号括起。

为属性赋值时必须将属性值用引号括起，可以使用单引号或是双引号。但在文档中引号类型要一致。

⑤ 同一个元素的属性不能重复。

对于重复数据，需要使用重复元素而不是为同一个元素赋相同的属性。比如一个人的亲属可以有很多，每一个亲属都要用元素来表示，作为元素“人”的子元素。而不是为元素“人”赋相同的属性“亲属”。

（2）建立 XML 文档

完整的建立一个 XML 文档如例 9-22 所示。

【例 9-22】XML 文档的建立。

```
<!--以下是 XML 文档声明-->
<? xml version= "1.0" encoding ="GB2312" standalone= "no"?>
<? xml-stylesheet type="text/xsl" href="mystyle.xsl"?>
<!--书单的示范-->
<书单>
    <样书>
        <作者>Smith</作者>
        <作者介绍>He has written several books. He is a popular writer.</
        作者介绍>
        <!--使用 CDATA 说明书的内容-->
        <章节概要>
        <![CDATA[
            <第一章>
            <简介>第一章描绘了故事的背景 </简介>
            </第一章>
            <第二章>
            <简介>第二章主人公出场  情节开始展开 </简介>
            </第二章>
        ]]>
        </章节概要>
    </样书>
```

```
</书单>
```

主要结构包括：

① XML 声明。

```
<? xml version= "1.0" encoding ="GB2312" standalone= "no"?>
```

XML 标准要求声明须放在文档的第一行，声明也是处理指令的一种。声明一般由"<?"开始，至"?>"结束。

② 处理指令。

```
<? xml-stylesheet type="text/xsl" href="mystyle.xsl"?>
```

处理指令为处理 XML 的应用程序提供信息。应用程序则根据这些信息处理文档。处理指令的格式为：

```
<? 处理指令名 处理指令信息 ?>
```

以上例子中的处理指令指明与本文档配套的样式单的类型（XSL）和文件名（mystyle.xsl）。

③ 元素。

元素是 XML 文档的核心，基本语法：

```
<标记>数据内容</标记>
```

在本例中"书单"、"样书"、"作者"等都是元素。元素中可以嵌套其他元素。如"样书"中包括了"作者"、"作者介绍"等元素。XML 语法规定每个 XML 文档都要包含至少一个根元素，如例子中根元素就是"书单"，根标记必须是非空标记，包括整个文档的数据内容。

数据内容位于标记之间，可由任何合法 Unicode 字符组成。但不能包含标记开始符"<"。标记中的任何字符都是数据内容，包括换行符。同时数据内容也可以为空。

标记的基本语法：

```
<标记名 "性名"="属性值" …>…</标记名>
```

属性部分可以省略，标记名可由字母、数字、下划线、冒号、句号和连字符组成。但不能由数字、句号、连字符开始。中间不能出现空格和"xml"组合（Xml、XML、xmL等）。属性名的命名规则和标记名相似，属性名中还可以出现空格、标点、实体引用等。

④ 注释。

就像其他程序语言一样，XML 也有自己的注释方式，基本语法：

```
<! -- 注释的内容 -- >
```

对于注释的内容XML的处理器不作任何处理。

⑤ CDATA。

基本语法：

```
<! [CDATA [
    内容
  ]]>
```

CDATA标记中的内容XML处理器会看成字符数据，像注释一样，忽略CDATA标记内容中的标记、实体引用。但内容中不得含有“]]>”，以防和CDATA的结束标志混淆。

（3）文档类型定义DTD

当编写了有效的，格式良好的XML文档后，一般都会定义很多新标记。XML是允许程序员使用自己的标记，但同时如何让其他程序员和用户理解你定义的标记就成为一个问题。在XML1.0标准中，我们用文档类型定义（Document Type Definition）解决这个问题。

在DTD中你可以向其他人或XML的语法分析器精确解释你标记集中每一个标记的含义，这也要求你要保证所有你使用的标记词汇表规则都在DTD中。否则XML解析器无法根据DTD验证文档的有效性。DTD同样规定了关于你使用的新词汇的语法，这一点对于XML文档的分析是十分重要的。

DTD根据其出现的位置可分为内部DTD和外部DTD两种。内部DTD是指DTD和相应的XML文档都在同一个文档中。外部DTD文档是在XML文档之外，另外创建文件名为*.dtd的文档。下面分别对两种类型的DTD进行说明。

① 内部DTD。

内部DTD出现在XML的开始部分，内部DTD与XML在同一篇文档中。下面通过例9-23来说明内部DTD的使用方法。

【例9-23】内部DTD的使用。

```
<?xml version="1.0" encoding="GB2312" standalone="yes"?>
<?DOCTYPE 学生档案 [
    <!ELEMENT 学生档案 ANY>
    <!ELEMENT 学生 (姓名, 性别, 年龄, 来源, 班级)>
    <!ELEMENT 姓名 (#PCDATA)>
    <!ELEMENT 性别 (#PCDATA)>
    <!ELEMENT 年龄 (#PCDATA)>
    <!ELEMENT 来源 (省份, 城市)>
    <!ELEMENT 省份 (#PCDATA)>
    <!ELEMENT 城市 (#PCDATA)>
    <!ELEMENT 班级 (#PCDATA)>
]?>
<?xml-stylesheet type="text/xsl" href="mystyle.xsl" ?>
```

```
<学生档案>
    <学生>
        <姓名> 张岳 </姓名>
        <性别> 男 </性别>
        <年龄> 20 </年龄>
        <来源>
            <省份> 江苏</省份>
            <城市> 南京 </城市>
        </来源>
        <班级> 一班 </班级>
    </学生>
</学生档案>
```

由此例可以看出内部 DTD 的定义形式为：

```
<?xml version="1.0" encoding="GB2312" standalone="yes"?>
<!DOCTYPE 根元素名[
元素定义
]>
//XML 文档部分
```

② 外部 DTD。

以下例子说明外部 DTD 的应用。

【例 9-24】改写上面的例子，创建文件 example.dtd 和 example.xml，在 XML 文件中应用外部 DTD。

文件 example.dtd：

```
<?xml version="1.0" encoding="GB2312" ?>
<!ELEMENT 学生档案 ANY>
    <!ELEMENT 学生 (姓名, 性别, 年龄, 来源, 班级)>
    <!ELEMENT 姓名 (#PCDATA)>
    <!ELEMENT 性别 (#PCDATA)>
    <!ELEMENT 年龄 (#PCDATA)>
    <!ELEMENT 来源 (省份, 城市)>
    <!ELEMENT 省份 (#PCDATA)>
    <!ELEMENT 城市 (#PCDATA)>
    <!ELEMENT 班级 (#PCDATA)>
文件 example.xml
<?xml version="1.0" encoding="GB2312" standalone="no"?>
<!DOCTYPE 学生档案 SYSTEM "example.dtd">
<?xml-stylesheet type="text/xsl" href="mystyle.xsl" ?>
<学生档案>
    <学生>
```

```
        <姓名> 张岳 </姓名>
        <性别> 男 </性别>
        <年龄> 20 </年龄>
        <来源>
            <省份> 江苏</省份>
            <城市> 南京 </城市>
        </来源>
        <班级> 一班 </班级>
    </学生>
</学生档案>
```

与内部DTD类似，DOCTYPE说明根元素的属性。其中SYSTEM属性指明了外部DTD的位置，可以是绝对路径也可以是相对路径。

如果采用外部DTD的话，就需要有两个文档。第一个文档就是关于DTD的文档。第二个文档就是遵守DTD格式的XML文档。实际上我们可以建立无穷多个遵守该DTD格式的XML文档。

外部DTD的好处是：它可以方便高效地被多个XML文件所共享。你只要写一个DTD文件，就可以被多个XML文件所引用。这样做不仅简化了输入工作，还保证当你需要对DTD做出改动时，不用去修改每个引用了它的XML文件，只要改一个公用的DTD文件就足够了。

（4）Schema简介

DTD对于文档结构的描述是很出色的。但是DTD使用不同于XML的独立的语法规则，而且DTD不支持数据类型。在DTD中，只有“PCDATA”一种类型的数据。但是在应用中，往往需要表达复杂的数据类型，像布尔型、时间、日期等。

DTD的标记集是固定的，用户不能扩充标记。DTD的新标记集只有通过新的DTD标准来定义。换句话说，DTD不是开放的和可扩充的。Schema则具有开放的和可扩充的特性。

DTD使用的是自己的语法结构，使用与XML不同的符号和标记，用户必须学习新的语法规则，使用新的标记和字符，这些语法和符号有时是复杂的。XML强大的自描述性使得XML自己可以表示自己，于是有了Schema的出现。

新的XML描述方法Schema完善了DTD的不足。Schema本身就是一种XML的应用形式。所以，使用XML的语法和标记，适用XML的编辑器和解析器。Schema对于文档的结构、数据的属性、类型的描述是全面的。Schema还是DTD的一种扩展和补充。对于数据类型的定义弥补了DTD存在的缺陷。还有，Schema的出现解决了DOM和SAX无法应用于DTD的问题，因为Schema就是XML文档，DOM和SAX当然可以实现对XML文档的访问了。作为新的文档描述方式Schema不仅弥补了DTD的不足，同时还具有DTD的优势，这使得可以预见Schema将会替代DTD成为XML新的描述语言。

9.2.6　SQL 语言基础

1．SQL 语言概述

SQL（Structured Query Language）结构化查询语言，是一种数据库查询及程序设计语言，用于存取数据以及查询、更新和管理关系数据库系统。它不要求用户指定对数据的存放方法，也不需要用户了解具体的数据存放方式，不同底层结构的不同数据库系统可以使用相同的 SQL 语言作为数据输入与管理的接口，常用的数据库开发系统，都支持 SQL 语言作为查询语言。

SQL 语言主要具有以下优点：

（1）非过程化语言

SQL 是一个非过程化的语言，因为它一次处理一个记录，对数据提供自动导航。SQL 允许用户在高层的数据结构上工作，而不对单个记录进行操作。

（2）统一的语言

SQL 将许多任务统一在一种语言之中，包括：查询数据；在表中插入、修改和删除记录；建立、修改和删除数据对象；控制对数据和数据对象的存取；保证数据库一致性和完整性。

（3）是所有关系数据库的公共语言

由于主流的关系数据库管理系统都支持 SQL 语言，所以 SQL 语言具有很强的公用性，所有用 SQL 编写的程序都是可以移植的。

2．SQL 语法基础

（1）CREATE 建立表结构语句

基本语法格式：

```
CREATE TABLE table_name
(
column_name data_type,
column_name data_type,
column_name data_type,
...
)
```

语法说明：CREATE 语句用于创建数据库中的表。其中 column_name 代表表中的字段名称，data_type 代表字段可容纳何种数据类型。常用的数据类型可以是 integer(size)、int(size)、smallint(size) 、tinyint(size)、decimal(size,d)、numeric(size,d)、varchar(size)、date(yyyymmdd)等。CREATE 语句的应用格式如下所示。

```
CREATE TABLE Student
(
```

```
Id int,
姓名 varchar(255),
学号 varchar(255),
性别 varchar(255),
班级 varchar(255),
籍贯 varchar(255)
)
```

该语句创建 Student 学生表，其中包含姓名、学号、性别等六个字段。

（2）SELECT 查询语句

SELECT 语句是数据库最基本语句之一，也是最常用的 SQL 操作。用户使用 SELECT 语句可以从数据库中按照自身的需要查询数据信息。系统按照用户的要求选择数据，然后将选择的数据以用户规定的格式整理后返回给用户。用户使用 SELECT 语句不但可以对数据库进行精确查询，还可以进行模糊查询。

基本语法格式：

```
SELECT [ALL|DISTINCT] select_list
[INTO new_table_list]
FROM table_list
[WHERE search_conditions]
[GROUP BY group_by_list]
[HAVING search_conditions]
[ORDER BY order_list[ASC|DESC]]
```

语法说明：ALL|DISTINCT 用来标识在查询结果中出现相同行时的处理方式。如果使用关键字 ALL，则返回查询结果中的所有行（包括重复行）；如果使用关键字 DISTINCT，返回删除相同行的查询结果；select_list 表示获取字段信息的字段列表，各个字段名称之间用逗号分隔。在这个列表中可以包含数据源表或视图中的字段名称及其他表达式，例如常量或函数。如果用户用“*”来代替字段列表，那么系统将返回指定数据库表中的全部数据信息；INTO new_table_list 代表创建一个新的数据表，这个数据表的名称是 new_table_list，包含的数据信息是查询出来的结果集；table_list 表示数据信息的数据源表列表；WHERE search_conditions 代表查询条件，该子句表示一个或多个筛选条件的组合。WHERE 子句中可以使用算数运算符、比较运算符和逻辑运算符来设置条件。还可以使用 BETWEEN…AND…、LIKE、IN、NOT IN 等特殊运算符；GROUP BY group_by_list 表示查询的分组条件，即归纳信息类型；HAVING search_conditions 表示组或聚合的查询条件；ORDER BY order_lis 表示查询结果的排序方式。具体应用格式见以下 SQL 语句所示。

语句一：

```
Select * From Student
```

该语句查找 Student 学生表中所有学生的信息。

语句二：

```
Select 学号,姓名,班级 From Student Where 性别='女' AND 籍贯='广东'
```

该语句查找 Student 学生表中广东籍女学生的学号、姓名和班级信息。

语句三：

```
Select Top 10 * From Student Order By 学号 Asc
```

该语句查找 Student 学生表中学号最小的前十个记录。

语句四：

```
Select * From Student Where 籍贯 Not In('湖南','湖北')
```

该语句查找 Student 学生表中所有籍贯既不是湖南也不是湖北的学生信息。

语句五：

```
Select 班级,Count(*) As 人数 From Student Group By 班级
```

该语句查询以班级作为分组条件，查询结果为 Student 学生表中每个班的人数。

语句六：

```
Select 班级,Count(*) As 人数 From Student Group By 班级 HAVING Count(*)>=30
```

该语句查找 Student 学生表中人数大于 30 的班级和人数。HAVING 子句总是跟在 GROUP BY 子句之后，不可以单独使用。

（3）INSERT 插入语句

在 SQL 语句中，向数据表中添加数据的常用方法就是使用 INSERT 语句。

语法格式：

```
INSERT [INTO] {<table name>|<view_name>}
[(<column name>) [{,<column name>…}]]
VALUES(<value>[,{<value>}…])
```

语法说明：INSERT INTO 子句用于指定向某数据表插入数据。数据表名跟在 INSERT INTO 关键字后面；column name 用于指定该数据表的列名，可以指定一列或者多列，所有这些列都必须放在圆括号“()”中。如果要指定多个列，则必须用逗号隔开。如果指定了列名，那么在目标数据表中所有未被指定的列必须支持空值或者默认值；VALUES 子句主要用于提供向表中插入的值。这些值也必须放在圆括号中，如果指定的值为多个时，这些值之间也必须用逗号隔开。具体应用形式可见以下语句。

```
INSERT INTO Student(姓名,学号,性别,班级,籍贯) VALUES ('刘晶晶','090423',
'女','会计一班','山东')
```

该语句向 Student 学生表插入一条新的记录。

（4）UPDATE 更新语句

当数据被添加到数据表之后，会经常需要修改。在 SQL 语言中，对数据的修改是通过使用 UPDATE 语句来实现的。

语法格式：

```
UPDATE [Top] {table_name|View_name}
SET {column_name={expression|DEFAULT|NULL}|variable=expression}[,…]
[WHERE {search_conditions}]
```

语法说明：可以看出，UPDATE 子句和 SET 子句是必需的，而 WHERE 子句是可选的。在 UPDATE 子句中，必需指定将要更新的数据表的名称。在 SET 子句中，必需指定一个或多个子句表达式。使用 UPDATE 语句可以更改表中单行、多行或者表或视图中所有行的数值。具体应用形式可见以下语句。

```
UPDATE Student SET 班级= '会计三班', 籍贯= '广东' WHERE 姓名= '刘晶晶'
```

将 Student 学生表中姓名为刘晶晶的班级和籍贯记录进行更新。

（5）DELETE 删除语句

DELETE 语句用来从表或视图中删除一行或者多行记录。

语法格式：

```
DELETE FROM table_name [WHERE search_conditions]
```

语法说明：DELETE FROM 子句要求指定从中删除行的表的名称，WHERE 指定搜索条件。如果在 DELETE 语句中没有包括 WHERE 子句，那么将从指定的表中删除所有行。在 DELETE 语句中没有指定列名，这是因为不能从表中删除单个列的值。具体应用形式可见以下语句。

```
DELETE FROM Student WHERE 姓名= '刘晶晶'
```

该语句删除 Student 学生表中姓名为“刘晶晶”的记录。

9.3 电子商务应用平台设计

9.3.1 电子商务平台总体规划

建立电子商务网站平台之前，良好的规划对网站建设起到指导作用，对网站的内容和维护起到定位作用。一个网站的成功与否与建站前的网站规划有着极为重要的关系。在建立网站前应明确建设网站的目的、确定网站的功能、确定网站规模、投入费用以及进行必要的市场分析等。只有详细的规划，才能使网站建设顺利进行。对电子商务网站进行总体规划可以从以下几个方面入手。

合键从列表中选择多个选项。

ListBox 控件的常用属性及事件与 DropDownList 控件基本相同，另外还有一个 Rows 属性，表示要显示的选项的行数。

（8）CheckBox 控件和 CheckBoxList 控件

ASP.NET 提供了复选框控件和复选组控件来实现多选。复选框控件和复选组控件都是通过 Checked 属性来判断是否被选择。

① 复选框控件（CheckBox）。

CheckBox 控件常用属性：

- Text：复选框显示文本；
- Checked：复选框是否被选中。

CheckBox 控件常用事件：

- CheckedChanged：选中状态发生变化时触发。

② 复选组控件（CheckBoxList）。

CheckBoxList 控件常用属性：

- Items：复选组所包含的项。

CheckBoxList 控件常用事件：

- SelectedIndexChanged：当控件中某项的选中状态被改变时，则会触发该事件。

复选组控件通过 Items 集合来获取、选择某个或多个选中的项目值。

（9）RadioButton 控件和 RadioButtonList 控件

① 单选控件（RadioButton）。

单选控件可以为用户选择某一个选项，单选控件常用属性：

- Checked：控件是否被选中。
- GroupName：单选控件所处的组名，同一组中的 RadioButton 只能选一个。
- TextAlign：文本标签相对于控件的对齐方式。

单选控件常用的事件：

- CheckedChanged：当控件的选中状态改变时，则触发该事件。

② 单选组控件（RadioButtonList）。

与单选控件相同，单选组控件也是只能选择一个选项的控件，而与单选控件不同的是，单选组控件没有 GroupName 属性，但是却能够列出多个单选项目。另外，单选组控件所生成的代码也比单选控件实现的相对较少。

单选组控件的常用属性如下所示：

- Items：单选项的集合；
- RepeatColumn：用于布局项的列数；
- RepeatDirection：项的布局方向；
- RepeatLayout：是否在某个表或者流中重复。

RadioButtonList 控件常用事件如下：

- SelectedIndexChanged：当控件中某项的选中状态被改变时，则会触发该事件。

（10）日历控件（Calender）

日历控件可以显示一个日历，用户能够通过日历控件进行时间的选取。通过设置日历控件的属性，可以更改日历控件的外观。日历控件的常用属性如下：

- DayHeaderStype：月历中显示一周中每一天的名称和部分的样式；
- DayStyle：所显示的月份中各天的样式；
- NextPrevStyle：标题栏左右两端的月导航所在部分的样式；
- OtherMonthDayStyle：上一个月和下一个月的样式；
- SelectedDayStyle：选定日期的样式；
- ShowDayHeader：显示或隐藏一周中的每一天的标头；
- ShowGridLines：显示或隐藏一个月中的每一天之间的网格线；
- ShowNextPrevMonth：显示或隐藏到下一个月或上一个月的导航控件；
- ShowTitle：显示或隐藏标题部分；
- TitleStyle：位于日历顶部，包含月份名称和月导航连接的标题栏样式；
- TodayDayStyle：当前日期的样式；
- WeekendDayStyle：周末日期的样式。

通过上述属性可以设置日历控件的样式，Visual Studio 还为开发人员提供了默认的日历样式，可以选择自动套用格式进行样式设置。

日历控件常用事件：

- DayRender：当日期被显示时触发该事件；
- SelectionChanged：当用户选择日期时触发该事件；
- VisibleMonthChanged：当所显示的月份被更改时触发该事件。

【例 10.4】控件综合实例，用户注册页面程序设计。

① 添加 Register.aspx 页面，并添加、设置相应的控件，页面设计视图如图 10-6 所示。

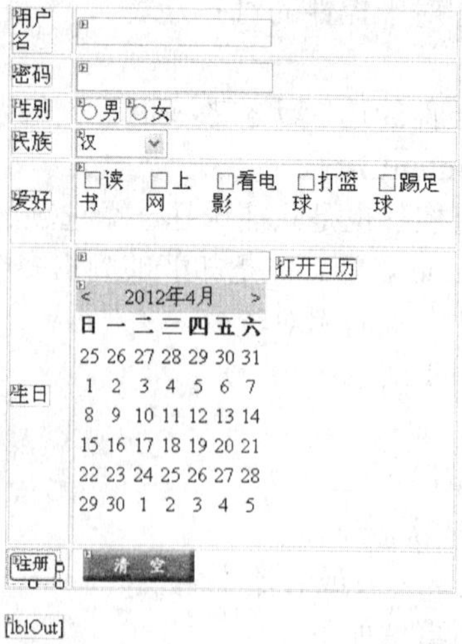

图 10-6 Register.aspx 页面设计视图

Register.aspx 页面中控件的主要代码如下：

```
<asp:Label ID="lblUserName" runat="server" Text="用户名"></asp:Label>
<asp:TextBox ID="txtUserName" runat="server"></asp:TextBox>
<asp:Label ID="lblPassword" runat="server" Text="密码"></asp:Label>
<asp:TextBox ID="txtpassword" runat="server" TextMode="Password"
Width="150px"></asp:TextBox>
<asp:Label ID="lblSex" runat="server" Text="性别"></asp:Label>
<asp:RadioButton ID="rdbMan" runat="server" GroupName="sex" Text="男" />
<asp:RadioButton ID="rdbWomen" runat="server" GroupName="sex" Text="女" />
<asp:Label ID="lblNation" runat="server" Text="民族"></asp:Label></td>
<asp:DropDownList ID="ddlNation" runat="server" Width="73px">
        <asp:ListItem>汉</asp:ListItem>
        <asp:ListItem>蒙古</asp:ListItem>
        <asp:ListItem>满</asp:ListItem>
        <asp:ListItem>回</asp:ListItem>
        </asp:DropDownList>
<asp:Label ID="lblLike" runat="server" Text="爱好"></asp:Label>
<asp:CheckBoxList ID="ckblLike" runat="server" RepeatDirection=
"Horizontal">
          <asp:ListItem>读书</asp:ListItem>
           <asp:ListItem>上网</asp:ListItem>
           <asp:ListItem>看电影</asp:ListItem>
           <asp:ListItem>打篮球</asp:ListItem>
           <asp:ListItem>踢足球</asp:ListItem>
 </asp:CheckBoxList>
<asp:Label ID="lblBirthday" runat="server" Text="生日"></asp:Label>
<asp:TextBox ID="txtBirthday" runat="server" ></asp:TextBox>
<asp:LinkButton ID="lkbtnOpen" runat="server" OnClick="lkbtnOpen Click">
打开日历</asp:LinkButton>
<asp:Calendar ID="cldBirthday" runat="server" OnSelectionChanged=
"cldBirthday_SelectionChanged"></asp:Calendar>
<asp:Button ID="btnRegister" runat="server" OnClick="btnRegister_Click"
Text="注册" />
<asp:ImageButton ID="imgbtnCancle" runat="server" ImageUrl="~/images/
bclear.jpg" OnClick="imgbtnCancle_Click" />
<asp:Label ID="lblOut" runat="server"></asp:Label>
```

② 日历控件默认是隐藏的，当单击“打开日历”按钮时，显示日历控件，需要在按钮的 Click 事件中编写的代码如下：

```
this.cldBirthday.Visible = !this.cldBirthday.Visible;
```

③ 当在日历控件中选定日期后，要将选定的日期显示在日历文本框中，然后再将日历控件隐藏，需要在日历控件的 SelectionChanged 事件中编写代码如下：

```
this.txtBirthday.Text = this.cldBirthday.SelectedDate.ToShortDateString();
this.cldBirthday.Visible = !this.cldBirthday.Visible;
```

④ 单击“注册”按钮，显示“注册成功”，需要在“注册”按钮的 Click 事件中编写代码如下：

```
this.lblOut.Text = "注册成功";
```

⑤ 单击“清空”按钮，将页面中的控件值清空，需要在“清空”按钮的 Click 事件中编写代码如下：

```
this.txtUserName.Text = "";
this.txtBirthday.Text = "";
this.ckblLike.ClearSelection();
this.rdbMan.Checked = false;
this.rdbWomen.Checked = false;
this.ddlNation.SelectedIndex = -1;
```

⑥ 生成成功后，可浏览该网页。

3．验证控件

在浏览运行网页时，经常会遇到用户登录、用户注册等情况，这时，有一些内容是必填项，例如用户名和密码等，这通常先要做有效性验证，再执行相应的程序。在传统的 ASP 中，当用户填写表单后，页面请求发送到服务器上判断表单中的某项 HTML 控件的值是否有效。而在 ASP.NET 中，可以使用验证控件在客户端浏览器页面上进行验证，只有验证通过的才可以被发送到服务器。ASP.NET 中包含多种验证控件，其层次结构如图 10-7 所示。

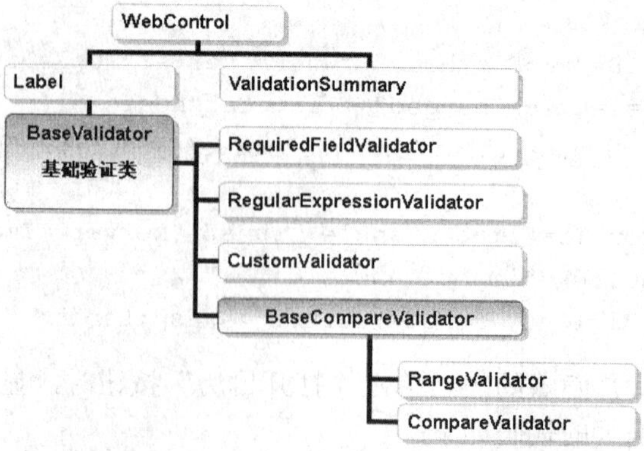

图 10-7 ASP.NET 中验证控件层次结构

（1）RequiredFieldValidator 控件

RequiredFieldValidator 验证控件为非空验证，在进行验证时，RequiredFieldValidator 控件必须绑定一个要验证服务器控件。

RequiredFieldValidator 控件常用属性如表 10-1 所示。

表 10-1　RequiredFieldValidator 控件常用属性

属性名称	说　明
ControlToValidate	验证的控件 id
Text	出错时的提示
ErrorMessage	提交给 ValidationSummary 的错误提示，当 Text 为空时，也会显示该错误信息

【例 10.5】使用 RequiredFieldValidator 控件。

① 设计用户登录页面，使用 RequiredFieldValidator 验证用户名及密码不能为空。页面主要代码如下：

```
<asp:TextBox ID="txtUserName" runat="server" style="z-index: 100; left:
135px; position: absolute; top: 55px"></asp:TextBox>
<asp:Label ID="lblName" runat="server" Style="z-index: 101; left: 38px;
position: absolute;    top: 57px" Text="用户名" Width="77px"></asp:Label>
<asp:Label ID="lblPass" runat="server" Height="18px" Style="z-index: 102;
left: 39px;  position: absolute; top: 89px" Text="密码" Width="72px">
</asp:Label>
<asp:TextBox ID="txtPassWord" runat="server" Style="z-index: 103; left:
136px; position: absolute; top: 87px" TextMode="Password" Width="147px">
</asp:TextBox>
<asp:Button ID="btnSubmit" runat="server" Height="26px" OnClick="btnSubmit_
Click"  Style="z-index: 104; left: 133px; position: absolute; top: 143px"
Text="确认" Width="103px" />
<asp:RequiredFieldValidator ID="rfvPass" runat="server" ControlToValidate
="txtPassWord"ErrorMessage="请输入密码" Height="21px" Style="z-index: 105;
left: 297px; position: absolute; top: 87px" Width="100px"></asp:
RequiredFieldValidator>
<asp:RequiredFieldValidator ID="rfvName" runat="server" ControlToValidate
="txtUserName"ErrorMessage="请输入用户名" Style="z-index: 106; left:
299px; position: absolute; top: 56px"></asp:RequiredFieldValidator>
<asp:Label ID="lblMessage" runat="server" Style="z-index: 108; left: 40px;
position: absolute;    top: 118px" Width="353px"></asp:Label>
```

在上述代码中，验证控件 rfvName 验证的控件为 txtUserName，验证控件 rfvPass 验证的控件为 txtPassWord。

② 运行该页面，在用户名和密码框中不输入任何内容，直接单击“确认”按钮，结果如图 10-8 所示。

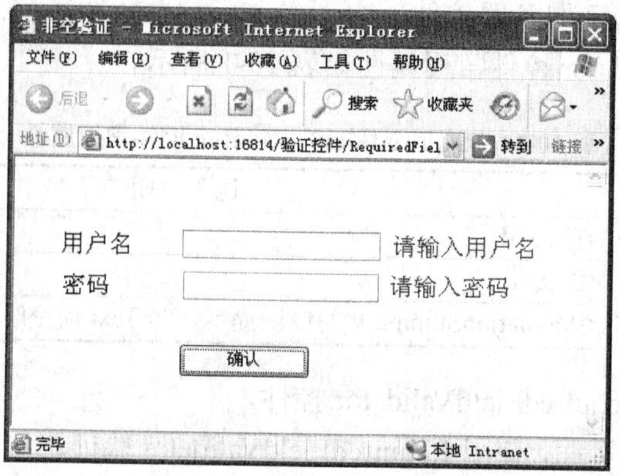

图 10-8 例 10.5 运行结果

（2）CompareValidator 控件

CompareValidator 用于比较控件的值，例如，注册时，密码需要输入两次，并且一致；付款时，金额需大于 0 等情况。

CompareValidator 控件的常用属性如表 10-2 所示。

表 10-2 CompareValidator 控件的常用属性

属性名称	说明
ControlToCompare	要进行对比的控件
ControlToValidate	验证的控件
Type	比较类型设置，不同类型的比较可能会出错
Operator	比较运算符，默认为等于

（3）RangeValidator 控件

RangeValidator 控件可以检查用户的输入是否在指定的上限与下限之间。通常情况下用于检查数字、日期、货币等。范围验证控件的常用属性如表 10-3 所示。

表 10-3 RangeValidator 常见属性

属性名称	说明
MaximumValue	范围的上界（最大值）
MinimumValue	范围的下界（最小值）
Type	验证类型（字符串、整型、双精度、日期、货币五种）

（4）RegularExpressionValidator 控件

在上述控件中，虽然能够实现一些验证，但是验证的能力是有限的，一般只能验证非空、是否是数字或者满足一定范围等。正则验证控件（RegularExpressionValidator）可以进行复杂的验证，它用于确定输入的控件的值是否与某个正则表达式所定义的模式相匹配，如电子邮件、电话号码及身份证号码等。

RegularExpressionValidator 控件常用的属性是 ValidationExpression，它用来指定用于验证的正则表达式。

【例 10.6】使用正则验证。

① 添加 Web 页面，输入电子邮件并验证，页面主要代码如下：

```
<asp:Label ID="lblEmail" runat="server" Style="left: 9px; position:
absolute; top: 49px; z-index: 100;"  Text="请输入 Email 地址" Width="132px">
</asp:Label>
<asp:TextBox ID="txtEmail" runat="server" Style="left: 163px; position:
absolute;top: 50px; z-index: 101;"></asp:TextBox>
<asp:RegularExpressionValidator ID="revEmail" runat="server" ErrorMessage=
"电子邮件格式不正确" Height="20px" Style="left: 330px; position: absolute;
top: 47px; z-index: 103;" ControlToValidate="txtEmail" ValidationExpression=
"\w+([-+.']\w+)*@\w+([-.]\w+)*\.\w+([-.]\w+)*"></asp:RegularExpressio
nValidator>
<asp:Button ID="btnSumbit" runat="server" Style="z-index: 105; left: 92px;
position: absolute; top: 93px" Text="确认" Width="61px" />
```

② 设置 RegularExpressionValidator 验证控件的 ValidationExpression 属性，打开正则表达式编辑器对话框，该对话框中，提供了一些标准的正则表达式模式，选择“InterNET 电子邮件地址”，单击“确定”按钮。如果在标准表达式中没有所需要的，也可以自定义正则表达式。如图 10-9 所示。

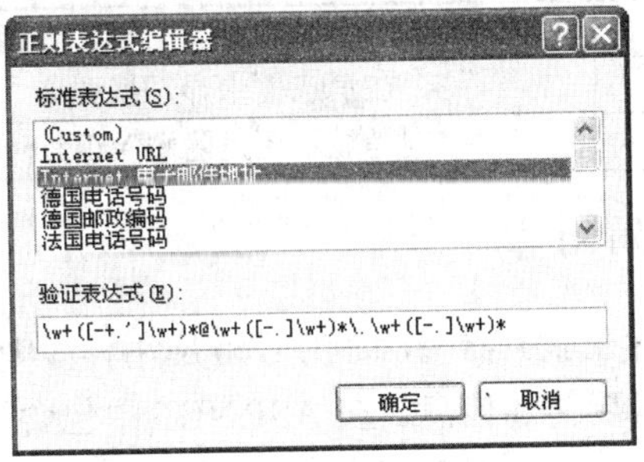

图 10-9　正则表达式编辑器

③ 运行后当用户输入的电子邮件格式不正确时，则会提示错误信息，如图 10-10 所示。

注意：当用户输入为空时，除 RequiredFieldValidator 以外其他的验证控件都会验证通过。所以，在验证控件的使用中，通常需要同 RequiredFieldValidator 一起使用。

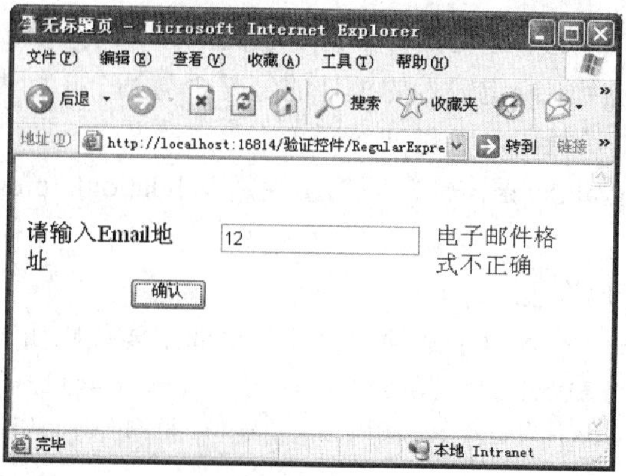

图 10-10 例 10.6 运行结果

（5）CustomValidator 控件

CustomValidator 控件为自定义验证，可以手写 js 脚本进行客户端验证，也可以编写服务器端的验证事件，或者联合两种方式验证。

CustomValidator 控件常见属性为 ClientValidationFunction，用于客户端验证的函数。

CustomValidator 控件常见事件为 ServerValidate，表示服务器端验证的事件。

（6）ValidationSummary 控件

ValidationSummary 验证组控件能够对同一页面的多个控件进行验证。同时，验证组控件通过 ErrorMessage 属性为页面上的每个验证控件显示错误信息，其常用属性如表 10-4 所示。

表 10-4 ValidationSummary 常见属性

属 性 名 称	说 明
ShowMessageBox	是否在消息框中显示摘要
ShowSummary	控制是显示还是隐藏 ValidationSummary 控件

10.1.4 ASP.NET 的内置对象

ASP.NET 应用程序运行在服务器端，而在 Web 应用程序中，通常需要存储客户端的信息，或者在客户端及服务器端传递信息。在 ASP.NET 中包含了一些类，这些类在页面中可以直接使用，称之为内置对象。使用这些内置对象可以在页面之间传递参数，保存页面内的状态等。

在 ASP.NET 中，内置对象包括 Page、Response、Request、Application 等。

1. Page 对象

Page 对象对应于.aspx 文件。ASP.NET 网页在执行时将自动生成 Page 对象，此对象无需特别指定名称，其保留名称为 Page。

（1）Page 对象的主要用途

- 提供网页开始或已经下载后自动触发的事件，供程序设计者编写事件处理程序。
- 提取浏览器提交的内容，或者输出信息给浏览器。
- 设定是否保持 Web Form 中各控件最近的状态。
- 进行与数据绑定有关的操作。

（2）Page 对象的常用属性

- Controls：获取 ControlCollection 对象，该对象并不包含页面内的所有控件，它只显示 Page 类的直接子控件，而不再显示这些子控件的子控件。
- IsPostBack：该属性返回一个布尔值，true 表示当前网页是由于客户端返回数据而加载的，false 表示首次加载而非回传。
- IsValid：该属性获取一个布尔值。true 表示网页上的验证控件全部验证成功，false 表示至少有一个验证控件验证失败。
- EnableViewState：设置是否启 Web Form 的状态保持功能，该属性的默认值为 ture。

（3）Page 对象的常用方法

- DataBind：将数据源绑定到被调用的服务器控件及子控件。
- FindControl（id）：查找指定 id 的服务器控件，如果存在，则返回该控件，否则为 null。
- RegisterClientScriptBlock：向客户端发送脚本块。
- Validate：指示页面中的验证控件进行验证。

（4）Page 对象的常用事件

在 ASP.NET 网页开始载入到被完全写入浏览器的过程中，产生的与 Page 对象有关的主要事件有 Init、Load 和 UnLoad 等三个。

① Init：当服务器控件初始化是发生。

② Load：当服务器控件加载到 Page 时发生。

③ UnLoad：当服务器控件从内存中卸载时发生。

这些事件触发顺序如图 10-11 所示。

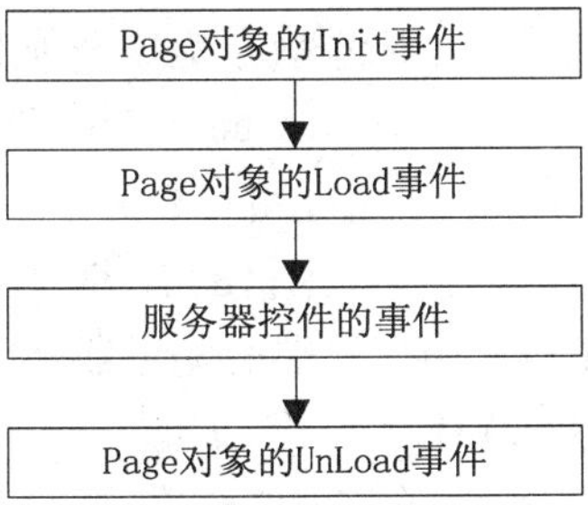

图 10-11　Page 对象的常用事件触发顺序

2．Request 传递请求对象

Request 对象主要用于获取来自客户端的数据，如用户填入表单的数据、保存在客户端的 Cookie 等。

（1）Request 对象常用的属性

- QueryString：获取通过 URL 路径传来的数据。

在 ASP.NET 中，页面跳转时需要在页面间传递参数，可以将参数写在 URL 中，并通过 QueryString 属性是用来获取 URL 字符串变量的集合。QueryString 主要用于收集 http 协议中 get 请求发送的数据，如果在一个请求事件中被请求的 URL 地址出现了“？”形式的参数传递，则表示此次请求方式为 get，该方式能够传递 256 字节的数据。

例如在用户登录成功后需要将用户名传递给管理页面，假设登录页面为 Login.aspx、管理页面为 Manager.aspx，可以按照如下方式实现。

① 在登录页的类文件中，如果登录成功，编写如下代码：

```
Response.Redirect("Manager.aspx?username=" + username);
```

该语句表示登录成功页面跳转到 Manager.aspx，并且通过 URL 传递一个参数 username，值为变量 username（程序中保存用户名的变量）中的值。

② 在 Manager.aspx 页的类文件的 Page_Load 事件方法中，编写如下代码：

```
if (!String.IsNullOrEmpty(Request.QueryString["username"]))
//如果传递的 username 值不为空
{
    username = Request.QueryString["username"];
}
```

上述代码使用 Request 的 QueryString 属性来获取传递的 URL 参数 username 的值。在 URL 中也可以包含多个参数，中间用“&”隔开。

- Form：获取通过表单提交传输的数据。

在通过 QueryString 获取 URL 参数时，只能获取 get 方式传递的值、传递值的大小有限、且参数值显示在了 URL 中（不安全）。另一种传递方式为 post，可传递较大内容，且传输的数据加密、不在 URL 中显示。表单就是这样一种形式，可以使用 Request 的 Form 获取使用 post 方式传递的参数，形式为：Request. Form["参数名"]。

- Params：获取 get 方式或 post 方式传递的参数。
- UserHostAddress：获取远程客户端主机的 IP 地址。
- Browser：获取有关正在请求的客户端的浏览器功能的信息。
- Path：获取当前请求的虚拟路径。
- ContentLength：指定客户端发送数据的长度（以字节为单位）。
- FilePath：获取当前请求的虚拟路径。

- Headers：获取 HTTP 头集合。
- HTTPMethod：获取 HTTP 传输方式（get 还是 post）。

（2）Request 对象有两个常用方法

- MapPath（VirtualPath）：该方法将请求中的 URL 虚拟路径转换成服务器的物理路径。
- SaveAs（fileName，includeHeaders）：该方法将客户端的 Http 请求保存在磁盘，参数 fileName 表示服务器的保存位置，参数 includeHeaders 表示是否同时保存 Http 头。

3．Response 请求响应对象

Response 对象主要用于生成 HTML 内容并送交浏览器。

（1）Response 对象的常用属性

- BufferOutput：获取或设置一个值，该值指示是否缓冲输出，并在完成处理整个页面之后将其发送。
- Cache：获取 Web 页面的缓存策略。
- Charset：获取或设置输出流的 HTTP 字符集类型。
- IsClientConnected：获取一个值，通过该值指示客户端是否仍连接在服务器上。
- ContentEncoding：获取或设置输出流的 HTTP 字符集。
- TrySkipIisCustomErrors：获取或设置一个值，指定是否支持 IIS 7.0 自定义错误输出。

（2）Response 对象的常用方法

Response 可以输出 HTML 流到客户端，其中包括发送信息到客户端和客户端 URL 重定向，不仅如此，Response 还可以设置 Cookie 的值以保存客户端信息。Response 的常用方法如下所示：

- Write：向客户端发送指定的 HTTP 流。
- End：停止页面的执行并输出相应的结果。
- Clear：清除页面缓冲区中的数据。
- Flush：将页面缓冲区中的数据立即显示。
- Redirect：客户端浏览器的 URL 地址重定向。

4．Application 状态对象

Web 站点事实上是一个多用户的应用程序。Application 对象是 Web 应用程序中的一个公共变量，任何一个用户写入其中的信息都可以被其他用户看到。Application 对象的生命周期与 Web 应用程序的生命周期相同，始于 Web 站点开始运行时，终于站点停止运行时。在此期间，任何一个访问者都可以读取或改写 Application 对象中的内容。第一个用户访问网站时，将触发 Application 对象的 OnStart 事件，而站点服务终止时，将触发 Application 对象的 OnEnd 事件。在 ASP.NET 中，上述两个事件的处理程序应放置在

Global.asax 中。在 Application 对象的 OnStart 事件的处理程序中，通常用 Add 方法来添加 Application 变量。在 Application 对象的 OnEnd 事件的处理程序中，通常进行释放 Application 变量的操作。

（1）Application 对象常用的属性

- AllKey：获取 HttpApplicationState 集合中的访问键。
- Count：获取 HttpApplicationState 集合中的对象数。

（2）Application 对象常用的方法

- Add：新增一个 Application 对象变量。

例如：Application.Add("userCount", "0");//增加 Application 对象“userCount”，初值为 0

若需要使用 Application 对象，可以通过索引 Application 对象的变量名进行访问，例如：

```
Response.Write(Application["userCount "].ToString());//输出 Application
对象"userCount "的值
```

- Clear：清除全部的 Application 对象变量。
- Get：通过索引关键字或变量名称得到变量的值。

例如：Response.Write(Application.Get("userCount ").ToString());

- GetKey：通过索引关键字获取变量名称。
- Lock：锁定全部的 Application 对象变量。
- UnLock：解锁全部的 Application 对象变量。

Application 是网站公共的对象，任何一个用户都可以访问，所以为了防止各用户间访问的冲突，在使用 Application 对象时可以加锁，使用完再解锁。例如：

```
Application.Lock();
Application["userCount "] =Convert.ToInt32 (Application["userCount "]) +1;
//新的网站访问人数是原访问人数+1，Application.UnLock();
```

- Remove：使用变量名称移除一个 Application 对象变量。
- RemoveAll：移除所有的 Application 对象变量。
- Set：使用变量名更新一个 Application 对象变量。

（3）Application 对象常用的事件

- Start 事件：该事件是在 Web 应用程序启动时发生。
- End 事件：该事件在 Web 应用程序结束时发生，即 Web 服务器关闭或重新启动时。

5. Session 状态对象

当用户请求一个 ASP.NET 页面时，系统将自动的建立一个 Session（会话），用户退出应用程序或服务器关闭时，会话撤销。Session 创建时，系统为 Session 建立一个标识字符串 SessionID，用来管理和跟踪 Session，该标识字符串很长，而且具有随机性和唯一性，保证了每个用户 Session 不会冲突以及 Session 的安全性。

Session 一般用来存储跨页程序的变量或对象，功能基本同 Application 对象类似。但 Application 对象针对整个网站，Session 对象变量只针对一个用户，即同一个网站的不同用户的 Session 对象是不相同的，而且每个用户之间也不能互相访问 Session。Application 对象终止于 IIS 服务停止，但是 Session 对象当网页使用者关闭浏览器或者网页使用者在页面进行的操作时间超时，Session 对象将会自动注销。

（1）Session 对象的属性

- Count：获取 Session 对象中子对象的数量。
- IsCookieLess：返回一个布尔值，true 表示将 SessionID 嵌套在 URL 中，否则存放在 Cookies 中。
- IsNewSession：如果用户访问页面时创建新会话，则此属性将返回 true，否则返回 false。
- IsReadOnly：返回一个布尔值，表示 Session 是否为只读。
- SessionID：获取 SessionID 的值。
- TimeOut：传回或设置 Session 对象变量的有效时间，如果在有效时间内有没有任何客户端动作，则会自动注销。

注意：如果不设置 TimeOut 属性，则系统默认的超时时间为 20 分钟。

（2）Session 对象的方法

- Add：创建一个 Session 对象。
- Remove：删除会话集合中的项。
- RemoveAll：删除会话集合中的所有项。
- RemoveAt（index）：删除会话指定索引的项。
- Abandon：该方法用来结束当前会话并清除对话中的所有信息，如果用户重新访问页面，则可以创建新会话。
- Clear：此方法将清除全部的 Session 对象变量，但不结束会话。

注意：Session 对象可以不需要 Add 方法进行创建，直接使用 Session["变量名"]=变量值的形式也可以创建 Session 对象。

（3）Session 对象常见属性

- Start 事件：在创建 Session 时发生。
- End 事件：在会话结束时发生。

注意：当用户关闭浏览器或者退出应用程序时，并不会触发 Session_End 事件。End 事件只有在服务器 Web 应用程序退出，或者用户调用 Abandon 方法或者未执行任何操作时间超过了 Session 设定的 TimeOut 时才触发。

（4）Session 对象的使用

① 给 Session 中写入值的操作如下：

```
Session["对象名"] =对象值;                              //保存 session
```

或者

```
Session.Add("对象名",对象值);
```

② 修改 Session 中的数据操作如下：

```
Session["对象名"] =对象值;
```

③ 读取 Session 对象中的数据：

```
Session["对象名"];
```

注意：Session["对象名"]返回值是一个 Object 类型的对象，读取时注意类型的转换。

Session 对象可以使用于安全性较高的场合，如后台登录。在管理员登录后台以后，管理员拥有一定的操作时间，而如果管理员在这段时间不进行任何操作的话，为了保证安全性，后台将自动注销，如果管理员需要再次进行操作，则需要再次登录。在管理员登录时，如果登录成功，则需要给管理员一个 Session 对象，代码如下。

```
Session["admin"] = "sysadmin";                         //保存 session
Response.Redirect("index.aspx");                       //跳到主页
```

为了防止非法访问主页 index.aspx，在 index.aspx.cs 文件的 Page_Load 方法中，可以判断是否已经存在 Session 对象，如果存在 Session 对象，则说明管理员当前的权限是正常的，而如果不存在 Session 对象，则说明当前管理员的权限可能是错误的，或者是非法用户正在访问该页面，代码如下：

```
protected void Page_Load(object sender, EventArgs e)
{
    if (String.IsNullOrEmpty(Session["admin"].ToString()))
    //则判断是否为空字符串
    {
        lblAdmin.Text= Session["admin"].ToString()+":你好！"
    }
        else
       Response.Redirect("login.aspx");    //跳到登录页
}
```

当管理员单击注销按钮时，则会注销 Session 对象并提示再次登录，例如：

```
protected void btnCancel_Click(object sender, EventArgs e)
{
    Session.Clear();                          //删除所有 Session 对象
    Response.Redirect("login.aspx");          //跳到登录页
}
```

6. Server 服务对象

Server 对象是 HttpServerUtility 的一个实例，该对象提供对服务器上的方法和属性进行访问。

（1）Server 对象的常用属性

- MachineName：获取远程服务器的名称。
- ScriptTimeout：获取和设置请求超时时间。

（2）Server 对象的常用方法

- Execute：使用另一个页面执行当前请求。
- Transfer：终止当前页面的执行，并为当前请求开始执行新页面。
- HtmlDecode：对已被编码的消除 Html 无效字符的字符串进行解码。
- HtmlEncode：对要在浏览器中显示的字符串进行编码。

HTML 中，诸如“<”等字符是具有特定含义的，如果希望在页面上显示“<”，就必须对字符进行 HTML 编码在显示，例如：

```
string str = "<hr>表示一个水平线";              //声明字符串
Response.Write(Server.HtmlEncode(str)); //字符串编码后输出，结果为"<hr>表示
                                          一个水平线"
```

在使用了 HtmlEncode 方法后，编码后的 HTML 标注会被转换成相应的字符，如符号“<”会被转换成字符“<”。在进行解码时，相应的字符会被转换回来，并呈现在客户端浏览器中。

- MapPath：返回与 Web 服务器上的执行虚拟路径相对应的物理文件路径。
- UrlDecode：对 URL 字符串进行解码。
- UrlEncode：编码字符串，以便通过 URL 从 Web 服务器到客户端浏览器的字符串传输。

URL 地址中不能包括空格、换行符等符号，如果需要使用这些符号，可以使用 UrlEncode 方法和 UrlDecode 方法进行变量的编码解码，例如：

```
string str = Server.UrlEncode("错误信息 \n 操作异常"); //使用 UrlEncode 进行
                                                        编码
Response.Redirect("index.aspx?str=" + str); //页面跳转，并传递 URL 编码后的
                                              参数
```

在 index.aspx.cs 文件的 Page_Load 方法中可以接收该字符串并解码。

```
String str = Server.UrlDecode(Request.QueryString["str"]);
//使用 UrlDecode 进行解码，特殊字符可以正常传输
```

（3）重定向到其他网页

在 ASP.NET 中，Response.Redirect()和 Server.Transfer()都能实现网页重定向。这两个方法的区别在于：

利用 Response.Redirect()，可重定向到已存在的任何网页；而 Server.Transfer()只能用于重定向到已存在的位于同一目录或同一目录之下的 ASP.NET 网页。

利用 Response.Redirect()完成重定向后，浏览器地址栏将显示新网页的 URL，而利用 Server.Transfer()完成重定向后，浏览器地址栏仍然显示原网页的 URL。

利用 Server.Transfer()完成重定向后，原网页中所有内置对象的值仍保留；而利用 Response.Redirect()完成重定向后，原网页中所有内置对象的值将不存在。

就重定向速度而言，Server.Transfer()优于 Response. Redirect()。

7. Cookie 状态对象

Cookie 对象也是保存用户信息的一种对象，但 Cookie 对象保存在客户端的硬盘中，而 Session 对象和 Application 对象保存在服务器端，所以 Cookie 对象能够长期保存。通过 HttpRequest 的 Cookies 集合来进行访问 Cookie 对象，Cookie 的特点如下：

Cookie 对象可以配置过期时间，如果没有配置将在浏览器会话结束后立即到期。

无需任何服务器资源：Cookie 无需任何服务器资源，存储在本地客户端中。

大多数浏览器支持最大 Cookie 数据为 4K。

如果客户端浏览器配置禁用 Cookie 配置，则 Web 应用中使用的 Cookie 将被限制，客户端将无法保存 Cookie。

Cookie 对象可以存放非敏感的用户信息。现在有很多的软件能够伪装 Cookie，这意味着保存在本地的 Cookie 并不安全，Cookie 能够通过程序修改为伪造，这会导致 Web 应用在认证用户权限时会出现错误。

（1）Cookie 对象的属性

- Name：获取或设置 Cookie 的名称。
- Value：获取或设置 Cookie 的 Value。
- Expires：获取或设置 Cookie 的过期的日期和时间。
- Version：获取或设置 Cookie 符合 HTTP 维护状态的版本。

（2）Cookie 对象的方法

- Add：增加 Cookie 变量。
- Clear：清除 Cookie 集合内的变量。
- Get：通过变量名称或索引得到 Cookie 的变量值。

1．确定网站建设目的

建设电子商务网站，必须首先确定网站建设的目的。电子商务网站建设的目的一般可以分为开展 B2B 交易、开展 B2C 交易、开展拍卖业务、用于企业形象建设、拓展企业联系渠道、作为交易中间商、建立市场交易场所、开展中介服务、作为服务性网站或者其他应用目的等。

2．定位网站客户

对于电子商务网站来说，必须清楚网站的目标市场在哪里，目标客户是谁，他们为什么会光顾这个站点，是否再次访问。要摸清真正需要或即将需要产品和服务的是哪些人，他们的兴趣何在，怎样创建一个兴趣圈唤醒客户，用你所提供的信息和服务让他们受益等。这将成为整个网站所有设计思想的基础，无论企业网站采用何种形式，提供什么内容，进行怎样的包装，都要以此为出发点来考虑。

3．理顺结构和层次

确定建站目的和客户群体后，下一步工作是目标细化，构架网站内容框架，主要包括网站核心内容、主要信息、服务项目等。然后，将网站内容大纲交给上级或业务人员审核批准，形成网站设计的总体报告。在内容框架里，还应注明这些内容的信息来源，哪个部门应该提供哪方面的信息等。

确定内容框架后，就可以勾画网站的结构图了。结构图有很多种，如顺序结构、网状结构、继承结构、Web 结构等。网站结构应依据自己网站的内容讨论后确定。多数复杂的网站会综合运用到几种不同的结构图。例如，给一家酿酒厂设计网站结构，在说明酿造工艺过程时，用表示顺序的流程图就比较合适；在展示销售网络时，用网状结构图就能更好地体现其销售市场的旺盛和辐射力；在叙述公司历史和组织结构时，用继承结构就显得简洁明了。画出结构图的目的，一方面便于有逻辑的组织站点和链接，同时也益于网站制作人员进行分工和协作，及时查漏补缺。

4．设定网站盈利模式

没有利润的企业网站肯定是不能长期维持下去的，因此，盈利模式的设定对网站来说是十分重要的。网站的经营收入目标与企业网站自身的知名度、网站的浏览量、网站的宣传力度、广告吸引力、上网者的购买行为对本网站的依赖程度等因素有十分密切的关系。因此，企业网站应该从对上述因素的分析来设定本网站的盈利模式。

5．设定主要业务流程

网上交易流程应当尽量做到对客户透明，使客户购物操作方便，让客户感到在网上购物与在现实世界中的购物流程没有本质的差别和困难。在很多电子商务网站中上网者都可以找到“购物车”、“收银台”、“会员俱乐部”这样熟悉的词汇，不论购物流程在网站的内部操作多么复杂，其面对用户的界面必须是简单和操作方便的。

9.3.2　电子商务网站的基本构件

常见电子商务网站应由以下构件构成：

① 应用服务器。主要用于企业较大规模电子商务应用的开发、发布和管理，同时与企业原有系统集成。

② 工作流和群件子系统。主要在于使工作人员和商业伙伴能通过因特网共享资源、协同工作。

③ 内容管理子系统。主要是简化企业网站的产品管理、提高效率，并把筛选后的相应内容发给最终用户。

④ 目录服务器。主要用来管理防火墙内外的用户、资源和控制安全权限，同时为用户的通信和电子商务交易提供通道。

⑤ 性能优化工具。主要是改善网站服务质量，包括：流量管理、动态数据缓存、网络动态负载、知识管理等。

⑥ 邮件和消息服务器。为企业员工、合作伙伴和客户提供商业级的通信架构。

⑦ 个性化信息服务。主要是在实时分析用户数据的基础上提供服务，从而对用户行为更好地理解，使得企业能够跟踪、分析、理解网站用户。

⑧ 搜索引擎。电子商务网站要具备优秀的搜索功能。因为如果消费者无法搜索到他们想要的商品，他们就会转移到其他网站。

⑨ 安全服务器。为了保证电子商务系统的数据安全、应用安全和交易安全。

⑩ 网站服务器。主要是为了把网站的信息发布给用户。

以上构件是建设电子商务网站通常所需的，可以根据企业自身情况以及网站的应用类型进行调整。

9.3.3 电子商务网站的基本功能

成熟的电子商务网站至少应包括以下几方面的基本功能。

1．信息发布

在电子商务中，商业信息发布的实时性和方便性是传统媒体所无法比拟的，也是电子商务网站重要的功能之一。信息查询技术的发展，以及多媒体的广泛使用都使得这些信息比过去更加精彩，更加吸引人。电子商务平台可凭借企业的Web服务器和客户的浏览，在互联网上发布各类商业信息。客户可借助网上的检索工具迅速地找到所需的商品信息，而商家可利用网上主页和电子邮件在全球范围内做广告宣传。

2．网上订购

网上订购是通过网上交互进行的，厂商或者大型零售商在网页上面提供有关商品的详细信息，并且附有订购信息处理手段，让用户与厂商直接进行交互。当用户提交完订购单后，系统会回复确认信息，以保证订购信息的确定。当然安全保密措施也是必不可少的。网上订购功能是电子商务网站必不可少的重要功能。

3．网上支付

用户填完订单之后，就需要转至付款的环节。目前付款方式各有不同，数字货币、数字支票、信用卡系统等综合网上支付手段不仅方便迅速，还可节省大量人力、物力以及时间。支付过程在商务活动中占有重要地位，网上支付必须解决好安全问题，否则后果不堪设想。在管理上，要加强对如欺骗、窃听、冒用等非法行为的惩处力度，这必须有银行、信用卡公司、保险公司等金融单位提供网上服务。在技术上，则要加强对如数字凭证、身份验证、加密等技术手段的应用。安全问题是一个非常值得注意的问题，需要认真对待。

4．咨询洽谈

网上的咨询和洽谈能超越人们面对面洽谈的限制，提供多种方便的异地交谈形式。电子商务可借助非实时的电子邮件和实时的讨论组来了解市场和商品信息，洽谈交易事务。

5．电子账户

网上支付必须要有电子金融来支持，即银行或信用卡公司及保险公司等金融单位要为金融服务提供网上操作行为的服务，而电子账户管理就是其基本的组成部分。信用卡号或银行账号都是电子账户的一种标志，其可信度需配以必要技术措施来保证。数字证书、数字签名、加密等手段的应用为电子账户的操作提供了网站安全保证。

6．服务传递

对于已付款的客户，厂家应将其订购的货物尽快地传递到他们手中。对于本地和异地的货物，需要统一进行合理的调配管理。

7．意见征询

电子商务能十分方便地采用网页上的“选择”、“填空”等格式文件来收集用户对销售服务的反馈意见。这样使企业的市场运营能形成一个封闭的回路。客户的反馈意见不仅能提高售后服务的水平，更使企业获得改进产品、发现市场的商业机会。

8．交易管理

交易管理是电子商务中重要的一环，整个交易的管理将涉及到人、财、物多个力面，企业和企业、企业和客户及企业内部等各方面的协调和管理。因此，交易管理是涉及商务活动全过程的管理。它是电子商务网站建设一个必备的步骤。

9.3.4 系统平台的选择与配置

开发电子商务网站，需要根据网站需求和规模以及开发成本选择搭建合适的开发平台，应用不同的开发技术进行建设。目前主流的开发平台包括.NET 平台、Java 平台和 PHP 平台。相对应的主流动态网页开发技术包括 ASP.NET、JavaEEn 和 PHP 技术。

那么开发电子商务网站平台应该如何选择，下面对这三个主流开发平台的特点做一个简单比较。

Java 平台和.NET 平台两者对前端 HTTP、进程内通信，数据库处理都进行了很好的支持。在使用上.NET 平台在开发时相对便捷一些，但是在跨平台性上不如 Java 平台。JAVA 平台下开发时，各个部件之间相对松散独立，需要一定的组合过程，而.NET 平台风格贴近 Windows 系统，所有组件相对紧密的结合在一起。在后端数据层，两个平台都为数据库连接量身定做了一套数据存取模型：JavaEE 的 JDBC 和.NET 的 ADO.NET，它们在支持传统 SQL 数据源的同时，也支持新型的 XML 数据源。PHP 平台最大的优势就是开源免费，PHP 同时也具有良好的跨平台性和安全性。在数据库操作方面，目前 PHP 平台开发常配合 MySQL 数据库使用。

下面简述几种不同开发平台的搭建，举例过程中涉及的软件产品并非确定和唯一，只选取具有代表性的来讲解。

1. PHP 平台的搭建

搭建 PHP 开发平台之前，首先要下载相应的软件进行安装和配置。常见的环境搭建组合为：MySQL+PHP+Apache。

MySQL 是一个小型关系型数据库管理系统，开发者为瑞典 MySQL AB 公司。MySQL 被广泛地应用在 Internet 上的中小型网站中。由于其体积小、速度快、成本低，尤其是开放源码这一特点，许多中小型网站为了降低网站总体成本而选择了 MySQL 作为网站数据库。

PHP 混合了 C、Java、Perl 以及 PHP 自创新的语法。用 PHP 做出的动态页面与其他的编程语言相比，PHP 是将程序嵌入到 HTML 文档中去执行，执行效率比完全生成 HTML 标记的 CGI（Common Gateway Interface，通用网关接口）要高许多；PHP 还可以执行编译后代码，编译可以达到加密和优化代码运行，使代码运行更快。PHP 具有非常强大的功能，所有的 CGI 的功能 PHP 都能实现，而且支持几乎所有主流数据库以及操作系统。

Apache 是世界使用排名第一的 Web 服务器软件。它可以运行在几乎所有计算机平台上，由于其跨平台和安全性被广泛使用，是最流行的 Web 服务器端软件之一。

MySQL 和 Apache 可以通过下载的软件直接进行安装，PHP 压缩包可以直接解压至本地磁盘，然后通过配置 windowsphp.inc 文件、设置 MySQL 连接驱动和配置 Apache 配置文件等步骤完成开发环境的搭建。

2. .NET 平台的搭建

搭建.NET 开发平台我们同样需要安装和配置相应的软件，主要包括：Microsoft Visual Studio 系列集成开发环境、SQL Server 数据库和 IIS 服务器。常见的组合例如：Microsoft Visual Studio 2008+ SQL Server 2008+ IIS 6.0。

Microsoft Visual Studio 2008 是微软公司推出的集成开发环境，可以用来创建 Windows 平台下的 Windows 应用程序和网络应用程序，也可以用来创建网络服务、智能设备应用程序和 Office 插件。Visual Studio 2008 提供了高级开发工具、调试功能、数据库功能和创新功能。Visual Studio 2008 包括各种增强功能，如可视化设计器（使用.NET Framework 3.5 加速开发）、对 Web 开发工具的大量改进以及能够加速开发和处理所有类型数据的语言增强功能。Visual Studio 2008 为开发人员提供了所有相关的工具和框架支持，帮助创建支持 AJAX 的 Web 应用程序。开发人员能够利用这些丰富的客户端和服务器端框架轻松构建以客户为中心的 Web 应用程序，这些应用程序可以集成任何后端数据提供程序、在任何浏览器内运行并完全访问 ASP.NET应用程序服务和 Microsoft 平台。

SQL Server 2008 能够处理多种不同的数据形式，它可以小到只用于少量用户，也可以大到足以支持大型企业。它没有 Oracle 或者 Sybase 那样高的价钱，但却能向上扩展并处理太字节（TB）的数据而无需太多的考虑。SQL Server 2008 易于安装，并且由于大多数功能在一个完整的包中，执行简单的安装就够了。SQL Server 2008 同样涉及处理像 XML 这样的数据、紧凑设备以及位于多个不同地方的数据库安装。另外，它提供了在一个框架中设置规则的能力，以确保数据库和对象符合定义的标准。

Internet Information Server（简称 IIS）是 Windows 系统提供的一种服务，它包括 WWW 服务器、FTP 服务器和 SMTP 服务器，是架设个人网站的首选。IIS 6.0 提供了更智能的、更可靠的 Web 服务器环境，包括应用程序健康监测、应用程序自动地循环利用。其可靠的性能提高了网络服务的可用性并且节省了管理员用于重新启动网络服务所花费的时间。IIS 6.0 将提供最佳的扩展性和强大的性能从而充分发挥每一台 Web 服务器的最大功效。

搭建.NET 开发平台，可以先下载上述 SQL Server 2008 和 Visual Studio 2008 的安装软件包，在本机进行安装。然后安装 IIS 6.0 后，通过配置 IIS 的 IP 地址、TCP 端口等属性，以及设置 IIS 的访问路径、访问权限等完成.NET 开发平台的搭建。

3．Java 平台的搭建

Java 平台的搭建通常需要下载和安装相应的开发工具和软件，如 JDK 开发工具包、Tomcat 服务器以及 MyEclipse 等。常见的组合例如：JDK 7.0+Tomcat 6.0+MyEclipse8.0。

JDK（Java Development Kit）是 Sun Microsystems 针对 Java 开发者的产品。自从 Java 推出以来，JDK 已经成为使用最广泛的 Java SDK。JDK 是整个 Java 的核心，包括了 Java 运行环境，Java 工具和 Java 基础的类库。从 SUN 的 JDK5.0 开始，提供了泛型等非常实用的功能，其版本也不断更新，运行效率得到了非常大的提高。

Tomcat 是一个轻量级应用服务器，在中小型系统和并发访问用户不是很多的场合下被普遍使用，是开发和调试 JSP 程序的首选。Tomcat 很受广大程序员的喜欢，因为它运行时占用的系统资源小，扩展性好，支持负载平衡与邮件服务等开发应用系统常用的功能。并且它还在不断的改进和完善中，任何一个感兴趣的程序员都可以更改它或在其中加入新的功能。因为 Tomcat 技术先进、性能稳定，而且免费，成为目前比较流行的 Web 应用服务器。

MyEclipse，是一个十分优秀的用于开发 Java，J2EE 的 Eclipse插件集合，MyEclipse 的功能非常强大，支持也十分广泛，尤其是对各种开源产品的支持十分不错。利用它我们可以在数据库和 J2EE 的开发、发布以及应用程序服务器的整合方面极大地提高工作效率。它是功能丰富的 J2EE集成开发环境，包括了完备的编码、调试、测试和发布功能，完整支持HTML，Struts，JSP，CSS，Javascript，Spring,SQL，Hibernate。

要完成 Java 开发环境的搭建，首先我们需要下载和安装 JDK，安装完成后还需要对环境变量进行配置，主要包括对 CLASSPATH 和 PATH 的配置。CLASSPATH 它是一个路径列表，是用于搜索 Java 编译或者运行时需要用到的类。在设置 JDK 的 CLASSPATH 时会包含一个 jre\lib\rt.jar，Java 查找类时会把这个.jar 文件当作一个目录来进行查找。设置 Path 的作用为：当执行一个可执行文件时，如果该文件不能在当前路径下找到，则会到 Path 中依次寻找每一个路径；如果在 Path 中也没有找到，就会报错。安装配置完 JDK 后，我们可以下载和安装 Tomcat 以及 Myeclipse，在 Myeclipse 中对 Tomcat 进行整合即可完成 Java 开发环境的搭建。

本章小结

本章主要介绍了在电子商务平台建设过程中需要用到的相关开发技术。内容比较庞杂，覆盖的知识面比较广，这里主要以最简明的方式勾勒出了每种技术的重点部分。总体上概述了建设主流电子商务网站的不同平台搭建和工具选择；具体讲解了.NET 平台下的 C#编程语言及 J2EE 框架结构，开发电子商务网站页面相关的 HTML 语言、CSS 样式表、VBscript 及 Javascript 脚本程序设计、XML 语言等。针对数据库的应用介绍了 SQL 语言如何实现对数据库的不同操作等。

参考文献

[1] 孙良君，胡秀娥. HTML+CSS+JavaScript 网页设计与布局实用教程. 北京：清华大学出版社，2011.

[2] 黄开枝，康会光，于永军. SqlServer 2005 中文版 基础教程. 北京：清华大学出版社，2007.

[3] 黄理，曹林有，张勇. ASP.NET/XML 深入编程技术. 北京：希望电子出版社，2002.

第 10 章　电子商务系统建设

10.1　Web 编程技术

10.1.1　Web 编程技术概述

Web 编程技术能够实现 B/S 结构的程序，本节介绍几种常见的 Web 编程技术。

1．通用网关接口（CGI）

CGI 是一种外部应用程序和 WEB 服务器之间的接口标准，通过 CGI 可以让客户端从 Web 浏览器向执行在 Web 服务器上的程序请求数据；其特点如下：

① 独立于语言；

② 对于每一个请求，需启动一个进程，运行开销大；

③ 开发难度较大。

2．ASP（Active Server Pages）

ASP 是微软公司开发的服务器端脚本技术，用于动态生成网页，是将 VBscript 或 Javascript 语言编写的脚本嵌入到 HTML 文档之中 ，形成一个服务器端的脚本执行环境，从而实现与服务器交互的功能。其工作原理如图 10-1 所示。

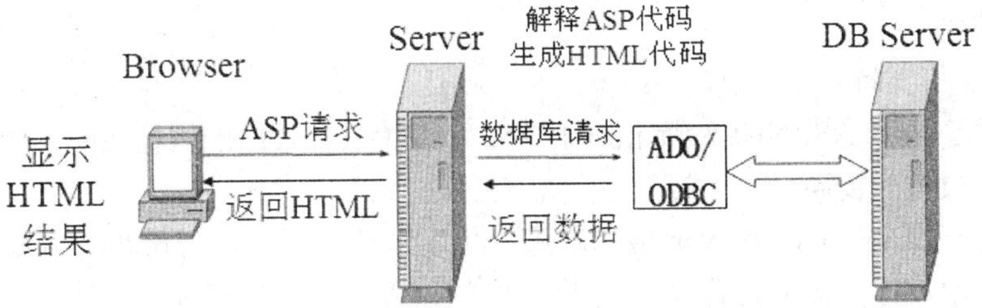

图 10-1　ASP 工作原理

3．Servlet 技术

Servlet 是用 Java 语言编写的运行在服务器端的 Java 小程序。该方式中各个用户请求被激活成程序中的一个线程，而无需创建单独的进程，因此服务器端处理请求的系统开销将明显降低。

4．JSP（JavaServer Pages）

JSP 也是一种动态网页设计技术，以 Java 语言作为脚本语言。Web 服务器在遇到访问 JSP 网页的请求时，首先将 JSP 页面编译成对应的 Servlet，然后执行该 Servlet，将执行结果以HTML格式返回给客户。JSP可以跨平台、跨服务器运行，且将内容与外观分离。

5．J2EE/JavaEE

Sun公司为企业级应用推出的标准平台，包括三个版本：JavaEE、JavaSE、JavaME。

6．PHP（Hypertext Preprocessor）

PHP是一种开源工具，主要用于服务器端应用程序及动态网页上，适合开发轻量级Web应用系统。

7．ASP.NET

ASP.NET是一种易于编程开发、运行效率高的Web编程技术，关于它的详细介绍将是本章的重点内容。

10.1.2 ASP.NET概述

ASP.NET 是微软.NET 体系结构的一部分，是创建动态网页的一种服务器端技术。ASP.NET语法上兼容ASP，可以采用面向对象程序设计模式，可以使用多种语言（包括Microsoft Visual Basic.NET，Microsoft Visual C#和Microsoft JScript .NET）开发。在ASP技术中，将脚本语言代码嵌入网页中，解释执行，而在ASP.NET 中，实现了代码分离，即将HTML页面代码与服务器代码分离在不同的文件中，服务器代码可以编译执行，实现一次编译，多次执行的特点。

1．ASP.NET的特点

① 新的运行环境，方便设置断点，易于调试。

② 丰富的控件库。.NET提供了80多种控件，采用控件+事件驱动方式的编码，可以提高编程效率。

③ 多语言支持。

④ 性能高效。ASP.NET程序相对于ASP程序而言，程序的执行效率、代码安全性等方面都有了很大的提高。

⑤ 安全。ASP.NET 为Web应用程序提供了默认的授权和身份验证方案，开发人员可以根据应用程序的需要设置Web应用程序的权限及身份认证等。

⑥ 页面缓存技术。根据应用程序的需要，ASP.NET 可以缓存页数据、页的一部分或整个页。

⑦ 支持多种平台。ASP.NET支持任何设备上的任何浏览器。

⑧ 与现有ASP应用程序的兼容性。ASP和ASP.NET可并行运行在IIS Web服务器上而互不冲突。ASP.NET仅处理具有.aspx文件扩展名的文件。具有.asp文件扩展名的文件继续由ASP引擎来处理。

2．创建ASP.NET应用程序

（1）创建ASP.NET项目

在Visual Studio中创建ASP.NET项目有两种形式：一种是创建ASP.NET Web应用

程序，另一种是创建网站。首先看第一种形式。

【例 10.1】创建一个 ASP.NET Web 应用程序。

① 打开 Visual Studio，选择菜单“文件”→“新建”→“项目”，打开如图 10-2 所示对话框。

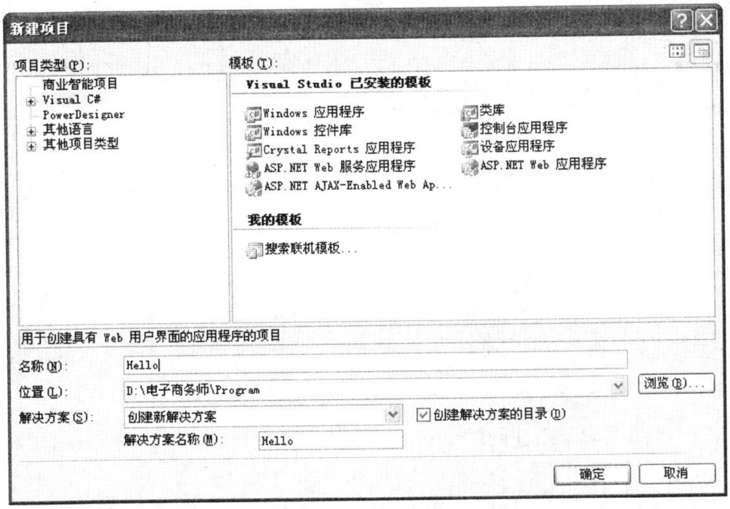

图 10-2　新建 ASP.NET 项目

② 在打开的对话框中选择项目类型为“Visual C#”，模板选择为“ASP.NET Web 应用程序”，名称命名为“Hello”，位置选择为“D:\电子商务师\Program”。

③ 新建了一个 ASP.NET 项目“Hello”，在该项目中包含一个网页文件“Default.aspx”，该文件对应的后台类代码文件为“Default.aspx.cs”，在该文件的 Page_Load 方法中编写如下代码：

```
Response.Write("Hello,ASP.NET");
```

④ 保存“Default.aspx.cs”文件，选择菜单“生成”→“生成解决方案”，如果状态栏显示“生成成功”，表示代码没有语法错误。否则，需要查看并修改相应的错误。

⑤ 单击工具栏上的“运行”按钮，程序将运行默认页“Default.aspx”，运行结果是在页面上显示内容“Hello,ASP.NET”。

第二种形式创建网站，过程如下：

① 打开 Visual Studio，选择菜单“文件”→“新建”→“网站”，打开如图 10-3 所示对话框。

② 选择位置为“文件系统”，并设置具体路径，设置语言为“C#”，单击“确定”，完成创建网站。

提示：在创建网站时，位置可供选择的有“文件系统”、“本地 IIS”、“HTTP”和“FTP”，表示以不同的形式存储网站；创建网站的语言包括：“VB”，“C#”及“J#”，并发人员可以自行选择。

（2）解决方案组成

解决方案资源管理器中包含了该程序的所有资源文件，例10.1项目的解决方案资源管理器如图10-4所示。包含以下内容：

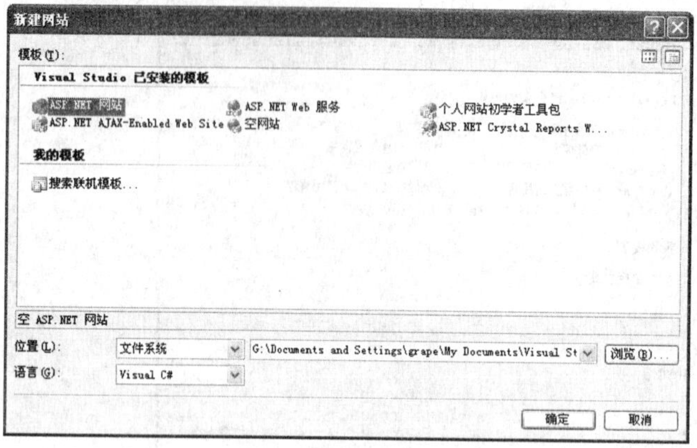

图10-3 新建网站

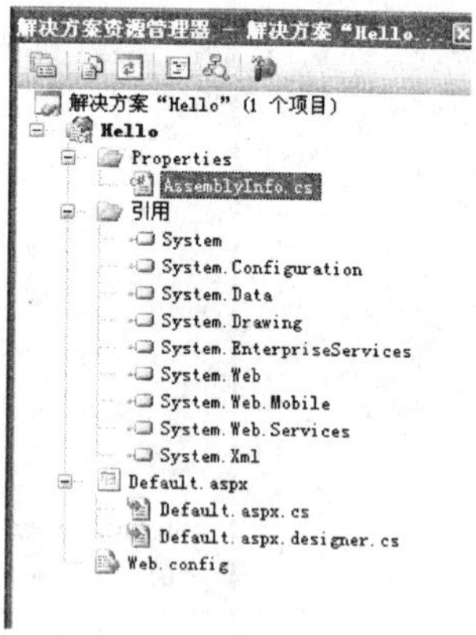

图10-4 解决方案组成

① Properties文件夹中的AssemblyInfo.cs文件：主要用来设置有关程序集常规信息的一些参数，例如：公司信息、版权、版本等。

② 引用：该项目需要引用的资源。

③ Default网页：页面文件，对应的还有页面的类代码文件。一个ASP.NET项目中可以有多个网页文件，一般Default也为默认页。

④ Web.Config：站点配置文件，可以设置一些网站的整体规则等。

3．ASP.NET的网页代码模型

ASP.NET网页一般由三部分组成：

① ASPX文件：包括HTML标记，服务器控件，脚本代码等。

② CS文件：包括事件处理程序和代码。

③ designer.cs文件：用来为页面的控件做初始化工作，一般只有ASP.NET应用程序（Web Application）才有designer.cs文件。

ASP.NET页面中包含两种代码模型，一种是单文件页模型，另一种是代码隐藏页模型。这两种模型的功能基本相同。

（1）单文件页模型

单文件页模型中的所有代码，包括控件代码、事件处理代码以及HTML代码全都包含在.aspx文件中。需要在创建网页时，将【将代码放在单独的文件中】复选框不选即可。

在单页面模式中，页面文件包含下内容：

```
<%@ Page Language="C#" %>
<!DOCTYPE html
PUBLIC "-//W3C//DTD XHTML 1.0 Transitional//EN" "http://www.w3.org/
TR/xhtml1/DTD/xhtml1-transitional.dtd">
<script runat="server">
</script>
```

其中，第一行程序说明该页面使用 C#语言编写代码，另外，将脚本程序代码放在<script runat= “server” >标记与</script>标记之间。

（2）代码隐藏页模型

代码隐藏页模型将事件处理程序及其他服务器脚本程序都存放在 cs 文件中，而不嵌入在 aspx 网页文件中，当 ASP.NET 网页运行的时候，先处理 cs 文件中的代码，再处理.aspx 页面中的代码。这种模式被成为代码分离。

代码分离将页面的 HTML 代码与动态的服务器代码放在不同的文件中，使得网页设计人员也可以单独的设计静态样式页面，而程序员可以独立的设计服务器代码，二者基本没有影响。另外，代码分离使得程序的调试和运行结构清晰。在代码分离模型的 aspx 文件第一行程序代码如下：

```
<%@ Page Language="C#" AutoEventWireup="true" CodeFile="Default.aspx.cs"
Inherits="_Default" %>
```

其中，CodeFile= “Default.aspx.cs”，说明该文件对应的服务器代码被定义在.aspx.cs 类文件中。可以通过事件的方式将对应的程序代码写在.aspx.cs 文件中，当然，也可编写其他符合 C#语言的代码。

在以上两种代码模式中，页面文件的第一行都是一条 page 页面指令，ASP.NET 页面支持多个页面指令，页面指令用来通知编译器在编译页面时做出的特殊处理，如缓存、使用命名空间等。当需要执行页面指令时，通常的做法是将页面指令包括在文件的头部，常用的页面指令如下：

- @ Page：定义 ASP.NET 页（.aspx 文件）的属性。
- @ Control：定义 ASP.NET 用户控件（.ascx 文件）的属性。
- @ Import：将命名空间导入到页中。
- @ Implements：实现指定的.NET Framework 接口。
- @ Output Cache：输出缓存策略。
- @ Assembly：在编译过程中将程序集链接到当前页，以使程序集的所有类和接口都可用在该页上。
- @ Register：注册用户控件，为用户控件定义前缀。

4．ASP.NET 页面生命周期

一个获取 ASP.NET 网页的请求（通过用户提交或通过超链接完成的）被发送到 Web

服务器后，页面生命周期就开始了，在生命周期内，该页面将执行一系列的步骤，包括控件的初始化，控件的实例化，还原状态和维护状态以及通过IIS反馈给用户呈现成HTML。ASP.NET生命周期通常情况需要经历如下几个阶段。

- 页请求：页请求发生在页生命周期开始之前。用户请求页时，ASP.NET将确定是否需要分析和编译页（从而开始页的生命周期），或者是否可以在不运行页的情况下发送页的缓存版本以进行响应。
- 开始：发生了请求后，页面就进入了开始阶段。在该阶段，页面将确定请求是回发请求还是新的客户端请求，并设置IsPostBack属性。
- 初始化：在页面开始后，进入了初始化阶段。初始化期间，页面可以使用服务器控件，并为每个服务器控件进行初始化。
- 加载：如果当前请求是回发请求，则将使用从视图状态和控件状态恢复的信息加载控件属性。
- 验证：调用所有验证程序控件的Vailidate方法，来设置各个验证程序控件和页的属性。
- 回发事件：如果是回发请求，则调用所有事件处理的程序。
- 呈现：在呈现期间，视图状态被保存并呈现到页。
- 卸载：完全呈现页面后，将页面发送到客户端并准备丢弃时，将调用卸载。此时，将卸载页属性（如Response对象和Request对象）并执行清理。

5. ASP.NET页面生命周期中的事件

在ASP.NET页面生命周期各阶段中，页面将会引发多种事件。对于控件产生的事件，是通过用户的操作来引发的。而ASP.NET内置的事件如Page_Load、Page_Init等事件，是页面执行过程中自动引发的，下面按照事件发生的顺序介绍常见的ASP.NET内置事件。

（1）页面预初始化事件PreInit

PreInit事件是由Page引发，发生在页面初始化之前。在这个事件发生时，可以检查IsPostBack属性来确定是不是第一次处理该页，创建或重新创建动态控件，读取或设置配置文件属性值。

（2）页面初始化事件Init

在所有控件都已初始化且已应用所有外观设置后引发。使用该事件来读取或初始化控件属性。

（3）页面预加载事件PreLoad

发生在页面加载事件之前。在Page引发该事件后，它会为自身和所有控件加载视图状态，然后会处理Request实例包括的所有回发数据。

（4）页面加载事件Load

Load事件是在页面加载的时候引发的。在Load事件中，使用页面的IsPostBack属性来判断页面是回传加载还是首次加载，回传加载IsPostBack属性为true，否则为false。

（5）页面卸载事件 Unload

该事件发生在页面被卸载时，可以通过 Unload 事件用来执行页面卸载时的清除工作，如关闭文件或数据库连接、完成日志记录或者其他的程序请求。

10.1.3　ASP.NET 控件

1. ASP.NET 控件概述

ASP.NET 程序开发的高效性，一个重要的原因就是.NET 提供了丰富的控件，这些控件能够实现交互复杂的 Web 应用功能。控件支持拖曳、可视化设计等。ASP.NET 控件包括 HTML 控件、服务器控件，而且还支持 AJAX 及第三方的控件，本节主要介绍服务器控件。

2. 标准服务器控件

（1）Label 控件

Label 控件用于在页面上显示文本且不能被用户更改。添加 Label 控件可以从 VS 工具箱中将标签控件拖放到页面中，拖放到页面后，该页面将自动生成一段标签控件的声明代码：

```
<asp:Label ID="Label1" runat="server" Text="标签"></asp:Label>
```

该程序声明了一个标签控件，其中，ID="Label1"表示控件的 ID 值为 Label1， runat=“server”表示该控件运行在服务器端，Text="标签"表示 Label 控件显示文本为“标签”。Label 控件的 ID 属性及 Text 属性都可以改变，也可以通过程序设置 Label 控件的 Text 属性，程序如下所示：

```
Label1.Text = "标签";
```

Label 控件的其他常见属性：

- ForeColor 属性：文字颜色；
- Visible 属性：是否可见。

（2）TextBox 控件

TextBox 控件在页面上显示一个可编辑的文本框，例如用户注册、登录等，就需要文本框控件来接受用户输入的信息。

文本框控件的常用属性：

- AutoPostBack：在文本修改以后，是否自动提交；
- MaxLength：用户输入的最大字符数；
- ReadOnly：是否为只读；
- Rows：作为多行文本框时所显式的行数；
- TextMode：文本框的模式，分为三种：

① SingleLine：指示为单行输入 ，默认模式；

② MultiLine：指示为多行输入；

③ Password：密码输入方式。

（3）Button 控件

Button 控件在页面上显示一个按钮，按钮控件能够触发事件，或者将网页中的信息回传给服务器。在 ASP.NET 中，包含三类按钮控件，分别为 Button、LinkButton、ImageButton。

按钮控件的常用属性：

- Text：按钮的显示文本；
- Causes Validation：按钮是否导致激发验证检查；
- CommandArgument：与此按钮管理的命令参数；
- CommandName：与此按钮关联的命令。

这三种按钮，它们起到的作用基本相同，主要区别是表现形式不同。

按钮的常用事件：

① Click 单击事件。在 Click 单击事件中，通常用于编写用户单击按钮时所需要执行程序。在页面设计视图中，双击按钮即可打开 Click 事件对应的方法，也可以在按钮的事件视图中打开 Click 事件对应的方法，在方法体中直接编写程序内容即可在页面运行时单击按钮执行这些代码。

② Command 命令事件。按钮的 Command 事件可以传递参数，负责传递参数的属性是上面介绍的 CommandArgument 和 CommandName 属性。

【例 10.2】使用按钮的 Command 事件。

- 添加一个 Web 窗体，命名为 Button.aspx，并在该页面中放置一个按钮。
- 将按钮 ID 设为"btnCommand"，Text 设为"Command"，CommandArgument 设为"ASP.NET" ，CommandName 设为"Show"，代码如下：

```
<asp:Button ID="btnCommand" runat="server" Text="Command"
CommandArgument= "ASP.NET" CommandName="Show" />
```

- 单击按钮属性窗口中的图标，创建一个 Command 事件并在事件方法中编写如下代码：

```
protected void btnCommand_Command(object sender, CommandEventArgs e)
{
   if (e.CommandName == "Show") //如果 CommandNmae 属性的值为 Show
则运行下面代码
   {
      Response.Write(e.CommandArgument.ToString());
   }
}
```

运行时，单击按钮首先会触发 Command 事件，该程序中 Command 事件方法判断事件对象的 CommandName 属性是否为“Show”，如果是，则在页面上输出事件对象的 Command

Argument 值。

- 生成成功后，浏览 Button.aspx 页面，单击按钮，在页面上输出“ASP.NET”。

Command 有一些 Click 不具备的优势，就是传递参数。可以对按钮的 Command Argument 和 CommandName 属性分别设置，通过判断 CommandArgument 和 Command Name 属性来执行相应的方法。这样一个按钮控件就能够实现不同的方法，使得多个按钮与一个处理代码关联或者一个按钮根据不同的值进行不同的处理和响应。

LinkButton 控件和 ImageButton 控件与 Button 按钮相似，LinkButton 控件是超链接按钮形式，ImageButton 控件是图片按钮形式，这两个控件的基本属性和事件与 Button 控件基本一致。

【例 10.3】标签、文本框及按钮的综合应用，设计一个留言板，要求如下：

- 分别使用 TextBox 控件的 TextMode 属性的三种值展示单行、多行和密码文本框；
- 使用 Button 控件提交内容；
- 使用 Label 控件显示提交的内容。

设计过程如下：

① 设计 aspx 页面，在页面上放置文本框，按钮，标签等 5 个控件，主要代码如下：

```
<asp:TextBox ID="txtTitle" runat="server"></asp:TextBox>
<asp:TextBox ID="txtPassword" runat="server" TextMode="Password">
</asp:TextBox>
<asp:TextBox ID="txtContent" runat="server" Height="92px" TextMode=
"MultiLine" Width="176px"></asp:TextBox>
<asp:Button ID="Button1" runat="server" Text="提交" OnClick="Button1_
Click" />
<asp:Label ID="lblShow" runat="server" Width="386px"></asp:Label>
```

② 在页面的设计视图下双击“提交”按钮，进入后台类文件中按钮对应的 Click 事件方法中，编写如下代码：

```
this.lblShow.Text = "您好，"+this.txtTitle.Text+",您的留言是："+this.
txtContent.Text;
```

③ 生成成功后，运行结果如图 10-5 所示。

（4）Image 控件

Image 控件用来在 Web 页面中显示图像，常用的属性如下：

- AlternateText：在图像无法显式时显示的备用文本；
- ImageAlign：图像的对齐方式；
- ImageUrl：要显示图像的 URL。

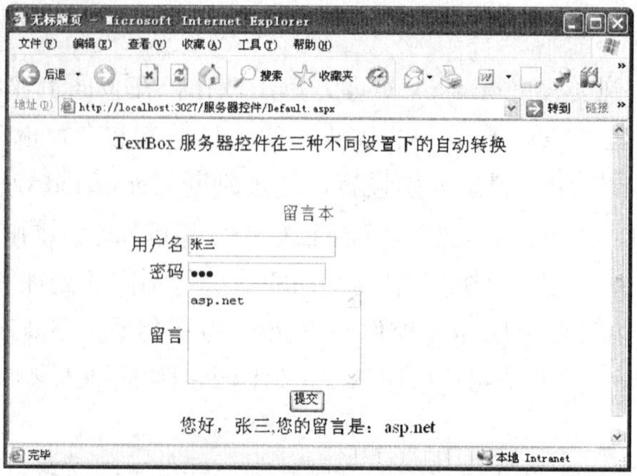

图 10-5 例 10.3 运行结果

（5）HyperLink 控件

HyperLink 控件在页面显示一个超链接，相当于实现了 HTML 代码中的“<a href=""></a>”效果，但 HyperLink 控件是服务器控件，所以可以在程序中改变控件的链接 URL，使其链接到不同的 URL。超链接控件通常使用的两个属性如下所示：

- ImageUrl：要显式图像的 URL。
- NavigateUrl：要跳转的 URL。

提示：如果只实现静态的超链接，使用 HTML 的<a>标签效率比较高。

（6）DropDownList 控件

DropDownList 控件是一个下拉列表选项控件，其中包含多个选项，用户根据需要选中其中某一项。例如，在输入性别时就可以使用 DropDownList 控件，控件包含两个选项“男”和“女”，该控件的使用避免了用户输入麻烦及输入错误。

DropDownList 控件的常用属性：

- Items：选项集，可以直接在属性框中设置，也可以通过程序动态设置；
- Text：选中项的文本；
- SelectedIndex：选中项索引；
- SelectedItem：选中项；
- SelectedValue：选中项的值。

DropDownList 列表控件常用事件：

- SelectedIndexChanged：该事件在选择项发生变化时引发。

（7）ListBox 控件

ListBox 控件与 DropDownList 控件相似，也包含多个选项，但 ListBox 控件可以多项选择。设置 SelectionMode 属性为 Single 时，表明只允许用户从列表框中选择一个项目，而当 SelectionMode 属性的值为 Multiple 时，用户可以按住 Ctrl 键或者使用 Shift 组

- Remove：通过 Cookie 变量名称或索引删除 Cookie 对象。

（3）Cookie 对象的应用

① 创建 Cookie 对象。

通过 Add 方法能够创建一个 Cookie 对象，并通过 Expires 属性设置 Cookie 对象在客户端中所持续的时间，例如：

```
HttpCookie hcCookie = new HttpCookie("UserName", "张华");
hcCookie.Expires = DateTime.Now.AddDays(5); //设置 Cookie 过期时间为 5 天
Response.Cookies.Add(hcCookie);
```

② 获取 Cookie 对象。

Web 应用在客户端浏览器创建 Cookie 对象之后，就可以通过 Cookie 的方法读取客户端中保存的 Cookies 信息，例如：

```
string UserName=Request.Cookies["UserName"].Value;
```

在一些网站或论坛中，经常使用到 Cookie，当用户浏览并登录在网站后，如果用户浏览完毕并退出网站时，Web 应用可以通过 Cookie 方法对用户信息进行保存。当用户再次登录时，可以直接获取客户端的 Cookie 的值而无需用户再次进行登录操作。

10.1.5　用户控件

ASP.NET 提供的控件有时候不能完全满足需求，此时，可以使用 ASP.NET 自定义控件。

用户控件是开发人员能够根据应用程序的需求，对于网站中某些经常会用到内容和功能，例如：导航菜单、页面头和页脚等模块，就可以开发成用户控件，用户控件的使用与普通控件使用相似。开发用户控件所使用的编程技术与编写 Web 窗体的技术相似。开发人员如果对用户控件进行修改，那么使用该用户控件的页面将随之更改。用户控件的后缀名为.ascx，当用户访问页面时，用户控件是不能被用户直接访问的。

1．编写一个简单的用户控件

在 Visual Studio 中，可以通过【添加新项】选择“Web 用户控件”创建一个用户控件。

用户控件创建完毕后，会生成一个.ascx 页面。用户控件中并没有<html>、<body>等标记，因为用户控件作为控件被引用到其他页面，引用的页面（.aspx 页面）中已经包含这些标记。

.ascx 文件允许开发人员编写相应的样式来实现用户控件，同时用户控件也能够支持事件、方法、委托等高级编程方法。

【例 10.7】一个企业网站的所有页面页脚都相同，编写用户控件实现页脚部分，以实现代码复用性。

① 一个项目中可能存在多个用户控件，为了项目资源结构清晰，将所有用户控件都放到一个文件夹中，因此在 ASP.NET 项目中新建文件夹“control”用来存放所有用户控件。

② 在 control 文件夹中创建用户控件“foot.ascx”，控件主要代码如下：

```
<p><FONT color=#006600>©<FONT face="Arial, Helvetica, sans-serif">
2012</FONT> 版权所有：陕西省 XXX 有限公司<BR>
地址：西安市 XX 路 XX 号<FONT face="Arial, Helvetica, sans-serif">    
电话：029-85330966     传真：029-85330987     邮编： 710007
E-mail：XXX@sina.com</FONT></FONT></p>
```

用户控件.ascx 文件也有对应的类文件。如果在 foot 用户控件中需要编写事件程序，就可以在该文件中编写相应的代码。

③ 当用户控件设计完毕后，就可以在其他页面引用用户控件，例如在 index.aspx 中引用用户控件 foot，直接将 foot 用户控件拖放到 index.aspx 页中合适的位置，自动生成代码如下。

```
<%@ Register Src="Controls/foot.ascx" TagName="foot" TagPrefix="uc2" %>
```

这段代码是一条 Register 指令，其作用是引用用户控件，Register 指令的属性的功能如下：

- TagPrefix：定义控件位置的命名空间。有了命名空间的制约，就可以在同一个页面中使用不同功能的同名控件。
- TagName：控件的名称。
- Src：用户控件的文件路径，可以为相对路径或绝对路径，但不能使用物理路径。

使用用户控件代码如下所示：

```
<uc2:foot ID="Foot1" runat="server" />
```

一般使用 TagPrefix:TagName 的方式使用用户控件。

当需要对 index.aspx 页脚进行修改时，只需要修改 foot 用户控件即可。用户控件的修改将会影响到所有引用该用户控件的页面。

2．将 Web 窗体转换成用户控件

在编写用户控件时，会发现 Web 窗体的结构和用户控件的结构基本相同。如果开发人员已经设计了一个 Web 窗体，现需要设计一个与该 Web 页内容相同的用户控件，那么可以将 Web 窗体改成用户控件。

（1）Web 窗体和用户控件的区别

- Web 窗体中有<body><html><head>等标记，而用户控件没有。
- Web 窗体和用户控件所声明的方法不同。

（2）将 Web 窗体转换成用户控件

首先，删除 Web 窗体中的<body><html><head>等标记。

其次，对于 Web 窗体，标记方式如下：

```
<%@ Page Language="C#" AutoEventWireup="true" CodeBehind="Default.
aspx.cs" Inherits="_11_1._Default" %>
```

而对于用户控件，标记方式如下：

```
<%@ Control Language="C#" AutoEventWireup="true" CodeBehind=
"mycontrol.ascx. cs" Inherits="_11_1.mycontrol" %>
```

在将 Web 窗体更改为用户控件时，只需要将 Page Language 更改为 Control Language 即可。这样就完成了 Web 窗体向用户控件的转换过程。

注意：有的时候，标记中还包括 ClassName 属性，当包含 ClassName 属性时，还需要修改相应的 ClassName 属性。

10.1.6　ADO.NET 数据库访问技术

ADO.NET（ActiveX Data Objects.NET）是 ASP.NET 与数据库的接口，是.NET 操作数据库对象的集合。它能够让开发人员更加方便的在应用程序中使用和操作数据。在 ADO.NET 中，大量的复杂的数据操作的代码被封装起来，当开发人员只需要编写少量的代码即可处理复杂的操作。

1．ADO.NET 的作用与组成

ADO.NET 是 ASP.NET 与数据库的接口，其访问数据源的方式如图 10-12 所示。

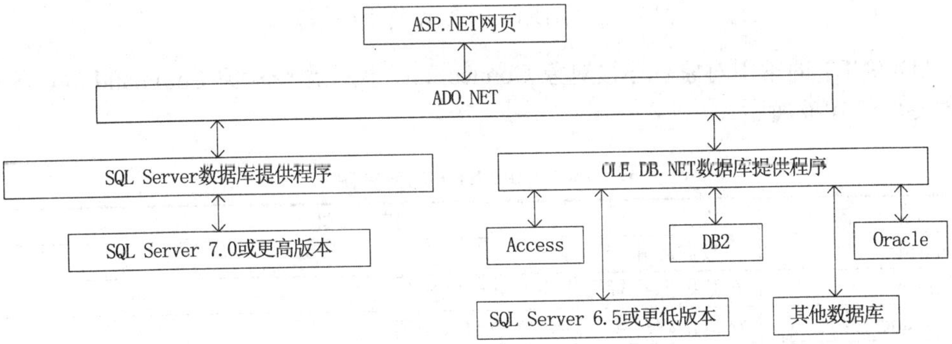

图 10-12　ADO.NET 访问数据库方式

ADO.NET 是通过.NET 数据库提供程序来访问数据源的。其中：SQL Server.NET 数据提供程序用于访问 Microsoft SQL Server 7.0 或更高版本的数据库，可提供很高的访问效率。OLE DB.NET 数据提供程序则用于访问 Access、SQL Server 4.5 更低版本、DB2、Oracle 或其他支持 OLE DB 驱动程序的数据库。.NET 数据提供程序类型如表 10-5 所示。

表 10-5　.NET 数据提供程序类型

.NET Framework 数据提供程序	说　明
SQL Server .NET 数据提供程序	Microsoft SQL Server 数据源，System.Data.SqlClient 命名空间
OLE DB .NET 数据提供程序	OLE DB 公开的数据源，System.Data.OleDb 命名空间
ODBC .NET 数据提供程序	ODBC 公开的数据源，System.Data.Odbc 命名空间
Oracle .NET 数据提供程序	Oracle 数据源，System.Data.OracleClient 命名空间

ADO.NET 操作数据库是通过连接数据源、执行数据操作、将数据结果显示在应用程序中等过程完成的，其结构如图 10-13 所示：

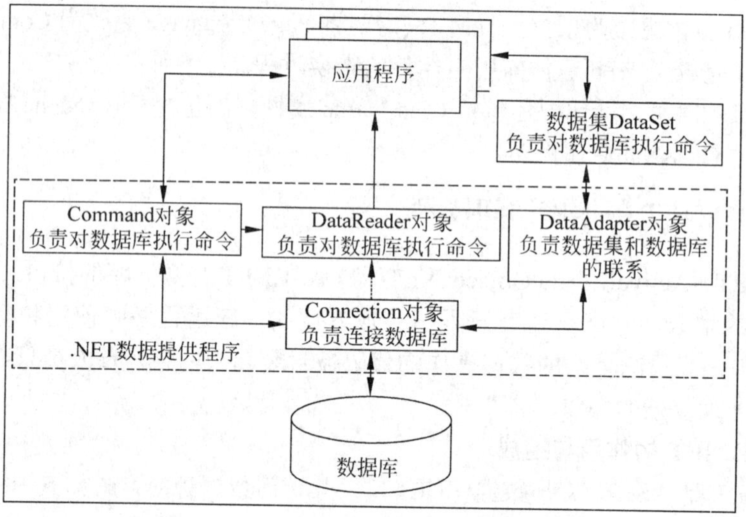

图 10-13　ADO.NET 操作数据库结构图

ADO.NET 的常用对象有连接对象 Connection、执行命令对象 Command 等，各对象及含义如表 10-6 所示。

表 10-6　ADO.NET 的对象内容

对　象	描　述
Connection	与数据源建立连接
Command	对数据源执行操作命令并返回操作结果
DataReader	从数据源提取只读、顺序的数据集
DataAdapter	在 DataSet 与数据源之间建立通道，将数据源中的数据写入 DataSet，或根据 DataSet 中的数据改写数据源
DataSet	将服务器的数据取出，放到本地内存中的数据库
DataView	用于显示 DataSet 中的数据

对于复杂的数据库应用系统而言，经常将数据从数据库服务器中取出，放入本地内存数据库，即 DataSet 中，若需将数据显示在页面中，则应使用 DataView，数据流程如

图 10-14 所示。

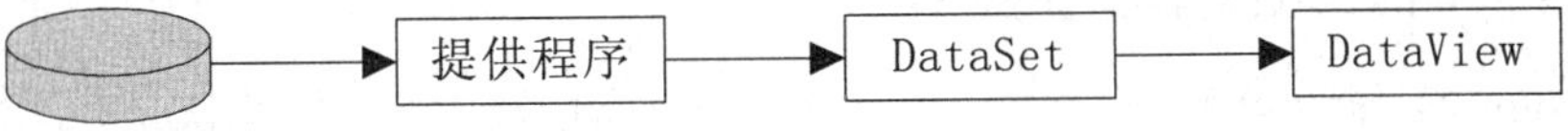

图 10-14　ADO.NET 数据流程

2．ADO.NET 使用过程

在 ADO.NET 中对数据库的操作一般需要三个步骤，即创建一个连接、执行命令、关闭连接。使用 ADO.NET 的对象，不仅能够通过控件绑定数据源，也可以通过程序实现数据源的访问。ADO.NET 的规范步骤如下：

- 创建一个连接对象。
- 使用连接对象的 Open 方法打开连接。
- 创建一个封装 SQL 命令的对象。
- 调用执行命令的对象。
- 关闭连接。

3．连接 SQL 数据库

ADO.NET 通过 Connection 对象连接数据库，Connection 对象是数据库与应用程序之间的桥梁。

（1）建立连接

操作不同的数据库需要不同的对象，在本教材中，主要以 SQL Server 数据库为例讲解 ADO.NET 的使用。在数据库的连接中，需要使用.NET 提供的 SqlConnection 对象来对数据库进行连接。该对象包含的主要属性和方法如表 10-7 所示。

表 10-7　SqlConnection 对象主要属性和方法

属性或方法	说　明
ConnectionString 属性	连接字符串
Open 方法	打开数据库连接
Close 方法	关闭数据库连接

使用 SqlConnection 对象连接数据库步骤为：

① 定义连接字符串。

在连接数据库前，需要为连接对象设置连接字符串，连接字串基本格式为：

```
Data Source=服务器名;Initial Catalog=数据库名; User ID=用户名;PWD=密码
```

SqlConnection 类将会通过此字符串来进行数据库的连接。其中，Data Source 是 SQL 服务器的地址，如果相对于应用程序而言数据库服务器是本地服务器，则配置为（loacal）即可，如果是远程服务器，则需要填写具体的 ip 地址；Initial Catalog 表示需要访问的数据库名；另外，User ID 是数据库登录时的用户名，PWD 是数据库登录时使用的密码。

② 创建 SqlConnection 对象。

创建 SqlConnection 对象语句如下：

```
SqlConnection connection =  new SqlConnection(connString);
```

创建 SqlConnection 对象时，构造方法中的参数 connString 就是第一步定义的连接字符串。

③ 打开数据库连接。

打开数据库连接程序如下：

```
connection.Open( );
```

.NET 对于不同类型数据库提供不同的程序，连接对象对于不同的数据库也有不同的类型，如表 10-8 所示。

表 10-8　不同类型的连接对象

命名空间	对应的连接对象
System.Data.SqlClient	SqlConnection
System.Data.OleDb	OleDbConnection
System.Data.Odbc	OdbcConnection
System.Data.OracleClient	OracleConnection

【例 10.8】连接数据库。

① 在项目中添加一个页面，页面上放置一个按钮，id 为“btnTest”。

② 在按钮的 Click 事件中添加如下代码：

```
string strcon = "server='(local)';database='MySchool';uid='sa';
pwd='sa';";
SqlConnection con = new SqlConnection(strcon);  //新建 SQL 连接
con.Open();                                      //打开 SQL 连接
Response.Write("连接成功");                       //提示成功信息
```

③上述代码连接了本地数据库服务器中的 MySchool 数据库。单击按钮，在页面显示连接成功。

4．DataSet 数据集

如果在操作数据库时，需要大批量的查询、修改数据或者想在断开数据库连接的情况下操作数据，.NET 提供了一种方式，可以一次性将数据从数据库服务器中取出，放在本地进行操作，而不用一直保持数据库连接。实现这种机制的是 DataAdapter 对象和 DataSet 对象，DataAdapter 对象用于从数据库中采集数据，而 DataSet 是将采集到的数据保存在本地计算机内存中。

DataSet 数据集表示来自一个或多个数据源数据的本地副本，是数据的集合，也可以看作是一个虚拟的数据库。DataSet 中可以包含多个 DataTable，DataTable 的结构与数据库中表的结构相同，也是由若干行和若干列构成的，DataSet 能够支持多表、表间关系、数据库约束等，可以模拟一个简单的数据库模型。DataSet 的结构如图 10-15 所示。

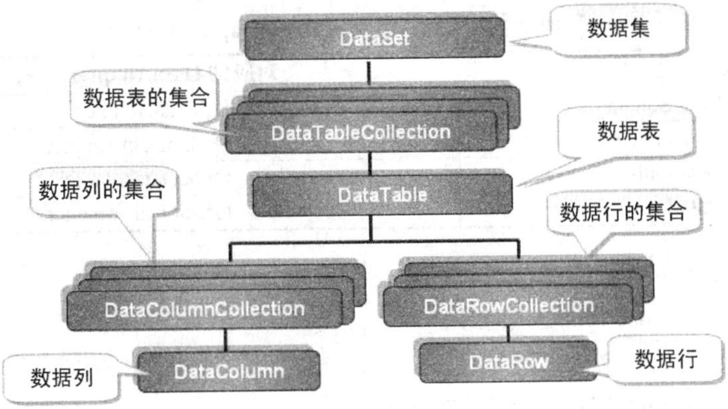

图 10-15　DataSet 的结构图

在 DataSet 中，主要包括 DataTableCollection，DataTable 在 System.Data 中定义，它能够表示存储在内存中的一张表，表包含一个 DataColumnCollection 的对象，代表数据表的各个列的定义，还包含 DataRowCollection 对象，代表数据表中的所有的行。

DataSet 对象允许应用程序半独立于数据源运行，因为 DataSet 从数据源中采集数据后，就会断开与数据源的连接，开发人员可以直接使用和处理这些数据，当数据发生变化并要更新时，则可以使用 DataAdapter 重新连接并更新数据源。DataAdapter 的工作原理如图 10-16 所示。

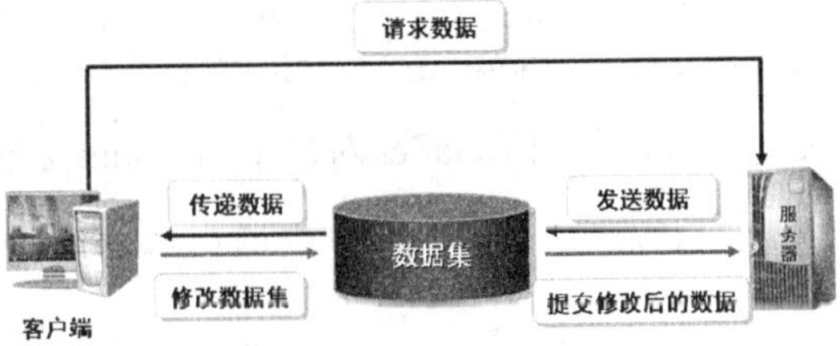

图 10-16　DataAdapter 的工作原理

创建一个 DataSet 时，可以指定一个数据集的名称，如果不指定名称，则默认被设为"NewDataSet"，创建 DataSet 格式如下：

```
DataSet 数据集对象 = new DataSet("数据集的名称");
```

5. DataAdapter 适配器对象

DataSet 是一个本地数据集，如何将数据库的数据放在 DataSet 中，.NET 中使用 DataAdapter 对象完成这个任务。DataAdapter 对象是数据采集器，可以将数据库中的数据采集后，填充到 DataSet 中，是数据库与 DataSet 之间的桥梁。微软针对于不同的数据库提供多种 DataAdapter 对象，如表 10-9 所示：

表 10-9　不同命名空间的 DataAdapter 对象

命 名 空 间	对应的 DataAdapter 对象
System.Data.SqlClient	SqlDataAdapter
System.Data.OleDb	OleDbDataAdapter
System.Data.Odbc	OdbcDataAdapter
System.Data.OracleClient	OracleDataAdapter

创建 SqlDataAdapter 对象的过程如下：

① 创建 SqlConnection 连接对象；

② 定义查询 SQL 语句字符串；

③ 创建 SqlDataAdapter 对象，形式为：

```
SqlDataAdapter 对象名 = new SqlDataAdapter(查询用 sql 语句，数据库连接对象);
```

通过 DataAdapter 对象的 Fill 方法，可以将返回的数据以表的形式填充到数据集 DataSet 中，根据填充的顺序定义每张表的索引，也可以在填充的时候给表命名，例如：

```
da.Fill(ds, "student");//填充查询到的数据，并将这些数据保存成一张表，名为"student"
```

当返回的数据被存放到数据集中后，可以通过循环语句遍历和显示数据集中的信息。当需要显示表中某一行某一字段的值时，可以通过 DataSet 对象获取相应行的某一列的值，例如：

```
ds.Tables[0].Rows[0][" studentname"].ToString();
//获取数据集中第 0 张表第 0 行 "studentname"列的值
```

当需要遍历 DataSet 时，可以使用 DataSet 对象中的 Count 来获取行数，例如：

```
for (int i = 0; i < ds.Tables[0].Rows.Count; i++)//遍历 DataSet 数据集
{
Response.Write(ds.Tables[0].Rows[i]["   studentname"].ToString()+"<br/>");
//输出 DataSet 数据集中第 0 张表第 i 行 "student name"列的值
}
```

DataSet 不仅可以通过编程的方法来实现显示，也可以使用 ASP.NET 中提供的控件来绑定数据集并显示。ASP.NET 中提供了常用的显示 DataSet 数据集的控件，包括 Repeater、DataList、GridView 等数据绑定控件。将 DataSet 数据集绑定到 GridView 控件中可以方便的在控件中显示数据库中的数据并实现分页操作，例如：

```
gridView.DataSource = ds. Tables[0];                    //绑定数据集
gridView.DataBind();                                    //绑定数据
```

上述代码就能够将数据集 ds 中的 Table[0]中的数据绑定到 GridView 控件中。

【例 10.9】使用 SqlDataAdapter 查询。

① 在例 10.8 的基础上，在页面上添加一个 GridView 控件“gvStudent”。

② 创建 SqlDataAdapter 对象。

③ 创建 DataSet 对象，并使用 SqlDataAdapter 对象填充数据。

④ 将 GridView 控件的数据源绑定到 DataSet 对象的数据。

程序代码如下：

```
protected void btnTest_Click(object sender, EventArgs e)
{
      string strcon = "server='(local)';database='MySchool';uid='sa';
       pwd='sa';";
       SqlConnection con = new SqlConnection(strcon);//新建 SQL 连接
       string sqlStr = "select * from Student";
       try
       {
              con.Open();                            //打开 SQL 连接
              Response.Write("连接成功");             //提示成功信息
              SqlDataAdapter da = new SqlDataAdapter(sqlStr, con);
              DataSet ds = new DataSet();
              da.Fill(ds);
              gvStudent.DataSource = ds.Tables[0];
              gvStudent.DataBind();
       }
//异常处理程序省略
}
```

⑤ 运行程序，单击“连接数据库”按钮，结果如图 10-17 所示。

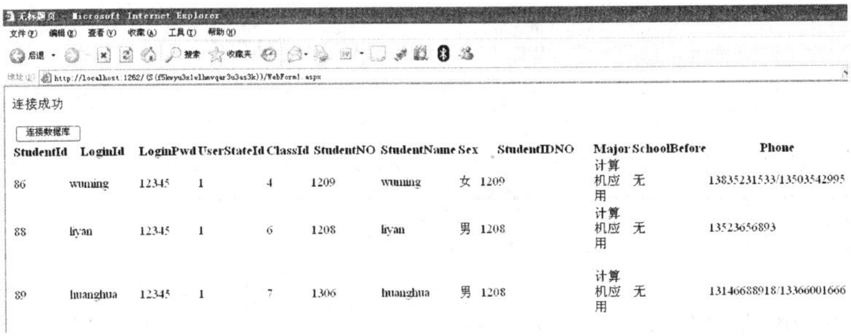

图 10-17　例 10-9 运行结果

结果是将“MySchool”数据库中“Student”表中所有数据采集并绑定显示到 GridView

控件。

6．DataView 数据视图对象

使用 DataView 对象可以按照不同的视图显示 DataSet 中的数据。DataSet 中的每一个 DataTable 都有一个默认的 DataView，在例 10.9 中，绑定显示数据的程序语句：

```
gvStudent.DataSource = ds.Tables[0];
```

等价于：

```
gvStudent.DataSource = ds.Tables[0] .DefaultView;//使用默认数据视图
```

也可以自定义 DataView 对象，该对象能够设置 RowFilter 属性（筛选表达式，其值为布尔值）。同时，该对象能够设置 Sort 属性进行排序，排序表达式可以包括列名或一个算式。

【例 10.10】使用 DataView。

在例 10.9 的基础上进行相应的改进，向 DataSet 中填充数据后，增加如下代码：

```
DataView dv = new DataView();
dv = ds.Tables[0].DefaultView;                    //设置默认视图
dv.RowFilter = "StudentID<88";                    //设置筛选表达式
dv.Sort = "StudentID DESC";                       //设置排序表达式
gvStudent.DataSource = dv;
gvStudent.DataBind();
```

上述程序使用了 DataView，要求显示数据源中"StudentID<88"的数据，并且按照"StudentID"降序方式显示，在页面上单击“连接数据库”按钮，显示结果如图 10-18 所示。

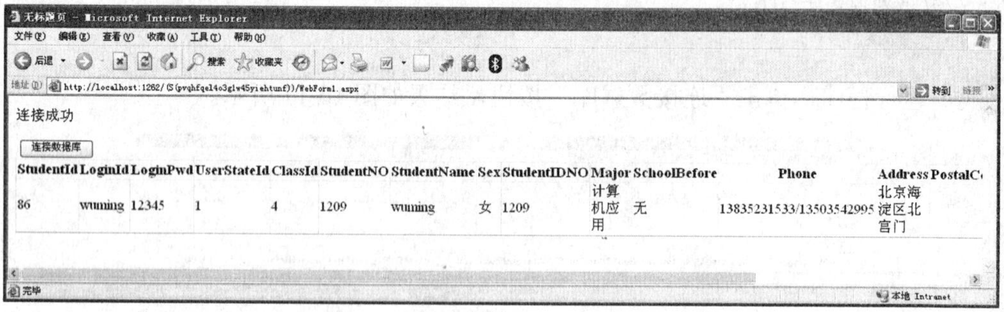

图 10-18 例 10.10 运行结果

7．Command 执行对象

Command 对象可以使用数据命令直接与数据源进行通信。通常情况下，Command 对象用于数据的操作，例如执行数据的插入和删除，也可以执行数据库结构的更改。使用 Command 步骤如下：

① 创建数据库连接；

② 定义 SQL 语句；

③ 创建 Command 对象；

④ 执行命令。

Command 对象的主要属性如表 10-10 所示：

表 10-10　Command 对象的主要属性

属　　性	说　　明
Connection	Command 对象使用的数据库连接
CommandText	执行的 SQL 语句或存储过程
CommandType	指定是使用 SQL 语句或存储过程，默认情况下是 SQL 语句
Parameters	命令对象的参数

Command 对象的主要方法如表 10-11 所示：

表 10-11　Command 对象的主要方法

方　　法	说　　明
ExecuteNonQuery	执行不返回行的语句，如 UPDATE 等
ExecuteReader	返回 DataReader 对象
ExecuteScalar	返回单个值，返回值为查询结果中的第一行第一列的值

（1）ExecuteNonQuery 方法

当 Command 对象指定了一个数据库的数据进行增删改的 SQL 语句，就可以通过 ExecuteNonQuery 方法来执行语句的操作。ExecuteNonQuery 不仅可以执行 SQL 语句，也可以执行存储过程，方法返回受影响记录的行数。

【例 10.11】使用 Command 对象及 ExecuteNonQuery 方法。

① 在页面中添加按钮，id 为“btnCommand”。

② 在按钮的 Click 事件方法中实现数据删除、主要程序如下：

```
string   strcon   =   "server='(local)';database='MySchool';uid='sa';
pwd='sa';";
SqlConnection con = new SqlConnection(strcon);       //新建 SQL 连接
string sqlStr = "delete from Student where studentID=89";
try
{
        con.Open();                                   //打开 SQL 连接
        Response.Write("连接成功");                    //提示成功信息
        SqlCommand command = new SqlCommand(sqlStr, con);
        if(command.ExecuteNonQuery()>0)
            Response.Write("删除成功");                //提示删除成功
```

```
        else
            Response.Write("删除失败，可能是要删除的数据不存在");//提示删除失败
        con.Close();
    }
```

以上程序执行SQL删除语句，如果数据库中存在要删除的数据，则command.ExecuteNonQuery()方法返回值为删除的数据记录数，页面显示“删除成功”，否则方法返回值为0，页面显示“删除失败，可能是要删除的数据不存在”。

8．DataReader数据访问对象

DataSet可以提供无连接的数据库副本，DataSet对象在表的生命周期内会为这些表进行内存的分配和维护，但DataSet占用却消耗了较大的本地内存资源。当对数据仅需要进行一些简单的操作时，可以使用DataReader对象。

DataReader对象可以产生只读，只进的数据流，这些数据流都是从数据库返回的。所以，每次的访问或操作只有一个记录保存在服务器的内存中。相比与DataSet而言，DataReader具有较快的访问能力，并且能够使用较少的服务器资源，DataReader具有快速的数据库访问。.NET针对不同类型数据库提供了多种DataReader对象，如表10-12所示。

表10-12 各种DataReader对象

命名空间	对应的DataReader对象
System.Data.SqlClient	SqlDataReader
System.Data.OleDb	OleDbDataReader
System.Data.Odbc	OdbcDataReader
System.Data.OracleClient	OracleDataReader

DataReader对象常用属性为HasRows，表示是否存在记录行。

DataReader对象常用方法如表10-13所示。

表10-13 DataReader对象常用方法

方法	说明
Read	前进到下一行记录
Close	关闭 DataReader 对象

使用 DataReader 检索数据的步骤：

① 创建和打开数据库连接；

② 创建Command对象；

③ 调用Command对象的ExecuteReader()方法创建DataReader对象；

④ 使用DataReader的Read()方法逐行读取数据；

⑤ 读取某列的数据，(type)dataReader[ ]，中括号内可以使索引，也可以是列名；

⑥ 关闭 DataReader 对象。

【例 10.12】使用 DataReader 对象。

① 创建 Web 页面，并在页面上添加一个 Label 控件（id 为 lblGrade，Text 为年级）和一个 dropdownlist 控件（id 设为 ddlGrade）。

② 使用 DataReader 对象读取数据库中 Grade 表中的 GradeName 并添加到下拉控件 ddlGrade 的下拉项中。主要程序如下：

```
public void BindGrade()
{
    string  strcon  =  "server='(local)';database='MySchool';uid='sa';
    pwd='sa';";
    SqlConnection con = new SqlConnection(strcon); //新建 SQL 连接
    string sql = "SELECT GradeName FROM Grade"; //查询年级的 sql 语句
    SqlCommand command = new SqlCommand(sql, con);
    try
    {
          con.Open();  //打开数据库连接
          SqlDataReader dataReader = command.ExecuteReader();//执行查询
          string gradeName = "";  //年级名称
          //循环读出所有的年级名，并添加到年级列表框中
          while (dataReader.Read())
          {
                gradeName = (string)dataReader["GradeName"];
                this.ddlGrade.Items.Add(gradeName);
          }
          dataReader.Close();
      }
    }
```

③ 运行程序，结果如图 10-19 所示。

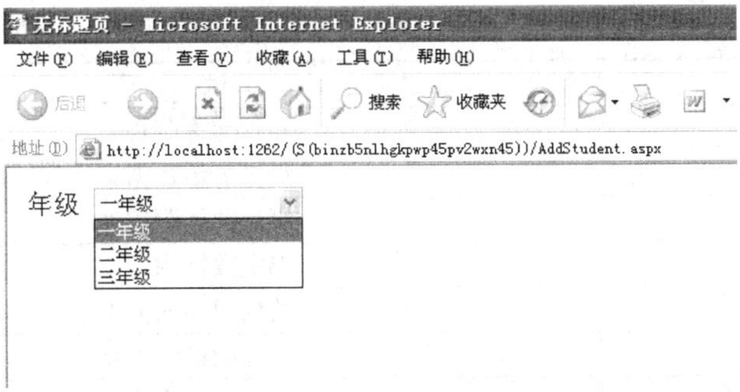

图 10-19　例 10.12 运行结果

10.1.7 数据绑定控件

ASP.NET 中，可以使用 ADO.NET 对数据库中的数据进行访问查询，而且查询到的数据可以通过数据绑定控件显示在页面上，如 GridView、DataList、Repeater 等控件都可以实现数据绑定的功能，.NET 中数据绑定控件结构如图 10-20 所示。

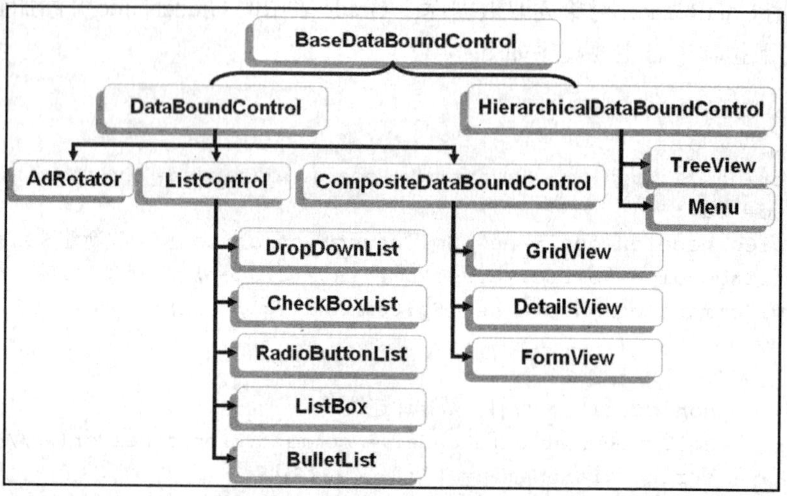

图 10-20 数据绑定控件

1．数据列表控件（GridView）

GridView 是 ASP.NET 中功能非常丰富的数据控件之一，它可以以表格的形式显示数据库的内容并通过数据源控件自动绑定和显示数据。开发人员能够通过配置数据源控件对 GridView 中的数据进行选择、排序、分页、编辑和删除等操作。GridView 控件还能够指定自定义样式，在没有任何数据时可以自定义无数据时的 UI 样式。

（1）GridView 控件常用属性

表 10-14 GridView 控件常用属性

属 性	说 明
AllowPaging	是否允许分页
PageSize	每页显示数据记录数
DataSourceID	绑定数据源控件
DataSource	绑定数据源
DataKeyNames	数据源中的关键字段
GridLines	控件网格线设置
AutoGenerateColumns	是否自动生成数据列

除了上述属性以外，GridView 还提供了很多设置 GridView 样式的属性，例如 RowStyle、HeaderStyle 等，通过设置这些属性的值可以设置 GridView 控件的样式。GridView 还提供了设置格式的简捷方式，在页面设计视图中 GridView 的右键菜单中选择【自动套用格式】，在弹出的窗口中可以设置 GridView 中的样式。

（2）GridView 控件绑定数据

GridView 控件提供两种数据绑定方式，一种则是使用 DataSource 属性进行数据绑定，这种方法能够将 GridView 控件绑定到包括 ADO.NET 数据和数据读取器内的各种对象，该方法在介绍 DataSet 部分已经介绍；另一种是使用数据源控件进行数据绑定。

【例 10.13】使用数据源控件绑定数据。

① 添加页面 GridViewTest.aspx，在页面上放置一个 GridView 控件，选择“自动套用格式”为“大洋洲”。

② 单击 GridView 控件的智能标记按钮▶，在选择数据源的下拉框中选择“新建数据源”，如图 10-21 所示。

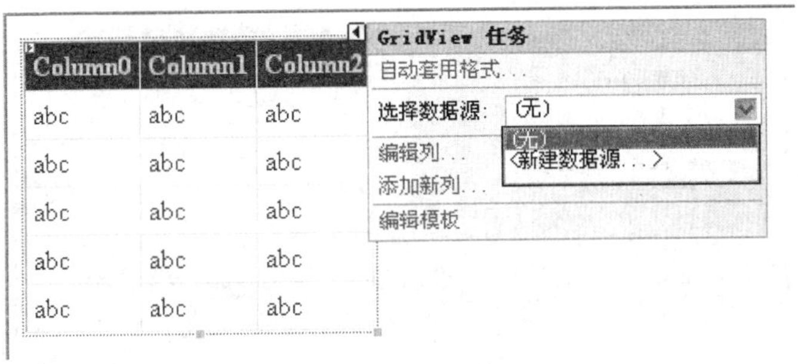

图 10-21　新建数据源

③ 在数据源配置向导窗口中，应用程序选择从哪里获取数据，选择“数据库”，单击“确定”按钮。

④ 在选择数据连接窗口中，单击“新建连接”，在弹出的添加连接窗口中设置服务器、连接方式、数据库名等，如图 10-22 所示。

⑤ 在“是否将连接字符串保存在保存在应用程序配置文件中”的窗口中选择“是，将此连接另存为”，直接单击下一步。

⑥ 在“配置 select 语句”窗口中，选择“指定来自表或视图的列”，名称选择“Student”，并选择相应的列，如图 10-23 所示。

⑦ 单击完成，浏览该网页，结果如图 10-24 所示。

注：在配置数据源时，除了使用数据库作为数据源，还可以配置的数据源有：Access 数据库、XML 文件、对象、站点地图等。

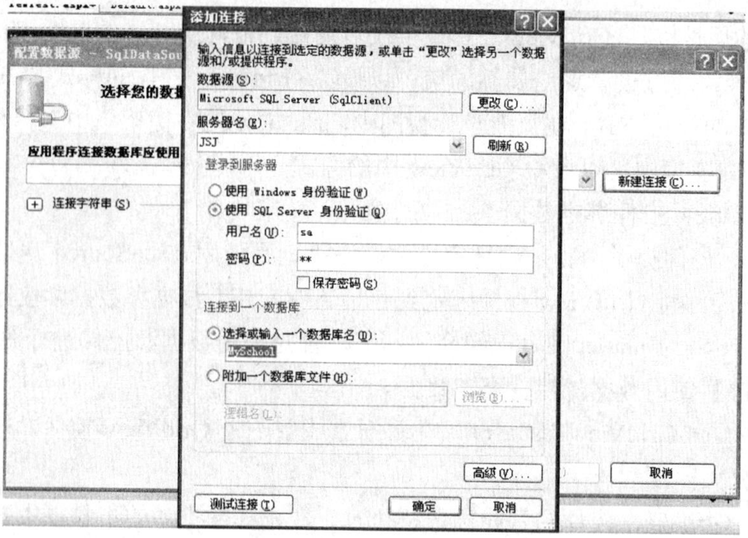

图 10-22　数据库连接

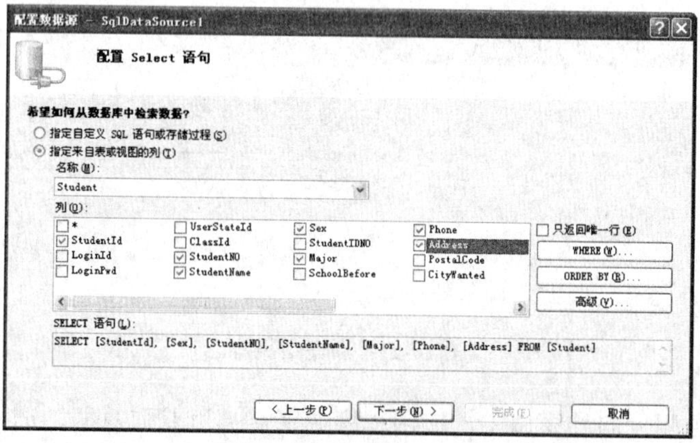

图 10-23　配置 Select 语句

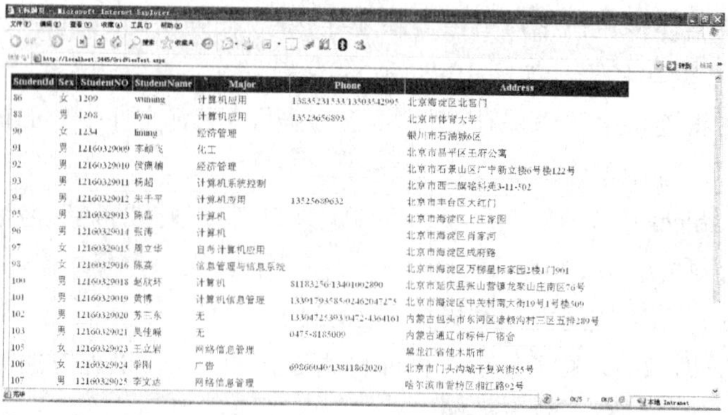

图 10-24　例 10.13 运行结果

配置数据源绑定数据之后，GridView 显示数据格式还可以进一步修改，单击 GridView 智能标记选择“编辑列”选项来编辑相应的列的样式，如表头文本 HeaderText、列样式 ItemStyle 等，还可以添加新列或删除列，如图 10-25 所示。

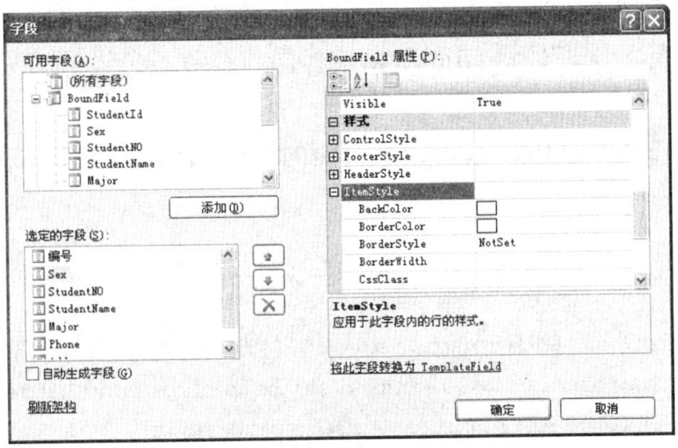

图 10-25 编辑列

（3）GridView 控件的常用事件

- RowCommand：在 GridView 控件中单击某个按钮时发生。
- PageIndexChanging：在单击页导航按钮时发生。
- PageIndexChanged：在单击页导航按钮后发生。
- SelectedIndexChanging：在单击 GridView 控件内某一行的 Select 按钮（其 CommandName 属性设置为“Select”的按钮）时发生。
- SelectedIndexChanged：在单击 GridView 控件内某一行的 Select 按钮后发生。
- Sorting：在单击某个用于对列进行排序的超链接时发生。
- Sorted：在单击某个用于对列进行排序的超链接后发生。
- RowDataBound：在 GridView 控件中的某个行被绑定到一个数据记录时发生。
- RowCreated：在 GridView 控件中创建新行时发生。
- RowDeleting：在单击 GridView 控件内某一行的 Delete 按钮（其 CommandName 属性设置为“Delete”的按钮）时发生。
- RowDeleted：在单击 GridView 控件内某一行的 Delete 按钮后发生。
- RowEditing：在单击 GridView 控件内某一行的 Edit 按钮（其 CommandName 属性设置为“Edit”的按钮）时发生。
- RowCancelingEdit：在单击 GridView 控件内某一行的 Cancel 按钮（其 CommandName 属性设置为“Cancel”的按钮）时发生。
- RowUpdating：在单击 GridView 控件内某一行的 Update 按钮（其 CommandName 属性设置为“Update”的按钮）时发生。

- RowUpdated：在单击 GridView 控件内某一行的 Update 按钮后发生。
- DataBound：此事件继承自 BaseDataBoundControl 控件，在 GridView 控件完成到数据源的绑定后发生。

【例 10.14】实现 GridView 控件光棒效应。

光棒效应的基本原理是将 GridView 控件当前行背景色设置为与其他行有明显区分，称为光棒效应。

① 在例 10.13 中 GridVewTest.aspx 页面的 GridView 控件的 RowDataBound 事件中，编写如下程序：

```
        if (e.Row.RowType == DataControlRowType.DataRow)
        {
    e.Row.Attributes.Add("onmouseover", "currentcolor=
    this.style.backgroundColor;this.style.backgroundColor='#6699ff'");
            e.Row.Attributes.Add("onmouseout",
"this.style.backgroundColor=currentcolor");
        }
```

② 浏览 GridVewTest.aspx 页面，当鼠标移动到第二行时，结果如图 10-26 所示。

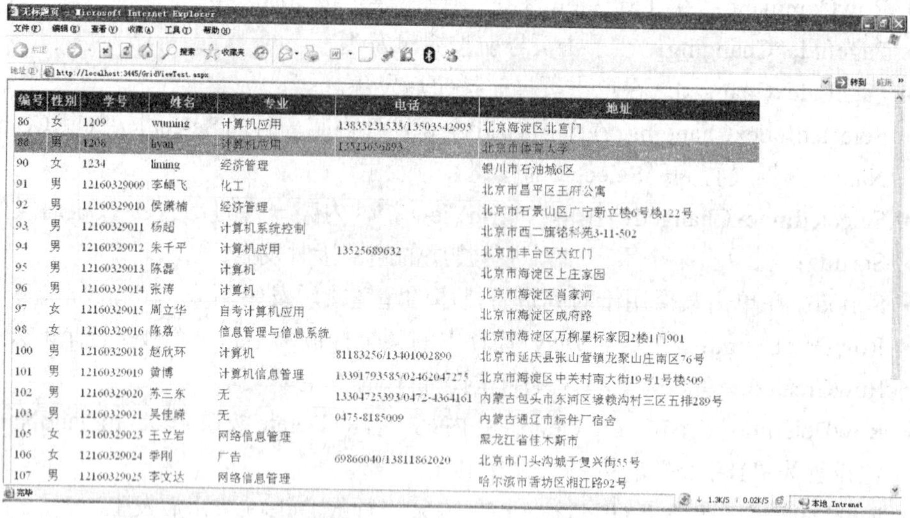

图 10-26　例 10.14 浏览结果

2．重复列表控件（Repeater）

重复列表控件（Repeater）是一个可重复显示的控件。它能够通过使用模板显示一个数据源的内容，而且这些模板可以自己设计。Repeater 控件可以将一段 HTML 代码或者某些.NET 服务器控件进行组合构成一个模板，Repeater 控件会根据绑定的数据源中的记录个数重复该模板。Repeater 控件支持 5 种模板，这 5 种模板的功能如下：

- AlternatingItemTemplate：交替项模板。
- ItemTemplate：模板项。
- HeaderTemplate：标题模板。
- FooterTemplate：页脚模板。
- SeparatorTemplate：分隔符模板。

在上面 5 种模板中，必须使用的是 ItemTemplate 模板，其他的模板可以选用。

【例 10.15】使用 Repeater 控件。

① 添加页面 RepeaterTest.aspx，拖放 Repeater 控件，并按照例 10.14 的步骤设置 Repeater 控件的数据源（需要选择“Teacher”表和[TeacherId], [TeacherName], [Sex], [Birthday]列，在后面的程序中将会看到）。

② 设置 HeaderTemplate 及 ItemTemplate，主要程序代码下所示：

```
<div>
<asp:Repeater ID="Repeater1" runat="server" DataSourceID="SqlDataSource1">
<HeaderTemplate>
姓名    |  性别 |生日|选择
</HeaderTemplate>
<ItemTemplate>
<div style="border-bottom:1px dashed #ccc; padding:5px 5px 5px 5px;">
<table>              <tr>
<td style="width:120px;"><%# Eval("TeacherName")%> </td>
<td style="width:120px;"><%# Eval("Sex")%> </td>
<td style="width:200px;"> <%# Eval("Birthday")%> </td>
<td style="width:120px;"><asp:CheckBox id="ckb1" runat ="server" Text="
选择"/>
</td>              </tr>              </table>
</div>
</ItemTemplate>
</asp:Repeater>
<asp:SqlDataSource ID="SqlDataSource1" runat="server" ConnectionString
="<%$ ConnectionStrings:MySchoolConnectionString %>"
SelectCommand="SELECT [TeacherId], [TeacherName], [Sex], [Birthday] FROM
[Teacher]">
</asp:SqlDataSource></div>
```

③ 浏览该页面，结果如图 10-27 所示。

在上面的程序中，“<%#%>”符号之间的语句表示数据绑定表达式，可以直接使用数据源控件中查询出来字段。ASP.NET 中还可以使用“<%#bind("字段名称")%>”来显示数据字段的值，但这种方式只能用于一个控件属性值赋值，例如：<asp:Label ID="lbl1" runat="server" Text='<%# Bind("TeacherName")%>'></asp:Label>

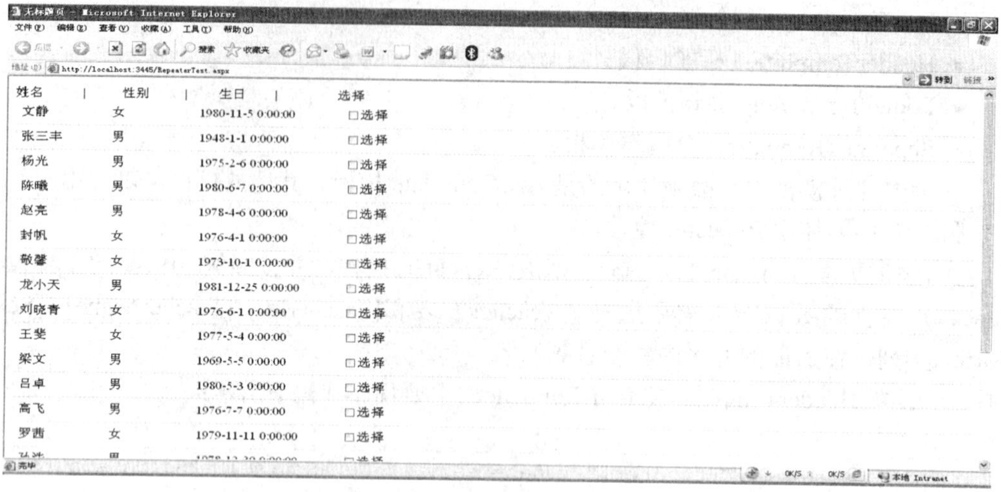

姓名	性别	生日	选择
文静	女	1980-11-5 0:00:00	□选择
张三丰	男	1948-1-1 0:00:00	□选择
杨光	男	1975-2-6 0:00:00	□选择
陈曦	男	1980-6-7 0:00:00	□选择
赵亮	男	1978-4-6 0:00:00	□选择
封帆	女	1976-4-1 0:00:00	□选择
敬馨	女	1973-10-1 0:00:00	□选择
龙小天	男	1981-12-25 0:00:00	□选择
刘晓青	女	1976-6-1 0:00:00	□选择
王斐	女	1977-5-4 0:00:00	□选择
梁文	男	1969-5-5 0:00:00	□选择
吕卓	男	1980-5-3 0:00:00	□选择
高飞	男	1976-7-7 0:00:00	□选择
罗茜	女	1979-11-11 0:00:00	□选择

图 10-27 例 10.15 执行结果

Repeater 控件常用的事件有：

- ItemCommand：当重复列表控件中有按钮被激发时触发。
- ItemCreated：创建一项时触发。
- ItemDataBound：一项被绑定到数据源时触发。

3．数据列表控件（DataList）

与 Repeater 控件相似，DataList 控件也支持多种类型的模板，通过为 DataList 指定不同的样式，可以自定义 DataList 控件的外观。不同的是，Repeater 控件只能自定义模板，自行绑定数据，而 DataList 控件本身自带部分模板，也可以自动绑定数据字段，且属性更丰富，DataList 控件常用属性如下：

- AltermatingItemStyle：编写交替行的样式。
- EditItemStyle：正在编辑的项的样式。
- FooterStyle：列表结尾处的脚注的样式。
- HeaderStyle：列表头部的标头的样式。
- ItemStyle：单个项的样式。
- SelectedItemStyle：选定项的样式。
- SeparatorStyle：各项之间分隔符的样式。

通过修改 DataList 控件的相应的属性，能够实现复杂的 HTML 样式。同 GridView 一样，DataList 控件也可以套用自定义格式实现显示样式。

DataList 控件常见事件如下：

- ItemCommand：当重复列表控件中有按钮被激发时触发。
- ItemCreated：创建一项时触发。
- ItemDataBound：一项被绑定到数据源时触发。

4．数据绑定控件（FormView）

FormView 控件一次只能显示一条数据，并且提供对数据的分页操作。FormView 控件同样支持模板，FormView 控件支持的模板如下：

- ItemTemplate：用于在 FormView 中呈现一个特殊的记录。
- HeaderTemplate：用于指定一个可选的页眉行。
- FooterTemplate：用于指定一个可选的页脚行。
- EmptyDataTemplate：当 FormView 的 DataSource 缺少记录的时候，EmptyDataTemplate 将会代替 ItemTemplate 来生成控件的标记语言。
- PagerTemplate：如果 FormView 启用了分页的话，这个模板可以用于自定义分页的界面。
- EditItemTemplate / InsertItemTemplate：如果 FormView 支持编辑或插入功能，那么这两种模板可以用于自定义相关的界面。

FormView 控件常用事件除了在 Repeater 控件中介绍的几种外，还有一些事件，如下所示：

- ItemCommand：Command 命令引发。
- ItemDeleted：执行 Delete 命令后引发。
- ItemDeleting：执行 Delete 命令前引发。
- ItemInserted：执行 Insert 命令后引发。
- ItemInserting：执行 Insert 命令前引发。
- ItemUpdated：执行 Update 命令后引发。
- ItemUpdating：执行 Update 命令前引发。
- ModeChanged：模式发生变化后引发。
- ModeChanging：模式发生变化前引发。
- PageIndexChanged：页索引发生变化后引发。
- PageIndexChanging：页索引发生变化前引发。

【例 10.16】FormView 控件的使用。

① 添加 Web 页面 FormViewTest.aspx，拖放一个 FormView 控件，给该控件配置数据源，在“配置 select 语句”中选择表和列之后，单击“高级”按钮，勾选【生成 update、insert、delete 语句】复选框（这样才能够让数据源控件支持更新等操作），如图 10-28 所示。

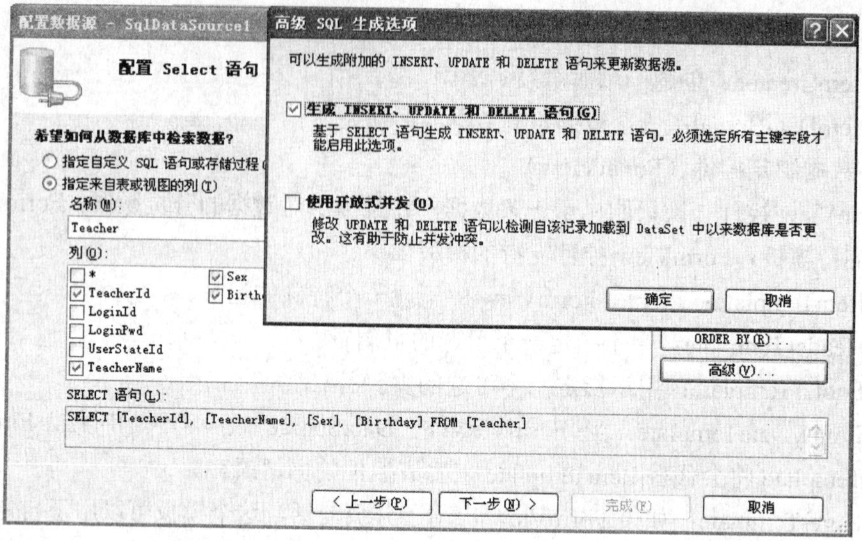

图 10-28　高级数据源配置

② 设置 FormView 的 id 属性为“fvTeacher”，AllowPaging 属性为“true”。

③ 在编辑模板中选择编辑“ItemTemplate”，拖放一个按钮控件到“ItemTemplate”中，修改按钮的 Text 属性为“编辑”，如图 10-29 所示。

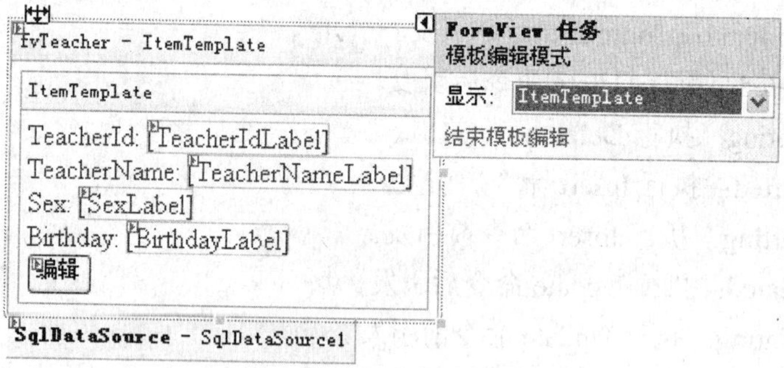

图 10-29　编辑 ItemTemplate

④ 在按钮的 Click 事件中编写如下程序：

```
fvTeacher.ChangeMode(FormViewMode.Edit);//表示切换 FormView 的模式为编辑模式
```

⑤ 在 FormView 的 ItemUpdated 事件中编写如下程序：

```
fvTeacher.ChangeMode(FormViewMode.ReadOnly);//表示编辑完成后将模式设为只读
```

创建 FormView 时，会自动生成 ItemTemplate、EditItemTemplate 和 InsertItemTemplate 等程序代码。

⑥ 浏览页面，显示效果如图 10-30 所示。

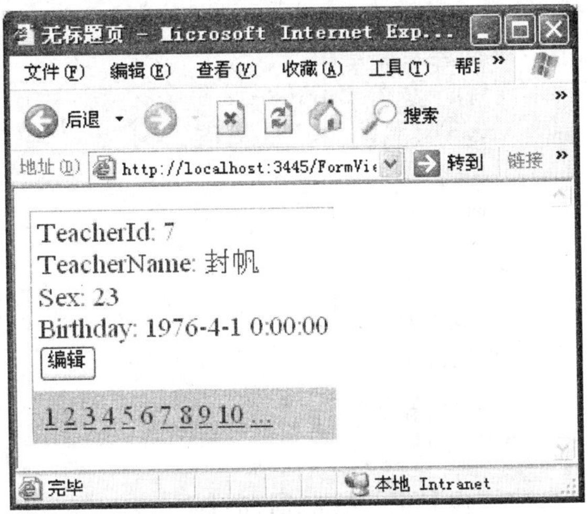

图 10-30 例 10-16 浏览效果

⑦ 单击“编辑”按钮，结果如图 10-31 所示。

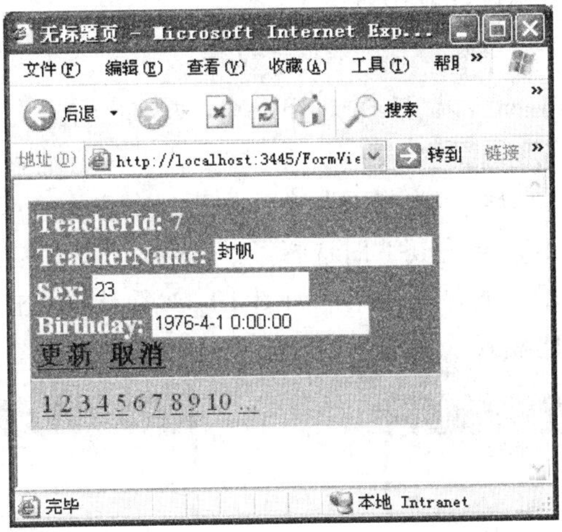

图 10-31 例 10.16 编辑模式

⑧ 可以修改相应的字段值，单击“更新”就保存到数据源中。

5. 数据绑定控件（DetailsView）

DetailsView 控件与 FormView 比较类似，DetailsView 控件每次也只能够显示一条记录，并且支持对数据源控件中的数据进行插入、删除和更新等操作。但是 DetailsView 控件与 FormView 控件不同的是，DetailsView 控件不支持 ItemTemplate 模板，它是以一种表格形式所呈现的。DetailsView 控件能够支持 Ajax。DetailsView 控件可以通过选择是否包括更新，删除等操作，而无需手动的添加相应的事件，如图 10-32 所示。

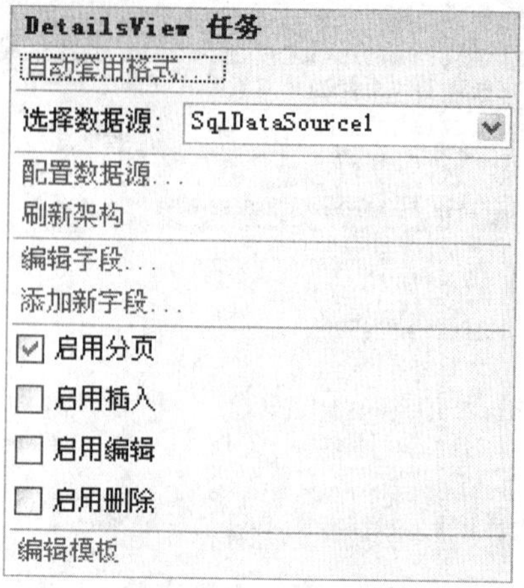

图 10-32　配置 DetailsView 任务

当选择了【启用分页】选项后 DetailsView 控件就能够自动进行分页，还可以配置 Pager Settings 属性允许自定义 DetailsView 控件生成分页的外观，它将呈现向前和向后导航的方向控件，PagerSettings 属性的常用模式有：

- NextPrevious：以前一个，下一个形式显示。
- NextPreviousFirstLast：以前一个，下一个，最前一个，最后一个形式显示。
- Numeric：以数字形式显示。
- NumericFirstLast：以数字，最前一个，最后一个形式显示。

如果在“配置 DetailsView 任务”时选择了“启用插入”、“启用编辑”、“启用删除”，则会自动生成新建、编辑、删除等按钮，如图 10-33 所示。单击这些按钮时，会触发相应的事件，切换到相应的模式，例如单击编辑按钮后的结果如图 10-34 所示。

图 10-33　DetailsView 控件的新建、删除及编辑

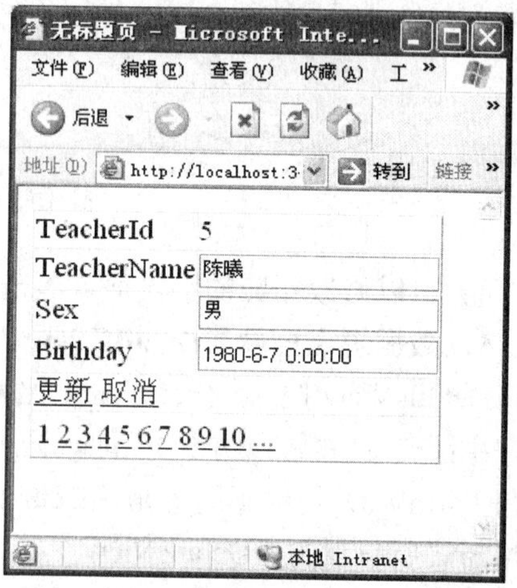

图 10-34　DetailView 控件编辑模式

10.2　电子商务网站设计

10.2.1　电子商务网站开发常用数据库的设计

电子商务网站与一般网站相比较，最大的区别在于电子商务网站除了一般网站的信息展示功能外，还有在线购买和在线支付等功能。一个电子商务网站的基本功能分为前台功能和后台功能。

1．前台功能

前台主要是为普通用户提供服务与功能，主要包括：

- 商品展示；
- 分类目录；
- 商品搜索；
- 商品评论；
- 购物车；
- 促销活动；
- 个人中心；
- 新闻动态。

2．后台功能

后台主要是为电子商务网站管理人员提供的服务与功能，主要包括：

- 商品管理；
- 新闻/内容管理；
- 商品类别管理；
- 会员管理；
- 订单管理；
- 分组权限管理；
- 统计访问；
- 电子商务网站高级功能；
- 秒杀活动；
- 团购；
- 会员积分；
- 加盟中心；
- 供应商中心。

因此，在设计电子商务网站数据库时应根据实际需求，以实现功能为目标，设计相应的数据库。下面以常见的电子商务网站功能设计数据库，数据库表设计定为十张表。

（1）sw_user（用户信息表）

电子商务网站离不开用户，在实现个人中心、会员管理等功能时都有涉及到用户，用户表的结构如表 10-15 所示。

表 10-15 sw_user 表结构

字 段	数据类型	主/外键	说 明
sw_userid	varchar	PK	用户 ID
sw_username	varchar		用户名
sw_password	varchar		用户密码
sw_name	varchar		用户真实姓名
sw_question	varchar		丢失密码问题
sw_answer	varchar		用户回答答案，用于找回密码
sw_sex	varchar		性别
sw_phone	varchar		电话
sw_email	varchar		电子邮件
sw_address	varchar		地址
sw_post	bigint		邮编
sw_province	varchar		省份
sw_city	varchar		城市
sw_mark	varchar		标记

（2）sw_bigclass（商品大类）

电子商务网站中商品越丰富，网站吸引力越强。为了便于对这个庞大的商品集合进行管理以及方便用户浏览检索商品，需要将这些商品进行分类。当商品特别多时，分成大类和小类。商品大类表如表 10-16 所示。

表 10-16 sw_bigclass 表

字段	数据类型	主/外键	说明
sw_bigclassid	varchar	PK	商品大类 ID
sw_bigclassname	varchar		商品大类名称

（3）sw_smallclass（商品小类）

商品小类表如表 10-17 所示。

表 10-17 sw_ smallclass 表结构

字 段	数据类型	主/外键	说 明
sw_ smallclassid	varchar	PK	商品小类 ID
sw_ bigclassid	varchar	FK	关联大类 sw_bigclassid
sw_ smallclassname	varchar		商品小类名称

（4）sw_poduct（商品信息）

商品是电子商务网站运行的主体，各种商务活动都是围绕商品进行的，商品表的结构如表 10-18 所示。

表 10-18　sw_ product 表结构

字　段	数据类型	主/外键	说　明
sw_productid	varchar	PK	商品 ID
sw_smallclassid	varchar	FK	关联商品小类 sw_ smallclassid
sw_pname	varchar		名称
sw_pdetail	varchar		商品信息
sw_pprice	float		商品价格
sw_pmemderprice	float		会员价
sw_pfewprice	float		差价
sw_ppicture	varchar		图片
sw_ptime	DateTime		添加时间
sw_pstock	Int		商品库存量
sw_phit	bigint		点击数
sw_pdetail1	varchar		其他描述

（5）sw_administrators（管理员）

电子商务网站中，管理员负责处理订单、商品管理、类别管理、新闻管理等，管理员表的结构如表 10-19 所示。

表 10-19　sw_ administrators 表结构

字　段	数据类型	主/外键	说　明
sw_ adminid	varchar	PK	管理员 ID
sw_ roleid	varchar	FK	关联权限表 sw_roleid
sw_ adminname	varchar		管理员姓名
sw_ adminpassword			管理员密码

（6）sw_roles（管理员角色）

在大型电子商务网站中，应该有各种角色的管理员，比如订单管理员只负责处理订单，发货管理员只负责发货，财务员根据订单管理员的信息核对货款并通知发货员发货等，这样将管理员分成不同角色，每个角色拥有不同的权限，便于电子商务网站的管理。管理员角色表的结构如表 10-20 所示。

表 10-20　sw_ roles 表结构

字　段	数据类型	主/外键	说　明
sw_ roleid	varchar	PK	管理员角色 ID
sw_ rolename	varchar		角色名称
sw_ roleRight	varchar		角色权限描述

（7）sw_news（新闻）

电子商务网站中，经常会发布网站新闻或者其他信息，新闻表的结构如表10-21所示。

表10-21 sw_ news表结构

字　段	数据类型	主/外键	说　明
sw_ newsid	varchar	PK	新闻ID
sw_ adminid	varchar	FK	关联管理员表sw_ adminid
sw_ title	varchar		新闻标题
sw_ content	varchar		新闻内容
sw_ time	DateTime		添加时间
sw_ type	varchar		类型

（8）sw_guest（评论）

用户在购买商品以后，经常会对购买的商品进行评价，用户的评价对其他希望购买该商品的用户起到引导性的作用，评论表的结构如表10-22所示。

表10-22 sw_ guest表结构

字　段	数据类型	主/外键	说　明
sw_ gid	varchar	PK	新闻ID
sw_ productid	varchar	FK	关联商品表sw_ productid
sw_ userid	varchar	FK	关联用户表sw_ userid
sw_ gcontent	varchar		评价内容
sw_ ggrade	Int		评价等级
sw_ gtime	DateTime		评价时间
sw_ type	varchar		类型

（9）sw_orderlist（订单表）

用户一次购买的多个商品就形成了一张订单，电子商务网站运营商要对这些订单进行处理，核对、发货等。订单表的结构如表10-23所示。

表10-23 sw_ orderlist表结构

字　段	数据类型	主/外键	说　明
sw_ orderlistid	varchar	PK	订单ID
sw_ userid	varchar	FK	关联用户表sw_ userid
sw_ linkman	varchar		联系人
sw_ email	varchar		联系人电子邮件
sw_ phone	varchar		联系人电话
sw_ orderdate	DateTime		订单日期
sw_ postalcode	Int		送货处邮编

续表

字　段	数据类型	主/外键	说　明
sw_ address	varchar		送货地址
sw_ result	Int		处理结果
sw_ remark	varchar		备注
sw_ deliverydeadline	DateTime		送货期限
sw_ deliveryType	varchar		送货方式
sw_ paymentType	Int		付款方式
sw_ error	varchar		意外说明

（10）sw_orderdetails（订单详细表）

一张订单可能会包括多种商品，一种商品也可能有多个，所以对一张订单的详细情况还需要一张订单详细表，如表 10-24 所示。

表 10-24　sw_orderdetails 表结构

字　段	数据类型	主/外键	说　明
sw_ orderdetailid	varchar	PK	订单详细 ID
sw_ orderlistid	varchar	FK	关联订单表 sw_ ordelistrid
sw_ productid	varchar	FK	关联商品表 sw_ productid
sw_ quantity	Int		订货数量
sw_ unitcost	float		单价
sw_ gtime	DateTime		评价时间
sw_ type	varchar		类型

这些表与表之间的联系如图 10-35 所示。

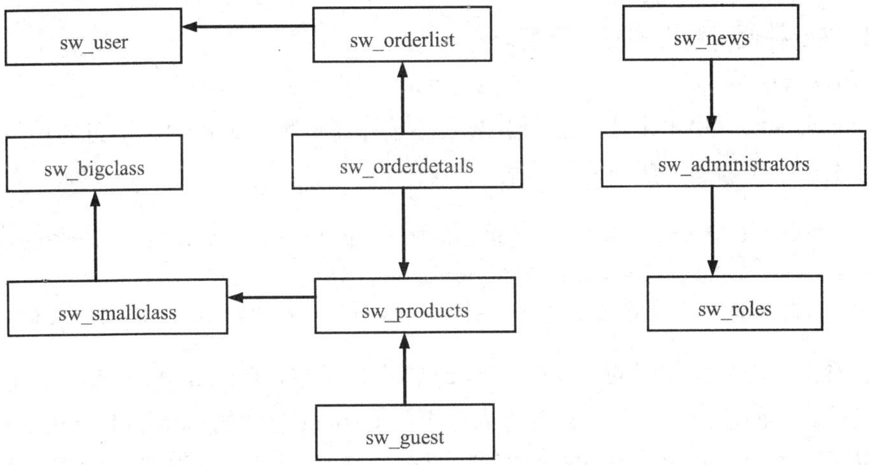

图 10-35　常用电子商务网站数据库表关系

根据上面设计的数据库逻辑结构，就可以设计数据库的物理结构，即建立物理数据库。不同的电子商务系统运行模式及功能都不尽相同，所以所设计的数据库肯定也有区别，这里仅仅给出了一个较为常见的电子商务系统的数据库设计，在实际建立电子商务系统时应该按照实际需求来设计数据库。

10.2.2 ASP.NET 母版页

一个网站包含多个页面，而这些页面的一个共同特征是其具有一致的站点级页面布局和导航模式。ASP.NET 中的母版页和网站导航，极大地简化了站点级页面布局和导航模式的实现过程。母版页允许开发人员创建具有指定的可编辑区域的站点级模板，在模板中集中实现站点级页面布局，为所有页面创建一致的外观，此模板可应用到网站中的 ASP.NET 页面上。这些 ASP.NET 页面只需为母版页中指定的可编辑区域提供相应内容。

母版页的后缀名为.master，母版页同 Web 窗体在结构上基本相同，不同的是，母版页的声明方法不是使用 Page 指令声明，而是使用 Master 指令进行声明，如下所示：

```
<%@ Master Language="C#" AutoEventWireup="true" CodeBehind="Reception.
master.cs" Inherits="School.Reception" %>
```

母版页提供一个对象模型，其他页面能够通过母版页快速的进行样式控制和布局，使用母版页具有以下好处：

- 母版页可以集中的处理页面的通用功能，包括布局和控件定义，便于站点维护。
- 使用母版页可以定义通用性的功能，包括页面中某些模块的定义。
- 提供高效的内容整合能力。
- 提供一种便于利用的对象模型。

1．创建母版页

在 Visual Studio 中单击【添加项】选项，选择【母版页】项目，即可向项目中添加一个母版页。一个新建母版页主要内容如下：

```
<%@ Master Language="C#" AutoEventWireup="true" CodeBehind="Reception.
master.cs" Inherits="School.Reception" %>
  <asp:ContentPlaceHolder ID="CPHo1" runat="server"></asp:ContentPlaceHolder>
```

可以看出，母版页使用的指令是 Master 指令，其中，ContentPlaceHolder 是一个内容页占位符。在创建内容页时，需要将内容页的 content 控件的 ContentPlaceHolderID 属性设为母版页中 ContentPlaceHolder 控件的 ID，一个母版页可以根据布局需要放置多个 ContentPlaceHolder。另外，母版页不能单独的浏览，但母版页可以嵌套。

2．创建内容页

使用母版页的页面被称作称内容页，内容页无需过多的考虑页面布局，只需要在母版页预留给内容页的地方编写相应的内容。当用户请求内容页时，内容页将与母版页合并，并将母版页的布局和内容页的布局组合在一起呈现给用户。在使用母版页之后，内容页不能修改母版页中的内容。

创建内容页的方法与创建 Web 窗体方法基本一样，在 Visual Studio 中创建 Web 窗体时，选中【选择母版页】选项，单击【添加】按钮，系统会提示选择相应的母版页，选择相应的母版页后，单击【确定】按钮即可创建内容页。使用母版页的内容页代码如下：

```
<%@ Page Language="C#" AutoEventWireup="true" CodeBehind="WebForm2.
aspx.cs" Inherits="School.WebForm2" MasterPageFile="~/Reception.Master" %>
<asp:Content ID="Content1" ContentPlaceHolderID="CPH1" runat="server">
</asp:Content>
```

其中 page 指令中的 MasterPageFile 属性即表示母版页的位置。另外在内容页中，不能存在 html、head、body、form 等 html 标签，因为这些标签在母版页中已经存在。

也可以将现有 Web 页面改为应用母版页的内容页，过程如下：

① @Page 标记中指定 MasterPageFile 位置；

② 去除内容页的多余 html、head、body、form 等标签；

③ 创建<asp:Content>标签，并放入对应的内容；

④ 指定相应的 ContentPlaceHolderID。

10.2.3　ASP.NET 站点导航

在电子商务网站中，常常会看到菜单、站点地图等导航形式，这些导航可以让用户能够更加方便快捷的查阅到相关的信息和资讯，或者跳转到相关的版块。ASP.NET 提供了站点导航的控件有：SiteMapPath、TreeView、Menu，这三个控件的基本特征如下：

- SiteMapPath：指示页面在站点的逻辑位置的导航。
- TreeView：以树形目录方式导航的控件。并且 TreeView 控件支持数据绑定。
- Menu：Menu 控件提供静态和动态混合的菜单功能。

1．站点地图

ASP.NET 站点导航控件是基于站点地图的，站点地图是对站点结构的 XML 描述，站点地图文件名为 Web.sitemap，例如，某商务网站结构如图 10-36 所示。

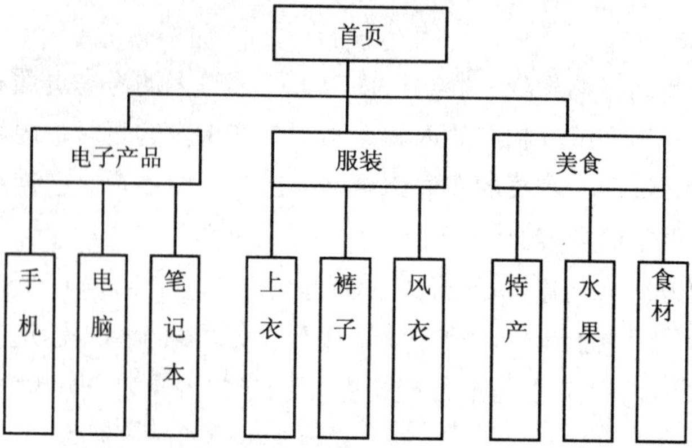

图 10-36　网站结构

根据这个站点结构创建一个 Web.sitemap 站点地图文件如下：

```
<?xml version="1.0" encoding="utf-8" ?>
<siteMap xmlns="http://schemas.microsoft.com/AspNET/SiteMap-File-1.0" >
    <siteMapNode url="index.aspx" title="首页"  description="首页">
<siteMapNode url="~/Electronics/Electronics.aspx" title="电子产品"
description="电子产品" >
<siteMapNode url="~/Electronics/mobile.aspx" title="手机"  description="
手机" />
<siteMapNode url="~/Electronics/computer.aspx" title="电脑"
description="电脑" />
<siteMapNode url="~/Electronics/Notebook.aspx" title="笔记本"
description="笔记本" />
        </siteMapNode>
        <siteMapNode url="~/Clothing/Clothing.aspx" title="服装"
        description="服装" >
        <siteMapNode url="~/Clothing/Jacket.aspx" title="上衣"
        description="上衣" />
        <siteMapNode url="~/Clothing/Pants.aspx" title="裤子"
        description="裤子" />
<siteMapNode url="~/Clothing/Windbreaker.aspx" title="风衣"
description="风衣" />
        </siteMapNode>
        <siteMapNode url="~/Food/Food.aspx" title="美食"  description="
        美食" >
            <siteMapNode url="~/Food/Specialties.aspx" title="特产"
            description="特产" />
            <siteMapNode url="~/Food/Fruits.aspx" title="水果"
```

```
                description="水果" />
                <siteMapNode url="~/Food/ingredients.aspx" title="食材"
                description="食材" />
            </siteMapNode>
        </siteMapNode>
</siteMap>
```

这是一个 XML 文件，包含如下几个标签：

- siteMap：根节点，一个站点地图只能有一个 siteMap 元素。
- siteMapNode：对应于页面的节点，一个节点描述一个页面。
- title：提供链接的文本描述。
- url：文件在解决方案中的位置，如果要表示根目录，需要用"~/"。
- description：说明性文本，并提供光标停留时，显示的内容。

编写站点地图时，需要注意以下事项：

- 站点地图根节点为<siteMap>元素，每个文件有且仅有一个根节点。
- <siteMap>下一级有且仅有一个<siteMapNode>节点。
- <siteMapNode>下面可以包含多个新的<siteMapNode>节点。
- 站点地图中，同一个 URL 仅能出现一次。

站点地图文件可以作为站点导航控件的数据源（导航控件的数据源也可以是其他方式），有了站点地图，就可以创建站点导航控件了。

2．SiteMapPath 控件

SiteMapPath 控件可以显示站点网页层次结构，并且可以标明用户当前所在位置，可以帮助用户理解站点结构，可以迅速定位。

SiteMapPath 控件使用比较方便，它使用站点地图作为控件的数据源。例如，在图 10-36 描述的商务网站中，存在一个页面 Fruits.aspx，在该页面中放置一个 SiteMapPath 控件，SiteMapPath 控件会根据站点地图文件的内容自动生成 SiteMapPath 控件内容，如图 10-37 所示。

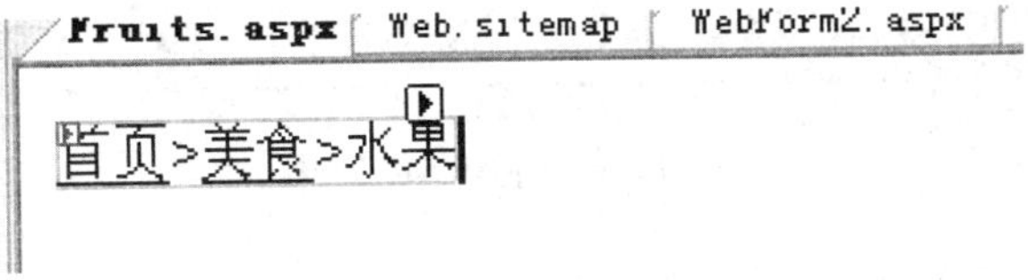

图 10-37　SiteMapPath 控件

SiteMapPath 控件的重要属性如下：

- PathSeparator 属性：分隔符的样式。

PathSeparator 属性只能设置一些简单的符号或文字，如果希望使用图片或其他复杂符号作间隔符，可以通过编辑模板<PathSparatorTemplate>更改分隔符为任意样式。如果既设置了 PathSeparator 属性，又设置了<PathSparatorTemplate>模板，则以<PathSparator Template>模板为准。

- PageLevelsDisplayed 属性：导航显示的级数。

浏览 Fruits.aspx 页面，当鼠标停留在某个节点上时，会出现该节点的 description 属性内容，当鼠标单击某个节点时，会跳转到该节点 url 所指向的页面。

3. TreeView 控件

TreeView 控件以树形目录方式导航，创建一个 TreeView 控件过程如下：

① 将 TreeView 导航控件拖入页面；

② 编写数据文件（.xml）；

③ 设置数据源；

④ 设置格式（可以自动套用格式）。

【例 10.17】创建 TreeView 控件。

① 在项目中新建页面 TreeViewTest.aspx，并将 TreeView 导航控件拖入该页面。

② 在选择数据源时选择“新建数据源”，选择数据源的类型有 XML 文件和站点地图，选择站点地图。

③ TreeView 控件的内容已经生成，自动套用格式选择方案为“项目符号列表 6”，如图 10-38 所示。

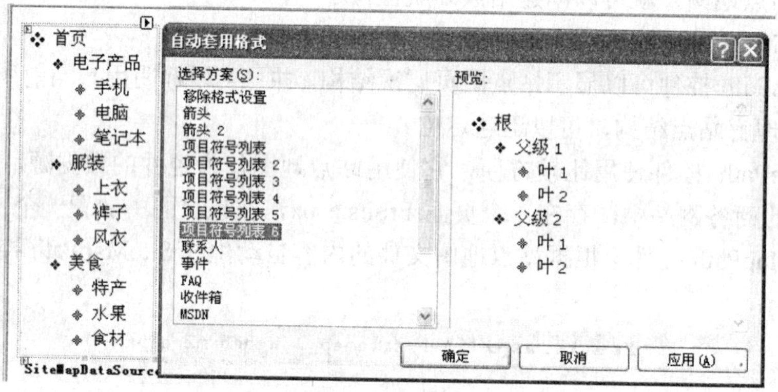

图 10-38 TreeView 控件

④ 浏览 TreeViewTest.aspx 页面，当鼠标停留在某个节点上时，会出现该节点的 description 属性内容，当鼠标单击某个节点时，会跳转到该节点 url 所指向的页面。

4. Menu 控件

Menu 控件提供静态和动态混合的菜单功能。静态部分是直接显示在页面上（如同 TreeView 控件），动态部分是在鼠标单击或移动的时候才显示。动态菜单和静态菜单结合，可以提供更多的选项，又不必担心占用页面的空间。在使用方式上，Menu 控件和 TreeView 控件类似，只是增加了动态选择项。

Menu 控件的常用属性如下：

- Orientation：菜单的静态部分是以水平方式显示还是以竖直方式显示。
- StaticDisplayLevels：静态菜单显示的级数。
- MaxinumDynamicDisplayLevels：动态菜单部分最大级数。

可以直接在创建 Menu 控件时，添加菜单的 Item，以构成菜单，也可以选择数据源创建菜单。

【例 10.18】创建 Menu 菜单。

① 在项目中新建页面 MenuTest.aspx，并将 Menu 导航控件拖入该页面。

② 将视图设置为“动态”。

③ 在选择数据源时选择“新建数据源”，选择站点地图。

④ Menu 控件的内容已经生成，自动套用格式选择方案为“彩色型”，如图 10-39 所示。

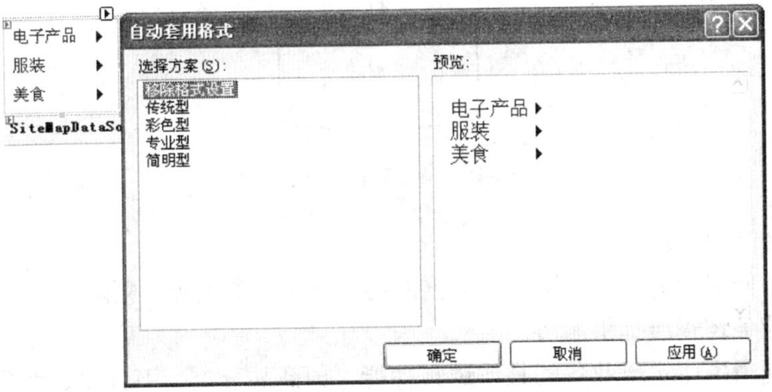

图 10-39　Menu 控件

⑤ 浏览 MenuTest.aspx 页面，当鼠标停留在某个节点上时，会出现该节点的 description 属性内容，当鼠标单击某个节点时，会跳转到该节点 url 所指向的页面。

从上面的代码和运行结果可以看出，TreeView 和 Menu 控件有一些区别如下：

- Menu 展开时，是弹出形式的展开，而 TreeView 控件则是就地展开。
- Menu 控件不包含复选框，而 TreeView 控件包含复选框。
- Menu 控件允许编辑模板，而 TreeView 控件不允许模板编辑。
- Menu 在布局上是水平和垂直，而 TreeView 只是垂直布局。
- Menu 可以选择样式，而 TreeView 不行。

开发人员在网站开发的时候，可以通过使用导航控件来快速的建立导航，为浏览者提供方便，也为网站做出信息指导。在用户的使用中，通常情况下导航控件中的导航值是不能被用户所更改的，但是开发人员可以通过编程的方式让用户也能够修改站点地图的节点。

10.2.4 Web系统的三层结构

构建B/S系统时，不仅要考虑系统的功能，还要考虑系统的灵活性、可伸缩性，可扩展性等。开发B/S系统一般采用层次体系结构，这种多层结构在层与层之间相互独立，任何一层的改变不会影响其他层的功能，本节以三层结构介绍Web系统层次结构。三层结构如图10-40所示。

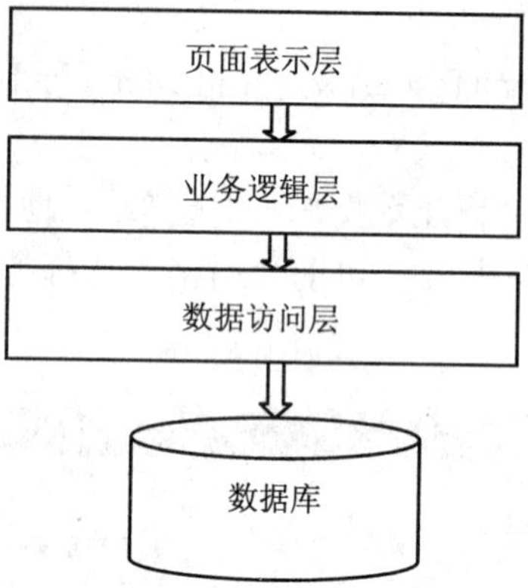

图10-40 WEB系统三层结构

三层的功能如下：

- 数据访问层：实现对数据库中数据的访问功能，如增加、删除、修改、查询数据。并为业务逻辑层提供服务。
- 业务逻辑层：实现业务的具体逻辑功能，如商品分类、下订单、发货等。并为页面显示层提供服务。
- 页面显示层：为用户提供一种交互式操作界面，如显示商品信息等。

在设计三层结构程序时，应注意以下原则：

① 表示层只是一个用户交互式操作界面，在该层中，一般不要包含业务处理及数据访问的程序，这样减少了表示层与业务逻辑层的耦合性，当页面需要调整布局或改变样式时，不影响业务处理逻辑。另外，表示层要使用的业务逻辑方法应该是业务逻辑层提供的，不要直接从数据访问层中调用。

② 将数据的增删改查等与数据库直接交互的操作写在数据访问层中，数据访问层将查找到的数据进行封装，以对象的方式传递给业务逻辑层。另外，数据访问层应该提供针对各种数据库访问操作的方式，以便系统的扩展与移植。

③ 数据访问层和业务逻辑层中的方法应该具有统一的规格，以便其他层次的引用。

④ 各层次之间数据传递可以使用数据集对象，而采用实体泛型集合，程序安全可靠性更高。

基于层次结构的 WEB 系统具有很多优点，具体如下：

- 层次结构分明，便于流水化的开发，一类开发人员可以只关注整个结构中某一层；
- 层与层之间耦合度低，一个层次的变换不会影响到其他层次；
- 利于程序代码的复用，如果要将 B/S 的系统改成 C/S 结构系统，数据访问层及业务逻辑层的类库是可以直接引用的。

10.3　电子商务网站组件设计

10.3.1　用户登录

1．功能描述

登录是用户在电子商务网站中进行各种商务活动的前提，登录模块的功能是判断用户是否合法（已注册），如果合法用户忘记了密码要能根据注册信息找回密码，如果是非法用户，登录了多次是否要进行限制，只有合法用户且密码正确才能登录成功。登录模块的基本功能如图 10-41 所示。

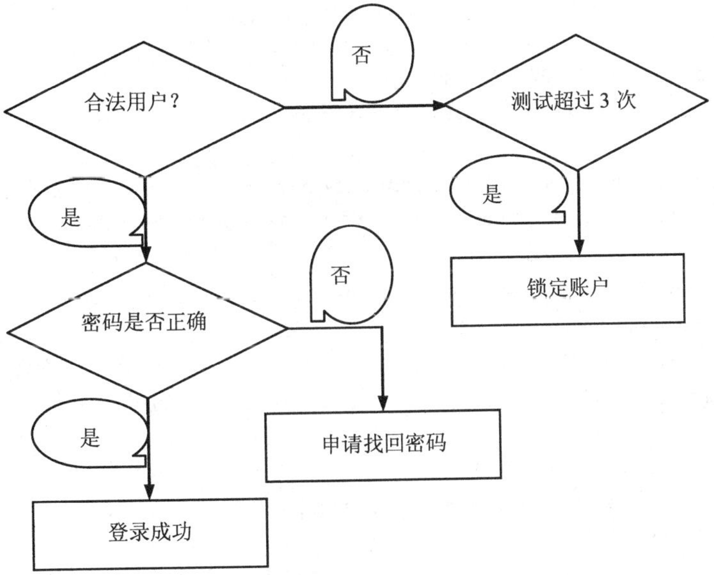

图 10-41　登录模块基本流程图

2．界面设计

登录页面包括 TextBox 和 Label 控件，分别用于用户信息的输入及显示提示性文本信息，另外，验证控件对用户输入进行验证。登录页面如图 10-42 所示：

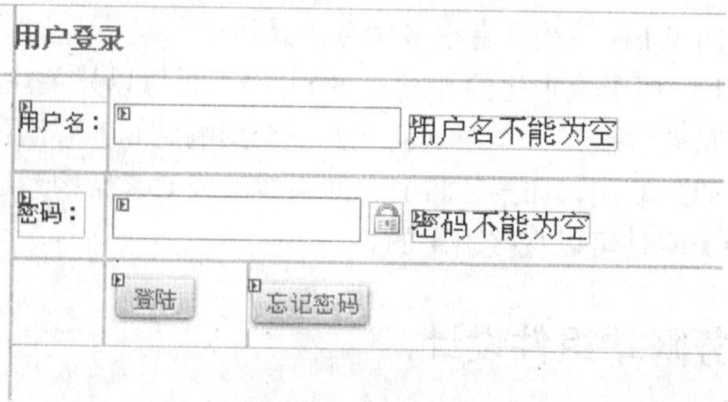

图 10-42 登录界面

3. 代码实现

当用户单击【登录】按钮时，首先验证控件会验证用户是否填写信息，如果没有填写则提示用户填写，如果已经填写了，则判断用户是否是合法用户，如果是合法用户，再判断用户密码是否正确。主要程序代码如下：

```
protected void imgbtnLogin _Click(object sender, EventArgs e)
{
string username=txtUser.Text;
string password=txtPWD.Text;
string str = "server='(local)';database='sw';uid='sa';pwd='sa'";
//连接数据库
SqlConnection con = new SqlConnection(str);          //创建连接
string  strsqluser="select  *  from  sw_users  where  sw_username='"+
username+"'";
SqlDataAdapter dauser = new SqlDataAdapter(strsql, con);
DataSet dsuser = new DataSet();
int countuser=da.Fill(ds);                      //count 为查询到的记录数
if (countuser > 0)                              //合法用户
{
string strsql =
"select * from sw_users where sw_username='"+username+"' and password='"
+password+"'";
SqlDataAdapter da = new SqlDataAdapter(strsql, con);
DataSet ds = new DataSet();
int count=da.Fill(ds);                          //count 为查询到的记录数
if (countuser > 0)                              //登录成功
{
```

```
Session["username"] =username;          //使用 Session 保存用户名
Response.Redirect("index.aspx");//登录成功，转向 index.aspx
}
else
{
Response.Write("<script>alert('用户名或密码错误，请重新输入！')</script>");
//登录失败，弹出警告框
}
}
else//非法用户
{
ViewState["logincount"]=Convert.ToInt32(ViewState["logincount"])+1;
//非法登录次数增加一次
    if(Convert.ToInt32(ViewState["logincount"])>3)//非法登录次数超过 3 次
this. imgbtnLogin.Enabled=false;
}
}
```

10.3.2 购物车设计

1．功能描述

电子商务网站购物车只是一个临时保存用户选购商品的容器，每个在线的用户选购商品时应具有独立的购物车，当用户确认购买下订单后或者用户退出网站后，购物车中的内容都应该清空。根据购物车的这些特征，一般采用 session 对象实现购物车。购物车保存商品名称、商品数量、商品单价，商品图片等信息。

购物的一般流程为：单击购买按钮，如果购物车已存在该商品，商品数量加 1，否则，将对应的商品放入购物车（默认数量为 1）。在查看购物车时，可以查看已选购商品的种类及数量，总计价格等，还可以修改商品的数量，删除某种商品等操作。

2．程序设计

（1）将商品放入购物车相关程序代码如下

```
protected void imgb_Buy_Click(object sender, ImageClickEventArgs e)
{
    if (Session["username"] != null)//用户已登录
    {
        if (Session["Cart"] == null)//购物车为空
        {
            this.BuildCart();//用 session 创建购物车，并将当前商品放入购物车
        }
```

```
        else
        {
    DataTable cart = Session["Cart"] as DataTable;
```

if (this.ExistProduct(cart))为判断是否存在某商品，如果存在，直接将商品数量加1，如果不存在，执行下列语句。

```
                    {
                        this.BuildSession(cart);//不存在，在购物车中添加该商品
                    }
                }
            }
            else
            {
              Response.Redirect(@"UserLogin.aspx");
            }
    }
    public bool ExistProduct(DataTable cart)//不存在商品，返回为true，否则，修
    改商品数量
        {
            foreach (DataRow dr in cart.Rows)
            {
    if (dr["ProductName"].ToString().Equals(this.lblProductName.Text.Trim()))
    //lblProductName 表示商品页面上显示商品名的 Label 控件
                {
                    dr["Number"] = Convert.ToInt32(dr["Number"]) + 1;
                    Session["Cart"] = cart;
                    Response.Redirect("Cart.aspx");
                }
            }
            return true;
        }
        public void BuildCart()// 新建购物车
        {
            DataTable cart = new DataTable();
            cart.Columns.Add("ProductId");
            cart.Columns.Add("ProductName");
            cart.Columns.Add("Number");
            cart.Columns.Add("UnitPrice");
            cart.Columns.Add("ImageUrl");
            this.BuildSession(cart);
```

```
    }
    public void BuildSession(DataTable cart)//将商品添加到购物车中
    {
        DataRow dr = cart.NewRow();
        dr["ProductId"] = ViewState["ProductId"].ToString();
        dr["ProductName"] = this.lblProductName.Text.Trim();
        dr["Number"] = "1";
        dr["UnitPrice"] = this.lblPrice.Text.Substring(0, this.lblPrice.Text.
        Length - 1);
//去掉价格字符串中的“元”字
        dr["ImageUrl"] = this.imgProduct.Text.Trim();
        cart.Rows.Add(dr);
        Session["Cart"] = cart;
    }
```

（2）购物车页面的后台类文件主要程序如下

在页面加载方法中，首先要判断用户是否登录，如果用户登录且购物车不为空，要将购物车中的内容显示在页面上。代码如下：

```
protected void Page_Load(object sender, EventArgs e)
    {
        if (Session["username"] == null)
        {
Response.Write("<script>alert('登录超时,请重新登录');document.location=
'MemberShip/UserLogin.aspx';</script>");
            return;
        }
        if (!IsPostBack)
        {
            if (Session["Cart"] != null)
            {
                BindGridView();
            }
        }
}
```

将 session 中内容取出转换成 DataTable，并绑定到页面的 Gridview 控件上，代码如下：

```
private void BindGridView()
{
    DataTable cart = Session["cart"] as DataTable;
```

```
    TotalPrice(cart);
    this.gvCart.DataSource=cart;
    this.gvCart.DataBind();
}
```

当要删除购物车中的商品时， GridView 删除按钮处理事件代码如下：

```
protected void gvCart_RowDeleting(object sender, GridViewDeleteEventArgs e)
{
    DataTable cart = Session["cart"] as DataTable;
    cart.Rows[e.RowIndex].Delete();
    Session["cart"] = cart;
    BindGridView();
}
```

如果需要修改购物车中的信息，只允许修改商品数量，GridView 更新按钮处理事件程序代码如下：

```
protected void gvCart_RowUpdating(object sender, GridViewUpdateEventArgs e)
{
    DataTable cart = Session["cart"] as DataTable;
    foreach (DataRow dr in cart.Rows)
    {
if  (dr["ProductName"].ToString().Equals((gvCart.Rows[e.RowIndex].FindControl
("lblProductName") as Label).Text))
        {
dr["Number"]  =  (gvCart.Rows[e.RowIndex].FindControl("txtNumber")  as
TextBox).Text.Trim();
        }
    }
  Session["cart"] = cart;
  gvCart.EditIndex = -1;
  BindGridView();
}
```

将购物车中的商品绑定到页面之后，还需要将商品的总价计算出来，程序如下：

```
  private void TotalPrice(DataTable cart)
  {
      foreach (DataRow dr in cart.Rows)
      {
          double Total = 0;
 Total += Convert.ToDouble(dr["UnitPrice"].ToString()) * Convert.
```

```
 ToDouble(dr["Number"].ToString());
            this.ltrSalary.Text = Total.ToString();
        }
    }
```

10.3.3 搜索设计

电子商务网站中搜索功能是非常重要的一部分，用户可以使用搜索找到自己希望购买的商品，因此，搜索功能要设计全面、高效，可以按照多种方式查询。一般在电子商务网站中有两种搜索类型：快速搜索和高级搜索，快速搜索根据用户输入的信息快速查找商品，而高级搜索是根据类型、商品名等条件进行精确查找。

快速搜索的页面需要一个用来输入搜索关键字的文本框、一个按钮和一个绑定查询结果的 GridView 控件，搜索过程的主要程序内容都在按钮的 Click 事件中，程序如下：

```
protected void btnSerch_Click(object sender, EventArgs e)
{
        string strcon = "server='(local)';database='sw';uid='sa';pwd=
        'sa';"; //编写连接字串
        SqlConnection con = new SqlConnection(strcon);  //新建 SQL 连接
        string keyword = this.txtKeyword.Text;
string sqlStr = "select * from sw_product where sw_pname like '%" + keyword
+ "%' or sw_pdetail like '%" + keyword + "%'";
        try
        {
            SqlDataAdapter da = new SqlDataAdapter(sqlStr, con);
            DataSet ds = new DataSet();
            da.Fill(ds);
            gvProduct.DataSource = ds.Tables[0];
            gvProduct.DataBind();
        }
  //异常处理程序省略
     }
```

快速搜索的过程是在商品表中，将关键字按照商品名称或者按照商品信息进行模糊查询。

高级查询的页面设计如图 10-43 所示：

在设计程序时，首先要将数据库中商品大类及商品小类分别绑定到页面上相应的下拉框中，并在商品大类下拉框的下拉项发生变化时，商品小类下拉框中的下拉项要随之变化。在搜索时，如果某些搜索条件不为空，就要根据这些搜索条件进行组合查询，查询按钮的 Click 事件中，程序代码如下：

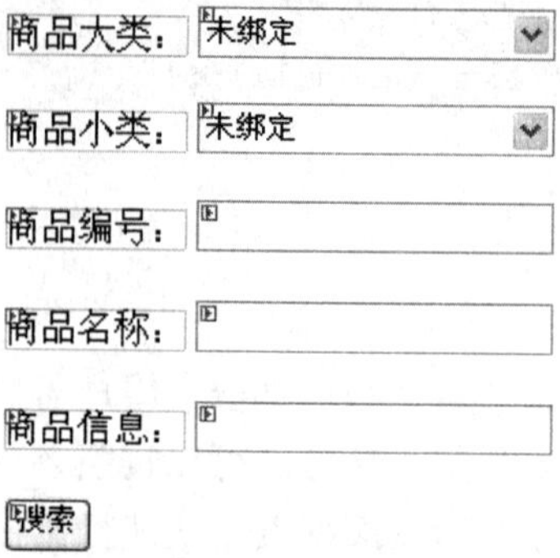

图 10-43　高级搜索页面

```
protected void btnSearch_Click(object sender, EventArgs e)
    {
        string strcon = "server='(local)';database='sw';uid='sa';
        pwd='sa';"; //编写连接字串
        SqlConnection con = new SqlConnection(strcon);    //新建 SQL 连接
string sqlStr = "select sw_productID ,sw_pname,sw_ pdetail,sw_ pprice,sw_
pmemderprice,sw_ pfewprice,sw_ ppicture";
sqlStr += " from sw_product ,sw_bigclass,sw_smallclass where  sw_product.
sw_ smallclassid=sw_smallclass.sw_ smallclassid ";
        sqlStr+=" and sw_bigclass.sw_bigclassid=sw_smallclass.sw_bigclassid";
        if(ddlBigClass.Text!="全部")
sqlStr  +=  "  and  sw_bigclass.sw_  bigclassid  =  '"  +  ddlBigClass.
SelectedItem.Value+ "' ";
        if (ddlSmallClass.Text != "全部")
sqlStr += " and sw_smallclass.sw_ smallclassid = '" + ddlSmallClass.
SelectedItem.Value + "' ";
        if (txtProductid.Text != "")
            sqlStr += " and sw_product.sw_ sw_productID = '" +
             txtProduct.Text + "' ";
        if (txtProductName.Text != "")
sqlStr += " and sw_product.sw_ sw_productName like '%" + txtProductName.Text
+ "%' ";
        if (txtProductDetail.Text != "")
            sqlStr += " and sw_product.sw_ sw_pdetail = '" +
            txtProductDetail.Text + "' ";
        try
        {
           SqlDataAdapter da = new SqlDataAdapter(sqlStr, con);
```

```
            DataSet ds = new DataSet();
            da.Fill(ds);
            gvProduct.DataSource = ds.Tables[0];
            gvProduct.DataBind();
        }
//异常处理程序省略
    }
```

在高级搜索时，如果输入多个条件，则按照多条件进行查询，如果一个条件都没有，则查询所有的商品。

10.3.4　添加模块设计

电子商务网站系统后台管理中，添加、修改、删除数据功能模块都是必不可少的。下面，以商品的各种操作为例，介绍各个功能模块的设计。

添加商品的页面设计如图 10-44 所示。

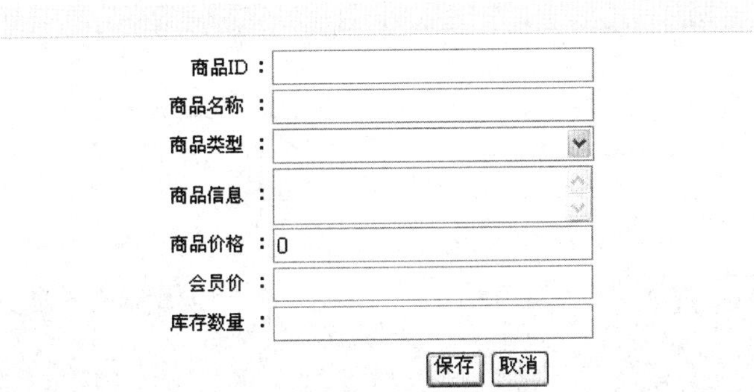

图 10-44　添加商品

页面中各控件的属性设置按照通用设置即可，商品类型下拉框需要绑定商品小类数据。添加商品的主要程序是在“保存”按钮的 click 事件中，如下所示：

```
    string strcon = "server='(local)';database='sw';uid='sa';
    pwd='sa';";//编写连接字串
    SqlConnection con = new SqlConnection(strcon);      //新建 SQL 连接
string sqlStr = "insert into sw_product(sw_productID,sw_pname,
smallclassid,sw_ pdetail,sw_ pprice,sw_ pmemderprice,sw_ stock),
values('";
    sqlStr +=txtProductID.Text+"','"+txtProductName.Text+"','"+
ddlSmallClassid.SelectedItem.Value+"','";
    sqlStr +="','"+txtDetail.Text+"',"+txtPrice.Text+","+
```

```
txtMemderprice.Text+","+txtStock.Text+")";
    try
{
con.Open();                                           //打开 SQL 连接
SqlCommand command = new SqlCommand(sqlStr, con);
if (command.ExecuteNonQuery() == 0)
                Response.Write("添加成功");
else
                Response.Write("添加失败，可能是要添加的记录已存在");
               //提示失败信息
}
//异常处理程序省略
}
```

10.3.5 修改模块设计

修改商品数据的过程是首先在商品管理页面（如图 10-45 所示）上的绑定商品信息的 Gridview 控件中添加一列“编辑”超级链接列，代码如下：

```
<asp:HyperLinkField DataNavigateUrlFields="sw_productID"
DataNavigateUrlFormatString="Modify.aspx?id={0}"  HeaderText="编辑"
Text="编辑">      <ControlStyle Width="50px" />    </asp:HyperLinkField>
```

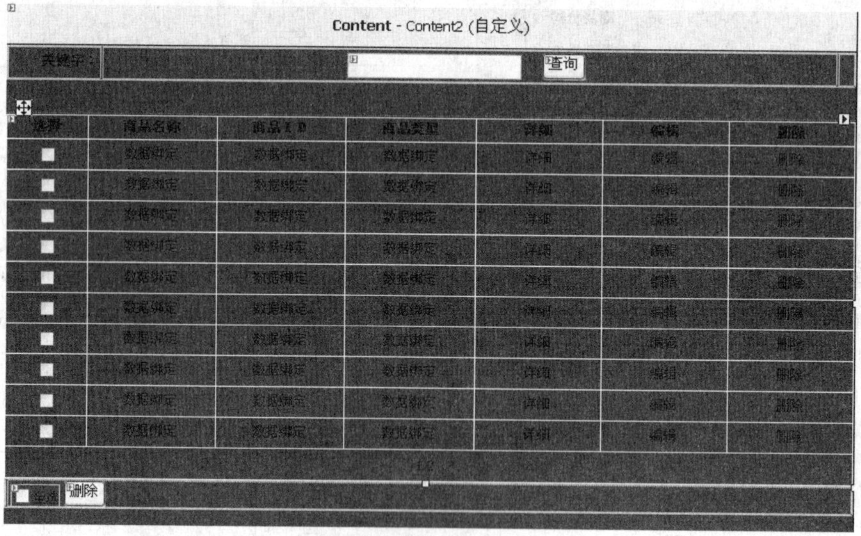

图 10-45 商品管理页面

“编辑”超级连接指向的 URL 是 Modify.aspx 页面，并且传参数“sw_productID”，可以在 Modify.aspx 页面上根据参数“sw_productID”获取商品信息，Modify.aspx 页面设

计与添加商品的页面设计基本一致。在 Modify.aspx.cs 文件中，首先要获取传递的参数“sw_productID”，然后根据参数值获取商品信息并显示在页面上，再根据需要对商品信息进行修改。主要程序代码如下：

```
protected void Page_Load(object sender, EventArgs e)
    {
        if (!Page.IsPostBack)
        {
            if (Request.Params["id"] != null && Request.Params["id"].
            Trim() != "")
            {
String  sw_productID=Request.Params["id"].ToString();
ShowInfo(sw_productID);//根据 sw_productID 获取商品信息并显示在页面上
            }
        }
    }
    private void ShowInfo(string sw_productID)          //显示商品信息
    {
string strcon = "server='(local)';database='sw';uid='sa';pwd='sa';";
                                                        //编写连接字串
SqlConnection con = new SqlConnection(strcon);          //新建 SQL 连接
string sqlStr = "select * from sw_product where sw_productID = '" +
sw_productID + "'";
try
{
            SqlDataAdapter da = new SqlDataAdapter(sqlStr, con);
            DataSet ds = new DataSet();
            da.Fill(ds);
            this.txtproductID.Text=ds.Tables[0].Rows[0]["sw_productID"].
             ToString();
            txtProductID.Enenbled = false;
            txtProductName.Text  = ds.Tables[0].Rows[0]["sw_pname"].
             ToString();
            ddlSmallClassid.Text = ds.Tables[0].Rows[0]["sw_SmallClassid"].
             ToString();
            txtDetail.Text = ds.Tables[0].Rows[0]["sw_pdtail"]. ToString();
            txtPrice.Text = ds.Tables[0].Rows[0]["sw_pprice"]. ToString();
            txtMemderprice.Text = ds.Tables[0].Rows[0]["sw_pmemderprice"].
            ToString();
            txtStock.Text = ds.Tables[0].Rows[0]["sw_pstock"].ToString();
}
```

```
//异常处理程序省略
}
protected void btnSave_Click(object sender, EventArgs e) //修改保存商品信息
{
string strcon = "server='(local)';database='sw';uid='sa';pwd='sa';";
                                                            //编写连接字串
SqlConnection con = new SqlConnection(strcon);              //新建 SQL 连接
string sqlStr = "update sw_product set sw_pname='"+txtProductName.Text+"',
smallclassid ='" ;
sqlStr  +=  ddlSmallClassid.SelectedItem.Value+"',  sw_  pdetail  ='"+
txtDetail.Text;
sqlStr +="', sw_ pprice ='"+ txtPrice.Text +"', sw_ pmemderprice ='"+
txtMemderprice.Text;
sqlStr +="', sw_ stock ='"+ txtStock.Text +"' where sw_productID='"+
txtProductID.Text+"'";
try
{
            con.Open();                                     //打开 SQL 连接
            SqlCommand command = new SqlCommand(sqlStr, con);
            if (command.ExecuteNonQuery() == 0)
               Response.Write("修改成功");                  //提示成功信息
            else
               Response.Write("修改失败，请检查后重新修改");//提示失败信息
}
//异常处理程序省略
}
```

10.3.6 删除模块设计

删除商品功能是在商品管理页面（如图 10-45）中完成的，删除分为单行删除和多行删除。

1．单行删除

单行删除需要在 GridView 控件每一行数据后加一个删除按钮列，代码如下：

```
<asp:TemplateField HeaderText="删除">
<ItemTemplate>
<asp:LinkButton ID="LinkButton1" runat="server" CausesValidation="False"
CommandName="Delete"      Text="删除"></asp:LinkButton>
</ItemTemplate>
          <ControlStyle Width="50px" />
</asp:TemplateField>
```

单行删除的事件方法程序如下：

```
protected void gvProduct_RowDeleting(object sender, GridViewDelete-
EventArgs e)
    {
string strcon = "server='(local)';database='sw';uid='sa';pwd='sa';";
        //编写连接字串
        SqlConnection con = new SqlConnection(strcon);  //新建 SQL 连接
        string productID = gvProduct.DataKeys[e.RowIndex].Value;
        string sqlStr = "delete from sw_product where sw_productID='" +
        productID+"'";
        try
        {
            con.Open();                                //打开 SQL 连接
            SqlCommand command = new SqlCommand(sqlStr, con);
            if (command.ExecuteNonQuery() == 0)
                Response.Write("删除成功");
            else
                Response.Write("删除失败，可能是要删除的数据不存在");
                //提示失败信息
        }
 //异常处理程序省略
        BindData();//重新绑定数据
    }
```

删除结束后，需要将 sw_Products 表中的数据重新绑定到页面 GridView 控件上，调用 BindData()完成该功能。BindData()方法与 10.3.3 搜索设计程序类似，在此不再介绍。

多行删除需要在 GridView 控件每一行数据前加一个复选框列，代码如下：

```
<asp:TemplateField HeaderText="选择">
        <ItemTemplate>
            <asp:CheckBox ID="DeleteThis" runat="server" onclick="javascript:
            CCA(this);" />
            </ItemTemplate>
            <ControlStyle Width="30px" />
</asp:TemplateField>
```

另外，还要再增加一个全选复选框和一个删除按钮，代码如下：

```
<asp:CheckBox ID="chkAll" runat="server" onclick="GetAllCheckBox(this)"
Text="全选" />
```

```
<asp:Button ID="btnDelete" runat="server" Text="删除" OnClick="btnDelete_
Click"/>
```

其中，全选复选框的onclick事件方法是一个js方法，代码如下：

```
function GetAllCheckBox(CheckAll)
{
        var items = document.getElementsByTagName("input");
        for(i=0; i<items.length;i++)
        {
            if(items[i].type=="checkbox")
            {
                items[i].checked = CheckAll.checked;
            }
        }
}
```

删除按钮的click事件方法程序如下：

```
protected void btnDelete_Click(object sender, EventArgs e)
    {
string idlist = GetSelIDlist();                    //获取所有选中的商品 id
if (idlist.Trim().Length == 0)
return;
string strcon = "server='(local)';database='sw';uid='sa';pwd='sa';";
                                                   //编写连接字串
SqlConnection con = new SqlConnection(strcon);     //新建 SQL 连接
string sqlStr = "delete from sw_product where sw_productID in ("+idlist +")";
try
{
con.Open();                                        //打开 SQL 连接
SqlCommand command = new SqlCommand(sqlStr, con);
if (command.ExecuteNonQuery() == 0)
Response.Write("删除成功");
else
                Response.Write("删除失败，可能是要删除的数据不存在");
                 //提示失败信息
}
//异常处理程序省略
BindData();//重新绑定数据
}
```

其中GetSelIDlist()方法功能是获取所有选中的商品id，程序代码如下：

```
private string GetSelIDlist()
```

```
{
string idlist = "'";
bool BxsChkd = false;
for (int i = 0; i < gridView.Rows.Count; i++)
{
CheckBox ChkBxItem = (CheckBox)gridView.Rows[i].FindControl("DeleteThis");
if (ChkBxItem != null && ChkBxItem.Checked)
{
BxsChkd = true;
if (gridView.DataKeys[i].Value != null)
{
                    idlist += gridView.DataKeys[i].Value.ToString() + "','";
                }
            }
}
        if (BxsChkd)
{
            idlist = idlist.Substring(0, idlist.LastIndexOf(",'"));
}
return idlist;
}
```

10.4 电子商务网站安全设计

10.4.1 电子商务网站安全威胁

电子商务网站安全威胁是多方面的。从网站内部看，网站服务器、通信设备的可靠性、操作系统、网络协议、数据库系统、网站程序等自身的安全漏洞，都是电子商务网站安全威胁。从网站外部看，网络黑客、计算机病毒也是电子商务网站安全威胁的重要因素。这些安全威胁可以分为两大类：硬件威胁和软件威胁。解决硬件威胁的主要措施是提高硬件的可靠性。软件威胁的种类非常多，例如网络钓鱼、地址欺骗、窃取账户密码、攻击数据库、木马程序、循环测试、SQL 注入攻击等，本节主要介绍的是电子商务网站设计时所遇到软件安全威胁及安全防范措施。

电子商务网站的安全准则如下：

① 网站软件的安全：网站的软件不被非法篡改，不受计算机病毒的侵害。

② 信息的完整性与真实性：网站的数据信息不被非法复制、破坏和丢失。

③ 信息的保密性：网站的技术信息、管理员的信息、网站用户信息等要求具备保密性。

④ 信息的不可否认性：用户在电子商务网站中进行电子商务活动一旦发生，具有不可抵赖性。

⑤ 确保服务器及通信设备的安全：确保各种硬件的可靠性。

⑥ 身份认证：电子商务网站用户或者数据库用户必须要经过身份认证才能访问。

⑦ 安全策略：网站、服务器应具有相应的安全机制。

⑧ 备份与恢复：定期对数据进行备份，以备发生异常时恢复数据。

基于这些安全准则，设计相应的安全措施。

10.4.2 安全措施设计

电子商务网站设计的安全措施有很多种，例如用户密码加密、验证码技术、防止SQL注入攻击、安全脚本程序、定期备份数据等，本书将重点介绍用户密码加密、验证码技术、防止SQL注入攻击、安全脚本程序这几种安全措施。

1. 用户密码加密

用户密码等信息是保密性要求非常高的信息，因此，即使密码保存在数据库中，也要对密码进行加密，将密码以密文的形式存放在数据库中，以防止密码泄露。

数据加密的方法有两种：双向加密和单向加密。双向加密是指数据既能被加密也能被解密。单向加密是指数据只能加密，而不能被解密；数据一旦被转换为密文之后，无论采用什么方法都无法还原为最初的数据。单向加密的优点就在于：即使密文被泄露，也不能理解这些密文信息的真正含义。

单向加密一般所采用的方法是哈希算法，哈希算法是将任意长度的二进制值映射为固定长度的较小二进制值，这个二进制值称为哈希值。哈希值是一段数据唯一且极其紧凑的数值表示形式。MD5是最常用的哈希算法，也是采用单向加密的加密算法，MD5有两个非常重要特性：第一是任意两段不同的数据，加密之后的密文也是不相同的；第二是任意一段数据，经过加密以后，其结果永远是相同的。

C#提供了有关MD5哈希算法的类——MD5CryptoServiceProvider。MD5Crypto Service Provider类位于System.Security.Cryptography命名空间中，作用是使用加密服务提供程序提供的方法完成对输入数据MD5哈希值的计算。计算哈希值的方法为：

```
public byte[] ComputeHash( byte[] buffer )
```

此方法只能接受byte型数组作为最初的原始数据，输出的密文数据也是byte型数组。因此，在对字符串加密之前，首先将这些字符串转化为byte型数组（使用UTF8Encoding类的GetBytes方法）。加密的方法程序如下：

```
public String GetPwd(String strpwd)
{
try
{
```

```
byte[] data = Encoding.UTF8.GetBytes(strpwd);
MD5CryptoServiceProvider md5Service = new MD5CryptoServiceProvider();
byte[] result= md5Service.ComputeHash(data);
string strhash = "";
int count = result.Length;
for (int i = 0; i < count; i++)
{
                strhash += string.Format("{0:X}",result[i]);
}
            return strhash;
        }
    //异常处理程序省略
    }
```

用户注册时，调用加密方法将密码加密，将密文密码保存在数据库中。用户登录时，同样也调用该方法对用户输入的密码进行加密得到密文密码，然后再与数据库中的密文密码进行比对，以此判断用户的合法性。

2. 验证码

验证码（CAPTCHA）是"Completely Automated Public Turing test to tell Computers and Humans Apart"（全自动区分计算机和人类的图灵测试）的缩写，是一种区分用户是计算机和人的技术。可以防止恶意破解密码、刷票、论坛灌水等现象。在电子商务网站中，可以通过验证码控件实现验证码的功能。

验证码控件一般属于第三方控件，需要将验证码控件引入到.NET 系统中就可以使用了。在用户注册页面上增加一个验证码控件及输入验证码的文本框，主要代码如下：

```
<asp:TextBox ID="txtCode" runat="server"></asp:TextBox> 
<cc1:SerialNumber ID="snCode" runat="server"></cc1:SerialNumber>
```

在用户注册页后台类文件中，首先在页面加载方法中生成验证码，主要程序如下：

```
snCode.Create();
```

在用户提交注册信息的时候，首先要判断验证码是否正确，程序如下：

```
protected void btnSubmit_Click(object sender, ImageClickEventArgs e)
{
    if (!CeckCode())
    {
        this.ltMain.Text = "<script>alert('验证码错误！')</script>";
        return;
    }
//用户注册程序，省略
```

```
}
protected bool CeckCode()
{
    if (snCode.CheckSN(txtCode.Text.Trim()))
    {
        return true;
    }
    else
    {
        snCode.Create();
        return false;
    }
}
```

3．防止 SQL injection 攻击

SQL 注入攻击是黑客对数据库进行攻击的常用手段之一。很多程序员在编写代码的时候，没有对用户输入数据的合法性进行验证，使应用程序存在安全隐患。如果用户在提交数据时，提交了一段数据库查询代码，而程序在没有做输入数据合法性验证的情况下，就会根据提交的查询代码执行并返回结果，从而获得数据库中的数据，这就是所谓的 SQL Injection，即 SQL 注入攻击。

（1）SQL 注入攻击的种类

① 没有正确过滤转义字符。

在用户输入的数据没有过滤转义字符时，就会发生这种形式的注入式攻击。例如在 ASP.NET 程序中，用户登录时，使用下面的 SQL 语句查询用户的合法性：

```
sqlStr = "SELECT * FROM sw_users WHERE sw_username = '" + userName + "'
and sw_password ='"+password+"'";
```

这条代码的设计功能根据输入的用户名和密码在用户表中查找数据，但是，如果密码被一个恶意的用户用一种特定的方式伪造，这个语句所执行的操作可能就不是预计的功能了。例如，将密码变量（即 sw_password）设置为：

```
1' or '1'='1,
```

此时原始语句为：

```
sqlStr = "SELECT * FROM sw_users WHERE sw_username = '" + userName + "'
and sw_password ='1' or '1'='1'";
```

SQL 查询条件'1'='1'永远是正确的，因此不管用户名和密码合不合法，只要用户表中存在数据，那么一定能查到记录，也就可以成功登录系统了。甚至还有一些 SQL 注入可以删除数据、非法查询所有数据等。下面语句中的密码值将会导致删除用户表，还可以从“sw_product”表中选择所有的数据。

```
1'; DROP TABLE sw_users; SELECT * FROM sw_product WHERE sw_productid LIKE'%
```

此时原始语句为：

```
sqlStr = "SELECT * FROM sw_users WHERE sw_username = '" + userName + "'
and sw_password ='1'; DROP TABLE users; SELECT * FROM DATA WHERE name LIKE
'%';
```

造成这些安全威胁的原因就是没有过滤转义字符，如果对用户输入的内容中的“'”等 SQL 语句中的特定字符进行转义，这种形式的 SQL 注入将会出现 SQL 语法错误、无法执行，从而避免了漏洞。

② 类型不正确的处理。

如果一个用户提供的字段并非一个强类型，或者没有实施类型强制，就会发生这种形式的攻击。当在一个 SQL 语句中使用一个数字字段时，如果程序员没有检查用户输入的合法性（是否为数字型）就会发生这种攻击。例如：

```
statement = "SELECT * FROM sw_users WHERE sw_userid = " + userid + ";
```

这条语句设计的目的是通过数字型的值查找用户。但是如果变量 userid 类型是字符串型，将 userid 设置为:“1; DROP TABLE sw_users”， SQL 语句变成：

```
SELECT * FROM sw_users WHERE sw_userid = 1; DROP TABLE sw_users;
```

该语句会将"sw_users"表从数据库中删除。

③ 盲目 SQL 注入式攻击。

当一个 Web 应用程序遭受攻击而又不显示其结果，就会发生所谓的盲目 SQL 注入式攻击。有漏洞的网页可能并不会显示数据，而是根据注入到合法语句中的逻辑语句的结果显示不同的内容。这种攻击相当耗时，因为必须为每一个获得的字段而精心构造一个新的语句。

④ 条件性差错。

如果 SQL 语句中的 WHERE 条件为真，这种类型的盲目 SQL 注入会迫使数据库执行一个引起错误的语句，从而导致一个 SQL 错误。例如：

```
SELECT 1/0 FROM sw_users WHERE sw_username='zhangsan'
```

显然，如果用户名为“zhangsan”的记录存在，被零除将导致错误。

⑤ 时间延误。

时间延误是一种盲目的 SQL 注入，根据所注入的逻辑，它可以导致 SQL 引擎执行一个长队列或者是一个时间延误语句。攻击者可以衡量页面加载的时间，从而决定所注入的语句是否为真。

实际中 SQL 注入攻击还有很多种，而且将来可能还会有新的类型出现。这里只介绍这些常见的 SQL 注入。

（2）防止 SQL 注入攻击的措施

① 使用参数化的过滤性语句。

要防御 SQL 注入，用户的输入就不能直接被嵌入到 SQL 语句中，必须经过过滤，或者使用参数化的语句。参数化的语句使用参数而不是将用户输入嵌入到语句中。在多数情况中，SQL 语句就得以修正。例如，在 ASP.NET 程序中：

```
StringBuilder strSql=new StringBuilder();
    strSql.Append("select count(1) from admin");
    strSql.Append(" where adminID=@adminID ");
    SqlParameter[] parameters = {
    new SqlParameter("@adminID", SqlDbType.Decimal)};
    parameters[0].Value = adminID;
```

这段程序就使用了参数化的 SQL 语句。

② 在程序出现错误或异常时，要避免出现一些详细的错误或异常消息，因为这些信息会为攻击者带来方便。

③ 在 Web 应用程序开发过程的所有阶段实施代码的安全检查。首先，要在部署 Web 应用之前实施安全测试，其次，企业还应当在部署之后用漏洞扫描工具和站点监视工具对网站进行测试。

4．安全脚本设计

脚本攻击是指将恶意的字符插入到网页中来，浏览器无法验证这些插入的字符，并且会将它们作为网页的一部分进行处理。

从浏览器的角度来看，网页只是一个长的字符串，浏览器会按照顺序处理这个字符串，在此过程中，会显示某些字符，同时按照某些规则解释其他字符。如果恶意用户将某些特殊字符插入到网页中来，则浏览器不知道这些特殊字符不应该处于该位置，而将它们作为页面的一部分进行处理。

假如现在用户在 TextBox 中输入恶意代码如：<script>alert('我进来了，我是来攻击你的');</script>，我们单击一个按钮在 Lable 控件上显示用户输入的内容，单击按钮就会弹出一个提示框，这种情况被称为脚本攻击。

这些攻击可以窃取用户的信息或传播病毒等，其威胁也是非常大的，一般来说，脚本攻击分为两类：

（1）简单的脚本攻击

此类攻击例如弹出警告框、加入 HTML 标记等，由于程序上过滤的不严密，使攻击者可以植入这些安全威胁小的非法脚本代码。

（2）危险的脚本攻击

这类脚本攻击已经过渡到可以窃取管理员或者是其他用户信息的程度上了。比如

cookies 窃取，利用脚本对客户端进行本地的写操作等等。

在 ASP.NET 中，防范脚本攻击的措施是对脚本进行过滤，可以使用 Server.HtmlEncode()方法对输入的字符串进行 HTML 编码，使用户输入的字符串起不到脚本的作用。但有些时候，用户正常输入了一些敏感字符，例如“>”等，如果全部采用 Server. HtmlEncode()方法进行编码，就无法实现用户的正常需求了，为了方便的过滤，一般只需要将 HTML 脚本和 JS 脚本中的几个关键字符过滤掉就可以了，过滤的程序如下：

```
public static string FiltrateWord(string str)
  {
        str = str.Replace("& ", "&amp; ");
        str = str.Replace(" < ", "&lt; ");
        str = str.Replace("> ", "&gt ");
        str = str.Replace(" ' ", " ‘");
        str = str.Replace("* ", "×");
        str = str.Replace("? ", "？");
        str = str.Replace("select ", "   ");
        str = str.Replace("insert ", "   ");
        str = str.Replace("update ", "   ");
        str = str.Replace("delete ", "   ");
        str = str.Replace("create ", "   ");
        str = str.Replace("drop ", "   ");
        str = str.Replace("delcare ", "   ");
        str = str.Replace("^ ", "   ");
        str = str.Replace("% ", "   ％");
        str = str.Replace("+ ", "＋");
        str = str.Replace("- ", "－");
        str = str.Replace("exec ", "   ");
        str = str.Replace(": ", "： ");
        str = str.Replace("; ", "； ");
        return str;
   }
```

用户的输入使用该方法进行过滤，屏蔽了那些可能会产生脚本攻击的特殊字符，当然，程序员也可以根据需要增减要替换的字符，以满足安全需要。

本章小结

本章主要介绍了电子商务系统建设的相关技术，涉及的内容有 Web 编程技术——ASP.NET，包括控件、内置对象、ADO.NET、数据绑定等；电子商务网站设计的相关技术，包括电子商务系统数据库设计、母版页设计、站点导航、Web 系统的层次结构等；电子商务网站常用组件设计，包括用户登录、购物车、搜索、添加、修改、删除等；电子商务网站安全设计，包括电子商务网站安全威胁及安全措施等。通过本章的学习，读者可以掌握电子商务网站设计的基本过程和方法。

参考文献

[1] 林小芳，电子商务网站开发与设计. 北京：清华大学出版社；2009.
[2] 高怡新，电子商务网站建设. 北京：人民邮电出版社；2005.
[3] 商玮，电子商务网站设计与建设. 北京：人民邮电出版社；2011.

第 11 章　电子商务系统的测试

11.1　软件测试的基本概念

软件测试是在软件投入运行之前，对软件需求分析、设计规格说明与编码的最终复审，是保证软件质量的关键步骤之一。软件测试是为了发现错误而审查和执行软件的过程。在软件生命周期中的编码阶段，通常每编写出一个模块之后就对它做必要的测试。编码与单元测试属于软件生命周期中的同一阶段。软件生存期中还有一个独立的测试阶段，对软件系统进行各种综合测试。软件测试总是试图以最少的代价发现软件分析、设计和编码等过程中存在的各种不同类型的错误，从而提高软件质量，降低软件系统的总成本。软件测试不是打消软件工程师积极性的过程，而是同软件分析与设计一样，是为了建成高质量的软件，只不过是从不同的侧面来进行。

11.1.1　软件测试的定义

软件测试（Software Test）是利用特定的技术和方法，运行、评价和验证软件的过程，其目的在于检验它是否满足规定的需求或搞清预期结果与实际结果之间的差别。

为了深入理解软件测试的定义，可以从如下几个方面来理解。

① 软件测试的目的方面。软件测试的目的是发现软件中的错误，而不能证明软件无错，是在软件投入运行前，对软件需求分析、设计和编码各阶段产品的最终检查，是为了保证软件开发产品的正确性、完全性和一致性，从而检测并修正软件错误的过程。

② 软件测试的性质方面。在软件开发过程中，分析、设计与编码等工作具有“建设性”，只有测试可能具有一定“破坏性”，如使用不合理用例测试。

③ 软件开发方面。软件测试以检查软件产品的内容和功能特性为核心，是软件质量保证的关键步骤，也是成功实现软件开发目标的重要保障。

④ 软件工程方面。软件测试是软件工程的一部分，是软件工程过程中的重要阶段。

⑤ 软件质量保证方面。软件质量保证是管理学范畴的概念，软件测试主要是技术实现范畴的概念，是软件质量保障的关键措施。

11.1.2　测试的目标

软件测试的目的是以最少的时间、人力和费用，检测出软件中的各种错误和问题。通过检测可以发现软件中的错误和问题，而且保证软件的功能和性能等方面与需求说明相一致，同时，还可以测试数据的模拟运行环境，为提交和使用软件产品提供可靠的依据。

著名软件工程专家 Grenford.J.Myers 在其著作《软件测试技巧》中将软件测试的目的归纳为：

① 测试是一个为了发现错误而执行程序的过程。

② 一个好的测试用例在于能发现至今为止尚未发现的错误。

③一个成功的测试是发现了至今为止尚未发现的错误的测试。

E.W.Dijkstra 指出："程序测试能证明错误的存在，但不能证明错误不存在"。

也就是说，测试的目的是发现程序中的错误，是为了证明程序有错，而不是证明程序无错。软件测试只是一个查找错误的过程，不能保证经过测试的程序就一定没有错误。把证明程序无错当作测试目的不仅是不正确的、完全做不到的，而且对做好测试没有任何益处，甚至是十分有害的。

下面的一些规则有助于测试人员实现软件测试的目标。

① 软件测试证明不了程序的正确性。程序的正确性必须通过穷尽式测试来证明，即将软件所有可能的执行情况都运行一遍。但是，就算是一个中等规模的程序，其执行路径的组合也非常庞大。受时间和费用的影响，也不可能穷尽测试。因此，测试只能帮助发现尽可能多的错误，而无法严格证明程序的正确性。

② 测试用例需要精心准备。软件测试中需要数据，即为测试而设计的测试用例，利用测试用例去运行程序，能帮助发现程序错误。但是，并不是所有的数据都具有相同的发现错误的能力。找到有代表性的测试用例，不仅能发现更多的错误，而且有助于控制测试的成本。

③ 测试应该由独立的第三方人员完成。从心理学的角度看，由软件开发人员来测试自己编写的系统并不是一个好的选择，他们的潜意识里存在证明程序正确的想法。因而在综合测试阶段，由独立的第三方来执行测试工作是一个最佳的选择。

④ 软件测试应该分步骤进行。通常软件是一个庞大的系统。从一开始就将整个系统作为一个单独实体来测试很难实现。软件的测试应该从较小规模的实体开始，如单个模块。然后逐渐进行大规模测试，如多个模块组装起来的子系统。

11.1.3 测试的基本原则

根据测试的目的，软件测试主要有以下一些基本原则。

① 所有的测试都应追溯到用户需求。软件测试的目的在于暴露软件所存在的错误和缺陷。而从用户角度看，最严重的错误就是那些导致软件无法满足需求的错误。程序中问题的根源可能在开发前期的各阶段，因而这些问题的解决、错误的纠正也必须追溯到软件开发的前期工作。

② 应该尽早制定测试计划，并严格执行测试计划。把"尽早地和不断地进行软件测试"作为软件开发者的座右铭。由于原始问题的复杂性，软件系统本身的复杂性和抽

象性，软件开发各个阶段工作的多样性，以及参加开发的各种层次人员之间工作的配合关系等因素，使得软件开发的各个环节都有可能产生错误。软件测试不仅仅是软件开发的一个独立阶段，应把它贯穿到整个软件开发过程，尽早地发现错误，及时纠正，以减少错误放大效应的影响，提高软件的质量，降低软件成本。

在测试工作真正开始前，要进行测试计划的设计。测试计划应该在需求分析阶段开始制订，在概要设计时完成，详细的测试用例定义可以在设计模型确定后开始，所有的测试要在任何代码产生之前进行计划和设计。

测试计划应包括以下内容：测试目的、被测试软件的功能、输入和输出、测试内容、各项测试进度安排、资源要求、测试资料、测试工具、测试用例、测试控制方式和过程、系统组装方式、跟踪规程以及评价标准等等。测试计划应和软件系统的其他文档资料一样长期保存，直到该软件系统被废弃为止。对于测试计划，要明确规定，不要随意解释。测试计划制定出来以后排除测试的随意性。

③ 应该由第三方进行测试工作。严格地说，一个软件项目的开发人员不应该同时是该软件的测试人员。从心理学角度讲，让一个人否定自己所做的工作将是一件非常沮丧的事情。另外，如果程序中包含了由于程序员对程序功能需求的误解而产生的错误，当程序员测试自己的程序时，往往还会带着同样的误解而使错误难以发现。因此，基于人本身的弱点，要克服这种盲目的自信心及对功能要求误解的延续性，测试工作应避免由系统开发人员或开发机构本身来承担。为了得到最好的测试效果，应由第三方人员或者说另一个独立的机构（即不是设计系统或编写程序的机构和个人）对软件进行客观、严格的独立测试。更一般地，测试工作应由软件系统设计编程部门以外的另一个独立部门来进行，但查出错误之后的排错，则仍应由程序的原编写者自己进行。

④ 穷举测试是不可能的。在进行软件测试时，只要对每一种可能情况都进行测试（亦即穷举测试），就可以得到完全正确的程序。但是，能不能把所有隐藏的错误全都找出来呢?或者说能不能把所有可能做的测试无遗漏地做完呢?事实上这是不可能的，也是不现实的。应该有选择地进行测试，选取有代表性的、典型的数据作为测试用例。

⑤ 充分重视测试中的群集现象。有的测试人员经过测试发现错误后，就认为错误找的差不多了，不再继续进行测试。经验表明，测试后软件中仍存在错误的概率与已经发现的错误数成正比。根据这一规律，应该对出现错误多的程序段进行重点测试，以提高测试效率。

⑥ 设计测试用例应全面。在设计测试用例时，不仅要包括合理、有效的输入条件，也要包含不合理、失效的输入条件。人们往往习惯按照合理的、正常的情况进行测试，而忽略了对异常、不合理的、意想不到的情况进行测试，而这些隐患如果没有排除，在今后的正式运行中就有可能暴露出来。

在测试程序时，不仅要检测程序是否做了该做的事，还要检测程序是否做了不该做的事。多余的工作会带来相应的副作用，会影响程序的效率，有时甚至会带来潜在的危害或错误。

11.2 软件测试文档

11.2.1 测试计划

测试计划描述所有的测试活动，充分的准备工作可以有效地克服测试的盲目性，缩短测试周期，提高测试效率。测试计划必须是可行的，因此，在制定测试计划时，要充分考虑整个项目的特殊情况，如开发时间和进度，以及一些人为因素和客观的条件限制等。测试计划的内容主要有：测试的内容、进度安排、测试所需的环境和条件（包括设备、被测项目、人员等）、测试培训安排，等等。

软件测试计划模板一般包括以下要素。

1．引言：目的、背景、范围、定义、参考资料

2．测试内容：测试功能清单

3．测试规则：进入准则、暂停/退出准则、测试方法、测试手段、测试要点、测试工具

4．测试环境：硬件环境、软件环境、特定测试环境要求

5．项目任务：测试规划、测试设计、测试执行准备、测试执行、测试总结

6．实施计划：工作量估计、人员需求及安排、进度安排、其他资源需求及安排、可交付工件

7．风险管理

11.2.2 测试大纲

测试大纲是测试的依据。它明确详尽地规定了在测试中针对系统的每一项功能或者特性所必须完成的基本测试项目和测试完成的标准。无论是自动测试还是手动测试，都必须满足测试大纲的要求。

测试大纲模板

目录

1 引言

1．1 编写目的

1．2 参考资料

1．3 定义

1．4 测试内容和测试种类

2 系统结构（图表形式表示）

3 测试目的

4 测试环境

4．1 硬件：列出进行本次测试所需的硬件资源的型号、配置和厂家。

4．2 软件：列出进行本次测试所需的软件资源，包括操作系统和支持软件（不含待测软件）的名称、版本、厂家。

5 人员：列出一份清单,说明在整个测试期间人员的数量、时间、技术水平的要求。

6 测试说明：可以把整个测试过程按逻辑划分为几个组（包括测试计划中描述的总体测试要求的每个方面），并给每个组命名一个标识符。

6．1 测试 1 名称及标识符说明

6．1．1 测试概述：对测试 1 进行一个总体描述,主要说明这组测试的基本内容。

6．1．2 测试准备：描述本测试开始前系统必须具备的状态和数据。

6．1．3 测试步骤：对各测试操作按先后顺序进行编号。具体操作和数据见附录。

6．2 测试 2 名称及标识符说明

…

11.2.3 设计和生成测试用例

测试用例的设计和编制是测试活动中关键的一步。根据测试大纲，设计和生成测试用例，并产生测试用例说明文档。用例内容主要包括：测试目标、待测功能、测试环境、测试日期、输入数据、测试步骤、预期结果及评价准则等等。测试用例控制着软件测试的执行过程，它是对测试大纲中每个测试项目的进一步实例化。一个良好的测试用例，应该有较高的发现错误的概率。

11.2.4 实施测试

测试的实施由一系列测试周期组成，在每个测试周期中，测试人员和开发人员依据预先编制好的测试大纲和准备好的测试用例对被测软件进行完整的测试。测试与纠错通常是反复交替进行的。测试的步骤分别按硬件系统、网络系统和软件系统进行测试，最后对整个系统进行总的综合测试。

通常，在硬件设备及网络设备到货后，应在各个相关厂商配合下先进行初验测试。硬件的初验测试主要工作包括硬件的配置检测、设备的外观检查及硬件测试（包括加电检测、操作检测及是否提供了相关工具等)。网络设备的初验测试主要有网络设备的外观检查、硬件测试及网络连通测试。在硬件测试及网络测试完成后，要形成相应的硬件或网络测试报告，报告中包含测试步骤、测试过程和测试结论等内容。初验通过后，将硬件、网络与软件等结合到一起进行系统测试。

软件测试分成五步：单元测试、集成测试、确认测试、系统测试和验收测试。每一步测试的内容和要求将在后面作详细说明。

测试完成后，要形成相应的测试报告，对测试活动及其结果进行总结，并对结果进行评价，指出缺陷和错误。另外，给出一些建议，如：可采用的修改方法，各项修改预计的工作量及修改的负责人等。

11.3 准备测试环境

测试环境是由测试数据、硬件配置、软件、接口、网络、人员、手册、设备等所有用于支持测试工作的元素组成的集合。一个好的测试环境应该是稳定的、可重复的，它不仅能达到测试执行的技术要求，并且能够得到正确的、可重复的测试结果。下面介绍部分环境的配置。

11.3.1 硬件配置

硬件环境指测试必需的服务器、客户端、网络连接设备以及打印机/扫描仪等外部设备所构成的环境。硬件配置必须要达到系统运行的最低要求，确保能支持软件正常运行。另一方面，由于不同的用户可能会在硬件方面存在细微的差别，但要在测试环境中对每一种环境进行设计是不现实的。因此，实际的做法是通过抽样调查等方式得出一系列配置文件，归纳出一些常见的配置分情况进行测试。

11.3.2 软件环境

软件环境指被测软件运行时的操作系统、数据库及其他应用软件构成的环境。与硬件环境类似，在测试时应尽量选择几种比较普遍的软件平台（操作系统、数据库及其他支持系统运行的应用软件），对每种配置分别进行测试，检验系统的兼容性，同时要保证测试的软件环境是无毒的。需要注意的是，为了更好地模拟系统运行的真实环境，软件环境中还应当包括用户常用的驻留于测试环境之中的其他应用程序，这些共驻软件可能并不与被测程序进行交互。

11.3.3 人员组织

测试中的人员主要有测试经理、测试文档审核师、测试设计师和测试工程师。进行测试时，需要有不同人员的参与，包括具有一定开发经验的计算机专业人员、业务人员及非专业人员。单元测试通常由开发人员负责；集成测试通常由各个开发团队协同合作；系统测试由于工作量非常大，其测试队伍包括开发员、QA 人员、用户、技术文员、售后服务人员、培训人员等；验收测试应当主要由使用系统的人来完成，包括用户、客户服务代表、培训员、市场营销员及其他测试人员等。

11.4　软件测试的基本方法

软件测试的目标是以最少的测试用例集合测试出软件中尽可能多的潜在错误。如何测试的彻底，怎样设计测试用例是测试的关键技术。

按照测试过程是否在实际应用环境中运行来分类，软件测试方法一般可以分成静态测试和动态测试。测试方法又可以分为分析方法与非分析方法。其中，分析方法包括静态分析法与白盒法，非分析方法又称为黑盒法。

11.4.1　静态测试

静态测试实际上是确认在给定的外部环境中软件的逻辑正确性，它应该包括规格说明和程序等的确认。静态测试一般不在计算机上实际执行程序，它针对的是软件规格说明等文档及源程序代码文件。软件正确性的确认主要通过以下手段：人工测试、计算机辅助分析及程序正确性证明。

1．人工测试方法

人工测试是通过人工阅读分析以及评审软件的文档、程序资料等，以发现程序中的错误。人工评审能找出那些设计中在机器上不易发现的逻辑错误。据统计，好的人工评审可以发现 30%～70%的逻辑设计和编码错误。

人工评审具有许多优点。它可以成批地发现错误并成批纠正，具有较高的测试效率，而且能在早期发现错误及早纠正，降低了测试的成本，也减少软件错误可能造成的损失。另外，人工评审有利于软件开发人员在一个开发组内取长补短，互相学习。

静态分析中进行人工测试的主要方法有桌面检查、代码评审和走查。

桌面检查是一种传统的检查方法，主要由程序员检查自己编写的程序。程序员在程序通过编译之后，进行单元测试设计之前，对源程序代码进行分析、检验，并补充相关的文档，以发现程序中的错误。由于程序作者熟悉自己编写的程序，可以节省检查时间，但也要避免主观片面性。

代码评审是由若干程序员和测试人员组成一个评审小组，通过阅读、讨论和争议，对程序进行静态分析的过程。首先让评审人员阅读软件的各种文档和源程序资料，然后召开程序审查会，对各种问题进行讨论，审查问题是否存在。

走查与代码评审基本相同。但它不是简单地阅读程序和对照错误检查表进行检查，而是让与会者“充当”计算机，集体扮演计算机的各种角色，让事先准备的有代表性的测试用例沿程序的逻辑运行一遍，随时记录程序的踪迹，供分析和讨论用。

通过对规格说明文档及源程序资料的检查，对程序的逻辑和功能提出各种问题，并开展热烈的讨论和争议，能够发现软件更多的错误。

2．计算机辅助静态分析

使用静态分析工具对被测试的程序进行静态分析，从中提取一些有用的信息，可以显著提高测试的效率。例如，可以用静态分析工具检查程序中的局部变量和全局变量、参数的匹配、判断与循环的嵌套匹配、潜在的死循环、无法执行到的代码段、过程调用层次等。

3．程序正确性证明

程序正确性证明就是试图利用某种特定的方法，去证明所开发出来的程序是正确的，不存在任何错误。所谓证明，就是确信一个断言真实性的论证。这种证明可以是形式化的或非形式化的。断言是一种逻辑表达式，它规定必须存在的一个程序状态，或者规定在程序执行过程中某一个特定点上程序变量必须满足的条件集合。

11.4.2 动态测试

动态测试也称为机器测试，就是直接在计算机上运行所要测试的软件，从实际运行的结果发现并纠正错误。动态测试主要是通过动态分析以及程序测试来检查程序的执行状态，以确认程序的正确性。动态测试的工作包括设计一组测试用例，执行被测试的程序，分析执行后的结果并发现错误。

动态测试的基本思想是：将程序视为一个函数，该函数描述了程序的输入与输出的关系。输入的全体称为函数的定义域，输出的全体称为函数的值域。动态测试的过程实际上是取定义域中每个数位作为输入，实际运行程序，判定执行结果是否全部包含在函数的值域中，用以检验程序的正确性、有效性和可靠性。

具体地讲，一个动态测试过程可以分为以下五个步骤：

① 选取定义域中的有效值，或定义域外无效值。

② 对已选取的值确定其预期的结果。

③ 用选取的位作为输入，执行程序。

④ 观察程序的行为，记录其执行结果。

⑤ 将第四步的结果（程序执行结果）与第二步的结果（预期结果）相比较，不吻合则表明程序存在错误。

用定义域中的每个元素执行上述测试过程，可以证明程序中是否存在错误，这就是穷尽测试。实际使用的测试方法是一种抽样检查，它把穷尽测试变成一个可行的测试过程。为了进行选择测试，首先就要寻找一个合适的定义域中具有代表性的测试数据集。专家们已经证明，并不存在寻找测试数据集的标准算法。而测试用例中的预期结果实际上是与所选出来的定义域子集相对应的值域子集。

常用的动态测试方法有白盒测试和黑盒测试。白盒测试和黑盒测试是软件测试中的两大方法，传统的测试活动基本上都可以划到这两类方法当中。如果了解软件产品的内部逻辑结构，针对某些特定条件设计测试用例对软件的逻辑路径进行测试，可以用白盒法。如果已经了解软件产品规定的功能，测试是为了证实各个功能已经被软件实现，并在各功能中查找其中的错误，可以用黑盒法。

11.4.3　白盒测试

白盒测试是对软件的开发过程中细节做细致的检查，把测试对象看作一个打开的盒子，它允许测试人员利用程序内部的逻辑结构及有关信息，设计或选择测试用例，对程序所有的逻辑路径进行测试。通过在不同点检查程序状态，以确定实际状态是否与预期的状态一致。因此，白盒测试又称为结构测试或逻辑驱动测试。

白盒测试只测试软件产品的内部结构和处理过程，而不测试软件产品的功能。白盒测试用于纠正软件系统在描述、表示和规格上的错误，是进一步测试的前提。

白盒测试方法分为静态测试和动态测试。静态测试是不通过执行程序而进行的测试，用于检查软件的表现和需求规格说明描述是否一致。动态测试是指软件执行时，在模拟或真实的软件环境中对软件系统执行之前、执行之中和执行之后进行测试，根据程序的控制结构设计测试用例，具体原则如下所示：

（1）保证一个模块中的所有独立路径至少被使用一次；

（2）对所有的逻辑值均需测试 true 和 false；

（3）在上下边界及可操作范围内运行所有循环；

（4）检查内部数据结构以确保其有效性。

1．逻辑覆盖法

逻辑覆盖法又称为控制流覆盖，是选择一组实体以满足覆盖标准，如语句覆盖、判定覆盖、条件覆盖、判定-条件覆盖、条件组合覆盖和路径覆盖等，然后再选择一组覆盖该组实体的有限路径。下面通过示例来讲解逻辑覆盖方法。

【例 11.1】 简单数值计算的程序流程图如下：

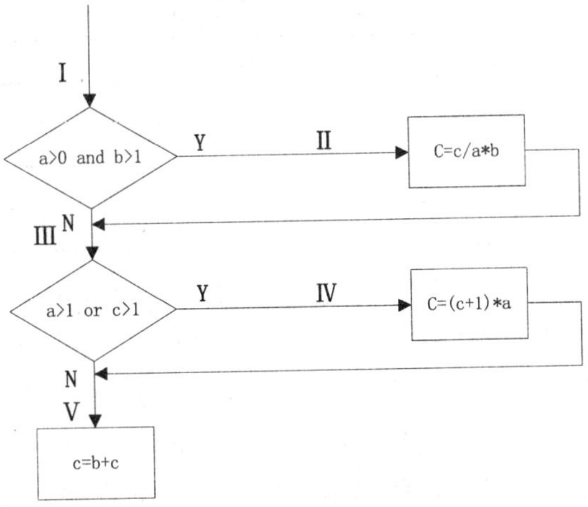

图 11-1　程序流程图

（1）语句覆盖

语句覆盖又称为线覆盖面或段覆盖面。其含义是指，选择足够数目的测试数据，使被测程序中的每条语句至少执行一次。

语句覆盖率=(至少被执行一次的语句数量)/(可以执行的语句总数)

例 11.1 的测试用例选择 a=2，b=2，c=4，程序按照路径Ⅰ->Ⅱ->Ⅲ->Ⅳ->Ⅴ执行，程序段中的 5 个语句均执行，符合语句覆盖。但是，如果测试用例选择 a=2，b=-2，c=4，程序按照路径Ⅰ->Ⅲ->Ⅳ->Ⅴ执行。则未能达到语句覆盖。

语句覆盖测试法仅仅针对程序中的显式语句，对隐藏条件无法测试。若例 11.1 中第一个逻辑运算符“and”误写成“or”，测试用例 a=2，b=2，c=4 仍能达到语句覆盖的要求，但是并未发现程序中的误写错误。

语句覆盖可以直接应用于目标代码，不需要处理源代码，但是，作为最弱逻辑覆盖，语句覆盖对一些控制结构不敏感。由于逻辑覆盖很低，往往发现不了在判断中逻辑运算符出现的错误。

（2）判定覆盖

判定覆盖又称为分支覆盖或所有边覆盖。测试控制结构中的布尔表达式分别为真和假，布尔型表达式被认为是一个整体，取值为真和假，而不考虑内部是否包含“逻辑与”或“逻辑或”等操作符。

判定覆盖的基本思想是，设计的测试用例使得程序中的每个判定分别取“真”和取“假”分支至少一次，即判断真假值均被满足。

判定覆盖率=(判定结果被评价的次数)/(判定结果的总数)

例 11.1 的判定覆盖测试用例见表 11-1。

表 11-1 例 11-1 的判定覆盖测试用例

测试用例	a>0 and b>0	a>1 or c>1	执行路径
a=1,b=1,c=6	T	T	Ⅰ->Ⅱ->Ⅲ->Ⅳ->Ⅴ
a=1,b=-2,c=-4	F	F	Ⅰ->Ⅲ->Ⅴ
a=1,b=1,c=-4	T	F	Ⅰ->Ⅱ->Ⅲ->Ⅴ
a=1,b=-2,c=4	F	T	Ⅰ->Ⅲ->Ⅳ->Ⅴ

op 判定覆盖比语句覆盖要多几乎一倍的测试路径，当然也就具有比语句覆盖更强的测试能力。同样，判定覆盖也具有和语句覆盖一样的简单性，无须细分每个判定就可以得到测试用例。但是，往往大部分的判定语句是由多个逻辑条件组合而成，若仅仅判断其最终结果，而忽略每个条件的取值情况，必然会遗漏部分测试路径。

由于短路操作符，判定覆盖有时会忽略布尔表达式的内部分支。分析下面一段代码。

```
if (condition1&&( condition2||function1()))
   statement1;
else
   statement2;
```

当 condition1 和 condition2 取值为真时，执行 statement1 表达式；当 condition1 取值为假，则 condition2 取值不进行判定，执行 statement2 表达式。可见，在这段代码的控制结构的执行中，短路操作符＆＆排除了 condition2||function1()的影响，使得不用考虑 condition1 之后的表达式。

编译器在不生成不需要的测试代码时称为惰性判定。例如，“or” 表达式的第一个条件为真，则第二个条件就不测试。又如，“and” 表达式中的第一个关系为假，则第二个条件就不进行判定。因此，判定语句由多个逻辑条件组合而成，仅仅判断最终结果，忽略每个条件的取值情况，必然会遗漏部分测试路径。

（3）条件覆盖

条件覆盖是设计测试用例，使每个判断中每个条件的可能取值至少满足一次。

条件覆盖率＝(条件操作数值至少被评价一次的数量)/(条件操作数值的总数)

例 11.1 的条件覆盖测试用例见表 11-2。

表 11-2　例 11.1 的条件覆盖测试用例

测试用例	覆盖条件	取值条件	执行路径
a=2,b=-1,c=-3	T1,F2,T3,F4	A>0,B⩽0,A>1,C⩽1	Ⅰ->Ⅲ->Ⅳ->Ⅴ
a=-1,b=2,c=3	F1,T2,F3,T4	A⩽0,B>0,A⩽1,C>1	Ⅰ->Ⅲ->Ⅳ->Ⅴ

针对例 11.1 中的条件表达式 a>0 and b>0，a>0 取值为“真”，记为 T1；a>0 取值为“假”，记为 F1；b>0 取值为“真”，记为 T2；b>0 取值为“假”，记为 F2；针对条件表达式 a>1 0r c>1，a>1 取值为“真”，记为 T3；a>1 取值为“假”，记为 F3；C>1 取值为“真”，记为 T4；c>1 取位为“假”，记为 F4。

条件覆盖比判定覆盖增加了对复合判定情况的测试，增加了测试路径。但条件覆盖只能保证每个条件至少有一次为真，而不考虑所有的判定结果。

（4）判定-条件覆盖

既然判定覆盖不一定包含条件覆盖，条件覆盖也不一定包含判定覆盖，那么就自然会提出一种能同时满足两种覆盖标准的逻辑覆盖，这就是判定-条件覆盖。

判定-条件覆盖的含义是通过设计足够的测试用例，使得判断条件中的所有条件可能至少执行一次取值，同时，所有判断的可能结果至少执行一次。因此，判定-条件覆盖的测试用例须满足如下条件：

① 所有条件的可能结果至少执行一次取值。

② 所有判断的可能结果至少执行一次取值。

判定条件覆盖率=(条件操作数值或者判定结果至少被评价一次的数量)/(条件操作数值总数+判定结果的总数)

例 11.1 的判定-条件覆盖测试用例见表 11-3。

表 11-3 例 11.1 的判定—条件覆盖测试用例

测试用例	覆盖条件	执行路径
a=2,b=-1,c=6	T1, T2,T3, T4	Ⅰ->Ⅱ->Ⅲ->Ⅳ->Ⅴ
a=-1,b=-2,c=-3	F1, F2 ,F3, F4	Ⅰ->Ⅲ->Ⅴ

判定-条件覆盖能同时满足判定、条件两种覆盖标准，是判定和条件覆盖设计方法的并集，具有两者的简单性，却没有两者的缺点。表面上，判定-条件覆盖测试了所有条件的取值，但事实并非如此，往往某些条件掩盖了另一些条件，并没有覆盖所有的“真”和“假”取值的条件组合情况，会遗漏某些条件取值错误的情况。为了彻底地检查所有条件的取值，需要将判定语句中给出的复合条件表达式进行分解，形成多个基本判定嵌套的流程图。这样就可以有效地检查所有的条件是否正确了。

（5）条件组合覆盖

条件组合覆盖的基本思想：设计测试用例，使得判断中每个条件的所有可能至少出现一次，并且每个判断本身的判定结果也至少出现一次。它与条件覆盖的差别是，条件组合覆盖不是简单地要求每个条件都出现“真”与“假”两种结果，而是要求这些结果的所有可能组合都至少出现一次。

条件组合覆盖率=(被评价的分支条件组合数量)/(分支条件组合总数)

条件组合覆盖是一种相当强的覆盖准则，可以有效地检查各种可能的条件取值的组合是否正确。它不但覆盖所有条件的可能取值的组合，还覆盖所有判断的可取分支。

例 11.1 的条件组合覆盖测试用例见表 11-4、表 11-5：

表 11-4 覆盖条件取值

序号	覆盖条件	取值条件
1	T1, T2	A>0 and B>0，取真
2	T1, F2	A>0 and B>0，取假
3	F1, T2	A>0 and B>0，取假
4	F1, F2	A>0 and B>0，取假
5	T3, T4	A>1 or C>1，取真
6	T3, F4	A>1 or C>1，取真
7	F3, T4	A>1 or C>1，取真
8	F3, F4	A>1 or C>1，取假

表 11-5　例 11.1 的条件组合覆盖测试用例

测试用例	覆盖条件	组合编号	执行路径
a=2,b=1,c=6	T1, T2,T3, T4	编号 1，编号 5	Ⅰ->Ⅱ->Ⅲ->Ⅳ->Ⅴ
a=2,b=-1,c=-3	T1, F2,T3, F4	编号 2，编号 6	Ⅰ->Ⅲ->Ⅳ->Ⅴ
a=-2,b=2,c=-3	F1, T2,F3, T4	编号 3，编号 7	Ⅰ->Ⅲ->Ⅳ->Ⅴ
a=-2,b=-2,c=-3	F1, F2,F3, F4	编号 4，编号 8	Ⅰ->Ⅲ->Ⅴ

条件组合覆盖准则虽然满足判定覆盖、条件覆盖和判定-条件覆盖准则，但线性地增加了测试用例的数量，不能保证所有的路径都被执行测试，仍可能有部分路径被遗漏，测试还不够全面。

（6）路径覆盖

程序能否得到正确的运行结果，必须保证沿着特定的路径执行。路径覆盖的基本思想：选择足够的测试用例，使得程序中所有的可能路径都至少被执行一次。每一条路径都是从函数的入口到出口分支的一个唯一序列。

路径覆盖率=(至少被执行一次的路径数)/(总的路径数)

【例 11.1】 的路径覆盖测试用例见表 11-6。

表 11-6　例 11.1 的路径覆盖测试用例

测试用例	组合编号	执行路径
a=2,b=1,c=6	编号 1，编号 5	Ⅰ->Ⅱ->Ⅲ->Ⅳ->Ⅴ
a=2,b=-1,c=-3	编号 1，编号 8	Ⅰ->Ⅱ->Ⅳ->Ⅴ
a=-2,b=2,c=-3	编号 3，编号 7	Ⅰ->Ⅲ->Ⅳ->Ⅴ
a=-2,b=-2,c=-3	编号 4，编号 8	Ⅰ->Ⅲ->Ⅴ

虽然路径覆盖比前面几种逻辑覆盖法的覆盖率都大，但它也有如下缺点：随着程序代码复杂度的增加，测试工作量将呈指数级增长；例如，一个函数包含10 个 if 语句，就有 2^{10}=1024 条路径要测试。如果增加一个 if 语句．就有 2^{11}=2048 条路径要测试。

（7）逻辑覆盖法总结

逻辑覆盖法中的语句覆盖、判定覆盖、条件覆盖、判定-条件覆盖、条件组合覆盖和路径覆盖具有相互包含的关系。其中，语句覆盖最弱，其他覆盖依次增强，路径覆盖的效果最好。

逻辑覆盖法普遍具有如下问题：语句覆盖或判定覆盖作为测试数据的主要依据，经过所选的路径并不能保证所有错误都被查出，带有循环的程序将有无穷多条路径。

2．基本路径测试法

基本路径测试法是在程序控制流图的基础上，通过分析控制构造的环路复杂性，导出基本可执行路径的集合，从而设计测试用例的方法。

基本路径测试的关注点在于条件判定节点与循环节点对程序路径带来的复杂度的提高，它通过对程序执行路径的遍历来实现程序的覆盖。该法所遵循的基本测试原则是：对程序模块的所有独立执行路径至少测试一次。

（1）程序的控制流图

程序的控制流图（可简称流图）是对程序流程图进行简化后得到的，它可以更加突出的表示程序控制流的结构。

控制流图中包括两种图形符号：结点和控制流线。

结点由带标号的圆圈表示，可代表一个或多个语句、一个处理框序列和一个条件判定框（假设不包含复合条件）。

控制流线由带箭头的弧或线表示，可称为边。它代表程序中的控制流。

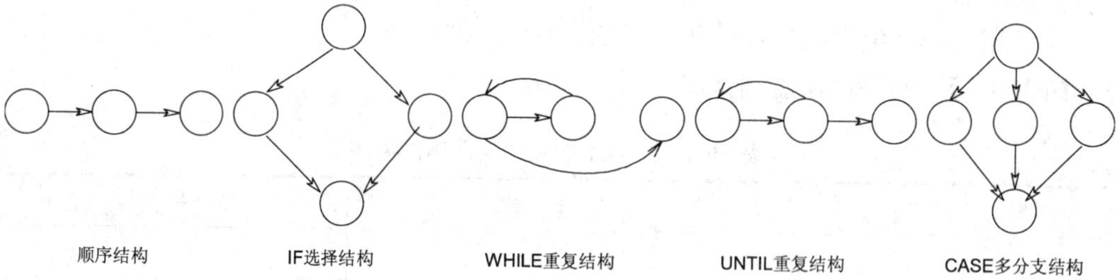

图 11-2　控制流图的图形符号

（2）环形复杂度

环形复杂度也称为圈复杂度，它是一种为程序逻辑复杂度提供定量尺度的软件度量。

可以将环形复杂度用于程序基本路径测试。环形复杂度可以提供：程序基本集的独立路径数量和确保所有语句至少执行一次的测试数量的上界。

其中独立路径是指程序中至少引入了一个新的处理语句集合或一个新条件的程序通路，即独立路径必须至少包含一条在本次定义路径之前不曾用过的边。

测试可以被设计为基本路径集的执行过程，但基本路径集通常并不唯一。

环形复杂度以图论为基础，为我们提供了非常有用的软件度量。可用如下三种方法之一来计算环形复杂度：

① 控制流图中区域的数量对应于环形复杂度。

② 给定控制流图 G 的环形复杂度—V(G)，定义为

$$V(G) = E-N+2$$

其中，E 是控制流图中边的数量，N 是控制流图中的节点数量。

③ 给定控制流图 G 的环形复杂度—V(G)，也可定义为

$$V(G) = P+1$$

其中，P 是控制流图 G 中判定节点的数量。

（3）基本路径测试法步骤

基本路径测试方法包括以下 4 个步骤：

① 画出程序的控制流图。

② 计算得到控制流图 G 的环形复杂度 V(G)，导出程序基本路径集中的独立路径条数，这是确定程序中每个可执行语句至少执行一次所必须的测试用例数目的上界。

③ 导出基本路径集，确定程序的独立路径。

④ 根据③中的独立路径，设计测试用例的输入数据和预期输出。

【例 11.2】 以下面的 C 函数为例，说明测试用例的设计过程。

```
void  Sort ( int  irecordnum, int itype )
1 {
2    int  x=0;
3    int  y=0;
4    while ( irecordnum-- > 0 )
5    {
6        If ( itype==0 )
7             x=y+2;
8     else
9         if ( itypc--1 )
10            x=y+10;
11       else
12            x=y+20;
13    }
14 }
```

① 画出控制流图，如图 11-3 所示。

② 计算环形复杂度

V(G) = E-N+2=10（条边）-8（个结点）+2=4

③ 导出独立路径（用语句编号表示）

路径 1：4→14

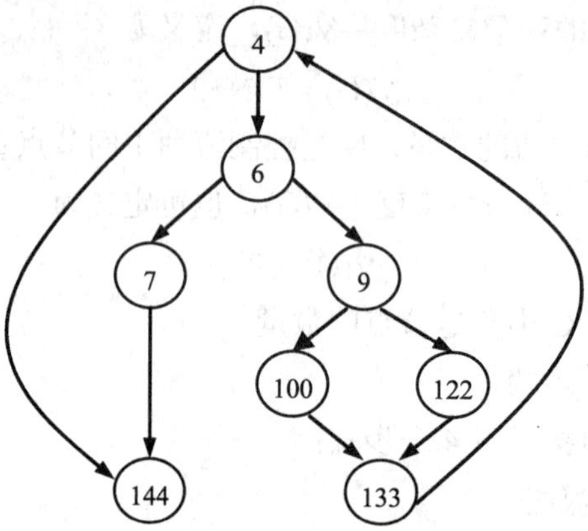

图 11-3　例 11.2 的控制流图

路径 2：4→6→7→14

路径 3：4→6→9→10→13→4→14

路径 4：4→6→9→12→13→4→14

④ 设计测试用例

根据实例中的独立路径，设计测试用例的输入数据和预计输出。设计的测试用例如表 11-7 所示。

表 11-7　设计的测试用例

	输 入 数 据	预 期 输 出
测试用例 1	irecordnum = 0 itype = 0	x = 0 y = 0
测试用例 2	irecordnum = 1 itype = 0	x = 0 y = 0
测试用例 3	irecordnum = 1 itype = 1	x = 10 y = 0
测试用例 4	irecordnum = 1 itype = 2	x = 0 y = 20

11.4.4　黑盒测试

黑盒测试又称为数据驱动测试、基于规格的测试、输入输出测试或者功能测试。黑盒测试基于产品功能规格说明书，从用户角度针对产品特定的功能和特性进行验证活动，确认每个功能是否得到完整实现，用户能否正常使用这些功能。

黑盒测试在不知道系统或组件内部结构的情况下进行，不考虑内部逻辑结构，着眼于程序外部结构，在软件接口处进行测试。黑盒测试主要具有如下功能：

① 检查程序功能能否按需求规格说明书的规定正常使用，测试各个功能是否有遗漏，检测是否满足性能等特性要求。

② 检测人机交互是否错误，检测数据结构或外部数据库访问是否错误，程序是否能适当地接收输入数据而产生正确的输出结果，并保持外部信息（如数据库或文件等）的完整性。

③ 检测程序初始化和终止方面的错误。

黑盒测试方法主要有等价类划分、边界值分析、决策表、因果图、错误推测和功能图法等测试方法，本节主要介绍等价类划分、边界值分析、决策表和元素分析法与错误推测法。

1．等价类划分

等价类是指某个输入域的子集合。在该子集合中，测试某等价类的代表值就等于对这一类其他值的测试，对于揭露程序的错误是等效的。因此，将输入的全部数据合理划分为若干等价类，在每一个等价类中取一个数据作为测试的输入条件，就可以用少量代表性的测试数据取得较好的测试结果。

等价类划分有两种情况，即有效等价类和无效等价类。

① 有效等价类：对于程序的规格说明来说，它是由合理的、有意义的输入数据构成的集合，利用它可检验程序是否实现了规格说明中所规定的功能和性能。

② 无效等价类：与有效等价类相反，它是由对程序的规格说明无意义、不合理的输入数据构成的集合。

测试用例的设计不仅接收合理的数据，也能经受意外的不合理数据的考验，这样才能确保软件具有较高的可靠性。

分析可能的输入情况，按照如下几条规则对等价类进行划分。

① 在输入条件规定了取值范围或值的个数的情况下，确立一个有效等价类和两个无效等价类。

例如，若输入条件规定了 x 的取值为 1—100 之间的整数，则等价类划分有效等价类 $1\leqslant x\leqslant 100$，两个无效等价类分别为 $x<1$ 或 $x>100$。

② 按照数值集合划分。在输入条件规定了输入值的集合或者规定了“必须如何”的条件下，确立一个有效等价类和一个无效等价类。

例如，输入条件规定了 x 的取值为偶数，则有效等价类为 x 的值为偶数，无效等价类为 x 的值不为偶数的整数。

③ 输入条件是一个布尔量的情况，确定一个有效等价类和一个无效等价类。

④ 规定输入数据取一组值（假定n个），并且程序要在对每一个输入值分别处理的情况下，确立n个有效等价类和一个无效等价类。

例如，分房方案中对教授、副教授、讲师、助教分别计分，则有效类为4个；无效类为1个。

⑤ 按照限制条件或规则划分。在规定输入数据必须遵守的规则的情况下，确立一个有效等价类（符合规则）和若干个无效等价类（从不同角度违反规则）。

例如，c程序设计语言的语法规定．每个语句应以“；”结束，则其有效类有1个，而无效类有若干个（如以“，”结束、以“：”结束、以空格结束等）。

⑥ 在确知已划分的等价类中各元素在程序处理方式不同的情况下，再将该等价类进一步划分为更小的等价类。

等价类划分后，形成等价类表，见表11-8。

表11-8 等价类表样式

输入条件	有效等价类	无效等价类
…	…	…

根据等价类表，确定测试用例。首先，为每一个等价类规定唯一编号；其次，设计新的测试用例，使其尽可能多地覆盖尚未被覆盖的有效等价类，重复这一步，直到所有的有效等价类都被覆盖为止；最后，设计新的测试用例，使其仅覆盖一个尚未被覆盖的无效等价类，重复这一步，直到所有的无效等价类都被覆盖为止（通常，程序在执行一个错误后不继续检测其他错误，故每次只测一个无效类）。

【例11.3】 某城市的电话号码由地区码、前缀和后缀3部分组成。地区码由空白或3位数字组成；前缀是非“0”或“1”开头的3位数字；后缀是4位数字。

步骤1：确定等价类划分，见表11-9。

表11-9 等价类表

输 入 条 件	有效等价类	无效等价类
地区码	空白（1） 3位数字（2）	有非数字字符（5） 少于3位数字（6） 多于3位数字（7）
前缀	200～999之间的3位数字（3）	有非数字字符（8） 起始位为“0”（9） 起始位为“1”（10） 少于3位数字（11） 多于3位数字（12）

续表

输入条件	有效等价类	无效等价类
后缀	4 位数字(4)	有非数字字符（13） 少于 4 位数字（14） 多于 4 位数字（15）

步骤 2：根据等价类表，确定测试用例。

表 11-10 中的有效等价类共有 4 个，设计两个测试用例，见表 11-10。

表 11-10　有效等价类的测试用例

测试数据	测试范围	期望结果
（　）276—2345	等价类（1）、（3）、（4）	有效
（635）805—9323	等价类（2）、（3）、（4）	有效

表 11-10 中的无效等价类为 11 个，设计 11 个测试用例，见表 11-11。

表 11-11　无效等价类测试用例

测试数据	测试范围	期望结果
（20A）276-2345	无效等价类（5）	无效
（33）236-2345	无效等价类（6）	无效
（3333）236-2345	无效等价类（7）	无效
….	…	…
	无效等价类（15）	

2. 边界值分析

软件测试实践中，大量的错误往往发生在输入或输出范围的边界上，而不是发生在输入输出范围的内部。例如，数组下标、循环控制变量等边界附近往往出现大量错误。因此，作为等价类划分方法的补充，边界值分析方法不是选择等价类的任意元素，而主要是针对各种边界情况设计测试用例。

常见的边界值一般具有如下情况：

① 对 16 位的整数而言，32767 和-32768 是边界。

② 屏幕上的光标在最左上、最右下位置是边界。

③ 报表的第一行和最后一行是边界。

④ 数组元素的第一个和最后一个是边界。

⑤ 循环的第 0 次、第 1 次和倒数第 2 次、最后一次是边界。

边界值分析法应着重测试的情况，一般选取等价类划分的输入和输出的边界正好等于或刚刚大于或刚刚小于边界的值作为测试数据，而不是选取等价类中的典型值或任意值作为测试数据。

边界值分析方法具有如下原则。

① 如果输入条件规定了值的范围，则应选取刚达到范围的边界值，以及刚刚超越边界的值作为测试的输入数据。

② 如果输入条件规定了值的个数，则用略低于最小值、最小值、略高于最小值、正常值、略低于最大值、最大值和略高于最大值作为测试数据。

③如果程序规格说明给出的输入域或输出域是有序集合，则应选取集合的第一个元素和最后一个元素作为测试用例。

【例 11.4】三角形问题的边界值分析测试用例。

输入三个整数 a、b、c，分别作为三角形的三条边，三角形每边边长的取范围值设值为[1, 100]。 测试用例如表 11-12 所示。

表 11-12 三角形问题的边界值分析测试用例

测试用例	a	b	c	预期输出
Test 1	60	60	1	等腰三角形
Test2	60	60	2	等腰三角形
Test3	60	60	60	等边三角形
Test4	50	50	99	等腰三角形
Test5	50	50	100	非三角形
Test6	60	1	60	等腰三角形
Test7	60	2	60	等腰三角形
Test8	50	99	50	等腰三角形
Test9	50	100	50	非三角形
Test10	1	60	60	等腰三角形
Test11	2	60	60	等腰三角形
Test12	99	50	50	等腰三角形
Test13	100	50	50	非三角形

3. 决策表

决策表又称为判定表，用于分析多种逻辑条件下执行不同操作的技术。在程序设计发展的初期，决策表是程序编写的辅助工具。决策表可以把复杂的逻辑关系和多种条件的组合情况表达明确，与高级程序设计语言中的 if-else、switch-case 等分支结构语句类似，它将条件判断与执行的动作联系起来。但与程序语言中的控制语句不同的是，决策表能将多个独立的条件和多个动作联系清晰地表示出来。

决策表的组成如图 11-4 所示。

① 条件桩：列出了问题的所有条件。通常认为，列出的条件次序无关紧要。

② 动作桩：列出了问题规定可能采取的操作，这些操作的排列顺序没有约束。

③ 条件项：列出了针对条件桩的取值在所有可能情况下的真假值。

④ 动作项：列出了在条件项的各种取值的有机关联情况下应该采取的动作。

规则即任何条件组合的特定取值及其相应要执行的操作。在决策表中，贯穿条件项和动作项的列就是规则。显然，决策表中列出多少个条件取值，也就有多少个规则，条件项和动作项就有多少列。

所有条件都是逻辑结果的决策表称为有限条件决策表。如果条件有多个值，则对应的决策表就叫做扩展条目决策表。决策表用来设计测试用例，条件解释为输入，动作解释为输出。

决策表适合以下特征的应用程序：

① if-then-else 分支逻辑输出。

② 输入变量之间存在逻辑关系。

③ 涉及输入变量子集的计算。

④ 输入和输出之间存在因果关系。

⑤ 很高的圈复杂度。

构造决策表的步骤：

① 确定规则的个数。

有 n 个条件的决策表有 2^n 个规则（每个条件取真、假值）。

② 列出所有的条件桩和动作桩。

③ 填入条件项。

④ 填入动作项，得到初始决策表。

⑤ 简化决策表，合并相似规则。

【例 11.5】 三角形问题的决策表。

由于三角形问题有 4 个件，每个条件取 2 个值，有 2^4=16 种规则。合并相似规则后得到三角形问题的决策如表 11-13 所示。

表 11-13　三角形问题的决策表

选项＼规则	规则 1-8	规则 9	规则 10	规则 11	规则 12	规则 13	规则 14	规则 15	规则 16
条件：									
c1：a,b,c 构成三角形？	N	Y	Y	Y	Y	Y	Y	Y	Y
c2: a=b?	-	Y	Y	Y	Y	N	N	N	N
c3: a=c?	-	Y	Y	N	N	Y	Y	N	N
c4：b=c?	-	Y	N	Y	N	Y	N	Y	N
动作：									
a1: 非三角形	√								
a2: 一般三角形									√
a3: 等腰三角形					√		√	√	
a4: 等边三角形		√							
a5: 不可能			√	√		√			

4. 元素分析法与错误推测法

元素分析法主要是对测试对象中的各个元素的属性、范围、特点等进行分析，通过对元素的分析，寻找出测试空间和缺陷空间，设计测试用例的方法。

元素分析法的基本过程如下：

① 找出测试对象中的各个元素。

② 分析每个元素的特点和属性，确定测试空间与缺陷空间。

③ 分析元素的组合情况。

错误推测法是基于经验和直觉的推测，列举出程序中所有可能错误和容易发生错误的特殊情况，有针对性地设计测试用例。

经验表明，一段程序中已发现的错误数目和尚未发现的错误数目成正比。程序中容易出错的情况如下所示：当输入数据为零时，或者输入或输出的数目允许变化（例如，被检索的或生成的表的项数），或者输入或输出的数目为0和1的情况（例如，表为空或只有一项）等，都较容易发生错误。又如，在单元测试时曾列出许多在模块中常见的错误，以前产品测试中曾经发现的错误等，这些就是经验的总结。

错误推测法是根据测试人员的经验来确定测试的范围和程度，主要采用如下技术：

① 有关软件的设计方法和实现技术。

② 有关前期测试阶段结果的知识。

③ 根据测试类似或相关系统的经验，了解在以前的这些系统中曾在哪些地方出现过缺陷。

④ 典型的产生错误的情况，如被零除错误等。

⑤ 通用的测试经验规则。

11.5 软件测试阶段

按阶段展开测试是一种基本的测试策略，一般可分为单元测试、集成测试、确认测试、系统测试、验收测试这几个阶段，不同的测试阶段将制定不同的测试目标，采用不同的测试方法和技术，具有各自的特点。

11.5.1 单元测试

单元测试是通过对每个最小的软件模块进行测试，对源代码的每一个程序单元实行测试，检查各个程序模块是否正确地实现了规定的功能，确保其能正常工作。

单元测试由开发人员执行，一般由模块单元开发者设计测试用例并修改缺陷。单元测试具有如下三种行为：

① 单元测试是一种验证行为。验证程序中的每项功能的正确性为代码的重构提供了保障。

② 单元测试是一种设计行为。软件设计阶段考虑如何实现软件的功能、性能和用户界面等，而不考虑实现的代码。单元测试关注于软件的具体功能实现是否符合需求设计，而不仅仅定位于代码的实现。

③ 单元测试是一种文档的行为。单元测试是函数或类等软件模块如何设计、实现和使用的最佳文档。

1．单元测试的特性

单元测试具有如下特性：

① 单入测试是覆盖代码区间的最小单元。

② 单元测试支持组包测试。

③ 单元测试的执行率为 100%。

④ 单元测试确定变动后的代码对原代码的功能未做修改。

⑤ 单元测试提升了软件系统整体的可信赖度。

⑥ 单元测试包含对可能出现问题的代码进行排查。

⑦ 单元测试支持开发人员先测试后编码的行为。

⑧ 单元测试支持变化，任何变化导致的失败情况均会被反映出来。

⑨ 单元测试准确地反映了代码设计，便于后期维护。

2．单元测试的认识误区

① 单元测试是全部规范。单元测试本质上是种特定的测试方式，是系统的实现方法规范的补充，而不是整个规范。

② 单元测试浪费时间。单元测试不会浪费太多的时间，反而会节省项目时间。

③ 单元测试只需使用测试工具就可完成。单元测试工具生成的测试用例往往无法对被测试的程序进行有效覆盖，必须进行人工检查。

④ 单元测试是针对代码进行的测试。单元测试依据详细设计报告设计测试用例，不仅仅只是对代码的测试。

3．单元测试的原则

单元测试需要遵守如下原则。

① 单元测试遵循《软件单元测试计划》和《软件单元测试说明》文档，根据详细设计编写单元测试用例，而不能根据代码编写单元测试用例。

② 单元测试执行前先检查单元测试入口条件是否全部满足。

③ 单元测试必须满足一定的覆盖率，重要的接口函数必须做单元测试。

④ 单元测试在修改代码后修改测试用例，将全部单元测试用例进行回归测试。

⑤ 单元测试必须满足预定的出口条件才能结束。

⑥ 在单元测试完成后，记录《单元测试报告》，分析问题的种类和原因。

⑦ 单元测试始终在配置管理控制下进行，软件问题的修改必须符合变动规程的要求。

⑧ 单元测试文档、测试用例、测试记录和被测程序等齐全，符合规范。

4．单元测试的主要任务

单元测试主要针对程序模块进行测试，主要有5个任务：模块接口、局部数据结构、边界条件、执行路径和错误处理。

（1）模块接口测试

通过对被测模块的数据流进行测试，检查进出模块的数据是否正确。因此，必须对模块接口，包括参数表、调用子模块的参数、全局变量、文件I/O操作进行测试。具体涉及以下内容：

- 模块接受输入的实际参数个数与模块的形式参数个数是否一致。
- 输入的实际参数与模块的形式参数的类型是否匹配。
- 输入的实际参数与模块的形式参数所使用的单位是否一致。
- 调用其他模块时，所传送的实际参数个数与被调用模块的形式参数的个数是否相同。
- 调用其他模块时，所传送的实际参数与被调用模块的形式参数的类型是否匹配。
- 调用其他模块时，所传送的实际参数与被调用模块的形式参数的单位是否一致。
- 调用内部函数时，参数的个数、属性和次序是否正确。
- 在模块有多个入口的情况下，是否引用有与当前入口无关的参数。
- 是否修改了只读型参数。
- 全局变量是否在所有引用它们的模块中都有相同的定义。

（2）局部数据结构测试

测试用例检查局部数据结构的完整性，如数据类型说明、初始化、默认值等方面的问题，并测试全局数据对模块的影响。

- 在模块的工作过程中，必须测试模块内部的数据能否保持完整性，包括内部数据的内容、形式及相互关系不发生错误。
- 局部数据结构应注意以下几类错误：不正确或不一致的类型说明；错误的初始化或默认值；错误的变量名，如拼写错误或书写错误；下溢、上溢或者地址错误。

（3）执行路径测试

测试用例对模块中重要的执行路径进行测试，其中对基本执行路径和循环进行测试往往可以发现大量的路径错误。测试用例必须能够发现由于计算错误、不正确的判定或不正常的控制流而产生的错误。

- 常见的错误有误解或不正确的算术优先级；混合模式的运算；错误的初始化；精确度不够精确；表达式的不正确符号表示。
- 针对判定和条件覆盖，测试用例能够发现的错误有：不同数据类型的比较；不正确的逻辑操作或优先级；应当相等的地方由于精确度的错误而不能相等；不正确的判定或不正确的变量；不正确的或不存在的循环终止；当遇到分支循环时不能退出；不适当地修改循环变量。

（4）出错处理测试

测试出错处理的重点是模块在工作中发生了错误，其中的出错处理设施是否有效。

检验程序中的出错处理可能面对的情况有以下几种：

- 对运行发生的错误描述难以理解。
- 所报告的错误与实际遇到的错误不一致。
- 出错后，在错误处理之前就引起系统的干预。
- 例外条件的处理不正确。
- 提供的错误信息不足，以致无法找到错误的原因。

（5）边界条件测试

- 边界条件测试是单元测试的最后一步，必须采用边界值分析方法来设计测试用例。在为限制数据处理而设置的边界处，测试模块是否能够正常工作。
- 一些与边界有关的数据类型，如数值、字符、位置、数量、尺寸等，以及边界的第一个、最后一个、最大值、最小值、最长、最短、最高和最低等特征。
- 在边界条件测试中，应设计测试用例检查一下情况。
- 在 n 次循环的第 0 次、第 1 次、第 n 次是否有错误。
- 运算或判断中取最大值、最小值时是否有错误。
- 数据流、控制流中刚好等于、大于、小于确定的比较值是否出现错误。

5. 单元测试的执行过程

通常，单元测试在编码阶段进行，在源程序代码编制完成，经过评审和验证，确认没有语法错误之后，开始设计单元测试用例。

由于模块并不是一个独立的程序，在考虑测试模块时，同时要考虑与其有关的外界联系，因此使用一些辅助模块去模拟与被测模块相关的其他模块。辅助模块分为以下两种：

- 驱动（Drive）模块用于模拟被测试模块的上一级模块，相当于被测模块的主程序，用于接收测试数据，并把这些数据传送给被测模块，启动被测模块，最后输出实测结果。
- 桩（Stub）模块用于模拟被测模块工作过程中所调用的模块。桩模块一般只进行很少的数据处理，不需要把子模块的所有功能都带进来，但不允许什么事情也不做。

6. 单元测试停止的条件

单元测试停止的条件如下。

- 单元测试用例设计已经通过评审。
- 按照单元测试计划完成了所有规定单元的测试。
- 达到了测试计划中关于单元测试所规定的覆盖率的要求。

- 被测试的单元每千行代码必须发现至少3个错误。
- 软件单元功能与设计相一致。
- 在单元测试中发现的错误已经得到修改，各级缺陷修复率达到标准。

11.5.2 集成测试

1999年9月，火星气象人造卫星在经过41周4.16亿英里飞行后，在即将要进入火星轨道时失败了，为此，美国投资 5 万美元调查事故原因，发现太空科学家洛克希德.马丁采用的是英制（磅）加速度数据，而喷气推进实验室则采用的是公制（牛顿）加速度数据进行计算。如果他们进行了集成测试，事故本来是可以避免的。

在每个模块完成单元测试之后，需要着重考虑的一个问题是：通过什么方式将模块组合起来进行集成测试，这将影响到模块测试用例的设计、所用测试工具的类型、模块编码的次序、测试的次序以及设计测试用例的费用和纠错的费用等。

集成测试的主要目的是验证组成软件系统的各模块的接口和交互作用，一般不使用真实数据，可以使用一部分代表性的测试数据。在创建测试数据时，应保证数据能充分测试软件系统的边界条件。

1．集成测试的方法

集成测试包括非增量式集成测试和增量式集成测试。

非增量式集成测试采用一步到位的方法来进行测试，对所有模块进行个别的单元测试后，按程序结构图将各模块连接起来，把连接后的程序当做一个整体进行测试。

增量式集成测试具体包括自顶向下增量式测试和自底向上增量式测试。

（1）自顶向下增量式测试

自顶向下增量式测试按结构图自上而下进行逐步集成和逐步测试。模块集成的顺序是首先集成主控模块（主程序），然后按照软件控制层次结构向下进行集成。自顶向下的集成方式可以采用深度优先策略和广度优先策略，如图所示。由图 11-4 可知，深度优先顺序为T1->T2->T5->T8->T6->T3->T7->T4，广度优先顺序为T1->T2->T3->T4->T5->T6->T7->T8。

该方法由下列步骤实现。

步骤 1：以主模块为所测试模块兼驱动模块，而所有直属于主模块的下属模块全部用桩模块替换，并对主模块进行测试。

步骤 2：采用深度优先或广度优先测试方式，用实际模块替换相应桩模块，再用桩代替它们的直接下属模块，从而与已经测试的模块或子系统组装成新的子系统。

步骤 3：进行回归测试排除组装过程中的错误可能性。

步骤 4：判断是否所有的模块都已经组装到系统中。如果是，则测试结束，否则，转到步骤 2。

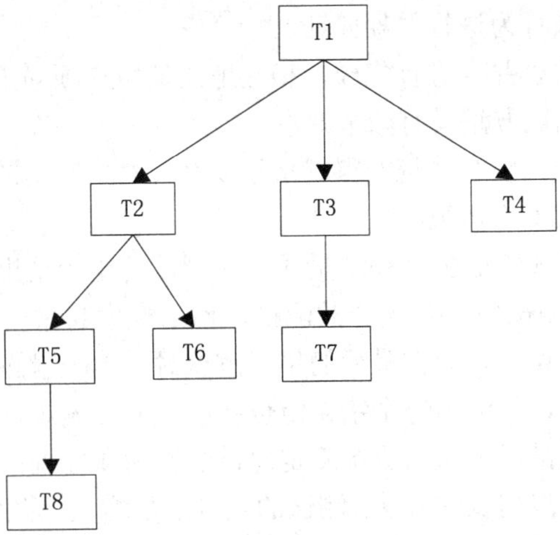

图 11-4　自顶向下的集成方式

自顶向下增量式测试方式具有如下优点：

- 在测试过程中较早地验证主要的控制点。
- 功能性的模块测试可以较早地得到证实。
- 最多只需要一个驱动模块就可进行测试。
- 支持缺陷故障隔离。

自顶向下增量式测试方式具有如下缺点：

- 随着底层模块的不断增加，会导致底层模块的测试不充分，特别是被重用的模块。
- 由于每次组装都必须提供桩，会使得桩的数目急剧增加，从而维护桩的成本也会快速上升。

因此，该方法适合采用结构化方法开发软件的体系结构相对比较简单的软件系统。

（2）自底向上增量式测试

自底向上增量式测试是从“原子”模块（软件结构中最低层的模块）开始，按结构图自下而上逐步进行集成和测试。

该方法的具体实现可由下列几个步骤完成。

步骤 1：把底层模块组合成实现某个待定的软件子功能的族。

步骤 2：写一个驱动程序（用于测试的控制程序），协调测试数据的输入和输出。

步骤 3：对由模块组成的子功能族进行测试。

步骤 4：去掉驱动程序，沿软件结构由下向上移动，把子功能族组合成更大的功能族。

步骤 5：不断重复步骤 2—步骤 4，直到完成。

自底向上增量式测试方法具有如下优点：

- 虽然模拟中断或异常需要设计一定的桩模块，但总体上减少了桩模块的工作量。

- 允许对底层模块行为进行早期验证。
- 在测试初期，可以并行进行集成，相应地比使用自顶向下的方式效率高。

自底向上增量式测试方法具有如下缺点：

- 随着集成到顶层，整个系统变得越来越复杂，对于底层的一些模块将很难覆盖。
- 驱动模块的开发工作量很大。

下面给出了非增量式集成测试和增量式集成测试的比较结果。

① 非增量式集成测试模式是先分散测试，然后集中起来一次完成集成测试。如果在模块的接口处存在错误，只会在最后的集成测试时一下子暴露出来。在非增量式集成测试时可能发现很多错误，但为每个错误定位和纠正非常困难，并且在改正一个错误的同时又可能会引入新的错误，从而更难断定出错的原因和位置；与此相反，增量式集成测试采用逐步集成和逐步测试的方法，测试的范围逐步增大，从而错误易于定位和纠正。因此，增量式集成测试比非增量式集成测试有比较明显的优越性。

② 自顶向下测试的主要优点是逐步求精，从一开始让测试者了解系统的框架。它的主要缺点是需要提供被调用的模拟子模块，被调用的模拟子模块可能不能反映真实情况，因此测试有可能不充分。

③ 自底向上测试的优点在于，由于驱动模块模拟了所有调用参数，从而测试数据没有困难。其主要缺点在于，只有到最后一个模块被加入之后才能知道整个系统的框架。

④ 核心系统先行集成测试能保证一些重要功能和服务的实现，对于快速软件开发十分有效。如果采用此种模式的测试，则要求系统应能明确区分核心软件部件和外围软件部件，采用高频集成，借助于自动化工具实现测试。

总之，采用自顶向下集成测试和自底向上集成测试的方案较为常见。在实际测试工作中，应该结合项目的实际环境及各种测试方案适用的范围进行合理的选型。

2. 集成测试遵循的原则

为了做好集成测试，需要遵循以下原则：

- 所有公共接口都要被测试到。
- 关键模块必须进行充分的测试。
- 集成测试应当按一定的层次进行。
- 集成测试的策略选择应当综合考虑质量、成本和进度之间的关系。
- 集成测试应当尽早开始，并以总体设计为基础。
- 在模块与接口的划分上，测试人员应当和开发人员进行充分的沟通。
- 当接口发生修改时，涉及的相关接口必须进行再测试。
- 测试执行结果应当如实记录。

3. 集成测试过程中的两个重要的里程碑

在集成测试过程中的两个重要的里程碑是功能冻结和代码冻结的确定。这两个里程碑可界定出回归测试期的起止界限。

（1）功能冻结

经过测试，符合设计要求，确认系统功能和其他特性均不再做任何改变。

（2）代码冻结

理论上，在无错误时冻结程序代码，但实际上，代码冻结只标志系统当前版本的质量已达到预期的要求，冻结程序的源代码，不再对其做任何修改。这个里程碑设置在软件通过最终回归测试之后。

4. 集成测试与单元测试的区别

集成测试与单元测试的区别如下。

① 测试的单元不同。单元测试是针对软件从基本单元（如函数等）所做的测试；而集成测试则是以模块和子系统为单位进行的测试，主要测试接口间的关系。

② 测试的依据不同。单元测试是针对软件详细设计所做的测试，测试用例主要依据详细设计；而集成测试是针对高层（概要）设计所做的测试，测试用例主要依据概要设计。

③ 测试空间不同。集成测试的测试空间与单元测试和系统测试是不同的。集成测试也不关心内部实现层的测试空间，只关注接口层的测试空间，即关注的是接口层可变数据间的组合关系。

④ 使用的方法不同。集成测试关注的是接口的集成，和单元测试只关注每个单元不同，因此在具体的测试方法上也不同，集成测试在测试用例设计方面和单元测试有一定的差别。

5. 集成测试停止的条件

- 集成测试用例设计已经通过评审。
- 按照集成构件计划及增量集成策略完成了整个系统的集成测试。
- 达到了测试中处于集成测试所规定的覆盖率的要求。
- 被测试的集成工作版本每千行代码必须发现两个错误。
- 集成工作版本满足设计定义的各项功能、性能要求。
- 在集成测试中发现的错误已经得到修改，各级缺陷修复率达到标准。

11.5.3　确认测试

确认测试又称为合格性测试，用来检验软件是否符合用户的需求。软件确认一般采用黑盒测试法，通过一系列证明软件功能和要求的测试来实现。

确认测试须制订测试计划和测试过程。测试计划应规定测试的种类和测试进度，测试过程主要定义一些特殊的测试用例，旨在说明软件与需求是否一致。确认测试着重考虑软件是否满足合同规定的所有功能和性能，文档资料是否完整。确认人机界面和其他方面（如可移植性、兼容性、错误恢复能力和可维护性等）是否令用户满意。

确认测试的结果只有两种可能，一种是功能和性能指标满足软件需求说明的要求，用户可以接受；反之，功能和性能指标不满足软件需求说明的要求，此时发现的错误一般很难在预定的工期内改正，因此往往需与用户协商，寻求一个妥善的解决办法。

确认测试过程的重要环节就是配置审查工作。配置审查的文件资料包括用户手册、操作手册和设计资料。其目的在于确保软件的所有文件资料均已编写齐全，用于支持日后软件的维护工作。

11.5.4 系统测试

系统测试将软件与整个系统的硬件、外设、支持软件、数据和人员等结合起来，以需求规格说明为依据，在实际运行环境下进行测试。系统测试过程分为计划与准备、执行、返工与回归测试3个阶段，系统测试一般要完成功能测试、性能测试、恢复测试、安全测试、强度测试以及其他限制条件的测试。

系统测试由独立测试小组在测试组长的监督下进行，测试组长主要负责保证在质量控制和监督下使用测试技术执行系统测试。系统测试过程由一个独立的测试观察员来监控测试工作。

1. 负载测试

负载测试是通过测试系统在资源超负荷情况下的表现，以发现设计上的错误或验证系统的负载能力。负载测试的目标是确定并确保系统在超出最大预期工作量的情况下仍能正常运行。此外，负载测试还要评估性能特征，例如，响应时间、事务处理速率和其他与时间相关的方面。

负载测试的加载方式通常有如下几种。

① 一次性加载。一次性加载某个数量的用户，在预定的时间段内持续运行。例如，在早晨上班的时间访问网站或登录网站的时间非常集中，基本属于扁平负载模式。

② 递增加载。有规律地逐渐增加用户，每几秒增加一些新用户，交错上升。借助这种负载方式的测试，容易发现性能的拐点，即性能瓶颈。

③ 高低突变加载。某个时间用户数量很大，突然降到很低，过一段时间，又突然加到很高，反复几次。借助这种负载方式的测试，容易发现资源释放和内存泄露等问题。

④ 随机加载方式。由随机算法自动生成某个数量范围内变化的、动态的负载，这种方式可能是和实际情况最为接近的一种负载方式。虽然不容易模拟系统运行出现的瞬时高峰期，但可以模拟系统长时间的运行过程的状态。

2. 压力测试

压力测试又称为强度测试，是在强负载（加大数据量、大量并发用户等）下的测试，用于查看应用系统在峰值使用情况下的操作行为，目的是发现系统的功能隐患、系统是否具有良好的容错能力和可恢复能力。压力测试分为高负载下的长时间（如24小时以上）的稳定性压力测试和极限负载情况下导致系统崩溃的破坏性压力测试。

微软测试实践经验表明，如果软件产品通过72小时压力测试，则在72小时后出现问题的可能性微乎其微。所以，72 小时成为微软产品压力测试的时间标志。

负载测试与压力测试是两个很容易混淆的概念。负载测试是通过逐步增加系统负载，测试其变化，看最后在满足性能的情况下，系统最多能接受多大负载的测试。压力测试是在满足性能的情况下，能使系统处于失效的状态，通俗来说，就是发现在什么条件下，系统的性能会变得不可接受。

压力测试的一般步骤如下：

步骤 1：进行简单多任务测试。

步骤 2：简单压力缺陷修正后，增加系统的压力直到系统崩溃。

因此，负载压力测试的主要目的是度量应用系统的性能和扩展性。在实施并发负载过程中，通过实时性能监测来确认和查找问题，并针对所发现的问题对系统性能进行优化。负载压力测试工具能够对整个企业架构进行测试，通过这些测试，企业能最大限度地缩短测试时间，优化性能和加速应用系统的发布周期。

3. 可靠性测试

软件可靠性是软件质量的一个重要标志。美国电气和电子工程师协会（IEEE）将软件可靠性定义为：系统在特定的环境下，在给定的时间内无故障地运行的概率。软件可靠性涉及软件的性能、功能、可用性、可服务性、可安装性，以及可维护性等多方面特性，是对软件在设计、生产以及在它所预定环境中具有所需功能的置信度的一个度量。

可靠性测试一般伴随着强壮性测试，是评估软件在运行时的可靠性，通过测试确认平均无故障时间（Mean Time to Failure，MTTF）、故障发生前平均工作时间（Mean-Time-To-First- Failure，MTTFF）或因故障而停机的时间（Mean T1meTo Repairs，MTTR）在一年中应不超过多少时间。可靠性测试强调随机输入，并通过模拟系统实现，很难通过实际系统的运行来实现。

4. 安全性测试

安全性测试是测试系统在应付非授权的内部/外部访问、非法侵入或故意的损坏时的系统防护能力，检验系统有能力使可能存在的内/外部的伤害或损害的风险限制在可接受的水平内。可靠性通常包括安全性，但是软件的可靠性不能完全取代软件的安全性。安全性还涉及到数据加密、保密和存取权限等多个方面。

安全性测试需要设计一些测试用例试图突破系统的安全保密措施，检验系统是否有安全保密漏洞，验证系统的保护机制是否能够在实际中不受到非法的侵入。在安全测试过程中，测试者扮演成试图攻击系统的角色，尝试获取系统密码，利用能够瓦解任何防守的客户软件攻击系统；或者把系统“制服”，使别人无法访问。

安全性测试是要检验在系统中已经存在的系统安全性、保密性措施是否发挥作用，有无漏洞。破坏系统保护机构的主要方法有以下几种：

- 正面攻击或从侧面、背面攻击系统中易受损坏的那些部分。
- 以系统输入为突破口，利用输入的容错性进行正面攻击。

- 申请和占用过多的资源压垮系统，以破坏安全措施，从而进入系统。
- 故意使系统出错，利用系统恢复的过程，窃取用户口令及其他有用的信息。
- 通过浏览残留在计算机各种资源中的垃圾（无用信息），以获取如口令、安全码和译码关键字等信息。
- 浏览全局数据，期望从中找到进入系统的关键字。
- 浏览那些逻辑上不存在，但物理上还存在的各种记录和资料等。

一般情况下，网络软件的安全评估包括以下情况；

- 检验和测试网络软件中涉及数据传输各部分的配量对安全的影响。
- 会话跟踪是否足够。
- 是否正确使用了加密技术。
- 变量限制的设定。
- 在服务器端执行程序中的安全漏洞。
- HTML 源码中是否有敏感的信息或没有必须出现的信息。

5. 兼容性/配置测试

兼容性/配置测试用于测试软件与先前发布过的版本、有依赖关系的外部软件、运行的系统的各种版本和硬件平台的不同配置的兼容情况。

被从如下几个方面进行兼容性测试。

① 检查版本是否兼容。检查新版本操作习惯与老版本是否兼容，目的是使老版本的用户很快地适应新版本的变化。

② 检查数据格式是否兼容。数据格式有许多种形式，如文件格式、网络协议和共享数据等。例如，通信协议软件版本升级后，检查升级版本和老版本的通信协议是否一致等。

③ 检查系统调用的兼容性。检查系统的哪些功能依赖于系统调用，是否属于某个平台或版本独有，是否在不同平台上有差异。

④ 检查是否支持操作系统、数据库系统、硬件和软件平台。配置测试用例设计主要指软硬件环境配置的测试用例，检查计算机系统内各个设备或各种资源之间的相互关联和功能分配中的错误。

6．容错性测试

容错性测试是检查软件在异常条件下自身是否具有防护性措施或者灾难恢复手段。如当系统出错时，能否在指定时间间隔内修正错误并重新启动。可以把容错性测试看作是由系统异常处理测试和恢复测试组成的。

7．可用性测试

可用性是指系统正常运行的能力和用户接受的程度，一般用如下公式表示。

可用性=平均正常工作时间/(平均正常工作时间+平均修复时间)

影响可用性的因素有如下几个：

① 不充分的测试。

② 更改管理问题。

③ 缺少在线监视和分析。

④ 操作错误。

⑤ 弱编码。

⑥ 与外部服务或应用程序的交互。

⑦ 不同的操作条件（使用级别更改、峰值重载）。

⑧ 异常事件（安全性失败、广播风暴）。

⑨ 硬件故障（硬盘、控制器、网络设备、服务器、电源、内存和 CPU）。

⑩ 环境问题（电源、冷却、火、洪水、灰尘、自然灾害）。

下面给出提高系统可用性的一些办法。

① 使用集群。集群是指将至少两个系统连接到一起，像一个系统那样工作。当某一系统出现失效时，集群提供即时故障转移服务。

② 使用网络负载平衡。当检测某服务器失败后，网络负载平衡自动将通信量重新分发给仍然运行的服务器。

③ 使用服务级别协议。可用性指标的期望服务级别要求达到 4 个或 5 个“9”。例如，“该应用程序应每周运行 7 天，每天 24 小时，年可用性为 99.99%”是指全年不能正常工作的时间仅仅只有 52 分钟，不足 1 个小时。

④ 提供实时的监视。监视系统的工作负荷和失败数据，实时监视对于发现趋势和改善服务至关重要。

⑤ 使用数据备份，保证数据安全。

⑥ 检查所有的安全计划。安全性是确保应用程序服务只对有权使用系统的用户可用，还意味着使得应用程序使用的所有分布式组件和资源受到保护。

8．文档测试

文档测试是指对软件开发、测试和维护过程中产生的所有文档的测试，包括对需求规格分析说明书、详细设计报告、系统设计报告、用户手册以及与系统相关的一切文档的审阅和评测。例如，系统需求分析和系统设计说明书中的错误将直接导致编码的错误，用户手册作为软件的一部分，将直接影响用户对系统的使用效果。

文档测试强调文档的表述应该清楚、准确，主要包含：

- 正确地按照文档描述的方法使用系统。
- 测试每一个提示和建议信息。
- 使用文档作为测试用例的来源。
- 测试每一个在线帮助的超链接。
- 测试每条语句。
- 测试文档中提供的每一个样例。

- 把缺陷写入缺陷跟踪库。
- 检查所有的错误信息。

11.5.5 验收测试

验收测试在测试组的协助下，由用户代表执行。测试人员在验收测试工作中将协助用户代表执行测试，并和测试观察员一起向用户解释测试用例的结果。

1．验收测试的主要任务

验收测试完全采用黑盒测试技术，其主要任务是文档资料的审查验收、软件系统的功能测试、性能测试、强化测试、性能降级执行方式测试、检查系统的余量要求、安装测试以及用户操作测试。

2．Alpha 测试和 Beta 测试

事实上，开发人员不可能完全预见用户实际使用程序的情况。例如，用户可能错误地理解命令，或提供一些奇怪的数据组合等。因此，软件是否真正满足最终用户的要求，应由用户进行一系列“验收测试”，通常执行 Alpha 测试（α 测试）和 Beta 测试（β 测试），其目的是从实际终端用户的使用角度，对软件的功能和性能进行测试，以便发现可能只有是最终用户才能发现的错误。

Alpha 测试是由一个用户在开发环境下进行的测试，也可以是公司内部的用户人模拟实际操作环境下进行的受控测试，Alpha 测试不能由程序员或测试员完成，Alpha 测试发现的错误，在测试现场立刻反馈给开发人员，由开发人员及时分析和处理。目的是评价软件产品的功能、可使用性、可靠性、性能和支持。尤其要注重产品的界面和特色。Alpha 测试可以从软件产品编码结束之后开始，或在模块（子系统）测试完成后开始，也可以在确认测试过程中产品达到一定的稳定和可靠程度之后开始。

Beta 测试是多个用户在一个或多个用户的实际使用环境下进行的测试。开发者通常不在测试现场，不由程序员或测试员完成；因而，Beta 测试是在开发者无法控制的环境下进行的软件现场应用。在 Beta 测试中，一旦遇到问题应向开发者报告，开发者根据用户报告，做出修改后交付给全体用户使用：Beta 测试着重于产品的支持性，包括文档、客户培训和支持产品的生产能力；当 Alpha 测试达到一定的可靠程度后，即可开始 Beta 测试。

11.5.6 回归测试

回归测试是一种验证已变更的系统的完整性与正确性的测试技术，是指重新执行已经做过的测试的某个子集，以保证修改没有引入新的错误或者没有发现出于更改而引起之前未发现的错误，也就是保证改变没有带来非预期的副作用。

1. 回归测试的实施前提

① 当软件中所含错误被发现时，如果错误跟踪与管理系统不够完善，则可能会遗

漏对这些错误的修改。

② 开发者对错误理解的不够透彻，也可能导致所做的修改只修正了错误的外在表现，而没有修复错误本身，从而造成修改失败。

③ 修改还有可能产生副作用，导致软件未被修改的部分产生新的问题，使本来工作正常的功能产生错误。

2. 回归测试与一般测试的比较

通常从下面 5 点比较回归测试与一般测试：测试用例的新旧、测试范围、时间分配、完成时间和执行效率。

① 测试用例的新旧：一般测试主要依据系统规格说明书和测试计划，测试用例都是新的；而回归测试依据的可能是更改了的规格说明书、修改过的程序和需要更新的测试计划，因此测试用例大部分都是旧的。

② 测试范围：一般测试的目标是检测整个程序的正确性；而回归测试的目标是检测被修改的相关部分的正确性。

③ 时间分配：一般测试所需时间通常在软件开发之前预算；而回归测试所需的时间（尤其是修正性的回归测试）往往不包含在整个产品进度表中。

④ 完成时间：由于回归测试只需测试程序的一部分，完成所需时间通常比一般测试所需时间少。

⑤ 执行效率：回归测试在一个系统的生命周期内往往要多次进行，一旦系统经过修改就需要进行回归测试。

11.6　基于 Web 的系统测试方式

以上主要从软件测试的角度介绍电子商务系统的测试，基于电子商务系统是基于 Internet 的信息系统，因此，其测试对传统的软件测试提出了新的要求，即基于 Web 的系统测试。不但需要检查和测试系统是否按照设计的要求运行，还要从用户的角度出发，考虑客户端兼容性、Web 安全性和可用性等等。下面从 Web 系统测试的角度，从界面测试、功能测试、数据库测试、帮助系统测试等多个方面介绍电子商务测试的内容。

11.6.1　用户界面测试

分析软件用户界面的设计是否合乎用户期望或要求。用户界面测试用于核实用户与软件之间的交互，检查用户界面中的设计是否合乎用户的期望或要求，界面中的对象是否按照预期的方式运行。对所有用户界面测试活动来说，都需要有外部人员最好是最终用户的参与。界面测试主要针对界面的正确性、导航性、易用性、协调性、规范性及独特性几个方面进行。界面测试首先要保证网站中每个页面为用户提供的功能和内容都是准确无误的，确保用户得到的信息是准确可靠的。对于 Web 应用系统来说，一个良好的导航能使用户方便快速地访问到他们所需的信息，因此，要对界面的导航性进行测试，这一点对于信息量大且结构复杂的网站尤为重要。导航测试的主要目的是确保用户能凭直觉方便快速地找到他们所需要的信息，提高网站的访问效率。这也是提高网站易用性的目的所在。为了使用户在访问网站时能舒适地享受系统提供的各种功能和服务，界面的美观与协调也是不可忽视的。通常，界面设计都应遵循业界的标准，其规范化程序越高，系统的易用性相应就越好；但在遵循统一标准的基础上，也要突出自己的个性，具有自己独特风格的界面给人印象深刻，能够吸引更多的用户，尤其在商业软件流通中有着很好的宣传作用。下面针对以上几个方面对详细测试内容进行介绍：

指 标	测 试 内 容
正确性	用户界面是否与系统的功能相符 界面显示的内容是否正确，信息来源是否可靠 文字的拼写、句法是否正确无误 各种提示信息是否正确 各操作的返回信息是否正确
导航性	页面是否具有逻辑层次，所有页面的界面风格是否统一 是否每个页面都有导航条 导航条是否一致，是否直观 在任何一点上的用户是否都能确认其在网站中的位置 用户是否能容易地返回到上一状态或返回到主页面 是否突出了重要信息 是否提供了联机帮助、站点地图或搜索引擎 站点地图上的链接是否确实存在，地图是否包括了站点上的所有链接
易用性	界面是否按功能划分出区域，是否有相应的功能说明 界面结构是否能够清晰地反映工作流程 是否所有的图片都是有价值的 图片的格式是否会明显影响页面的加载速度 按钮名称是否通俗易懂，图标是否直观 同一页面中的不同按钮是否易于区分 常用的按钮和菜单是否有快捷方式 默认按钮是否支持Enter及选择操作 窗体显示后，缺省的光标是否停留在最合理的控件上，方便用户操作 是否对重要的输入数据进行校验 当输入非法数据时，是否能正确给出提示信息,同时将光标重置于正确的位置上 复选框和选项框是否有默认选项，各选项是否根据选择概率的高低排列 对于严格限制的输入信息是否提供下拉列表等选择方式，以防止输入的随意性 是否所有界面元素都提供了充分而必要的提示，提示信息是否正确 执行有风险的操作时，是否有“确认”与“放弃”等提示 是否根据用户的权限自动屏蔽某些功能 是否提供Undo功能用以撤销不期望的操作

	与正在进行的操作无关的按钮是否加以屏蔽 非法的输入或操作是否有足够的提示说明 提示、警告、或错误说明是否清楚、恰当 对于有增加、修改或删除等有变动操作的页面，是否能自动随操作及时刷新 系统是否能自动提取并录入用户经常输入的数据（如用户 ID 等），以避免用户经常的重复录入
协调性	页面布局是否合理,不宜过于密集，也不能过于空旷 同一界面上的功能或控件数目是否过多，一般最好不要超过 10 个 控件长宽是否接近黄金点比例 按钮大小是否基本相近，是否与界面的大小和空间协调 图片、字体的大小是否与界面的大小比例协调 图片是否清晰 前景与背景色搭配是否协调舒适，通常反差不宜太大 页面颜色是否柔和，避免刺目的颜色 重要的对象是否用醒目的色彩表示突出 窗体大小变动时，窗体上的控件的大小是否有必要随着窗体而缩放 是否恰当地利用窗体和控件的空白，以及分割线条 能否正常进行窗口切换、移动及大小的调整 界面元素是否在水平或者垂直方向对齐 界面元素的尺寸是否合理，行、列的间距是否保持一致
规范性	不同页面的风格是否一致，是否符合业界标准 菜单的深度是否控制在三层以内 在系统处理用户操作时，是否有进度条显示或提示信息 图标使用是否规范，是否根据提示信息的性质选择不同的图标 相同或相近功能的工具按钮应放在一起 工具栏中的每一个按钮要有及时提示信息 一条工具栏的长度最长不能超出屏幕宽度 工具栏太多时应考虑使用工具箱 工具箱是否具有可增减性，能否由用户自己根据需求来定制 菜单和工具条的界限是否清楚（可将菜单凸出显示） 工具箱的默认总宽度不要超过屏幕宽度的 1/5 状态条是否能显示用户切实需要的信息，包括系统状态、当前操作、用户位置、用户信息、提示信息、错误信息等 对于时间较长的操作，是否有进度条显示相关进度信息并正确返回执行结果，避免用户无限期等待 是否支持右键快捷菜单，且右键快捷菜单不应在对话框中出现 是否适用国际通行的图标和语言 度量单位、日期格式、人的名字等是否符合国际惯例
独特性	安装界面上是否具有单位介绍或产品介绍，并有自己的图标 主页上是否有公司图标，最好是大多数页面上都有公司图标 页面底部或帮助菜单的“关于”中是否有版权和产品信息 是否具有与众不同的、让用户记忆深刻的界面设计

11.6.2 功能测试

功能测试指测试软件各个功能模块是否正确，逻辑是否正确。对于电子商务系统而言，功能测试主要是确保系统与用户之间的交互功能能正确执行，可从以下几方面进行测试：

1. 链接测试

链接测试要保证 Web 应用系统所有的页面能按预期的方式正常工作。包括：

- 测试链接的页面是否存在，且所链接的页面内容能否正确显示；
- 确保链接到的页面是预期的正确页面；
- 确保系统中没有孤立的页面存在；
- 链接出错时能否正确显示错误信息，等等。

2. Cookies 测试

Cookies 通常用来存储用户信息，如用户名、口令等。Cookies 测试主要检查 Cookies 是否正常工作，是否安全及刷新对 Cookies 的影响等。如果系统使用了 Cookies，测试人员需要对它们进行以下检测：

- Cookies 是否能正确完整地保存注册信息；
- Cookies 对保存的信息是否已经加密；
- 确认该 Cookies 是否能够正常工作；
- Cookies 是否按预定的时间进行保存；
- 测试刷新对 Cookies 有什么影响；
- 如果使用 Cookies 来统计次数，需要验证次数累计是否正确，等等。

3. 表单测试

在电子商务系统中，用户与系统之间的信息交互大多通过表单来完成，如用户注册、登录、信息提交等。因此，必须测试表单是否能正确提交，对于非法的输入，系统能否正常工作等。表单测试可以包含以下内容：

- 使用 Tab 键或方向键能否使光标按正确顺序移动；
- 是否能根据业务规则对用户输入数据进行校验，且校验功能能否正常工作；
- 对可能出现的输入错误是否采取相应的处理措施，如自动纠正日期的格式，为有严格约束的内容提供选项等；
- 对用户输入信息的显示是否按预期要求，如密码显示为“*”等；
- 能否正确地更新信息，页面刷新后用户之前填写的信息是否还存在；
- 对某些数据项是否要限制字数，是否有不能包含的符号等；
- 表单能否正确提交；
- 返回信息（提交结果）能否正常显示，提示信息（如提交失败的原因等）表达是否正确，等等。

4. 交易功能测试

交易功能测试主要包括产品选择、签约过程、在线支付及产品交付等方面的测试如：

- 选择商品能否正确添加进订单（或购物车）当中；
- 对订单中商品的删除和修改操作能否正常执行并正确显示；
- 能否随时核对订单的状态；
- 能否不经查看订单而直接进入结账系统；
- 检测用户身份识别和授权功能；
- 系统所提供的每种交付方式是否都能正常执行；
- 是否能安全转账；
- 支付与交付之间的链接是否正常工作；
- 确保交付处理，区分不同产品的交付方式；
- 在产品未交付之前，是否允许随时更改产品的交付方式；
- 对意外情况的处理是否按预期要求进行（如由于网页发生错误而中断交易），等等。

11.6.3　数据库测试

数据库为电子商务系统的管理、运行、查询和实现用户对数据存储的请求等提供空间，网站通常把产品和用户信息输入在数据库内，以此来简化和加快搜索。数据库测试一方面是指对数据库本身的完整性进行测试，包括：

（1）数据完整性。主要检测数据的损坏。规定适当的检查点可以减轻数据损坏。例如，保留和检查每天的事务日志便于跟踪数据库的改变。

（2）数据有效性。数据有效性确保把正确的信息提供给客户，把正确的信息回传到数据库中。一般来说，数据的检测比率高于应用程序本身的检测比率。其中的一个检测方法是查看工作流并在变化点上检查数据库，包括隔离改变数据库的操作并检查改变内容是否正确。

（3）数据操作。我们需要从两种级别上测试用户操作：管理员功能和用户功能。数据库管理员可以执行一些不提供给网站客户的受限操作。

数据库的完整性原则以及数据的合理性，如主码完整性、外码完整性、数据的类型、长度、索引的合理性等。这部分测试应将数据库和数据库进程作为一个子系统来进行测试，并不将测试对象的用户界面用作数据的接口。另一方面，要将数据库与应用系统相结合，对数据一致性、输出结果及数据库容量进行测试。用户提交的表单信息如果不正确，则可能导致数据一致性出错；而网络速度或者程序设计如果存在问题，则可能造成输出错误；同时，还要考虑到系统及数据库在给定时间内能够持续处理的最大负载及工作量。

11.6.4 Web安全性测试

安全性测试是有关验证应用程序的安全服务和识别潜在安全性缺陷的过程。安全性测试并不最终证明应用程序是安全的，而是只用于验证系统的防范能力，检验系统的安全机制和保密措施的有效性。目前几乎没有可用的工具来彻底测试各个安全方面。由于应用程序中的功能错误也可代表潜在的安全性缺陷。对于电子商务系统这类基于Web的应用系统，安全性特别是系统级别的安全性尤为重要。安全性的测试可从以下几个方面来设计测试用例：

- 在向缓冲区写入数据时，是否存在缓冲区溢出的现象？
- 站点能否正确鉴别用户？有效的用户名和密码能否正常登录？
- 系统能否有效地阻止非法的用户名和密码登录？
- 密码的选择是否有规则限制？
- 系统对登录的次数是否有限制？
- 是否存在不用登录即可浏览的页面？
- 登录后是否有连接时间限制？超时后如何处理？
- 浏览器是否设置为最高级别的安全保护？
- 对于通过telnet或是第三方网络提供商登录的用户，应用程序是否有病毒保护程序？
- 在应用程序服务器或数据中心检测到病毒时是否采取了相关的处理措施？处理是否有效？
- 站点如何处理访问权限，是否服务器端所有目录的存取都需要经过授权？
- 站点是否对数据进行加密？
- 是否可通过直接拨号进入数据库来访问和窜改系统？
- 非保密数据或源代码中是否泄漏了某些需要保密的重要信息？
- 系统是否提供了防止信用卡欺诈的机制？
- 日志文件是否能正确记录所有的事务处理？
- 日志文件记录的信息能否跟踪入侵者，等等。

通常，安全测试由测试人员模拟非法入侵者，采用各种方法冲破防线。例如，想方设法截取或破译口令；故意使系统出错，利用系统恢复的过程非法入侵；企图通过浏览非保密数据，获取所需信息，等等。

11.6.5 安装测试

安装测试是为了检测在安装过程中是否有误、是否易操作，安装后是否可立即正常运行，包括在正常情况（如首次安装、升级、自定义或完整安装等）和异常情况（如磁盘空间不足、缺少目录创建权限等）下的安装。具体内容包括检测系统的每一个部分是否齐全；硬件的配置是否合理；安装中需要产生的文件和数据库是否已产生，其内容是否正确，等等。此外，安装测试还要考虑安装程序在不同厂家的硬件上、支持不同评议的新旧版本平台上是否都能正确运行。具体可从以下几个方面展开：

- 与用户的运行环境基本一致的平台上首次安装系统，检验在自动安装和手工配置两种情况下是否都能够正确实施安装；系统是否能正常启用、运行；
- 检查产品安装界面上的提示是否正确，是否能正确指导用户完成安装过程；
- 版权的说明文件与该程序是否相符；
- 是否能让用户进行自定义安装，对某些组件进行安装选择；
- 对系统默认安装路径及用户自己指定的路径，安装是否都能正常进行；
- 检验对于不存在的路径，安装程序能否创建该路径并继续安装；
- 对于系统的配置，安装程序是否根据当前环境提供默认或推荐配置；
- 程序安装完成后，需要产生的文件和数据库是否已自动生成；
- 是否在开始－程序菜单中和桌面上生成了对应的快捷方式或程序组；
- 系统能否正常启用及运行；
- 测试系统的升级过程能否正常运行，相关数据文件及注册信息能否及时刷新；
- 测试系统是否提供自动卸载工具，如果提供，进一步检查卸载后所有文件及相关注册信息是否全部删除；
- 考察安装该系统是否对其他的应用程序造成影响；
- 当出现磁盘空间不足等意外情况时，安装程序能否自动取消已执行的操作，或采取其他处理措施，并显示相应的出错信息，等等。

11.7　调试

软件测试工作主要是发现软件潜在的错误和缺陷，而软件调试与排错的主要任务则是根据已发现的错误迹象和征兆，确定程序中错误的位置和性质，并进行修改，使错误得以排除。

11.7.1　软件调试的目的与原则

调试，又称为纠错或排错，是程序测试后开始的工作，主要任务是依据测试发现的错误迹象确定错误的位置和原因，并加以改正。

调试活动由两部分组成：确定程序中错误的性质和位置；对程序进行修改，排除错误。实践表明，错误定位是软件工程中最困难的工作，确定发生错误的位置和内在原因所需的工作量几乎占整个调试工作的 90%。

软件调试是一个艰苦的和具有很强技巧性的工作。要找出软件发生错误的真正原因，并不是一件容易的事。一个软件测试人员在分析测试结果的时候会发现，软件运行失效或出现问题，往往只是潜在错误的外部表现，而外部表现与内在原因之间常常没有明显的联系。因此可以说，调试是通过现象找出原因的一个思维分析过程。

调试面临的困难不但与软件工程人员的心理因素有关，而且和隐藏在程序中的错误的性质的特殊性有关。这些特殊的性质包括：

① 错误的表现远离引起错误的内在原因，对于高度复杂的程序结构更是如此。

② 某些错误征兆可能只是假象。

③ 纠正一个错误可能引起多个错误，也可能掩盖其他错误。

④ 由于操作人员的疏忽致使错误现象无法重现，很难追踪。

⑤ 错误可能不是直接由程序引起的（比如可能是由时序问题引起的）。

⑥ 某些输入条件难以精确地再构造（如某些实时系统的输入次序不确定）。

⑦ 错误征兆时有时无，此现象对于嵌入式系统尤其普遍。

因此，针对软件错误的这些特殊的性质，在确定错误的性质和位置时应注意考虑以下原则：

① 用头脑去分析思考与错误征兆有关的信息。

② 避开死胡同。

③ 避免使用试探法。

④ 只把调试工具当作辅助手段来使用。

而在修改错误时，应遵循的原则有：

① 在出现错误的地方，很可能还有别的错误。

② 不要只修改了错误的征兆或错误的表现，而没有修改错误的本身。

③ 当心修正一个错误的同时有可能会引入新的错误。

④ 修改错误的过程将迫使人们暂时回到程序设计阶段。

总之，调试不是一件容易的工作。在调试的过程中，开发人员会遇到各种各样的问题。目前，调试技术还缺乏系统的理论研究，除了一些基本的调试技术外，更多的是靠调试人员在实践中积累的经验。

11.7.2 软件调试的策略

调试的关键在于推断程序内部的错误位置及原因。常用的调试策略有：强行排错法、回溯法、归纳法和演绎法。

1. 强行排错法

这是目前使用较多，效率较低的调试方法。它不需要过多的思考，而希望可以通过程序运行现场找错。例如：

（1）通过内存全部打印来排错

将计算机存储器和寄存器的全部内容打印出来，然后从这大量的数据中寻找出错的位置。这种方法要耗费大量时间和精力，效率较低。

（2）在程序特定部位插入打印语句

在程序中可疑的地方插入打印语句，显示程序的执行状态。例如，变量的变化、重要的分支、子程序的调用等。这种方法比较容易检查与源程序有关的信息，但可能要输出大量的分析数据，而且发现错误带有偶然性。

（3）使用自动调试工具

利用高级语言本身提供的一些调试功能和交互调试工具，分析程序的动态执行过程。例如，利用调试工具的单步执行、设置断点等功能，可以把程序特定部分的执行情况显示出来，便于观察和分析错误的原因。

使用上述方法之前，应当对错误的征兆进行全面彻底的分析，得出对出错位置及错误性质的推测，再使用一种适当的排错方法来检验推测的正确性。

2. 回溯法

对小型程序进行调试，回溯法是一种有效的方法。该方法是从发现错误的地方出发，逐步人工地沿程序的控制流程向后回溯查找，直至找到产生错误的原因为止。但是，当程序的规模较大时，由于需要回溯的路线显著增加，完全回溯会变得非常困难甚至不可能，只好采用其他的调试方法。

3. 归纳法

归纳法是一种从特殊推断一般的方法。归纳法调试的基本思想是：从错误的征兆、线索着手，通过分析它们之间的关系找出错误。也就是从测试结果发现的错误入手，收集正常执行或出错的数据信息，分析它们之间的关系和规律性，提出出错原因的假设，然后再验证或否定这个假设。

4. 演绎法

演绎法是一种从一般原理或前提出发，经过排除和细化的过程测试人员首先列举所有可能产生错误的原因或假设。然后进行分析的原因或假设，最后验证余下的假设确实是错误的根源。推导出结论的方法；从中逐个排除不可能的原因或假设，最后验证余下的假设确实是错误的根源。

11.8　测试工具

11.8.1　白盒测试工具

白盒测试工具可以分为静态测试工具和动态测试工具，一般是针对代码进行测试，测试中发现的缺陷可以定位到代码级。

1. 静态分析工具

静态分析工具直接对代码进行分析，不执行被测程序，也不需要对代码编译链接，仅对代码进行语法扫描，进行控制流分析、数据流分析、接口分析和表达式分析等，找出不符合编码规范的地方，根据某种质量模型评价代码的质量，生成系统的调用关系图等，并输出测试结果。目前，具有静态分析功能的软件测试工具主要有 Rational 公司的 Purify、Telelogic 公司 Logiscope、Macabe 公司的 Macabe、PR 公司的 PRQA 等。通常，静态分析工具有以下功能：

① 完成编译时的语法检查和连接时的一致性检查。对模块中的所有变量检查其是否已定义，是否引用了未说明的变量，是否有未使用的变量等。

② 检查模块接口、类型的一致性。主要是检查模块调用时的形式参数与实际参数在个数、类型上是否一致。参数定义的类型是否匹配，数组的维数、下标变量的范围是否正确。同一变量在不同的文件中定义是否一致等。

③ 检查逻辑上可能有错误的结构，特别是对嵌套结构、转移语句的检查。

④ 变量、函数交叉引用关系分析。找出变量可能影响的语句和其他变量等。

⑤ 检查被测程序违反编程标准的情况。如：程序的注释是否太少，模块的复杂度是否太高等。

⑥ 对程序的静态特性的统计功能。如：统计程序的紧凑度；各类源语句的个数和标识符在各语句中的使用情况；多余、不可能达到的程序段等。

2．动态分析工具

动态分析工具就是通过选择适当的测试用例，运行测试程序，将测试结果和预期结果相比较，以发现错误。通常的方法是在被测程序中插入探针，检测各语句、分支和路径的执行次数和运行结果等，以便统计各种覆盖情况。如果测试的覆盖率没有达到要求，则要设计新的测试用例来满足覆盖要求。通过对测试结果的分析来发现错误。除了覆盖分析之外，也常分析程序对资源的占用情况，优化程序，提高系统性能。其与静态测试工具最大的不同就是动态测试工具要求被测系统实际运行。动态测试工具的代表有 Compuware 公司的 DevPartner 软件、Rational 公司的 Purify 系列。

11.8.2 黑盒测试工具

黑盒测试工具主要包括功能测试工具和性能测试工具，其一般原理是利用脚本的录制/回放，模拟用户的操作，将被测系统的输出记录下来，并与预先给定的标准结果比较。

1．功能测试

功能测试工具证明了应用软件的工作是可预测的，通过自动地捕获、确定和重现用户的相互影响，功能测试工具识别缺陷并保证跨越多重应用软件和数据库的事务处理可正常运行和保持可靠性。功能测试的主要工具有 e-Test、QARun、WinRunner、SQA Robot 等。

2．性能测试

性能测试工具用于预测系统行为和性能，它通过模拟大量用户，试验整个系统的外部结构，以发现和确定问题。性能测试工具的综合性实时监控能力，能够把测试周期降为最小，优化性能，加速开发。用于性能测试的主要工具有 Quantify、LoadRunner、QALoad、SQA Load、WebLoad、WebStress 等。

11.8.3 测试管理工具

测试管理工具用于对测试进行管理。一般而言，测试管理工具对测试计划、测试用例、测试实施进行管理，同时，测试管理工具还包括对缺陷的跟踪管理。测试管理工具的代表有 Test Manager、TestDirector、TrackRecord、QADirector、SQA Manager 等软件。

目前，测试计划工具、测试设计工具、测试管理工具、静态分析工具、性能及网络负载测试工具等一系列测试工具已得到广泛运用，而且出现了将许多测试工具融为一体的集成化测试系统。下面对几种常用的测试工具作简要介绍。

1. SQA Suite

美国 Rational 公司的著名套装软件 SQA Suite 是直接支持对客户/服务器应用软件测试的测试工具，它的一个重要特点是可以自动驱动被测程序的运行。SQA Suite 提供了一个比较完整的平台，以支持软件的各种基本活动，包括测试计划与测试大纲的制定、回归测试的自动化、测试结果的分析比较、软件问题报告的生成与自动分发和控制。SQA Suite 由以下几个组件构成：

① SQA Robot：利用 SQA Robot 能够创建、修改、运行自动测试程序，以确保软件在分发前达到要求的质量。该模块包含两种特殊技术：基于对象的录制技术和对象测试，以便对 Windows 应用程序进行对象级测试。对象测试技术不仅使 Robot 能测试应用的 GUI，还可以检测应用中对象的所有属性，包括手工不能测的不可视属性。例如，SQA Robot 可测试由 Powerbuilder 的 DataWindow 生成的对数据库的 SQL 调用。

② SQA LoadTest：SQA LoadTest 是网络自动测试工具，对 Windows Client/Server 应用进行加载（load）、强化（stress）和多用户测试。LoadTest 可完成以下功能：

对 TCP/IP、NetBIOS 和 IPX/SPX 网络上的 Client/Server 应用进行加载、强化和多用户测试，确保应用的质量达到分发的水平。在 Windows NT、Windows 95 和 Windows 3.x 平台上对 32 位和 16 位的应用进行跨 Windows 平台测试。测试任何与 Windows NT、Windows 95、Windows 3.x 客户端相连的服务器（包括 UNIX、Windows NT 和 OS2）。无需编程，仅通过点击鼠标，即可生成 Client/Server 的多站点测试。 通过在执行测试时增加测试站点来改变系统的加载量。 在多台站点上同步运行复杂的多用户应用。

③ SQA Manager：它是软件开发和测试的信息管理工具，在软件开发、测试到升级的整个过程中，它都可以对测试信息进行跟踪。利用 SQA Manager 可以完成以下功能：

- 制定测试计划；
- 跟踪有关测试执行的信息；
- 从发现到解决，对缺陷不断进行跟踪；

- 利用报表对整个软件测试进行管理。

2．PureAtri

原PureAtria公司（现已经与美国Rational公司合并，改名为美国Rational公司）在20世纪90年代陆续推出了其系列产品——Pure，它们是在多种平台上测试C、C++和FORTRAN语言的测试工具。主要有：

① Purify：专门用于检测程序中内存使用错误的软件工具。具有对多种常见的内存使用错误的检错能力和准确的定位。这些内存错误包括：未初始化的局部变量、未申请的内存、使用已释放的内存、数组越界、内存丢失、文件描述问题、栈溢出问题和栈结构边界错误等。

② PureCoverage：PureCoverage是使用对象代码插入技术对应用程序进行路径覆盖测试。通过在应用、文件、函数库、函数、行或基本块的级别上浏览关键的覆盖域数据，找出未被测试的代码，防止代码未经测试就交给用户使用。

③ Quantify：Quantify支持多线程应用程序性能测试，通过对被测程序运行情况的跟踪，发现应用程序在性能上的瓶颈，监视应用程序在性能上的变化。

④ reLink：PureLink提供快速，减少测试期间连接编译被测程序的时间，提高了开发效率。

3．e-Test Suite

Empirix的e-Test Suite是一种易于使用的WEB应用测试工具，可以和被测试应用无缝结合，实现强大的测试功能。e-Test Suite主要包含下面三部分：

① e-Tester：用于Web应用开发时的功能测试。e-Tester能自动测试每星期、甚至每天都在变化着的WEB应用程序的测试工具。同时e-Tester也是整个e-Test Suite的脚本记录器。e-Tester将你访问的每一页上的所有对象记录下来，利用可视脚本技术用图形化的方式表示出来，通过可视脚本的回放（Playback）从而任何差异都在可视脚本中突出显示出来，以此来测试Web应用的功能。

② e-Load：用于Web应用部署前的压力测试。它在开发的过程中创造了一个仿真环境，能够模拟真实用户访问Web应用，提供全面的应用性能统计信息。Web应用程序的主要好处之一是允许大量用户同时访问。相应的，开发人员关心应用是否具有良好的性能，以支持大规模的访问。e-Load为此提供了一个非常好的解决方案。

③ e-Monitor：适合在应用部署后，对其进行7×24小时的全天时监控。为了保证Web应用能够为用户提供不间断服务，维护人员应当监控应用的运行状况。e-MONITOR可以7×24小时地调度在e-Tester中产生的可视脚本，执行监控工作，允许使用者设置各种报警方式及时报告应用的问题，以便当出现应用中止运行或性能下降等情况时，可以迅速做出反应。

由于利用了可视脚本、数据银行等技术，使得e-Test Suite具备了易于使用和简单直观的特点。用户不需要学习专门的语言，不必建立特定的代理服务系统，就可以完成大部分测试工作。同时它也为实现复杂测试提供了编程接口，方便高级用户更加灵活地完成测试工作。

本章小结

本章主要介绍了软件测试的相关知识，其中包括软件测试的基础概念、软件测试的基本方法、软件测试的过程与策略、软件的调试与排错技术，以及软件测试的工具等。

软件测试是软件开发阶段的后期工作，在整个软件开发工作中所占的比重很大，其主要任务是发现并排除在分析、设计和编程过程中所产生的各种错误。软件测试分为单元测试、集成测试、确认测试、系统测试、验收测试和回归测试。

单元测试是根据详细设计说明书，对软件的独立模块成分进行测试。集成测试是根据概要设计说明书，将经过单元测试的模块逐步进行组装和测试。确认测试是根据软件需求说明书中定义的全部功能和性能要求，确认软件是否达到了需求。系统测试是测试软件与整个基于计算机系统的其他元素的结合情况，使整个计算机系统各个成分能正常集成并完成各自的功能。验收测试是在测试组的协助下，由用户代表执行的测试。回归测试是一种验证已变更的系统的完整性与正确性的测试技术。

一般地，测试的基本方法可以分为静态分析和动态测试。其中，动态测试又包括白盒法和黑盒法，它们是一种测试用例设计方法。在实际应用中，常常结合起来使用。

调试是程序测试后开始的工作，主要任务是依据测试发现的错误迹象确定错误的位置和原因，进行排错。

参考文献

[1] 刘怀亮. 软件工程导论. 北京：冶金工业出版社，2007.
[2] 卫红春. 软件工程概论. 北京：清华大学出版社，2007.
[3] 张利，杨俊清. 电子商务设计师教程. 北京：清华大学出版社，2013.
[4] 贺平. 软件测试教程. 北京：电子工业出版社，2010.

第 12 章　电子商务系统的运维与评价

电子商务系统的运维与评价是电子商务系统运行管理的核心内容之一。本章首先介绍电子商务系统的运行、维护与评价的基本知识；其次介绍电子商务网站系统的发布、推广与电子商务系统日常运行管理；再次介绍电子商务系统信息处理的内容（包括信息采集、处理分析、客户信息管理、网上单证管理、网上交易管理和网络促销策划等），最后简要介绍电子商务网站的评价相关内容。

12.1　电子商务系统的运行、维护

12.1.1　运行管理的内容、方法和策略

电子商务系统开始正式运营阶段后，工作的重点已经不应仅仅在运行管理角度，而应同时更多地吸引和留住顾客，为顾客提供更为全面、周到的服务。因此，要制定一系列相应的电子商务系统运行管理的策略。

1．即时与客户进行交互

这里提到的交互同以前一般意义上的交互有着很大的差别，原来的交互是指顾客同公司所进行的初级单向沟通，由公司的市场部或者客户部的员工来负责回答顾客的询问。而这里所指的交互则是自动回答顾客的问题，并且这种交互是即时的，每天 24 小时、每周 7 天、每年 365 天回复询问。当然，为了更大程度地保证和顾客之间的沟通，也可以将自动回复与人工操作结合起来。为达到这一目的，在系统中可建立一个自动回复系统，处理由 Web 网上传送到公司的每条信息。一般包含以下功能：

（1）利用检索工具方便 Web 页面的浏览

在电子商务系统中安装检索工具，当访问者输入某个专题的检索词汇后，就能找到互联网上所有符合检索要求的页面，系统还应该同时提供这些页面的链接表。这一类的检索工具能帮助访问者迅速找到相关的 Web 页面，这对顾客来说是非常有用的。

（2）自动回复电子邮件

自动回复电子邮件是指通过自动邮寄电子邮件，回复寄来的电子邮件，系统可以事先确定其内容。一旦访问者在网站上提出问题，无需人工操作，自动回复电子邮件系统在 30 秒内就会回复访问者。

（3）智能检索软件

与顾客交互的下一个层次就是智能检索软件的应用。用户用简单的语言询问计算

机，几秒钟后，计算机就给出答案。现在已经有不少智能检索软件能够提供这种功能，例如 Lotus 软件等。

2．及时更新商务系统的内容

对特定行业和应用领域采取不断更新信息的策略是至关重要的。例如两家目标市场相同的报纸，如果其中一家每小时更新一次新闻内容，而另一家每周才更新一次，访问者不用多久就会聚集到那家更新频繁的报纸上。而对于普通的电子商务系统而言，迅速地更新内容同样也是非常重要的，因为顾客同样非常渴望了解最新的商品信息，以及订货以后商品的发运情况，如果电子商务系统不能够及时地更新信息，无疑将在激烈的市场竞争中处在下风。

如果公司能够调动各项保证信息存储和处理阶段的工作，并将它们提供给用户，必然会从中获益的，比如说，此时的 Web 网站的访问量会增加，企业目标实现的可能性也就随之增大。为了保证电子商务系统的及时更新，主要可以采取以下措施：

（1）不同电子商务系统之间的信息共享

这里的信息共享指的是链接到其他公司的站点以便共享信息。它不仅包括直接的超文本链接，而且还包括 Web 网站间真正的信息共享和通信。不同 Web 网站间的链接和不同公司间的通信是有差别的。

（2）与企业的内部商务系统连接

除此以外，还有一种方法可以保证信息的及时更新，即从企业商务系统中直接获取信息。例如，用户订购了商品之后，肯定非常焦急地想知道什么时候能够收到商品以及现在商品的位置。这时，如果能够在系统中提供检索功能，用户只需要输入货单号，便能立即检索到相关的文档，了解到所订购商品的相关信息。

3．积极吸引潜在客户

尽管电子商务系统能吸引来成千上万次的访问，但是还是需要实施积极的营销方案，这是因为：顾客找到企业网站的方式各不相同，可能是听朋友说起、在广告看到的、用检索引擎找到的，在某种情况下，他们找到了一个网站，很喜欢上面的信息，考虑到今后可能还会去访问，就会把这一网站加入到他们的收藏夹中。但后来大多数情况下，他们不再来访问了。

实际上，企业只有一次机会向潜在客户销售商品或同他们建立联系，这个机会就在他们首次访问站点的时候。一旦他们离开了，可能就是永远不会再来了。任何了解市场营销的人都知道，销售比仅同潜在顾客开始对话要难得多。因此，这个阶段的目标是让网站的每个访问者都能开始交流，但关键是能够控制与顾客交互的主动权。从理论上说，访问者准备离开企业站点时，不要说：“希望你不久能再来访问”，应该说：“不久我还能再与你联系吗？”电子商务系统投入运行的前几个月里，许多公司都会为访问率和访问者规模的上升而兴奋不已，但如果不能使这些访问转变成彼此建立联系，就会永远失去这些访问者。换而言之，电子商务系统拥有的访问者越多，失去他们的潜在机率也就越大。

12.1.2 维护的内容、方法和常用工具

实践已经证明，在电子商务系统投入运行后，为保持其能够长期高效地工作，应根据其运行的外部环境的改变和业务的变化，对电子商务应用系统中的硬件/软件进行及时有效的更新。这种为电子商务系统正常工作而进行的一切活动称为系统的维护。

1．维护的内容

电子商务系统的维护有多种不同的分类方法：按时间顺序可以分为系统试运行维护阶段和日常维护阶段；按系统功能分为硬件系统维护、应用管理软件系统维护和数据库维护；按维护的目的分为完善性维护、改正性维护、适应性维护和预防性维护。

为了有效地进行维护工作，必须有一个正确的态度，充分认识维护工作的重要性；必须建立一套完善的维护工作管理条例，有专门的组织结构和工作人员。维护必须从申请报告开始，维护过程及对维护过程的评价有规范或标准可依；每一项维护活动都要遵循登记制度。

系统的维护人员应有明确的分工，各负其责。商务系统的维护人员可以分为三类：硬件系统维护人员、应用软件开发与维护人员以及数据库管理与维护人员。硬件系统维护人员负责硬件系统的维护，包括网络安全、系统配置等项工作。应用软件开发与维护人员负责与用户沟通，接受用户提出的新要求，如信息需求、增加功能等；负责开发或完善应用系统，并负责应用系统软件的运行维护工作。数据库管理与维护人员要负责系统中的数据安全性、完整性和一致性，并负责数据库中数据字典的建立与维护。

2．维护的常用方法

（1）监控

良好的电子商务系统依赖恰当的硬软件平台支持系统的运行。在电子商务系统的日常运行过程中，进行监控是确保系统运作良好的必要条件，它可以用来迅速检测和修复故障、确定故障的来源、预测并避免以后的故障，以及获得系统性能等方面的数据来评价系统的运行。监控有两种最主要的方式，一是历史监控，二是实时监控。

（2）用户支持

用户支持的工作主要是接受和处理用户请求，并做好问题跟踪。企业一般应建立帮助系统，帮助系统是一个地点，可以是真实或虚拟的，用户在这里可以报告问题并请求新服务。帮助系统应该界面友好、有足够多的人员来支持业务、有预定义的覆盖范围。

作为管理者要做好问题的跟踪调查，应经常检查用户的问题请求是否得到妥善的处理，处理人员是否敷衍了事。另外根据问题请求的统计分析，查看是否有异常波动，由此判断系统的稳定性。

（3）变更管理

变更管理是对系统的变更进行分析、计划，并确保其有效地实现的一种过程。也就是说，变更必须很好地记录在案，必须有回滚计划，必须是可再现的。

变更管理是维护的核心过程之一。通过这种机制，使得一组人能够确保相互影响的变更不会同时发生。通过这种机制，能够使系统管理员在具体实现一种变更之前，仔细考虑该变更的不同方面，从而减少故障或问题。这同时也是一种通信工具，它能够确保当变更发生的时候，所有人都是同一步调。这意味着能够减少变更发生时的混乱，同时当变更发生时能够更快地处理混乱。

12.2　电子商务系统的性能指标与评价方法

电子商务系统开发阶段完成后，就得到了一个可以运行的系统。但系统是否达到了预期目标；是否能满足用户的需求，是否真正提高了管理效率呢？这需要把新系统与预定目标作个比较，并请有关专家评价才能定论；经评价认可的系统便是合格的系统，可以正式移交给用户使用。启用新系统，将原系统切换到新系统，此后，新系统便替代原系统正式投入长期的运行与维护阶段。

1．性能指标

① 对商务系统总体水平的评价：如系统的总体结构、地域与网络的规模、所采用技术的先进性、系统的功能与层次、信息资源开发利用的程度等。

② 对商务系统实用性的评价：考察系统对实际管理工作流是否实用，如可使用性、正确性、扩展性、通用性和可维护性等。

③ 对信息设备运行效率的评价。

④ 对商务系统安全与保密性的评价。

⑤ 对系统文档保存的完整性及备份状况的评价。

⑥ 对现有硬件和软件使用情况的评价。

⑦ 对商务系统技术方面的评价主要是针对系统的性能，包括系统的可靠性、高效性、适应性、可维护性、易用性和可移植性等。

2．评价方法

传统的衡量标准关注量化的指标，大多是财务的指标。与传统的建设项目评价相比，电子商务系统完全不同。电子商务系统对企业的整体贡献，在间接效益及价值潜力方面得以更充分的体现。正是由于电子商务系统项目本身所具有的复杂性，导致其评价方法要比传统建设项目复杂得多，评价难度比较大。电子商务系统的评价的对象和评价的标准体系都在不断变化。因此，电子商务系统的评价需要借鉴新的思想和方法，目前主要评价方法有：

系统评价方法主要有定量/定性方法和动态/静态方法相结合。根据商务系统是一个社会的、商业性的系统特点；因此要对系统有一个全面、正确、公正的评价，必须有一个科学的评价指标体系，其指标包含定量、定性、动态、静态指标。这种多指标评价体系根据各指标参数对系统的贡献，通过加权等方法组合成一个综合指标体系，这个指标体系是评价系统的依据。

12.3 电子商务系统的发布与推广

12.3.1 电子商务网站系统发布

电子商务网站的建设可以分为两种：一种是自己建立网站，一种是外包。外包是企业以合同的方式委托专业服务提供商为企业提供部分或全部的工作。对于传统企业或者内部 IT 资源匮乏，或技术实力有限，或无法管理 IT 人员的企业，他们没有时间或能力建设和维护自己的网站，或者内部的维护成本过高，完全可以把网站交给专业的服务公司来管理。对于有些企业，公司自己设置独立的 Web 服务器，放置企业自己的网站，便于管理、维护以及消息的及时更新。无论哪一种建站方式，都要进行网站的发布。

在 Windows 中最常用的发布网站的方法是通过 IIS 中建立 Web 站点来实现。首先在 Windows 中安装 IIS。在此以 Windows 2003 Server 为例介绍安装过程。

Windows Server 2003 系统安装时，默认不安装 IIS 7.0。所以，我们需要手动的安装 IIS 7.0。安装的方法是在“控制面板”的“添加/删除程序”中的“添加/删除 Windows 组建”的选项中添加 IIS 组件，IIS 安装如图 12-1 所示。

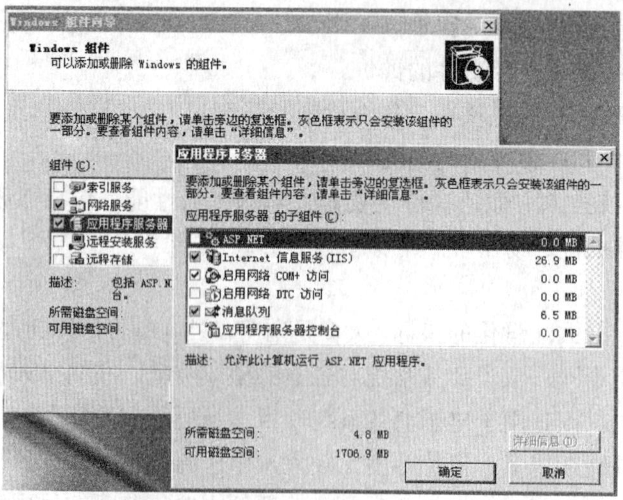

图 12-1　IIS 安装

选择完成后，单击“确定”，进行安装。当然，在安装的过程中，我们需要将 Windows Server 2003 的安装光盘放进光驱。

在 IIS 7.0 安装完毕后，会默认的添加几个目录，这几个目录有：C：\InetPub、C：\Windows\System32\InterSrv、C：\Windows\Help\IISHelp 三个，这三个目录中，分别存放不同的内容。C：\InetPub 目录中一般存放用户所创建的 Web 站点、FTP 服务器、新闻组等内容；C：\Windows\System32\InterSrv 目录中存放 IIS 的一些程序文件，配置文件、如动态链接库、可执行文件等；C：\Windows\Help\IISHelp 目录中一般存放 IIS 的帮助文件的。

安装完 IIS 7.0 后，IIS 提供了以下几种服务：FTP Publishing Service、IIS Admin Service、SMTP Service、NNTP Service 和 World Wide Web Publishing 四个服务，其中 IIS Admin Service 这个服务是相当重要的服务，如果将 IIS Admin Service 停掉的话，以上所述的其他服务将会同时停止，所以，这个服务不能够停掉。

在 IIS 7.0 安装完成后，会在 Web 站点中建立两个站点，分别是“默认网站”和“Admin istration”两个。如果我们需要建立新的 Web 站点，可以将其删除或停止。这里我们将其删除。如果系统没有安装网站服务，可以在“控制面板”中的“添加/删除组程序”的“添加/删除 Windows 组件”来进行添加，添加的方法如下所述。

首先，右键单击 IIS 树下的“网站”，在弹出的快捷菜单中选择“新建”→“网站”。会弹出如图 12-2 新建 Web 站点向导所示的窗口。

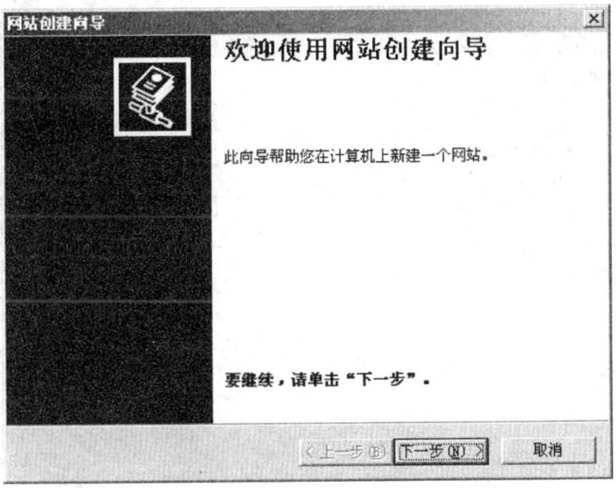

图 12-2　新建 Web 站点向导

直接单击下一步进入。

在如图 12-3 所示 Web 站点描述的窗口的文本框中输入你所要建立站点的描述，该描述会在“网站”树中用来标识所建立的站点。完成后单击“下一步”。

在如图12-4所示Web站点地址的窗口中输入你所建立的Web站点的IP地址，网站的TCP端口号默认为80，这个端口号是系统默认提供给HTTP服务所使用的端口号，一般不能够修改。完成后，单击“下一步”。

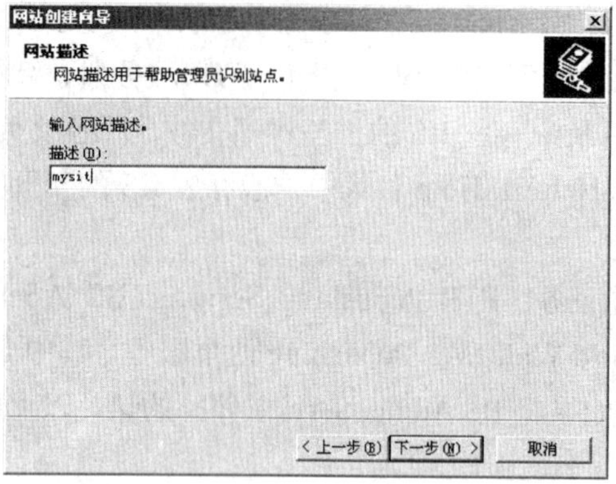

图12-3 Web站点描述

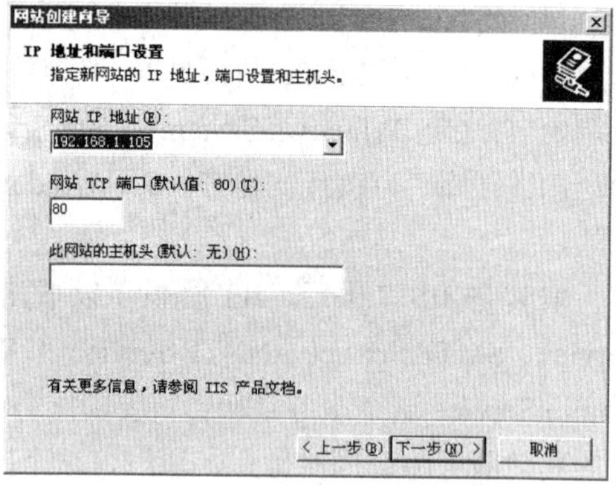

图12-4 Web站点地址

在如图12-5所示Web站点目录的窗口中输入或者选择你所建立的Web站点的目录，这里我们选择Windows Server 2003所提供的默认目录：C：\Inetput\wwwroot，同时，允许匿名访问站点。为了能够在测试时看到比较明显的结果，我们在该目录下建立一个内容为“建立成功!”的文件：default.htm，正确登录后，我们能够看到“建立成功!”内容。完成后，单击“下一步”。

图12-5 Web站点目录

在如图12-6所示Web访问权限的窗口中选择用户访问Web站点的权限，这里我们将“读取”、“运行脚本”、“浏览”三项权限前的复选框选中。完成后，单击“下一步”完成建立过程。

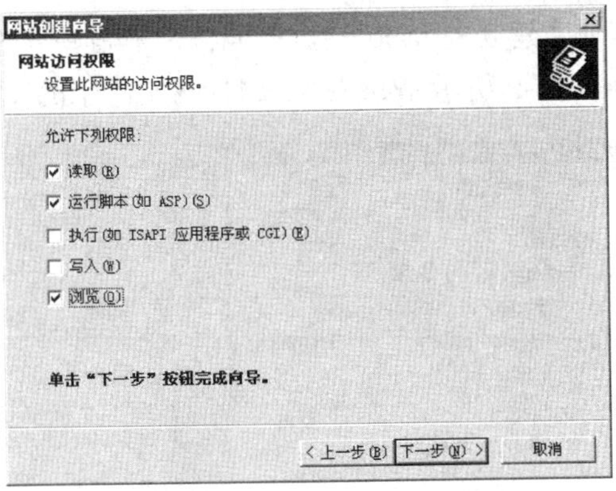

图 12-6　Web 访问权限

在如图 12-7 所示 Web 站点建立完成的窗口中单击“完成”来完成 Web 站点建立的过程。

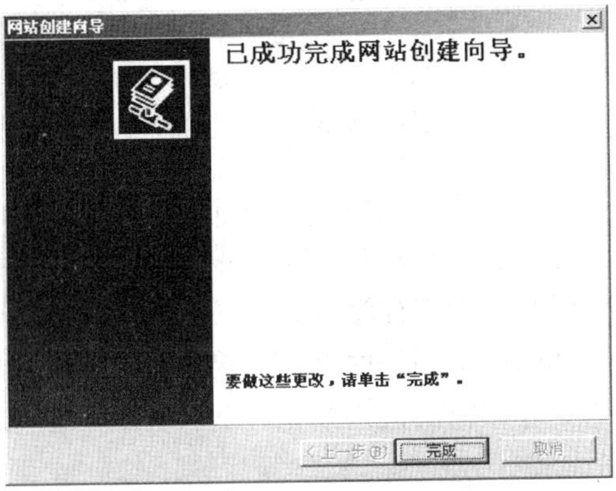

图 12-7　Web 站点建立完成

Web 站点的测试方法是在浏览器的地址栏中输入刚才我们建立 Web 站点时的那个 IP 地址，若建立成功，则会出现如图 12-8 所示的窗口。

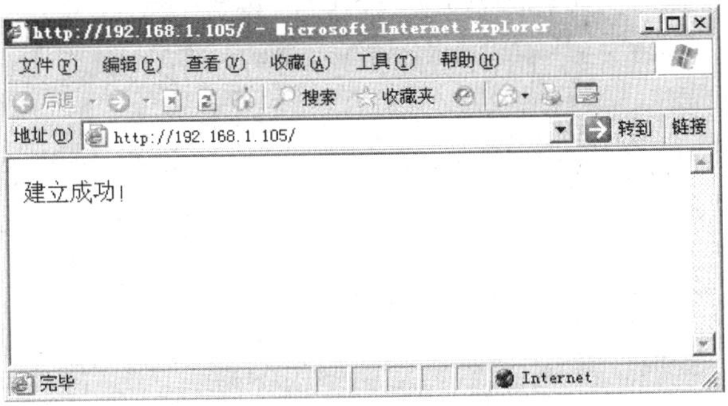

图 12-8　Web 站点测试

现在我们来看一下刚才建立的 Web 站点的属性。右键单击刚才建立的 Web 站点，选择“属性”会弹出如图 12-9 所示 Web 站点属性-网站所示的窗口。

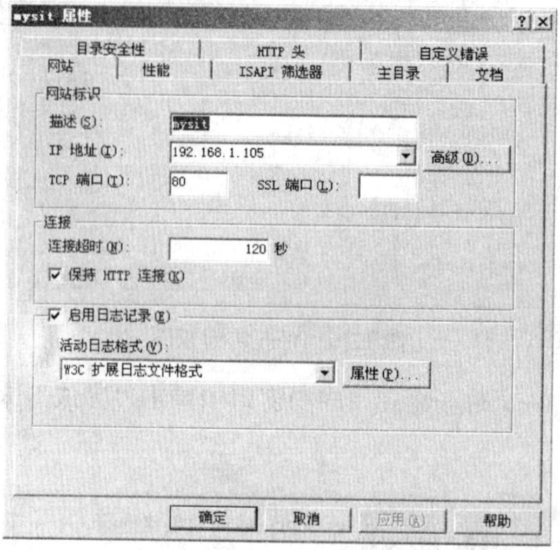

图 12-9　Web 站点属性-网站

在该属性页中，有网站的标识：mysit，网站的 IP 地址、Web 站点所使用的端口号以及连接超时和日志记录等内容。如果需要修改网站的标识，或者 IP 地址，可以在 Web 站点建立成功后，在这个属性页中进行修改。

在如图 12-10 所示 Web 站点属性-性能所示的性能的属性页中，可以限制用户访问 Web 站点时的最大网络带宽和网络的链接数量。默认情况下不限制使用的网络带宽和用户数量，均为最大。

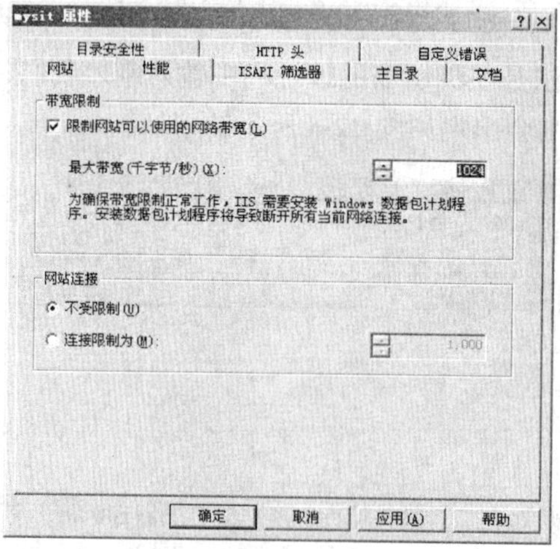

图 12-10　Web 站点属性-性能

在如图 12-11 所示 Web 站点属性-主目录所示的属性窗口中，显示的是该 Web 站点的目录，目录可以来自本地计算机也可以来自于其他计算机，同时可以使用 URL 来进行定位；用户访问 Web 站点的权限，以及打开该 Web 站点时所使用的应用程序，将设计好的潮流服装店的源代码复制到 Web 站点目录中，即 c:\inetpub\wwwroot。或者更改本地路径，使其指向存储潮流服装店设计文件的目录。

在如图 12-12 所示 Web 站点属性-文档所示的属性页中设定当前 Web 站点所显示的是一个文档名称，系统默认为 default.htm、default.asp 和 index.htm，所以，我们在建立网站目录中的第一个文档名称时，需使用这里的这些名称。当然也可以使用其他的名称，需要进行添加，如图 12-13 所示。由于我们建立潮流服装店网站首页为 index.asp，所以应将该文件名添加至默认内容文档中，并将潮流服装店所有的文件拷贝到 c:\inetpub\wwwroot 中，完成网站发布。

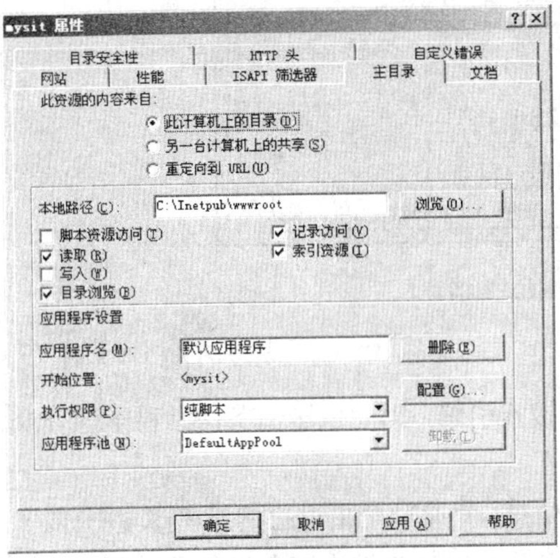

图 12 11　Web 站点属性-主目录

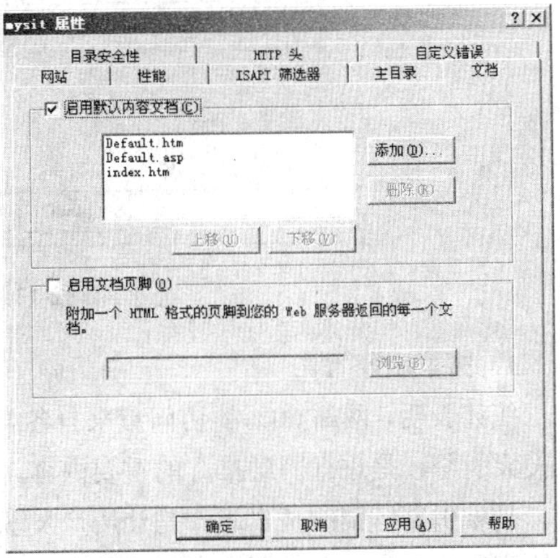

图 12-12　Web 站点属性-文档

12.3.2　电子商务网站推广

电子商务网站建设好并发布成功了只是第一步，还有更重要的任务要做。这就是如何将你的网站推广出去，以便于让行业领域里的更多的用户去访问、了解、选购商品，最终达到商业目的。网络资源的最大优势在于快速、便捷、低廉、高效且互动性好。电子商务企业可以充分利用这些特点，打造一个完美的企业商务服务平台，通过有计划的市场营销推广策略，使电子商务网站成为“企业商业核心”，成为企业开展电子商务活动的首选。

通过有效的网络推广活动，网站访问量稳步上升、会员注册数、网站美誉度和会员忠诚度均达到理想的要求，成为一个知名、安全、可信赖的购物网站。常见网站推广方法有搜索引擎、网络广告、电子杂志、发送电子邮件等。

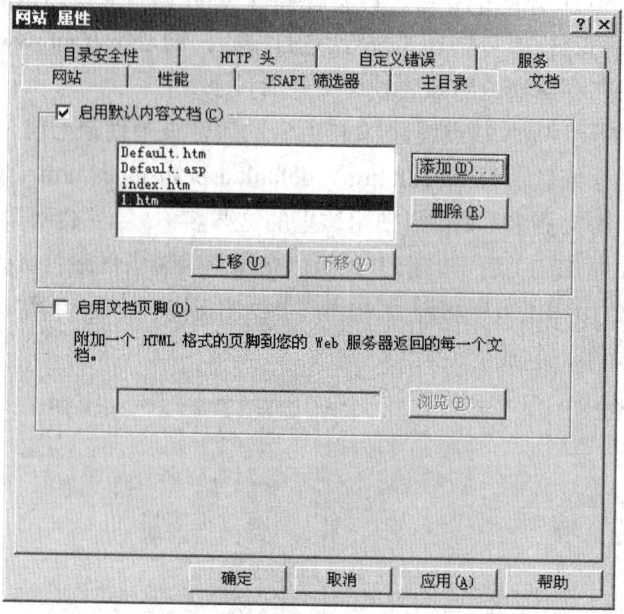

图 12-13 添加文档

1．搜索引擎推广

统计表明，网站 60%的访问量来自各类搜索引擎，因此电子商务网站科学地登录各大搜索引擎，是进行网站推广的重要内容。

搜索引擎营销的基本思想是让用户发现信息，并通过单击进去网站/网页进一步了解他所需要的信息。在介绍搜索引优化擎策略时，一般认为搜索引擎优化设计主要是：被搜索引擎收录和在搜索结果中排名靠前。这已经是常识问题，多数网络营销人员和专业服务商对搜索引擎的目标设定也基本处于这个水平。但从目前的实际情况来看，仅仅做到被搜索引擎收录并且在搜索结果中排名靠前还很不够，因为取得这样的效果实际上并不一定能增加用户的点击率，更不能保证将访问者转化为顾客或者潜在的顾客，因此只能说是搜索引擎营销策略中最基本的目标。利用搜索引擎工具可以实现 4 个层次的营销目标：

- 被搜索引擎收录；
- 在搜索结果中排名靠前；
- 增加用户的点击（点进）率；
- 将浏览者转化为顾客。

在这四个层次中，前三个可以理解为搜索引擎营销的过程，而只有将浏览者转化为顾客才是最终目的。在一般的搜索引擎优化中，通过设计网页标题、META 标签中的内容等，通常可以实现前两个初级目标（如果付费登录，当然直接就可以实现这个目标了，甚至不需要考虑网站优化问题）。为实现高层次的目标，还需要进一步对搜索引擎进行优化设计，或者说，设计从整体上对搜索引擎友好的网站。

网站设计对搜索引擎友好，友好是相互的。对搜索引擎友好的网站实际上也是对用户友好的网站，用户在这样的网站上更容易发现所需要的信息，如可以方便地拷贝、保存、转发对自己有价值的信息，可以方便检索浏览产品信息，并且注册或者购买。搜索引擎友好的网站所反馈的结果才更能吸引用户点击，网站才可以获得更多的访问量，取得最好的营销效果，这也是“营造网上营销环境中”的一个方面，即网站和网络服务商之间关系的营造。

网站对搜索引擎不友好的表现是网站设计对搜索引擎不友好，表现在多个方面，最差的是使得搜索引擎无法检索信息，或者返回的检索信息让用户看起来没有吸引力。造成网站对搜索引擎不友好的主要原因是：

- 大量采用图片形式，没有可以检索的文本信息；
- 网页没有标题，或者标题中没有包含有效的关键词；
- 网页正文中有效关键词比较少；
- 网站导航系统让搜索引擎“看不懂”；
- 部分数据库信息对搜索引擎“保密”；
- 没有其他网站提供链接线索进行比较。

有些企业网站非常重视网页的视觉效果，尤其是首页，往往希望用很复杂的图片，或者用 Flash 等 Rich Media（富媒体）形式来展示企业形象，这些固然能从视觉形象上引起人们的关注，但从搜索引擎优化的角度来看，没有任何价值，甚至起到副作用，让搜索引擎无从检索，用户也就无法通过搜索引擎发现这个网站。

因此，应该在兼顾实用的前提下追求美观，而不是将美观放在首位，在两者之间必须权衡取舍时，宁可放弃外在的美观。虽然对于视觉效果并没有完全一致的评价标准，但搜索引擎却有共同的检索基础，若对搜索引擎不够友好，失去的将是自己的潜在用户。强调网站的实用还有一个重要原因：用户通过搜索引擎来到一个网站，他们不是为了欣赏网页的视觉效果，而是为了获得与他在搜索引擎中所使用的关键词相关的信息。可以推测，如果用户进入一个网站却没有发现自己需要的信息，他唯一的选择就是尽快离开，这不是网站经营者所期望的结果。

2．网络广告投放推广

较之传统媒体而言，网络媒体的特点在于其全能性及在打造品牌和行销方面的力量。网络广告的载体基本上是多媒体、超文本格式文件，只要消费者对某种产品、某个企业感兴趣，仅需轻按鼠标就能进一步了解更多、更为详细、生动的信息，从而使消费者能亲身“体验”产品、服务与品牌，让顾客如身临其境般感受商品或服务，因此，网络广告又具备强烈的交互性与感官性这一优势。

网络广告是投入较大，效果明显的网站推广方式之一。广告投放对象选择要符合网站访问群特征，并根据网站不同推广阶段的需要进行调整。针对网站的特点，制订了相应的网络广告投放计划。

网站是一个开展企业自身的商务信息交流和电子商务贸易洽谈的网站。针对网站的受众特点，可将网络广告投放对象选择为新闻、财经、商务、企业黄页、资讯网站、导航网站、地方门户网站等。

3．发送电子邮件

电子邮件又称邮件列表广告，利用网站电子刊物服务中的电子邮件列表，将广告加在读者所订阅的刊物中发放给相应的邮箱所属人。正确利用 E-mail 进行广告活动，需要注意以下问题：

① 正确使用电子邮件的签名。电子邮件的签名经常会被人们忽略，但它的确可以起到非常突出的广告作用。请看下面的一个例子：

- Sincerely（感谢词）；
- Simth（落款）；
- Vanlong Technical Co. Ltd.（公司名称）；
- http://www.IT.com.cn （公司 Web 地址）；
- smith@IT.com.cn（E-mail 地址）。

在这个简短的 6 行签名栏中包含了公司名称、网址、电子邮件地址、口号及简单的描述，这是非常重要的。它不仅完成了签名的功能，还起到了宣传的效果。

② 正确书写信的内容。信的“主题”一定要鲜明，能说清信的大意，以吸引收信者阅读，避免被当作垃圾邮件被删除。在写信件时要注意语气亲切，对有可能收到的不太礼貌的回信，要平心静气地回信；对收到的客户提问的信，要迅速回答。信的内容也要尽量简短，以免耽误客户太多时间。

③ 选择正确的发信方式。为了提高效率，减少读者的麻烦，每份 E-mail 要反复测试；不要对未经过分析和过滤的地址发送电子邮件，一定要明确的知道你在给谁发信，否则不但效率低下，而且容易被人列入黑名单。同时给众多客户发信，一般应采取“暗发”方式，让客户不会收到一大堆电子邮件地址，也不知道除了他自己外，你还给别的什么人发了信。

④ 让客户主动索取广告。通过为客户提供一定的免费服务来发送邮件广告。比如，为客户提供免费的电子信箱、免费的电子杂志，把广告附于对客户希望得到的信息之后，让客户在阅读自己希望得到的信息的同时，阅读你的广告，或通过各种媒体宣传，让感兴趣的客户向你索取进一步资料。

⑤ 群发邮件。群发邮件集中发送的大量电子邮件。对于一些滥发的群发邮件，被称之为“邮件垃圾”。许多人都认为发送群发邮件是一种不好的行为，但是，群发邮件的确是一种非常方便、廉价并且有效的行销手段。这是因为现在每一个上网的人都至少有一个电子邮件地址。目前，还没有一种其他的广告载体能够与之媲美，能够如此迅速地产生效果。

4. 发布新闻组

借助新闻组开展网上营销本身是一种广告行为，在传统的拒绝广告与现代商业化倾向激烈冲突的新闻组中，需要谨慎行事。

在新闻组中发布广告的步骤与在公告栏中发布广告基本相同。所不同的是在新闻组中发布广告需要根据广告信息的主题选择讨论组。

5. 网站合作推广

策划开展网站合作活动是有效的网站推广手段，且能提高访客忠诚度，持续深入的传播网站和品牌。广泛征求友情链接，扩大网站外部链接活力，能增加网站的搜索引擎曝光率，获得理想的排名效果。与网上网下媒体展开充分合作，撰写公关文稿，关注网站发展动态，并定期在各媒体发布同其他网站进行各种合作是效果明显的网站推广方式，可以借合作伙伴的力量，促使网站的系列活动有效开展。

12.4　电子商务系统日常运行管理

12.4.1　电子商务系统运行情况的分析

1. 电子商务系统的日常运行管理

一个电子商务网站系统投入使用后，其主要工作就是日常运行管理工作。这里所说的管理工作，是指对网站本身的运行管理，就是对系统的运行进行控制。记录其运行状态，进行必要的修改与扩充，以便使系统真正发挥其作用。运行管理和维护工作在商务系统中处于十分重要的地位。

第一，系统的日常运行包括：数据收集工作，数据整理工作，数据录入工作及运行的操作工作，处理结果的整理分发工作。此外还应包括系统的管理工作及有关的辅助工作，如硬件维护、机房管理、空调设备管理、用户服务及管理等等。

第二，记录系统的运行情况，这是科学管理的基础。数据的情况，处理的效率，意外的情况发生及处理，这都必须及时地、确切地、完整地记录下来。否则，就谈不上商务网站系统功能的评价与改进。

第三，有计划地，经常发布企业和商品信息，及时更换商品品种，去掉过期商品，商品价格在网上变动，应有组织地对系统进行必要的改动，以保证系统能正确地执行用户所要求的任务，同时适应不断变化的环境条件。

第四，定期或不定期地对系统的运行情况进行回顾与评价，这一工作也叫审计。一般说来，半年或一年总要进行一次，以便确定系统发展改进的方向。

以上这些工作是由不同的人员来完成的。第一、二项是属于具体的工作，它们分别由信息收集整理人员、系统操作人员和负责整理、分析、处理结果的人员来完成；操作人员应对系统所用的机器、设备有深刻的了解。第三项应该是系统主管人员亲自掌握，对于数据库修改则要有数据库管理员，负责对数据库进行更新和修改。各级工作人员要积极努力工作，了解熟悉自己的工作，互相配合，密切协作。

工作人员和用户应该对系统和系统运行工作提出修改建议。而具体的修改必须经过认真讨论，从全局出发由专业的程序员和系统分析人员来进行，必须慎重，不可只顾局部而不考虑全局。所以如何修改，何时修改，必须由系统的技术主管来掌握和决定。虽然系统的主管人员并不一定是当初研制时的系统分析和设计的负责人，但是他必须对系统的功能、结构有十分清楚和全面的了解。这样，他才能对每一修改的收益、代价及影响范围做出正确的判断，从而做出正确的决定。第四项工作——审计工作，有时是由系统主管人员自己组织进行的，有时是由上级派来的或组织外面来的专门的审计人员进行的。要进行这种工作，自然需要具有广泛的，更丰富的网站的知识和经验；因为，这时要求对系统做出正确的评价以及提出改进和发展方向。

及时地、准确地、完整地记录系统运行情况，是修改与评价的基础。作好管理工作的第一步就是严格记录制度。记录工作最好是由直接操作的人员在工作过程中随时记录，减少中间环节，避免失真。记录工作中，一般容易忽视正常运行情况有关信息的收集。当出现异常情况时，必须详细记录其原因、现场、采取的措施以及处理的结果；必要时，还要尽可能完全地保留现场信息。然而，系统正常运行时的信息，反映系统在大多数情况下的状态和工作效率，对于评价和改进系统同样具有重要的参考价值，这一方面也是日常管理的主要工作。

用计算机来记载运行信息是比较可靠的，一般网管服务器上有网管软件。其作用就是记载系统中发生的所有各种事件。例如，什么时候、哪个用户进入系统、他的用户名是什么、用哪一个账号等。网站上除了一般的全系统的网管软件之外，还可以根据服务器上的用户管理系统来记录与某一用户或某一文件的有关信息，如客户档案、计数器、记录顾客访问次数、购物情况等等。利用这些信息可以除对网站内部运行情况进行分析外，更重要的是对市场情况、销售情况进行分析、统计、做出销售、库存、产品质量、客户情况的报表，依此还可以进行有关预测。

运行情况的记录是一件较为麻烦且又细致的工作，但这一工作又是一件十分重要的工作。因而，系统一定要从一开始就重视这一工作，做好这项工作，以保证资料的完整和可靠，这是管理工作中必不可少的一个环节。

2．电子商务系统维护工作

电子商务系统是一个整体，各部分各种功能都是联系在一起的，牵一发而动全身。因此，对于系统的任何修改必须谨慎从事，必须把修改的批准权限掌握在对系统有全面了解的人手中。与系统接触的所有人，包括用户、操作人员、数据整理人员、数据录入人员、数据收集人员都可以根据自己所了解的情况或直觉提出修改的建议和要求。然而如果所有这些人都直接去找程序员，而程序员根据所有这些要求去修改系统，那就会带来极大的危险，系统很快就会由于各种互相矛盾的要求和互不一致的修改变得混乱不堪，以及完全瘫痪。因此，必须按照下面的步骤，按照一定的手续来组织这种修改工作，如图 12-14 所示。

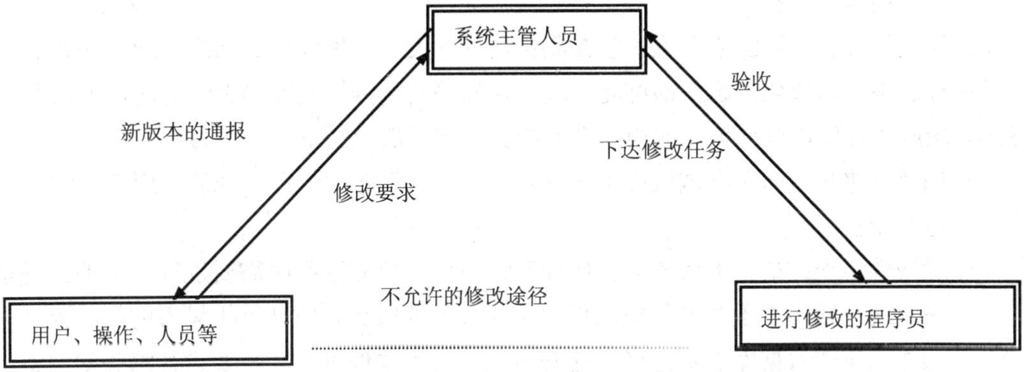

图 12-14　修改商务网站系统的步骤

第一步，提出修改的要求。这一点可以由接触系统的全体人提出来。只是不能直接向程序员提出，必须以书面形式（经常是通过固定格式的修改申请书）向主管人员提出，说明要求修改的内容及原因。

第二步，由系统主管人员根据系统的情况（功能、目标、效率等）和工作的情况（人员、时间、经费等）来考虑这种修改是否必要、是否可行、是否迫切，从而做出答复，是立即修改，还是以后修改。

第三步：系统主管人员把修改要求汇集，指明修改的内容要求、期限。由于修改要求是不断提出的，所以，系统不能随提随改，必须有计划地一批一批的修改。一般都用版本编号的办法来加以控制。

第四步：在指定的期限内，由系统主管人员验收程序员所修改的部分，并在一个统一的时间，把若干个新模块加入系统，以取代旧的模块，新的功能开始生效。

第五步：登记所作的修改，作为系统新的版本同用户及操作人员的报告，特别要指明新增加的功能和修改了的地方。

由上面的步骤可以看出，系统修改的工作类似于新系统的研制工作，也必须系统地去考虑及组织。当然，一般地说，规模要小得多。

系统的修改可能由不同的角度提出，例如，系统主管人员或上级审计人员经过审计发现问题，提出修改的要求；操作人员在工作中发现错误及缺点，提出修改的要求；环境变化与商品品种、价格等所提出的改变要求（包括社会条件的变化及机器硬软件配置的变化）等。

3．电子商务系统运行维护主要内容

电子商务系统运行维护的内容繁杂，归纳起来主要包括以下工作：

（1）应用软件维护

在系统运行后，可能会发现一些在测试过程中没有发现的局部问题，或者是企业的业务流程发生局部变化，这些都可能引起应用程序的部分修改或调整，这时，就需要对应用系统应用程序进行维护。应用软件的维护内容一般包括以下几个方面：

- 纠错性维护：即对测试过程中没有暴露，而在系统运行后发现的应用程序的错误进行维护。
- 适应性错误：指由于系统运行环境升级换代导致应用程序需要进行的维护。例如系统运行后，由于业务规模、用户访问人数的增加导致计算机设备的档次提升、操作系统或数据库版本升级，这些情况下应用软件可能会需要进行相关的调整，以适应系统环境的变化。
- 完善性维护：完善性维护一般发生在企业提出了新的需求，或者要求既有应用软件增加功能时，这时需要在原来的基础上，增加一定的代码满足用户的要求。

（2）数据维护

数据维护是指对系统的文件、网页以及支持企业与客户之间数据信息来往的文件传输系统和电子邮件系统的维护。

（3）系统运行维护

当系统运行一段时间之后，就有必要对系统运行的基础环境和应用平台进行维护，以确保系统能够有一个稳定高效的运行环境。

(4) 安全维护管理

电子商务系统的安全是电子商务系统可靠运行并有效开展电子商务活动的基础和保证，也是消除客户安全顾虑、扩大系统客户群的重要手段。

4. 商务系统运行情况的分析

系统的运行分析与评价是在对系统平时进行认真科学管理工作的基础上，集中地对商务系统运行情况进行的。如果平时没有管理好，没有完整的运行记录、资料就无法进行这一工作。商务系统进行分析和评价工作的主要目的是：

第一，检查电子商务系统是否达到了预期的目标，即对用户提出的要求满足了没有或者说满足到什么程度，为用户提供服务的质量如何。

第二，检查系统中各种资源的利用效率，这包括计算机、外部设备、软件力量以及人力。此外，还包括信息资源，即目前已进入商务系统的数据是否已得到充分利用，还能用来对管理起什么样的帮助作用。

第三，系统改进和维护的方向是什么。根据分析的结果，审计人员可以对系统的状况作为评价：是否对管理工作发挥了帮助的作用、有什么缺点或问题、应该从什么方面去改进、可以考虑进行哪一方面的功能扩展。

第四，系统的审计管理。在进行审计工作时，主要是利用及分析记录的资料，同时也可以进行某些简单的现场观察及测试。例如：观察某一项典型交易的执行过程，用某些实际的或模拟的数据资料去测试系统的效率，用某些意外情况去测试系统的可靠性等等。

在审计中应该考虑的问题很多，一面是通常应该考虑的一些问题。

① 系统的总的效率：管理人员对系统效率的总的印象如何？如果不满意，原因何在？输出报表是否确实为管理人员所用？精确度够不够？能否及时提供？其中有没有不正确的或管理人员不需要的信息？操作手续是否方便？有没有常出问题影响工作效率的环节？等等。

② 费用考察：是否雇用了编制外人员？是否花费了不必要的开支？外界环境的变化是否影响了开支？等等。

③ 系统的可靠性：各种步骤上的检查校验措施是否完善？是否确实得到了执行？系统的修改工作是否有计划、有组织地进行的？

以上只是列了最一般的一些问题，实际上，审计人员需要大量的实践经验，只有积累了相当多网站系统的情况之后，才能在对比中，发现本系统的缺点和弱点。对于审计的结果，审计人员应该向领导或者商务系统的主管人员提出，他对系统运行的评价与改进建议。

12.4.2　电子商务系统安全运行的监控与分析

1. 电子商务系统的信息安全要素

(1) 数据信息的有效性：电子商务以电子形式取代了纸张，如何保证电子形式的贸易信息的有效性是开展电子商务的前提。因此要对网络故障、操作错误、应用程序错误、硬件故障、系统软件错误及计算机病毒所产生的潜在威胁加以控制和预防，以保证贸易数据在确定的时刻、确定的地点是有效的。

（2）数据信息机密性：电子商务作为贸易的一种手段，其信息代表着个人、企业甚至是国家的商业机密。传统的纸面贸易都是通过邮寄封装的信件或通过可靠的通信渠道发送商业报文来达到保守机密的目的。而通过电子商务系统进行电子商务活动是建立在一个开放的因特网环境之上的，维护商业机密是电子商务应用的重要保障。因此，要预防非法的信息存取和信息在传输过程中被非法窃取。

（3）数据信息完整性：电子商务简化了贸易过程，减少了人为的干预，但同时也带来维护贸易各方商业信息的完整、统一的问题。由于数据输入时的意外差错或欺诈行为，可能导致贸易各方信息的差异。此外，数据传输过程中信息的丢失、信息重复或信息传送的次序差异也会导致贸易各方信息的不同。贸易各方信息的完整性将影响到贸易各方的交易和经营策略，保持贸易各方信息的完整性是电子商务应用的基础。因此，要预防对信息的随意生成、修改和删除，同时要防止数据传送过程中信息的丢失和重复，并保证信息传送次序的统一。

（4）可靠性/不抵赖性/鉴别：如何确定要进行交易的贸易方正是所期望的贸易方是保证电子商务顺利进行的关键。在传统的纸面贸易中，贸易双方通过在交易合同、契约或贸易单据等书面文件上手写签名或印章来鉴别贸易伙伴，确定合同、契约、单据的可靠性并预防抵赖行为的发生，这也就是人们常说的“白纸黑字”。在无纸化的电子商务方式下，通过手写签名和印章进行贸易鉴别是不可能的。因此，要在交易信息的传输过程中为参与交易的个人、企业或国家提供可靠的标识。

（5）数据信息的审查能力：根据机密性和完整性的要求，应对数据信息进行审查，并将审查结果进行记录。

2．电子商务系统安全运行规章制度

电子商务系统要能安全运行，除了有一定的软硬件安全保证之外，还要有一定的规章制度来规范电子商务管理人员。以下是电子商务系统安全运行的规章制度范例：

第一章 总则

第一条 为加强××电子商务系统的管理、使用、维护，保证网络和系统的安全运行，规范网络管理人员的行为，促进系统健康发展，根据国家有关法律法规，制定本管理规定。

第二条 ××电子商务系统具备国家规定的下列条件：

（一）系统主管单位为×××；

（二）负责系统业务管理的×××具有相应的计算机信息网络、装备以及相应的技术人员和管理人员；

（三）具有健全的安全保密管理制度和技术保护措施；

（四）符合法律和国务院规定的其他条件。

第三条 电子商务系统建立相应的网络管理机构，依照国家法律和有关规定负责对本网站及其网管维护人员进行管理，做好网络信息安全工作。

第二章 系统内容管理

第四条 网管人员负责收集、整理因特网用户及电子商务系统用户提出的有关问题，及时答复客户问题；负责网站电子信箱及其他相关业务的管理。

第五条 网管人员必须始终监控系统的安全运营，发现系统内容有异常情况，应立即向有关领导汇报，并根据领导指示及时做出相应处理。

第六条 电子商务系统应当遵守国家有关法律、行政法规，严格执行国家安全保密制度，网站内容不得含有且网管人员不得制作、复制、查阅和传播下列信息：

（一）煽动抗拒、破坏宪法和法律、行政法规实施的；

（二）煽动颠覆国家政权，推翻社会主义制度的；

（三）煽动分裂国家、破坏国家统一的；

（四）煽动民族仇恨、民族歧视，破坏民族团结的；

（五）捏造或者歪曲事实，散布谣言，扰乱社会秩序的；

（六）宣扬封建迷信、淫秽、色情、赌博、暴力、凶杀、恐怖，教唆犯罪的；

（七）公然侮辱他人或者捏造事实诽谤他人的；

（八）损害国家机关信誉的；

（九）其他违反宪法和法律、行政法规的；

（十）发现有害信息应当及时向有关主管部门报告，并采取有效措施，不得使其扩散。

第三章 信息发布管理规定

第七条 网管人员对发布的信息和个人进行登记，并对所提供的信息内容按照本规定进行审核。

第八条 建立信息发布日志，系统管理员负责记录每次信息发布时间，做好发布信息审批表及原始资料的归档工作。

第九条 网管人员负责建立计算机信息网络电子公告系统的用户登记和信息网络管理制度。

第四章 安全保护责任

第十条 系统管理人员应当依法履行下列安全保护职责：

（一）负责本网络的安全保护管理工作，建立健全安全保护管理制度；

（二）落实安全保护技术措施，保障本网络的运行安全和信息安全；

（三）负责对本网络用户的安全教育和培训；

（四）发现有害信息时，应当保留有关原始记录；

（五）按照国家有关规定，删除本网络中含有有害信息内容的地址、目录或者关闭服务器。

第十一条 网管人员不得从事下列危害计算机信息网络安全的活动：

（一）未经允许，进入计算机信息网络或者使用计算机信息网络资源的；

（二）未经允许，对计算机信息网络功能进行删除、修改或者增加的；

（三）未经允许，对计算机信息网络中存储、处理或者传输的数据和应用程序进行删除、 修改或者增加的；

（四）故意制作、传播计算机病毒等破坏性程序的；

（五）其他危害计算机信息网络安全的。

12.5 电子商务信息处理

12.5.1 电子商务信息采集、处理、分析

1．网络商务信息处理特点

网络商务信息具有以下显著的特点：

（1）时效性强。传统的商务信息，由于传递速度慢、传递渠道不畅，经常导致“信息获得了，但也失效了”。网络商务信息则可有效地避免这种情况。由于网络信息更新及时、传递速度快，只要信息收集者及时发现信息，就可以保证信息的时效性。

（2）准确性高。网络商务信息的收集，绝大部分是通过搜索引擎找到信息发布源获得的。在这个过程中，减少了信息传递的中间环节，从而减少了信息的误传和更改，有效地保证了信息的准确性。

（3）便于存储。现代经济生活的信息量是非常大的，如果使用传统的信息载体，把它们都存储起来难度相当大，而且不易查找。而网络商务信息不但可以方便地从 Internet 下载，通过计算机进行信息的管理，而且由于在原有的各个网站上有相应的信息存储系统，因此即使自己的信息资料遗失后，也可以到原有的信息源中再次查找。

虽然网络系统提供了许多检索方法，但全球范围内各行各业中堆积如山的信息，常常把企业营销人员淹没在信息的海洋或者说信息垃圾中。在网络信息资源中，如何能迅速地找到自己所需要的信息，再经过加工、筛选和整理，把反映商务活动本质的、有价值的、适合本企业情况的信息提炼出来，是需要相当一段时间的培训和经验积累的。

对于现代企业来说，如果把人才比作是企业的支柱，那么信息则可看作是企业的生命，是企业不可离开的法宝。网络商务信息不仅是企业进行网络营销决策和计划的基础，而且对于企业的战略管理、市场研究以及新产品开发都有着极为重要的作用。

2．网络商务信息收集方法

在互联网上可以利用搜索引擎、公告栏（BBS）、新闻组、E-mail、邮件列表等方式

进行商务信息的收集。

（1）搜索引擎

利用搜索引擎检索信息。只要企业建立了自己的网站，并在搜索引擎上进行登记，就可以找出该企业的网址，然后通过直接访问目标企业的网站查询相关信息，而有关该企业的新闻报道等通常也可以直接从网上找到。

（2）公告栏

主要是到相关主题的 BBS 网站，如电子商务指南网站的论坛，进行商务信息的搜集。大量的信息交流可通过 BBS 来完成，会员通过张贴消息或者回复信息达到互相沟通的目的。

（3）新闻组

可以从新闻组中获得信息，也可发布信息。新闻组是公众进行讨论和信息分享的自由网站，公众可以自由加入，新闻组成员可以阅读到大量公告，也可以发表自己的公告，或回复他人的公告。使用新闻组时要遵守网络礼仪，张贴消息时要非常小心。

（4）电子邮件

目前许多 ICP 和传统媒体以及一些企业，为保持与用户的沟通，都利用 E-mail 定期发布公司的最新动态和有关产品服务信息。通过 E-mail 收集信息是最快捷、最有效的渠道。

（5）邮件列表

许多网站常常将一些有价值的信息以新闻邮件、电子刊物等形式免费向用户发送，通常只要进行简单的登记即可加入邮件列表。像传统广告中的邮寄广告一样，网络世界中的另外一种广告发布形式正在被更多的商家所利用，即电子邮件广告。

3．网络商务信息的处理

信息的存储就是把获得的大量信息用适当的方法保存起来。因为有些信息在收集、加工处理完毕后并不是马上就要利用，另外一些有价值的信息在使用一次过后还有第二次、甚至第三次使用的价值，因此需要将这些信息保存起来。信息存储为信息进一步的加工处理、正确地认识和利用这些信息打下基础。

随着信息量的增加，需要存储的信息越来越多，对信息存储的要求也越来越高。信息存储时需注意以下几个问题：

① 存储的资料要安全可靠。对各种自然、技术及社会因素可能造成的资料毁坏或丢失，都必须有相应的处理和防范措施。

② 要节约存储空间。计算机存储要采用科学的编码体系，缩短相同信息所需的代码，从而节约空间。

③ 信息存储必须满足存取方便、迅速的需要，否则就会给信息的利用带来不便。计算机存储应对数据进行科学、合理的组织，要按照信息本身和它们之间的逻辑关系进行存储。

数据库是在计算机的外存储器上，按照一定组织方式存贮在一起的，相互有关且具有最小冗余度和可共享的、具有较高独立性的、能确保安全和完整的数据集合。数据库系统是用于组织和存取大宗数据的管理系统，它是有关计算机系统（硬件和基本软件）、数据库及其描述机构、数据库管理、用户及其应用程序、数据库管理员等几个方面组成的总体。数据库管理系统是一组软件，它具有数据库定义功能、数据库管理功能、通信功能，通常有数据描述语言及其编译程序、数据操纵语言及其编译程序、数据库管理例行程序等3部分组成。关系数据库管理系统是当前普遍采用的性能较好的数据库。如DBASE、ORACLE、SQL 和 DB2 等。数据库是大量信息存放的场所，在使用时一般根据需要分类别进行整理。

12.5.2 客户信息管理

1．客户信息查询

电子商务系统的客户基本信息管理是一个存储所有客户信息的资料库。按客户的联系方式可分为个人信息和单位信息两个板块。在个人信息板块里详细记录了客户联系人的信息，可以按照最新客户或单位进行排序。个人信息板块记录形式可以让用户一目了然的看到企业所有的客户信息。同时，还建立快捷的链接功能，用户只要点击联系人就可以直接进入个人信息列表，包括编号、姓名、单位、所在部门、地址、电话等个人详细信息；点击客户的单位可以直接进入单位信息列表，包括单位详细名称、简称、地址、员工数量、背景资料、单位特征、建设情况等详细信息。

具有灵活方便的客户信息检索功能：可按客户姓名和公司的名称等客户信息进行模糊查询；帮助销售人员摆脱翻阅大量的客户信息单而难于找到合适客户信息的苦恼，方便快捷地寻找到意向客户的详细信息。

2．客户信息统计

系统统计管理是指跟踪用户访问情况，对访问情况进行统计分析，生成全面的网络统计报告，从而更好地改进系统服务。具体应包括统计网站类型、访问者 IP、浏览器、操作系统、屏幕分辨率、日报表、时段报表、每日访问量、当前排名、访问者来源分析、访问者 IP 地址分析、地域分析等。下面介绍客户信息统计的主要功能。

① 支持多用户模式。可同时生成多个统计器，几个网站均可使用，或者用户也可以构建自己地网站计数器。

② 管理员在线修改，即时生效。管理员能修改统计器的名称等相关静态信息。提供在线人数统计功能，包括目前正在访问本站的人数，以及他们的来源，提供每日访问统计功能，以日为单位统计访问量。

③ 提供总访问量统计功能。提供自网站开通来的所有访问量，主页刷新时计算访问量增加。

④ 提供网站资料分析功能。统计网站类型、访问者 IP、浏览器、操作系统、屏幕

分析率、日报表、时段报表、每日访问量、当前排名、访问者来源分析、访问者 IP 地址分析、地域分析等。

⑤ 提供网站排行榜功能。提供对所有用户网站的一个综合排名，具有相当的决定作用。

⑥ 支持计数器样式定制，可设置计数器起始值、增长步数、要显示的计数器图片，支持超级管理员删除所有统计器。

3．客户信息分析

通过对公司的行业背景、建设情况、需求意向以及客户的所在部门、决策力、需求意向等详细信息的进行细化分析，可以迅速寻找到企业的客户源所具有的共性特征，挖掘到潜在客户群，优化企业的人力资源，更加有效地开拓新的市场，开拓新的销售渠道。

12.5.3　网上单证管理

1．网上单证格式

网上商店的单证是商家与用户之间交易的凭证，一个设计完美的单证体系既要做到让用户能体会到在本商店网上购物的方便性，也要让网上商店的管理者能够在进行对订单数据处理时保持准确性。下面是在进行网上单证设计时需要注意的地方和可以采用的技巧：

① 尽力使客户在购物时感到方便。当一个消费者在某网上商店购物时感到麻烦或不顺利，下次他就不会再光顾，而且还会加以宣传，这一点对网上商店确实是最重要的和不可忽视的问题。网上商店的单证设计者必需要把自己放在顾客的立场上来测试你的设计，把那些可能阻碍用户成功购买的地方和问题列举出来，并一一加以解决。就像下面这些问题：

- 客户完成一次购买需要翻阅多少页面和完成多少次单击？
- 相对于第二次购买，客户最初需要填写多少信息？能减少一些吗？
- 客户能直接在主页上完成快速购买吗？
- 商店能确认用户的行为并为用户所进行的购买行为及时提供清晰的、简明的反馈吗？

② 使客户对商店产生强烈的第一印象。网上商店要尽可能使客户对本商店产生强烈的第一印象，这是商店与客户进行交流和说服他们开始购买和激发客户的购买欲的重点。从这方面来说，突出商店的商标是第一位也是最重要的事情。其次，一个很重要的问题是要为商店所经营的商品种类或门类提供一个清楚的、形象的名称和定义，并且在单证中或在导航条中加以应用。

③ 个性化和问候语，努力在单证的设计时寻找与客户建立一种非常和谐的亲密关系的方式，例如，可以在顾客作为一个购物者或成员注册后，在相关的单证中利用客户的信息为他们提供一些个人化的服务。比如使用客户的姓名信息在主页或不同部分的单

证页面提供个人化的问候。

④ 简洁明了，在网上商店的单证中完全不需要一个长篇大论来说明如何使用单证和进行购买，客户希望依靠最少的说明，甚至在相关的单证中不需要说明就能完成快速购买，因为大多数客户将不会阅读长篇的说明，否则将会在一片迷惘中转身离开。

⑤ 提供可视化的线索和与购物车链接。对于有几个不同部分的商店，可以通过改变导航条或背景页的颜色，通过使用文本或图形提供不同的标题来实现，以此来创立一种不同位置的感觉是重要的。另外对于商品的细节提供得越多越好，而如果关于产品信息的网页很长，要确保在信息正文的顶部和底部都提供客户能随时购买或添加到购物篮和手推车的选项。

⑥ 在长列表中使用交替背景色，使单证中的长项目列表的可读性更好、更形象的方法是在每行或每项之间交替使用明亮的背景色。

⑦ 给客户一个暂时存放的地方为客户在购物时设计提供一个购物篮或一个暂存货架，帮助顾客在正式购买前存放可考虑购买的商品。不要让顾客在一次购物中不止一次的填写冗长的付款、投递和其他表格。可以在商品级别上提供一个链接进行付款，另有一个链接在客户继续购买时可以添加商品到自己的购物手推车中。

2．单证流程设计

（1）网上单证的设计步骤

步骤一：按照一般网上商店交易双方信息交互的需要时，列出所需的网上单证种类的名称，如客户注册单证、商品信息表、购物车等。

步骤二：列出各种单证的有关数据项并确定项名以及定义其数据类型和长度等。

步骤三：画出各种单证的表格样张。

步骤四：确定客户在填写单证时各数据项的特性，是必须的或是可选的。

（2）设计本商店网上单证的格式

步骤一：列出各网上单证为方便客户所需要的提示语内容。

步骤二：确定本商店网上单证统一的风格，包括色彩、字体、字形等。

步骤三：确定各单证中的问候语和广告语的内容。

（3）设计本商店各网上单证功能和链接

步骤一：确定各网上单证应出现在哪些相关网页及其具体位置。

步骤二：设计各网上单证之间的相互关系，包括数据调用和链接关系。

步骤三：设计各网上单证的有关功能，例如购物车中的商品的确认和删除等。

步骤四：设计对客户输入数据的核对功能。

（4）网上单证的实现

步骤一：按照上面对商店各网上单证的设计内容定义相应的数据库格式。

步骤二；用选定的网页设计语言和工具实现上述各网上单证。

3．单证处理

网上商店的各种网上单证在实际运行中有不同的处理流程，单证的处理流程设计的是否流畅，对客户在本商店的购物和网上商店自己的后台处理均有很大的关系。采用结合绘制单证处理的流程图和单证处理节点而成的网络结构图，来进行网上单证的流程设计和完善比较简单易学，而且对于缩短网上单证的处理周期时间效果显著。下面以网上客户订单处理流程的设计方法为例，列出其设计步骤和方法如下：

步骤一：调查本商店当前对网上订单的处理流程在此基础上绘制出网上定单在前台和后台各处理阶段的流程图，并合成网上订单总的流程图；

步骤二：根据网上订单的总流程图，调查现有网上订单在处理流程各节点的时间耗用；

步骤三：结合网上订单的流程图和处理节点，绘制出网上订单处理过程的网络结构图；

步骤四：流程处理改善遵循的基本原则包括并行处理、分批处理、交叉处理、删除不增值工序、减少等待、在瓶颈处添加额外资源等。利用上述流程改善常用基本原则改善并确定网上订单处理过程。

（1）网上订单的后台处理

网络消费者在进行网上购物时将面对并填写一张又一张不同的网上单证，而最终的结果是要完成并提交成功一份有效的网上购物订单。相对地，网上商店也要对来自于客户填写的单证信息完成必要的并且是正确的处理流程，才能使一笔网上交易成功。

不同的网站对于网上商店的单证后台处理的流程是不同的，一般来说，网上订单的后台处理的过程主要包括以下五个部分：

- 订单准备；
- 订单传递；
- 订单登录；
- 按订单供货；
- 订单处理状态追踪。

（2）网上购物车的功能

伴随网络消费者在网上商店进行购物的是网上商店提供的购物车，商店最后按照客户购物车的信息确定客户的订单。因此，网上提供的购物车能完成的功能是否合理和完整对于客户订单的最后确定十分重要。

网上购物的购物车应该具备如下功能：

- 自动跟踪并记录消费者在网上购物过程中所选择的商品，并在购物车中显示这些商品的清单，以及这些商品的一些简要信息如品名、编号、单价、数量等；
- 允许购物者可以随时更新购物车中的商品，包括修改商品的数量或者删除某种已选择的商品等，同时所涉及的相关商品的信息也应该同步被修改；

- 自动累积客户购物的总金额,并按消费者选择的送货方式和资金结算方式计算相应的服务费用，最后显示该客户本次消费的总金额；
- 完成对数据的校验，确认和以及将订单存档，同时对数据库进行实时更新；
- 完成和支付网关（Payment Gateway）接口的接通。

例如，作为一个网上电子商厦的购物车，由于整个电子商厦有几十上百家网上商店，这些商店共用网站提供的同一个电子购物车软件系统，而且每个网上商店又都有各自的结算方式和支付方式，因而购物车还要求能完成以下功能：

- 根据不同的网上商店生成相应的订单，其中包括不同的支付方式、送货方式、和规定的所购商品的送货区域等，具体表现为由若干张小订单构成一张的大订单；
- 根据同一消费者在不同网上商店购买的商品，还要按不同商店的规定分别进行核算和支付；
- 具有良好的扩展性和接口，以支持以后可能新开展的网上业务。

（3）网上订单的实现 根据前面所分析的网上商店的购物车应该具有的功能，以及网上购物者的购物订单所应从购物车的功能需求定义出发，购物车软件应该由以下三个模块组成：

- 购物车显示模块：该模块主要完成在浏览器端显示客户已在网上商店购买的商品基本信息，以及进行总价核算，并允许用户对购买的商品进行增加、删除商品种类，更改商品数量的操作。
- 订单生成模块：本模块在完成对客户所选购的商品的数据进行校验的基础上，根据客户所购买的商品生成订单。
- 确认和支付模块：一旦客户对自己所购商品订单的确认和支付完毕，就进行并完成该订单的存档，同时对数据库进行实时更新。

12.5.4 网上交易管理

1. 网上交易处理

网络消费者在大部分网上商店进行网上购物，其中操作流程一般可以分为以下6个步骤：

（1）用户注册

网络消费者在第一次访问所选定的网上商店进行购物时，先要在该网上商店注册姓名、地址、电话、E-mail等必要的用户信息，以便网上商店进行相关的操作。

（2）浏览产品

网络消费者通过网上商店提供的多种搜索方式如产品组合、关键字、产品分类、产品品牌查询等商店经营的商品进行查询和浏览。

（3）选购产品

网络消费者按喜欢或习惯的搜索方式找到所需的商品后，可以浏览该商品的使用性能、市场参考价格等商品简介，以及本人在该店的购物积分等各项信息。然后在查询到的想要购买的商品编号和品名的购物车中输入所需的数量，并点击“购买”按钮，即可将商品放入购物车。此时购物者可在产品购买购物车中看到自己选购的产品。在确定采购之前，消费者可在购物车中查看、修改选购的商品。

（4）订购产品

如果消费者在网上未找到所需的货物，一般也可以点击任一页面上端导航条中产品求购，便可进入求购申请页面，填写所欲求购产品的详细信息然后按“确认”按钮，求购信息就自动输入系统中，在同一时间内传递到相关业务部门，部门工作人员将全力以赴组货并及时将信息反馈给用户。

（5）送货上门

网上购物者在确定所需购买的商品后，即可在“我的购物车”中选择“我要结账”项，并在显示的页面单证中详细填写自己的有关信息。当商店在确定了用户所订购的商品后就开具购物发票，并在用户所希望的时间内送货上门。

（6）货到付款

货到付款是众多网上购物的付款方式之一，目前应用较为普遍。网上商店要求客户在收到货物及发票后进行付款，并由配送人员带回客户的意见。

2．在线支付方式

（1）电子钱包

无论是网上银行卡的使用还是网上货币的使用都需要在客户端安装专门的应用软件，而目前的网上支付系统的开发者出于适应用户的多种需求的需要，往往同时提供多种支付手段并将相应的软件集成，这样便形成各种类型的电子钱包软件。在电子钱包内可以装入各种电子货币，包括各种电子货币、电子零钱、电子信用卡、电子借记卡等。电子钱包软件不仅支持网上支付的操作，还可以使用电子钱包软件管理这些电子货币和处理交易纪录等。

网上购物使用的电子钱包，需要在电子钱包服务系统中运行。电子商务活动中的电子钱包软件通常都是免费提供的。用户可以直接使用与自己银行账号相连接的电子商务系统服务器上的电子钱包软件，也可以通过各种保密方式利用互联网上的电子钱包软件。

微软公司的IE浏览器中就包括了一个电子钱包组件（Microsoft wallet），该电子钱包支持各种类型的银行卡。

电子钱包的购物过程中间虽经过银行卡公司和商业银行等多次进行身份确认、银行授权、各种财务数据交换和账务往来等，但这些都是在极短的时间内完成的。实际上，从顾客输入定货单后开始到拿到销售商店出具的电子收据为止的全过程仅用几秒的时间。这种电子购物方式十分省事、省力、省时。而且，对于顾客来说，整个购物过程自始至终都是十分安全可靠的。在购物过程中，顾客可以用任何一种浏览器进行浏览和查看。由于顾客的银行卡上的信息别人是看不见的，因此保密性很好，用起来十分安全可靠。另外，有了电子商务服务器的安全保密措施，就可以保证顾客去购物的商店必定是真的，不会是假冒的，保证顾客安全可靠地购到货物。总之，这种购物过程彻底改变了传统的面对面交易和一手交钱一手交货等购物方式，是一种很有效的而且非常安全可靠的电子购物过程，是一种与传统购物方式根本不同的现代高新技术购物方式。

（2）电子货币

尽管信用卡的使用在发达国家已经非常普及，而且SET协议的出现，为在网上信用卡的使用提供了安全保障。但是，一方面有时候消费者希望在网络上花钱时能保持匿名，而且网上拍卖或其他形式的消费者对消费者（C2C）的电子商务急需一种个人与个人之间的网上支付方式。另一方面对商家来说，使用信用卡会吃掉它们的一大块收入，尤其有越来越多的网站开始销售低价商品，由此带来对不适合信用卡支付方式的小额支付方式的需求。因此，现在网上似乎真的需要一种能弥补信用卡缺陷的产品，以推动电子商务迅速发展。

电子货币是相对传统货币而言的一种新型的支付手段种类。电子货币主要有智能卡形式的支付卡（如Mondex卡）或数字方式的货币文件（如eCash和CyberCoin）。前者主要用于网下的支付，后者用于网上的支付。电子货币具有用途广、使用灵活、匿名性、快速简便等特点，使用电子货币无须直接与银行连接便可进行操作。

电子货币与信用卡不同的之处在于银行是将资金贷给每个持卡人。每个“个人”的钱都挂在自己现金系统的账号上，每一笔交易的结果都是从一个持卡人卡内账户到另一个持卡人卡内账户的“钞票”的迅速转移。它比信用卡方便，在进行联机购物时，可通过互联网把钱转给卖主，也可以用来支付看交互式电视台播放电影的费用；企业可以储备一定量的电子货币，用于购买办公用品或用来直接进行交易，无须经过银行及电子资金转账系统。

12.5.5 网络促销策划

网络促销是在Internet这个虚拟市场环境下进行的。作为一个连接世界各国的大网络，它聚集了全球的消费者，融合了多种生活和消费理念，显现出全新的无地域限制、无时间限制的电子时空观。在这个环境中，消费者的概念和消费行为都发生了很大的变化，他们普遍实行大范围的选择和理性的消费，许多消费者还直接参与生产和流通的循环。因此，网络营销者必须突破传统实体市场和物理时空观的局限性，采用虚拟市场全新的思维方法，调整自己的促销策略和实施方案。

1. 网络促销的特点

网络促销突出地表现为以下三个明显的特点：

第一，网络促销是通过网络技术传递产品和服务的存在、性能、功效及特征等信息的。它是建立在现代计算机与通讯技术基础之上的，并且随着计算机和网络技术的不断改进而改进。

第二，网络促销是在虚拟市场上进行的，这个虚拟市场就是互联网。互联网是一个媒体，是一个连接世界各国的大网络，它在虚拟的网络社会中聚集了广泛的人口，融合了多种文化。

第三，互联网虚拟市场的出现，将所有的企业，不论是大企业还是中小企业，都推向了一个世界统一的市场；传统的区域性市场的小圈子正在被一步步打破。

2．网络促销的作用

第一，网络促销可以把企业的产品、服务等相关信息传递给需要的客户。企业通过网络的方式，运用各种手段进行网络宣传，让客户充分了解，达到加深客户对企业相关产品的认识和认知。

第二，网络促销可以使企业更加方便的与客户进行沟通，通过网络客户可以充分反馈自己的信息，同时，通过网络搜集的大量信息，也可以迅速反应给企业各个部门。

第三，网民众多，网络世界是一个广泛的市场，企业通过网络进行促销，作用很大程度上比在现实当中大，并且成本较现实低，是一种可靠的手段。

第四，网络促销的说服作用更加强。广大的网民们每天浏览量相当客观，看到同一产品的广告次越增多，企业的说服力度也就越强，产生购买的欲望也就越强烈。

3．网络促销的方法

① 打折促销。折价亦称打折、折扣，是目前网上最常用的一种促销方式。网上商品的价格一般都要比传统方式销售时要低，以吸引人们购买。由于网上销售商品不能给人全面、直观的印象、也不可试用、触摸等原因，再加上配送成本和付款方式的复杂性，造成网上购物和订货的积极性下降。而幅度比较大的折扣可以促使消费者进行网上购物的尝试并做出购买决定。目前大部分网上销售商品都有不同程度的价格折扣。

② 赠品促销。赠品促销目前在网上的应用不算太多，一般情况下，在新产品推出试用、产品更新、对抗竞争品牌、开辟新市场情况下利用赠品促销可以达到比较好的促销效果。赠品促销的优点：可以提升品牌和网站的知名度；鼓励人们经常访问网站以获得更多的优惠信息；能根据消费者索取赠品的热情程度而总结分析营销效果和产品本身的反应情况等。

③ 积分促销。积分促销在网络上的应用比起传统营销方式要简单和易操作。网上积分活动很容易通过编程和数据库等来实现，并且结果可信度很高，操作起来相对较为简便。积分促销一般设置价值较高的奖品，消费者通过多次购买或多次参加某项活动来增加积分以获得奖品。积分促销可以增加上网者访问网站和参加某项活动的次数；可以增加上网者对网站的忠诚度；可以提高活动的知名度等。

④ 抽奖促销。抽奖促销是网上应用较广泛的促销形式之一，是大部分网站乐意采用的促销方式。抽奖促销是以一个人或数人获得超出参加活动成本的奖品为手段进行商

品或服务的促销，网上抽奖活动主要附加于调查、产品销售、扩大用户群、庆典、推广某项活动等。消费者或访问者通过填写问卷、注册、购买产品或参加网上活动等方式获得抽奖机会。

⑤ 联合促销。如果你的网站或网店与别家的，在产品有些互补性，可以联合一起做一下促销，对扩大双方的网络销售都是很有好处。

⑥ 节日促销。在节日期间网络促销，也是大家常用的方法，节日促销时应注意与促销的节日关联，这样才可以更好的吸引用户的关注，提高转化。

⑦ 纪念日促销。如果遇到了建站周年，或访问量突破多少大关，成为第多少个用户，成交额突破多少额大关，可以利用这些纪念日可以展开网络促销。

⑧ 优惠券促销。在网友购买时，每消费一定数额或次数，给用户给优惠券，会促使用户下一次来你这里消费，当然也达到了网络促销的目的。

⑨ 限时限量促销。限时限量促销在大超市中，大家也可以常见到的，在网络促销中也可以用的上，现在，在超市中已不让使用了，因为担心出现踩踏，在网络这种事故是不会出现的。

4．网络促销的实施

根据国内外网络促销的大量实践，网络促销的实施程序可以由六个方面组成。

① 确定网络促销对象。网络促销对象是针对可能在网络虚拟市场上产生购买行为的消费者群体提出来的。随着网络的迅速普及，这一群体也在不断膨胀。这一群体主要包括三部分人员：产品的使用者、产品购买的决策者、产品购买的影响者。

② 设计网络促销内容。网络促销的最终目标是希望引起购买。这个最终目标是要通过设计具体的信息内容来实现的。消费者的购买过程是一个复杂的、多阶段的过程，促销内容应当根据购买者目前所处的购买决策过程的不同阶段和产品所处的寿命周期的不同阶段来决定。

③ 决定网络促销组合方式。网络促销活动主要通过网络广告促销和网络站点促销两种促销方法展开。但由于企业的产品种类不同，销售对象不同，促销方法与产品种类和销售对象之间将会产生多种网络促销的组合方式。企业应当根据网络广告促销和网络站点促销两种方法各自的特点和优势，以及自己产品的市场情况和顾客情况，扬长避短，合理组合，以达到最佳的促销效果。网络广告促销主要实施“推战略”，其主要功能是将企业的产品推向市场，获得广大消费者的认可。网络站点促销主要实施“拉战略”，其主要功能是将顾客牢牢地吸引过来，保持稳定的市场份额。

④ 制定网络促销预算方案。在网络促销实施过程中，使企业感到最困难的是预算方案的制定。在互联网上促销，对于任何人来说都是一个新问题。所有的价格、条件都需要在实践中不断学习、比较和体会，不断的总结经验。只有这样，才可能用有限的精力和有限的资金收到尽可能好的效果，做到事半功倍。

首先，必须明确网上促销的方法及组合的办法。其次，需要确定网络促销的目标。

第三，需要明确希望影响的是哪个群体，哪个阶层，是国外的还是国内的?

⑤ 衡量网络促销效果。网络促销的实施过程到了这一阶段，必须对已经执行的促销内容进行评价，衡量一下促销的实际效果是否达到了预期的促销目标。

⑥ 加强网络促销过程的综合管理。

12.6　电子商务系统的评价

电子商务系统的迅速发展，对互联网用户造成了不少困惑，如果不是及时跟踪电子商务的发展动态，对于如何寻找最好的网站，如何获得最大价值和最好的服务等就会感到比较茫 然，除了选择著名品牌的网站外，大多只能听信那些具有资金优势的网站的强力宣传了。因此对电子商务网站的每个方面进行评价，从网站访问量、个人信息政策到顾客服务、产品价格等等。

电子商务系统的评价具有一套既定的原则、评价方法和体系。这些原则、方法和体系都是评价一个电子商务系统经济价值、技术价值以及社会价值的理论基础以及让系统评价顺利成功进行的保障。

1．电子商务系统评价原则

任何评价行为都必须遵循一定的评价原则，评价作为经济活动中的一项技术、一门学科，有着其成熟的理论基础和技术方法，以此作为评价的依据是评价工作的保证。然而，根据评价对象的不同，在具体评价操作中必须考虑评价对象的特性和其所涉及的内容。

（1）评价应遵循的工作原则

① 独立性原则。

评价机构和评价人员不应与该电子商务系统有任何利益上的联系，在效益评价过程中应摆脱与所评价的电子商务系统有直接或间接利益关系的当事人利益的影响，评价工作应始终坚持独立的第三者立场。评价工作不应受外界干扰和委托者意图的影响。

② 客观性原则。

客观性原则指的是评价结果应以充分的事实为依据。评价的指标应具有客观性，评价过程中的预测、推理和逻辑判断等应建立在市场和现实的基础资料上。

③ 科学性原则。

科学性原则是指在效益评价过程中，必须根据评价的特定目的，选择适用的价值类型和方法划定科学的评价实施方案，使评价结果科学合理。

（2）评价应遵循的经济原则

① 贡献原则。

贡献原则是指电子商务系统对企业管理经营效益的贡献，取决于其对企业相关部门和企业整体的贡献度，或者根据当缺少它时对企业整体效益的影响程度来衡量其贡献程度。

② 替代原则。

电子商务系统的可替代性是评价的重要方面。可替代性指的是事物是否具有唯一特性。如程控电话和移动电话在实现通话功能上是可替代的，计算器和珠算在进行数学运算方面具有一定的可替代性等等。一个事物或一个系统可被其他事物或系统替代的程度是不同的。如不同品牌、相同功能的电视机是完全可替代的，而含有专利技术的产品和其他同类产品是具有不完全替代性的。电子商务系统的效益评价所要确定的是该系统的效益价格比，如果一个电子商务系统为企业带来巨大的经济效益，但其投入过大，也是评价必须考虑的。

③ 预期原则。

电子商务系统的效益评价不能仅停留在对已发生利润的考虑上，同时要考虑未来收益的期望值。预期原则要求在进行效益评价时，必须合理预测电子商务系统潜在的获利能力和时限。

2. 电子商务系统评价方法

对于企业电子商务系统，其评价更重视电子商务系统的实效性和使用安全性。主要的评价方法有：

① 委托权威专业评价机构评价。

专业评价机构以其科学系统的评价方法和拥有经验丰富的专业评价人员的优势，为企业评价电子商务系统所首选。目前，有很多专业评价机构，有的是承接综合业务，有的则针对某一行业。

② 自我评价。

自我评价评价系统是指企业利用专业机构在互联网上提供的评价服务软件进行的自我评价。与委托权威专业评价机构相比，自我评价系统有以下优势有保密性、成本低性、使用方便等。

③ Gomez 积分卡评价。

积分卡用于测量电子商务系统的质量，覆盖一个行业满足最低服务标准的所有公司（通常依据产品的深度和广度以及实用性）。积分卡的评价标准由 150 多项标准组成，这些标准由 Gomez 专家制订，用来获取某个领域互联网货物配送以及服务方面的信息。

为决定一个公司是否满足特定的标准，Gomez 专家使用多种数据收集方法，包括：

- 对一个系统彻底的直接检查；
- 安全以及非安全页面性能监测；
- 定价事务；
- 通过电话和互联网的顾客交互服务；
- 每个公司填写的调查表。

Gomez 为每个评比的电子商务系统制订 150 到 250 个定量指标，包括容易使用、顾客服务、 个人信息、网站资源、关系服务以及总成本等方面。数据收集过程需要每个季度访问每个细分市场数以百计的网站。

- 容易使用：这类最佳公司的网站直观感觉将内容、功能、有用的演示以及多方面在线帮助集成为一体，这类标准大约有 30～50 个。
- 顾客服务：这类领先者经营的网站具有较高的可信性，维持渊博知识的顾客服务组织并提供高质量和安全保证。大约有 30～50 个评价指标。
- 网站资源：这类领先的公司不仅为网上带来大量的产品和服务信息，而且通过全面电子账号、交易、工具和信息查询等方式提供这些产品和服务的深度服务。大约有 30～50 个评价标准。
- 关系服务：公司应该建立个性化电子客户关系，因而顾客能够在线及通过程序发出服务请求和查询，建立顾客忠诚和社区感觉。大约有 30～50 个评价标准。
- 总成本：Gomez 利用一套为顾客定制的服务来检查所有者的总成本水平。

④ 系统评价

Open Ratings 系统评比公司的特色在于为系统的买卖双方提供服务,让双方以销售的观点互相比较,主要是针对 B2B 和拍卖市场,Open Ratings 的评价同时也面向各种形式和规模的消费品零售商。公司预期比其他评比网站覆盖更多的公司，得到更多的详细反馈信息。

对于所有的评价系统，建立科学的评价标准，并保持自身的公正形象至关重要，但是由于每个人都可能成为评价人，而各人的经历、偏好有所不同，对每种标准的判断就会有差异，论在线调查还是专家评价，都摆不脱主观因素的影响，无论定量分析还是定性描述，各种能够评比方法都存在一定的缺陷。BizRate.com 的评比是完全建立在大量购物者调查的基础之上，其评比结果具有相当的权威性,然而由于一些电子商务系统不参与评比,对于不参与 BizRate.com 评比计划的网上商店，由 BizRate.com 在线调查频道经过超过 100000 人的实际在线购买的会员进行评比，这些被调查者身份的可信度或者信息的准确性对于评比结果将产生直接影响。

Forrester Power Rankings 采取专家实际购物测试与消费者调查资料相结合的方式，显然在评比方法上更加准确一些，然而对两类数据结果赋予权重，究竟在多大程度上接近实际情况？对于权重的设置会为评比结果的准确性带来一定的疑问。

Gomez 积分卡评价方法制订了非常详细的指标，而且综合了专家评价和消费者调查等多种数据收集方法，但是评价标准显然偏重于系统的功能、外观以及与顾客的关系，排名结果领先的系统说明其拥有良好的公共关系，只能说明在一定程度上有着良好的业绩。

尽管各种方法都存在一定的片面性或缺陷，而且评比结果并不能真正反映电子商务系统的实际价值，这些方法也无法完全推广到其他类型的网站，但是作为一种新兴的互联网商务模式，可以预见，专业评比网站将会快速发展。

本章小结

一个好的电子商务系统，不仅仅是制作完美的网页就可以的；由于企业的情况在不断地变化，系统的内容也需要随之调整，只有给人常新的感觉，系统才会更加吸引访问者。若要给访问者很好的印象，就要求我们对电子商务系统进行长期的不间断的维护和更新。特别是在企业推出了新产品，或者有了新的服务内容等大的动作或变更的时候，应把企业的现有状况及时地在系统上反映出来，以便让客户和合作伙伴及时的了解新的详细状况，系统也可以及时得到相应的反馈信息，以便做出合理的处理。因此，在系统建成后，对系统的日常运行、管理、维护和推广显得额外重要，只有注意这些方面的实施，该电子商务系统才会有生命力，才会称之为成功的电子商务系统。本章还介绍了电子商务系统投入运行之后的维护，主要介绍了系统维护的主要工作；维护与更新的策略和实施，系统的改进建议，信息安全分析；电子商务系统运行的商务信息处理；电子商务系统的评价等内容。

参考文献

[1]刘军，董宝田．电子商务系统的分析与设计．北京：高等教育出版社，2003．
[2]王曰芬，丁晟春．电子商务网站设计与管理．北京：北京大学出版社，2002.
[3]李红，梁晋．电子商务技术．北京：人民邮电出版社，2001.
[4]方美琪．电子商务概论．北京：清华大学出版社，1999.
[5]电子商务索引网：http://www.chinaec-index.com/
[6]电子商务研究网：http://www.dzsw.org
[7]骆正华．电子商务系统规划与设计．北京：清华大学出版社，2006.
[8]孙宝文等．电子商务系统建设与管理．北京：高等教育出版社，2002.
[9]李挣．电子商务网站规划、建设与管理．北京：电子工业出版社，2006.

第 13 章　项目管理及计划控制

13.1　项目管理概述

13.1.1　项目及其概念

项目在人们的生活和工作中随处可见。小到一次商务聚餐活动，大到一个电子商务平台开发等，都属于项目。项目就是指一系列独特的、复杂的并相互关联的活动，这些活动有着一个明确的目标或目的，必须在特定的时间、预算、资源限定内，依据规范完成。项目参数包括项目范围、质量、成本、时间及资源。

1．项目定义

项目可以说没有一个统一定义。人们从不同的角度给出了不同的定义，许多项目管理组织对项目就有各自的定义。

有代表性的有美国项目管理学会（Project Management Institute，PMI）的定义：项目是（A temporary endeavor undertaken to create a unique product，service or result）创造独特产品，提供独特服务，达到独特结果的临时性工作。从定义看项目内涵，一是一次性，即项目是一个特定的、不可逆的过程，且与时间紧密相关，具有明确的开始和结束时间；二是特定性，指任何项目都具有自身特定的目标，也都具有特定的限制条件，同时项目总以一些显著的方式区别于其他任何类似的产品或服务，不存在两个完全相同的项目。项目目标的实现往往具有难度和复杂度，需要涉及团结的协调和共同努力。以电子商务平台建设项目为例，由于参与项目开发和管理的技术方、管理方和商户等关注的目标、建设成本和周期以及利益不同，必须进行项目管理，对项目建设过程进行协调和控制，以保证项目的顺利实施。

概括来说，项目是一个组织为实现自己既定的目标，在一定的时间、人员和资源约束条件下，所开展的一种具有一定独特性的一次性工作，项目的目标就是满足客户、管理层和供应商在时间、费用和性能（质量）上的不同要求。

2．项目类型及特性

世上没有两个完全相同的项目，即便是一个重复进行的项目，也会有一点或几点与原来的项目不同。从可行和方便的角度，有人将项目分为以下 4 种类型。

① 土木工程、建筑、石化、矿业开采项目。这类项目的一个特点就是项目的整个施工阶段都有一个特定地点，需重新成立组织机构，要大量资金的投入，涉及资源数量

可观。同时该类项目通常是由多个不同行业的专家和承包商共同参与完成的，为此使得项目组织机构复杂，沟通困难，伴随的风险也大。

② 制造业项目。该类项目是指那些能够生产出一系列诸如机器的设备、交通工具和其他专门产品的项目。该类项目生产出的产品是按特定顾客或未来市场的要求而制造。这类项目或由一个企业或由多家公司联营实施，项目在风险、合同签订、联络沟通、协调控制等方面都会存在许多问题。

③ 研究型项目。此类项目的目标是对人类现有知识领域的拓展。纯粹的研究项目需要耗费大量的时间与金钱，产生的价值回报难以确定，项目的风险性最高的。研究项目往往很难或者根本不可能对研究项目的最终目标给出一个确切的定义，因此通常的项目计划和控制方法很难奏效，但是，其中为研究提供的场所建设、通信、仪器装备和研究材料等却可以构成一个资本性投资项目。

④ 管理类项目。管理类项目有许多来源，如公司要开发和引进一套新的商务网络销售系统，需调研、分析并撰写可行性研究报告或调整组织结构等。管理类项目不像硬件生产及建筑项目那样有明显的外部特征，它可能是单独的一类，更可能是第一类和第二类项目的合成或一部分，不同类型的项目可能共存于项目集或项目组合中。例如，一家网络商务公司随着规模扩大，公司办公场地要迁址到更大的地方，其中的搬迁工作就是一个管理类项目。

无论是何种类型的项目，他们都有一些基本特性：

① 目的性：项目都有一个明确界定的目标（Objective），目标由成果性目标和约束性目标组成。前者是指项目实际的一个期望的结果或产品，是项目全过程的主导目标。约束性目标又称限制条件，是指限制项目实施的客观条件和人为约束，因而是项目实施过程管理的主要目标。

② 一次性：任何项目都有明确的开始和结束时间，没有完全可以照搬的先例，将来也不会再有完全的重复。当项目的目标已经实现，或者由于某种原因项目目标无法实现而需要终止时，就意味着项目的结束。

③ 独特性：大部分情况下，项目是从零开始的开创性工作，项目自身有具体的时间期限、费用和性能质量等方面的要求。项目的独特性体现在其目标、资源需求、客户、项目实施人、实施地点都不尽相同。

④ 不确定性：项目就是基于一套独特的任务以及每项任务将要耗用的时间估计，各种资源及其可得性的假设、以及与其相关的成本假定，这种估计和假定结合在一起就产生了一定程度的不确定性，它将影响项目目标的成功实现。一个项目开始前，应当在一定的假定和估计的基础上准备一份计划。

⑤ 不可挽回性：任何项目在明确的开始后，直至项目结束，它的过程是渐进的，潜伏着各种风险，项目执行中存在各种的不确定性，项目的结果也就具有不可挽回性。因此，项目要求有精心的设计、精心的制作和精心的控制，以达到预期的目标。

⑥ 组织的临时性和开放性：项目开始时要组建项目班子，参与项目的组织往往有多个，它们通过合同、协议以及其他的社会联系组合在一起。项目执行过程中班子的成员和职能都在不断地变化，项目结束时项目班子要解散。

项目的开始到结束会有若干个阶段，如项目的启动、计划、执行和收尾等。一般项目还有一个或更多的关键时间或“里程碑”，因此从项目开始日期到结束日期的这一时期通常被称为项目的生命周期。项目的生命周期一般被划分为四个阶段，即总体构想阶段、计划阶段、执行与控制阶段、检查验收阶段，每一阶段有不同的任务。

13.1.2　项目及其管理

只要有项目就会有管理的需求。在项目实施中费用控制、时间安排、资源获取、风险管理等都是项目管理的重要内容。

1．项目管理定义

关于管理的定义，各国管理学家从不同的视角给予了不同的定义。法国著名管理学家、“管理过程之父”亨利·法约尔提出，管理就是计划、组织、指挥、协调和控制。美国项目管理学会（PMI）在广义项目管理理论中对项目管理的定义是：项目管理是一种将知识、技能、工具和技术投入到项目活动中去的综合应用过程，目的是为了满足或超越项目所有者对项目的需求和期望。其中，项目所有者对项目的需求和期望由彼此之间既相互竞争又保持动态均衡的因素构成，包括：项目的范围、时间、成本和项目品质；对项目持有不同需求和期望的项目所有者；对项目明确的要求（需求）以及不明确的要求（期望）。

因此，项目管理可以定义为从项目开始至项目完成，通过项目计划和项目控制，以使项目质量目标、费用目标和进度目标尽可能好地实现的过程。

项目管理的目的是保证项目在既定时间和成本内完成，并达到预定的质量标准。为了实现这一目的，需要对整个项目作周密的计划安排，并在实施过程中进行动态控制。一般来说，一个项目有四个基本要素，即时间要素（进度的安排和控制）、成本要素（成本的预算和控制）、资源要素（资源的协调与供应）和质量要素。这些要素之间往往存在着不同程度和不同形式的相悖性，如缩短工期、降低成本及节约资源同提高质量之间经常存在着相悖关系，项目管理就是寻找要素间的最佳组合，最优化实现项目目标。

通常人们在工程设计、工程施工、软件设计等项目运作过程中遇到进度拖延、费用超支、质量难以保证等问题，这些往往不是技术原因造成的，而是源于管理能力的薄弱。项目管理是一种科学的管理方式，项目管理贯穿于项目实施的全过程，项目管理关键内容是进度、费用和质量的相互协调、相互制约及相互匹配。

另外，项目管理有其寿命周期。项目一般都有较为严格的时间预测，即在规定的时限内达到预定目标。一旦目标满足，项目就失去了存在的意义而终止，当然，与项目对应的有项目管理组织，当项目终止时，该组织机构亦不复存在了。

2．项目管理的发展

项目管理并非起源于今日，但是，随着工业化社会的经济压力、军事防御的需求、竞争对手的较量等，都促使我们去发掘新思想、新技术对项目进行管理。一般认为，项目管理经历了以下阶段：

① 1900 年以前：还没有项目管理的意识。项目通常是由有创造性的建筑师和工程师自己管理；管理组织结构是军队或教会式的；人力廉价，紧迫性不强；还没有出现对工作流程和组织理论等进行专职研究的科学家。

② 1900—1949 年：科学化项目管理萌芽。工业化发展和军工产品需求推动了管理科学的发展。如埃尔顿·梅奥和泰勒研究工厂的工人和生产率，亨利·劳伦斯·甘特发明了甘特图，亨利·福特引入流水线批量生产汽车，出现了关键路径网络图的早期开发。

③ 1950—1969 年：项目管理成为一种职业。在美国出现了关键路径法（CPM）和计划评审（PERT）技术，这是现代项目管理出现的象征，美国阿波罗登月计划就使用了 PERT 技术。计算机使得管理技术的应用更加方便、快捷，管理技术也随着更快更新。1965 年欧洲成立了国际项目管理协会，1968 年项目管理领域的第一部书籍《系统分析与项目管理》出版，1969 年美国也成立了项目管理学会（PMI）。

④ 1970—1979 年：项目管理迅速发展。项目管理出现工业项目管理和 IT 项目管理两个分支；更多项目管理软件出现，其作用也获得了更广泛的认同。各种项目管理专业协会相继成立，保护工人健康和安全的法律逐步制定。

⑤ 1980—1989 年：项目管理作为一种职业被广泛接受。1981 年，美国项目管理学会委员会同意成立一个小组，系统整理有关项目管理职业的程序和概念，提出了三个重点方面：首先，从事项目管理的人员应具备的道德和其他行为（职业道德）；其次，项目管理知识体系的内容与结构（标准）；最后，对从事项目管理职业者成就的评价（评估）。经多次修改，美国项目管理学会标准委员会于 1996 年正式颁布《项目管理知识体系指南》。

⑥ 1990 年至今：项目管理已成为受尊敬的职业。使用项目管理能带来更高的效率和更好的结果被越来越广泛地认可，项目管理人员，特别是项目经理可以像教师、建筑师、工程师、医生、会计师和律师等一样以自己的专业知识、技能和经验立足于社会、服务于社会；项目风险更受重视，人们花更多的时间预测风险事件，以便制定应急预案和风险减少战略；卫星和网络使得沟通变得越来越容易；项目管理不再认为存在两个分支（工业项目和 IT 项目）。

3．项目管理内容及原则

项目管理一般由多个部分组成，工作跨越多个部门，需要运用多种学科的知识来解决问题，执行中又有许多未知因素，这些因素都决定了项目管理是一项很复杂的工作。同时项目管理工作又是由计划、组织、协调、控制等环节相互影响、相互制约而构成的综合性有机整体。项目管理具有创造性，由于每一项目的目标与具体的影响因素有较大差异，具有一次性特征，因此要实现项目的目标就必须充分发挥其创造性，创造总是带有探索性的，会有较高的失败概率。项目管理内容一般包括：

① 对项目进行前期调查、收集整理相关资料，制定初步的项目可行性研究报告，为决策层提供建议。协同配合制定和申报立项报告材料。

② 对项目进行分析和需求策划，对项目的组成部分或模块进行完整系统设计。

③ 制定项目目标及项目计划、项目进度表。制定项目执行和控制的基本计划。

④ 建立项目管理的信息系统。对项目进程控制、跟踪和分析成本、记录并向相关管理部门传达项目实施状况、存在的问题、风险和变化。

⑤ 项目团队建设。各部门、各项目组之间的协调并组织项目培训工作，确定项目考核机制。

项目管理是一种系统的科学的管理方法，因此在管理过程中应遵循以下基本原则：

① 采用现代设计技术。项目总是由许多工作组成的，这些工作之间往往具有逻辑关系；同时项目在进行过程中又常会受到资源、技术或外部某些因素的制约，为了保证整个项目能按时、按质完成，就必须对该项目进行合理的工作分解，并借助计算机等现代工具和技术对整个工作过程进行程序设计，以保证关键工作和整体工作的按时完成。

② 用分阶段的计划严格管理。项目管理是对复杂活动的系统管理，在整个过程中又会分为不同的工作阶段，每一阶段都有具体的计划，以此来指导各阶段工作的开展。因此，在项目管理过程中应依照阶段计划加强管理与控制工作。

③ 坚持进行阶段评审。项目管理过程中每一阶段的工作状况又对下一阶段工作的进行产生影响，因此要加强每一阶段的评审工作，以利于对下一阶段工作的安排与调整。

④ 实行严格的动态控制。为保证整项工作能按进度计划进行，并实现资源的合理利用，应加强整个过程中的动态控制工作，每项工作的结果应能清楚地预测和审查。

⑤ 建立高效的项目团队。项目工作组的人员应少而精，考核标准清晰可行。

4. 现代项目管理

传统的项目和项日管理的概念，其主要起源于建筑行业。随着社会进步和现代科技的发展，项目管理在不断地完善，应用领域也在不断地扩充。现代项目管理的内容可以从两个已有的项目管理知识体系中发现。目前国际上的两大项目管理知识体系是：以欧洲国家为主的体系——国际项目管理协会和以美国为主的体系——美国项目管理协会。

美国项目管理协会的《项目管理知识体系》，把项目管理划分为 9 个知识领域，即：范围管理、时间管理、成本管理、质量管理、人力资源管理、沟通管理、采购管理、风险管理和整体管理。

① 项目范围管理 ：是为了实现项目的目标，对项目的工作内容进行控制的管理过程。它包括范围的界定、范围的规划、范围的调整等。

② 项目时间管理：是为了确保项目最终的按时完成的一系列管理过程。它包括具体活动界定、活动排序、时间估计、进度安排及时间控制等项工作。

③ 项目成本管理：是为了保证完成项目的实际成本、费用不超过预算成本、费用的管理过程。它包括资源的配置，成本、费用的预算以及费用的控制等项工作。

④ 项目质量管理：是为了确保项目达到客户所规定的质量要求所实施的一系列管理过程。它包括质量规划，质量控制和质量保证等。

⑤ 人力资源管理：是为了保证所有项目关系人的能力和积极性都得到最有效地发挥和利用所做的一系列管理措施。它包括组织的规划、团队的建设、人员的选聘和项目的班子建设等一系列工作。

⑥ 项目沟通管理：是为了确保项目的信息的合理收集和传输所需要实施的一系列措施，它包括沟通规划、信息传输和进度报告等。

⑦ 项目风险管理：涉及项目可能遇到各种不确定因素。它包括风险识别、风险量化，制订对策和风险控制等。

⑧ 项目采购管理：是为了从项目实施组织之外获得所需资源或服务所采取的一系列管理措施。它包括采购计划、采购与征购、资源的选择以及合同的管理等项目工作。

⑨ 项目集成管理：是指为确保项目各项工作能够有机地协调和配合所展开的综合性和全局性的项目管理工作和过程。它包括项目集成计划的制定，项目集成计划的实施、项目变动的总体控制等。

随着全球性竞争的日益加剧，项目活动日益扩大和更为复杂，项目数量的急剧增加，项目团队规模的不断扩大，项目相关利益者的冲突不断增加，降低项目成本的压力不断上升等，这些都促进了现代项目管理及技术的研究和发展，结合现代计算机和网络技术，现代项目管理的方法、能力和效率也有了很大提高， 现代项目管理也逐渐形成了自己的理论和方法体系。

13.2 项目进度计划与控制

13.2.1 项目计划及控制概述

古人说“凡事预则立，不预则废”。计划过程就是将项目的设想具体化并形成计划文件的过程。项目计划是项目管理的龙头，是项目管理活动的首要环节，抓住这个首要环节，就可以提挈全局。任何项目管理都是从制订项目计划开始，它是有效协调并推动项目工作顺利进行的重要工具。项目的控制是项目管理中最为实质性的环节，没有项目的控制，项目管理的所有环节都将失去意义，在项目管理过程中实行有效的项目控制，是实现过程目标和最终目标的前提和关键。

1．项目计划

在管理学中，计划具有两重含义，一是计划工作，分析内外部环境和条件，根据既定目标，确定行动方案和途径，分配相关资源，是综合管理过程。二是计划形式，指用文字和指标等形式表述管理事件、进行分析和评价、评估和预测，最终形成一个计划文件，并以此作为组织实施工作的基础。任何计划都是为了解决三个问题：一是确定组织目标，二是确定为达成目标的行动时序和方案，三是确定行动所需的资源及比例。

具体的项目计划可分为概念性计划、详细计划、滚动计划三种形式。概念性计划通常称为自上而下的计划，任务是分解项目，确定初步的工作分解结构，描绘 WBS（Work Breakdown Structure）图，再根据图中的任务进行估计，汇总出最高层的项目计划。项目的概念性计划规定了项目的战略导向和战略重点。详细计划通常称为由下而上的计划，任务是制定详细的工作分解结构图（WBS），该图需要详细到为实现项目目标必须做的每一项具体任务，然后由下而上再汇总估计，成为详细项目计划。项目的详细计划提供了项目的详细范围。滚动计划意味着用滚动的方法对可预见的将来逐步制定详细计划，随着项目的推进，分阶段地重估自上而下计划制定过程中所确定的进度和预算。每次进行重新评估时，对最后限定时间和费用的预测会更接近实际，最终为项目的剩余部分准备由下而上的详细计划，保障项目按照目标实施完成。

一个完整的项目计划通常需要明确具体任务分工、执行人、时间预算、费用预算和预期成果。一般应包含五个基本问题：项目做什么、如何做、谁去做、何时做以及花费多少。

① 做什么（What）：明确项目要实现什么样的目标、项目最终交付的成果。

② 如何做（How）：为完成项目目标，需要做哪些事，并应用一定的方法项目任务进行分解一些具体工作任务并列举描述出来。

③ 谁去做（Who）：将分解后的工作任务安排何人在何时去完成。

④ 何时做（When）：每一项工作在何时实施，需多长时间完成等，即确定为实现目标的行动时序。

⑤ 花费多少（Howmuch）：实施这一项目总目标需要多少经费，并将经费总额分解到每一具体工作包上。

项目计划的描述内容十分广泛，通常包括以下几个方面的主要内容：

① 项目概述：包括项目名称、项目的基本情况、项目范围说明书、项目可交付的成果和相关重要资料等。

② 项目组织情况描述：包括组织结构图、任务分工表或责任分配表。

③ 项目任务的描述：一般要通过 WBS 将项目工作分解成一些工作包，制定一个工作说明来描述工作的细节内容。同时，将项目产生出的主要产品列举出来，并说明对每一个可交付成果的质量要求。

④ 项目进度计划：根据实际条件和合同要求，将项目的总工期目标分解，确定项目结构各层次单元的持续时间，按照合理的顺序所安排的实施日程。进度计划也是物资、技术资源供应计划编制的依据。如果进度计划不合理，将导致人力、物力使用的不均衡，影响经济效益。

⑤ 项目费用计划：包括资源计划、费用估算、费用预算。资源计划就是要决定在每一项工作中用什么样的资源以及在各个阶段用多少资源。资源计划必然和费用估计联系在一起，是费用估计的基础。费用估计指的是完成项目各工作所需资源(人、材料、设备等)的费用近似值。费用预算是给每一个独立工作分配全部费用，以获得度量项目执行的费用基线。

⑥ 项目质量计划：确定项目应该达到的质量标准和如何达到这些质量标准的工作计划与安排。质量计划应针对具体项目的要求，以及应重点控制的环节所编制的对设计、采购、项目实施、检验等质量环节的质量控制方案。

⑦ 项目沟通计划：确定利益关系者的信息交流和沟通的要求。

⑧ 项目风险应对计划：项目管理者通过风险辨识得出项目面临的主要风险源，再根据各风险的评估结果进行排序，分别针对各类风险制定不同的应对计划，指出在这些风险出现的情况下如何应对，并制定具体的应急方案。风险应对措施包括风险回避、风险转移、风险自留和风险控制等。

⑨ 项目采购计划：包括：所需设备和资源的名称及数量清单。写清项目所需要的仪器设备、物资材料名称、型号、品牌、价格范围和数量；设备和物资必需的设计、制造、验收和运输等时间；设备和物资的进货来源。

⑩ 项目变更控制计划：由于项目的一次性特点，在项目实施过程中，计划与实际不符的情况是经常发生的。有效处理项目变更有助于项目控制，同时过于频繁的变更会给管理上带来混乱，所以应该制定变更控制计划，以使项目变更正常化、程序化。变更控制计划主要是规定处理变更的步骤、程序，确定变更行动的准则。

项目计划一般按照任务书或合同规定的工作范围、工作责任确定。项目计划的各种基础资料和计划的结果应形成文件，以便沟通，且具有可追溯性。项目计划应采用适应不同用户需要的统一的标准化的表达方式，如报告、图、表的形式。

项目计划作为项目管理的重要阶段，在项目中起承上启下的作用，因此在制定项目计划的过程中要按照项目总目标、总计划进行详细分解并确定详细计划，计划文件经批准后就应作为项目的工作指南。

2．项目控制

对于项目管理来说，当目标确定且项目计划文件形成后，组织项目的实施是管理的又一关键阶段。在项目实施过程中要随时协调解决各类问题、约束和冲突问题，还要连续地跟踪项目进展状况，并与计划比较，发现偏差、分析原因、及时纠偏，这就是项目控制。

项目控制是为了保证项目按预期目标运行，对项目实施状况和实施结果进行连续的跟踪观测，并将观测结果与预期目标加以比较，及时分析问题原因并加以纠正的过程。由于项目处于复杂的社会经济环境之中，项目的实施会不可避免地受到各种因素的影响。这种影响导致了任何一个项目在实施之前，项目经理和项目团队成员都不可能完全预见项目执行过程中的所有情况。项目实施过程中，尽管确定了明确的项目目标，并制定了尽可能周密的项目计划，包括进度计划、成本计划和质量计划等，仍需要对项目计划的执行情况进行严密的监控，以尽可能地保证项目按基准计划执行，最大程度减少计划变更，使项目达到预期的进度、成本及质量目标。

13.2.2　项目进度计划与工具

1．项目进度计划

项目实施过程中所涉及的进度、费用与质量是项目实施的三项关键内容，它们之间在项目实施过程中存在一个相互协调、相互制约，相互适应的问题。因此，项目的进度管理、费用管理、质量管理及其相互间的有机关系就构成了项目的三坐标管理体系。项目的进度管理可分为项目进度计划的编制和控制两个环节，两个环节相互依存，不可偏废。

项目进度计划编制一般分为项目描述、项目分解、工作描述、工作责任分配表制定、工作先后关系确定、工作时间估计、绘制网络图和进度安排几个方面。

项目描述一般是用表格的形式列出项目目标、范围、执行方式和项目完成计划等内容，是对项目总体要求作一个概要性的说明，其依据是项目的立项规划书、已经通过的初步设计方案和批准后的可行性报告。

项目分解就是把复杂项目逐步分解成一层一层的要素（工作），直到具体明确项目所包含的各项工作，项目分解是编制进度计划和进行进度控制的基础。在项目分解的基础上，为了更明确的描述项目包含的各项工作的具体内容和要求，需要对工作进行描述，便于在实施过程中更清晰的领会各项工作的内容。

工作责任分配表就是以工作责任分配矩阵（表）的形式，表明项目的每一项工作的责任者和责任单位，便于项目管理部门在项目实施过程中的管理协调，工作责任分配以工作分解结构图表和项目组织结构图表为依据，工作责任分配的结果形成工作责任分配矩阵（表）。

任何工作的执行必须依赖于一定工作的完成，也就是说它的执行必须在某些工作完成之后才能执行，这就是工作的先后依赖关系。工作的先后依赖关系有两种：一种是工作之间本身存在的、无法改变的逻辑关系，另一种是人为组织确定的，两项工作可先可后的组织关系。如生产和设计的关系就是逻辑关系，生产 A 产品和生产 B 产品就是组织关系。确定工作先后关系的原则是从逻辑关系到组织关系，工作相互关系确定的最终结果是要得到一张描述项目各工作相互关系的项目网络图，将各项工作的详细关系和工作所需时间估计可以列表表示或在网络图中表示。

项目进度计划的控制可分为作业控制和进度控制。作业控制的内容是指采取一定的措施，保证每一项作业按计划完成或按调整后的计划完成，必要时应重新安排有缺陷的作业，以保证不影响整个项目的运作。进度控制是指按照不同管理层次（如项目总进度控制、项目主进度控制，项目详细进度控制）对进度控制的要求，严格监控项目实施进程，分析影响项目进度的关键因素，及时进行合理有效的调整，保障项目按照进度如期完成。

2．项目进度计划工具

在项目管理中，用于编制项目进度计划及进行控制的方法有许多，常用的方法有WBS、甘特图与网络计划技术等，在编制或描述项目进度计划时，可以根据需要采取多种方法。如工作分解结构，即将项目按照其内在结构或实施过程的顺序进行逐层分解，并用图或表的形式描述出来。如甘特图，用横向表示时间进度，纵向表示项目中的一系列工作，每件工作从开始到结束的持续过程用横道表示。如网络计划技术，即用网络技术对任务的工作进度进行安排和控制，通过在网络图上加注工作时间参数，描述并控制项目进度计划，以保证实现预定目标。在项目进度计划的工具中，基础工具是工作分解结构（WBS，Work Breakdown Structure）图（表）。

3．工作分解结构图

工作分解结构图是将项目按照其内在结构或实施过程的顺序进行逐层分解而形成的结构示意图。它可以将项目分解到相对独立的、内容单一的、易于成本核算与检查的工作单元，并能把各工作单元在项目中的地位与构成直观地表示出来。

WBS跟因数分解类似，依据一定的原则将项目分解成任务，任务再分解成一项项工作，再把一项项工作分配到每个人的日常活动中，直到分解不下去为止。工作分解结构以可交付成果为导向对项目要素进行分组，它归纳和定义了项目的整个工作范围，每下降一层代表对项目工作的更详细定义。

WBS具有四个主要用途：一是一个描述思路的规划和设计工具，它帮助项目经理和项目团队确定和有效地管理项目的工作。二是一个清晰地表示各项目工作之间的相互联系的结构设计工具。三是一个展现项目全貌，详细说明为完成项目所必须完成的各项工作的计划工具。 四是WBS定义了里程碑事件，可以向高级管理层和客户报告项目完成情况，作为项目状况的报告工具。

工作任务分解的原则，一是将主体目标逐步细化分解，直至最底层的日常活动可直接分派到个人去完成；二是每个任务原则上要求分解到不能再细分为止；三是日常活动要对应到人、时间和资金投入。WBS总是处于计划过程的中心，也是制定进度计划、资源需求、成本预算、风险管理计划和采购计划等的重要基础。WBS同时也是控制项目变更的重要基础。

WBS图是项目所包含的全部活动的一张清单，也是进行进度计划、资源分配、费用预算的基础，是一种在项目全范围内分解和定义任务层次工作包的方法，WBS是按照项目发展的规律、依据一定的原则和规定进行系统化的、相互关联和协调的层次分解。结构层次越往下层，则项目组成部分的定义越详细，WBS最后构成层次清晰、可以具体作为组织项目实施的工作依据。

WBS 的分解可以采用多种方式进行，包括按产品的物理结构分解、按产品或项目的功能分解、按照实施过程分解、按照项目的地域分布分解、按照项目的各个目标分解、按部门分解或按职能分解等。WBS 图的层次根据项目复杂程度、规模大小各不相同，从而形成了 WBS 图的不同层次。WBS 表示方式一般有图或表两种方式。通常是一种如图 13-1 所示的树型图，其最底层是细化后的"可交付成果"，该树确定了项目的整个范围。

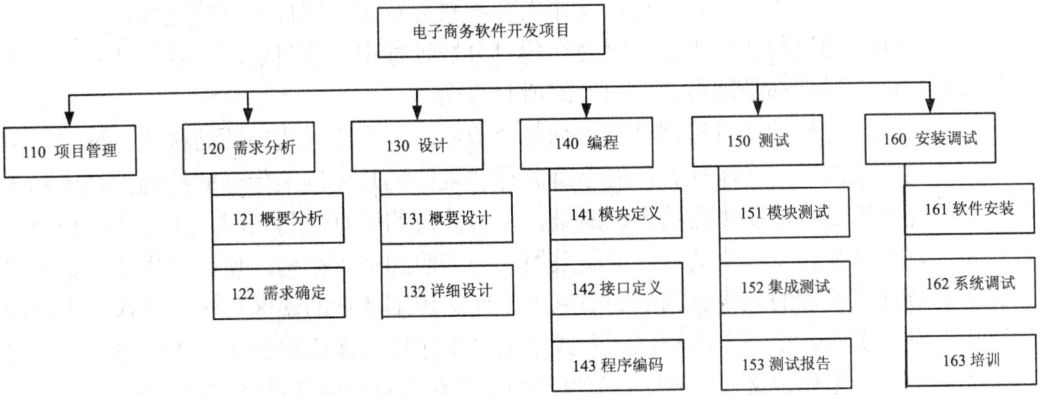

图 13-1　电子商务软件开发项目 WBS 图

创建 WBS 时需要满足以下几点基本要求：

① 某项任务应该在 WBS 中的一个地方且只应该在 WBS 中的一个地方出现，WBS 中某项任务的内容是其下所有 WBS 项的总和。

② 一个 WBS 项只能有一个责任人，但可以有多个参与者。

③ WBS 必须与实际工作中的执行方式一致，以确保 WBS 的一致性。

④ 每个 WBS 项都必须文档化，以确保准确理解已包括和未包括的工作范围。

⑤ WBS 必须能适应无法避免的工作变更的需要。

创建 WBS 的过程是：

① 得到范围说明书或工作说明书，集体讨论项目工作，确定项目工作分解的方式。

② 画出 WBS 的层次结构图或表。WBS 较高层次上的一些工作可以定义为子项目。

③ 将主要项目可交付成果细分为更小的、易于管理的组分或工作包。工作包必须详细到可以对该工作包进行估算（成本和历时）、安排进度、做出预算、分配负责人员或组织单位。

④ 验证任务分解的正确性。如果发现较低层次的项没有必要，则修改组成成分。

⑤ 如果有必要，可以建立一个编号系统。

⑥ 随着其他计划活动的进行，不断地对 WBS 更新或修正，直到覆盖所有工作。

在完成任务分解后，应检验 WBS 是否定义完全、项目的所有任务是否都被完全分解。例如，是否每个任务的状态和完成情况是独立的且可以量化的；是否明确定义了每个任务的开始和结束，且都有一个可交付成果；工期、成本是否易于估算且在可接受期限内等。

一个好的任务分解应该体现的特征是：分解后的活动结构清晰，从树根到树叶，一目了然；逻辑上形成一个大的活动，集成了所有的关键因素包含临时的里程碑和监控点，所有活动全部定义清楚，细化到人、时间和资金投入。日常管理项目时，只有将任务分解得足够细致明了，才能统筹全局，安排人力和财力资源，把握项目的进度。

创建 WBS 的过程非常重要，因为在项目分解过程中，项目经理、项目成员和所有参与项目的职能经理都必须考虑该项目的所有方面。

一般来说，良好的项目管理具有下列几个原则：一是通过实施的结构化分解来进行管理；二是关注结果，实现什么，而不是怎样实现；三是通过工作分解结构，技术和人员、系统和组织之间可以平衡结果；四是在项目涉及的所有部门之间，通过定义角色、责任和工作关系来建立一个契约；五是采用一个简明的报告结构。使用工作分解结构可以满足有效项目管理的五个原则中的前三个，而避免了计划的误区——即只在一个详细的层次上定义工作。以一个结构化的方式来定义工作可以保证得到更好的结果。通过可交付成果来进行工作定义，在项目向前进行时，只有那些对生产设施有必要的工作才做，因此计划也变得更加固定。在环境不断变化的情况下，项目所需的工作可能发生变化，但不管怎么变化，一定要对最终结果的产生有益。

项目经理在规划和控制其工程项目的过程中，工作分解结构是非常有用的工具。编制完整的 WBS 确定了工程项目的总目标，并确定了各项单独的工作（部分）与整个项目（整体）的关系。工作分解结构便于找到控制的最佳层次。我们在较低层次上进行控制可能意味着在控制上所花的时间要比完成工作所需的时间更多，而在较高层次上进行控制则意味着有些重要情况在我们不经意时会溜走。通过 WBS，我们可以找到控制的最佳层次。一般情况下，控制活动的长短应该与控制会议召开的频度相一致。

在现代大型复杂项目中，一般要涉及大量的资源，涉及许多公司、供应商、承包人等等，这些大项目涉及巨资并历时若干年，因此项目开始进行时设想的项目环境会随着项目的进展而发生很大的变化，这就要求所有的有关集团要有一个共同的信息基础，一种各有关集团或用户从项目一开始到最后完成都能用来沟通信息的工具，而一个设计恰当的工作分解结构将能够使得这些集团或用户有一个较精确的信息沟通连接器，成为一种相互交流的共同基础。

13.2.3 项目控制方法

1．甘特图

甘特图（Gantt 图）是第一次世界大战期间由美国亨利·甘特开发的，也称作线条图或横道图。图 13-2 是某项目的甘特图，图中，横向表示时间进度，纵向表示项目中的一系列工作，每件工作从开始到结束的持续过程用横道表示。用甘特图表示项目计划，简单、明了、直观，易于编制，因此在中小项目中得到广泛应用。即使在大型工程项目中，它也是高级管理层了解全局、基层安排进度时的有用工具。

甘特图可用来安排项目中各项工作的进度，同时还能和各项资源在不同阶段的需求数量结合，有利于对项目管理过程进行有效的控制，当项目中某些工作进度安排有机动时间时，可以利用机动时间安排工作的实施进度，使项目对资源的集中需求尽可能分散，得到合理利用。例如，某项目的任务如表 13-1 所示，其甘特图如图 13-2 所示。

表 13-1 项目任务分解表

工 作 名 称	持 续 时 间	紧 前 工 作
A	8	
B	3	A
C	7	A
D	3	A
E	8	A
F	8	B,C
G	4	D,E
H	6	F,G

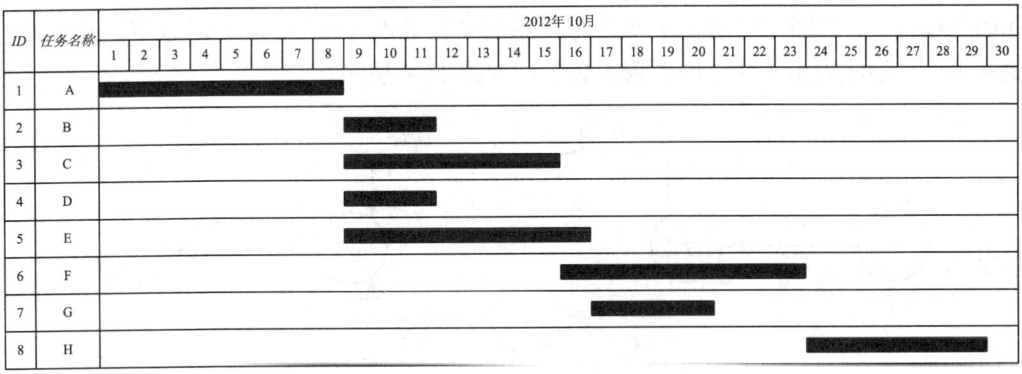

图 13-2 项目进度计划甘特图

2．网络图

（1）网络计划技术

甘特图虽然简单直观，但对于复杂的大型项目来说，很难清楚表明各项工作之间的逻辑关系，时间参数计算也不便，不能指出影响项目周期的关键所在，难以对计划在执行过程中进行明确的修改和调整。网络计划技术是指在应用网络模型的基础上，利用相关信息进行分析计算，通过对时间、费用、资源等要素的不断调整优化，并在工作过程中加强控制，以达到节省费用、缩短工期、提高工作效率，它是能有效实现项目目标的一种科学管理方法。网络计划技术的基本原理，可以归纳为以下 4 点。

① 把一个项目的全部实现过程分解成若干项工作，并按各项工作的开展顺序和相互制约关系，绘制成网络图形。

② 通过网络图时间参数计算，找出关键工作和关键线路。

③ 利用最优化原理，不断改进网络计划的初始方案，寻求其最优方案。

④ 在网络计划执行过程中，对其进行有限地监督和控制，达到合理地安排人力、物力和资源，以最少的资源消耗，获得最大的经济效果。

（2）网络图

网络图是网络计划技术的基础。网络图是由箭线和节点组成，用来表示工作流程的方向、顺序的网状图形，一个网络图表示一个项目任务。网络图包含三个因素即作业、事件和路线。作业，是指一项工作或一道工序，需要消耗人力、物力和时间的具体活动过程。在网络图中作业用箭线或节点表示。事件，是指某项作业的开始或结束，它不消耗任何资源和时间。路线，是指自网络始点开始，顺着箭线的方向，经过一系列连续不断的作业和事件直至网络终点的通道，一条路线上各项作业的时间之和是该路线的总长度（路长）。

网络图有双代号网络图和单代号网络图两种。双代号网络图又称箭线式网络图，它是以箭线及其两端节点的编号表示工作，同时，节点表示工作的开始或结束以及工作之间的连接状态，如图13-3所示；单代号网络图又称节点式网络图，它是以节点及其编号表示工作，箭线表示工作之间的逻辑关系，如图13-4所示。

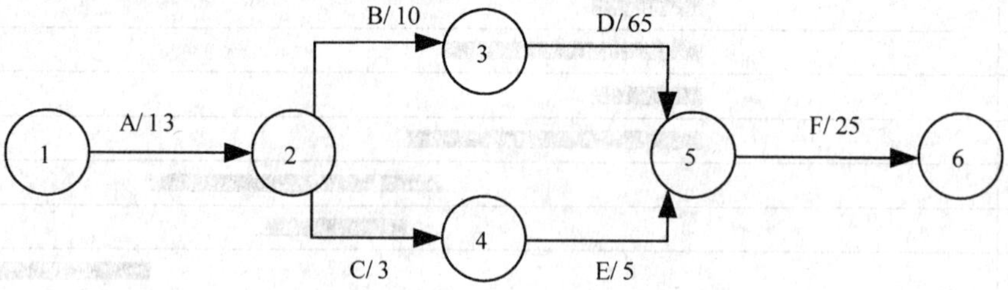

图13-3 双代号网络图

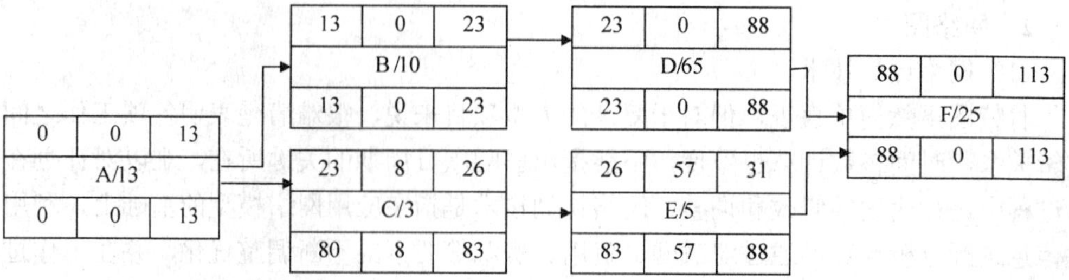

图13-4 单代号网络图

（3）网络图的绘制

网络图中工作的表示方法如图 13-5 和图 13-6 所示。网络图中的节点都必须有编号，其编号严禁重复，并应使每一条箭线上箭尾节点编号小于箭头节点编号。在双代号网络图中，一项工作必须有唯一的一条箭线和相应的一对不重复出现的箭尾、箭头节点编号。因此，一项工作的名称可以用其箭尾和箭头节点编号来表示。可以允许存在虚箭线，虚箭线不代表实际工作，我们称之为虚工作。虚工作既不消耗时间，也不消耗资源。虚工作主要用来表示相邻两项工作之间的逻辑关系。但有时为了避免两项同时开始、同时进行的工作具有相同的开始节点和完成节点，也需要用虚工作加以区分。而在单代号网络图中，一项工作必须有唯一的一个节点及相应的一个代号，该工作的名称可以用其节点编号来表示。在单代号网络图中，虚拟工作只能出现在网络图的起点节点或终点节点处。

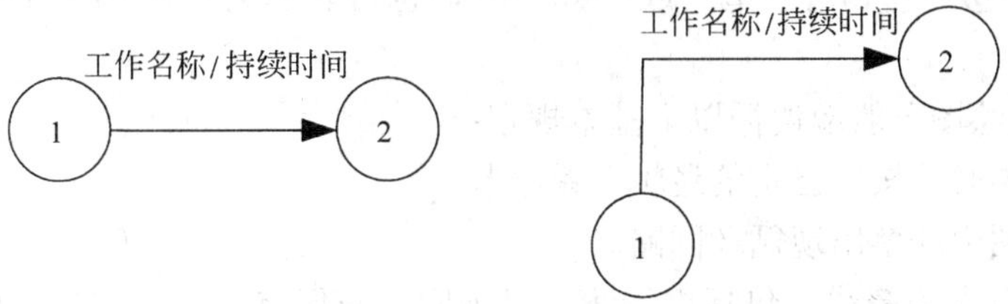

（a）　　（b）

图 13-5 双代号网络图工作表示法

<table>
<tr><td>最早开始时间</td><td>持续时间</td><td>最早完成时间</td></tr>
<tr><td colspan="3">任务名称</td></tr>
<tr><td>最迟开始时间</td><td>淡季</td><td>最迟完成时间</td></tr>
</table>

（a）

<table>
<tr><td colspan="2">任务名称</td></tr>
<tr><td>工作时间</td><td>持续时间</td></tr>
<tr><td>参数1</td><td>参数2</td></tr>
</table>

（b）

图 13-6 单代号网络图工作表示法

工作之间先后顺序关系是项目逻辑关系的组成部分。工作关系可以被描述为紧前工作、紧后工作和平行工作。紧前工作、紧后工作及平行工作是工作之间逻辑关系的具体表现，只要能根据工作之间的关系明确其紧前或紧后关系，即可据此绘出网络图。它是正确绘制网络图的前提条件。

① 紧前工作。在网络图中，相对于某工作而言，紧排在该工作之前的工作称为该工作的紧前工作。在双代号网络图中，工作与其紧前工作之间可能有虚工作存在。

② 紧后工作。在网络图中，相对于某工作而言，紧排在该工作之后的工作称为该工作的紧后工作。在双代号网络图中，工作与其紧后工作之间也可能有虚工作存在。

③ 平行工作。在网络图中，相对于某工作而言，可以与该工作同时进行的工作即为该工作的平行工作。

在关于网络图的描述中还有几个相关概念：

① 先行工作和后续工作：先行工作指对于某工作而言，从网络图的第一个节点（起点节点）开始，顺箭头方向经过一系列箭线与节点到达该工作为止的各条通路上的所有工作。后续工作指相对于某工作而言，从该工作之后开始，顺箭头方向经过一系列箭线与节点到网络图最后一个节点（终点节点）的各条通路上的所有工作。

② 线路：网络图中从起点节点开始，沿箭头方向顺序通过一系列箭线与节点，最后到达终点节点的通路称为线路。线路既可依次用该线路上的节点编号来表示，也可依次用该线路上的工作名称来表示。如图 13-3 所示，该网络图中有 2 条线路，可表示为：①—②—③—⑤—⑥和①—②—④—⑤—⑥，也可表示为：A—B—D—F 和 A—C—E—F。

网络图的绘图一般应遵循以下基本规则：

① 网络图必须按照已定的逻辑关系绘制。

② 网络图中严禁出现循环回路。

③ 网络图中的箭线（包括虚箭线，以下同）应保持自左向右的方向，不应出现箭头指向左方的水平箭线和箭头偏向左方的斜向箭线。

④ 网络图中严禁出现双向箭线和无箭头箭线，严禁出现没有箭尾节点的箭线和没有箭头节点的箭线。

⑤ 严禁在箭线上引出箭线。

⑥ 应避免出现交叉箭线，当不可避免时，可采用过桥法和指向法处理。

⑦ 网络图中应只有一个起点节点和一个终点节点（任务中部分工作需要分期完成的网络计划除外）。除网络图的起点节点和终点节点外，不允许出现没有外向箭线的节点和没有内向箭线的节点。

【例 13.1】已知各工作之间的逻辑关系如表 13-2 所示，绘制其网络图。

表 13-2 工作逻辑关系表

工作	A	B	C	D
紧前工作	—	—	A、B	B

① 绘制双代号网络图：

- 绘制工作箭线 A 和工作箭线 B，如图 13-7（a）所示。
- 绘制工作箭线 C，由于 A 只有一个紧后工作，所以将 C 至于 A 的平行位置，以实线表示，B 后节点 3 至节点 2 用虚箭线连接，仅表示 B 和 C 的逻辑关系，如图 13-7（b）所示。
- 绘制工作箭线 D，如图 13-7（c）所示。

- 将工作箭线 C 和 D 的箭头节点合并，以保证网络图只有一个终点节点。当确认给定的逻辑关系表达正确后，再进行节点编号，完成本例的双代号网络图如图 13-7（d）所示。

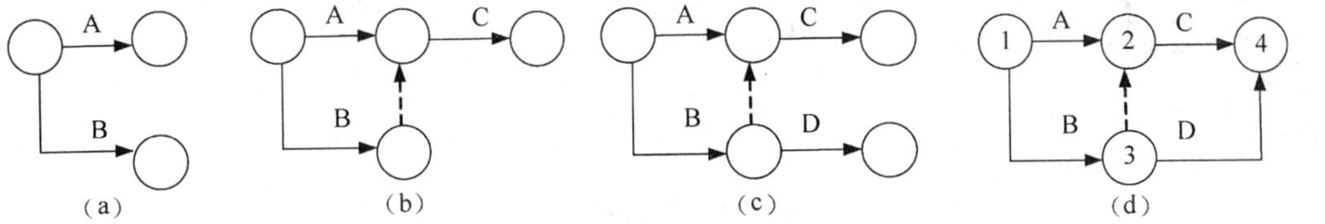

图 13-7　双代号网络图绘制

② 绘制单代号网络图：

- 该项目第一项目工作是 A、B 并行开始，由 C、D 并行结束，因此设置 2 个虚工作，开始和结束工作。
- 将 4 个工作分别以节点描述出来，再使用箭线表示出工作间的逻辑关系既可，网络图如图 13-8 所示。

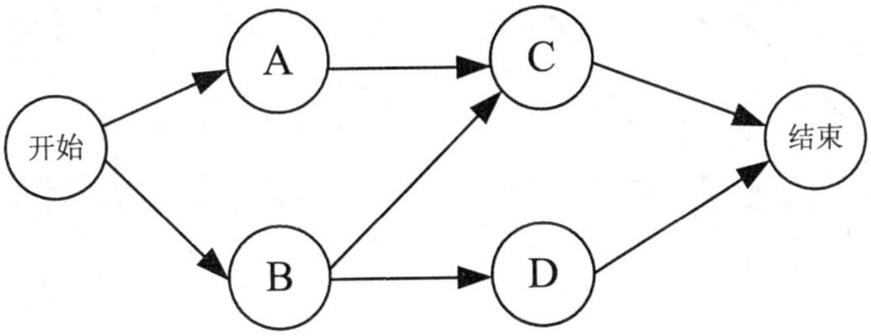

图 13-8　单代号网络图

【例 13.2】已知各工作之间的逻辑关系如表 13-3 所示，绘制其网络图。

表 13-3　项目工作逻辑关系

工作	A	B	C	D	E	G	H	I
紧前工作	—	—	—	—	A、B	B、C、D	C、D	E、G、H

① 绘制双代号网络图

- 先绘制 A、B、C、D 工作，再分别绘制 E 和 H 工作如图 13-9（a）所示。
- 先绘制 G 工作，将 G 与紧前工作 B、C、D 的逻辑关系用虚箭线表示，如图 13-9（b）所示。
- 先绘制 I 工作，将 I 的紧前工作 E、H 的逻辑关系用虚箭线表示，将 I 工作的结束节点作为项目的结束节点，并将节点编号，网络图的结果如图 13-9（c）所示。

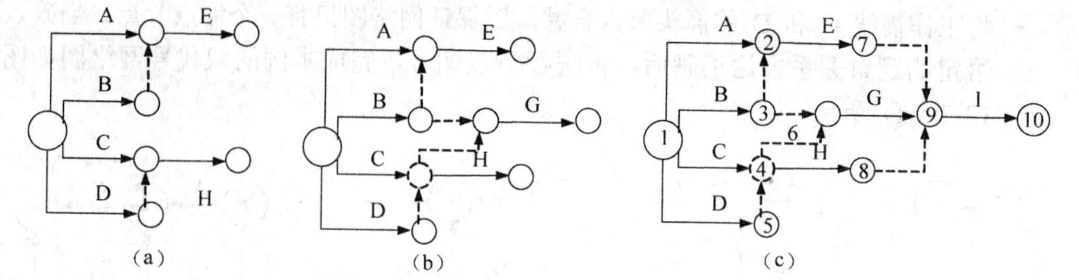

图 13-9　双代号网络图

② 绘制单代号网络图。

从上例可以看出，单节点网络图比较容易绘制。用节点表示工作，本例中有结束工作，无开始工作，所以增加 1 个虚工作，开始工作。工作间的逻辑关系如图 13-10（a）或（b）所示。

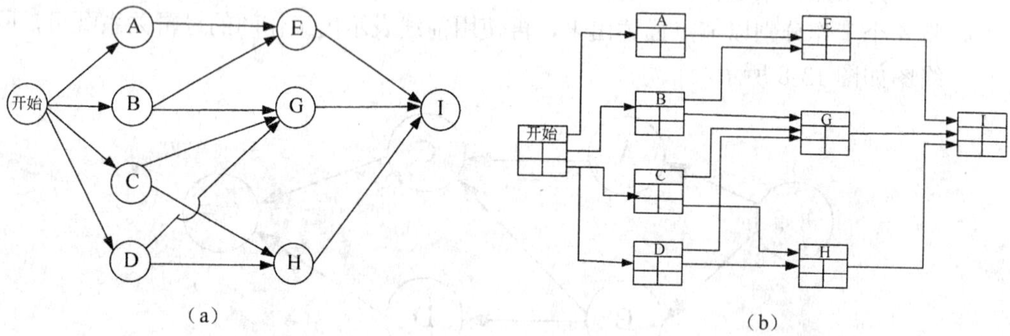

图 13-10　单代号网络图

（4）网络计划及参数计算

网络计划是指在网络图上加注时间参数而编制的进度计划。网络时间参数是指网络计划及其工作、节点所具有的各种时间值。网络时间参数的计算应在各项工作的持续时间确定之后进行。

① 网络时间参数及含义。

工作持续时间是指一项工作从开始到完成的时间。

工作的最早开始时间（ES）是指在其所有紧前工作全部完成后，本工作有可能开始的最早时刻。工作的最早完成时间（EF）是指在其所有紧前工作全部完成后，本工作有可能完成的最早时刻。工作的最早完成时间等于本工作的最早开始时间与其持续时间之和。

工作的最迟完成时间（LS）是指在不影响整个任务按期完成的前提下，本工作必须完成的最迟时刻。工作的最迟开始时间（LF）是指在不影响整个任务按期完成的前提下，本工作必须开始的最迟时刻。工作的最迟开始时间等于本工作的最迟完成时间与其持续时间之差。

工作的总时差（TF）是指在不影响总工期的前提下，本工作可以利用的机动时间。工作的自由时差（FF）是指在不影响其紧后工作最早开始时间的前提下，本工作可以利用的机动时间。对于同一项工作而言，自由时差不会超过总时差。当工作的总时差为零时，其自由时差必然为零。

② 网络时间参数的计算。

网络参数的计算应在确定各项工作的持续时间之后进行，网络计划的起点节点的最早开始时间为零。

网络计划中各项工作的最早开始时间（ES）和最早完成时间（EF）的计算应从网络计划的起点节点开始，顺着箭线方向依次逐项计算。工作的最早开始时间等于该工作的各个紧前工作的最早完成时间的最大值，ES=max{紧前工作的 EF}；工作的最早完成时间等于该工作的最早开始时间加上其持续时间，EF=ES+本工作持续时间。

网络计划中各项工作的最迟开始时间（LS）和最迟完成时间（LF）的计算应以项目规定或计算的工期为基准，从网络计划的终止节点，逆着箭线方向依次逐项计算。某工作的最迟完成时间等于该工作的各项紧后工作的最迟开始时间的最小值，LF=min{紧后工作的 LS}；最迟开始时间等于本项工作的最迟完成时间减本项工作的持续时间，LS=LF－工作的持续时间。

某项工作总时差（TF）等于该工作最迟完成时间与最早完成时间之差，或该工作最迟开始时间与最早开始时间之差，TF=LF－EF 或 TF=LS－ES。

某项工作自由时差（FF）的计算有两种情况，对于有紧后工作的工作，其自由时差等于本工作之紧后工作最早开始时间减本工作最早完成时间所得之差的最小值，FF=min{ES（紧后工作）}－EF；对于无紧后工作的工作，也就是以网络计划终点节点为完成节点的工作，其自由时差等于计划工期与本工作最早完成时间之差。

【例 13.3】某项目 WBS 表如表 13-4 所示，请计算每项工作的最迟最迟开始时间、最早最迟完成时间、总时差和自由时差。

表 13-4　某项目 WBS 表

工作代码	工作名称	持续工作时间/天	紧后工作编码
110	市场调研	15	120、130、140、150
120	配送方案逻辑设计	2	160
130	配送方案初步设计	10	160
140	配送方案实施设计	2	160
150	合同谈判项目设计	3	170
160	物流资源调整方案设计	5	170
170	资源调配及实施	15	180
180	人员培训	10	190
190	系统试运行	5	--

分析：分别以工作代码为110（市场调研）和190（系统试运行）作为该任务的起点工作和终点工作，按照定义，第一项工作的最早开始时间为 0。为了简化计算，网络计划时间参数中的开始时间和完成时间都以时间单位的终了时刻为标准，如第3天开始即是指第3天终了(下班)时刻开始，实际上是第4天上班时刻才开始；第5天完成即是指第5天终了(下班)时刻完成。按照表13-4，可以初步绘制出该项目的单代号网络图如图13-11所示。

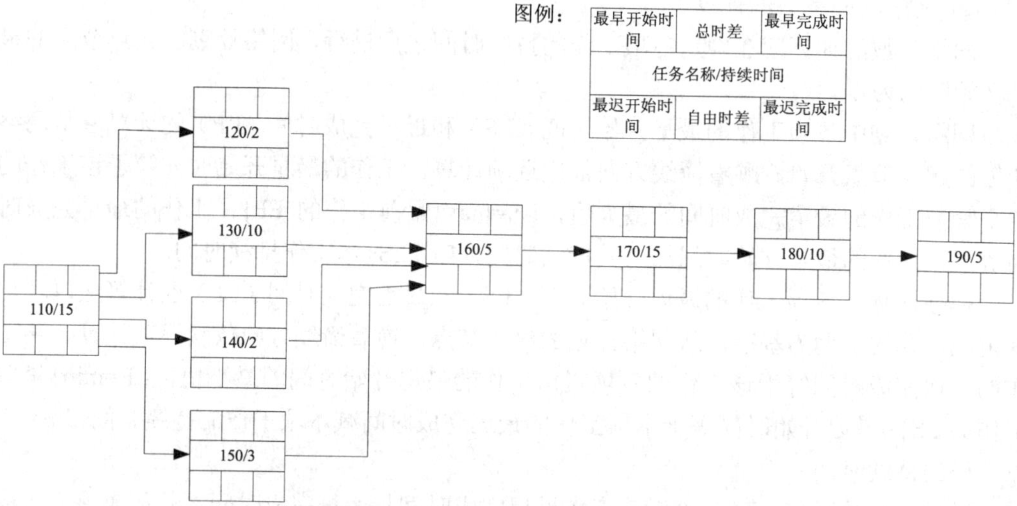

图13-11　项目单代号网络图

计算：

① 最早开始和最早完成时间：网络计划中各项工作的最早开始时间和最早完成时间的计算应从网络计划的起点节点开始，顺着箭线方向依次逐项计算。

- 由于代码为110的工作最早开始时间为0，该工作持续时间为15，所以，该工作的最早完成时间是15。
- 由于代码为120、130、140和150工作的紧前工作均是代码为110的工作，因此，它们的最早开始时间均是15，按照此最早开始时间，加上各自持续时间，得到这四项工作的最早完成时间分别是17、25、17和18。
- 代码为160工作的最早开始时间等于该工作的各个紧前工作的最早完成时间的最大值，即ES=max{紧前工作的EF}，该工作有4个紧前工作，最早完成时间最大值是25，因此，该工作的最早开始时间为25，据此计算得其最早完成时间是30。
- 依此类推，计算得代码为170工作的最早开始和最早完成时间分别是30和45，代码为180工作的最早开始和最早完成时间分别是45和55，代码为190工作的最早开始和最早完成时间分别是55和60。

② 最迟开始和最迟完成时间：按照定义，网络计划中各项工作的最迟开始时间和最迟完成时间的计算应以项目规定或计算的工期为基准，从网络计划的终止节点，逆着箭线方向依次逐项计算。

- 若按照项目计划，则网络终止节点的最迟完成时间等于该工作的最早完成时间，所以代码为 190 工作的最迟完成时间是 60，则其最迟开始时间等于最迟完成时间减去本工作持续时间 5，为 55。
- 代码为 180 工作的紧后工作只有代码为 190 的工作，因此，其最迟完成时间是 55，据此计算得其最迟开始时间为 45；依此类推，代码为 170 工作的最迟完成时间是 45，最迟开始时间为 30，代码为 160 工作的最迟完成时间是 30，最迟开始时间为 25。
- 由于代码为 150、140、130 和 120 工作的紧后工作都是代码为 190 的工作，因此，它们的最迟完成时间均是 25，据此计算得它们的最迟开始时间分别为 22、23、15、23。
- 由于代码为 110 工作的紧后工作有 4 项，工作代码为 120、130、140 和 150，按照某工作的最迟结束时间等于该工作的各项紧后工作的最迟开始时间的最小值，即 LF=min{紧后工作的 LS}的工作，因此，该工作的最迟完成时间是 15，据此计算得其最迟开始时间为 0。

③ 总时差和自由时差：对于网络计划中以终点节点为完成节点的工作，其自由时差与总时差相等。此外，由于工作的自由时差是其总时差的构成部分，所以，当工作的总时差为零时，其自由时差必然为零，可不必进行专门计算。

- 按照定义，代码为 190 工作的总时差为最迟完成时间减去最早完成时间，为 0，则其自由时差也必然为 0。依次类推，代码为 180 工作的总时差和自由时差为 0，170 和 160 总时差和自由时差也都是 0。
- 对于代码为 120、130、140 和 150 工作，计算知其总时差分别为 8、0、8、7。按照总时差为零自由时差必然为零的原则，代码为 130 工作的自由时差无需计算，必然为 0。代码为 120、140 和 150 工作的紧后工作都是代码为 160 的工作，按照自由时差等于本工作之紧后工作最早开始时间减本工作最早完成时间所得之差的最小值，即 FF=min{ES（紧后工作）}，计算得它们的自由时差分别为 8、8、7。
- 对于代码为 110 工作，计算的总时差为 0。按照总时差为零自由时差必然为零的原则，该工作的自由时差无需计算，必然为 0。按照定义，自由时差等于本工作之紧后工作最早开始时间减本工作最早完成时间所得之差的最小值，即 FF=min{ES（紧后工作）}，也可以计算得其自由时差为 0。

计算参数后的网络图如图 13-12 所示。

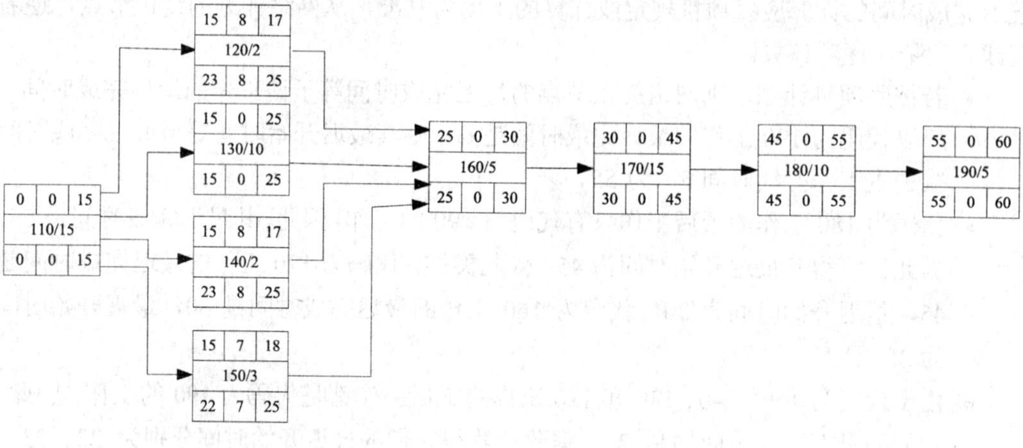

图 13-12 带参数的网络图

【例 13.4】计算如图 13-13 所示项目的网络参数。

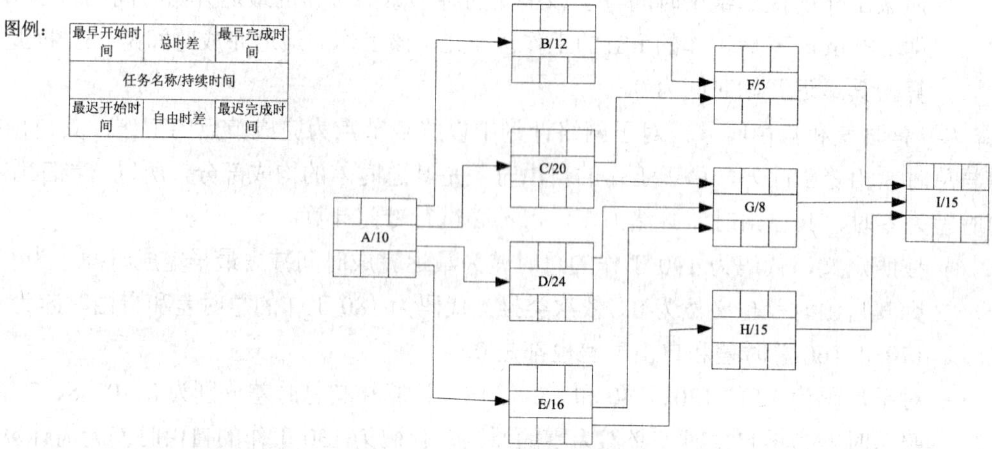

图 13-13 某项目单代号网络图

计算：

① 最早开始和最早完成时间：顺着箭线方向依次逐项计算。

- 由于 A 工作是项目开始节点，所以其最早开始时间为 0，该工作持续时间为 10，所以该工作的最早完成时间是 10。
- 由于工作 B、C、D 和 E 的紧前工作均是 A，因此，它们的最早开始时间均是 10，按照此最早开始时间，加上各自持续时间，得到这四项工作的最早完成时间分别是 22、30、34 和 26。

- 由于工作 F 的紧前工作是 B 和 C，因此，其最早开始时间取其紧前工作的最早完成时间的最大值，为 30，据此计算其最早完成时间为 35；工作 G 的紧前工作是 C、D 和 E，其最早开始时间取其紧前工作的最早完成时间的最大值，为 34，据此计算其最早完成时间为 42；工作 H 的紧前工作是 E，其最早开始时间取其紧前工作的最早完成时间，为 26，据此计算其最早完成时间为 41。
- 由于工作 I 的紧前工作是 F、G 和 H，其最早开始时间取其紧前工作的最早完成时间的最大值，为 42，据此计算其最早完成时间为 57。

② 最迟开始和最迟完成时间：逆着箭线方向依次逐项计算。

- 由于 I 工作是项目终节点，所以其最迟完成时间为 57，该工作持续时间为 15，所以该工作的最早开始时间是 42。
- 由于工作 F、G 和 H 紧后工作都是 I，因此，它们的最迟完成时间均是 42，据此分别计算它们的最迟开始时间分别为 37、34、27。
- 由于工作 B 的紧后工作只有 F，因此，其最迟完成时间是 37，据此计算其最迟开始时间为 25；由于工作 C 的紧后工作是 F 和 G，按照某工作的最迟完成时间等于该工作的各项紧后工作的最迟开始时间的最小值的定义，其最迟完成时间是 34，据此计算其最迟开始时间为 14；由于工作 D 的紧后工作只有 G，因此，其最迟完成时间是 34，据此计算其最迟开始时间为 10；由于工作 E 的紧后工作是 H 和 G，取其各项紧后工作的最小值，其最迟完成时间是 27，据此计算其最迟开始时间为 11。
- 由于工作 A 的紧后工作是 B、C、D 和 E，取其各项紧后工作的最小值，其最迟完成时间是 10，据此计算其最迟开始时间为 0。

③ 总时差和自由时差：

- 按照定义，工作 I 的总时差为最迟完成时间减去最早完成时间，为 0，则其自由时差也必然为 0。
- 对于工作 F、G 和 H，计算知其总时差分别为 7、0、1。按照总时差为零自由时差必然为零的原则，工作 G 的自由时差无需计算，必然为 0。工作 F 和 H 的紧后工作都是 I，按照自由时差等于本工作之紧后工作最早开始时间减本工作最早完成时间所得之差的最小值，计算得它们的自由时差分别为 7 和 1。
- 对于工作 B，计算得总时差为 15，由于其紧后工作只有 F，因此，计算其自由时差为 8；对于工作 C，计算得总时差为 4，由于其紧后工作有 F 和 G，按照自由时差等于本工作之紧后工作最早开始时间减本工作最早完成时间所得之差的最小值的定义，计算其自由时差为 0；对于工作 D，计算得总时差为 0，按照总时差为零自由时差必然为零的原则，该工作的自由时差无需计算，必然为 0；对于工作 E，计算得总时差为 1，由于其紧后工作是 H 和 G，自由时差取其最早完成时间和该工作之紧后各项工作的最早开始时间之差的最小值，为 0。

- 对于工作 A，计算得总时差为 0，则其自由时差也必然为 0。

计算参数后的网络图如图 13-14 所示。

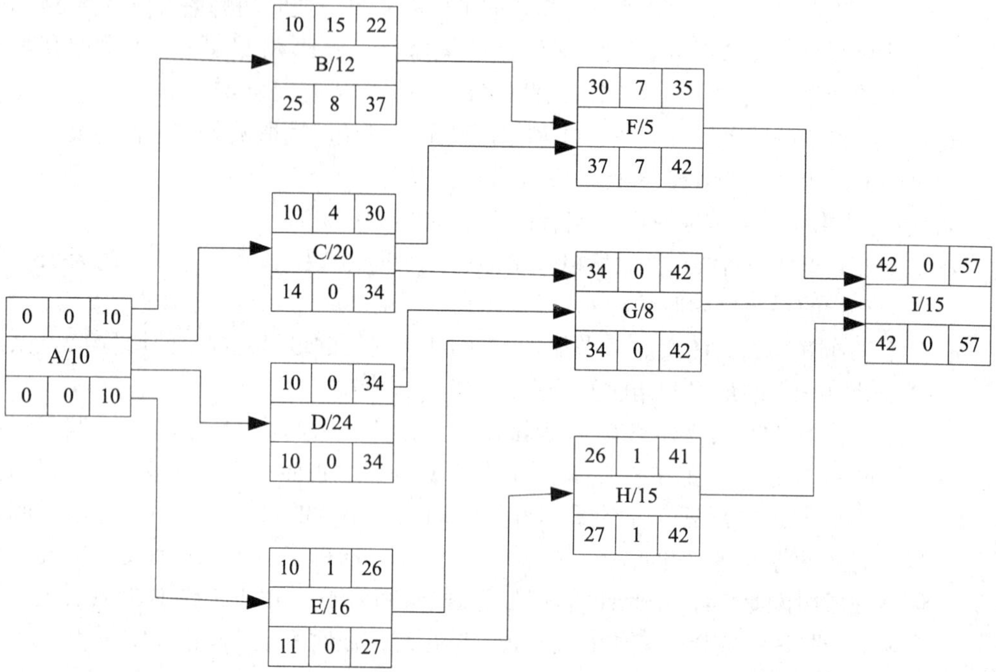

图 13-14 计算项目参数网络图

3．关键线路法

在关键线路法（CPM）中，线路上所有工作的持续时间总和称为该线路的总持续时间，将网络图中所有线路的作业时间进行比较，总持续时间最长的线路称为关键线路，关键线路上的工作称为关键工作，关键线路的长度就是网络计划的总工期。如图 13-3 所示，线路 A—B—D—F 为关键线路。在网络计划中，关键线路可能不止一条，而且在网络计划执行过程中，关键线路还会发生转移。关键工作和关键线路的确定对于项目计划和控制具有十分重要的意义。从整个项目管理来看，对于非关键工序，由于总存在时差，所以它的进度在一定范围内可自由安排，或充分利用时差，抽调非关键工序上的人力、物力、设备等资源来支持关键线路，保证关键线路提前完工或起码不误工期，以达到缩短项目总工期的目标。

例如，图 13-12 所示网络图中，由于代码为 110、130、160、170、180 和 190 工作的总时差为 0，因此该项目的关键路径只有一条，是 110——130——160——170——180——190。

例如，图 13-14 所示网络图中，任务名称为 A、D、G 和 I 的总时差为 0，因此该项目的关键路径是 A——D——G——I。

13.2.4 进度控制

1．进度控制概述

进度控制是指在项目实施过程中，监控项目实施进程，并将实施情况与计划进行对比分析，采取必要的措施，使项目按预定的进度目标进行，以使预定目标按时实现。

进度控制根据管理层次的不同，控制的视角和内容也会有所不同。对于项目经理等高层次管理部门，对项目控制的关注点是各里程碑事件的进度控制，也称为项目总进度控制；对于项目部门而言，关注点是项目中各主要事件的进度控制，在多级项目中，这些事件可能就是各个分项目，通过控制项目主要事件的进度，可促使其按计划进行，保证总进度的完成，此类控制称为项目主进度控制；对于各作业部门，其焦点是对各具体作业进度计划进行有效控制，这是进度控制的基础，此类控制称为项目详细进度控制。

各层次进度控制都应遵循以下原则：

① 动态控制。项目进度控制是一个动态的过程。从项目开始实施，项目计划就进入了执行的轨道，实时观测进度是否按计划进行，及时发现偏差，分析偏差产生原因，采取有效措施调整，是一项动态持续的过程。

② 系统全面。编制全面的项目计划，包括进度计划、资源计划等、费用计划等，计划的对象由上而下，内容从粗到细，形成系统性的项目计划。项目涉及各个相关主体及责任人，需要建立一个完整的项目实施组织系统；对项目的检查、统计、分析、调整等工作，应责任到人，分工协作。无论是控制对象还是控制主体 、是进度计划还是控制工作，都是一个完整的系统。

③ 封闭循环。项目进度控制是一个循环性的例行工作，从编制计划、实施计划、检查、比较与分析、确定调整措施、修改计划等，是不断监测、反馈的过程，自然形成一个封闭的循环系统。

④ 信息通畅。信息是项目进度控制的依据，项目进度计划和实施中的信息，应做到上通下达，保持信息传递和反馈时效性和有效性，使项目各环节了解项目计划目标和实际进度信息，以便分析、决策和调整，以使进度计划仍能符合预定工期目标。

⑤ 弹性机制。对于大型项目，一般工期长且影响因素多，这就要求计划编制人员能根据统计经验，预估各种因素对进度的影响，将风险因素纳入进度计划的方案设计中，并建立风险防范预案，使进度计划留有余地，形成项目进度控制的弹性机制。

⑥ 应用网络计划技术。网络计划技术不仅可以用于编制进度计划，而且可以用于计划的优化、管理和控制。网络计划技术是科学实施项目进度控制理论基础和工具。

2．进度监测和控制

① 项目监测。

在项目实施过程中，为了收集反映项目进度实际状况的信息，掌握项目进展动态，应对项目进展状态进行观测，这一过程称为项目进度动态监测。对于项目进展状态的观测，通常采用日常监测和定期监测的方法进行，并将监测的结果用项目进展报告的形式加以描述。

在日常监测中，一般注意观测进度计划中各工作的实际开始时间、实际完成时间、实际持续时间、目前状况等内容，并加以记录，以此作为进度控制的依据。记录的方法有图示记录法、报告表法、进度动态曲线等。

在定期监测中，可以确定一个间隔时间，每隔一定时间对项目进度计划执行情况进行一次较为全面、系统的观测、检查。间隔的时间因项目的类型、规模、特点和对进度计划执行要求程度的不同而异，可以按日、周、月、季等作为一个观测周期。观测的主要内容包括：观测、检查关键工作的进度和关键线路的变化情况；观测、检查非关键工作的进度，以便发掘潜力，调整或优化资源，保证关键工作按计划实施；检查工作之间的逻辑关系变化情况，以便适时进行调整；有关项目范围、进度计划和预算变更的信息。

定期观测、检查的结果应加以记录，信息记录的方式可以是图或表。如若进度计划是甘特图，则可在图中用不同的线条分别表示计划进度和实际进度。也可绘制实际进度网络图，表达各工作实际开工、完工时间，并标注项目进展中出现的问题、影响因素等，它可明确表达实际与计划不相符合的情况，有助于计划工作的总结和资料的积累。

项目定期检查及记录后，应形成项目进展报告。项目进展报告根据报告的对象不同，其内容也不尽相同。一般的项目进展报告分为项目概要及进度控制报告、项目管理及进度控制报告和业务管理及进度控制报告。项目概要及进度控制报告是以整个项目为对象说明进度计划执行情况的报告；项目管理及进度控制报告是以分项目为对象说明进度计划执行情况的报告；业务管理及进度控制报告是以某重点部位或重点问题为对象所编写的报告。

项目报告除了用文字表达外，图表亦是传送信息的重要工具。常见的项目进展报告有：项目关键点检查报告，将对项目关键点的监测、检查的结果加以分析、归纳所形成的报告；项目执行状态或工作完成报告，反映已完成工作或实施中工作的基本情况；重大突发性事件的报告，就某一重大突发性事件的基本情况及其对项目的影响等有关问题所形成的特别分析报告；项目变更申请报告，反映项目变更的状况及其对项目产生的影响。

项目报告应注意频次的把握。项目进展报告与项目行动计划和 WBS 的关系是确定报告内容和频次的关键，信息报告应和计划、预算、进度系统的逻辑相一致，主要目的是控制实现项目计划，报告的频次应达到在计划完成期间满足控制所需信息的要求。原则上项目进展报告应及时给出，以便实时控制。报告的时间一般对应于项目里程碑时间。对高层管理者，一个项目可能只有几个里程碑；而对于基层管理，在项目计划的实施过程中存在许多关键点，一般这些关键点就是基层项目的里程碑，里程碑数量越多，所要求报告的信息内容越详细、报告次数也越多。一般来说，报告期越短，早发现问题并采取纠正措施的机会就越多。

② 项目进度控制实施。

项目进度控制的实施在保证项目按预期实现中，起着十分重要的作用。在项目进展中，工作即按时完成，也会提前或延期完成，这些都会对项目的未完成部分产生影响。对项目的实际进展状况进行有效控制，核心就是根据项目的实际进展情况，不断地进行进度计划的优化和更新，进度计划的更新是进度控制的结果。

进度控制中最简单的方法是比较与分析法。将项目的实际进度与计划进度进行比较分析，确定进度偏差原因，寻找对策。比较分析的方法主要有以下几种：甘特图比较法，是将在项目进展的信息用横线并列标于原计划的横线旁，进行直观比较；实际进度前锋线比较法，是从计划检查时间的坐标点出发，用点划线依次连接各项工作的实际进度点，最后到计划检查时间的坐标点为止，形成前锋线，根据前锋线与工作箭线交点的位置判断项目实际进度与计划进度的偏差；S 型曲线比较法，以横坐标表示进度时间、纵坐标表示累计完成任务量而绘制出的一条按计划时间累计完成任务量的 S 型曲线，用 S 型曲线可将项目的各检查时间实际完成的任务量与 S 型曲线进行实际进度与计划进度相比较，从而得出进度的偏差，如图 13-15 所示；香蕉型曲线比较法，是两条 S 型曲线组合而成的闭合曲线，对于一个项目的网络计划，在理论上总是分为最早和最迟两种开始和完成时间，因此，任何一个项目的网络计划，都可以绘制出两条 S 型曲线，即以最早时间和最迟时间分别绘制出相应的 S 型曲线，在项目实施过程中，根据工作完成的情况绘制出实际进度累计曲线，即可对实际进度与计划进度进行比较，如图 13-16 所示。

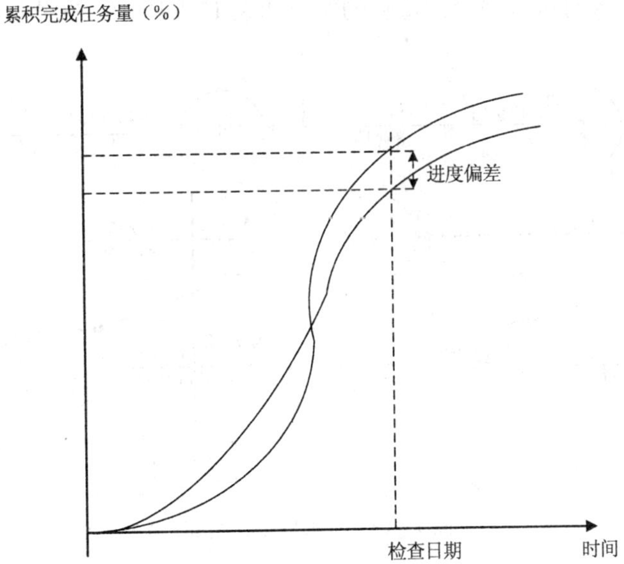

图 13-15　S 型曲线示意图

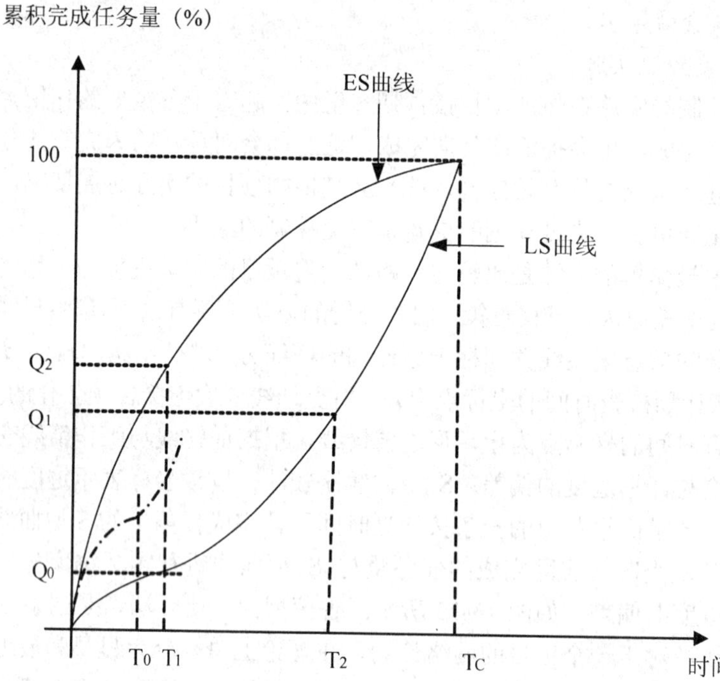

图 13-16 香蕉型曲线

【例 13.5】某公司要建立一个自己的网络销售平台，项目网络计划如图 13-17 所示，当项目进展到第十天时进行检查，检查的结果如表 13-5 所示，试分析项目进展情况。

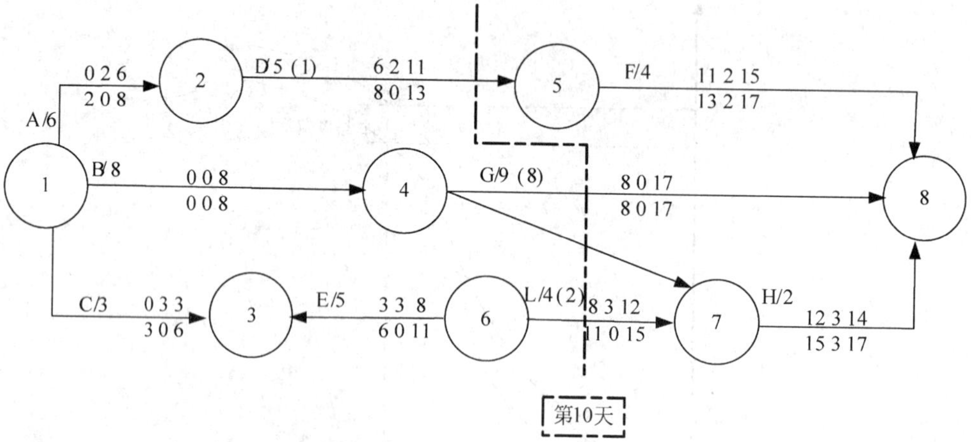

图 13-17 项目网络计划图

解：采用列表比较法。根据检查结果及网络时间参数计算的结果，在第 10 天工作 D、G、L 的尚需工作时间、至最迟完成时间尚剩时间、尚剩总时差等数值列于表 13-5 中。

根据表中所列数值对项目进度状况加以判断，结果也列于表 13-5 中。

表 13-5　项目进度比较分析表

工作编号	工作代码	检查尚需时间	到计划最迟完成前尚需剩余时间	原有总时差	尚需剩余总时差	判断
2——5	D	1	13-10=3	2	3-1=2	正常
4——8	G	8	17-10=7	0	7-8=-1	拖延 1 天
6——7	L	2	15-10=5	3	5-2=3	正常

进度控制的核心是进度更新。根据实际进度与计划进度比较分析结果，如【例 13.5】，根据比较结果寻找拖延原因并作出有效对策，进行进度更新，在保持项目工期不变的情况下，保证项目质量和所耗费用最少是进度控制和管理的宗旨。

项目进度更新主要包括两方面工作，即分析进度偏差的影响和进行项目进度计划的调整。

① 分析进度偏差的影响。当出现进度偏差时，应分析该偏差对后续工作及总工期的影响。若出现偏差的工作是关键工作，必须进行进度计划更新。若出现偏差的工作为非关键工作，则需根据偏差值与总时差和自由时差的大小关系，确定其对后续工作和总工期的影响程度。如果工作的进度偏差大于总时差，应采取相应的调整措施；若工作的进度偏差小于或等于总时差，但大于自由时差，则会对后续工作产生影响，应进行相应调整；若工作的进度偏差小于或等于该工作的总时差和自由时差，则对后续工作无影响，进度计划可不作调整更新。

② 项目进度计划的调整。一是关键工作的调整，这是项目进度更新的重点。当前序关键工作的实际进度较计划进度提前或退后时，首先应选择后续关键工作，进行进度修正调节，如优先选择资源消耗量大或直接费用高的工作进行调节；其次也可以后续工作之间的逻辑关系允许改变的条件下，改变关键线路和超过计划工期的非关键线路上有关工作之间的逻辑关系，达到缩短工期的目的；当采用其他方法仍不能奏效时，则应根据工期的要求，将剩余工作重新编制网络计划，使其满足工期要求。二是非关键工作的调整。首先可以在总时差范围内延长非关键工作的持续时间；或缩短工作的持续时间，或调整工作的开始或完成时间。三是因工作项目、资源供应或工期要求发生变化，则需重新调整网络计划，计算网络参数。需要注意的是增减工作只能改变局部的逻辑关系，不应影响原计划总的逻辑关系和工期；因资源原因调整，原则上应通过资源优化保证工期不变或使工期更加合理。

13.3　网络计划调整与优化

对项目进行了工作分解，绘制了网络图，明确了关键线路和工作进度，也仅仅是有了项目计划的初始状态，此时还应综合考虑各方面因素，对计划不断修改优化，逐步使其完善。由于项目计划需在一定工期内完工，且追求费用和资源的合理使用，所以网络计划的调整优化就包括时间优化、时间—资源优化和时间—费用优化三个方面。

13.3.1　进度控制及计划优化

1．时间成本平衡法

时间成本平衡法的目标是在总成本增加最少的条件下压缩工期，使项目在最短时间完成。每项工作的工期从正常时间缩短至应急时间都有自己的单位时间和成本。正常时间是在正常条件下完成工作需要的估计时间长度；正常成本是在正常时间内完成工作的预计成本。应急时间是完成工作的最短估计时间长度；应急成本是在应急时间内完成工作的预计成本。缩短工期的单位时间和成本可用如下公式计算：（应急成本-正常成本）/（正常时间-应急时间）。例如，一个项目有 4 个工作，分别为 A、B、C、D，它们的正常和应急时间、成本如图 13-18 所示。如工作 A 的工期从正常时间缩短至应急时间，通过计算知其成本每周增加 600 元。

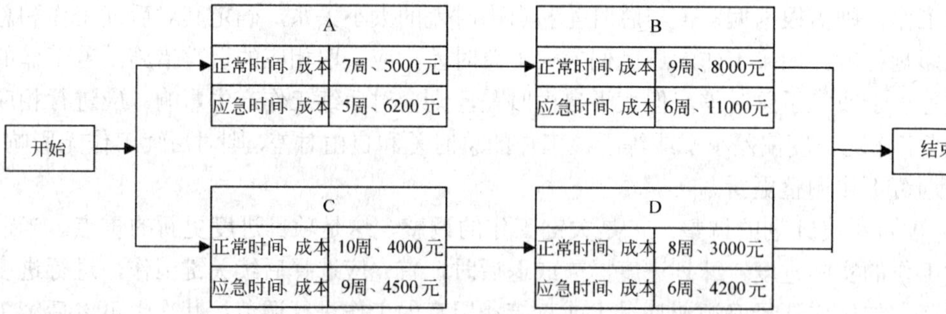

图 13-18　某项目网络图

【例 13.6】图 13-18 所示网络图，计算该项目缩短工期的最小成本是多少。

分析：

（1）该项目从开始到完成有两条路径：A—B 和 C—D，各自完成时间是 16 周和 18 周，项目完成时间 18 周，关键路径是 C—D，成本是 20000 元；如果各工作均在各自应急时间内完成，项目总工期提前 3 周完成，项目总成本为 25900，成本增加 5900 元/周。

（2）事实上，关键路径的工期决定着项目的总工期。在工期压缩目标为 16 周时，对于非关键路径 A—B 的工期压缩实际上对总工期并无任何帮助，成本反而增加了 4200 元。

（3）按照时间—成本平衡法的目标，每次平衡时，应压缩关键路径上单位时间增加成本最低的工作，逐次计算、比较，确定按照目标要求来缩短工期的最小成本。本项目按照正常工期，项目完成需 18 周。

① 若压缩目标是 17 周，则仅需压缩关键路径 C—D 工期 1 周。压缩方案为压缩 C 或 D 的 1 周工期，可计算选择成本最低的方案。

② 若压缩目标是 16 周，则仅需压缩关键路径 C—D 工期 2 周。压缩方案为压缩 C、D 工期各 1 周或 C 不变、压缩 D 工期 2 周，可计算选择成本最低的方案。

③ 若压缩目标是 15 周，则两条路径均需压缩工期。压缩方案为压缩路径 C—D 的工期 3 周，且压缩 A 或 B 工期 1 周，可计算选择成本最低的方案。

计算：

（1）A、B、C、D 各工作均在各自应急时间内完成，工期压缩成本分别为 600、1000、500、600 元/周。

（2）若压缩目标是 17 周，关键路径是 C—D。按照压缩 C 或计算，增加成本分别为 500 元或 600 元。显然选择压缩 C 的 1 周工期，成本最低，项目总成本为 20500 元。

（3）压缩目标是 16 周，关键路径是 C—D。按照压缩 C、D 工期各 1 周或 C 不变、压缩 D 工期 2 周计算，增加成本分别是 1100 元或 1200 元。选择压缩 C、D 工期各 1 周，成本最低，项目总成本为 21100 元。

（4）若压缩目标是 15 周，仅压缩 C、D 的 3 周工期是不能完成项目工期要求的，此时的关键路径转变为 A—B，还需压缩 A 或 B 的 1 周工期才能满足压缩工期的目标。压缩 C、D 的 3 周工期，增加成本是 1700 元，压缩 A 或 B 的 1 周工期计算，增加成本分别是 600 元或 1000 元。显然选择压缩 C、D 的 3 周工期且压缩 A 的 1 周工期，成本最低，项目总成本为 22300 元。

（5）本项目的最早结束时间是 15 周，已不可能再压缩工期至小于 15 周。

时间—成本平衡法是有假设前提的，即每项工作有一个正常和应急的时间和成本、可以通过增加更多的资源来加速工作进程、时间和成本之间的关系是线性的。

2．时间优化法

时间优化主要是利用非关键工序的时差（即机动时间），进行合理资源调配，增加关键工序的资源投入，提高其工作效率，缩短工期。因此，时间优化基于网络计划计算工期，当其不能满足要求工期时，通过不断压缩关键线路上的关键工作的持续时间，以缩短工期、满足要求工期的目的。缩短工期的方法主要有：强制缩短法、调整工作关系、利用时差缩短工期。

强制缩短法即采取措施使网络计划中的某些关键工作的持续时间尽可能缩短。常用的方法有：（1）顺序法，即按关键工作开始时间确定，先开始的工作先压缩。（2）加权平均法，即按关键工作持续时间长短的百分比进行压缩。（3）选择法，即计划编制者有目的地选择某些关键工作进行持续时间的压缩。如图 13-18 网络图中，以正常工期为基准，要求压缩工期至16周。按照顺序法，找到关键路径C—D，先压缩C的1周工期，不能满足项目工期要求，则再压缩D的1周工期；按照加权平均法，找到关键路径C—D，其工期为18周，计算C、D的工期在18周中占比分别为60%和40%，则压缩C的1.2周工期和D的0.8周工期；按照选择法，可以根据项目情况选择压缩C、D各1周工期，或压缩D的2周工期。

调整工作关系是指将项目中的工作关系进行适当调整，以达到压缩工期的目标，例如将串行工作关系转换为并行工作关系。例如一个软件开发项目，假设有软硬件条件准备、概要设计、详细设计、编程、测试等环节，编制进度计划时按照串行方式安排，客户由于某种原因要求提前完成。此时，可以将软硬件准备和概要设计并行实施、将编程和测试交替实施，以达到压缩工期的目标。

利用时差缩短工期指利用非关键工作的时差，用其中的部分资源加强关键工作，以缩短关键工作的持续时间，使工期缩短。采用这一措施，关键线路可能会不断地发生转移。（1）对于关键路径，其上任何工作的作业时间变化，都会引起后续各工作的最早开始时间、最迟开始时间以及时差的变化，并有可能出现关键线路转移。如图13-19（a）中，原关键线路为A、B、D、G、I，若G的工作时间缩短为5天，则关键线路转移为：A、B、E、H、I，如图13-19（b）所示。（2）对非关键路径：若其上某些工作的作业时间若延长，但不超过时差范围时，则不致影响整个项目进度，计划也就不必调整，如图13-19（a）中，作业C的时间由2变为8，虽增加了6，但小于时差8，则关键线路不变；若其上某些工作的作业时间延长而且超过了时差范围，则势必带来整个项目进度的变化，关键线路就会转移。如图13-19（a）中，若C的时间由2变为12，增加了10，大于时差8。重新计算参数发现，关键路径转移为A、B、C、G、I，如图13-19（c）所示。

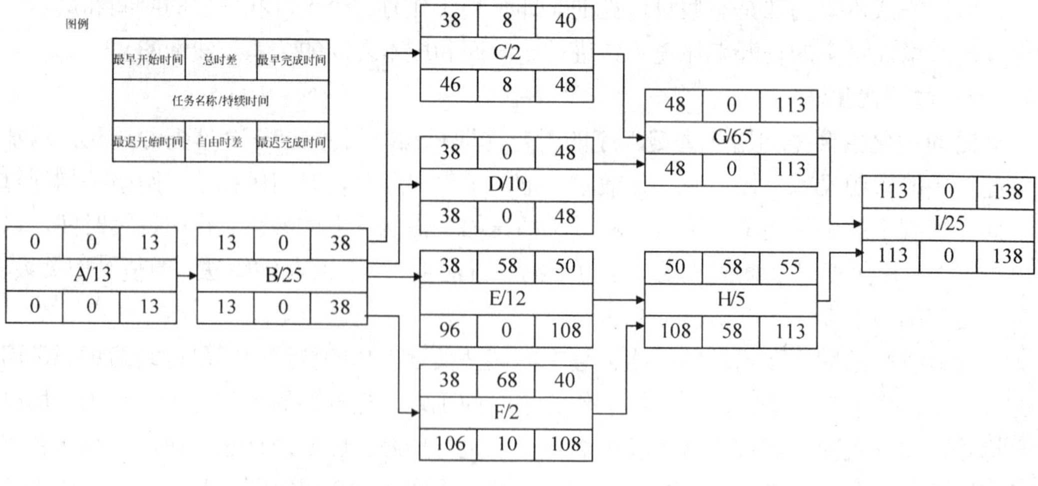

（a）项目网络图

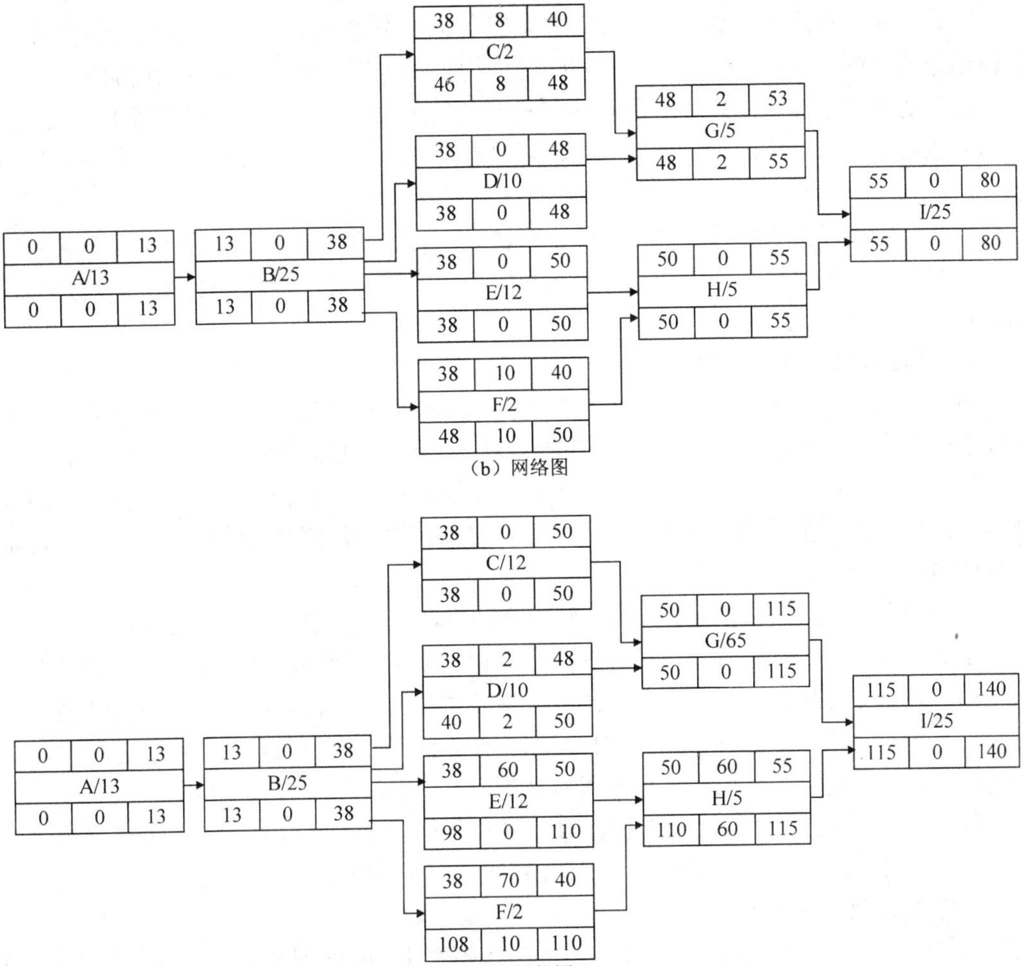

（b）网络图

（c）网络图

图 13-19

13.3.2　资源计划及均衡

项目的实施必然有资源的需求。项目实施中对资源的要求首先是总量上应能够满足项目需求，其次应根据不同阶段工作对资源需求的特性进行合理计划和动态平衡。

1．资源计划概述

资源计划是指采用什么样的资源（人、设备、材料）以及将多少资源用于项目的每一工作的执行过程之中。资源计划的依据有：

（1）工作分解结构 WBS。利用 WBS 的工作划分，对所需资源种类和数量进行预估，工作划分越具体，越容易估计。

（2）项目工作进度计划。资源计划必须服务于工作进度计划，项目工作进度计划是其他计划的基础，什么时候需要何种资源是围绕工作进度计划的需要而确定的。

（3）历史信息及范围陈述。历史信息纪录了先前类似工作使用资源的需求情况，范围陈述包括了项目工作的说明和项目目标，这些是项目资源计划的重要参考数据和依据之一。

（4）资源安排及组织策略。描述什么资源是项目资源计划所必须掌握的，其可获得性、特别的数量和资源水平描述是特别重要的资源安排描述，例如，项目执行阶段可能需要技术人员的层次和数量。

2．资源计划方法与工具

对于项目所需求资源的梳理、内容选择、数量确定和准备，决定着项目能否按照进程要求顺利实施，对项目过程控制起着重要作用。资源计划的方法有多种，主要有：

① 专家判断法。在得不到更多的专业信息的情况下，借助专家知识进行资源计划，该方法简单有效，常常被决策者们广泛采用。专家可以是任何具有特殊知识或经过特别培训的组织和个人。

② 选择确认法。运用一定方法，制定多种资源计划安排，由专家选择。最常用的方法是头脑风暴法。头脑风暴法的做法是：当讨论某个问题时，由一个协助的记录人员在翻动记录卡或黑板前做记录，参与的成员逐一说出主意，相互启发，循环持续进行，直到没有新意见或限定时间已到，过程结束。该方法要遵循的主要规则：不进行讨论，不进行判断性评论，参加人员不要使用肢体语言。

③ 数学模型法。为了使编制的资源计划具有科学性、可行性，在资源计划的编制过程中，往往借助于某些数学模型，如资源分配模型和资源均衡模型等。

而完成资源计划的工具一般有：

① 资源矩阵。用以说明完成项目中的工作需要用到的各种资源的情况。如表 13-6 所示给出了资源矩阵的一个例子，表中，左列为项目中的各项工作（任务），上行为项目所用到的资源的名称，行列交叉处的元素代表各项工作所需要各种资源的状况。其中，“P”表示行中的工作所需用到的主要资源，“S”则表示次要资源。

表 13-6 资源矩阵表

任务	方法学家	课程专家	评估员	数学专家	印刷设备	课程负责人
识别需求	S	P				
建立需求		P				
设计预备课	S	P		S		
开发数学课		S		P		
测试课程	S	S	P			S
印刷		S			P	

② 资源数据表。用以说明各种资源在项目周期内各时间段上数量的需求情况。表 13-7 是资源数据表的一个例子，表中，第 1—3 周，各需要方法学家 1.5 人，课程专家 1 人，在第 4 和 5 周，各需要课程专家 1 人，数学家 0.7 人。

表 13-7　资源数据表

资源	1	2	3	4	5	6	7	8	9	10
方法学家	1.5	1.5	1.5			1	1	1	1	1
课程专家	1	1	1	1	1	1	1	1	1	1
评估员									2	2
数学家				0.7	0.7	0.7	0.7	0.7		

③ 资源甘特图。用以反映各种资源在项目周期内各个阶段用于完成哪些工作的情况。图 13-20 是资源甘特图的一个例子。

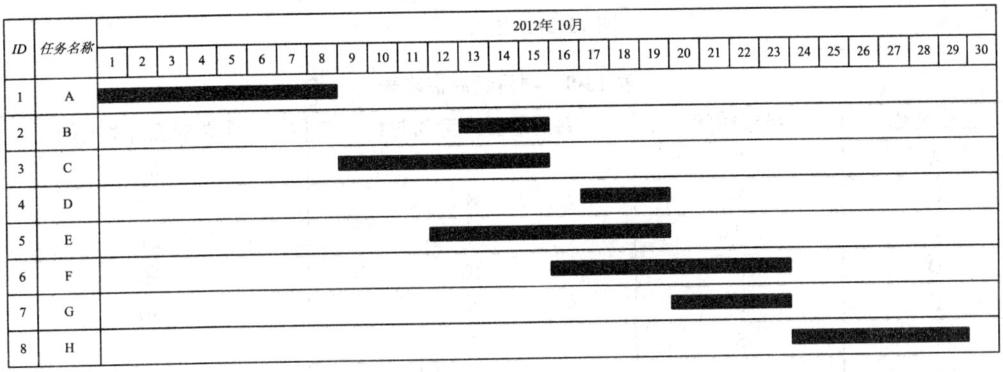

图 13-20　项目甘特图

④ 人力资源负荷图。给出在项目周期内的各个阶段所需要的人力资源。

资源计划的结果是制定资源的需求计划，对各种资源需求及需求计划加以描述，并以图表的形式予以反映。

3．资源均衡与优化

可以说任何项目的进展都伴随着资源的均衡和优化，每个项目在制定项目资源计划时不可能和项目过程的需求完全一致。下面我们看一个资源需求和工作的进度关系的例子。图 13-21 给出了该项目的网络图。

我们假定项目中只使用了人力资源且不考虑项目资源使用率，则总劳动时数=每天需要的劳动力×工作持续时间。表 13-8 给出了资源需求情况表。

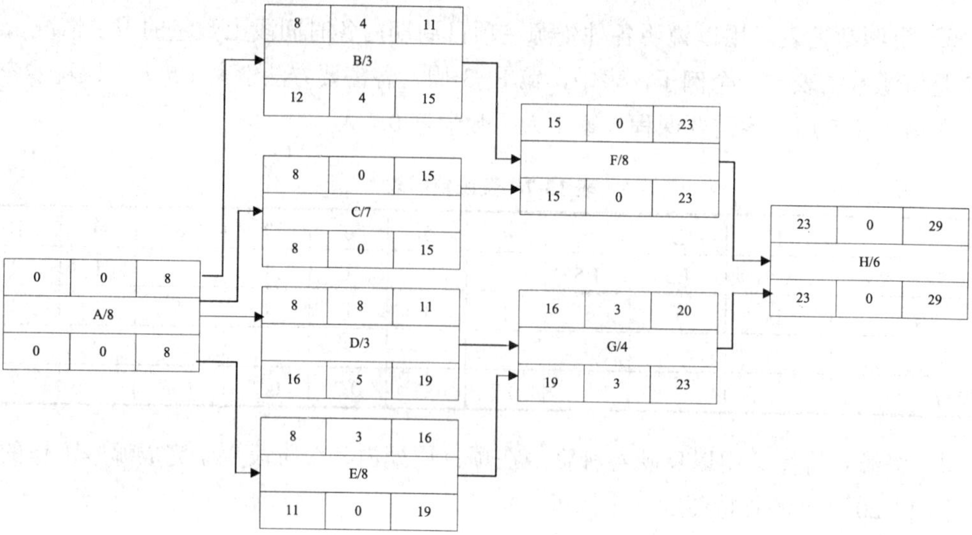

图 13-21　项目网络图

表 13-8　项目资源需求表

工作名称	持续时间	每周需要的劳动时数	需要的总劳务时间
A	8	8	64
B	3	8	24
C	7	3	21
D	3	10	30
E	8	5	40
F	8	7	72
G	4	6	24
H	6	7	42

现在，分别以最早开始进度计划和最迟开始进度计划为基础，分析资源均衡问题。图 13-22 和图 13-23 分别列出了按照项目最早和最迟开始时间的进度计划甘特图。

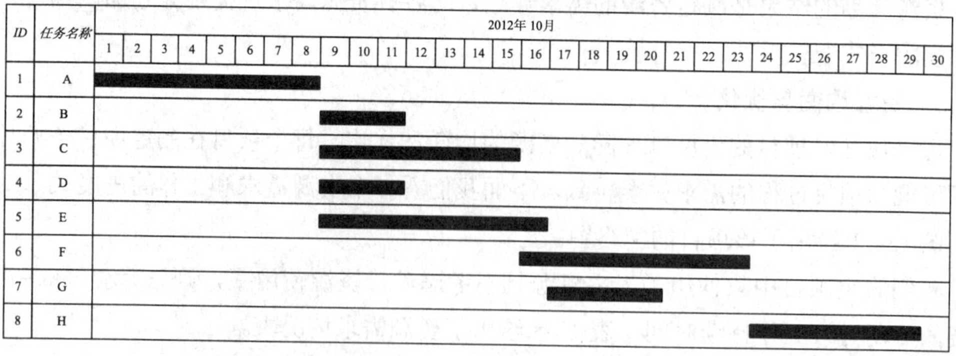

图 13-22　最早开始时间的进度计划甘特图

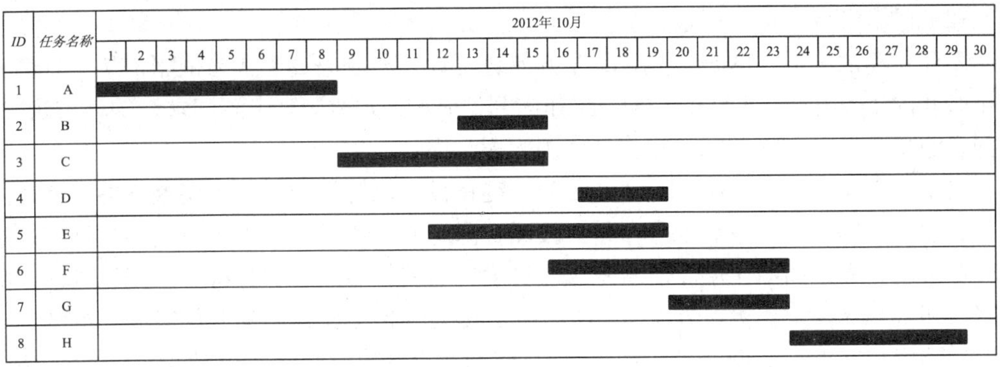

图 13-23　最迟开始时间的进度计划甘特图

从最早开始时间和最迟开始时间分别计算其在各阶段的资源需求量如表 13-9 和表 13-10 所示。

表 13-9　最早开始时间资源需求量表

工期（日）	1	2	3	4	5	6	7	8	9	10
需求量（工日）	8	8	8	8	8	8	8	8	26	26

工期（日）	11	12	13	14	15	16	17	18	19	20
需求量（工日）	26	8	8	8	8	12	13	13	13	13

工期（日）	21	22	23	24	25	26	27	28	29	
需求量（工日）	7	7	7	7	7	7	7	7	7	

表 13-10　最迟开始时间资源需求量表

工期（日）	1	2	3	4	5	6	7	8	9	10
需求量（工日）	8	8	8	8	8	8	8	8	3	3

工期（日）	11	12	13	14	15	16	17	18	19	20
需求量（工日）	3	8	16	16	16	12	22	22	22	13

工期（日）	21	22	23	24	25	26	27	28	29	
需求量（工日）	13	13	13	7	7	7	7	7	7	

分析表 13-9 和表 13-10 可以看，首先两个进度计划中的资源需求量的峰值，最早时间是 26 个工日，最晚时间是 22 个工日，峰值所在区段也不同；其次两个进度计划中的资源需求量的最小值，最早时间是 7 个工日，最晚时间是 3 个工日；它们资源需求最大量和最小量差距都是 19 个工日，对资源需求量的波动值都较大。

资源均衡就是在项目的资源需求分布中，为使各工作的资源需求均衡，波动量最小，对总时差或自由时差进行的再次分配。资源均衡是以比较均衡稳定的资源使用率能够导致比较低的资源成本这一假设为前提的。

资源均衡的一般步骤是首先以最早开始进度计划和非关键工作为依据，从具有最大自由时差的工作开始，逐步推迟某个工作的开始时间，分别计算资源需求量的分布状况，选择资源变动量最小的进度计划作为资源均衡结果。

例如，在本项目中，A、C、F、H 为关键路径，保持不变，逐步调整非关键路径的工作进度，分别计算资源需求分布量，按照资源均衡性和最大最小差值较小为目标，选择一个进度方案。如图 13-24 所示是项目进度计划调整后的一种甘特图，调整时，以降低峰值和资源均衡为目标，分流 B、D 的用工安排，推迟 B 和 E 的开始时间。得到进度调整后的资源需求量如表 13-11 所示。项目资源需求峰值为 16 个工作日，最小值为 7 个工作日，最大值和最小值的差是 9 个工日，资源需求分布均衡性明显改善。

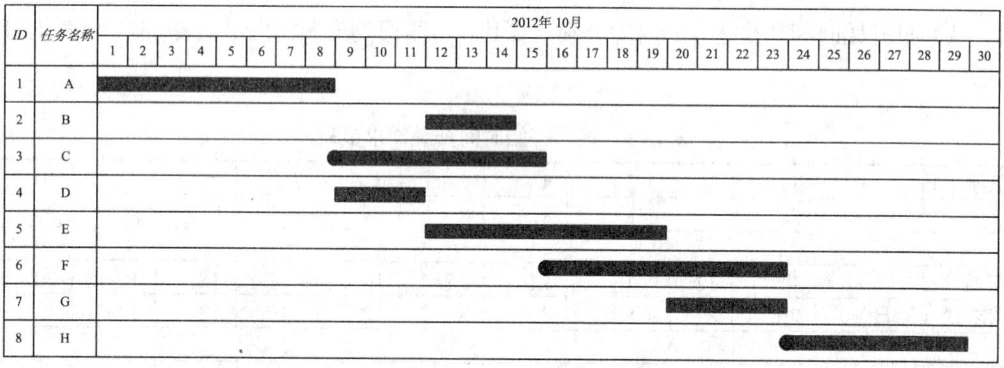

图 13-24 调整甘特图

表 13-11 进度调整后的资源需求量表

工期（日）	1	2	3	4	5	6	7	8	9	10
需求量（工日）	8	8	8	8	8	8	8	8	13	13
工期（日）	11	12	13	14	15	16	17	18	19	20
需求量（工日）	13	16	16	16	8	12	12	12	12	13
工期（日）	21	22	23	24	25	26	27	28	29	
需求量（工日）	13	13	13	7	7	7	7	7	7	

对于规模较小的项目来讲，这样的方法实用而有效，但是，并非十分可靠，我们也可以从最迟开始进度计划着手，检查有时差的工作向项目开始移动的影响。如果几个项目共同使用多种不同类型的资源，并且工作的数目很大时，资源的均衡问题就会比较复杂，针对这种情况，可以借助一些成熟的应用软件来解决项目管理中的资源均衡问题。

除了上述的资源优化外，许多项目都存在资源不足或工期被要求提前结束，此时都会发生资源的需求超过可以实际利用的情况，这就是资源约束。在资源约束的条件下，如何按照计划完成项目目标，这也需要资源均衡和优化。一般可以采取以下的几种技术：

（1）用较低的资源使用量完成工作。对项目中有工期可以延长的工作，可以采用较少的资源就能完成的工作有效。例如上例中，提出每天最大可以使用的 15 个工日，从资源均衡后的需求如表 13-12 所示，依然不能满足该资源约束的条件。此时，分析超过约束的时间，在 12 至 14 日，资源需求量是 16 个工日。从甘特图可以看出，可以将 E 的工期延长 2 天，其每天需求的工量变为为 4 个工日。调整结果如表 13-12 所示。

表 13-12　进度调整后的资源需求量表

工期（日）	1	2	3	4	5	6	7	8	9	10
需求量（工日）	8	8	8	8	8	8	8	8	13	14
工期（日）	11	12	13	14	15	16	17	18	19	20
需求量（工日）	14	15	15	15	7	11	11	11	11	13
工期（日）	21	22	23	24	25	26	27	28	29	
需求量（工日）	13	13	13	7	7	7	7	7	7	

（2）分解工作。对于项目中含有可以将工作继续分解为子工作，且分解工作对项目整体逻辑关系不产生影响的，可以采用该方法优化资源需求量。例如上例中，假设每天的资源约束条件是 14 个工日，且 E 是可以分解的。将分解为两个子工作 E1 和 E2， E1 工期是 4 天，每天分配 3 个工日，则 12 至 15 日的总工量需求每天减少 2 个工日；E2 工期是 4 天，每天分配 7 个工日，则 16 至 19 日的总工量需求每天增加 2 个工日，调整结果如表 13-13 所示。

表 13-13　进度调整后的资源需求量表

工期（日）	1	2	3	4	5	6	7	8	9	10
需求量（工日）	8	8	8	8	8	8	8	8	13	13
工期（日）	11	12	13	14	15	16	17	18	19	20
需求量（工日）	13	14	14	14	6	14	14	14	14	13
工期（日）	21	22	23	24	25	26	27	28	29	
需求量（工日）	13	13	13	7	7	7	7	7	7	

（1）调整网络。当项目管理人员在保障项目计划前提下调整网络逻辑关系，例如进行工作分解、串并行关系调整等，来模拟和分析约束条件，选择恰当方案，解决约束条件下的资源均衡和优化。

（2）其他。例如可以使用替代资源解决资源短缺问题。有时，在正常资源约束条件下，无论如何调整也不可能按照要求完成项目任务，此时必须增加经费投入或拖延工期，此时需要比较增加费用和项目工期延长导致的成本增加量来选择合适的资源调整方案。

在资源优化中，资源使用率也是一个重要的测量指标。资源使用率是指资源的使用时间的比率。例如，某项目的工期为22周，每周可以使用12个工日，则总共有12（工日/周）×22（/周）=264个工日，由于在22周的时间内，用于完成该项目所有工作的资源只有196个工日，其资源的使用率为196/264=0.74。对于所有的项目和资源来说，运用资源均衡和资源优化分配技术，可以获得较高的资源使用率。

在项目中，进行资源分配的一般途径是先假设没有资源使用方面的限制，并从一条简单的关键线路着手进行分析；然后，检查分配结果是否是可行的。在资源优化和分配的过程中，经常会出现资源的需求量超过可供利用的资源量的情况。此时应根据资源分配的优先原则进行资源调整。常见的优先顺序是：（1）具有最小时差的工作。（2）最迟完成时间最小的工作。（3）需要资源量最多或最少的工作。（4）工期较短或工期较长的工作。

13.4 项目费用和风险管理

13.4.1 费用计划与控制概述

项目的费用计划与控制是项目费用管理的主要内容。由项目的定义知，项目是在资源和时间约束下，为完成某一独特的产品或服务所做的一次性努力。项目在执行过程中必须对资源消耗，即费用进行严格管理，项目费用计划是在项目计划阶段要做的工作，其内容包括确保在限定的预算内完成项目的资源计划过程、成本估计过程、成本预算过程；项目费用控制则是在项目执行过程中要做的工作，其内容包括成本变更控制、绩效测量、挣得值分析、补充计划编制、修正成本占算，更新预算、采取纠偏措施和完工估算等。项目的费用计划是项目费用控制的基础。

项目费用估算就是估计未完成项目的各个工作所必需的资源费用的近似值。资源包括要获得项目目标所需要的各种资源或需要支出的各种费用，诸如人力资源（劳动力或程序员等）、原材料、管理费用等。在进行费用估算时，要考虑经济环境（如通货膨胀、税率、利息率和汇率等）的影响，并以此为基准对估算结果进行适当的修正。当费用估算涉及到重大的不确定因素时，应设法减小风险，并对余留的风险考虑适当的应急备用金。费用估算的依据包括工作分解结构、资源要求、资源单价、活动历时估算、历时信息及账目表；在费用估算中使用的工具和技术包括类比估算法、参数模型法、自下而上估算法及相应的计算机辅助工具；项目费用估算的结果是确定项目费用估算值、详细依据及费用管理计划。

项目预算也称项目费用计划，其目的就是在费用估算的基础上，将估算的项目费用基于WBS分配到每一项具体的工作上，作为衡量项目执行情况和控制费用的基准之一。项目费用预算的依据包括费用估算的结果、工作分解结构和项目进度计划，项目预算中使用的工具和技术主要是费用估算的工具和技术，项目预算的结果是费用基准计划。所谓费用基准计划就是按时间分段的预算，它是按项目进度计划将各工作单元的预算费用累加而得到的。在项目的生命周期内，项目的各项工作根据项目进度计划开始、执行和完成，所发生的累计预算费用形成了一条 S 形曲线，该曲线是在项目执行过程中基于预算来考核项目执行进度偏差和实际费用偏差的依据，所以也称为项目的费用基准计划或预算基线。

项目费用控制的依据包括费用基准计划、绩效报告、变更请求及费用管理计划，费用控制中使用工具和技术包括费用偏差控制程序、绩效测量方法、挣得值分析、补充计划编制及项目管理软件，非费用控制的结果包括修正的费用估算、更新的预算、纠偏措施、完工估算及相应的总结。

项目费用计划是项目管理的一个重要方面。在传统的项目管理中，费用管理是和进度(时间)管理、质量管理并重的三大方面；在现代的项目管理中，它仍然是项目管理中的一个主要的要素，项目费用计划的质量，直接影响了项目进行的质量，费用计划的执行情况也是考察项目经理绩效的一个主要指标。

13.4.2　风险管理概述

项目风险一般是指影响项目目标实现的不确定因素的集合。项目不确定因素的来源一是技术、性能和质量风险，例如采用新技术或技术创新是提高项目绩效的重要手段，但许多新的技术未经证实或并未被充分掌握，可能会影响项目的成功，从而产生风险；二是项目管理中存在的风险，如：项目计划的时间、资源分配等，管理活动中产生的错误或失误，也可能造成项目的损失；另外还有项目组织过程中所产生的风险、各类信用风险及项目外部风险等，都是项目产生风险的因素。

项目风险的管理是对项目风险进行规划、识别、分析和应对的系统的过程。风险管理是用系统的、动态的方法进行风险控制，以减少项目实行过程中的不确定性。它不仅使各层次的项目管理者建立风险意识，重视风险问题，防患于未然，而且在各个阶段、各个方面实施有效的风险控制，形成一个前后连贯的管理过程。

风险管理有四个方面的含义：① 项目全过程的风险管理，从项目的立项到项目的结束，都必须进行风险的研究与预测、过程控制以及风险评价，实行全过程的有效控制以及积累经验和教训；② 对全部各种类型风险的管理；③ 全方位的管理；④ 全面的组织措施。

风险管理目标是：① 使项目获得成功；② 为项目实施创造安全的环境；③ 降低成本，提高利润；④ 保证项目质量；⑤ 保证项目按计划、有节奏地进行，使项目实施始终处于良好的受控状态；⑥ 使竣工的项目效益稳定；⑦ 树立信誉，扩大影响；⑧ 应付特殊变故。项目风险管理普遍适用于军事、工业、高新技术、建筑等不同领域中。对于研发项目、现代大型工程项目、国际承包工程项目等风险较大的项目，特别要注意对项目进行风险管理，以提高项目成功的概率。

项目风险管理的过程是针对有预警信息的风险，收集这类信息去识别和预测项目风险，并通过跟踪其发生和变化来采取各种措施进行控制。项目风险管理的过程可分为风险规划、风险识别、风险分析、风险应对和风险监控等五个过程。

风险规划是指制定项目风险管理的一整套计划。它主要包括在项目整个生命周期中，如何构架和执行风险管理的识别、分析、应对、监控等各个过程，如选择合适的风险管理方法、确定风险判断的依据等。

项目风险识别是指运用一定的方法判断在项目周期中已面临的和潜在的风险。识别风险可以通过感性认识和经验，更重要的是通过运用会计、统计、项目执行情况和风险记录进行分析、归纳和整理项目风险的识别过程。风险识别是管理风险的重要步骤，对项目风险识别的方法有很多，如有系统分解法、德尔菲（Delphi）法又称专家调查法、头脑风暴法、情景分析法等。

风险分析的目的是确定每个风险对项目影响的大小，可以采取定量分析或定性分析的方法。定量分析方法对已经识别出来的项目风险进行量化估计，定量分析技术在很大程度上取决于统计方法，如蒙特卡罗模拟法是随机地从每个不确定风险因素中抽取样本，之后进行一次整个项目计算，重复进行成百上千次，模拟各种各样的不确定性组合，获得各种风险组合下的结果，并使用统计方法处理这些结果数据，找出其中的规律。

定性分析技术主要依赖于主观判断，如主观评分法、层次分析法等。项目风险的定性识别最简单的办法就是把识别出的风险列在一个表中，最严重的放在最上面，其余按照其后果的严重程度由大到小依次排列，如主观评分法是在识别出每一个风险之后，为每一个风险赋予一个权值，事先设定一个风险评价基准，将各个风险的权值相加，再与风险评价基准进行比较。超过评价基准的风险予以保留，小于的则从风险表中删除。

风险应对是指对项目风险提出处理的意见和办法。通过对项目风险的识别和分析，已经得到了项目风险发生的概率和损失严重程度的排列，再综合考虑项目的目标、内外部环境等因素，与公认的安全指标相比较，就可以得出项目的危险等级。如果项目的危险等级过高，超过了可以接受的限度，那么可以停止项目的进行。如果项目的危险等级在可接受的范围内，就需要针对项目存在的风险因素，决定采取什么措施来消除风险因素或减少风险因素的危险性，即制定风险应对计划。一般来说，处理风险的措施有避免风险、预防风险、转移风险、自留风险和制订应急措施等。避免风险是指当项目风险潜在威胁发生可能性太大，采取主动放弃或改变项目活动的方式，以避免与该项目活动相联系的风险的一种策略。预防风险是指事先采取一定的措施来防止风险因素出现或减少已存在的风险因素。转移风险措施多数是用在概率小，但是损失大，或者项目组织者很难控制的风险。这类风险可以通过合同或购买保险等方式来将其转移给分包商或保险商。

自留风险是将风险事件的不利后果自己承担下来。风险自留可以是主动的，也可以是被动的。主动承担是指在风险规划时对一些风险已有了准备，当事件发生时马上执行应急计划；被动承担是指事先并没有认识到某些风险的存在，当风险发生造成的损失不大、不影响项目大局时，通过内部融资，以弥补所遭受的损失。自留风险是最简单的风险应对方法，当采取其他方法的费用超过风险事件造成的损失时，就可以采取自留风险的方法。制订应急措施就是对已识别的风险事件确定发生时的行动步骤，包括施救方案和应该采取的措施、实施步骤、相关人员的职责等。

在项目实施过程中，应随时注意风险监控，它包括两个层面的工作：一是跟踪已识别风险的发展变化情况，包括在整个项目周期内，风险产生的条件和导致的后果变化，衡量风险减缓计划需求；二是根据风险的变化情况及时调整风险应对计划，并对已发生的风险及其产生的遗留风险和新增风险及时识别、分析，并采取适当的应对措施。

本章小结

本章以项目管理及计划控制为核心，先介绍了项目和项目管理的基本概念，了解项目管理的内容和现代项目管理的内涵。本章重点介绍了项目进度计划与控制、网络计划调整与优化的相关内容和常用方法，最后简要介绍了项目费用计划控制和风险管理的基本概念。在项目计划及控制小节，重点介绍了项目进度计划和控制的概念，简要介绍了工作分解结构图的概念和用法，并着重介绍项目控制方法中甘特图和网络图的概念和基本要素，通过实例，重点介绍了甘特图和单代号和双代号网络图绘制方法和基本应用，同时介绍了项目关键路径的确定方法，并就进度监测和控制的相关概念和方法进行了简要介绍。在网络计划调整和优化小节，重点介绍了网络计划调整与优化的基本概念和方法、进度控制及计划优化的基本内涵，介绍了时间成本平衡法和时间优化法的目标，通过实例，重点介绍了时间成本平衡和时间优化的基本方法。在资源计划和均衡小节，简要介绍了资源计划的基本概念，重点介绍了资源计划的方法和基本工具，并通过实例讲解了资源均衡与优化的基本方法。最后对项目费用计划与控制的基本概念和内涵、项目风险管理的基本概念进行了简要介绍。

参考文献

[1]乐云．项目管理概论．北京：中国建筑工业出版社，2008.
[2]丹尼斯·洛克．项目管理．北京：电子工业出版社，2009.
[3]曾旗．现代生产与运作管理．北京：中国矿业大学出版社，2001.

第 14 章　电子商务新技术与新应用

14.1　物联网

14.1.1　物联网相关概念

1．物联网基本概念

物联网（Internet of Things，IoT）概念最早于 1999 年由美国麻省理工学院提出，早期的物联网是指依托射频识别（Radio Frequency Identification，RFI）技术和设备，按约定的通信协议与互联网相结合，使物品信息实现智能化识别和管理，实现物品信息互联而形成的网络。随着技术和应用的发展，物联网内涵不断扩展。现代意义的物联网可以实现对物的感知识别控制、网络化互联和智能处理有机统一，从而形成高智能决策。

按照我国工业与信息化部给出的定义：物联网是通信网和互联网的拓展应用和网络延伸，它利用感知技术与智能装置对物理世界进行感知识别，通过网络传输互联，进行计算、处理和知识挖掘，实现人与物、物与物信息交互和无缝连接，达到对物理世界实时控制、精确管理和科学决策目的。

2．物联网关键要素

物联网发展的关键要素包括：由感知、网络和应用层组成的网络，物联网技术和标准，包括服务业和制造业在内的物联网相关资源体系，隐私和安全以及促进和规范物联网发展的法律、政策和国际治理体系。如图 14-1 所示。

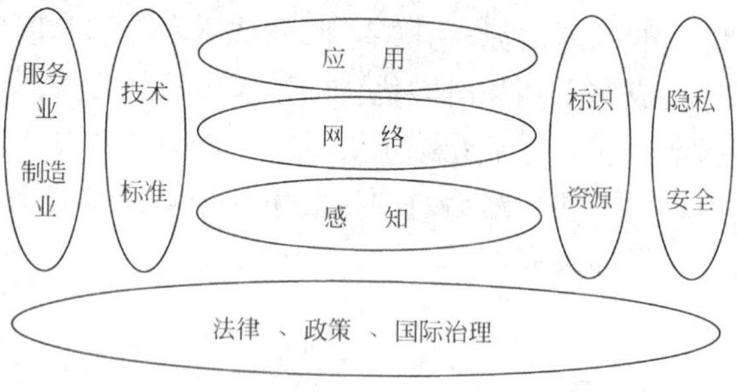

图 14-1　物联网发展的关键要素

14.1.2　物联网架构体系

1．物联网网络架构

物联网网络架构由感知层、网络层和应用层组成。

感知层实现对物理世界的智能感知识别、信息采集处理和自动控制，并通过通信模块将物理实体连接到网络层和应用层。

网络层主要实现信息的传递、路由和控制，包括延伸网、接入网和核心网，网络层可依托公众电信网和互联网，也可以依托行业专用通信网络。

应用层包括应用基础设施/中间件和各种物联网应用。应用基础设施/中间件为物联网应用提供信息处理、计算等通用基础服务设施、能力及资源调用接口，以此为基础实现物联网在众多领域的各种应用。

2. 物联网技术体系

物联网涉及感知、控制、网络通信、微电子、计算机、软件、嵌入式系统、微机电等技术领域，涵盖的关键技术非常多，本书将物联网技术体系划分为感知关键技术、网络通信关键技术、应用关键技术、共性技术和支撑技术，具体如图 14-2 所示。

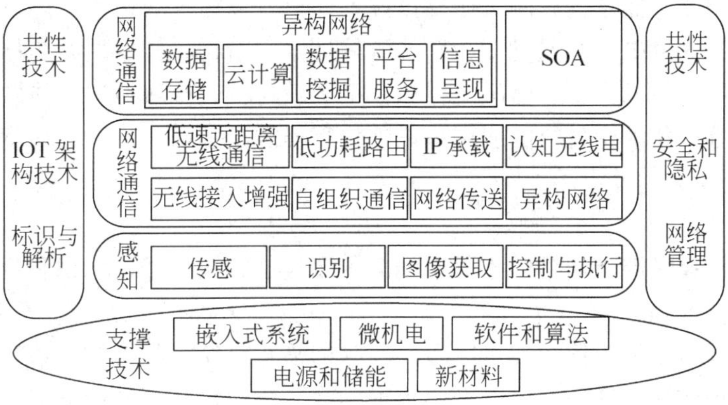

图 14-2　物联网技术体系

（1）感知、网络通信和应用关键技术

传感和识别技术是物联网感知物理世界获取信息和实现物体控制的首要环节。传感器将物理世界中的物理量、化学量、生物量转化成可供处理的数字信号。识别技术实现对物联网中物体标识和位置信息的获取。

网络通信技术主要实现物联网数据信息和控制信息的双向传递、路由和控制，重点包括低速近距离无线通信技术、低功耗路由、自组织通信、无线接入 M2M 通信增强、IP 承载技术、网络传送技术、异构网络融合接入技术以及认知无线电技术。

海量信息智能处理综合运用高性能计算、人工智能、数据库和模糊计算等技术，对收集的感知数据进行通用处理，重点涉及数据存储、并行计算、数据挖掘、平台服务、信息呈现等。

面向服务的体系架构（Service-oriented Architecture，SOA）是一种松耦合的软件组件技术，它将应用程序的不同功能模块化，并通过标准化的接口和调用方式联系起来，实现快速可重用的系统开发和部署。SOA可提高物联网架构的扩展性，提升应用开发效率，充分整合和复用信息资源。

（2）支撑技术

物联网支撑技术包括嵌入式系统、微机电系统（Micro Electro Mechanical Systems，MEMS）、软件和算法、电源和储能、新材料技术等。微机电系统可实现对传感器、执行器、处理器、通信模块、电源系统等的高度集成，是支撑传感器节点微型化、智能化的重要技术。

嵌入式系统是满足物联网对设备功能、可靠性、成本、体积、功耗等的综合要求，可以按照不同应用定制裁剪的嵌入式计算机技术，是实现物体智能的重要基础。

软件和算法是实现物联网功能、决定物联网行为的主要技术，重点包括各种物联网计算系统的感知信息处理、交互与优化软件与算法、物联网计算系统体系结构与软件平台研发等。电源和储能是物联网关键支撑技术之一，包括电池技术、能量储存、能量捕获、恶劣情况下的发电、能量循环、新能源等技术。新材料技术主要是指应用于传感器的敏感元件实现的技术。传感器敏感材料包括湿敏材料、气敏材料、热敏材料、压敏材料、光敏材料等。新敏感材料的应用可以使传感器的灵敏度、尺寸、精度、稳定性等特性获得改善。

（3）共性技术

物联网共性技术涉及网络的不同层面，主要包括架构技术、标识和解析、安全和隐私、网络管理技术等。

物联网架构技术处于概念发展阶段。物联网需具有统一的架构，清晰的分层，支持不同系统的互操作性，适应不同类型的物理网络，适应物联网的业务特性。

标识和解析技术是对物理实体、通信实体和应用实体赋予的或其本身固有的一个或一组属性，并能实现正确解析的技术。物联网标识和解析技术涉及不同的标识体系、不同体系的互操作、全球解析或区域解析、标识管理等。

安全和隐私技术包括安全体系架构、网络安全技术、“智能物体”的广泛部署对社会生活带来的安全威胁、隐私保护技术、安全管理机制和保证措施等。网络管理技术重点包括管理需求、管理模型、管理功能、管理协议等。为实现对物联网广泛部署的“智能物体”的管理，需要进行网络功能和适用性分析，开发适合的管理协议。

（4）标准化

物联网标准是国际物联网技术竞争的制高点。由于物联网涉及不同专业技术领域、不同行业应用部门，物联网的标准既要涵盖面向不同应用的基础公共技术，也要涵盖满足行业特定需求的技术标准；既包括国家标准，也包括行业标准。物联网标准体系相对庞杂，若从物联网总体、感知层、网络层、应用层、共性关键技术标准体系等五个层次可初步构建标准体系。

物联网标准体系涵盖架构标准、应用需求标准、通信协议、标识标准、安全标准、应用标准、数据标准、信息处理标准、公共服务平台类标准，每类标准还可能会涉及技术标准、协议标准、接口标准、设备标准、测试标准、互通标准等方面。

物联网总体性标准：包括物联网导则、物联网总体架构、物联网业务需求等。

感知层标准体系：主要涉及传感器等各类信息获取设备的电气和数据接口、感知数据模型、描述语言和数据结构的通用技术标准、RFID 标签和读写器接口和协议标准、特定行业和应用相关的感知层技术标准等。

网络层标准体系：主要涉及物联网网关、短距离无线通信、自组织网络、简化 IPv6 协议、低功耗路由、增强的机器对机器（Machine to Machine，M2M）无线接入和核心网标准、M2M 模组与平台、网络资源虚拟化标准、异构融合的网络标准等。

应用层标准体系：包括应用层架构、信息智能处理技术，以及行业、公众应用类标准。应用层架构重点是面向对象的服务架构，包括 SOA 体系架构、面向上层业务应用的流程管理、业务流程之间的通信协议、元数据标准以及 SOA 安全架构标准。

信息智能处理类：技术标准包括云计算、数据存储、数据挖掘、海量智能信息处理和呈现等。云计算技术标准重点包括开放云计算接口、云计算开放式虚拟化架构（资源管理与控制）、云计算互操作、云计算安全架构等。

共性关键技术标准体系：包括标识和解析、服务质量（Quality of Service，QoS）、安全、网络管理技术标准。标识和解析标准体系包括编码、解析、认证、加密、隐私保护、管理，以及多标识互通标准。安全标准重点包括安全体系架构、安全协议、支持多种网络融合的认证和加密技术、用户和应用隐私保护、虚拟化和匿名化、面向服务的自适应安全技术标准等。

3. 物联网资源体系

物联网发展中的关键资源主要包括标识资源和频谱资源。

（1）标识

物联网物体标识方面标准众多，很不统一。条码标识方面，GS1（国际物品编码协会）的一维条码使用量约占全球总量的三分之一，而主流的 PDF417（Portable Data File 417）码、QR（Quick Response）码、DM（Data Matrix）码等二维码都是 AIM（自动识别和移动技术协会）标准。

智能物体标识方面，智能传感器标识标准包括 IEEE 1451.2 以及 1451.4。手机标识包括 GSM 和 WCDMA 手机的 IMEI（国际移动设备标识）、CDMA 手机的 ESN（电子序列编码）和 MEID（国际移动设备识别码）。其他智能物体标识还包括 M2M 设备标识、笔记本电脑序列号等。

RFID 标签标识方面，影响力最大的是 ISO/IEC 和 EPCglobal，包括 UII（Unique Item Identifier）、TID（Tag ID）、OID（Object ID）、tag OID 以及 UID（Ubiquitous ID）。此外，还存在大量的应用范围相对较小的地区和行业标准以及企业闭环应用标准。

物体标识标准的多样造成了标识的不兼容甚至冲突，给更大范围的物联网信息共享和开环应用带来困难，也使标识管理和使用变得复杂。实现各种物体标识最大程度的兼容，建立统一的物体标识体系逐渐成为一种发展趋势，欧美、日韩等都在展开积极研究。

通信标识方面，现阶段正在使用的包括 IPv4、IPv6、E.164、IMSI、MAC 等。物联网在通信标识方面的需求与传统网络的不同主要体现在两个方面：一是末端通信设备的大规模增加，带来对 IP 地址、码号等标识资源需求的大规模增加。IPv4 地址严重不足，美国等一些发达国家已经开始在物联网中采用 IPv6。近年来全球 M2M 业务发展迅猛，使得 E.164 号码方面出现紧张，各国纷纷加强对码号的规划和管理。二是以无线传感器网络（WSN）为代表的智能物体近距离无线通信网络对通信标识提出了降低电源、带宽、处理能力消耗的新要求。应用较广 ZigBee 在子网内部允许采用 16 位短地址。而传统互联网厂商在推动简化 IPv6 协议，并成立了 IPSO（IP for Smart Objects，IPSO）联盟推广 IPv6 的使用，IETF 成立了 6LoWPAN、ROLL 等课题进行相关研究和标准化。

（2）频谱资源

物联网的发展离不开无线通信技术，因此频谱资源作为无线通信的关键资源，同样是物联网发展的重要基础资源。在物联网感知层和网络层采用的无线技术包括 RFID、近距离无线通信、无线局域网（IEEE 802.11）、蓝牙、蜂窝移动通信、宽带无线接入技术等。物联网应用大部分还在发展之中，物联网业务模型尚未完全确定，因此根据物联网业务模型和应用需求对频谱资源需求的分析、对多种无线技术体制“物联”带来的干扰问题分析、对频谱检测技术的研究、对提高空闲频谱频率利用率的方法研究、物联网频谱资源管理方式等方面将是物联网频谱资源研究的关键所在。

14.1.3 物联网的应用

当前，以移动互联网、物联网、云计算、大数据等为代表的新一代信息通信技术（ICT）创新活跃，发展迅猛，正在全球范围内掀起新一轮科技革命和产业变革。物联网通过与其他 ICT 技术的不断融合，正加速与制造技术、新能源、新材料等其他领域的渗透。

总体来看，全球物联网应用仍处于发展初期，物联网在行业领域的应用逐步广泛深入，在公共市场的应用开始显现，M2M（机器与机器通信）、车联网、智能电网是近两年全球发展较快的重点应用领域。

1．M2M

M2M 是率先形成完整产业链和内在驱动力的应用。M2M 市场非常活跃，发展非常迅猛。到 2013 年底，全球 M2M 连接数达到 1.95 亿，年复合增长率为 38%。M2M 连接数占据移动连接数的比例从 2010 年的 1.4%提高到 013 年的 2.8%，预计 2014 年底全球 M2M 连接数将达到 2.5 亿。电信运营商仍是 M2M 的主要推动者，法国电信 Orange 是欧洲第一家提供完整 M2M 方案的电信运营商，德国电信在 2012 年 2 月推出了 M2M 全球运营平台，AT&T 通过与云服务和软件提供商 Axeda 公司合作，向企业提供 M2M 应用开发平台（ADPs），帮助企业解决开发中的共性问题。全球已有 428 家移动运营商提供 M2M 服务，在安防、汽车、工业检测、自动化、医疗和智慧能源管理等领域增长非常快。

2013 年底，我国 M2M 用户数达到 5000 万，相比上一年 3400 万用户，增长了 47%。三大电信运营商开展的 M2M 应用主要分布在电力、交通、公共服务、家庭、金融、制造、工业控制和安全监控等领域。中国移动于 2012 年 9 月在重庆成立了中移物联网有限公司，以分公司的方式进行市场化经营。中国电信物联网分公司也于 2014 年 3 月份在江苏无锡新区成立。我国已经规划了 1064 号段共计 10 亿个专用号码资源用作 M2M。根据 GSMA 的统计，我国 M2M 用户数全球居首位。到 2013 年第二季度，中国移动 M2M 用户数达到 2730 万，成为全球最大的 M2M 运营商。

2．车联网

车联网是市场化潜力最大的应用领域之一。车联网可以实现智能交通管理、智能动态信息服务和车辆智能化控制的一体化服务，正在成为汽车工业信息化提速的突破口。以车联网逐步普及为标志，汽车工业已经开始进入“智慧时代”。以美国为例，2013 年出产的低端车型已实现联网，具有自动泊车、自动跟车及主动避撞等功能。全球车载信息服务市场非常活跃，成规模的厂商多达数百家，最具代表性的全球化车载信息服务平台如通用的安吉星（OnStar）、丰田的 G-book。截至 2013 年年底，安吉星已经在全球拥有超过 660 万的用户。2014 年 1 月份，雪佛兰、AT&T 和 OnStar 宣布密切合作，通过 AT&T 的 4G LTE 网络，由 OnStar 为雪佛兰汽车提供基于 HTML5 的应用程序商店服务，包括音乐、天气、新闻、汽车健康检测等多项内容。

近几年，我国智能交通市场规模一直保持稳步增长，在智能公交、电子车牌、交通疏导、交通信息发布等典型应用方面已经开展了积极实践。智能公交系统可以实时预告公交到站信息，如广州试点线路上实现了运力客流优化匹配，使公交车运行速度提高，惠及沿线 500 万居民公交出行。ETC 是解决公路收费站拥堵的有效手段，也是确保节能减排的重要技术措施，到 2013 年年底，全国 ETC 用户超过 500 万。交通部计划于 2015 年底前完成 ETC 全国联网，主线公路收费站 ETC 覆盖率达到 100%，ETC 用户数量达到 2000 万。我国已有 5 个示范机场依托 RFID 等技术，实现了航空运输行李全生命周期的可视化跟踪与精确化定位，使工人劳动强度降低 20%，分拣效率提高 15%以上。

3．智能电网

全球智能电网应用进入发展高峰期。2013 年与智能电网配套使用的智能电表安装数量已超过 7.6 亿只，到 2020 年智能电网预计将覆盖全世界 80%的人口。2011 年，美国制定了四项支柱性政策推动智能电网建设，其应用效果已经显现，三分之一的美国人用上了智能电表，高峰时用电量减少了 20%～30%；平均停电时间缩短了 20%。德国、英国、北欧及美国加州在加紧开发以分布式电源为主体的智能电网关键技术——“虚拟电厂”，以实现“可再生能源的最大化利用”，此外还利用信息通信技术精确控制电力需求。“需求响应（Demand Response，DR）”是智能电网的发展重点之一，利用电力需求的弹性特点，通过引导用户短期或长期改变用电模式，减少或者推移某时段的用电负荷而响应电力供应，从而优化资源配置，保障电网的稳定性。欧美国家针对用电大户的 DR 已经普及，日本横滨市和北九州市也开始对普通家庭的需求响应进行论证。

我国国家电网公司已在总部和 16 家省网公司建立了“两级部署、三级应用”的输变电设备状态监测系统，实现对各类输变电设备运行状态的实时感知、监视预警、分析诊断和评估预测。在用户层面，智能电表安装量已达到 1.96 亿只，用电信息自动采集突破 2 亿户。2014 年国家电网将启动建设 50 座新一代智能变电站，完成 100 座变电站智能化改造，全年预计安装新型智能电表 6000 万只。南方电网的发展规划中也明确要推广建设智能电网，到 2020 年城市配电网自动化覆盖率达到 80%。

4．工业领域

物联网在工业领域有坚实的应用基础，主要集中在制造业供应链管理、生产过程工艺优化、产品设备监控管理、环保监测及能源管理、工业安全生产管理等环节。物联网在钢铁冶金、石油石化、机械装备制造和物流等领域的应用比较突出，传感控制系统在工业生产中成为标准配置。例如，工程机械行业通过采用 M2M、GPS 和传感技术，实现了百万台重工设备在线状态监控、故障诊断、软件升级和后台大数据分析，使传统的机械制造引入了智能。采用基于无线传感器技术的温度、压力、温控系统，在油田单井野外输送原油过程中彻底改变了人工监控的传统方式，大量降低能耗，现已在大庆油田等大型油田中规模应用。物联网技术还被广泛用于全方位监控企业的污染排放状况和水、气质量监测，我国已经建立工业污染源监控网络。

5．农业领域

物联网可以应用在农业资源和生态环境监测、农业生产精细化管理、农产品储运等环节。以山东禹城“智慧农业”项目为例，利用卫星遥感、视频监控、无线感知等先进技术，整合多种涉农资源，建成了农村信息化服务网络，已覆盖 1000 多个村，使禹城市机械耕作成本大大降低，农田灌溉用水量平均减少 20%，节肥 20%以上。黑龙江农垦区采用自动辅助驾驶系统后，机车作业效率提高 50%以上，通过稻田渠道出入口流量实时监测和控制，大大节约了灌溉用水。国家粮食储运物联网示范工程采用先进的联网传感节点技术，每年可以节省几个亿的清仓查库费用，并减少数百万吨的粮食损耗。

6．民生服务领域

通过充分应用 RFID、传感器等技术，物联网可以应用在社会生活的各个方面。例如在食品安全方面，我国大力开展食品安全溯源体系建设，采用二维码和 RFID 标识技术，建成了重点食品质量安全追溯系统国家平台和 5 个省级平台，覆盖了 35 个试点城市，789 家乳品企业和 1300 家白酒企业。药品、肉菜、酒类和乳制品的安全溯源正在加快推广，并向深度应用拓展。在医疗卫生方面，集成了金融支付功能的一卡通系统推广到全国 300 多家三甲医院，使大医院接诊效率提高 30%以上，加速了社会保障卡、居民健康卡等“医疗一卡通”的试点和推广进程。在智能家居方面，结合移动互联网技术，以家庭网关为核心，集安防、智能电源控制、家庭娱乐、亲情关怀、远程信息服务等于一体的物联网应用，大大提升了家庭的舒适程度和安全节能水平。

7．智慧城市

智慧城市的建设为物联网等新一代信息技术产业提供了重要的发展契机和应用的载体，物联网则为实现安全高效、和谐有序、绿色低碳、舒适便捷的智慧城市目标发挥了重要作用。遍布城市各处的物联网感知终端构成城市的神经末梢，对城市运行状态进行实时监测，从地下管网监测到路灯、井盖等市政设施的管理，从高清视频监控系统到不停车收费，从水质、空气污染监测到建筑节能，从工业生产环境监控到制造业服务化转型，智慧城市建设的重点领域和工程，为物联网集成应用提供了平台。

我国已有超过 300 个城市启动了智慧城市的规划和建设，资金、人力、社会各类资源向智慧城市领域有效聚集。中央及地方政府加强了智慧城市的政策措施制定。以“智慧北京”为例，确立了 10 个物联网应用工程，智能人群动态感知工程可以在公交、地铁、商场等人群密集地区实时感知人的信息，绿色北京宜居生态工程通过传感技术实现对土地资源的实时监控，并对污染物和垃圾处理进行全过程跟踪监控，此外在社会管理、药品食品追溯、市民卡、社区管理等领域也规划了相关应用。

14.2　云计算

14.2.1　云计算相关概念

1．云计算基本概念

云计算（Cloud Computing）是一种通过网络统一组织和灵活调用各种 ICT 信息资源，实现大规模计算的信息处理方式。云计算利用分布式计算和虚拟资源管理等技术，通过网络将分散的 ICT 资源（包括计算与存储、应用运行平台、软件等）集中起来形成共享的资源池，并以动态按需和可度量的方式向用户提供服务。用户可以使用各种形式的终端（如 PC、平板电脑、智能手机甚至智能电视等）通过网络获取 ICT 资源服务。

“云”是对云计算服务模式和技术实现的形象比喻。“云”由大量组成“云”的基础单元（云元，Cloud unit）组成。“云”的基础单元之间由网络相连，汇聚为庞大的资源池。

2．云计算核心特征

云计算具备四个方面的核心特征：

一是宽带网络连接，“云”不在用户本地，用户要通过宽带网络接入“云”中并使用服务，“云”内节点之间也通过内部的高速网络相连；

二是对 ICT 资源的共享，“云”内的 ICT 资源并不为某一用户所专有；

三是快速、按需、弹性的服务，用户可以按照实际需求迅速获取或释放资源，并可以根据需求对资源进行动态扩展；

四是服务可测量，服务提供者按照用户对资源的使用量进行计费。

3．云计算服务

自 20 世纪 90 年代末出现以来，云计算服务已经经历了十多年的发展历程。云计算服务真正受到整个 IT 产业的重视是始于 2005 年亚马逊推出的 AWS 服务，产业界认识到亚马逊建立了一种新的 IT 服务模式。在此之后，谷歌、IBM、微软等互联网和 IT 企业分别从不同的角度开始提供不同层面的云计算服务。云服务正在逐步突破互联网市场的范畴，政府、公共管理部门、各行业企业也开始接受云服务的理念，并开始将传统的自建 IT 方式转为使用公共云服务方式。

按照云计算服务提供的资源所在的层次，可以分为 IaaS（基础设施即服务）、PaaS（平台即服务）和 SaaS（软件即服务）。

IaaS 是基础设施类的服务，将成为未来互联网和信息产业发展的重要基石。互联网乃至其他云计算服务的部署和应用将会带来对 IaaS 需求的增长，进而促进 IaaS 的发展；同时，大数据对海量数据存储和计算的需求，也会带动 IaaS 的迅速发展。IaaS 也是一种“重资产”的服务模式,需要较大的基础设施投入和长期运营经验的积累,单纯出租资源的 IaaS 服务盈利能力比较有限。

PaaS 服务被誉为未来互联网的“操作系统”，也是当前云计算技术和应用创新最活跃的领域，与 IaaS 服务相比，PaaS 服务对应用开发者来说将形成更强的业务粘性，因此 PaaS 服务的重点并不在于直接的经济效益，而更着重于构建和形成紧密的产业生态。

SaaS 服务是发展最为成熟的一类云服务。传统软件产业以售卖拷贝为主要商业模式，SaaS 服务采用 Web 技术和 SOA 架构，通过互联网向用户提供多租户、可定制的应用能力，大大缩短了软件产业的渠道链条，使软件提供商从软件产品的生产者转变为应用服务的运营者。

14.2.2 云计算技术

1. 云计算技术架构

在云计算技术架构中，由数据中心基础设施层与 ICT 资源层组成的云计算“基础设施”和由资源控制层功能构成的云计算“操作系统”，是云计算相关技术的核心和发展重点，如图 14-3 所示。

云计算“基础设施”是承载在数据中心之上的，以高速网络（如以太网）连接各种物理资源（服务器、存储设备、网络设备等）和虚拟资源（虚拟机、虚拟存储空间等）。云计算基础设施的主要构成元素基本上都不是云计算所特有的，但云计算的特殊需求为这些传统的 ICT 设施、产品和技术带来了新的发展机遇。如数据中心的高密度、绿色化和模块化，服务器的定制化、节能化和虚拟化等；而且一些新的 ICT 产品形式将得到长足的发展，并可能形成新的技术创新点和产业增长点，如定制服务器、模块化数据中心等。

云计算“操作系统”是对 ICT 资源池中的资源进行调度和分配的软件系统。云计算“操作系统”的主要目标是对云计算“基础设施”中的资源（计算、存储和网络等）进行统一管理，构建具备高度可扩展性，并能够自由分割的 ICT 资源池；同时向云计算服务层提供各种粒度的计算、存储等能力。

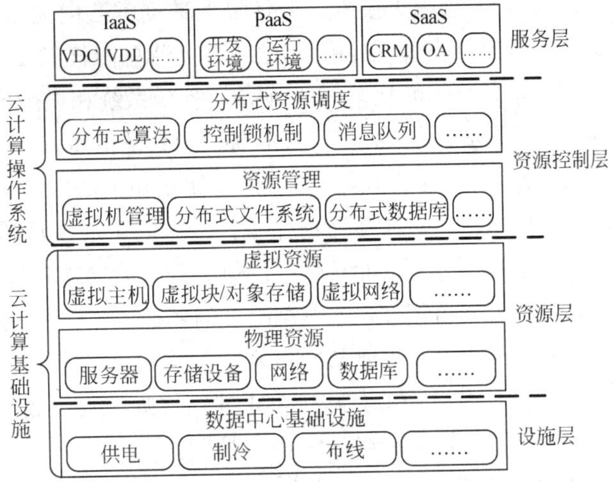

图 14-3　云计算技术架构

2. 云计算关键技术

（1）“基础设施”关键技术

云计算“基础设施”关键技术包括服务器、网络和数据中心相关技术。

① 服务器相关技术。服务器是云计算系统中的基础节点。为了实现云计算的低成本目标，云计算系统中多采用 X86 服务器，并通过虚拟化提高对服务器资源的利用率。

X86 服务器的虚拟化技术比较成熟。虚拟化主要有裸金属虚拟化和寄居虚拟化两种方式，其中裸金属虚拟化在性能、资源占用等方面具有综合优势，是应用最为广泛的一种虚拟化方式。

② 云计算相关网络技术。云可以看作是一个庞大的网络系统。一个云内可以包含数千，甚至上万台服务器，虚拟化技术的普遍采用使实际网络节点的数量更加巨大，因此用于连接云内各个节点（云元）的网络就成为实现高效的计算和存储能力的关键环节之一。

云计算相关网络技术主要解决以下三个问题：

第一，虚拟机流量的接入与控制。由于虚拟机的引入，虚拟机间流量的交换可能深入到网卡内部进行，使得原本服务器与网络设备之间在网络接入层比较清晰的界限被打破。

第二，数据中心内部横向流量的承载。在云计算数据中心中，出于对虚拟机“热迁移”的需要，汇聚层仍然采用二层网络组网，这使得汇聚层二层网络规模大大增加，原有生成树协议的阻塞模式将造成链路的大量浪费。

第三，数据、存储网络的融合。传统数据中心中存在两类网络：连接服务器的以太网，连接服务器和存储设备的光纤存储网（FC）。两张网络的并存提高了建设和运行管理成本，为了适应云计算低成本的需要，数据网络和存储网络的融合成为一种趋势。

③ 数据中心相关技术。云计算使数据中心向大型化发展，也带来节能的迫切需求。据统计，2010年数据中心能耗已经占全球总能耗的1.3%，绿色化刻不容缓。

在数据中心的能耗中，IT设备、制冷系统和供配电系统占主要部分，因此数据中心的节能技术主要围绕这三个方面。对于IT设备而言，其节能技术发展重点是在相同负载下，通过虚拟化、处理器降频、自动休眠和关闭内核等技术，使设备在获得更好性能的同时降低耗电量。对制冷系统来说，一方面可通过尽量采用自然冷却（Free Cooling）的方式降低能耗；另一方面，可通过热管理技术（冷热风道设计、送风和会风路径设计等）改善数据中心气流组织，实现制冷量的精确供给和按需分配，从而节省制冷系统的能耗。对供配电系统来说，主要节能技术包括选用高效率的、模块化的UPS电源；进行合理的IT设备与供电设备布局，减少供电线路损耗；采用高压直流提高供电可靠性和电源使用率、降低电量损耗并增强系统可维护性。

（2）"操作系统"关键技术

云计算"操作系统"的主要关键技术包括实现底层资源池化管理的"资源池"管理技术和向用户提供大规模存储、计算能力的分布式任务和数据管理技术。

① "资源池"管理技术。"资源池"管理技术主要实现对物理资源、虚拟资源的统一管理，并根据用户需求实现虚拟资源（虚拟机、虚拟存储空间等）的自动化生成、分配、回收和迁移，用以支持用户对资源的弹性需求。

云计算"资源池"管理技术与传统IT管理软件的主要区别是实现了虚拟资源的"热迁移"，即在物理主机发生故障或需要进行维护操作时，将运行在其上的虚拟机迁移至其他物理主机，同时保证用户业务不被中断。

"热迁移"的重要前提是物理服务器使用共享存储器，并且虚拟机的迁移与网络配置的迁移同时进行。

② 分布式任务和数据管理技术。云计算对分布式任务和数据管理的需求主要来源于业界对"大数据"的处理需求。分布式任务管理技术要实现在底层大规模ICT资源上进行分布式的海量计算，并对大量结构化与非结构化的数据进行存储与管理。

3. 云计算安全风险

自云计算服务出现以来，发生的大量安全事件已经引起了业界的广泛关注，并进一步引发了用户对公共云服务的信任问题。从导致安全事件的原因来看，包括软件漏洞或缺陷、配置错误、基础设施故障、黑客攻击等原因；从安全事件的后果来看，主要表现为信息丢失或泄露和服务中断。例如，2011年3月，谷歌邮箱爆发大规模的用户数据泄漏事件，大约有15万Gmail用户受到影响；2011年4月，由于EC2业务的漏洞和缺陷，亚马逊公司爆出了史前最大的云计算数据中心宕机事件。同一个月，黑客租用亚马逊EC2云计算服务，对索尼PlayStation网站进行了攻击，造成用户数据大规模泄露。

国际标准组织、产业联盟和研究机构等针对云计算安全风险开展了研究，尽管各组织机构对云计算安全风险分析的角度不尽相同，但普遍认为共享环境数据和资源隔离、云中数据保护以及云服务的管理和应用接口安全是最值得关注的问题。

同传统的信息化系统一样，从技术上看，云计算系统的安全漏洞是不可避免的，且由于服务网络化、数据集中化、平台共享化和参与角色多样化，云计算所面临的安全风险相对于传统信息化系统更加复杂。

但也应该看到，在绝大多数情况下，相对于个人和中小企业用户而言，云服务提供商可以提供更加专业和完善的访问控制、攻击防范、数据备份和安全审计等安全功能，并通过统一的安全保障措施和策略对云端 IT 系统进行安全升级和加固，从而提高了这部分用户系统和数据的安全水平。

14.2.3　云计算产业体系

云计算产业由云计算服务业、云计算制造业、基础设施服务业以及支持产业等组成，如图 14-4 所示。

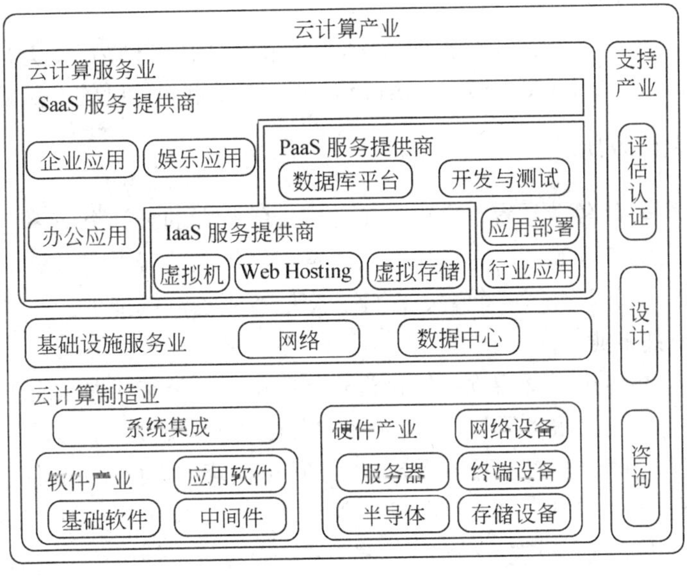

图 14-4　云计算产业体系

1. 云计算服务业

云计算服务业包括基础设施即服务（IaaS）、平台即服务（PaaS）和软件即服务（SaaS）。IaaS 服务最主要的表现形式是存储服务和计算服务，主要服务商如亚马逊、Rackspace、Dropbox 等公司。PaaS 服务提供的是供用户实施开发的平台环境和能力，包括开发测试、能力调用、部署运行等，提供商包括微软、谷歌等。SaaS 服务提供实时运行软件的在线服务，服务种类多样、形式丰富，常见的应用包括客户关系管理（CRM）、社交网络、电子邮件、办公软件、OA系统等，服务商有 Salesforce、GigaVox、谷歌等。

2．云计算制造业

云计算制造业涵盖云计算相关的硬件、软件和系统集成领域。软件厂商包括基础软件、中间件和应用软件的提供商，主要提供云计算操作系统和云计算解决方案，知名企业如威睿（VMware）、思杰（Citrix）、红帽、微软等；硬件厂商包含网络设备、终端设备、存储设备、元器件、服务器等的制造商，如思科、惠普、英特尔等。一般来说，云计算软硬件制造商通过并购或合作等方式成为新的云计算系统集成商的角色，如IBM、惠普等，同时传统系统集成商也在这一领域占有一席之地。

3．基础设施服务业

基础设施服务业主要包括为云计算提供承载服务的数据中心和网络。数据中心既包括由电信运营商与数据中心服务商提供的租用式数据中心，也包括由云服务提供商自建的数据中心。网络提供商现仍主要是传统的电信运营商，同时谷歌等一些国外云服务提供商也已经开始自建全球性的传输网络。

4．云计算支持产业

云计算支持产业包括云计算相关的咨询、设计和评估认证机构。传统IT领域的咨询、设计和评估机构，如Uptime、LEED、Breeam等，均以不同程度的涉足云计算领域。

14.2.4 云计算的应用

从国际上来看，政务、教育、金融、工业制造等行业的云计算应用已经逐步展开，并成为云计算重要的市场领域。在国内，云服务已经纳入政府采购目录，在政务及公共服务、工业、电子商务、金融、教育、医疗、交通等重点领域推进云计算应用发展。

1．政府及公共事业

政府行业云计算应用投资将逐步转化为实际应用，一类是面向政府工作人员，成为政府办公、计算平台的"政务云"，一类是面向普通公众，成为"公共服务云"。具体而言，"政务云"是政务信息化和业务协同的平台，可提供统一政府电子邮件、数据的存储处理、城市应急指挥、人口管理、城市减灾和风险管理、食品安全等多种政务功能；"公共服务云"可面向公众提供统一税收、缴费、信息发布、意见征询等涉及民生的多种服务。

由于政府云计算中心可提供对海量数据存储、分享、挖掘、搜索、分析和服务的能力，使得数据能够作为无形资产进行统一有效的管理，通过对数据集成和融合技术，打破政府部门间的数据堡垒，实现部门间的信息共享和业务协同，"政务云"和"公共服务云"将极大提高政府信息化水平和办公效率，并大幅节约政府IT建设开支，实现绿色办公。

2．行业应用方向

（1）制造业

面向制造业的专业服务运营商将提供基于 PaaS、SaaS 模式的软件的开发和服务，为制造业企业提供包括产品、技术、平台和运维管理在内的全面支持，使制造业企业将更多的精力放在制造的业务层面上，而非 IT 基础设施的建设与运维。在 PaaS 模式下，用户采用云计算运营商支持的编程语言和工具编写相应的应用程序，然后放到云计算平台上运行；在 SaaS 模式下，用户既可以获得低廉的 ERP、CRM 等企业信息化解决方案及服务，又可以进行快速有效的仿真模拟。通过这种购买服务的方式，企业可以降低设计与制造成本，大幅缩短企业产品升级换代周期、提高产品性能、提升企业信息化能力、大幅提升工业企业的自主创新效率，并推动企业核心竞争优势的提升。

（2）电信

数据量和带宽增加以及移动互联的发展要求电信运营商走向云计算，以提高运营效率和模式的长期竞争力。依托云计算，国内电信企业也将借势发力，成为云计算产业的主要受益者之一，从提供的各类付费性云服务产品中得到大量收入，实现电信企业利润增长，通过对不同国内行业用户需求分析与云产品服务研发、实施，打造自主品牌的云服务体系。对内进行业务系统 IT 资源整合，提升内部 IT 资源的利用率和管理水平，降低业务的提供成本；对外通过云计算构建新兴商业模式的基础资源平台，提供公用 IT 服务，提升传统电信经济的效率，加速电信运营商平台化趋势与产业链的整合趋势，并在应用层面推动云计算的落地。

（3）金融

金融行业内企业信息化建设将进入“IT 资源整合集成”阶段，需要利用“云计算”模式，搭建基于 IaaS 的物理集成平台，对各类服务器基础设施应用进行集成，形成能够高度复用与统一管理的 IT 资源池，对外提供统一硬件资源服务，同时在信息系统整合方面，需要建立基于 PaaS 的系统整合平台，实现各异构系统间的互联互通。

金融业的数据信息直接涉及到社会各个方面的经济利益，所以保障这些信息安全的重要性是不言而喻的。因此，云计算在金融行业中遇到的首要问题是如何保障信息的安全可靠，包括避免数据信息泄漏、非法使用、丢失以及保证信息的真实可靠等。

（4）教育

云计算应用已经在清华大学、中科院等单位得到了初步应用，并取得了很好的应用效果。在未来，云计算将在我国高校与科研领域得到广泛的应用普及，各大高校将根据自身研究领域与技术需求建立云计算平台，并对原来各下属研究所的服务器与存储资源加以有机整合，提供高效可复用的云计算平台，为科研与教学工作提供强大的计算机资源，进而大大提高研发工作效率。

此外，云计算在构建网络学习环境、提高网络教育效率及整合教育资源等方面发挥重要作用。通过云平台实现教育资源的开放和共享，以用户为中心，通过云计算平台强大的计算能力、快捷的数据检索、智能的数据处理、人性化的服务，有效地提高人们的学习效率。

（5）医药医疗

医药企业与医疗单位一直是国内信息化水平较高的行业用户，在“新医改”政策推动下，医药企业与医疗单位将对自身信息化体系进行优化升级，以适应医改业务调整的要求。在此影响下，以“云信息平台”为核心的信息化集中应用模式将孕育而生，逐步取代各系统分散为主体的应用模式，进而提高医药企业的内部信息共享能力与医疗信息公共平台的整体服务能力。

（6）农业

通过骨干网络等基础设施建设的配合，对农业生产的各种要素进行数字化设计、智能化控制、精准化运行、科学化管理，实现云服务将与农业发展紧密结合，从而推动农业信息化的建设。农业生产方面，可以指导生产者、经营者和管理者使农产品顺利进入市场，实现农业增产、农民增收；在农民生活方面借助信息传播媒体，设计并提供针对农村、农业、农民特点和使用习惯的软件与服务，以提高农民生活质量。

3．企业应用方向

（1）大型企业：私有云成为主要应用

云计算在大型企业中保持着较快的增长势头，2010年中国云计算应用市场中，面向大型企业的销售额达到了81.65亿元，所占份额达到48.8%。鉴于大型企业对数据安全性要求较高，云计算在大型企业中的将以私有云应用为突破点，加速企业内部“研发—采购—生产—库存—销售”信息一体化进程，进而提升制造企业竞争实力。大型企业在部署云计算过程中关键要做好已有数据和信息向云计算环境的迁移工作，选择企业最适合的云计算整体解决方案，加快云计算环境下的商业智能、数据挖掘等软件应用，与此同时，大型企业还应与专业云应用软件开发商互动，开发和使用专业化、个性化的SaaS软件。

（2）中小企业：首选PaaS/SaaS服务

在中小企业信息化基础设施建设日渐完善及网络传输日益增速的情况下，云计算将成为解决中小企业信息化建设困扰的变革方向，并为企业带来诸多价值，如缩短信息化建设周期，更快享受到信息化带来的价值；降低信息化建设成本，降低企业运营风险；享受更优质服务，提升企业竞争力等。中小企业应结合企业核心业务，选择高质量的行业PaaS/SaaS服务，确保云平台能够稳定提供弹性可扩展的IT资源，满足自身业务需要。

14.2.5 云计算的发展

1. 云计算带来的影响

（1）云计算引发ICT产业的深刻变革

首先，云计算改变了用户对ICT资源的获取方式，从购买产品独立构建ICT设施转为寻求社会化公共服务。传统上，企业和个人用户的ICT设备和系统均由用户来购买、建设和维护，这种分散的ICT资源构建和使用模式，既增加了用户的信息化成本，更从整体上降低了全社会的总体资源利用效率。随着数字化的深入和互联网的普及，社会信息处理需求急剧增加，进入大数据（big data）时代，传统ICT资源构建方式的低效和高成本弊端日益突出。而云计算强调用户主导、需求驱动、按需服务、即用即付，具有专业化、规模化和显著的成本优势，顺应了用户降低费用、提高业务灵活性等方面的需求，驱动用户从以往自建自用的 ICT 消费模式向寻求社会化的公共服务模式转变。

其次，云计算成为 ICT 产业服务化发展转型的重要方向，服务商成长为重要的主导力量。云计算使 ICT 能力不再封装于具体产品中，而以社会化服务的形式呈现，创新了业务提供方式和商业模式，成长出大量新兴云计算服务商。云计算服务商作为连接用户与应用的关键环节，凭借用户需求感知优势和信息资源优势逐步成为左右产业格局的重要力量。他们通过满足和引领用户需求，影响并带动软硬件制造的演进和发展，进而形成对产业链的领导力，推动了云计算服务业和制造业间的纵向整合和产业链相互延伸，使产业呈现出制造服务一体化的格局，也使传统的软件业态向服务化转变。当前，国际传统 ICT 企业（如 IBM、微软、思科等）均加快了向云计算服务的转型，而具有先天服务优势的大型互联网服务商（如谷歌、亚马逊等）大量研发和采用定制设备及终端。

最后，云计算改变 ICT 产业技术和产品发展方向。在硬件领域，高性能服务器、小型机等的市场增长率将逐步降低，相对廉价的 X86 服务器的出货量将会大幅提升，并可能给其它架构和指令集的服务器带来新的机遇。在软件领域，构建云平台的相关基础软件将成为基础软件市场的主要产品；传统桌面应用软件将向网络化的在线应用软件转变。在终端领域，随着应用和数据向云迁移，集成了云端应用的瘦终端产品将成为重要趋势。

（2）云计算将对经济社会各领域带来深远影响

首先，云计算提高社会信息化水平并推动社会生产方式的变革。如同水和电一样，云计算综合集成的计算、存储、网络等 ICT 能力是迈向信息社会的关键基础设施。云计算有效降低信息化成本，促进经济社会各领域的全面信息化，为个性化制造和智能化服务创新提供了有力工具和环境，推动经济发展向以知识、创新为驱动的现代经济体系转型。

其次，云计算塑造的信息资源集聚和掌控优势将成为国家竞争的战略制高点。云计算使得大量经济运行、社会服务、个人生活等方面的信息和数据向具有领先优势的云计算服务企业汇集，进而使云服务企业的归属国形成强大的信息资源掌控力和国家竞争优势，成为信息时代国家综合竞争力的重要组成部分。

最后，云计算促进节能减排。云计算可以充分利用基础设施和软硬件等资源，提供同样的业务能力所需的设备数量大大减少，利用率大幅提升，从而可以有效降低单位服务能力的能耗和碳排放量。

2．国际云计算市场的发展

全球云计算市场快速平稳增长。2013 年全球云服务市场约为 1317 亿美元，年增长率为 18%，据预测，未来几年云服务市场仍将保持 15%以上的增长率，2017 年将达到

2442亿美元。其中以IaaS、PaaS和SaaS为代表的典型云服务市场在2013年达到了333.4亿美元，增长率高达29.7%。

全球市场格局未来几年不会有显著变化。2013年，欧美等发达国家占据了云服务市场的主导地位（75%以上），其中，美国、西欧分别占据了全球50%和23.5%的市场份额；虽然中国市场所占份额仅为 4%，但近几年一直呈上升之势（2011 年中国市场占全球3.2%、2012年占3.7%）。由于云计算市场发展受到国家信息化水平、经济发展水平、ICT产业发展程度等条件的制约，未来几年全球市场格局不会有显著变化。

在云计算细分市场中，SaaS规模仍然最大，IaaS市场增长最快。2013年,IaaS、PaaS和 SaaS 的市场规模分别达到 91.7 亿、15.7 亿和 226 亿美元，SaaS 市场规模是 IaaS 和PaaS市场规模总和的一倍还多；但从年增长率来看则分别为45.2%、28.8%和24.4%，IaaS和PaaS的市场规模增速都超过SaaS，预计未来几年这种情况还将延续。

3. 中国云计算市场的发展

我国公共云服务市场仍处于低总量，高增长的产业初期阶段。据估计，2013 年我国公共云服务市场规模约为47.6亿人民币，增速较2012年有所放缓，但仍达到36%，远高于全球平均水平。2013年，我国的 IaaS 市场规模约为10.5亿元，增速达到了105%；PaaS市场规模约为2.2亿元左右，增长近20%；SaaS市场规模在34.9亿元左右，与 2012年相比增长24.3%。

在产业发展方面，IaaS、PaaS和SaaS也呈现出了不同的特点：

一是 IaaS“群雄并起”：在 IaaS 领域，“老牌”企业如阿里云仍然保持了领先的优势，但竞争者在不断增加，其中既有传统的电信运营商（中国电信、中国联通都成立了云计算业务运营实体）；也有互联网企业，如京东、蓝汛、网宿等；还包括众多的初创公司，UCloud、青云是其中的佼佼者；同时国际云计算巨头也为国内IaaS领域增加了新的竞争者。

二是 PaaS“逐渐长大”：腾讯、百度、新浪、阿里等向开发者提供了开发平台服务，新浪 SAE 注册用户到2013年底已接近30万，其中活跃用户超过10万，应用数量达到50多万个。

三是 SaaS“盈利较好”：SaaS一直是国内外云计算产业中盈利较早也保持较好发展的领域，2013年部分公司 SaaS 的云服务营业额超过了1亿元人民币。

14.3 移动互联网

14.3.1 移动互联网相关概念

1. 移动互联网的内涵

随着移动通信和互联网技术的迅速发展，移动互联网能够将移动通信技术的移动性与互联网的开放性充分结合，实现人们随时随地不受任何限制的访问互联网。

移动互联网并不是一个崭新的概念，它如同移动电话是相对于固定电话一样，移动互联网是相对于固定互联网而言的，是以移动网络作为接入网络的互联网及服务，按照人们通常的理解，移动互联网是指将移动通信和互联网二者结合起来，为用户在移动环境中提供互联网服务。从接入网络角度来看，移动互联网是指以宽带 IP 技术为核心，同时可提供语音、数据、多媒体等业务服务的开放式基础电信网络；从用户行为角度来看，移动互联网是指采用移动终端通过移动通信网络访问互联网并使用互联网业务，这里对于移动终端的理解，既可以认为是手机也可以认为是包括手机在内的上网本、PDA（Personal Digital Assistant，掌上电脑）、以数据卡方式接入移动的笔记本电脑等多种类型，其中前者是对移动互联网的狭义理解，后者是对移动互联网的广义理解。

2. 移动互联网的特点

与固定互联网相比，移动互联网的本质特征在于终端技术和接入网络技术，以及由此而带来的应用和服务的差异。从终端的角度来看，移动互联网接入的终端是手持电子设备；从接入的角度来看，移动互联网在一定地域范围内移动时，接入服务具有连续性。当然，这些差异最终要反映在用户体验上，也就是移动互联网所具有的移动性、个性化、便利性等特点，并由此带来电信运营商在发展移动互联网时的业务发展模式、运营理念和能力等一系列的转变。与以往的网络技术和业务相比，移动互联网具有如下特点：

（1）终端便携性

除了睡眠时间，用户通常都会将移动设备放置在随手处，以便用户能够随时使用。根据相关统计显示，每天一个人在电脑旁边的平均时间为 3 到 4 个小时，而移动设备尤其是手机在主人旁边的平均时间超过 14 个小时。由此，用户使用移动设备上网具有其他设备无可比拟的便利性。

（2）终端移动性

由于移动互联网终端普遍是移动终端或者无线终端，因此用户可以在移动状态下接入和使用移动互联网服务，这也带来了移动互联网的特点之一，即终端的移动性。

（3）业务与终端、网络的强关联性

由于移动互联网业务受到了网络接入技术以及终端性能的限制，其业务内容和形式需要去适配这些特定技术和终端类型，因此其业务与终端以及网络呈现出强关联性。

（4）终端和网络的局限性

移动互联网的应用是承载在移动网络与移动设备这两个载体之上，而移动网络具有无线资源稀缺性和无线环境突变性的特点，因此移动互联网业务会受到网络接入能力的限制；与此同时，与固定桌面终端相比，移动终端能力会受到终端大小、处理速度、屏幕显示能力、电池容量等的限制，这些都是移动互联网所面临的局限性。

（5）终端隐私性

用户对移动设备在隐私性方面的要求远高于对个人电脑的要求。高隐私性决定了移动互联网终端应用的特点——数据共享时即要保障认证客户的有效性，也要保证信息的安全性。

14.3.2 移动互联网技术

移动互联网业务的实现需要多种技术的支撑，从网络数据连接的角度来看，需要移动通信技术特别是移动宽带技术的支持，主要包括第三代移动通信技术（3G）和正在推进的第四代移动通信技术（4G）。从终端角度来看，移动互联网的发展离不开功能强大的移动终端的支持，创新发展的移动终端技术将是丰富移动互联网应用，提升用户使用移动互联网黏性的重要手段。此外，在移动互联网业务实现过程中还需要移动 Web2.0 等实现技术。因此我们将从移动宽带技术、移动终端技术和移动应用实现技术这三个方面来认识移动互联网。

1．移动宽带技术

蜂窝移动通信技术从诞生到现在主要经历了三个阶段，即第一代、第二代和第三代蜂窝移动通信技术，第四代移动通讯网络正在推进中。第一代蜂窝移动通信技术是模拟蜂窝移动通信技术，以美国贝尔实验室开发的 AMPS（Advanced Mobile Phone System，高级移动电话系统）为典型代表。第二代移动通信技术是数字移动通信系统，采用数字调制技术，具有频谱利用率高，保密性好的特点，不仅可以支持话音业务，也可以支持低速数据业务，因而又称为窄带数字通信系统。第二代数字移动通信技术是蜂窝移动通信技术，由于只能提供低速数据业务，已经不能满足人们越来越多的对于移动宽带多媒体业务的需求。第三代移动通信系统是宽带数字通信系统，它的目标是提供移动宽带多媒体通信，多址方式基本都采用 CDMA（Code Division Multiple Access，码分多址接入），属于宽带 CDMA 移动通信技术。第三代移动通信系统能提供多种类型的高质量多媒体业务，能实现全球无缝覆盖，具有全球漫游能力并与固定网络相兼容。它可以实现小型便携式终端在任何时候、任何地点进行任何种类的通信。在世界范围内应用最为广泛的第三代移动通信系统体制为 WCDMA（Wideband Code Division Multiple Access，宽带码分多址）、CDMA2000（Code Division Multiple Access 2000，码分多址接入 2000）以及 TD-SCDMA（Time Division-Synchronous Code Division Multiple Access，时分同步码分多址）。

（1）WCDMA 体制移动宽带接入技术

WCDMA 是一个 ITU（International Telecommunications Union，国际电信联盟）标准，它是从 CDMA 演变而来，被认为是 IMT-2000（International Mobile Telecom System-2000，国际移动电话系统-2000）的直接扩展。WCDMA 与现在市场上提供的大多数技术相比，它能够为移动和手提无线设备提供更高的数据速率。WCDMA 采用直接序列扩频码分多址（Direct Sequence-Code Division Multiple Access，DS-CDMA）、频分双工（Frequency Division Duplex，FDD）方式，它的输入信号先被数字化，然后在一个

较宽的频谱范围内以编码的扩频模式进行传输。窄带 CDMA 使用的是 200KHz 宽度的载频，而 WCDMA 使用的则是一个 5MHz 宽度的载频，码片速率达到为 3.84Mcps。WCDMA 是基于 Release 99/Release 4 版本，可在 5MHz 的带宽内，提供最高 384kbps 的用户数据传输速率。WCDMA 能够支持移动/手提设备之间的语音、图像、数据以及视频通信，速率可达 2Mb/s（对于局域网而言）或者 384Kb/s（对于宽带网而言）。

（2）CDMA2000 体制移动宽带接入技术

CDMA2000（Code Division Multiple Access 2000）是 ITU 的 IMT-2000 标准认可的无线电接口，是一个 3G 移动通讯标准，也是 2G CDMA One 标准的延伸。CDMA 是近年来在数字移动通信进程中出现的一种先进的无线扩频通信技术，它能够满足市场对移动通信容量和品质的高要求，具有频谱利用率高、话音质量好、保密性强、掉话率低、电磁辐射小、容量大、覆盖广等特点，可以大量减少投资和降低运营成本。CDMA2000 由美国高通北美公司为主导提出，它是从窄频 CDMA One 数字标准衍生出来的，可以从原有的 CDMA One 结构直接升级到 3G，建设成本低廉。CDMA2000 根本的信令标准是 IS-2000，与 WCDMA 不相兼容。

（3）TD-SCDMA 体制移动宽带接入技术

TD-SCDMA 是中国提出的第三代移动通信标准，也是 ITU 批准的三个 3G 标准之一，是以中国知识产权为主、被国际上广泛接受和认可的无线通信国际标准，是中国电信史上重要的里程碑。相对于另外两个 3G 标准 CDMA2000 和 WCDMA，WCDMA 起步较晚，技术相对不够成熟。TD-SCDMA 在频谱利用率、频率灵活性，以及业务支持多样性等方面有独特优势。TD-SCDMA 采用时分双工的方式，其上行和下行信道特性基本一致，因此，基站根据接收信号估计上行和下行信道特性比较容易。此外，TD-SCDMA 具有使用智能天线技术的先天优势，而智能天线技术的使用也引入了空分复用接入（Space Division Multiple Access，SDMA）的技术。因此，TD-SCDMA 具备了时分多址（Time Division Multiple Access，TDMA）的优点，可以灵活设置上行和下行时隙的比例，从而调整上行和下行的数据速率的比例，特别适合因特网业务中上行数据少而下行数据多的场合。但是这种上行下行转换点的可变性给同频组网增加了一定的复杂性。TD-SCDMA 是时分双工，不需要成对的频带，和另外两种频分双工的 3G 标准相比，在频率资源的划分上更加灵活。但是，由于时分双工体制自身的缺点，TD-SCDMA 被认为在终端允许移动速度和小区覆盖半径等方面落后于频分双工体制。

（4）第四代移动通讯技术

第四代移动通讯（4G）是一个通用的名称，现在还没有人完全肯定地给 4G 下过完整的定义，甚至其名称本身也有多个版本，国际电信联盟称其为 IMT-Advanced 技术，其他的还有 B3G、Beyond IMT-2000 等叫法。根据研究及发展方向，一般认为 4G 是比 3G 更完美的网络讯系统，可集成各种不同模式的无线通信，能够满足几乎所有用户对于无线服务的要求，移动用户在其中可以自由地从一个标准漫游到另一个标准。

对 4G 概念比较正式的解释是可称为宽带接人和分布式的网络，具有非对称超过2Mbps 的数据传输能人，可对全速移动用户提供高质量影像服务，可实现三维图像的高质量传输。它包括宽带无线固定接入、宽带无线局域网（WLAN）、移动宽带系统和互操作的广播网络（基于地面和卫星系统），是集多种无线技术和无线 LAN 系统为一体的综合系统，也是宽带 IP 接入系统。其宽带无线局域网能与 B—ISDN 和 ATM 兼容，实现宽带多媒体通信，形成综合宽带通信网（IBCN），还能提供通信信息之外的定位定时、数据采集、远程控制等综合功能。

2．移动智能终端技术

移动智能终端的功能越来越强大，与个人电脑的功能差异越来越小。移动智能终端功能提高的背后需要众多技术来支撑，这里我们总体可以把它们分为两类，一类是移动智能终端的 CPU、内存、显示屏等硬件技术，另一类就是安装在移动智能终端内的操作系统技术。

（1）硬件技术

与移动智能终端关系紧密的技术主要有 CPU（Central Processing Unit，中央处理器）技术、存储技术以及显示屏技术。

CPU 是整台移动智能终端的控制中枢系统，也是逻辑部分的控制中心，中央处理器通过运行存储器内的软件及调用存储器内的数据，达到操控的目的。移动智能终端 CPU 的品牌很多，包括德州仪器、Intel、高通、飞思卡尔、三星以及 NVIDIA，这些品牌的手机 CPU 各有特点。包括德州仪器、Intel 等厂商，都推出了主频高达 1.5GHz 的双核乃至四核的 CPU。未来 CPU 的主频将会越来越高，兼容能力和运行能力也会越来越强，搭配的功能也将会更多。

内存是移动智能终端中重要的部件之一，它是应用程序与 CPU 进行沟通的桥梁。移动智能终端中所有程序的运行都是在内存中进行，因此内存的性能对移动智能终端的影响非常大。内存是用于暂时存放 CPU 中的运算数据，以及 CPU 与硬盘等外部存储器交换的数据。只要移动智能终端在运行中，CPU 就会把需要运算的数据调到内存中进行运算，当运算完成后 CPU 再将结果传送出来，内存的运行也决定了移动智能终端的稳定运行。

显示屏是一种将电子文件通过特定的传输设备显示到屏幕上再反射到人眼的一种显示工具。移动终端显示屏按照是否可以通过触摸操控被分为两种：触摸屏（Touch panel）和非触摸屏。非触摸屏也就是普通的液晶屏幕，不具备通过触摸方式操控移动智能终端的功能。触控屏（Touch panel）又称为触控面板，是一个可以接收触头等输入讯号的感应式液晶显示装置。当用户接触了屏幕上的图形按钮时，屏幕上的触觉反馈系统可根据预先编程的程序驱动各种连结装置，可以用于取代机械式的按钮面板，并借由液晶显示画面制造出生动的影音效果。触摸屏技术是一种新型的人机交互输入方式，与传统的键盘和鼠标输入方式相比，触摸屏输入更加直观。配合识别软件，触摸屏还可以实现手写输入。触摸屏已经由单点触屏发展到多点触屏。触摸屏按照实现技术的不同被分为电容式触摸屏、电阻式触摸屏、红外线式触摸屏和表面声波触摸屏等。

移动互联网终端是指各种可以通过 WEB/WAP 上网的智能手机以及具有 3G、4G、Wi-Fi 功能的平板电脑，特别是智能手机已成为最成熟和应用最广的移动互联网终端。

（2）操作系统

大部分移动智能终端都安装有操作系统，类似于我们的个人电脑。操作系统是管理智能终端硬件与软件资源的程序，同时也是移动终端系统的内核与基石。操作系统身负诸如管理与配置内存、决定系统资源供需的优先次序、控制输入与输出设备、操作网络与管理文件系统等基本事务。移动操作系统的种类很多，常见的操作系统有 Android、iOS、WindowsCE、Windows Mobile、Symbian OS 和 Palm OS 等。

① Android 系统。Android 一词的本义指“机器人”，同时也是 Google 于 2007 年 11 月 5 日宣布的基于 Linux 平台的开源手机操作系统的名称，该平台由操作系统、中间件、用户界面和应用软件组成，是首个为移动终端打造的真正开放和完整的移动软件。Android 是基于Linux内核的操作系统，它采用了软件堆层的架构，主要分为三部分。底层以 Linux 内核工作为基础，由 C 语言开发，只提供基本功能；中间层包括函数库 Library 和虚拟机Virtual Machine，由 C++开发。最上层是各种应用软件，包括通话程序，短信程序等，应用软件由各公司自行开发，以 Java 作为编写程序主要语言。2011 年初数据显示，仅正式推出三年的操作系统 Android 已经超越称霸十年的塞班系统，Android 系统不但应用于智能手机，也广泛用于平板电脑。

② iOS 系统。苹果 iOS 是由苹果公司开发的手持设备操作系统。苹果公司于 2007 年 1 月 9 日在 Macworld 大会上公布了 iOS 系统，iOS 系统原名为“iPhone OS”，直到 2010 年 6 月 7 日 WWDC 大会上宣布改名为 iOS。诞生之初，iOS 系统主要用于 iPhone 手机，后来陆续应用到 iPod touch、iPad 以及 Apple TV 等苹果产品上。iOS 与苹果的 Mac OS X 操作系统一样，它也是以 Darwin 为基础，因此同样属于类 Unix 商业操作系统。iOS 的系统结构分为四个层次：核心操作系统（the Core OS layer），核心服务层（the Core Services layer），媒体层（the Media layer），Cocoa 触摸框架层（the Cocoa Touch layer）。截止 2011 年 11 月，根据 Canalys 的数据显示，iOS 已经占据了全球智能手机系统市场份额的 30%，在美国的市场占有率为 43%。iOS 的版本主要有 1.x、2.x、3.x、4.x 以及最新发布的 5.x。

③ Windows 嵌入式操作系统。Windows CE 是微软公司开发的手持设备操作系统，它是一个开放的、可升级的 32 位嵌入式操作系统，是基于掌上型电脑类的电子设备操作系统，它是精简的 Windows 95 操作系统。它名字 CE 中的 C 代表袖珍（Compact）、消费（Consumer）、通信能力（Connectivity）和伴侣（Companion），而 E 代表电子产品（Electronics）。与 Windows 95/98、Windows NT 不同的是，Windows CE 的所有源代码全部由微软自行开发，其操作界面虽来源于 Windows 95/98，但 Windows CE 是基于 Win32

API 重新开发的新型信息设备平台。Windows CE 具有模块化、结构化和基于 Win32 应用程序接口和与处理器无关等特点。Windows CE 不仅继承了传统的 Windows 图形界面，并且在 Windows CE 平台上可以使用 Windows 95/98 上的编程工具（如 Visual Basic、Visual C++等）、使用同样的函数、使用同样的界面风格，使绝大多数的应用软件只需简单的修改和移植就可以在 Windows CE 平台上继续使用。Windows CE 并非是专为单一装置设计的，所以微软为旗下采用 Windows CE 作业系统的产品大致分为三条产品线，分别为 Pocket PC（掌上电脑）、Handheld PC（手持设备）及 Auto PC。Windows CE 发展到现在，它的版本经历了 1.0、2.0、3.0、4.0、4.2、5.0、6.0 以及最近推出的 7.0。

④ Windows Mobile。Windows Mobile（缩写为 WM）是微软针对移动设备而开发的操作系统。该操作系统按照 Windows 操作系统的模式来设计 Windows Mobile，以便能使 Windows Mobile 与电脑操作系统外表以及操作方式一模一样。Windows Mobile 的应用软件以 Microsoft Win32 API 为基础。WM 系统的原形是 Windows CE 系统，随后微软在 Windows CE 的基础上开发了 Pocket PC（PPC）和 Smartphone 系列。2003 年，微软宣布将两个系列全部合并为一个系统，该系统名为 Windows Mobile。2003 年，微软发布了 Windows Mobile 的第一个版本：Windows Mobile2003，该系统操作接近于 Windows XP，因此受到广大用户的喜爱。Windows Mobile 系统经历了 2003、5.0、6.0 和 6.5 版本。Windows Mobile6.5 版本于 2009 年发布，也是 Windows Mobile 系列的最后一个版本。2010 年 10 月，Windows Phone 7 的推出，标志着一个新的系列操作系统的诞生，同时也意味着 Windows Mobile 系列的终结，随之，微软宣布终止对 Windows Mobile 的所有技术支持。

⑤ Symbian OS。Symbian OS（Symbian Operation System），中文称之为塞班系统，该系统出自于 Symbian 公司。Symbian 操作系统的前身是英国 Psion 公司的 EPOC，而 EPOC 是 Electronic Piece of Cheese 取第一个字母而来的，其原意为“使用电子产品时可以像吃乳酪一样简单”。EPOC 是一个开放的操作系统，在其研发的初始阶段，EPOC 就加上了无线通信和一个外加应用程序的体系，因此在无线通信方面 EPOC 与其他操作系统相比具备先天的优势，Symbian 操作系统继承了 EPOC 的这个优点。Symbian 操作系统的编程是基于事件驱动，当应用程序没有处理事件时，CPU 会被关闭，因此使得 Symbian 操作系统非常节能。Symbian 操作系统经历了 V5.x、V6.x、V7.x、V8.x、V9.x，并在 2012 年 5 月 27 日走到尽头，诺基亚宣布彻底放弃继续开发 Symbian 操作系统。

⑥ Palm OS。Palm OS 是 Palm 公司开发的专用于 PDA 的操作系统，曾经是 PDA 上的霸主，一度占据了 90%的 PDA 市场份额，其最新的版本为 Palm OS 5.2。Palm OS 是一种 32 位的嵌入式操作系统，用于掌上电脑，但是其优秀的性能以及对移动设备的支持，使 Palm OS 也成为了一个优秀的手机操作系统。Palm OS 利用同步软件 HotSync，实现使掌上电脑与 PC 机上的信息同步，把台式机的功能扩展到了掌上电脑。

⑦ LiMo（Linux Mobile）是 Linux 最新的手机操作系统。LiMo 基金会早在 2007 年

1 月 29 日创立，是一个由全球移动行业领导企业组成的协会。其成员包括 NEC、NTT、DoCoMo、松下移动通信、三星电子、沃达丰等手机制造商、移动运营商、手机芯片制造而及其他相关企业。LiMo 基金会面向整个移动行业提供一个开放式的手机平台，LiMo 平台是世界上第一款具有全球竞争力的基于 Linux 的移动设备软件平台。

LiMo 平台是建立在开放式操作系统之上的模块化插件式硬件虚拟化架构，拥有一个支持下载应用软件的安全运行环境，第三方开发者可以使用 LiMo 的应用程序编程接口（API）的规格标准来编写新的应用程序，从而在一个巨大、稳定的全球移动设备平台上提供下一代客户体验。LiMo 平台的中间层组件可以用 C 或 C++语言编写。针对 Native、Webkit 与 Java 运行环境的软件开发工具包的发行，赋予了移动应用软件开发者更多的能力。由于 LiMo 可以通过 C/C++进行底层的和中间件的开发，这无疑将会导致数目众多的 Linux Hackers 把 Dalvit VM 移植到 LiMo 系统上，也就意味着 Android 程序会很容易移植到 LiMo 平台中，LiMo 将会通吃 J2ME、 Dalvik VM 和 C/C++程序，这样看来，LiMo 基金会推出的手机系统才是众望所归的手机操作系统，因为它不仅开发开放，而且性能良好，兼容性也非常好。

3．移动应用实现技术

移动应用实现的主要技术包括 Web 2.0 技术、XHTML 技术，SOA 软件架构，SaaS 软件服务技术以及满足大规模计算需求的云计算技术。

（1）Web 2.0

Web 2.0 是新的互联网应用的统称，相对于早期的 Web 1.0 服务 Web 2.0 以用户为中心，强调用户既是内容的创造者也是内容的消费者，侧重用户之间的交互和用户对于网络内容的贡献，由此带来用户与用户之间沟通方式的深刻变革。Web 2.0 包含一系列技术如 Mashup、RSS、P2P、Ajax 和 Widget 等。

Mashup 的意思是指糅合，是当今网络上新出现的一种网络现象，是一种将多个来源的数据聚合整合成新的 Web 应用程序的技术。Mashup 核心思想是通过开放的 API 将多个使用公共或者私有数据库的 Web 应用叠加构成新的服务。

Ajax（Asynchronous JavaScript and XML，异步 JavaScript 和 XML），是一种创建交互式网页的技术。AJAX 不是一种新的编程语言，而是一种用于创建更好更快以及交互性更强的 Web 应用程序技术。通过 AJAX，JavaScript 可以使用 JavaScript 的 XMLHttpRequest 对象直接与服务器进行通信。通过这个对象，JavaScript 可以在不重复加载页面的情况下与 Web 服务器交换数据。AJAX 在浏览器与 Web 服务器之间使用异步数据传输 HTTP 请求，这样就可以使网页从服务器请求少量的信息，而不是整个页面。因此，基于 AJAX 的因特网应用程序将变得更小、更快、更加友好。

RSS（Really Simple Syndication，简易信息聚合）是一种描述和同步网站内容的技术，是资源共享模式的延伸。RSS 技术被广泛使用在时效性比较强的内容中，如网上新闻频道，Blog 和 Wiki，使用 RSS 订阅能更快地获取信息。网站提供 RSS 输出，有利于让用户获取网站内容的最新更新。网络用户可以在客户端借助于支持 RSS 的聚合工具软件，在不打开网站内容页面的情况下阅读支持 RSS 输出的网站内容。

P2P 点对点技术（Peer-to-Peer，对等），又称对等互联网络技术，是一种网络新技术，依赖网络中参与者的计算能力和带宽，而不是把依赖都聚集在较少的几台服务器上。P2P 的本质是把集中处理和存储转化为分布式处理和存储。P2P 改变了互联网以服务器为中心的状态，使得网络应用的核心从中央服务器扩散到终端设备。P2P 典型应用包括服务共享、应用协作以及构建充当基层架构的互联系统等。

Widget 又被称为微技，是一小块可以在任意一个基于 HTML 的 Web 页面上执行的代码，它的表现形式可以是视频、地图、新闻、小游戏等等。Widget 的根本思想来源于代码复用，通常情况下，Widget 的代码形式包含了 DHTML，JavaScript 以及 Adobe Flash。移动智能终端用户借助 Widget 可以在不通过浏览器就可以直接接入互联网服务。

（2）XHTML

XHTML（The Extensible Hypertext Markup Language，可扩展超文本标识语言）是一种基本的 WEB 网页设计语言，XHTML 是一个基于 XML（Extensible Markup Language，可扩展标记语言）的标记语言，标记与 HTML 有些相像，只有一些小的但非常重要的区别。XHTML 扮演着类似 HTML（Hypertext Markup Language，超文本标记语言）的角色的 XML，所以，在本质上，XHTML 是一个过渡技术，结合了部分 XML 的强大功能以及大多数 HTML 的简单特性。

（3）SOA

面向服务的体系结构（Service-Oriented Architecture，SOA）是一个组件模型，它将应用程序的不同功能单元，通过这些不同功能单元之间定义良好的接口联系起来。接口是采用中立的方式进行定义，它独立于实现服务的硬件平台、操作系统和编程语言。这种定义方式使得构建在各种各样的系统中的服务可以以一种统一和通用的方式进行交互。SOA 使用 WSDL（Web Services Description Language，Web Service 的描述语言）描述服务，通过 UDDI（Universal Description，Discovery and Integration，通用描述、发现与集成服务）来注册和查找服务，使用 SOAP 进行消息传递。

（4）SaaS

SaaS（Software-as-a-service，软件即服务），SaaS 的中文名称为软件运营。SaaS 是基于互联网提供软件服务的软件应用模式，从业务提供角度来看，软件服务从过去的购买软件转变为租用软件服务；从实现角度来看，SaaS 提供商搭建应用需要的网络基础设施及软硬件运作平台，负责前期实施，后期维护等所有服务，企业根据实际需要向 SaaS 提供商租赁软件服务。SaaS 能够根据用户需求量身定做应用，满足各种小众市场的要求，大大降低企业投入成本，使得业务提供更加灵活、简便、实用。

14.3.3　移动互联网安全

近年来移动互联网安全事件频现，如 2008 年的垃圾短信、间谍软件，2009 年的手机色情网站，2010 年的僵尸泛滥，2011 年的核心网攻击。截至 2011 年底，我国新增 1600 个手机恶意程序，被感染的移动智能终端达 800 万部以上，移动互联网安全问题日益突现。

在移动互联网中移动终端如手机、个人数字助理（PDA）、便携式计算机、专用移动互联网终端等，以移动通信网络（包括 2G、3G、E3G、4G 等）或无线局域网作为接入手段，直接或通过无线应用协议（Wireless Application Protocol，WAP）访问互联网并使用互联网业务。移动互联网网络结构如图 14-5 所示。与此对应，移动互联网安全问题主要是指利用移动终端，以移动通信网络或无线局域网作为接入手段，直接或通过 WAP 访问互联网并使用互联网业务时存在的安全问题。

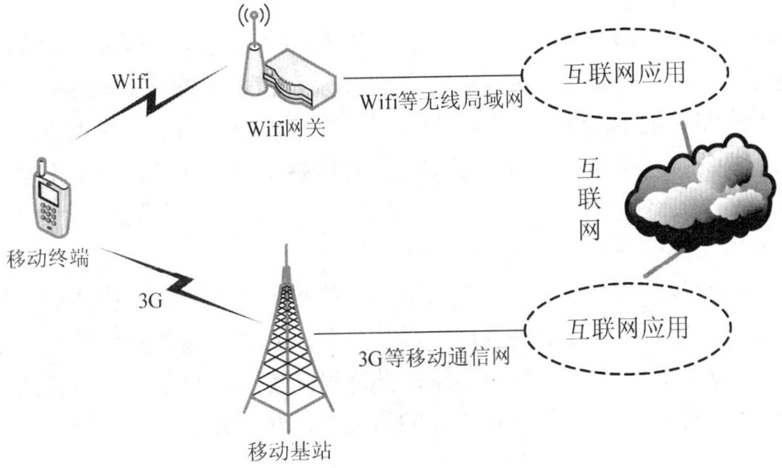

图 14-5　移动互联网网络结构图

根据移动互联网网络架构网络与信息安全分层，移动互联网安全可以分为移动互联网终端安全、移动互联网网络安全以及移动互联网业务安全三个部分。

1．移动互联网终端安全

移动互联网终端通常是指手机、PDA、上网本、便携式计算机等。移动互联网终端安全可以按照网络与信息安全规范分为设备安全、业务应用安全、以及信息安全三个层面。

（1）设备安全

手机等移动互联网终端属于信息技术设备和电信终端设备，因此它要达到中国强制认证（3C）认证，应符合无线电管理局的型号核准认证（TYC）以及工信部的通信入网认证（NAL）。除此之外，移动互联网终端大部分应为智能设备，通常安装有操作系统，因此，应具备防范常见的病毒以及针对操作系统、应用程序漏洞攻击的能力。

（2）业务应用安全

移动互联网终端的业务应用安全通常指确保合法终端用户在承诺范围内随时使用网络业务和终端应用服务，防止业务被盗用、冒名使用等。同时要采用必要的加密、隔离等手段保障通信秘密，防止用户隐私信息泄露，防范DDoS等攻击。

（3）信息安全

移动互联网终端的信息安全主要是指存储在终端内的信息，包括通信录、通话记录、收发的短信/彩信、SIM卡内信息、用户文档、图片、照片在内的用户个人隐私信息不被非法获取。用户信息以及信息内容应符合国家法律允许，避免青少年被黄色、淫秽、暴力在内的不良信息侵扰。移动互联网终端的信息安全主要通过信息加密技术，身份验证，关键字屏蔽等技术来保证移动互联网终端信息安全以及网络内容纯净。

2．移动互联网网络安全

移动互联网网络分为两部分，分别为接入网和IP承载网/互联网。如果接入网采用移动通信网时，将涉及基站、基站控制器等设备以及相关链路。如果接入网采用Wi-Fi时则涉及接入（AP）设备等。IP承载网/互联网主要涉及路由器、交换机、接入服务器等设备以及相关链路。移动互联网网络安全涉及设备安全、业务应用安全以及信息安全三个层面。

（1）设备/环境安全

移动互联网设备安全主要是指基站、无线网络控制器、移动交换中心、媒体网关、路由器、交换机、接入服务器等硬件网络设备自身的安全。这些设备自身安全主要指设备符合工信部设备入网要求中的安全要求。此外设备安全还包括网络设备的操作系统、数据库、中间件、基础协议栈等具备必要的防攻击、防入侵能力，从而保障设备稳定可靠稳定运行。

（2）业务应用安全

移动互联网网络的业务应用安全主要是指接入服务的安全性，主要采用认证等技术手段确保合法用户可以随时正常使用网络业务，防止合法业务被盗用、冒名使用等。当移动终端接入网采用移动通信网时，为了保护接入服务的安全性，移动互联网在2G的GSM网络中实施单向认证；在3G网络中引入了双向认证、鉴权算法，增加了信令完整性保护，增加了通用鉴权架构，利用IPSec保护分组域安全，并引入IP多媒体子系统（IMS）接入安全。如果移动终端接入网采用Wi-Fi接入时，移动互联网使用802.11i以及中国自主知识产权的无线局域网认证和保密基础设施（WAPI）提供接入安全。

（3）信息安全

移动互联网信息安全主要包括信息空口传播的安全，IP承载网/互联网传递时网络所提供必要的隔离和保密以及接入网络所涉及的用户注册信息安全。这里主要通过实施空口信息加密算法，来保证信息传递过程中的信息安全。

3．移动互联网应用安全

移动互联网业务从业务来源上可以分为三类：第一类是传统互联网业务直接或移植在移动互联网上使用；第二类是移动通信业务在移动互联网上的移植；第三类是创新移动互联网终端的新业务。当前使用到的移动互联网业务包括利用智能手机等移动互联网终端获取的移动浏览、移动搜索、移动电子邮件、移动即时消息、移动电子商务、移动在线游戏、以及移动设备的传统业务等。移动互联网应用安全分也被分为设备安全、业务应用安全以及信息安全三个层面。

（1）设备/环境安全

移动互联网应用安全主要是指与应用相关的应用服务器、Web 服务器、数据库服务器等设备自身的安全。这些设备自身安全主要符合涉及电器安全的中国强制认证 3C 认证要求。此外设备安全还包括上述设备的操作系统、数据库、中间件、基础协议栈等具备必要的防攻击、防入侵能力，保障设备稳定可靠稳定运行。

（2）业务应用安全

移动互联网业务应用安全主要是指业务应用的安全性，主要采用认证、防毒工具、防火墙等技术手段确保合法用户可以正常使用，防止业务被盗用、冒名使用以及用户信息被盗用等。当前多数应用安全机制与网络层接入的安全机制无关，由移动互联网终端与移动互联网业务设备实施端到端的安全管理。

（3）信息安全

移动互联网应用安全中信息安全主要包括与业务应用相关信息完整性、一致性、不可否认性以及机密性。移动网络应用主要采取一些加密和隔离措施来保障信息自身安全。

14.3.4　移动互联网的发展

1．ICT 产业的核心技术平台/体系颠覆性迁移

ICT 产业的核心技术平台/体系的颠覆是移动互联网所带来的最深刻的影响之一，即从 PC（Wintel）主导的计算平台向移动智能终端（Android&iOS+ARM）技术体系的迁移。产业链的所有关键环节——终端、操作系统、芯片、应用都围绕着这场变迁发生颠覆性变化，已经达到或者远远超过 50%这一临界数字：近三年全球移动智能终端出货量年均增长率超过 50%，2013 年近 10 亿部，已达 PC 的 3 倍；全球计算平台（含 PC 和移动智能终端）中移动操作系统（Android 和 iOS）的占比超过 50%，视频、微博等主要互联网平台来自移动计算平台（Android/iOS）的流量超过 50%，移动芯片年度出货量则达到 PC 芯片的 5 倍，移动芯片和操作系统已经成为全球计算平台的主流技术。

与此变迁相对应，是全球 ICT 产业的市场格局、产业体系、业务模式乃至开发者阵营的大变换：占据产业制高点长达二十年之久、被认为牢不可破的 Wintel 体系被颠覆，谷歌和苹果双雄争霸；Intel为核心的垂直一体化芯片产业受到ARM开放模式的巨大冲击，水平分工细化的移动芯片体系凸显优势；互联网从网页世界变成Web+APP的世界，互联网服务的基本形态、用户体验、开发组织被改变，与移动智能终端操作系统高度关联的API接口与应用商店成为应用创新的关键要素；互联网业务的格局与模式在移动互联网背景下重建，移动即时消息、移动支付、O2O及相关移动流量平台成为互联网业务的重心，商业模式围绕新的业务从无到有发展，移动互联网也驱动互联网更深层次影响社会生活。

移动芯片和操作系统不仅侵蚀乃至占据了原有PC的服务和制造领域、影响了互联网业务的格局与模式，更向广阔领域扩展：可穿戴设备（如Android Wear）、智能电视，甚至汽车互联网（以谷歌的OAA、苹果的Carplay为代表），移动芯片和移动智能终端操作系统成为当今业界影响力最大、渗透力最强、最具发展活力的技术领域。

2．开放与开源成为主流技术的主导发展模式

与主流技术的迁移（从PC到智能手机）相对应，移动互联网带动开源开放达到新的高度，终端平台主流的操作系统和芯片从封闭、有限开放演变为开源开放。

终端主流软件平台的开源化发展是软件领域最重要的里程碑之一。谷歌的Android引领了终端计算平台系统软件的开源浪潮，也在商业上获得了巨大成功，有力推动了信息产业各个领域的开源发展。除GMS（Google Mobile Service）和部分驱动程序以外，Android是完全开源的，通过开源模式，谷歌在短短的几年时间内聚集了庞大的产业力量，迅速主导了全球移动互联网的产业生态。

ARM的开放授权模式改变了集成电路产业的格局。ARM以开放式的内核授权和架构授权两种模式主导了移动芯片体系架构的发展，市场份额超过90%，并正对服务器等新的领域产生影响。基于传统封闭模式的X86虽统治了PC领域，但在移动领域市场份额不足1%。

除了软件平台与处理器以外，移动互联网带动开源进一步向硬件发展，即开源硬件——设计图、原料表和其上执行的软件通过开源的方式授权。开源硬件借鉴了开源软件的思想，同属开源文化的一部分，并带来了创客空间、众筹模式等创新。较为著名的包括Arduino、Pcduino等开源硬件平台，开源硬件以及创新的商业模式一起推动了小众化新型智能终端发展。

智能终端的操作系统、开源硬件与数据库、浏览器引擎、开发工具甚至网络层面的开源运动（SDN/NFV）一起推动了开源跃升到了一个新的高度。

ICT产业各个层面主流技术的开源开放对我国核心技术自主创新具有特别的意义，今天我们的自主创新不仅要寻求技术突破，还要高度重视生态系统的发展。以快速迭代的自主技术为核心以开源开放模式构建生态系统成为当今业界巨头竞争的主导模式之一，在开源背景下，我国产业界需要深入思考如何进行技术创新与构建自主生态。

14.4　大数据

14.4.1　大数据相关概念

1．大数据概念

大数据的应用和技术是在互联网快速发展中诞生的，起点可追溯到 2000 年前后。当时互联网网页爆发式增长，每天新增约 700 万个网页，到 2000 年底全球网页数达到 40 亿，用户检索信息越来越不方便。谷歌等公司率先建立了覆盖数十亿网页的索引库，开始提供较为精确的搜索服务，大大提升了人们使用互联网的效率，这是大数据应用的起点。当时搜索引擎要存储和处理的数据，不仅数量之大前所未有，而且以非结构化数据为主，传统技术无法应对。为此，谷歌提出了一套以分布式为特征的全新技术体系，即后来陆续公开的分布式文件系统（GFS，GoogleFileSystem）、分布式并行计算（MapReduce）和分布式数据库（BigTable）等技术，以较低的成本实现了之前技术无法达到的规模。这些技术奠定了当前大数据技术的基础，可以认为是大数据技术的源头。

伴随着互联网产业的崛起，这种创新的海量数据处理技术在电子商务、定向广告、智能推荐、社交网络等方面得到应用，取得巨大的商业成功。这启发全社会开始重新审视数据的巨大价值，于是金融、电信等拥有大量数据的行业开始尝试这种新的理念和技术，取得初步成效。与此同时，业界也在不断对谷歌提出的技术体系进行扩展，使之能在更多的场景下使用。2011 年，麦肯锡、世界经济论坛等知名机构对这种数据驱动的创新进行了研究总结，随即在全世界兴起了一股大数据热潮。

虽然大数据已经成为全社会热议的话题，但至今“大数据”尚无公认的统一定义。我们认为，认识大数据要把握“资源、技术、应用”三个层次。大数据是具有体量大、结构多样、时效强等特征的数据；处理大数据需采用新型计算架构和智能算法等新技术；大数据的应用强调以新的理念应用于辅助决策、发现新的知识，更强调在线闭环的业务流程优化。因此说，大数据不仅“大”，而且“新”，是新资源、新工具和新应用的综合体。

2．大数据特点

业界通常用 Volume、Variety、Value、Velocity 这 4 个 V 来概括大数据的特点：

（1）数据体量巨大（Volume）

IDC 研究表明，数字领域存在着 1.8 万亿 GB 的数据。企业数据正在以 55%的速度逐年增长。实体世界中，数以百万计的数据采集传感器被嵌入到各种设备中，在数字化世界中，消费者每天的生活（通信、上网浏览、购物、分享、搜索）都在产生着数量庞大的数据。

（2）数据类型繁多（Variety）

数据可分为结构化数据、半结构化数据和非结构化数据。相对于以往便于存储的以文本为主的结构化数据，音频、视频、图片、地理位置信息等类型的非结构化数据量占比达到80%了左右，并在逐步提升，有用信息的提取难度不断增大。

（3）价值密度低（Value）

价值密度的高低与数据总量的大小成反比。以视频为例，一部1小时的视频，在连续不间断监控过程中，可能有用的数据仅仅只有一两秒。

（4）时效性高（Velocity）

这是大数据区分于传统数据挖掘最显著的特征。数据的价值除了与数据规模相关，还与数据处理周期成正比关系。也就是，数据处理的速度越快、越及时，其价值越大，发挥的效能越大。

14.4.2 大数据技术

1．大数据技术体系

大数据来源于互联网、企业系统和物联网等信息系统，经过大数据处理系统的分析挖掘，产生新的知识用以支撑决策或业务的自动智能化运转。从数据在信息系统中的生命周期看，大数据从数据源经过分析挖掘到最终获得价值一般需要经过5个主要环节，包括数据准备、数据存储与管理、计算处理、数据分析和知识展现，技术体系如图14-6所示。每个环节都面临不同程度的技术上的挑战。

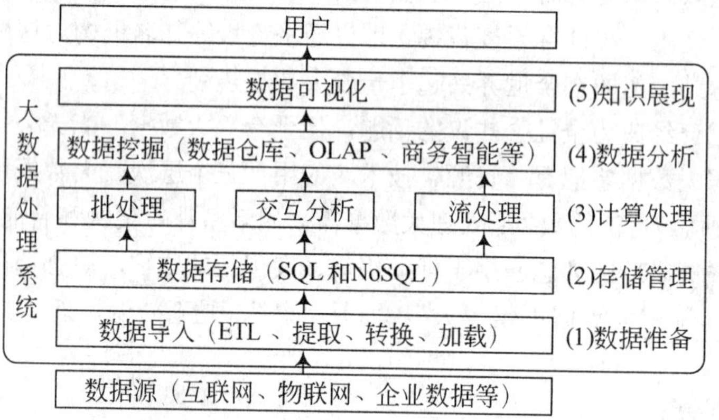

图14-6 大数据技术框架

数据准备环节：在进行存储和处理之前，需要对数据进行清洗、整理，传统数据处理体系中称为ETL（ Extracting，Transforming，Loading）过程。与以往数据分析相比，大数据的来源多种多样，包括企业内部数据库、互联网数据和物联网数据，不仅数量庞大、格式不一，质量也良莠不齐。这就要求数据准备环节一方面要规范格式，便于后续存储管理，另一方面要在尽可能保留原有语义的情况下去粗取精、消除噪声。

数据存储与管理环节：当前全球数据量正以每年超过 50%的速度增长，存储技术的成本和性能面临非常大的压力。大数据存储系统不仅需要以极低的成本存储海量数据，还要适应多样化的非结构化数据管理需求，具备数据格式上的可扩展性。

计算处理环节：需要根据处理的数据类型和分析目标，采用适当的算法模型，快速处理数据。海量数据处理要消耗大量的计算资源，对于传统单机或并行计算技术来说，速度、可扩展性和成本上都难以适应大数据计算分析的新需求。分而治之的分布式计算成为大数据的主流计算架构，但在一些特定场景下的实时性还需要大幅提升。

数据分析环节：数据分析环节需要从纷繁复杂的数据中发现规律提取新的知识，是大数据价值挖掘的关键。传统数据挖掘对象多是结构化、单一对象的小数据集，挖掘更侧重根据先验知识预先人工建立模型，然后依据既定模型进行分析。对于非结构化、多源异构的大数据集的分析，往往缺乏先验知识，很难建立显式的数学模型，这就需要发展更加智能的数据挖掘技术。

知识展现环节：在大数据服务于决策支撑场景下，以直观的方式将分析结果呈现给用户，是大数据分析的重要环节。如何让复杂的分析结果易于理解是主要挑战。在嵌入多业务中的闭环大数据应用中，一般是由机器根据算法直接应用分析结果而无需人工干预，这种场景下知识展现环节则不是必需的。

总的来看，大数据对数据准备环节和知识展现环节来说只是量的变化，并不需要根本性的变革。但大数据对数据分析、计算和存储三个环节影响较大，需要对技术架构和算法进行重构，是当前和未来一段时间大数据技术创新的焦点。下面简要分析上述 3 个环节面临的挑战及发展趋势。

2．大数据关键技术

（1）大数据存储管理技术

数据的海量化和快增长特征是大数据对存储技术提出的首要挑战。这要求底层硬件架构和文件系统在性价比上要大大高于传统技术，并能够弹性扩展存储容量。但以往网络附着存储系统（NAS）和存储区域网络（SAN）等体系，存储和计算的物理设备分离，它们之间要通过网络接口连接，这导致在进行数据密集型计算（Data Intensive Computing）时 I/O 容易成为瓶颈。同时，传统的单机文件系统（如 NTFS）和网络文件系统（如 NFS）要求一个文件系统的数据必须存储在一台物理机器上，且不提供数据冗余性，可扩展性、容错能力和并发读写能力难以满足大数据需求。

谷歌文件系统（GFS）和 Hadoop 的分布式文件系统 HDFS（Hadoop Distributed File System）奠定了大数据存储技术的基础。与传统系统相比，GFS/HDFS 将计算和存储节点在物理上结合在一起，从而避免在数据密集计算中易形成的 I/O 吞吐量的制约，同时这类分布式存储系统的文件系统也采用了分布式架构，能达到较高的并发访问能力。

当前随着应用范围不断扩展，GFS 和 HDFS 也面临瓶颈。虽然 GFS 和 HDFS 在大文件的追加（Append）写入和读取时能够获得很高的性能，但随机访问（random access）、海量小文件的频繁写入性能较低，因此其适用范围受限。业界当前和下一步的研究重点主要是在硬件上基于 SSD 等新型存储介质的存储体系架构，同时对现有分布式存储的文件系统进行改进，以提高随机访问、海量小文件存取等性能。

大数据对存储技术提出的另一个挑战是多种数据格式的适应能力。格式多样化是大数据的主要特征之一，这就要求大数据存储管理系统能够适应对各种非结构化数据进行高效管理的需求。数据库的一致性（Consistency）、可用性（Availability）和分区容错性（Partition-Tolerance）不可能都达到最佳，在设计存储系统时，需要在 C、A、P 三者之间做出权衡。传统关系型数据库管理系统（RDBMS）以支持事务处理为主，采用了结构化数据表的管理方式，为满足强一致性（C）要求而牺牲了可用性（A）。

为大数据设计的新型数据管理技术，如谷歌 BigTable 和 HadoopHBase 等非关系型数据库（NoSQL，Not only SQL），通过使用“键-值（Key-Value）”对、文件等非二维表的结构，具有很好的包容性，适应了非结构化数据多样化的特点。同时，这类 NoSQL 数据库主要面向分析型业务，一致性要求可以降低，只要保证最终一致性即可，给并发性能的提升让出了空间。谷歌公司在 2012 年披露的 Spanner 数据库，通过原子钟实现全局精确时钟同步，可在全球任意位置部署，系统规模可达到 100～1000 万台机器。Spanner 能够提供较强的一致性，还支持 SQL 接口，代表了数据管理技术的新方向。整体来看，未来大数据的存储管理技术将进一步把关系型数据库的操作便捷性特点和非关系型数据库灵活性的特点结合起来，研发新的融合型存储管理技术。

（2）大数据并行计算技术

大数据的分析挖掘是数据密集型计算，需要巨大的计算能力。与传统“数据简单、算法复杂”的高性能计算不同，大数据的计算是数据密集型计算，对计算单元和存储单元间的数据吞吐率要求极高，对性价比和扩展性的要求也非常高。传统依赖大型机和小型机的并行计算系统不仅成本高，数据吞吐量也难以满足大数据要求，同时靠提升单机 CPU 性能、增加内存、扩展磁盘等实现性能提升的纵向扩展（Scale Up）的方式也难以支撑平滑扩容。

谷歌在 2004 年公开的 MapReduce 分布式并行计算技术，是新型分布式计算技术的代表。一个 MapReduce 系统由廉价的通用服务器构成，通过添加服务器节点可线性扩展系统的总处理能力（Scale Out），在成本和可扩展性上都有巨大的优势。谷歌的 MapReduce 是其内部网页索引、广告等核心系统的基础。之后出现的开源实现 Apache HadoopMapReduce 是谷歌 MapReduce 的开源实现，已经成为应用最广泛的大数据计算软件平台。

MapReduce 架构能够满足“先存储后处理”的离线批量计算（batch processing）需求，但也存在局限性，最大的问题是时延过大，难以适用于机器学习迭代、流处理等实时计算任务，也不适合针对大规模图数据等特定数据结构的快速运算。

为此，业界在 MapReduce 基础上，提出了多种不同的并行计算技术路线，如 Yahoo 提出的 S4 系统、Twitter 的 Storm 系统是针对“边到达边计算”的实时流计算（Real time streaming process）框架，可在一个时间窗口上对数据流进行在线实时分析，已经在实时广告、微博等系统中得到应用。谷歌 2010 年公布的 Dremel 系统，是一种交互分析（Interactive Analysis）引擎，几秒钟就可完成 PB（1PB=10B）级数据查询操作。此外，还出现了将 MapReduce 内存化以提高实时性的 Spark 框架、针对大规模图数据进行了优化的 Pregel 系统等等。

针对不同计算场景建立和维护不同计算平台的做法，硬件资源难以复用，管理运维也很不方便，研发适合多种计算模型的通用架构成为业界的普遍诉求。为此，Apache Hadoop 社区在 2013 年 10 月发布的 Hadoop 2.0 中推出了新一代的 MapReduce 架构。新架构的主要变化是将旧版本 MapReduce 中的任务调度和资源管理功能分离，形成一层与任务无关的资源管理层（YARN）。YARN 对下负责物理资源的统一管理，对上可支持批处理、流处理、图计算等不同模型，为统一大数据平台的建立提供了新平台。基于新的统一资源管理层开发适应特定应用的计算模型，仍将是未来大数据计算技术发展的重点。

（3）大数据分析技术

在人类全部数字化数据中，仅有非常小的一部分（约占总数据量的 1%）数值型数据得到了深入分析和挖掘（如回归、分类、聚类），大型互联网企业对网页索引、社交数据等半结构化数据进行了浅层分析（如排序）。占总量近 60%的语音、图片、视频等非结构化数据还难以进行有效的分析。

大数据分析技术的发展需要在两个方面取得突破，一是对体量庞大的结构化和半结构化数据进行高效率的深度分析，挖掘隐性知识，如从自然语言构成的文本网页中理解和识别语义、情感、意图等；二是对非结构化数据进行分析，将海量复杂多源的语音、图像和视频数据转化为机器可识别的、具有明确语义的信息，进而从中提取有用的知识。

人数据分析主要有两条技术路线，一是凭借先验知识人工建立数学模型来分析数据，二是通过建立人工智能系统，使用大量样本数据进行训练，让机器代替人工获得从数据中提取知识的能力。由于占大数据主要部分的非结构化数据，往往模式不明且多变，因此难以靠人工建立数学模型去挖掘深藏其中的知识。

通过人工智能和机器学习技术分析大数据，被业界认为具有很好的前景。2006 年谷歌等公司的科学家根据人脑认知过程的分层特性，提出增加人工神经网络层数和神经元节点数量，加大机器学习的规模，构建深度神经网络，可提高训练效果，并在后续试验中得到证实。这一事件引起工业界和学术界高度关注，使得神经网络技术重新成为数据分析技术的热点。基于深度神经网络的机器学习技术已经在语音识别和图像识别方面取得了很好的效果。但未来深度学习要在大数据分析上广泛应用，还有大量理论和工程问题需要解决，主要包括模型的迁移适应能力，以及超大规模神经网络的工程实现等。

14.4.3 大数据产业体系

随着大数据技术不断演进和应用持续深化，以数据为核心的大数据产业体系正在加速构建。大数据产业体系中主要包括大数据解决方案提供商、大数据处理服务提供商和数据资源提供商三个角色，分别向大数据的应用者提供大数据服务、解决方案和数据资源，如图14-7所示。

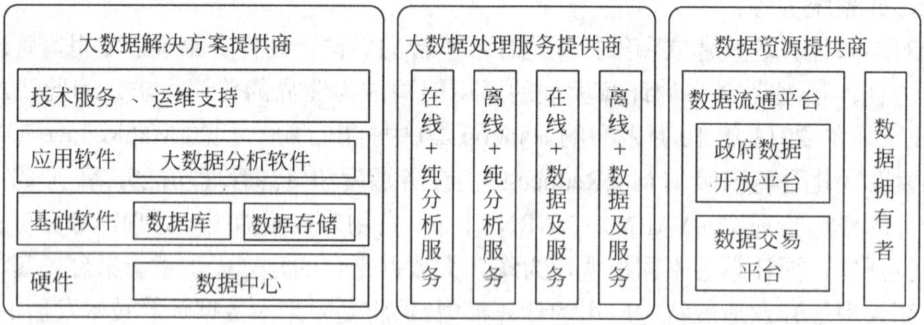

图 14-7 大数据产业体系

1．大数据解决方案提供商

大数据解决方案提供商面向企业用户提供大数据一站式部署方案，覆盖数据中心和服务器等硬件、数据存储和数据库等基础软件、大数据分析应用软件以及技术运维支持等方面内容。其中，大数据基础软件和应用软件是大数据解决方案中的重点内容。当前，企业提供的大数据解决方案大多基于Hadoop开源项目，例如，IBM基于Hadoop开发的大数据分析产品BigInsights、甲骨文融合了Hadoop开源技术的大数据一体机、Cloudera的Hadoop商业版等。大数据解决方案提供商中，主要包括传统IT厂商和新兴的大数据创业公司。传统IT厂商主要有IBM、HP等解决方案提供商以及甲骨文、Teradata等数据分析软件商。它们大多以原有IT解决方案为基础，融合Hadoop，形成融合了结构化和非结构化两条体系的“双栈”方案。通过一系列收购来提升大数据解决方案服务能力，成为这些IT巨头的主要策略。

国际上也诞生了一批专门提供非结构化数据处理方案的新兴创业公司。这些公司包括Cloudera、Hortonworks、MapR等，它们主要基于Hadoop开源项目，开发Hadoop商业版本和基于Hadoop的大数据分析工具，单独或者与传统IT厂商合作提供企业级大数据解决方案。这些新兴大数据企业成为资本市场的热点。国内华为、联想、浪潮、曙光等一批IT厂商也都纷纷推出大数据解决方案。但总体上，国内大数据解决方案提供商实力较弱，产品一些关键行业还未形成影响力，新兴大数据解决方案初创企业也凤毛麟角。

2．大数据处理服务提供商

大数据处理服务提供商主要以服务的方式为企业和个人用户提供大数据海量数据分析能力和大数据价值挖掘服务。按照服务模式进行划分，大数据处理服务提供商可以分为以下四类。

第一类是在线纯分析服务提供商。此类服务商主要是互联网企业、大数据分析软件商和新创企业等，通过 SaaS 或 PaaS 云服务形式为用户提供服务。典型的服务如谷歌提供的大数据分析工具 Big Query、亚马逊提供的云数据仓库服务 RedShift、微软的 Azure HDInsigh1010data 提供的商业智能服务等。国内一些云服务商也逐步开始提供大数据相关云服务，如阿里云的开放数据处理服务（ODPS）、百度的大数据引擎、腾讯的数据云等。

第二类是既提供数据又提供分析服务的在线提供商。此类服务商主要是拥有海量用户数据的大型互联网企业，主要以 SaaS 形式为用户提供大数据服务，服务背后以自有大数据资源为支撑。典型的服务如谷歌 Facebook 的的自助式广告下单服务系统、Twitter 基于实时搜索数据的产品满意度分析等。国内百度推出的大数据营销服务“司南”就属于此类。

第三类是单纯提供离线分析服务的提供商。此类服务商主要为企业提供专业、定制化的大数据咨询服务和技术支持，主要集中为大数据咨询公司、软件商等，例如专注于大数据分析的奥浦诺管理咨询公司（Opera Solutions）、数据分析服务提供商美优管理顾问公司（Mu Sigma）等。

第四类是既提供数据又提供离线分析服务的提供商。此类服务商主要集中在信息化水平较高、数据较为丰富的传统行业。例如日本日立集团（Hitachi）于 2013 年 6 月初成立的日立创新分析全球中心，其广泛收集汽车行驶记录、零售业购买动向、患者医疗数据、矿山维护数据和资源价格动向等庞大数据信息，并基于收集的海量信息开展大数据分析业务。又如美国征信机构 Equifax 基于全球 8000 亿条企业和消费者行为数据，提供 70 余项面向金融的大数据分析离线服务。

3．大数据资源提供商

既然数据成为了重要的资源和生产要素，必然会产生供应与流通需求。数据资源提供商因此应运而生，它是大数据产业的特有环节，也是大数据资源化的必然产物。数据资源提供商，包括数据拥有者和数据流通平台两个主要类型。数据拥有者可以是企业、公共机构或者个人。数据拥有者通常直接以免费或有偿的方式为其他有需求的企业和用户提供原数据或者处理过的数据。例如美国电信运营商 Verizon 推出的大数据应用精准营销洞察（Precision Market Insights），将向第三方企业和机构出售其匿名化和整合处理后的用户数据。国内阿里巴巴公司推出的淘宝量子恒道、数据魔方和阿里数据超市等，属于此种类型。

数据数据流通平台是多家数据拥有者和数据需求方进行数据交换流通的场所。按平台服务目的不同，可分为政府数据开放平台和数据交易市场。

政府数据开放平台：主要提供政府和公共机构的非涉密数据开放服务，属于公益性质。全球不少国家已经加入到开放政府数据行动，推出公共数据库开放网站，例如美国数据开放网站 Data.gov 已有超过 37 万个数据集、1209 个数据工具、309 个网页应用和 137 个移动应用，数据源来自 171 个机构。国内地方政府数据开放平台开始出现，如国家统计局的国家数据网站、北京市政府和上海市政府的信息资源平台等数据开放平台正在建设过程中。

数据交易市场：商业化的数据交易活动催生了多方参与的第三方数据交易市场。国际上比较有影响力的有微软的 AzureData Marketplace、被甲骨文收购的 BlueKai、DataMarket、Factual、Infochimps、DataSift 等等，主要提供地理空间、营销数据和社交数据的交易服务。大数据交易市场发展刚刚起步，在市场机制、交易规则、定价机制、转售控制和隐私保护等方面还有很多工作要做。国内，2014 年 2 月，在北京市和中关村管委会指导下，中关村大数据交易产业联盟成立，将在国内推动国内大数据交易相关规范化方面开展工作。

14.4.4 大数据的应用

1. 互联网行业应用

互联网是大数据应用的发源地，大型互联网企业是当前大数据应用的领跑者。搜索引擎作为最早的互联网大数据应用，其不断的发展推动谷歌在 2000 年左右提出了 MapReduce/BigTable 等技术，从此开启了大数据技术的新篇章。经过十多年的发展，互联网上形成了多种相对成熟的大数据应用模式，按照用途可分为以下三类：

第一，商业大数据应用，即主要以盈利为目的的大数据应用。常见的应用有：一是基于用户个人信息、行为、位置、微博等数据而进行的个性化推荐、交叉推荐、品牌监测等营销类大数据应用。由于其商业模式清晰可见，市场需求广泛旺盛，是互联网上最热门最普遍的应用，被互联网广告、电子商务、微博、视频、相亲等公司普遍采用。二是基于用户、商铺的交易数据而进行的经营分析报告、反欺诈、反虚假交易、促销和团购选品、产业集聚判断等交易辅助类大数据应用，这些应用已经逐渐成为电子商务企业的必备工具。三是利用网站动态数据对网络状态进行实时监控预警、网站分析优化和网络信息安全保护（如用户信息保护、防网络攻击、防钓鱼、防垃圾邮件等）的网络安全大数据应用。

第二，公共服务类大数据应用，即不以盈利为目的、侧重于为社会公众提供服务的大数据应用。典型案例如谷歌开发的流感、登革热等流行病预测应用能够比官方机构提前一周发现疫情爆发状况。国内也有搜索引擎公司提供诸如春运客流分析、失踪儿童搜寻的公益大数据服务。

第三，技术研发类大数据应用，即利用大数据技术促进前沿技术研发、持续改进产品性能的应用。互联网应用在新版本的研发中，常常进行 A/B 测试就是大数据在产品开发中的典型应用。A/B 测试中，服务商同时收集新老版本下的用户行为数据（如点击行为、访问时长、鼠标停留等），并进行分析比对，用以指导产品后续的改进方向。另外，利用各种语言版本的网页数据不断提高翻译质量的机器翻译、利用更多话音指令不断提升质量的话音识别技术，以及无人汽车等前沿技术的研发也广泛应用了大数据技术。

2．传统领域的应用

大数据应用起源于互联网，正在向以数据生产、流通和利用为核心的各个产业渗透。金融、零售、电信、公共管理、医疗卫生等领域都在积极地探索和布局大数据应用，主要呈现两种发展方向：

一是积极整合行业和机构内部的各种数据源，通过对整合后的数据进行挖掘分析，从而发展大数据应用。例如，一些新兴的大型百货商场利用大数据平台整合 POS（point of sale）机、企业 CRM（CustomerRelationship Management）系统、免费无线网络、客流监控设备等数据，对用户进行聚类分析，支撑包括商品位置摆放、打折信息投放、移动端营销、客户习惯查询、客户群路径分析等应用，提高商场营销效率和营业额。基于大数据的智慧城市决策系统也是大数据应用的重要领域，可整合来自经济、统计、民政、教育、卫生、人力等政府部门内部数据和来自物联网、移动互联网等网络数据，设计经济社会运行分析模型，支撑智慧人口、智慧医疗、智慧教育、智能物流、智能环保等相关决策应用。

二是积极借助外部数据，主要是互联网数据，来实现相关应用。例如，金融机构通过收集互联网用户的微博数据、社交数据、历史交易数据来评估用户的信用等级；证券分析机构通过整合新闻、股票论坛、公司公告、行业研究报告、交易数据、行情数据、报单数据等，试图分析和挖掘各种事件和因素对股市和股票价格走向的影响；监管机构将社交数据、网络新闻数据、网页数据等与监管机构的数据库对接，通过比对结果进行风险提示，提醒监管机构及时采取行动；零售企业通过互联网用户数据分析商品销售趋势、用户偏好等等。金融、零售和公共管理领域开展大数据应用时，两个方向都有所涉足，而电信和医疗卫生等领域更关注第一个发展方向。

（1）通信行业

XO Communications 通过使用 IBM SPSS 预测分析软件，减少了将近一半的客户流失率。XO 现在可以预测客户的行为，发现行为趋势，并找出存在缺陷的环节，从而帮助公司及时采取措施，保留客户。此外，IBM 新的 Netezza 网络分析加速器，将通过提供单个端到端网络、服务、客户分析视图的可扩展平台，帮助通信企业制定更科学、合理决策。电信业者透过数以千万计的客户资料，能分析出多种使用者行为和趋势，卖给需要的企业，这是全新的资料经济。中国移动通过大数据分析，对企业运营的全业务进行针对性的监控、预警、跟踪。系统在第一时间自动捕捉市场变化，再以最快捷的方式推送给指定负责人，使他在最短时间内获知市场行情。NTT docomo 把手机位置信息和互联网上的信息结合起来，为顾客提供附近的餐饮店信息，接近末班车时间时，提供末班车信息服务。

（2）智慧医疗

Seton Healthcare 是采用 IBM 最新沃森技术医疗保健内容分析预测的首个客户。该技术允许企业找到大量病人相关的临床医疗信息，通过大数据处理，更好地分析病人的信息。在加拿大多伦多的一家医院，针对早产婴儿，每秒钟有超过 3000 次的数据读取。通过这些数据分析，医院能够提前知道哪些早产儿出现问题并且有针对性地采取措施，避免早产婴儿夭折。它让更多的创业者更方便地开发产品，比如通过社交网络来收集数据的健康类 App。也许未来数年后，它们搜集的数据能让医生的诊断变得更为精确，比方说不是通用的成人每日三次一次一片，而是检测到你的血液中药剂已经代谢完成会自动提醒你再次服药。

（3）商业运营

辛辛那提动物园使用了 Cognos，为 iPad 提供了单一视图查看管理即时访问的游客和商务信息的服务。借此，动物园可以获得新的收入来源和提高营收，并根据这些信息及时调整营销政策。数据收集和分析工具能够帮助银行设立最佳网点，确定最好的网点位置，帮助这个银行更好地运作业务，推动业务的成长。

（4）城市交通

通过在城市多处设置的传感器，我们能随时掌握在某个地方有多少辆汽车，车速是多少。有了这些数据就可以建立起模型进行分析，从而指导人们确定出行计划，避免拥堵。IBM 的六位数据分析工程师准备通过整合、分析现有交通数据，以及来自社交媒体（Twitter）的新数据源，来医治波士顿的交通恶瘤。这些数据包括市政网联网能够实时采集的交通信号灯、二氧化碳传感器甚至汽车的数据，这些数据能够帮助乘客重新调整路线，节省时间，节省汽油。

（5）汽车产业

在沃尔沃集团，通过在卡车产品中安装传感器和嵌入式 CPU，从刹车到中央门锁系统等形形色色的车辆使用信息，正源源不断地传输到沃尔沃集团总部。这些数据正在被用来优化生产流程，以提升客户体验和提升安全性。将来自不同客户的使用数据进行分析，可以让产品部门提早发现产品潜在的问题，并在这些问题发生之前提前向客户预警。

（6）仓储问题

在美国最大的医药贸易商 McKesson 公司，对大数据的应用也已经远远领先于大多数企业，将先进的分析能力融合到每天处理 200 万个订单的供应链业务中，并且监督超过 80 亿美元的存货。对于在途存货的管理，McKesson 开发了一种供应链模型，它根据产品线、运输费用甚至碳排放量而提供了极为准确的维护成本视图。这些详细信息使公司能够更加真实地了解任意时间点的运营情况。Gooby 解释说：“但是，大多数模型旨在简化物理世界，而这个模型极为复杂，并且包含我们的现实世界的全部数据。它允许我们量化业务运作的根本性变化所产生的影响的细节。这个模型并不是一种简化版。”McKesson 利用先进分析技术的另一个领域是对配送中心内的物理存货配置进行模拟和自动化处理。评估政策和供应链变化的能力帮助公司增强了对客户的响应能力，同时减少了流动资金。总体来讲，McKesson 的供应链转型使公司节省了超过 1 亿美元的流动资金。

（7）客户跟踪分析

eBay 的分析平台每天处理的数据量高达 100PB，超过了纳斯达克交易所每天的数据处理量。为了准确分析用户的购物行为，eBay 定义了超过 500 种类型的数据，对顾客的行为进行跟踪分析。在早期，eBay 网页上的每一个功能的更改，通常由对该功能非常了解的产品经理决定，判断的依据主要是产品经理的个人经验。而通过对用户行为数据的分析，网页上任何功能的修改都交由用户去决定。“每当有一个不错的创意或者点子，我们都会在网站上选定一定范围的用户进行测试。通过对这些用户的行为分析，来看这个创意是否带来了预期的效果。”

（8）广告投放分析

eBay 对互联网广告的投入一直很大，通过购买一些网页搜索的关键字，将潜在客户引入 eBay 网站。为了对这些关键字广告的投入产出进行衡量，eBay 建立了一个完全封闭式的优化系统。通过这个系统，可以精确计算出每一个关键字为 eBay 带来的投资回报。通过对广告投放的优化，自 2007 年以来，eBay 产品销售的广告费降低了 99%，顶级卖家占总销售额的百分比却上升至 32%。现在《经济学人》使用 Social Flow 的服务来分析自己的受众群，并且选择在什么时间来推送一条什么样的消息；而百事可乐则用这种服务比较不同的营销活动会得到什么样的传播效果。这些公司并不吝于为 Social Flow 的服务付费。在线广告已经成为了过去十年财富创造最可靠的来源。把消费者和销售者配对起来，以及创造新的消费者和销售者，这对于任何市场来说都是最重要的问题。弄清楚用户点击广告的动机和方式对于企业来说至关重要。它分析数据，告诉广告商什么是正确的时间，谁是正确的用户，什么是应该发的正确内容。

（9）个人服务

未来更多的与复杂的数据相关的创业公司会陆续出现，而并非由大公司主宰一切。“这些数据将分散在各个领域，你的行车路线、你经常出现的地点、你喜欢的颜色、经常买的东西，社交网站上的观点和言论，这些都会成为个人数据的一部分，它们可以用来被服务每个人。”而位于加州 Palo Alto 的创业公司 Alohar 开发的 Placeme 正是这样一款产品。它看上去是一款普通的地理位置应用，而事实上，它能自动记录你经常出现的地理位置，并自动生成为数据图表，这些信息会帮助分析每日的行程路线、生活必需场所，甚至驾驶里程与汽油存量的关系（因为它知道你上一次在哪里加过油），它们在一起将会变成一款“个人生活助理工具”，这应该是复杂的数据聚合在一起对个人直接产生辅助（而非广告）的第一个工具。

（10）零售业

“我们的某个客户，是一家领先的专业时装零售商，通过当地的百货商店、网络及其邮购目录业务为客户提供服务。公司希望向客户提供差异化服务，如何定位公司的差异化，他们通过从 Twitter 和 Facebook 上收集社交信息，更深入的理解化妆品的营销模式，随后他们认识到必须保留两类有价值的客户：高消费者和高影响者。希望通过接受免费化妆服务，让用户进行口碑宣传，这是交易数据与交互数据的完美结合，为业务挑战提供了解决方案。”Informatica 的技术帮助这家零售商用社交平台上的数据充实了客户主数据，使他的业务服务更具有目标性。零售企业也监控客户的店内走动情况以及与商品的互动。它们将这些数据与交易记录相结合来展开分析，从而在销售哪些商品、如何摆放货品以及何时调整售价上给出意见，此类方法已经帮助某领先零售企业减少了17%的存货，同时在保持市场份额的前提下，增加了高利润率自有品牌商品的比例。

（11）市场研究

微软正在通过对论坛、社交媒体上内容的监测，来发现人们对微软产品和营销活动的反应，这个夏天微软 Window8 发布后，就采用了传统数据收集和实时数据收集的两种手法，“我们对网络反馈信息的收集是连续的和实时的，我们也依然使用传统的消费者满意度调研，最终会将两者产生的数据结合起来进行分析。但是前者那种以日为单位的市场信息捕捉，能够使我们更快地对市场做出反应。

（12）铁路系统

东日本旅客铁道(JR 东日本)集团在车站里设置了内置摄像机的触屏式自动售货机，识别顾客的性别和年龄等，在屏幕上显示推荐商品，扩大了销售额。这套系统除了顾客的属性之外，还按照天气、气温和时间分别积累了商品的销售额记录，建立了预测消费者行为方式的模型。

（13）能源行业

智能电网现在欧洲已经做到了终端，也就是所谓的智能电表。在德国，为了鼓励利用太阳能，会在家庭安装太阳能，除了卖电给你，当你的太阳能有多余电的时候还可以买回来。通过电网收集每隔五分钟或十分钟收集一次数据，收集来的这些数据可以用来预测客户的用电习惯等，从而推断出在未来 2~3 个月时间里，整个电网大概需要多少电。有了这个预测后，就可以向发电或者供电企业购买一定数量的电。因为电有点像期货一样，如果提前买就会比较便宜，买现货就比较贵。通过这个预测后，可以降低采购成本。维斯塔斯风力系统，依靠的是 BigInsights 软件和 IBM 超级计算机，然后对气象数据进行分析，找出安装风力涡轮机和整个风电场最佳的地点。利用大数据，以往需要数周的分析工作，现在仅需要不足 1 小时便可完成。

本章小结

本章主要介绍了物联网、云计算、移动互联网、大数据等电子商务新技术与新应用的发展现状、应用和发展趋势。

早期的物联网是指依托射频识别技术和设备，按约定的通信协议与互联网相结合，使物品信息实现智能化识别和管理，实现物品信息互联而形成的网络。随着技术和应用的发展，物联网内涵不断扩展。现代意义的物联网可以实现对物的感知识别控制、网络化互联和智能处理有机统一，从而形成高智能决策。物联网应用现状和趋势：全球物联网应用处于起步阶段，我国物联网应用初创待发。物联网关键技术主要有：感知、网络通信和应用关键技术、支撑技术、共性技术、标准化。

云计算作为一种新兴的资源使用和交付模式正逐渐为学界和产业界所认知，本章对云计算做出定义并归纳了其特点，叙述了国内外云计算的发展现状及未来发展趋势；在相关的技术方面，按照服务优化管理、应用构建与集成、应用系统持续运行、多模式客户端四个类别对云计算的关键技术进行了介绍；最后，从政府及公共事业、行业应用和企业应用展示了我国云计算的主要应用情况。

移动互联网的思想诞生于 2000 年，至今已有十多年时间，诞生之初由于技术等方面的原因，没有真正发展起来，直到 2010 年 3G 网络的大范围应用以及相关技术的突破，移动互联网才得到蓬勃发展。移动互联网的关键技术包括移动宽带技术、移动终端技术以及移动应用实现技术，每一种技术又包含很多具体技术。对于移动互联网，安全也是一个非常重要的问题，需要得到重视。

大数据的关键是在种类繁多数量庞大的数据中，快速获取信息。大数据具有体量巨大、种类繁多、价值密度低、时效性高的特点。对于商家而言，数据已成为开展移动互联网业务的核心优势资产，沉淀更多数据、更好地利用数据，成为运营商提高服务能力，增强产业链影响的重要举措。大数据应用的关键也正在于 IT 与经营的融合。

参考文献

[1]《物联网白皮书》(2011 年)，工业和信息化部电信研究院.

[2]我国十大城市“十二五”规划全面布局物联网，来源：中华工控网，http://www.gkong.com/item/news/2011/07/59416.html.

[3]赛迪顾问. 中国云计算产业发展白皮书摘录. 中国计算机报，2011 年 1 月 24 日.

[4]曹媛媛. 云计算关键技术应用及发展. 电子科技，2011 年第 11 期.

[5]孙怡. 基于双边市场理论的移动互联网应用平台研究. 北京：北京邮电大学经济管理学院，2011.

[6]李俊受. 中国和韩国移动互联网发展的比较研究. 北京：北京邮电大学经济管理学院，2010.

[7]艾瑞咨询集团. 2008-2009 年中国移动互联网发展报告.

[8]沈晶歆. 移动互联网关键技术及典型业务产品研究. 电信科学，2010，(10).

[9]魏亮. 移动互联网安全框架. 中兴通讯技术，2009，(4).

[10]物联网的产业应用，来源：物联中国，http://www.50cnnet.com/html/yingyonglingyu/.

第 15 章　电子商务案例分析

15.1　网络营销案例分析

15.1.1　花店的微博营销

微博营销是网络营销的生力军。随着新浪微博、搜狐微博、腾讯微博等微博营销平台的成功运营，微博这种新生代的社会化媒体工具，正在悄悄改变每个人的生活。对企业而言，微博营销更是企业品牌战略具有不容忽视的促进力量。微博营销区别于利用传统的博客、论坛、SNS 社区等社会化媒体工具进行信息传播，微博营销的价值主要有信息传播简单快捷、互动性强和客户转化率高等特点。

“野兽派花店”这个名字被很多文艺青年所熟悉。“野兽派花店”在开办初期没有实体店，甚至没有淘宝店，仅凭微博上几张花卉礼盒的照片和 140 个字的文字介绍就吸引了大量的粉丝。从 2011 年 12 月底开通微博到现在，野兽派花店已经拥有了超过 62 万粉丝，甚至连许多演艺界的明星都是它的常客。为什么传统简单的花店生意会有如此新鲜的生命力？

答案是野兽派花店卖的不仅仅是花。2011 年年末，顾客 Y 先生在野兽派花店订花，希望能表现出莫奈的名作《睡莲》的意境，可是当时并没有合适的花材进行创作。几个月过后，店主兼花艺师 Amber 想起日本直岛的地中美术馆，从中获得灵感，做成了后来野兽派花店的镇店作品之一，“莫奈花园”。

与其他花店不同的是，野兽派花店善于倾听客人的故事，然后将故事转化成花束，每束花因为被赋予了丰满的故事而耐人寻味。这其中，有幸福的人祝自己结婚周年快乐的、有求婚的、有祝父母健康的、有纠结于暗恋自己的男同事的……在日复一日的寻常生活中，阅读 140 字的离奇情节，也成为粉丝们的一种调节剂。

野兽派花店所选用的花束不是市场上常见的，这些进口花卉品种经过精心雕饰之后，针对不同的人群、送花与收花人的心境，赋予颇有意境的名字。包装完成的花束，只在微博上出售，顾客在微博上通过私信下订单，客服通过私信回答顾客的问题最终达成交易。

和传统的花店相比，野兽派花店被视为花店中的奢侈品品牌。从野兽派出品的花卉礼盒少则三四百元，多则近千元，然而即使是如此高的价格，仍然有众多顾客追捧。

案例评析：

野兽派花店的花艺在花艺圈可能并不是最好，但野兽派花店成功地运用了以微博为工具的故事营销。对于许多花店粉丝来说，即可能成为故事的男女主角，又可以围观寻常生活中有趣的细节，而这些已经成了一种买花之外的附加价值。

野兽派花店的成功告诉我们，电子商务并不是以低价为主要手段的一种经营方式。利用微博病毒式传播可以免费获得大量的潜在客户，并通过精心设计的故事营销，将这些潜在客户转变为实际的消费者，这种商业模式完全颠覆了传统电商拼价格的悲催局面。

（资料来源：网商在线网站 http://www.wshang.com/ community/show/bbs_id/56700.html）

15.1.2　三星手机社区营销

懂得利用网络口碑的企业，将以低廉的成本实现精准营销，而忽视网络口碑的企业，会为此付出巨大的代价。

韩国三星是最早介入网络营销的企业之一，尤其是借助世界杯期间，利用网络平台展开的各种营销活动，都获得了巨大的成功，并且荣获了新浪 2006 网络盛典“年度营销团队奖”。2007 年 6 月，三星公司针对新上市的 U608 手机做了一次网络社区口碑营销，并且获得了非常瞩目的效果。

一次精心蓄谋的策划

三星公司首先对新款手机 U608 针对国内用户的喜好进行了特点分析，“超薄、眩酷”的外观及强大的功能，将对用户产生较强的吸引力，这些特点很容易通过图片的方式直观体现在网络社区，将会给用户良好的体验，较强的视觉冲击将大大激发用户的购买欲望，三星通过这些特点策划了以新品曝光为卖点的社区营销文案，“超炫三星 U608 全图详解”、“新机谍报绝对真实三星新机 U608 抢先曝光”两篇图文并茂的新品曝光的文章，吸引了大量的网友的眼球。

传播载体的精准，意见领袖的影响

三星公司根据 U608 手机的人群定位，进行了网络社区传播载体的选择，并根据人群定位及社区人气度进行相应级别划分，有针对性的对社区话题进行投放。生活中我们选择购买哪款手机，可能更多会咨询那种对产品精通的“达人”，他们的意见将会大大促成我们的购买决策.因此三星 U608 手机的社区推广活动瞄准了这样的群体——日常生活中的意见领袖，而他们往往也是热门手机社区的泡坛高手。三星在意见领袖密集的热门手机类论坛，投放了精心策划的营销文案，当网友参与到 U608 手机的话题讨论中来，其实针对他们的营销活动就开始了。随着话题活动的升温，策划的话题文章也被大量转载，在互联网无限延伸的空间中，三星新品 U608 影响更大规模的受众。

强有力的执行，严密的流程控制

在操作实施的过程中，该策划文案被传播至 30 多个论坛，其中部分论坛以置顶的方式在网络社区进行传播。执行人员根据社区网友的互动和反馈，进行有针对性的话题引导，并保持与意见领袖的沟通，能够让话题更进一步的深入影响下去。同时对负面话题进行监控，及时进行危机公关，在活动结束后的活动的流量分析及反馈也都做了相应的分析和总结。活动过程中的数据包括用户所留下的行为和反馈，都将很有效的帮助三星掌握消费心理需求及市场发展趋势。

根据监测效果显示，在三星U608在为期两个月的社区论坛口碑营销中，两个帖子的点击总次数达到了近60000次，回复近800次。置顶期内与“新机谍报绝对真实三星新机U608抢先曝光”相同标题的搜索结果1610篇，转帖量是发帖量的53倍；与“超炫三星U608全图详解”相同标题的搜索结果2290篇，转帖量是发帖量的76倍。充分证明社区论坛口碑营销让U608在论坛中形成非常广泛的口碑影响力。

这是本次三星U608手机社区营销活动的简要流程，从社区数据反馈来看，活动的营销效果是比较成功的，而从成本来看，可能仅是传统媒体传播投入的非常小的一部分。本次营销活动也并非独立存在的，电视、户外广告、平面媒体的传统媒体都在同一时间进行密集传播，社区营销是三星营销组合拳重要的一部分，此案例也可以说是三星整合营销的成功案例。（**资料来源：网络营销教学网站http://www.wm23.com/wiki/15022.htm**）

案例评析：

三星的网络营销成功要点总结：

第一，社区营销的目的非常明确。

选择的传播载体都是生活中意见领袖汇集之处，他们的意见都会影响到周边的人群，针对他们的精准营销，自然就在解决营销效果的问题。

第二，充分利用社区的分享和互动。

三星利用网络潜在消费者提前体验产品，通过强有冲击力的产品曝光图，刺激消费者的视觉感官，激发了消费者的购买欲望.通过用户的参与、分享、互动，又将信息传播至网络更广阔的空间，这充分调动了用户的主动性和创造性，最终实现了网络的口碑传播。

第三，传播过程中的引导和监测。

假使网络推广仅仅局限在发好文案就不理不问，效果就会大打折扣。在社区营销过程中，对用户的引导和交流将会大大增强用户的共鸣，活动过程中的数据包括用户所留下的行为和反馈，都将会帮助企业更好的掌握消费者心理及市场导向。

第四，线上和线下营销相辅相成。

若是网络上获得了一定的影响力，但线下却没有相应的结合，那么这种影响力就会逐渐消散。三星通过立体的营销策略组合实现了有机的整合，新品营销推广活动大获成功。

尽管社区营销、web2.0新媒体营销目前还处于探索之中，但以网络引导口碑传播、把握消费者舆论必然会越来越受到企业的重视，能够理解新媒体传播载体，利用新媒体的企业必然将会走在营销的前沿，在未来的竞争中抢得先机。

15.1.3 一个裁缝师的博客营销

互联网风靡全球的今天，市场正在发生着巨大的变化，传统的营销方式和与顾客沟通的方式正在发生变化，不管我们身处在哪个行业，博客营销都已经在开始影响着我们的商业潜规则了，成为网络营销时代重要的营销工具了！

企业博客的类型有很多种：像公司总裁（首席执行官）的博客，如：阿里巴巴马云的博客，慧聪总裁郭凡生的博客，他们是站在公司的高度向外界透视公司的信息；营销类博客，这类博客有的是营销专家的博客，如博客营销专家冯英健的博客，阿里上的海惕博客，李力刚博客，也有的是企业为了营销目的而建立的博客等；员工类博客，这类博客有的是企业业务员，有的是系统程序员，或者是财务人员等；还有专家类型的博客等。

以下是一个博客营销案例，从这个案例中我们会受到很多启发。

这是一家专门使用博客做营销的公司，英式剪裁公司，这是由知名营销专家博客写手帮忙打造的，它帮伦敦裁缝师马洪掀起了一股热潮。事实上，他因为个人博客而成为萨维尔街有史以来媒体曝光率最高的裁缝，曾接受过数十家杂志与报纸的专题访问。

这个博客很简单：它讨论一般人买不起的 5000 美元以上的高级订制西服。讨论的方式相当自然，马洪和麦克劳德并没有刻意隐藏什么，订制西服的确很贵。但是真正让读者感兴趣的是，读者可以从博客看出马洪和麦克劳德对裁缝充满热情，而且他们最大的乐趣就是看到顾客满意的笑容。

英式剪裁博客中充满了制作与营销西服的信息及启示，巧妙地提供他对业界的专业了解，公开谈论商业秘密，提供一个地方让大家讨论订制西服问题，并分享经验。

成功设置这种营销类博客的关键在于要懂得施与。英式剪裁不仅提供了宝贵的信息，有时候甚至还会送出西服。虽然这是裁缝业的特例，但是这个博客帮马洪建立起了让他的公司看起来更人性化，更平易近人。（资料来源：**http://blog.china.alibaba.com/blog/lfyzglass/article/b0-i1838926.html**）

案例评析：

博客作为营销工具，实际上就是让大家在公开的场合呈现真实的自我。做营销类博客，首先要明确为客户提供什么样的产品和服务，以期达到什么样的目的。另外选择最有效的沟通方式，能够实现与客户平等、互动的沟通。能经常免费提供有价值信息的博客，才能长期受大家青睐和光顾。裁缝师马洪和麦克劳德的产品博客，通过向客户提供制作与营销西服的信息及启示，提供他对业界的专业了解，公开谈论商业秘密，提供一个地方让大家讨论订制西服问题，共同分享经验。这样用户就能深刻地理解产品的人性化设计及价值。

15.2　网上支付案例分析

15.2.1　网上支付的三种模式

网上支付又称为网络支付，是指通过互联网实现的用户和商户、商户和商户之间在线货币支付、资金清算、查询统计等过程。广义的网上支付包括直接使用网上银行进行的支付和通过第三方支付平台间接使用网上银行进行的支付。狭义的网上支付仅包括通过第三方支付平台实现的支付。网上支付主要包括以下三种模式：

1. 网上银行支付

网上银行支付是指客户在银行柜台或银行网站上签约网上银行后，利用银行的网上支付系统所进行的资金支付活动。网上银行支付所包括的服务有：开户、销户、查询、对帐、行内转帐、跨行转帐、信贷、网上证券、投资理财等传统服务项目，使客户可以足不出户就能够安全便捷地管理活期和定期存款、支票、信用卡及个人投资等。

2. 第三方平台支付

第三方支付就是那些和产品所在国家以及国外各大银行签约，并具备一定实力和信誉保障的第三方独立机构提供的交易支持平台。

第三方支付的价值体现在以下四个方面：降低了电子商务商户（企业）的成本；减少了消费者银行信息在公共网络上泄露的风险；增强了电子商务活动过程的信用程度；提供更为快捷方便的小额支付、微支付工具。

3. 虚拟货币支付

虚拟货币是指与在真实世界里流通的现实货币相对应的，仅仅能在虚拟的网络世界流通的货币，如淘金币、京豆等。虚拟货币作为网购市场提供商发行的一种企业货币，在吸引网购网民即买家关注网购网站，积极参与网购市场交易，以及助力卖家推广网站和商品，活跃网购网站交易气氛，提升网购网站人气等方面都发挥着重要的作用。

15.2.2 工商银行的网上银行支付

中国工商银行（www.icbc.com.cn）于1984年成立，全面承担着原由中国人民银行办理的工商信贷和储蓄业务，2005年，工商银行完成了股份制改造，正式更名为“中国工商银行股份有限公司”；2006年，工商银行成功在上海、香港两地同步发行上市。2013年，中国工商银行位列英国《银行家》全球1000家大银行榜首，在美国《福布斯》杂志全球企业2000强排名中，成为全球最大企业，并首次入选全球系统重要性银行。1997年12月，工商银行就在互联网上开办了自己的网站，并于2000年2月正式开办网上银行业务，当年电子银行交易额为2万亿元；截止2012年底，工行电子银行的交易额达333万亿元，比上年增长17.2%，累计办理的业务笔数达370亿笔，同比增长21%。手机银行业务也呈现出爆发式增长态势，该行手机银行客户数已超过7000万户，较上年同期增长近55%，交易额增长了近16倍。工行电子渠道完成的业务量在全部业务量中的占比已达到75%，这意味着每4笔业务中就有3笔是通过电子渠道办理的。

工行已经构筑了包括网上银行、电话银行、手机银行、电视银行、自助银行等在内的渠道体系，每年创新推出上百个电子银行新产品，并创造了企业网上银行、95588电话银行、U盾、口令卡等多个行业第一。仅工行的个人网上银行就能够为客户提供账户管理、转账汇款、缴费站、个人理财、外汇交易、证券交易、基金买卖、贵金属投资、网上贷款、工银信使等23类400多项服务。工商银行网站先后被英国的《银行家》杂志、美国的《环球金融》杂志评为"全球最佳银行网站"、"中国最佳企业网上银行"，连续六年被《环球金融》评为"中国最佳个人网上银行"。

1．工商银行网上银行的商业模式

（1）工商银行网上银行的战略目标

中国工商银行的战略目标是巩固在我国银行业的市场领导地位并致力于转型为国际一流的金融机构，成为国内最大零售商业银行。

工商银行网上银行的目标：是通过大力发展电子银行，构建包括企业网上银行、个人网上银行、手机银行、多媒体自助终端等在内的完整的电子银行服务体系，使用户需要的功能基本上都能够通过网上银行实现，让客户可以足不出户就能够安全便捷地办理银行业务。

（2）工商银行网上银行的目标用户

主要包括企业客户与个人网络客户两大类客户群体。截止到2012年6月，工商银行个人网上银行客户数达到1.3亿，企业网上银行客户数近300万。

（3）工商银行网上银行的产品与服务

工商银行网上银行集银行、投资、理财于一体，能够为客户提供包括账户查询、转账、7×24小时汇款、缴费站、网上外汇、网上证券、网上保险、网上黄金、网上期货、在线支付、集团理财、资金归集等多种服务，是目前国内功能最强大的网上银行之一。

针对企业客户群体所提供的产品为：企业客户企业网上银行——工行财e通；针对个人网络客户群体所提供的产品为：个人网上银行——金融@家。

（4）工商银行网上银行的赢利模式

工商银行网上银行的赢利模式主要包括三个方面：企业业务收费、个人业务收费、电子商务收费。其中，企业和个人服务收入包括服务费、交易费和工本费等；电子商务收费包括服务费用和交易费。服务费主要指特约单位开通服务费，每个B2B、B2C、C2C特约单位不低于2000元；交易费包括工商银行账户在线支付B2B（B2C、C2C）业务、工商银行商城业务等收费。

2．工商银行网上银行的经营模式

工商银行网上银行的经营模式主要体现在以下三个方面：

（1）构建完整的网上银行服务体系

工商银行构建包括企业网上银行、个人网上银行、手机银行、多媒体自助终端等在内的完整的电子银行服务体系，实现了从点面服务为主的传统服务渠道向现代化的立体式、全方位服务渠道全面转型。

（2）创新网上银行产品与服务

在企业网上银行方面，工商银行推出集团理财、网上收费站、银企互联、贵宾室、财务室、网上支付结算等多种国内首创的产品。在个人网上银行方面，工商银行“金融@家”个人网上银行，不仅具有十四大类、七十余项功能，更配备了 U 盾、口令卡等领先的安全工具，成为安全级别最高、功能最为全面的网上银行之一。

（3）注重网上银行业务推广

一是通过联合众多合作伙伴推出了丰富多彩的促销和推广活动，吸引了大量客户使用网上银行；二是开展全方位的网上银行宣传，普及网上银行知识并引导客户体验和使用；三是积极利用网点开展营销。

3．工商银行网上银行的技术模式与管理模式

在技术体系方面，工商银行网上银行采用了标准的 SSL 协议对通讯进行端到端加密，并采用了网络防火墙加网络入侵检测系统，构建了立体的安全防护体系。

在业务应用方面， 推出了网上银行客户身份确认，一是使用具有专利技术的客户证书—U 盾，二是使用电子银行口令卡，三是使用注册卡号和网上银行密码。

在风险管理方面，工商银行从系统安全保障、客户身份识别、交易过程和业务流程控制等三个方面进行银行端的风险布防。

4．工商银行网上银行发展的结论与建议

网上银行的发展有效的促进了银行自身的发展。首先，网上银行的产品和服务优势，使之成为银行稳定优质客户、竞争新客户的利器，有效提升了银行的核心竞争力；其次，网上银行业务有效分流了柜面业务，缓解了网点柜台排队的压力；最后，网上银行发展可以节约大量运营成本。

但是，工商银行的网上银行业务也容易被竞争对手复制和模仿。联网环境下用户的忠诚度不高，因为用户的转移成本很低，很容易就可以换一家银行实现同样的功能。因此，工商银行应该通过区分用户的需求，体现出自己的特色业务，进一步增加用户的使用粘性。

15.2.3 支付宝的第三方支付

支付宝网络技术有限公司（www.alipay.com），是国内领先的独立第三方支付平台，由阿里巴巴集团于 2004 年创办，致力于为用户提供“简单、安全、快速”的支付解决方案。旗下有“支付宝”与“支付宝钱包”两个独立品牌。自 2014 年第二季度开始成为当前全球最大的移动支付厂商。支付宝用户覆盖了 C2C、B2C，以及 B2B 领域，截至 2013 年 7 月，支付宝注册账户突破 8 亿，支付宝单日交易笔数峰值达到 1.88 亿笔，其中，移动支付单日交易笔数峰值达到 4518 万笔，移动支付单日交易额峰值达到 113 亿人民币。目前，除淘宝和阿里巴巴外，支持使用支付宝交易服务的商家已经超过 46 万家，涵盖了虚拟游戏、数码通讯、商业服务、机票等行业。这些商家在享受支付宝服务的同时，更是拥有了一个极具潜力的消费市场。

支付宝平台主要具备七大功能，包括：我要收款、我要付款、生活助手、交易管理、我的支付宝、安全中心。

1．支付宝平台的商业模式

（1）支付宝平台的战略目标

支付宝的目标是打造全球最大的电子支付服务提供商，并逐渐向海外市场、无线、B2B 等领域开展全方位的拓展。其经营宗旨就是致力于为中国电子商务提供“简单、安全、快速”的在线支付解决方案。

（2）支付宝平台的目标用户

支付宝刚创立时的目标客户是淘宝网用户，为他们提供一种安全、便捷的支付方式。随着支付宝的影响力不断增加，支付宝开始为阿里巴巴中国网站用户以及其他非阿里巴巴旗下网站提供支付平台。

（3）支付宝平台的产品与服务

支付宝所提供的产品与服务主要包括：支付宝交易、支付宝账户、支付宝的增值服务（红包与认证）、支付宝推荐物流公司服务。

（4）支付宝平台的赢利模式

支付宝平台的赢利模式主要包括：非淘宝卖家的技术服务费和支付宝账户收款或付款服务费。非淘宝卖家的技术服务费，即向非淘宝网卖家收取一定比例的技术服务费用，收费标准约为交易总额 1.5%，淘宝网用户可以继续免费使用支付宝。支付宝账户收款或付款服务费按照支付宝账户类型和“交易流量”，向用户收取一定比例的服务费用。

2．支付宝平台的经营模式

支付宝平台的经营模式主要从以下四个方面入手：会员免费积聚大量人气；与各大银行、金融机构合作，圈地电子支付；推出“全额赔付”等措施，打造安全信用体系；积极扩展外部商家，试水海外市场。

3．支付宝平台的管理模式

支付宝平台的管理模式主要包括：手印文化、裸奔计划、家族管理、风险管理四个方面。

（1）手印文化

在支付宝工作满一年的员工，都可以在一块盾牌上摁上自己的手印，并写下自己对公司的感言挂在墙上；盾牌上的手印意味着对交易客户安全的承诺。与其说“手印文化”是支付宝的企业文化，倒不如说这是支付宝员工的成人礼，手印文化对于员工责任感、以消费者安全为导向的具体业务形态，具有极强的个体指导意义。

（2）裸奔计划

当一个项目按期或超额完成，为了向员工表示庆祝，该项目的负责人会只穿一条短裤钻桌子、在公司楼内跑上一圈。公司管理层把“裸奔”当成一剂团队融合的良药，下属员工把完成项目后可以正大光明、开开心心地驱动项目负责人“裸奔”当成对自己的犒劳。“裸奔计划”不但纵向融合了团队，还调动了团队成员的积极性。

（3）家族管理

采取抽签分配制，所有的部门、所有的员工抽下来，然后采取抽签搭配的方式，组成一个个四五十人的家族。每个家族都会组织活动，推广家族的品牌，在公司的内部推广品牌，通过这样一个东西，能够把家族组合起来。

（4）风险管理

支付宝建立了全球领先的实时风险监控系统，能够侦测绝大多数非正常行为并予以实时处理，从而提供“7×24 小时”的用户保护。2007 年 4 月，支付宝建立了专门的风险管理部门。

4．支付宝发展的结论与建议

支付宝商业模式的成功，从价值网络上讲，商家和客户通过支付宝可以有效地解决钱货物不对称问题，银行可以扩展业务范畴，也节省了为大量中小企业提供网关接口的开发和维护费用，同时支付宝可以对买卖双方的交易进行记录，为后续交易中可能出现的纠纷提供的证据；同时，支付宝对银行业具有较强的依赖性，处理好和银行的利益关系相当重要。由于买方在等待收货期间暂存在支付宝账户上的在途资金缺乏流动性，影响资金的周转进而影响到系统的结算效率，也可能引起资金吸存行为，为非法转移资金和套现提供便利，形成潜在的金融风险。另外，支付宝还面临同业恶性竞争与银行的竞争。

因此，在支付宝发展的过程中，应该树立公信度，做好信用中介；强化市场细分，提供多元化的支付模式，提高市场竞争力；同时，密切与银行的关系。

15.2.4 虚拟货币支付

淘金币是淘宝网为用户提供的积分。淘宝会员可以用淘金币享受全额兑换、品牌折扣、包邮等权益；可以在购物时抵扣现金获得折扣和邮费；还可以用淘金币兑换、抽奖得到免费的商品。2013 年，淘宝网调整了淘金币的营运策略，将原淘金币平台（taojinbi.taobao.com）与淘宝会员俱乐部（vip.taobao.com）进行了整合，将淘金币的获取与使用权益跟淘宝会员的成长值密切联系起来。

1．淘金币的商业模式

（1）淘金币的战略目标

淘宝币作为淘宝网发行的一种企业货币，它的主要目标是吸引网购网民关注淘宝网站，积极在淘宝网交易，并帮助卖家推广淘宝网站和商品，活跃淘宝网站交易气氛，提升淘宝网站人气，提高网购网民的粘合度。

（2）淘金币的目标用户

淘金币作为淘宝网发行的企业货币其目标客户是淘宝网的网购客户，为他们提供一种便捷的返利回馈服务，同时淘金币也是吸引网购客户的营销手段。

（3）淘金币的服务

淘宝币的服务主要体现在它能够替代真实货币在淘金币平台兑换、竞拍品牌折扣商品，兑换、抽奖免费商品。

2. 淘金币的经营模式

淘金币作为淘宝会员的积分形式，其获取几率与其会员的成长值密切相关。淘宝会员的成长值是会员通过购物所获得的经验值，由累积金额计算获得，会员成长值≈会员累积购物金额。按照淘宝会员俱乐部的规定，会员成长值即累积购物金额与会员等级的对应关系是：$0 \leqslant V_0 < 1000$，$1000 \leqslant V_1 < 5000$，$5000 \leqslant V_2 < 20000$，$20000 \leqslant V_3 < 50000$，$50000 \leqslant V_4 < 150000$，$150000 \leqslant V_5 < 800000$，$800000 \leqslant V_6$。可见，会员等级越高成长越缓慢，同时会员等级越高获得的淘金币权益也会越大。淘宝币的获取方式主要有以下几种：

① 购物付款后领取淘金币。会员在付款成功页面会出现文字提示，但只有在 40 分钟内点击“领取本次交易获得的淘金币”，才可以获得淘金币。每日全网会员最多能领到 50 淘金币。

② 会员俱乐部签到获取淘金币。淘宝会员可在会员俱乐部页面左上方的点击“领取*金币”按钮即可领取 5 淘金币。若会员连续多日签到，可每日在 5 淘金币的基础上持续增加，每日增加 5 淘金币，但每日上限为 30 淘金币。若会员某日中断领取，则又会从 5 淘金币从新开始。

③ 做任务赚淘金币。淘宝用户进入“淘金币”首页，在领取淘金币按钮的下方，点击“做任务赚金币”就可进入“任务箱子”页面，用户可以选择要做的任务点击“立即参加”来赚取淘金币。

④ 收藏店铺获得淘金币。淘宝用户每天浏览店铺动态广场，点击任意店名、店标或宝贝图进入店铺页面，并在店铺页面找到“收藏看动态送 5 淘金币”图片，然后点击“收藏本店”按钮即可获得 5 淘金币。每天每位淘宝用户，最高可以获得 5 个淘金币。

当淘宝用户通过以上各种方式获得淘宝币之后就可以在淘宝网上来使用淘金币了。淘金币主要的功能有两个：

① 使用淘金币抵现金。如果淘宝用户在购买商品时希望使用淘金币抵现金，那么需要淘宝用户进入支持淘金币抵钱的淘宝店铺消费，每次最多可用淘金币抵扣 1%-99% 的商品价格（具体百分比取决于卖家设置），抵扣比例为 100 淘金币抵扣 1 元。

② 使用淘金币兑换商品。淘金币兑换商品有以下两种形式：

- 淘金币折扣兑换。即淘宝用户使用“淘金币+现金”的形式购买商品，可以获得一个优惠的商品折扣价。
- 淘金币抽奖。如果淘宝用户当前的淘金币较少，可用通过抽奖的形式来参与活动。在用户参加抽奖之后，系统会随机抽奖，并立即通知您是否获奖。获奖的用户也只需 0.01 元就可买到指定商品。

3. 淘金币的结论与建议

从淘金币的经营模式可以看到，淘金币获取和使用的很多权益都是跟淘宝会员的购物金额直接相关的，买得越多，成长越快，等级越高，特权也就越大。这不仅使淘宝会员可以获得折扣、免单等实际经济利益，而且还能从享有特权中获得心理满足和精神愉悦，很容易让淘宝用户上瘾，诱使他们孜孜不倦地追求着在淘宝网的快速成长。而这正是淘金币这个虚拟货币所想达到的现实效果。

淘宝网营运淘金币的另一高明之处，就是在将绝大部分权益与会员成长值捆绑在一起的同时，也将部分权益面向所有会员开放，不加等级限制地准许他们赚取和使用淘金币。比如用淘金币兑换付邮试用商品，用淘金币进行支付宝红包抽奖，到支持淘金币抵现的店铺购物按100淘金币=1元的比值直接抵现，参加每天收藏店铺动态、点亮“太太乐”按钮等活动或者完成任务盒子里面的任务获得淘金币。这就扩大了淘金币获取和使用人群范围，也就提升了淘金币的影响力，从而为参加淘金币活动的卖家营造了更好的营销宣传氛围，提供了更多的商品推广机会。

营运策略不断调整中的淘金币正在逐渐成熟起来，它在淘宝网用户尤其是淘宝会员中的影响力也与日俱增，在巩固和扩大淘宝网用户人群，提升淘宝卖家销售业绩等方面正发挥着越来越大的作用。但目前它主要限于淘宝网内部兑换、抵扣使用，功能较单一，支付和流通能力不强，作用和效益发挥不充分，有待于进一步调整和完善。

因此，建议淘金币扩大使用范围，实现它作为淘宝网全网通货功能，建立淘金币与天猫积分、支付宝积分互换体系。同时，加强与各银行信用卡互联互换合作，实现信用卡的积分换购与淘金币换购合并，从而扩大淘金币的社会影响力。

15.3 协同商务案例分析

1. 案例背景

海尔集团是在 1984 年引进德国利勃海尔电冰箱生产技术成立的青岛电冰箱总厂基础上发展起来的国家特大型企业。海尔集团在张瑞敏总裁提出的“名牌战略”思想指导下，通过技术开发、精细化管理、资本运营、兼并控股及国际化等战略的实施，从一个亏空147万元的集体小厂迅速成长为拥有白色家电、黑色家电、和米色家电的中国家电第一品牌。目前，海尔产品已包括69大门类10800多个品种，通过全球38000多个营销网点销往世界上160多个国家和地区，企业销售收入以平均每年80%的速度高速、持续、稳定增长。2014年，海尔集团全球营业额实现2007亿元，同比增长11%；实现利润150亿元，同比增长39%，利润增幅是收入增幅的3倍。其中，作为最早实施电子商务的中国企业之一，海尔的电子商务发展同样令世人瞩目，2014年海尔线上交易额实现548亿元，同比增长2391%。2014年12月31日，世界权威市场调查机构欧睿国际（Euromonitor）发布2014年全球大型家用电器调查数据显示：海尔大型家用电器2014年品牌零售量占全球市场的 10.2%，居全球第一。据悉，这是海尔大型家电零售量第六次蝉联全球第一，更首次突破两位数。

2．构建电子商务基础

1996 年，海尔针对国际互联网技术日趋成熟的现实，经过深入调查研究和精心规划于同年 10 月建立了海尔网站。这是国内企业建设最早的网站之一。该网站成功的地宣传了海尔集体和产品，大大方便了公司与国外客商的交流，为他们更好地了解海尔产品信息、洽谈贸易、产品订购提供了便利的通道；对国内客户而言，网站咨询和售后服务为他们提供了很大的帮助；与此同时，网站对促进海尔集体总部与全国的销售、维修中心交互式的通讯联络发挥了重要作用。

在建设海尔互联网的基础上，为了使业务流程全面信息化，降低管理成本，提高企业对市场的快速反应能力，加强跨省市、跨地区，甚至跨国的管理，提高对各地的销售售后服务中心的维护质量和各地的分公司的管理效力、有效地减少培训时间和经费，突破地域的限制，更有效地获取整个企业的信息资源，并参与网上跨地域的讨论，海尔建立起了跨地域的企业内部网，形成了高效的内部管理机制。目前，公司通过企业内部网进行业务管理，每天动态掌握各地销售中心的销售和售后服务的工作情况，实施有效计划，实现 OEC（日事日毕，日清日高）管理；进出口公司通过该网络与国外供应商进行充分联系，建立交流，各分支机构实现对内对外信息的透明度和全面共享，提高集体的整体效率。今天的海尔可以说国际互联网和企业内联网交相辉映，相得益彰，在企业的生产经营活动中起着十分重要的作用。

3．构筑基于协同电子商务的物流体系

在原材料和零部件的供应方面，海尔的供应商约为 1000 家，其中不乏世界 500 强企业，如 GE、爱默生、和巴斯夫等。目前，海尔平均每个月接到 6000 多个订单，定制 7000 多个产品，需要采购的物料品种达 15 万余种。如此大规模的供应系统固然令人称羡，但也给采购工作带来巨大的困难：假设在一个仓库里完成上述工作，就需要数十万平方米普通平面仓库、上百个保管员和叉车司机等多工种工作人员，从收到生产计划到把采购订单下到供应商手中最快也得需要 5～7 天，如何有效地利用外部资源提高物流效率已经是海尔物流管理面临的最大的课题。善于学习借鉴国外先进管理方法的海尔集团首席执行官张瑞敏敏锐地认识到，在网络经济时代，一个现代企业如果没有现代物流，就意味着无物可流。从外部环境看，全球企业都在搞现代物流，没有现代物流就没法同国际化的大企业对话，最后也只有死亡。所以，网络经济时代，一个现代企业必须搞现代物流。

为了与国际接轨，海尔请来了国际上一流的企业“管家”德国的 SAP 公司帮助其打造现代物流管理软件系统。海尔选中 SAP 主要有两个原因：一是 SAP 公司是国际上最成功的管理软件提供商；二是 SAP 的“协同电子商务解决方案”非常适合海尔的需求。协同电子商务的创始者 SAP 公司凭借独一无二的、近三十年的关键业务流程管理经验，提供客户关系管理、供应链管理、财务及人力资源管理等实际运用，帮助企业提高效率和生产力。协同电子商务利用互联网为企业解开最后的束缚，让不同的企业以及它们的客户、供应商协同工作，促使分散的个体组织融合在一起跨越企业的界限，而形成一个完整的协作市场。

在海尔集团物流本部负责整个集团原材料的采购、原材料和成品的仓储和配送；产品本部负责整个集团的生产，下设19个事业部分别生产不同的产品：商流和海外推广本部分别负责国内、国外的产品销售；资金流本部负责整个集团的财务；规划中心负责整个集团发展战略（包括IT）的规划以及集团项目的审批。经过充分了解SAP找出海尔项目的最大瓶颈出现在物料管理和原材料采购等方面，但是各部门的情况又不太一样。因此根据海尔的实际情况，SAP先与其合作伙伴EDS（美国著名的网络集成商）为海尔物流本部完成了家用空调事业部MM（物料管理模块）和WM（物流立体仓库）模块的硬件实施。

为了保证整体项目的成功和顺畅运行SAP在充分听取了海尔的运行意见并考察了海尔的实际情况后，于2000年3月开始为海尔设计实施基于协同电子解决方案的BBP（原材料网上采购系统）项目。

经过双方7个月的艰苦工作，于2000年10月，SAP公司提供了R/3系统下的MM、PP（生产计划模块）、FI（财务会计模块）和BBP子系统正式上线运营。至此海尔的后台ERP系统已经覆盖了整个集团原材料的集中采购、原材料库存、及立体仓库的管理、19个事业部PP模块中的生产计划、事业部生产线上的原材料配送、事业部产品下线的原材料消耗倒冲以及物流本部零部件采购公司的财务等业务，构建起了海尔集团的内部供应链。

海尔通过BBP系统的上线建立了与供应商之间基于互联网的业务和信息协同平台。该平台的意义在于：通过它的业务协同功能，不仅可以通过互联网进行招、投标而且可以通过互联网将所有供应商相关的物流管理业务信息，如采购计划、采购订单、库存信息、供应商供货清单、配额以及采购价格和计划交货时间发布给供应商，使供应商可以足不出户就可以了解与自己相关的物流管理信息（根据采购计划备货、根据采购订单送货等等）。对于非业务信息的协同，SAP使用构架于BBP采购平台上的信息中心，为海尔供应商之间进行沟通交互和反馈提供集成环境。信息中心利用浏览器和互联网作为中介，整合了海尔过去通过纸张、传真、电话和电子邮件等手段才能完成的信息交互方式，实现了非业务数据的集中存储和网上发布。

4．实现“三零”运作

2001年3月31日，坐落在海尔开发区工业园的海尔国际物流中心正式启用。该物流中心高22米，拥有18056个标准托盘位，拥有原材料和产成品两个自动化物流系统，它采用了世界上最先进的激光导引技术开发的激光导引无人运输车系统、巷道堆垛机、机器人、穿梭车等，全部实现现代物流的自动化和智能化。至此，海尔的资源管理项目的第一阶段的工程已经完成。那么，它为海尔带来什么样的收益呢？

海尔的物流管理颇具自己的特色，可用“一流三网”来概括其特征：“一流”是以订单信息流为中心；“三网”是指全球供应链资源网络，全球用户资源网络和计算机信息网络。“三网”同步运行，为订单信息流的增值提供支持。张瑞敏在“海尔现代物流同步模式研讨会”上评价该项目时指出，对海尔来讲海尔物流系统帮助海尔实现了“三个零”的目标和能够在市场竞争中取胜的核心竞争力。这里提出的“三个零”就是零库存、零距离、零运营资本。

（1）零库存

零库存即三个 JIT（Just In Time，即时）JIT 采购、JIT 配送、和 JIT 分拨物流。现在海尔的仓库已经不是传统意义上的仓库了，它成为了一个配送中心，是为了下道工序配送而暂存的一个地方。由于物流技术和计算机信息管理的支持，海尔物流通过三个 JIT 实现同步流程。目前通过海尔的 BBP 采购平台，所有的供应商均在网上接受订单，并通过网上查询计划与库存，及时补货，实现 JIT 采购；货物入库后物流部门可以根据次日的生产计划利用 ERP 信息系统进行配料，同时根据看板管理 4 小时送料到工位，实现 JIT 配送；生产部门按照 B2B、B2C 订单的需求完成订单以后满足用户个性化需求的定制产品通过海尔全球配送网络送达用户手中。目前海尔在中心城市实现 8 小时配送到位，区域内 24 小时配送到位，全国平均 4-5 天到位。

（2）零距离

零距离技术根据用户的 需求拿到用户的订单，再以最快的速度满足用户的需求。现在海尔的生产过程和生产线，都是根据订单来进行的。海尔在全国有 42 个配送中心，这些配送中心可以及时地配送到用户手中。零距离对企业来讲不仅仅意味着产品不需要积压，快速送达用户手中，它还赋予海尔不断获取新市场机会，创造新市场的能力。

（3）零运营资本

零运营资本就是零流动资金占用。简单地说，在给付供应方付款期到来之前海尔就可以先把用户的应付货款收回来。其原因在于海尔根据用户的订单来制造，可以做到现款现货。至于获得核心竞争力，张瑞敏介绍说：“对海尔来讲，物流可以使我们需求和获得核心竞争力。一只手抓住了用户的需求，另一只手抓住了可以满足用户需求的全球的供应链，把这两种能力结合在一起，这就是企业的核心竞争力。目前我们已经通过再造业务流程建立了现代物流体系，我们的目标就是要获得有能力进行全球竞争的核心竞争力，最终使我们成为世界名牌，成为一个真正的世界 500 强的国际花企业”。

5．运用状况

通过 SAP 成功实施的 ERP 和 BBP 项目海尔集团的业务流程，得到明显改善，具体表现在以下几点：

（1）物流本部

① 订单周期缩短、及时性、准确性得到较大提高。以前从收到计划到把采购订单下到供应商手中需要 5～7 天，现在供应商第二天就可以到 BBP 网站上查看从 ERP 系统自动传到 BBP 系统中的采购订单并打印送货单，准确率比以前大大提高。

② 采购配额的比例管理更加科学。配额比例由原来的 人工统计数字到现在由系统根据质量考评、供货考评和价格排名三个综合因素来决定。价格排名根据BBP平台网上招标的结果来确定。

③ 通过BBP平台的网上招标，不仅提高了竞价效率和价格信息管理的准确率，而且免去了供应商的差旅费用，降低了成本。

④ 实现了内部供应商的计划一体化，大大缩短了内部供应商的供货周期。

⑤ 通过提高采购订单的可执行性、网上查询采购计划、原材料外检、网上打印送货单，优化了供应商的送货流程，实现了减员增效。

⑥ 通过缺料自动报警、拉料配送到工位、微机记帐等功能优化了原材料的配送流程。

⑦ 为实现原材料采购的寄售模式提供了条件，通过寄售模式将备货转化为供应商的库存，减少了库存积压资金。

⑧ 通过在立体库使用红外扫描系统与R/3WM模块实时连接，收发货操作实现无纸化，不仅使仓库管理准确，而且提高了劳动效率。

（2）产品本部

① 增强了生产计划的可行性。

② 可以更加准确地控制生产线上工位的物耗和库存。

（3）资金流本部

通过财务和采购业务的集成，使财务的监控和管理智能得到充分体现。

（4）基础工作管理

系统的上线使海尔集团原本薄弱的基础数据管理工作，如原材料和产品的物料编码得到大大增强，在统一平台上完成了对集团物料编码等数据的记帐管理。

据海尔相关业务部门的统计，海尔集团通过实施新的系统，整合了原有的流程，获得了非常可观的经济效益：采购成本大幅度降低；仓库面积减少一半，库存资金周转日期从30天降低到12天；2000年网上交易亿元，成为中国最大的电子商务公司。

6．经验、体会

（1）需要高层领导重视与支持

信息系统的建设离不开企业领导的重视和指导，甚至亲自带头应用。手工流程转向自动化流程所需要付出的代价是企业信息化建设过程中的难关，需要得到领导者的全力支持，而只有通过信息系统建设逐步优化业务流程，把企业的业务流程真正通过网络运行才可能为企业带来效益。

（2）借助集团资源优势，以实力展现魅力

海尔集团实施电子商务有两大优势，再加上电子商务的新手段，正是“鼠标+水泥”的模式，能提供一个E+T大于T的惊喜，传统业务（T）优势加上电子技术手段（E）大于或强于传统业务。

（3）总体规划、分步实施的原则是取得成功的关键

海尔十几年来发展速度非常快，信息系统建设也出现了亟待整合的局面。海尔制定

了“整体规划、分步实施”的原则，研究、论证、制定了信息化建设的总体规划，在此基础上，由此细化出分步实施的步骤，避免了重复投资和时间的浪费。

（4）从实际出发，前台拉动、后台推进

从信息应用发展的角度讲，企业应该是先练内功。业界也提出了先 ERP 再电子商务的说法。的确，国际许多大企业正是遵循了这一发展模式，但是中国的企业在 ERP 的应用上普遍不理想，甚至有的还没有建设，那么在信息时代应该如何跟上先进的步伐？海尔采取了“从实际出发、前台拉动、后台推进”的模式，既充分考虑企业的需求，通过前台网站、网上采购、销售等系统的建设，把围绕订单的需求先满足，保证了企业高速增值的需求。与此同时，也以业务部门为基础，实施“核心 ERP”工程，作为前台的支撑。做到“前拉后推”的效果。

例如，海尔在前台实施了电子商务网上采购系统，拉动了后台对物料管理的需求，于是开始实施以物料管理为核心的“核心 ERP”工程，在较短的时间内达到了前、后台统一的效果，也避免了“没有 ERP 就不做电子商务”和“ERP 实施 1～2 年才可能出效果”的“雷区”。

（5）信息系统建设是企业持续快速发展的基础

新经济条件下，这一点尤为突出，拥有的信息资源越多，信息的有效交换越快，企业能占有的优势也越多，尤其是在以速度制胜的时代里。信息系统的有效应用能够使企业在效率提高、成本降低上有质的飞跃，也是企业持续发展的基础。不可想象在物料时代的企业仍沿用手工方式处理业务。

7．发展展望

海尔将在 ERP、CRM、SCM 三个信息平台基础上搭建海尔电子商务系统环境，形成企业 ERP、供应链、客户关系管理、电子商务为一体的信息化大厦。海尔的电子商务平台发展成为公用的平台，不仅可以销售海尔产品，也将销售其他各类产品；不仅可以为海尔的自身采购需求服务，也将为第三方采购和配送服务。

海尔实施电子商务拥有独特的“一名两网”的优势：“名”是名牌，品牌的知名度和顾客的忠诚度是海尔的显著优势；“两网”是指海尔的销售网和支付网。海尔遍布全球的销售、配送、服务网络以及银行之间的支付网络，是解决电子商务两个难题的答案。但海尔认为电子商务的成功光有这些是不够的，还必须有企业经营管理的基础。因为没有业务流程的重组，没有企业内部网和外部网的应用，没有企业各种信息应用系统作为基础，电子商务平台无异于空中楼阁。因此，海尔作了一系列调整：在产业方向转移方面，海尔已经实现了网络化管理、网络化营销、网络化服务和网络化采购，并且依靠海尔品牌影响力和已有的市场配送、服务网络，为向电子商务过渡奠定了坚实的基础；在管理转移方面，海尔认识到传统企业的“金字塔”式管理体制已不适应市场发展的需要，所以在管理机制上必须推翻“金字塔”组织，建立了以市场为目标的新流程，企业的主要目标从过去的“利润最大化”转向“以顾客为中心、以市场为导向”；在企业内部，每个人要由过去的“对上级负责”转变为“对市场负责”。协同式电子商务对海尔发展有非常大的意义：利用电子商务的新手段，海尔可以把企业的上下游的分供方和分销商联系起来，形成供应链的关系，供应链将逐步取代海尔整体制造的模式，促使其向哑铃型（销售与服务）发展的高科技企业转变。我们相信，协同电子商务系统的应用，一定会帮助中国最富国际竞争力的民族企业之一的海尔集团迎来更加辉煌的未来。

15.4 电子商务综合案例分析

1．案例背景

（1）公司简介

北京京东世纪贸易有限公司成立于 2004 年 1 月，总部设在北京。历经十年发展，京东商城已经成为中国最大的自营式电商企业，2014 第三季度在中国自营式电商市场的占有率为 51.9%。京东商城自 2004 年初正式涉足电子商务领域以来，京东商城一直保持高速成长，连续六年增长率均超过 200%。京东商城始终坚持以纯电子商务模式运营，缩减中间环节，为消费者在第一时间提供优质的产品及满意的服务。根据京东商城网站数据（图 15-1），截至 2013 年 4 月，京东商城拥有遍及全国超过 1 亿注册用户，近万家供应商，在线销售家电、数码通讯、电脑、家居百货、服装服饰、母婴、图书、食品等 13 大类数万个品牌百万种优质商品，日订单处理量超过 50 万单，网站日均 PV 超过 1 亿。2013 年，活跃用户数达到 4740 万人，完成订单量达到 3233 亿。2014 年 11 月 20 日，在浙江乌镇出席首届世界互联网大会的中共中央政治局委员、国务院副总理马凯介绍，阿里巴巴、腾讯、百度、京东 4 家企业进入全球互联网公司十强。

图 15-1　京东商城网站首页

（2）发展历程

1998 年 6 月 18 日，刘强东在中关村创业，成立京东公司，主要从事代理销售光磁产品，并在短短两年内成为全国最具影响力的光磁产品代理商。

2003 年，面对“非典”对传统零售业的冲击，刘强东放弃了全国扩张连锁店面的计划，并于 2004 年初，将京东公司带入电子商务领域，正式创办了“京东多媒体网”（www.jdlaser.com）。自此，京东公司进入了高速发展期，以年复合增长率为 142%的速度增长。

2006 年 1 月，京东宣布进军上海，成立上海全资子公司。2007 年 5 月，京东广州全资子公司成立，全力开拓华南市场。广州全资子公司的成立代表着京东由北京、上海、广州三地为基础覆盖全国的销售网络的形成。

2007 年 6 月，将京东多媒体网成功改版后更名为京东商城，并正式启动全新域名 www.360buy.com。2007 年 7 月，京东建成北京、上海、广州三大物流体系，总物流面积超过 5 万平方米。2007 年 8 月，京东赢得国际著名风险投资基金——今日资本的青睐，首批融资千万美金。2007 年 10 月，京东商城在北京、上海、广州三地启用移动 POS 上门刷卡服务，开创了中国电子商务的先河。

2008 年 6 月，京东商城在 2008 年初涉足销售平板电视，并于 6 月将空调、冰洗、电视等大家电产品线逐一扩充完毕。标志着京东公司在公司建立十周年之际完成了 3C 产品的全线搭建，成为名副其实的 3C 网购平台。

2009 年 1 月，京东商城获得来自今日资本、雄牛资本以及亚洲著名投资银行家梁伯韬先生的私人公司共计 2100 万美元的联合注资。也是 2008 年金融危机爆发后，中国电子商务企业获得的第一笔融资。2009 年 3 月，京东商城单月销售额突破 2 亿元，成为国内首家也是唯一一家月销量突破 2 亿元大关的 B2C 电子商务公司。

2010 年 3 月京东推出“211 限时达”极速配送，引领并建立了中国 B2C 行业的全新标准。2010 年 6 月京东开通全国上门取件服务，解决网购的售后之忧。2010 年 11 月京东图书产品上架销售，实现从 3C 网络零售商向综合型网络零售商转型。2010 年 12 月，京东商城团购频道上线，京东商城注册用户均可直接参与团购。2010 年 12 月，运营承载超过 500 个品牌，近 10 万种商品的京东商城 “品牌直销”频道正式上线，标志着京东商城开放平台正式运营。入驻开放平台的商户将可以借助京东商城仓储、配送、客服、售后、货到付款、退换货、自提货等体系，优化网购体验，同时也进一步消减自建服务体系的成本。

2012 年 10 月京东海外站（英文网站）正式上线公测，迈出国际化重要一步。京东完成了对第三方支付公司网银在线的完全收购，正式布局支付体系。2012 年 11 月京东上线供应链金融服务“京保贝”，可以实现三分钟向供应商提供融资服务。京东正式开放物流服务系统平台。

2013 年 3 月京东域名正式更换为 JD.COM，并推出名为“Joy”的吉祥物形象。2013 年 5 月，京东商城推出 “夜间配”、“极速达”等配送服务，树立电商物流配送的新标杆。京东超市业务上线。2013 年 6 月在北京、沈阳两地成功投放自提柜业务，消费者可 24 小时随时取货。2013 年 7 月京东“亚洲一号”上海物流中心（一期）完成建筑结构封顶。

成功举办京东首届开放平台合作伙伴大会。2013 年 10 月，京东在自营家电品类率先推出“30 天价保，30 天只退不换，180 天只换不修”特色服务承诺，远超国家三包法规定。2013 年 11 月，京东正式推出“退换货运费险”，是电商业界首次退换货“双保险”。

2014 年 1 月，为全面提升用户体验，自 2014 年 1 月 1 日起，京东的用户可按照新修改的《中华人民共和国消费者权益保护法》（以下简称新消法）的规定享受相应的权益。同月，京东西北大区正式启动运营。2014 年 5 月 22 日，京东商城在纳斯达克证交所挂牌上市，交易代码为 JD，此时，京东商城完成了由一个中关村小店到市值 300 亿美金上市公司的华丽转身。

2．商业模式

（1）企业目标和价值观

企业目标：成为全球最值得信赖的企业，立志做中国最大、全球前五强的电子商务公司。

企业价值观：客户为先、诚信、团队、创新、激情。

（2）顾客定位

从需求上分析京东商城的主要客户是计算机、通信、消费类电子产品的主流消费人群，从年龄上分析京东商城主要顾客为 20 岁-35 岁之间的人群，从职业上分析京东商城的主要顾客是公司白领、公务人员、在校大学生和其他网络爱好者。其中，每年走出校门的 600 万大学生群体是京东的一个重点市场，尽管 35 岁以上的消费群体有更强的购买力，但是高素质的大学生们却是“潜力股”。京东商城运营了近 10 年时间，目前拥有超过 1 亿的注册用户，2013 年其活跃用户数为 4740 万。

（3）产品和服务

京东商城为客户提供了灵活多样的商品展示空间，消费者查询、购物都将不受时间和地域的限制。依托多年打造的庞大物流体系，消费者可以充分享受“足不出户，坐享其成”的便捷。相较于其他的 BtoC 电商平台，京东商城提供一系列卓有成效的服务：

① 物流配送。

a.“极速达”服务。2013 年 5 月，继“211 限时达”之后，京东商城在物流配送上再度发力，推出了极速达一日多送服务，每单快递费 49 元，从用户下订单到收货，白天都会在 3 小时内送达，相比“211 限时达”的速度又提高了两倍。为消费者提供的一项个性化付费增值服务。消费者通过“在线支付”方式全额成功付款或“货到付款”方式成功提交订单，并勾选“极速达”服务后，京东商城会在服务时间内，3 小时将商品送至消费者所留地址。目前，“极速达”业务在北京、上海、广州、成都、武汉、沈阳六个城市提供服务。

b.“211 限时达”服务。2010 年 3 月，京东商城推出“211 限时达”极速配送服务。服务承诺：当日上午 11：00 前提交的现货订单（部分城市为上午 10 点前），以订单出库完成拣货时间点开始计算，当日送达；夜里 11：00 前提交的现货订单（以订单出库后完成拣货时间点开始计算)，次日 15：00 前送达。截至 2014 年 9 月 30 日，“211 限时达”已覆盖全国 130 个区县。

c.“夜间配”服务。2012 年 7 月，京东商城为消费者提供更快速、更便利的一项增值服务。消费者下单时在日历中选择“19:00-22:00”时段，属“夜间配”服务范围内的商品，京东会尽可能安排配送员在消费者选定当日晚间 19:00-22:00 送货上门。目前，“夜间配”业务在北京、上海、广州、成都、武汉五个城市提供服务。

d.“次日达”服务。2012 年 8 月，京东商城宣布正式推出“次日达”特色服务，覆盖范围包括华北、华东、华南、西南、华中、东北六大区的 150 个主要城市，以满足不同消费者的个性化配送需求，不断增强京东的用户购物体验。“次日达”服务是指在一定时间点之前提交的现货订单(以订单出库后完成拣货的时间点开始计算)，将于次日送达。目前，京东商城“次日达”服务共覆盖全国 151 个城市。

e.GIS 包裹实时跟踪服务。2011 年 2 月，网络零售行业第一个 GIS 包裹实时跟踪系统在京东商城正式上线。京东商城所有配送员均配备了 PDA 设备，以便于客户实时地追踪自己的购买产品的配送进程。京东商城用户可以在京东网站地图上实时地跟踪自己包裹在道路上的移动等投递情况。消费者直接在网上即可以查阅到包裹实时的地理位置，以及行进速度，甚至可以根据配送员即时服务系统，实现现场价格保护返还，无需和呼叫中心确认，京东配送员就可以现场实现“价格保护”服务。在送货过程中，消费者无需通过页面操作就可以实现退换货服务。GIS 跟踪系统还能实现现场订单状态的即时完成，以便客户更快地进行产品评价、晒单。GIS 包裹实时跟踪服务，让京东商城又一次在服务上先拔头筹，成为了 B2C 行业第一个将 GIS 系统实际应用到物流配送服务的企业。

② 支付方式。

a.“货到付款”服务。“货到付款”服务指的是由送货员收取货款，货先送到客户手上，客户验货之后客户再把钱给送货员，也就是常说的“一手交钱一手交货”。货到付款可以检查开箱验货，先查看货物描述与购买的货物有无差别，检验货物真实性，质量情况，还有运送损伤等情况之后，根据情况再签单，如果与描述不符，可以拒签，表明理由。货到付款服务最早由京东商城于 2009 年 2 月提出，之后推广到全国主要城市。

b.“快捷支付”服务。快捷支付是京东商城联合支付公司推出的支付服务。持卡人只要拥有银行卡并开通网上银行服务就可以使用快捷支付服务。快捷支付服务在首次使用时输入相应卡信息，以及身份信息等信息并验证成功，即可完成支付；第二次使用该银行卡，输入手机验证码即可一步付款。通过快捷支付，用户无需事先开通网银，只要输入卡面和手机动态口令等信息就能完成快速付款。快捷支付让各类银行卡用户不需要特别开通网银就能方便地网上付款。

c.“京东白条”服务。2014 年 2 月京东商城推出“京东白条”服务，“京东白条”指消费者在京东购物便可申请最高 1.5 万元的个人贷款支付，并在 3～24 个月内分期还款。用户可以在京东首页点击“京东白条”专区，在填写姓名、身份证号码、银行卡信息等申请材料后，京东首先会对用户在京东上的消费记录、配送信息、退货信息、购物评价等数据进行风险评级，每个用户将获得相应的信用额度，最高1.5万元。

③ 售后保证。

a.“价格保护”服务。京东商城的商品价格随市场价格的波动每日都会有价格变化，下单后订单中某种商品很可能出现降价行为，为了保护消费者的利益，京东商城出于在2009年1月推出价格保护服务。消费者可在订单签收前申请价格保护，申请成功后可按照提交申请时商城售价支付，或通过积分形式返还差价。

b.“售后100分”服务。2010年4月，京东商城推出“售后100分”服务承诺——自京东商城售后服务部收到返修品并确认属于质量故障开始计时，在100分钟内处理完一切售后问题，为消费者首次明确了退换货周期，并大大缩短行业售后周期。

c．全国范围上门取件。2010年6月5日起，京东商城针对售后服务的上门取件范围扩展到全国，全体京东会员购买产品后出现任何问题，只需提交一个申请，京东商城售后人员将上门取件。

d．500万元“先行赔付保证金”服务。2010年，京东商城与中国消费者协会合作设立了高达五百万元的“先行赔付保证金”，成为迄今为止，国内唯一一家推出“先行赔付”专项信誉质量保证金的零售企业。“先行赔付保证金”服务的推出，在消除网购消费者购物顾虑的同时，也体现了京东商城对其自身服务承诺充满信心。同时，这种机制的设立也将对我国建立零售行业诚信体系，构建健康的消费环境起到示范和推动作用。

（3）竞争分析

京东商城是以B2C形式销售的电子商务平台，其主要的竞争对手包括天猫、卓越、当当，以及传统零售渠道企业在网上开设的电子商务平台，例如国美电器、苏宁易购、美的以及联想等。京东商城能够以140%的增长率快速增长，并在众多竞争对手之中脱颖而出，主要依靠其特有的核心竞争力。

① 低廉的产品价格。消费者在网上购物看重的就是方便快捷、物美价廉。因此，对于所有B2C公司来说，其生存法则就是“高效率、低成本”。京东商城的产品价格低，通常比别家便宜10%，有些产品的价格会便宜到30%。

② 快捷的物流服务。京东商城先后组建了以北京、上海、广州、成都、沈阳、西安为中心的六大物流平台，使全国大部分地区都覆盖在京东商城的物流配送网络之下，为全国用户提供更加快捷的配送服务。同时不断加强和充实公司的技术实力，改进并完善售后服务、物流配送及市场推广等各方面的软、硬件设施和服务条件。京东拥有中国电商行业最大的仓储设施。截至2014年9月30日，京东建立了118个仓库，总面积约为230万平方米。同时，还在全国1855个行政区县拥有2045个配送站和1045个自提点、自提柜。京东专业的配送队伍能够为消费者提供一系列专业服务，如：211限时达、次日达、夜间配和三小时极速达，GIS包裹实时追踪、售后100分、快速退换货以及家电上门安装等服务，保障用户享受到卓越、全面的物流配送和完整的“端对端”购物

体验。

③ 周全的在线服务。京东商城在为消费者提供正品行货、机打发票、售后服务的同时，还推出了“价格保护”、“延保服务”等举措，最大限度的解决消费者的后顾之忧，保护了消费者的利益。京东商城用自身的诚信理念为中国电子商务企业树立了诚信经营的榜样。

④ 全面的售后服务。除了传统的售后服务外京东拥有自己的特色服务：商品拍卖、家电以旧换新、京东礼品卡、积分兑换、上门服务、DIY 装机等，满足了客户的不同需求。

⑤ 良好的延保服务。平时消费者在选购商品尤其是家电产品的时候都会相当留意产品的保修期限，而商品本身的保修期限往往比较短，而在京东商城顾客只要花上较少的金钱就可以延长产品的保修期限，这样就可以给自己所购买的产品更好的保障。

⑥ 雄厚的资金。京东商城无论在访问量、点击率、销售量以及行业影响力上，均在国内 B2C 网购平台中首屈一指。飞速发展和广阔前景赢得了国际著名风险投资基金的青睐。2007 年，京东商城获得了来自今日资本千万美元的融资。2008 年底，今日资本、雄牛资本以及亚洲著名投资银行家梁伯韬先生私人公司共计 2100 万美元的联合注资，为京东商城的高速发展提供了资金保障。2011 年初，京东商城获得俄罗斯投资者数字天空技术(DST)、老虎基金等共 6 家基金和社会知名人融资共计 15 亿美元。这是中国互联网市场迄今为止单笔金额最大的融资。随着 2014 年 5 月 23 日京东商城在美国纳斯达克成功上市，京东商城的现金流将更加充裕。

（4）赢利模式分析

根据相关报道显示，京东商城 2013 年销售额超过 1000 亿元人民币，销售额增长超过 60%。京东商城的收入来源主要通过如下方式：

① 直接销售收入。京东商城赚取采购价和销售价之间的差价。京东商城在线销售的产品品类超过百万种，其产品价格比线下零售店便宜 10%-30%；库存周转为 32 天，与供货商现货现结，费用率比国美、苏宁低 7%，毛利率维持在 5%左右，向产业链上的供货商、终端客户提供更多价值，实现京东的“低盈利大规模”的商业模式。

② 虚拟店铺出租费。京东商城目前开始提供品牌商入驻服务，品牌商家可以通过申请进入京东商城，拥有自己的品牌店铺。通过这种虚拟店铺出租，京东商城可以获取平台使用费并要求入驻商家缴纳保证金，在交易过程中入驻商家还需缴纳交易服务费。

③ 资金沉淀收入。京东商城利用收到顾客货款和支付供应商的时间差以及入驻商家缴纳保证金等方式所产生的资金沉淀进行再投资从而获得赢利。京东商城上第三方支付平台有财付通和快钱。

3．营销模式分析

京东商城自成立以来一直保持高速成长，连续多年增长率超过 140%，其多样的营销方式功不可没。京东商城目前主要使用以下几种营销方式：

（1）网络团购

网络团购是指借助互联网网站，将具有相同购买意向的零散消费者集合起来，向商家大批量购买，求得最优惠的价格。网站向消费者提供商家的优惠商品和服务，并从中抽取佣金，消费者得到优惠的价格，而商家也从中赚取费用。京东商城于2010年12月23日开通京东团购频道，正式开启了B2C网站的团购时代。通常团购网站运营瓶颈主要集中在以下这几个问题。首先，网络团购对于网站的流量要求以及大量订单处理能力的要求很高；其次，实物商品团购对于网站的物流配送压力很大；第三，支付的便利性和安全性也是网络团购面临的一个重要问题。这些问题对于京东商城并不是不可攻克的难题，因为京东商城自身就是网络零售商，对于供应商的筛选，对于交易各个流程节点的控制，对于客户服务的重视与落实等具有先天优势。因此，团购所带来的物流、支付以及用户体验等方面所带来的难题，对于京东商城都可以迎刃而解。

（2）品牌直销

品牌直销就是厂家直接授权给京东商城，从而可以减少中间各级批发商，这样可以使京东商城销售的该品牌商品的价格更低，同时也可以保证在京东商城上销售的商品是该品牌的正品而非假冒伪劣成品，使消费者收益。京东商城在其2011年采购签约发布会上与周大福、杰克琼斯、Vero Moda、张裕葡萄酒等知名品牌企业，签署了开放平台战略合作协议。截止目前，已有包括依波表、飞亚达、佐丹奴、皮尔卡丹、乐高、迪斯尼等超过500个品牌，近10万种商品入驻京东商城。同期，京东商城“品牌直销”频道正式上线。客户在京东商城的品牌直销区购物，享受100%正品保障、7天退换货等服务。

（3）夺宝岛

夺宝岛是京东商城的二手商品商城，这些商品主要是由于拍照失真、客户误购退货，或是商品外包装破损留存仓库未销售的商品。这些商品可能被客户试过机，但使用次数很少，功能和外观成色与新品品质基本相同，而具体信息会在拍卖品信息页面中加以说明。京东商城的夺宝岛承诺绝不销售水货、假货或被确认有质量问题的产品，客户主要通过拍卖或是一口价来购买这些商品。通过夺宝岛，京东商城可以将这些无法按照新品销售的商品以低价格销售给客户，客户享受了低价，京东商城减少库存的压力，回笼了资金。因此夺宝岛兼顾了双方的利益，是双方都有所收获。

（4）促销

京东商城的促销对于其发展起到了至关重要的作用。京东商城近年来做了很多的促销专场和“夜黑风高抢购”等促销活动，这些促销活动对于京东商城销量的提升以及人气的积累产生了巨大作用。京东商城的促销活动主要有以下两种。

① 节假日促销活动。例如在2013年11月，京东商城就举行了“双十一”促销活动，在此次活动中京东商城并没有制定统一的促销方案，而是由市场部与相关商家确定不同的方案。为了防止11月11日当天订单高峰出现的物流拥堵，京东商城将促销时间进行了延长，从11月1日至11月11日，用户均可以享受促销。根据京东商城提供的数据显

示，双十一促销活动期间，京东商城交易额超过 100 亿。

② 促销专区“夜黑风高”。针对大部分年轻网民所具有的“昼伏夜出”的习惯，京东商城专门打造了一个品牌栏目叫做“夜黑风高”，该栏目在每天的晚上七点到第二天的早上七点钟之间，会在促销活动之外再为消费者打包一个特色促销活动，该活动中会有很多超低价的商品展现在消费者面前，使这些年轻网民得到实惠。

（5）广告策略

2011 年 11 月中央电视台的黄金资源招标会在北京召开，京东商城一举拿下两个热门标——2012 年奥运会央视《伦敦战报》和《赛事导航》的独家冠名，总花费是 2.2098 亿元。京东商城为了能打造深入人心的电商品牌，它不仅在央视广告上勇于砸重金，同时在北京卫视播放的电视剧《男人帮》中，也是首次进行了植入性广告营销。孙红雷作为京东商城的代言人，用风趣、贴切的广告语言，向观众介绍京东商城这个电商品牌。

（6）公共关系

2007 年京东商城宣布与支付宝、财付通正式达成战略合作，集成支付宝、财付通为在线支付渠道。通过支付宝、财付通账户进行网上付款，更加便捷地完成购物环节，促进京东商城的用户量和销售量的大幅提升。同年，神州数码与京东商城也达成战略合作关系，使京东商城实现供货渠道的正规化、集成化和专业化，同时也是对京东商城在 B2C 电子商务领域所表现出来的实力与未来发展潜力的认可。

（7）京东社区

京东商城为了方便客户之间的交流特别推出了京东社区这一客户交流平台。在该社区，京东商城的客户可以发表自己对京东商城的看法，客户之间还可以相互交流。在该平台上，客户对于京东商城以及京东商城商品的意见及看法可以十分明确和方便的表达出来。这不仅可以使京东的管理者可以及时了解到顾客的心理，进而不断改善服务，还可以使更多的潜在客户对京东有一个更直观、更真实的了解。客户之间的交流具有最强的说服力，可以使京东商城的固定客户变得更加牢固。社区中用户的口口相传，可以吸引更多的客户，也会使得京东的操作流程更具有透明性，使得顾客对京东产生更大的信任。同时，当客户在京东商城中消费过程中面临困难时，可以选择通过在论坛寻求帮助，可以有效地减少京东客服的压力。

4．网站分析

京东商城自成立以来，它的网站经历了 4 次改版升级，最近一次是在 2012 年 2 月 8 日。新版京东商城首页的宽度扩展到了 1210 像素，同时，1024×768 用户的视觉效果不会受到影响，新版京东商城首页能够根据客户的显示设备的尺寸和分辨率自动切换尺寸。京东商城此次首页改版从 2011 年 8 月开始规划，历时 5 个月。在改版过程中，技术开发人员对京东商城近 5 年来积累的用户数据和反馈信息进行了深入的调研分析，并且结合自身品牌建设和运营支持的需要，以创新和优化为方向，逐步完成了设计的迭代。改版后的京东商城网站具有如下特性。

（1）优秀的页面设计

京东商城的页面完美的做到了静态与动态的合理搭配，文字和图片的完美搭配，并且页面很有层次感，符合人们的审美观，同时它们的总体页面风格是简约的，体现了和反应了网站做提倡的文化精神，京东商城的页面简约体现了网站的操作简单化的精神。

（2）简单的操作方法

京东商城顾客面相当广泛，不仅有公司白领、在校大学生，也有退休在家老年人。这些老年人对电脑的操作不是很熟练，因此京东针对这些情况，尽量使网站的操作简单，使顾客一看就知道如何操作。

（3）简约的设计风格

京东商城虽然信息量很大，但是它将页面处理和信息安排上处理得很好。京东商城将首页分了近十个专区，每个专区一个主题，使首页内容显示很整齐，有条理，有序，有层次感。京东商城网站从页面设计到功能设计等等各个方面都很好的体现自己的精神和风格。

（4）优秀的论坛

从论坛的模式和管理团队以及论坛与会员之间所培养的感情来看，京东商城的论坛是行业内非常优秀的一个论坛，它的会员数、帖子数、人流量和质量均较高。京东商城的论坛管理有序，组织严密。论坛有专业的管理人员，也有一些积极会员参与管理，做到良性的循环发展，充分调动会员的参与的积极性，并且满足了各个会员的各种需要。

（5）人性化的服务

京东商城成功的因素虽然很多的，但是它的人性化服务却是其中重要的一环。因为网站本身就是虚拟的，但是京东商城却提供真实和人性化的服务，所以使客户们感觉京东商城是实在的。京东商城通过各种方式使客户在网上购买到了廉价的商品，享受到了优质的服务。同时，随着客户的口碑相传，京东商城的客户规模和销售额也取得了快速的增长，实现了双赢的局面。

5．案例评析

2004——2014 年，京东商城从一家中关村小店发展到了年销售额突破 1000 亿元人民币的 B2C 巨头，年均增长速度超过 140%。如何看待和评价京东商城这样一个发展迅速的电子商务企业，下面将结合 SWOT 分析法对京东商城进行再剖析。

SWOT 分析法就是将与研究对象密切相关的各种主要内部优势、劣势和外部的机会和威胁等，通过调查列举出来，并依照矩阵形式排列，然后用系统分析的思想，把各种因素相互匹配起来加以分析，从中得出一系列相应的结论，而结论通常带有一定的决策性。运用这种方法，可以对研究对象所处的情景进行全面、系统、准确的研究，从而根据研究结果制定相应的发展战略、计划以及对策等。其中，S（Strengths）和 W（Weaknesses）是企业内部因素，而 O（Opportunities）和 T（Threats）是外部因素。

（1）优势（Strength）

京东商城作为中国 B2C 市场最大的 3C 网络购物平台，它的访问量、点击率、销售量在中国国内的 B2C 平台中名列前茅。从百度指数上反映出，购买力较强的 30-39 岁之间人群对京东的关注度高于对淘宝商城的关注度，在这一点上，京东存在一定优势。相较其他 B2C 购物平台，京东商城拥有较为丰富的商品种类，更为低廉的商品价格。

物流配送一直是众多网络销售平台的瓶颈，京东商城为了突破该瓶颈，打破 B2C 平台使用第三方物流的传统，自建物流配送体系，提出“211 限时达”服务，使客户能够及时得到购买的商品。

京东在保持低价的同时，非常重视产品的售后服务，使客户得到质优价廉的产品同时又享受到了优质的售后服务。

商品退换一直是困扰消费者网络购物的一个主要问题，也是考验 B2C 平台售后服务水平的关键问题，在大部分的 B2C 平台，需要客户将已购买的商品邮寄回卖方，而京东商城则提出先行赔付和延长保修服务，这样既方便客户，又增强客户继续消费的信心。

（2）劣势（Weakness）

京东商城能够在短短的几年时间内迅速成为 B2C 平台的领军企业，除了互联网科技的高速发展、消费者消费行为和习惯的转变以及资本的助阵等因素外，还有一个重要的原因便是京东商城“不可思议”的低价策略。

京东商城通过低价吸引了大量的客户，使处于起步阶段的京东商城迅速扩张，占据了半壁江山。但是这种低价策略很容易被竞争对手效仿，从而失去吸引客户的这个核心竞争力。

在商品种类方面，京东商城较竞争对手仍存在较大差距。很多顾客往往希望一次性把所有的东西都买齐，以节省运输费用和减少购物麻烦，这个问题使得京都流失了很多潜在的购买力。

京东商城在客户沟通方面也存在一定问题，首先是缺乏专业的即时聊天工具，客户不能及时与客服交流，只能通过留言向京东商城反映自己的问题，时效性较差；其次，京东商城的客服电话接通率较低，客户无法及时反映自己遇到的问题或者需求。

在售后服务方面，京东商城也有待改进的问题，很多顾客购买的商品在相应的厂商售后部门却得不到应有的售后服务支持，返修给京东商城后，商品的维修效果令很多客户不满意。

（3）机遇（Opportunities）

中国网络购物市场正呈高速发展态势，根据 CNIT 发布《2014 年 Q2 中国网购市场研究报告》显示，我国网购网民数量已经超过 3.32 亿人，市场交易规模达 7534.2 亿元，环比增长 16.29%，同比增长 76.21%。尽管 C2C 仍占据 58.7%的大部分份额，但 B2C 占比从第一季度的 39.7%，增长到第二季度的 41.3%，占比依然持续增加，B2C 的市场交易规模已达 3111.6 亿元，环比增长 20.9%，同比上涨近 1 倍。

京东商城一直以来都保持着创新基因，而创新也将成为守护阵地的壁垒。技术创新能够有效防止竞争对手的模仿。对于目前尚有竞争优势的京东来说，技术上的创新产生的效果会更加明显。通过后台庞大的数据信息与完善的物流体系，京东可以在用户购买策略、配送方案、数据处理方面进行创新，使京东在用户的购买行为中扮演购物解决方案提供者的角色；同时通过对配送方案的优化，稳固京东在配送时间上的优势。

京东商城购得网银在线，间接获得第三方支付牌照，这有助于摆脱对支付宝依赖，保护了京东商城的客户数据，也有利于京东商城日后与淘宝展开竞争。另一方面，社会化媒体的盛行也让京东商城在营销推广方面有了创新的机会。特别是京东拥有一定数量的用户以及它们所提供的产品的体验数据都可以成为京东在社会化营销中的优势，对京东商城减少推广成本提供帮助。更重要的是，通过社会化媒体的营销，能够使京东商城与用户建立起更直接的关系，对改善用户关系，提高用户认可度及忠诚度有十分积极的影响。

（4）威胁（Threats）

京东商城面临的威胁主要来自两个方面，一方面是来自自身的威胁，另外一个方面是来自外部竞争的威胁。

外部竞争的威胁，主要包括天猫、当当网以及那些已经或者是即将进入电子商务领域传统零售业企业。

内部威胁主要是服务脱节的威胁。在资金流方面，由于京东商城采用低价策略，使其一直处于亏损状态，盈利时间一再推迟。其现有资金流主要依靠风险投资，而这些投资都是以高额盈利为目的，如果京东商城无法尽快扭亏为盈，将面临现金流枯竭的境地，从而影响到京东商城的正常运营。

在售后服务方面，由于京东商城的快速扩张，其售后服务的范围也和内容在不断加大，售后服务存在脱节的可能性。

（5）SWOT 矩阵分析

将以上分析结果填入表 15-1，通过内部能力优势和外部机会分析得到 SO 发展方向对策或者战略；通过内部能力劣势和外部机会分析得到 WO 改进对策或者战略；通过内部能力优势和外部风险分析得到 ST 规避风险对策或者战略；通过内部能力劣势和外部风险分析得到 WT 防御对策或者战略。

没有随随便便的成功，京东商城走过了艰难最终才获得了成功。从不知名的小企业到中国最大的 3C 产品电子商务网站，并成功的在纳斯达克上市，京东商城创造了一个又一个传奇。

京东商城的成功离不开它良好的商业模式、营销模式和网站设计。京东商城用纯互联网的方式来整合上下游，优化供应链，在成本方面下功夫，然后给顾客创造价值。同时，京东商城凭借其良好的经营模式在不断做大做强，与产品鱼龙混杂的中关村卖场，以及其他 C2C 平台相比，京东商城所有的商品都是正品，且可以享受到与传统店面一样的售后服务。这是许多消费者选择京东的一个重要原因。京东商城坚持以“产品、价格、服务”为中心的发展战略，不断增强信息系统、产品操作和物流技术三大核心竞争力，始终以服务、创新和消费者价值最大化为发展目标致力于打破现有电子商务线上与实体店铺同步运营的销售方式，颠覆消费者的传统消费模式，打造纯线上的电子商务模式。在为用户创造价值的同时，自己也获得了巨大的成功。

表 15-1　SWOT 矩阵分析

内部能力 / 外部因素	优势（Strength）	劣势（Weakness）
	客户关注度较高 “211 限时达”服务 物流配送网络覆盖面较广 先行赔付服务 延保服务	商品种类相比竞争对手太少 低价策略容易被仿效 缺乏专业的即时聊天工具 售后电话接通率较低 产品维修效果需提高
机会（Opportunities）	**SO 对策**	**WO 对策**
中国网络购物市场正呈高速发展态势，为京东商城提供发展机遇 京东商城拥有创新优势和创新能力，能够应对竞争对手的挑战 间接拥有第三方支付牌照，能够有效保护客户信息，向淘宝提出挑战 社会化媒体的盛行，能够有效降低京东商城的推广成本，并维护客户关系	保持创新能力，优化网站设计和服务效率 提高“211 限时达”服务的城市范围	加大京东商城的开放力度，吸进更多商家进驻京东商城，丰富产品种类
风险（Threats）	**ST 对策**	**WT 对策**
同行业企业竞争加剧 处于亏损经营，资金流存在危险	通过技术创新和流程优化，降低成本，提高盈利能力 优化网站体验，提高售前售后服务质量，吸引更多客户	建设立体实时沟通平台，提高用户沟通效率 加强与厂家售后的合作力度，确保产品维修效果

参考文献

[1] “海底捞，杜蕾斯...那些经典的微博营销案例”，[Online]Available: http://www.wshang.com/ community/show/bbs_id/56700.html(2013/1/4)

[2] 王璐．“三星手机成功的社区营销”，[Online]Available: http://www.whttp://www.wm23.com/wiki/15022.htmm23.com/wiki/15022.htm(2011/11/3)

[3] 齐春霞．“一个裁缝师的博客营销案例启示”，[Online]Available: http://club.1688.

com/ article/1838926.html(2007/03/28)

[4] “中国工商银行 2013 年业务综述”， [Online]Available: http://www.icbc-ltd.com/icbcltd/关于我行/公司简介/

[5] 杨影. 网购市场企业虚拟货币营运策略探讨——以淘宝网淘金币为例. 中国市场，2013，25:15-17.

[6] “关于海尔”，[Online]Available: http://www.haier.net/cn/about_haier/ (2015/1/7)

[7] “关于京东（JD.com）”，[Online]Available: http://www.jd.com/intro/about.aspx

第 16 章　电子商务英语文献阅读

16.1　Electronic Commerce and its Categories

本节摘自《电子商务》(英文精编版. 第 9 版、第 10 版，Gary P. Schneider 著，机械工业出版社) 第一章，略有删改。

Many people view the term "electronic commerce" (or e-commerce) as shopping on the part of the Internet called the World Wide Web (the Web). However, electronic commerce also covers many other activities, such as businesses trading with other businesses and internal processes that companies use to support the buying, selling, hiring, planning and other activities. Some people use the term electronic business (or e-business) when they are talking about electronic commerce in this broader sense. For example, IBM defines electronic business as "the transformation of key business processes through the use of Internet technologies." Most people use the terms "electronic commerce" and "electronic business" interchangeably. Herein, the term electronic commerce is used in its broadest sense and includes all business activities using Internet technologies.

Some people categorize electronic commerce by types of entities participating in the transactions or business processes. The five general electronic commerce categories are business-to-consumer, business-to-business, business processes, consumer-to-consumer, and business-to-government, among which the following three are most commonly used:

(1) Consumer shopping on the Web, often called business-to-consumer (or B2C)

(2) Transactions conducted between businesses on the Web, often called business-to-business (or B2B)

(3) Transactions and business processes in which companies, governments, and other organizations use Internet technologies to support selling and purchasing activities.

To understand these categories better, consider a company that manufactures stereo speakers. The company might sell its finished product to consumers on the Web, which would be B2C electronic commerce. It might also purchase the materials it uses to make the speakers from other companies on the Web, which would be B2B electronic commerce. Businesses often have entire departments devoted to negotiating purchase transactions with their suppliers. These departments are usually named supply management or procurement. Thus, B2B electronic commerce is sometimes called e-procurement.

In addition to buying materials and selling speakers, the company must also undertake many other activities to convert the purchased materials into speakers. These activities might include hiring and managing the people who make the speakers, renting or buying the facilities in which the speakers are made and stored, shipping the speakers, maintaining accounting records, obtaining customer feedback, purchasing insurance, launching advertising campaigns, and designing new versions of the speakers. An increasing number of these transactions and business processes can be done on the Web. Manufacturing processes (such as fabrication of the speakers) can be controlled using Internet technologies within the business. All of these communication, control, and transaction-related activities have become an important part of electronic commerce. Some people include these activities in the B2B category; others refer to them as underlying or supporting business processes.

Figure 16-1 shows the three main elements of electronic commerce. The figure presents a rough approximation of relative size of these elements. In terms of dollar volume and number of transactions, B2B electronic commerce is much greater than B2C electronic commerce. However, the number of supporting business processes is greater than the number of all B2C and B2B transactions combined.

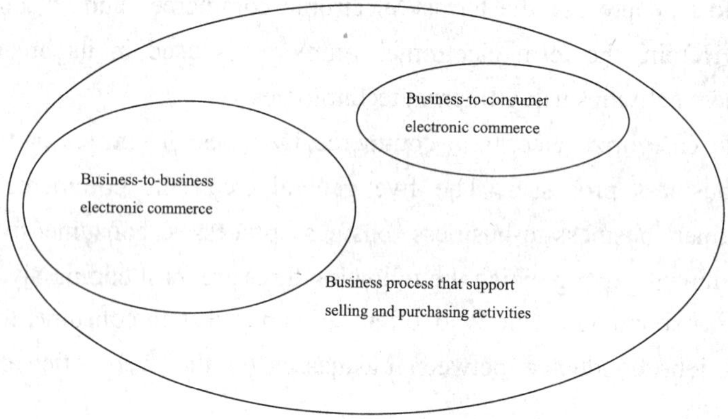

FIGURE 16-1 Elements of electronic commerce

The large oval in Figure 16-1 that represents the business processes that support selling and purchasing activities is the largest element of electronic commerce.

Some researchers define a fourth category of electronic commerce, called consumer-to-consumer (or C2C), which includes individuals who buy and sell items among themselves. For example, C2C electronic commerce occurs when a person sells an item through a Web auction site to another person. In some studies, C2C sales are included in the B2C category because the person selling the item acts as a business in the transaction.

Finally, some researchers also define a category of electronic commerce called business-to-government (B2G); this category includes business transactions with government agencies, such as paying taxes and filing required reports. An increasing number of government agencies in China have Web sites that help companies do business with them. In developed countries, B2G electronic commerce grows even faster and is more advanced. Figure 16-2 summarizes these five categories of electronic commerce.

Category	Description	Example
Business-to-consumer (B2C)	Businesses sell products or services to individual consumers	Walmart.com sells merchandise to consumers through its Web site
Business-to-business (B2B)	Businesses sell products or services to other business	Grainger.com sells industrial supplies to large and small businesses through its Web site
Business processes that support buying and selling activities	Businesses and other organizations maintain and use information to identify and evaluate customers, suppliers, and employees. Increasingly, businesses share this information in carefully managed ways with their customers, suppliers, employees, and business partners	Dell Computer uses secure Internet connections to share current sales and sales forecast information with suppliers. The suppliers can use this information to plan their own production and deliver component parts to Dell in the right quantities at the right time
Consumer-to-consumer (C2C)	Participants in an online marketplace can buy and sell goods to each other. Because one party is selling, and thus acting as a business	Consumers and businesses trade with each other in the eBay.com online marketplace
Business-to-government (B2G)	Businesses sell goods or services to governments and governments agencies	CA.gov procurement site in U.S. allows businesses to sell online to the state of California

FIGURE 16-2　Categories of Electronic Commerce

词汇注释

World Wide Web　万维网

entity　实体

business-to-consumer　企业对顾客（B2C）

business-to-business 企业对企业（B2B）
business processes 业务流程
consumer-to-consumer 顾客对顾客（C2C）
business-to-government 企业对政府（B2G）
stereo speakers 立体声扬声器
e-procurement 电子采购
fabrication 制造
CA.gov Procurement 加州政府采购网
Wal-Mart 沃尔玛
Grainger 固安捷，全球领先的设备维护，修理和运作（MRO）工业品分销商
Dell 戴尔公司

16.2 The Development and Growth of Electronic Commerce

本节摘自《电子商务》(英文精编版.第 9 版、第 10 版，Gary P. Schneider 著，机械工业出版社）第一章，略有删改。

Over the thousands of years that people have engaged in commerce with one another, they adopted the tools and technologies that had become available. For example, the advent of sailing ships in ancient times opened new avenues of trade to buyers and sellers. Later innovations, such as the printing press, steam engine, and telephone, have changed the way in which people conducted commerce activities. The internet has changed the way people buy, sell, hire, and organize business activities in more ways and more rapidly than any other technology in the history of business.

（1）Electronic Funds Transfers（EFTs）

Although it's emergence of the Web that made online shopping possible for many businesses and individuals, in a broader sense, electronic commerce has existed for many years. For more than 30 years, banks have been using electronic funds transfers （EFTs, also called wire transfer), which are electronic transmissions of account exchange information over private communications' networks.

（2）Electronic Data Interexchange（EDI）

Businesses have also been engaging in a type of electronic commerce, known as electronic data exchange, for many years. Electronic Data Interexchange （EDI） occurs when one business transmits computer-readable data in a standard format to another business. In the 1960s, businesses realized that many of the documents they exchanged were related to the shopping of goods, for example, invoices, purchase orders, and bills of lading. These documents include the same set of information for almost every transaction. Businesses also realized that they were spending a good deal of time and money entering this data into their computers, printing paper forms, and then reentering the data on the other side of the transaction. Although the purchase order, invoice, bill of lading for each transaction contained much of the same information——such as item numbers, descriptions, prices, and quantities——each paper form usually had its unique format for presenting the information. By creating a set of standard formats for transmitting the information electronically, businesses were able to reduce errors, avoid printing and mailing costs, and eliminate the need to reenter the data.

Businesses that engage in EDI with each other are called trading partners. The standard formats used in EDI contain the same information that businesses have always included in their standard paper invoices, purchase orders, and shipping documents. Firms such as General Electric, Sears, and Wal-mart have been pioneering in using EDI to improve their purchasing processes and their relationships with suppliers. The U.S. government, which is one of the largest EDI trading partners in the world, was also instrumental in bring businesses into EDI.

One problem that EDI pioneers faced was the high cost of implementation. Until the late 1990s, doing EDI meant buying expensive computer hardware and software and then either establishing direct network connections (using leased telephone lines) to all trading partners or subscribing to a value-added network. A value-added network (VAN) is an independent firm that offers connection and transaction-forwarding services to buyers and sellers engaged in EDI. Before the Internet came into existence as we know it today, VANs provided the connections between most trading partners and were responsible for ensuring the security of the data transmitted. VANs usually charged a fixed monthly fee plus a per-transaction charge, adding to the already significant expense of implementing EDI. Many smaller firms could not afford to participate in EDI and lost important customers to their large competitors who could afford EDI.

In the late 1990s, many industry observers believed that the Internet would provide smaller companies with an alternative to EDI. Many articles in the trade press announced that the death of EDI was imminent. However, EDI was well entrenched in large companies. They have invested large amounts of money in their EDI systems and had built many of their sales, purchasing, and accounting systems around EDI. And the Internet, as an inexpensive communications medium, gave smaller companies a way to participate EDI. The companies that operated VANs gradually moved EDI traffic to the internet, and new companies developed other ways to help smaller businesses conduct EDI transaction on the Internet. These movements of EDI traffic to the Internet have dramatically reduced the cost of participating in

EDI and have made it possible for even the smallest suppliers to do business with large customers who require its use.

（3）The Dot-Com Boom, Bust, and Rebirth

Between 1997 and 2000, more than 12,000 Internet-related businesses were started with more than $100 billion of investors' money. In an extended burst of optimism, and what many later described as irrational exuberance, investors feared that they might miss the money-making opportunity of a lifetime. As more investors competed for a fixed number of good ideas, the price of those ideas increased. Many good ideas suffered from poor implementation. Even worse, a number of bad ideas are proposed and funded. More than 5,000 of these companies went out of business or were acquired in the downturn that began in 2000. The media coverage of the "dot-com bust" was extensive. However, between 2000 and 2003, more than $200 billion was invested in purchasing electronic businesses that were in trouble and starting new online ventures, according to the industry research firm Webmergers. This second wave of financial investment was not reported extensively in either the general or business media, but these investments quietly fueled a rebirth of growth in online business activity. This second wave has given many online business ideas that were poorly implemented in the early days of Internet another chance at success.

Despite the many news stories that appeared between 2000 and 2002 proclaiming the death of electronic commerce, the growth in online B2C sales actually had continued through that period, although at a slower pace than during the boom years of the late 1990s. Thus, the "bust" that were so widely reported in the media was really more of a slowdown than a collapse. After four years of doubling or tripling every year, growth in online sales slowed to an annual rate of 20 to 30 percent starting in 2001. This growth rate continued through the recession of 2008-2009. Although the recession devastated many traditional retailers, online sales continued to grow during that period. Most experts expect to see a sustained growth rate of 10 to 20 percent through the next three years.

One force driving the growth in online sales to consumers is the ever-increasing number of people who have access to the Internet. Today, billions of people around the world do not have computers and therefore, do not have access to the Internet. As computers become less expensive and devices such as smart mobile phones become more commonly used to access the Internet, predictably electronic commerce could expand dramatically.

In addition to the renewed growth in the B2C sector, B2B sales online have been increasing steadily. The dollar total of B2B online sales has been greater than B2C sales because B2B incorporates EDI, which was already accounting for more than $400 billion per year in transaction in 1995, when Internet-based electronic commerce was just beginning. We include business processes in the B2B category, so companies' transactions with other businesses, with their employees, and with governmental agencies (for example, when they pay their taxes) are all candidates for their application of Internet technologies. The dollar amount of these transactions, even for individual businesses, is substantial. Intel is a good example of a company that sells its products to other companies rather than consumers. Intel accepts more than 98 percent of its orders (more than $38 billion per year) through the Internet. Intel also purchases billions of dollars' worth of suppliers and raw materials on the Web each year. Figure 16-3 summarizes the growth of actual and estimated online sales for the B2C and B2B categories.

Year	B2C Sales: Actual and Estimated $ Billions	B2B Sales (including EDI):Actual and Estimated $ Billions
2013	963	11,900
2012	821	10,600
2011	681	9500
2010	573	8600
2009	487	7500
2008	453	6500
2007	426	5600
2006	361	4800
2005	255	4100
2004	179	2800
2003	103	1600
2002	91	900
2001	73	730
2000	52	600
1999	26	550
1998	11	520
1997	5	490
1996	Less than 1	460

FIGURE 16-3　Actual and estimated online sales in B2C and B2B categories

词汇注释

Electronic Funds Transfers　电子资金转账

Electronic Data Interexchange　电子数据交换

standard formats　标准格式

instrumental　有帮助的

value-added network　增值网（VAN）

General Electric 通用电器（总部所在地美国，主要经营电子电气）

Sears 西尔斯（总部所在地美国，主要经营零售）
irrational exuberance 非理性繁荣
Webmergers 知名互联网产业研究公司，总部位于美国旧金山
devastate 破坏，毁坏
Intel 英特尔（总部所在地美国，主要经营半导体）

16.3 E-commerce Revenue Models

本节摘自《电子商务》（英文精编版.第 9 版，Gary P. Schneider 著，机械工业出版社）第三章、《电子商务》（英文精编版.第 10 版，Gary P. Schneider 著，机械工业出版社）第四章，略有删改。

Although not all electronic commerce initiatives have the goal of providing revenue, instead they are undertaken to reduce costs or improve customer service; a useful way to think about electronic commerce implementations is to consider how they can generate revenue. Online businesses currently use various models to generate revenue, which include Web catalogue, digital content, advertising-supported, advertising-subscription mixed, and fee-based models. These approaches can work for both business-to-consumer (B2C) and business-to-business（B2B）electronic commerce. Many companies create one Web site to handle both B2C and B2B sales. Even when companies create separate sites (or separate pages within one site), they often use the same revenue model for both types of sales.

（1）Web Catalogue Revenue Models

Many companies sell goods and services on the Web using an adaptation of a revenue model that is more than 100 years old. In 1872，a traveling salesman named Aaron Montgomery Ward started selling dry goods to farmers through a one-page list. Richard Sears and Alvah Roebuck began mailing catalogs to farmers and small-town residents in 1895. Both Montgomery Ward and Sears, Roebuck & Company grew to become dominant retailers in the United States by the 1950s，with retail stores serving urban markets and the catalog business well established in serving rural and small-town markets. The general acceptance of the mail order catalog business built a solid base for the Web-based version that would evolve from it in the 1990s.

In the traditional catalog-based retail revenue model, the seller establishes a brand image, and then uses the strength of that image to sell through printed information mailed to prospective buyers. Buyers place orders by mail or by calling the seller's toll-free telephone number. This revenue model, which is often called the mail-order or catalog models, has proven to be successful for a wide variety of consumer items, including apparel, computers, electronics, housewares, and gifts.

Companies can take this catalog model online by replacing or supplementing their print catalogs with information on their Web sites. When the catalog model is expanded this way, it is often called the Web catalog revenue model. Consumers can place orders through the Web site or by telephone.

Many of the most successful Web catalog sales businesses are firms that were already operating in the mail-order business and simply expanded their operations to the Web. Other companies that use Web catalog revenue model adopted it after realizing that the products they sold in their physical stores could also be sold on the Web. This additional outlet did not require them to build additional stores, yet provided access to customers throughout the world. Types of businesses using the Web catalog revenue model include sellers of computers and consumer electronics; books, music, and videos; luxury goods; clothing; flowers and gifts; and general discount merchandise.

（2）Digital Content Subscription Revenue Models

Firms that own written information （words or numbers） or rights to that information have embraced the Web as a highly efficient distribution mechanism. Most of these companies use a digital content revenue model; that is, they sell subscriptions to access to the information they own. Although many types of information are now sold by subscription online, most of these digital content providers specialize in legal, academic research, business, or technical content.

（3）Advertising-Supported Revenue Models

The advertising-supported revenue model is the one used by broadcast network television in the United States. Broadcasters provide free programming to an audience along with advertising messages. The advertising revenue is sufficient to support the operations of the network and the creation or purchase of the programs. Web advertising grew from essentially zero in 1994 to $2 billion in 1998. However, Web advertising was flat or declining in the years 2000 to 2002. Since then, Web advertising has once again resumed its growth and is well established as an important component of the advertising mix for businesses of all types.

（4）Advertising-Subscribed Mixed Revenue Models

In an advertising-subscription mixed revenue model, which has been used for many years by traditional print newspapers and magazine, subscribers pay a fee, but also accept some level of advertising. On Web sites that use the advertising-subscription revenue model, subscribers are typically subjected to much less advertising than they are on the sites supported completely by advertising. Firms have had varying levels of success in applying this mixed revenue model and a number of companies have moved to or from this model as they try to find the best way to generate revenue online.

（5）Fee-for-Transaction Revenue Models

In the fee-for-transaction revenue model, businesses offer services for which they charge a fee that is based on the number of size of transactions they process. Some of these services lend themselves well to operating on the Web. To the extent that companies can offer Web site visitors the information they need about the transaction, companies can offer much of the personal services formerly provided by human agents. If customers are willing to enter transaction information into Web sites forms, these sites can provide options and execute transactions much less expensively than traditional transaction service providers. The removal of an intermediary, such as human agent, from the value chain is called disintermediation. The introduction of a new intermediary, such as a fee-for-transaction Web site, into a value chain is called reinter mediation.

（6）Fee-for-Service Revenue Models

Companies are offering an increasing variety of services on the Web for which they charge a fee. These are neither broker services nor services for which the charge is based on the number or size of transactions processed. The fee is based on the value of the service provided. These fee-for-service revenue models range from games and entertainment to financial advice and the professional services of accountants, lawyers, and physicians.

（7）Free for Many, Fee for a Few

Companies can be profitable to offer a digital product to a large number of customers for free，and then charge a small number of customers for an enhanced，specialized, or otherwise differentiated version of the product. If you can charge the small number of customers enough to cover the cost of developing the digital product and yield a profit，you can give away many copies of the product，especially if those free copies entice more paying customers for the enhanced product. For example，Yahoo! offers free e-mail accounts to site visitors. This draws visitors to the Yahoo! site and allows the company to sell some advertising on the pages that display the e-mail service. But some e-mail users will want an enhanced version of the service. Perhaps they want pages with no advertising，the ability to send large attachments with their e-mails，or more storage space for their e-mails. Yahoo! charges for a premium version of its service that offers these features. It costs the company very little to offer this service, but it generates considerable revenue.

词汇注释

Web Catalogue Revenue Models 网站目录盈利模式

Fee-for-content Revenue Models 数字内容盈利模式

Advertising-Supported Revenue Models 广告支持的盈利模式

Advertising-Subscribed Mixed Revenue Models 广告——数字内容订阅混合盈利模式
Fee-for-Transaction Revenue Models 交易费用盈利模式
Value chain 价值链
Disintermediation 脱媒，指在进行交易时跳过所有中间人而直接在供需双方间进行
Fee-for-Service Revenue Models 服务费用盈利模式

16.4 Advertising on the Web

本节摘自《电子商务》（英文精编版.第 9 版，Gary P. Schneider 著，机械工业出版社）第四章，略有删改。

Advertising is all about communication. The communication might be between a company and its current customers, potential customers, or even former customers that the company would like to retain. Most companies that launch electronic commerce initiatives already have advertising programs in place. Online advertising should always be coordinated with existing advertising efforts.

（1）Banners Ads

Most advertising on the Web uses banner ads. A banner ad is a small rectangular object on a Web page that displays a stationary or moving graphic and includes a hyperlink to the advertiser's Web site. Banner ads are versatile advertising vehicles——their graphic images can help increase awareness, and users can click them to open the advertiser's Web site and learn more about the product. Thus, banners ads can serve both informative and persuasive functions.

Early banner ads used a simple graphic, usually in GIF format that loaded with the Web page and remained on the page until the user moved to another page or closed the browser. Today, a variety of animated GIFs and rich media objects created using shockwave, Java, or Flash are used to make attention-grabbing banner ads. These ads can be rotated so that each time the Web page is loaded into a browser, the ad changes.

（2）Text Ads

An ad format that is deceptively simple but very effective is the text ad. A text ad is a short promotional message that does not use any graphic elements and is usually placed along the top or right side of a Web page. Google was the first company to use text ads successfully on the Web. Google places text ads on its search results pages. When you visit Google and use it to search for information, the page that provides the links relevant to your search query include short text ads for products or services related to your search query. Google found that these ads were less obtrusive than banner ads and that they were very effective because they reached people who were interested in learning more about something (as reflected in the search query they had entered) related to the advertisers' products or services.

（3）Other Web Ad Formats

The steady decline in the effectiveness of banner ads has prompted advertisers to explore other formats for Web ads. One of these formats is the pop-up ad. A pop-up ad is an ad that appears in its own window when the user opens or closes a Web page. The window in which the ad appears does not include the usual browser controls. The only way to dismiss the ad is to click the small close button in the upper-right corner of the window's frame.

Another type of pop-up ad is called the pop-behind ad. A pop-behind ad is a pop-up ad that is followed very quickly by a command that returns the focus to the original browser window. The result is an ad that is parked behind the user's browser, waiting to appear when the browser is closed.

Another intrusive ad format is the interstitial ad. When a user clicks a link to load a page, the interstitial ad opens in its own browser window, instead of the page that the user intended to load (the general meaning of the word "interstitial" is something that comes between two other things).

A fourth ad format is the rich media ad. Rich media ads, also called active ads, generate graphical activity that "floats" over the Web page itself instead of opening in a separate window. These ads always contain moving graphics and usually include audio and video elements.

（4）Site Sponsorships

Some Web sites offer advertisers the opportunity to sponsor all or parts of their sites. These site sponsorships give advertisers a chance to promote their products, services, or brands in a more subtle way than by placing banner or pop-up ads on the sites (although some sponsorship packages include a certain number of banner and pop-up ads). A site sponsorship can be exclusive, which prevents any other companies from sponsoring the site, or it can be shared, which means that other companies can be co-sponsors of the site. In general, an exclusive site sponsorship will cost more than a shared site sponsorship.

In some cases, the sponsor is given the right to create content for the site or to weave its advertising message into the site's content. This practice can raise ethical concerns if not done carefully. Sites that offer content spots to sponsors should always identify the content as advertisement or as provided by the sponsor. Unfortunately, many sites do not use clear labels for sponsored content. This can confuse site visitor who are unable to distinguish between editorial content and advertising. Sites that offer medical information, for example, should be especially careful to distinguish between information that is generated by the site's reporters or editorial staff and information that is provided by pharmaceutical companies or medical device manufacturers.

词汇注释

Banners Ads　标语广告

Text Ads　文字广告

Site Sponsorships　网站赞助

Hyperlink　超链接

GIF format　图形交换格式（Graphics Interchange Format）

animated　动画的

Google　谷歌（搜索引擎名）

search query　搜索请求

obtrusive　冒失的，莽撞的

pop-up ad　弹出式广告

pop-behind ad 弹底式广告

interstitial ad　插播广告

rich media ad　富媒体广告

16.5　Digital Wallets

本节摘自《电子商务》（英文精编版.第 10 版，Gary P. Schneider 著，机械工业出版社）第九章，略有删改。

As consumers are becoming more enthusiastic about online shopping, they have begun to be tired of repeatedly entering detailed shipping and payment information each time they make online purchases. Filling out forms ranks high on online customers' lists of complaints about online shopping. To address these concerns, many electronic commerce sites include a feature that allows a customer to store their name, address, and credit card information on the site. However, consumers must enter their information at each site with which they want to do business. A digital wallet (sometimes called an electronic wallet or an e-wallet), serving a function similar to a physical wallet, holds credit card numbers, electronic cash, owner identification, and owner contact information and provides that information at an electronic commerce site's checkout counter. Digital wallets give consumers the benefit of entering their information at once, instead of having to enter their information at every site with which they want to do business.

Increasingly, digital wallets are being promoted for purposes other than online shopping. One important purpose could be to authenticate the wallet holder's identity and credentials. For example, a digital wallet could be used to establish that a buyer of alcoholic beverages is of the appropriate age. The Prop-ID Research Project at the University of Toronto suggests that digital wallet technology broken down into three elements that include: the system(the infrastructure that accomplishes the identification), the application(the software with which the user interacts), and the device itself(if a specific device is used). Some industry observers and privacy rights activist groups are concerned about digital wallets because they give the company that issues the digital wallet access to a great deal of information about the individual using the wallet.

（1）Software-Only Digital Wallets

Digital wallets that are software-based fall into two categories, depending on where they are stored. A server-side digital wallet stores a customer's information on a remote server belonging to a particular merchant or wallet publisher. For example, if you enter your information on a site such as Amazon.com and choose to store that information so you do not have to enter it when you next visit the site, Amazon. Com stores your information in a server-side digital wallet. The main weakness of server-side digital wallets is that a security breach could reveal thousands of users' personal information to unauthorized parties. Typically, server-side digital wallets employ strong security measures that minimize the possibility of unauthorized disclosure.

A client-side digital wallet stores a consumer's information on his or her own computer. Many of the early digital wallets were client-side wallets that required users to download the wallet software. This need to download software onto every computer used to make purchases is a chief disadvantage of client-side wallets. Server-side wallets, on the other hand, remain on a server and thus require no download time or installation on a user's computer. Before a consumer can use a server-side wallet on a particular merchant's site, the merchant must enable that specific wallet. Each wallet vendor must convince a large number of merchants to enable its wallet before it will be accepted by consumers. Thus, only a few server-side wallet vendors will be able to succeed in the market.

A disadvantage of client-side wallets is that they are not portable. For example, a client-side wallet is not available when a purchase is made from a computer other than the computer on which the wallet resides. In a client-side digital wallet, the sensitive information(such as credit card numbers) is stored on the user's computer instead of the wallet provider's central server. This removes the risk that an attack on a client-side digital wallet vendor's server could reveal the sensitive information. However, an attack on the user's computer could yield that information. Most security analysts agree that storing sensitive information on client computers is safer than storing that information on the vendor server because it requires attackers to launch many attacks on user computers, which are more difficult to identify(even though the user computers are less likely than a vendor server to have strong security features installed). It also prevents the easily identified servers of the wallet vendors from being attractive targets for such attacks.

The main weakness of server-side digital wallets is that a security breach could reveal thousands of users' personal information to unauthorized parties. Typically, server-side digital wallets employ strong security measures that minimize the possibility of unauthorized disclosure.

Microsoft Windows Live ID is a single sign-in service that includes a server-side digital wallet operated by Microsoft. Windows Live ID completes order forms automatically. All of the personal data entered into a Windows Live ID wallet is encrypted and password protected. Windows Live ID consists of four integrated services: single sign-in service (SSI), Wallet service, Kids service, and public profiles. The sign-in service allows a user to sign in at a participating Web site using his or her username and password. The Wallet service provides digital wallet functions such as secure storage and form completion of credit card and address information. When requested by a participating merchant, a consumer's secure information is released to the merchant so that the consumer does not need to enter data into a form. The Kids service helps parents protect and control their children' s online privacy. and the public profiles service allows consumers to create a public page of information about themselves.

Yahoo! Wallet is a server-side digital wallet offered by Yahoo! This software-based digital wallet fills in online forms automatically with name, address, telephone, and credit card information. Yahoo! Wallet lets users store information about their major credit and charge cards, along with Visa and MasterCard debit cards. Yahoo! Wallet is accepted by thousands of Yahoo! Store merchants and can be used to pay for airplane tickets and hotel reservations booked through Yahoo! Travel. The digital wallet also works when users pay for Yahoo! Services, such as premium e-mail storage or Web hosting fees. Yahoo! has the advantage of hosting a number of services and shops that it can be certain accommodate its own wallet; thus, it has a large number of merchants(including itself) that accept its wallet.

（2）Hardware-Based Digital Wallets

The increasing prevalence of smart phones has made them candidates to become hardware-based digital wallets that can store the owner's identity credentials(such as a driver's license, medical insurance card, store loyalty cards, and other identifying documents). The smart phone card transmit portions of this identity information on command using its Bluetooth or wireless transmission capability to nearby terminals . Near field communication(NFC)technology，which allows for contactless data transmission over short distances, can also be used if the smart phone is equipped with a chip similar to those that have been used on payment cards(such as MasterCard's PayPass card)for a number of years.

NFC chips embedded in mobile phones are already very popular in Japan, where the devices are called *Osaifu -Keitai* which translates approximately to "mobile wallet".

In the United States，a number of hardware-based digital wallets have been released or are in development. Google Wallet，which uses the PayPass technology that MasterCard developed for its credit cards，launched in 2011 and is available in a number of smart phones. Visa followed shortly after with its digital wallet product，V. me，and PayPal also announced that it will release a similar digital wallet that works on smart phones.

词汇注释

Digital Wallets 数字钱包

Electronic Wallets 电子钱包

electronic cash 电子货币

authenticate 验证

Amazon 亚马逊（全球著名电子商务网购商城）

server-side electronic wallet 服务器端电子钱包

client-side electronic wallet 客户端电子钱包比较

security breach 安全漏洞

unauthorized disclosure 非授权泄露

MasterCard 万事达

Near field communication (NFC) 近场通信

16.6 Mobile Commerce and its Future

本节摘自《电子商务》（英文精编版.第 9 版，Gary P. Schneider 著，机械工业出版社）第六章、《电子商务》（英文精编版.第 10 版，Gary P. Schneider 著，机械工业出版社）第七章，略有删改。

Almost all phones sold today include short messaging service (SMS), which allows mobile phone users to send short text and messages to each other. Most mobile phones, especially the ones owned by young people, have had the ability to send and receive e-mail for years, but until recently, many owners of these phones used them only for phone calls. However, two developments that made these phones more viable as devices for browsing the Web coincided. First, high-speed mobile telephone networks grew dramatically in availability, and second, manufacturers began offering a huge range of smart phones that include Web browsers (and a screen large enough to make it usable), an operating system, and the ability to run applications on that operating system. Online business using these devices is called mobile commerce (m-commerce).

In China, Japan and Southeast Asia, mobile commerce has been a much greater part of online business activity than it has elsewhere in the world (including in the United States). One reason is that these countries introduced high-capacity mobile phone networks long before U.S. network providers did. NTT DoCoMo, which is the largest phone company in Japan, pioneered mobile commerce in 2000 with its i-mode service. Starting with the sale of games and other programs that run on the phones, NTT DoCoMo has been a leader in expanding mobile commerce, including online shopping and payments.

In the United States, the introduction of smart phones and high-capacity networks that make them able to support mobile commerce did not begin until 2008. These smart phones, such as the Apple iPhone, the Palm Pre, several BlackBerry models, and phones that use the Android operating system, opened the door for serious U.S. mobile commerce for the first time.

In 2010，Apple introduced the iPad, a tablet device that is smaller than a laptop computer，yet larger than a smart phone. Tablet devices can be connected to the Internet through a wireless phone carrier's service or through a local wireless network. Most tablet devices call use both access modes and can switch between them. Within a year，many other manufacturers had introduced tablet devices to compete with the iPad. Apple's iPad tablet devices run the company's proprietary iOS operating system. Most other manufacturers' tablet devices run the Android operating system. Some of Amazon.com's electronic book products, such as the Kindle Fire, have the ability to be used as online tablet devices. Because tablet devices' screens are larger, they are more 1ikely to be used than smart phones to buy consumer products.

Companies that want to participate in mobile commerce should first review their Web sites to determine how well the site works when viewed on a mobile device. Many companies that are serious about connecting with mobile users are creating separate Web sites for mobile users. For example, the Scottrade Mobile Web site is optimized for display on small screens used in smart phones. The site gives Scottrade customers quick access to financial markets information and to their trading accounts. Yahoo! Mobile provides a version of its Web portal that is similarly optimized for the small screen and limited controls of most smart phones.

Although the use of mobile phones for online banking is still in its early stages, forward looking financial institutions all over the world are working on ways to draw in younger customers by offering complete banking services through a Web site that is optimized for specific smart phones.

Most smart phones have global positioning satellite (GPS) service capabilities, which means that apps that combine the phone user's location with the availability of retail stores and services can be interwoven into creative mobile business opportunities. For example, an app can direct the user to specific business locations (such as restaurants, movie theatres, or auto repair facilities) based on the user's current location.

词汇注释

short messaging service (SMS) 短消息服务

NTT DoCoMo 日本最大的移动通信运营商

Scottrade 史考特（美国证券公司）

Web portal 网络入口，网关，网络门户

apps 应用程序(applications 缩写)

global positioning satellite (GPS) 全球卫星定位系统

16.7 E-Government

本节摘自《电子商务》（英文精编版.第 9 版，Gary P. Schneider 著，机械工业出版社）第五章、《电子商务》（英文精编版.第 10 版，Gary P. Schneider 著，机械工业出版社）第六章，略有删改。

Although governments do not typically sell products or services to customers, they perform many functions for their stakeholders. Many of these functions can be enhanced by the use of electronic commerce. Governments also operate businesslike activities; for example, they employ people, buy suppliers from vendors, and distribute benefit payments of many kinds. They also collect a variety of taxes and fees from their constituents. The use of electronic commerce by governments and government agencies to perform these functions is often called e-government.

In 2000, the U.S. government's Financial Management Service (FMS) opened its Pay.gov Web site. The FMS is the agency responsible for receiving the government's tax, license, and other fee revenue (more than $ 4 trillion per year). It is also responsible for paying out more than $ 1.5 trillion per year in Social Security benefits, veterans' benefits, tax refunds, and other disbursements. Federal agencies can link their Web sites to Pay.gov, which lets site visitors to pay taxes and fees they owe to these agencies using their credit cards, debit cards, or various forms of electronic funds transfer. The U.S. government's Bureau of Public Debt operates the TreasuryDirect site, which allows individuals to buy savings bonds and financial institutions to buy treasury bills, bonds, and notes.

Following the terrorist attacks of September 11, 2001, the U.S. government became aware of a lack of activity coordination and information sharing among several f its agencies, including the Federal Bureau of Investigation (FBI), the Central Intelligence Agency (CIA), and the Bureau of Customs and Border Protection. A number of initiatives that use Internet technologies are under way to increase the availability of information within and among these agencies under the auspices of the Department of Homeland Security (DHS).

Other countries national governments are finding that e-government can reduce administrative costs and provide better service to stakeholders. In the United Kingdom, the Department for Work and Pensions Web site provides information on unemployment, pension, and social security benefits. Smaller countries are also launching Web sites, such as Singapore Government Online, that provide information to stakeholders and ways for citizens to interact with their governments online.

China's e-government development ranked 70th in 2014. According to a UN survey, this is no small feat since China is a country of more than 1.3 billion people and a large land mass – both of which require more effort from the government, especially if the population is widely dispersed, than would a country with a small population living within a limited area. According to the survey, China has enhanced the quality of its government portal by providing comprehensive information, more integrated services across different sectors and greater interactions between government officials and citizens.

词汇注释

Vendor 供应商

Financial Management Service (FMS) 财务管理处

Federal Bureau of Investigation (FBI) （美国）联邦调查局

Central Intelligence Agency (CIA) （美国）中央情报局

Department of Homeland Security (DHS) （美国）国土安全局

Stakeholder 利益相关者

Constituent 选民

Veterans 退伍军人

Disbursement 支出，支付

credit card 信用卡，贷记卡

debit card 借记卡

under the auspices of 由……主办，由……赞助

Department for Work and Pensions（英国）工作和养老金部

Singapore Government Online 新加坡政府网站

disperse 分散，散布

16.8 'Double Eleven' Test for Courier Firms

本节摘自中国日报2014年11月12日报道（Zhang Hui）。

This year's "Double Eleven" (Nov 11) shopping frenzy has set new records in China. All e-commerce companies have made preparations for the occasion, and Alibaba, the founder of "Double Eleven Day", attracted hundreds of millions of netizens thanks to its extensive campaign in 200 countries and regions.

The State Post Bureau has said the "special day" this year will generate more than 510 million mails and packages, a year-on-year increase of 48 percent, and the maximum daily delivery may be more than 90 million, a 39 percent increase than 2013.

Express delivery companies, too, have prepared well for the "Double Eleven Day". This year, courier companies have opened 50,000 new branches in rural areas and hired 200,000 more people to deliver the mails and packages. And to help customers, express delivery companies have upgraded their information networks to provide detailed and timely information.

The express delivery sector is a pillar of the e-commerce industry, and it is becoming increasingly important for China's economic development because of its fast-paced growth. Until Oct 20 in year, express delivery companies in the country had delivered up to 10 billion mails and packages, overtaking their US counterparts and making China the "express delivery capital" of the world.

Three factors have contributed to the rapid expansion of the express delivery industry in China. First is the fast growth of the e-commerce industry. The listing of China's leading e-commerce companies such as Alibaba and Jingdong in the US this year has boosted the financial capacity of the industry to offer improved services to consumers.

The rapid growth of e-commerce has fostered the expansion of the express delivery industry. The correlation is evident in the past eight years' figures: online sales increased from 36 billion yuan ($5.87 billion) in 2006 to 1.89 trillion yuan in 2013, with a corresponding increase in the express delivery industry's revenue from 30 billion yuan to 144.2 billion yuan.

The second factor is the implementation of positive policies for the logistics industry to promote e-commerce and help the express delivery industry. Thanks to such policies, more listed companies are expected to enter the market.

And the third factor is the increase in courier companies' investment to improve their infrastructure and technology in order to promote innovation. New trading platforms such as Weixin, the twitter-like micro-blogging service, and mobile apps have been explored, new delivery modes such as intellective express mailbox and convenience store delivery promoted, and regional-scale delivery services expanded.

Still, the express delivery industry has some drawbacks that are restricting its further development. The price war among companies has drastically lowered the profit rate in the industry, from an average of 30 percent in 2003 to 5 percent in 2013. The average price of delivering a package in 2007 was 27 yuan, which fell to 16 yuan in 2013 - and 15 yuan in the first half of 2014.

Another drawback is the lack of guarantee of service quality. For example, to deliver the mails and packages during the "Double Eleven" period, express delivery companies have hired 200,000 new people, but these "temporary" recruits won't have the time to receive proper training to perform efficiently and effectively.

Besides, because of their over-reliance on e-commerce - which accounts for 70 percent of their overall business - express delivery companies are placed in an inferior position in the industrial chain.

Also, employees of courier companies lack the sense of belonging, because the industry can hardly give them a feeling of importance. As a result, a large number of people working in the industry quit their jobs every year.

And express delivery companies lack effective management and supervision in terms of service. Many media reports have said that prohibited items are being delivered because of lack of proper supervision. This is one of the greatest challenges that express delivery companies face in guaranteeing that only secure and safe items will be delivered, especially during special occasions such as the "Double Eleven Day".

The express delivery companies in China should, therefore, take concerted measures to transform from a "big" to a "strong" industry, for which they will also need policy support and the cooperation of other sectors. This has to be done sooner than later because in the long run they have to compete with global courier giants such as FedEx and DHL.

词汇注释

frenzy 狂潮

netizens 网民

Courier Firms 快递公司

pillar 支柱

express delivery industry 快递业

logistics industry 物流业

trading platforms 交易平台

micro-blogging 微型博客

drawback 弊端

industrial chain 产业链

FedEx 联邦快递

DHL 敦豪速递

本章小结

本章摘选了电子商务经典文献著作的部分内容，使大家能够熟悉电子商务及其分类、电子商务发展历程、电子商务盈利模式、网络广告、数字钱包、移动商务、电子政务以及中国电子商务最新发展动态的英文表达。

参考文献

[1]Gary P. Schneider．电子商务（英文精编版-第九版）．北京：机械工业出版社，2010.

[2]Gary P. Schneider．电子商务（英文精编版-第十版）．北京：机械工业出版社，2013.

[3]http://english.peopledaily.com.cn/90882/7773265.html 2012-03-29

[4]http://www.chinadaily.com.cn/opinion/2014-11/12/content_18900925.htm